U0920971

2008年10月30日，人力资源和社会保障部、全国工商联首次联合表彰全国工商联系统先进集体和个人。图为全国政协副主席、中央统战部部长杜青林，全国政协副主席、全国工商联主席黄孟复接见全国工商联系统先进集体和先进工作者代表。

全国政协副主席、中央统战部部长杜青林出席全国工商联系统先进集体、先进工作者表彰大会并讲话。

全国政协副主席、全国工商联主席黄孟复出席全国工商联系统先进集体、先进工作者表彰大会并讲话。

中央统战部副部长，全国工商联党组书记、第一副主席全哲洙出席全国工商联系统先进集体、先进工作者表彰大会并讲话。

图为全国工商联系统先进集体、先进工作者表彰大会会场。

全国工商联系统先进工作者奖章。

2008年11月12日，全国政协副主席、中央统战部部长杜青林，全国政协副主席、全国工商联主席黄孟复，中央统战部副部长，全国工商联党组书记、第一副主席全哲洙等为全国工商联新办公楼奠基。

2008年9月26~27日，中央统战部、全国工商联共同召开全国非公有制经济人士思想政治工作会议，会后联合下发了《关于加强和改进非公有制经济人士思想政治工作的若干意见》。贾庆林、李长春、习近平和杜青林等领导同志对会议成果做出重要批示。图为会议现场。

2008年10月29~30日，全国工商联召开组织工作会议。图为会场。

中国泛海控股集团通过中国光彩事业促进会向四川汶川地震灾区捐款。中共中央政治局委员、全国政协副主席王刚，全国政协副主席、中央统战部部长杜青林，全国政协副主席、全国工商联主席黄孟复等出席捐赠仪式。

2008年7月15~18日，中央统战部副部长，全国工商联党组书记、第一副主席全哲洙就抗震救灾及灾后恢复重建有关情况特别是灾后民营企业恢复重建问题赴四川进行考察调研。

2008年12月24日，全国工商联十届二次常委会议在北京举行。

2008年12月25日，在全国工商联十届二次执委会议上一批民营企业家获得抗震救灾先进个人光荣称号。

2008年12月25日，在全国工商联十届二次执委会议上一批民营企业获得抗震救灾先进集体光荣称号。

2008年春节前夕，全国政协副主席、全国工商联主席黄孟复率全国工商联机关和会员企业到北京延庆县看望慰问困难群众。

全国工商联通过学习实践科学发展观活动引导民营企业积极应对金融危机，实现科学发展。图为中央统战部副部长，全国工商联党组书记、第一副主席全哲洙考察重庆力帆集团。

2008年1月31日，全国工商联在北京举办中国民营经济发展分析会。图为会议现场。

2008年4月19日，全国工商联、共青团、教育部在中国人民大学共同发起举办以“见证三十年”为主题的“创业讲堂”全国演讲活动，全国政协副主席、全国工商联主席黄孟复出席并致辞。

黄孟复回答学生提问。

中国民间商会副会长、联想控股总裁柳传志在论坛上演讲。

全国工商联副主席、用友软件股份有限公司董事长王文京在论坛上演讲。

会场中的学生在认真聆听嘉宾的精彩发言。

2008年12月26日，全国工商联和北京大学共同举办“中国民营经济发展30年高层论坛”。

全国政协副主席、全国工商联主席黄孟复致辞。

全国政协常委、北京大学教授厉以宁演讲。

中国民间商会副会长、联想控股总裁柳传志演讲。

中国民间商会副会长、力帆集团董事长尹明善演讲。

2008年12月26日，中华工商时报社举办的民营企业系列成就颁奖典礼在北京举行。

2008年11月28日，中央宣传部、中央文明办、全国工商联等七部门举办座谈会，联合发起“百家食品企业践行道德承诺”活动。

2008年3月7日，全国工商联领导与出席全国政协十一届一次会议的工商联界别委员在驻地合影留念。

2008年2月3日，全国工商联直属会员企业内蒙古东达蒙古王集团向雨雪冰冻灾区捐赠200万元。

全国工商联机关干部和老同志向四川地震灾区捐赠24.95万元。

北京市工商联党组书记吴杰赴四川地震灾区看望正在清障的北京市工商联交通运输业商会会员企业。

甘肃省副省长、省工商联主席郝远赴陇南市文县碧口镇看望地震受灾群众。

浙江省政协副主席、省工商联主席、传化集团董事长徐冠巨慰问地震受灾员工。

安徽省民营企业向地震灾区捐赠仪式。

福建省政协副主席李祖可、省工商联副主席邱家赞带领福建企业家赴灾区考察慰问。

四川省工商联机关同志加入志愿者队伍抢运救灾物资。

中央电视台《爱的奉献》大型晚会现场向地震灾区捐赠15亿1400万元。图为民营企业在捐款现场。

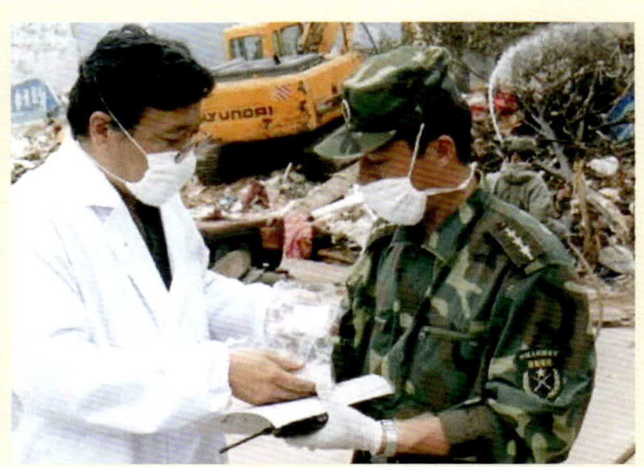

辽宁省工商联组织会员企业为救援部队送医送药。

山西省沁源县民营企业缴纳特殊党费。

湖南省工商联会员企业踊跃捐赠。

内蒙古自治区民营企业家踊跃捐款。

新疆维吾尔自治区工商联组织民营企业向四川地震灾区捐款现场。

福建日盛辉物流集团抗震救灾车队奔赴灾区。

中华全国工商业联合会

年鉴(2008)

ZHONGHUA
QUANGUO GONGSHANGYE
LIANHEHUI NIANJIAN

中华工商联合出版社

图书在版编目（CIP）数据

中华全国工商业联合会年鉴．2008／中华全国工商业联合会主编．--北京：中华工商联合出版社，2010．11

ISBN 978－7－80249－736－8

Ⅰ．①中… Ⅱ．①中… Ⅲ．①中华全国工商业联合会（2008） Ⅳ．①D665．4－54

中国版本图书馆 CIP 数据核字（2010）第107059号

中华全国工商业联合会年鉴（2008）

主　　编：中华全国工商业联合会
责任编辑：李红霞　邵桄炜
封面设计：零檬设计工作室
责任审读：肖海林
责任印制：迈致红
出版发行：中华工商联合出版社有限责任公司
印　　刷：北京宝隆世纪印刷有限公司
版　　次：2010年11月第1版
印　　次：2010年11月第1次印刷
开　　本：880mm×1230mm　1/16
字　　数：1128千字
印　　张：40．25
插　　页：18面
书　　号：ISBN 978－7－80249－736－8
定　　价：298．00元

服务热线：010－58301130
销售热线：010－58302813
地址邮编：北京市西城区西环广场A座19－20层，100044
http：//www.chgslcbs.cn
E—mail：cicap1202@sina.com（营销中心）
E—mail：gslzbs@sina.com（总编室）

《中华全国工商业联合会年鉴（2008）》
编审委员会

出版前言

《中华全国工商业联合会年鉴（2008）》是《中华全国工商业联合会年鉴》第三卷。资料收录时间为2008年1月至12月。年鉴出版延续了往年的风格，保持了以前的出版宗旨。

本年鉴采用分类编排法，文章的编排以时间为序，共分11个类目：

1. 专题：主要收录全国工商联2008年度在汶川地震中做出的成绩

2. 重要会议：记录了全国工商联2008年度召开的四次重要会议情况，包括全国工商联第十届常务委员会第一次会议、全国工商联第十届执行委员会第二次会议、全国非公有制经济人士思想政治工作会议、全国工商联组织工作会议

3. 重要文件：全国工商联2008年度工作要点及发布的重要通知和决定

4. 领导讲话：全国工商联主席、第一副主席及副主席的重要讲话

5. 调研报告：全国工商联牵头各部门具体实施的主要调研报告

6. 政协团体提案及发言：全国工商联向政协提供的团体提案及书面发言和口头发言

7. 组织和会员发展：全国工商联会员发展情况

8. 重要活动：2008年度全国工商联召开或参加的重要活动介绍

9. 大事记：全国工商联发生的重大事件的记录

10. 地方工商联工作：包括32个省、市、自治区及新疆生产建设兵团工商联工作综述、重大活动及领导名单和组织结构，还特别增加了各工商联商会联系方式

11. 直属企事业单位：包括《中华工商时报》社、中华工商联合出版社、北京工商宾馆的介绍

本年鉴的编辑出版得到了全国工商联领导的大力支持，全国工商联各工作部门及各地方工商联的全力配合。所有稿件都由相关部门提供，在此一一感谢。

由于编辑部人力不足，时间仓促，故年鉴中难免存在疏漏和错误，恳求广大读者和同行提出宝贵的意见和建议。

编者

2010年8月

目录

专 题

领导讲话

重要会议

重要文件

调研报告

政协团体提案及发言

政协团体提案

组织和会员发展

重要活动

大事记

地方工商联工作

直属企事业单位

专 题

ZT

汶川特大地震抗震救灾志·社会赈灾志（摘选）

第一章　民主党派、工商联

第九节　中华全国工商业联合会

2008年5月12日，突如其来的四川汶川大地震牵动着全党、全军和全国人民的心，牵动着海外中华儿女的心，也牵动着各级工商联组织和广大民营企业家的心。在党中央、国务院的迅速决策、正确指挥、有效组织下，和全国人民一道，各级工商联组织广泛发动、有序组织，充分发挥了桥梁纽带和助手作用，各地民营企业家积极响应、行动迅速，自觉地冲在了抗震救灾第一线，全力以赴地投身于抗震救灾的伟大斗争之中，成为抗震救灾的一支重要力量。

一、全国工商联紧急动员、广泛发动、有序组织

当获知汶川发生了特大地震，全国工商联立即召开紧急会议，全国政协副主席、全国工商联主席黄孟复迅速做出部署，2008年5月13日、14日和21日，全国工商联先后3次发出通知，要求各级工商联响应党中央、国务院号召，组织动员民营企业捐款捐物，支援灾区各项工作。全国工商联的干部职工也积极行动起来，立即与民政部、四川省政府驻京办、四川省财政厅、四川省工商联以及中国光彩事业基金会、中国红十字总会、中国慈善总会取得联系了解情况，明确捐款及捐赠物资的拨付途径；立即组织有捐赠意向的全国工商联会员企业起草倡议书；动员全国工商联执常委和全国工商联会员企业积极开展捐资救灾；组织全国工商联机关、企事业单位所有干部职工捐款；及时收集、统计、公布各级工商联会员企业的捐赠数据……

2008年5月15日，全国工商联举行了全国工商联会员企业向四川地震灾区捐赠仪式。机关和直属单位干部职工纷纷通过捐助表达爱心和关注之情：黄孟复、全哲洙等会领导带头捐款，原全国政协副主席、全国工商联主席经叔平也派人送来了5000元；机关全体人员积极参与，有的同志捐出了自己一个月的工资；有的同志出差在外，便专门委托同事捐款；许多离退休的老同志纷纷主动到现场捐款，85岁的薛若梅和74岁的廉丽英两次到机关捐款。在捐赠仪式现场共捐赠人民币2740万元、港币10万元、价值700万元的药品，其中全国工商联机关干部和企事业单位的捐款达26万余元。为加强各级工商联组织对抗震救灾捐赠款物的管理使用，全国工商联还专门下发了《关于进一步加强工商联系统抗震救灾捐赠款物管理使用的紧急通知》，要求各级工商联组织严格按国家规定进一步加强对所接受的捐赠款物的管理，引导民营企业按正规渠道、规范程序捐赠。

2008年5月20日，全国工商联孙安民副主席率工作组，冒着余震的危险奔赴四川、陕西、甘肃，实地考察当地工商联和民营企业的受损情况，并与三省人民政府就全国工商联系统参与灾区重建进行对接和谋划，提出了很多建设性意见。2008年5月31日，黄孟复主席也前往灾区视察，还特意以“你们的朋友”的身份给灾区儿童写了一封信，向他们致以节日的问候。“六一”儿童节时，黄孟复主席又专门嘱咐用全国工商联机关干部职工的部分捐款为绵竹东汽小学和彭州新兴镇小学捐赠了6000余本少儿课外图书和部分学习用品。

2008年6月2日，全国工商联召开专题会议，研究贯彻落实贾庆林主席在各民主党派、全国工商联抗震救灾工作座谈会上的讲话精神，提出了工商联系统参与抗震救灾工作的具体方案。在2008年6月召开的全国工商联十届一次常委会议期间，全国工商联专门召开了工商联系统抗震救灾对口支援专题座谈会，21个省级工商联的领导到会与灾区县级工商联进行了面对面的沟通交流和对接，会后专门下发了《全国工商联十届一次常委会议关于积极参加抗震救灾和灾后重建工作的决议》和《关于积极配合政府做好汶川地震灾后恢复重建对口支援工作的通知》，就对口支援工作进行部署，要求各级工商联组织和全体会员深入贯彻落实科学发展观，坚决执行党中央关于做好抗震救灾工作的一系列指示，明确思路，准确定位，做好部署，把灾民安置、重建家园与扶贫、光彩事业工作相结合，把引导东南沿海地区产业转移与恢复灾区生产经营相结合，充分运用非公有制企业在人才、智力、资金、技术等方面的资源，在各地党委和政府的统一领导和安排下，开展多种形式的对口援助，积极参与灾区企业、学校、医院等基础设施重建和提供职业技术培训、扶持创业就业等服务，为灾民安置、灾后重建和发展生产作出新的贡献。全国工商联还通过灾区工商联收集灾区合作重建项目，及时在全国工商联网站上发布，引导会员企业有针对性地参与灾后重建工作。

2008年7月15～18日，为贯彻落实工商联十届一次常委会议关于灾后重建工作的决议，中央统战部副部长、全国工商联党组书记、第一副主席全哲洙率调研组，专程赴四川，就抗震救灾及灾后恢复重建的有关情况特别是灾后民营企业恢复重建问题进行调研，并就工商联和民营企业参与四川灾后重建工作与四川省委书记刘奇葆进行了会商。短短的两天内，全哲洙书记率调研组驱车行程1700多公里，利用途中和午饭、晚饭时间听取灾区工商联的汇报，考察了汶川映秀镇、都江堰市、什邡市、绵竹市、青川县、北川县等地灾情，视察了汶川县、阿坝州、什邡市、绵竹市、北川县、都江堰市、青川县的许多受灾民营企业和工商联机关，看望了受灾民营企业家和企业员工以及灾区工商联的干部职工，并与灾区地方政府对灾后重建工作交换了看法，对企业重建工作提出了要求。全哲洙书记在考察中还进一步明确了工商联配合地方政府加快灾区企业恢复重建的工作思路，提出了许多具体的工作建议：按照对口支援省市的统一安排和灾区政府的统一规划，全力做好对口支援联系和促进工作；为灾区民营企业恢复重建搭建项目合作平台，实现产业对接；组织行业商会和会员企业开展行业自救、寻求产业合作；举办“民营企业灾区发展论坛”，对已经对接成功的项目举行签约仪式，产生集聚效应；推动劳务经济，建立劳务输出输入基地；开展技能培训，让更多的灾区灾民实现就业等。

为充分发挥全国工商联各行业商会自身的特点与优势，积极争取社会力量参与帮扶，通过多种途径帮助灾区推进科学重建与科学发展，2008年7月1日，全国工商联召开了各直属行业商会参与灾后重建工作座谈会，组织引导各行业商会有序参与灾后重建工作。2008年10月9～15日，全国工商联又组织了部分直属商会和企业赴陕西汉中和甘肃天水灾区开展“民营企业灾区行”活动，实地了解两个地区的受灾情况和亟须援建的项目，并就产业合作、项目对接、灾民就业安置与技能培训等方面的合作进行了广泛的交流与探讨，提出了优先援建一批乡镇学校和卫生院、加大就业援助，推进以工代赈、关注受灾地区产业的恢复重建，积极为产业项目对接搭建平台等建议。通过考察，全国工商联扶贫工作领导小组决定，将陕西省汉中市和甘肃省天水市作为全国工商联参与灾后恢复重建工作的重点联系地区，动员和组织本会直属行业商会、直属会员企业，以及联络海外工商界对两市进行重点帮扶。

2008年10月27日，在“第九届中国西部国际博览会”期间，全国工商联和四川省政府、国家工商总局共同举办了“民营企业灾后重建与发展论坛”，组织了全国31个省（市、自治区）的民营企业家代表及四川省各市、州的民营企业家

600多人参加论坛，正式签订民营企业灾后重建项目16个，金额达270亿元人民币。会上，黄孟复主席作了主旨演讲，他指出，灾后重建是一个艰苦的过程，也是民营企业践行科学发展观的过程。他希望灾区的民营企业以重建为契机，用好用足相关政策，在重建中调整产业结构，淘汰落后的生产方式，提升企业的整体水平，在更高的起点上科学发展。他希望各地参与重建的民营企业要树立互惠互利、义利兼顾的理念，将企业自身发展与灾后重建大局结合起来，将市场化原则与社会责任结合起来，将扶贫济困与增强灾区自身发展能力结合起来，发挥在资金、品牌、技术、人力资源、商业渠道等方面的优势开展广泛合作，为灾区全面、协调、可持续发展作贡献。

为帮助抚慰灾区群众的心灵创伤，全国工商联、中国光彩事业促进会发动“光彩数字电影院线”，和来自国内外119位志愿者及志愿者企业共同成立了“光彩数字电影抗灾爱心宣传队”，于2008年5月26日赶赴四川灾区开展免费公益减灾及心理抚慰电影放映活动。“光彩数字电影抗灾爱心宣传队”在四川地震灾区历经两个月、途经数百个灾区乡镇，实施了近7000场放映活动。两个月中，“光彩数字电影抗灾爱心宣传队”克服余震不断、山高路险、连日降雨、山体滑坡等重重困难，背负着沉重的影视器材，自带干粮，披星戴月，往返在崇山峻岭中，活跃在废墟瓦砾上，在灾民安置点、在帐篷学校、在救灾部队的临时军营，他们为灾区群众和救灾人员送去了轻松、欢快的娱乐性电影大片和及时的心理辅导，帮助灾区群众放松紧张、恐惧的情绪。2008年7月“光彩数字电影抗灾爱心宣传队”被全国总工会授予抗震救灾重建家园先进集体“工人先锋号”称号；10月9日又在“全国抗震救灾总结表彰大会”上，获得了中共中央、国务院、中央军委授予的“全国抗震救灾英雄集体”的光荣称号。

在积极引导会员企业做好抗震救灾和灾后重建的过程中，全国工商联还充分利用主流媒体的宣传力量，组织联络人民日报社、新华社、中央电视台记者落实采访线索和报道方案，及时、生动、丰富地宣传民营企业在抗震救灾中涌现出的感人事迹和典型人物，带动更多的民营企业参与到抗震救灾的行动之中，努力为抗震救灾工作提供强大的精神动力和舆论支持。

2008年6月19日，《人民日报》刊发整版报道《那一刻，他们交出了一份合格的答卷》，全面描绘了各地民营企业和工商联在抗震救灾工作中的突出表现；同时以中共中央统战部副部长，全国工商联党组书记、第一副主席全哲洙的名义配发评论《为民营企业的爱心善举喝彩》，指出：中国民营企业在这场灾难中的整体表现，是他们为国分忧、为民解难的强烈爱国热情和高度的社会责任感的光荣标志，民营企业家追求义利兼顾、扶危济困、反哺社会，将为构建社会主义和谐社会贡献更大力量。

2008年6月14日，中央电视台新闻联播《大灾中，民营企业彰显义和爱》、7月11日焦点访谈《我们共同面对：民营企业的努力》和7月21日新华社通稿《和祖国在一起》3篇报道，通过典型人物和典型事例，展现了新时期民营企业家“扶危济困、英勇无畏、无私奉献”的精神风貌，实事求是地报道了全国民营企业巨额的赈灾捐赠，在社会上和民营企业家群体中产生了强烈反响。

作为全国工商联的机关报，《中华工商时报》忠实履行了“中国民营经济守望者”的职责。地震发生后，报社领导班子立即决定对这一特大灾难进行重点报道。报社成立了抗震救灾报道中心，按照全国工商联党组指示，先后调集四川、重庆、河北等记者站和总部共6位记者奔赴救灾第一线，对灾情及各地抗震救灾情况，特别是民营企业的受灾情况、各级工商联和民营企业参与抗震救灾情况进行及时报道。震后第二天，在余震频频、通信中断的条件下，四川记者站站长谭丽莎克服困难发回了首篇报道《那一刻，我们遭遇强震》。2008年5月15日，重庆记者站站长白勇、记者周顺华驾车到达重灾区彭州，四川记者站记者徐民搭乘运送救灾物品的车辆到达北川县擂鼓镇采访，连夜向报社发回稿件。特别是徐民报道的北川县工商联党组书记尚兴琼强忍丧夫之痛坚持奋斗在抗震救灾前线的动人事迹感染了广大读者。在震后的一个月时间里，报社前方报道组克服种种困难，顶着频繁发生的余震，马不停蹄地采访了绵阳、江油、广元、青川、什邡、绵竹等重灾区，编辑部也是夜以继日地紧张工作，推出了《全国工商联赴川联系对接灾区重建》、《民企老板开着“大奔”当义工》、《陈光标：慈善家与救灾英雄》、《我们为什么冲锋在第一线》、《考验我们的时候到了——德阳工商联抗震救灾实录》、《一个民营医院医疗队的故事》等重点报道，同时连续以半版或整版篇幅发布反映民营企业捐赠情况的“爱心榜”，总报道量近百万字，较好地引导推动了各地民营企业积极投身抗震救灾的行动。

2008 年 12 月 25 日，全国工商联在十届二次执委会议上授予北京市工商联交通运输业商会等 198 个单位“抗震救灾先进集体”荣誉称号；授予丁劲松等 197 名同志“抗震救灾先进个人”荣誉称号。

二、各级组织迅速行动、全体干部积极参与

灾情发生后，各级工商联和行业商会迅速行动，协调有序，通过发传真、发短信、打电话等多种形式，迅即地将地震消息和捐赠倡议传达到会员企业，组织捐赠资金和救灾物资及时发往灾区。天津等一些省市工商联以及部分行业商会还专门组织了车队，由省（市）工商联或行业商会领导带队，将捐赠物品迅速运送到灾区。

2008 年 5 月 27 日，河南省永城市工商联、面粉协会组织面粉行业企业家出动 11 辆大卡车，装载 280 吨救灾食品运往四川地震灾区，并于 5 月 28 日将 230 吨优质小麦面粉、50 吨优质挂面送到灾民手里；重庆市工商联组织民营企业专门腾出职工宿舍，设置了 5000 余个工作岗位，赴四川地震重灾区举办了“情系受灾群众就业援助专场招聘会”，组织部分餐饮企业，免费帮助灾区培训厨师，帮助受灾群众培训技能，使他们获得一技之长，增强自救能力；浙江省民营企业不动产专业委员会提出为灾区建设一个包括居民居住、购物、教育、工作以及现代农业生产和工业基地在内的综合性新型城镇“浙川家园”；浙江省工商联提出对口援建灾区 30 个专业农贸市场，保证受灾群众的日常生活需要，帮助灾区尽快恢复农业生产……

福建省政协副主席、省工商联主席李祖可，省工商联副主席邱家赞先带领福建 81 名民营企业家赴灾区考察对接灾后重建项目，后又组织 60 多名民营企业家参加了彭州建设项目推介会，与彭州市政府签订了部分项目意向。

北京市工商联副主席张杰庭、秘书长李红军等市联领导两次赴川进行实地考察，深入什邡市受灾一线收集重建工作所需的原始数据，把“什邡市城东小学”作为北京市非公经济定点援建项目，纳入北京市援建整体计划中，组织会员企业共同援建，并改称为“什邡市北京小学”，学校竣工后移交当地政府。

在灾区，各级工商联干部顾不上自家的损失和亲人的需要，冒着余震的危险，走访慰问受灾企业，摸清企业受损情况，引导会员企业开展自救和救灾，积极为灾后重建和恢复生产建言献策，并主动参与搜寻遇难灾民、帮助疏散灾区群众，分发救灾物资，为幸存灾民搭建救灾帐篷，始终坚守在抗震救灾、救助灾民的第一线，展现了工商联干部良好的政治素养和公务人员的良好形象。

四川省工商联在地震发生后立即成立了抗震救灾工作领导小组，不分昼夜，全员投入抗震救灾。震后第二天，四川省工商联主席陈次昌、党组书记杨安民，以及全体副主席，全部到达重灾区绵阳、德阳、广元等地，把成都市民营企业家向灾区捐助的 3200 万元现金及 1800 万元的药品、食品、衣物等分送到了灾区政府和群众手中，成为最先送达灾区的救灾物资之一。同时，为保障空中生命线的快速通畅，四川省工商联按照省委、省政府领导的紧急要求，在不到一个小时的时间内，组织了 500 名民营企业志愿者突击队，由省工商联负责人带队分赴成都双流机场和太平寺军用机场抢运救灾物资。15 天中，参加突击队的民营企业志愿者累计超过 4000 人，装卸救灾物资达 3684 吨，受到有关方面的高度赞赏。参加突击队的四川通安达物流公司董事长杜云还被昵称为“开奔驰的搬运工”。

甘肃省工商联领导迅速行动，积极动员和组织非公有制经济人士以不同方式参与抗震救灾工作。2008 年 5 月 14 日，省工商联与省委统战部、省光彩会联合发出了“支援灾区、奉献爱心”的紧急通知，并立即组织机关工作人员和在兰州的非公有制经济人士进行了捐助活动，当场捐款捐物 695 万余元。捐款当天，甘肃省委统战部副部长、省工商联党组书记户丁一，省工商联副主席张勇就亲自带队，前往受灾最严重的陇南市和甘南州进行慰问，向灾区送去了机关干部及会员企业捐赠的现金和物资。随后，副省长、省工商联主席郝远也冒着余震两次前往重灾区慰问。陕西省工商联主席冯钧平在做好本省抗震救灾工作的同时，还亲自带领省工商联川渝商会负责人，将价值54万元的物资和112万元现金送往四川广元灾区。

在受灾县市，各级工商联都迅速部署，了解民营企业受灾情况；落实专人和市委、市政府对接，主动请战；积极组织民营企业开展自救和救援行动；组织服务队，全力投入到抗灾第一线。发生地震的半个小时后，德阳市工商联及时召开机关工作人员会议，明确所有工商联（商会）工作一律以抗震救灾为中心。地震发生的当天下午，机关全体干部，分行业、片区，逐一电话联系会员企业收集灾情，掌握灾情，为市委、市政府决策建言献策，鼓励企业生产自救。2008年5月17日，德阳市工商联向德阳市抗震救灾指挥部提交的《关于恢复德阳市民营企业生产、生活正常秩序的方案》，得到有关部门的肯定。

灾区的工商联干部也自觉行动起来，全力投入抗灾。四川省北川羌族自治县工商联党组书记尚兴琼在灾难来临的那一刻，冒着建筑物在余震中不断倒塌的危险，拼命招呼四处奔跑的群众，及时帮助群众转移到较安全的地带。六天六夜，尚兴琼在丈夫生死未卜的情况下，冒着不断的余震，多次护送大量的食品、矿泉水、急救药品、帐篷等灾区急需物资往返于绵阳和北川，为那里的灾民带去了生的希望。当得知丈夫遇难的消息后，她强忍悲痛，昼夜不停地工作，运送食品、药品，协助搜救遇难的群众，帮助受灾老百姓寻找离散的亲人，帮助搭建帐篷，坚守在抗震救灾第一线。像尚兴琼这样的工商联干部还有很多很多。

工商联各行业商会也行动起来了。各行业商会一方面积极捐款捐物，另一方面发挥专业优势，采取多种方式援助灾区。据统计，截至2008年6月底，全国工商联各直属行业商会捐款19.1亿多元，捐物折合人民币2400万元。全国工商联家具业商会组织了“为汶川设计——2008中国家具设计大赛”，为汶川县所有小学提供全部教学用的课桌椅，并号召会员企业以“一帮十”、“一帮百”等形式对灾区受灾家庭进行援助。全国工商联旅游业商会配合四川省政府积极恢复四川旅游，将震区内受损的景区与川外的会员企业的景区挂钩，采取“一帮一”或“多帮一”的形式，帮助灾区受损的民营旅游企业恢复，并吸纳震区旅游企业员工到会员企业工作。全国工商联美容化妆品业商会专门成立了中国美容行业专项慈善基金，为受伤灾民提供免费医疗整形救助，为灾区愿意从事美容美发行业的18～30岁的青年提供免费的专业培训，吸纳灾区群众1300人就业，并组织会员企业向受损的美容美发院店提供“点对点”、“一对一”的帮助，为他们提供免费的设备、产品，帮助其迅速恢复经营。全国工商联新能源商会号召会员企业向地震灾区捐赠太阳能热水器，商会常务副会长单位——江苏太阳雨集团向江油市最大的灾民安置点太平镇援建了四川地震灾区首个太阳能“浴室”。全国工商联农产业商会积极组织所属会员企业为灾区运送急需的食品。全国工商联厨具业商会组织会员捐赠炊事设备，帮助解决地震灾区灾民吃饭问题……

北京市工商联交通运输业商会组织了由20辆挖土机、推土机、运输翻斗车、发电机等重型工程车辆和设备组成的“北京民企工程抢险队”，于2008年5月25日抵达灾区现场，协助当地政府打通道路、清理现场。虽然“抢险队”一天的成本就需1万多元，但为了不给灾区增加负担，一切所需都自行解决，他们自带了3万元药品、2吨干粮、一卡车矿泉水，甚至还有一辆自备的油罐车。他们的义举得到了当地抗震救灾指挥部的好评。

各级工商联组织积极主动的工作，展现了工商联系统“一方有难、八方支援”的优良传统和强大的组织动员力。

三、捐款捐物安置灾民，传承扶危济困优良传统

突如其来的特大灾害既考验了工商联系统的凝聚力和向心力，更考验了全国民营企业的责任感和奉献精神。灾害发生后，各地民营企业秉承“一方有难、八方支援”的中华民族传统美德，有钱出钱，有力出力，急灾区人民之所急，想灾区人民之所想，帮灾区人民之所需，纷纷伸出援手，通过捐款捐物、安置孤儿、灾民，捐建学校医院，开展志愿服务，提供就业岗位等各种方式把爱心、勇气和力量送给灾区百姓，为抗震救灾提供了重要的物质和精神支持。

截至2008年6月5日，据全国工商联对8000多家民营企业的统计，捐赠现金51.5亿多元，捐赠物资折合人民币10.9亿多元，共计62.4亿多元。其中捐赠额1亿元及以上的会员企业有5家，1000万元至1亿元（不含）的会员企业有92家，500万元至1000万元（不含）的会员企业有120家。全国工商联企业家副主席、常委和中国民间商会副会长个人和企业捐赠款物总额7.6亿元，其中泛海控股集团董事长卢志强和企业员工捐款累计达2.28亿元，堪称国内企业捐赠之冠。民营企业此次捐款捐物数量之大、范围之广、行动之快，创历次救援之最。

2008年5月14日，在重庆市工商联组织的捐赠仪式上，仅短短半个小时的时间，就收到来自龙湖地产集团、宗申集团等民营企业捐赠的款物2408万多元；5月15日，在山西省工商联组织的短短一个多小时的捐赠仪式上，山西省56家民营企业就捐款达2283.3万元人民币。

重庆市工商联朝天门市场商会副会长李光辉在儿子身患绝症、生命垂危的情况下，主动捐出为儿子治病的救命钱；商会会员梁渝先生，自己身有残疾，是政府救济的人员，仍然主动向灾区捐赠100元；昆明江津商会委托会长梅强专程乘飞机，将会员们捐出的10万元人民币从昆明送到江津区救灾办工作人员手中。

截至2008年5月14日，福建省工商联会员企业通过各种渠道向地震灾区献爱心超过2000万元；成都市民营企业家向灾区人民捐款捐物近5000万元。截至5月15日，江苏省民营企业捐赠款物共计人民币1亿多元；广东省民营企业共捐款5413.3万元；吉林省各级工商联干部、职工和部分民营企业家捐款4913万多元；上海市工商联系统捐款捐物4459.5万元人民币和300万元港币；湖南省民营企业捐款捐物3632万元。截至5月18日，河北省工商联会员企业共向灾区捐赠款物近2.9亿元。截至5月19日，黑龙江省工商联会员企业共捐款捐物6410.9万元。截至5月20日，河南省民营企业捐赠款物达7185万元；云南省工商联会员企业捐赠款物达3101万元。截至5月21日，浙江省民营企业捐赠款物高达4.7亿元；江西省民营企业捐赠款物合计人民币6271万元……不断攀升的捐款数额，不断升温的捐赠热情，各地工商联会员企业掀起了抗震救灾捐款捐物的热潮，民营企业捐赠的物资像股股暖流源源不断地涌向灾区，淋漓尽致地展示了当代民营企业家优秀社会主义建设者的风采。

在四川，已经70岁高龄的民营企业家尹明善，在震后的第二天便驱车200多公里，到重庆受灾最严重的梁平县，查看倒塌的学校，抚慰孩子们心灵的创伤。他说，这些幸存的孩子所遭遇的伤害很大，我们能为孩子做的就是为他们修建最好的校园，让他们在良好的环境中，完成他们的学业。为此，尹明善以力帆集团的名义捐献了200万元为孩子们重建校园。

在北京，中央电视台2008年5月19日的“爱的奉献”大型赈灾义演晚会上，民营企业家踊跃捐款，并在其中出现了当晚最大的两笔善款的捐助者：山东日照钢铁公司捐款1亿元；天津荣程联合钢铁公司捐款3000万元，现场又追加7000万元，总计1亿元。

在广西，首届广西非公有制企业运动会上，为支持抗震救灾，运动会特将原定举行的开、闭幕式，改为向地震灾区的捐赠仪式。91家非公有制企业、广西壮族自治区党委统战部、自治区工商联机关干部及参赛的500名运动员参与了捐赠，共募集救灾款物2347万元。

在山东，中国泛海控股集团董事长卢志强于2008年5月13日一早，就通过中国光彩事业基金会火速向四川省人民政府捐款人民币1000万元；日照钢铁公司在灾后第二天就通过日照红十字会向地震灾区捐款1000万元，并捐献帐篷1万顶，公司还发动2300多名员工向灾区献血。该公司还与全国妇联儿童少年基金会在日照利用集团为职工新建的宿舍建立了安康家园，安置了灾区717名儿童。后来，考虑到灾区儿童生活的习惯和对家乡的依恋，集团又与四川省双流县协作，投资1亿多元在四川筹建安康家园和学校，为灾区儿童提供就地安置。

在山西，潞宝集团董事局主席韩长安在捐款500多万元后，又于2008年6月4日，专程赶赴四川灾区联系受灾学生和孤儿来长治过渡复学事宜。灾后，潞宝集团共安置了1000名受灾学生和孤儿，所有学生和孤儿以及教师、工勤人员在长治的学习、生活所需，全部由潞宝集团承担。

在深圳，深圳桃源居集团捐资2530万元用于聚源中学重建。桃源居集团董事长李爱君表示：聚源中学重建需要多少钱，桃源居集团就承担多少钱，一定将重建工作负责到底。

像这样的企业家还有很多很多：世茂集团董事局主席许荣茂本人和世茂集团继2008年5月13日向灾区捐助1000万元港币之后，再次出资1亿元人民币，为地震中受灾最严重的乡镇捐建百家"世茂爱心医院"；全国工商联副主席、万达集团董事长王健林先后捐款1亿多元专项用于四川灾区重建，以最快速度为都江堰市重建一座震不倒、水准高的新型中医院；东达蒙古王集团无偿帮助受灾同胞"生态移民"；还有许许多多的民营建筑企业在政府的统一指挥下，组织了多支建筑施工突击队，飞赴四川抗震一线为灾民迅速抢建抗震简易住房和抗震简易教室。

民营企业家们不仅用自己的行动昭示着对社会的责任和爱心，还积极带动下一代传承奉献精神，延续无私爱心。东方希望集团董事长刘永行派儿子赴北川映秀镇参加救灾救援行动，培养奉献精神；复星高科技集团副董事长梁信军11岁的儿子捐献了历年积蓄的压岁钱，从小培养无私的爱心；年届58岁的陕西汉源房地产公司董事长、宁强县工商联副主席张寅生，在企业因灾遭受直接经济损失30多万元的情况下，不仅带头捐款，还带领年仅5岁的孙女张含之把积攒的500元压岁钱捐给了灾区，成为宁强县年龄最小的爱心捐赠者。

这就是产生在我们这个改革开放的年代，为社会创造巨大财富，同时履行着巨大社会责任的民营企业家！他们不仅是我们这个社会的物质财富创造者，也是我们这个伟大时代的精神财富创造者！

四、会员企业反应灵敏、救援得力

灾难当前，行动最重要。地震发生后，各地民营企业因其敏锐的判断力、特有的灵活机制、果敢迅速的行动能力、精湛的专业技能在抗震救灾中发挥了独特的作用，用自己的行动向社会践行着自己的责任和爱心，体现了坚定的民族责任感和无私的奉献精神。

震后5分钟。正在武汉开董事会的陈光标立即把董事会变成了抗震救灾部署会。当天下午，由120人及60台吊车、推土车、挖土机等大型机械组成的救援车队就分头从江苏、安徽向四川进发。2008年5月13日上午11点，陈光标率先坐飞机抵达灾区，同都江堰、北川有关部门联系救援事宜。次日凌晨3点，陈光标的救援队伍全部到达并开始营救工作，成为自发抗灾抵达地震灾区的首支民间队伍，其速度之快连军事专家都赞叹不已。陈光标率领的救援队在灾区救援初期，成了救援现场的主力军。救援前几天，他们每天都能挖出200多人，推出的土石方能达到近万方。在通向北川、映秀的道路上，"生命通道"被陈光标的救援队和他的大型机械一次次打通、掩埋、再打通。从都江堰、什邡、北川、茂县、汶川等地，这支救援队伍共救出117个生还者，搜寻出死亡人员近6000人。其中陈光标一人共从废墟中寻找出200多人，幸存者12人。5月18日下午，陈光标和他的救援队在映秀镇一农村信用社附近挖出近60万元现金，当场上缴政府有关部门。

震后10分钟。四川三友集团所属的成都市西区医院院长郝士权立即成立抗震救灾指挥部，组建了"急救治疗小组"和"后勤保障小组"，迅速启动了医疗卫生救援应急预案，将院内230位病人全都转移到安全地区。随后，在接到成都市120急救中心发出的指令后，早已进入待命状态的救护车组立即出发，成为第一个赶到都江堰聚源中学现场、彭州白鹿镇灾区开展营救，收治大批都江堰聚源中学学生的医院，并一直保持着"成都民营医院收治灾区伤病员数"第一的排名。据统计，灾害发生后一个多月内，仅有196张床位的西区医院，高峰时日住院病人达300余人，至2008年6月17日，西区医院共救治了来自都江堰、彭州、绵阳、大邑、汶川等灾区的伤病员458人，无偿提供物资和医疗救助费用160多万元。

震后10分钟。成都的大型超市集团——成都互惠集团董事长潘世伟立刻意识到灾害来了。他清楚地判断灾区会急需各种生活用品，马上部署全体员工进入工作岗位。此后的48小时里，潘世伟用沙哑的声音与全国各地的供货商联系灾区需要的东西，100多辆军车从他的超市里满载着各类急需物资驶向灾区。

震后1小时。全国工商联副主席、四川宏达集团董事局主席刘沧龙带着员工冲进了灾区现场。面对残墙断瓦，疮痍满目，刘沧龙保持着镇定，让幸存的员工兵分两路：一路救自己企业的员工，一路救其他受灾群众！而远在千里之外的内蒙古，全国工商联副主席、亿利资源集团董事长王文彪也立即召集董事会，作出了向灾区捐款1000万元的决定，并派常务副总经理当晚奔赴北京协调落实。次日上午，该笔款项就汇到了全国工商联账户。

震后1小时。成都创奇金属制品有限公司抢险救援队以最快速度奔赴聚源中学。35位年轻技师顾不上吃一口饭，喝一口水，一直奋战到次日5点，累得个个瘫软。

震后5小时。广东东冠实业公司成都市场总监陈岩已驱车到达都江堰市。那一夜，他在成灌高速公路上跑了7个来回，把几十名受伤群众送到成都。在随后80多个小时的生死救援中，他用自己的专业经验与国家救援队一起从废墟里救出20多个孩子，其间总共只睡了5小时，他被人们称为“救人最多的志愿者”和“救援狂人”。

地震当晚。刚从韩国途经北京回国的贵州白志祥骨科医院白贵春院长立即组织医疗队，并号召医护人员自愿前往灾区参与救援。除个人捐资100万元给红十字会外，白贵春还自带8万元骨伤药品和两辆救护车连夜赶往灾区，成为第一支到达广汉市的外援医疗队。在灾区，这支民营医院救援队曾经连续30小时不休息，十天内救治了400多人次，做了60台手术。2008年5月22日上午，国家抗震救灾副总指挥、国务院副总理回良玉得知广汉市灾后第一支外援医疗救护队是白志祥骨科医院的归侨院长带领的专家团队，在随时有可能发生6~7级余震的情况下，为了抢救生命，连夜为危重伤员孙学保做截肢手术并使其转危为安的情况后，非常感动，亲临帐篷探视伤员，并向白贵春院长表示感谢。

地震当晚。远在千里之外的浙江大学进修学习的贵州长通集团总裁张钊，闻讯四川汶川发生特大地震后，立即安排公司组织抗震救灾物资的运送工作，明确要求专人、专款、专车以最快速度在第一时间将救灾物资送往灾区。2008年5月13日清早，载运价值15.1万元的救灾物资经过17个多小时长途颠簸，到达四川重灾区绵竹市东北镇。当晚，娃哈哈集团也紧急调集20多万瓶娃哈哈饮料，火速送往灾区。

震后1天。四川工商联宣传处长莫锦江冒着余震危险，在空旷的办公楼里不停地给100多个会员企业打电话，得知老总们全部在岗！新希望集团董事长刘永好、汉龙集团董事长刘汉等在外出差的企业家已星夜兼程地赶回地震灾区，连外籍在川的企业家们也自愿留在灾区。从北京来川投资的成都市新锦江旧城改造开发有限公司董事长童民伟说：“我不会做逃兵！”

震后1天。山西振东集团总裁李安平获悉地震消息后，立即赶赴振东集团重庆分公司看望慰问员工，看到员工安然无恙后，随即组织员工徒步4个多小时赶往都江堰灾区，以志愿者身份立即加入救援队伍，从废墟中抱出8名受灾人员。当得知抢救伤员急需抗生素等药品时，又迅速返回集团总部筹备了总价值1000余万元的药品，于2008年5月20日包专机专程将1000多万元的急救药品和全体员工的爱心送往受灾地区医院。

震后1天。湖南三一重工集团紧急召开支援抗震救灾工作会议，成立了由董事长梁稳根为组长的支援抗震救灾领导小组，一次性向灾区捐赠15台重型机械设备，价值1500万元。这15台机械设备有的已经售出，正准备发车运出，但公司紧急联系客户，将客户已付定金购买的设备采取退回定金、延期交付的办法，腾出设备直接投入救灾工作。他们还在灾区召集当地志愿者，现场进行机械操作培训，使大型机械设备既能在救灾中发挥最大的作用，也能在救灾队员撤离后继续正常使用。三一重工集团还派出50人的救灾小组奔赴灾区，在2008年5月17日成功营救出被困约117小时的灾民季中山。

震后2天。从事户外用品研发和生产的北京

探路者公司除向四川安县、绵阳、绵竹等地捐助帐篷、保暖衣、防水服装、照明灯具等价值244万元的救援物资外，还组建了一支赈灾救援小组，于2008年5月14日凌晨到达成都，参加灾区一线救援行动，成为最先到达现场的志愿者队伍之一。

震后3天。北京著名零售企业——物美集团依托自身强大的物流系统和商品储运能力，向物美配送中心和百余家大型店铺紧急调集帐篷、棉被、方便食品、消毒液、内外衣物和饮用水，并通过物美的集中采购系统向厂家购集帐篷、雨具等灾区急需物资折合人民币300万元，于2008年5月15日组成11辆卡车的车队，赶赴灾区援助。

震后3天。陕西伟志集团股份有限公司除积极组织员工捐款捐物、开展网络全国义卖外，董事长向炳伟还于2008年5月15日亲率企业自行组织的两支抗灾救援小分队，分赴陕西和四川的重灾区开展救援工作。他们冒着生命危险为灾民及救援部队购买、运送馒头、矿泉水、帐篷布（10万平方米）、奶粉、妇女用品、全棉衣物、内衣及洗漱用品等物资，与西安大康心理咨询小分队一道对灾民特别是儿童进行心理抚慰。

震后4天。安顺市工商联主席、兴伟集团董事长筹集了安顺非公经济人士捐赠价值170余万元的灾区急需大米、矿泉水、棉被、药品等300余吨物资装上24辆大车，与市工商联主席王伟、书记吴玉生分成两队运往绵阳、彭州、北川，一路上累了在车上睡一下，饿了啃块饼干，日夜兼程将救灾物资全部顺利送达灾区。当王伟董事长亲眼目睹了灾区现场的灾情后，又马上赶回公司，再次组织安顺民营企业捐赠200多万元的救灾物资，并亲自带领公司20多名民兵，冒着频频发生的余震，不顾生命危险二次入川救灾。

震后9天。北京诚栋房屋制造有限公司在四川绵竹市遵道镇捐建的面积达1100平方米的全国第一所“抗震希望小学”——诚栋抗震希望小学竣工，成为地震灾区第一所复课的希望小学，板房教室中又传来了琅琅读书声。

在震后的短短几天中，各地民营企业在抗震救灾中创造了众多“第一”：第一支到达灾区的、有组织的专业志愿救援队伍；第一批将1000多万元的物资送达重灾区；第一个派出1200多名由企业家和员工组成的志愿者突击队，分别到军用机场和民用机场卸运灾区空投物资……

五、会员企业发挥专长、倾力抗灾

当大灾突降、国家危难、人民受灾的时刻，工商联各行业商会和会员企业都积极发挥行业优势和专业特长，采取各种形式，全力支援抗震救灾。

安徽省蚌埠市工商联常委、怀远县工商联兼职副主席刘兆水和他的三个兄弟，在得知地震的消息后，当即取消去北京签合同的计划，带上包括华东地区唯一一台大功率挖掘机在内的两台重型挖掘设备，自雇大型平板车，带着8名挖掘机操作手，购买了一个月的方便面、矿泉水。经过30多个小时的长途跋涉于17日到达绵阳，绵阳抗震救灾指挥部当即派他们到北川县陈家坝乡抗震救灾。在灾区十多个日日夜夜里，刘氏四兄弟率领的团队自费40多万元打通了7条公路，疏通了3个堰塞湖。

广西同济集团派出了由下属同济医院医务人员组成的医疗队，携带价值15万元的药品及生活用品，租了一辆大巴，冒着大雨和余震、塌方的危险于2008年5月18日中午到达重灾区绵竹，协助当地医疗机构开展医疗救助工作。在新组建的野战医院中，广西同济医疗队的专家从早忙到晚，最多时，一天做了17台手术。没有电，就用手电照着做手术；到灾区去接诊病人，遇到道路被石头、瓦砾阻挡，就跳下车去疏通道路；药品不足，就在成都采购急需药品送往绵竹。广西同济医疗队的工作受到绵竹市有关方面的一致好评，回良玉副总理到绵竹视察灾情，接见了医疗队的工作人员，给了他们极大的鼓舞。

华为集团在震后迅速成立了抗震救灾指挥部，并派出技术人员连夜赶赴成都，与各运营商一道迅速展开通信保障和恢复工作。2008年5月13日，华为集团又从全国抽调近200名技术专家和工程服务人员，赶赴重灾区开展“抢通”工作。为及时运送通信设备，华为集团还专门租用两架波音747包机，运送通信抢险物资。据统计，截至5月19日，华为公司共调集600吨通信设备送达灾区。

上海高智科技紧急驰援四川地震灾区的移动

卫星通信指挥车队，随同上海警备区支援灾区的某部官兵一同抵达成都，为国务院抗震救灾指挥部保证了快捷的音视频双向通信和专业的指挥调度。西安高新企业航天恒星公司生产的10余辆“动中通”卫星应急指挥车从各个城市奔赴救灾现场，并紧急为成都军区某部提供了两套单兵数字图像传输系统，组织卫星通信、图像传输、卫星导航方面专家随河南省公安厅移动指挥车从重庆进入四川投入救援。

西安高新区新竹防灾救生设备公司连夜生产安装了8套“微型大力士”救援专用设备，同时配备8套充气泵、30套矿灯、100盏应急灯、100顶安全帽和30套帐篷、气垫床等设备，派专车专人送往灾区前线指挥部，为抢救伤亡人员发挥了重要作用，受到一线救灾人员的高度评价。西安必肯科技公司迅速成立了由5位技术人员组成的救援组随陕西救援队赶往灾区投入搜救工作。他们携带的生命探测雷达——“搜救雷达”，大大提高了搜救的准确性和速度，在震灾搜救中发挥了重要的作用。

北京京金谷家具城有限公司在地震发生后立即派出自有的一架轻型直升机，奔赴灾区协助救灾，该飞机在震后测绘和防疫工作中发挥了独特的作用。为保证灾区人民用水安全，北京润泽东方环保工程有限公司向四川捐赠价值1000万元人民币的污水处理设备——微波化学污水处理应急车，每天帮助灾区2万～3万人解决用水问题和生活污水的处理问题。

恒基伟业科技发展有限公司根据灾区救灾的实际需要，经过3个昼夜的研发，成功在公司光能手机中植入疫情上报软件，生产出900台光电疫情通手机捐赠到灾区，有效缓解了灾区供电不足、通信断续等问题……为救灾防疫提供了有力的支持。

重庆市总商会餐饮商会组织会员自带粮食、油料、蔬菜等食品到受灾严重的汶川、北川、都江堰、理县、平武、什邡、江油等7个县市搭建42个服务点，埋锅造饭，开展粥棚赈灾行动，为5万灾民及救援人员免费供应热饭热菜，共为灾区一线免费送去80多万份爱心食物，受到中央领导的肯定，称赞“重庆这一创举很好”。

海南航空公司积极调配运力，抢运抗震救灾人员和物资，全力支援灾区抗震救灾，抗震运输任务折合成本为18376万元；均瑶集团旗下的吉祥航空每天一班次免费为救灾行动提供空中运输服务；复星医药每天把重达4吨、价值50万元左右的抗灾药品，通过均瑶集团专机发往受灾地区并自建渠道保障急需药品送达灾区，为赴川官兵和医疗队紧急送药。

为及时向灾区供应帐篷等急需的救灾物资，保证灾区群众的日常生活，各地相关民营生产企业也开足马力昼夜生产。在汶川大地震发生当晚，江苏阿珂姆野营用品有限公司董事长李宏来就调集全部库存帐篷，一边向客户发出道歉书，一边跟四川方面联系，组织装货发车。当得知前方道路不通，又改从贵州省贵阳市绕行，日夜兼程在5月15日将第一批8000顶帐篷送到了灾区。作为全国最大的帐篷生产企业之一，阿珂姆野营用品有限公司承担着民政部下达的12万顶救灾帐篷生产任务。该公司52条生产线、3500多名工人进入“火线生产”状态。公司将500多万美元的外贸订单推迟或退单，全力投入帐篷生产，生产线超出平时生产能力的3倍以上，连续工作3天却无人喊苦喊累。

为确保按时完成国家下达的救灾帐篷紧急生产任务，浙江省湖州市泰普森公司毅然取消了2500万美元的外贸订单，紧急采购220万米面料及7500吨钢材，并新增加3条帐篷生产线，从杭州总部临时调集2000人开足马力投入生产。

天津环球休闲用品有限公司主动请缨，毅然承担起生产8万顶帐篷的紧急任务，并包下了所有生产的费用。他们推掉的是货值较大的出口订单，本来想在该月偿还的近千万元的贷款也向后延期。4100多名员工两班倒，日产量从刚开始的2000顶攀升到4000顶。为支援生产一线，除留下必要的办公人员外，公司中层以上领导全部到车间参加一线生产。在各个车间临时成立的党团员突击队的带领下，员工们掀起一轮又一轮的生产竞赛。为了不耽误时间，58名员工甚至推迟了婚期，夜以继日“战斗”在帐篷生产一线。

六、受灾不忘救灾，自救更救人

地震使灾区民营企业遭受了重大损失，但是，灾难并没有压垮他们的意志、没有减少他们对社会的责任。面对灾难，民营企业家们没有退缩，更没有被吓倒，他们一方面不等不靠，积极主动地开展自救，并在短短的1～2天时间里就迅速完成了从“受灾者”向“救灾者”的角色转换，动用企业一切可调配资源如医院、运输工具等在自救的同时抢险救灾、救助灾民；另一方面在企业因灾停产经济损失无法估计的情况下仍然慷慨解囊，主动为灾区群众捐款捐物，彰显出大灾之中的大爱。四川汉龙集团、四川蓝光集团、四川宏达集团在企业遭受严重损失的情况下，仍主动为重灾区群众捐款2500万元。

四川宏达集团在自身受灾特别严重、财产损失达7.7亿元、受灾员工数量众多的情况下，一面全力救助受灾员工，一面抽调本已严重缺乏的铲车、吊车、挖掘机等大型工程机械，紧急支援地方学校抢救被埋学生、抢修公路，集团董事长刘沧龙明确表示：要让政府把食品、饮用水和帐篷等急需物质分发给最需要援助的受灾群众，企业员工的安置企业负责，不向政府伸手。

位于绵竹灾区的四川剑南春集团在地震中经济损失近10亿元，但当5月13日，剑南春集团在收到第一批饮用水和食品时，公司领导当即拿出一半送往东方汽轮机厂，他们还用消防车从德阳拉水供应员工和周边受灾群众，惠及上万人。董事长乔天明要求企业全力救助受灾群众，他们用酿酒用的粮食熬粥，为上万人供应粥饭。

四川龙蟒集团总裁李家权在地震发生后迅速从外地赶回公司，要求“不惜一切代价、采取一切措施迅速营救受灾员工和群众”。公司在矿山矿井全部被毁、人员伤亡众多、20多家下属企业全部瘫痪，直接经济损失高达13亿元的情况下，调动了所有可用的吊车、挖掘机、小车等各种车辆100余台奔赴受灾现场，参与营救和抢险工作；组织水车15台，每天向受灾民众运送生活用水；紧急到成都、泸州以及云南、贵州等地组织购买食品、药品100多吨、篷布40多万平方米，发放编织袋十多万条，将价值300多万元的生活及农用物资，及时发送到灾民手中。

成都十堰商会会长、成都创奇金属制品有限公司董事长纪道友在地震发生后，立即中断了生产会议，当日冒着强烈的余震带领35人乘车飞速赶往聚源中学参加救援。用人扛、用手刨，技师们争分夺秒对垮塌的水泥预制品中的钢筋进行切割。衣服破损了，手划破了，鲜血淋淋，但没有一个人停下来！救援队一直奋战到次日凌晨5点没有吃一口东西，没有喝一口水！第二天白天，纪道友又派出了第二支由15人组成的救援队，带着切割工具，赶赴都江堰市内参加救援。

基地设在北川的四川省自然天堂茶叶有限公司受灾非常严重：失踪员工17人，90%的员工有亲属死亡和失踪；厂房、机械及库存商品全部被毁、报废，茶场和林地损毁严重。危难之际，公司将员工和茶农利益放在第一位，将家在北川的180名员工和家属全部安置在防震棚里，由公司负责吃住；并在恢复生产尚无着落的情况下，决定继续敞开收购签约茶户的夏茶和秋茶。

德阳市工商联餐饮饭店业商会在得知在德阳已聚集了各大医院医护救援人员、伤员、灾民等数万人后，紧急组织各会员企业迅速行动。许多餐饮业会员企业顾不上自家饭店的损失，冒着余震不断的险情开灶做饭，向伤员、义工、医护人员、外援救护人员免费供餐，饭盒不够，就将矿泉水瓶从中间割开盛米粥，保证了灾区伤员和救护人员的餐饮。据统计，当时该商会共设置救灾饮食点30余处，每天解决灾民、医务、公勤就餐人员达万人以上。

四川恒丰集团在公司大楼成了危房，总部连办公地点都没有的情况下，主动将公司钢结构厂房迅速排险后，在震后第二天就安置了从汉旺转移来的2000多名灾民。集团还组织职工干部帮助灾民搭建帐篷，并辗转从外地运来30口大铁锅，董事长吉祥带领员工在公司空地上和重灾区汉旺镇分设了4个点，用木材生火为灾民煮粥，每天煮粥200锅，为1万余人提供就餐。为安置灾民，四川双虎公司甚至主动停产，利用厂房和生活设施免费为灾民提供安全的住所和一日三餐。

甘肃西和县恒安工矿贸易有限公司董事长安福来在家中房屋受损严重、企业遭受严重损失的情况下，深入矿区，排查隐患，疏通河道，设计搭建防震帐篷，安置受灾群众，并捐资、派人、派车帮助灾区搭建板房。

四川白家食品有限公司董事长陈朝晖2008年5月13日接到四川省商务厅要求迅速提供12

万件、价值600万元的方便食品的通知后，立即命令工厂迅速恢复生产。从5月14日起，公司冒着余震危险全员上岗。一方面加班加点生产，另一方面彻夜搬运救灾产品，保证及时发往灾区，得到四川省商务厅的高度评价。

成都科伦集团在生产线的烟囱因地震倒塌的艰难条件下，坚持生产灾区急需的抗生素、软包装输液及酒精、绷带、医用脱脂棉，并捐赠了大量急救药品和生活急需品。

面对汶川大地震的考验，非公有制经济人士用自己的实际行动交出了合格的答卷。国家和人民需要这样的企业家！中华民族需要这样的企业家！

2008年5月21日，中共中央政治局常委、全国政协主席贾庆林会见王健林时指出，作为改革开放的受益者，广大非公有制经济人士致富思源，义利兼顾，发扬“一方有难、八方支援”的精神，急灾区人民所急，解灾区人民所难，积极履行社会责任，有力出力，有钱出钱，帮助灾区人民抗震救灾、重建家园，作出了重要贡献。广大非公有制经济人士的义举，弘扬了中华民族“扶危济困、乐善好施”的传统美德和崇高精神，表达了对灾区人民的一片真情，履行了所承担的一份社会责任。

2008年10月8日，江苏省阿珂姆野营用品有限公司、海南航空股份有限公司签派控制中心、全国工商联、中国光彩事业促进会光彩数字电影抗灾爱心宣传队、四川宏达集团董事局主席刘沧龙、天津荣程联合钢铁集团有限公司董事长张祥青、山西潞宝集团焦化有限公司董事长韩长安、江苏黄埔再生资源利用有限公司董事长陈光标、浙江泰普森休闲用品有限公司董事长杨宝庆、蚌埠市震兴路桥工程有限公司董事长刘兆水被党中央、国务院、中央军委分别授予“全国抗震救灾先进集体”和“全国抗震救灾先进个人”。这是国家的褒奖，这是人民的认同！这也是改革开放30年的成果之一！

（张一卫）

全国工商联系统组织实施抗震救灾大事记

5月13日，下发《关于做好抗震救灾工作的紧急通知》。

5月14日，下发《关于做好抗震救灾信息报送工作的通知》。

5月14日，四川省工商联领导率机关人员和民营企业用12辆大卡车将价值200多万元的救灾物资送到德阳、绵阳重灾区。

5月14日，甘肃省工商联与省委统战部、省光彩会联合发出“支援灾区、奉献爱心”的紧急通知，并立即组织机关工作人员和在兰州的非公有制经济人士进行捐助活动。

5月14日，甘肃省工商联领导亲自带队，为受灾最严重的陇南市和甘南州运送救灾物资。

5月15日，在全国工商联礼堂成功举行了全国工商联会员企业向四川地震灾区捐赠仪式。

5月15日，四川省工商联组织由省工商联干部民营企业家和企业员工组成的500多人的突击队抢运救灾物资。

5月16日，四川省工商联党组书记杨安民率价值521万元5辆大卡车的救灾物资，送达广元灾区。

5月18日，组织部分会员企业参加中央电视台大型晚会现场捐赠，日照钢铁捐赠1亿元人民币；天津荣程钢铁集团捐赠1亿元人民币。

5月20日，下发《关于进一步做好抗震救灾工作的通知》。

5月20～22日，由孙安民副主席率队、相关部门组成的工作小组赴灾区慰问。

5月26日，成立全国工商联扶贫与社会服务部，率“光彩数字电影抗灾爱心宣传队”赴四川灾区开展心理救援。

5月28日，全国工商联向本会执委下发了《关于全国工商联抗震救灾工作情况的通报》。

5月29日，黄孟复主席亲赴四川灾区慰问。

6月1日，全国工商联向灾区儿童捐赠图书，黄孟复主席致节日贺信鼓励灾区儿童。

6月2日，全国工商联召开专题会议，研究贯彻落实贾庆林主席在各民主党派、全国工商联抗震救灾工作座谈会上的讲话精神，提出了工商联系统参与抗震救灾工作的具体方案。

6月6日，四川省工商联副主席高鲁炎率机关干部，带着20多万元的救灾物资赴雅安灾区慰问。

6月12日，全国工商联召开工商联系统抗震救灾对口支援专题座谈会。

6月16日，全国工商联下发了《关于进一步加强工商联系统抗震救灾捐赠款物管理使用的紧急通知》。

6月27日，全国工商联下发了《关于积极配合政府做好汶川地震灾后恢复重建对口支援工作的通知》。

7月1日，在全国工商联机关召开了“全国工商联各直属行业商会参与灾后重建工作座谈会”。

7月1日，全国工商联扶贫与社会服务部“光彩数字电影抗灾爱心宣传队”被全国总工会授予抗震救灾重建家园先进集体“工人先锋号”称号。

7月15～18日，全哲洙书记就抗震救灾及灾后恢复重建有关情况特别是灾后民营企业恢复重建问题赴四川进行考察调研。

7月25日，下发了《关于大力弘扬抗震救灾精神，做好“八一”建军节期间拥军工作的通知》。

8月6日，召开促进灾民就业专题工作会议。

9月2日，下发《关于进一步做好抗震救灾捐赠统计工作的通知》。

10月9日，在“全国抗震救灾总结表彰大会”上，全国工商联、中国光彩事业促进会“光彩数字电影抗灾爱心宣传队”获得了中共中央、国务院、中央军委授予的“全国抗震救灾英雄集体”的光荣称号。

10月9日，全国工商联下发了《关于开展全国工商联系统抗震救灾先进集体和先进个人评选表彰活动的通知》。

10月20日，全国工商联向绵竹市兴隆小学资助人民币345.61万元，用于在绵竹兴隆小学捐建一座光彩教学楼。

10月26日，全国工商联组织举办“民营企业灾后重建与发展论坛”。

12月25日，全国工商联在十届二次执委会议上授予北京市工商联交通运输业商会等198个单位“抗震救灾先进集体”荣誉称号；授予丁劲松等197名同志“抗震救灾先进个人”荣誉称号。

关于表彰全国工商联抗震救灾先进集体和先进个人的决定

全联发〔2008〕8号

2008年5月12日发生的四川汶川特大地震，是新中国成立以来破坏性最强、波及范围最广、救灾难度最大的一次地震，受灾地区人民生命财产和经济社会发展蒙受了巨大损失。面对这场突如其来的特大自然灾害，各级工商联组织、广大非公有制企业和非公有制经济人士迅速行动，按照党中央、国务院关于抗震救灾工作的总体部署和全国工商联的号召，发扬“一方有难、八方支援”的精神，捐款捐物、奋力救援，全力以赴投入抗震救灾和灾后重建工作，涌现出一大批贡献突出、事迹感人的先进集体和先进个人，展现了非公有制经济人士高度的社会责任感和中国特色社会主义事业建设者的时代风采。

为表彰先进，弘扬正气，全国工商联决定授予北京市工商业联合会交通运输业商会等198个单位“抗震救灾先进集体”荣誉称号；授予丁劲松等197名同志“抗震救灾先进个人”荣誉称号。希望受表彰的先进集体和先进个人，珍惜荣誉，再接再厉，为灾区重建和非公有制经济健康发展再创佳绩，再立新功。

当前，世界经济形势严峻，灾区重建任务艰巨。广大非公有制企业和非公有制经济人士以及工商联系统广大干部职工，要以受表彰的先进集体和先进个人为榜样，紧密团结在以胡锦涛同志为总书记的党中央周围，全面贯彻党的十七大精神，深入落实科学发展观，进一步弘扬伟大的抗震救灾精神，以更加奋发有为的精神状态和求真务实的作风，坚定信心、扎实工作，为推动我国经济平稳较快发展，维护社会和谐稳定作出新的更大贡献。

附件：1. 全国工商联抗震救灾先进集体名单
2. 全国工商联抗震救灾先进个人名单

中华全国工商业联合会

全国工商联抗震救灾先进集体名单

（按行政区划排序，共计198个）

北京市

北京市工商联交通运输业商会
北京玛丽妇婴医院
北京诚栋房屋制造有限公司
北海恒基伟业科技发展有限公司
北京探路者户外用品股份有限公司

天津市

天津大通投资集团有限公司
天津市汇森房地产开发有限公司
天津华田投资有限公司
天津市福建商会
麦购（天津）集团有限公司

河北省

唐山市滦通商贸有限公司
石家庄中宏房地产开发有限公司
中太建设集团股份有限公司
河北天山实业集团有限公司
河北前进钢铁集团有限公司

山西省

山西安泰集团
山西振东集团
山西海鑫集团
山西潞宝新能源集团
山西金业煤焦化集团

内蒙古自治区

内蒙古巨华集团有限公司
内蒙古伊诗兰雅羊绒制品有限公司
内蒙古西蒙科工贸集团有限责任公司

辽宁省

盘锦北方沥青燃料有限公司
沈阳远大企业集团
灯塔市工商业联合会
盼盼安居股份有限公司
葫芦岛市工商业联合会
大连市工商业联合会

吉林省

吉林省长春皓月清真肉业股份有限公司
吉林正业集团有限责任公司
吉林远东实业集团有限公司
吉林修正药业集团
吉林康乃尔药业有限公司

黑龙江省

黑龙江迪龙制药有限公司
西林钢铁集团
哈尔滨光宇集团股份有限公司
葵花药业集团有限公司
哈尔滨誉衡药业股份有限公司

上海市

上海春秋旅行社有限公司
上海高智科技发展有限公司
上海美特斯邦威服饰股份有限公司
上海洋帆实业有限公司
上海复星高科技（集团）有限公司

江苏省

江苏熔盛重工有限公司
江苏康缘集团有限公司
江苏雨润食品产业集团有限公司
红豆集团有限公司
江苏新城实业集团有限公司
江苏沙钢集团有限公司

浙江省

阿里巴巴（中国）有限公司
华立集团股份有限公司
传化集团有限公司
宁波银亿集团有限公司
浙江新湖集团股份有限公司
正泰集团股份有限公司

安徽省

淮北辉克药业有限公司
安徽富煌建设有限责任公司
安徽鸿路钢结构（集团）股份有限公司
安徽楚江投资集团有限公司
合肥华泰集团股份有限公司

福建省

福建周宁县上海商会
三明市工商业联合会
福建恒安集团有限公司
厦门市工商业联合会
福州市工商业联合会

江西省

江西民生集团有限公司
赛维LDK太阳能股份有限公司
泰豪集团有限公司
抚州市工商业联合会
宜春市工商业联合会

山东省

山东铁雄能源煤化有限公司
新郎希努尔集团股份有限公司
山东亚太森博浆纸有限公司
山东金锣集团
力诺集团股份有限公司
山东太阳纸业股份有限公司

河南省

河南羚锐制药股份有限公司
建业住宅集团（中国）有限公司
河南省鑫山实业发展有限公司
平顶山市虹剑煤化有限公司
河南心连心化肥有限公司

湖北省

武汉爱帝集团有限公司
武汉市工商业联合会
荆州市工商业联合会
劲牌有限公司
仙桃市工商业联合会

湖南省

三一集团
冷水江市工商业联合会
湖南省金属材料商会
新华联集团
长沙市工商业联合会

广东省

佛山市构想板业有限公司
香江集团
吴川市工商业联合会

广州长隆集团有限公司
揭阳市工商业联合会
深圳市总商会（工商联）

广西壮族自治区

广西同济医药集团同济医院医疗队
广西南华糖业集团有限公司
广西荣和企业集团有限责任公司

海南省

海航集团有限公司
海马投资集团股份有限公司
海口市工商业联合会

重庆市

宗申产业集团有限公司
力帆实业（集团）股份有限公司
重庆龙湖企业拓展有限公司
重庆英利房地产开发有限公司
重庆市工商联餐饮商会
重庆南方集团有限公司

四川省

四川豪吉食品（集团）有限责任公司
雅安市工商业联合会
成都市工商业联合会
都江堰市工商业联合会
成都市温江区工商业联合会
广元市工商业联合会
青川县工商业联合会
四川兴力达集团实业有限公司
四川科伦药业股份有限公司
四川怡和企业（集团）有限责任公司
四川富临实业集团有限公司
成都康弘药业集团股份有限公司
四川蓝光实业集团有限公司
四川科创集团
成都嘉润置业有限责任公司
四川汇源集团
新希望集团有限公司
四川高金食品股份有限公司
四川华侨凤凰集团股份有限公司
绵阳市工商业联合会
四川剑南春集团有限责任公司
四川金广实业（集团）股份有限公司
德阳市工商业联合会
攀枝花市工商业联合会
四川龙蟒集团有限责任公司
四川大陆集团
成都仁和实业（集团）有限公司
阿坝藏族羌族自治州工商业联合会
四川茂县益青集团
成都迈普产业集团

贵州省

贵州省河南商会
安顺市工商业联合会
贵州神奇集团

云南省

云南鸿翔药业有限公司
云南华联锌铟股份有限公司
云南省福建商会
昆明市工商业联合会

西藏自治区

西藏阜康医院有限公司
西藏奇正藏药股份有限公司
拉萨市城关区哈达集团公司

陕西省

陕西省川渝商会
汉中市工商业联合会
咸阳天虹基置业有限公司
宝鸡市工商业联合会
汉中市南郑县工商业联合会
金花企业集团
陕西省江苏商会
宝鸡市温州商会
铜川市工商业联合会

甘肃省

酒泉市工商业联合会
甘南州工商业联合会

兰州市温岭商会
天水金宇房地产开发（集团）有限公司
兰州天正房地产开发有限公司
武都兴朝道路桥梁有限责任公司
甘肃省工商联房地产业商会
甘肃建新实业集团有限公司
陇南市康县工商业联合会

青海省

青海兴青工贸工程集团有限公司
青海庆华矿冶煤化集团有限公司
青海格尔木藏格钾肥有限公司

宁夏回族自治区

宁夏宝塔石化集团有限公司
银川市工商业联合会
宁夏永宁银华彩板有限公司

新疆维吾尔族自治区

美克投资集团有限公司
新疆广汇实业投资（集团）有限责任公司
特变电工股份有限公司

新疆生产建设兵团

新疆奇台县春蕾麦芽制造有限公司
新疆阿拉尔南口建筑有限责任公司

有关方面推荐

全国工商联并购公会
全国工商联房地产商会
全国工商联美容化妆品业商会
日照钢铁控股集团有限公司
大连万达集团股份有限公司
中天建设集团有限公司
杭州娃哈哈集团
雅戈尔集团
健康元药业集团股份有限公司
浙江吉利控股集团有限公司
内蒙古伊泰集团有限公司
北京恒信玺利经贸有限责任公司
山西联盛能源（集团）有限公司
民生银行
东方家园家居建材商业有限公司
用友软件股份有限公司
亿利资源集团
四川宏达（集团）有限公司
中御民安信息网络科技有限公司

全国工商联抗震救灾先进个人名单

（按姓氏笔画排序，共计 197 名）

丁劲松　上海海泰房地产（集团）有限公司董事长
丁　杰　日照兴业集团董事长
于圣臣　悦康药业集团有限公司总裁
马永升　云南昊龙实业集团有限公司董事长兼总经理
公明淑　黑龙江兴安矿业开发集团有限公司董事长
尤再清　内江森大实业集团有限公司董事长兼总经理
方　英　全国工商联退休干部
王力平　四川宜宾工商联主席
王子华　北京京奥港集团董事长
王长发　新疆康普建设投资（集团）有限公司董事长
王永辉　广州市香雪制药股份有限公司董事长
王玉锁　新奥集团股份有限公司董事长
王西林　延安王家坪实业发展集团有限公司总经理
王振滔　奥康集团有限公司董事长
王　斌　西藏阜康医药有限公司董事长
王　超　河北宏润新型面料有限公司董事长
王超斌　河南台兴房产有限公司董事长

王　辉　北京蓝深时代公关顾问公司董事长
王　锋　北京圣火科贸有限公司董事长
王　填　步步高商业连锁股份有限公司董事长
邓　钢　四川广安建设集团董事长兼总经理
冯亚丽　海亮集团有限公司董事长、总裁
包紫臣　本溪市火连寨铁矿选矿厂厂长
卢志强　中国泛海控股集团有限公司董事长、党委书记
卢和丰　广东金穗实业集团董事局主席、总裁
卢国胜　四川省攀枝花市工商联副主席
卢宪军　宏宝莱集团股份有限公司首席执行总经理
史贵禄　陕西荣民集团董事长
宁　俊　广西华劲集团股份有限公司董事长
尼　玛　西藏宏发建筑工程有限公司总经理
左仁顺　甘肃省文县工商业联合会主席
田德营　辽宁德营石油化工集团董事长
白　勇　《中华工商时报》重庆记者站站长
白贵春　白志祥骨科医院院长
乔秋生　河南黄河实业集团股份有限公司董事长
伍跃时　袁隆平农业高科技股份有限公司董事长
刘文武　云南江东集团董事长、总裁
刘　汉　四川汉龙（集团）有限公司董事长
刘兆水　安徽省蚌埠震兴路桥公司董事长
刘　冰　格林雷斯环保科技有限公司副总经理
刘羽桐　甘肃远达投资集团有限公司董事长
刘达富　四川仙牌灵芝集团有限公司董事长、总经理
刘步书　乌鲁木齐市航天工贸有限公司总经理
刘迎霞　哈尔滨翔鹰集团股份有限公司董事长
刘宗山　邢台市政建设集团有限公司董事长
刘宝林　九州通集团有限公司董事长
刘忠元　内蒙古元和（集团）有限责任公司董事长
刘金虎　宁夏金龙集团董事局主席
刘树清　大庆市银螺乳业有限公司董事长兼总经理
刘眉寿　山西省代县兴旺矿业有限公司董事长
刘　野　富华国际实业集团（中国）有限公司董事长
后　力　安徽江淮电缆集团有限公司总经理
向文旭　达州市旭能工贸有限公司董事长
向炳伟　陕西伟志集团股份有限公司董事长
孙宏原　山西沁新煤焦股份有限公司董事长、党委书记
孙秀坤　吉林精气神有机农业有限公司董事长
孙俊良　陕西恒源煤电集团董事长
孙荫环　亿达集团有限公司董事长
孙素清　四川四海食品股份有限公司董事长
安福来　西和县恒安工矿贸易有限公司董事长
庆祖森　安徽华星化工股份有限公司董事长
朱全祖　兰州亚太实业集团有限公司董事长
许荣茂　香港世茂集团董事长
许家印　恒大地产集团董事局主席兼党委书记
许晓舟　成都市丰德企业发展（集团）有限公司董事长
许涛芳　上海添香实业有限公司总经理
许淑清　广州市保宇实业有限公司董事长
达娃顿珠　西藏达氏集团有限责任公司董事局主席
闫晓平　宁夏伊品生物工程股份有限公司董事长、总经理
齐建湘　株洲湘银房地产股份有限公司董事长
齐　清　北京柯瑞生物医药技术有限公司董事长
严　琦　重庆陶然居集团董事长
何正国　汉源昊业有限公司、锦泰集团公司总经理
何其新　江苏波司登制衣有限公司董事长
何金碧　迈科投资控股集团董事长
余渐富　安徽省南翔集团总裁
冶福财　青海世纪置业投资有限公司董事长

吴先红　同景集团有限公司董事长
吴俊保　安徽新华集团投资有限公司董事长
吴爱玲　眉山市工商联主席
吴惠天　万利达集团有限公司董事长
应泽从　应大投资集团有限公司董事长
张立军　河北正元化工集团股份有限公司董事长
张亚平　山西东辉焦化集团董事长
张传海　长白山酒业集团总裁
张兴海　重庆渝安创新科技（集团）有限公司董事长兼总裁
张志强　四川德阳市工商联主席
张近东　苏宁电器集团董事长
张远平　四川省远达集团有限公司董事长、总裁
张　钊　贵州省长通集团董事长
张国志　四川志达欣砼实业有限公司董事长、总经理
张明亮　青岛三利集团有限公司董事长
张杰庭　锡华实业投资集团董事长
张彦森　天津狗不理集团股份有限公司董事长
张思民　深圳海王集团股份有限公司董事长
张祥青　天津荣程联合钢铁集团有限公司董事长
张铁汉　鞍山宝得钢铁有限公司总经理
张雪岩　天津福光投资集团有限公司董事长
张渭波　四川泰昌建材集团董事长
李义海　江西济民可信集团有限公司董事长
李子忠　阿坝州汶川县工商联主席
李广元　四川明星电缆股份有限公司党委书记、董事长
李凤军　天津万隆集团有限公司总经理
李仲友　四川众友实业有限公司董事长
李志强　包头市石宝铁矿集团有限责任公司董事长
李建伟　葵花药业集团（重庆）有限公司总经理
李建华　吴忠市嘉禾粮油食品有限公司董事长兼总经理
李绍敏　贵州环宇药业有限公司总经理
李金元　天狮集团总裁
李彦群　吉林神华工贸集团有限公司董事长
李顺堤　顺盛集团股份有限公司董事长
李　涛　西安鼎天投资控股集团董事长
李新炎　中国龙工控股有限公司董事长
李新洲　先锋医药股份有限公司董事长、总经理
杜　云　成都通安达集团董事长
杨光全　四川天成集团董事长
杨宝庆　浙江泰普森休闲用品有限公司董事长
杨　敏　抚顺罕王实业集团有限公司董事长
邱光和　森马集团有限公司董事长
邱光雄　云南雄业集团董事长兼总经理
陆　锦　山东大陆企业集团董事长
陈世勇　小洋人生物乳业集团有限公司董事长
陈礼斌　常州市侨裕集团有限公司总裁
陈光标　江苏黄埔再生资源利用有限公司董事长
陈存华　上海永进电缆（集团）有限公司董事长
陈年代　汇仁集团董事长兼总裁
陈宗君　南充市工商联主席
陈忠孝　山西常平集团董事长
陈　南　郑州三全食品股份有限公司总经理
陈　峰　海航集团有限公司董事长、党委书记
陈燕飞　百信集团控股有限公司总裁
陈耀林　广西天昌投资有限公司董事、副总经理
周永辉　江西恒茂房地产开发有限公司董事长
宗立成　青州尧王集团总经理
宛秋生　临清三和集团董事长
尚兴琼　北川县工商联党组书记、常务副主席
昂　格　香巴拉大酒店总经理
罗小波　凉山索玛（集团）有限公司董事长
罗先筱　长沙市工商联经济联络处处长
罗　实　四川天立投资集团董事长、总裁
苗　伟　四川长兴实业（集团）有限公司董事长

郑大清　新疆天地集团有限公司董事长
郑有全　河南瑞贝卡发制品股份有限公司董事长
郑坚江　奥克斯集团董事长
金生光　青海正平集团董事长
姚仕群　新疆石河子成渝房地产开发有限公司董事长
柳传志　联想控股有限公司董事长
胡永乾　四川省巴中市安驰机动车驾驶员培训学校校长
荣　海　西安海星科技投资控股（集团）有限公司董事长
赵永亮　内蒙古东达蒙古王集团董事长
赵　明　山西普大煤业集团董事长
赵满堂　甘肃盛达集团股份有限公司董事长
徐桂芬　煌上煌集团有限公司董事局主席
徐镜人　扬子江药业集团董事长、党委书记兼总经理
柴建中　青海洁神装备制造集团有限公司董事长
涂建华　隆鑫控股有限公司董事长
秦太宏　泰宏集团董事长
袁志敏　金发科技股份有限公司董事长
郭一民　四川蓝剑饮品集团有限公司董事长兼总经理
郭占春　内蒙古奈伦集团董事长
郭丽双　东方美亚投资有限公司董事长
郭彩信　略阳县诚信矿业有限责任公司董事长
钱建蓉　中锐控股集团有限公司董事长
高兰银　平凉新世纪工贸开发集团有限责任公司董事长
高占奎　朝阳昊天有色金属有限公司董事长
高　翔　哈尔滨圣泰制药股份有限公司董事长
康国庆　北京市振兴资源彩钢房屋有限公司总经理
曹世如　成都红旗连锁有限公司党委书记、董事长、总经理
梁亮胜　香港丝宝集团（国际）有限公司董事长
黄文仔　星河湾地产控股有限公司董事长
黄淑玲　九阳股份有限公司副董事长
黄道力　广元市赛格实业有限公司董事长
傅光明　福建圣农发展股份有限公司董事长
彭宇兴　云南实力房地产开发经营集团有限公司董事长
彭庆国　宝鸡市光明眼镜有限公司董事长
彭炳华　福建省华港农牧集团总裁
曾宪云　三亚凤凰岛投资有限公司董事长
温显来　博能集团董事长
焦　云　七台河宝泰隆煤化工股份有限公司董事长
程俊峰　天水昊峰矿业集团有限公司董事长
葛永品　新疆通嘉房地产开发（集团）有限公司董事长
董才平　中天钢铁集团董事长、总裁、党委副书记
蒋业华　重庆华宇物业（集团）有限公司董事长
谢子龙　湖南老百姓医药连锁有限公司董事长
韩　庆　甘肃天庆房地产集团有限公司董事长
楼　明　广厦建设集团有限责任公司董事长
裘德道　杭州道远化纤集团有限公司董事长
赖可宾　南宁永凯实业集团有限责任公司董事长兼总裁
缪双大　江苏双良集团董事长
臧　克　丹东克隆集团有限责任公司董事长
谭功炎　福星集团总裁
谭传华　重庆谭木匠工艺品有限公司董事长
谭丽莎　中华工商时报四川记者站站长
潘世伟　四川省互惠商业有限责任公司董事长
潘阿祥　浙江振兴阿祥集团有限公司董事长
戴志康　上海证大投资集团董事长
戴　皓　合众人寿保险股份公司董事长

领导讲话 LDJH

在全国工商联系统先进集体和先进工作者表彰大会上的讲话

全国政协副主席，中央统战部部长　杜青林

（2008 年 10 月 30 日）

今天，全国工商联系统先进集体和先进工作者表彰大会隆重召开。我代表中央统战部，向出席会议的同志们表示热烈欢迎，向受到表彰的先进集体、先进单位和先进工作者、先进个人表示衷心祝贺，向全国各级工商联干部职工表示亲切问候！

刚才，黄孟复主席发表的讲话，对进一步做好工商联工作提出了明确要求，我完全赞同。受表彰的先进集体和先进工作者代表的发言，充分展示了工商联系统干部职工队伍崭新的精神风貌。

全国工商联自 1953 年成立以来，已走过 55 年不平凡的历程，取得了非凡的业绩。特别是党的十一届三中全会以来，各级工商联组织围绕中心，服务大局，带领广大会员紧密团结在党的周围，为中国特色社会主义建设和改革开放事业作出了重要贡献。广大工商联干部职工继承和发扬优良传统，将工商联作为施展才华、贡献智慧的舞台，任劳任怨，勤奋工作，推动了工商联事业的不断发展。

今天受表彰的先进集体、先进单位和先进工作者、先进个人，就是全国各级工商联组织和广大工商联干部职工中的优秀代表和先进典型。同志们为党的统一战线事业和工商联事业倾注了满腔热忱，付出了大量心血。

在大家身上，集中体现了政治坚定、胸怀大局的思想品质，体现了以人为本、求真务实的优良作风，体现了团结协作、奋发进取的高尚情操，体现了改革创新、争创一流的时代精神。

从大家身上，我们看到了工商联工作取得的显著成绩，看到了工商联组织充满的生机活力，看到了工商联事业发展的美好前景。实践证明，工商联不愧为党和政府联系非公有制经济人士的桥梁纽带，不愧为政府管理非公有制经济的助手，不愧为广大非公有制企业和非公有制经济人士的温暖之家。

作为党领导下的具有统战性、经济性、民间性的人民团体和商会组织，工商联始终与国家同发展，与时代同进步。党的十七大开启了中国特色社会主义事业的新征程，我国已经站在新的历史起点上，我们面对的是一个大发展、大变革的时代，工商联事业任重道远，大有可为。当前，全党正在开展深入学习实践科学发展观活动。科学发展观是中国特色社会主义理论体系的重要组成部分，是我国经济社会发展的重要指导方针，是发展中国特色社会主义必须坚持和贯彻的重大战略思想。各级工商联要把学习实践科学发展观作为一项重大的政治任务，切实增强贯彻落实科学发展观的自觉性和坚定性，更好地服务科学发展和实现自身科学发展。这里，我谈几点意见，供同志们参考。

一、围绕中心工作，引导非公有制经济实现科学发展

在改革开放 30 年火热的建设实践中，非公有制经济已经成为我国社会主义市场经济的重要组成部分。据有关部门统计，目前私营企业已超过570万家，占全国法人企业的80%以上，成为我国最大的企业群体；个体私营经济已占全国GDP的40%左右，一些企业已成为本行业发展的排头兵、知名品牌的创立者。

目前，我国正处于发展的关键期、改革的攻坚期和矛盾的凸显期，机遇和挑战都前所未有。非公有制经济发展也呈现出一系列新特点：企业发展的速度步入快车道，同时自主创新能力有待加强；企业的规模不断拓展，同时发展层次有待提升；非公有制经济成为推动经济发展的重要力量，同时企业素质需要强化；企业创造了大量就业机会，同时劳动关系需要更加和谐；员工物质文化生活不断丰富，同时企业文化需要进一步创新。尤其是我们要清醒地认识到，目前国际金融危机蔓延，金融市场陷入空前动荡，危机正向实体经济部门扩散，世界经济增长放缓。我国发展总体形势是好的，金融业稳健运行，国民经济继续保持较快增长，经济发展的基本面没有改变，但国内经济运行中也存在一些突出矛盾和问题。这些都会对我国企业发展特别是非公有制企业发展造成一定影响，众多中小企业面临严峻的挑战。

在这种情况下，各级工商联组织要积极向政府和有关部门反映非公有制企业遇到的新情况新问题，采取有力措施推进扶持政策的贯彻落实，积极帮助非公有制企业解决融资困难、改善发展环境、努力渡过难关。要把解决具体问题与解决根本性问题结合起来，特别是要通过学习实践科学发展观，引导他们充分认识科学发展观是非公有制经济应对当前挑战、实现健康发展的现实之路、必由之路、科学之路，更加自觉地按照科学发展观的总体要求，着力转变不符合科学发展观的思想观念，着力解决影响和制约企业科学发展的突出问题，把科学发展观落实到企业生产经营的全过程，努力提高自身素质、创新能力、管理水平和企业效益，走出一条又好又快的健康发展道路。

要引导非公有制企业增强科学决策水平，增强危机经营意识，充分预判各种风险，变挑战为机遇，变压力为动力，战胜前进中的困难。根据市场竞争的变化情况和企业的比较优势，准确捕捉产业未来发展方向，适时制定和调整企业发展战略，努力做到知变、应变、善变，使企业立于不败之地。

要引导非公有制企业在更新发展思路中转变发展方式，加强科学管理，建立现代企业制度，改变“高投入、高消耗、高污染、低产出”的粗放型生产经营模式，深化产品结构调整，强化节能降耗减排，全面提升企业的效益、效率和发展质量，走资源节约型、环境友好型的发展道路，实现企业规模扩大、资源优化配置和效益显著增强的有机统一。

二、坚持改革创新，增强非公有制经济发展活力

今年是我国改革开放30周年。改革开放使我国经济社会面貌发生了翻天覆地的巨大变化，极大地解放了社会生产力，特别是促进了非公有制经济的快速发展，同时也开启了工商联事业发展的崭新时代。当前，要引导非公有制企业战胜经济环境变化带来的严峻挑战，必须勇于变革、敢于创新，努力提高企业的整体素质和发展活力，进一步增强市场竞争力和抵御风险能力。

要着力破除非公有制经济发展的体制机制性障碍，推动有关政策法规落实，扩大非公有制经济市场准入，加强投融资、税收、土地使用和对外贸易等方面的政策支持，健全社会化服务体系，营造公平竞争的市场环境，形成各种所有制经济平等竞争、相互促进新格局。

要引导非公有制企业提高自主创新能力，加强原始创新、集成创新、引进消化吸收再创新，推进以企业为主体的产学研结合，形成具有自主知识产权的核心品牌，增强企业核心竞争力，实现产品和出口从低附加值向高附加值转变，从价格竞争优势向技术竞争优势转变，从成本竞争优势向品牌竞争优势转变，从经济增长主要依靠增加物质资源消耗向依靠科技进步、劳动者素质提高、管理创新转变，实现企业的可持续发展，真正做优、做强、做大、做好。

要引导非公有制企业加强制度创新，加快建立现代企业制度，努力形成培养人才、吸引人才、留住人才和储备人才的激励机制，建立健全企业内部的监督机制，做到依靠制度管人管事管企业，为企业长远发展提供有力的制度保障。

要引导非公有制企业加强企业文化建设，继

承中华民族优秀传统文化，吸纳现代文明理念，树立社会主义核心价值观，培育内涵丰富、独具特色、积极向上的企业先进文化，增强企业凝聚力、向心力，激发企业员工干事创业的热情和创造活力。

三、加强教育引导，促进非公有制经济人士健康成长

工商联的所有工作，都要以促进非公有制经济人士健康成长和非公有制经济健康发展为出发点和落脚点。实践证明，促进“两个健康”是相互交融、不可分割的。非公有制经济人士健康成长是非公有制经济健康发展的重要保证和内在动力，非公有制经济健康发展是非公有制经济人士健康成长的基础条件和价值体现。

引导非公有制经济人士健康成长，必须按照充分尊重、广泛联系、加强团结、热情帮助、积极引导的方针，团结教育广大非公有制经济人士，拥护中国共产党的领导，树立中国特色社会主义共同理想，共建社会主义核心价值体系，坚定不移地走中国特色社会主义道路，努力培养和造就一支与中国共产党同心同德、始终不渝致力于中国特色社会主义事业的非公有制经济代表人士队伍。

要认真回顾总结改革开放以来非公有制经济发展的巨大成就和宝贵经验，引导广大非公有制经济人士正确认识我国基本经济制度和政治制度，正确认识改革开放取得的巨大成就，正确认识非公有制经济的历史责任，不断坚定他们对中国特色社会主义共同理想的信念、对党和政府的信任、对改革开放和全面建设小康社会的信心。

要引导广大非公有制经济人士自觉承担爱国报国、发展企业、遵纪守法、公益慈善、道德自律等社会责任，把企业自身发展与国家大局结合起来，把个人富裕与全体人民的共同富裕结合起来，把遵循市场法则与发扬社会主义道德结合起来，做到爱国、敬业、诚信、守法、贡献。当前，要认真贯彻落实党的十七届三中全会精神，团结动员非公有制经济人士积极参与社会主义新农村建设，明确重点、发挥优势、注重实效，探索在壮大县域经济和统筹城乡发展中发挥作用的途径与方式。要继续弘扬“光彩精神”，引导有实力和有条件的企业积极参与光彩事业和社会公益慈善事业，使非公有制经济人士在为经济建设社会发展作出贡献的同时，实现自身的价值和光彩的人生。

前不久，中央统战部和全国工商联联合召开了全国非公有制经济人士思想政治工作会议，提出了新形势下加强和改进非公有制经济人士思想政治工作的意见。各级工商联组织要认真贯彻会议精神，按照意见的要求，坚持以人为本，既重视思想政治教育，又注重人文关怀和心理疏导，建立相应的工作渠道和机制，建立综合评价体系，完善培训教育制度，做好非公有制经济代表人士培养选拔和政治安排工作。对已经安排为各级党代表、人大代表、政协委员、工商联执委和常委的非公有制经济代表人士，要加强联系、热心帮助、及时引导，不断提高他们的思想政治素质和参政议政能力。要按照人才建设的不同要求和非公有制经济人士成长规律，加强非公有制经济代表人士后备队伍建设，努力实现非公有制经济代表人士队伍的可持续发展。在这次思想政治工作会议上，全哲洙同志作了一个很好的重要讲话，希望各级统战部门和工商联组织认真学习贯彻哲洙同志的讲话精神。

四、加强自身建设，提高服务科学发展的能力和水平

加强自身建设，提高履行职责和发挥作用的能力，是党中央对工商联的明确要求，也是全面落实工商联各项任务的重要保障。今天上午结束的全国工商联组织工作会议，总结交流了县级工商联组织建设经验，研究部署了今后工作，对于进一步加强工商联自身建设、提高履行职责和发挥作用的能力具有重要意义。希望各级工商联以这次会议为契机，坚持以改革创新精神全面加强自身建设，切实增强吸引力、凝聚力和影响力，努力把工商联建设成为政治方向明确、工作职能完善、运行机制健全、服务能力较强、作用发挥充分的人民团体和商会组织。

要加强组织建设。根据发展非公有制经济和开展工商联工作的需要，不断壮大会员队伍，继续优化会员结构，改进会员队伍管理。要建立健全基层组织，加强对基层组织工作的指导，在党委和政府的支持下，帮助基层组织改善工作条件，切实履行职责。要推进行业商会完善职能、规范管理、发挥作用。要加强行业商会之间、工商联之间的联系与合作，切实发挥组织整体优势。

要加强制度建设。积极探索创新有利于工商联为科学发展服务和实现自身科学发展的工作机制，逐步建立能够切实履行职责、充分发挥作用的制度体系，不断提高服务科学发展的能力和水平。认真实行民主集中制，健全集体领导和个人分工负责相结合的制度，坚持领导班子民主议事、科学决策，完善议事程序和规则。逐步建立与有关部门、有关机构协调合作的长效机制，整合有效资源，形成工作合力。

要加强能力建设。抓好干部的学习和培训，切实增强服务大局能力、服务会员能力、调查研究能力和组织协调能力，努力提高工作质量和效率。全面加强思想作风、学风、工作作风、领导作风建设，面向基层，面向会员，热心为他们排忧解难，努力建设一支勤奋学习、业务过硬、务实创新、廉洁自律、团结奉献的干部队伍。

这次表彰大会还向在工商联工作满25年的干部职工代表颁发了荣誉证书。大家是工商联事业发展的有功之臣，是工商联的宝贵财富。为此，我代表中央统战部，向大家表示崇高的敬意和亲切的慰问！希望同志们一如既往地保持饱满的热情和干劲，贡献你们的智慧和力量，推动工商联事业薪火相传、开创未来。同时，希望受到表彰的先进集体和个人在各自的岗位上戒骄戒躁，发扬成绩，再接再厉，继续发挥示范带头作用。

最后，祝同志们身体健康，工作顺利，家庭幸福！

（全国工商联办公厅　供稿）

在全国工商联机关干部职工大会上的讲话

全国政协副主席，全国工商联主席　黄孟复

（2008年1月18日）

同志们，时间过得很快，全国工商联第十次会员代表大会（以下简称“十大”）闭幕已经两个月了。“十大”开得很成功，意义非常大。一个是我们的新的领导班子得到了充实，有很多新鲜的血液流进来。另外我们作了一个很好的工作报告，这个报告集大家的智慧，对九届的工作进行了全面的总结，对今后的工作提出了明确的要求，是非常好的。另外“十大”对《中华全国工商业联合会章程》（以下简称“章程”）作了进一步修改，从各方面明确了工商联的地位作用，理顺了工商联和民间商会的关系。在各民主党派中央和全国工商联中，我们是第一个进行换届的，按照中央领导同志的要求，我们对换届大会精心组织、周密策划，体现了团结奋进的精神面貌和严谨的组织管理，得到了中央领导同志的肯定和各民主党派中央同志的赞誉，新闻媒体和各方面对大会也进行了充分的报道和宣传。应该说这次大会极大地提升了工商联的影响力。这次大会的胜利召开也凝聚了全国工商联机关全体同志的努力，有一部分同志是直接参加大会工作的，也有一部分同志是间接参加大会工作的，这次表彰的主要是直接参加大会工作的一部分同志，他们通过辛勤的工作，使大会运行的机制得到保障，使代表和来宾都非常满意。这次表彰体现了我们团结奋进的精神，也体现了全国工商联机关干部学习贯彻落实党的十七大精神，在新的历史阶段发挥作用的一种精神，因此这次表彰应该说是具有示范作用的。

刚才机关各部门的主要负责人进行了述职，对去年一年的工作进行了总结，对今后的工作也提出了一些想法。全国工商联进入了第十届，总的来看，党中央对我们的要求更高了，也更加明确了。党中央要求工商联发挥的五项作用，每一项作用都值得我们认真地去学习，认真地去实践，认真地去挖掘和创新。在非公有制经济人士参与政治和社会事务中的主渠道作用，在非公有制经济人士思想政治工作中的重要作用，在政府管理非公有制经济方面的助手作用，在构建和谐劳动关系过程中的协调作用，在行业协会商会改革发展中的积极作用。这五大作用每一项都需要我们不断地去创新，不断地去努力，这个任务是非常艰巨的。今天我们的机关干部职工大会就是要学习贯彻落实党的十七大精神，把筹备和召开“十大”期间的这种热情延续到我们的日常工作中来。在“十大”期间，很多同志非常辛苦、非常认真，使我们的工作得到了广泛的好评，但是如何能够把这种精神和热情，对工作的一丝不苟、认真负责的态度延续到我们的日常工作中来，还需要我们广大的干部通过今后的实践来体现。下面全书记将对工作提出全面的要求和部署，我想重点强调两个问题。

第一，我还是想强调一下学习的问题。党中央赋予工商联的五大作用提出来以后，对工商联的工作又是一个新的挑战。在“十大”上，代表们对工商联过去五年工作的成绩给予了充分的肯定，这对我们是一个巨大的鼓舞，但是我们应该清醒地看到，过去五年工作所取得的成绩是建立在前面工作没有完全到位的基础之上的，是一种恢复性的进步，并不是作出了很突出的成绩。这是一些基础性的工作，或者说是必须要做的工作。要深入地挖掘我们工作的潜力，扩大我们工作的影响，这个任务还是非常艰巨的。不能说在过去五年中我们取得了很多成绩，就可以在这个成绩的基础上松一口气，这样是不行的，还是要继续挖掘潜力，开拓前进。今年，我们要利用纪念改革开放30周年以及全国工商联成立55周年这样一个机会，认真地开展学习活动，要把工商联工作的基础，从思想基础到业务基础都打牢夯实，所以说学习的任务是非常重的。我一直强调这样一个观点：工商联的工作时刻面临考验和挑战。工商联具有统战性、经济性、民间性，同时又具有极大的开拓性。我们在政治上把握的程度，在经济上服务的深度，在特色体现上的广度，都需要认真学习研究，任务还非常重，所以政治上的学习、业务上的学习，就应该成为每一个工商联干部的法宝。不学习不行，一周不看新闻、不看报纸、不看有关的信息，可能就会落后。民营经济的发展，党和国家在政治经济生活中的创新，都需要我们通过不断的学习才能跟上不断发展的形势，所以学习对于工商联的机关干部来讲是一个法宝。我感觉现在越来越多的人愿意主动地学习，这个风气还要进一步地发扬。不干事的人议论干事的人，少干事的人议论多干事的人，这种不正之风要坚决予以纠正。人人都要学习，都要把自己的思想、把自己的工作通过常年不断学习提高到一个更高的水平。全国工商联要对地方工商联的工作进行指导，要对全国的民营企业家的成长，对民营经济的发展进行指导，不光是通过会领导，也要通过机关全体同志，所以要求大家都要提高整体素质。希望大家努力，我也希望各个部门的负责人支持鼓励大家学习，要求大家学习，使学习真正成为工商联干部的一个基本功。

第二，我想强调一下调查研究。调查研究是深入实际的一个重要手段，如果我们大家都不调查研究，只是单纯学习，看些材料就可以吗？不学习是不行的，但反过来讲，你不深入到基层，就不可能使你学习到的东西和实践相结合，工作的深度就非常浅，就不能使工作的水平得到一个比较大的提高，也不能够把我们工作的着力点和实践的需要点紧密地结合起来。部门工作大家取得了很多的成绩，但是如何把我们工作的这些做法、这些成绩进一步地提升，可能要进行更多的思考，要更多地进行调查研究，在调查研究的基础上，形成工商联工作特色。我觉得我们有些部门已经开始重视这个问题了，每年都有一些部门用调查研究的成果，指导部门的工作，也指导各地工商联相关部门的工作，所以我希望调查研究之风和认真学习之风能够在我们机关深入地展开，并作为全国工商联机关提高思想和工作水平的两件重要的事情、长期的事情坚持地做下去。

我相信在全国工商联党组和主席办公会议的领导下，经过我们机关干部职工的共同努力，一定能够按照党的十七大精神和非公有制经济发展变化的趋势，做出更多的成绩。这个责任就落在大家的身上，希望每一位同志都努力，特别希望这些年来进入全国工商联机关的年轻同志，能够进一步发挥作用。我看到青年理论学习小组很活跃，我希望在会内形成这样一种团结的、向上的、学习的、实践的作风。工商联机关真正形成这样一种学习的、调查研究的风气，将为我们实现“十大”提出的奋斗目标打下坚实的基础。

（本文根据录音整理，全国工商联办公厅　供稿）

在“第二届亚洲制造业论坛”上的致辞

全国政协副主席，全国工商联主席　黄孟复

（2008年9月24日）

首先，我代表中华全国工商业联合会，向前来参加第二届亚洲制造业论坛的各国朋友们表示热烈的欢迎！本次论坛会聚了亚洲制造企业和关注亚洲的欧美制造企业，其中很多是国际上非常优秀的知名企业，我们相信，与会的企业家和专家们通过交流和对话，共同探讨亚洲制造业的未来发展道路，一定会使本次论坛成为一个激发思想、促进创新、推动发展的平台。

当前世界正在发生广泛而深刻的变化。经济全球化促进了生产要素跨国流动和经济结构调整不断深化。制造业作为全球经济的重要组成部分，随着技术的进步、生产要素的转移和国际分工合作的深入，在产业结构、组织方式、地区分布和价值链分工上不断发生着各种变化。全球化带来了发展的新机遇。

亚洲是全球最具活力和潜力的制造业重地。首先，亚洲人口众多、地域广阔、资源丰富，是巨大的制造业终端消费市场，随着亚洲各国经济快速发展，人民生活水平提高，工业化、城镇化加速，市场潜力将逐步释放，亚洲制造业存在着巨大的发展空间；其次，亚洲各国经济处在不同的发展阶段，制造业水平和产业基础有较大差距，区域内经济梯度发展，国家之间进行产业转移、资本投资、服务贸易等多方面合作，产业链上的多环节、多层次分工协作、互补依存的制造体系也逐步形成；其三，亚洲各国的交流合作日益广泛和深入，双边与多边、次区域及各经济圈的合作为亚洲和平发展和合作共赢建立了良好的机制，也为亚洲制造业的发展带来了历史性的机遇。我相信亚洲将会从承接世界产业转移向引领世界制造业转型。

目前，世界经济发展中面临着许多不确定因素和潜在风险。经济发展速度放缓、全球性的资源能源紧缺、要素成本增加、环境约束日益强化的压力，给亚洲制造业带来了新的挑战。如何使亚洲制造业健康发展，成为可持续提供产品、服务、就业机会和推动经济增长的源泉，如何从实际出发，解决好制造业发展与人口、资源和环境之间的关系，是亚洲各国制造业企业需要共同面对的问题。因此，我们将本届论坛的主题确定为“构建可持续发展的亚洲制造业”，深入探讨应对之策，具有重要的意义。

经过改革开放30年，中国制造业实现了跨越式发展，建立了相对完善的产业体系，已经成为全球制造业大国。中国企业在激烈的市场竞争中不断成长，涌现了一批有实力参与国际竞争的优秀企业。但是中国是一个人力资源丰富、自然资源短缺、生态环境脆弱的发展中国家。目前中国的制造业在整体上还处于产业链的低端，企业创新能力和国际竞争力有待提高，发展方式粗放，资源和环境代价过大，这些问题直接影响着中国经济的可持续发展。在能源资源涨价、环境约束等多重压力下，一些依赖成本取胜的企业步履艰难。中国制造业的根本出路是走一条科技含量高、经济效益好、资源消耗低、环境污染少、人力资源得到充分发挥的新型工业化道路，这是中国政府和企业共同的目标。走新型工业化道路，中国企业需要在经营理念、生产方式、管理水平和创新能力上不断提升。

一是要转变经济发展方式，加快产业结构调整和升级，大力推广新技术、新工艺、新设备、新材料的应用，推动节能减排和循环经济，创新发展资源节约型、环境友好型的制造业新模式。

二是提高技术创新能力，把增强自主创新能力作为实现持续发展的中心环节和企业发展的不竭动力。企业要成为技术创新的主体，加速科技成果向现实生产力转化，将巨大的制造能力转变为巨大的创造能力。

三是创造新的竞争优势，制造企业要创新商业模式，从单纯的生产型制造商向服务型制造商转变，延伸产业链，提升品牌价值，增加产品附加值；要以信息化推进制造业提升，实施精益制造、敏捷制造、虚拟制造等先进制造方式，打造从供应链到全球整合的新型管理模式。

四是发展生产性服务业，大力推进现代物流业、科技服务业、金融保险业、信息服务业、商务服务业等新兴服务行业，为制造业的技术进步、产业升级、提高生产效率和加强质量信誉提供保障。

五是积极融入经济全球化，从更大范围、更广领域、更高层次参与国际经济技术合作和竞争。企业要走出本土，跨国经营，充分利用两个市场、两种资源、全球人力资源，在全球范围内优化要素配置，提高国际竞争能力。

不久前北京奥运会和残奥会圆满闭幕了，为我们留下了很多宝贵的精神财富，我们要继续弘扬奥运精神，加强国际交流，增进团结友谊，促进公平竞争，推动中国改革开放走向深入。中国制造业企业也将继续向国际优秀企业学习，分享经验，促进合作。我希望在本次论坛上，与会者能够充分交流，畅所欲言，让思想迸发出创新的火花。全国工商联希望能充分发挥民间商会的作用，加强与国外工商社团和企业的联系与合作，共同为构建可持续发展的亚洲制造业而努力！

在“民营企业灾后重建与发展论坛”上的讲话

全国政协副主席、全国工商联主席　黄孟复

（2008 年 10 月 27 日）

在经历了“5·12”汶川大地震之后，我们聚首成都参加第九届中国西部国际博览会。今天来自全国各地的政府领导、专家学者和民营企业家齐聚论坛，就民营企业灾后重建发展进行探讨，非常有意义。在此，我谨代表全国工商联向全体参会嘉宾表示热烈的欢迎！对关心和支持灾后重建发展的各地工商联和民营企业家致以真诚的感谢！

灾后不久我随贾庆林主席到灾区视察，当时看到大地震给灾区人民生命和财产造成的巨大损失，心情十分沉重。与此同时，我也为战斗在第一线的同志们气壮山河、众志成城的抗震救灾精神深深感动，切身感受到中华民族是不会被任何灾难所压倒的。在这场特大灾害面前，全国人民和广大的民营企业反应快速，热情空前，踊跃向灾区捐款捐物、自发参与救援、主动收养孤残、援建公共设施；灾区的民营企业面对地震造成的严重灾害，以高昂的斗志、自强不息的精神积极救灾和恢复生产，充分体现了民营企业家强烈的爱国热情、高度的社会责任感和热爱人民群众的高尚情怀。地震发生后，各地工商联迅速组织民营企业积极有序地参与抗震救灾。在广大民营企业和各级工商联组织中，都涌现出很多可歌可泣的感人事迹和先进人物。

此次再度来川，十分欣慰，我高兴地看到，在党中央、国务院的领导下，在全国人民的大力支持和帮助下，在各级党委和政府的周密组织、科学调度下，灾区各项建设工作已全面推进，为灾后重建发展创造了有利的条件，灾区人民正在新的起点上走向新的生活。

本次论坛目的是借助论坛平台，以灾后重建规划为蓝图，市场为纽带，项目为载体，共赢为目标，推动民营企业参与灾后重建发展。地震虽然给灾区造成了巨大的损失，但也是一个发展的契机，综观世界各国遭遇灾难的地区或城市，很多都变灾难为机遇，实现了迅速恢复并取得更好发展。借此机会，我想讲两点意见。

一、从国际国内经济形势看，灾后重建面临许多机遇

今年以来，世界上发生了两次“大地震”。一次是我国汶川地震，震级为8.0级，给我国川、陕、甘地区的经济造成严重损失；另一次“大地震”发生在美国，次贷危机是一次经济“地震”，到目前其震级及影响的深度、广度还不清楚，它引发了全球金融的剧烈动荡，并已经开始蔓延到实体经济，世界经济增长速度明显放缓。当前我国正处在一个复杂而又困难的外部环境中，我国经济运行的总体情况是好的，经济增长速度持续稳定，居民储蓄率高，外汇储备充分，市场潜力大，这些都为我们抵御国际金融危机提供了坚实的基础。针对国内外经济的新形势，党中央进一步强调要着力扩大国内需求，并陆续出台了为保持我国经济平稳较快增长的各项政策措施。我们相信，在党中央的正确领导下，只要措施得当，我们一定会克服眼前的困难，也一定会在复杂多变的局势中找到中国的机遇。目前的政策取向有利于地震灾后重建发展，灾后的建设投资为拉动内需提供了巨大的发展空间，扩大内需的需求也使西部企业的后发优势得以充分发挥。

这次汶川特大地震后，国务院制定了灾后恢复重建的总体规划，提出力争用三年左右时间完成恢复重建的主要任务，使灾区基本生活条件和经济发展水平达到或超过灾前水平的目标。国家出台了财政、税收、金融、土地、就业等一系列政策措施，为重建提供了良好的政策环境。同时党的十七届三中全会提出新农村建设的政策也都为重建发展提供了新动力。

当前，我国东中西各区域在资源禀赋、要素条件、产业基础、发展水平上还都存在着明显的差异，东部地区已经积累了比较雄厚的资金实力、技术研发能力和良好的产业基础，但是受资源、土地和劳动力等要素条件的制约，低成本竞争优势正在逐渐失去，迫切需要进行经济结构调整。西部地区有丰富的资源优势，但产业基础比较薄弱，工业化水平相对较低，这种差异性也是互补性，为产业转移、跨区域合作发展提供了客观的基础。在灾后重建过程中，要把重建与区域经济合作相结合，在承接产业转移中增强灾区自我发展的能力，通过优化要素配置，合理产业分工，优势互补进行产业对接，把灾区的资源优势转化为经济优势。

二、在灾后重建发展中要整合政府、企业和社会各方力量

1. 在灾后重建发展中要发挥政府的主导作用

在我国，政府对经济发展和资源配置有主导作用和重要影响力，在震后抢救生命和恢复生活阶段，都充分体现了政府强有力的指挥能力、群众动员能力、资源调配能力和统筹协调能力。当前，进入灾后重建发展阶段，仍然需要政府发挥主导作用，但是要从直接指挥操作向制定规划、营造环境、维护市场公平竞争秩序转变。重建发展中要调动一切可以调动的积极因素，整合一切可以整合的资源，创造平等竞争与合作的环境，发挥市场在配置资源中的重要作用，建立灾后重建的运行规则和机制，为长远发展提供制度保障；要鼓励支持民营经济发展，充分体现公平、公正、机会均等的原则，在市场准入、政策落实、财政支持、企业融资等方面做到民营企业与国有企业一视同仁；重建发展中不仅要盯住大项目、大企业，更要营造一个鼓励全民创业和中小企业发展的环境，发挥中小企业丰富活跃市场、提供就业岗位、提高人民生活水平的作用；灾区各级政府要树立长远发展的理念，摒弃短期利益的思想，既要热情招商，又要诚信服务，要把企业请得进、留得住，共同赢利、共同发展。

2. 在灾后重建发展中要发挥民营企业的主体作用

政策规划制定后，最终要通过企业这个市场主体来实现，只有企业得到良好的发展，才能实现灾区社会稳定、市场繁荣、人民生活不断改善，财政收入稳定提高。全国各地很多民营企业怀着深厚感情来到灾区，表达了他们投资灾区的强烈愿望，如果在重建中聚集全国广大民营企业的人才、智慧、资金、项目，必将会形成强大的发展能量。民营企业的活力在于他们的企业战略、理念、机制都是以市场为导向，总是将要素资源向效益高的区域流动。特别是民营企业家艰苦奋斗、开拓进取和百折不挠的创业精神，也是在重建中最需要和最可贵的精神品质。灾后重建发展是一个艰苦的过程，也是民营企业践行科学发展观的过程。我希望灾区的民营企业以重建为契机，用好用足相关政策，在重建中调整产业结构，淘汰落后的生产方式，提升企业的整体水平，在更高的起点上科学发展；希望各地民营企业参与灾后重建要以互惠互利、义利兼顾为原则，将企业自身发展与灾后重建大局结合起来，将市场化原则与社会责任结合起来，将扶贫济困与增强灾区自身发展能力结合起来；民营企业在重建中要注意将自身的核心能力与灾区的产业特点和资源优势相结合，不仅要投入资金，也要发挥企业在品牌、技术、人力资源、商业渠道等方面的优势，开展广泛合作；民营企业在重建中要集约发展、保护环境、提高资源利用效率、发展循环经济，为灾区全面、协调、可持续发展作出贡献。

3. 在灾后重建发展中要发挥民间组织的独特作用

在社会主义市场经济体制下，商（协）会等民间组织的作用日益显现。在横向上，商（协）会组织协调企业，推进行业自律，服务行业发展，促进交流合作。在纵向上，商（协）会是政府与企业之间的桥梁纽带，协助政府贯彻国家意志，代表企业向政府反映合理诉求。在重建发展中，工商联的工作已经得到了各级党委、政府的高度重视和大力支持，得到广大民营企业的广泛响应。全国工商联及各地方组织、各行业商会，要充分发挥政府助手作用，深入调查研究，为重建建言献策。要发挥工商联的网络优势，引导民营企业通过联合、兼并、重组等多种方式参与重建，搭建商务信息、产业对接、劳务输出、人才交流的平台，为灾后发展与繁荣提供有效服务。让我们在灾后重建发展中，携手合作，百折不挠、勇往直前，造福广大人民，共建美好家园！

（全国工商联办公厅　供稿）

在全国工商联系统先进集体和先进工作者表彰大会上的讲话

全国政协副主席，全国工商联主席　黄孟复

（2008 年 10 月 30 日）

今天，我们在这里隆重集会，与人力资源和社会保障部联合表彰“全国工商联系统先进集体和先进工作者”，并对全国工商联系统先进单位和先进个人进行表彰；同时，对在工商联工作满 25 年的干部职工颁发荣誉证书。首先我代表全国工商联向受表彰的 32 个先进集体和 151 个先进单位，向 10 位先进工作者和 220 位先进个人表示热烈的祝贺，向为工商联事业发展辛勤工作的各级工商联干部职工致以诚挚的问候。

今年是全国工商联成立 55 周年。55 年来，特别是改革开放以来，各级工商联在中国共产党的领导下，以邓小平理论和“三个代表”重要思想为指导，深入贯彻落实科学发展观，充分发挥统战性、经济性、民间性的综合优势，围绕经济建设这个中心和改革发展稳定的大局，认真履行参政议政、民主监督的职能，为促进科学决策、民主决策发挥了积极作用；引导非公有制企业健康发展，提高自主创新能力，推动建立新型劳动关系，积极参与社会主义新农村建设和光彩事业，为推动科学发展、促进社会和谐作出了重要贡献；支持非公有制企业“走出去”，加强同国外工商社团的联系和交往，努力开展民间对外交往，增进了我国同各国人民的交流合作；认真贯彻“充分尊重、广泛联系、加强团结、热情帮助、积极引导”的方针，广泛开展表彰优秀中国特色社会主义事业建设者等活动，积极引导广大非公有制经济人士自觉承担社会责任，培养了一支高素质的非公有制经济代表人士队伍；坚持服务会员宗旨，不断拓宽服务领域、改进服务方式，维护会员合法权益，组织建设进一步加强，吸引力和凝聚力不断提高。这次受表彰的32个先进集体和151个先进单位，10位先进工作者和220位先进个人，是从全国3100多个县级以上工商联组织和2万多名工商联系统干部职工中推选出的优秀代表，这是我们工商联组织的骄傲。

这次受表彰的先进集体和先进单位主要有以下特点：一是坚持围绕中心，服务大局。通过丰富服务会员内容，引导会员贯彻落实科学发展观，在促进“两个健康”、推动地方经济社会发展方面作出了突出成绩；二是组织建设不断加强。领导班子团结协作，企业家执委、常委作用发挥较好，会员队伍不断壮大，基层组织建设不断加强，行业商会有序发展；三是积极建言献策，参政议政水平不断提高；四是努力探索新时期做好非公有制经济人士思想政治工作的新路子，引导会员积极承担社会责任，公益事业和光彩事业成效显著。这次受表彰的先进工作者和先进个人主要有以下几个特点：一是有强烈的事业心和高度的责任感，艰苦奋斗，忠于职守；二是善于学习，勤于调研，思想政治水平和各方面素质较高，熟悉广大会员的思想和生产经营情况，在实际工作中有较强的执行能力；三是积极探索新形势下工商联工作的新思路和新途径，创造性地开展工作；四是廉洁自律，淡泊名利，谦虚谨慎，克己奉公。

工商联55年的发展，工商联事业55年的业绩，离不开全国各级工商联组织中爱党爱国，兢兢业业，勤奋工作，无私奉献的广大干部职工。今天，我们向在工商联工作满25年的同志们颁发荣誉证书，以此对他们为工商联事业的发展所做的辛勤工作和贡献表示诚挚的敬意和感谢！希望这些同志再接再厉，继续关心和支持工商联工作，为工商联事业做出新的努力，发挥积极作用。

党中央历来高度重视工商联工作。在2006年《中共中央关于巩固和壮大新世纪新阶段统一战线的意见》和2007年中共中央、国务院致全国工商联“十大”贺词中，对工商联性质、职能、作用、地位等赋予了新的内涵，明确要求充分发挥工商联在非公有制经济人士参与政治和社会事务中的主渠道作用、在非公有制经济人士思想政治工作中的重要作用、在政府管理非公有制经济方面的助手作用、在构建和谐劳动关系过程中的协调作用和在我国行业协会商会改革发展中的积极作用，进一步指明了工商联工作的方向。今天，在全国工商联成立55周年之际，我们与人力资源和社会保障部对工商联系统的先进集体和先进工作者进行联合表彰，这是工商联历史上第一次对全系统的先进进行表彰，充分表明了国家对工商联工作的重视和支持。这既是对工商联系统的广大干部职工的鼓舞和鞭策，同时也是进一步加强工商联自身建设的一个重要举措。我们要通过这次表彰活动，树立典型，学习先进，用先进的事迹和榜样的力量激励工商联系统广大干部职工，形成学先进、比先进、赶先进的良好风尚，形成爱岗敬业，无私奉献，奋勇争先，干事创业，团结协作，开拓进取的浓厚氛围，进一步提高履行职责和发挥作用的能力，推动工商联各项事业的发展。

要运用科学发展观来指导实践，推动工作。要始终坚持统战性、经济性、民间性相统一的原则，更大地发挥优势、更好地体现特色，并在工作实践中不断丰富和完善统战性、经济性、民间性的内涵。要根据时代的发展和工作对象的新特点，深刻思考新时期工商联的职能定位、作用特色和工作规律，积极探索新时期工商联工作的新思路、新举措。要解放思想，大胆实践，通过不断开拓工作领域，创新工作内容、工作方式和工作机制，不断提高工商联的凝聚力和影响力。

要以促进“两个健康”作为工商联各项工作的出发点和落脚点。各级工商联组织要积极建言献策，努力提高参政议政水平，主动协助政府，加强与有关部门协调配合，认真落实促进非公有制经济发展的各项政策措施，为民营经济营造良好的发展环境。要结合当前非公有制经济发展的新形势新特点，着重在引导非公有制企业转变企业发展方式、增强企业自主创新能力、构建企业和谐劳动关系、加强节能环保、不断提高自身素质等方面多做工作。要进一步增强服务意识，提高服务能力，拓展服务领域，为地方经济发展作出更大贡献。要适应非公有制经济人士参与政治和社会事务愿望日益增强的客观要求，发挥好工商联在非公有制经济人士参与政治和社会事务中的主渠道作用，更多地关注和听取他们的愿望与诉求，健全非公有制经济人士意见反映机制。要继续开展优秀中国特色社会主义事业建设者和吸纳就业、诚信纳税、关爱员工等表彰活动，逐步形成富有工商联特色的表彰体系。要引导非公有制经济人士自觉履行社会责任，积极投身扶贫开发、就业再就业、光彩事业和社会公益慈善事业。

要切实加强工商联自身建设。要加强领导班子建设，进一步提高领导班子成员的政治把握能力、参政议政能力、组织领导能力、合作共事能力、经济工作能力，真正做到懂全局、议大事、管本行；要认真实行民主集中制原则，坚持领导班子民主议事、科学决策，建立充分发挥领导班子兼职成员和常委、执委作用的制度；要根据发展非公有制经济和开展工商联工作的需要，不断壮大会员队伍，继续优化会员结构，改进会员队伍管理；要建立健全基层商会组织，在党委和政府的支持下，帮助基层商会组织完善商会职能，改善工作条件，切实发挥作用。要加强各地工商联之间、基层商会组织之间的联系与合作，发挥整体优势，努力探索中国特色商会发展之路。要努力提高工商联干部综合素质，加强政治、经济理论和业务知识的学习，切实增强工作本领。鼓励干部多深入企业，调查研究，不断提高指导服务基层工作的主动性和针对性。要进一步建立和完善工商联各项工作制度，逐步建立起科学的管理体制、规范的运行机制和严格的监督机制。努力建设一支勤奋学习、业务精良、开拓创新、求真务实、廉洁自律、团结奉献的干部队伍。

当前，工商联工作既面临发展机遇，又面临挑战。党和国家对我们提出了更高的要求，广大非公有制经济人士对我们寄予了更大的希望，工商联事业任重道远。我们要以科学发展观为指导，振奋精神，通过不懈努力，把工商联建设成为政治方向明确、工作职能完善、运行机制健全、服务能力较强、作用发挥充分的人民团体和商会组织，推动工商联工作迈上新的台阶。

（全国工商联办公厅　供稿）

中国民营经济三十年发展历程与未来展望

——在第四届中国民营企业投资与发展论坛上的讲演

中央统战部副部长，全国工商联党组书记、第一副主席　全哲洙

（2008 年 5 月 11 日）

各位来宾、同志们：

今年是我国改革开放三十周年。改革开放是党在新的历史条件下带领人民进行的新的伟大革命，是决定当代中国命运的关键抉择，是发展中国特色社会主义、实现中华民族伟大复兴的必由之路。作为改革开放取得重大突破的重要方面，民营经济发展始终与改革开放进程紧密相连，既是改革开放的重要成果，也是推进改革开放的重要动力。

一、中国民营经济三十年发展历史回顾

在改革开放的总方针、总政策指引下，我国民营经济从无到有，从少到多，从小到大，不断发展。从中我们可以看出，中国民营经济起步于个体经济，成长于私营经济。根据改革开放以来我们党始终坚持解放思想、实事求是的思想路线，对民营经济地位和作用的认识过程以及由此带来的民营经济逐步发展的实践进程，中国民营经济三十年发展大致经历了三个阶段。

第一个阶段，1978年至1992年，民营经济成为社会主义经济的补充力量。

1978年党的十一届三中全会开启了改革开放历史新时期。1982年，党的十二大提出，鼓励和支持劳动者个体经济“作为公有制经济的必要的、有益的补充”，适当发展。1982年12月，全国人大五届五次会议通过的《中华人民共和国宪法》规定“在法律规定范围内的城乡个体劳动者个体经济，是社会主义公有制经济的补充”。1987年党的十三大提出，私营经济“也是公有制经济必要和有益的补充”。1988年4月全国人大七届一次会议通过宪法修正案，增加了“国家允许私营经济在法律规定的范围内存在和发展。私营经济是社会主义公有制经济的补充，国家保护私营经济的合法权利和利益，对私营经济实行引导、监督和管理”的条文，确定了私营经济的法律地位和经济地位。同年6月，国务院颁布了《中华人民共和国私营企业暂行条例》。1992年党的十四大明确了我国经济体制改革的目标是建立社会主义市场经济体制，并提出“在所有制结构上，以公有制包括全民所有制和集体所有制经济为主体，个体经济、私营经济、外资经济为补充，多种经济成分长期共同存在和发展”。

1978年，全国城镇个体工商户只有14万人。至1992年，全国已有私营企业14万户，投资者30万人，注册资金221亿元，从业人员232万人；个体工商户1543万户，注册资金601亿元，从业人员2468万人。

第二个阶段，1992年至2002年，民营经济成为社会主义市场经济的重要组成部分。

从1992年党的十四大到2002年党的十六大，中国民营经济发展驶入了快车道，并真正融入了社会主义现代化建设的进程。1997年党的十五大把以公有制为主体、多种所有制经济共同发展，确立为我国社会主义初级阶段的一项基本经济制度，并明确提出非公有制经济是社会主义市场经济的重要组成部分。1999年九届全国人大二次会议通过的宪法修正案规定：“在法律规定范围内的个体经济、私营经济等非公有制经济，是社会主义市场经济的重要组成部分。”党对非公有制经济认识上的这一重大突破，为非公有制经济的发展提供了理论和制度保证，注入了强劲动力。

从1992年至2002年，民营经济逐步成为国民经济新增长点中的亮点。私营企业户数从近14万户增加到243.5万户，增长了17倍，年均增长33%；注册资金由221亿元增加到24756亿元，增长了112倍，年均增长60%；从业人员从232万人增至3409万人，增长近15倍；税收从4.5亿元增加到945.6亿元，增长了208倍，年均增长70%。从1992年至2002年，全国个体工商户户数由1543万户发展到2378万户，资金数额由601亿元增加到3782亿元，从业人员由2468万人增加到4743万人。

第三个阶段，2002年至今，各种所有制平等竞争、相互促进的新格局正在形成，民营经济发展进入历史新阶段。

党的十六大明确提出，“毫不动摇地巩固和发展公有制经济，毫不动摇地鼓励、支持和引导非公有制经济发展”。党的十六届三中全会提出消除体制性障碍、放宽非公有制经济的市场准入。十六届四中全会提出把坚持公有制为主体、促进非公有制经济发展，统一于社会主义现代化建设的进程中，在市场竞争中相互促进、共同发展。党的十七大提出，“平等保护物权，形成各种所有制经济平等竞争、相互促进新格局”；“推进公平准入，破除体制障碍，促进个体、私营经济发展”。2004年全国人大十届二次会议通过的中华人民共和国宪法修正案规定：“国家保护个体经济、私营经济等非公有制经济的合法权利和利益。国家鼓励、支持和引导非公有制经济的发展，并对非公有制经济依法实行监督和管理。”2005年国务院颁布了《关于鼓励支持和引导个体私营等非公有制经济发展的若干意见》，这是新中国成立以来第一部全面促进非公有制经济发展的政策性文件。目前，党和国家关于促进非公有制经济发展的方针政策和法律法规体系已基本形成。

进入新世纪以来，民营经济在中国经济与社会中的地位和作用发生了历史性变化。2007年，全国共有私营企业551万户，个体工商户2741.5万户，私营企业占全国企业总数的61%，成为数量最多的企业群体；私营企业注册资本93873亿元，比2002年增加69117亿元，增长279%；个体工商户资金数额为7350.7亿元，比2002年增加3568.7亿元，增长94%；规模以上私营工业企业利润从2002年的490亿元增加到2007年的4000亿元，五年增长7倍，年均增长52%。

近年来，民营企业发展呈现出许多新的特点。一是形成一批资本密集、技术密集的大企业、大公司。据全国工商联调查，2006年上规模民营企业500家资产总额合计为18550亿元，比2002年的6440亿元增长了近2倍，资产总额超过100亿元的有28家，超过50亿元的有93家。二是在行业分布上由以轻工纺织、普通机械、建筑运输、商贸服务等领域为主，向重化工业、基础设施、公共事业、资本市场等领域拓展。三是在产业布局上，由早期小作坊、分散化为主，逐步形成一批以规模化、专业化经营为特征的企业集团和“块状经济”。四是企业劳动关系得到进一步改善。全国总工会抽样调查显示，2006年全国企业员工劳动合同签订率为68.8%，其中私营个体企业为47.3%，比2003年提高近17个百分点；企业职工月平均工资为1367元，比2002年实际增长37.8%，其中私营个体企业为1204元。

二、中国民营经济的重大贡献

改革开放三十年的实践表明，民营经济的蓬勃发展，在促进我国经济社会发展方面发挥着越来越大的作用。

一是在经济增长方面，民营经济已成为我国经济增长的主要推动力量。目前除国有及国有控股经济以外的广义民营经济已经占GDP的65%左右，其中个体私营经济已经占40%左右；中国经济发展的增量部分，70%～80%来源于民营经济。

二是在就业方面，民营经济已成为增加就业的主要渠道，其就业量现在已占全国非农就业总数的80%左右。至2007年，全国登记注册的个体私营企业从业人员共计1.27亿多人，而实际从业人员可能已经接近2亿。

三是在自主创新方面，新时期以来我国技术创新的70%、国内发明专利的65%和新产品的80%来自中小企业，而中小企业的95%以上为民营企业。我国民营科技企业目前已有约15万家，在53个国家级高新技术开发区企业中民营科技企业占70%以上。

四是在税收方面，民营经济已成为国家税收的重要来源。2007年私营企业税收总额4771.5亿元，其增长率高于全国5.1个百分点，占全国企业税收总额的比重为9.6%。个体户税收总额为1484.2亿元。

五是在对外贸易和投资方面，民营经济已成为对外贸易的生力军。2007年全国私营企业进出口总额为3476亿美元，高于全国增长率19.2个百分点。占全国进出口的比重为15.8%，其中出口总额占全国出口比重为20.6%。

六是在社会主义新农村建设方面，民营企业是新农村建设的一支重要力量。数百家国家级、数千家省级和数万家县市级农业产业化龙头企业，大多数是民营企业，它们已经成为推进农业产业化的主力军。100多万家乡镇企业都是民营企业，他们也是发展农村二、三产业的主力军。

七是在增加居民财富方面，改革开放以来我国居民家庭收入普遍较大幅度增加的一个主要原因是民营经济的快速发展。到2007年底，全国有2741万家个体工商户，户均资金约2.7万元，涉及家庭人口达8000余万人；全国有551万家私营企业，户均注册资金152万元；私营企业投资者近1397万人，涉及家庭人口4000万人；再加上私营企业的高级管理人员和技术人员，就有许多家庭过上富裕和比较富裕的生活，这为创造条件让更多群众拥有财产性收入提供了重要保证。

八是在贡献社会公益事业方面，民营企业已经成为发展社会公益慈善事业的重要力量。2007年底，参与中国光彩事业活动的有约2万家民营企业，向光彩事业和公益事业捐赠总额累计约1180亿元。

三、中国民营经济的未来展望

当前，我国民营经济已站在了一个新的发展起点上，下一步的关键问题是如何做到全面协调可持续发展。我们的基本判断是，中国民营经济进一步发展既面临重大机遇，又面临严峻挑战，挑战中又孕育着新的发展机遇。如果说，前三十年的中国民营经济处于第一次创业阶段，解决的是快速发展问题，依靠的主要是改革开放政策的推动，那么，今后的中国民营经济则进入第二次创业阶段，解决的是全面协调可持续发展问题，依靠的必然是科学发展观引领。

科学发展观作为中国特色社会主义理论体系的重要组成部分，作为我国经济社会发展的重要指导方针，作为发展中国特色社会主义必须坚持和贯彻的重大战略思想，是以胡锦涛同志为总书记的党中央立足社会主义初级阶段基本国情，总结我国发展实践，借鉴国外发展经验，适应新的发展要求提出来的。民营企业深入贯彻落实科学发展观，既是对党中央号召的积极响应，更是民营企业自身发展的迫切需求。当前，我国民营经济发展呈现出一系列新的阶段性特征，主要是：民营经济发展迅速，民营企业数量不断增加，同时民营企业平均生存期较短，具有良好市场前景的成长性企业较少，长期形成的结构性矛盾越来越突出；民营经济发展的政策环境、市场环境、法制环境更加趋于完善，同时市场准入、融资支持等问题尚未从根本上得到解决，还存在制约民营企业进一步发展的诸多障碍；民营经济在国民经济总量中的比重不断提升，越来越成为我国经济增长的重要推动力量，同时加工制造业多数企业经济增长方式粗放，经济运行质量低下，依靠低成本生产、低价格竞争，基本处于产业价值链的低端环节，缺少有竞争力的自主品牌；民营企业多属劳动密集型，已成为增加就业的主要渠道，同时企业经营规模小，涉足产业分布散，产品技术含量低，缺乏市场竞争力；民营企业一般起步于家族企业、合伙制企业，机制灵活，管理成本低，同时许多企业的现代企业制度没有真正建立，股权结构单一封闭，所有权、经营权集于一身，法人治理结构不规范，决策风险偏高。

这些情况表明，改革开放以来我国民营经济发展成就显著，同时问题不少。对于当前我国民营经济发展的阶段性特征，我们要清醒、全面地认识。首先，这是发展中的问题，没有民营经济的大发展，就没有这些新情况、新问题、新矛盾，正是由于发展才带来了民营经济“发展中的困惑”、“成长中的烦恼”；其次，这是经济发展规律的体现，世界经济史表明，当经济总量达到一定规模、发展处于一定阶段时，必然产生资源紧缺、生产成本特别是人工成本上升、传统产业中不利于环境保护的产业被限制、新兴产业中科技附加值少的低端制造业被淘汰的现象，因而才导致表面是企业倒闭、实质是产业转移的国际性、区域性经济格局调整；最后，强调认清我国民营经济发展的阶段性特征，不是要妄自菲薄、自甘落后，也不是要脱离实际、急于求成，而是要坚持把它作为进行决策、谋划发展的基本依据。党中央提出科学发展观这个重大战略思想，并围绕落实科学发展观制定了一系列宏观调控政策措施，正是针对当前我国经济发展中出现的新问题、把握世界经济发展的新规律而做出的正确决策。因此，民营企业要把企业发展与国家发展结合起来、统一起来，以世界性、全局性、战略性眼光来认识科学发展观的科学内涵和精神实质，着力转变不适应不符合科学发展观的思想观念，着力解决影响和制约科学发展的突出问题，变压力为动力，变挑战为机遇，更加自觉、坚定地走科学发展道路。

一是要坚持发展不动摇。发展是科学发展观的第一要义。我国民营经济的发展历程和重大贡献表明，民营经济是社会主义市场经济的重要组成部分，发展社会主义市场经济必须发展民营经济，发展民营经济就是发展社会主义市场经济。党的十七大对非公有制经济提出了新的发展要求。围绕落实党的十七大精神，进一步推动非公有制经济发展，各级政府都在积极制定相关政策措施，努力将国务院《关于鼓励支持和引导个体私营等非公有制经济发展的若干意见》真正落到实处。针对民营经济市场准入问题，国家深入推进国有经济布局和战略性结构调整，使民营企业直接进入更多重要基础行业；针对民营经济融资困难问题，国家加快金融体制改革步伐，进一步拓宽民营企业融资渠道；针对民营经济创新发展问题，国家陆续出台了加快发展现代农业，大力发展现代服务业和先进制造业，积极发展高新技术产业等推动产业结构优化升级的产业政策措施，为民营经济创新发展开拓更大空间。以上充分表明，党和政府正在积极致力于促进民营经济健康可持续发展。但现在有一种观点认为，每次国家宏观调控都把民营经济当做了“牺牲品”，国家宏观调控政策阻碍了民营经济发展。深入贯彻落实科学发展观是落实党的十七大精神的重要内容，而科学发展观不是空洞的口号，在政策层面上就具体体现为各项宏观调控政策。实施宏观调控政策不是不要民营经济发展，而是为了民营经济更好更快地发展；就是要限制直至取缔那些低产出、低效益、高能耗、高污染的企业，鼓励走一条科技含量高、经济效益好、资源消耗低、无环境污染、充分发挥人力资源优势的新型发展道路，要解决的不是要不要发展问题而是怎么样发展的问题。实践证明，在发展的困难时期，企业调整产业结构、提升质量效益和市场竞争力的动力最强。国家实施宏观调控现在也不是第一次，而民营经济在总体上却没有停滞不前，一直保持了较快的发展速度。因此，民营企业要正确认识宏观调控的重大意义，主动适应经济形势的新变化，探索克服制约经济发展的新办法和新途径，坚定发展的信心，寻求发展的道路，紧紧咬住发展不放松。希望国家对涉及企业利益的相关政策保持一定的连续性，政策调控措施出台要抓好节奏，尽量考虑企业在转型期的承受能力，防止经济发展出现大起大落。

二是要坚持以人为本。以人为本是科学发展观的核心。企业首先是经济组织，同时也是社会器官。因此，企业不能把利润最大化作为发展的唯一目标，而要把经济利润与社会责任的统一作为发展的根本追求。企业参与社会公益慈善活动只是小善，办好企业、增加社会财富、促进人的全面发展才是大善。企业既要讲小善，更要讲大善，以大善体现小善，以小善促进大善，而大善与小善的统一点就是树立以人为本的发展理念。以人为本，要求民营企业牢固树立与内部员工共建共享的观念，通过建设全体员工认同、富有个性、能够促进企业发展的企业文化来增强企业发展的凝聚力，通过建立有效激励机制来培养、吸引、留住科技人才和管理人才，通过实施有关劳动法律、注重员工培训、落实社会保障等方面来提高劳动者素质、维护广大员工合法权益，最终通过促进企业发展、建立工资增长正常机制，努力改善员工生产生活条件，切实关爱员工。以人为本，要求民营企业充分考虑广大人民群众的利益，变功利文化为责任文化，进一步强化诚信立企、诚信兴企观念，既与客户讲诚信、与商家讲诚信，又与消费者讲诚信、与员工讲诚信，善求义中之利，在生产中杜绝偷工减料、添加有害物、生产假冒伪劣产品，防止危害人民群众身心健康的现象发生。以人为本，要求民营企业不断提高经营管理者的素质，企业家不是职务而是一种素质，要做好企业首先要做好人，具备健全的人格、良好的人品和宽广的胸怀，有德者才得人才得财富，企业经营管理者唯有具备良好的道德修养和较高的经营管理水平，才能发挥企业领军人的作用。

三是要坚持全面协调可持续发展。全面协调可持续是科学发展观的基本要求。民营企业全面协调可持续发展，就不仅要追求经济规模的扩张，更要追求企业内涵的发展。针对生产经营成本上升问题，必须走管理创新之路，根据企业的具体情况，积极引进适合本企业的高效、开放的科学管理模式，改变单一的家族式管理，建立规范的法人治理结构，使内部管理不断走向规范化、科学化，提高运营效率和管理水平，加强生产经营成本管理，健全各项管理制度，严格控制非生产性支出，通过节支挖潜弥补生产经营成本加大带来的效益下滑。针对产品利润降低问题，必须走技术自主创新之路，加大研发投入，建立多层次、多形式的技术开发体系，改变企业装备差、工艺落后，产品档次低、技术含量少的状况，研制开发出经济效益显著、技术含量高、资源消耗少、废弃物排放低的名、优、新、特产品，推进产品升级换代，最终形成拥有自主知识产权的产品系列，构建起自己的科技竞争优势研发新型产品，不断开拓新的市场空间。针对发展资源短缺问题，必须走发展模式创新之路，开发和推广节约、替代、循环利用和治理污染的先进适用技术，发展清洁能源和可再生能源，建设科学合理的能源资源利用体系，提高能源资源利用效率，大力发展环保产业，特别是要注重资源集约利用，使有限的资源发挥最大的效益。针对企业资金紧张问题，必须走制度创新之路，实现企业产权由封闭、单一向开放、多元转变，通过出让股权成为有限责任公司、股份有限公司、上市公司等，通过规范产权制度使企业上升到一个新的发展平台，走上资本运营之路，以适应在更大空间中发展所需要的控制力、开放性和资源整合的要求。

四是要坚持统筹兼顾。统筹兼顾是科学发展观的根本方法。民营企业发展的成熟度，是市场主体与市场需求不断博弈的结果。目前，一批民营企业已初步完成了资本原始积累，经过“发财”阶段进入发展阶段，具备了一定的成长能力。但随着市场的变化、科技的进步和社会的发展，企业要实现全面协调可持续发展，就必须切实转变顾此失彼的单向发展模式，深刻把握统筹兼顾的科学发展方法。要统筹企业发展和产业发展，敏锐把握产业集群化的发展趋势，主动选择加入以龙头企业为核心、产业集群规模大、专业化协作水平高、功能配套完善的核心区块内，成为相关产业链条中的一环，以此降低生产经营成本，实现品牌效应、市场信息、公共服务、基础设施能够共享的纵向集群化发展。要统筹当前发展和长远发展，既要立足于当前又不能目光短浅，既要有战略思维又不能脱离实际，根据企业的条件和比较优势，充分考虑市场现实变化情况，准确捕捉产业未来发展趋势，科学制定并适时调整企业发展规划，努力做到知变、应变、善变，以变应变，通过发展战略创新、科学决策和善变措施迎接各种挑战。要统筹国内发展和国外发展，充分利用国内国外两种资源两个市场，原有外向型企业要利用人民币升值、美元贬值的时机，由单纯产品加工出口转为加快对外投资办企，既可转移汇率风险又可对外投资扩张，同时注重开辟国内市场，在国际市场遇有变动时能够及时“出口转内销”；有品牌优势的民营企业可按照社会化大生产的要求，实行专业分工与协作，加速品牌聚集和资本聚集，形成具有更高知名度和竞争力的大型跨国企业。要统筹本地发展和外地发展，按照产业梯度转移的经济发展规律，继续利用好国家实施西部大开发、东北老工业基地振兴、中部崛起等重大战略的优惠政策，将盈亏点处于下限的产业向资源相对丰富、成本相对低廉的地方进行区域转移，原有的土地等资源再补进新的科技含量更大、附加值更高的产业。要统筹个体发展和整体发展，民营企业所有者要树立“双赢才是真赢、多赢才能久赢”的观念，懂得合作，学会让利，不能错误地把企业与员工之间的关系当做是雇佣的关系，也不能简单地把企业与客户之间的关系看做是买卖的关系，积极探索员工持股、多方入股等新的企业组织形式，通过体制机制创新将各方结成以企业为核心的利益共同体；特别是农业产业化龙头企业，要配合有关方面主动培植农民专业合作社，并通过其使更多的农民与本企业连股连利连心，共同建设、共同发展、共同享有。

以科学发展观为指导，促进非公有制经济健康发展和非公有制经济人士健康成长，是建设中国特色社会主义事业的必然要求。为此，要进一步为非公有制经济创造良好的发展环境，引导广大非公有制经济人士坚定不移地走中国特色社会主义道路，为全面建设小康社会作出新的更大的贡献。

（摘自全国工商联网站）

在深入学习贯彻党的十七大精神专题研讨会上的讲话

中央统战部副部长，全国工商联党组书记、第一副主席　全哲洙

（2008年6月19日）

为深入学习贯彻党的十七大精神，进一步做好新形势下的统战工作，中央统战部举办了这次专题研讨会。下面，按照部里的统一安排，我围绕非公有制经济和工商联工作谈几点体会，与大家一起交流探讨。

一、非公有制经济站在了一个新的发展起点上

今年是我国改革开放三十周年。作为改革开放取得重大突破的重要方面，非公有制经济发展始终与改革开放进程紧密相连，既是改革开放的

重要成果，也是推进改革开放的重要动力。根据改革开放过程中我们党始终坚持解放思想、实事求是的思想路线，对非公有制经济地位和作用的认识过程以及由此带来的非公有制经济逐步发展的实践进程，中国非公有制经济三十年发展大致经历了三个阶段。

第一个阶段，1978 年至 1992 年，非公有制经济成为社会主义经济的补充力量。1978 年党的十一届三中全会开启了改革开放历史新时期。1982 年，党的十二大提出，鼓励和支持劳动者个体经济“作为公有制经济的必要的、有益的补充”，适当发展。同年 12 月，全国人大五届五次会议通过的宪法修正案明确，在法律规定范围内的城乡个体劳动者个体经济，是社会主义公有制经济的补充。1987 年党的十三大提出，私营经济“也是公有制经济必要和有益的补充”。1988 年 4 月全国人大七届一次会议通过的宪法修正案，增加了“国家允许私营经济在法律规定的范围内存在和发展。私营经济是社会主义公有制经济的补充，国家保护私营经济的合法权利和利益，对私营经济实行引导、监督和管理”的条文，确定了私营经济的法律地位和经济地位。同年 6 月，国务院颁布了《中华人民共和国私营企业暂行条例》。1992 年党的十四大明确了我国经济体制改革的目标是建立社会主义市场经济体制，并提出“在所有制结构上，以公有制包括全民所有制和集体所有制经济为主体，个体经济、私营经济、外资经济为补充，多种经济成分长期共同存在和发展”。

第二个阶段，1992 年至 2002 年，非公有制经济成为社会主义市场经济的重要组成部分。从 1992 年党的十四大到 2002 年党的十六大，中国非公有制经济发展驶入了快车道，并真正融入了社会主义现代化建设的进程。1997 年党的十五大把以公有制为主体、多种所有制经济共同发展，确立为我国社会主义初级阶段的一项基本经济制度，并明确提出非公有制经济是社会主义市场经济的重要组成部分。1999 年九届全国人大二次会议通过的宪法修正案进一步明确：“在法律规定范围内的个体经济、私营经济等非公有制经济，是社会主义市场经济的重要组成部分。”党对非公有制经济认识上的这一重大突破，为非公有制经济的发展提供了理论和制度保证，注入了强劲动力。

第三个阶段，2002 年至今，各种所有制平等竞争、相互促进的新格局正在形成，非公有制经济发展进入历史新阶段。党的十六大明确提出，“毫不动摇地巩固和发展公有制经济，毫不动摇地鼓励、支持和引导非公有制经济发展”。党的十六届三中全会提出消除体制性障碍、放宽非公有制经济的市场准入。十六届四中全会提出把坚持公有制为主体、促进非公有制经济发展，统一于社会主义现代化建设的进程中，在市场竞争中相互促进、共同发展。党的十七大提出，“平等保护物权，形成各种所有制经济平等竞争、相互促进新格局”；“推进公平准入，破除体制障碍，促进个体、私营经济发展”。2004 年全国人大十届二次会议通过的宪法修正案规定：“国家保护个体经济、私营经济等非公有制经济的合法权利和利益。国家鼓励、支持和引导非公有制经济的发展，并对非公有制经济依法实行监督和管理。”2005 年国务院颁布了《关于鼓励支持和引导个体私营等非公有制经济发展的若干意见》，这是新中国成立以来第一部全面促进非公有制经济发展的政策性文件。目前，党和国家关于促进非公有制经济发展的方针政策和法律法规体系已基本形成并不断完善。

改革开放三十年的实践表明，非公有制经济的蓬勃发展，在促进我国经济社会发展方面发挥着越来越大的不可替代的作用。

在经济增长方面，非公有制经济已成为我国经济增长的重要推动力量。目前除国有及国有控股经济以外的非公有制经济已经占 GDP 的 65% 左右，其中个体私营经济已经占 40% 左右；中国经济发展的增量部分，70% ~80% 来源于非公有制经济。

在就业方面，非公有制经济已成为增加就业的主要渠道，其就业量现在已占全国非农就业总数的 80% 左右。至 2007 年，全国登记注册的个体私营企业从业人员共计 1.27 亿多人，而实际从业人员可能已经接近 2 亿人。

在自主创新方面，近几年我国技术创新的 70%、国内发明专利的 65% 和新产品的 80% 来自中小企业，而中小企业的 95% 以上为非公有制企业。我国非公有制科技企业目前已有约15万家，在53个国家级高新技术开发区企业中非公有制科技企业占70%以上。

在税收方面，非公有制经济已成为国家税收的一个重要来源。2007年私营企业税收总额4771.5亿元，其增长率高于全国5.1个百分点，占全国企业税收总额的比重为9.6%。个体户税收总额为1484.2亿元。

在对外贸易方面，非公有制经济已成为对外贸易的生力军。2007年全国私营企业进出口总额为3476亿美元，高于全国增长率19.2个百分点，占全国进出口的比重为15.8%，其中出口总额占全国出口比重为20.6%。

在社会主义新农村建设方面，非公有制企业是参与新农村建设的一支主要力量。国家以及各地确定的农业产业化龙头企业，大多数是非公有制企业，它们已经成为推进农业产业化的主力军。100多万家乡镇企业绝大多数是非公有制企业，它们也是发展农村二、三产业的主力军。

在增加居民财富方面，改革开放以来我国居民家庭收入普遍较大幅度增加的重要原因是非公有制经济的快速发展。到2007年底，全国有2741万家个体工商户，户均资金约2.7万元，涉及家庭人口达8000余万人；全国有551万家私营企业，户均注册资金152万元；私营企业投资者近1397万人，涉及家庭人口4000万人；再加上私营企业的高级管理人员和技术人员，就有许多家庭过上富裕和比较富裕的生活，这为创造条件让更多群众拥有财产性收入提供了重要保证。

在社会公益事业贡献方面，非公有制企业已经成为发展社会公益慈善事业的重要力量。2007年底，参与中国光彩事业活动的有约2万家非公有制企业，向光彩事业和公益事业捐赠总额累计约1180亿元。

与此同时，目前非公有制经济发展呈现出一系列新的阶段性特征。主要是：非公有制经济发展迅速，已成为吸纳劳动力的主渠道，同时非公有制企业平均生存期较短，企业技术水平较低、人才短缺的矛盾越来越突出；非公有制经济发展的政策环境、市场环境、法制环境更加趋于完善，同时市场准入、融资支持等问题尚未从根本上得到解决，还存在非公有制企业进一步发展中的诸多困惑；非公有制经济在国民经济总量中的比重不断提高，已经成为我国经济增长的重要推动力量，同时加工制造业多数非公有制企业基本处于产业链低端环节，依靠低资源成本、低环境成本、低用工成本竞争，自主创新能力弱，品牌产品少；非公有制企业一般起步于家族企业、合伙制企业，机制灵活，决策便捷，同时许多企业的现代企业制度没有真正建立，股权结构单一封闭，所有权、经营权尚未分离，法人治理结构不规范，决策风险偏高。深入分析这些阶段性特征，我们可以看到，长期以来，虽然目前的发展方式推动了经济的高速增长，但从资源能源的供给能力、生态环境的支撑能力、技术含量的竞争能力和管理制度的保障能力看，这是一种不可持续的发展方式。以上情况说明，我国非公有制经济已站在了一个新的发展起点上，下一步的关键问题是如何做到全面协调可持续发展。

目前，我国的经济增长由偏快转为过热的风险依然存在，价格上涨压力加大；世界经济增长可能趋缓，粮食和石油等重要初级产品价格持续走高，国际金融市场波动加大，贸易保护主义加剧。因此，自去年下半年开始，国家宏观调控把防止经济增长由偏快转为过热、防止价格由结构性上涨演变为明显通货膨胀作为主要任务，实行稳健的财政政策和从紧的货币政策。由于多数非公有制中小企业具有规模小、实力弱、技术落后、人才缺乏、资金困难、抗风险能力低以及发展环境存在诸多问题等现状，使得国家宏观调控政策对中小企业的影响远大于大型企业。世界经济史表明，当经济总量达到一定规模、发展处于一定阶段时，必然产生资源紧缺、生产成本特别是人工成本上升、不利于环境保护的产业被限制、科技附加值少的低端制造业被淘汰的现象，因而才导致表面是企业倒闭、实质是产业转移的国际性、区域性经济格局调整。因此，我们不能把企业困难的原因全部归结到政策方面，在深层次上这也是经济发展规律的体现。以前历次国家宏观调控趋紧后非公有制经济总体上一直保持较快发展速度的实践也说明，实施宏观调控政策不是不要非公有制经济发展，而是为了包括非公有制经济在内的整个国民经济更好更快发展，本身就是科学发展观的应有内涵和具体实践。非公有制企业要正确分析自身存在问题的深层原因，不能消极被动地成为宏观调控对象，而要站在新的发展起点上，积极探索克服制约企业发展的新思路和新途径。

二、积极引导非公有制企业深入贯彻落实科学发展观

如果说，前三十年的中国非公有制经济处于第一次创业阶段，解决的是快速发展问题，依靠的主要是改革开放政策的推动，那么，今后的中国非公有制经济则进入第二次创业阶段，解决的是全面协调可持续发展问题，依靠的必然是科学发展观的引领。科学发展观既是理论问题，也是实践问题，现阶段来说更多的是实践问题。非公有制企业要抓住机遇，应对挑战，解决问题，走出困境，希望和出路根本在于深入贯彻落实科学发展观。

1. 进一步解放思想

党的十七大强调，解放思想是发展中国特色社会主义的一大法宝。改革开放三十年的历史证明，我国非公有制经济的发展进程就是不断解放思想的过程，非公有制经济的发展成果就是不断解放思想的结果。当前，非公有制企业深入贯彻落实科学发展观，同样必须将继续解放思想贯穿于实践科学发展观的全过程和各方面，以思想大解放带动非公有制经济实现大发展，以观念大转变促进非公有制经济实现新转型。贯彻落实科学发展观是一场深刻的观念变革，不会轻而易举，也不能一蹴而就，需要在新旧观念的交锋和碰撞中才能完成。对科学发展观的理解，不能断章取义、概念化、简单化，不能把“发展是硬道理”简单理解为“增长是硬道理”，不能把“以经济建设为中心”理解为“以速度为中心”，不能只重视财富的创造而忽略财富的共享。与科学发展观相对照，非公有制企业要注意破除四个观念误区。一是要破除“见物不见人”的资源误区，重视开发企业的人力资源；二是要破除“多多益善”的多元误区，主业要突出，做到专业化、特色化、品牌化；三是要破除“贪大求洋”的规模误区，克服“多、小、散、乱、低”的通病；四是要破除“随意保守”的经验误区，对自己的经验不能盲从惯性，对别人的经验不能简单模仿，必须结合实际创造性地运用。面对当前存在的一些问题，非公有制企业要认真梳理与科学发展观相悖的思想观念，不能见识短、见事浅，而要用全局的观念来审视自己的优势和劣势，在全局中选定企业发展的坐标系。实践证明，在发展的困难时期，企业调整产业结构、提升质量效益和市场竞争力的动力最强。因此，要引导非公有制企业增强危机经营意识，变压力为动力，变挑战为机遇，在转变观念中破解发展难题，在更新思路中转变发展方式，把解放思想体现在抢抓科学发展先机的具体行动中。

2. 全面增强创新能力

目前，我国企业发展既面临市场变动的压力，又面临政策变化的挑战。在激烈的国内外市场竞争中，特别是在深入贯彻落实科学发展观的实践中，非公有制企业要切实解决“成长中的烦恼”和“发展中的困惑”，必须全面增强创新能力。

一要推进文化创新。企业文化是企业思维方式和行为方式的总和，它不直接解决企业是否赢利的问题，但可以解决企业成长是否可持续的问题，通过长期潜移默化的作用塑造企业的存在方式和员工的行为方式。先进的企业文化关系到企业的生存和发展，有助于增强企业的凝聚力和创造力，直接影响企业的经营理念和发展思路，是企业核心竞争力的重要体现。现在，已有越来越多的非公有制企业更加重视企业文化建设，但普遍存在企业文化缺乏个性和员工基础的问题，甚至有些企业把企业文化简单理解为企业文体娱乐活动。因此，非公有制企业要将自己的企业文化从偏重形式向注重内容转变，从缺乏个性向突出特色转变，从“老板文化”向员工认同转变，把企业文化和企业发展结合起来，在以人为本、开拓进取、诚信守法、共建共享等经营理念上提高企业文化内涵层次，最终形成全体员工认同、富有企业个性、促进企业增强凝聚力和竞争力的企业价值观。信用是企业的立身之本，也是企业竞争的成功之道。所以，某种意义上说，信誉是企业的无形资产，信用是企业的生产力。非公有制企业要强化“诚信立企、诚信兴企”的观念，以信用来降低交易成本，提高竞争力。

二要推进技术创新。技术创新是企业发展的动力，也是企业生存和发展的保证。在中国特色新兴工业化道路上，非公有制企业只有重视技术创新，才能符合建设资源节约型、环境友好型社会的要求，经受住包括市场变化在内的各种考验。实践证明，在激烈的市场竞争中只有夕阳产品，没有夕阳产业。非公有制企业在技术创新中要学会“借梯上楼、借鸡生蛋、借船出海”，对人才可以“不求所在、但求所用”。要建立多层次、多形式的技术开发体系，有条件的必须建立研发机构，暂时不具备条件的可与高校和科研院所建立技术协作联盟，以利益机制为引导，实现利益共享和科技成果共享。要以市场需求为导向，以生产项目为依托，切实加大研发投入，做到生产一代、储备一代、研发一代，最终形成具有自主知识产权的核心品牌，构建技术竞争的真正优势。当前，国际国内竞争已经不是单一的产品竞争，而是产业链之间的竞争，必须以自主创新为核心，将培育创新型产业集群作为转型升级的重要途径。因此，非公有制企业要把握产业集群发展战略，不断提升产业结构和产品结构，靠质量、特色取胜，加大技术创新力度，努力站在产业链的高端，这是转变发展方式的重要体现，是市场主体和市场需求博弈的结果。现代化大生产强调专业协作分工，要真正善于产业、品牌、资本的聚集，把企业做专、做强、做大，努力成为“头脑公司”而不要甘做“手脚公司”，追求成为名牌企业而不要热衷“明星”企业。

三要推进管理创新。管理是生产力软要素。传统的家族式管理是许多非公有制企业管理的主要模式，主要体现为产权单一、所有者和经营者一体化。随着企业规模的不断扩大和市场竞争的日趋激烈，企业内部制度不科学、管理不规范、基础管理薄弱、管理水平差等以人治为主的家族式管理的弊端逐渐显露出来。非公有制企业要实现全面协调可持续发展，必须建立健全现代企业制度，走管理创新之路，更加注重以人为本的管理和成本管理，从严格管理阶段上升为科学管理阶段。首先，非公有制企业产权不能封闭，必须开放，要由封闭、单一向开放、多元转变，通过出让股权成为股份公司和上市公司，走资本市场之路，以适应在更大空间中发展所需要的资本集聚、增强控制力和开放性、符合资源整合的要求；其次，要引进适合本企业的高效开放的科学管理模式，改变家族式管理，将企业的所有权和经营权分离，建立规范的内部法人治理结构，通过相互制衡的“纠错”机制，不断提高运营效率和管理水平。制度比能人更重要，认真比聪明更重要。因此，要真正按照现代企业制度的要求，切实规范内部管理制度，在制度上保障非公有制企业健康发展。

3. 努力提高人才素质

科学发展观的核心是以人为本。坚持以人为本，就要把人作为发展的主体，打造学习型企业，提高人的综合素质，促进人的全面发展。第一，决策者要不断提高自身素质。企业家不是一种职务，而是一种素质，应具备健全的人格、良好的人品、宽广的胸怀。没有哪个企业可以保证自己在各个领域都“战无不胜”，成为“全能冠军”。企业在经营上“四面出击”，容易导致“四面楚歌”。就目前来说，多数非公有制企业还不具备多元经营所需要的人才支撑、投资来源、市场营销等条件。由于历史原因和追求不同，许多企业决策者的素质还不适应现代科技、融资、营销和管理方式，以及建立现代企业制度的要求，有一些决策者还滞留在创业初期靠感觉决策的阶段，倾向于追求短期目标和个人近期利益最大化。我们要积极引导他们通过多种渠道不断加强各种新知识的学习，以知识底蕴提高决策能力，防止盲目扩张和资金链断裂，努力培养有预见、重视品牌培育、擅长市场营销、懂得资本运作、具有战略创新能力和科学管理水平的现代企业家队伍。企业发展战略尽管具有相对稳定性，但要根据企业的综合条件和比较优势，充分考虑市场竞争的变化情况，准确捕捉产业未来发展趋势，适时调整企业发展战略，努力做到知变、应变、善变，关键是善变，以变应变，迎接挑战。在经济全球化的大趋势下，企业决策者必须具有世界眼光和战略思维，增强在全球范围内整合资源和市场的能力，继续加大“走出去”力度。第二，要有一个好的团队。企业间的竞争本质上是人才的竞争。要通过健全科学的绩效评估制度，使人力资本参与分配来充分尊重人力资本的经济利益，建立培养人才、吸引人才、留住人才和储备人才的激励机制，让人才引得进、留得住，能充分、持久地发挥作用，从而建立起高素质的管理团队和技术团队。这个团队既要注重个人才能的充分发挥，也要注重整体力量的充分利用，形成人才梯队。企业的人才取舍主要是看企业的发展需要，企业人才没有流动不一定是好现象。要准确把握人才结构，按照核心层、骨干层、流动层的不同分类，分层次地管理人才。第三，要重视对员工的培训。企业的财富是由所有者、经营者和员工共同创造的，不能把员工视为企业的"成本"，而要把员工看做是企业的重要人力资源。因此，企业重视对员工培训，提高他们的生存能力和生存质量，不只是给员工的最大福利，更是让员工有满足感、荣誉感和归属感，从而使员工与企业结为利益共同体、命运共同体、事业共同体，不断促进企业发展的重要举措。

4. 切实履行社会责任

深入贯彻落实科学发展观，坚持健康可持续发展是企业最主要的社会责任。企业既要讲经济效益也要讲社会效益，主动承担力所能及的社会责任。企业履行社会责任在某种意义上讲是一种收入的再分配，表面上体现的是付出，实质上是一种"得"，回报带来回馈，非公有制企业要义利并重，善求"义"中之"利"，才能得到社会更多的尊重、更大的信任，促进企业更好发展。第一，要按照发展是第一要义的要求，承担起发展生产的责任。企业要创造利润来增强自身发展实力，增加员工收入，为消费者提供符合国家技术标准的优质产品和服务；扩大再生产投入，创造就业机会，增加就业岗位；依法纳税，为政府增加税收，为社会创造财富。第二，要按照可持续发展要求，承担起节能环保的责任。我国人均资源短缺，资源价格的上涨和环境成本的上升促使非公有制企业转变发展方式，提高能源资源利用效率，大力发展循环经济和环保经济。这样，企业不仅承担了环境保护义务，改善了生态环境，还可以借此发现新的商机，开发出新材料、新工艺、新产品，提高自身的市场竞争力。第三，要按照构建和谐社会的要求，承担起参与社会公益慈善事业的责任。非公有制企业在依法经营，关爱员工，构建企业内部和谐劳动关系的同时，要更多地关注社会公益慈善事业，积极投身光彩事业、扶贫开发、就业再就业和社会主义新农村建设。企业参与社会公益慈善事业，既有利于社会的发展和进步，同时也为企业树立了良好的社会形象，增强消费者对该企业产品或服务的忠诚度和向心力，最终也有利于企业的长远发展。

近年来，我国非公有制经济人士的社会责任感日益增强。在这次四川汶川特大地震灾害面前，非公有制企业参与抗震救灾热情空前高涨，捐款捐物非常踊跃，并以多种形式为灾区群众恢复生产和重建家园积极作出贡献，充分体现了非公有制经济人士为国分忧、为民解难的强烈爱国热情和高度的社会责任感，展现了中国特色社会主义事业建设者的精神风貌。在国家和民族面临大灾大难面前挺身而出，体现的是应尽的社会责任；坚持生产、全力恢复生产、把企业办好，体现的是基本的社会责任，也是对抗震救灾和灾后重建最有力的支援。全国工商联十届一次常委会议的主题就是研究非公有制企业深入贯彻落实科学发展观，一手抓抗震救灾，一手抓经济社会发展。大家纷纷表示要为灾后恢复生产、生活，重建家园献计出力，并且通过了《全国工商联关于积极参加抗震救灾和灾后重建工作的决议》，进一步表明了广大非公有制经济人士立足岗位、再接再厉、勇于承担社会责任、坚持"两手抓"、夺取"双胜利"的坚强决心和实际行动。

5. 营造良好发展环境

企业是实践科学发展观的微观基础。非公有制企业要落实科学发展观，首先必须解决内因问题，但外因条件也必不可少。为此，各级工商联组织要积极建言献策，主动协助政府，加强与有关部门协调配合，把促进非公有制经济发展的各项法律、政策和措施进一步落到实处。一要推动公平准入，缓解融资难问题。从法律和政策方面看，文字和语言上的限制已经不很多了，但在实际操作中仍面临不少问题。要继续推动国务院《关于鼓励支持和引导个体私营等非公有制经济发展的若干意见》及相关配套政策和措施的制定落实，在市场准入方面进一步放宽并加以明确规范，真正落实平等准入、公平待遇。围绕非公有制企业特别是中小企业融资难的问题，继续多方反映和建议，促进金融体制改革不断深化，加大信贷、税收支持力度，拓宽直接融资渠道，加快多渠道信用担保的进程。二要推动不断完善法律法规，进一步破除体制性障碍。积极呼吁各级政府完善在税收、融资等方面促进非公有制企业落实科学发展观的法律法规，逐步把党和政府鼓励发展非公有制经济的政策转变为法律。进一步推进依法行政进程，为非公有制经济营造一个公平竞争的法制环境，切实保护非公有制企业合法权益。三要引导非公有制企业转变发展方式，调整优化产业结构。通过经济、法律、行政等手段，促使企业对高污染、高能耗的产业进行治理或从中退出。当然，在这一过程中我们要积极向政府部门反映，建议对涉及企业利益的相关政策调控措施出台要把握好节奏和力度，尽量考虑企业在转型中的承受能力，争取让多数中小企业有一个转型、转移的适度时间和空间，有一个缓冲期。引导非公有制企业走专、精、特、强的发展路子，鼓励它们与大型企业协作配套，在产业集群纵向链条中找到自己的合适位置。要有保有压，选择一批符合相关产业政策、成长性良好的中小企业进行系统性服务和配套政策支持，通过制定并落实相关政策引导非公有制企业进入高技术产业、装备制造业、现代服务业、新能源和可再生能源、基础设施等领域。鼓励发达地区的一般加工业按照比较效益的原则向中西部、老工业基地转移，引导区域中小企业之间开展经济技术合作，带动和提升区域竞争力。到经济相对落后地区投资，不只是为社会作贡献、促进地区统筹发展，而且也是在分享未来的市场，为企业的长远发展赢得更广阔的空间。

总之，我们要深入贯彻落实科学发展观，推进非公有制企业特别是中小企业实现科学发展，必须营造良好的发展环境，促进中小企业从主要依靠数量扩张转变为注重质量提高，从主要依靠粗放型增长转变为更加注重可持续发展，从主要依靠企业个体转变为更加协作配合，从片面追求经济效益转变为更加注重提高经济效益与履行社会责任相结合。经过若干年努力，形成发展环境明显改善、布局结构相对合理、管理和技术水平显著提高、自主创新能力和市场竞争能力持续增强、吸纳就业能力不断扩大的具有中国特色的中小企业群体。

三、积极探索新时期工商联工作新路子

工商联工作是中国特色的社会主义事业的重要组成部分，工商联是最具中国特色的人民团体和商会组织。工商联和一般的人民团体的区别在于，它属于公务员序列，必须按照《公务员法》依法管理；与一般的商会组织的区别在于，它具有统战性，必须自觉把自身工作纳入党的统一战线全局中；与一般的统战组织的区别在于，它具有经济性，必须以工商企业的经济活动为依托；与各民主党派的区别在于，它在中国共产党的领导下，必须发挥党组的领导核心作用。按照《中共中央关于巩固和壮大新世纪新阶段统一战线的意见》的要求，正确把握“三性”关系，充分发挥“五个作用”，大力促进“两个健康”，是中国特色社会主义对工商联的基本要求，也体现了新时期工商联工作的主要特征。

1. 准确把握性质定位

工商联是党领导的具有统战性、经济性、民间性的人民团体和商会组织。统战性定位工商联的政治方位，经济性定位工商联的服务内涵，民间性定位工商联的社团职能。工商联的统战性贯穿并促进经济性和民间性，而经济性和民间性体现并完善统战性。随着新世纪新阶段工商联事业的不断发展，工商联的统战性、经济性、民间性的内涵也将随着实践的发展而不断丰富和完善。

工商联的统战性，主要体现在工商联是中国共产党领导下的统一战线性质的组织。统战性是工商联组织的政治优势。这一性质决定了工商联在我国政治生活中的重要地位和作用，决定了工商联在履行职能中负有重大的政治责任。当前，新的社会阶层人士工作已成为党的群众工作的新领域，成为党的统战工作的新的着力点，党的统一战线也成为由全体社会主义劳动者、中国特色社会主义事业建设者、拥护社会主义的爱国者和拥护祖国统一的爱国者组成的更广泛的“四者联盟”。新的社会阶层主要由非公有制经济人士组成，这一阶层正是工商联联系的主体和主要工作对象。因此，必须按照“充分尊重、广泛联系、加强团结、热情帮助、积极引导”的方针，最大限度地把广大非公有制经济人士团结在党的周围，坚定不移地走中国特色社会主义道路。

工商联的经济性，主要体现在工商联是商会组织，会员绝大多数是非公有制企业和非公有制经济人士，主要在经济领域活动。工商联工作与经济活动相联系，需要维护会员的合法权益，为会员在法律范围内的经济活动服务。这就要求工商联必须为非公有制企业特别是众多的非公有制中小企业发展积极排忧解难，提供及时有效的服务。利用工商联的组织网络优势，建立会员企业间交流的商务信息平台，促进企业合作和共同发展机制的形成、加强企业经营管理者培训等，在为企业的生产经营活动服务中达到经济统战的目的。

工商联的民间性，主要体现在工商联是人民团体，是党和政府联系广大非公有制经济人士的桥梁、纽带，与政府职能部门不同，在参与国家的经济、政治、社会生活方面以民间的面貌出现、民间的声音表达、民间的方式实现，能取得党政部门难以替代的作用。工商联作用的发挥，主要通过协调沟通、信息咨询、融资服务、行业自律、权益维护、国际交流等形式来实现，其工作手段主要是提供服务，而不可能是行政管理。

工商联的统战性、经济性、民间性是一个有机的统一体，相互依存、相互促进、不可分割，是工商联的优势、特色之所在。不讲统战性，工商联就没有政治优势；缺少经济性，工商联就失去发展基础；忽视民间性，工商联就缺乏工作活力。要正确认识、深刻理解工商联统战性、经济性、民间性的性质定位，在工作思路、功能拓展、活动策划等方面，始终坚持“三性”的有机统一，确保工商联的正确方向和鲜明特色。

2. *充分发挥职能作用*

一是要充分发挥工商联在非公有制经济人士参与政治和社会事务中的主渠道作用。随着非公有制经济的发展，非公有制经济人士在国家经济社会中的影响日益扩大，参与国家政治和社会事务的愿望日益明显。发挥好工商联在非公有制经济人士参与政治和社会事务中的主渠道作用，可以更好地就有关问题听取非公有制经济人士的意见和建议，组织引导他们积极投入到党和政府带有全局性的重大战略部署实施中，在国家政治和社会事务中发挥更大的作用。主渠道作用有其丰富的内涵，通过工商联组织参政议政、建言献策、政治安排是主渠道作用的重要体现，组织引导非公有制经济人士积极参与地方经济社会建设、落实科学发展观、构建社会主义和谐社会等，都是工商联发挥主渠道作用的现实途径。

二是要充分发挥工商联在非公有制经济人士思想政治工作中的重要作用。针对非公有制经济人士在新时期的思想观念变化特点，加强和改进思想政治工作，是提高非公有制经济人士整体素质、推动非公有制企业可持续发展的重要途径。要高度重视非公有制经济代表人士队伍建设，加强政治引导和理论培训，提高他们的政治把握能力、组织协调能力、参政议政能力、合作共事能力；认真总结加强非公有制经济人士思想政治工作方面的经验，尊重非公有制经济人士的创业精神和劳动创造，肯定他们为强国富民作出的贡献，加强同他们的联系；坚持正面引导为主，体现时代性、增强针对性、探索规律性、突出实践性，建立更有效制度，采取更积极措施，引导他们做合格的中国特色社会主义事业建设者。

三是要充分发挥工商联在政府管理非公有制经济方面的助手作用。以人民团体和商会组织身份广泛开展经济社会服务，是工商联充分发挥政府助手作用的重要方式。对于助手作用，一定要有准确的定位。工商联发挥助手作用的工作方式与政府职能部门是不同的，主要是以民间的身份通过配合、协助、服务等方式实现的。工商联不能代替政府部门起行政作用，但可以起到政府部门不可替代的作用。要进一步加强与政府有关部门的联系、沟通、合作，创新服务方式、开拓服务领域、增强服务能力、提高服务水平，真正在帮助政府管理非公有制经济方面充分发挥助手作用。

四是要充分发挥工商联在构建和谐劳动关系过程中的协调作用。既要维护非公有制经济人士的合法权益，又要与工会等人民团体密切配合，维护员工的具体利益，积极主动参与劳动关系三方协商机制有关工作。要引导非公有制经济人士积极发展和谐的劳动关系，完善工资随着企业效益提高正常增长的机制，足额缴纳社会保障资金，改善安全生产条件，积极应对实施《劳动合同法》等新的法律给民营企业尤其是民营中小企业带来的新问题和新矛盾。

五是要充分发挥工商联在我国行业协会商会改革发展中的积极作用。坚持市场化方向，通过健全体制机制和完善政策，创造良好的发展环境，优化结构和布局，提高行业商会素质，增强服务能力。坚持政会分开，理顺政府与行业协会商会之间的关系，明确界定行业协会商会职能，改进和规范管理方式。坚持统筹协调，做到培育发展与规范管理并重，行业协会商会改革与政府职能转变相协调。坚持依法监管，推进加快行业协会商会立法步伐，健全规章制度，实现依法设立、民主管理、行为规范、自律发展。

3. 努力完成肩负任务

工商联的所有工作，都要以促进非公有制经济人士健康成长和非公有制经济健康发展为出发点和落脚点。党和国家对非公有制经济发展有明确的方针政策，工商联的任务就是进一步推动有关方针政策的全面贯彻落实，对非公有制经济要鼓励、支持和服务，对非公有制经济人士要团结、教育和培养，有效促进“两个健康”。

实践证明，“两个健康”是相互交融、不可分割的。非公有制经济人士健康成长是非公有制经济健康发展的基础和内动力，非公有制经济健康发展是非公有制经济人士健康成长的必然结果和价值体现。从工商联工作的角度讲，促进非公有制经济人士健康成长，就是要通过形式多样、富有成效的思想政治工作，团结、教育广大非公有制经济人士共建社会主义核心价值体系，努力把自身企业的发展与国家的发展结合起来，把个人富裕与全体人民的共同富裕结合起来，把遵循市场法则与发扬社会主义道德结合起来，爱国、敬业、诚信、守法、贡献，致富思源、富而思进，自觉接受党的领导，主动履行社会责任，积极支持本企业的党建工作，做合格的中国特色社会主义事业的建设者；促进非公有制经济健康发展，就是要通过多渠道、多方面地帮助解决非公有制企业在发展过程中所遇到的实际困难和具体问题，引导、帮助他们树立并落实科学发展观，建立新型劳动关系，努力实现企业又好又快发展。

应该说，工商联现有的工作是有利于促进“两个健康”的。但从总体上看，在牢牢抓住“健康”二字上意识还不够强，内容还不够新，成效还不够实。要清楚地认识到，如果非公有制企业经营管理者亚健康、不健康，最终将导致非公有制企业亚健康、不健康。因此，首先要切实加强和不断改进对非公有制经济人士健康成长的工作，引导他们既要成为物质财富的创造者，也要成为精神财富的创造者；以此为非公有制经济健康发展提供保证，使其真正成为社会主义市场经济的重要组成部分。

4. 发扬改革创新精神

面对新任务、新要求，各级工商联必须认清自己所肩负的历史使命，以改革创新的精神不断开拓进取，积极推进各项工作创新。

一要创新工作内容，在“健康”上做文章。要围绕中心、服务大局，着眼于促进“两个健康”的工作目标，会同有关部门切实深入非公有制企业，努力探索能够了解企业内部和非公有制经济人士各方面真实客观情况的行之有效的途径、办法和手段，进一步完善对非公有制经济人士的综合评价体系，探索非公有制经济人士成长规律，建设素质优良、结构合理、数量充足的非公有制经济代表人士及其后备队伍，树立时代榜样，更好地体现工商联工作的时代特征和独特作用。

二要创新工作方式，在“服务”上动脑筋。要深入研究变化了的社会环境和工作对象，认识和把握内在规律，使工商联工作方式方法由经验型变为科学型。工商联是其会员的联合组织。没有会员，就没有工商联；不能服务于会员，就不能吸引、凝聚会员。转变工作方式，为会员做好服务，就要走出机关、深入企业倾听“原声带”，掌握第一手材料，全面了解非公有制经济人士在企业发展中遇到的各种困难和突出问题以及他们的思想状况和利益诉求，有针对性地提供实际服务。一方面要加强自身建设，不断提高服务能力；另一方面要善于利用社会力量，不断提高组织、联络、协调能力。

三要创新工作机制，在“管理”上下工夫。在新形势下，工商联的许多工作都是开创性的。但是，由于科学的管理机制还没有完全建立起来，致使工商联工作缺乏应有的更大活力。凭旧思维解决新矛盾，按老经验处理新问题，依然是一个较为普遍的现象。各类商会和会员是工商联的组织细胞、工作依托和发展基础。创新工作机制，很重要的是探索动态管理，强化科学管理，搭建服务平台，以此激活组织细胞、扩大工作依托、夯实发展基础。要在认真总结基层实践经验的基础上，高度重视并充分发挥工商联执委、常委、兼职副主席的作用。

加强工商联理论研究，是探索新时期工商联工作新路子的需要，是提高工商联干部队伍素质的有效途径，是丰富党的统战理论的重要举措。工商联开展理论研究，要继续解放思想，围绕深化对中国特色社会主义的研究和探索，突出抓好理论研究的重点课题，以非公有制经济理论研究中的重大前沿课题和工商联工作实践中遇到的重大问题为主，在实践探索中加强理论研究，从理论与实践的结合上回答问题、解决问题。工商联开展理论研究，必须从自身的宏观环境、工作对象、地位性质、职能作用、历史沿革、发展趋势等方面出发，立足于指导当前工作，着眼于谋划未来发展，注重前瞻性，体现规律性，增强实效性。

谋划组织好各类活动，是工商联工作的一项重要内容。要利用资源多、舞台大、活动面广的优势，善于找“抓手”、建“平台”、树“品牌”，提高活动层次，注重活动实效，扩大工作覆盖面和影响力。工商联要着眼于促进“两个健康”的总体目标，将所开展的活动与加强非公有制经济人士思想政治工作结合起来，与非公有制经济人士政治安排中的推荐工作结合起来，与协助政府管理非公有制经济结合起来，与促进民营企业建立和谐劳动关系和建设企业文化结合起来，与为民营企业做好各项服务工作结合起来，切实担当起活动的组织者、引导者、推动者的重任。几年来，各地工商联和有关部门共同打造了“优秀中国特色社会主义事业建设者”表彰、“光彩事业”和“关爱员工、实现双赢”、“全国民营企业招聘周”等一些具有自身特色的活动品牌。这些活动品牌的形成，都是在各级党委、政府领导下，工商联组织推动，上下联动和整体推进的结果，一定要继续坚持并不断创新，努力形成有影响力的品牌效应。

当前，正是抗震救灾形势依然严峻、灾后重建工作处于全面展开的关键时期。前几天中央召开极其重要的会议，对当前若干重大问题进行了研究部署。我们要以邓小平理论和“三个代表”重要思想为指导，深入贯彻落实科学发展观，按照中央有关重要指示，为促进非公有制经济人士健康成长和非公有制经济健康发展，夺取抗震救灾斗争全面胜利，保持国民经济平稳较快发展作出新贡献。

（全国工商联宣教部　供稿）

在四川省民营企业灾后重建座谈会上的讲话

中央统战部副部长，全国工商联党组书记、第一副主席　全哲洙

（2008年7月18日）

这次到四川来，主要是就抗震救灾及灾后恢复重建有关情况，特别是灾后民营企业恢复重建、工商联如何在灾后重建中发挥作用问题进行调研。四川省委统战部和省工商联精心安排，使我们实地查看了都江堰、汶川、青川、北川等灾区和部分受灾的民营企业，与当地党政领导和民营企业负责人认真研究灾后重建的有关问题，对灾区的直观认识更加深刻，也引发了对很多问题的深入思考。调研期间，四川省委书记刘奇葆同志介绍了全省抗震救灾、灾后重建工作情况，提出了全国工商联如何更好参与灾后恢复重建的建议。刚才，受灾民营企业代表、行业商会代表、省市工商联和省委统战部领导先后从不同角度概括介绍了工商联和民营企业在抗震救灾和灾后重建中的基本情况，也提出了一些建议。我们对此要认真分析研究，明确重点，以实际行动切实为帮助灾区重建履行应尽的责任。

此次汶川地震灾区面积大、涉及人口多、损毁严重，救援和灾后重建工作难度巨大。地震发生后，党中央、国务院迅速决策、正确领导，四

川省委、省政府周密组织、科学调度，使抗震救灾取得了重大阶段性成果。面对这场特大灾害，民营企业参与抗震救灾的热情空前高涨，各地民营企业捐款捐物数量之大、范围之广、行动之快，创历次救援之最。更难能可贵的是，灾区民营企业面对地震造成的严重损失，不等不靠、迎难而上，在全力组织自救、及时排除安全和环境污染隐患的同时，主动组织救援队第一时间到达最需要的地方救人抢险，体现了非公有制经济人士为国分忧、为民解难的强烈爱国热情和高度的社会责任感。在救援工作告一段落后，灾区民营企业又继续以高昂的斗志、不屈不挠的精神，抢运物资、抢修设备，积极恢复生产。据了解，目前四川已有70%以上的受灾企业全部或部分恢复了生产。灾区民营企业在困境面前，“舍小家顾大家”、“自救、自立、自强”的高尚境界充分展现了中国特色社会主义事业建设者的精神风貌。

地震发生后，各级工商联组织也积极主动地投入到抗震救灾之中，急灾区人民之所急，想灾区人民之所想，帮灾区人民之所需，迅速组织非公有制经济人士和民营企业积极有序地参与抗震救灾。四川省工商联更是一马当先，一方面，根据省委、省政府统一部署，做好救灾的组织工作；另一方面，充分发挥工商联的优势和特点，慰问受灾会员企业、组织救灾突击队、募集运送救灾物资、帮助企业自救、为企业恢复生产经营牵线搭桥，在抗震救灾工作中发挥了重要作用。

当前，抗震救灾斗争正在转入恢复重建阶段，面临的任务十分艰巨。在灾后重建过程中，帮助灾区民营企业尽快恢复生产经营，不仅有利于灾区经济的恢复和灾民的就业安置，更有利于促进灾区经济社会的稳定发展。我们要按照中央关于一手抓抗震救灾、一手抓经济社会发展的要求，全力做好灾区民营企业恢复重建工作。

一、灾后恢复重建必须坚持科学发展

灾后恢复重建绝不是简单的复原，而要通过重建走上科学发展之路。千万不能就事论事，不能孤立、对立地看问题。恩格斯说过，“一个聪明的民族，从灾难中和错误中学到的东西，会比平时多得多”。一场大灾难，见证了中华民族空前的团结和凝聚力，也给我们很多启示和沉思。

灾后恢复重建是一项繁重的任务，而且需要一个较长的过程。如果说地震救援考验的是我们民营企业的爱心与道义，那么灾后恢复重建则将考验我们企业的能力与责任。灾后恢复重建，既是灾区经济社会又好又快发展、可持续发展的重大机遇，也是民营企业发展壮大和非公有制经济人士提高自身素质、履行社会责任的重要机遇，是工商联发挥作用、锻炼队伍、增强凝聚力和影响力的实践考验。因此，我们要以高度的责任感和强烈的事业心，积极参与到灾后恢复重建中来。

受灾民营企业要在各级党委、政府的领导下，深入贯彻落实科学发展观，坚持以人为本、尊重自然、科学重建。要结合政府城乡布局、人口分布、产业结构和生产力布局，因地制宜，制定规划。要抓紧产业恢复与发展，以市场经济的思路，推进产业合作和升级，用好用足国家灾后重建优惠政策，以改革创新的思路和办法解决发展中的问题，而不是简单地恢复原来的生产能力及状态。要以灾后恢复重建为契机，以符合国家产业导向和当地实际的项目为载体，将企业灾后恢复重建与推进节能减排、淘汰落后生产能力和促进企业技术进步相结合，转变发展方式，促进产业结构调整优化，寻求企业的可持续发展。要正确分析灾后经济形势和市场的变化，根据资源环境承载能力、产业政策和就业需要，合理选择或原地重建、或异地迁建、或关停并转。例如，过去部分受灾地区存在着工厂选址不合理，一些企业规模小、工艺落后、污染重，一些地区的工业生产与生态环境保护之间矛盾尖锐等问题，就可以利用这次重建机会进行调整。对于那些工艺设备较为落后的企业，应当按照标准，争取相关政策，鼓励企业进行更新改造；对于那些高耗能、高污染和不符合国家产业政策及安全生产要求的落后产能，应当坚决地关停并转，从更高的层次上展现我们民营企业家的社会责任感。希望我们四川的受灾企业能够在震灾的血与泪中得到锤炼，在抗灾的疼与爱中重获新生。

二、发扬自力更生精神，抢抓灾后发展机遇

在灾后恢复重建过程中，要处理好以下几个关系：一是造血与输血的关系，输血不是简单的救济，而是注重灾区产业发展，提高灾民生存能力，逐步具备造血功能，才能在灾难后重生；二是自建与援建的关系，提倡自力更生、生产自救，在充分发挥主观能动性的基础上，积极争取和利用外援；三是援建与代建的关系，援建必须尊重实际、尊重规律，更要充分尊重灾区经济社会发展需求和群众意愿，形成合力，实现共建。

各地受灾企业不仅要能够“自救”，更要敢于“自立”，继续发扬“自力更生、艰苦奋斗”的精神，尽快恢复生产经营。工业企业要抓紧清理厂房，排除险情，检修设备，安抚员工，尽快恢复生产或部分恢复生产，一些生产设施设备基本损毁并处于地震断裂带的企业，要尽早考虑异地重建。农业产业化龙头企业要尽快恢复基地建设，抢修基础设施，强化动物疫病防控，将灾害损失降到最低程度；商贸流通企业要尽快恢复灾区商业网点，切实保障灾区重要商品供应，维护灾区正常的市场秩序，积极为灾区群众提供急需的基本生活服务；旅游企业要根据旅游基础设施、接待设施的恢复程度，分批启动旅游接待，强化旅游安全保障措施，逐步恢复旅游市场。

在“自救”、“自立”基础上，灾区民营企业更要追求“自强”，将解决当前困难与长远发展相结合，积极开展行业内及省际间的联合与合作，在确保安全和质量的前提下提高生产进度，增加企业效益，加快企业发展。希望灾区民营企业在灾后恢复重建中，想方设法、千方百计，组织力量尽快恢复生产，有部分生产能力的先部分恢复生产，不要等条件完全具备再恢复生产；坚持做好安全生产，做好受伤致残员工的安抚，稳定员工情绪，与员工风雨同舟、共渡难关；充分利用工商联的组织网络平台，切实发挥行业商会的作用，加强行业内和区域间的联合与互助，积极拓展业务，寻求发展机遇；对灾区紧缺、市场有需求的产品，要开足马力生产，为灾区生产生活尽可能提供充足的物资保证。

三、充分发挥工商联组织的积极作用

各级工商联组织作为党和政府联系非公有制经济人士的桥梁和纽带，在参与灾后重建工作中，一定要按照中央总体部署和地方党委政府的统一安排，尽工商联之能，倾工商联之力，以“造血”帮扶为主，以公益捐助为辅，帮助灾区民营企业重建、复苏和振兴，全力以赴促进灾区经济平稳发展和社会和谐稳定。

自灾情发生后，全国工商联高度重视抗震救灾工作，迅速作出部署，下发了《进一步做好抗震救灾工作的通知》和《全国工商联灾后重建工作的通知》，作出了《全国工商联十届一次常委会议关于积极参加抗震救灾和灾后重建工作的决议》；召开了工商联系统抗震救灾对口支援专题座谈会和行业商会灾后重建工作座谈会，下发了《关于积极配合政府做好汶川地震灾后恢复重建对口支援工作的通知》，积极组织省际间、行业内的对口支援；建立健全了灾后重建工作责任制，制定了《全国工商联善款使用审批管理规定》，对一些指定捐赠项目开展前期联系和跟踪确认。目前，各省、区、市工商联和各行业商会都在主动联系对口支援的重灾区县或相关行业组织，积极开展灾后重建的对接工作。

下一阶段，全国工商联将进一步开展灾区企业帮扶调研，主动争取政策，搭建项目平台，做好跟踪服务，进行定点帮扶，加强宣传表彰，更好地引导和动员更多的民营企业参与到灾后重建中来。下半年，全国工商联将组织“行业商会灾区考察行”活动，并充分利用10月份“西博会”这一平台，举办“民营企业灾区发展论坛”。一是推动产业合作，组织协调有经济实力、有投资需求、有社会责任感的民营企业与灾区民营企业进行项目对接，积极探索多渠道、多形式推进民营企业参与灾区重建；二是推动劳务经济，灾区与用工企业共建劳务输出输入基地，组织灾区失业人员技能培训，促进灾区扩大就业。

灾区各级工商联组织也要继续发扬前一阶段连续作战的优良作风，积极帮助和支持民营企业灾后恢复生产，引导受灾企业根据当地产业特色和资源优势，发展特色优势产业和循环经济，促进资源集约利用、土地节约使用和环境综合治理。要从多角度、多渠道重点帮扶那些符合国家产业政策、关系当地经济社会发展、成长性良好、能够充分吸纳劳动力的中小企业，促进受灾企业尽快恢复生产。在这方面，我们没有条件可谈，没有价钱可讲，没有折扣可打。我们多尽点心，国家就少操点心。

一要促进形成一视同仁的政策并推动落实。要及时了解地方政府灾后重建的整体规划，主动向各级党委、政府汇报受灾民营企业的状况和需求，分类汇总上报企业提出的政策建议，争取国家更多的政策支持，使灾区民营企业的灾后恢复重建工作纳入政府的统筹规划。要主动上门，深入走访，调查掌握受灾企业的生产经营状况，深入学习研究政策，向受灾企业宣传政府的各项灾后重建政策，帮助企业学好、用好、用足现有政策，帮助企业解决在复产中遇到的难题，支持企业和在建项目尽快复产复工。目前，国务院对灾后恢复重建工作十分重视，先后下发了《汶川地震灾后恢复重建条例》、《关于支持汶川地震灾后恢复重建政策措施的意见》和《国务院关于做好汶川地震灾后恢复重建工作的指导意见》等，及时对灾后恢复重建工作和各项政策进行规范，为灾区企业的灾后恢复重建工作提供了政策指导。国家有关部门、四川省已经或将要出台一些具体实施意见，在土地、税收、金融、财政等方面都有优惠政策。我们各级工商联组织有责任、有义务帮助受灾企业协调落实好这些政策，维护受灾民营企业的利益，促进灾区民营经济的恢复和发展。工商联还应在认真调研的基础上，积极与各地抗震救灾指挥部、发改委、招商局、财政、税务、国土资源、社会保障部门及相关金融机构建立有效的配合工作机制，为灾区民营企业在企业重建、恢复生产、财税金融、项目对接、资源调配、土地使用、员工安置及抚恤资助等方面争取与国有企业一视同仁的政策，不断完善非公有制企业的重建环境。例如，可以与金融机构合作，对受灾企业进行损失核实和企业能力评估，协调银行对因地震造成的贷款延期、利息滞纳、无力偿还贷款的企业，采取对贷款实施核销、减免、延期等政策；对具备自我恢复能力、有良好发展潜力或对当地民生、就业作用明显的企业，虽然暂时困难，也尽快发放新的恢复重建贷款，放宽抵押条件等，使其能迅速恢复自我发展能力。就相关政策问题，全国工商联已通过中央统战部向中央报送了对灾后重建建议的报告。希望各地特别是灾区工商联在这方面也要做出相应的努力。

二要牵线搭桥，推动合作。要建立重点企业帮扶制度，将一些社会影响大、员工数量多、受灾较严重、成长性良好的企业列为重点帮扶对象，密切关注，广泛组织各方力量实行重点帮扶、跟踪服务，确保帮扶工作落实。要充分发挥工商联组织网络优势，加强与其他省、市工商联和行业商会的联系，按照支援省市的统一安排和灾区政府的统一规划，全力做好对口支援联系和促进工作，为灾区民营企业恢复重建搭建项目合作平台。各地工商联和行业商会、会员企业也要积极行动起来，为灾区企业在产业转移、异地重建、技术指导、人才交流、商务信息等多方面搭建合作平台，动员更多的民营企业在政府统一规划下，按照“义利兼顾、互利共赢”的原则，采取投资、收购、参股等多种方式参与灾后重建。

三要加强总结宣传，营造舆论氛围。前一段时间，全国工商联积极组织人民日报、新华社、中央电视台等中央有关新闻媒体，对民营企业抗震救灾的感人事迹和重大贡献进行了宣传报道。今后，还要加大宣传力度，及时总结民营企业和工商联在抗震救灾工作中的成绩与经验，充分利用社会主流媒体，及时、生动、有效地宣传民营企业在抗震救灾中涌现出的感人事迹和典型人物，在适当的时候对表现突出的工商联干部和民营企业家进行表彰，鼓励他们参与抗震救灾的积极性，努力提供强大的精神动力和舆论支持。

灾后重建，责任重大；经济发展，事关全局。恩格斯曾经说过，“没有哪一次巨大的历史灾难，不是以历史的进步为补偿的”。我们要继续发扬“万众一心、众志成城，不畏艰险、百折不挠，以人为本、尊重科学”的伟大抗震救灾精神，并把这一精神转化为自力更生、艰苦奋斗、重建家园的坚强意志，转化为加快恢复生产、重新发展壮大的实际行动，为灾区经济社会的稳定和发展作出更大的贡献。

（全国工商联办公厅　供稿）

在全国工商联开展深入学习实践科学发展观活动动员大会上的讲话

中央统战部副部长，全国工商联党组书记、第一副主席　全哲洙

（2008 年 10 月 10 日）

根据党的十七大部署，中央决定从 2008 年 9 月开始，用一年半左右时间，在全党分批开展深入学习实践科学发展观活动。全国工商联作为第一批单位，今天召开动员大会，认真贯彻《中共中央关于在全党开展深入学习实践科学发展观活动的意见》，全面安排机关和直属单位学习实践活动。为了加强对全国工商联学习实践活动的指导、督促和检查，中央派出了以宋育英同志为组长、王玉庆同志为副组长的第八指导检查组来到商会。今天，中央第八指导检查组王玉庆等同志和中央统战部副部长、中央统战部深入学习实践科学发展观活动领导小组副组长黄跃金同志以及中央统战部学习实践活动领导小组第三指导检查组的同志，前来参加、指导我们的动员大会。我代表全国工商联，对他们的到来表示热烈的欢迎，对他们的工作指导表示衷心的感谢！

刚才，褚平同志宣读了《全国工商联开展深入学习实践科学发展观活动实施方案》。稍后，王玉庆同志还要作重要讲话，我们一定要认真学习，抓好落实。

下面，我就认真贯彻中央精神，按照中央统战部学习实践科学发展观活动总体安排，开展好全国工商联学习实践活动，讲几点意见。

一、充分认识学习实践科学发展观的重要意义

科学发展观是马克思主义关于发展的世界观和方法论的集中体现，是同马克思列宁主义、毛泽东思想、邓小平理论和“三个代表”重要思想既一脉相承又与时俱进的科学理论，是我国经济社会发展的重要指导方针，是发展中国特色社会主义必须坚持和贯彻的重大战略思想。在全党开展深入学习实践科学发展观活动，是党中央在新的历史条件下，坚持用中国特色社会主义理论体系武装全党，全面加强党的执政能力建设和先进性建设，切实提高领导科学发展、促进社会和谐能力的战略决策。我们一定要把开展学习实践活动作为应对挑战、解决矛盾、统一思想的重大契机，充分认识这一活动的重要意义，深刻把握这一活动的具体要求，用科学发展观武装头脑、指导实践、推动工作，不断促进非公有制经济人士健康成长和非公有制经济健康发展。

1. 学习实践科学发展观，是引导非公有制经济人士健康成长的必然要求

改革开放以来，我国非公有制经济人士作为集中分布在新经济组织和新社会组织之中的新社会阶层的主要组成部分，已经成为中国特色社会主义事业建设者，在促进共同富裕、构建社会主义和谐社会、全面建设小康社会中发挥着重要作用。总体上看，广大非公有制经济人士能够致富思源、富而思进，自觉履行义利兼顾、扶贫济困的社会责任，积极回馈社会、造福人民。特别是在今年四川等地抗震救灾、恢复生产、重建家园过程中，广大非公有制经济人士踊跃参与、迎难而上、积极奉献，充分体现了为国分忧、为民解难的强烈爱国热情和高度社会责任感，生动展现了中国特色社会主义事业建设者的时代精神风貌。非公有制经济人士作为不断发展的新兴社会群体，队伍构成多元，素质参差不齐，思想活动的独立性、选择性、多变性、差异性更加明显。我们要在充分肯定其主流健康向上的同时，也清醒地看到他们中的少数人存在的一些不可忽视的问题。有的见利忘义、生活奢靡，遵纪守法意识、社会公德意识、产品质量意识、安全生产意识、环境保护意识、共建共享意识淡薄；有的目

光短浅、急功近利，缺乏长远发展规划，内部管理制度落后，盲目扩张企业规模，遇到困难又情绪悲观、信心不足、信念动摇。面对这些问题，只有通过深入学习实践科学发展观，才能更广泛地团结广大非公有制经济人士，巩固共同思想基础、坚定共同理想信念、坚持共同价值取向、扩大共同政治联盟；才能引导他们弘扬爱国、敬业、诚信、守法、贡献的优秀建设者精神，努力践行社会主义荣辱观，共建社会主义核心价值体系，以人民群众根本利益和国家长远利益为重，做科学发展的实践者、推动者、先行者；才能使他们增强对改革开放和发展企业的信心，以企业的文化创新、科技创新、制度创新、管理创新、发展战略创新来推进结构升级和产品换代，坚定不移地走中国特色社会主义道路。

2. 学习实践科学发展观，是促进非公有制经济健康发展的迫切需要

改革开放三十年来，我国非公有制经济从无到有，从小到大，发展迅速，在完善社会主义市场经济体制和推动经济社会发展方面发挥着越来越重要的作用。但同时，具有较大规模的非公有制企业正面临发展转型期，而广大的中小企业正处于创业成长期，企业平均生存期较短、技术水平较低、人才短缺，市场准入、融资支持等问题尚未从根本上解决，在发展环境上还存在许多不利因素。特别是在当前，国际金融危机加剧，全球重要原材料价格上涨，通货膨胀压力加大，世界经济增长放缓，国内经济运行中的一些突出矛盾和问题也依然存在，有些行业和地区增长速度明显回落。受市场变动和政策变化影响，众多非公有制企业特别是中小企业由于对宏观形势把握不准，生产经营不善，应对挑战准备不足，在生存与发展上陷入了严重困难境地。面对这种情况，我们要在积极向政府和有关部门反映情况，采取各种政策扶持手段，千方百计帮助非公有制企业解决融资困难、改善发展环境、努力渡过难关的同时，迫切需要通过学习实践科学发展观，引导他们充分认识科学发展观是非公有制经济应对当前挑战、实现健康发展的现实之路、必由之路、科学之路，从而更加自觉地按照科学发展观的总体要求，努力提高自身素质、创新能力、管理水平和企业效益，走出一条又好又快的健康发展道路。

3. 学习实践科学发展观，是加强工商联自身建设的重要举措

工商联是党领导的以非公有制企业和非公有制经济人士为主体的人民团体、商会组织。作为党和政府联系非公有制经济人士的桥梁纽带、政府管理非公有制经济的助手、非公有制经济人士参与政治和社会事务的主渠道，工商联既担负着促进非公有制经济人士健康成长和非公有制经济健康发展的重任，又要使自身的各项工作符合科学发展观要求。近年来，工商联会员队伍、基层组织和行业商会发展较快，建言献策、参政议政工作有所加强，非公有制经济人士思想政治工作逐步得到重视，会员服务工作取得一些突破，但我们还没有真正探索出充分发挥会员、执委、常委、兼职副主席以及基层组织作用，切实提升参政议政、建言献策水平，不断加强和改进非公有制经济人士思想政治工作，努力提高对会员服务能力的有效措施和长效机制；主观认识上注重“三性”统一，强调促进“两个健康”，职能作用不断拓展，但在实际工作中往往顾此失彼、力量分散、缺乏创新，工商联工作的理论研究更是缺少紧迫性、自觉性、系统性；每年组织开展许多经贸合作、扶贫助困、出访考察、培训教育、维权服务等活动，取得了积极成效，但有些活动过于分散，关注中小企业特别是高新技术中小企业的少，统筹性、连贯性、实效性不够。这种状况与工商联所担负的重任不相适应，与科学发展观的要求不相符合。因此，我们必须始终坚持用科学发展观指导自身建设，切实把科学发展观的要求转化为谋划工作的正确思路，转化为推动工作的实际行动，努力实现工商联事业科学发展。

二、切实体现促进“两个健康”的实践特色

科学发展观既是理论问题，更是实践问题。中央对这次学习实践活动确定的一个重要原则，就是要突出实践特色，紧扣实践深化学习，通过学习来推动实践。工商联既要鼓励、支持和服务非公有制经济，又要团结、教育和培养非公有制经济人士，所有工作都要以促进“两个健康”为出发点和落脚点。因此，促进“两个健康”，就是工商联开展深入学习实践科学发展观活动最为

突出的实践特色。

1. 坚持解放思想，着力转变不适应促进“两个健康”的思想观念

解放思想是研究新情况、解决新问题、开拓新局面的重要前提，是发展中国特色社会主义的一大法宝。改革开放三十年的历史证明，我国非公有制经济的发展进程就是不断解放思想的过程，非公有制经济的发展成果就是不断解放思想的结果。因此，坚持解放思想、实事求是、与时俱进，深入贯彻落实科学发展观，就是对改革开放三十年的最好纪念。现在我们开展深入学习实践科学发展观活动，必须把解放思想作为首要原则，贯穿于学习实践活动的全过程和各方面，着力转变不适应促进“两个健康”的思想观念，开阔眼界，拓展思路，不断增强贯彻落实科学发展观的自觉性和坚定性。一要转变把工商联的“三性”对立起来的单向思维。工商联集统战性、经济性、民间性于一身，不能单纯强调一个方面，否定其他方面。不讲统战性，工商联就没有政治优势；不讲经济性，工商联就失去发展领域；不讲民间性，工商联就缺乏自身活力。要正确认识、深刻理解工商联统战性、经济性、民间性的性质定位，在工作思路、功能拓展、活动策划等方面，始终坚持“三性”统一，确保工商联的正确方向和鲜明特色。二要转变把工商联“五个作用”割裂开来的僵化观念。“五个作用”是相互联系、相互促进的，在各项具体工作中，都要注重体现这五方面作用的结合。工商联在新的历史条件下的首要职责和任务，是做好非公有制经济人士的思想政治工作。因此，在发挥“五个作用”的过程中，必须把发挥在非公有制经济人士思想政治工作中的重要作用贯穿始终，以思想政治工作带动其他工作，以推进其他工作加强思想政治工作。三要转变对工商联促进“两个健康”任务厚此薄彼的片面认识。“两个健康”是相互交融、不可分割的。非公有制经济人士健康成长是非公有制经济健康发展的内在动力和根本保证，非公有制经济健康发展是非公有制经济人士健康成长的必然结果和价值体现。在实际工作中，我们必须防止和克服“重活动、轻引导”的思想倾向，正确把握“两个健康”的关系，始终坚持着眼于促进“两个健康”，引导非公有制经济人士既要成为物质财富的创造者，也要成为精神财富的创造者。工商联解放思想，当前就是要把思想统一到贯彻落实科学发展观，正确把握“三性”关系，充分发挥“五个作用”，积极促进“两个健康”上来。工商联所具有的“三性”是统一的，发挥“五个作用”的职能是交叉的，促进“两个健康”的任务也是共同的。工商联的任何工作部门，在开展工作、组织活动时，尽管有不同的侧重点，但都要着眼于促进“两个健康”、体现“三性”统一、发挥“五个作用”。要实现这三个方面的有机结合，必然要求我们既不能孤立地看问题，也不能对立地看问题。在认识上和实践中任何对这三方面的对立和割裂，都是有悖于科学发展观要求的，都是有损于党在社会主义初级阶段基本经济制度的，都是有害于工商联组织发展的。

2. 坚持以人为本，努力做好非公有制经济人士的团结、教育和培养工作

人的培养是一项战略性、长期性、复杂性的任务。工商联做非公有制经济领域的统战工作，检验工作成败的标准，说到底是看能否培养一支自觉拥护党的领导，坚定不移走中国特色社会主义道路的非公有制经济人士队伍。因此，引导非公有制经济人士健康成长，必须坚持以人为本这个科学发展观的核心，既重视思想政治教育，又注重人文关怀和心理疏导，尊重他们、理解他们、关心他们。要按照“充分尊重、广泛联系、加强团结、热情帮助、积极引导”的工作方针，建立相应的工作渠道和机制，广泛开展谈心对话，既坚持原则，又坦诚相见，以情感人，以理服人，密切与非公有制经济人士的联系，努力成为他们的益友、诤友。通过平等的双向交流，充分发挥桥梁纽带作用，既大力宣传党的方针政策，又满腔热情地帮助非公有制经济人士解决思想认识和工作生活中的实际问题，依法维护他们的合法权益，充分反映他们的合理诉求，尊重他们的劳动和创造，肯定他们为强国富民作出的积极贡献。要做好非公有制经济代表人士培养选拔和政治安排工作，建立综合评价体系，完善培训教育制度，逐步扩大他们有序参与政治和社会事务的渠道。对于已经安排为各级党代表、人大代表、政协委员、工商联执委和常委的非公有制经

济代表人士，要加强联系、热心帮助、跟踪培养，及时发现问题，主动提醒教育，不断提高他们的政治把握能力、组织协调能力、参政议政能力、合作共事能力，充分发挥其示范性，切实增强其带动力，不断扩大其影响面。今年以来，一些地方发生重大生产安全事故和食品安全事故，给人民群众生命财产造成重大损失。我们要配合有关部门，组织重点行业、重点企业的具有较大社会影响的非公有制经济代表人士，向社会作出道德承诺，向同业发出道德倡议。与此同时，按照人才建设的不同要求和非公有制经济人士成长规律，加强非公有制经济代表人士后备队伍建设，努力使非公有制经济代表人士队伍建设实现可持续。

3. 坚持改革创新，逐步建立能够形成工作合力的有效机制

创新体制机制是这次学习实践活动的重要目标，也是我们做好各项工作的重要保障。目前，工商联机关部门之间各自为战、各唱各调的现象还比较普遍，整个系统在发挥组织优势和整体合力上还比较弱，围绕中心、服务大局意识还不够强，与党委、政府有关部门还未完全形成协调合作的长效机制。这些都程度不同地影响了工作质量和工作效率。因此，我们必须以改革创新的精神，按照科学发展观的要求，积极探索创新有利于工商联为科学发展服务和实现自身科学发展的工作机制，逐步建立能够形成工作合力的制度体系，切实提高促进“两个健康”的能力和水平。一要完善机关工作沟通制度，建立健全集中汇报工作制度、分管领导例会制度、部门联席会议制度，促使各工作部门切实增强配合意识，不断提高合作能力，努力建立有利于形成各部门合力的工作机制。二要切实发挥全国工商联对地方工商联的指导作用和协调作用，加强信息沟通，组织经验交流，合作开展活动，逐步形成发挥工商联系统整体合力的机制，支持和推动地方工商联之间建立相互合作的机制。三要紧紧围绕党和国家的中心任务，积极主动与有关部门联系，完善已有方式，拓展新的渠道，逐步建立与有关部门、有关机构协调合作的长效机制，整合有效资源，调动一切有利因素，形成促进“两个健康”的强大合力。

4. 坚持统筹兼顾，全面提高机关建设水平

统筹兼顾是科学发展观的根本方法，也是我们党治国理政的重要经验。学习实践科学发展观，必须坚持统筹兼顾，协调好各方面关系，切实加强机关建设。一要统筹好工商联服务科学发展和实现自身科学发展的关系。既积极引导非公有制企业深入贯彻落实科学发展观，实现又好又快发展，又善于将科学发展观融入自身建设的各个方面，全面提高履行职责、发挥作用的能力。二要统筹好党的建设和机关建设的关系。把党的建设作为机关建设的关键，积极探索新形势下加强机关党的思想、组织、作风、制度和党风廉政建设的有效方式方法，充分发挥机关党支部战斗堡垒作用和党员模范带头作用，以党的建设带动机关建设。三要统筹好“抓工作”和“带队伍”的关系。各级领导必须以身作则，在工作中不仅要抓好业务，还要带好队伍，切实了解干部群众的思想、工作和生活状况，对干部群众既要在思想上和生活上关心、爱护，也要在工作上充分信任、认真指导和热情帮助；要善于发现他们的优点，注重给他们压担子，及时肯定他们的成绩，指出他们的不足和需要改进的地方，促使他们在工作中不断提高各方面的能力，在实践中不断成长。在干部使用上，要坚决破除“论资排辈”思想，形成有利于优秀干部尤其是年轻干部脱颖而出的选拔任用机制。建立健全会领导与部门领导的谈话制度以及部门领导与部门干部的谈话制度。继续完善考核制度，对部门主要领导的考核，除了考核业务工作，还要考核部门自身建设情况，使部门在干部队伍建设中发挥积极作用。

三、认真抓好学习实践科学发展观活动的组织实施

深入开展学习实践科学发展观活动，是全党政治生活中的一件大事，也是我们当前和今后一个时期工作的重中之重。在学习实践科学发展观活动中，我们要将加强理论学习贯彻始终，全面掌握科学发展观的理论体系，深入理解科学发展观的重大指导意义；要将继续解放思想贯彻始终，保持勇于探索、大胆创新的勇气，以思想的解放推动科学发展观的落实；要将解决实际问题贯彻始终，着力解决工商联贯彻科学发展观以及党员干部在党性党风党纪方面的突出问题，推动工商联事业不断发展；要将“坚持科学发展，促进‘两个健康’”的实践载体，贯穿于每个阶段、

每个环节，使学习实践活动体现时代特征、突出实践特色、具有工商联特点。《全国工商联开展深入学习实践科学发展观活动实施方案》会后马上下发，一会北杉同志还要对活动第一阶段的每个环节提出具体要求，以后对其他阶段的每个环节也都要进行详细安排。这里我重点强调三个问题。

1. 加强组织领导

抓好学习实践活动，关键在领导，责任在班子。按照中央统一部署，全国工商联的学习实践活动在中央第八指导检查组和中央统战部学习实践活动领导小组指导下进行。为此，党组非常重视，已经召开三次会议，认真学习胡锦涛总书记在全党深入学习实践科学发展观活动动员大会暨省部级主要领导干部专题研讨班上的重要讲话和《中共中央关于在全党开展深入学习实践科学发展观活动的意见》精神，多次研究完善学习实践活动实施方案。为加强对学习实践活动的领导，确保学习实践活动的质量和成效，成立了全国工商联开展深入学习实践科学发展观活动领导小组，领导小组下设办公室，对学习实践活动进行具体指导。各部门、各直属单位也要高度重视，认真组织开展本部门、本单位的学习实践活动。部门、直属单位主要负责同志作为第一责任人，要对本部门、本单位学习实践活动负总责，各党总支、支部书记是直接责任人，抓好具体落实。今天的动员大会后，各部门、各直属单位要结合各自实际，按照全国工商联学习实践活动领导小组统一部署，认真制定学习实践活动计划，精心组织，周密部署，抓好落实。《中华工商时报》社、中华工商联合出版社要单独制定实施方案，《中国工商》杂志社的党员参加《中华工商时报》社的学习实践活动。届时，全国工商联学习实践活动领导小组将派有关人员参加这两个单位的动员会。学习实践活动中，党员领导干部要发挥好表率作用，特别是党组成员、各部门和单位的主要负责同志要带头深入学习，带头坚持解放思想，带头调查研究，带头分析检查，带头整改落实。党组成员根据分管工作建立联系点，以便深入实际、指导工作。各党总支、支部要保证党员除特殊情况外全员全程参加，全国工商联学习实践活动领导小组将派出指导检查组督促检查各部门、各单位的学习实践活动。

2. 确保活动质量

按照中央的要求，本次学习实践活动包括学习调研、分析检查、整改落实三个阶段，每个阶段三个环节，加上活动开始前的准备环节和活动结束时的总结测评环节，共有十一个环节。各部门、各单位要在做好充分准备的基础上，按照每个阶段的方法步骤和具体要求，有序推进学习实践活动的开展。在学习调研阶段，要着重抓好学习培训、深入调研、解放思想讨论三个环节，夯实学习实践活动的基础；在分析检查阶段，要着重抓好召开领导班子专题民主生活会、形成领导班子分析检查报告、组织群众评议三个环节，找准工商联在贯彻落实科学发展观方面的突出问题以及在党性党风党纪方面群众反映强烈的突出问题，深刻分析问题产生的原因，明确今后改进思路；在整改落实阶段，要着重抓好制定整改落实方案、集中解决突出问题、完善体制机制三个环节，抓好整改落实，确保学习实践活动出成果、见成效。学习实践活动结束前，还要做好总结测评工作，以适当方式向党员和群众通报，开展满意度测评，进一步完善整改措施，确保学习实践活动中尚未解决的问题继续得到有效解决。这三个阶段、十一个环节段段相连、环环相扣，各部门、各单位要注意每个阶段、每个环节之间的相互联系和相互衔接，以领导班子和处以上党员领导干部为重点，保证时间落实、人员落实、任务落实、效果落实，着力推动学习实践活动深入扎实进行，以每个环节的高质量保证每个阶段的高质量，以每个阶段的高质量保证整个活动的高质量。

3. 促进当前工作

我们开展学习实践活动的主要目的，是深入贯彻党的十七大精神，全面落实全国第二十次统一战线工作会议和全国工商联十大的各项部署，更好地坚持科学发展、促进“两个健康”。要正确处理开展学习实践活动和做好当前各项工作的关系，做到围绕中心、服务大局、统筹兼顾、合理安排，既不能脱离当前工作开展学习实践活动，也不能因忙于当前工作而降低对学习实践活动的要求，切实做到学习实践活动与当前工作“两不误”、“两促进”。各部门、各单位一定要把学习实践活动当做推动工作的重要机遇和强大动力，把学习实践活动与中国特色社会主义教育活动、全国工商联纪念改革开放三十周年活动、纪念全国工商联成立五十五周年活动、召开全国工商联组织工作会议、落实全国非公有制经济人士思想政治工作会议精神、传达贯彻党的十七届三中全会精神以及其他各项重点工作结合起来，做到同频共振、互为促进。要用完成工作任务的实际成效来衡量和检验学习实践活动的实际成果，把组织开展学习实践活动情况和党员领导干部在学习实践活动中的态度、表现、取得的成效等纳入领导班子和党员领导干部考核的重要内容。通过开展学习实践活动，进一步激发广大党员干部的积极性、主动性和创造性，振奋精神，改进作风，形成合力，开创工作新局面。现在已经进入第四季度，各项任务比较繁重。我们要按照今年工作要点的安排，继续完成好各项工作，同时结合学习实践活动，谋划好明年的工作。

开展深入学习实践科学发展观活动，意义重大，影响深远。全国工商联开展深入学习实践科学发展观活动目标明确，重在落实。我们要在中央指导检查组和中央统战部学习实践活动领导小组的指导下，以高度的政治责任感、饱满的精神状态、高效的工作作风，积极探索，勇于实践，确保学习实践科学发展观活动取得实实在在的成效。

（全国工商联办公厅　供稿）

在全国工商联深入学习实践科学发展观活动解放思想主题研讨会上的发言

全国工商联副主席　宋北杉

（2008 年 10 月 20 日）

按照党组对于学习实践活动第一阶段解放思想讨论环节的安排，“坚持科学发展，认清自身特色：充分发挥作用”为主题，重点讨论三个方面的问题。下面，我结合在工商联工作一年来的工作经历，谈一些粗浅认识：

第一个大问题，工商联服务科学发展的任务是什么？如何有效地完成好这些任务？

要搞清楚这个问题，首先要明确工商联是个什么性质的组织。根据章程，工商联是党领导下的中国工商界组成的人民团体和商会组织，是党和政府联系非公有制经济人士的桥梁纽带，是政府管理非公有制经济的助手。成立这个组织的目的，是服务党和国家工作大局，服务会员，引导非公有制经济人士健康成长，促进非公有制经济健康发展。因此，首先要把工商联的工作放到党在新世纪新阶段的统一战线的大局中去认识。今年是改革开放 30 年，30 年来，我国的非公有制经济在党的方针政策指引下蓬勃发展，非公有制经济人士队伍迅速壮大，为建设中国特色社会主义和全面建设小康社会作出了重大贡献。发展到今天，我们国家的私营企业已达到 500 多万家，成为我国最大的企业群体，个体和私营经济已占全国 GDP 的将近一半，成为推动我国经济发展的重要力量，在非公有制经济的就业人数占全国城镇就业的 70% 以上。可以说，非公有制经济的发展丰富了中国特色社会主义的实践和理论，增强了国家的综合实力，为我国今天的发展作出了重要的贡献。党的十六大确立了到 2020 年全面建成小康社会的宏伟目标，为我们党和国家事业的发展指明了前进的方向。要实现这个目标，需要包括非公有制经济人士在内的全国人民团结一心、共同奋斗。工商联作为党和政府联系非公有制经济人士的桥梁和纽带，作为政府管理非公有制经济的助手，在促进经济社会发展方面具有独特的优势，也担负着艰巨的任务，贾庆林主席在与全国工商联新老领导人座谈时要求，全国工商联要继续为促进发展服务，深入贯彻落实科学发展观，充分调动非公有制经济人士投身到社会主义经济、政治、文化、社会建设的积极性、主动性和创造性，更新发展观念，转变发展方式，提高发展质量，为完善社会主义市场经济体制，建设资源节约型、环境友好型社会，实现经济社会永续发展作出积极贡献。因此，工商联的任务就是要团结引导广大非公有制经济人士走好中国特色社会主义道路，为全面建设小康社会目标共同努力奋斗。我们党在非公有制经济人士中的统一战线工作，就是要往这个党和全国各族人民共同的大目标上统，这是我们工商联在新世纪新阶段的根本任务，我们认识工商联工作大局，就要从这个根本任务出发。

胡锦涛总书记在党的十七大报告中要求全党要发扬求真务实、开拓进取的精神，坚持理论创新和实践创新，着力推动科学发展，促进社会和谐，完善社会主义市场经济体制……指出改革开放作为一场新的伟大革命，不可能一帆风顺，也不可能一蹴而就。……实践永无止境，创新永无止境。……要求全党同志要加倍珍惜、长期坚持和不断发展党历经艰辛开创的中国特色社会主义道路和中国特色社会主义理论体系，坚持解放思想，实事求是、与时俱进、勇于变革、勇于创新、永不僵化、永不停滞。……这段话也指明了我们工商联事业发展的规律，在这样一个大背景下从事着工商联的工作，国家政治体制改革不断深化，社会主义市场经济不断发展，市场经济诸要素不断完善，国家行政体制改革不断推进，非公有制经济本身也在不断发展，因此我们的工作环境、条件并不是一成不变的，更不是完美无缺的。不可能定下一个工作思路、一套工作方法就可以一劳永逸地干下去。我们的工作特色要求我们必须在发展中不断进行探索创新，不断以新的理论指导以后的工作，不断完善和发展。例如中央确定到2020年基本形成比较稳定国家行政管理体制，那么在这个过程中，工商联如何最终确定一种比较理想的桥梁纽带和助手作用的模式，需要我们在实践中不断探索、不断完善、不断总结经验、创新体制机制。同时还要不断增强自身素质，来适应这些作用的要求。因此，工商联事业是需要不断探索、创新，在理论和实践上都不断发展和进步的，我们作为工商联工作的党员干部一定要认清工商联事业的这个特征，我们服务科学发展观的所有工作，都是在这样的大局和背景下进行的。

中央坚持与时俱进，不断对非公经济的发展提出理论指导，坚持科学发展，促进两个健康，2006年《中共中央关于巩固和壮大新世纪新阶段统一战线的意见》对工商联的性质、职能、作用、地位赋予新的内涵，明确要求工商联充分发挥各项作用（后来明确为五个作用，并写进十大会章），促进非公有制人士健康成长和促进非公有制经济健康发展，进一步指明了工商联工作的方向。在非公经济发展的30年中，党不断清除体制障碍，制定出台了一系列促进非公经济发展的法律法规，放宽非公有制经济的市场准入，从根本上改善了非公有制经济的发展环境，进一步激发了广大非公有制经济人士自主创新的热情。我国非公经济的发展是健康的，非公有制人士的成长是健康的。科学发展观是中国特色社会主义理论体系的重要组成部分，是指导我们国家的根本理论。这次在全党进行的深入学习实践科学发展观活动，必将进一步推进中国特色社会主义事业沿着更加科学的轨道前进。作为占我国经济“半壁江山”的非公有制经济能否切实贯彻落实好科学发展观，是关系到我们国家能否按照科学发展观发展的现实问题，因此，只有坚持科学发展才能真正促进两个健康，一个企业如果不能贯彻好科学发展，在保护资源、保护生态环境、劳动关系、劳动保护等方面遵守国家法律法规，不能按照国家产业发展目录要求去办企业，就不是健康的，这样的企业家也不能健康成长。我们要引导非公企业遵守法律法规，在发展自主知识产权、技术创新方面能够作出贡献，在延伸产业链、促进行业发展方面按照科学发展观的指引进行发展建设，按照党和政府根据科学发展观的要求制定的经济和产业发展规划去发展，按照国家制定的技术质量要求去生产经营。使非公企业家懂得，科学发展就是按照科学的规律去发展，离开了这个就办不好。各级工商联也是要按照一个地区党委和政府确定的经济社会发展规划，发展重点去引导非公有制经济发展。没有科学发展观的指引，两个健康的任务就没法落实。

工商联坚持科学发展，促进两个健康的任务，必须加强自身建设，加强理论武装。深入学习实践科学发展观活动，对于指导工商联未来工作，很好完成促进“两个健康”的任务至关重要，特别是对于我这样来工商联时间不长的同志，如果自身没弄明白工商联服务科学发展的作用如何发挥，如何才能取得实效，就没法指导非公经济和人士，更没法同各地工商联的同志交流。因此，我们自己必须抓住这次活动的难得机遇，着力提高党员干部的认识，着力构建工商联有利于服务科学发展和自身科学发展的体制机制，提高工商联促进两个健康的能力。我们必须按照每个阶段，每个环节，认真查找存在的突出问题，分析检查我们在坚持科学发展、促进两个健康工作中存在的突出问题，分析主客观原因，特别是主观原因，确定科学发展的工作思路，制订出好的符合要求的整改落实方案，集中解决突出问题，完善体制机制，逐步形成保障和坚持科学发展的制度体系，务求这次学习实践活动能够真正为工商联服务科学发展、自身科学发展取得扎扎实实的成效。

第二个大问题，工商联服务科学发展的优势是什么？发挥优势的途径方式是什么？

工商联是党领导下人民团体和商会组织，具有统战性、经济性、民间性相统一的综合优势，三性的优势具体怎么体现？如何在服务科学发展中得到体现？的确是一个需要搞清楚的问题。我经常听见我们有些同志说，工商联一没钱二没权，发挥作用的能力十分有限。我认为这样的观点是十分不正确的。有这样抱怨的同志，是不知道我们的工作是在做统战工作，在做群众的工作，必须以这样的方式方法进行工作，而不是靠审批权和项目资金来做工作，要求我们更好地听取非公经济人士的意见，倾听他们的苦衷和困难，反映他们的愿望和诉求，反映他们的建议，引导他们有序地建言献策，参政议政。工商联还是我们国家政治协商制度的组成单位，这更是工商联的优势，可以通过政协的渠道，把非公企业的愿望诉求、建言献策反映到党和国家高层，这是我们工商联的政治优势。我们的工作需要大量调查研究，需要了解国际国内形势，需要懂经济、懂企业，会用适合非公人士的工作方法去做工作，如果不具备这样的能力，就会把我们的优势看成劣势。

做非公有制经济人士的思想政治工作也是这样，必须紧贴非公经济发展的实践，了解非公人士的思想，才能做好工作。除了加强必要的学习培训，应该把大量的思想政治工作寓于服务会员的工作中，替非公企业排忧解难中。这就需要我们善于摸索规律，不断探索，增强我们工作的有效性。尤其是非公经济遇到困难的时候，国际国内经济形势发生急剧变化的时候，我们对非公经济的工作就是积极向政府部门反映他们的呼声，并且提出完善政策法律方面的建议。例如当前由国际金融危机引起我国非公企业，特别是中小企业生存环境的时候，全国工商联做了大量调查研究，向党和国家提出意见和建议，各级地方工商联也为广大会员做了大量反映情况、搭建服务平台、帮助企业融资、渡过难关的工作，这本身就是充分发挥了我们的特色优势。这些工作产生的影响力和凝聚力为企业争取科学的对策积极应对危机、渡过难关所起的作用就是有力的统战工作、思想政治工作。我每次到基层调查研究，都非常有感想，各级地方工商联在他们丰富的实践中有着大量的优势，我们认识不到这个问题，说明我们了解基层还不够，说明我们的思想不够解放。为什么有些工商联工作条件差，做事不好的地方，只要选准了一个工商联主席，或者选好了一个工商联党组书记，一两年时间，这个工商联的工作就出现质的变化？因为他们的工作具体、灵活，因为他热爱工商联工作，积极地去了解服务对象，能够通过满腔热忱地做好凝聚会员的工作，甚至能死缠活赖地抓住有关领导，感动有关方面帮助工商联打开新的工作局面。他们的工作非常值得我们研究，非常值得我们去学习，运用到我们的工作中，并且推广到各级工商联的工作中去。

我还想谈谈对行业商会的认识。各级工商联都成立了很多的行业商会，特别是在一些形成“一镇一品、一乡一业”的乡镇，在一些有特定行业传统和特色资源的地方都成立了行业商会。这些行业商会通过行业自律在反映行业合理诉求、搭建行业发展平台、促进行业提升水平等方面起到了非常具体的作用。确实形成了各级工商联组织的延伸和工作的拓展，通过行业商会的形式把更多的行业商会会员凝聚在工商联周围，扩大了工商联的组织；通过有针对性的符合行业发展需要的具体服务和协调工作，把工商联的五项作用具体发挥到行业的发展当中去，能具体地发挥政府管理非公经济的助手作用、劳动关系协调作用，并通过他们的实践，为行业协会商会的改革发展摸索大量的经验。全国工商联有28个直属行业商会，我通过一年的工作，感觉如何更好地发挥我们直属行业商会的作用，我们现在有很多工作要做。这些直属行业商会，有的办得很好，有的一般化，有的出了这样那样的问题，但总的来看，大部分没有真正发挥应发挥的作用。我们做的工作远远不够。比如说在全国工商联机关如何形成合力，来使我们的商业行会能更好围绕全联的中心工作，能通过行业商会更专业的意见在建言献策方面、在做政府助手方面发挥更好的作用，在引导行业内企业贯彻落实科学发展观方面，在和谐劳动关系的构建等方面能发挥更大的作用。我们都似乎缺乏精力、缺乏力量去顾及，在他们的经济性活动、在他们举办的论坛研究行业发展问题上，我们往往起不到更大的引导作用，甚至无暇出席。而一些国家机关、部委对于全国工商联直属的行业商会的活动和意见非常重视，经常参加他们的重要活动，定期听取他们的意见。我有很大的责任。怎么样改进这些商会的工作？怎么样加强这些商会的建设？不光是组织的建设，还有办会方向的建设，体制机制的建设，服务会员手段平台的建设。让这些会员企业通过经济性、民间性的活动，为我们的统一战线工作起到应该起的作用，在五项作用方面发挥他们的作用，真正把促进“两个健康”的工作，通过行业商会具体做到一个个行业当中去；把贯彻落实科学发展观的工作做到一个个县级行业的科学发展中去。行业商会应该是我们的重要试验田，是我们服务科学发展的重要抓手，这些行业商会可以使我们的工作能力得到有针对性的增强，延伸我们的组织，拓展我们的工作。

第三个问题，增强能力素质锻炼，打造合格干部队伍。刚才谈到工商联的工作，是在社会主义市场经济不断完善的过程中进行工作，是在非公经济不断发展的过程中开展工作，是在国家行政体制改革过程中开展工作，同时由于国际国内的经济环境不断产生新的变化，影响到非公有制经济中间，不断地出现这样那样的新问题影响工商联开展工作，因此，我们的干部队伍必须能够适应这样的工作条件。必须具备善于不等不靠、努力开拓工作并不断探索、创新的素质，通过调查研究、归纳整理问题并上升到理论高度指导工作的能力。由于工商联工作是党在经济领域的统一战线工作，就要求我们的干部具备懂全局、议大事、管本行的能力，能够站在全局的高度看待自己的工作、要求自己的工作质量，使自己的工作时刻不偏离中央对我们的要求，把握正确的政治导向；同时，工商联又是经济性、民间性的组织，因此我们的干部还应该善于通过商会性的工作方法来推动工作。

要打造这样一支队伍，要求我们兼顾抓工作与带队伍的工作，通过抓工作锻炼培养干部，通过给干部派任务、加压力，通过培养锻炼干部来加强工作。通过制度性的安排，把年轻干部，特别是缺乏基层工作经验、不了解非公经济的干部放到实践中去锻炼；保证我们年轻干部、领导干部有足够的时间接触实际，调查研究，增强理论联系实际的能力。实践出真知。各级工商联机关和广大的会员的实践就是我们工作的依托，就是我们理论探索拿出指导意见的源泉，就是要具备在不断变化着的、发展着的、研究遇到新问题的这样一个工作对象，不断地拿出新的思想，新的思路，新的办法，不断思考做出体制机制的完善，不断重新编排我们部门设置，每年重新安排我们调研科目，只有这样我们才具备承担团结带领广大非公有制经济人士贯彻落实科学发展观，走好中国特色社会主义道路，为全面实现建设小康社会的宏伟目标作出应有的更大贡献的能力。以上只是我个人对一些具体问题的粗浅的感想，有不对之处，请批评指正。

（全国工商联办公厅　供稿）

加强工商联信息化建设，建立全国工商联统一数据库

——在全国工商联数据库建设暨统计工作会议上的讲话

全国工商联副主席　褚　平

（2008 年 4 月 9 日）

这次会议是经全国工商联主席办公会议同意，列入全国工商联 2008 年工作要点当中的一项重要工作。会议的目的是研究、探讨进一步加强工商联系统的信息化建设和信息统计相关工作，推动全国工商联的信息化建设和调查统计工作的系统化、规范化。近年来，在全国工商联领导的高度重视和各级工商联组织的积极努力下，全国工商联的信息化建设工作和统计工作取得了一定成绩。我们实践了网上办公系统，公文传送系统和全国工商联会员统一数据库等信息化办公和会员管理模式；推出了上规模民营企业调研、民营企业履行社会责任调研等品牌的调查统计项目，在社会上产生了一定的影响力，为促进民营经济的发展起到了积极的作用。但是也应该看到，作为整个的工商联系统，从对执常委、会员企业情况的掌握和管理以及各项数据统计方面，目前还缺少一个统一的平台，没有统一的标准，缺乏共同遵循的目标要求和时间要求，导致资源分散和工作效率不高、工作效益不强等问题。

希望大家通过这次会议的交流和沟通，能够形成统一认识，以统一的目标和标准来推动信息化建设，力争使各级工商联对执常委、会员企业情况的掌握和管理水平，能够有一个大幅度的提升，摸索出一条综合开展工商联统计工作的新路子。下面我就这项工作谈三个方面的意见。

一、充分认识建立“工商联执常委、会员企业数据库”，利用信息化方式加强工商联会员管理与统计工作的重要意义

1. 建立工商联执常委、会员企业统一数据库是全面履行工商联职责的重要举措

在新世纪新阶段，我国非公有制经济得到了巨大的发展，在国民经济中所占的地位日益重要。工商联作为党和政府联系非公有制经济人士的桥梁和纽带，作为政府管理非公有制经济的助手也肩负着更重更大的责任。党要求工商联充分发挥在非公有制经济人士参与政治和社会事务中的主渠道作用，在非公有制经济人士思想政治工作中的重要作用，在政府管理非公有制经济方面的助手作用，在构建和谐劳动关系过程中的协调作用，在行业协会商会改革发展中的积极作用。密切联系非公有制经济人士和企业，掌握全面、真实的情况，是工商联完成党所赋予的任务，做好各项工作的基础。只有了解非公有制经济人士的基本情况、思想状况才能为他们参与政治和社会事务提供帮助，才能做好他们的思想政治工作；只有了解企业的情况才能对企业的发展方向和发展战略提出建议和服务，为企业的发展提供必要的帮助；只有了解企业履行社会责任的情况才能帮助非公有制企业树立良好社会形象，为非公有制经济发展营造更好的氛围；只有全面掌握情况，才能对我国非公有制经济发展的趋势和状况作出客观的评价，为党和政府制定相关政策建言献策。因此，必须从加强工商联组织自身建设，从促进非公有制经济健康发展、引导非公有制经济人士健康成长、切实履行工商联工作职责的战略高度，充分认识工商联利用信息化方式加强会员管理与统计工作的重要性和必要性，增强使命感和责任感，切实采取有力措施，有计划、有步骤地推进此项工作。

2. 建立工商联执常委、会员企业数据库，整合会员管理与统计工作资源，是工商联的一项工作创新

当前，我国正在全力建设创新型社会。黄孟复主席在全国工商联十大工作报告中，谈到全国工商联今后五年工作的总体要求时明确提出要大力推进工作创新。要注重研究工作对象的特点，根据实际工作情况，大胆实践。在今年年初的务虚会上，黄孟复主席和全哲洙书记都对制定2008年的工作要点提出了明确的要求，其中重要一点就是要求我们以改革创新的精神，做好工作要点的安排和推进落实工作。全国工商联调研统计工作目前存在的问题是各部门工作比较分散，政出多门，一方面，造成各级工商联多次找会员企业填写报表，会员企业不断地重复填报相关数据，给地方工商联和会员企业带来很大的工作负担；另一方面，各部门的调研统计数据分别存放于不同的数据库系统中，数据的使用率不高，导致资源的浪费；在数据库的建设方面，缺少统筹规划和组织协调，技术支持力量薄弱，没有充分地共享和使用数据，没有深化信息服务。此次建立的执常委、会员企业数据库将使原有“上规模民营企业调研”、“民营企业履行社会责任统计”结合会员数据库建设统一进行数据采集，实现一次性填表满足调研、统计和数据库建设的全部数据需要，减轻各级工商联、会员企业的压力。实现了工作思路、工作内容和工作方式等方面的创新。

3. 建立工商联执常委、会员企业数据库，采用信息化的工作方式是工商联工作与时俱进的必然选择

信息化日益成为国际竞争和各国经济社会发展的重要环节。进入21世纪，信息技术发展更加迅猛，信息获取、处理、存储和传输能力持续上升。信息技术创新不断催生新理念、新应用和新产业，推动世界范围内生产方式、生活方式和经济社会发展观发生着前所未有的深刻变革。

全国工商联信息化建设主要分三个层面：一是办公自动化，办公自动化是通过办公自动化系统实现公文、报批、请示等办公流程的网上运转，最终达到无纸化办公；二是信息化管理，信息化管理是通过数据库、专项应用系统（如公文传输系统）对业务工作数据进行规范、有序、高效的管理；三是信息化服务，信息化服务主要是通过门户网站，搭载诸多的服务项目，为整个工商联系统、会员企业、海外商社以及社会提供信息服务。办公自动化以及信息化管理和信息化服务将是工商联作为人民团体和商会组织提高工作能力和效率，提升服务水平并与国际接轨的必经之路。

二、工商联执常委、会员企业数据库的建设目标和任务

根据工商联执常委、会员企业统一数据库的建设规划，结合工商联各项调研统计工作的实际需求，统一数据库的建设目标是：建成覆盖中央、省级、市级、县级工商联执常委、会员企业的数据库，执常委登记每届进行一次，并根据增补情况及时进行调整，企业统计每年进行一次，了解企业上年度的经营情况和参与社会公益事业情况；各级工商联的任务是督促本会执常委、会员企业及时填报数据，确保数据更新和各项调研统计工作的开展。

实现上述目标，必须采取信息化手段，传统的工作方式很难完成每年一度的企业统计任务，因此要从信息化建设的角度考虑这个问题，要统筹考虑信息化管理和信息化服务，要从分散数据采集、系统建设向资源整合利用转变，要从信息系统独立运行向互联互通和资源共享转变，要从重建设向注重深化应用转变，以应用产生的效应去影响和吸引企业，调动企业参与的积极性。对统一数据库的建设工作需要不断提高认识、加强管理能力，采取信息化手段。当前和今后一个时期，要着力抓好以下五项工作：

1. 统筹规划，分步实施

各级工商联在深入调查研究的基础上，按照统一数据库建设的总体目标，结合本地实际，制订切实可行的实施方案，有计划有步骤地开展工作，分期分批地把本地执常委、会员企业收录入库。

2. 打好基础，拓展服务

建立执常委、会员企业统一数据库是开展执常委、会员企业信息化服务的基础，在拥有一定量的数据后，将在统一数据库平台上以工商联执常委、工商联会员认证、工商联上规模民营企业

调研结果的排序、企业参与社会公益事业等形式发布相关信息。增强影响力，吸引和影响还没有参与到这项工作中来的执常委和企业，主动加入我们的数据库。同时，我们要拓展对会员企业的信息化服务，边建设边服务，以服务促建设，我们要不断总结经验深化服务，使大部分会员企业能积极参与我们的数据库建设和年度统计。

3. 进一步加强统计工作

充分利用统一数据库建设掌握大量第一手的、独有的、有代表性的和有说服力的数据，使工商联对民营经济的研究更有权威性和独特性。

通过对大量数据进行分析，了解民营经济在区域分布、产业结构、投资方向等调整和变化的趋势，对民营经济发展的方向性问题有更清楚的认识。通过对企业经营情况连续的跟踪和分析，了解企业发展的轨迹，从对企业经济指标之间配比关系的分析，了解企业是否能健康持续地发展，是否存在潜在的危机。通过针对企业在治理结构、信息化、技术创新、投融资、“走出去”及企业面临的困难等情况进行的分析，使我们工商联的服务更符合会员企业的需要，使工商联的服务工作更具有前瞻性、引导性和实效性。

4. 进一步加强品牌建设

从全国工商联九大以后，黄主席就提出，要通过几年坚持不懈的努力，逐步打造全国工商联的品牌工作。调查研究和统计分析工作同样需要有影响力的品牌项目。现在，全国工商联在地方工商联配合下进行的“上规模民营企业调研”已持续了多年，并得到了越来越广泛的认同，这是我们大家共同努力的结果，应当珍惜。同时应该坚持不懈地保护这个品牌，并且不断地创造新品牌。

5. 及时总结经验、加强沟通与交流

建立统一数据库对于提升工商联的工作水平是很好的机遇，是进一步加强和改进各级工商联机关建设的重要载体。但这项工作本身也是一个挑战，需要有一个摸索的过程。因为做这项工作运用的是一种新的模式，需要更新原来固有的工作理念、工作分工、工作方法，考验各级工商联组织在组织协调方面的工作能力和机关各个部门之间的协作能力。可以预见这项工作的推进肯定会有一定的难度，既有技术层面的，也有观念和管理层面的。因此各级工商联在推进这项工作的过程中，要及时总结经验，加强相互之间的沟通，共同努力解决所遇到的问题。

三、各级工商联要切实加强对信息化和统计工作的领导和组织

建立工商联执常委、会员企业统一数据库，统一开展各项调研统计数据的收集，影响到方方面面，涉及原有调研统计体系的改革和调整，难度很大，任务艰巨。各级工商联要深刻认识建立统一数据库、实行统一数据收集的重要性，树立全国“一盘棋”、全机关“一盘棋”的思想，按照总体部署的要求，切实加强领导，精心组织，狠抓落实。

1. 加强组织领导，做到机构、人员和责任“三到位”

信息化是先进技术和管理的集成创新，是统计工作必不可少的手段，各级工商联要把信息化工作摆到重要位置，建立健全信息化工作管理机制，切实加强对信息化工作的统一领导；统一数据库建设和统计数据的统一采集是一个重大变革，各级工商联要把这项工作纳入重要议事日程，主要领导要亲自过问，分管领导要负责抓落实，组织相关部门协调推进。请大家回去后把会议精神向所在工商联的主要领导同志进行汇报，有关材料我们会后以文件的方式印发。只有各级领导同志认清此项工作的重要性，才能更加有效地组织和管理，才能保证我们工作的顺利进行。

2. 加强规划预算，确保信息化建设、统计工作的持续健康发展

要把网络建设、硬件配备和工作人员培训所需费用，纳入本单位预算规划，或向财政部门申请专项经费，以保证此项工作经费的持续投入。

3. 加强制度建设，科学规范信息化建设、统计工作的管理

全国工商联已着手制订《全国工商联统计工作管理办法》（以下简称《办法》），《办法》中明确了各部门、各级工商联及业务处室间的分工，提出了统一数据库建设、统计工作的实施规程。各级工商联根据本会实际情况，制定本会的实施细则。

4. 加强队伍建设，提高统计信息员水平

为适应工商联统计工作技术创新的需要，有计划地组织各级工商联统计信息员开展信息化、统计工作业务培训，强化统计工作意识，提高信息化技能。通过多种形式的学习培训，提高信息化工作人员、统计信息员的专业素质。

5. 加强工作交流，推广信息化建设、统计工作的先进经验

定期组织开展工商联系统信息化、统计工作交流研讨活动，及时通报信息化、统计工作进展情况，深入总结经验，研究解决共同面临的问题，部署工作任务。适时组织对信息化建设、统计工作的检查评估，评选表彰信息化、统计工作先进单位和个人，为做好工商联信息化建设、调研统计工作创造良好的环境和条件。

加强工商联的信息化建设，建立统一的数据库，全面掌握执常委、会员企业的基本情况，是工商联发挥桥梁纽带作用的基础性工作。各地工商联要以本次会议为契机，按照会议精神和要求，进一步规划、细化、部署、落实好统一数据库的建设工作。希望在大家的共同努力下，使工商联信息化工作、统计工作水平得到进一步提高，为全面履行工商联的职责，在新世纪新阶段开创工商联工作的新局面作出我们应有的贡献。

（全国工商联办公厅　供稿）

贫困问题与工商联扶贫工作

全国工商联副主席　孙安民

（2008 年 7 月 4 日）

为这次会议准备的工作报告已经发给大家，报告中所涉及的内容我不再重复。我想利用这次座谈会的机会，重点就工商联在新形势下应如何继续推动和深入开展扶贫与社会服务工作，谈谈我的一些思考，与大家交流，供大家讨论。

工商联的政治定位决定，做好扶贫与社会服务工作是历史赋予我们的责任。在提倡科学发展、构建和谐的新形势下，正确认识这项工作，把握其发展的客观规律和工商联自身独有的特点，对于深入发展和继续推进工商联扶贫与社会服务工作具有重要意义。

我们首先要从政治的高度认识贫困现象和扶贫工作。贫穷问题从来不是一个简单的经济问题，它既是科学发展、构建和谐的社会问题，又是任何一个执政党都会优先关注的政治问题。正因如此，扶贫工作也不是单纯的经济工作。从历史上看，我国曾长期处于农耕社会的缓慢发展过程中，历来的农民革命都以“均贫富”为口号，千百年来已经成为我们这个民族的一种文化积淀，如“不患寡而患不均”等。现代文明的发展为这种文化注入了新的内容，现在已经不仅仅是无产者穷则思变，造反闹革命了。一些发达国家的有产者也认识到了这个问题。如果贫富均衡，社会稳定，无产者和有产者都能获得自身的最大利益；反之，如果贫富悬殊，社会动荡，影响和伤害的也是双方。任何执政党的目标都必然是避免双败，争取双赢。亚当·斯密撰写的《国富论》是我们都熟悉的，它是市场经济理论最重要的基石之一，其实他还写过一本《道德情操论》（又译为《道德情感论》），讲的是市场经济的伦理和人的同情心，要发掘这种同情心，用“心中的那一个人”来约束自己、规范自己，这种伦理是市场经济发展的基础，而不能仅靠“那只看不见的手”这种配置资源的价值规律。这就是说，资本主义在其早期的发展中，就已从社会伦理上关注贫富问题了。洛克菲勒有句名言，“尽其所能挣钱，尽其所有扶贫”，体现的就是这种伦理；比尔·盖茨把580 亿美元的个人财产全部捐给基金会，自己从微软公司退出，全力从事慈善事业，体现的也是这种伦理。发达国家中有许多这

样的事例。马克思曾说过，资本来到世间，从头到脚每个毛孔都流着血和肮脏的东西。200 年过去了，资本、资本家、资本主义也在调整和变化着。洛克菲勒、比尔·盖茨的行为，除了个人的思想境界、道德情操之外，更多的还是现代文明与社会进步的折光。我们是社会主义国家，追求的是共同富裕。但共同富裕只能通过一部分人先富起来而逐步实现。作为工商联主体的非公有制经济人士，是先富起来的群体，引导他们投入共同富裕的伟大事业中，是工商联和非公有制经济在新世纪新阶段共同的历史使命，因此，扶贫工作是一个高尚的、神圣的事业，也是持久的、艰巨的责任。

工商联的扶贫工作有自身的特色，这些特色也是我们的优势。

一、工商联扶贫工作的政治性

我们要自觉地从这样的高度认识工商联扶贫工作。工商联首先是一个政治组织。我们一切工作的出发点和落脚点都是为了推动非公有制经济健康发展和非公有制经济代表人士健康成长。引导企业家听党的话，走社会主义道路，做优秀的中国特色社会主义事业的建设者，引导企业家处理好“三个结合”、“两个健康”，引导企业家致富思源、富而思进，树立正确的利益观、价值观、人生观、事业观等，都是政治层面上的工作要求。扶贫工作是通过经济的手段、经济的形式来实现的，但不是单纯的经济工作，不要陷入单纯经济工作的误区，不能单纯地着眼于项目的多少、规模的大小，要随时把政治性放在扶贫工作的首要位置上。

二、工商联扶贫工作的全局性

扶贫是政府部门的重要工作，而不同的政府部门的工作目标、工作领域相对专一。工商联作为政府部门的助手，局限在于处在辅助的地位，而优势在于是所有政府部门的助手。我们在扶贫工作中的成绩，主要不是体现在具体的产业或地区上，而是体现在整合多种事务、多种资源、多种因素、多种力量的全局、大局上。要按照科学发展观确定我们的工作思路、目标和任务。工商联的扶贫工作，一方面要服从、服务于国家、政府全局性的工作；另一方面要配合不同的政府部门，在全面参与、广泛参与的基础上体现“围绕中心、服务大局”的特色和优势。

三、工商联扶贫工作的民间性

工商联这个组织的名称主要不是工商联的机关，而是工商联的会员；全国工商联不是北河沿大街 93 号院内的百十号人，而是成百上千个省地市县基层组织和成千上万家会员企业。机关的存在是因为会员有组织的需要，服务的需要，处在工商联机关这个岗位上千万不能本末倒置。皮之不存，毛将焉附？没有原工商业者就没有工商联这个组织；没有改革开放后发展起来的非公有制企业，工商联就会“一代而亡”。非公有制经济不是靠工商联发展起来的，而工商联却是靠非公有制经济的发展，来实现其存在的必要性。正是在非公有制经济发展起来之后，党和政府才把团结、帮助、引导、教育的使命赋予了工商联。我们要保持清醒的头脑，非公有制经济发展完全可以不靠工商联，是党让我们联系他们，他们才把工商联当成娘家。如果我们的工作让他们失望，他们就会远离我们。所以会员是工商联立会之本。正是由于工商联的扶贫不是机关的扶贫，而是会员的扶贫，所以既区别于政府的官方扶贫，又区别于一般群众以个人身份参与的公益慈善。我们组织非公有制企业这样一支民间的力量开展的扶贫工作，非官方却有组织，这样的民间性是我们的重要特色，实践中也体现出相对优势。

四、工商联扶贫工作的广泛性

工商联扶贫工作涉及众多领域，有老少边穷地区的“造血”项目，也有相对发达地区中对弱势群体的“输血”救济；有面向农村、以改变当地落后状态为目的的，也有面向城市，以提高贫困人口生活质量为目的的；有在传统行业中发展劳动密集项目，解决广泛就业问题的，也有在高新技术领域中发展带动整体经济水平提高的……工商联扶贫的广泛性，是其民间性的生动体现，不仅涉及工农商学等不同行业，也涉及东西南北等不同地区，领域非常广泛，门类非常众多，这就给我们提出了很高的标准，要求我们在知识结构和业务能力上适应这种广泛性的工作特点。

五、工商联扶贫工作的协商性

工商联的统战性决定了我们工作方式的协商

性，我们的任何工作，都不可能靠行政命令，更不能搞强制摊派，只能靠沟通、交流和商量，只能晓之以义、引之以利、动之以情、喻之以理，只能充分地表现我们求同存异和相互包容的原则。协商就是统战，其过程则是交朋友的过程。我们的工作，实际是怎样能够交到真朋友的工作。这其中固然有工作的方法、艺术，更重要的则是真诚。企业家是我们这个时代的精英，有知有识也有悟性，绝不是做点表面文章、说点官话套话就能产生效果的。只有肯于付出，只有真情投入，才会在工作对象那里产生反响，取得认同。不同层次的人有不同的要求。我们和我们服务的对象起码在关爱社会和人生——也就是常说的“爱心”这一基本层面上是共同的，是可以相互启发和彼此认同的，这一点就是协商的基础，也是协商的可能和必要，而基于协商的扶贫，对于企业和企业家来说，则成为责任、道德、情感、利益等的共同体。

六、工商联扶贫工作的实践性

扶贫有政治性但不是政治口号，有全局性但不是务虚性质，有民间性但不是自生自灭，有广泛性但不是杂乱无序，有协商性但不是议而不决——最终要落实到具体的项目、实际的效果上。近年来，工商联旗帜下的扶贫工作是有实实在在的东西摆在那里的，都是付出了心血、付出了劳动，最后也取得了成果的。作为工商联扶贫的各种成果，有虚有实，有大有小，有隐有显，有近有远，有的体现在政策、市场、人才、信息等不同形式上，有的体现在政治、经济、社会、文化等不同内容上。工商联作为一个统战组织，优势本在务虚，但我们的扶贫却做得很实，于是构成了我们事业中最大的亮点、闪光点。

工商联扶贫工作的六大特征，形成了这一工作的基本规律，认识和把握这一规律，是深入发展和继续推动工商联扶贫工作的本质要求。在深入发展和继续推动工商联扶贫工作的同时，要警惕和避免陷入三个误区。

1. 不要陷入“简单化”的误区

不要妄自菲薄，不要简单地看待扶贫与社会服务工作。如果把扶贫与社会服务工作看得简单、看得肤浅，就会导致简单化做工作，就会导致重经济轻政治、重局部轻全局、重项目轻服务。工商联扶贫与社会服务工作中的每一项具体的工作，都要从参政议政和理论的高度来把握。扶贫与社会服务工作是一项高尚的事业，是一项神圣的事业，绝不能因主观轻视而陷入“简单化”的误区，导致工作上单打独斗，不能发挥工商联的特性。

2. 不要陷入“行政化”的误区

不能把工商联当做一个管理的机构、一个“衙门”，唯我独尊，高高在上。在扶贫开发与社会服务工作中不能够使用简单的行政命令和计划经济的手段，要改变计划经济的一些所谓的习惯，要通过协商来增强我们的凝聚力，要尊重市场规律和开发式扶贫的基本规律，通过市场来调配资源、来实现双赢共荣。

3. 不要陷入“机关化”的误区

工商联的扶贫与社会服务工作不能机关化，尤其是不能虚化主体，如若不然，将会导致孤军奋战、喧宾夺主。因此，我们要把企业家推到前台去，由企业家自己去施展。我们的主要任务就是要给企业搭建平台，提供渠道和信息服务，我们的工作重心不应放在具体的项目上，而应放在如何做好、做实组织和引导上，这样才更容易成功。

怎么做好扶贫工作，关键在于突出企业家的主角地位。我们工作的重心应该是如何通过我们的组织、引导工作，将企业家推到前台，把扶贫工作有序、有效地开展起来。当前要特别注重加强以下三个方面工作。

1. 注重渠道和载体的作用

很多同志都讲到了扶贫工作的长效机制，实际就是要建平台。我们工商联在扶贫工作中，确实有一些渠道是不完整的，由于我们的渠道不完整，使得我们的会员、企业家有时候报恩无门，走你这儿又走不通。这次地震大灾发生后，王文彪同志第一时间拿着支票到工商联了，怎么处理这个支票，我觉得企业家推动了我们。这些事需要我们认真反思。怎样能够找到一个很好的平台，能够使得老板想报恩，想做好事，我们就能够帮上忙。这次地震灾害，中国红十字会渠道很畅通。但是，工商联有我们的优势，这个是需要考虑的，将来怎么突破，希望各位动动脑筋。再者，载体就是品牌建设。这些年来，工商联的扶贫工作有不少好的品牌。比如最响亮的、有影响的品牌就是光彩事业，要把这个品牌发扬光大，把光彩事业的大旗高高举起。我在北京市做过红十字会会长，了解红十字会，说实话，红十字会的实力不如工商联。人力、物力，包括干部的配备都不如工商联。为什么人家这次大大地弘扬了一下呢？当然是抓住这个机会了，红十字会抓住了机会，弘扬了红十字会的文化，同时又把红十字会在人们心目中的地位提高了。所以，需要我们认真总结。

2. 注重参政议政和宣传工作

由于扶贫工作容易陷入纯经济工作这样的误区，所以往往容易忽视理论建设和参政议政这些工作内容。包括在这次抗震救灾中，很多政策不能跟进，我们的反映渠道不畅通，我想工商联是有责任的。所以这个事也得下工夫，扶贫部门也要出参政议政的意见，也要做这个工作，不是光研究部门做，宣传部门做，我觉得扶贫部门也要强化这部分工作。因为这是工商联的统战性职能决定的。参政议政是统战系统最基本的职能，不但是我们的职能责任，也是我们一个很好的工作优势。通过沟通相应的部门，反映意见，帮助企业家解决一些问题，凝聚力自然就提高了。宣传工作大家反映的也是比较多的，怎样宣传、怎么把宣传、评比这一块工作做起来。我们有这个优势。因为，中央把引导、联系广大的非公有制企业的主渠道任务交给了我们，主要的非公有制经济代表人士和企业家在我们周围，有200多万会员。这些工作是范围之内的事。

3. 注重自身队伍的建设

这个事很重要，特别是抗震救灾以来，我们面对这么大的任务，工商联一下被推到大前台，面对这么多的善款，怎么找准我们的位置，怎么能够适应这种工作的需要，如果没有一支能打善战而又守纪律的队伍，我觉得是完不成任务的。所以，加强队伍建设，希望扶贫系统一定要重视，不要把扶贫部门作为一个经济部门，把扶贫工作作为一个经济工作，认为队伍建设是别人的事，要是那样就误事了。救灾主要还是要面对灾民，面对那些弱势群体，因为这里有大私小私，有部门利益，有局部利益的原则问题。这个事要进一步了解，大家可以讨论。我个人认为要低调做人，也得低调做事，包括机关也得低调做。

（注：全国工商联扶贫工作座谈会于2008年7月2~4日在内蒙古自治区召开。全国工商联副主席孙安民出席并就进一步深入开展扶贫与社会服务工作作了讲话。本文系根据讲话录音整理。

全国工商联办公厅　供稿）

在百家食品企业践行道德承诺座谈会上的讲话

全国工商联副主席　孙晓华

（2008年11月28日）

各位同志，各位朋友：

当前，世界经济急转直下，危机重重。我国经济不可避免地受到一定程度的影响，我国企业尤其是广大中小企业面临前所未有的困难。而食品工业企业还面临着由三鹿问题奶粉引发的食品行业信任缺失、食品市场变化调整的挑战。

由于食品安全关乎民生、关乎外贸、关乎国家形象，因此受到党中央、国务院，各级党委、政府，广大民众和国际社会的高度关注。而国外媒体对我国产品质量和食品安全问题的负面报道，严重损害了我国企业的声誉，对产品出口造成了不利影响。国内外市场的强烈反应，给我国食品工业企业敲响了警钟！它提醒我们：加强企业道德文化建设，确保产品质量安全，重塑企业形象，为“中国制造”正名已经刻不容缓了。从这个意义上说，由中宣部、中央文明办、工业和信息化部、国务院国资委、国家工商总局、国家质检总局和全国工商联7部门共同主办的“百家食品企业践行道德承诺”活动，首批百家食品企业向全社会做出庄重承诺，是抓住食品安全要害的务实之举，也是重塑市场信心的务实之举。从党和国家工作大局的高度来认识，开展这项活动，是深入贯彻落实科学发展观，大力弘扬社会主义荣辱观，促进企业认真履行社会责任、努力做到诚信经营的有力措施，对于推动我国食品工业行业的健康发展，必将产生重大影响和积极作用。

下面，我就加强企业道德文化建设讲几点意见：

其一，加强企业道德文化建设是规范企业生产经营行为的基石。一个企业倡导什么样的道德文化，就会有什么样的生产经营行为，就会有什么样的产品，产品质量和产品安全就是企业道德文化追求的物化结果。如果企业崇尚“炮制虽繁必不敢省人工，品味虽贵必不敢减物力”的古训，很难想象它会抛弃社会责任和不顾用户利益，片面追求利润的最大化，制售假冒伪劣商品。虽然市场经济的本质是竞争，但这种竞争是建立在理性、法治和规则基础之上的，是以不损害社会和他人利益为前提的。当前的食品安全信誉危机就是部分企业诚信缺失、道德失范所造成的恶果。因此，加强企业道德文化建设，有利于提高企业经营管理者的职业修养和遵纪守法意识，有助于提高经营管理者对职业道德、行业规范重要性的认识，自觉运用道德规范来指导企业行为。

其二，加强企业道德文化建设是重塑食品工业企业品牌信誉的关键。企业的发展离不开物质财富的积累，更离不开文化道德的引导。物质财富为企业发展提供经济基础，道德文化则为企业的发展提供精神保障。“人无信不立，事无信不成”，中外名牌企业无不把品牌信誉视作企业的生命，他们宁可损失暂时利益，也决不让一件不合格产品流入市场，因为不注重品牌信誉的企业无法在市场经济条件下生存和发展。信誉形象是企业的无形资产和宝贵财富。没有品牌信誉或者品牌信誉较差的企业是不可能获得长远发展的。因此，作为与人民群众身心健康和生命安全息息相关的食品工业企业，更要注重企业道德、社会公德。只有在全行业牢固树立“民以食为天”和“质量重于泰山”的信念，高举社会责任的大旗，处处以服从公众利益为基准，以符合社会需求为前提，努力提升员工的综合素质和责任意识，严把质量关，才能重塑良好的社会公众形象。

其三，加强企业道德文化建设也是提振消费信心的有效举措。当前市场消费不畅的原因之一，在于消费者屡遭打击后的信心动摇。食品生产和管理监督领域现有的技术条件，已经足以保障为市场提供健康环保、物美价廉和数量充足的商品。在这样的背景下，保障公众食品安全、挽回消费信心的责任，一方面在政府部门要当好食品安全和公众利益的把关者、守护者，另一方面就是企业必须切实承担起为消费者提供安全、有用和信得过商品的义务。如果企业违背了这一原则，那么来自消费者的惩罚就只能是终止交易。在信息化时代，不良产品信息的快速传播会使得更多消费者的信心受到打击，也会使生产企业受到重创，从而影响整个行业乃至整个市场的运行。因此，温家宝总理最近特别强调，“要确保产品质量，特别是食品安全，决不能以牺牲人民的健康和生命换取企业的发展”。

今天，向全国消费者做出承诺的百家食品生产企业，把自已加强管理、严保质量的诺言置于全社会的监督之下，置于灿烂的阳光之下。希望大家在今后践行承诺的实践中，把道德追求与企业的制度设计及运行“链接”起来，保持道德理念与管理制度和运行的统一，以道德理念引领制度，以制度体现道德理念价值。

我相信，经过积极的道德践行、制度建设和信誉重塑，在我国食品生产领域和销售市场上，一个又一个令人心怀敬意的品牌必将浴火重生！我国的食品行业一定能够又好又快发展，为全面建设小康社会和构建社会主义和谐社会作出新的贡献！

（全国工商联宣教部　供稿）

学习实践科学发展观，构建民营企业和谐劳动关系

——在全国工商联法律委员会第四次全体会议上的讲话

全国工商联副主席　沈建国

（2008 年 10 月 28 日）

同志们：

经过一天紧张的交流、讨论，全国工商联法律委员会第四次全体会议就要结束了。此次会议是法律委员会经过换届调整之后召开的第一次会议，恰值全党学习实践科学发展观的热潮，也是我国劳动立法的制定、施行的关键时期，会议的召开对于深入学习实践科学发展观，推动广大民营企业全面贯彻劳动立法，具有重要的意义。

在此次会议上，法律委员会委员共向会议提交了 17 份调研报告；上午，范少明等 6 位委员做了专题发言，结合各自情况、各地情况，汇报了关于劳动合同法、就业促进法、劳动争议调解仲裁法、社会保险法等的调研成果；下午，各位委员集中进行了交流、讨论，沟通了民营企业落实劳动立法的具体情况和有效做法，反映民营企业对于劳动立法实施的意见，提出了下一步宣传贯彻劳动立法的建议，确保了会议的成效，达到了会议的目的。在此，我谨代表全国工商联，对大家在百忙之中前来参会并出谋划策、贡献智慧，表示诚挚的感谢！

下面，我对会议做一个总结，并就劳动立法的宣传贯彻工作，谈几点意见，供大家参考借鉴。

一、全国工商联开展劳动立法相关工作情况

参与、宣传、贯彻劳动立法，是全国工商联 2008 年的重点工作，也是工商联促进非公有制经济健康发展和非公有制经济人士健康成长的必然要求。围绕这一主题，工商联主要做了以下三个方面的工作：

1. 认真开展调查调研

2007 年 11 月 19 日，在全国工商联第十次会员代表大会期间，全国工商联研究室、法律部召开了由 20 余名民营企业家代表参加的《劳动合同法》座谈会，征求对《劳动合同法》实施的意见。与会人员认为，《劳动合同法》的部分规定过于超前，过度向劳动者一方倾斜，如强制实施将加剧劳资矛盾。11 月 23 日，黄孟复主席在“党外人士经济形势座谈会”的发言中反映了民营企业对于《劳动合同法》的不同意见，提出及早预防《劳动合同法》实施中可能产生的问题，引起了中央领导的高度重视，要求工商联密切关注民营企业贯彻《劳动合同法》的情况，及时反映相关问题和意见。

为充分收集民营企业贯彻《劳动合同法》的情况和意见，全国工商联从 2007 年底即开展了劳动立法的调研工作，在全国范围内收集社会各方面对于劳动立法的意见。2008 年 1 月至 5 月，全国工商联法律部分别在北京、陕西、安徽、福建、上海、天津、广西等 11 个省市开展了劳动立法专题调研，召开了由企业、职工、劳动行政部门、律师等方面代表参加的座谈会，参观、走访了餐饮业、加工制造业、纺织业、软件业等各具代表性的民营企业，与当地工商联进行了座谈，形成了“贯彻落实科学发展观构建和谐劳动关系——全国工商联劳动立法专题调研情况报告”。6 月 27 日，法律部召开了劳动合同法贯彻情况汇报会，集中了解《劳动合同法》实施半年来民营企业贯彻落实法律情况。通过调研，比较充分地了解了民营企业贯彻落实劳动

立法的情况，收集了民营企业对于劳动立法实施和配套法规制定的意见，为立法参与和法律宣传奠定了基础。

通过调研，民营企业反映出劳动立法实施过程中还存在一些问题，主要包括：①法律层面的劳动立法部分规定原则性较强，还需要进一步的细化和明确；②劳动合同法的部分规定缺乏灵活性，在法律实施上还存在一些障碍；③劳动合同法过度倾斜保护劳动者，在劳资双方权利义务的设置上有显失衡；④政府落实就业促进法，细化就业促进政策的力度有待加大；⑤涉及民营企业的劳动争议解决需要工商联作为企业代表介入；⑥企业社保缴纳压力巨大，科学、公平、可行的社会保险制度有待建立。

2. 积极参与立法制定

2007年11月29日，国务院法制办副主任郜风涛专门到全国工商联机关，听取了黄孟复主席及民营企业家代表对劳动合同法实施的意见。会后，法律部起草并向国务院法制办报送了“关于《劳动合同法》实施的意见”，其中包括黄主席关于《劳动合同法》实施的讲话和11条民营企业对《劳动合同法》实施的具体意见。

在《劳动合同法实施条例》的起草过程中，全国工商联在调研的基础上，分别于2007年12月26日、2008年3月26日、5月23日，就《劳动合同法实施条例》（草案）三次修改稿向国务院法制办回复了书面修改意见。6月24日，法律部参加了国务院法制办召开的“《劳动合同法实施条例》论证会”，并就《劳动合同法实施条例》（草案）第4次发表了修改意见。

6月30日，全国工商联收到国务院法制办关于《劳动合同法实施条例》（草案）的第一次复核意见单。经研究，商会做出了“原则同意”的复核意见，并再次提出了1条修改意见，即“删去用工单位强制与在同一劳务派遣岗位工作累计超过24个月的劳动者订立劳动合同的义务”。7月11日，法律部收到国务院法制办关于《劳动合同法实施条例》（草案）的第二次复核意见单。此次的条例草案对商会提出的意见做了完全的采纳，放松了对企业用工自主权的限制，经研究，商会做出了同意的复核意见。

9月3日、4日、5日，全国工商联分别出席了国务院第25次常务会议、国务院法制办召开的《劳动合同法实施条例》（草案）征求意见座谈会、国务院召开的《劳动合同法实施条例》（草案）征求意见座谈会，再次就草案相关条款发表了意见。

此外，全国工商联还于2008年1月24日向全国人大法工委回复了对《社会保险法》（草案）的修改意见；于6月2日，参加了全国人大法律委员会、全国人大财经委、全国人大法工委联合召开了“征求《社会保险法》意见座谈会”，就《社会保险法》（草案）的修改发表了意见。

3. 大力进行宣传引导

2007年6月29日劳动合同法审议通过后，全国工商联就积极参与了全国人大常委会、劳动和社会保障部联合牵头组织的关于《劳动合同法》的一系列宣传活动，组织、参加了《劳动合同法》视频报告会，第二届中国劳动论坛，《劳动合同法》知识电视大赛等活动；在《人民日报》等媒体上发表了贯彻《劳动合同法》的专栏文章；向地方工商联下发了“关于学习贯彻《中华人民共和国劳动合同法》的通知”，为《劳动合同法》在民营企业中的顺利实施起到了积极的作用。

2008年9月3日国务院第25次常务会议通过《劳动合同法实施条例》后，9月8日全国工商联参加了国务院召开的《劳动合同法实施条例》宣传引导工作会议。9月18日，《劳动合同法实施条例》颁布施行后，9月20日全国工商联下发了“关于学习宣传贯彻《中华人民共和国劳动合同法实施条例》的通知”，对《劳动合同法实施条例》的宣传工作进行了部署。

地方工商联同样采取多种形式引导民营企业积极贯彻劳动立法。如广东省工商联、江苏省工商联积极行动，深入企业开展调研，组织形式多样的宣讲活动，举办了数十场座谈会，听取企业、法律工作者和劳动部门的意见和看法。广西壮族自治区工商联、北京市工商联在系统中积极开展学习活动，并通过召开会员企业座谈会、法律专家讲座及专题调研活动等形式，对民营企业实施劳动合同法的情况做了深入了解和调研。浙江省工商联组织有关人员赴杭州、绍兴、台州等地开展专项调研，召开座谈会，听取民营企业及职工的意见和建议，研究和解决民营企业贯彻实施劳动合同法遇到的问题。

二、开展劳动立法相关工作的体会

《劳动合同法》的施行，在民营经济领域，尤其是在中小民营企业、劳动力密集型民营企业中，产生了巨大的影响。在此过程中，工商联作为党和政府联系非公有制经济人士的桥梁和纽带，作为政府管理非公有制经济的助手，大力宣传引导民营企业贯彻法律，认真收集民营企业的意见，及时向立法机关反映民营企业的立法呼声，全力争取将民营企业的正当利益诉求在立法中进行确认，为民营企业劳动关系的平稳过渡起到了积极而重要的作用。同时，民营企业克服各种困难，高度重视法律贯彻落实，推进企业和谐劳动关系建设，表现出了高度的政治觉悟和社会责任感。

1. 积极参与立法，工商联充分发挥了在非公有制经济人士参与政治和社会事务中的主渠道作用

早在《劳动合同法》起草时，全国工商联就根据民营企业的实际情况提出过针对性的修改意见。《劳动合同法》颁布后，引起了很大的争议，民营企业反映立法没有充分听取企业方的呼声，在劳资双方权利义务设置上过于倾斜，其实施将对民营企业发展、对社会经济稳定产生不利的影响，并建议在《劳动合同法实施条例》等配套法规的制定过程中，广泛征求企业意见，明确《劳动合同法》中的模糊规定，适当平衡劳资双方的权利义务。

为充分、准确反映民营企业的意见，全国工商联在调研的基础上，三次书面回函和四次参加立法论证会，总计提出了43条具体意见，这是全国工商联就一部立法提出意见次数最多、提出意见条数最多、参加会议规格最高的一次。而国务院法制办作为立法机关，对全国工商联的意见给予了高度的重视，在上位法允许的范围内，在各方激烈冲突争议的情况下，对商会提出的43条意见中的15条进行了完全或者相当程度的采纳，采纳比率近35%，这也是国家立法机关对于工商联意见吸收比率最高的一次；同时，在条例草案修改过程中，国务院法制办也多次就具体问题与全国工商联法律部进行沟通，对未采纳意见的原因进行解释说明，并第一次将全国工商联列为立法复核单位，两次征求全国工商联的复核意见。通过对全国工商联意见的采纳，《劳动合同法实施条例》更加强调了对于劳动者和用人单位双方的保护，在《劳动合同法》的框架内适当平衡了劳资双方的权利义务。

通过此次参与《劳动合同法实施条例》的制定，工商联充分反映了民营企业对于条例的意见，在多方激烈争议的过程中充分体现了民营企业的呼声和力量，发挥了在非公有制经济人士参与政治和社会事务中的主渠道作用。

2. 大力宣传引导，工商联充分发挥了在构建民营企业和谐劳动关系过程中的协调作用

随着民营经济的不断壮大，民营企业占用工主体的比例也不断增大，民营企业劳动关系的和谐已关系到整个社会的稳定。《劳动合同法》在民营企业中引起争议，一方面是因为部分立法规定确实提高了对企业的要求，增加了企业的用工成本，如强制签订书面劳动合同的义务，劳动合同正常到期终止后的经济补偿义务；另一方面也是因为民营企业对于立法规定存在误解，没有全面认识、理解法律，如将无固定期限劳动合同等同于“铁饭碗”，将工时制度单纯理解为标准工时制。

为此，全国工商联和地方工商联充分发挥组织在民营企业中的影响力和号召力，通过发送学习资料、发表文章、组织电视大赛、召开座谈会、举办培训班等多种形式，大力在民营企业中宣传劳动立法，引导民营企业深入理解劳动立法“以人为本，实现劳动者体面劳动，维护劳资和谐”的立法初衷，全面认识劳动立法“既保护劳动者权益，也保护用人单位权益”的立法规定，促进民营企业按照法律要求建立企业劳动制度、完善企业用工管理，构建企业和谐的劳动关系，树立非公有制企业的良好社会形象，创造企业发展和劳动者受益的共赢局面。

通过劳动立法的宣传引导工作，工商联进一步提高了民营企业对于贯彻落实劳动立法重要性的认识，增强了民营企业贯彻落实劳动立法的自觉性，最大限度地化解了法律施行可能在民营企

业中引起的矛盾，发挥了在构建民营企业和谐劳动关系过程中的协调作用。

3. 认真贯彻法律，民营企业表现出了高度的政治觉悟和社会责任感

今年，民营企业面临多方面的挑战，如原材料价格上涨、人民币升值、货币政策紧缩、出口退税减少等，使企业行业平均利润水平大幅下降，《劳动合同法》的施行进一步增加了民营企业尤其是劳动密集型中小企业的劳动力成本，使一部分中小企业难以为继。

在贯彻《劳动合同法》的过程中，民营企业虽然切身感受到法律给企业带来的挑战和压力，但是从总体上仍能够认识到，法律已经颁布实施就应严格遵守，从而高度重视法律的贯彻落实，推进企业和谐劳动关系建设。一方面，认真学习、遵守法律，积极参加地方劳动部门、大专院校等开展的培训班，或者专门聘请律师或法律专家开展了劳动立法的学习和培训，正面理解劳动立法宗旨；按照《劳动合同法》的规定，修订原来的劳动合同条款，大幅度提高劳动合同签订率，规范劳动合同内容；切实履行劳动义务，保障劳动者法律权益。另一方面，以贯彻法律为契机，主动与员工进行协商，修订企业的劳动规章制度，提高企业人力资源管理水平；有的民营企业，特别是规模大一些的民营企业，则开始考虑用自动化设备来取代一部分人力，推动产业升级。

通过贯彻劳动立法，广大民营企业进一步提高了法律意识，加强了对劳动者的保护力度，加快了企业的转型速度，促进了企业和谐劳动关系的构建。

三、下一步工作建议

根据目前立法的进展情况和民营企业遇到的问题，对于下一步的工作，我有以下几点建议：

1. 继续参与立法

参与立法是从源头上维护企业权益的根本途径，在立法中充分反映、力争体现企业的诉求，有利于完善相关法律规定，提高企业对于法律的认可度，减少法律的执行成本。目前，《社会保险法》正在制定之中，参与《社会保险法》的制定将是我们下一阶段参与立法工作的重点。《劳动合同法实施条例》已经颁布施行，但《劳动合同法》相关的配套规章还在制定之中，许多地方立法机关也正在起草、制定劳动立法相关的配套地方法规。这些立法规定更为具体，对民营企业的影响也更为直接，所以，更需要我们积极参与，充分反映民营企业的意见，促进立法的完善。

2. 继续加强宣传

要进一步加大对《劳动合同法》及其实施条例、《就业促进法》、《劳动争议调解仲裁法》的宣传和培训力度，以工商联为主渠道，开展多种形式的法律培训，加强对非公有制企业贯彻“三法”的正面引导，正确看待、有效处理“三法”实施过程中遇到的突出问题。尤其是对于最近颁布施行的《劳动合同法实施条例》，工商联要协同政府劳动部门、工会组织认真做好宣传工作，引导民营企业全面理解《劳动合同法实施条例》，看到条例在劳动合同解除、专项培训费用界定、经济补偿支付等方面都做了更公平、更细致的规定；对于民营企业关注的、未能在条例里明确规定的问题，要做好解释工作，循序渐进地推动问题的解决。

3. 推进公正执法

目前，全国人大执法检查组正在开展劳动合同法执法检查，推动劳动合同法实施。我国民营企业的情况十分复杂，规模差异、行业差异、地区差异巨大，在推动劳动立法实施过程中，应呼吁在法律允许的框架内，根据企业不同规模、不同发展阶段，选择不同的执法侧重点，提出不同的要求；对于劳动密集型行业、人员流动性较大的行业、季节性用工行业应给予一定的适应期，以使它们不断提高适应新要求的能力，尽量减少对企业的冲击；不同地区应针对本地实际情况落实法律，促进我国东西部均衡发展。

4. 争取加入三方机制

争取加入三方机制，发挥工商联组织优势，协调解决民营企业劳动纠纷，也是全国工商联今年的一项重要工作。劳动争议调解仲裁法进一步规定，县级以上人民政府劳动行政部门会同工会和企业方面代表建立协调劳动关系三方机制，共同研究解决劳动争议的重大问题。我们要继续努力，争取进入三方协调机制之中，形成“三方四家”、“三方多家”的工作机制，充分发挥工商联在劳动关系协调中的作用，推动劳动立法的贯

彻落实。

总之，《劳动合同法》等劳动立法的制定，促进了我国劳动法律制度的完善，为民营企业构建和谐劳动关系提供了很好的制度保障，对我们开展推动工作奠定了坚实的法律基础。我党提出科学发展观，第一要义是发展，核心是以人为本，基本要求是全面协调可持续，根本方法是统筹兼顾。科学发展观的这些基本内涵，对我们开展学习、宣传、贯彻劳动立法无疑具有根本性的指导意义。我们要从促进科学发展、社会和谐的高度认识构建社会主义和谐劳动关系的意义，在工商联组织与会员企业中认真宣传贯彻劳动立法，为构建和谐劳动关系，进而为构建社会主义和谐社会和全面建设小康社会作出新的更大的贡献。

（全国工商联法律部　供稿）

搞好调研工作，做好三个服务

——在省级工商联研究室主任座谈会上的讲话

全国工商联副主席　谢经荣

（2008 年 11 月 2 日）

非常高兴参加这个研究室主任座谈会。这次会议的主旨是研讨工商联今后的调研工作，如何更好地为党和政府的中心工作服务，为民营经济的发展服务，为工商联整体工作服务。下面，我讲三个方面的意见：

一、工商联的调研工作比以往任何时候更重要

1. 民营经济取得了长足进展

改革开放 30 年来，我国民营经济占国民经济的比重不断提高，政治地位不断上升。民营企业已经成为社会就业的主渠道、对外贸易的主力军、税收的重要来源和自主创新的重要源泉。当前，尽管在融资渠道、舆论环境、市场准入等方面，仍存在一些对民营企业的不公现象，但总体而言，促进民营经济持续、快速、健康发展的政策和制度障碍已基本消除。各级党委、政府都十分重视民营经济的发展，尤其是在民营经济主导地方就业、经济活力的市、县，政府相关部门甚至主要领导都要与民营企业直接联系，对企业的经营状况、问题困难了解得很深、很及时。这就给我们的调研工作提出了新挑战，再像过去那样，一般性的意见、笼统的政策建议，已经很难适应民营企业长足发展、民营经济地位提高的现状。只有深入调查研究，才能提出切实反映民营企业实际情况、体现工商联特色、有时效性的建议，才能引起党委政府的重视，才能真正服务于民营经济的发展。

2. 民营经济发生了质的变化，面临着升级换代的挑战

30 年来，民营经济从无到有、从小到大、从弱到强蓬勃发展，数量持续增长、规模不断扩大、创新能力显著增强、经济和社会效益明显提高，在拉动国民经济增长、提高经济运行质量、实现国富民强的目标、扩大国际影响等方面发挥着日益重要的作用。民营企业的经营管理人员已不再是初创时期的一般人员，现在很多民营企业的经营者都有高学历，硕士、博士很多，不少还有国外学习或工作的经验；他们的交往范围很广、信息渠道很多，很多人能文能武，既有理论基础又有实践经验，要提出对他们有指导性的意见，实属不易。另一方面，民营经济当前也面临着前所未有的挑战，主要是产业升级换代的难题。过去我们靠发挥“比较优势”，靠资源消耗式的、低成本扩张的、高污染的发展模式，已越来越不被国内外社会和市场所接受，民营企业已经到了变“比较优势”为“竞争优势”的关键时期，到了更新发展理念、转变发展方式、提高发展水平的关键时期，到了提高

技术、改进管理、提高效益，走中国特色现代化工业道路的关键时期。如何引导民营企业顺应这一历史潮流、渡过这一关口，就要求工商联的调研工作也要与时俱进，让我们的服务能够超前于至少跟得上民营企业在这一关键时期的需求。这一方面，工商联大有可为，研究室更应该做更多的工作。

3. 国家宏观调控政策的技术性、针对性、复杂性空前

去年以来，国际、国内经济形势复杂多变。国际上，金融危机正在迅速蔓延，已从局部发展到全球，从发达国家传导到新兴市场国家，从金融领域扩散到实体经济领域，其波及范围之广、影响程度之深、冲击强度之大，为20世纪30年代以来所罕见。受国际经济不利因素影响，30年高速发展的我国经济出现了增速回落的势头，经济增长放缓、企业经营困难的状况正加快从沿海向内地、从出口行业向其他行业扩散。特别是以中小企业为主的民营企业，面临更加严峻的生存环境，不少企业甚至处于倒闭或破产的边缘。从去年年底到现在，根据国外经济环境和国内形势的变化，中央及时调整宏观调控政策，在去年年底召开的中央经济工作会议上，明确提出要“防过热、防通胀”；7月下旬调整为“一保一控”，体现“区别对待、有保有压”的原则，强调要把握好宏观调控的重点、节奏和力度，保持经济在较长时间平稳较快发展，避免出现大起大落；10月上旬党的十七届三中全会召开后，进一步明确为“多管齐下、有效应对，采取灵活审慎的宏观经济政策”。宏观调控政策的密集调整，对政府而言，更需要及时、准确地了解调控政策的效果，尤其需要具体的、针对性强的数据，以使下一轮的调整更科学、更有针对性，使调控的节奏和力度保持适度。随着企业家素质的提高，他们也越来越关注国家经济政策的走向，并根据国家宏观经济政策适时调整企业的发展方向，制定相应的经营策略。最近一些商会举办的政策方面的专题辅导，得到了企业家的广泛欢迎。今后，民营企业的这类需求将会更多更迫切，我们的工作也应随之不断深入。

以上这些新变化和新情况，使得工商联的调研工作比以往任何时候都重要，给我们的调研工作提出了更高的要求，我们也应该比以往更加重视调研工作，使我们的调研更及时、准确、深刻、专业，不然我们的调研很难受到政府的重视，很难对民营经济有指导作用。工商联作为党和政府管理非公有制经济的助手，及时听取企业的意见建议，反映企业的诉求，是我们的责任，也是新时期增强工商联吸引力、凝聚力的关键所在。当前各级工商联努力通过各种途径向党和政府传递企业的呼声，我们提出的一些建议得到了政府的重视和采纳，也引起了社会的关注。但从整体上看，我们发出的声音还不够多，我们的声音还不够大，影响力还有限，与民营经济在国民经济中的分量和新时期工商联的职能作用还不相称。各级工商联研究室的同志，都应该清醒认识到这一新形势，并努力按照新的要求，不断加强我们的调研工作。

二、研究室的工作定位

目前，各级工商联的研究室，普遍存在人员少、任务重的现象，工作千头万绪，不仅承担着大量文稿写作、调查研究等常规工作，同时也承担了大量临时会议、临时讲话等应急工作，大家都很辛苦。目前，领导对研究室的工作要求不断提高，我们面对的情况又越来越复杂，很多时候我们的忙都是被动的、无规则的。虽然也取得了不少成绩，但就长远而言，这种状态不仅难以让本单位领导满意，更难以满足服务民营经济发展、服务工商联整体工作的要求。要想改变这种现状，推动研究室工作上水平，就要求我们必须对研究室工作做出科学的定位。

1. 研究室的定位

研究室应本着以服务党和政府中心工作、服务民营经济发展、服务工商联全局工作为己任，以做好三个服务为目标开展工作。研究室应该：

一是出思想。作为工商联研究民营经济理论和政策的专门机构，研究室应该了解掌握有关民营经济的最新政策导向、学术观点、思想动态，站在民营经济思想、理论、政策的最前沿，为改善民营经济的政策环境、法律环境，促进民营经济科学发展，提出系统性的、针对性的和前瞻性的意见建议，而不能仅仅满足于做一个文稿的“加工厂”。

二是出对策。研究室应该实时分析国际国内

经济形势，深刻理解我国民营经济的现状和问题，做到知己知彼、未雨绸缪，针对民营经济遇到的一些突发的、紧急的事件，能够及时拿出主意，提出有效的对策建议。

三是出人才。研究室应该成为一个人才的大熔炉。研究室的干部，不论是在调研、写作方面，还是对全局的把握方面，都应该高标准、严要求。民营经济研究的权威，应该出自全国工商联研究室，地方上的权威应该出自各省工商联研究室。我们的同志应当成为有关经济领域的专家，这样我们才能发挥好作为党联系非公有制经济人士的桥梁和纽带、政府管理非公有制经济助手的作用。我们研究室的同志应该成为受机关各部门欢迎的人。

2. 研究室人员应具有的能力

要进一步提高调研能力，主要包括以下几个方面：

一是要眼光敏锐。能敏锐地发现问题是搞好调研工作、提高调研的针对性和实用价值的关键。既要能根据我们的调研做出总结性研究，又要能根据已有的情况做出前瞻性研究，不能落后于现实，这才是理论研究的本质属性。

二是要目光长远。对未来的判断，来源于现在，来源于过去。我们今天所从事的工作就是明天的历史。要想规划民营经济的长远发展，就要求我们必须具有长远的眼光。要用写“史”的态度对待我们的一些长期性工作。全联近几年的民营经济发展报告、私营企业问卷调查等工作就是很好的例子。今后应继续发扬光大，并争取创出新的品牌。

三是要知识全面。一个人的知识是有限的，不可能面面俱到。但一个团队，特别是一个专门研究民营经济的团队，应该是方方面面的人才都要有，这样我们的研究才不会有“短板”。研究室的人员配备，既要有懂经济的，也要有懂企业管理、公共管理的，还要有懂法律的、懂政治的等，这样的知识结构才能和我们的工作对象——企业家相衔接，我们的研究才不会局限于某一方面，我们的调研报告才能有深度，才能提出更专业、更全面、更切实可行的意见。

四是要能力突出。研究室工作纷繁复杂，文字性、事务性工作兼具。这就要求研究室的同志不仅要做一个写手，还要积极参与各种社会活动。要有组织全国、全省开展调研的能力，还要有动员其他部门、其他机关甚至社会力量共同开展工作的协调能力

3. 目前的不足

研究室的同志们工作很辛苦，过去一年也做了很多工作，这些都应该给予充分的肯定。同时我们还应看到，我们省级工商联的研究室还存在一些不足。

一是人员少。根据统计，31 个省、市、区工商联共有调研力量 113 人，平均每个省 3.8 人，但有两个省仅 1 人，三个省仅有 2 人，3 人的有 12 个省，4 人和 5 人的分别为 6 个省。

二是理论研究不足。我们很多基础理论研究都没有开展起来。

三是忙于日常工作，很少系统性地研究问题。

四是没有形成快速反应机制。面对变化的市场和经济形势，我们拿不出快速的数据、调研报告，严重影响参政议政工作的质量。

三、建立科学合理的调研工作机制

第一，做好调研规划和计划。每个省份都应该有调研计划。凡事预则立，不预则废，我们的调研工作更是这样。每年总体的调研方向、需要重点研究的热点问题等，都应该做到心中有数，这样我们的工作才会有条不紊。目前已有部分省份每年制定调研计划，全国工商联 2008 年也制定了调研计划，这种习惯、这种制度在以后的工作中应该坚持下来，慢慢加以完善。制定调研计划时也要考虑经费问题，做到提前安排。

第二，应当建立联合调研机制。这个机制，过去我们在部分领域和地区实践过，取得了很好的效果。我们要在总结经验的基础上，进一步扩大、丰富联合调研的范围、地域和参与面，特别是对同类问题分区域开展联合调研，这样做一方面能够整合我们的力量，实现资源共享，另一方面也可以增强调研的说服力，扩大我们的影响。联合调研的操作形式可以多样，省内可以组织几个市进行调研，全联也可以组织几个省联合调研。

第三，应当建立快速调查机制。快速调查的作用今年显得尤为突出。今年宏观经济形势变化

迅速，出现了很多难以预料的情况。如果一个政策刚出台不久，我们就立即启动快速调查机制，上下联动，调查企业反映、政策效果，快速形成调研报告和意见建议，为政府决策服务，我们的工作就能够进一步得到政府和社会的认可和重视。

第四，应当建立激励机制。研究室工作不仅辛苦而且清苦，对大家付出的努力、取得的成绩如果不及时加以肯定和鼓励，将会挫伤工作的积极性。今后，我们将逐步建立评比、奖励制度，对于做出成绩的单位和个人，我们要在精神和物质上进行激励，进一步激发大家的工作积极性。

同志们，希望大家回去以后把此次会议的精神及时向领导汇报，争取他们对参政议政工作、对研究室建设的更多关心和支持。在编制上，要进一步增加人员，在干部结构上，要努力引入高学历、复合型的人才，在经费保障方面，要多方面争取多想办法。希望大家继往开来、共同努力，进一步端正工作态度、提高工作能力、提升研究水平，为党和政府的中心工作服好务，为民营经济的发展服好务，为工商联整体工作服好务。

（注：本文系根据讲话录音整理。
全国工商联研究室　供稿）

重要会议 ZYHY

中华全国工商业联合会第十届常务委员会第一次会议[①]

在全国工商联十届一次常委会议上的讲话

全国政协副主席，全国工商联主席　黄孟复

（2008 年 6 月 11 日）

各位副主席，各位常委，同志们：

这次常委会议，主要是研究民营企业如何深入贯彻落实科学发展观，一手抓抗震救灾工作，一手抓企业又好又快发展。今天，我讲三个问题，一是民营企业深入贯彻落实科学发展观，正确把握宏观经济形势，实现民营经济又好又快发展；二是按照党中央、国务院的统一部署，积极参与抗震救灾工作；三是继续解放思想，以实际行动纪念改革开放 30 周年。

一、深入贯彻落实科学发展观，正确把握宏观经济形势，实现民营经济又好又快发展

今年是全面贯彻党的十七大精神的第一年。民营企业如何在党的十七大精神指引下，深入贯彻落实科学发展观，积极适应国家宏观调控政策，努力实现又好又快发展，是摆在我们面前的一个重要课题。

1. 在复杂多变的国内外经济形势和突发重大自然灾害的情况下，我国经济依然保持平稳较快发展

去年，中央经济工作会议提出，今年宏观调控的主要目标是“双防”，一是防止经济增长由偏快转为过热，二是防止价格由结构性上涨演变为明显通货膨胀。年初，温家宝总理就指出，今年恐怕是中国经济最困难的一年。今年以来，美国次贷危机影响加深，国际能源、资源价格上涨加剧，国际粮价飞涨引发世界粮食恐慌；国内经济增速回落，通胀逐步走高，股指大幅下挫，加之 1 月南方大范围雨雪冰冻灾害，5 月汶川等地特大地震灾害，造成了重大的人员伤亡和经济损失。国内外经济形势日趋复杂，不确定性因素明显增多。我想可以用“三个反差”和“三个难协调”来认识当前经济形势的多变性和复杂性。

从国内外对比来看，存在几个明显反差，比较突出的有三个：一是世界“防冷”我“防热”。受美国次贷危机的影响，世界经济增长减缓的趋势非常明显。欧美等发达国家将解决经济衰退定为宏观调控的主要目标。特别是美国采取了强有力的措施促进经济发展。而我国今年宏观调控的主要任务之一是防止经济增长由偏快转为过热。二是美国降息、美元贬值，我则升息升值。美国为解决次贷危机，注资金融系统，不断采取货币贬值和降息政策刺激经济。而我国一方面人民币不断升值，另一方面为解决国内投资增速偏快和流动性过剩问题，多次提高利率和存款

① 本部分全部文章来源于全国工商联办公厅编印的《中华全国工商业联合会第十届常务委员会第一次会议文件汇编》（2008 年 6 月）。

准备金率，存款准备金率已逼近历史最高点。三是国际重要资源和粮食价格不断上升，国际原油期货价格屡创新高，已超过每桶130美元，而我国严格控制粮食、石油、煤炭、电力等价格上涨，国内外形成明显价差。

从国内的经济形势看，我们在制定和执行今年宏观调控政策上，也存在一些矛盾难以协调，比较突出的也有三个：一是我们既要控制投资规模，防止经济过热，又要不断扩大内需，而扩大内需又将推动经济进一步增长。二是我们既要平抑物价，防止价格由结构性上涨演变为明显通货膨胀，又要适当提高资源、能源和粮食等初级产品价格和企业员工工资水平，以推动节能环保、保护农民利益和提高城乡居民生活水平，而这样反过来又将推动物价上涨。今年1月至4月，生产资料价格和消费品价格上涨幅度都达到了8%以上。三是我们既要稳定金融市场，防止国际热钱过快流入加剧国内流动性过剩，又要平衡外贸摩擦，提高人民币汇率，而汇率的提高又将刺激国际热钱进一步涌入中国市场。4月份外汇储备大幅增长，国际热钱流入创新高，金融风险加大。

面对如此复杂多变的国际国内经济形势，国家实行稳健的财政政策和从紧的货币政策，按照“控总量、稳物价、调结构、促平衡”的要求，采取了一系列果断正确的措施，最近又把防止通胀摆在更加突出的位置。从前五个月经济运行结果看，宏观调控政策已取得相当成效。今年一季度GDP为6.1万亿元，同比增长10.6%；1月至4月规模以上工业增加值同比增加16.4%，社会消费品零售总额增长20.6%，固定资产投资增长25.9%，出口增长21.4%，税收增长25.3%。总的来看，我国经济形势总体健康稳定，基本面没有变化。同时，我国高度关注世界经济的变化，正确把握我国宏观经济走势，认真分析经济发展中的新情况，把握好宏观政策调控的力度、节奏和方向，既防止经济过热，也防止经济增速回落过快。

2. 国内外经济形势的不确定性，给民营经济发展带来许多新情况新问题

主要表现在以下几个方面：一是企业流动资金紧张加重、成本加大。贷款难问题一直是制约民营企业发展的“瓶颈”，而国家从紧的货币政策受影响最大的是民营企业。今年一季度，在全部新增贷款中，私营企业新增贷款占比仅为7.8%，比去年同期下降了1.32个百分点，比去年末下降了4.69个百分点。随着利率多次提高，民间借贷利率不断攀高，企业融资成本明显上升。二是出口压力加大。各国经济增长放缓，需求有所减少，加上一系列调减贸易顺差的政策，特别是出口退税率降低，给出口企业特别是中小型出口企业带来了很大经营压力。人民币不断升值，也降低了我国一般出口产品的价格竞争力。截至4月份，外贸出口对GDP增长的贡献率几乎为零。私营企业出口总额累计621.1亿美元，虽同比增长了38.2%，但增速下降9.2个百分点。三是资源要素价格和环境成本、用工成本明显上升。能源原材料价格大幅度上涨，落实节能减排目标、调整资源税、加大环境生态保护和规范劳动合同关系等，都使得民营企业生产成本不断上升。

尽管如此，由于宏观调控政策的稳步推进，国民经济总体运行平稳，加上实行新税法等的积极作用，民营经济的发展速度虽然减缓，但总体发展态势仍然较好。截至2008年一季度，我国私营企业户数达到552.3万户，比去年底增长0.18%，就业人数为7283万人，比去年底增长0.4%；个体工商户为2731.1万户，从业人员为5440.9万人。到4月底，私营企业工业增加值同比增长23.5%，私营企业税收增长32%，仍然明显高于全国平均水平。

3. 民营企业要正确看待宏观调控，增强信心，抓住发展机遇

面对当前的经济形势，民营企业一定要保持清醒头脑，要在挑战中看到机遇，在困境中看到出路，在宏观调控大背景下看到民营经济发展新趋势。30年发展的实践证明，中国特色社会主义市场经济发展取得巨大成功，靠的是党的改革开放政策，而经济的平稳协调可持续发展，离不开国家的宏观调控。当前，为了应对国际经济复杂形势、破解国内经济运行难题，防止大起大落，保持经济又好又快发展，保持我国经济的持续竞争力，完全有必要坚持和改善宏观调控。这次宏观调控是对市场失衡的调整，是对发展节奏的把握，是对经济质量的提高，是中央推动各地方、

各部门、各行业和广大企业树立和落实科学发展观的一次重大实践。

民营经济的发展史，是一个不断克服困难、百折不挠、艰苦创业的历史。尽管当前形势复杂，困难重重，民营企业一定要坚定信心，按照中央宏观调控政策的要求，积极转变发展方式，合理调整发展战略、发展节奏和发展方向，适应国际国内形势变化，抓住机遇，实现又好又快发展。新一轮宏观调控致力于科学发展、和谐发展，目前成效明显，国民经济总体运行平稳，为民营企业提供了顺利发展的大环境。本轮宏观调控重在转变发展方式，调整经济结构，控制部分过热行业的过度投资，这也为民营企业提供了优化升级的新契机。一些从事国家鼓励和支持产业的民营企业获得了政策支持，发展前景更好。一些民营企业将在宏观调控的推动下，逐步转变增长方式，合理调整投资方向，获得更健康的发展。

4. 民营企业要实现又好又快发展，关键在于深入贯彻落实科学发展观

科学发展观是以胡锦涛同志为总书记的党中央立足社会主义初级阶段基本国情，总结我国发展实践，借鉴国外发展经验，适应新时期新阶段新的发展要求提出来的。科学发展观，是国家的大政方针，党委和政府要落实，国有企业要落实，广大的民营企业也要落实，各行各业都要落实。民营企业和国有企业一样，都是贯彻落实科学发展观的重要主体。

经过改革开放30年来的发展，我国已经涌现出一批有实力的优秀民营企业。但相当多的民营企业技术水平较低，管理水平不高，治理结构不完善，不少企业存在生产经营较盲目，资源浪费、环境污染较重，产品质量较低等问题，大量企业经营波动大、寿命周期短。要解决这些问题，必须认真落实科学发展观。民营企业落实科学发展观，不只是为了响应中央的号召，更是自身发展的内在要求和当务之急。民营企业要切实把企业发展和国家发展统一起来，顺势而为，以科学发展观为指导，认真总结发展经验，明确发展方向。要把提升管理水平、完善治理结构放在一个更加突出的位置，努力开展自主创新，提高核心竞争力，有条件的企业要积极“走出去”，充分利用国际国内两种资源、两个市场，积极参与国际合作竞争，同时，还要勇于承担社会责任，树立良好企业形象，坚定不移地走科学发展道路，努力实现又好又快发展。

5. 工商联要充分发挥作用，引导和推动民营企业落实科学发展观

这是工商联的一项重要任务，一定要努力做好这项工作。一要积极调研，深入研究宏观调控给民营企业带来的现实影响和发展机遇。各级工商联要深入基层、深入企业开展专题调研，及时了解民营企业在落实科学发展观上面临的新问题，研究在宏观调控下面临的新情况，积极向党委和政府反映民营企业的意见和建议。二要积极服务，多途径、多方式为民营企业克服发展中的困难提供帮助。各级工商联要善于利用组织网络健全、地域覆盖面广的优势，切实发挥政府助手作用，积极为企业搭建服务平台，提供政策法规信息、人才交流培训、法律事务咨询、对外交流联络、境内外投融资、企业权益维护等服务，帮助民营企业解决发展中面临的困难和问题。三要积极建言献策，为民营企业尤其是中小企业争取更好的发展环境。当前特别要在金融信贷、外贸出口、劳动就业等方面争取政策支持，促进民营企业发展环境进一步改善。

二、坚持“两手抓”，为抗震救灾和灾后重建工作作出更大的贡献

“5·12”四川汶川特大地震，是新中国成立以来破坏性最强、波及范围最广、救灾难度最大的一次地震灾害，给灾区人民的生命财产造成了重大损失。地震发生后，在党中央、国务院的迅速决策、正确指挥、有效组织下，在全国人民的共同努力下，经过近一个月艰苦卓绝的战斗，抗震救灾取得了重大阶段性成果。

这次特大地震灾害牵动着全党、全军和全国人民的心，牵动着海外中华儿女的心，也牵动着各级工商联组织和广大非公有制经济人士的心。灾情发生后，全国工商联高度重视并迅速发出紧急通知，要求各级工商联充分发挥组织优势，动员会员积极行动起来，大力支援灾区。各级工商联组织急灾区人民之所急，想灾区人民之所想，帮灾区人民之所需，迅速组织非公有制经济人士和民营企业积极有序参与抗震救灾。民营企业反

应快、行动早，积极快速投身于抗震救灾之中。受灾的民营企业一方面积极自救，另一方面积极参与社会救助。未受灾的民营企业全力献爱心，各地工商联组织和民营企业发扬“一方有难、八方支援”的精神，通过不同的方式参与救灾工作，作出了重要贡献，成为抗震救灾的一支重要力量。

1. 行动迅速

灾情发生后，四川省工商联立即组织民营企业组成抗震救灾突击队，争分夺秒抢运救灾物资。接到通知后不到1小时，就从民营企业组织了近500名抗震救灾志愿者赶赴成都双流机场和太平寺机场。在15天的时间内，突击队共装卸灾区急需的帐篷、药品、食品等物资3684吨，堆码货品4万余件。其他省市工商联组织和民营企业，也派出工程技术人员，携带救灾仪器设备，积极参与营救被困群众。其间，出现了很多可歌可泣、感人肺腑的人物和事迹。以江苏黄埔集团为例，董事长陈光标同志在强震发生两小时后，就亲自率领由120人和60台大型工程机械组成的民间抗震救灾队伍，从江苏等地日夜兼程奔赴重灾区，展开大规模的救灾行动，先后救出生还者100多人，挖出遇难者遗体5000多具。像陈光标同志的这种精神和行为，在许多民营企业家身上都有充分的体现。

2. 捐赠踊跃

在灾情面前，各地工商联、民营企业家，都表现出高度的爱国热情、社会责任感和人道主义精神。特别是我们工商联的企业家副主席、常委、执委等非公有制经济代表人士，纷纷带头捐巨资，其中不乏受灾严重的企业家。据对上报的8000多家企业的不完全统计，截至6月5日，这些企业捐赠现金51.5亿多元，捐赠物资10.9亿多元，共计62.4亿多元。其中捐赠额1亿元及以上的5家，1000万元至1亿元（不含）的92家，500万元至1000万元（不含）的120家。全国工商联企业家副主席、常委和商会副会长个人和企业捐赠款物总额7.6亿元。民营企业此次捐款捐物数量之大、范围之广、行动之快，创历次救援之最。

3. 彰显大爱

在这次抗震救灾的行动中，各级工商联和民营企业家与灾区人民共患难。北川县工商联党组书记尚兴琼同志，忍受着因地震失去丈夫的巨大悲痛，全身投入到紧张的救援工作中。四川宏达集团在本企业因灾遇难100多人、财产损失数亿元的情况下，仍率先捐赠500万元，紧急支援地方学校抢救被埋学生，抢修灾区公路，保障抢险部队伙食供应，并把急需物资让给更需要援助的受灾群众。在后方，各级工商联与灾区工商联积极互动。一些行业商会组织义务服务车队帮助从市区向机场运输抗震救灾物资，连续数十小时奋战在从市区到机场的运输途中。这样的事例不胜枚举。

此次抗震救灾，全国人民万众一心，众志成城，迎难而上，百折不挠。回首大灾以来的日日夜夜，我们看到了一个以人为本的执政党、一个自信开放的大国、一个团结一致的民族的光辉形象，这是中华民族精神的丰富升华，是社会主义核心价值观的集中展现。

这次抗震救灾，充分反映了社会主义制度的优越性。

面对这次特大灾害，党中央决策迅速，胡锦涛总书记立即做出重要指示，温家宝总理第一时间赶赴灾区现场指挥，军队武警立即大规模行动起来，全国人民迅即无私支援，整个救灾工作有力、有序、有效。面对灾害，我国能迅速、及时动员与组织全社会力量，举全国之力，有效应对大灾大难，充分体现了社会主义制度能够集中力量办大事、御大灾、抗大险的优越性，这是中国特色社会主义制度优越性的一次集中体现。

这次抗震救灾，充分反映了市场经济体制下巨大的社会力量。

抗震救灾中，来自人民的自发支持，来自社会的自发动员，来自民营企业的自发行动，全国人民汇集起来的巨大物质支持和展现出来的集体大爱精神，都是历史上空前的，世界上少有的。之所以如此，正是由于改革开放建立和发展了社会主义市场经济体制，国家强大了，老百姓富裕了，民营经济有实力了，大家的境界高了，企业的社会责任感强了，他们不仅有愿望，也有能力履行责任了。

这次抗震救灾，充分反映了民营企业具有强烈社会责任感。

广大民营企业和非公有制经济人士，在这场突如其来的“大考”面前，以一种特殊的方式展现了自己。我们清楚地看到：在巨大的自然灾害面前，民营企业和非公有制经济人士在第一时间就捐出大量善款和物资，企业和员工在第一时间就组织起抗震救灾突击队。这充分体现了他们的境界，表明了他们强烈的社会责任感，他们经受住了考验，交出了人民满意的答卷，他们不愧为优秀的中国特色社会主义事业建设者。

这次抗震救灾，充分反映了公开、透明、正确的舆论导向的巨大感召力和影响力。

灾难一发生，新闻媒体记者立即赶赴灾区，冒着生命危险现场采访报道。及时、客观、全面的新闻报道，进一步激发了全国人民众志成城、万众一心的精神，动员了社会力量的积极参与，赢得了国际社会的普遍同情和支持。

同志们，抗震救灾工作虽然取得了重大的阶段性胜利，但形势依然严峻，灾后重建和恢复生产的任务十分艰巨。党中央提出，当前要坚持“两手抓”，一手抓抗震救灾工作，一手抓经济社会发展。各级工商联和广大会员要按照党中央、国务院的决策部署，一方面，要进一步做好日常工作、搞好生产经营，做好本职工作，发展好生产也是对灾区的支持，也是以实际行动支持抗震救灾工作。另一方面，要把光彩事业和扶贫工作与抗震救灾、灾后重建、恢复生产相结合，把推动东部及沿海地区产业转移与恢复灾区企业生产经营相结合，为抗震救灾作出新的更大的贡献。

1. 按照党中央统一部署，积极投身灾后重建

各级工商联和民营企业家，要把思想和行动统一到党中央的决策部署上来，统一到灾区政府的重建安排上来。要自觉服从救灾大局、服务救灾工作，充分发挥工商联统战性、经济性、民间性三性合一的优势，为抗震救灾工作会聚更大力量。

2. 积极组织协调，抓好落实，发挥工商联和民营企业对口支援的优势

有关省市工商联要根据国务院和灾区政府的灾后重建安排，组织有关商会组织、会员企业，充分发挥在人才、智力、资金、技术等方面的优势，参与对口支援重点受灾县市灾后重建。要采取多种形式，有针对性地开展互助、互帮。如对口援建灾区各种流通交易市场，帮助灾区尽快恢复正常生活；培养灾区劳动技能与创业人才，为灾区提供就业岗位和创业人才孵化，帮助灾区人民就业和创业；组织结对合作，帮助灾区中小企业尽快恢复生产经营。在这次会上我们还要召开一个21个省区市工商联和四川省等灾区市县工商联对接的会议，专门研究灾后重建和对口支援问题。

3. 加强对捐赠项目的监督检查

不少企业和人士纷纷通过工商联组织向灾区人民捐款捐物，我们一定要对得起他们的信任。要严格按照国家有关规定，加强对救灾钱物的使用监督，经我们手的善款，要一分不差地通过正规渠道送到灾区，不得以任何理由截留、挪用，确保救灾款物真正用于灾区，真正用于受灾群众。这方面，我们要向汉龙集团学习。在这次大地震中，由四川汉龙集团捐资修建的灾区五所希望小学无一垮塌，在校师生安然无恙，这是企业在建校过程中自始至终加强监督、建筑质量得到切实保障的结果。

4. 发挥参政议政作用，推动灾后重建相关政策对民营企业一视同仁

随着灾后重建的推进，救助企业，尤其是帮助中小企业恢复和发展生产将越来越重要，应给予高度关注。工商联要充分发挥参政议政职能作用，对灾区重建政策的制定积极建言献策，促进税收利息减免、债务与坏账核销、资金注入等相关政策，对民营企业一视同仁。要推动有关政府部门特别关注和支持灾区中小企业。支持一批中小企业重建、恢复生产，帮助更多人员就业，改善人民群众生活，推动灾区经济振兴。

5. 大力宣传、表彰民营企业在抗震救灾中的突出贡献与先进事迹

各级工商联除依靠《中华工商时报》、工商联网站等阵地外，还要协调当地有关部门并充分利用社会各主流媒体，及时、生动、丰富地宣传民营企业在抗震救灾中涌现出的感人事迹和典型人物。全国工商联已协调有关部门，近期中央几家主要媒体将集中报道民营企业在抗震救灾中的突出事迹。要及时总结民营企业和工商联在抗震救灾工作中的成绩与经验，在适当的时候对表现突出的民营企业家和工商联组织进行表彰，号召

学习他们“扶危济困、英勇无畏、无私奉献”的精神，鼓励他们参与抗震救灾工作的积极性，努力为抗震救灾工作提供强大的精神动力和舆论支持。

在灾难中树立信心，在灾难中凝聚力量，对于历经磨难的中华民族，汶川大地震是一个悲壮的过去，更是一个伟大的开始。我们相信，在党中央、国务院的坚强领导下，在四川人民和全国人民的共同努力下，我们一定能够夺取抗震救灾斗争的全面胜利。

三、继续解放思想，坚持改革开放，把工商联事业不断推向前进

今年，我们迎来了改革开放 30 周年。党的十一届三中全会开启了改革开放的新时代。这场大改革大开放，空前地调动了亿万人民的积极性，极大地解放了社会生产力，使我国成功实现了从高度集中的计划经济体制到充满生机活力的社会主义市场经济体制、从封闭半封闭到全方位开放的重大历史转变。经过 30 年的发展，我国经济从一度濒于崩溃的边缘发展到经济总量跃至世界第四、进出口总额位居世界第三，人民生活从温饱不足发展到总体小康，农村贫困人口从两亿五千多万减少到两千多万，国家经济社会面貌发生了翻天覆地的巨大变化，今天，一个日益富强、全面开放的中国巍然屹立在世界东方。事实雄辩地证明，改革开放是决定当代中国命运的关键抉择，是实现中华民族伟大复兴的必由之路。

当前，我国改革开放正处于新的关键阶段。从国际看，当今世界正处在大变革大调整之中，经济全球化、世界多极化的趋势不可逆转，国际因素对我国的影响比以往任何时候都更为直接、广泛和深刻。只有继续解放思想，坚持改革开放，才能更好地适应世界经济格局调整与变革发展趋势要求，进一步巩固和提高我国在世界的地位和作用，为世界经济发展和人类文明进步作出更大贡献。从国内看，我国仍处于并将长期处于社会主义初级阶段的基本国情没有变，人民日益增长的物质文化需要同落后的社会生产力之间这一社会主要矛盾没有变，长期形成的结构性矛盾和传统增长方式尚未根本改变，诸多社会矛盾、社会难点和社会问题凸显，影响发展的体制、机制性障碍依然存在。胡锦涛总书记在十七大报告中指出：解放思想是发展中国特色社会主义的一大法宝。只有继续解放思想，坚持改革开放，才能更好地解决我国发展面临的新课题新矛盾。解放思想要紧紧围绕深入贯彻落实科学发展观这个中心进行。在一定意义上说，实践科学发展观的过程就是不断解放思想的过程，继续解放思想要贯穿于实践科学发展观的全过程和各方面。要面对新情况、新任务、新要求，勇于变革、勇于创新、永不僵化，要以创新精神来研究新情况，解决新问题，要突破那种将改革发展中出现的一些社会问题不加分析地归咎于市场经济的观念和偏见，进一步加深对社会主义市场机制的认识和运用，真正明确市场在资源配置上起基础性作用的原则。要始终坚持以经济建设为中心不动摇，始终坚持全面协调可持续发展不动摇，始终坚持不断适应人民日益增长的物质文化需求不动摇，以更好地巩固和发展改革开放取得的伟大成果，把中国特色社会主义和现代化事业不断推向前进。

没有解放思想，没有改革开放，就没有民营经济的今天。是解放思想，为民营经济发展破除了思想观念束缚；是改革开放，为民营经济提供了空前发展机遇。在新的历史时期，发展中国特色社会主义，完善基本经济制度，健全现代市场体系，坚持平等保护物权，形成各种所有制经济平等竞争、相互促进新格局，消除体制障碍，促进个体、私营经济和中小企业发展，必须进一步解放思想、深化改革。同时，在新的历史时期，民营经济要充分认识自身发展中存在的局限与矛盾，破除因循守旧、小富即安观念，不断创新思维、创新管理、创新技术、创新产品、创新市场，为中国特色社会主义事业，为民富国强作出新的更大的贡献。作为新的社会阶层的非公有制经济人士，一定要树立远大理想、明确人生目标、锻造高尚品质，进一步把企业的发展与国家的发展结合起来，把个人富裕与全体人民共同富裕结合起来，把遵循市场法则与发扬社会主义道德结合起来，勇于承担社会责任，为构建和谐企业、和谐社会作出新的更大的贡献。

没有解放思想，没有改革开放，工商联工作就得不到恢复，工商联事业就没有今天的发展。在深化改革、扩大开放的新阶段，工商联必须进一步解放思想，不断创新观念、创新机制、创新工作方法、创新服务方式，要不断变革、不断探索，只有这样，才能肩负起党和国家赋予我们的重要历史使命，才能不辜负广大非公有制经济人士对我们的殷切期望，工商联事业才能真正开创新局面、获得新的更大的发展。

同志们，改革开放的伟大事业是在中国共产党的领导下，全国人民不断解放思想、与时俱进、艰苦奋斗、长期实践的伟大成果，来之不易，要倍加珍惜。在改革开放30周年到来之际，我们要大力宣传改革开放以来经济社会发展所取得的巨大成就，宣传改革开放以来人民生活所发生的翻天覆地的变化。要结合民营经济发展和工商联工作实际，通过开展中国特色社会主义学习教育活动，举办各种形式的论坛、纪念会和充分利用新闻媒体报道等形式，大力宣传党在社会主义初级阶段基本经济制度、优秀建设者精神和民营企业家艰苦创业、奋发图强、回报社会的典型事迹，尤其是改革开放30年来民营经济发展所取得的重大成果。今年是全国工商联成立55周年，我们要认真总结55年来特别是改革开放以来工商联的工作经验，表彰一批工商联系统的先进集体和先进个人，以树立榜样、宣传典型、鼓舞人心、激发干劲，推动工商联工作迈上一个新的台阶。

各位常委，同志们，我国社会主义建设的伟大事业已进入一个新的历史发展阶段，让我们高举中国特色社会主义伟大旗帜，紧密团结在以胡锦涛同志为总书记的党中央周围，认真学习党的十七大精神，深入落实科学发展观，按照全国工商联十大提出的要求，继续解放思想、开拓进取，不断开创工商联工作新局面。

在全国工商联十届一次常委会议上的讲话

中央统战部副部长，全国工商联党组书记、第一副主席　全哲洙

（2008年6月12日）

为期两天的全国工商联十届一次常委会议即将结束。本次会议的主题，是研究民营企业深入贯彻落实科学发展观，一手抓抗震救灾，一手抓经济社会发展。围绕这样一个主题，黄孟复主席作了重要讲话，对下一步工作进行了重点部署；厉以宁教授为我们作了一个很好的报告，开阔了我们的工作思路。在会议上大家进行了认真讨论，审议通过了有关文件和人事事项，圆满完成了各项议程。下面，我就落实好这次会议精神，引导民营企业深入贯彻落实科学发展观，进一步做好工商联工作，再强调几点意见。

一、解放思想，积极引导民营企业抓住科学发展的机遇

党的十七大强调，解放思想是发展中国特色社会主义的一大法宝，科学发展是发展中国特色社会主义的基本要求。改革开放30年的历史证明，我国民营经济的发展进程就是不断解放思想的过程，民营经济的发展成果就是不断解放思想的结果。当前，我们要紧紧围绕深入贯彻落实科学发展观，积极引导民营企业抓住科学发展的机遇，将继续解放思想贯穿于实践科学发展观的全过程和各方面，以思想大解放带动民营经济实现大发展，以观念大转变促进民营经济实现新转型。

解放思想就是要破除观念误区。科学发展观作为我国经济社会发展的重大战略思想，是指导发展的马克思主义世界观和方法论的集中体现，是在社会主义市场经济理论和实践的发展过程中逐步形成的。在20世纪90年代，我们党就强调要把经济增长方式转到依靠科技进步和提高劳动者素质上来。新世纪新阶段，随着工业化、信息化、城镇化、市场化、国际化深入发展，我国的发展既蕴涵着巨大潜力，也承受着巨大压力，能源、资源、环境等方面付出的代价过大，就业、分配、社保、教育、医疗等民生问题亟待解决，表明我国已进入发展关键时期、改革攻坚时期和社会矛盾频发时期。正是在这一时代背景下，党的十六届三中全会首次提出科学发展观的重大战

略思想，党的十七大再次强调要深入贯彻落实科学发展观，并具体阐释了科学发展观的基本内涵。贯彻落实科学发展观是一场深刻的观念变革，不会轻而易举，也不能一蹴而就，需要在新旧观念的交锋和碰撞中才能完成。对科学发展观的理解，不能断章取义、概念化、简单化，不能把“发展是硬道理”简单理解为“增长是硬道理”，不能把“以经济建设为中心”理解为“以速度为中心”，不能只重视财富的创造而忽略财富的共享。与科学发展观相对照，民营企业要注意破除四个观念误区。一是要破除“见物不见人”的资源误区，重视开发企业的人力资源；二是要破除“多多益善”的多元误区，主业要突出，做到专业化、特色化、品牌化；三是要破除“贪大求洋”的规模误区，克服“多、小、散、乱、低”的通病；四是要破除“随意保守”的经验误区，对自己的经验不能盲从惯性，对别人的经验不能简单模仿，必须结合实际创造性地运用。

解放思想就是要正确判断形势。改革开放30年来，我国民营经济从无到有，从小到大，在促进经济社会发展方面发挥着越来越重要的不可替代的作用。与此同时，目前民营经济发展呈现出一系列新的阶段性特征。主要是：民营经济发展迅速，已成为吸纳劳动力的主渠道，同时民营企业平均生存期较短，企业技术水平较低、人才短缺的矛盾越来越突出；民营经济发展的政策环境、市场环境、法制环境更加趋于完善，同时市场准入、融资支持等问题尚未从根本上得到解决，还存在民营企业进一步发展中的诸多困惑；民营经济在国民经济总量中的比重不断提高，已经成为我国经济增长的重要推动力量，同时加工制造业多数民营企业基本处于产业价值链的低端环节，依靠低资源成本、低环境成本、低用工成本竞争，自主创新能力弱，品牌产品少；民营企业一般起步于家族企业、合伙制企业，机制灵活，决策便捷，同时许多企业的现代企业制度没有真正建立，股权结构单一封闭，所有权、经营权尚未分离，法人治理结构不规范，决策风险偏高。

深入分析这些阶段性特征，我们可以看到，长期以来，虽然目前的发展方式推动了经济的高速增长，但从资源能源的供给能力、生态环境的支撑能力、技术含量的竞争能力和管理制度的保障能力看，这是一种不可持续的发展方式。如果说，前30年的中国民营经济处于第一次创业阶段，解决的是快速发展问题，依靠的主要是改革开放政策的推动，那么，今后的中国民营经济则进入第二次创业阶段，解决的是全面协调可持续发展问题，依靠的必然是科学发展观的引领。科学发展观不是空洞的口号，在国家经济社会发展过程中具体体现为各项宏观经济政策和措施。

目前，我国的经济增长由偏快转为过热的风险依然存在，价格上涨压力加大；世界经济增长可能趋缓，粮食和石油等重要初级产品价格持续走高，国际金融市场波动加大，贸易保护主义加剧。因此，自2007年下半年开始，国家宏观调控把防止经济增长由偏快转为过热、防止价格由结构性上涨演变为明显通货膨胀作为主要任务，实行稳健的财政政策和从紧的货币政策。由于多数民营中小企业具有规模小、实力弱、技术落后、人才缺乏、资金困难、抗风险能力低以及发展环境存在诸多问题等现状，使得国家宏观调控政策对中小企业的影响远大于大型企业。世界经济史表明，当经济总量达到一定规模、发展处于一定阶段时，必然产生资源紧缺、生产成本特别是人工成本上升、不利于环境保护的产业被限制、科技附加值少的低端制造业被淘汰的现象，因而才导致表面是企业倒闭、实质是产业转移的国际性、区域性经济格局调整。因此，我们不能把企业困难的原因全部归结到政策方面，在深层次上这也是经济发展规律的体现。以前历次国家宏观调控趋紧后民营经济总体上一直保持较快发展速度的实践也说明，实施宏观调控政策不是不要民营经济发展，而是为了包括民营经济在内的整个国民经济更好更快发展，本身就是科学发展观的应有内涵和具体实践。民营企业要正确分析自身存在问题的深层原因，不能消极被动地成为宏观调控对象，而要积极探索克服制约企业发展的新思路和新途径。

解放思想就是要抢抓发展先机。面对当前存在的一些问题，民营企业要认真梳理与科学发展观相悖的思想观念，不能见识短、见事浅，而要用全局的观念来审视自己的优势和劣势，在全局中选定企业发展的坐标系。特别是我们要推进中小企业实现科学发展，必须营造良好的外部环境，促进中小企业从主要依靠数量扩张转变为注重质量提高，从主要依靠粗放型增长转变为更加注重可持续发展，从主要依靠企业个体转变为更加协作配合，从片面追求经济效益转变为更加注重提高经济效益与履行社会责任相结合。在大体相同的环境下，有的企业支撑不下去，有的企业发展得较好，说明企业能否生存发展的关键在于自身在抵御风险方面的准备程度。一些危机经营意识强、应对充分、成长性良好的企业发展过程充分表明，谁在科学发展观上有领先的认识，谁的发展就越快；谁自觉实践科学发展观，谁的机遇就越大。实践证明，在发展的困难时期，企业调整产业结构、提升质量效益和市场竞争力的动力最强。因此，民营企业要增强危机经营意识，变压力为动力，变挑战为机遇，在转变观念中破解发展难题，在更新思路中转变发展方式，把解放思想体现在抢抓科学发展先机的具体行动中。

二、明确方向，努力促进民营企业探索科学发展的道路

科学发展观既是理论问题，也是实践问题，现阶段来说首先是实践问题。民营企业要抓住机遇，应对挑战，解决问题，走出困境，希望和出路根本在于深入贯彻落实科学发展观。尽管这将是一个长期、复杂和艰巨的过程，尽管各地方、各企业情况不同，但我们必须按照科学发展观的总体要求，明确基本方向，坚持与时俱进，努力促进民营企业探索出一条又好又快、可持续的科学发展道路。

1. 全面增强创新能力

全面增强创新能力是企业实现科学发展的关键。目前，我国企业发展既面临市场变动的压力，又面临政策变化的挑战。在激烈的国内外市场竞争中，特别是在深入贯彻落实科学发展观的实践中，企业要切实解决“成长中的烦恼”和“发展中的困惑”问题，转变发展方式，注重发展内涵，必须全面增强创新能力。

一要推进文化创新。企业文化是企业思维方式和行为方式的总和，它不直接解决企业是否赢利的问题，但可以解决企业成长是否可持续的问题，通过长期潜移默化的作用塑造企业的存在方式和员工的行为方式。先进的企业文化关系到企业的生存和发展，有助于增强企业的凝聚力和创造力，直接影响企业的经营理念和发展思路，是企业核心竞争力的重要体现。现在许多企业存在人才培养不起来、引不进来、优秀人才留不住的现象，也与企业文化有很大关系。随着经营管理者自身素质的不断提高，现在已有越来越多的民营企业更加重视企业文化建设，但普遍存在企业文化缺乏个性和员工基础的问题，甚至有些企业把企业文化简单理解为企业文体娱乐活动。文化创新就是企业要将自己的企业文化从偏重形式向注重内容转变，从缺乏个性向突出特色转变，从“老板文化”向员工认同转变，把企业文化和企业发展结合起来，在以人为本、开拓进取、诚信守法、共建共享等经营理念上提高企业文化内涵层次，最终形成全体员工认同、富有企业个性、促进企业增强凝聚力和竞争力的企业价值观。在这里我要特别指出，信用是维系社会各种复杂关系的基础，是企业的立身之本，也是企业竞争的成功之道。所以，某种意义上说，信誉是企业的无形资产，信用是企业的生产力。要强化“诚信立企、诚信兴企”的观念，切实树立企业良好的外部形象，以信用来降低企业的交易成本，提高企业的核心竞争力。

二要推进技术创新。技术创新是企业发展的动力，也是企业生存和发展的保证。在中国特色新兴工业化道路上，民营企业只有重视技术创新，才能符合建设资源节约型、环境友好型社会的要求，经受住包括市场变化在内的各种考验。实践证明，在激烈的市场竞争中只有夕阳产品，没有夕阳产业。民营企业在技术创新中要学会“借梯上楼、借鸡生蛋、借船出海”，对人才可以“不求所在、但求所用”。要建立多层次、多形式的技术开发体系，有条件的必须建立研发机构，暂时不具备条件的可与高校和科研院所建立技术协作联盟，以利益机制为引导，实现利益共享和科技成果共享。要以市场需求为导向，以生产项目为依托，切实加大研发投入，不断研发经济效益好、附加值高、资源消耗少、环境污染小的名优新特产品，做到生产一代、储备一代、研发一代，最终形成具有自主知识产权的核心品牌，构建技术竞争的真正优势。当前，国际国内竞争已经不是单一的产品竞争，而是产业链之间的竞争，必须以自主创新为核心，将培育创新型产业集群作为转型升级的重要途径。因此，民营企业还要把握产业集群发展战略，不断提升产业结构和产品结构，靠质量、特色取胜，加大技术创新力度，努力站在产业链的高端，这是转变发展方式的重要体现，是市场主体和市场需求博弈的结果。现代化大生产强调专业协作分工，要真正善于产业、品牌、资本的聚集，把企业做专、做强、做大，努力成为“头脑公司”而不要甘做“手脚公司”，追求成为名牌企业而不要热衷“明星”企业。

三要推进管理创新。管理是生产力软要素。传统的家族式管理是许多民营企业管理的主要模式，这种模式主要体现为产权单一、所有者和经营者一体化。随着企业规模的不断扩大和市场竞争的日趋激烈，企业内部制度不科学、管理不规范、基础管理薄弱、管理水平差等以人治为主的家族式管理的弊端逐渐显露出来。民营企业要实现全面、协调、可持续发展，必须建立健全现代企业制度，走管理创新之路，更加注重以人为本的管理和成本管理，从严格管理阶段上升为科学管理阶段。首先，民营企业产权不能封闭，必须开放，要由封闭、单一向开放、多元转变，通过出让股权成为股份公司和上市公司，走资本市场之路，以适应在更大空间中发展所需要的资本集聚、增强控制力和开放性、符合资源整合的要求；其次，要引进适合本企业的高效开放的科学管理模式，改变家族式管理，将企业的所有权和经营权分离，建立规范的内部法人治理结构，通过相互制衡的“纠错”机制，不断提高运营效率和管理水平。制度比能人更重要，认真比聪明更重要。因此，要真正按照现代企业制度的要求，切实规范内部管理制度，在制度上保障民营企业健康发展。

2. 努力提高人才素质

拥有高素质的人才是企业实现科学发展的根本。科学发展观的核心是以人为本。坚持以人为本，就要把人作为发展的主体，打造学习型企业，提高人的综合素质，促进人的全面发展。第一，决策者要不断提高自身素质。决策者对企业的发展起着决定性作用，必须努力提高自身综合素质。企业家不是一种职务，而是一种素质，应具备健全的人格、良好的人品、宽广的胸怀。没有哪个企业可以保证自己在各个领域都“战无不胜”，成为“全能冠军”。企业在经营上“四面出击”，容易导致“四面楚歌”。就目前来说，多数民营企业还不具备多元经营所需要的人才支撑、投资来源、市场营销等条件。由于历史原因和追求不同，许多企业决策者的素质还不适应现代科技、融资、营销和管理方式，以及建立现代企业制度的要求。有一些决策者滞留在创业初期靠感觉决策的阶段，倾向于追求短期目标和个人近期利益最大化，有的甚至搞不正当竞争、违法经营、偷税漏税、追逐暴利。民营企业决策者不仅是物质财富的创造者，也应做精神财富的创造者。因此，我们要积极引导他们通过多种渠道不断加强各种新知识的学习，以知识底蕴提高决策能力，防止盲目扩张和资金链断裂，努力培养有预见、重视品牌培育、擅长市场营销、懂得资本运作、具有战略创新能力和科学管理水平的现代企业家队伍。企业发展战略尽管具有相对稳定性，但要根据企业的综合条件和比较优势，充分考虑市场竞争的变化情况，准确捕捉产业未来发展趋势，适时调整企业发展战略，努力做到知变、应变、善变，关键是善变，以变应变，迎接挑战。在经济全球化的大趋势下，企业决策者必须具有世界眼光和战略思维。当前，由于美元贬值和国家出口退税政策变化的影响，我国一些加工出口型民营企业利润空间缩小，“走出去”步伐放缓。在这种情况下，企业决策者要善于调整思路，增强在全球范围内整合资源和市场的能力，以欧元区以及拉美、南亚、中亚等地区为重点，继续加大“走出去”的力度。第二，要有一个好的团队。企业间的竞争本质上是人才的竞争。要通过健全科学的绩效评估制度，使人力资本参与分配来充分尊重人力资本的经济利益，建立培养人才、吸引人才、留住人才和储备人才的激励机制，让人才引得进、留得住，能充分、持久地发挥作用，从而建立起高素质的管理团队和技术团队。这个团队既要注重个人才能的充分发挥，也要注重整体力量的充分利用，广泛吸纳各类人才，形成一个人才梯队，这样才能做好各方面工作。企业的人才取舍主要是看企业的发展需要，企业人才没有流动不一定是好现象。要准确把握人才结构，按照核心层、骨干层、流动层的不同分类，分层次地管理人才。第三，要重视对员工培训。企业的财富是由所有者、经营者和员工共同创造的，不能把员工视为企业的“成本”，而要把员工看做是企业的重要人力资源。现代经济学研究表明，在生产的物质资本、原料资源等生产条件较差的情况下，一些企业乃至一些国家能够实现比自已条件好的企业和国家更快发展，一个重要秘密就在于他们高度关注人力资源的培养，努力提高包括企业员工在内的整个国民素质。因此，企业重视对员工培训，提高他们的生存能力和生存质量，不只是给员工的最大福利，更是让员工有满足感、荣誉感和归属感，从而使员工与企业结为利益共同体、命运共同体、事业共同体，不断促进企业发展的重要举措。

3. *切实履行社会责任*

承担好应尽的社会责任是企业实现科学发展的内在要求。深入贯彻落实科学发展观，坚持健康可持续发展是企业最主要的社会责任。企业既要讲经济效益也要讲社会效益，主动承担力所能及的社会责任和义务。要树立“双赢才是真赢、多赢才能久赢”的观念，懂得合作，学会让利，不能片面地把企业与员工之间的关系当做是雇佣关系，也不能简单地把企业与客户之间的关系看做是“买卖”关系，积极探索员工持股、多方入股等新的企业组织形式，通过体制机制创新将各方结成以龙头企业为主体的利益共同体。利润不应是企业的唯一追求，自觉承担社会责任、实现企业利润最大化和社会效益最大化的有机统一，应当成为每一个企业的价值追求。企业履行社会责任在某种意义上讲是一种收入的再分配，表面上体现的是付出，实质上是一种“得”，回报带来回馈，民营企业要义利并重，善求“义”中之“利”，才能得到社会更多的尊重、更大的信任，促进企业更好发展。按照科学发展观的要求，民营企业的社会责任主要体现为三个方面。第一，要按照发展是第一要义的要求，承担起发展生产的责任。企业要创造利润来增强自身发展实力，增加员工收入，为消费者提供符合国家技术标准的优质产品和服务；扩大再生产投入，创造就业机会，增加就业岗位；依法纳税，为政府增加税收，为社会创造财富。第二，要按照可持续发展要求，承担起节能环保的责任。我国人均资源短缺，资源价格的上涨和环境成本的上升促使民营企业转变发展方式，提高能源资源利用效率，大力发展循环经济和环保经济。这样，企业不仅承担了环境保护义务，改善了生态环境，还可以借此发现新的商机，开发出新材料、新工艺、新产品，提高自身的市场竞争力。第三，要按照构建和谐社会要求，承担起参与社会公益慈善事业的责任。民营企业在依法经营，关爱员工，构建企业内部和谐劳动关系的同时，要更多地关注社会公益慈善事业，积极投身光彩事业、扶贫开发、就业再就业和社会主义新农村建设。企业参与社会公益慈善事业，既有利于社会事业的发展和进步，同时也为企业树立了良好的社会形象，增强消费者对该企业产品或服务的忠诚度和向心力，最终也有利于企业的长远发展。

近年来，我国非公有制经济人士的社会责任感日益增强。在这次四川汶川特大地震灾害面前，民营企业参与抗震救灾热情空前高涨，捐款捐物非常踊跃，并以多种形式为灾区群众恢复生产和重建家园积极作出自己的贡献，充分体现了非公有制经济人士为国分忧、为民解难的强烈爱国热情和高度社会责任感，展现了中国特色社会主义事业建设者的精神风貌。对此，全国工商联主动配合新华社、人民日报、中央电视台等多家新闻媒体将继续加大宣传报道力度。在国家和民族面临大灾大难面前挺身而出，体现的是应尽的社会责任；坚持生产、全力恢复生产、把企业办好，体现的是基本的社会责任，也是对抗震救灾和灾后重建最有力的支援。这次会议通过了《全国工商联关于积极参加抗震救灾和灾后重建工作的决议》，今晚我们还要召开专门会议研究部署这项工作，进一步表明了广大非公有制经济人士立足岗位、再接再厉、勇于承担社会责任的坚强决心和实际行动。需要把握的是，灾区民营企业的重建工作必须以科学发展观为指导，以市场取向的思路，以利益连接的机制，从多角度、多渠道重点帮扶那些符合国家产业政策、关系当地经济社会发展、成长性良好、能够充分吸纳劳动力的中小企业，坚持“两手抓”，夺取“双胜利”。

4. *营造良好发展环境*

营造良好的外部发展环境，是民营企业实现

科学发展不可缺少的条件。企业是实践科学发展观的微观基础。民营企业要科学发展，既有主观因素，也有客观因素，首先必须解决内因问题，但外因条件也必不可少。为此，各级工商联组织要积极建言献策，主动协助政府，加强与有关部门协调配合，把促进民营经济发展的各项法律、政策和措施进一步落到实处。一要推动公平准入，缓解融资难问题。从法律和政策方面看，文字和语言上的限制已经不很多了，但在实际操作中仍面临不少问题。要继续推动《国务院关于鼓励支持和引导个体私营等非公有制经济发展的若干意见》及相关配套政策和措施的制定落实，在市场准入方面进一步放宽并加以明确规范，真正落实平等准入、公平待遇。围绕民营企业特别是中小企业融资难的问题，继续多方反映和建议，促进金融体制改革不断深化，加大信贷、税收支持力度，拓宽直接融资渠道，加快多渠道信用担保的进程。二要推动不断完善法律法规，进一步破除体制性障碍。积极呼吁各级政府完善在税收、融资等方面促进民营企业落实科学发展观的法律法规，逐步把党和政府鼓励发展民营经济的政策转变为法律。进一步推进依法行政进程，为民营经济营造一个公平竞争的法制环境，切实保护民营企业合法权益。三要引导民营企业转变发展方式，调整优化产业结构。通过经济、法律、行政等手段，促使企业对高污染、高能耗的产业进行治理或从中退出。当然，在这一过程中我们要积极向政府部门反映，建议对涉及企业利益的相关政策调控措施出台要把握好节奏和力度，尽量考虑企业在转型中的承受能力，争取让多数中小企业有一个转型、转移的适度时间和空间，有一个缓冲期。引导民营企业走专、精、特、强的发展路子，鼓励他们与大型企业协作配套，在产业集群纵向链条中找到自己的合适位置。要有保有压，选择一批符合相关产业政策、成长性良好的中小企业进行系统性服务和配套政策支持，通过制定并落实相关政策引导民营企业进入高技术产业、装备制造业、现代服务业、新能源和可再生能源、基础设施等领域。鼓励发达地区的一般加工业按照比较效益的原则向中西部、老工业基地转移，引导区域中小企业之间开展经济技术合作，带动和提升区域竞争力，形成各具特色、分工合理、优势互补、协调发展的产业格局。到经济相对落后地区投资，不只是为社会作贡献、促进地区统筹发展，而且也是在分享未来的市场，为企业的长远发展赢得更广阔的空间。

总之，要深入贯彻落实科学发展观，经过若干年努力，使整个社会形成发展环境明显改善、布局结构相对合理、管理和技术水平显著提高、自主创新能力和市场竞争能力持续增强、吸纳就业能力不断扩大的具有中国特色的中小企业群体。

三、狠抓落实，不断提高工商联服务和引导的能力

新时期以来，工商联作为党领导的以非公有制企业和非公有制经济人士为主体的人民团体、商会组织，承担着鼓励、支持、服务非公有制经济健康发展和引导、教育、培养非公有制经济人士健康成长的双重任务。全国工商联十大和这次会议，都明确地提出了要引导、促进民营企业深入贯彻落实科学发展观，就是工商联履行双重任务的最佳结合点。我们要落实好这项艰巨任务，同样要坚持以科学发展观为统领，以改革创新的精神抓好自身建设，不断提高对非公有制企业的服务能力和对非公有制经济人士的引导能力。

1. 提高干部素质

改革开放以来，随着非公有制经济的快速发展和非公有制经济人士的构成日趋多样，工商联的性质、地位、作用、任务发生了重大变化，工商联工作对领导干部素质的要求越来越高，需要具有较高的政治智慧、较熟的统战艺术、较多的工作经历和较宽的知识面。现在，各级党委、政府对工商联工作越来越重视，工商联的工作环境越来越好。但是，地位提升不等于能力素质的提升。建立一支勤奋学习、业务精良、开拓创新、求真务实、廉洁自律、团结奉献的干部队伍，是做好工商联工作的紧迫要求。没有一支高素质的工商联干部队伍，就无法完成引导、促进民营企业深入贯彻落实科学发展观的重任。因此，我们必须按照党中央关于工商联要加强自身建设、提高履行职责和发挥作用能力的要求，切实加强机关干部队伍建设，全面提高履行职责能力和工作服务水平。

一是要加强学习培训。通过组织多种形式的

学习和培训活动，全面准确把握科学发展观的科学内涵、精神实质，掌握党和国家关于非公有制经济的一系列方针政策，特别是要加强统战、经济、法律、科技、管理等方面新知识的学习，认真开展新时期统战工作理论、非公有制经济理论、工商联工作理论和有关重大经济社会问题的研究。在加强干部学习和研究方面，要善于利用社会资源，定期组织各种学习讲座拓展我们的知识面，开阔我们的视野。下半年全国工商联将与北京大学为纪念改革开放30周年共同举办中国民营经济30年回顾和未来展望高层论坛，这次会议我们又请厉以宁教授给大家作报告，都是一种有益的尝试。

二是要加强实践锻炼。对干部既要在思想上和生活上关心、帮助，也要在工作上充分信任、认真指导，善于发现他们的优点，敢于并且善于给他们压担子，及时肯定他们的成绩，指出他们的不足和需要改进的地方，促使干部在工作中不断提高觉悟和能力，在实践中不断增长才干。坚持正确用人导向，探索推进干部竞争上岗，建立和完善能够体现优胜劣汰的选人用人机制，有计划地选拔干部下派基层挂职锻炼，积极稳妥推进干部交流。

三是要加强制度建设。制度建设是机关工作规范化、程序化的内在要求，是机关建设的一项基础性、根本性的任务。要进一步建立和完善各项规章制度，逐步建立起科学的管理体制、规范的运行机制和严格的监督机制，着重抓好制度落实，努力提高干部按制度办文办事的意识和执行制度的自觉性。

2. 加强组织建设

组织建设是工商联各项工作的基础，在促进民营企业科学发展中起着重要作用。近些年来，随着民营经济的快速发展和政府职能的进一步转变，工商联组织建设得到加强，工商联系统在全国范围内建立起上下左右相互交错的组织网络。尽管县级工商联普遍存在人手不足、办公条件差、缺少开展工作的必要条件等问题，但很多县级工商联工作主动、活跃、扎实，为当地非公有制经济发展服务的成效明显，受到党委政府的重视和非公有制经济人士的欢迎。这说明，事在人为，业在人创。只要对事业有高度负责的精神，对工作有开拓进取的意识，在面临许多困难的情况下，振奋精神，齐心协力，迎难而上，同样会开创工作新局面。今年是全国工商联成立55周年。我们将与人力资源和社会保障部对工商联系统的先进集体和先进个人进行联合表彰，以此作为工商联组织建设的重要举措，进一步推动工商联组织建设。县级工商联组织和行业商会是工商联的组织细胞、工作依托和发展基础。我们要进一步创新工作机制，在行业商会建设上既重视数量发展又注重内部规范，探索动态管理，强化科学管理，坚持企业家办会，有序反映诉求，维护合法权益，搞好行业自律，搭建服务平台，以此激活组织细胞、扩大工作依托、夯实发展基础。各级工商联要继续解放思想，按照落实科学发展观的要求确定工作任务和目标，积极主动地开展工作；根据国家有关产业导向在新兴产业、现代服务业、高新技术产业中培育、发展商会组织，进一步扩大信息沟通、经验交流等渠道，加大对基层工作的指导力度，调动并发挥好基层工商联和行业商会的主动性、积极性和创造性；积极探索各种行之有效的方式，充分发挥各级工商联领导班子和行业商会中非公有制经济代表人士的作用，进一步形成工作合力。这次会议征求了大家对加强全国工商联执委会建设和专门委员会建设方面的意见，我们在这些方面要继续探索并及时总结好的经验和做法。在为经济建设和社会发展发挥作用的过程中，要加强组织、协调、联络，善于利用各种社会力量，主动争取地方党委、政府和有关部门对基层工商联组织建设给予实际支持。我们将在下半年召开工商联组织工作会议，集中研究县级工商联和行业商会组织建设，总结各地经验，提出今后组织建设工作的指导性意见，努力把工商联的组织建设提高到一个新的阶段。

3. 改进服务方式

工商联引导民营企业深入贯彻落实科学发展观，必须进一步创新服务思路，改进服务方式，增强服务针对性，提高服务实效性。民营企业绝大多数是中小企业，要切实把中小企业作为我们上下的工作重点，全面准确了解中小企业的总体情况，针对其存在的问题和遇到的困难，着重为他们提供政策和信息服务，帮助他们了解国家有关产业发展导向、产业配套政策，增强对国家宏观政策中长期走向和产业发展的预见性，真心实意帮助中小企业解决普遍遇到的突出问题。要重视和善于发挥行业商会的作用，关注和扶持产业集群发展，使整个行业的科学发展与单个企业的可持续发展互为带动。积极组织更多的形式多样的正反两方面“案例”研讨交流进行自我教育，让一些对科学发展观认识得早、认识得深、应对得好的企业现身说法，增强民营企业学习实践科学发展观的自觉性。要把组织开展各种培训、讲座活动，以会代训，提高非公有制经济人士综合素质，作为工商联的重要服务方式继续抓好。今年四季度，全国工商联在全国组织开展中国特色社会主义学习教育活动，要把科学发展观教育、改革开放教育作为重要内容，加以认真筹划和精心组织，推动中国特色社会主义学习教育活动广泛扎实开展。全国工商联已经制定了今后五年学习培训规划，相关部门要协调配合，共同抓好落实工作。工商联的参政议政、调查研究、经济活动、扶贫开发、法律维权、宣传教育、对外联络等各项日常工作，都要切实体现对民营企业的服务，在改进服务方式中增强服务实效。尤其是下半年将召开的非公有制经济人士思想政治工作会议，要围绕服务于民营企业科学发展，认真研究新形势下非公有制经济人士思想政治工作的新任务、新途径、新方法。

4. 转变工作作风

工商联引导民营企业深入贯彻落实科学发展观，要大力弘扬求真务实精神和抗震救灾精神，进一步转变工作作风。

一要增强全局意识。工商联工作一定要围绕中心、服务大局，在全局上找位置，在全局上找题目、做文章。现在工商联机关普遍存在两个问题，一是不能很好地把握全局，工作往往是就事论事、盲目随意；二是工作合力未形成，部门和部门之间各自为政、难以协调的现象还比较普遍。能否主动、有效合作配合是思想境界、工作能力、工作作风的体现。团结是力量，合作是能力。各个部门尤其是部门领导一定要有团队精神，做到懂全局、议大事、管本行，善于站在大局上思考问题、处理问题，大力提倡能干事、能共事、能成事的机关风气。引导民营企业深入贯彻落实科学发展观，是工商联围绕中心、服务大局的具体体现，也是工商联工作的一个重点。只有明确重点，才能突出重点。工作不能面面俱到，更不能表面化和功利化。开展活动要讲投入产出，讲实际效果，看企业的支持率、参与度如何。工作上不能以会议落实会议，以文件落实文件，一定要求实、务实、落实。

二要深入调查研究。问题出现在基层，解决问题的办法也在基层。一定要下决心、下工夫深入基层搞调查研究，掌握第一手材料。调查研究是工商联工作的基本功，现在恰恰是最薄弱的环节之一。调查研究，调查固然很重要，但更重要的是研究，最终目的是解决实际问题。调研不要太空洞，要多搞一点定量分析，在定量分析的基础上进行定性分析，善于抓住规律性的东西，总结出来指导实践。调研过程中，要吸纳工商联中非驻会的企业家领导一道参加，注重听取党政有关部门和社会科学研究机构对调研内容的建议和意见，不能仅限于工商联系统“自拉自唱”。下半年全国工商联要配合中央统战部，重点围绕起草社会新阶层和工商联工作新文件开展深入调研，力争拿出高质量的调研成果，为新文件起草提供科学依据。各地也要积极准备，做好调研和总结工作。

三要坚持改革创新。无论是引导民营企业深入贯彻落实科学发展观，还是在工商联工作中深入贯彻落实科学发展观，对我们来讲都面临许多新课题，需要在实践中逐步探索。必须坚持解放思想，以改革创新的精神进一步推进工作创新、加强理论研究，切实改变工作“向后看”、研究“向外看”的思维定式，努力做到工作上富有创造性、方法上具有科学性，不断提高工商联工作整体水平。

今年是我国改革开放30周年。隆重纪念改革开放30周年，是党和国家政治生活中的一件大事，也是全国工商联今年的一项重要工作。通过纪念改革开放，引导和促进民营企业继续解放思想，坚持科学发展。我们这次会议召开之际，正是抗震救灾形势依然严峻、灾后重建工作处于全面展开的关键时期。我们要以邓小平理论和“三个代表”重要思想为指导，深入贯彻落实科学发展观，按照中央领导有关要求，为促进非公有制经济人士健康成长和非公有制经济健康发展，夺取抗震救灾斗争全面胜利，保持国民经济平稳较快发展作出新贡献。

全国工商联十届一次常委会议关于积极参加抗震救灾和灾后重建工作的决议

（2008年6月12日全国工商联十届一次常委会议通过）

5月12日，四川汶川等地发生特大地震，在党中央、国务院的坚强领导下，全国人民紧急行动起来，万众一心，众志成城，展开了一场规模空前的抗震救灾斗争。目前，抗震救灾已取得重大阶段性成果。全国工商联十届一次常委会议坚决拥护党中央、国务院对处理特大灾害所采取的一系列重要决策和措施。

会议认为，地震灾害发生后，全国工商联高度重视，随即发出抗震救灾的紧急通知；各级工商联组织积极响应，行动迅速，协调有序，措施得力。广大非公有制经济人士无私奉献，勇挑重担，倾力救灾，纷纷向灾区人民捐款捐物，并通过不同方式、不同途径积极参与救灾工作。弘扬了“一方有难、八方支援”的中华民族传统美德和“致富思源、富而思进、扶危济困、回馈社会”的光彩精神。特别是地震灾区的许多非公有制企业在遭受重创、自救任务繁重、尽力安置本企业受灾员工的情况下，依然慷慨解囊，积极救助灾区人民。这都充分体现了非公有制经济人士强烈的社会责任感和中国特色社会主义事业建设者的光辉形象，展示出工商联组织积极的政府助手作用。

会议指出，各级工商联组织要认真做好抗震救灾第一阶段的工作总结，学习和宣传非公有制经济人士和灾区各级工商联干部在抗震救灾中涌现出的先进人物和先进集体，主动协调有关部门，充分利用主流媒体，大力宣传他们的突出贡献和感人事迹，展现改革开放30年来非公有制经济人士队伍健康成长的时代风貌和非公有制经济健康发展的重大成就。

会议强调，当前抗震救灾工作已经进入新的阶段。各级工商联组织要坚决按照中央部署，把参与安置受灾群众、恢复生产生活和灾后重建工作摆在更加突出的位置，坚持一手抓抗震救灾工作，一手抓经济社会发展。要继续做好组织和动员工作，在做好本职工作的同时，尽我们之所能，急灾区之所急，以实际行动全力支援灾区，促进灾区经济平稳发展和社会和谐稳定。

会议要求，各级工商联组织和全体会员要深入贯彻落实科学发展观，坚决执行党中央关于做好抗震救灾工作的一系列指示，明确思路，准确定位，做好部署，把灾民安置、重建家园与扶贫、光彩事业工作相结合，把引导东南沿海地区产业转移与恢复灾区生产经营相结合，在各地党委和政府的统一领导和安排下，开展多种形式的对口援助。要充分发挥工商联、行业商会联系广泛的组织网络和会员网络优势，充分运用非公有制企业在人才、智力、资金、技术等方面的资源，积极参与灾区企业、学校、医院等基础设施重建和提供职业技术培训、扶持创业就业等服务，为灾民安置、灾后重建和发展生产作出新的贡献。

会议号召，各级工商联组织和全体会员要更加紧密地团结在以胡锦涛同志为总书记的党中央周围，解放思想，开拓进取，排除万难，为夺取抗震救灾斗争的全面胜利、保持经济又好又快发展、促进社会和谐而努力奋斗！

《关于加强全国工商联执委会自身建设的意见（征求意见稿）》的起草说明

——在全国工商联十届一次常委会议上的讲话

全国工商联副主席　宋北杉

（2008 年 6 月 11 日）

各位常委：

我受主席会议委托，对《关于加强全国工商联执委会自身建设的意见（征求意见稿）》（以下称“征求意见稿”）作如下说明：

一、制定《关于加强全国工商联执委会自身建设的意见》的必要性

党的十七大提出了高举中国特色社会主义伟大旗帜，以邓小平理论和“三个代表”重要思想为指导，深入贯彻落实科学发展观，继续解放思想，坚持改革开放，推动科学发展，促进社会和谐，为夺取全面建设小康社会新胜利而奋斗的主题，这对新世纪、新阶段工商联工作提出了更高要求。胡锦涛总书记在《在各民主党派中央、全国工商联新老主要领导人座谈会上的讲话》中要求工商联要把自身建设摆在突出位置，全面加强思想建设、组织建设、制度建设、作风建设，更好促进非公有制经济健康发展，更好引导非公有制经济人士健康成长。黄孟复主席在全国工商联十大报告中对今后五年工作作出的一系列部署中指出，加强工商联自身建设是全面落实工商联各项任务的重要保障。执委会是全国工商联的最高领导机关，应带头加强自身建设。为此，我们起草了“征求意见稿”。

二、“征求意见稿”的起草经过

在全国工商联十大刚刚闭幕之后，2007 年 11 月 20 日召开的十届一次主席会议就提出，要按照党中央的要求不断加强全国工商联领导班子和领导机构自身建设，并要求会员部立即起草相关意见和制度。今年 1 月 31 日召开的十届二次主席会议指出：建立健全全国工商联常委、执委工作制度是全国工商联加强常委、执委自身建设的重要组成部分，要以改革创新的精神，组织起草《关于加强全国工商联执委会自身建设的意见》。会后，负责起草的同志们根据全国工商联执委会的实际，同时参阅研究了部分省级工商联加强执委会自身建设的有关文件，认真起草“征求意见稿”初稿。在起草过程中全国工商联主席办公会议对“征求意见稿”多次进行审议，反复修改，数易其稿。在 6 月 2 日召开的全国工商联第九次主席办公会议上，原则通过了“征求意见稿”。昨天，十届三次主席会议认真审议了“征求意见稿”并听取了说明，同意提交本次常委会议，经常委会议讨论修改后，将提交十届二次执委会议审议通过。

三、关于“征求意见稿”的主要内容

全文共分六个部分。

1. “征求意见稿”第一、二部分，着重论述了加强执委会自身建设的重要性，强调执委会自身建设要以科学发展观为指导。提高执委会成员自身素质，加强执委会自身建设，关系到全国工商联能否很好地完成党中央赋予我们的各项任务。为此，“征求意见稿”提出要把科学发展观贯彻落实到全国工商联执委会各项工作以及执委会成员的工作实践中，明确了执委会自身建设和工商联的工作方向。

2. “征求意见稿”第三、四部分对执委会成员加强学习和调查研究工作提出了要求。全国工商联换届后，执委会中一半以上是新成员，需要尽快进入角色适应执委会的工作要求。所有执委都面临着提高自身素质，更好地贯彻落实党的十七大精神，努力完成全国工商联十大提出的今后五年的各项任务，积极发挥作用的新课题。因此，“征求意见稿”对执委会成员提出了要结合工作实际勤奋学习这一内容，并对学习的内容、形式、方法提出了具体要求。

全国工商联执委会承担着工商联界别的参政议政、建言献策的重要任务。新一届执委会成员只有深入实际，调查研究，才能有针对性地提出有价值的意见和建议，才能更加及时准确、实事求是地向党和政府反映非公有制经济发展中的重大问题。为了使调研工作落到实处，“征求意见稿”提出每位执委在届内至少提交一份调研报告。这个要求并不高，主要是考虑到执委中的非公有制经济人士的具体情况。但是，执委中的工商联专职领导干部应当用更多的精力和时间调查研究，才能更好地体现职能，开展工作。

3. 关于坚持民主集中制，进一步完善会议制度建设问题。“征求意见稿”中这一部分内容，主要是针对以往实际存在的会议出席率较低等问题，这些问题会影响到执委会对民主集中制原则的贯彻落实。据各地反映，这也是各级工商联的共性问题。因此，“征求意见稿”有针对性地提出了完善会议程序和请假制度以及对执委会成员出席会议情况进行通报，并作为以后推荐执委、常委的依据之一，对长期不出席会议、不参加活动、在工商联工作中不发挥作用的委员酌情进行调整。

4. 针对黄孟复主席在十大报告中对机关工作人员提高素质、增强服务能力的要求。“征求意见稿”对全国工商联机关各部门相互配合，共同做好执委会成员的联系服务工作作了具体规定。对在专门委员会中充分发挥执委，特别是兼职副主席的作用也作了要求。关于专门委员会的工作，本次常委会议上还要审议通过《全国工商联专门委员会工作规则（修订草案）》。另外，机关做好服务工作也离不开执委会成员的配合和支持。为了掌握执委会成员中的非公有制经济人士和企业情况，更好地做好服务工作，“征求意见稿”中提出认真填报《工商联常委、执委登记表》和《工商联民营企业统计表》以及建立健全执委会成员联系网络的要求，希望大家给予支持。

各位常委，以上是对“征求意见稿”的说明，希望大家认真提出修改意见和建议。

全国工商联专门委员会工作规则

（全国工商联十届一次常委会议修订，2008 年 6 月 12 日通过）

为规范全国工商联各专门委员会的工作，完善专门委员会的运行机制，发挥好各专门委员会的作用，制定工作规则如下：

一、专门委员会的性质、任务

全国工商联各专门委员会是全国工商联根据章程和工作需要而设立的专门机构。各专门委员会对常委会负责，常委会议闭会期间，在主席会议或主席办公会议领导下开展工作。专门委员会具有研究、咨询和参谋作用，为全国工商联履行职能服务。

各专门委员会的任务是：就国家经济建设、社会发展、工商联工作和非公有制经济领域的理论和实际问题进行调查研究，提出意见建议；对全国工商联拟向党中央、国务院反映的问题提供建议；对各自工作范畴带有共性的问题深入探讨，总结经验和规律，促进工作的发展。

二、专门委员会的设立和人员构成

专门委员会的设立和调整，需根据全国工商联章程和工作需要，由相关工作部门提出方案，报主席办公会议审定，经常委会议批准。

专门委员会由全国工商联的领导、党中央和国务院有关部委的部门负责人、各省（区、市）和副省级市工商联领导、全国工商联直属行业商会负责人、全国工商联执委常委和企业会员中的非公有制经济人士、有关方面专家学者组成。各专门委员会设主任 1 至 4 人，由全国工商联副主席担任；设副主任若干人，由有关省（区、市）工商联领导，党中央、国务院有关部委的部门负责人，全国工商联机关相关工作部门的主要负责人和专家学者担任。每个专门委员会人数（不含主任、副主任）规模在20人左右。各专门委员会主任、副主任不交叉安排，委员原则上也不交叉安排。全国工商联专职副主席按照分工负责联系相关专门委员会。

专门委员会下设办公室，负责专门委员会日常工作和会议、活动组织工作。全国工商联相关工作部门根据职责，分别作为各专门委员会的办公室。各专门委员会办公室主任由机关相关工作部门主要负责人担任。

专门委员会主任由全国工商联主席会议提名，常委会审议通过；副主任和委员人选，由全国工商联机关相关工作部门提名，征得本人和所在单位同意后，由主席办公会议审定。专门委员会主任、副主任和委员每五年作一次调整，调整一般在全国工商联换届后进行，也可根据工作需要和本人情况对专门委员会成员进行适时调整和增补。调整与增补按上述程序办理。

三、专门委员会的工作

各专门委员会须于每年第四季度拟订下一年度工作计划，报主席办公会议审定后实施。全年工作总结以书面形式向常委会报告，必要时，由专门委员会主任或副主任在常委会议上报告。主席会议、主席办公会议可以根据具体情况，对涉及专门委员会普遍性事宜或某个专门委员会的特殊事项提出指导意见。各专门委员会工作计划有重大调整时，需报经主席办公会议同意。

各专门委员会可分组、分专题进行深入研究。每年至少召开一次全体会议，讨论问题，部署工作。

专门委员会召开会议和组织活动，应参照《全国工商联工作规则》的有关规定，履行相关审批程序，经全国工商联办公厅进行必要的协调后向会领导报告。

专门委员会工作经费列入机关预算。

本规则经全国工商联常委会通过后生效。

本规则的解释权属全国工商联主席办公会议。

关于《全国工商联专门委员会工作规则（修订草案）》的决定

（2008年6月12日全国工商联十届一次常委会议通过）

全国工商联十届一次常委会议听取了褚平同志代表主席会议所作的关于《全国工商联专门委员会工作规则（修订草案）》的说明，对《全国工商联专门委员会工作规则（修订草案）》进行了审议。会议认为，《全国工商联专门委员会工作规则》实施五年来，对规范全国工商联专门委员会机构设置、完善工作机制、推动专门委员会工作的开展起到了积极的作用。但随着工商联工作和专门委员会工作的发展，原有的一些规定不能适应工作的需要。为适应新世纪新阶段党对工商联工作提出的新任务新要求，有必要对原《全国工商联专门委员会工作规则》进行修订。会议决定通过《全国工商联专门委员会工作规则（修订草案）》，并于通过之日起施行。2003年5月26日全国工商联九届二次常委会议通过的《全国工商联专门委员会工作规则》同时废止。

关于调整和增设全国工商联专门委员会的决定

（2008年6月12日全国工商联十届一次常委会议通过）

根据《中华全国工商业联合会章程》和《全国工商联专门委员会工作规则》，为适应新世纪新阶段工商联工作任务的需要，全国工商联十届一次常委会议研究决定：全国工商联宣传教育培训委员会和全国工商联民营企业文化建设委员会合并为全国工商联宣传培训委员会；全国工商联经济技术委员会和全国工商联中小企业委员会合并为全国工商联经济委员会；设立全国工商联扶贫工作委员会。

关于全国工商联专门委员会主任人选的决定

（2008年6月12日全国工商联十届一次常委会议通过）

根据《全国工商联专门委员会工作规则》和全国工商联主席会议提名，全国工商联十届一次常委会议研究决定：

谢经荣、傅军任全国工商联参政议政委员会主任；

宋北杉、刘沧龙任全国工商联组织委员会主任；

孙晓华、许连捷任全国工商联宣传培训委员会主任；

王健林、张近东任全国工商联扶贫工作委员会主任；

孙安民、卢志强、王文彪、许荣茂任全国工商联经济委员会主任；

刘志强、霍震寰、崔世昌任全国工商联联络委员会主任；

沈建国、王文京、吴一坚任全国工商联法律委员会主任。

关于《全国工商联专门委员会工作规则（修订草案）》等事项的说明

——在全国工商联十届一次常委会议上的讲话

全国工商联副主席　褚　平

（2008年6月11日）

各位常委：

我受全国工商联主席会议委托，现就《全国工商联专门委员会工作规则（修订草案）》、《全国工商联专门委员会调整和增设方案》（草案）和《全国工商联专门委员会主任建议名单》作说明。

一、关于《全国工商联专门委员会工作规则（修订草案）》的说明

2003年以前，各专门委员会（以下简称

“专委会”）大多都制定有自己的工作规则。2003年，为了规范各“专委会”的工作，完善“专委会”工作机制，发挥好各“专委会”的作用，在各“专委会”工作规则的基础上制定了《全国工商联专门委员会工作规则》，经全国工商联九届二次常委会议审议通过施行。《规则》实施五年来，对规范“专委会”机构设置、完善工作机制、推动“专委会”工作的开展起到了积极的作用。

新世纪新阶段党对工商联工作提出了新任务新要求，要求工商联发挥“五个作用”，促进“两个健康”。全国工商联十大提出了今后一段时间的工作任务。随着工商联工作和“专委会”工作的发展，原有的一些规定不能适应工作的需要。如《规则》中“专委会”人员构成范围比较窄，人员规模比较大，没有“专委会”设立、调整的批准和解释权等规定。为了适应工作需要，全国工商联十届一次主席会议决定对《规则》进行修改，并责成全国工商联办公厅提出对《规则》的修改意见。2008年1月31日，全国工商联十届二次主席会议对《全国工商联专门委员会工作规则（修订草案)》（以下简称“修订草案”）进行了研究。办公厅根据主席会议的要求，再次对“修订草案”进行了修改。3月21日，全国工商联第三次主席办公会议对“修订草案”又进行了认真研究，并决定将“修订草案”提交十届一次常委会议审议。

“修订草案”主要在“专委会”的设立、人员构成以及工作机制方面进行修改完善。现就修订的主要内容说明如下：

（一）关于“专委会”的设立、调整和人员构成

1. 增加了“专委会”设立、调整的规定。“修订草案”规定：“专门委员会的设立和调整需根据全国工商联章程和工作需要，由相关工作部门提出方案，报主席办公会议审定，经常委会议批准。”原规则未作此规定。

2. 对“专委会”委员的调整规定具体化，更具操作性。“修订草案”规定：“专门委员会主任、副主任和委员每五年作一次调整，调整一般在全国工商联换届后进行，也可根据工作需要和本人情况对专门委员会成员进行适时调整和增补。”这样规定是考虑到全国工商联执委会每届任期五年，换届时领导班子成员变化的原因。“修订草案”又规定“也可根据工作需要和本人情况对专门委员会成员进行适时调整和增补”。这样规定是考虑到领导班子成员可能届中调整和有的“专委会”成员工作变动。“专委会”成员没有任期限制。“专委会”成员因退休或工作调动原因，不再担任所在单位领导职务的，应请该单位另推选有关同志进行替补。

3. 扩大了“专委会”的构成范围。“修订草案”将原规则中“专门委员会由……全国人大代表和全国政协委员中的工商联会员、全国工商联执委常委中的非公有制经济人士、有关方面专家学者组成”修改为“专门委员会由……全国工商联直属行业商会负责人、全国工商联执委常委和企业会员中的非公有制经济人士、有关方面专家学者组成”。增加了“全国工商联直属行业商会负责人”和“企业会员中的非公有制经济人士”。

4. 增加了“专委会”主任数量。为了贯彻《全国工商联关于进一步发挥兼职副主席作用的意见》，使更多的兼职副主席参与“专委会”的工作，发挥作用，“修订草案”将原规则中“各专门委员会可设主任1至2人，一般由全国工商联兼职副主席担任，也可由专、兼职副主席共同担任”修改为“各专门委员会设主任1至4人，由全国工商联副主席担任”。

5. 缩小了“专委会”规模。为提高“专委会”的工作效率，使“专委会”组成人员更精干，“修订草案”将原规则中“每个专门委员会人数规模在40人左右”修改为“每个专门委员会人数（不含主任、副主任）规模在20人左右”。

（二）关于“专委会”的工作机制

1. 关于“专委会”工作计划。“修订草案”

将原规则中各“专委会”年度工作计划由“报主席办公会议审定并向常委会通报后实施”修改为“报主席办公会议审定后实施”，以利于提高“专委会”工作效率。

2. 关于“专委会”工作经费。“修订草案”删去了原规则中“专委会”“接受境内外社团和企业家捐赠、赞助，要报全国工商联主席办公会议批准。捐赠、赞助款要专款专用，由全国工商联财务统一管理，并定期接受审计”的规定。“修订草案”规定“专门委员会工作经费列入机关预算”，且未限制“专委会”为解决工作经费不足而接受单位或者企业的自愿捐助。

3. 关于“专委会”会议和活动的协调。“修订草案”将原规则中“专门委员会召开会议或组织活动，事前要与全国工商联办公厅通气，办公厅进行必要的协调后向主席办公会议通报”，修改为“应参照《全国工商联工作规则》的有关规定，履行相关审批程序，经全国工商联办公厅进行必要的协调后向会领导报告”。“有关规定”指：关于以全国工商联名义召开的会议或举办的活动，需由办公厅或承担该项工作的职能部门提出会议或活动方案，报秘书长经分管副主席审定并报主席批准。重要会议或活动需经主席办公会议研究决定。上述规定其目的是为了给各“专委会”召开会议和组织活动提供方便，做好服务，并加强对全国工商联会议、活动的总体协调。

二、关于《全国工商联专门委员会调整和增设方案》（草案）的说明

多年来，根据全国工商联章程规定和工作需要，全国工商联陆续成立了一些“专委会”。2003 年全国工商联九届二次常委会议对“专委会”进行了调整，形成了目前的 8 个“专委会”：全国工商联参政议政委员会、组织委员会、宣传教育培训委员会、民营企业文化建设委员会、经济技术委员会、中小企业委员会、联络委员会、法律委员会。上述“专委会”发挥研究、咨询和参谋作用，积极为全国工商联履行职能服务，开展了形式多样、富有成效的工作，形成了全国工商联开展工作的有力抓手。为了更好地发挥各“专委会”的职能作用，2007 年全国工商联第十五次主席办公会议就“专委会”调整和增设问题进行了研究，提出了《全国工商联专门委员会调整和增设方案》（草案）：

1. 保留全国工商联参政议政委员会、全国工商联组织委员会、全国工商联联络委员会和全国工商联法律委员会。

2. 考虑到宣传教育培训委员会和企业文化建设委员会都由宣传教育部作为其工作机构，而且两个“专委会”工作内容相近，所以将宣传教育培训委员会和企业文化建设委员会合并为全国工商联宣传培训委员会；考虑到经济技术委员会和中小企业委员会都由经济部作为其工作机构，而且工作内容相近，所以将经济技术委员会和中小企业委员会合并为全国工商联经济委员会。

3. 考虑到商会扶贫与社会服务、新农村建设和就业再就业等工作任务需要，增设全国工商联扶贫工作委员会。

调整和增设后的“专委会”共 7 个：全国工商联参政议政委员会（研究室作为其工作机构）、全国工商联组织委员会（会员部作为其工作机构）、全国工商联宣传培训委员会（宣传教育部作为其工作机构）、全国工商联扶贫工作委员会（扶贫与社会服务部作为其工作机构）、全国工商联经济委员会（经济部作为其工作机构）、全国工商联联络委员会（联络部作为其工作机构）、全国工商联法律委员会（法律部作为其工作机构）。

三、关于《全国工商联专门委员会主任建议名单》的说明

考虑到“专委会”的调整和全国工商联十大后领导班子变化的原因，对“专委会”主任进行了调整。

为充分发挥领导班子兼职成员的作用，全国工商联办公厅发函征求兼职副主席对工商联工作的思考和具体意见、建议，以及在全国工商联有关“专委会”任职的选择。每位兼职副主席都反馈意见，对全国工商联工作提出了很好的意见和建议，提出了自己担任“专委会”职务的选择意向，并对意向任职的“专委会”工作提出了自己的思考和设想。

根据各位兼职副主席提出的任职意向，今年1月16日全国工商联第一次主席办公会议对“专委会”主任人选进行了研究，提出了《全国工商联专门委员会主任建议名单》。1月31日召开的全国工商联十届二次主席会议，对建议名单进行了审议。会议对建议名单无异议，并决定提交全国工商联十届一次常委会议审议。

“专委会”工作规则（修订草案）、调整和增设方案（草案）、主任建议名单和以上说明是否妥当，请审议。

全国工商联第十届常务委员会第一次会议有关人事事项的决定

关于陶振江同志不再担任全国工商联十届执行委员、常务委员的决定（2008年6月12日中华全国工商业联合会第十届常务委员会第一次会议通过）

中华全国工商业联合会第十届常务委员会第一次会议决定：陶振江同志因工作变动，不再担任中华全国工商业联合会第十届执行委员会委员、常务委员会委员，提交中华全国工商业联合会第十届执行委员会第二次会议确认。

关于齐美朗加同志不再担任全国工商联十届执行委员、常务委员的决定（2008年6月12日中华全国工商业联合会第十届常务委员会第一次会议通过）

中华全国工商业联合会第十届常务委员会第一次会议决定：齐美朗加同志因工作变动，不再担任中华全国工商业联合会第十届执行委员会委员、常务委员会委员，提交中华全国工商业联合会第十届执行委员会第二次会议确认。

关于增补程红同志为全国工商联十届执行委员、常务委员的决定（2008年6月12日中华全国工商业联合会第十届常务委员会第一次会议通过）

中华全国工商业联合会第十届常务委员会第一次会议决定：增补程红同志为中华全国工商业联合会第十届执行委员会委员、常务委员会委员，提交中华全国工商业联合会第十届执行委员会第二次会议确认。

关于孟令峰同志替补为全国工商联十届执行委员、常务委员的决定（2008年6月12日中华全国工商业联合会第十届常务委员会第一次会议通过）

中华全国工商业联合会第十届常务委员会第一次会议决定：孟令峰同志替补为中华全国工商业联合会第十届执行委员会委员、常务委员会委员，提交中华全国工商业联合会第十届执行委员会第二次会议确认。

关于徐飞同志替补为全国工商联十届执行委员、常务委员的决定（2008年6月12日中华全国工商业联合会第十届常务委员会第一次会议通过）

中华全国工商业联合会第十届常务委员会第一次会议决定：徐飞同志替补为中华全国工商业联合会第十届执行委员会委员、常务委员会委员，提交中华全国工商业联合会第十届执行委员会第二次会议确认。

中华全国工商业联合会第十届执行委员会第二次会议①

在全国工商联十届二次执委会议上的工作报告

全国政协副主席、全国工商联主席　黄孟复

（2008 年 12 月 25 日）

受常委会的委托，我向全国工商联第十届执行委员会第二次会议作工作报告，请予审议。

一、关于改革开放 30 年的伟大历史成就

本次执委会议是在我国改革开放 30 周年之际召开的。改革开放是近一个世纪以来我国继辛亥革命、新民主主义革命与社会主义革命之后的第三次伟大革命。这一伟大革命开辟了中国特色社会主义道路，形成了中国特色社会主义理论体系，极大地解放和发展了社会生产力，极大地提高了我国的经济实力、综合国力和人民生活水平，一个日益强盛的中国巍然屹立在世界东方。在改革开放的进程中，非公有制经济蓬勃发展，工商联事业不断进步。此时此刻，回顾过去，展望未来，对于我们继续解放思想、坚持改革开放、不断创新发展具有重要意义。

1. 改革开放使中国发生巨变

改革开放是新时期党和国家各项事业取得举世瞩目伟大成就的强大动力，使我国经济社会深刻变革，显示出蓬勃生机和活力。

改革开放使我国经济社会体制发生根本转变。在社会主义条件下发展市场经济，是前无古人的伟大创举。改革开放使我国成功实现了从高度集中的计划经济体制到充满活力的社会主义市场经济体制的转变。我国单一的公有制经济被公有制为主体、多种所有制经济共同发展所取代；政府高度集中的计划管理方式被主要运用经济手段的宏观调控所取代，市场在资源配置中发挥着基础性作用；平均主义的分配方式被按劳分配为主、多种分配方式并存所取代。由此带来了社会结构的深刻变动、利益格局的深刻调整、思想观念的深刻变化。30 年来，这一进程尽管历经波澜起伏，但坚持改革的取向始终如一，经济体制改革不断深化，政治、文化、社会体制以及其他方面体制改革逐步扩大，为我国经济繁荣发展、社会和谐稳定提供了有力的制度保障。

改革开放使我国经济社会取得空前发展。30 年来，我国经济持续高速增长，创造了人类社会经济发展史的奇迹。国内生产总值由 3645 亿元增加到近 25 万亿元，年均实际增长 9.8%，远高于世界同期年均 3% 的增长水平。30 年来，基础设施建设取得巨大成就，科技教育文化等各项社会事业取得巨大进步，我国战胜灾害、抵御风险的能力明显增强。30 年来，我国城镇居民人均可支配收入由 343 元增加到 13786 元；农民人均纯收入由 134 元增加到 4140 元，人民生活由温饱不足到实现了总体小康。我国正在向全面建设小康社会和现代化国家的宏伟目标阔步前进。

改革开放使我国国际地位显著提升。改革开放使我国迅速融入国际社会，成功实现了从封闭半封闭到全方位开放的历史性转折。30 年来，我国经济总量在世界的排名由第 10 位上升到第 4 位；进出口总额排名由第 29 位上升到第 3 位；外汇储

① 本部分全部文章来源于全国工商联办公厅编印的《中华全国工商业联合会第十届执行委员会第二次会议文件汇编》（2008 年 12 月）。

备由1.67亿美元增加到近2万亿美元，居世界第一位；实际利用外资额累计近1万亿美元，居发展中国家首位。这一系列辉煌成就的取得，使我国的国际地位和国际影响显著上升，在国际事务中的重要建设性作用明显提高。如今，中国的发展离不开世界，世界的发展也需要中国。

2. 改革开放带来非公有制经济蓬勃发展

改革开放从根本上改变了我国所有制结构，非公有制经济迅速兴起和蓬勃发展。

改革开放确立了非公有制经济的重要地位。党的十一届三中全会以来，中国共产党始终坚持解放思想、实事求是、与时俱进，不断推进马克思主义中国化，不断创新社会主义所有制理论，不断完善社会主义基本经济制度。30年来，非公有制经济由作为公有制经济的必要的有益的补充，到社会主义市场经济的重要组成部分，再到被予以毫不动摇地鼓励、支持、引导发展，目前已成为各种所有制经济平等竞争、相互促进新格局中的一支主力军，这些变化彻底改变了人们对非公有制经济的观念，确立了非公有制经济的重要地位，为其发展提供了理论政策依据。

改革开放带来了非公有制经济的快速发展。改革开放极大地激发了广大民众的创业热情，使社会资本的活力竞相迸发。30年来，非公有制经济从无到有，从小到大，从弱到强，在经济社会发展中发挥着巨大作用。我国私营企业现已达560多万家，占全国法人企业总数的70%以上，成为我国最大的企业群体；个体私营等非公有制经济已占全国GDP的50%以上，成为国民经济的重要组成部分；非公有制经济的就业人数已占全国城镇就业的70%以上，成为社会就业的主渠道；私营企业占绝大多数的中小企业提供了大约70%的技术创新、65%的发明专利和80%以上的新产品，成为自主创新的重要力量。

改革开放催生了新的社会阶层。伴随非公有制经济的发展，以非公有制经济人士为主体的新的社会阶层逐渐成长壮大，如今人数已达7000万至8000万。广大非公有制经济人士不仅为国家强盛、人民富裕作出了重要贡献，而且致富思源、富而思进，积极参与科教文化社会事业建设、社会主义新农村建设、和谐劳动关系建设，自觉承担社会责任，注重慈善公益事业，热心光彩事业，为构建社会主义和谐社会作出了重要贡献。新的社会阶层中涌现出了一大批政治上有觉悟、经济上有实力、事业上有贡献、社会上有影响的非公有制经济代表人士。30年来，一大批克服重重阻力、战胜各种困难而成长起来的企业家，他们敢为人先的创业精神、注重实效的务实精神、不断超越的创新精神、走向世界的开拓精神，正在凝聚成为新时期的企业家精神，这是当代中国一笔宝贵的精神财富，是中国经济社会发展充满活力的重要源泉。

回顾过去30年，我们必须牢牢记住，是改革开放促进了非公有制经济发展，非公有制经济人士是改革开放的主要受益者；同时也必须充分认识到，非公有制经济发展促进了改革开放的深化与扩大，非公有制经济人士是改革开放的重要推动者。30年来，非公有制经济的发展实践，不断呼唤着新的理论政策创新，推动改革开放的进程，尤其是加速了社会主义市场经济体制的日臻完善和市场竞争机制的形成；推动了生产要素的充分流动和全社会劳动生产效率的不断提高；有效配合了国有企业、集体经济改革，促进了中国特色社会主义基本经济制度的建立。非公有制经济发展为我国改革开放和经济社会发展作出了重大贡献。

3. 改革开放带来工商联事业的历史性发展

改革开放带来工商联工作对象重大转变。改革开放初期，工商联恢复工作时，我们的工作对象主要是原工商业者，人数约30万。随着改革开放推进和非公有制经济发展，1991年中共中央15号文件明确把非公有制经济人士作为工商联主要工作对象。进入新世纪以来，随着以非公有制经济人士为主体的新的社会阶层逐渐成为党的统战工作的新的着力点，工商联的工作面更加广泛。目前，工商联已有会员220多万个，主要是非公有制经济人士和非公有制企业。工作对象的转变，使工商联工作与党和国家的中心工作结合得更加紧密，工作任务和历史责任更加重大。

改革开放带来工商联组织结构重大转变。20世纪80年代初，工商联主要由县以上各级组织组成。随着经济社会结构的深刻变化，工商联的组织结构随之产生重大变化。县以上各级组织不断充实和壮大，县以下基层组织广泛建立，行业组织迅速发展。截至2008年第三季度末，全国已有县级以上工商联组织3130个，较1988年增加1671个，遍布全国97%县以上行政区划；县以下基层组织23838个，行业组织9286个。工商联组织结构的变化，使工作的覆盖面极大扩展，工作基础更加坚实。

改革开放带来工商联性质作用重大转变。改革开放初期，工商联的性质作用主要体现在统战性方面。1991年中共中央15号文件提出，工商联是以统战性为主，兼有经济性和民间性的人民团体。1993年，中央明确“中华全国工商业联合会”同时又称“中国民间商会”，使工商联的特点更加鲜明。其后，在2006年中共中央15号文件和2007年党中央、国务院在全国工商联十大上的贺词中，明确了工商联是具有统战性、经济性、民间性的人民团体和商会组织，是党和政府联系非公有制经济人士的桥梁纽带，是政府管理非公有制经济的助手；工商联要充分发挥在非公有制经济人士参与政治和社会事务中的主渠道作用、在非公有制经济人士思想政治工作中的重要作用、在政府管理非公有制经济方面的助手作用、在构建和谐劳动关系过程中的协调作用和在行业协会商会改革发展中的积极作用，促进非公有制经济人士健康成长和非公有制经济健康发展。工商联的性质、地位、职责、作用被赋予新的内涵，工商联事业大有可为、大有作为。

4. 改革开放的启迪与昭示

历史雄辩地证明，改革开放是决定当代中国命运的关键抉择，是发展中国特色社会主义、实现中华民族伟大复兴的必由之路。只有坚持中国特色社会主义道路，坚持中国特色社会主义理论体系，才能够保证我们国家始终沿着正确的方向前进；只有坚持公有制为主体，多种所有制经济共同发展的基本经济制度，才能够确保改革开放继续推进和经济社会又好又快发展；只有充分尊重群众的首创精神，充分发挥新的社会阶层人士作为中国特色社会主义事业建设者的重要作用，社会主义市场经济才更具生机与活力。

历史昭示我们，在新的历史起点上，只要我们不为任何风险所惧，不为任何干扰所惑，继续坚持解放思想，不断推进改革开放，努力实现创新发展，我国建成富强民主文明和谐的社会主义现代化国家的宏伟目标就一定能够实现。展望非公有制经济的未来发展趋势，众多企业将实现由价值链低端向高端的转移；一批企业将成长为跨国公司，活跃在国际国内两个市场；非公有制经济将在经济社会发展中发挥更大的作用，为国家和人民创造更多财富。展望工商联事业的未来发展前景，我们的组织将更加健全，职责将更加完善，工作将更加活跃，作用将更加突出，必将为中国特色社会主义伟大事业作出更大贡献。

二、关于2008年主要工作

今年是各级工商联组织认真贯彻党的十七大精神，落实全国工商联十大提出的工作任务的第一年。一年来，各级工商联组织在党委和政府领导下，发挥优势，体现特色，完成了各项工作任务。

1. 认真贯彻落实科学发展观

推动民营企业贯彻落实科学发展观。今年以来，中国经济周期的变化和一度从紧的宏观调控政策给民营企业带来较大影响，针对民营企业在实现科学发展中存在思想困惑和现实困难，我们开展了推动民营企业贯彻落实科学发展观的调研活动，到一些省市广泛了解和听取企业家和社会各方面的意见和看法，在十届一次常委会议上就民营企业贯彻落实科学发展观问题作了阐述，提出了明确要求；部分省工商联也分别对此做了专门调查，提出了推进相关工作的措施。这对民营企业破除观念误区、正确判断形势、抢抓发展先机、实现科学发展起到了积极引导作用。

开展中国特色社会主义学习教育活动。为贯彻落实党的十七大精神，全国工商联下发《关于开展中国特色社会主义学习教育活动的通知》。各地工商联组织按照《通知》要求，认真落实，扎实推进，在广大非公有制经济人士和工商联干部中开展了以科学发展观教育和改革开放教育为主要内容的学习教育活动。各省地市工商联普遍成立了领导小组，制订活动方案，分别召开了企业家与党政领导座谈会、专家报告会、政策解读讲座，举办了论坛、图片展、有奖征文等丰富多彩的活动；有不少活动富有特色，取得了很好效果。这为探索新时期非公有制经济人士思想政治工作的有效途径和方式方法积累了有益经验，对引导非公有制经济人士坚定不移走中国特色社会主义道路产生了积极作用。

开展改革开放30周年纪念活动。各级工商联组织通过研讨座谈、创业讲堂、摄影征文、媒体宣传等多种形式，大力宣传改革开放的伟大成就和非公有制经济的重大贡献。特别是民营企业家走进高校的“创业讲堂”活动，受到了大学生的热烈欢迎，产生了广泛影响。作为纪念活动的一项重要内容，我们组织社会力量开展了中国民营经济发展历史研究，成果即将出版。12月26日，我们还将和北京大学联合举办“中国民营经济发展30年高层论坛”，对民营经济发展进行历史回顾、经验总结和未来展望。各级工商联正在组织学习胡锦涛总书记在纪念党的十一届三中全会召开30周年大会上的重要讲话，紧密联系非公有制经济发展和工商联工作实际，进一步增强改革开放的坚定性和自觉性。

2. 积极引导民营企业参与抗震救灾和灾后重建

汶川特大地震灾害发生后，各级工商联组织反应迅速，积极组织和动员广大会员向灾区献出爱心，充分发扬了“一方有难、八方支援”的民族精神。四川、甘肃、陕西等受灾地区工商联表现尤为突出，广大干部始终冲在抗震救灾的第一线，特别是四川省重灾市县的工商联机关干部，在无房办公、无家可住的情况下，有的甚至忍受亲人伤亡的悲痛，仍然以坚强的毅力“舍小家顾大家”，忘我工作，充分展示了不畏艰难、作风顽强、团结协作的精神面貌，值得广大工商联干部学习。

在抗震救灾中，不少非公有制经济人士奋战在抢运救灾物资、营救被困群众、安置灾民生活、抢修公共设施、主动收养孤残的第一线，涌现出许多可歌可泣、感人肺腑的先进事迹和人物；更多的非公有制经济人士通过捐款捐物等各种形式表达对灾区人民的关爱和支援。据全国工商联对上报的8000多家会员企业的不完全统计，累计捐赠款物62.4亿元。民营企业这次投入行动之快、参与范围之广、捐赠数额之大都是历史上空前的，表现出了高度的爱国热情、社会责任感和人道主义精神，展示了中国特色社会主义事业建设者的时代风采。这说明非公有制经济人士不仅是物质财富的创造者，也是精神财富的创造者。

灾后，各级工商联组织和广大会员又积极投身于灾后重建工作。全国工商联会同四川省人民政府等共同举办了“民营企业灾后重建与发展论坛”，上百家民营企业积极参加这次活动，在论坛上正式签订16个灾后重建项目，金额高达270亿元。

为广泛宣传他们在抗震救灾中涌现出的感人事迹和典型人物，我们组织落实了主流媒体的专题宣传，如《人民日报》整版专题、中央电视台新闻联播报道和焦点访谈专题节目，利用《中华工商时报》等自办媒体进行连续大篇幅宣传并派出记者团深入灾区长时间跟踪报道，产生了很好的宣传效果和广泛影响。我们还开展了全国工商联系统抗震救灾先进集体和先进个人评选活动，授予198个单位“抗震救灾先进集体”和197位同志“抗震救灾先进个人”荣誉称号。有的集体虽然没有被授予称号，但事迹也很突出，如全国工商联女企业家商会主动捐款上亿元。我们要认真学习和大力弘扬他们在抗震救灾中表现出的“和衷共济、团结奋斗、战胜艰险、甘于奉献、以人为本、国家为重”的崇高精神，将其化为投身中国特色社会主义事业的积极性、主动性和创造性，为中华民族的伟大复兴作出更大贡献。

3. 为经济社会发展建言献策

今年以来，国际国内经济环境复杂多变，民营经济发展遇到诸多新的困难，各级工商联通过不同渠道和不同形式向中央及地方党政部门反映意见，积极建言献策。

我们广泛开展调查研究，认真听取不同类型企业和专家学者的意见，还专门召开全国工商联主席会议听取企业家副主席、副会长的意见，就经济形势、宏观政策、股市楼市以及民营企业资金紧张、中小企业经营困难、民营企业“走出去”等方面问题，形成了诸多具有针对性、时效性和可操作性的团体提案、情况反映和政策建议，通过中央座谈会、政协会议、向中央及有关部门报送情况等多种渠道进行及时反映，受到了中央和有关部门的重视，对我们上报的部分情况反映，中央领导作了重要批示。

各地工商联也及时调查了解民营经济发展中出现的新情况、新问题，向地方党委和政府积极反映情况、建言献策，为解决民营企业发展中遇到的困难做了大量工作。有的省工商联对民营企业资金紧张的情况报告和相关政策建议通过省政府和全国工商联渠道反映到中央，对中央出台促进中小企业发展的政策产生了积极作用。

4. 努力探索解决工商联工作中的重大问题

今年，为贯彻落实全国工商联十大会议精神，我们对非公有制经济人士思想政治工作和组织建设等关系工商联工作的重大问题进行了认真研究和积极探索。全国工商联与中央统战部联合召开了全国非公有制经济人士思想政治工作会议，就此项工作的重要意义、非公有制经济人士思想动态特点、开展工作的有效载体和途径进行了深入讨论，形成了共识。中央统战部和全国工商联联合下发了《关于加强和改进非公有制经济人士思想政治工作的若干意见》。我们还召开了全国工商联组织工作会议，就加强县级工商联组织建设、提高县级工商联履行职责能力等问题进行了认真讨论，引起了大家的高度重视。中央统战部办公厅印发了《关于转发〈全国工商联关于加强县级工商联组织建设的若干意见〉的通知》。召开此类会议和下发相关文件在工商联历史上均属首次，具有开拓性意义，将对新形势下进一步加强和改进非公有制经济人士思想政治工作以及县级工商联组织建设工作起到重要的指导和推动作用。

为充分发挥全国工商联领导班子中兼职成员和常委、执委的作用，我们出台了《全国工商联关于进一步发挥兼职副主席作用的意见》，本次执委会议还要讨论通过《全国工商联关于加强执委会建设的意见》。全国工商联各专门委员会已于今年下半年进行了重新组建，对专门委员会工作规则也作了修订，为更好地发挥专门委员会作用奠定了良好基础。

除了上述重要工作之外，其他工作也取得新的进展。在参政议政和调查研究方面，更加注重发挥行业商会在参政议政中的重要作用，今年“两会”期间提交的团体提案数量较去年明显增加。我们改进了私营企业抽样调查内容和上规模民营企业调查办法，开展了工商联历史研究、民营企业参与社会主义新农村建设调查和协调劳动关系三方机制调查，为参政议政、建言献策和舆论宣传提供了重要信息。在经济和社会服务工作方面，全国工商联被国家科学技术奖励办公室批准成为国家科学技术进步奖推荐单位和设立“中华全国工商业联合会科学技术奖”，首次对6个科技进步一等奖项目进行了表彰。还与有关部委和地方政府联合举办了“第二届亚洲制造业论坛”和多个大型经贸活动，以支持地方经济发展。今年与有关部门共同举办的“全国民营企业招聘周”活动，中央领导作出重要批示和发来贺信，对活动给予了充分肯定。在法律和对外联络等工作方面，对劳动合同法实施条例的制定多次反映意见和建议，表达了民营企业的利益诉求；撰写了《全国工商联民营企业风险管理指引手册》。与前外交官联谊会签署《合作协议》，举办了首届中土合作论坛，努力为民营企业“走出去”提供服务。在机关建设方面，全国工商联和省级工商联机关通过深入学习实践科学发展观活动，广大机关干部普遍提高了对贯彻落实科学发展观的认识，分析检查了存在的问题，研究制定了改进措施，对加强机关自身建设、规范机关管理、增强服务科学发展和自身科学发展的能力起到了促进作用。全国工商联新办公楼经积极努力和多方协调现已开工建设。还要特别指出的是，工商联组织和民营企业为奥运会、残奥会的成功举办，做了大量相关配合工作。北京奥运会、残奥会的成功举办，离不开社会的大力支持，民营企业是其中一支重要力量。不少地区工商联积极配合地方政府，组织、引导民营企业参与奥运会、残奥会的有关工作。大量民营企业参与奥运场馆建设、产品生产和相关服务，许多民营企业为保障绿色奥运主动调整生产经营计划，不少民营企业组织员工参加志愿者队伍，为奥运会、残奥会的顺利进行作出了积极贡献。

以上成绩的取得，是在各级党委和政府的领导以及各级统战部门的指导下，各级工商联组织和广大会员共同努力的结果。在看到成绩的同时，我们也要清醒地认识到，新形势下我们的工作中还存在一些突出问题，主要是：理论研究和调研质量有待进一步提高；非公有制经济人士思想政治工作的有效途径有待进一步探索；基层组织建设和商会管理有待加强；工作载体和工作机制有待创新；各级工商联机关执行力有待增强。

这些问题必须切实加以解决。

三、关于当前经济形势问题

今年对我国而言是极不平凡的一年。我国成功举办北京奥运会、残奥会，成功完成“神舟七号”载人航天飞行任务，社会主义经济建设、政治建设、文化建设、社会建设取得新的显著成就，社会保持稳定，国际地位和国际影响力进一步提高。今年对我国而言又是极具挑战的一年，我们接连经历了一些难以预料、历史罕见的重大挑战和考验。上半年，我们经历了新中国成立以来罕见的雨雪冰冻灾害和汶川特大地震，下半年又遇到全球性金融危机的冲击，国内经济困难明显增加，民营经济发展正面临前所未有的挑战。正确认识当前形势，把握机遇，应对挑战，比以往任何时候都更为重要。

1. 充分认识经济形势变化的挑战

今年，我国经济形势遇到了双重影响，即世界金融危机冲击和国内经济运行拐点效应，这两方面问题重叠在一起，明显加大了我国经济运行的困难。

从国际上看，由美国次贷危机演变成的世界金融危机愈演愈烈，影响日益加重，从虚拟经济到实体经济，从投资需求到消费需求，从发达国家到发展中国家迅速蔓延。目前，这场危机何时见底还难以预料。从国内看，我国经济面临周期性调整，加之经济社会中尚未解决的深层次矛盾和问题，与世界金融危机严重冲击相互叠加，经济形势比我们预期的要困难得多。特别是进入九十月份以来，经济运行困难明显加剧，经济下行压力空前增大。企业经营困难严重，工业增长速度大幅下滑，外贸出口负增长，股市低迷，楼市不旺，消费需求严重不足，财税收入出现负增长，就业形势异常严峻。

复杂多变的国际国内经济形势，使民营企业特别是广大中小型民营企业处境十分艰难。上半年，受国际能源资源价格上涨和国内从紧的宏观调控政策等因素的影响，企业遭遇了生产资料价格上涨、劳动力成本增加、汇率上升、出口退税下降、资金紧张等一系列困难，一些中小企业和出口导向型企业生产经营出现严重困难。下半年特别是进入九十月份后，在世界金融危机的冲击下，国际国内市场急剧变化，企业又遭遇了外需大幅下降、内需明显不足、投资者信心普遍受挫、经济增长明显减缓等一系列新的挑战。受此影响，大量企业产品积压、资金链断裂、利润下滑甚至亏损，不少中小企业停产半停产甚至破产倒闭，一些大型企业的生产经营也陷入困境，企业裁员明显增加。

对于民营企业面临的问题，我们既要看到国内外经济形势变化的客观影响，也要清醒认识到自身存在的不足。如许多企业存在对宏观形势把握不准、产品结构不适应市场需求、自主创新能力不强、缺乏核心竞争力、治理结构不健全等问题，不少中小企业存在产品单一、技术落后、人才缺乏、经营不善等问题，还有一些企业存在安全生产、产品质量等严重问题。对此，企业必须深入分析、科学认识、正确把握、及时调整、积极应对。

2. 增强战胜困难与应对挑战的信心

面对当前的困难与挑战，广大民营企业家要树立战胜困难、应对挑战的信心。信心比黄金还可贵。有了信心，我们就有了战胜困难的勇气。要看到，针对世界金融危机冲击，各国都正在广泛采取有力措施加以解决；要明确，我们目前遇到的困难和挑战都是前进中的问题，我国经济发展的基本态势和长期的基本发展趋势并没有改变，总体还是好的。

就世界范围而言，主要发达国家正在采取积极措施，共同应对金融危机。美国、欧盟、日本等发达国家先后制定了一系列针对性强、力度大的财税金融救市计划，刺激本国经济的增长。发展中国家也及时调整本国的宏观调控政策，增强自身抵御风险的能力。世界各国明显加强了国家之间、地区之间的交流与合作，联手展开行动。目前这些措施正在初显成效，世界各国正在重拾发展信心。根据国际上比较乐观的估计，美国到2010年左右经济会逐步复苏，欧洲则会稍晚一些。

从我们国内来看，党中央、国务院已经并将继续采取一系列强有力的政策措施，力保经济平稳较快发展。针对经济形势的变化，中央及时调整宏观调控政策，从年初的“防经济过热、防明显通胀”，转向年中的“保持经济平稳较快发展、控制物价过快上涨”，再转向近期的把“保持经济平稳较快发展”作为宏观调控的首要任务。为此，中央出台了一系列措施，主要包括：实施积极的财政政策和适度宽松的货币政策，着力扩大消费尤其是居民消费，保持经济快速增长，加快经济结构战略性调整，促进资本市场和房地产市场稳定健康发展，进一步巩固和加强农业基础地位，坚定不移地推进改革开放，着力做好就业和社会保障工作，全面提高产品质量和安全生产水平，加快发展社会事业。特别是针对中小企业面临的困难和问题，国家在财政、税收、金融、保险、出口等多个方面出台了一系列专门政策，予以特殊扶持。

正是由于国家及时调整了宏观调控经济政策，出台了一系列有效措施，使我国经济仍然保持了较高增速，稳定了我国经济发展的基本态势。对此，民营经济作出了重要贡献。截至 11 月份，城镇固定资产投资中的私营企业投资同比增长 34.9%，规模以上私营企业工业增加值同比增长 20.8%，私营企业税收同比增长 25%，私营企业出口总值前 3 季度同比增长 32.5%，均明显高于全国平均水平。在遭受多年少有的困难的情况下，民营经济能够取得这样的发展成绩，实属不易。这也再次证明，民营经济自身具有较强的市场应变能力。

同时，我们也要看到，战胜困难和挑战，既有赖于国民经济良好的基本面，有赖于国家采取积极有效的政策措施，又有赖于我们企业家树立坚定信心。只有把国家的积极政策和企业家的信心结合起来，把政府投入和企业投资结合起来，我国经济才会尽快恢复过来。因此，广大民营企业一定要认清形势，把握政策，树立信心，克服困难，努力实现平稳较快发展。

3. 善于抓住机遇，实现新的发展

危机的本身就意味着“危险”与“机遇”并存。在许多情况下，越是大的危机就越是蕴涵着大的机遇。实践证明，中国的民营企业往往是最先抓住机遇，最先从困境中崛起，最先带动经济复苏的一个群体。民营企业市场反应快，经营机制灵活，应变能力强。越在困难的时候，越能显示出民营企业的英雄本色。在当前困难的经济形势下，希望民营企业积极应对，学会在危机中寻求机遇。要看到在新一轮世界经济调整中的积极因素，要看到国内经济发展的有利条件，要看到在不同地区、不同行业都有自己的机遇，在最短的时间里抓住机遇，实现企业新的发展。

民营企业要自觉、深入地学习实践科学发展观，充分认识科学发展观是企业战胜困难、实现可持续发展的重要武器，坚持以科学发展观指导企业发展。在困境逆境之中，要先学会保护好自己，免受或少受不利因素的冲击和影响。要认真反思自身存在的不足，针对生产经营中的问题，调整发展战略，转变发展方式，着力提高企业内部管理水平、积蓄创新能力、改善产品结构、稳定劳动关系，做到趋利避害，顺利度过“寒冬”。

在这场世界金融危机引发的国内外经济调整中，不同地区、不同行业、不同规模的民营企业一定要紧密结合自身特点，去发现机遇、捕捉机遇，实现转“危”为“机”。要认真学习党的十七届三中全会精神，抓住加快实现城乡一体化新格局的机遇，积极投身新农村建设，扩大农村市场，参与农业产业化和农村金融发展；要认真学习中央经济工作会议精神，抓住当前国家宏观经济政策中关于加大投资、扩大内需的机遇，找准投资路径，挖掘内需潜力，积极开拓国内市场；要抓住国家经济发展方式转变和产业结构调整的机遇，寻找新的着力点和增长点，坚持观念创新、技术创新、管理创新、文化创新，下大力气实现产品结构的优化升级。中小企业要抓住国家针对促进中小企业发展专门出台政策的机遇，积极利用财税、金融、就业方面的优惠政策，寻求新的发展。外贸出口企业要抓住国际出口受阻倒逼国内市场的机遇，不断发现和培育有利因素，既要力求稳固原有国际市场，又要不断开拓国内市场，实现国际国内两个市场的优势互补。有条件的民营企业更要抓住世界金融危机带来的低成本扩张的新机遇，找准时机、积极稳妥“走出去”，开拓国际市场，充分利用国际国内两个市场进行资源的合理配置、优化配置，提高企业国际化经营水平。

当前经济下行压力加大、民营企业发展困难加重的新形势，对工商联工作提出了新要求。我们要在明年的工作中，有针对性地开展服务，加大服务力度，尤其是要充分发挥行业商会的作用，帮助困难企业渡过难关，推动民营企业平稳较快发展。

四、关于明年工作

2009年，国际国内经济形势将更加严峻，非公有制经济发展将更加困难，工商联工作任务也将更加繁重。做好2009年工作，对于在当前形势下引导非公有制经济人士健康成长和促进非公有制经济健康发展，体现工商联的作用和价值，具有特别重要的意义。2009年工作总体思路是：以邓小平理论和“三个代表”重要思想为指导，深入贯彻落实科学发展观，遵循党的十七届三中全会和中央经济工作会议精神，以改革创新的精神切实加强理论研究、努力创新工作载体、逐步健全工作机制、注重加强自身建设、着力落实工作部署，并积极帮助企业渡难关、谋发展，为保持经济平稳较快增长作出贡献，进一步增强工商联的吸引力、凝聚力、影响力，更好地服务科学发展和实现自身科学发展。

1. 学习实践科学发展观

科学发展观是中国特色社会主义理论体系的重要组成部分，是我国经济社会发展的重要指导方针和各项事业必须坚持的重大战略思想。全国工商联机关和省级工商联机关开展的深入学习实践科学发展观活动实践证明，学习实践科学发展观是我们服务科学发展和实现自身科学发展的强大动力，是我们继续解放思想、不断创新发展的思想武器，也是促进非公有制经济又好又快发展的必然要求。各地工商联要按照党委的部署和要求，紧密结合当地非公有制经济发展和工商联工作实际，着眼于促进“两个健康”，把学习实践活动认真组织好、开展好，贯彻坚持解放思想、突出实践特色、贯彻群众路线、正面教育为主的原则，达到提高思想认识、解决突出问题、创新体制机制、促进科学发展的目的，推动工商联工作出现新气象、新变化，迈上新台阶。

2. 扶持民营企业平稳健康发展

面对明年可能更加困难和严峻的经济形势，各级工商联要充分发挥政府助手作用和服务会员服务企业的职能，把千方百计帮助企业克服困难、推动企业平稳较快发展作为中心工作。

一要加大政策宣传，及时宣传中央和各地党委政府有关重要经济社会政策，引导企业认清当前经济形势，树立战胜困难的信心，进一步振奋精神；二要多为企业出“实招”，帮助企业在中央和地方出台的一系列经济政策措施中寻找解决企业困难的途径，捕捉新的发展“商机”；三要深入企业了解情况，广泛听取意见，及时向有关政府部门反映情况与建议，推动相关政策切实执行，争取新的实惠政策；四要特别关注困难企业，关心陷入困境的企业家，积极在企业与政府部门、司法机构、金融机构之间进行沟通，帮助企业解决税费、资金、就业、市场、维权等方面的问题与困难；五要充分利用工商联组织的网络健全、覆盖面广的优势，加强各级各地工商联之间的联系与合作，尤其要充分发挥行业商会的平台作用，大力开展经济服务交流活动，为各地会员企业之间融通资金、开拓市场、开展经贸合作提供服务；六要号召企业，特别是非公经济代表人士所在企业在关注和解决生产经营困难的同时，也要为员工着想，采取积极措施，稳定员工队伍，尽量不裁员或少裁员，承担好社会责任，为促进社会和谐稳定多作贡献。

3. 切实加强理论研究

紧密结合新世纪新阶段工商联的工作实际，认真学习中国特色社会主义理论，进一步加强对新形势下非公有制经济和工商联工作的理论政策及重大问题的研究。

一是加强对经济社会发展形势的分析研究，紧密跟踪和研究国际国内经济社会发展态势，认真研究经济社会热点问题，在党和国家工作全局中找准工商联工作的定位；二是加强非公有制经济的理论政策研究，及时掌握非公有制经济发展动态，提高服务非公有制经济科学发展的能力和水平；三是加强非公有制经济领域统战工作的理论研究，重点加强对新的社会阶层、非公有制经济人士参与政治和社会事务的途径和能力、非公有制经济代表人士成长规律等方面的理论研究，进一步明确非公有制经济领域统战工作的基本任务和方针政策；四是加强行业商会协会改革发展的研究，深入分析行业商会科学发展的路径，研究工商联在行业商会协会改革发展中如何更好地发挥作用；五是加强工商联工作的理论研究，深入探讨“三性”统一、“五个作用”、“两个健康”的内涵、相互关系及实现途径，认真研究工商联历史，在起草工商联工作新文件中发挥作用。

加强理论政策研究工作，要提出总体规划，制订年度项目计划，列出具体研究课题，深入调查研究，注重成果应用与宣传，积极开展经验交流，建立表彰激励机制。要充分发挥全国工商联机关各部门和各级工商联组织的作用，同时广泛借助社会资源，逐步形成工商联的开放式、多层次、社会化理论政策研究的新局面，实现理论政策研究的新突破，为工商联事业新发展提供理论支撑。

4. 努力创新工作载体

针对目前工商联许多工作缺乏有效载体的问题，要充分运用好已形成的工作载体。对已被实践证明是自身特色强、实际效果好、社会影响广、示范作用大的活动，如光彩事业、“中国特色社会主义事业建设者”表彰、“关爱员工、实现双赢”表彰等，要继续深入扎实开展。在新的形势下，要总结经验、找出差距、提出改进措施，尤其是要拓展思路、丰富内容、完善形式、增强效果，使其效能得到最大限度的发挥。还要努力探索和勇于创新。创新工作载体要遵循以下原则：一是能够充分体现特色；二是能够横向互动；三是能够上下联动；四是能够增强工作实效。对此，我们已有一些初步考虑，比如，广泛深入开展调查研究，引导民营企业履行社会责任，加强教育培训工作，开展表彰激励活动等，可以在进一步研究和论证基础上建立起有效载体。总之，我们要努力探索建立能够将“三性”统一起来的工作载体，机关各部门形成合力的工作载体，各级工商联组织上下互动的工作载体，全面提高工商联工作的效率和质量。各级工商联组织都要从实际出发，从促进“两个健康”的需要出发，积极开展具有工商联鲜明特色的活动，努力打造若干工作品牌。

5. 逐步健全工作机制

着眼于工商联事业的长远发展，努力建立充满活力、务实高效的工作机制。一要建立内部协调机制。各级工商联要加快建立机关内部工作协调机制，加强领导班子内、工作部门间的统筹协调。全国工商联要建立半年集中汇报工作制度、季度分管领导例会制度、每月部门联席会议制度等制度。二要建立外部联系机制。各级工商联要有计划、有目标地逐步建立与有关部门、有关单位联系的长效机制，通过联席会议、定期沟通交流、共同研究解决问题等方式，做到信息互通、资源共享、协作配合，促进一些长期困扰我们的问题尽快解决，推动工商联工作外部环境的改善。三要建立工作指导机制。上级工商联组织要围绕重点工作，逐步分类提出指导性意见，推动全局工作；以调研、会议、网络、刊物等多种形式，对下级工商联工作进行具体指导，并加强信息反馈。同时，要健全工作责任制，进一步明确各部门、各岗位的工作职责，做到各负其责，各司其职；对需要各级工商联组织共同完成的工作任务，要强化工作督办制度，每一项重点工作都要明确目标任务、主要内容、完成时限、牵头部门，加强督促检查，促进工作落实。

6. 注重加强自身建设

一是加强领导班子建设。要切实加强理论政策学习。当前要认真学习胡锦涛总书记在纪念党的十一届三中全会召开30年大会上的重要讲话，深刻领会和正确把握改革开放30年积累的十大宝贵经验，继续推进改革开放伟大事业的前进方向和总体要求。通过加强学习、提高认识，切实做到与党中央在政治上思想上保持高度一致。要严格执行民主集中制、完善其他各项制度，进一步增强领导班子成员的政治把握能力、参政议政能力、组织领导能力、合作共事能力、经济工作能力、廉洁自律能力，真正做到懂全局、议大事、管本行，使各级领导班子成为求真务实、开拓创新的班子，在引领工商联事业发展中有更大的作为。

二是加强领导机构建设。这次执委会议将要通过《全国工商联关于加强执委会建设的意见》，这是我们为加强自身建设而采取的一个重要举措，虽然主要是讲执委会的，但对常委会也有同等重要作用，因为常委本身都是执委，都应该按照《意见》去践行，通过各位常委、执委的共同努力，把执委会、常委会建设抓好，切实发挥应有的作用。

三是加强机关建设。要高度重视和加强机关干部队伍建设，加大对机关干部的培训力度，注重提高干部的理论政策水平和实际工作能力，认真做好干部选拔、使用工作。进一步完善机关工作制度，规范办文、办会、办事程序，从提高机关干部的公文起草能力入手抓起，提高工作质量和效率。切实关心干部群众生活，帮助解决实际困难。要积极争取各方面的支持，努力改善办公条件。要进一步提高机关干部的参政议政能力、教育引导能力、经济服务能力、社会服务能力、法律服务能力等，以适应工商联服务科学发展和实现自身科学发展的紧迫需要。

7. 着力落实工作部署

谋事、做事不为落实，成事才是落实。全国非公有制经济人士思想政治工作会议和全国工商联组织工作会议的召开，对我们加强这两个方面的工作提出了明确要求，但要开创思想政治工作和组织建设新的局面，还需要花大力气、下大工夫。所以，明年要着力抓好落实工作。对于非公有制经济人士思想政治工作，要进一步提高认识、高度重视、努力实践、积极探索、注重实效，以此作为促进“两个健康”的核心工作。在当前严峻的经济形势下，更应注重和发挥思想政治工作的作用，教育和引导民营企业正确面对困难，增强发展信心，切实履行社会责任。在新中国成立60周年大庆之际，要按照中央的统一部署，开展纪念活动，引导广大非公有制经济人士和工商联干部增强热爱中国共产党、热爱祖国的情感，自觉履行社会责任，坚定不移走中国特色社会主义道路。对于组织建设，一方面要切实加强县级工商联的建设，夯实我们的工作基础，以加强县级组织建设来推动整体组织建设迈上新的台阶。另一方面要继续巩固和壮大会员队伍，按照积极发展、坚持标准、确保质量、优化结构、加强服务、规范管理的原则要求，确定会员发展的工作思路，通过拓展服务领域、健全服务功能、增强服务能力，吸引更多的非公有制企业和非公有制经济人士加入到工商联组织中来。还要积极推进各类商会组织创新，探索在新兴产业、高新技术产业、现代服务业和现代农业中发展行业商会，并引导和推动其健全组织机构，规范内部管理，发挥好服务、协调、维权、自律、监督等功能和作用。

各位委员，同志们，站在新的历史起点上，我们肩上的责任重大，背负的使命光荣，我们绝不能辜负党中央的重托。让我们在以胡锦涛同志为总书记的党中央领导下，高举中国特色社会主义伟大旗帜，以邓小平理论和“三个代表”重要思想为指导，深入贯彻落实科学发展观，解放思想，改革创新，坚定信心，扎实工作，为夺取全面建设小康社会新胜利而努力奋斗！

在全国工商联十届二次执委会议上的讲话

中央统战部副部长，全国工商联党组书记、第一副主席　全哲洙

（2008年12月26日）

全国工商联十届二次执委会议即将结束了。会议期间，黄孟复主席代表常委会向执委会作了工作报告，全面回顾了改革开放以来非公有制经济和工商联事业的发展历程，认真总结了今年的工作，深刻分析了当前经济形势，具体部署了明年的工作；各位执委认真讨论了黄孟复主席所作的工作报告并提出了许多很好的意见建议，审议通过了《全国工商联关于加强执委会建设的意见》和有关人事事项；会议对全国工商联系统抗震救灾先进集体和先进个人，以及“中华全国工商业联合会科技进步奖”一等奖项目进行了表彰。在大家共同努力下，会议圆满完成了各项议程。为了进一步做好工商联工作，我们必须在懂全局、议大事、管本行上下工夫，不断提高工商联服务科学发展、实现自身科学发展的能力。下面，我就落实这次执委会议精神，再强调几点意见。

一、懂全局，拓展工作思路

讲全局、识全局、谋全局是对领导机关、战略机关的基本要求。全国工商联作为工商联的全国组织，全国工商联执委会作为会员代表大会闭会期间的最高领导机构，在当前国内外经济形势下，要善于从全局出发，按照科学发展观的要求，树立世界眼光，加强战略思维，增强大局意

识，真正做到懂全局，不断开阔眼界、拓展思路，对自身所承担的任务通盘考虑、综合安排，高起点谋划全局，高标准开展工作，高水平推进发展。

1. 懂全局就要树立世界眼光

树立世界眼光，就要重视研究世界经济形势的发展变化，拓展服务非公有制经济科学发展的工作思路。随着对外开放的不断扩大，我国经济发展受世界经济波动、全球贸易走势、国际金融市场起伏、国际能源供求状况变化和重要原材料价格涨跌等国际因素的影响越来越大。在新的形势下，做好服务非公有制经济科学发展工作，既要着眼国内，又要放眼世界，统筹国内国际两个大局。

今年下半年以来，美国次贷危机引发的国际金融危机迅速从局部发展到全球，从发达国家传导到新兴市场国家和发展中国家。受国际金融危机带来的世界经济增长明显减速的影响，目前我国经济下行压力加大，许多非公有制企业特别是中小企业陷入生存与发展的困境。面对国际国内形势的新变化，我们要引导非公有制企业以更宽广的国际视野，抓住机遇，应对挑战。

一是引导非公有制企业既要充分估计国际国内各种不利因素的严峻性、复杂性，增强忧患意识、危机意识；又要看到有利条件和积极因素，增强发展意识、机遇意识。历史经验表明，每一轮世界经济的深刻调整，都是全球资源配置的重新洗牌，都将引发产业空间布局、产业组织结构的大调整，并将焕发出新的生机。这次国际金融危机将给国内企业带来包括扩大内需、调整结构、转型升级、寻求战略合作、吸引人才以及低成本扩张等新的发展机遇。要引导非公有制企业顺时应势，根据自身特点，善于发现机遇、敏锐捕捉机遇、切实用好机遇，牢牢把握在逆境中求发展的主动权。

二是引导非公有制企业加快产业结构调整步伐，以产业转型升级促进发展方式的转变；不断提高自主创新能力，注重培育自主品牌；加强企业管理，降低生产成本，千方百计渡过难关。

三是引导非公有制企业一方面立足国内，合理开发和有效利用国内各种资源要素；另一方面，有条件的企业要在巩固和发展国内市场的同时，实施“走出去”战略，积极参与国际经济合作和竞争，在全球范围内配置和利用资源，在全球发展大势中获得更多发展机遇和更大发展空间。

2. 懂全局就要加强战略思维

加强战略思维，就要从巩固和壮大统一战线的长远需要出发，拓展促进非公有制经济人士健康成长的工作思路。邓小平同志曾指出，统战工作固然有其策略性，但更主要的是它的战略性。说到底，统战工作是做人的工作的，而人的培养是一项战略性、长期性、复杂性的任务。改革开放30年来，我国经济社会结构发生了深刻变化，新的社会阶层日益发展壮大。中央明确提出，要把新的社会阶层人士作为统一战线工作新的着力点和群众工作的新领域。新的社会阶层人士主要由非公有制经济人士组成。非公有制经济人士作为新兴社会群体，一方面在参与国家经济建设和政治社会事务中的影响力不断扩大，已成为建设中国特色社会主义的重要力量；另一方面自身构成多元，素质参差不齐，思想活动的独立性、选择性、多变性、差异性更加明显。

工商联是党领导的具有统战性、经济性、民间性的人民团体和商会组织，联系对象主要是非公有制经济人士，在促进非公有制经济人士健康成长方面担负着重要的历史使命。非公有制经济人士健康成长，不仅是非公有制经济健康发展的内在动力和重要保证，而且关系到新世纪新阶段统一战线的巩固和发展，关系到我们党的阶级基础的巩固、群众基础的扩大和执政能力的提高，关系到中国特色社会主义伟大事业的发展。

因此，我们必须始终坚持以人为本这个科学发展观的核心，站在鼓励新的社会阶层人士积极投身中国特色社会主义建设、不断巩固和扩大党的执政基础、为全面建设小康社会和实现中华民族伟大复兴凝聚新力量的战略高度，正确掌握并自觉运用矛盾分析的辩证思想方法，坚持以全面观、联系观、发展观为核心内容的对立统一观点，既防止对立地看问题，也避免孤立地看问题，积极探索促进非公有制经济人士健康成长的新思路、新途径、新方式，不断增强做好非公有制经济人士工作的前瞻性、策略性、实效性。

3. 懂全局就要增强大局意识

增强大局意识，就要始终坚持围绕中心、服务大局，拓展工商联自身科学发展的工作思路。工商联工作历来都是为党的中心工作和国家大局服务的。只有始终坚持围绕中心、服务大局，工商联工作才能有作为、有实效、有影响，在服务科学发展中实现自身科学发展，体现工商联的应有地位。

要坚持在围绕中心中定位，顾大局、识大体，无论是组织性质的正确把握，还是主要任务的全面承担，无论是职责作用的切实履行，还是特点优势的充分发挥，都必须紧紧围绕推动科学发展、促进社会和谐来开展。要坚持在着眼全局中谋划，自觉把工商联事业放到党和国家事业的大局中去思考，把工商联各项工作放到时代发展要求的高度来谋划，从统一战线全局来考虑不同方面、不同阶段的工作任务，正确把握工商联工作在党的统一战线新联盟中和群众工作新领域中发挥作用的着力点、契合点。

要坚持在服务大局中尽责，充分发挥工商联统战性、经济性、民间性统一的综合优势和独特作用，确保工商联的正确政治方向和鲜明组织特色，积极引导广大非公有制经济人士继续解放思想，坚持改革开放，推动科学发展，促进社会和谐，为改革发展稳定大局作出更大贡献。增强大局意识，必然要求深刻把握中央重大决策部署，在政治上、思想上、行动上与党中央保持高度一致。

今年下半年以来，根据经济形势急剧变化，中央及时把宏观调控的首要任务调整为保持经济平稳较快发展、控制物价过快上涨，近期又果断实施积极的财政政策和适度宽松的货币政策，采取一系列进一步扩大内需、促进经济增长的政策措施。不久前召开的中央经济工作会议，明确提出必须把保持经济平稳较快发展作为明年经济工作的首要任务，着力在保增长上下工夫。我们要认真学习、深刻领会、全面贯彻中央经济工作会议精神，把思想认识统一到中央的决策部署上来，积极引导非公有制企业用足国家和各地出台的有关促进经济发展特别是促进中小企业发展的政策措施，不断提高市场应变能力和抵御风险能力。

总之，我们一定要在服务大局中保持工商联工作的整体性、协调性、持续性，促进工商联工作的各层次、各方面、各环节相协调，努力实现工商联自身全面协调可持续发展。

二、议大事，突出工作重点

议大事，就是在全局视野中，敏锐捕捉、深入思考、统筹部署不同时期相关领域的重大事项。各级工商联领导干部要能论“大事”、定“大事”、干“大事”，围绕牵动工商联事业全局、推动工商联事业发展的“大事”，深入调查研究，突出工作重点。明年是落实本届执委会各项任务的关键之年。我们要进一步明确本届任期内的“大事”，议好“大事”，抓好“大事”，在重点处着力，在难点上突破，以重点、难点问题的解决来推动全局工作的开展。

1. 切实加强理论建设

理论是行动的指南，政策是工作的依据。改革开放30年来，我国经济体制深刻变革，社会结构深刻变动，利益格局深刻调整，思想观念深刻变化。党和国家面对这一系列重大时代课题，坚持解放思想、实事求是、与时俱进的思想路线，不断推进理论创新，适时调整各项政策，取得了中国经济社会发展的巨大成就。随着改革开放的不断推进和非公有制经济的快速发展，工商联工作的重要性更加彰显。

当前，工商联肩负着坚持“三性”统一，发挥“五个作用”，促进“两个健康”，从而服务科学发展、实现自身科学发展的新使命，迫切需要全面加强理论建设，深入开展理论政策研究。这是工商联正确应对新形势的前提、全面提升工作质量的保障，是新时期以来工商联的一件“大事”。但是，同党关于非公有制经济的理论创新相比，同各级党委政府不断出台发展非公有制经济的政策措施相比，同日益繁重的非公有制经济人士工作相比，我们在非公有制经济和工商联事业的理论、政策和工作等领域的研究还明显滞后。各级工商联要从自身职责特点出发、紧密结合工商联组织和会员结构的变化、非公有制经济的发展，根据黄孟复主席对理论研究工作的具体部署，采取有力措施，切实推进对新形势下非公有制经济和工商联工作的理论政策及重大问题的研究。

一是充分认识理论建设的重要意义。理论建设是工商联事业的战略性工程，也是各级工商联机关的一项重点工作，更是工商联机关所有部门的重要工作内容，要努力做到理论研究部门全体干部参与、机关全体部门参与、工商联全系统参与。

二是科学制定理论建设总体规划。以中国特色社会主义理论体系为指引，着眼于工商联工作实践与理论探索的需要，区分研究项目的轻重缓急，做好工商联理论建设的中长期规划。我们不求一步到位，只求持之以恒、有所突破、有所创新，一步一个脚印，最终我们必能形成工商联建设的理论体系。

三是尽快建立开放式、多层次、社会化的研究机制。充分发挥工商联联系面广的优势，根据研究题目的需要，积极整合相关党政部门、科研机构、高等院校等社会力量，加强研究基地建设，按全国工商联、地方工商联、基层工商联及行业商会等层次分解任务，形成多层次、社会化的研究格局，借助“外脑”实现工商联理论建设的全面升级。明年，我们理论建设中首先要解决的一项重大任务，就是要全面深刻分析1991年中共中央批转《中央统战部关于工商联若干问题的请示》以来工商联事业的新实践、面临环境的新变化，探索总结新世纪新阶段工商联工作的新规律，推动形成指导工商联工作的新文件。

2. 更加重视思想政治建设

思想政治建设是工商联发挥在非公有制经济人士思想政治工作中的重要作用，促进“两个健康”的根本性工作，是工商联改革开放以来应该贯彻始终的一项“大事”。虽然近年来非公有制经济人士思想政治工作逐步得到重视，但还普遍存在认识上“重发挥作用、轻教育引导”、工作上与企业生产经营相脱节、方法上简单呆板等一些问题。更加重视思想政治建设，最大限度地把非公有制经济人士团结在党的周围，坚定不移地走中国特色社会主义道路，是全国工商联十届执委会最重要的“大事”之一，也是明年的重点工作之一。

要以这次对全国工商联系统抗震救灾先进集体和先进个人的表彰为契机，加大对非公有制经济人士在关键时刻勇于承担社会责任的正面宣传，引导他们进行自我教育。认真学习胡锦涛总书记在纪念党的十一届三中全会召开30周年大会上的讲话精神，举办好中国民营经济发展30年高层论坛活动，引导非公有制经济人士进一步增强改革开放的坚定性和自觉性。

推进和完善非公有制经济人士综合评价工作，与有关方面共同组织开展第三届优秀中国特色社会主义事业建设者评选表彰活动，树立具有广泛代表性和深刻感染力的先进典型。继续贯彻落实全国非公有制经济人士思想政治工作会议精神，按照中央统战部、全国工商联《关于加强和改进非公有制经济人士思想政治工作的若干意见》要求，大力推动非公有制经济人士思想政治工作取得新进展。

当前，尤其要重点开展两方面的工作。一方面，要引导非公有制企业深入贯彻落实科学发展观，坚定发展信心。心态决定状态。应对困难，从来就有两种态度。一种是见难而怕，消极沉沦；另一种是振奋精神，挫而愈进。坚定信心，沉着应对，办法总是比困难多。当前，作为国民经济的重要组成部分，我国非公有制企业也遭受到了前所未有的冲击，大量企业面临着空前的生存和发展危机，但也有许多企业没有受到多大影响，甚至也有企业逆势而上，发展势头未减。面对明年可能更为严峻的经济形势，要善于总结反思，在逆境中发现和培育有利因素，善于逆向思维，在“危”中求“机”，赢得主动，密切跟踪产业变化趋势，把握市场动向，做好风险预测、预警、预案，有效弱化金融危机带来的市场冲击，努力化解困境。市场经济告诉我们，在激烈的竞争中，“剩”者为王，能在市场上坚持下来的企业才是成功的企业。因此，应对挑战的最根本的措施在于强身健体、练好内功。越是在困难的时期，越是要抓住企业科学发展的根本，加快转变发展方式，切实有效地形成企业内生的创造力，努力从低端产业向高端产业延伸，不断提高技术创新能力、管理创新能力、风险管控能力和市场拓展能力以及员工素质，实现企业又好又快发展。

另一方面，要引导非公有制经济人士履行社会责任。这场突如其来的世界金融危机，使我国的就业市场和就业压力骤然加大，失业率明显上升，就业形势严峻。要引导非公有制经济人士与党和政府风雨同舟、齐心协力，积极主动承担社会责任，替政府分忧，为群众解困，高度重视产品质量、安全生产和环境保护，给社会提供更多的就业机会和就业岗位，宁肯企业员工先放假几个月、每周三天或四天上班，也要力争不裁员、少裁员，共克时艰，促进社会和谐，切实履行中国特色社会主义事业建设者的神圣责任。与此同时，我们要对非公有制经济人士在当前严峻经济形势下面临的各种压力给以更多的理解，对他们的生产经营状况给以更多的关心，对他们面临的突出困难给以更多的帮助，对他们发展企业的努力给以更多的支持。

3. 继续搞好组织建设

健全的组织是工商联一切工作的基础，是工商联履行职责的重要保障。组织建设事关工商联事业长远发展，过去是、现在是、将来仍然是工商联事业的“大事”。经过改革开放30年的长足发展，工商联已经形成了较为健全的组织网络。但与不断变化的新形势相比，工商联组织建设仍显滞后，影响和制约着工商联的科学发展，也影响和制约着工商联更好地服务科学发展。对此，各级工商联要切实树立和强化组织建设的“大事”意识，在今后相当长一段时期，下硬工夫、慢工夫，不断加强和完善组织建设。

一是切实加强执委会、常委会自身建设。执委会、常委会是工商联组织的领导机构。这次会议通过了《全国工商联关于加强执委会建设的意见》，要抓紧制定具体实施办法，并在今后的实践中逐步完善。各地工商联也要对如何加强执委会、常委会建设进行积极探索，进一步规范和完善会议制度、工作机制，发挥执委、常委作用，提高执委会、常委会整体素质和领导水平。

二是重点推进县级工商联组织建设。县级工商联是工商联组织的基石。要落实好今年下半年召开的全国工商联组织工作会议精神，按照中央统战部办公厅转发的《全国工商联关于加强县级工商联组织建设的若干意见》要求，切实加强和改进县级工商联组织建设。

三是深入研究行业商会建设。行业商会是工商联组织的延伸和工作的拓展。目前，已经有14个省、自治区工商联成为行业商会业务主管单位，全国工商联也在积极争取成为行业商会业务主管单位。明年我们还要将其作为全国工商联组织建设工作的重点调研课题，真正发挥工商联在行业商会协会改革中的积极作用。

4. 不断推动能力建设

在当前严峻的经济形势下，非公有制企业在宏观形势的把握、具体政策的利用、企业发展战略等方面都迫切需要得到及时且充分的服务。对此，各级工商联要将能力建设作为工商联刻不容缓的一件“大事”，将提高服务能力作为一项长期的重点工作，拓展服务领域，提升服务质量。

一是提高参政议政能力。参政议政是工商联的重要职责，是工商联通过参与国家大政方针的制定来服务非公有制经济发展的重要途径。尤其是当前国际国内局势瞬息万变，中央宏观政策调整较为频繁，各级工商联要进一步提高参政议政能力，及时了解国际金融危机给非公有制经济发展和非公有制经济人士思想带来的影响，积极向有关部门反映非公有制经济发展实情和非公有制经济人士合理诉求，力争在国家宏观政策调整中更好地体现促进“两个健康”。

二是提高经济服务能力。工商联经济服务工作，主要是面向整个非公有制经济，通过与有关部门紧密配合协调，为非公有制企业提供间接服务。这次会上，我们对6个科技进步一等奖项目进行了表彰，要继续探索其他有效载体，加大服务力度。当前，我们尤其要更好地利用经济服务这一手段，帮助中小企业化解融资难题，向国家有关部门努力争取财政税收方面的支持。

三是提高法律维权能力。为非公有制企业提供最充分的立法意愿反映、最快捷的法律维权服务、最及时的法律咨询及培训。重点做好维权服务，建立维权快速反映机制，加大与司法部门的沟通协调力度，切实维护非公有制企业合法权益。明年，我们要力争在参与协调劳动关系三方机制方面有所突破，争取在国家层面正式参与三方机制，拓展协调劳动关系的服务空间，提高为非公有制企业维权服务的能力。

四是提高对外联络能力。与境外商会组织、华商团体建立有效联系机制，搭建境内外经贸合作平台，为非公有制企业“走出去”提供多方面、更有效的服务。

五是提高社会责任引导能力。着眼育人，继续引导非公有制企业投身光彩事业和公益慈善事业，创新非公有制企业参与扶贫的工作机制，为非公有制企业积极履行社会责任创造条件，引导非公有制企业再添“光彩”。

三、管本行，打牢工作基础

管本行，就是真抓实干，努力做好本职工作。管本行，要求我们对全局形势的宏观把握、对重大事项的统筹安排都必须做到从“本行”实际出发，多做打基础、固根本、管长远的工作。管本行，重在“管”的本领和水平，重在练内功、强素质，重在打牢工作基础。

1. 搞好调查研究

调查研究是“谋事之基、成事之道”，是做好工商联工作的一项基本功，是“管本行”的一门学问。面对新形势新任务，我们必须注重搞好调查研究。

一要做到有针对性，带着问题去调研。调研不是游山玩水，不能随兴所至、任性而为。目前，我们的调研工作普遍存在不深入、作风漂浮的毛病。调研时，去工作开展得好的地方多，到工作难度大、地处边远的地区少；到地方听汇报、看材料的多，深入基层听“原声带”、掌握第一手材料的少；去企业走马观花的多，深入研究企业发展实际问题的少。对此，要进一步明确调研必须根据工作需要而展开，针对工作中的问题确定是否进行调研和如何开展调研。带着问题去调研，就是要事先明确调研重点、拟定调研提纲、确定调研方式，增强调研的目的性、计划性、指导性。

二要做到有深度，深入调查对象搞调研。调研不是坐而论道，不能“身居庙堂之高”，行夸夸其谈之事。一定要深入县级工商联、行业商会等最广泛的基层，深入非公有制企业特别是中小企业等最直接的对象，到“第一线”感受“原汁原味”，掌握第一手信息资料，确保调研信息不失真、无遗漏。

三要做到科学研究，形成调研成果。调研不仅仅重调查，更重调查之后的研究，更重利用调查所掌握的材料，通过定量分析和定性分析，发现事物的本质属性，抽象出内在的发展规律，提出解决问题的一般方法。当前，要重视从调查中总结工商联坚持“三性”统一、发挥“五个作用”、促进“两个健康”的工作规律。

四要做到有实效，注重调研成果转化。调研目的是解决问题，能否解决问题是衡量调研水平的集中体现。各级工商联要重视通过调研，提出解决工商联工作突出问题的具体措施，提出解决非公有制经济发展中存在问题的具体建议，并通过政协提案、向有关部门的意见建议等方式及时反映。明年，各地工商联尤其要关注金融危机对非公有制经济发展带来的后续影响，对非公有制企业正反两方面个案进行深入调查分析，及时提出非公有制企业如何渡过难关、实现可持续发展的切实可行的办法和建议来。

2. 创新工作机制

改革开放以来，工商联的许多工作都是挑战性、开创性的，必须坚持与时俱进，积极开拓创新，探索新机制，健全新制度。机制是统筹兼顾的重要载体和保障，而载体是机制的实现方式。工作载体就好比过河时的桥、渡河时的船，是工具、途径、手段，是“管好本行”最具创造力和活力的要素。

首先，载体要体现组织特色，能充分展示工商联“三性”统一特色，展示工商联网络健全、覆盖面广特色，使工作载体深深烙上工商联的印记，让社会能将它与工商联直接联系起来。

其次，载体要体现左右互动，能会聚工商联机关各部门的力量，围绕促进“两个健康”的目标融合各类服务，实现一个载体多种功能，发挥载体的综合性效用。

再次，载体要体现上下联动，把各级工商联和更多的工商联会员动员起来，吸引更多的非公有制企业和非公有制经济人士参与进来，使工作载体具有更广泛的影响力，从而通过这种载体将各级工商联有机凝聚在一起。这次会议上，黄孟复主席对机制创新提出了明确要求。各地工商联要从实际出发，着眼于提高工作质量和工作效率，在机关内部建立起工作协调机制，与社会力量建立起工作联系机制，在工商联系统建立起工作指导机制。为此，我再提出几点要求。一是要特别重视建立信息采集等基础性工作机制，着手建立完备的基本数据库、信息库、人物库，逐步在全国若干区域、若干企业形成信息基地网络，为更好地开展工作提供基本依据。二是机制创新要因地制宜，从不同地区、不同阶段的工作需要出发，有针对性地确定各地的机制创新重点。三是机制创新要善于借鉴，对内学习各人民团体的成功做法，对外参考发达国家商会的有益经验，从借鉴中吸取营养，加快机制创新步伐，提升机制创新水平。

3. 加强工作指导

目前，工商联已经成为一个由全国组织、地方组织和基层组织构成的大系统。全国工商联执委会“管本行”不能只管本级机关，而要管好工商联系统这个“大本行”，必须以改革创新的思路，通过加强工作指导，整合、凝聚工商联系统力量。但是，由于多种原因，我们对下级工商联的工作指导还十分不够，既缺乏全局性的宏观指导，又缺乏局部性的具体指导。

我们要切实树立工商联系统上下“一盘棋”的思想，加强对下级工商联的工作指导。一是围绕工商联重点工作，逐步分别提出指导意见。今年，我们已经出台了非公有制经济人士思想政治工作和县级工商联组织建设方面的指导性意见，下一步，我们还将与地方工商联一起，通过深入调研，在条件成熟的时候及时提出其他全局性工作的指导性意见。二是探索新方式，加强对下级工商联工作的具体指导。要继续通过调研、会议、网络、刊物等方式，尽可能近距离地指导下级工商联工作。同时，上级工商联要善于利用已经开展起来的、社会影响比较大的特色载体，通过策划、开展一些带有示范性、指导性的活动，做到以自身实践指导、带动、影响下级工商联开展工作。三是要做好信息沟通工作，做到“上情下达”与“下情上传”。信息渠道畅通是做好工作指导的重要保障。做到上情下达，下级工商联才能明白上级工作指导的要旨，才有贯彻落实的具体依据。做到下情上传，上级工商联才能在此基础上制定工作指导的具体内容。否则，没有信息沟通为基础的工作指导，只能是上级“瞎指挥”，下级则“一盘散沙”。

需要强调的是，加强工作指导必须坚持因地制宜、分类指导的原则。我国经济社会发展不平衡，各地非公有制经济发展状况不同，工商联工作基础和面临的主要问题也有较大差异，对不同地区工商联工作的要求也不会相同。因此，要充分考虑各地情况的不均衡性，对不同地方、不同情况的工商联不能按同一标准、同一模式来要求，必须坚持实事求是，分类指导。

4. 提高干部素质

机关干部特别是领导干部是落实工商联工作任务，推动工商联服务科学发展和实现自身科学发展的决定性因素。“本行”要“管”好，关键是干部要能力强，能力强的关键则是要干部素质好。各级工商联要大力加强学习型机关建设，把提高干部素质摆在更加重要的位置，努力培养更多的政治素质、业务能力和工作作风过硬的骨干力量，培养一支精兵强将组成的干部队伍。

一要加强培养，提升干部综合素质。按照工商联能力建设的目标要求，为干部提供多方面学习培训的机会，与高层次社会培训机构加强合作，组织干部参加学习培训，进一步提高干部的政治理论素养，有计划地组织干部补充经济、金融、法律、管理、科技、外语等专业知识，形成适应服务科学发展和自身科学发展要求的知识结构；从提高机关干部的公文起草能力入手，组织开展岗位练兵活动，以大练基本功全面带动干部的把握全局能力、调查研究能力、组织协调能力、解决问题能力；创造岗位交流、挂职锻炼的机会，坚持选派机关干部到地方工商联、非公有制企业，带着调研课题锻炼，更多地了解地方工商联的工作实践，深入生产经营一线，增加基层和企业工作实践经历，学用现代企业管理知识，增长实践才干。

二要规范管理，提高干部工作效率。按照《公务员法》的要求，规范干部录用、任职、考核等各项管理制度，健全工作责任制度，明确各部门、各岗位的工作职责，严格规范工作程序，全面提高工作效率。

三要注重激励，激发干部创新活力。推动干部竞争上岗进一步科学化、制度化、民主化，打破“论资排辈”，营造“平者让、庸者下、能者上”的良好氛围，给每个干部提供成长进步的机会，充分调动和激发其积极性、主动性、创造性。对德才兼备的年轻干部大胆选用、优先重用，把他们放到关键岗位上进行锻炼，使其成为能够肩负起工商联事业发展重任的骨干人才。

明年是新中国成立60周年，同时也将可能是新世纪以来我国经济发展最困难的一年。只要我们坚定信心，振作起来，按照党的十七大、十七届三中全会和中央经济工作会议精神以及胡锦涛总书记在纪念党的十一届三中全会召开30周年大会上的讲话精神，深入贯彻落实科学发展观，坚决执行党中央和国务院的重大战略决策，就一定能渡过难关，化危机为契机，促进非公有制经济人士健康成长和非公有制经济健康发展，为国民经济平稳较快发展作出新的贡献，以优异成绩迎接新中国成立60周年。

再过几天，我们将进入2009年。在此，我代表全国工商联诚挚地祝大家在新的一年里工作顺利、身体健康、家庭幸福、事业兴旺！

全国工商联十届二次执委会议关于工作报告的决议

（2008年12月26日全国工商联十届二次执委会议通过）

全国工商联十届二次执委会议认真听取并审议了黄孟复同志代表常委会所作的工作报告。会议认为，报告全面阐述了我国改革开放30年来的伟大历史成就，尤其是改革开放带来了非公有制经济的蓬勃发展和工商联事业的历史性进步；认真总结了2008年的主要工作和存在的不足；客观分析了当前的经济形势以及非公有制经济面临的挑战和机遇；明确提出了2009年的工作思路和主要工作要求。报告贯穿了实事求是、改革创新精神，对正确认识形势、做好明年工作具有指导意义，会议决定通过这个报告。

会议指出，改革开放是决定当代中国命运的关键抉择，是发展中国特色社会主义、实现中华民族伟大复兴的必由之路。30年的改革开放使我国经济社会体制发生根本转变，经济社会取得空前发展，国际地位显著提升。30年的改革开放从根本上改变了我国所有制结构，确立了非公有制经济的重要地位，带来了非公有制经济的快速发展，催生了新的社会阶层。30年的改革开放带来了工商联事业的历史性发展，工商联的工作对象、组织结构、性质作用都发生了重大转变。各级工商联组织和广大非公有制经济人士要认真学习胡锦涛总书记在纪念党的十一届三中全会召开30周年大会上的重要讲话，深刻领会精神，进一步增强坚持改革开放的自觉性、坚定性。

会议认为，一年来，各级工商联组织认真贯彻党的十七大精神，在各级党委和政府领导下，发挥优势，体现特色，在认真贯彻落实科学发展观、积极引导民营企业参与抗震救灾和灾后重建、为经济社会发展建言献策、探索解决工商联工作中的重要问题等方面做了大量工作，各项工作均取得了新的进展。

会议指出，面对当前严峻的国际国内经济形势，必须有清醒的认识。国际金融危机导致世界经济明显下滑。我国经济社会中尚未解决的深层次矛盾和问题，与国际金融危机严重冲击相互叠加，导致国内经济运行困难急剧增加，经济下行压力空前增大。民营企业特别是广大中小企业处境十分艰难，面临重大挑战。

会议要求，在当前形势下，要引导帮助会员树立战胜困难、应对挑战的信心。要看到我国经济发展的基本态势和长期趋势并没有改变，要看到在新一轮世界经济调整中的积极因素和国内经济发展的有利条件，学会在危机中寻求机遇，增强把握机遇的能力，实现企业新的发展。

会议强调，各级工商联组织要以邓小平理论和“三个代表”重要思想为指导，深入贯彻落实科学发展观，为企业渡过难关提供有效服务，以改革创新的精神切实加强理论研究、努力创新工作载体、逐步建立健全工作机制、注重加强自身建设、着力落实工作部署，全面做好明年工作，进一步增强吸引力、凝聚力、执行力，更好地服务科学发展和实现自身科学发展。

会议号召，各级工商联组织和全体会员要更加紧密地团结在以胡锦涛同志为总书记的党中央周围，坚定不移地走中国特色社会主义道路，坚定不移地坚持改革开放，不断开创工商联工作新局面，为实现全面建设小康社会的宏伟目标而努力奋斗！

全国工商联关于加强执委会建设的意见

（2008 年 12 月 26 日全国工商联十届二次执委会议通过）

为切实加强工商联自身建设，认真履行职责，充分发挥作用，现就加强中华全国工商业联合会执行委员会（以下称执委会）建设提出以下意见。

一、充分认识加强执委会建设的重要性

依据全国工商联章程，执委会是会员代表大会闭会期间的最高领导机关，在贯彻执行会员代表大会决议，决定全国工商联重大工作安排等方面担负着重要职责。随着非公有制经济的快速发展，以非公有制经济人士为主要组成部分的新的社会阶层不断扩大，自身素质不断提高，参与政治和社会事务的意识日益增强。面对新形势、新任务、新要求，切实加强执委会思想建设、组织建设、制度建设和作风建设，努力提高执委会成员的政治把握能力、参政议政能力、组织领导能力、合作共事能力、经济工作能力和廉洁自律能力，对于全国工商联不断提高凝聚力和影响力，更好引导非公有制经济人士健康成长，更好促进非公有制经济健康发展，团结带领广大会员开创工作新局面具有重要意义。

二、坚持用科学发展观指导执委会工作

科学发展观是我国经济社会发展的重要指导方针，是发展中国特色社会主义必须坚持和贯彻的重大战略思想。贯彻落实科学发展观是工商联引导非公有制经济人士健康成长、促进非公有制经济健康发展的必然要求。执委会成员要牢固树立并自觉践行科学发展观，准确把握科学发展观的深刻内涵、精神实质和根本要求，用科学发展观指导主观世界和客观世界改造，不断增强贯彻落实科学发展观的实效性。要把科学发展观作为推动工商联事业不断发展的理论基础，着力转变不适应不符合科学发展观要求的思想观念，着力解决影响和制约非公有制经济科学发展的突出问题，坚持服务党的统一战线大局，努力提高执委会在行使职权过程中懂全局、议大事、管本行的能力。要坚持以人为本，尊重会员的主体地位，竭诚为会员服务，把科学发展观贯彻落实到执委会各项决策和执委会成员的工作实践中。

三、坚持勤奋学习，进一步提高执委会整体素质

执委会成员要把加强学习作为提高综合素质、增强领导能力、履行自身职责的重要措施，增强自觉学习的意识，培养自觉学习的习惯。要认真学习中国特色社会主义理论，学习党和国家的方针、政策，学习党的新世纪新阶段统一战线理论，学习经济、科技、法律知识，学习工商联光荣历史，继承工商联优良传统。通过学习，深刻领会、准确把握中国特色社会主义理论体系，坚持正确的政治方向，进一步增强走中国特色社会主义道路的自觉性和坚定性。学习的形式要紧密结合工商联工作和非公有制经济人士的实际，不仅要学习有关文件，还应开展多种多样的讲座、培训、交流和参观活动，不仅要从书本学习，还应在经济和社会活动的实践中及时总结经验，在探索创新中学习。

四、坚持调查研究，进一步提高参政议政、建言献策的水平

参政议政和建言献策是全国工商联章程所规定的执委会成员的义务和职责。调查研究是科学决策的重要依据，是做好参政议政的前提。执委会成员应密切联系本地区、本行业的会员，深入基层，注重调查研究，就本地区、本行业的经济社会发展情况及存在问题，特别是在应对国际国内经济形势变化，解决突出问题，保持经济平稳较快发展和社会和谐稳定等方面，积极建言献策，及时反映会员的意见和诉求。执委会成员应结合工作实际，积极参加全国工商联、地方工商联和党政其他部门组织的调研活动，在任期内向全国工商联至少提交一份调研报告。各级工商联应积极协助全国工商联执委会成员深入调查研究，不断提高参政议政水平。

五、坚持民主集中制，进一步完善执委会制度建设

民主集中制是本会的组织原则。只有坚持在民主基础上的集中和在集中指导下的民主相结合，才能充分发挥全体成员的积极性、主动性和创造性，保证领导机构和领导班子正确决策。

一年一度的执委会会议是执委会对全国工商联全年的工作完成情况和下一年的工作部署、重要人事安排和其他重要事项行使民主权利、发表意见的主要议事决策形式。执委会在全国工商联组织体系中的重要地位，决定了其成员必须增强组织观念、遵守组织纪律，才能切实承担委员的责任，履行委员的义务。为保证执委会会议规定的出席率和会议质量，授权全国工商联主席办公会议建立和完善会议请假制度、考勤制度和委员出席会议情况的通报制度。召开会议的时间、地点、内容应提前一个月通知执委会成员。执委会成员应按会议要求准时报到，根据会议议题认真做好准备。执委会成员因特殊原因不能出席会议或会议期间请假，须按有关制度请假。会议结束后，全国工商联将以书面形式向本人和推荐单位通报出席情况并将其作为今后推荐常委、执委的依据之一。

要进一步完善执委会议事程序和规则，在日常工作中建立执委会成员反映意见的畅通渠道，为执委会成员履行职责，行使民主权利创造条件。

六、全国工商联机关要为加强执委会建设做好日常联系服务工作

认真做好执委会成员的日常联系服务工作，为执委会成员参与全国工商联的各项工作提供保障，是全国工商联机关的重要任务。为加强联系，及时了解执委会成员中的非公有制经济人士的情况，执委会成员应认真填报《工商联常委、执委登记表》。每年年初，执委会成员中的非公有制经济人士应如实填写《工商联民营企业统计表》，并由本人签字后报送全国工商联；由各地推荐的执委会成员，表格应同时抄报其所在省级工商联；表格内容由全国工商联会员部汇总后录入常委、执委基本信息数据库。

全国工商联机关各部门要相互配合，形成工作合力，共同做好执委会成员的联系服务工作，在举办重要活动时应注意邀请执委会成员参加。全国工商联各专门委员会要充分发挥执委特别是兼职副主席和中国民间商会副会长的作用，机关各部门要为各专门委员会开展活动做好服务。全国工商联会员部作为执委会成员日常工作联系部门，应深入了解执委会成员本人情况和企业发展情况，听取和收集执委会成员对工商联工作的意见和建议，及时向执委会成员通报全局性重要情况和重要事务。

要在各省级工商联协助下，建立健全全国工商联执委会成员联系网络。建立香港、澳门执委会成员小组，每年召开一次座谈会，听取意见和建议。全国工商联机关全体干部要联系工作实际加强学习，努力提高综合素质，以改革创新精神不断增强服务能力，切实改进工作作风，为执委会成员承担职责、履行义务提供优质高效的服务。

关于《全国工商联关于加强执委会建设的意见》的决议

（2008年12月26日中华全国工商业联合会第十届执行委员会第二次会议通过）

中华全国工商业联合会第十届执行委员会第二次会议审议并通过了《全国工商联关于加强执委会建设的意见》。

会议认为，为了贯彻落实好胡锦涛总书记对工商联作出的“要把加强自身建设摆在突出位置，全面加强思想建设、组织建设、制度建设、作风建设，更好促进非公有制经济健康发展，更好引导非公有制经济人士健康成长”的重要指示，执委会必须切实加强自身建设，努力提高执委会成员的政治把握能力、参政议政能力、组织领导能力、合作共事能力、经济工作能力和廉洁自律能力。

会议提出，执委会必须高举中国特色社会主义伟大旗帜，继续解放思想，开拓创新，把科学发展观贯彻落实到执委会各项决策和执委会成员的工作实践中。

会议要求，执委会成员要坚持勤奋学习，把加强学习作为适应角色转变、提高自身素质、增强领导能力的重要措施；要坚持调查研究，进一步提高参政议政、建言献策的水平；要增强组织观念、遵守组织纪律，积极参加全国工商联章程规定的各项会议和有关活动，认真行使民主权利，切实承担委员的职责、履行委员的义务，团结带领广大会员努力开创工作新局面。

关于《全国工商联关于加强执委会建设的意见（草案）》的说明

全国工商联党组副书记、副主席　宋北杉

（2008年12月25日）

我受常委会议委托，对《全国工商联关于加强执委会建设的意见（草案）》作如下说明：

一、制定《全国工商联关于加强执委会建设的意见》的必要性

党的十七大提出了高举中国特色社会主义伟大旗帜，以邓小平理论和“三个代表”重要思想为指导，深入贯彻落实科学发展观，继续解放思想，坚持改革开放，推动科学发展，促进社会和谐，为夺取全面建设小康社会新胜利而奋斗的主题，这对新世纪、新阶段工商联工作提出了更高要求。胡锦涛总书记在《在各民主党派中央、全国工商联新老主要领导人座谈会上的讲话》中，要求工商联要把自身建设摆在突出位置，全面加强思想建设、组织建设、制度建设、作风建设，更好促进非公有制经济健康发展，更好引导非公有制经济人士健康成长。黄孟复主席在全国工商联十大报告中对今后五年工作做出部署时指出，加强工商联自身建设是全面落实工商联各项任务的重要保障。执委会是全国工商联的最高领导机关，应带头加强自身建设。为此，我们起草了《全国工商联关于加强执委会建设的意见（草案）》。

二、《意见（草案）》的起草经过

在全国工商联十大刚刚闭幕之后，2007年

11 月 20 日召开的十届一次主席会议就提出要按照党中央的要求不断加强全国工商联领导班子和领导机构自身建设。今年 1 月 31 日召开的十届二次主席会议指出：建立健全全国工商联常委、执委工作制度是全国工商联加强常委、执委自身建设的重要组成部分，要以改革创新的精神，起草一个加强全国工商联执委会建设的文件。会后，负责起草的同志们根据全国工商联执委会的职权和委员的义务，同时参阅研究了部分省级工商联加强执委会建设的有关文件，认真起草《意见》初稿。在起草过程中全国工商联主席办公会议对《意见（稿）》进行了多次审议和反复修改。今年 6 月 10 日全国工商联十届三次主席会议对《意见（稿）》进行了讨论，提出了修改意见。6 月 11 日，十届一次常委会议对意见进行了讨论，委员们在分组讨论中表示原则赞同，并提出了一些文字修改意见。

十届一次常委会议之后，结合新形势对工商联工作的新要求，我们对《意见（稿）》又进行了修改和补充，形成了现在的草案。12 月 24 日召开的全国工商联十届五次主席会议和十届二次常委会议对《意见（草案）》进行了审议，同意将《意见（草案）》提交本次执委会议进行审议通过。

三、关于《意见（草案）》的主要内容

全文共分六个部分。

1.《意见（草案）》第一、二部分，着重论述了在非公有制经济快速发展，以非公有制经济人士为主体的新的社会阶层不断扩大，非公有制经济人士参与政治和社会事务的意识日益增强的新形势下，加强执委会建设的重要性。工商联作为党和政府联系非公有制经济人士的桥梁纽带，政府管理非公有制经济的助手，迫切需要其执委会按照党中央对工商联自身建设的要求加强思想建设、组织建设、制度建设和作风建设，不断提高适应新形势、完成新任务的能力和水平，促进“两个健康”，这是工商联各项工作的出发点和落脚点。

当前，按照深入学习实践科学发展观活动有关精神，结合工商联实际，《意见（草案）》特别强调，贯彻落实科学发展观是工商联引导非公有制经济人士健康成长，促进非公有制经济健康发展的必然要求。要把科学发展观贯彻落实到全国工商联执委会各项工作以及执委会成员的工作实践中，努力使执委会在行使职权过程中，不断提高懂全局、议大事、管本行的能力。

2.《意见（草案）》第三、四部分对执委会成员加强学习和调查研究工作提出了要求。强调执委会成员要把加强学习作为适应角色转变、提高综合素质、增强领导能力的重要措施，并对执委会成员提出要结合工作实际勤奋学习的要求。并对学习的内容、形式和方法提出了具体意见。

全国工商联执委会承担着工商联界别的参政议政、建言献策的重要任务。今年以来，国际国内经济形势呈现复杂多变的特点，《意见（草案）》特别强调，调查研究工作要切实增强主动性、预见性，切实增强解决实际问题的针对性和有效性。新一届执委会成员只有深入实际，调查研究，才能有针对性地提出有价值的意见和建议，才能更加及时准确、实事求是地向党和政府反映非公有制经济发展中的重大问题。

为了使调研工作落到实处，《意见（草案）》提出每位执委在届内至少提交一份调研报告。这个要求并不高，主要是考虑到执委中的非公有制经济人士的具体情况。但是，执委中的工商联专职领导干部应当用更多的精力和时间调查研究，才能更好地体现职能，开展工作。

3. 关于坚持民主集中制，进一步完善会议制度建设问题。《意见（草案）》中这一部分内容，主要是针对以往实际存在的会议出席率较低等问题，这些问题直接影响到执委会职权和民主集中制原则的落实。据各地反映，这也是各级工商联的共性问题。因此，《意见（草案）》明确，鉴于执委会在全国工商联组织体系中的重要地位，执委会成员“必须增强组织观念、遵守组织纪律，才能切实承担委员的责任、履行委员的义务”，并“授权全国工商联主席办公会议建立和完善会议请假制度、考勤制度和委员出席会议情况的通报制度”，目的是从制度上进一步增强执委会成员认真履行职责的主动性和自觉性。待《意见（草案）》经执委会议审议通过后，由全国工商联主席办公会议依据《意见》制定和完善常委、执委会议请假制度、考勤制度和委员出席会议情况的通报制度，使《意见》提出的各项要求能够得到落实。

4. 按照黄孟复主席在十大报告中对机关工作人员提高素质、增强服务能力的要求，《意见（草案）》对全国工商联机关各部门相互配合，共同做好执委会成员的联系服务工作做了具体规定。对在专门委员会中充分发挥执委，特别是兼职副主席的作用也作了要求。

另外，机关做好服务工作也离不开执委会成员的支持和配合。为了掌握执委会成员中的非公有制经济人士和企业情况，更好地做好服务工作，《意见（草案）》中提出认真填报《工商联常委、执委登记表》和《工商联民营企业统计表》以及建立健全执委会成员联系网络的要求，希望大家给予支持。

各位委员，以上是对《全国工商联关于加强执委会建设的意见（草案）》的说明，请予以审议。

关于授予2008年度中华全国工商业联合会科技进步奖的决定

（全联发〔2008〕7号）

各省、自治区、直辖市和新疆生产建设兵团工商联，本会各直属行业商会：

为全面贯彻落实党的十七大精神，深入学习实践科学发展观，提高民营企业自主创新能力，推动企业技术进步，全国工商联设立“中华全国工商业联合会科学技术奖”，对在自主创新、科技成果转化、产业化方面取得突出成绩，并创造显著经济效益或社会效益的民营企业、创新项目以及技术人员给予奖励。

根据《中华全国工商业联合会科学技术奖励办法》的规定，经专家评审委员会评审，全国工商联主席办公会议审定，决定授予北京启明星辰信息技术有限公司、恒有源科技发展有限公司、浙江飞亚电子有限公司、山东慧敏科技有限公司、山东力诺新材料有限公司、北京恒基伟业电子产品有限公司等单位的6项成果为2008年度中华全国工商业联合会科技进步一等奖。

希望广大民营企业继续发扬顽强拼搏、求真务实、勇于创新的精神，坚持走自主创新道路，认真学习实践科学发展观，为推动经济社会又好又快发展，为建设创新型国家，为全面建设小康社会作出更大贡献。

中华全国工商业联合会

二〇〇八年十二月二十五日

中华全国工商业联合会第十届执行委员会第二次会议选举办法

（2008年12月26日中华全国工商业联合会第十届执行委员会第二次会议通过）

根据《中华全国工商业联合会章程》制定本办法。

一、增补中华全国工商业联合会第十届执行委员会副主席，由执行委员会选举产生。选举工作由主席会议领导。

二、增补中华全国工商业联合会第十届执行委员会副主席，实行等额选举。由主席会议将中华全国工商业联合会第十届执行委员会副主席候选人建议名单提交常委会议审议，经审议同意后，提交执委会酝酿。主席会议汇总各方面意见后，根据多数人的意见通过候选人名单，提交执委会议进行选举。

三、选举采用无记名投票方式。选举时，参加选举的委员必须超过应到委员的半数，方可进行选举；候选人得到赞成票超过实到委员的半数为当选。未出席的委员不得委托他人投票，列席会议人员不参加投票。

四、选举人对候选人可以投赞成票、不赞成票或弃权票。填写选票时，表示赞成的不画任何符号；表示不赞成的在候选人姓名左边空格内画“×”；如另选他人，将另选人姓名写在“另选人姓名”栏内；表示弃权的在候选人姓名左边空格内画“△”，但不能另选他人。

五、每张选票所选人数等于或少于应选人数的为有效票，超过应选人数的为无效票。另选他人姓名模糊不清的，不计入另选他人票。

六、选举设监票人 10 名，其中总监票人 2 名。监票人由执委中产生，各组推荐 1 名，总监票人由主席会议从监票人中推荐。选举时，总监票人、监票人经会议通过，在主席会议领导下，对选举全过程进行监督。已提名作为中华全国工商业联合会第十届执行委员会副主席候选人者不得担任监票人。计票人员由主席会议指定，在总监票人、监票人领导下工作。

七、会场共设 3 个票箱。投票开始时，先由总监票人、监票人投票，然后其他委员按座区分别到指定票箱进行投票。

八、投票完毕后，由工作人员清点选票，总监票人向会议主持人报告发出选票和收回选票张数，由会议主持人宣布选举是否有效。收回的选票等于或少于发出的选票，选举有效；收回的选票多于发出的选票，选举无效，应重新进行选举。

九、计票结束后，由总监票人向主席会议报告计票结果，由工作人员宣读候选人和另选人所得票数，由会议主持人宣布选举结果。

十、会议选举不设流动票箱。

十一、本选举办法未尽事宜，由主席会议研究决定。

十二、本选举办法经第十届执行委员会第二次会议通过后生效。

全国工商联十届二次执委会议
增补副主席名单

（2008 年 12 月 26 日中华全国工商业联合会第十届执行委员会第二次会议选举产生）

刘迎霞（女）

全国工商联第十届执行委员会第二次会议
有关人事事项的决定

关于郭树人同志不再担任全国工商联十届执行委员、常务委员的决定（2008 年 12 月 26 日中华全国工商业联合会第十届执行委员会第二次会议通过）

中华全国工商业联合会第十届执行委员会第二次会议决定：郭树人同志因工作变动，不再担任中华全国工商业联合会第十届执行委员会委员、常务委员会委员。

关于增补热孜万·艾拜同志为全国工商联十届执行委员、常务委员的决定（2008 年 12 月 26 日中华全国工商业联合会第十届执行委员会第二次会议通过）

中华全国工商业联合会第十届执行委员会第二次会议决定：增补热孜万·艾拜同志为中华全国工商业联合会第十届执行委员会委员、常务委员会委员。

关于刘尧臣同志替补为全国工商联十届执行委员、常务委员的决定（2008 年 12 月 26 日中华全国工商业联合会第十届执行委员会第二次会议通过）

中华全国工商业联合会第十届执行委员会第二次会议决定：刘尧臣同志替补为中华全国工商业联合会第十届执行委员会委员、常务委员会委员。

第十届执行委员会第二次会议有关确认人事事项的决定

关于确认陶振江同志不再担任全国工商联十届执行委员、常务委员的决定（2008 年 12 月 26 日中华全国工商业联合会第十届执行委员会第二次会议通过）

中华全国工商业联合会第十届执行委员会第二次会议决定：同意第十届常务委员会第一次会议“关于陶振江同志不再担任全国工商联十届执行委员、常务委员的决定”，予以确认。

关于确认齐美朗加同志不再担任全国工商联十届执行委员、常务委员的决定（2008 年 12 月 26 日中华全国工商业联合会第十届执行委员会第二次会议通过）

中华全国工商业联合会第十届执行委员会第二次会议决定：同意第十届常务委员会第一次会议“关于齐美朗加同志不再担任全国工商联十届执行委员、常务委员的决定”，予以确认。

关于确认增补程红同志为全国工商联十届执行委员、常务委员的决定（2008 年 12 月 26 日中华全国工商业联合会第十届执行委员会第二次会议通过）

中华全国工商业联合会第十届执行委员会第二次会议决定：同意第十届常务委员会第一次会议“关于增补程红同志为全国工商联十届执行委员、常务委员的决定”，予以确认。

关于确认孟令峰同志替补为全国工商联十届执行委员、常务委员的决定（2008 年 12 月 26 日中华全国工商业联合会第十届执行委员会第二次会议通过）

中华全国工商业联合会第十届执行委员会第二次会议决定：同意第十届常务委员会第一次会议“关于孟令峰同志替补为全国工商联十届执行委员、常务委员的决定”，予以确认。

关于确认徐飞同志替补为全国工商联十届执行委员、常务委员的决定（2008 年 12 月 26 日中华全国工商业联合会第十届执行委员会第二次会议通过）

中华全国工商业联合会第十届执行委员会第二次会议决定：同意第十届常务委员会第一次会议“关于徐飞同志替补为全国工商联十届执行委员、常务委员的决定”，予以确认。

全国非公有制经济人士思想政治工作会议

推动新世纪新阶段非公有制经济人士思想政治工作取得新突破新成效

——在全国非公有制经济人士思想政治工作会议上的讲话

全国政协副主席，全国工商联主席　黄孟复

（2008年9月26日）

同志们：

全哲洙同志代表中央统战部和全国工商联党组，在刚才做的主旨报告中全面阐释了做好非公有制经济人士思想政治工作的重要意义，系统提出了新形势下非公有制经济人士思想政治工作的目标任务、基本原则和工作思路，对各级工商联积极履行职责，做好今后一个时期的工作，具有重要的指导意义。各级工商联要高度认识加强与改进非公有制经济人士思想政治工作的重要性和必要性，从历史和现实的结合、理论和实践的结合上，准确把握非公有制经济发展的国内国际环境变化，深刻分析非公有制经济人士群体的基本特点和时代特征，继承优良传统，不断探索创新，以求真务实的精神，努力使新世纪新阶段非公有制经济人士思想政治工作不断取得新突破、新成效。下面我强调几点意见：

一、做好非公有制经济人士思想政治工作是工商联的重要职责

目前，我国有7000万~8000万新的社会阶层人士，其中大多数来自个体私营等非公有制经济领域，他们掌握或管理着超过十几万亿元的资产。据有关部门统计，截至2008年2季度，我国私营企业已达560多万家，占全国法人企业的60%以上，成为我国最大的企业群体。个体私营经济占全国GDP的40%以上，成为推动经济发展的重要力量。非公有制经济吸纳的就业人数达全国城镇就业的70%以上，成为社会就业的主渠道。由于掌握资本、拥有财富、涉及亿万人的就业，非公有制经济人士与其他社会成员相比，具有独特的社会影响。他们作为中国特色社会主义事业建设者，既是先富起来的新社会阶层人士的主体，也是党的群众基础和执政基础。可以说，没有非公有制经济的健康发展，势必影响国民经济又好又快发展；没有非公有制经济人士队伍的政治稳定，势必影响整个国家的长期政治稳定；没有非公有制企业内部劳动关系的和谐双赢，势必影响全社会的和谐进步。工商联各级组织必须充分认识到，做好非公有制经济人士思想政治工作是党的群众工作的新领域，是各级工商联组织的重要职责，是工商联工作的核心内容。

党中央把非公有制经济人士思想政治工作交给工商联组织，我们的每一位干部无论在哪一个部门、哪一个岗位，都担负着“守土有责”的重任。思想政治工作，是凝聚人心、会聚力量的工作。建设中国特色社会主义是伟大而艰巨的事业，需要最广泛的联盟，需要调动一切积极因素，需要实现中华民族最广泛的大团结、大联合。由于经济体制深刻改革、社会结构深刻变动、利益格局深刻调整、思想观念深刻变化，再加上信息交流的便捷，特别是个性化、去权威化的网络传播手段深刻影响着社会生活，催生和加速了社会利益主体的多元化，人们的思想认识多元化、价值观念多元化。在这样的社会变革时期，把人们的思想统一到党的路线方针政策上来，统一到中国特色社会主义的共同理想上来，就显得尤为重要。

改革开放30年，我们所取得的一切成就，最根本的原因，是中国共产党制定和实行了正确的路线、方针和政策。非公有制经济人士思想政治工作主要内容之一，就是引导广大非公有制经济人士加深对党的路线、方针、政策的理解，增强贯彻落实的自觉性。思想政治工作是寻求意识形态认同的根本方式，而意识形态认同，是执政党巩固执政地位、获得人民群众支持的最持久的因素。中国共产党作为执政党，就是要使全体社会成员统一意志，形成共识，把各种积极的社会要素联结在一起，凝聚包括非公有制经济人士在内的各方面力量、智慧，形成向心力，推动经济社会全面发展。

清醒地认识到思想政治工作的功效，我们就能够按照中央提出的“充分尊重、广泛联系、加强团结、热情帮助、积极引导”的方针，理直气壮地教育引导非公有制经济人士树立中国特色社会主义共同理想，坚定不移地跟中国共产党走中国特色社会主义道路；教育引导他们深入学习实践科学发展观，努力实现非公有制经济又好又快发展；教育引导他们自觉承担社会责任，把企业自身发展与国家发展结合起来，把个人富裕与全体人民的共同富裕结合起来，把遵循市场法则与发扬社会主义道德结合起来，为构建社会主义和谐社会作出应有贡献。

二、思想政治工作在当前形势下要特别强调针对性、有效性，必须讲究方法和艺术

要发挥好工商联在非公有制经济人士思想政治工作方面的重要作用，关键是提高思想政治工作的针对性和有效性。各级工商联组织要充分发挥统战性、经济性、民间性相统一的优势，努力探索新时期做好非公有制经济人士思想政治工作的新路子、新方法。

20世纪50年代，工商联在引导私营工商业者贯彻党和国家的路线、方针、政策，帮助企业主调整劳资关系，鼓励他们投身资本主义工商业的社会主义改造等方面，都发挥了独特作用，作出了不可磨灭的贡献。这些年我每年都去拜访一些老工商业者，能够感觉到当年思想政治工作的影响真是深入人心。前年，我到天津去看望一位原工商业者的家属，她当年曾是腰缠万贯的“贵夫人”，而现在靠社会保障度日。尽管生活落差如此之大，但到她家看到仍然挂着毛主席的像，我们跟她谈过去事情的时候，她仍然是坚定地相信中国共产党。现在的工商联工作要继承当年优良传统，把思想政治工作做到这样的深度，取得这样的实效。

当时带头做思想政治工作的都是党的各级主要领导干部，包括毛主席、周总理率先垂范，留下了很多与老工商业者交流的美谈佳话。改革开放初期，小平同志设火锅宴，邀请了几位老工商业者谈心，提出“把人用起来，把钱用起来”，也是通过交朋友来做工作的。中国共产党的领袖们和许多高级干部，经历了革命战争考验，理想信念坚定，富有人格魅力。为了把私营工商业者的思想和行动统一到过渡时期的总路线和社会主义道路上来，党的高级干部们身体力行，通过约谈、餐叙、拜访等方式，和民族资产阶级的代表人物交流、交心。举办各种短期讲习班和政治学校，组织私方人员进行学习教育活动，并和企业职工一起学习讨论，把社会主义的理念、思想“灌输”进去。他们真心实意地和工商界人士交朋友，帮助解决实际问题，用新旧社会的对比进行启发教育，他们开诚布公，肝胆相照，再加上党的一系列正确的方针政策，不仅实现了对一个阶级的资产和平赎买，而且激发了工商业者的爱国之心、报国之志，促使他们积极投身到了以后的社会主义建设热潮当中。

这是中国共产党的思想政治工作史上的成功范例。它给予我们一个重要启示，就是全面贯彻落实党的方针政策，让每一个工作对象特别是那些社会上有影响的代表人士，认识到党的路线方针的正确，感受到党的政策的温暖，这是思想政治工作能够取得实效的关键。今天，时代背景、工作对象和任务目标都发生了巨大变化，但当年中国共产党人做工商界人士思想政治工作的基本经验和优良传统，通过与时俱进赋予新的时代内涵，仍然闪烁着光辉。

工商联做非公有制经济人士的工作主要是通过做好代表人士的思想工作，带动广大非公有制经济人士，紧密团结在党的周围，走中国特色社会主义道路。工商联的领导班子是做思想政治工作的关键力量。因此，各级工商联领导干部要身体力行，发挥自己的人格力量，用自己的言行来带动人、感染人、影响人、激励人；要以诚待人，肝胆相照，不但要成为企业家的朋友，更要成为挚友、益友、诤友。做好工商联思想政治工作，需要具有较高的政治智慧、丰富的阅历和广博的知识。这就要求工商联干部一定要懂全局、议大事，对我国国情和发展全局有清醒的认识和把握。并通过在工作中的大胆创新，使思想政治工作更加贴近实际，取得实效。

三、让非公有制经济人士充分沐浴到党的政策阳光，是思想政治工作取得实效的重要保障

思想政治工作服务于党的中心工作，做思想政治工作必须和解决实际问题结合起来。要推动党在非公有制经济领域的一系列理论创新成果在实践中得到体现，让非公有制经济人士都能“看得见，摸得着”，让他们真心拥护党的方针政策，这是思想政治工作取得实效的重要前提。

改革开放以来，在党的一系列方针政策指引下，非公有制经济迅速发展，初步形成了多种所有制经济平等竞争、相互促进新格局。关于非公有制经济的法律、法规、政策、制度也产生了根本变化，全社会对非公有制经济和非公有制经济人士的认识、理解和认可也日益加深。但是，一些制约非公有制经济发展的问题依然存在，进一步解放思想、深化改革的任务还很艰巨。一些干部的观念中仍不同程度地存在“疑私”、“怕私”、“防私”问题；一些政府部门办理个体、私营企业事务远不如像办理国有企业事务那样理直气壮；市场准入存在“玻璃门”现象，一些行业和领域在准入政策上虽然没有公开限制，但实际对进入资格设置过高门槛；中小企业中大部分是民营企业，实际税赋重、融资渠道窄、贷款困难；民营企业合法权益在一些地区仍然得不到有效保障；社会服务体系远未健全；等等。

这些问题的存在，在客观上增加了我们做思想政治工作的难度。如果非公有制经济人士的信心和积极性在现实中屡屡受挫，我们所宣传的内容和他们所看到的、经历的、感受到的不一样，对思想政治工作就会产生很大疑问。

在一些地方和部门，政策的落实执行既远未赶上党的理论创新的步伐，也尚未赶上政策调整的步伐。这就要求工商联组织充分发挥桥梁、纽带和助手作用，建言献策，积极呼吁，反映诉求，推动党的方针政策尽快落到实处，为非公有制经济发展营造一个宽松有利的法律、政策、市场和社会环境；同时，我们还要努力通过多种渠道、多种形式，帮助非公有制企业解决在发展过程中所遇到的实际困难和具体问题。我们解决思想问题，目的是提高非公有制经济人士的认识水平和思想觉悟，引导他们正确认识客观存在的实际问题。在引导他们正确认识问题的同时，认真帮助他们解决问题，有利于清除引发思想问题的客观因素，从而促进思想问题得到更好的解决。广大非公有制经济人士是发自内心地支持改革开放政策的，他们是在党的改革开放政策中先富起来的群体。但是非公有制企业的发展在某些地区、某些行业或某些事情环节上受到了一些制约，使他们对改革开放的政策产生一些疑问。所以我们必须通过帮助解决他们的实际困难与思想问题，增强他们对改革开放的坚定信心。

我国正处于难得的发展机遇期，同时也是各种矛盾的凸显期。具有较大规模的非公有制企业正面临发展转型期，而广大的中小企业正处于创业成长期。当前，非公有制经济人士中的思想和实际问题明显增多。在这种情况下，我们必须及时调查了解和分析研究他们的思想动态，切实了解他们的思想和利益诉求。对于企业遇到的那些一时解决不了的重大问题，回避是不可取的，我们还是要想方设法予以正面回答，实事求是地做好说明和疏导。

现在党中央、国务院高度重视解决中小企业的问题，但是我们也要认识到这是一个循序渐进的过程。今年企业劳动力成本上升较快，这里面也有一个怎么样引导企业认真执行新的劳动法规、构建和谐劳动关系等问题，这些都需要我们认真面对和解决。思想政治工作者要加强学习，紧跟形势，吃透党的精神，解疑释惑，让企业家们切切实实感受到中国共产党是要毫不动摇地鼓励支持和引导非公有制经济发展的。

四、加强和改进思想政治工作必须处理好的几个问题

非公有制经济人士思想政治工作是一项战略性、全局性和长期性任务，也是一项综合性系统工程。做好这项工作应处理好以下几个问题：

1. 提高认识、增强合力

非公有制经济人士作为新的社会阶层的主体，仍在不断成长壮大中，针对这个群体开展思想政治工作必须考虑到长期性、复杂性，考虑到它是一个变化着的动态的过程，它不是依靠一两个指标能够衡量的，任何简单化的做法对我们的事业都是有害的。应该考虑到我们所联系的群体的广泛性，我们不可能用同一个指标或者几个指标来要求和衡量上千万人，我们的思想政治工作要讲究方法。所以，工商联各个部门和所有的同志，都应该自觉地通过自己的工作平台来做非公有制经济人士思想政治工作。同时，必须争取各级党委和政府的支持和配合。现在工商联开展思想政治工作，一些人认为很大程度是宣传教育部门的事情，而实际各部门都应该把非公有制经济人士思想政治工作作为重要任务纳入自己的工作中，这个工作需要大家一起来做。

2. 有的放矢、注重实效

非公有制经济人士区别于一般的工人、农民、机关干部等社会成员，是因为他们掌握资本，拥有财富，影响着很多人的就业和生活，而这个群体又具有较大的独立性、选择性、多变性和差异性。这些特点决定了思想政治工作要从广大非公有制经济人士的思想实际出发，区分层次，有的放矢，注重实际效果。

中国共产党是一个有着远大理想和奋斗目标的政党，作为党领导下的人民团体和商会组织，工商联思想政治工作的先进性是党性的必然要求。中国共产党又是一个崇尚历史唯物主义和辩证唯物主义的政党，要求党的方针、政策和各项主张都实事求是，符合社会历史的现实情况。所以，工商联做非公有制经济人士思想政治工作，也一定要考虑到非公有制经济人士的各种情况，既要统一思想，又要尊重他们思想的差异性。

在思想政治工作中特别注意要正确认识和处理好各种利益关系。把个人利益与集体利益、局部利益与整体利益、当前利益与长远利益结合起来，使非公有制经济人士树立强烈的社会责任意识。最近“三鹿奶粉事件”影响非常大，暴露出企业中存在的大量问题。企业不应该只是嘴上讲社会责任，也不应该停留于公益捐赠，更要对产品负责，对消费者负责，在任何利益的诱惑下都能坚定立场。应大力提倡诚信是企业之本的理念。一定要把实际发展中反映出来的这些问题与思想政治工作结合起来，解决问题，提高认识。

3. 鼓励进行自我教育

要充分发挥非公有制经济人士自身的作用，调动他们的积极性，而不应把他们看成单纯受教育的对象。要尊重非公有制经济人士的合法权益、创业精神和劳动创造，肯定他们为强国富民作出的贡献，加强同他们的联系。上千万人的思想政治工作靠统战部门和工商联组织自己做是很困难的，一定要进一步重视自我教育的方式，用代表性人士和优秀分子的事迹、言行来带动广大非公有制经济人士。中央统战部、全国工商联等单位这几年联合开展的“优秀中国特色社会主义事业建设者”的评选表彰活动得到了广大非公有制经济人士的积极响应，树立了一批先进的榜样。这个活动还要进一步深化，要让这些企业和企业家的先进事迹深入人心。现在宣传的力度还不够，需要我们在今后的工作中加强。

在非公有制经济人士的思想政治工作中，还要积极帮助民营企业在内部建立党的组织。党的组织在企业内部做思想政治工作，包括做非公有制经济人士的工作都是工商联工作的重点。只有动员各方面的力量，尤其是发挥企业自我教育作用和先进典型的感召力，才能促使非公有制经济人士思想政治工作不断开创新局面。

同志们，这次会议虽然只有短短的一天半，但意义重大，必将对工商联组织发挥职能作用，对做好非公有制经济人士思想政治工作产生积极影响。我相信，依靠各级党委政府的领导、支持和统战部门的指导，通过工商联各级组织和干部的辛勤努力，我们的工作一定能够跨上一个新台阶！

（注：题目为编者所加。）

深入学习实践科学发展观　加强和改进非公有制经济人士思想政治工作

——在全国非公有制经济人士思想政治工作会议上的讲话

中央统战部副部长，全国工商联党组书记、第一副主席　全哲洙

（2008年9月26日）

为了全面贯彻落实党的十七大精神和新时期以来党中央关于统一战线工作特别是工商联工作的一系列重要指示精神，进一步做好非公有制经济人士的团结、帮助、引导、教育工作，鼓励他们积极投身中国特色社会主义事业建设，中央统战部和全国工商联共同组织召开了改革开放以来首次全国非公有制经济人士思想政治工作会议。这次会议的主要任务是：以邓小平理论和“三个代表”重要思想为指导，深入贯彻落实科学发展观，按照第二十次全国统战工作会议和全国工商联十大的要求，以高度的政治责任感和改革创新精神，认真研究非公有制经济人士思想政治工作的新变化、新思路、新途径和新举措，为促进非公有制经济人士健康成长和非公有制经济健康发展提供思想保证、精神动力和舆论支持。下面，我讲三点意见。

一、充分认识做好新形势下非公有制经济人士思想政治工作的重要意义

中国共产党从领导人民为夺取全国政权而奋斗的党，成为领导人民掌握全国政权并长期执政的党，其革命、建设和改革的各个历史阶段的实践证明，思想政治工作是经济工作和其他一切工作的生命线，是我们党获得人民拥护、巩固执政地位、增强领导力量的政治优势。在中国共产党的领导下，正是依靠强有力的思想政治工作，我们党广泛团结动员包括民族资产阶级在内的一切爱国进步力量，成功取得了新民主主义革命胜利；正是依靠强有力的思想政治工作，我们党广泛团结教育包括民族工商业者在内的农业、手工业、工商业广大城乡群众，顺利完成了社会主义改造；也正是依靠强有力的思想政治工作，我们党广泛团结带领包括非公有制经济人士在内的全国各族人民，共同开创了中国特色社会主义道路。进入新世纪新阶段，非公有制经济快速发展，非公有制经济人士队伍不断壮大，其群体构成、思想状况、自身素质、成长环境等都发生了深刻变化。切实加强和改进新形势下非公有制经济人士思想政治工作，具有更加重要的意义。

1. 加强和改进非公有制经济人士思想政治工作，是巩固和壮大统一战线的必然要求

统一战线作为中国共产党的一个重要法宝和一项战略方针，在不同历史时期呈现出不同的特点，充分体现了大团结大联合主题的时代特征和中国特色。新中国成立前以及新中国成立后的较长时间，我们党领导的统一战线性质是阶级联盟。改革开放以后，我们党的全部工作从以阶级斗争为纲转到以经济建设为中心，统一战线也开始了从阶级联盟到全体社会主义劳动者、拥护社会主义爱国者和拥护祖国统一爱国者的“三者”的政治联盟的转变。随着改革开放的不断推进，我国经济社会结构发生了深刻变化，新的社会阶层日益发展壮大。我们党科学界定了包括非公有制经济人士在内的新的社会阶层是中国特色社会主义事业建设者，使新世纪新阶段统一战线由原来的“三者”联盟进一步发展成为包括中国特色社会主义事业建设者在内的“四者”联盟，新的社会阶层人士工作也被明确为我们党的群众工作的新领域、统一战线工作的新的着力点。由“三者”联盟发展到“四者”联盟，是新世纪新阶段统一战线内部构成发生的最大变化；把新的社会阶层作为中国特色社会主义事业建设者纳入到统一战线范围，是新世纪新阶段统一战线显著的特征；不断巩固“四者”联盟，是新世纪新阶段统一战线的重要任务。与“三者”联盟相比，统

一战线“四者”联盟的提出，主要基于新社会阶层也是中国特色社会主义事业建设者的论断。非公有制经济人士是集中分布在新经济组织和新社会组织之中的新社会阶层的主体。他们既不是原工商业者的延续，更不是被改造的对象，而是作为我们党在政治上的重要同盟者、社会主义市场经济的重要推动者、中国特色社会主义事业的重要建设者，在改革开放中从工人、农民、知识分子、干部、军人等群体中分化出来的社会新生力量，在促进共同富裕、构建社会主义和谐社会、全面建设小康社会中发挥着重要作用。统一战线在新形势下的这种发展变化表明，能否最大限度地团结非公有制经济人士，关系到新世纪新阶段统一战线的巩固和发展，关系到我们党的阶级基础的巩固、群众基础的扩大和执政能力的提高，关系到中国特色社会主义伟大事业的发展。就统一战线工作而言，思想政治工作历来都是形成在爱国主义、社会主义旗帜下最广泛联盟的重要途径和手段，而努力形成团结一切可以团结的力量、调动一切可以调动的积极因素的牢不可破的统一战线，则是思想政治工作的直接目标和任务。我们要着眼于统一战线的发展变化，深刻认识加强和改进非公有制经济人士思想政治工作对于巩固和壮大统一战线的重要意义，最大限度地把他们团结起来，把他们的智慧和力量凝聚起来，把他们的创造活力激发出来，引导他们继续解放思想、坚持改革开放、推动科学发展、促进社会和谐。

2. 加强和改进非公有制经济人士思想政治工作，是党中央赋予统战部和工商联的重要职责

应该说，所有涉及非公有制经济领域的党政部门、社会团体，都从各自职能出发，以不同形式，或直接或间接地在做非公有制经济人士工作。在这其中，统战部和工商联是被中央明确赋予承担非公有制经济人士思想政治工作职责的党委部门和人民团体。《中共中央关于巩固和壮大新世纪新阶段统一战线的意见》指出，团结新的社会阶层人士是统一战线的重要任务，要求切实做好新的社会阶层人士统一战线工作。统战部是党委主管统一战线工作的职能部门，担负着牵头协调和监督检查本地区统一战线工作的职责。非公有制经济人士思想政治工作是当前统一战线工作新的着力点的重要方面，对加强和改进非公有制经济人士思想政治工作统战部负有领导责任。工商联是中国共产党领导的以非公有制企业和非公有制经济人士为主体的人民团体、商会组织。早在1991年7月中共中央批转的中央统战部《关于工商联若干问题的请示》就已明确，工商联在新的历史条件下的主要职责和任务，是做非公有制经济代表人士思想政治工作。2006年6月的全国第二十次统战工作会议和2007年11月中共中央国务院致全国工商联十大的贺词都强调，要充分发挥工商联在非公有制经济人士思想政治工作中的重要作用。显然，加强和改进非公有制经济人士思想政治工作工商联负有直接责任。多年来，各级统战部和工商联认真贯彻党的统一战线方针，牢牢把握非公有制经济人士工作政策，坚持围绕中心、服务大局，通过积极实践和探索，在广泛开展非公有制经济人士思想政治工作方面积累了许多宝贵经验。在党的方针政策指引下，在统战部、工商联以及其他有关方面正确引导下，广大非公有制经济人士能够致富思源、富而思进，自觉履行义利兼顾、扶贫济困的社会责任，积极回馈社会、造福人民，在经济地位不断提高的同时，逐步树立起了整体的良好社会形象。但我们也必须看到，非公有制经济人士作为动态发展的新兴社会群体，自身构成多元，素质参差不齐，思想活动的独立性、选择性、多变性、差异性更加明显。我们要在充分肯定其主流健康向上的同时，也清醒地看到他们中的少数人存在的一些不可忽视的问题。有的重利轻义，遵纪守法意识、产品质量意识、安全生产意识淡薄；有的眼界不开阔、心胸不豁达，对企业发展缺乏长远思考和战略谋划；有的摆阔斗富、生活奢靡、崇尚享乐，与中华民族传统美德和社会主义道德要求相背离；有的受国内外各种社会思潮影响，对国家基本经济制度和政治制度认识模糊。面对这些问题，统战部和工商联要牢固树立政治意识、责任意识，增强政治鉴别力，做非公有制经济人士思想政治工作的重要职责只能坚持和加强，不能放弃和削弱，必须把促进“两个健康”当做非公有制经济人士工作的出发点和落脚点，坚持对非公有制经济鼓励、支持和服务，对非公有制经济人士教育、引导和培养。

3. 加强和改进非公有制经济人士思想政治工作，是促进非公有制经济科学发展的客观需要

改革开放三十年来，我国非公有制经济从无到有、从小到大，在完善社会主义市场经济体制和推动经济社会发展方面发挥着越来越重要的作用。但也要看到，目前非公有制经济发展呈现出一系列新的阶段性特征。主要是：非公有制经济发展迅速，已成为就业的主渠道，同时非公有制企业平均生存期较短，企业技术水平较低、人才短缺的矛盾越来越突出；非公有制经济发展的市场环境、政策环境、法制环境更加趋于完善，同时市场准入、融资支持等问题尚未从根本上得到解决，还存在制约非公有制企业发展的诸多困难；非公有制经济在国民经济总量中的比重不断提高，已经成为我国经济增长的重要推动力量，同时加工制造业很多企业在生产经营中依靠低资源成本、低环境成本、低用工成本竞争，自主创新能力弱，品牌产品少。特别是在目前，美国次贷危机的负面影响还在加深，已经波及多种金融产品、各类金融市场和多家大型金融机构，并向实体经济扩散蔓延。美国金融市场持续动荡和经济增长大幅下滑正通过金融、贸易等方式向世界传导，全球经济明显减速。国际油价有所回落，但仍在高位波动，通胀压力还不小。国内价格上涨压力尚未根本缓解，煤电油运供应紧张，一些地区和行业增长速度明显回落，股市、房市波动较大。众多非公有制企业特别是中小企业由于对宏观形势把握不准，生产经营不善，应对挑战准备不足，再加上普遍存在的技术落后、融资困难、人才缺乏、抗风险能力低以及社会发展环境有待改善等因素，出现了思想困惑，产生了悲观情绪，动摇了发展信心。我们要在积极向政府有关部门反映情况，采取各种政策和扶持手段，帮助非公有制企业解决融资困难、改善发展环境、确保整个国民经济平稳较快发展的同时，教育引导非公有制经济人士正确把握宏观经济形势，充分认识到非公有制经济要抓住机遇，应对挑战，解决问题，走出困境，希望和出路的根本在于振奋精神，迎难而上，深入贯彻落实科学发展观，从而增强克服困难的信心和勇气。实践证明，越是新情况、新矛盾大量产生的时候，越能显示出思想政治工作解疑释惑、鼓舞人心、凝聚力量的有效作用。可以说，开展非公有制经济人士思想政治工作的目的与促进非公有制经济健康发展的目标是一致的，加强和改进非公有制经济人士思想政治工作是促进非公有制经济科学发展的客观需要。

二、明确非公有制经济人士思想政治工作的主要任务

根据党的十七大对统一战线的任务要求，结合全国第二十次统战工作会议和全国工商联十大的具体部署，今后一段时期非公有制经济人士思想政治工作的总体要求是：以邓小平理论和“三个代表”重要思想为指导，深入贯彻落实科学发展观，促进非公有制经济人士健康成长和非公有制经济健康发展；按照充分尊重、广泛联系、加强团结、热情帮助、积极引导的方针，团结教育广大非公有制经济人士，拥护中国共产党领导，树立中国特色社会主义共同理想，共建社会主义核心价值体系，坚定不移地走中国特色社会主义道路；努力培养和造就一支与中国共产党同心同德、始终不渝致力于中国特色社会主义事业的非公有制经济代表人士队伍，影响和带动广大非公有制经济人士自觉承担社会责任，把企业自身发展与国家大局结合起来，把个人富裕与全体人民的共同富裕结合起来，把遵循市场法则与发扬社会主义道德结合起来，做到爱国、敬业、诚信、守法、贡献，为全面建设小康社会、构建社会主义和谐社会不断创造物质财富和精神财富。

当前，要重点做好以下几个方面工作：

1. 着力培养合格的中国特色社会主义事业建设者

培养合格的中国特色社会主义事业建设者，是非公有制经济人士思想政治工作的首要目标。明确非公有制经济人士是中国特色社会主义事业建设者，既是对他们的政治属性确认，也是对他们的社会形象塑造；既是对他们的信任和肯定，也是对他们的期望和要求。因此，统战部、工商联以及其他有关方面有责任进行教育，广大非公有制经济人士要自觉接受教育。通过多种形式的教育引导，使广大非公有制经济人士增强建设者意识，提高建设者素质，努力成为合格的中国特色社会主义事业建设者。

按照中央统战部和全国工商联的工作安排，

我们将于今年第四季度在广大非公有制经济代表人士和工商联干部中，结合深入贯彻落实科学发展观和纪念改革开放三十周年，组织开展中国特色社会主义学习教育活动。这是新形势下加强和改进非公有制经济人士思想政治工作的重要内容，是促进“两个健康”的重要载体，也是加强工商联干部队伍思想建设的重要措施。各级工商联要在统战部指导下，按照全国工商联《关于开展中国特色社会主义学习教育活动的通知》要求，精心组织，周密安排，切实加强理论学习，注重解决实际问题，通过多种行之有效方式，扎实推进这一活动深入开展。通过学习教育，使广大非公有制经济人士正确认识我国基本经济制度和政治制度，正确认识改革开放取得的巨大成就，正确认识非公有制经济的历史地位和自身的历史责任，不断坚定他们对中国特色社会主义共同理想的信念、对党和政府的信任、对改革开放和全面建设小康社会的信心。

要在广大非公有制经济人士中开展科学发展观的教育。当前，世界经济增长放缓，国际金融市场出现动荡，国内经济运行中也存在一些突出矛盾和问题的现实，证明了党中央立足社会主义初级阶段基本国情，总结我国发展实践，借鉴国外发展经验，适应新的发展要求提出的科学发展观的科学前瞻性、无比正确性。科学发展观既是理论问题，更是实践问题。因此，在非公有制经济人士中进行科学发展观教育，主要是在实践中引导他们正确判断形势，继续解放思想，着力转变不符合科学发展观的思想观念，着力解决影响和制约企业科学发展的突出问题。针对影响可持续发展的瓶颈问题，破除盲目扩张规模、缺失内涵发展的错误理念，推进文化创新，确立效益优先、质量优先、生态优先、节约优先、安全优先的发展方式；针对自主创新能力不强，破除对低成本、高消耗的依赖心理，推进科技创新，提高劳动者素质，培育知名品牌，增强核心竞争力；针对制约发展的体制性障碍，破除家长式决策、家族式管理的思维定式，推进制度创新，促使企业股权从单一、封闭向多元、开放转变，实现企业所有权和经营权分离，加快建立现代企业制度；针对节能减排和环境保护难度加大，破除先发展后规范、先污染后治理的落后模式，树立环境保护也是发展的观念，推进管理创新，推动节能减排和环境保护从“软约束”向“硬约束”转变；针对经济全球化竞争压力加大，破除偏重国外市场、忽视国内市场的片面思想，推进发展战略创新，以世界眼光和战略思维利用国内国际两种资源，开拓国内国际两个市场，加快产业转型升级步伐。实践证明，在发展的困难时期，企业调整产业结构、提升质量效益和市场竞争力的动力最强。因此，非公有制企业要增强危机经营意识，在转变发展观念中破解发展难题，在更新发展思路中转变发展方式，把解放思想体现在抢抓科学发展先机的具体行动中。通过教育，使广大非公有制经济人士充分认识到，科学发展观是非公有制经济应对当前挑战、实现健康发展的现实之路、必由之路、成功之路，从而更加自觉地把科学发展观落实到企业生产经营的全过程。

要在广大非公有制经济人士中开展改革开放的教育。今年是改革开放三十周年。要认真回顾总结非公有制经济三十年发展的辉煌成就和宝贵经验，以非公有制经济人士的亲身经历和体会，证明改革开放是决定当代中国命运的关键抉择，是发展中国特色社会主义、实现中华民族伟大复兴的必由之路；只有社会主义才能救中国，只有改革开放才能发展中国、发展社会主义、发展马克思主义。当前，一些非公有制经济人士对改革开放能坚持多久产生疑虑，对非公有制经济发展前景表示担忧，因而裹足不前，不敢做强做大。我们要通过改革开放的实践教育和政策教育，使他们进一步看到改革开放作为一场新的伟大革命，不可能一帆风顺，也不可能一蹴而就的艰巨性；感受党和政府充分肯定改革开放的成效和功绩，改革开放不会停顿和倒退，坚持改革开放方向和道路的坚定性；增强以深化企业改革促进社会改革，以扩大企业开放促进社会开放，以加快企业发展促进社会发展，以维护企业和谐促进社会和谐的自觉性。通过教育，使广大非公有制经济人士进一步坚定改革开放信心，以实际行动纪念改革开放三十周年，成为改革开放的模范实践者和积极推动者。

2. 努力促进非公有制经济又好又快发展

促进非公有制经济又好又快发展，是非公有制经济人士思想政治工作的突出任务。做好非公有制经济人士思想政治工作，很重要的是引导非公有制经济人士提升自己的综合素质，从而提高驾驭自身企业又好又快发展的能力。不能把思想政治工作和企业发展搞成“两张皮”，要围绕企业生产经营和科学发展，为企业提供政策、科技、法律、信息、管理服务，提供对内、对外经贸交流服务，提供公共关系沟通协调服务，在服务中体现引导，把思想政治工作融入到为企业发展的服务中。

我国正处于难得的发展机遇期，同时也是各种矛盾的凸显期。具有较大规模的非公有制企业正面临发展转型期，而广大的中小企业正处于创业成长期。当前，非公有制经济人士中的思想困惑和实际问题明显增多。我们必须及时了解他们的思想状况和利益诉求，准确掌握和研究他们思想观念的变化，把做思想政治工作与帮助解决实际问题结合起来。通过加强和改进思想政治工作，找准思想政治工作与企业科学发展的结合点，推动非公有制经济实现可持续发展。

统战部、工商联干部尤其是领导干部要深入企业，广泛听取非公有制经济人士的意见建议，为形成非公有制企业法律上平等保护、经济上平等竞争的良好环境积极建言献策；加强与政府有关部门的联系、沟通与合作，为非公有制企业排忧解难；进一步增强服务意识和服务能力，健全服务功能，创新服务思路，拓展服务领域。要及时了解非公有制企业发展中不健康、“亚健康”的问题，切实帮助他们解决实际困难和问题，引导他们不能把企业困难的原因归结到政策方面，认识到国家实施宏观调控政策不是不要非公有制经济发展，而是为了包括非公有制经济在内的整个国民经济更好更快发展，是科学发展观的应有内涵和具体实践；引导他们正确分析自身存在问题的深层原因，不能消极被动地成为宏观调控对象，而要积极探索克服制约企业发展的新思路和新途径；引导他们按照科学发展观的总体要求，努力提高自身素质、创新能力、管理水平和企业效益，走出一条又好又快、可持续的科学发展道路。

3. 积极引导非公有制经济人士自觉履行社会责任

引导非公有制经济人士自觉履行社会责任，是非公有制经济人士思想政治工作的重要内容。要教育引导广大非公有制经济人士树立“双赢才是真赢、多赢才能久赢”的观念，不能简单地把企业与员工之间的关系当做是雇佣关系，也不能简单地把企业与客户之间的关系看做是“买卖”关系，通过体制机制创新将各方结成利益共同体。利润不应是企业的唯一追求，自觉承担社会责任、实现企业利润最大化和社会效益最大化的有机统一，应当成为非公有制经济人士实现自我价值和社会价值的最佳结合。企业履行社会责任在某种意义上讲是一种收入的再分配，表面上体现的是付出，实质上是一种“得”。非公有制企业要义利兼顾、德行并重，善求“义”中之“利”，才能得到社会更多的尊重、更大的信任，促进企业更好更快发展。

按照科学发展观的要求，非公有制经济人士的社会责任主要体现为三个方面。第一，按照发展是第一要义的要求，承担起发展生产的责任，创造利润增强自身发展实力，增加员工收入，为消费者提供符合国家技术标准的优质产品和服务；扩大再生产投入，创造就业机会，增加就业岗位；依法纳税，为政府增加税收，为社会创造财富。第二，按照可持续发展要求，承担起节能环保的责任，转变发展方式，提高能源资源利用效率，大力发展循环经济和环保经济，强化安全生产观念和产品质量意识，提高市场竞争力。第三，按照构建和谐社会要求，承担起参与社会公益慈善事业的责任，在依法经营、诚信经济、关爱员工、发展企业内部和谐劳动关系的同时，更多地关注社会公益慈善事业，积极投身扶贫开发、就业再就业和社会主义新农村建设。

近年来，我国非公有制经济人士的社会责任感日益增强。在四川汶川特大地震灾害面前，广大非公有制经济人士参与抗震救灾热情空前高涨，捐款捐物非常踊跃，为灾区群众恢复生产和重建家园作出了重要贡献，充分体现了他们为国分忧、为民解难的强烈爱国热情和高度社会责任感，生动展现了中国特色社会主义事业建设者的精神风貌。今年1月1日《劳动合同法》颁布实施以来，许多非公有制企业表现出较高的政治觉悟和社会责任意识，虽然感受到给企业成本带来的压力，但总体上能够按照法律要求，逐渐提高企业劳动合同签约率，积极缴纳员工社会保险金，切实履行保障劳动者合法权益的义务。最近国家颁布了《劳动合同法实施条例》，我们一定要宣传好、贯彻好、落实好，引导非公有制企业依法保护劳动者的合法权益，发展稳定和谐的劳动关系。

4. 切实为巩固和扩大党的执政基础凝聚力量

为巩固和扩大党的执政基础凝聚力量，是非公有制经济人士思想政治工作的光荣使命。做非公有制经济人士思想政治工作，本质上是做人的工作。要教育引导非公有制经济人士特别是年青一代，继承发扬老民族工商业者与中国共产党风雨同舟、患难与共的优良传统，紧密团结在党的周围，坚定不移走中国特色社会主义道路，进一步巩固和扩大党的执政基础。

党的十七大关于加强和改进思想政治工作要注重“人文关怀”和“心理疏导”的要求，体现了思想政治工作以人为本的宗旨和与时俱进的特点。感性主导思考的过程，理性决定思考的结果。思想政治工作要尊重人、理解人、关心人，提高说服力，增加影响力，必然要从单纯强调思想政治教育，逐步转向既重视思想政治教育，又注重人文关怀和心理疏导。由于社会生活急剧变化，工作和生活节奏明显加快，也导致人们生活和工作的压力增大，受到各种心理问题困扰。非公有制经济人士作为企业领军人物，在激烈市场竞争中承担着比普通人更多更重的责任和压力。缓解他们的心理压力，促进他们的心理健康，实现他们的心理和谐，成为加强和改进非公有制经济人士思想政治工作的重要方面。

我们要通过组织多种形式的教育培训活动，引导广大非公有制经济人士加强自身修养，提高精神境界，完善健全人格；引导他们培养乐观、豁达、宽容的精神，培养自尊自信、理解平和、健康向上的社会心态；引导他们在生产经营中树立有序竞争、共同发展的理念，提倡包容和协作的精神。要建立相应的工作渠道和机制，广泛开展民主协商对话，既要坚持原则，又要坦诚相见，以情动人，以理服人，密切与非公有制经济人士的联系，努力成为他们的益友、挚友。通过平等的双向交流，充分发挥桥梁纽带作用，既大力宣传党的方针政策，又满腔热情地帮助非公有制经济人士解决思想认识和工作生活中的实际问题，依法维护他们的合法权益，充分反映他们的合理诉求，尊重他们的劳动和创造，肯定他们为强国富民作出的积极贡献。根据非公有制经济人士工作方式、生活方式的特点，以他们身边的人和事对其进行自我教育，使其能够自我提高，把他们最大限度地团结在党的周围。与有关部门积极配合，使那些承认党的纲领和章程、自觉为党的路线和纲领而奋斗、经过长期考验、符合党员条件的优秀非公有制经济人士加入到党的组织中来，为巩固和扩大党的执政基础增添新力量。

5. 热情鼓励非公有制经济人士创造精神财富

鼓励非公有制经济人士创造精神财富，是非公有制经济人士思想政治工作的重大课题。广大非公有制经济人士在创业、创造、创新的艰辛过程中，不仅仅创造了物质财富，也创造了精神财富，提供了一系列具有时代特征意义的健康向上的精神食粮。当前全社会奉行的一些准则，比如，创业创新、竞争合作、自立自强、讲求效率、尊重科学、尊重人才、法制诚信、慈善公益等，都是非公有制经济人士创造的符合社会主义价值理念的文化元素。集中来说，就是我们所鼓励提倡的“爱国、敬业、诚信、守法、贡献”的优秀中国特色社会主义事业建设者精神，它们对小富即安、平均主义、不思进取、自我封闭等落后观念造成巨大冲击。对这些精神财富给予充分肯定，有利于激发非公有制经济人士的成就感、自豪感和进行文化创新的自觉性、积极性，有利于他们对社会主义核心价值体系的参与共建。

非公有制经济人士创造的精神财富，主要凝聚在其企业精神中，企业精神集中体现在企业文化中。企业文化是企业思维方式和行为方式的总和，它不直接解决企业是否赢利的问题，但可以解决企业成长是否健康、是否可持续的问题，通过长期潜移默化的作用塑造企业的存在方式和员工的行为方式。先进的企业文化关系到企业的生存和发展，有助于增强企业的凝聚力和创造力，直接影响企业的经营理念和发展思路，是企业核心竞争力的重要体现。随着经营管理者自身素质的不断提高，现在已有越来越多的非公有制企业更加重视企业文化建设，但普遍存在企业文化缺乏个性和员工基础的问题，甚至有些企业把企业文化简单理解为企业文体娱乐活动。文化创新就是企业要将自己的企业文化从注重形式向注重内容转变，从缺乏个性向突出特色转变，从“老板文化”向员工认同转变，把企业文化和企业可持续发展、不断提高竞争力结合起来，在以人为本、开拓进取、诚信守法、共建共享等经营理念上提高企业文化内涵层次，最终形成全体员工认同、富有企业个性、促进企业增强凝聚力和竞争力的企业文化。

非公有制经济人士思想政治工作的一个新的工作内容，就是广泛和深入挖掘非公有制企业文化中符合正在构建中的社会主义核心价值体系的精神财富，引导非公有制经济人士大力发展和创新具有时代价值的企业文化，在继承和发扬民族优秀文化传统的同时，广泛吸收外来优秀文化成果，进一步使企业文化更具鲜明的个性和员工认同基础，更加符合社会主义核心价值体系的总体要求。通过在非公有制企业创建群众性精神文明活动，提升非公有制企业核心竞争力，改善非公有制企业劳动关系，从而促进非公有制经济人士自觉实现企业经济效益与社会效益的统一、个人利益与集体利益的统一、局部利益与整体利益的统一、当前利益与长远利益的统一。

三、努力保证非公有制经济人士思想政治工作取得实效

当今世界正在发生广泛而深刻的变化，当代中国正在发生广泛而深刻的变革；爱国统一战线事业蓬勃发展，非公有制经济人士队伍不断壮大。这一切，都对非公有制经济人士思想政治工作提出了新的更高的要求。我们要在认真总结并及时推广以往成功经验基础上，以实事求是的态度和与时俱进的精神，进一步采取有力措施，努力把非公有制经济人士思想政治工作的各项任务落到实处。

1. 切实加强组织领导

加强领导是做好非公有制经济人士思想政治工作的关键。各级统战部、工商联要提高认识，不断加强和改进对非公有制经济人士思想政治工作的领导，纳入重要议事日程，着力研究解决工作中的突出矛盾和问题，不断推动这项工作取得新突破。

各级统战部要切实负起领导责任，按照中央关于新的社会阶层人士是统一战线工作新的着力点，要最大限度地把他们团结在党的周围的要求，认真研究加强和改进非公有制经济人士思想政治工作的各项措施，使这项工作成为统一战线工作的新“亮点”。主要领导要经常过问，分管领导要全力抓好，有关部门要具体落实。进一步明确统战部的牵头协调和监督检查职责，加强非公有制经济人士思想政治工作理论研究，加大对工商联工作的指导力度；在研究部署有关非公有制经济人士工作时，充分考虑发挥工商联作用，与工商联的重点工作统筹安排，为非公有制经济人士思想政治工作的有效开展创造良好条件；把非公有制经济人士思想政治工作纳入工商联领导班子工作的考核内容，作为换届考察、选人用人的重要依据。

各级工商联要增强统一战线意识，主动自觉接受统战部的工作指导，善于在工作中体现统一战线的方法和要求。党组要充分发挥领导核心作用，切实负起非公有制经济人士思想政治工作的领导责任；坚决贯彻执行党的方针政策，坚持正确的政治方向，加强同党外干部的合作共事；在研究安排各项重要工作时，都要充分考虑是否有利于非公有制经济人士思想政治工作。在党组统一领导下，建立非公有制经济人士思想政治工作责任制。除了明确分管领导和牵头部门外，所有领导干部和所有工作部门都要明确自身肩负的思想政治工作职责，着眼于促进“两个健康”、体现“三性”、发挥“五个作用”来开展工作、组织活动。在各级工商联特别是领导班子中，要营造一种开展思想政治工作义不容辞、对非公有制经济人士进行教育引导责无旁贷的氛围，把思想政治工作与参政议政、经济服务、法律维权、社会扶贫等工作结合起来进行，寓思想教育引导于综合服务之中。

各级统战部和工商联要通过积极努力，以自身富有成效的作为争取党委和政府在扩大工作领域、丰富工作职能、提高工作水平、解决工作困难等方面的支持，逐步形成党委统一领导、统战部牵头协调、工商联党组组织实施、工商联各工作部门相互配合、有关方面参与其中的非公有制经济人士思想政治工作长效机制。

2. *积极探索有效途径*

有效途径是做好非公有制经济人士思想政治工作的保证。多年来，各级统战部和工商联从各自工作实际出发，从非公有制经济人士的群体特点出发，从党的统一战线方针政策要求出发，不断总结、研究和掌握非公有制经济人士思想政治工作的规律，逐步形成了以社团为组带、以社区为依托、以网络为媒介、以活动为抓手的一整套行之有效的工作途径。我们要在此基础上进一步完善，在实践中不断创新，努力提高非公有制经济人士思想政治工作的感召力和渗透力、针对性和实效性。

一是强化教育培训。按照中央统战部和全国工商联的教育培训规划，统筹安排培训活动，建立层层培训、普遍培训的教育机制。通过开办培训班、专题研讨、考察调研等多种形式，有计划、有步骤地在非公有制经济人士中开展中国特色社会主义理论、科学发展观、改革开放、社会主义道德和法制、工商联优良传统等教育，帮助他们提高政治觉悟、法制观念、经营能力、管理水平、责任意识等综合素质。与有关教育机构密切合作，逐步形成稳定的培训教育渠道，编写和完善培训教材，改进教学内容和形式，提高教育培训质量，努力做到理论教育与实践活动相结合、自我教育与组织培训相结合、典型教育与普遍要求相结合。

二是做好政治安排。建立和完善非公有制经济代表人士评价指标体系，加快推动对他们的综合评价工作。按照有较高政治素质、有较大社会贡献、有较强参政议政能力、在所联系阶层中有较大影响的总体要求，做好非公有制经济代表人士培养选拔和政治安排工作，逐步扩大他们有序参与政治和社会事务的渠道，切实做到选拔一个、带动一批，安排一个、影响一片。对于已经安排为各级人大代表、政协委员、工商联执委和常委等非公有制经济代表人士，要加强联系、热心帮助、跟踪培养，及时发现问题，主动提醒教育，不断提高他们的政治把握能力、组织协调能力、参政议政能力、合作共事能力，逐步实现培养有重点、选拔有标准、推荐有程序、培训有教材、政治安排之前先培训、履职情况届中要考察的非公有制经济代表人士政治安排工作的制度化、规范化、科学化。要按照干部建设的基本要求和非公有制经济人士成长规律，拓宽视野，坚持标准，重点培养，梯次配备，加强非公有制经济代表人士后备队伍建设，实行动态管理，形成合理结构，充分发挥其示范性，切实增强其带动力，不断扩大其影响面。

三是扩大表彰影响。认真总结经验，规范表彰办法，拓展表彰范围，严格表彰条件，完善表彰机制，打造具有较大社会影响和较强示范效应的表彰品牌和多层次的表彰体系。继续扎实开展优秀中国特色社会主义事业建设者等表彰工作，进一步开展社会效果显著的单项表彰活动。主动加强与有关部门和团体的合作，进行联合表彰或推荐表彰。通过这些表彰活动，深入挖掘和树立具有广泛代表性和深刻感染力的先进典型，为广大非公有制经济人士树起过得硬、学得到、立得住的当代榜样，努力在他们当中形成崇尚先进、学习先进、争当先进的良好氛围。

四是加大宣传力度。努力提高自办媒体质量，加强与重要媒体的合作，通过设立特色栏目、创建互动渠道、创作文艺作品等方式，正面宣传非公有制经济人士的创业事迹、创新精神和创造成果，充分展示他们的良好形象和精神风貌，为非公有制经济人士健康成长营造积极的舆论环境。主动利用新闻发布、论坛峰会、对话访谈等多种形式，宣传党和国家关于非公有制经济发展的各项方针政策、非公有制经济领域取得的巨大成就，以及统战部、工商联工作的积极作用，并就社会普遍关心的非公有制经济领域的热点问题进行正确宣传引导。

五是丰富活动载体。充分运用现有载体，努力拓展活动平台，进一步组织非公有制经济人士积极参与光彩事业、新农村建设、扶贫开发、智力支边、慈善公益事业等社会实践活动，特别是要深入社会尤其是基层进行专题调研，站在国家经济社会发展全局参政议政、建言献策、参与社会事务监督和管理，从中得到学习、受到教育，使思想认识不断提高。通过丰富的社会实践活动，使非公有制经济人士从中体察民情、了解国情，增强履行社会责任、践行共同富裕理想的自觉性。要善于抓住时机，在重大事件和重要活动中对非公有制经济人士进行正确引导，及时开展思想政治工作。重视和发挥行业组织在非公有制经济人士中的自律作用，支持和配合非公有制企业党组织对党的方针政策的宣传、对企业遵守国家法律法规情况的引导和监督，不断扩大非公有制经济人士思想政治工作的覆盖面。

六是加强信息调研。统筹建立非公有制经济领域信息反馈制度，充分利用各种信息渠道，吸纳有关专业机构人员，形成相互配套的信息采集、分析、反馈系统，加强舆情研究，及时掌握非公有制经济人士思想状况和非公有制经济发展趋势。加强与社会科学研究机构的合作，共同建立全国范围内的调查网络，定期开展非公有制经济人士思想状况调查，为增强非公有制经济人士思想政治工作的针对性提供基础性依据。

3. 高度重视队伍建设

队伍建设是做好非公有制经济人士思想政治工作的根本。要从非公有制经济发展环境和非公有制经济人士自身变化的实际出发，根据党和国家提出的新任务、新要求，建立起一支政治坚定、作风清廉、业务精通、素质优良、富有人格魅力的非公有制经济人士思想政治工作队伍。这支队伍既包括各级统战部经济统战部门、工商联宣传教育部门的专职干部，也包括工商联全体干部，还包括非公有制经济代表人士特别是被表彰的各级优秀中国特色社会主义事业建设者、人大代表、政协委员、工商联执委和常委，行业商会负责人。省级工商联、副省级城市工商联和有条件的市级工商联，要设立专职宣传教育部门；没有条件设立专职宣传教育部门的市级工商联，要明确专人负责思想政治工作；切实加强县级工商联和行业商会的组织建设，在强化服务中增强做好非公有制经济人士思想政治工作的主动性、自觉性和创造性；与有关部门积极配合，在具备条件的行业商会和非公有制企业中建立党团组织。通过建立健全机构、明确人员，强化非公有制经济人士思想政治工作队伍的骨干力量。充分发挥全国工商联宣传培训委员会的作用，整合统战部、工商联各工作部门的职能，吸纳党政有关部门、社会有关方面和非公有制经济领域在思想政治工作、企业文化、管理创新等方面有研究、有建树的人员参与，形成非公有制经济人士思想政治工作队伍的社会力量。通过广泛团结，加强交流，建立和完善具有开展政策研究、进行政府对话、加强企业党建、推动企业文化建设、提高管理水平等功能的工作平台，吸纳广大非公有制经济代表人士自觉参与，扩大非公有制经济人士思想政治工作队伍的基础力量。

建立充满生机和活力的思想政治工作者培养选拔机制，对做好非公有制经济人士思想政治工作更具有根本性、全局性和长期性。要坚决破除那些束缚人才特别是束缚青年干部成长和发挥作用的观念、做法，建立健全继续教育和培养制度，建立以公开、竞争、择优为导向，有利于优秀人才脱颖而出、充分施展才能的非公有制经济人士思想政治工作者选拔任用机制。统战部和工商联党组要管好宏观、管好政策、管好协调、管好服务，重点做好制定政策、整合力量、营造环境的工作，努力做到用事业造就人才、用环境凝聚人才、用机制激励人才、用制度保障人才，不断促进非公有制经济人士思想政治工作队伍建设。要将这支队伍视作统战部、工商联的宝贵财富，关心他们的工作和生活，关心他们的思想与成长，使他们创新有机会、干事有舞台、发展有空间。对政治上靠得住、工作上有本事、作风上过得硬、开展思想政治工作有成效的干部，重点培养和使用，把他们放到重要岗位上进行锻炼，使其成为能够肩负起事业发展重任的骨干。

非公有制经济人士队伍的特点，决定要使对他们的思想政治工作真正具有感召力和有效性，必须提高思想政治工作者的综合素质。思想政治工作者的能力水平、为人处事和言行表现往往对思想政治工作的效果起着重要的影响。要重点培养这支队伍的创新能力、服务能力、调研能力、协调能力，培养学习型、创新型、务实型的干部，使他们不断在实践中完善自己、在竞争中提高自己、在奋斗中充实自己。

加强和改进非公有制经济人士思想政治工作，是各级统战部和工商联面临的一项长期、艰巨、复杂的重要政治任务，有许多实践问题需要探索，有许多理论课题需要破解。特别是当前全党正在全面开展深入学习实践科学发展观活动，为推动非公有制经济人士思想政治工作取得更加明显的成效带来新的契机。我们要进一步增强历史责任感、时代使命感，解放思想，开拓创新，求真务实，扎实工作，努力培养造就一大批合格的中国特色社会主义事业建设者，团结广大非公有制经济人士为夺取全面建设小康社会新胜利，实现中华民族伟大复兴作出新的更大的贡献。

（注：题目为编者所加。）

统一思想　坚定信心　勇于实践　注重实效　开创非公有制经济人士思想政治工作新局面

——在全国非公有制经济人士思想政治工作会议上的讲话

全国工商联副主席　孙晓华

（2008 年 9 月 27 日）

全国非公有制经济人士思想政治工作会议历时一天半，很快就要结束了。我受黄孟复主席和全哲洙副部长的委托，简要地做一个会议小结。根据大家讨论的意见和中央统战部、全国工商联领导的要求，我讲四个问题。

一、关于这次会议的基本情况

与会同志普遍反映，这次会议是一次十分重要的会议，有以下几个显著的特点。

一是召开适时，意义重大。今年是全面贯彻落实党的十七大做出战略部署的第一年，也是改革开放三十周年。改革开放三十年来，伴随着非公有制经济的不断发展，非公有制经济人士的群体构成、思想状况、自身素质、成长环境等都发生了深刻的变化。作为对这个群体的健康成长负有重要引导职责的部门和组织，我们需要对这些变化进行深刻的研究，对过去的经验进行全面总结，为今后的工作指明方向、探索途径。这次会议召开之际又适逢党中央做出在全党开展深入学习实践科学发展观活动的重大部署，更加彰显出把科学发展观贯彻落实好，引导非公有制经济人士健康成长和促进非公有制经济健康发展的重要性和必要性。这次会议是改革开放以来中央统战部和全国工商联第一次联合召开的关于非公有制经济领域的全国性专题工作会议，正像同志们所说，对于加强和改进非公有制经济人士思想政治工作，对于进一步做好统一战线工作尤其是工商联工作具有开创性的意义。

二是高度重视，规格较高。中央统战部和全国工商联的领导同志与有关部门的同志们一起调研，为文件的起草、修改、制订倾注了很多心血，提出了高标准的要求。直到会议报到那天，哲洙同志还在亲自修改文件。黄孟复主席两次召开全国工商联主席办公会议，审议会议的文件，对开好这次会议提出了明确要求，昨天又做了重要讲话。全国工商联领导班子中，专职副主席都参加了这次会议，兼职副主席中也有许多专程赶来参加这次会议。各地统战部、工商联领导同志按照会议通知要求，除个别因事请假外，按时出席了会议。各省、自治区、直辖市、新疆生产建设兵团和副省级城市的工商联主席、党委统战部副部长、工商联党组书记、分管宣教工作的工商联副主席、统战部的经济处处长共二百余人，以及中央统战部五局、研究室、全国工商联各工作部门的负责同志参加了这次重要的会议。同时我们还邀请了中央组织部、中央宣传部、中央党校、中央政策研究室、国家广电总局、国家新闻出版署、国务院研究室等单位的领导同志。这也是我们这次会议能开好的一个很重要的因素。

三是准备充分，务实求真。为了开好这次会议，中央统战部、全国工商联和各级统战部、工商联事先做了比较深入的调查研究。去年，中央统战部将加强和改进非公有制经济人士思想政治工作确定为年度部级重点调研课题，取得了丰富成果。全国工商联以宣传教育部为主，专门组成了会议的筹备班子，到近十个省、自治区、直辖市进行调研。各地工商联也积极配合，先后有二十五个省、市、自治区工商联，以及宁波、无锡等地市级工商联撰写了调研报告。广东省等地工商联还专门召开了非公有制经济人士思想政治工作会议，也为我们这次会议提供了很好的借鉴。这次会议之后，一些地方也很快就要召开非公有制经济人士思想政治工作会议。各地所提供的经验对我们召开这次会议有很大的帮助。为了开好这次会议，我们还专门召开了五次专家咨询会，听取了一些专家学者的意见。为了起草好“关于加强和改进非公有制经济人士思想政治工作的若干意见”、全哲洙副部长的报告、黄孟复主席的讲话，筹备组对大量相关领导讲话、文献资料和部分研究成果进行了梳理，形成了专门的参阅文件，达十余万字。对“若干意见”十易其稿，还专门在山西太原召开了征求意见座谈会，听取了部分省、自治区、直辖市统战部副部长、工商联党组书记的意见。座谈会质量很高，大家提出了很多很好的建议，对我们修改文件也同样有很大的帮助。为了把有些内容表述得更准确，可以说反复斟酌、修改，当然现在看来还存在一些不足。

四是主题明确，讨论热烈。这次会议是一个专题工作会议，就是研究如何进一步加强和改进非公有制经济人士思想政治工作这样一个重大课题。全哲洙副部长在报告中明确这次会议的主要任务，就是以邓小平理论和“三个代表”重要思想为指导，深入贯彻落实科学发展观，按照全国第二十次统一战线工作会议和全国工商联十大的要求，以高度的政治责任感和改革创新思路，认真研究非公有制经济人士思想政治工作的新变化、新思路、新途径、新举措，为促进非公有制经济人士健康成长和非公有制经济健康发展提供思想保证、精神动力、舆论支持。与会同志围绕着黄孟复主席的讲话和全哲洙副部长的报告进行了认真、热烈的讨论。在昨天下午和今天上午前两个小时的讨论中，大家畅所欲言，积极发表意见，提出了很多很好的关于加强和改进非公有制经济人士思想政治工作的意见和建议，对中央统战部和全国工商联将联合下发的《关于加强和改进非公有制经济人士思想政治工作的若干意见》（以下简称《若干意见》）也提出了很多很好的修改意见。这对我们这次会议之后把领导讲话和会议文件进一步修改好有很多很好的借鉴和帮助。这次会议时间虽短，但规格较高，出席人员比较整齐，会议气氛热烈，成果很多，达到了预期的目的，开得圆满成功。

二、关于这次会议的主要成果

第一个成果，这次会议回答了非公有制经济人士思想政治工作的若干重要问题。改革开放以来，特别是1991年以来，各地统战部、工商联在开展非公有制经济人士思想政治工作方面做了大量工作，取得了显著的成效。但客观地讲，缺乏系统的总结和理论的升华，有很多问题还不是十分明确。基于我们面临着新的形势和任务，进一步做好非公有制经济人士思想政治工作对于促进非公有制经济人士健康成长、非公有制经济健康发展有很重要的现实意义。全哲洙副部长在报告中从三个方面强调了重要意义，一是巩固和壮大统一战线的必然要求，二是党中央赋予统战部和工商联的重要职责，三是促进非公有制经济科学发展的客观需要。《若干意见》里面讲，做好非公有制经济人士思想政治工作，把他们紧紧团结在党的周围，坚定不移走中国特色社会主义道路，关系到新形势下统一战线的巩固和发展，关系到党的阶级基础的巩固、群众基础的扩大和执政能力的提高，关系到我国基本经济制度的巩固和社会主义市场经济体制的完善。从我们的职能、任务来讲，加强和改进非公有制经济人士思想政治工作是促进非公有制经济人士健康成长和非公有制经济健康发展的客观需要。这次会议回答了非公有制经济人士思想政治工作在统一战线尤其是工商联工作中的地位，讲到这是党中央赋予统一战线尤其是工商联的重要职责。黄孟复主席在讲话中认为，没有非公有制经济的健康发展，势必影响国民经济又好又快发展；没有非公有制经济人士队伍的政治稳定，势必影响整个国家的长期政治稳定；没有非公有制企业内部劳动关系的和谐双赢，势必影响全社会的和谐进步，提出做好非公有制经济人士思想政治工作是党的政治工作的新领域，是各级工商联履行职责的核心内容。很多同志在讨论中谈到这个提法在过去没有过，可以说第一次把非公有制经济人士思想政治工作提到这么高的位置，我们对这项工作要更加重视，切实做好。这次会议还回答了非公有制经济人士思想政治工作的指导思想、目标任务、基本原则、有效途径和保障措施，这些都体现在黄孟复主席的讲话和全哲洙副部长的报告当中，不一一列举。我之所以谈这个问题，是因为过去很多基本问题并没有明确，而这次会议把这样一些重要的、基本的问题做了明确，对进一步做好这方面工作具有重要的指导意义。

第二个成果，是起到了提高认识、统一思想、形成共识的积极作用。很多同志在讨论发言中提到，做好非公有制经济人士思想政治工作是我们义不容辞的责任，不是要不要抓的问题，而是怎么抓好的问题，形成这个共识确实很重要。在《若干意见》里谈到目前我们思想政治工作面临着一些不相适应的问题当中，专门谈到对思想政治工作重要性的认识尚不到位，忽视思想政治工作的现象还比较普遍。改革开放以来，我们的发展历程再次证明解放思想、转变观念的极端重要性。当年，如果不开展真理标准的大讨论、破除“两个凡是”的桎梏，就不能进行思想大解放，甚至就不能确立改革开放的方针政策。我们走的每一步都是随着党在理论上不断探索、突破、创新，在政策上不断丰富、完善、发展而迈进的，进而取得一个又一个的胜利。提高了认识、统一了思想、形成了共识，就会使非公有制经济人士思想政治工作进一步得到加强和改进有了思想保障，有了认识基础。尽管现在大家在讨论中还提出了一些这样那样的现实问题，或者现实困难，但是重视不重视、抓与不抓，效果截然不同。之所以我们在有些地方、有些方面，思想政治工作还显得比较薄弱，与认识不够到位确实有很大关系。提高认识、统一思想极为重要。

第三个成果，明确了开创思想政治工作新局面的努力方向。大家在讨论中普遍认为，要进一步做好这项工作，首先要领导重视、领导带头。当地党委领导的重视当然非常重要，同志们回到各地后要向当地党委领导汇报贯彻好这次会议精神。统战部的领导、工商联的领导，一定要把这项工作摆到重要议事日程，因为这项工作不是可有可无的，只能加强，不能削弱，不能淡化，不能松懈，一定要摆到重要位置。尤其是各级工商联的领导干部，更要明确，工商联在新的历史条件下的首要职责和任务，是做好非公有制经济人士的思想政治工作。在发挥“五个作用”中，必须把发挥非公有制经济人士思想政治工作中的重要作用贯彻始终，以思想政治工作带动其他工作，以推进其他工作加强思想政治工作。领导同志还要带头开展非公有制经济人士思想政治工作。黄孟复主席在昨天的讲话当中谈到，在20世纪50年代工商业的社会主义改造期间，共产党的领袖们、高级领导干部们带头对老工商业者做思想政治工作，而且做得非常有人情味、有效果。所以我们的领导要带头做。有句话说“没有落后的群众，只有落后的领导”，不是说领导落后，而是说领导带头做了，大家都跟着去做。

其次，就是要改革创新、积极探索。思想政治工作和其他工作一样，确实面临着很多新情况、新问题、新矛盾。一切经验来源于实践，一切理论的升华来源于总结实践经验基础上新的认识、新的提高，所以只能依靠我们大家来共同探索，结合各地实际不断创新。因为这项工作只能探索，虽然取得了一些成绩，有了一些有益经验，但是显然还很不够，还很不适应，所以必须进行新的探索、新的开拓、新的发展。有的同志说，这个《若干意见》是不是能够再详细一点、具体一点。今天早晨全哲洙副部长还专门找我，跟我谈了他的一些想法，再次强调这个文件不能写得太细，因为我们中国这么大，情况各异，搞“一刀切”、一种模式是不可能成功的，所以只能列出基本的认识和要求。更多的需要我们各地的同志，去按照改革创新的精神，大胆实践、积极探索。所以我有个想法，将来我们到各地去调查研究的时候，不是一般地听一听都做了些什么工作，我们专门想听在这次会议之后，同志们在改革创新、积极探索方面做了哪些事情，形成了什么样的局面。

再者，要坚持正面教育为主，把正面教育和非公有制经济人士的自我教育有机地结合起来。因为现在本身对教育，对思想政治工作，甚至对非公有制经济人士思想政治工作这个命题本身，通过这次会议我们也感觉到大家还有一些不完全一致的认识。我们以后当然要加强对一些基本问题、深层次问题的理论研究，但有一点可以明确地说，非公有制经济人士思想政治工作一定要坚持正面教育为主。对正面教育有一个理解问题，我们现在所说的正面教育，不只是过去那种传统的“我说你听，我打你通”，找你来谈话或者来开会、学文件、读报纸，当然这仍是一种基本的、有效的方式方法；正面教育还包含着发挥非公有制经济代表人士的示范作用、带头作用，使广大非公有制经济人士看到这是我们的榜样，我们要向他们学习。这本身也是正面教育，而这个正面教育又能跟自我教育结合起来。所以通过昨天参加小组讨论我也有点体会，就是现在我们思想政治工作这个队伍本身的确很需要进一步统一思想认识，这也证明了我们开这次会议的重要性和必要性。这支队伍本身对很多基本问题现在还都争论不休，这说明还需要进一步加强理论建设、队伍建设，统一思想、提高认识。我们的思想政治工作是面向非公有制经济人士这个大多数，重点做好代表人士的思想政治工作。通过代表人士的示范作用和我们其他的教育引导手段，带动整个队伍更加紧密地团结在党的周围，坚定不移地走中国特色社会主义道路，为全面建设小康社会、构建社会主义和谐社会作出新的、更大的贡献。不是说一听到教育就好像我们是教育者，他们是被教育者，这是传统的理解。全哲洙副部长在报告中明确思想政治工作者队伍，既包括各级统战部经济统战部门、工商联宣教部门的专职干部，也包括工商联全体干部，还包括非公有制经济代表人士特别是被表彰的各级优秀中国特色社会主义事业建设者、人大代表、政协委员、工商联执委和常委、行业商会负责人，以及非公有制经济人士中的共产党员。在这一点上，希望大家能够通过这次会议有新的认识，而且在今后的工作当中，把各方面的力量运用好。

三、关于贯彻落实这次会议的要求

首先，希望大家回去以后能够向统战部部长汇报，工商联主席没有来的，请参加会议的同志向本组织的主席汇报。全哲洙副部长也要求，各地统战部也要向当地党委分管领导做一个汇报。统战部和工商联要一起研究贯彻落实这次会议精神的措施，统战部和工商联要一起研究，不是各研究各的，因为会是两家联合开的，这项工作也要共同去做，形成合力共管的局面。要制定细则、实施办法或者贯彻落实的方案，不是回去开个会说一说就可以了，而是要有具体的措施和办法。因为现在临近年底，事情比较多，包括各地深入开展学习实践科学发展观的活动等，统战部、工商联本身也都安排了其他一些工作，但是要把贯彻落实好这次会议的精神作为重要任务之一，和其他工作结合起来，统筹安排、认真落实。工商联机关，不管是全国工商联机关还是各地工商联机关，要组织机关干部学习这次会议的精神，首先要学好黄孟复主席的讲话和全哲洙副部长的报告，《若干意见》修改后我们将尽快下发。

四、关于开展中国特色社会主义教育活动

刚才褚平副主席宣读了开展中国特色社会主义教育活动的通知，这个活动是全国工商联十大就提出来的，经过反复研究认为应该结合贯彻落实科学发展观和改革开放三十周年一并进行，所以安排在今年第四季度。这项活动是加强和改进非公有制经济人士思想政治工作的有利时机和很好的载体，甚至可以说是最佳载体。因为刚开完这次思想政治工作会，紧接着工商联就开展这项活动，把贯彻这次会议精神和开展这项活动也可以结合起来，来探索有效的途径和方式方法。不然说怎么贯彻，做点什么实事呢？正好要开展这个学习教育活动，时机很有利，载体很好。所以按照这个通知精神，大家认真地去制定方案，组织落实。

有这样一些问题需要明确，第一是学习教育活动省一级工商联机关可以不单独搞，按照省委关于深入开展学习实践科学发展观活动的统一部署参加进去，一并进行。学习实践活动试点省的工商联怎么开展学习教育活动，自行研究确定。地市、县级工商联要根据全国工商联的通知精神，结合实际来开展。因为中央安排要用一年半的时间分批进行，深入学习实践科学发展观工作省一级是第一批，正好又赶上我们开展学习教育活动，按照统一部署和步骤安排，每半年进行一批，逐级地从省到地市再到县。所以省这一级不单独搞，而地市、县级工商联要根据全国工商联通知精神，根据当地实际，开展中国特色社会主义教育活动。

第二是全国工商联兼职副主席、常委、执委，担任全国人大代表、全国政协委员的非公有制经济代表人士在当地参加活动。不要说我是全国工商联的，不能参加省、市级工商联的活动。全国工商联发通知要靠大家一起来做这件事，我们本身只在机关组织一些必要的学习和教育活动，所以全国工商联兼职副主席、常委、执委，担任全国人大代表、全国政协委员的非公有制经济代表人士要在当地参加活动。

第三是中国特色社会主义教育活动主要开展科学发展观的教育和改革开放的教育。这两个教育不能截然分开，不能说改革开放教育先搞一个月，科学发展观教育再搞一个月或一个半月，要结合起来穿插进行。也不能说这是科学发展观教育，那是改革开放教育，两者难以完全区分。之所以提出这两个教育，是因为侧重点有所不同、要求有所不同，但教育的时候要结合起来穿插进行。开展中国特色社会主义教育活动，关键是要把握好坚持解放思想、突出实践特色、正面教育为主、注重解决实际问题的原则，要紧密结合各地的实际，包括非公有制经济人士的思想，包括非公有制经济发展的实际，特别是省委省政府的有关要求，要着重解决一两个或两三个突出问题。你说开展完了，但是没解决问题，就不能说取得切实效果，所以要着重解决一两个或两三个现实的问题。切实做到参加学习教育活动的人思想有进步、素质有提高、推动非公有制经济发展有成果。

同志们，加强和改进非公有制经济人士思想政治工作是一项长期性、全局性、战略性的重大政治任务，做好这项工作确实还有一定的困难，还有不少理论的、实践的问题需要进一步探索。这次会议后，我们全国工商联宣教部也要认真地加强对有关重大问题的研究和跟踪，能够切实加强对各地工商联这方面工作的指导。让我们大家共同努力，创造无愧于党的期望、无愧于广大会员的信任、无愧于历史使命的业绩，把我们的工作不断推向前进。

（注：题目为编者所加。）

中央统战部、全国工商联关于加强和改进非公有制经济人士思想政治工作的若干意见

各省、自治区、直辖市和新疆生产建设兵团党委统战部、工商联：

为全面落实中共中央《关于巩固和壮大新世纪新阶段统一战线的意见》（中发〔2006〕15号）和关于加强非公有制经济人士工作的有关精神，充分调动广大非公有制经济人士的积极性、主动性和创造性，鼓励他们在全面建设小康社会、构建社会主义和谐社会中发挥作用，做合格的中国特色社会主义事业建设者，现就加强和改进非公有制经济人士思想政治工作提出以下意见。

一、充分认识加强和改进非公有制经济人士思想政治工作的重要性

（一）加强和改进非公有制经济人士思想政治工作是深入贯彻落实科学发展观的必然要求。非公有制经济作为社会主义市场经济的重要组成部分，是我国经济社会发展的重要推动力量。按照科学发展观的要求，实现非公有制经济健康发展，关系到国民经济又好又快发展，关系到全面建设小康社会宏伟目标的实现，关系到阶层关系和谐和社会稳定。当前，非公有制经济发展还存在着一些不适应、不符合科学发展观要求的问题，影响和制约着非公有制经济的健康发展。这就要求进一步加强非公有制经济人士思想政治工作，引导他们按照科学发展观的要求，转变发展观念，更新发展思路，破解发展难题，不断提高自身素质、创新能力、管理水平和企业效益，坚持走科学发展道路，为推动经济社会发展作出积极贡献。

（二）加强和改进非公有制经济人士思想政治工作是巩固发展新世纪新阶段爱国统一战线的重要任务。非公有制经济人士是中国特色社会主义事业的建设者，是新世纪新阶段统一战线工作的重要方面。他们经济上有实力、社会上有影

响、政治上有诉求，并呈现出快速发展的趋势。做好非公有制经济人士的团结、帮助、引导、教育工作，关系到新形势下统一战线的巩固和发展，关系到巩固党的阶级基础和扩大党的群众基础。这就要求充分发挥统战工作作为党的特殊政治工作和群众工作的优势，把非公有制经济人士作为统战工作的重要内容，通过思想政治引导，增进广泛共识，坚定共同理想，把他们紧密地团结在党的周围。

（三）加强和改进非公有制经济人士思想政治工作是引导非公有制经济人士健康成长的客观需要。随着我国经济社会结构、社会组织形式、社会利益格局的深刻变化，人们的思想观念、价值取向和行为方式日趋多样，对非公有制经济人士的思想带来不同程度的影响。广大非公有制经济人士热爱祖国，拥护党的领导，拥护社会主义制度，拥护改革开放政策，社会责任感日益增强。同时，由于他们自身构成多元，素质参差不齐，思想活动的独立性、选择性、多变性、差异性更加明显，少数人疏于自律、诚信缺失、道德失范甚至出现违规违法问题。这就要求引导非公有制经济人士坚持走中国特色社会主义道路，自觉承担社会责任，塑造良好社会形象，做合格的中国特色社会主义事业建设者。

（四）加强和改进非公有制经济人士思想政治工作是统战部、工商联履行职责的重要方面。长期以来，各级统战部门和工商联认真贯彻党的统一战线方针政策，积极实践，不断探索，非公有制经济人士思想政治工作取得了明显成效。但也存在着一些薄弱环节，有的领导干部认识不足，重视不够，轻视忽视思想政治工作的现象还不同程度地存在；有的部门因循守旧，缺乏有效的工作机制和方法手段；有的地方机构设置、干部队伍、工作经费等方面投入不足，影响了工作的正常开展。这就要求各级统战部门和工商联高度重视非公有制经济人士思想政治工作，更新思想观念，改进工作方法，完善体制机制，确保思想政治工作富有成效，切实完成好党赋予的任务。

二、加强和改进非公有制经济人士思想政治工作的指导思想、基本任务和主要目标

（五）加强和改进非公有制经济人士思想政治工作的指导思想是：坚持以马克思列宁主义、毛泽东思想、邓小平理论和“三个代表”重要思想为指导，全面贯彻落实科学发展观，按照充分尊重、广泛联系、加强团结、热情帮助、积极引导的方针，充分发挥统一战线的政治优势，发挥工商联在非公有制经济人士思想政治工作中重要作用，引导非公有制经济人士健康成长和促进非公有制经济健康发展。

（六）加强和改进非公有制经济人士思想政治工作的基本任务是：最大限度地把广大非公有制经济人士团结凝聚在党的周围，引导他们坚定不移地走中国特色社会主义道路，做到爱国、敬业、诚信、守法、贡献，自觉承担社会责任，做合格的中国特色社会主义事业建设者；努力培养和造就一支与中国共产党同心同德、致力于中国特色社会主义事业的非公有制经济代表人士队伍，带动广大非公有制经济人士为全面建设小康社会、构建社会主义和谐社会作贡献。

（七）加强和改进非公有制经济人士思想政治工作的主要目标是：引导非公有制经济人士自觉学习中国特色社会主义理论体系，开展学习贯彻科学发展观、坚持改革开放、树立社会主义法制和道德观念、继承优良传统等方面的教育活动，树立中国特色社会主义共同理想；按照科学发展观的要求，推动非公有制经济人士积极探索走又好又快、可持续发展道路的新思路和新途径，努力帮助解决制约非公有制经济发展的问题；教育和引导非公有制经济人士自觉遵守国家法律法规，规范企业行为，依法生产经营，按照市场规则开展公平竞争和互利合作；支持和鼓励非公有制经济人士发展企业生产，保证产品安全，实现节能环保，保障员工权益，参与公益慈善事业，自觉履行社会责任；引导非公有制经济人士建设和创新具有时代精神的企业文化，树立社会主义核心价值观，培育文明风尚，弘扬和谐文化，增强企业凝聚力，在创造物质财富的同时为社会创造精神财富。

三、加强和改进非公有制经济人士思想政治工作的主要原则

（八）坚持把思想政治教育寓于服务经济社会发展之中。加强和改进非公有制经济人士思想政治工作必须紧紧围绕经济建设这个中心，把非公有制经济人士的智慧和力量凝聚到坚持改革开放、推动科学发展、促进社会和谐上来，为促进非公有制经济又好又快发展提供强有力的精神动力和思想保证。

（九）坚持以人为本。坚持正面教育，充分尊重、信任和关心广大非公有制经济人士，以诚待人、以理服人、以情感人，真心实意为他们排忧解难，切实维护他们的合法权益，及时反映他们的合理诉求，多做聚人心、暖人心、稳人心的工作；鼓励非公有制经济人士加强自我教育，增强自律意识，提高自我约束和自我激励的能力。

（十）坚持进步性与广泛性相结合。根据非公有制经济人士的思想特点，按照进步性和广泛性的要求，因人、因地、因时制宜，采取不同的教育引导方法，求同存异、体谅包容，实现最广泛的团结。

（十一）坚持改革创新、务求实效。认真研究和把握新形势下非公有制经济人士思想政治工作的特点和规律，在继承统一战线工作基本经验和优良传统的基础上，进一步解放思想，勇于创新，不断探索思想政治工作的新思路、新举措和新方法。

四、加强和改进非公有制经济人士思想政治工作的内容和途径

（十二）加强教育培训。按照中央统战部和全国工商联的教育培训规划，统筹开展非公有制经济人士学习培训工作。要突出政治性和统战性培训，适应非公有制经济人士个性化、差异性的特点，有的放矢地设置培训内容，编写培训教材，开设特色课程。创新培训理念和方式，坚持教学相长、学教互动。按照分层分类原则，对各级工商联领导班子成员和执委、常委进行轮训。建立培训考核和督察制度，把参加培训的情况作为选拔使用的重要依据。

（十三）引导有序政治参与。充分利用各级人大、政协、工商联和有关人民团体等渠道，通过聘请担任特约人员、参与行风评议和开展政企对话等形式，组织非公有制经济人士参与国家、地方有关法律法规和方针政策的协商讨论，参与社会事务的管理和监督。根据有较高政治素质、有较大社会贡献、有较强参政议政能力、在所联系阶层中有较大影响和热心工商联工作的标准，进一步做好非公有制经济代表人士的培养选拔和政治安排工作。对已作政治安排的代表人士，要建立联系制度、届中考核制度、诫勉谈话制度，帮助他们全面提高素质。

（十四）开展社会实践活动。进一步组织非公有制经济人士积极参与新农村建设、扶贫开发、智力支边、公益慈善事业等社会实践活动。大力弘扬光彩精神，推进新形势下光彩事业的发展。建立非公有制经济代表人士社会考察制度，围绕经济社会重点、热点问题进行调研，帮助他们了解国情、社情和民情，加深对党的方针政策的理解，提高贯彻执行的自觉性和坚定性。善于利用重要活动、重大事件，有效开展时事教育和思想引导工作。

（十五）建立思想信息反馈制度。充分利用各种信息渠道，建立信息采集、分析和反馈系统，加强舆情研究，及时掌握非公有制经济的发展趋势，了解非公有制经济人士的愿望和诉求。加强与有关专业部门合作，建立健全调研机制，定期开展非公有制经济人士思想状况调查，增强思想政治工作的针对性。

（十六）开展综合评价工作。建立和完善非公有制经济代表人士综合评价体系，坚持“凡进必评”，把综合评价作为推荐非公有制经济人士担任人大代表、政协委员和工商联执委、常委等的必经程序，作为“优秀中国特色社会主义事业建设者”等评比表彰的基本依据。要注重通过综合评价，全面掌握情况，及时发现问题，提高教育引导的有效性。

（十七）发挥行业组织作用。行业组织是非公有制经济人士进行自我管理的基本形式和参与社会事务的重要渠道，是思想政治工作扩大覆盖面、增强渗透力的有效载体。要加强对所属行业组织的管理和指导，发挥其思想引导、政策宣传、提供服务、反映诉求、规范行为的作用。注重在行业组织中培养选拔代表人士，使之成为思想政治工作的积极参与者和实践者。

（十八）加大服务维权力度。坚持解决思想问题同解决实际问题相结合，进一步增强服务意识，提高服务能力。要深入研究非公有制企业发展中遇到的普遍性问题，主动配合党委、政府有关部门，推动形成完善的市场和法治环境。通过提供经贸交流、项目考察、融资支持、信息咨询、法律维权、仲裁调解、风险防范、危机处理、对外联络等服务，努力帮助非公有制经济人士解决企业发展中遇到的突出困难和问题。

（十九）推动企业文化建设。企业文化建设是非公有制企业开展精神文明建设的重要形式，也是引导非公有制经济人士进行自我教育的有效载体。要发挥全国工商联宣传培训委员会和地方工商联企业文化建设委员会等的作用，吸纳有关专业人士参与，建立企业文化评价标准和企业社会责任测评标准。挖掘非公有制企业文化中符合社会主义核心价值体系的积极因素，继承和发扬中华民族优秀文化传统，积极吸收外来优秀文化成果，建设具有时代特征和鲜明个性特点的企业文化。广泛开展企业文化交流，扩大优秀企业文化的社会效应。

（二十）密切联系、广交朋友。开展多种形式的联谊交友活动，坚持原则性，提高艺术性，增强亲和力，扩大覆盖面，密切同非公有制经济人士尤其是代表人士的联系，关心他们的思想、工作、生活和企业发展情况。要把团结引导与必要的批评教育结合起来，对他们存在的一些缺点和问题，及时提醒、主动指出，引导他们健康成长。

五、加强对非公有制经济人士思想政治工作的领导

（二十一）完善机制，形成合力。统战部和工商联要在各级党委领导下，把非公有制经济人士思想政治工作摆上重要位置，纳入重要议事日程，并贯穿于工商联工作的各个环节之中。要结合实际，逐步形成党委统一领导、统战部组织协调、工商联党组具体实施、有关方面参与其中的非公有制经济人士思想政治工作机制。各级统战部要加强对工商联党组的领导，认真研究并及时解决重大问题。工商联党组要建立健全思想政治工作责任制，党组书记要负起主要责任人的职责。工商联领导班子成员要明确分工，相互配合。各省、自治区、直辖市、新疆生产建设兵团和副省级城市工商联要设立宣传教育部门，地级、县级工商联没有条件设立部门的要明确专人具体负责。把思想政治工作的成效纳入工商联领导班子考核内容。积极争取有关党政部门、人民团体的支持、参与和配合，形成资源共享、工作互动、密切协作的格局。

（二十二）推进企业党建工作。配合各级党委组织部门在非公有制企业和行业组织中开展党建工作，积极探索统战部、工商联参与党建工作的机制和模式。引导非公有制经济人士认识加强企业党建工作的重要性，支持在企业建立党组织，开展党的活动。

（二十三）建立健全表彰制度。在非公有制经济人士中树立一批具有代表性的先进典型，扩大社会影响，形成崇尚先进、学习先进、争当先进的良好氛围。继续开展优秀中国特色社会主义事业建设者等表彰工作，进一步开展内容丰富、形式多样、效果显著的各种类型专项表彰活动。主动加强与有关部门和团体的合作，进行联合表彰或推荐表彰。要不断总结经验，坚持标准，严格程序，建立具有广泛社会影响和品牌效应的多层次的表彰体系。

（二十四）加强社会宣传和理论研究工作。充分运用各种宣传手段，与报刊、电视、广播、网络等媒体建立密切联系，利用新闻发布、论坛峰会、对话访谈等多种形式，宣传党和国家发展非公有制经济的各项方针政策，宣传非公有制经济领域取得的成就，树立非公有制经济人士良好形象。加强互联网信息分析，有针对性地加大网上宣传力度，积极引导社会舆论。充分发挥《中国统一战线》、《中华工商时报》和中华工商联合出版社等舆论阵地的宣传作用。要围绕非公有制经济人士思想政治工作中的重大理论和实践问题，深入基层调查研究，及时总结经验，完善方针政策，推动思想政治工作的深入开展。

（二十五）加强思想政治工作者队伍建设。建设一支政治坚定、业务精通、作风清廉的高素质的思想政治工作者队伍，是加强和改进非公有制经济人士思想政治工作的重要保障。要采取措施，建立思想政治工作干部的定期培训制度，不断提升理论政策水平和业务工作能力，使他们成为非公有制经济人士思想政治工作的行家里手。进一步明确工作职责，改善工作条件，拓宽选人渠道，不断充实干部队伍。注重在非公有制经济代表人士中培养思想政治工作骨干队伍，充分发挥他们的积极作用，共同做好非公有制经济人士思想政治工作。

各省、自治区、直辖市和新疆生产建设兵团党委统战部、工商联要按照本意见精神，结合各地实际，制定贯彻落实措施。

中央统战部　全国工商联

2008 年 11 月 19 日

全国工商联组织工作会议

加强和改进工商联组织建设，提高工商联履行职责的能力[①]

——在全国工商联组织工作会议上的讲话

全国政协副主席，全国工商联主席　黄孟复

（2008 年 10 月 29 日）

为了全面贯彻党的十七大和十七届三中全会精神，深入贯彻落实科学发展观，认真落实全国工商联十大提出的进一步加强工商联组织建设的任务，我们召开这次全国工商联组织工作会议。会议的主要任务是：高举中国特色社会主义伟大旗帜，以邓小平理论和“三个代表”重要思想为指导，按照科学发展观的要求，进一步提高对加强县级工商联组织建设重要性的认识，认真总结交流县级工商联组织建设经验，分析存在问题，提出改进措施，探索新时期组织建设的新思路、新途径、新举措，推动工商联组织建设迈上一个新的台阶。下面我讲三点意见：

一、加强和改进工商联组织建设是学习实践科学发展观的必然要求

科学发展观是我国经济社会发展的重要指导方针。当前在全党正在开展深入学习实践科学发展观活动，这次活动对多个领域、多个地区的工作都提出了新的更高的要求，对工商联的工作，特别是县级工商联建设也提出了新的更高的要求。

1. 积极促进非公有制经济健康发展对工商联加强组织建设提出了新的更高的要求

改革开放以来，我国非公有制经济蓬勃发展、不断壮大。目前，私营企业已达约 570 万家，占全国企业法人总数的 60% 以上，成为最大的企业群体；个体私营等非公有制企业的就业人数已占城镇就业的 70% 和新增就业的 90%，成为社会就业的主要渠道；个体私营等非公有制经济在 GDP 中的比重已超过 40%，成为国民经济的重要组成部分。非公有制经济快速发展的新形势，使工商联会员的来源和范围明显扩大，工作和服务的对象日益增多，我们只有进一步加强和改进工商联组织建设，拓宽对非公有制经济，特别是大量的民营中小企业和个体工商户的工作渠道，加强工作力度，提高服务水平，进一步增强组织凝聚力和影响力，才能巩固和扩大会员队伍，真正当好党和政府联系非公有制经济人士的桥梁和纽带，当好政府管理非公有制经济的助手。同时，我们还要看到，非公有制经济的“快速发展”并不等同于非公有制经济的“健康发展”。我国非公有制经济中小型企业多、新建企业多、劳动密集型企业多，它们大多数分布在县域经济之中，普遍存在技术与管理水平低、高素质人才少、抗风险能力弱、企业寿命短、资源消耗较高、环保意识薄弱、安全生产问题较多等问题。如何引导民营企业真正树立和落实科学发展观，转变企业发展方式，实现又好又快发展，已经成为摆在各级工商联组织面前的重大课题。破解这一难题，迫切需要我们加强工商联，特别是县级工商联组织建设，不断拓宽服务领域，增强服务能力，提高服务水平。党的十七大明确提出要壮大县域经济，十七届三中全会进一步提出要始终把着力构建新型工农、城乡关系作为加快推进现代化的重大战略。这是党中央适应新形势、应对新挑战，推动经济社会全面协调可持续发展的重大举措。工商联要真正配合地方党委和政府落实好中央决策，切实在发展壮大县域经济和加快推进社会主义新农村建设中发挥重要作用，就必须加强县级工商联组织建设，努力使县级工商联组织及各项工作与县域经济蓬勃发展的形势相适应，与县域非公有制经济，特别是中小企业健康发展的需要相适应。

2. 积极引导非公有制经济人士健康成长对工商联加强组织建设提出了新的更高的要求

随着非公有制经济的快速发展，以非公有制经济人士为主体的新的社会阶层不断壮大，目前人数已达7000万至8000万。这一群体在经济社会生活中的各个领域扮演着日益重要的角色。特别是伴随新的社会阶层经济实力的不断增强，自身素质的不断提高，他们在创造物质财富的同时，也创造精神财富；在关心自身成长发展的同时，参与政治和社会事务的意识也在增强。如何适应这一新的形势，引导他们共建社会主义核心价值体系，切实把企业自身的发展与国家的发展结合起来，把个人富裕与全体人民的共同富裕结合起来，把遵循市场法则与弘扬社会主义道德结合起来，爱国、敬业、诚信、守法、贡献，做合格的中国特色社会主义事业建设者；如何引导他们致富思源、富而思进，主动承担社会责任，在构建社会主义和谐社会中作出更大的贡献；如何充分发挥工商联在非公有制经济人士参与政治和社会事务中的主渠道作用，切实提高他们参政议政、建言献策的能力和水平；如何依靠工商联的凝聚力、影响力吸引更多的代表人士加入到工商联组织中来，等等，是摆在各级工商联面前的重大任务。完成好这些任务，迫切需要我们夯实组织基础，健全组织制度，不断提高工商联干部的素质和管理水平。尤其是在县域经济发展中不断涌现出大量新的社会阶层人士的新形势下，更加迫切地需要我们加强县级工商联组织建设。当前，充分发挥工商联统战性、经济性、民间性相统一的综合优势，推动统一战线工作向基层和社区深入发展，把那些较高政治素质、较大社会贡献、较强参政议政能力、在所联系阶层中有较大影响的代表人士吸收为我们的会员，引导他们积极投身到中国特色社会主义建设中来，在促进经济社会发展的同时实现自身的发展，已经成为工商联工作的一项重要任务。

3. 充分发挥新时期工商联的五个作用对工商联加强组织建设提出了新的更高的要求

全国工商联十大按照党中央的新要求，进一步明确了新时期工商联必须充分发挥的五个作用，即：充分发挥在非公有制经济人士参与政治和社会事务中的主渠道作用，在非公有制经济人士思想政治工作中的重要作用，在政府管理非公有制经济方面的助手作用，在构建和谐劳动关系过程中的协调作用，在行业协会商会改革发展中的积极作用。党中央、国务院在给工商联十大的贺词中提出：要切实加强工商联系统领导班子建设，加强地方组织、基层组织、行业组织和专业组织建设，不断扩大会员覆盖面，提高商会的自治自律水平。工商联十大结束后，胡锦涛同志在与各民主党派中央、全国工商联新老主要领导人座谈会上指出：工商联要把自身建设摆在突出位置，全面加强思想建设、组织建设、制度建设、作风建设，更好地促进非公有制经济健康发展，更好地引导非公有制经济人士健康成长。胡锦涛同志和党中央、国务院的要求，工商联五个作用的明确，拓宽了工商联的工作领域，增加了工商联的工作责任，对我们加强自身建设，完善组织功能，提高履行职责和发挥作用的能力提出了新的更高的要求。县级工商联是落实工商联各项职能任务的基础环节，要提高对加强县级工商联组织建设重要性的认识，增强紧迫感、责任感，进一步健全工作制度、完善组织功能、提高管理水平，以适应新时期工商联事业发展的客观要求。

总之，加强工商联特别是县级工商联组织建设，是深入贯彻落实科学发展观、适应改革开放和经济社会发展新形势的必然要求，是适应非公有制经济发展新形势的客观需要，是新时期工商联全面完成历史使命的重要保证。

二、加强县级工商联组织建设，提高工商联履行职责的能力

县级工商联是基层地方组织，是联系会员、

服务会员的第一线，是工商联履行职责、发挥作用的重要基础。近年来，在各地党委和政府的正确领导和大力支持下，经过各地工商联的积极努力，县级工商联组织建设取得了较快进步，成效显著，主要呈现出以下几方面的特点：

1. 会员队伍建设积极推进

多年来，各地工商联重视会员发展工作，会员队伍不断扩大，质量不断提高。一是会员数量快速增加。截至2008年第二季度末，工商联会员总数已达到220万，其中80%以上为县级工商联会员。二是企业会员较快增长。从2003年到2007年，工商联企业会员占会员总数比例由28%增加到38%，会员结构明显得到优化。三是会员发展方式有所创新。有的县级工商联通过培育行业商会集中发展会员，举办经济服务活动吸引企业集中入会，政府有关部门和社会团体引荐发展会员等方式，组织建设取得了很好成绩。四是会员管理工作不断加强。各地对于会员档案管理工作都非常重视，纷纷建立会员档案或数据库，实行动态管理，积累了许多成功经验。有的区县工商联详细了解企业实际情况，摸清企业底数，按行业分类，建立了会员档案，规范了会员管理。

2. 领导班子建设日益加强

目前，全国共建立2770个县级工商联组织，覆盖了全国97%的县级行政区，大多数机关干部被纳入公务员管理序列，在各地县级工商联换届后，领导班子建设和制度机制建设也普遍取得了新的进展。一是领导班子得到加强。许多具有部门和基层工作经验、年富力强的专职干部和一批思想觉悟高、经济实力强、社会形象好、热爱工商联工作的非公有制经济人士进入县级工商联领导班子和执委、常委队伍，领导班子和机关干部的整体素质得到明显提升。二是会议制度日益健全。多数县级工商联普遍建立了主席会议、执委会议、常委会议等例会制度，结合工作实际制定了议事规则，对健全民主集中制、推动工作的顺利开展起到了保证作用。三是运行机制不断完善。各地县级工商联在发挥领导班子，尤其是兼职企业家副主席作用方面积极探索创新运行机制。有的县工商联在执常委中成立会员活动经费工作委员会等多个专门委员会，由企业家兼职副主席分工负责；有的县级工商联实行了兼职副主席轮值制试点，每位兼职副主席轮流到工商联机关值班一周，处理日常事务，都有效地激发了兼职副主席和执委、常委们参与工商联工作的热情。

3. 基层商会组织建设稳步发展

近年来，随着县域经济的不断发展，在各地工商联积极指导和帮助下，各类基层商会组织取得了很大发展。一是商会数量不断增加。截至2008年第二季度末，全国工商联系统共建立乡镇商会17321个，街道商会3556个，异地商会1051个，县级工商联所属行业商会4739个，乡镇街道所属行业商会1761个，两类行业商会占工商联系统行业商会总数的70%。二是商会发展方式不断创新。各地工商联加大了对各类基层商会组织的指导力度，不断探索创新工作方式，不仅乡镇商会、街道商会、行业商会等一些基层商会组织快速发展，更大量涌现出异地商会、市场商会、社区商会等多种新型商会组织形式，并显示出了旺盛的生命力。三是商会服务领域不断扩展。随着商会改革发展的日益深入，各地工商联商会的作用日益突出，服务领域不断拓宽，为会员企业和行业的健康发展作出了积极努力和重要贡献。

县级工商联组织建设虽然取得了较大成绩，但仍然是工商联组织建设中一个薄弱的环节，仍然存在不少问题和困难，主要是：有的对工商联性质、地位、作用认识模糊，工作思路不清，工作制度不健全；有的会员队伍发展缓慢，结构不合理，会员覆盖面小；不少地方人员编制过少，经费不足，办公条件较差；机关干部的来源结构和素质能力不适应工作要求；有些基层商会不规范，会员代表性不强，服务水平不高，等等。

为了推动县级工商联组织建设进一步适应新时期工商联职责任务的要求，今后应着重做好以下几项工作：

1. 大力建设求真务实的领导班子

加强县级工商联组织建设，前提是领导班子建设。一要以开展深入学习实践科学发展观活动为契机，切实加强领导班子的能力建设，进一步增强其政治把握能力、参政议政能力、组织领导能力、合作共事能力、经济工作能力，真正做到懂全局、议大事、管本行。二要按照《中华全国工商业联合会章程》要求，认真落实好例会制度。主席会议、执常委会议是讨论和决定工商联重大事务的重要组织机构，要建立健全会议制度，精心设计会议内容，建立考核约束机制，提高会议出席率，保证会议质量，保证民主集中制的原则落到实处。三要做到人尽其能、人尽其才。县级工商联主席、党组书记要身体力行，企业家兼职副主席要认真履行职责，企业家常委、执委要充分发挥作用。对一些地方已经实行的企业家兼职副主席轮值制度、负责专门委员会工作或组成委员小组分别开展活动等做法，应予鼓励和支持，注意总结经验，形成制度，加以推广。

2. 切实提高机关干部的综合素质

县级工商联专职干部少，任务重，提高自身素质更为重要和迫切。工商联机关干部是国家公务员队伍的组成部分，虽然不行使行政管理职能，但肩负着人民团体和商会组织的双重职责。工商联坚持统战性、经济性、民间性相统一，要求机关干部首先要具备统战工作能力，同时还要具备经济服务能力和民间协调能力。当前，我们要按照新形势要求，大力提高干部队伍的综合素质，建设一支政治坚定、作风过硬、热爱事业、熟悉业务的高素质干部队伍。一要加强政治、经济理论和业务知识的学习，加强对工商联的光荣历史和优良传统的学习，提高机关干部的基本素养。二要不断增强干部积极为会员服务协调的能力，提高干部工作岗位必备的本领。三要以国家公务员的标准严格要求自己，大力提倡认真钻研、爱岗敬业、求真务实的工作作风，增强履行工作职责的责任心。

3. 继续巩固和壮大会员队伍

会员是工商联组织的主体，县级工商联要继续把发展会员、做好会员工作摆在突出位置。一要牢固树立服务立会的思想，进一步创新服务思路，拓展服务领域，健全服务功能，增强服务能力，吸引更多的非公有制企业和非公有制经济人士加入到工商联组织中来，不断壮大会员队伍。二要按照积极发展、坚持标准、确保质量、优化结构、加强服务、动态管理的原则要求，确定会员发展的工作思路，把会员发展工作的重点放在基层，主要放在发展遍及乡镇、街道、社区的广大中小企业和有一定代表性的个体工商户上；放在吸纳更多有实力的上规模民营企业和参与新农村建设的农业产业化龙头企业上；放在大力发展团体会员上。三要科学管理会员队伍。进一步健全会员管理机制，完善新会员入会手续、会费缴纳制度和会员证发放制度。要深入会员，及时收集相关信息，做好各项统计，建立会员档案或数据库，实行动态管理，做到底数清、情况明，有的放矢地做好会员服务和队伍巩固工作。

4. 积极推进各类商会组织创新

乡镇商会、街道商会、社区商会、行业商会等各类基层商会组织是县级工商联工作的重要依托，指导基层商会组织建设是县级工商联的重要任务。一是区别情况指导建立各类商会组织。各地要区别情况，从实际情况出发，只要非公有制经济形成较大规模、行业发展比较集中、市场和企业有需要的地方，都要鼓励和引导建立工商联商会组织；而非公有制经济欠发达、不具备成立商会组织条件的地方，应集中力量加强县级工商联自身建设，为建立基层商会组织创造条件。二是因势利导指导商会建立健全组织机构。对已经建立的商会组织，要重点指导和帮助他们建设一个好的领导班子。各地资源禀赋和产业结构的差异以及经济社会发展水平的不平衡等因素，决定了各类商会的组织形式和领导班子的结构，不应搞“一刀切”，要鼓励探索，大胆创新，提倡企业家办会。三是积极指导商会规范发展并发挥作用。各类商会是工商联发挥作用的重要组织形式和工作载体，一定要注意充分发挥工商联统战性、经济性、民间性相统一的综合优势，要通过加强自律、服务会员、促进企业健康发展的具体实践，丰富和拓展工商联的职能作用。四是深入探索商会组织建设。要更加重视行业商会组织建设，引导行业商会坚持自选领导、自筹经费、自聘人员、自办会务的原则，做好会员发展工作，健全商会制度，完善商会职能，加强行业自律，提高服务水平，实现自我管理、自我教育、自我服务、自我发展。同时，对近年来出现的大量新型商会组织，以改革创新的精神，在实践中注重调查研究，对出现的新情况、新问题及时分析总结，引导其健康发展。

5. 努力争取党委政府的领导和支持

加强工商联组织建设离不开党委政府的领导和支持。要充分发挥工商联组织的综合优势，围绕中心，服务大局，为党委政府中心工作献计献策，在促进地方经济社会发展上干实事、见实效，真正做到“有为”；要积极向党委政府汇报工作，通过积极有效的工作成果扩大影响，切实争取“有位”；要结合当地党委、政府对深入学习实践科学发展观活动的总体部署，解放思想、勇于实践，抓住发展时机，锲而不舍，艰苦奋斗，努力开创基层工商联组织建设的新局面。

三、加强对县级工商联组织建设工作的指导

省市级以上工商联要把对县级工商联组织建设工作的指导摆在重要位置，按照科学发展观的要求，切实提高认识，增强紧迫感和责任感，采取积极有效措施，努力推动县级工商联组织建设工作迈上新台阶。

1. 提高认识，加强指导

加强县级工商联组织建设是今后一段时期全国工商联组织工作的重点，必须提高认识，加强指导。这次会议请各省级工商联主席、书记、分管副主席和有关县级工商联负责同志参加，规模和规格都是空前的，目的就是要提高对做好这项工作重要性的认识，并通过交流经验、研究问题来推动工作。省市级以上工商联要把这项工作纳入重要议事日程，经常研究县级工商联组织的发展状况、存在问题、面临困难和解决措施。要结合各级工商联机关深入学习实践科学发展观活动加强县级工商联组织建设，探索县级工商联组织贯彻落实科学发展观的思路、方法和途径。要做统筹安排部署，制定加强本地区县级工商联组织建设的具体实施意见，不断总结、交流和推广成功经验。

2. 因地制宜，分类推进

由于地理环境、资源禀赋、产业结构、行业传统的差异，导致不同地区的经济发展水平存在较大差异，非公有制经济发展水平参差不齐，县级工商联开展工作的条件和水平也有许多差别，必须从实际出发，因地制宜、分类推进组织建设工作。省市级以上工商联每年要安排一定时间进行基层调研，定期分析县级工商联组织建设情况，找出问题症结，提出分类推进方案。根据不同情况，对工作基础较好的县级工商联，应侧重推动其加强领导班子建设、发展会员队伍、创建围绕党委政府中心工作并适合会员特点的品牌活动、培养综合素质较高的工商联机关干部等方面；对工作基础较差的县级工商联，应侧重推动其健全组织机构、争取保证工作正常开展的必要编制、经费、办公场所、完善工作制度等方面。

3. 注重培训，扩大交流

要认真制定县级工商联领导班子的培训计划，创新培训方式，丰富培训内容，有计划、分步骤地开展培训工作。要通过培训，使工商联干部深刻领会科学发展观的科学内涵和精神实质，切实掌握党和国家关于非公有制经济和行业经济发展的有关方针政策，提高他们做统战工作和非公有制经济人士思想政治工作的水平，不断适应新形势下工商联工作的要求，不断提高解决实际问题的能力，真正培育出一支勤奋学习、业务精良、求实创新、团结奉献、廉洁自律的工商联干部队伍。有条件的省市级以上工商联要组织干部定期到县级工商联和商会挂职、“蹲点”，既支持商会工作，又锻炼机关干部。要在各级党委的领导和支持下，大力推动各级工商联的沟通，积极为县级工商联组织之间的相互交流创造条件，进一步扩大其工作联系面。一是要搭建学习平台，经常沟通情况，交流发展经验，推广创新成果。二是要搭建服务平台，提供服务信息，开辟服务渠道，拓展服务领域。三是要搭建发展平台，整合社会资源，推动资源共享，提高整体合力。通过搭建各种平台，使县级工商联组织更具生命力、凝聚力和影响力，为其充分发挥作用创造条件。

4. 总结经验，宣传典型

各级工商联要充分尊重县级工商联的创造力，支持他们开拓进取、勇于创新，鼓励他们积极探索、大胆实践，弘扬他们吃苦耐劳、积极奉献的事迹和精神。今后全国工商联每年都要召开研究有关组织方面的会议，分析问题，总结经验，表彰和宣传先进典型。省市级以上工商联要定期召开经验交流、观摩学习和评比表彰等活动，及时宣传在县级工商联组织建设中表现突出的先进集体和个人。要充分发挥典型的示范引导作用，选择若干组织建设工作成绩突出的县级工商联，总结推广他们的典型经验，既要树立非公有制经济发展快、规模大，党委政府重视，做出显著成绩的典型，也要树立那些工作条件差、困难多，但千方百计创造条件、克服困难、开拓进取，受到广大会员赞扬的突出典型，以更好地指导和推动全面工作。

为指导县级工商联加强组织建设，今年以来全国工商联进行了广泛、深入的调查研究。在此基础上，我们起草了《全国工商联关于加强县级工商联组织建设的若干意见（讨论稿）》，对如何做好县级工商联的组织建设工作提出了具体要求。讨论稿经多次征求意见，反复修改，提交本次会议讨论，希望同志们认真研究修改，使这个《意见》能提出切实可行的措施，能真正指导工作。我们将根据会议讨论的意见，认真研究修改后正式印发。

同志们，有各级党委、政府的领导和统战部的直接指导，有各级工商联组织的共同努力，县级工商联组织建设一定能够迈上一个新的台阶，为开创工商联工作新局面奠定更坚实的基础。

（注：本文为黄孟复在全国工商联组织工作会议上的讲话。题目为编者所加。）

服务大局，以人为本，改革创新，统筹兼顾，加强县级工商联组织建设

——在全国工商联组织工作会议结束时的讲话

中央统战部副部长，全国工商联党组书记、第一副主席　全哲洙

（2008 年 10 月 30 日）

全国工商联组织工作会议，现在就要结束了。一天多来，我们听取了黄孟复主席的重要讲话，对加强县级工商联组织建设进一步形成了共识；交流了加强县级工商联组织建设的经验，从不同侧面反映了各地的实践探索；讨论了《全国工商联关于加强县级工商联组织建设的若干意见（讨论稿）》，提出了许多很好的意见建议。这次会议时间虽短，但内容丰富，安排紧凑，主题突出，成效较大。经过这次会议，大家提高了思想认识、开阔了工作思路、明确了目标任务，会议达到了预期目的。下面，我根据黄孟复主席讲话中提出的工作要求，就贯彻落实好这次会议精神，再强调几个问题。

一、始终坚持服务大局

改革开放三十年来，我国社会主义市场经济体制不断完善，各级党委政府对非公有制经济发展和工商联工作越来越重视。中共中央国务院致全国工商联十大贺词指出，工商联不愧为党和政府联系非公有制经济人士的桥梁纽带，不愧为政府管理非公有制经济的助手，充分肯定了工商联的作用。工商联加强自身建设的目的，是为了更好地履行职责，完成所肩负的重要任务，在经济社会发展中发挥更大作用。因此，县级工商联组织建设不能就事论事，不能就工商联工作抓工商联工作、就组织建设抓组织建设，首先要懂全局、议大事、管本行，把经济社会发展的全局性工作搞清楚，在大局中找准位置、发挥作用。当前和今后一个时期，县级工商联的重要政治任务和大局就是学习贯彻党的十七届三中全会精神，坚持科学发展观，为壮大县域经济作出贡献。现阶段的县域经济作为一种资源性经济和综合性经济，以加工制造业、劳动密集型产业和非公有制经济为主，这三个方面都集中体现于中小企业。县域经济是统筹城乡发展的基础，非公有制经济是以城带乡、以工促农的重要力量，是缩小区域发展差距的重要战略交会点。实践证明，凡是非公有制经济活跃的地方，县域经济就发展较快；凡是县域经济发达的地方，农村各方面的面貌都发生了很大变化。因此，我们必须进一步拓宽思路，紧紧围绕县域经济发展特别是非公有制中小

企业发展来研究县级工商联组织建设问题。近段时间以来，国际金融市场急剧动荡，资本市场持续波动和低迷，通货膨胀压力加大，世界经济增长放缓。尽管我国经济发展的基本面没有改变，但国内经济运行中的一些突出矛盾和问题依然存在，有些行业和地区经济增长明显回落，企业利润和财政收入增速下降。由于受国内外经济形势变化的影响，县域经济中的众多非公有制中小企业，在生产经营上遇到了前所未有的困难和挑战。县级工商联作为县域非公有制企业和非公有制经济人士的主要人民团体和商会组织，负有帮助他们排忧解难、反映诉求、改善环境，引导他们按照科学发展观的要求，努力促进产业升级、增强创新能力、提高管理水平的重要职责。党的十七届三中全会从我国农村经济社会发展的新形势、新挑战、新任务出发，明确提出了把建设社会主义新农村作为战略任务、把走中国特色农业现代化道路作为基本方向、把加快形成城乡经济社会发展一体化新格局作为根本要求的农村改革发展总体思路。在这一总体思路相互联系的三个方面中，非公有制经济都占据着重要地位、发挥着关键作用。这既给非公有制经济发展提供了广阔空间，又对县级工商联组织建设提出了更高要求。因此，县级工商联组织建设必须围绕地方党委政府中心工作，服务于发展县域经济大局，通过引导非公有制企业为壮大县域经济多作贡献来体现组织独特优势，通过发展县域非公有制经济来夯实组织建设基础。

二、始终坚持以人为本

在新形势下，工商联工作面临许多新情况和新问题，工作具有较大的前瞻性和挑战性。一些县级工商联长期处于边缘化状态，其中一个主要原因是缺乏高素质的骨干力量。工作要靠人做，条件可以通过人的努力去创造去改善。事在人为，业在人创，人在素质。面对新形势新要求，县级工商联能否落实工作任务、切实履行职责、充分发挥作用，关键取决于领导班子水平和干部队伍素质。县级党委统战部首先要负起责任，协调党委有关部门为工商联选配好主席、党组书记以及领导班子其他成员，积极解决好县级工商联主要领导政治安排问题。班子建设的关键是选配好工商联主要领导。主要领导选配好了，即使工作条件差一些，只要发挥好主动性和创造性，也能打开工作新局面。各级工商联党组要发挥领导核心作用，正确把握工商联的政治方向，科学管理干部队伍，认真研究包括组织建设在内的各项重要工作。县级党委统战部和工商联要共同做好非公有制经济人士执委、常委的培养选拔和政治安排，对已经安排为工商联执委、常委的非公有制经济人士，要加强联系、热情帮助、跟踪培养。工商联主要是做新的社会阶层人士统战工作的，这是一项政策性和挑战性很强的工作，是一个新课题、新领域。工商联领导干部一定要努力具备较高的政治智慧、较好的统战艺术、较多的工作经历和较宽的知识面，同时也要有强烈的事业心和责任感，有吃苦耐劳的精神和实干的精神。作风是无声的命令，要进一步加强作风建设。领导干部要以身作则，做好表率，坚持求真务实，深入基层，了解和掌握第一手材料，解决实际问题。工商联机关要建设学习型机关，工商联干部要成为学习型干部。通过学习培训、实践锻炼等多种措施，注重标准、加大压力，增强干部的调查研究能力和组织协调能力，增加干部的“工业语言”、“市场经济语言”、“现代农业语言”，全面提高干部整体素质，努力使工商联成为培养人才的地方。目前，县级工商联确实普遍存在着编制少、人员结构不合理而且难以流动、办公条件差、经费不足等一些自身难以克服的困难和问题。面对这些困难和问题，满腹牢骚、怨声载道是没有用的，必须以良好的精神状态迎接挑战。精神状态好，办法总比困难多；精神状态不好，总是被困难所困扰。因此，我们要以高度的事业心和责任感，发扬主动精神、拼搏精神，激发工作热情、创新激情，努力把县级工商联组织建设提高到一个新水平。

三、始终坚持改革创新

县级工商联要打开工作新局面，必须以改革创新的精神，按照科学发展观的要求，积极探索，逐步建立和不断完善符合工作要求、切合实际情况、有利于工商联科学发展的工作机制。一要加强执委会、常委会建设，通过多种符合实际、行之有效的方式，重视发挥执委、常委和兼职副主席的作用；坚持领导负责与个人分工相结合，形成照章办事、责任明确、相互配合、高效运转的工作机制。二要加强与会员以及各类商会组织的沟通与合作，加大工作指导力度，充分发挥协调作用；同时向上级工商联主动请示、汇报工作，积极参加上级工商联的活动，形成纵向合力的工作机制。三要密切与其他县级工商联的联系，沟通信息，交流经验，合作开展活动，形成横向合力的工作机制。四要紧紧围绕党委和政府的中心任务，积极主动与有关部门联系，不断拓宽合作渠道，形成与有关部门协调合作的工作机制。目前，县级工商联大都建立了一些基层商会组织，这是我国社会主义市场经济不断完善的必然结果。商会组织是现代社会经济体系的重要组成部分，以社会成员共同利益的联结为纽带，实现社会结构的优化。它不是强制性、营利性、行政性组织，具有民间性、服务性、自律性、公益性等特征。商会组织是工商联的“细胞”，是重要的工作载体。加强商会组织建设，可以扩大工商联工作覆盖面，完善工作网络，发挥工商联特色，增强工商联的活力和凝聚力；同时也有利于集聚行业内的资源优势，为企业提供各种服务，帮助企业提高经营管理水平，制定行业规范，加强行业自律。商会组织的生机和活力来源于改革创新。要大胆实践、积极探索、讲求实效，注重在新兴产业、高新技术产业、现代服务业和现代农业中发展商会组织，健全组织机构，指导其自我管理、自我教育、自我服务、自我发展，发挥好服务、协调、维权、自律、监督等作用。商会组织建设，班子是关键、服务是宗旨、活动是载体、自律是根本、制度是保障、发展是目的。要按照章程选拔那些政治上有觉悟、经济上有实力、社会上有影响，热爱工商联各类商会组织工作的非公有制经济人士出任会长，从市场需要和会员需求出发，更好地代表会员的合法权益，为广大会员做好事、办实事，配合当地党委政府促进经济社会发展，努力把商会组织建成促进非公有制经济人士健康成长和非公有制经济健康发展的实践平台。

四、始终坚持统筹兼顾

全国工商联按照国家行政区划设置了各级地方组织，各级工商联按照行业分类建立了行业组织，县级工商联按照乡镇、街道、社区等不同地域设立了基层组织。可以说，工商联系统已基本形成了上下贯通、左右交错的组织网络。工商联贯彻落实科学发展观，就要把促进事业发展作为第一要义，把培养一支坚定不移走中国特色社会主义道路的非公有制经济代表人士队伍作为核心任务，全面加强自身建设，保持促进“两个健康”相协调、体现“三性”相协调、发挥“五个作用”相协调，统筹抓好各级地方组织建设、各地基层组织建设、各类行业组织建设，做到上下互动、左右联动，增强各方面的工作合力，推动各项工作有效开展。按照这样的要求，我们看到，工商联组织建设特别是县级工商联组织建设还普遍存在着许多薄弱环节，成为影响和制约工商联事业科学发展的一个主要症结。全国工商联的会员绝大部分都是县级工商联的会员。从组织工作上讲，离开县级工商联，全国工商联则成了无源之水、无本之木，失去了发展基础。县级工商联作为工商联的基层地方组织，与会员联系最密切、为会员服务最直接、对会员工作最具体。如果县级工商联组织涣散，整个工商联工作就会软弱无力，造成“小儿麻痹”、“高位截瘫”，使得上面忙忙碌碌、热热闹闹，下面无所事事、冷冷清清，就必然导致急功近利和形式主义。从一定意义上讲，工商联的组织建设，最艰巨最繁重的任务在县级，最广泛最深厚的基础也在县级。加强县级工商联组织建设，关系到工商联职责的切实履行，关系到工商联作用的充分发挥，关系到工商联事业的长远发展，关系到统战工作向乡镇、街道、社区等基层的深入发展，既是基础性工作也是全局性工作，既是难解之题也是必解之题。抓好县级工商联组织建设，就抓住了工商联全面加强自身建设的“牛鼻子”，就掌握了工商联推动事业科学发展的主动权。正是出于这样的战略考虑，我们这次会议把加强县级工商联组织建设这件带有方向性和根本性的大事，从战略上统筹谋划、从全局上进行部署。

五、始终坚持加强指导

这次会议根据全国工商联十大关于加强自身建设的总体目标和加强组织建设的具体要求，从县级工商联实际出发，提出了县级工商联组织建设的目标任务。落实这些目标任务，必须上下齐心协力，一起行动起来。各级工商联要从战略高度充分认识新形势下加强县级工商联组织建设的重要意义，切实加强指导，真正把这项工作放在心上、抓在手上，做到经常研究、经常部署、经常检查。县以上各级工商联主要领导要亲自抓，分管领导要具体抓，班子成员都要确定工作联系点，经常到联系点调查研究，发现问题，解决问题，总结经验，指导工作。县级工商联对自身组织建设负有更加直接、特别重要的责任，绝不能有等靠思想，要有一种勇于拼搏的精神和善于争取的本事，想方设法开拓局面，千方百计赢得支持，促使县级工商联组织建设有新的起色。各级党委统战部也要高度重视县级工商联组织建设工作，对县级工商联干部在学习、工作、生活中遇到的实际困难和问题，设身处地加以理解，真心实意帮助解决。各地对这次会议提出的县级工商联组织建设的目标任务，要细化分解，具体落实。哪项目标任务由哪个部门哪个人负责，采取什么措施完成，什么时候完成，都要非常明确。力争经过几年努力，使县级工商联组织建设得到明显改善。需要说明的是，这次会议提出的目标任务是对全国而言的。落实这些目标任务，要从本地实际出发，充分考虑本地的条件和能力，制定适合本地实际情况的目标任务，创造性地开展工作。对于那些条件已经具备或经过努力可以达到的目标任务，一定要积极完成；对于那些条件尚不具备、一时难以达到的目标任务，要努力创造条件，逐步加以实现。实践证明，工作中的困难和问题更多地存在于基层，解决困难和问题的办法也更多地体现在基层。因此，在加强县级工商联组织建设过程中，上级工商联既要主动加强工作指导，更要充分尊重基层创造精神，注意总结基层有益做法，及时推广基层成功经验。会员是工商联的存在根基，基层商会组织是工商联的组织延伸，必须把会员队伍和基层商会组织建设作为根本任务长期抓好；领导班子是工商联事业的决策者、组织者、推动者，必须把领导班子建设作为重点任务突出抓好；机关干部承担着工商联的各项具体工作，是完成工商联各项任务的基本依靠对象，必须把机关干部队伍建设作为基础任务全力抓好。这三个方面体现了加强县级工商联组织建设的主要着力点，反映了它们在加强县级工商联组织建设中的地位、作用、内在联系，要牢牢抓住，相互配合，协调推进。贯彻落实这次会议精神，必须根据现阶段当地经济社会发展要求和非公有制经济发展需求，紧紧把握这些重点领域和关键环节，把县级工商联组织建设的主要任务落到实处。

总之，在改革开放三十周年和全国工商联成立五十五周年之际，我们前不久召开了全国非公有制经济人士思想政治工作会议，对加强和改进非公有制经济人士思想政治工作作出了具体安排；这次又召开全国工商联组织工作会议，专题研究加强县级工商联组织建设问题，进一步采取有力措施推进县级工商联组织建设；下午还要召开全国工商联系统先进集体和先进工作者表彰大会，通过表彰先进，来鼓舞士气、振奋精神，调动积极性、激发创造性，在整个系统中形成学习先进、争当先进、赶超先进的积极向上的良好氛围；此外，我们还结合深入学习实践科学发展观和纪念改革开放三十周年，在非公有制经济代表人士和工商联干部中，组织开展了中国特色社会主义主题教育活动，以此增强广大非公有制经济人士的建设者意识，加强工商联干部队伍的思想建设。全国工商联今年确立的这几项重点工作，既是对改革开放三十周年和全国工商联成立五十五周年的最好纪念，也是在改革开放新的历史起点上，以创新的理念和思路，充分发挥工商联组织作用、不断推进工商联事业发展的必然要求。

加强县级工商联组织建设，关系全局，影响长远，意义重大。这次会后，全国工商联各工作部门要认真组织好本部门对会议精神的学习，结合开展深入学习实践科学发展观活动，从部门职能要求出发，把会议精神融入到今后工作中；各省级工商联要及时将会议精神向本单位以及各市级、县级工商联传达，同时提出贯彻落实会议精神的具体意见，向省级党委分管领导和统战部进行专题汇报；各市级、县级工商联也要对贯彻落实会议精神作出具体安排，向当地党委分管领导和统战部主动汇报。通过我们共同努力、扎实工作、积累经验，不断探索县级工商联组织建设新路子，全面带动工商联自身建设，为促进非公有制经济人士健康成长和非公有制经济健康发展作出坚持不懈的努力。

（注：题目为编者所加。）

关于转发《全国工商联关于加强县级工商联组织建设的若干意见》的通知

各省、自治区、直辖市和新疆生产建设兵团党委统战部：

现将《全国工商联关于加强县级工商联组织建设的若干意见》转发给你们，请结合本地实际，认真贯彻落实。

切实加强县级工商联组织建设，对于全面贯彻落实党的十七大精神、深入学习实践科学发展观和新时期以来党中央关于统一战线工作特别是工商联工作的一系列重要指示精神，进一步做好非公有制经济人士的团结、帮助、引导、教育工作，鼓励他们积极投身中国特色社会主义事业，进一步加强工商联自身建设具有重要意义。各级党委统战部、工商联要高度重视县级工商联组织建设，把加强县级工商联组织建设作为统一战线和工商联服务科学发展、实现自身科学发展的一项重要基础性工作切实抓好，主动配合党委有关部门选好配强县级工商联领导班子，并积极为其开展工作创造有利条件，引导非公有制经济人士健康成长，促进非公有制经济健康发展。

中央统战部办公厅

2008年12月2日

全国工商联关于加强县级工商联组织建设的若干意见

县级工商联是工商联工作的重要依托和组织基础，为全面贯彻党的十七大精神，认真学习实践科学发展观，更好地完成全国工商联十大提出的各项工作任务，现就加强县级（含县、旗、县级市、市辖区等）工商联组织建设提出以下意见。

一、加强县级工商联组织建设的重要意义

1. 加强县级工商联组织建设，是工商联积极参与县域经济发展的迫切需要

实现城乡统筹发展和建设社会主义新农村，必须发展壮大县域经济。非公有制经济已成为县域经济发展的主要推动力量，在推动农业产业化和现代化、实现农村经济市场化和组织化，建立城乡商品流通和服务体系，吸纳农村剩余劳动力，加快以工促农、以城带乡进程中发挥着重要作用。为贯彻落实党的十七届三中全会精神，充分发挥县级工商联组织在壮大县域经济中的重要作用，进一步组织广大非公有制企业在农业领域投资兴业，为农村发展牵线搭桥，给农民增收创造机会，迫切需要加强县级工商联组织建设。

2. 加强县级工商联组织建设，是推动基层统一战线工作深入开展的客观要求

以非公有制经济人士为主要组成部分的新的社会阶层，是新世纪新阶段统一战线工作新的着力点，其多数成员分布在县域的新经济组织和新社会组织中。县级工商联作为工商联的基层地方组织，是在乡镇、街道、社区开展党的统一战线工作，广泛联系团结非公有制经济人士的重要载体。加强县级工商联组织建设，有利于在遍布城乡社区的非公有制企业和非公有制经济人士中发展会员，切实做好团结、帮助、引导、教育工作，更好地推动统一战线工作在基层的开展。

3. 加强县级工商联组织建设，是全面加强工商联自身建设的重要举措

县级工商联在发展会员、建立基层组织和行业组织、发挥各项职能作用等方面进行了积极探索，取得了许多有益经验。由于各地经济社会发展特别是非公有制经济发展程度差异较大，县级工商联组织不同程度存在着专职干部少、办公条件差、工作经费缺等困难和问题，有些领导班子水平和干部队伍素质也与新形势、新任务的要求不相适应，影响、制约着工商联事业的发展。加强县级工商联组织建设，关系到工商联职责的切实履行，关系到工商联作用的充分发挥，关系到工商联事业的长远发展。只有不断加强县级工商联组织建设，才能为工商联的自身建设打好基础，使各项工作落到实处、完成好新世纪新阶段党和政府赋予工商联的重任。

二、加强县级工商联组织建设的指导思想和目标要求

1. 指导思想

高举中国特色社会主义伟大旗帜，以邓小平理论和“三个代表”重要思想为指导，深入贯彻落实科学发展观，自觉坚持统战性、经济性、民间性的统一，以改革创新的精神，进一步加强会员队伍和基层组织、行业组织建设，重点抓好领导班子建设和机关干部素质提高，不断增强县级工商联组织的凝聚力和影响力，不断提高履行职责和发挥作用的能力，更好地促进非公有制经济人士健康成长和非公有制经济健康发展。

2. 目标要求

通过各级工商联的努力，使县级工商联组织建设逐步达到以下目标要求：会员队伍代表性强、结构合理；领导班子健全，机关干部综合素质较高，内部规章制度完善；建立起适应当地经济社会发展需要的基层商会组织，形成为会员服务的有社会影响的活动载体；在党委政府支持下，解决工作所需编制、经费和办公场所，推动县级工商联工作不断迈上新台阶。

三、加强县级工商联组织建设的主要任务

1. 壮大会员队伍

要按照坚持标准、积极发展、确保质量、优化结构、加强服务、规范管理的原则要求，重视会员发展工作，创新会员发展方式。既要注重在上规模非公有制企业和农业产业化龙头企业中发展会员，也要注重在广大中小企业和有一定代表性的个体工商户中发展会员；既要积极增加会员数量，也要注重优化会员结构，使会员的数量、构成与当地非公有制经济发展状况相适应。要切实帮助会员企业解决生产经营中的困难，积极开展教育培训、信息咨询、宣传交流、法律维权等服务，增强组织凝聚力。从会员发展的实际情况出发，建立健全会员档案、统计汇总、会费缴纳、会员证发放等规章制度，搞好规范管理。

2. 加强领导班子建设

上级工商联要积极配合县级党委有关部门选配好县级工商联主要领导，注重把表现优秀的非公有制经济代表人士吸收到领导班子和常委、执委中来。县级工商联要坚持民主集中制，完善主席会议、常委会议、执委会议等各项制度，充分发挥兼职副主席和常委、执委的作用，提高议事决策的民主化、科学化水平。县级工商联领导班子要切实加强自身建设，提高综合素质，不断增强政治把握能力、参政议政能力、组织领导能力、合作共事能力、经济工作能力和廉洁自律能力。

3. 提高机关干部素质

县级工商联要在党委有关部门的指导和支持下，多方选配有政治觉悟、实践经验和组织协调能力，热爱工商联事业的干部到机关工作，进一步改善县级工商联干部队伍的年龄结构、知识结构、专业结构。工商联专职干部要勤于学习、善于思考，积极参加各种学习培训活动，努力掌握政治、经济、科技、法律、管理等方面的知识，不断提高理论素养和政策水平。要切实加强实践锻炼，深入基层调查研究，了解企业生产经营状况，掌握会员思想动态与利益诉求，为他们排忧解难，切实增强服务本领，提高工作水平。

4. 加强基层商会组织建设

各类基层商会是县级工商联组织的延伸和工作的拓展。县级工商联要加强对基层商会组织的指导，认真研究基层商会的组织形式，提倡和鼓励企业家办会。要帮助乡镇商会、街道商会、社

区商会健全领导班子，壮大会员队伍，完善管理制度，协助他们解决突出困难和问题。在已形成“一镇一品、一乡一业”，某些行业的产品特色鲜明、产业规模较大的地方，要积极推动建立和发展行业商会。要指导行业商会围绕当地党委、政府中心任务开展工作，推动行业发展。要规范对行业商会的管理，指导行业商会加强自身建设，建立有效工作机制，提高商会管理水平。要协调行业商会与社会有关方面的关系，积极探索与其他行业组织合作的有效方式，共同促进行业健康发展。对在社会主义市场经济发展中涌现出来的异地商会、市场商会、开发区商会等各种新型商会组织，应予鼓励和指导，及时总结经验，在实践中不断探索和完善。

四、加强对县级工商联组织建设的工作指导

1. 高度重视

上级工商联要将县级工商联组织建设工作列入重要议事日程，认真研究面临的新形势、新任务，紧密结合本地实际制定进一步加强县级工商联组织建设的有效措施，定期检查落实情况。要坚持以人为本，关心县级工商联机关干部的成长进步，制订切实可行的计划，抓好县级工商联领导班子和专职干部的培训工作。要加强调查研究，及时掌握县级工商联组织建设的发展状况，努力帮助解决县级工商联在组织建设工作中存在的实际困难和问题。

2. 分类指导

上级工商联要根据当地经济发展水平和非公有制经济发展实际，以求真务实的态度指导县级工商联组织建设，充分考虑不同地区间的差异，注重分类指导，鼓励探索多种有效组织形式。对工作基础较好的县级工商联，要重点加强领导班子建设、发展会员队伍、开展围绕党委政府中心工作并适合会员特点的活动、培养综合素质较高的工商联专职干部等方面的工作指导；对工作基础薄弱的县级工商联，要重点加强选配领导班子，建立健全组织机构，开展力所能及的服务县域经济、服务会员的活动，以及争取保证工作正常开展的人员编制、必要经费和办公场所等方面的工作指导。

3. 促进交流

要积极创造条件，帮助县级工商联创建有利于完善组织职能，加强学习交流，促进会员发展的各种载体。要发挥典型的示范引导作用，通过召开经验交流会、现场会和评比表彰等活动，及时总结推广县级工商联组织建设工作中的好经验、好做法，相互学习，共同提高，不断开创县级工商联组织建设工作的新局面。

重要文件 ZYWJ

关于召开第五届全国民营企业“关爱员工，实现双赢”经验交流暨表彰会议的通知

全联联发〔2008〕1号

各省、自治区、直辖市、副省级市工商联、总工会，新疆生产建设兵团工商联、工会：

为深入贯彻党的十七大精神，推动《劳动合同法》、《就业促进法》的实施，充分发挥工商联和工会组织在构建和谐劳动关系中的协调作用，全国工商联与全国总工会将于2008年“十一”前夕联合召开“第五届全国民营企业‘关爱员工，实现双赢’经验交流暨表彰会议”。现将有关事宜通知如下：

一、参加会议人员

各省、自治区、直辖市、副省级市工商联、总工会，新疆生产建设兵团工商联、工会的领导，推荐表彰的全国关爱员工优秀民营企业家、全国热爱企业优秀员工和全国双爱双评先进企业的代表。

二、推荐办法

1. 推荐程序

“全国关爱员工优秀民营企业家”和“全国热爱企业优秀员工”的推荐工作，由副省级市以上工商联牵头负责，经与同级总工会联合考察同意后，报全国工商联。

“全国双爱双评先进企业”的推荐工作，由副省级市以上总工会牵头负责，经与同级工商联联合考察同意后，报全国总工会。

所报推荐名单须经全国工商联和全国总工会审查同意后，分别在《中华工商时报》和《工人日报》，以及全国工商联和全国总工会的网站上予以公示。

2. 推荐名额

本次活动对评选标准进一步细化，各地推荐要严格按照评选要求，使受表彰的企业和个人能够切实起到示范作用。

各省、自治区、直辖市和新疆生产建设兵团推荐的“全国关爱员工优秀民营企业家”、“全国热爱企业优秀员工”、“全国双爱双评先进企业”名额分别为2名；各副省级市推荐的“全国关爱员工优秀民营企业家”、“全国热爱企业优秀员工”、“全国双爱双评先进企业”名额分别为1名。

推荐“全国热爱企业优秀员工”必须是企业生产、研发岗位的员工，同时应考虑优秀农民工的代表。

各地须在本地区表彰的基础上，向全国工商联和全国总工会推荐。

上一年度已命名表彰的个人和企业不参加本次表彰。

3. 截止日期

各地推荐上报的截止日期为6月30日，同时报送先进事迹（字数限2000字之内，电子版即可）。

各地工商联和工会组织在开展“关爱员工，实现双赢”活动中，要积极争取各级党委、政府与新闻宣传部门的支持，认真贯彻落实科学发展观，加大宣传力度，充分发挥在“关爱员工，实现双赢”和“双爱双评”方面先进典型的示范作用，充分利用《工人日报》和《中华工商时报》等媒体优势，努力促进《劳动合同法》、《劳动法》等法律在民营企业中的实施，引导民营企业建立健全共建共享的新型和谐劳动关系，

为构建社会主义和谐社会作出新贡献。

三、时间和地点

会议的具体时间和地点另行通知。

全国工商联宣传教育部

联系人：杜薇、刘建

联系电话：010－65136677 转 2328

电子信箱：xjb2328@163.com

全国总工会基层组织建设部

联系人：王英、李晋华

联系电话：010－68591613

传真：010－68562038

电子信箱：Ljh@acftu.org.cn

附件：1.“全国关爱员工优秀民营企业家”表彰条件

2.“全国关爱员工优秀民营企业家”推荐表（略）

3.“全国热爱企业优秀员工”表彰条件

4.“全国热爱企业优秀员工”推荐表（略）

5.“全国双爱双评先进企业”表彰条件

6.“全国双爱双评先进企业”推荐表（略）

中华全国工商业联合会

中华全国总工会

二〇〇八年二月十九日

附件 1.“全国关爱员工优秀民营企业家”表彰条件

1. 遵守《劳动合同法》，所在企业与职工 100% 签订了劳动合同，所在企业的劳动用工制度、工资分配制度以及其他内部管理制度符合国家《劳动法》等有关法律法规，无使用童工、歧视女工、侵害人身自由和人格尊严现象，没有发生过重大劳动争议案件。

2. 所在企业建立工资集体协商制度，工资增长机制健全有效，近三年内（2005 年、2006 年、2007 年，下同）无拖欠工资现象。

3. 所在企业劳动保护措施健全有效，近三年内无重大工伤事故。

4. 所在企业已 100% 按规定参加养老、失业、医疗等社会保险，并按时足额缴纳各项社会保险费。

5. 依法 100% 足额按期缴纳税金。

6. 合法经营，诚实守信，企业经济效益和社会效益较好，在建立和谐劳动关系方面具有良好社会声誉和示范作用。

7. 所在企业重视职工素质教育和业务技术培训，有明确的员工培训计划，落实情况良好，技术工种有上岗证。近三年培训员工总数，占企业员工总数比重在本地区名列前茅。

8. 尊重员工民主权利，支持工会建设，建立平等协商和集体合同制度，开展适合本企业特点的职工民主管理活动，建立稳定和谐的劳动关系，按时足额拨缴工会经费，保证工会正常开展维护员工合法权益的活动。

其他参考条件：所在企业近三年内吸纳就业人数在本地区同比名列前茅。

附件 3.“全国热爱企业优秀员工”表彰条件

1. 在本次推荐的“全国关爱员工优秀民营企业家”所在企业生产、科研或销售等一线岗位工作。

2. 热爱本职工作，兢兢业业，扎扎实实，恪尽职守，勤奋刻苦地为企业工作，努力完成生产、科研和经营任务，并做出突出成绩。

3. 具有爱国敬业的精神，积极维护企业的稳定和团结，为民营企业健康发展建言献策，支持企业依法经营管理，遵守劳动纪律和职业道德，模范执行劳动安全卫生规程，积极参加技术革新、劳动竞赛以及合理化建议等活动，为企业发展作贡献。

4. 努力学习，积极参加职业教育，倡导讲学习的风气，重视学习成效，学习目的明确，学习态度端正，以身作则，努力提高自身的综合素质和技能。

附件 5. “全国双爱双评先进企业”表彰条件

1. 在关爱员工，实现双赢方面具有突出成绩和特色的民营企业和外资企业。

2. 依法建立起防范违法用工和侵犯员工合法权益的人力资源管理制度。在劳动用工方面，近三年内（2005 年、2006 年、2007 年，下同），没有发生违法行为和重大劳动争议事件。

3. 加强安全教育，保证安全生产，近三年内没有出现重大安全责任事故。

4. 所在企业员工已按规定全部参加养老、失业、医疗等社会保险；及时足额缴纳各项社会保险费；缴纳三险员工数及其占企业员工总数比重在本地区名列前茅；依法缴纳税金。

5. 关心员工生活，员工的生产、劳动、学习条件和环境，随着企业的发展不断得到改善。

6. 员工关心企业生产经营，认真做好本职工作，积极参加技术革新、劳动竞赛和提合理化建议等活动。

7.《劳动法》、《劳动合同法》、《工会法》赋予员工的各项权利得到有效的落实，企业实行了劳动合同制并建立了稳定和谐的劳动关系。

8. 员工依法建立工会组织，工会领导班子得力，工会工作丰富多彩而富有成效，并得到广大员工和企业家的拥护。企业建立协商谈判、集体合同制度，建立劳动争议调解委员会并发挥作用，依法拨缴工会经费，支持工会工作的开展。

9. 工会结合企业发展的实际需要，建立健全学习制度和员工学习计划，倡导和组织广大员工不断学习科学技术和管理知识，提高自身素质，掌握多种技能，在实现企业发展与员工个人发展的双赢方面，取得具有示范意义的经验。

关于组织优秀民营企业家走进高校开展“创业讲堂”活动的通知

全联联发〔2008〕2 号

各省、自治区、直辖市工商联、教育厅（教委）、团委，新疆生产建设兵团工商联、教育局、团委：

为纪念改革开放 30 周年，进一步贯彻落实党的十七大提出的“实施扩大就业的发展战略，促进以创业带动就业”的精神，全国工商联、教育部、共青团中央决定共同组织优秀民营企业家走进高校，开展“创业讲堂”全国演讲活动，引导大学生树立自强意识、成才意识、创业意识。现将有关要求通知如下：

一、组织优秀民营企业家在高校开展“创业讲堂”演讲活动的积极意义

改革开放 30 年来，我国民营经济在推动社会生产力发展、满足人民多样化需要、安置社会就业、促进国民经济发展等方面作出了突出贡献，同时涌现出一大批政治上有觉悟、经济上有实力、事业上有贡献、社会上有影响的优秀民营企业家。他们既是改革开放的参与者，又是改革开放的受益者。因此，有计划地组织优秀民营企业家走进高校，让他们与大学生面对面地交流自己的亲身经历和创业经验，有利于引导高校学生深入了解改革开放30年的伟大历程，增进对中国特色社会主义理论和党的路线、方针、政策的认识；有利于高校学生科学认识民营经济在我国经济社会进步中的重要贡献，加深对中央“两个毫不动摇”方针的理解；有利于引导高校学生树立起正确的就业观、创业观，提高他们的社会责任意识，激发更多的高校毕业生走上奋发图强、报效国家的创业之路。

二、发挥优势，相互配合，精心组织安排

“创业讲堂”全国演讲活动的主旨是：讲述优秀企业家的创业、兴业经历，与大学生交流对人生的感悟，引导大学生树立正确的世界观、人生观、价值观，坚定中国特色社会主义共同理想，更加自觉地以振兴中华为己任，为中华民族的伟大复兴贡献自己的力量。

演讲活动2008年度的主题是:“见证30年——改革开放与自主创业”。希望通过企业家们的生动讲述，加深高校学生对党的十七大报告的理解，进一步认识到“改革开放是决定当代中国命运的关键抉择，是发展中国特色社会主义、实现中华民族伟大复兴的必由之路，从而始终坚持解放思想，坚持改革开放”。

为做好演讲活动的组织工作，各地工商联、教育工作部门、团委要相互配合，相互支持，因地制宜，创新方式，共同确定整体方案，并积极与有关高校协商落实。

各地工商联要主动争得当地教育工作部门、团委的支持；做好民营企业家的组织推荐工作；做好宣传工作，把握正确的导向，并提炼出一批有感染力的发言广为宣传。

各地教育工作部门要发挥自身优势，协助落实各项筹备工作；有的放矢，把演讲活动同解决高校学生的现实思想问题和职业选择结合起来。

各地团委要发挥青年团组织优势和特长，做好高等院校的选择和落实工作；加强沟通，鼓励和引导即将毕业的大学生树立正确的就业观。

三、注重实效，扩大影响，建立长期合作机制

组织优秀民营企业家走进高校开展“创业讲堂”全国演讲活动，既是对大学生们的激励和引导活动，也是对民营企业家“致富思源，富而思进”的自我教育和学习活动，是加强和改进非公有制经济人士思想政治工作、加强和改进大学生思想政治教育工作的新尝试，需要长期坚持下去。

各地在开展演讲活动中，要主动争取当地党委、人大、政府、政协领导同志的支持；要把演讲活动同各系统各地区开展的招聘活动、创业帮扶活动、就业指导活动等结合起来，相互呼应；可以根据当地党委政府的年度工作部署，为演讲活动确定相应的主题；可以选择每年高校毕业和新生入学的高峰期，分阶段有针对性地开展有关话题的交流。

各地在开展演讲活动中，要注重宣传实效，通过邀请媒体参与，使演讲和交流活动中的精彩之处广为人知，努力“营造鼓励人们干事业、支持人们干成事业的社会氛围，放手让一切劳动、知识、技术、管理和资本的活力竞相迸发，让一切创造社会财富的源泉充分涌流，以造福于人民”。“创业讲堂”活动将邀请《中华工商时报》、《中国教育报》、《中国青年报》、搜狐财经等为媒体支持单位，并进行专题宣传。

各地工商联、教育工作部门、团委要加强工作联系，建立工作研讨和交流的长效机制，探索相互支持配合的工作领域，共同推动优秀民营企业家进高校开展“创业讲堂”演讲活动持续有效地开展下去。

全国工商联2008年工作要点

2008年是深入贯彻党的十七大精神的第一年，也是全面落实全国工商联十大工作任务的第一年。全国工商联今年工作总的要求是：以邓小平理论和“三个代表”重要思想为指导，全面贯彻落实科学发展观，深入学习贯彻党的十七大精神，按照全国工商联十大部署，以促进“两个健康”为一切工作的出发点和落脚点，加强调查研究，突出工作重点，形成工作合力，推进工作创新，积极发挥“五个作用”，努力开创工商联工作新局面。

一、积极履行参政议政职能，充分发挥在非公有制经济人士参与政治和社会事务中的主渠道作用

1. 配合做好新文件起草工作

配合中央统战部调研起草关于新世纪新阶段工商联工作和非公有制经济人士工作的文件，广泛听取各级工商联和非公有制经济人士意见建议，为中央决策提供参考。制定以工商联工作理论研究为主的理论建设规划，力争将有价值的理论成果纳入新文件中。开展工商联历史研究，着手编写工商联简史。

2. 改进政协提案工作

拓展政协提案参与渠道，明确全国工商联直属行业商会、专门委员会、机关部分工作部门的提案任务。建立提案工作多方合作机制，主动与地方工商联、高等院校、社会科学研究机构、民营经济研究会共同开展提案课题研究，努力提高提案质量。做好政协提案课题储备，精心准备全国工商联领导参加中央政治协商重要会议的发言材料。

3. 加强调研成果转化工作

召开全国工商联参政议政和调研工作座谈会，研究提出工商联有关参政议政和调研工作的意见。继续做好全国工商联重点调研、民营经济研究、上规模民营企业调研、民营企业社会责任调研、新农村建设调研等工作，做好相关调研成果的建言献策转化工作。

二、切实加强引导教育，充分发挥在非公有制经济人士思想政治工作中的重要作用

1. 开展中国特色社会主义学习教育活动

在深入调查研究基础上提出全国工商联系统中国特色社会主义学习教育活动的指导意见。适时组织召开报告会、座谈会、讨论会，及时总结经验，推动学习教育活动的扎实开展。

2. 举办纪念我国改革开放30周年系列活动

根据中央统一部署和工商联工作实际，制订纪念活动方案。通过出版书籍、组织民营企业家进校园和社区宣讲、召开座谈会、举办论坛、与媒体合作开设专栏等形式，深入宣传党在社会主义初级阶段基本经济制度、优秀中国特色社会主义事业建设者精神和民营企业家艰苦创业、奋发图强、回报社会的典型事迹。与国家人事部联合开展全国工商联系统先进集体和先进工作者表彰活动。

3. 召开非公有制经济人士思想政治工作会议

与地方工商联和国家有关部门共同开展思想政治工作系列调研，探索做好非公有制经济人士思想政治工作的新途径、新方法，研究起草《全国工商联关于加强和改进非公有制经济人士思想政治工作的若干意见》。

4. 加强非公有制经济人士培训工作

制定2008～2012年教育培训五年规划。组织社会力量编制有关培训教材。分期分批举办全国工商联执委培训班。

三、围绕中心、服务大局，充分发挥在政府管理非公有制经济方面的助手作用

1. 进一步做好经济服务工作

召开全国工商联经济服务工作座谈会。配合有关部门做好“非公经济36条”配套文件的宣传落实工作，推动民营企业进入国防科技生产、研究领域，做好“国家科技进步奖”推荐工作。关注中小民营企业发展，重点研究解决中小民营科技企业发展瓶颈问题。进一步做好非公有制企业风险防范和危机管理研究，编制《非公有制企业风险管理指引手册》，探索建立非公有制企业风险防范及预警指标体系。

2. 拓展国际经贸交流与合作

重点加强与驻华使领馆、机构和跨国公司的联系，打造对外交往平台。加强与国外商会的联系合作。搞好首届“中国—土耳其合作论坛”。积极参与政府框架下的中亚国家、大湄公河次流域国家等区域经济合作协调机制的工作，做好“中亚区域经贸合作与产业交流培训研讨班”、“电子商务在大湄公河次区域中小企业的应用研讨会”、“中国—东盟应对气候变化能力建设培训计划”等项目的申报工作。

3. 组织开展重要经贸招商活动

积极配合开展国家级大型经贸活动，继续支持地方政府和工商联举办的有影响的区域合作招商引资工作，促进地方经济社会发展。

4. 引导民营企业自觉履行社会责任

组织、引导和支持民营企业参与社会主义新农村建设，重点抓好新农村建设的宣传与交流活动。抓好“村企共建扶贫工程”的指导与推广。继续开展民营企业招聘周、就业与社会保障先进民营企业表彰等活动。组织民营企业积极参与社会公益、慈善事业，搞好中国民营企业社会责任论坛。召开扶贫工作座谈会。做好中国光彩事业促进会有关工作。

5. 做好非公有制企业法律服务工作

加强与国务院有关部门、有关仲裁机构的合作，制定《关于进一步做好非公有制企业民商事纠纷仲裁工作的意见》等指导性文件。继续开展试点工作，推广先进经验，扩大交流合作，推动非公有制企业民商事纠纷仲裁工作。

四、引导非公有制企业依法处理劳动关系，充分发挥在构建和谐劳动关系中的协调作用

1. 主动参与协调劳动关系三方机制工作

推动工商联及其行业商会参与协调劳动关系三方机制工作。加强与有关部门、机构的联系与协商，进一步发挥商会在构建和谐劳动关系中的协调作用。

2. 推动《劳动合同法》、《就业促进法》、《劳动争议调解仲裁法》三部法律的贯彻实施

认真调查研究三部法律在实施中存在的新情况、新问题，提出政策建议。积极参与厂务公开协调领导小组工作。组织开展第五届全国民营企业“关爱员工，实现双赢”表彰活动，促进非公有制企业构建和谐劳动关系。

五、加强组织建设，充分发挥在行业协会商会改革发展中的积极作用

1. 召开全国工商联组织工作会议

总结推广基层工商联组织建设的新经验，制定《全国工商联关于加强基层工商联组织建设的意见》。制定《全国工商联关于进一步发挥兼职副主席作用的意见》，发挥兼职副主席作用。制定《全国工商联关于加强常委、执委队伍自身建设的意见》，加强非公有制经济代表人士常委、执委的工作联系和管理。

2. 推进行业商会发展

推广各地工商联行业商会管理经验，加强行业商会的制度化建设和规范化运行，完成《全国工商联直属行业商会管理制度汇编》。做好行业商会会长、副会长、秘书长的培训工作，提高行业商会工作水平。

3. 加强商会理论研究

做好“工商联行业商会组织评价体系”研究工作，加强对社会主义市场经济中新涌现出来的异地商会、市场商会、开发区商会等新型组织的深入调研指导。开展如何发挥工商联在我国行业协会商会改革发展中的积极作用问题研究。

六、加强机关建设，不断提升履行工作职责的能力

1. 加强思想建设

坚持把学习贯彻党的十七大精神，学习贯彻胡锦涛同志在中央召开的各民主党派中央全国工商联新老主要领导人座谈会上的重要讲话和贾庆林同志在全国工商联新老领导人座谈会上的重要讲话，与贯彻落实全国工商联十大精神紧密结合起来。举办省级工商联机关学习党的十七大精神与机关建设工作研讨班。组织开展以“贯彻党的十七大精神做好工商联工作”为主要内容的征文及评选活动。

2. 加强队伍建设

按照工商联十大提出的总体要求进一步加大干部培训力度，坚持选派干部参加中央党校、中央社会主义学院等举办的培训，认真办好党员领导干部培训班，安排好每季度的机关专题学习讲座。坚持正确用人导向，加大干部考核、交流和任用力度，建立和完善竞争上岗、轮岗交流、优胜劣汰的选人用人机制。有计划选派青年干部到地方和基层工商联及民营企业锻炼，不断增强干部的服务大局能力、服务会员能力、调查研究能力、组织协调能力以及办文办会办事的能力。加强领导班子建设，不断提高领导班子成员的政治把握能力、参政议政能力、组织领导能力、合作共事能力、经济工作能力和廉洁自律能力。

3. 加强制度建设

建立健全各项规章制度，印发《全国工商联规章制度汇编》。加强规章制度的学习和宣传，推动规章制度的落实。

4. 加强全国工商联信息统计工作

召开全国工商联信息统计工作座谈会。制定《全国工商联关于加强信息工作的意见》、《全国工商联信息工作制度》，举办信息员培训班，完善信息网络，提高信息质量，为各级工商联、非公有制经济人士搭建上情下达、下情上达的平台。制定《全国工商联统计工作管理办法》，建立全国工商联常委、执委、会员企业统一数据库，建立科学的统计方法和指标体系，为机关各部门提供高效、统一的数据服务平台。

5. 确保新办公楼如期开工

完成新办公楼开工必备手续办理工作和新办公楼设计、用地拆迁、建设招投标等工作，确保在北京奥运会后动工兴建，力争2009年底竣工交付使用。

关于调整全国工商联专门委员会的通知

全联厅通〔2008〕6号

本会各工作部门：

2007年12月19日，全国工商联第十五次主席办公会议对全国工商联专门委员会进行调整，决定设7个专门委员会：即参政议政委员会（研究室负责联系）、组织委员会（会员部负责联系）、宣传培训委员会（宣教部负责联系）、扶贫工作委员会（扶贫部负责联系）、经济委员会（经济部负责联系）、联络委员会（联络部负责联系）、法律委员会（法律部负责联系）。2008年1月31日，全国工商联十届二次主席会议研究了全国工商联专门委员会有关问题。会议审议了专门委员会主任人选建议名单（见附件），并决定将名单提交十届一次常委会议确定。会议决定负责联系专门委员会的工作部门即为专门委员会的办公室，负责专门委员会的日常工作。根据会议要求，请负责联系专门委员会的工作部门，在近期将专门委员会的组成办法、职责任务、工作机制、2008年工作思路等情况向各专门委员会主任汇报。同时请将书面汇报送办公厅综合处。

会议责成办公厅负责修订《全国工商联专门委员会工作规则》，经主席办公会议讨论后，提交十届一次常委会议通过。

附件：全国工商联各专门委员会主任人选建议名单（略）

全国工商联办公厅

二〇〇八年二月一日

关于全国工商联各专门委员会组成情况的通报

全联厅发〔2008〕11 号

各省、自治区、直辖市和新疆生产建设兵团工商联：

在今年6月召开的全国工商联十届一次常委会议上，审议通过了《全国工商联专门委员会工作规则》，并作出《关于调整和增设全国工商联专门委员会的决定》和《关于全国工商联专门委员会主任人选的决定》。根据《全国工商联专门委员会工作规则》和十届一次常委会议的有关决定精神，今年下半年全国工商联先后组建和调整了参政议政委员会、组织委员会、宣传培训委员会、扶贫工作委员会、经济委员会、联络委员会和法律委员会。现将各专门委员会组成情况通报如下：

一、全国工商联参政议政委员会（共26名）

主任：

谢经荣　全国工商联副主席

傅　军　全国工商联副主席

副主任：

陈永杰　全国工商联研究室主任

陈全生　国务院研究室参事

洪袁舒　全国工商联常委、黑龙江省工商联主席

柴宝成　全国工商联常委、天津宝成集团董事长

委员（以姓氏笔画为序）：

王小兰　时代集团总裁

王黎明　全国工商联执委、发改委中小企业司副司长

邓国安　全国工商联执委、浙江省工商联副主席

刘应杰　国务院研究室综合司副司长（正局）

刘迎秋　中国社会科学院研究生院院长

刘俊臣　全国工商联执委、国家工商总局个体私营监管司司长

吕　政　中国社会科学院工经所所长

余　晖　中国社会科学院工经所研究员

宋美云　天津社会科学院研究员

张卫江　北京市工商联副主席

张征宇　全国工商联常委、恒基伟业电子产品有限公司董事长

张承惠　国务院发展研究中心金融研究所副所长

张　经　中国行业协会商会网专家委员会主任

李晓超　国家统计局综合司司长

周天勇　中央党校研究室副主任

范恒山　国家发改委地区司司长

胡可明　国务院法制办

聂梅生　全国工商联房地产商会会长

高德步　中国人民大学经济学院教授

傅　涛　全国工商联环境服务业商会副会长

二、全国工商联组织委员会（共27名）

主任：

宋北杉　全国工商联党组副书记、副主席

刘沧龙　全国工商联副主席、四川宏达（集团）有限公司董事长兼党委书记

副主任：

邵　军　全国工商联常委，江苏省工商联党组书记、副主席

舒国华　全国工商联常委，江西省工商联党组书记、副主席

孙传宏　全国工商联常委，山东省工商联党组书记、副主席

张炳科　全国工商联常委、新疆维吾尔自治区工商联党组书记

刘红路　全国工商联会员部部长

委员（以姓氏笔画为序）：

马兰霞　北京市工商联党组副书记、副主席

王国瑛　全国工商联执委、天津市工商联副

主席
孙晓宁　河南省工商联副主席
张小亮　全国工商联执委、青牛（北京）技术有限公司首席科学家
张远军　吉林省工商联副主席
张　莉　重庆市工商联党组副书记、副主席
汪力成　全国工商联常委、华立集团股份有限公司董事局主席
连广明　全国工商联执委、内蒙古西蒙科工贸集团有限责任公司董事长
陆　群　江苏省工商联副主席
李挺毅　陕西省工商联副主席
陈平田　全国工商联执委、上海市工商联副主席
陈　峰　福建省工商联党组成员、副主席
杨安民　全国工商联常委，四川省工商联党组书记、常务副主席
周柏良　湖南省工商联副主席
罗玉林　全国工商联常委，宁夏回族自治区工商联党组书记、副主席
罗昌兰　湖北省工商联副主席
董思源　贵州省工商联党组成员、副主席
黄振东　广西壮族自治区工商联副主席
韩　伟　全国工商联常委、全国工商联农业产业商会会长、大连韩伟企业集团有限公司董事长
操建华　全国工商联常委，安徽省工商联党组书记、第一副主席

三、全国工商联宣传培训委员会（共25名）

主任：
孙晓华　全国工商联党组成员、副主席
许连捷　全国工商联副主席、恒安集团公司首席执行官

副主任：
尹明善　中国民间商会副会长、重庆力帆实业（控股）集团有限公司董事长
高庆林　全国工商联宣传教育部部长、《中华工商时报》社社长
邬旦生　《人民政协报》社社长
车建新　红星家具集团有限公司董事长

委员（以姓氏笔画为序）：
吴宝通　中央统战部宣传办公室主任
单忠东　北京大学民营经济研究院常务副院长
房　宁　中国社会科学院政治研究所副所长
郎宝山　山西省工商联副主席
于兴国　青海省工商联党组书记、副主席
马世侠　全国工商联执委、大连市工商联主席
张　戈　深圳市民营企业工委书记
王建沂　浙江省工商联副主席、富通集团有限公司董事长
陈先德　四川省总商会副会长、成都嘉润置业有限责任公司董事长
荣　海　陕西海星集团董事局主席
陈志列　全国工商联执委、深圳研祥智能集团董事长
李　勇　全国工商联执委、华永投资有限公司董事长
周海江　红豆集团董事长
邱淦清　全国工商联执委、珍贝羊绒制品有限公司总经理
舒　勇　沈阳市总商会副会长、亚欧工贸集团董事长
蒋锡培　江苏远东集团董事长
李　猛　全国工商联常委、山西安泰集团股份有限公司总裁
丁新民　内蒙古自治区工商联副主席、鄂尔多斯东方路桥集团董事长
姜岚昕　世华集团董事长

四、全国工商联扶贫工作委员会（共27名）

主任：
王健林　全国工商联副主席、大连万达集团董事长
张近东　全国工商联副主席、苏宁电器董事长

副主任：
董文标　中国民间商会副会长、民生银行董事长
郭广昌　全国工商联常委、上海复星集团董事长
谷彦芬　全国工商联扶贫与社会服务部部长
吴　忠　全国工商联执委、国务院扶贫办司长
臧景范　中国银监会合作监管部部长

委员（以姓氏笔画为序）：
王　翔　全国工商联执委，江西省工商联副主席、民生集团董事长

史贵禄　全国工商联执委、陕西荣民集团董事长
刘新才　全国工商联常委、湖北小银狐集团董事长
余渐富　全国工商联常委、安徽南翔集团董事长
张芝庭　中国民间商会副会长、神奇集团董事长
张志铭　全国工商联常委、北京明天信华投资有限公司董事长
杜双华　山东日照钢铁集团董事长
汪远思　全国工商联常委、河南思达科技投资股份有限公司名誉董事长
陈大光　全国工商联常委、广西泰富集团董事长
陈光标　全国工商联执委、江苏黄埔集团董事长
陈经纬　全国工商联常委、香港经委集团董事长
郑元豹　全国工商联执委、浙江人民电器董事长
金　亮　上海市工商联副主席
赵永亮　内蒙古东达蒙古王集团董事长
郝智浓　内蒙古自治区工商联副主席
徐　刚　中国红丝带基金监事
栾文通　山东省工商联副主席
郭丽双　全国工商联常委、东方美亚投资有限公司董事长
高鲁炎　四川省工商联副主席
彭真怀　北京大学政治发展与政府管理研究所研究员、中国地方政府研究院院长

五、全国工商联经济委员会（共27名）

主任：
孙安民　全国工商联副主席
卢志强　全国工商联副主席、中国泛海控股有限公司董事长
王文彪　全国工商联副主席，亿利资源集团董事局主席、总裁
许荣茂　全国工商联副主席、香港世贸集团董事局主席

副主任：
欧阳晓明　全国工商联经济部部长
王胜文　全国工商联执委、商务部对外经济合作司副司级商务参赞
李　普　全国工商联执委、科技部政策法规与体制改革司副司长
张维迎　北京大学光华管理学院院长
王　巍　全国工商联执委、万盟投资管理有限公司董事长

委员（以姓氏笔画为序）：
马维野　国家知识产权局协调管理司司长
王国刚　中国社会科学院金融研究所副所长
刘东奎　国防科技工业局经济协调司司长
孙　波　国家质量监督局质量管理司司长
张卫华　国家统计局工业司副司长
张文魁　国务院发展研究中心企业研究所所长
张思宁　中国证监会上市公司监管部副主任
张维炯　中欧国际工商学院副院长兼中方教务长
李国斌　工业和信息化部政策法规司副司长
陈　淮　建设部政策研究中心主任
武贵龙　教育部科技司副司长
杨纪东　中国进出口银行经济研究部副总经理
顾大伟　国家发改委高技术产业发展司副司长
曹文炼　国家发改委财政金融司副司长
梁　贵　科技部火炬中心主任
舒歌群　天津大学副校长
潘海民　国家工商总局个体私营经济监督管理司副司长
魏　杰　清华大学经济管理学院企业战略与政策系主任

六、全国工商联联络委员会（共23名）

主任：
刘志强　全国工商联副主席、香江集团董事长
霍震寰　全国工商联副主席、香港中华总商会会长
崔世昌　全国工商联副主席、澳门中华总商会副会长

副主任：
赵　宏　全国工商联联络部部长
王克林　北京市工商联副主席

委员（以姓氏笔画为序）：
万资坤　全国工商联金银珠宝业商会会长
马　娅　全国工商联美容化妆品业商会会长

卢小周　广东省工商联副主席
刘可杰　云南省工商联副主席
刘吉纯　全国工商联汽车摩托车配件用品业商会会长、山东长城实业集团公司董事长
刘战国　成都市委统战部副部长、市工商联党组书记
孙　震　全国工商联礼品业商会会长
余元九　武汉市工商联主席
吴太和　香港青年工业家协会副会长、香港模具科技协会理事长、香港伟盈集团有限公司主席
李卓然　辽宁省工商联副主席、沈阳市工商联主席
李　忠　全国工商联水产业商会会长、湛江国联水产发展有限公司董事长
邱家赞　福建省工商联副主席
陈以正　浙江省工商联副主席
陈建华　江苏省工商联副主席、江苏恒力集团总裁
庞　辉　江苏省工商联副主席
徐　伟　国务院发展研究中心亚洲发展研究所副所长
耿　伟　天津市工商联副主席
詹永健　湖北省工商联副主席、福盛酒店董事长

七、全国工商联法律委员会（共30名）

主任：
沈建国　全国工商联党组成员、副主席
王文京　全国工商联副主席、用友软件股份有限公司董事长兼总裁
吴一坚　全国工商联副主席、金花企业集团总裁

副主任：
赵晓勇　全国工商联常委、湖北省工商联主席
王卫国　中国政法大学校长助理兼民商经济法学院院长、教授、博士生导师
刘　亭　全国工商联常委，北京联亚投资有限公司董事长、总裁
范少明　全国工商联执委，河北省工商联党组副书记、常务副主席
王　瑗　全国工商联法律部部长

委员（以姓氏笔画为序）：
王　文　吉林省工商联副主席
王　丽　全国工商联执委，北京市德恒律师事务所主任、法学博士
王再兴　全国工商联常委、中国光彩事业促进会副会长、江西豪德集团有限公司董事局主席
王均金　全国工商联常委、上海市工商联副主席、上海均瑶（集团）有限公司董事长
王建华　山西省工商联副主席
王保树　清华大学法学院教授、博士生导师，中国法学会商法学研究会会长
田小宝　中国劳动保障科学研究院院长
刘金虎　全国工商联常委、宁夏回族自治区工商联主席、宁夏金龙集团董事局主席
向远道　全国工商联执委、重庆市工商联副主席
齐　清　全国工商联执委、北京柯瑞生物医药技术有限公司董事长
严璋玉　全国工商联执委、广东省工商联副主席
宋学成　北京市律师协会监事、北京市共和律师事务所主任
张　勇　甘肃省工商联副主席
李燕平　北京市工商联副主席
谷　强　天津市工商联副主席
武永存　辽宁省工商联副主席
贲圣林　全国工商联执委、汇丰银行（中国）有限公司工商业务总经理
袁诗鸣　国务院法制办公室政府法制协调司仲裁处处长
梁向前　山东省工商联副主席
黄　毅　中国银监会政策法规部主任
黄锦辉　全国工商联执委、利安达信隆会计师事务所有限责任公司董事长兼主任会计师
谢　叶　北京乾坤律师事务所执行主任、法学博士

全国工商联办公厅
二〇〇八年十二月十七日

关于表彰全国工商联系统先进集体和先进工作者的决定

人社部发〔2008〕90号
（2008年10月30日）

各省、自治区、直辖市人事厅（局）、劳动保障厅（局）、工商联，新疆生产建设兵团人事局、劳动保障局、工商联：

改革开放以来，各级工商联组织和广大干部职工继承和发扬优良传统，务实创新，开拓进取，充分发挥统战性、经济性、民间性的综合优势，广泛团结非公有制经济人士，围绕经济建设中心，服务改革开放大局，认真履行职能，为建设中国特色社会主义伟大事业发挥了重要作用，涌现出了一大批先进模范集体和个人。为表彰先进，弘扬正气，进一步调动各级工商联组织和广大干部职工的积极性，在纪念改革开放30周年和全国工商联成立55周年之际，人力资源社会保障部、中华全国工商业联合会决定，授予北京市昌平区工商业联合会等32个单位“全国工商联系统先进集体”荣誉称号；授予王健等10名同志“全国工商联系统先进工作者”荣誉称号，享受省部级劳动模范和先进工作者待遇。希望受表彰的先进集体和先进工作者珍惜荣誉、戒骄戒躁、发扬成绩、再立新功，为工商联事业续写新的篇章。

各级工商联组织和广大干部职工，要以受表彰的先进集体和先进个人为榜样，紧密团结在以胡锦涛同志为总书记的党中央周围，高举中国特色社会主义伟大旗帜，全面贯彻党的十七大精神，以邓小平理论和“三个代表”重要思想为指导，深入学习实践科学发展观，围绕中心、服务大局，开拓进取、扎实工作，创先争优、建功立业，为进一步促进非公有制经济人士健康成长，促进非公有制经济健康发展，不断开创工商联工作新局面，实现全面建设小康社会的宏伟目标而努力奋斗。

附件：1. 全国工商联系统先进集体名单
2. 全国工商联系统先进工作者名单

二〇〇八年十月三十日

附件1. 全国工商联系统先进集体名单

（按行政区划排序，共计32个）

北京市昌平区工商业联合会
天津市东丽区工商业联合会
河北省石家庄市工商业联合会
山西省长治市工商业联合会
内蒙古自治区包头市工商业联合会
辽宁省鞍山市铁东区工商业联合会
吉林省长春市工商业联合会经济联络处
黑龙江省绥化市工商业联合会
上海市普陀区工商业联合会
江苏省常州市武进区工商业联合会
浙江省温州市工商业联合会
安徽省芜湖市工商业联合会
福建省厦门市思明区工商业联合会
江西省南昌市工商业联合会
山东省泰安市工商业联合会
河南省南阳市工商业联合会

湖北省十堰市工商业联合会
湖南省长沙市工商业联合会
广东省深圳市宝安区工商业联合会
广西壮族自治区南宁市青秀区工商业联合会
海南省儋州市工商业联合会
重庆市巴南区工商业联合会
四川省双流县工商业联合会
贵州省贵阳市工商业联合会
云南省红河哈尼族彝族自治州工商业联合会
西藏自治区山南地区工商业联合会
陕西省韩城市工商业联合会
甘肃省兰州市工商业联合会
青海省海南藏族自治州工商业联合会
宁夏回族自治区中宁县工商业联合会
新疆维吾尔自治区阿克苏地区工商业联合会
新疆生产建设兵团农六师五家渠市工商业联合会

附件2. 全国工商联系统先进工作者名单

（按姓氏笔画排序，共计10人）

王　健　北京市宣武区工商业联合会党组书记、常务副主席
王继英（女）　浙江省奉化市工商业联合会主席、党组书记
刘　崇（女）　天津市河北区工商业联合会调研员
祁迎仓　青海省平安县工商业联合会副主席
张继武　江苏省连云港市工商业联合会信息调研部副部长
张培文　河南省固始县工商业联合会主席
李守纲　山东省青州市工商业联合会主席
苏连英（女）　山西省孝义市工商业联合会党组书记、常务副主席
赵若红（女）　广西壮族自治区柳州市工商业联合会会员科科长
梁振阁（女）　黑龙江省伊春市工商业联合会党组书记、副主席

关于表彰全国工商联系统先进单位和先进个人的决定

全联发〔2008〕5号

各省、自治区、直辖市和新疆生产建设兵团工商联：

全国工商联成立55年来，在中国共产党领导下，伴随着我国社会主义建设的热潮，事业不断发展，作用日益重要。特别是在改革开放的新时期，各级工商联组织和广大干部职工继承和发扬优良传统，围绕中心，服务大局，积极探索，开拓创新，充分发挥统战性、经济性、民间性的综合优势，不断拓展并认真履行各项职能，团结引导广大非公有制经济人士，为建设中国特色社会主义伟大事业作出了积极贡献，涌现出了许多团结奉献、开拓创新的先进单位和先进个人。为表彰先进，进一步调动各级工商联组织和广大干部职工的积极性，谱写工商联事业的新篇章，中华全国工商业联合会决定对北京市东城区工商业联合会等151个“全国工商联系统先进单位”和王林等220名“全国工商联系统先进个人”予以表彰。希望受表彰的单位和个人珍惜荣誉、发扬

成绩，在推动工商联事业发展中再立新功。

新世纪新阶段，工商联肩负着光荣而重大的责任。各级工商联组织和广大干部职工，要以受表彰的先进单位和先进个人为榜样，高举中国特色社会主义伟大旗帜，全面贯彻党的十七大精神，以邓小平理论和“三个代表”重要思想为指导，深入贯彻落实科学发展观，继续解放思想，以改革创新的思路，切实加强自身建设，不断提高工作水平，在促进非公有制经济人士健康成长和非公有制经济健康发展中发挥更大的作用，为全面建设小康社会和中华民族的伟大复兴不断作出新的贡献。

附件：1. 全国工商联系统先进单位名单

2. 全国工商联系统先进个人名单

中华全国工商业联合会

二〇〇八年十月三十日

附件 1. 全国工商联系统先进单位名单

（按行政区划顺序排列，共 151 个）

北京市东城区工商业联合会
北京市丰台区工商业联合会
天津市河北区工商业联合会
天津经济技术开发区工商业联合会
河北省承德市工商业联合会
河北省廊坊市工商业联合会
河北省保定市工商业联合会
河北省邢台市工商业联合会
河北省张北县工商业联合会
河北省遵化市工商业联合会
河北省黄骅市工商业联合会
河北省邯郸市复兴区工商业联合会
山西省太原市工商业联合会
山西省运城市工商业联合会
山西省长治县工商业联合会
山西省高平市工商业联合会
山西省代县工商业联合会
山西省昔阳县工商业联合会
内蒙古自治区通辽市工商业联合会
内蒙古自治区呼伦贝尔市工商业联合会
内蒙古自治区赤峰市红山区工商业联合会
内蒙古自治区巴彦淖尔市临河区工商业联合会
内蒙古自治区阿拉善左旗工商业联合会
辽宁省朝阳市工商业联合会
辽宁省本溪市工商业联合会
辽宁省辽阳市工商业联合会
辽宁省锦州市工商业联合会
辽宁省沈阳市和平区工商业联合会
吉林省松原市工商业联合会
吉林省白山市工商业联合会
吉林省延边朝鲜族自治州工商业联合会
黑龙江省齐齐哈尔市工商业联合会
黑龙江省佳木斯市工商业联合会
黑龙江省七台河市工商业联合会
黑龙江省哈尔滨市道里区工商业联合会
黑龙江省伊春市新青区工商业联合会
黑龙江省海林市工商业联合会
黑龙江省兰西县工商业联合会
上海市长宁区工商业联合会
上海市静安区工商业联合会
江苏省连云港市工商业联合会
江苏省南通市工商业联合会
江苏省苏州市工商业联合会
江苏省南京市江宁区工商业联合会
江苏省宜兴市工商业联合会
浙江省嘉兴市工商业联合会
浙江省金华市工商业联合会
浙江省杭州市萧山区工商业联合会
浙江省余姚市工商业联合会
浙江省松阳县工商业联合会
安徽省蚌埠市工商业联合会
安徽省马鞍山市工商业联合会
安徽省铜陵市工商业联合会
安徽省砀山县工商业联合会

安徽省黄山市徽州区工商业联合会
安徽省舒城县工商业联合会
福建省三明市工商业联合会
福建省泉州市工商业联合会
福建省龙岩市工商业联合会
福建省龙海市工商业联合会
江西省九江市工商业联合会
江西省新余市工商业联合会
江西省萍乡市工商业联合会
江西省赣州市工商业联合会
江西省上饶市工商业联合会
山东省德州市工商业联合会
山东省威海市工商业联合会
山东省临沂市工商业联合会
山东省东营市河口区工商业联合会
山东省枣庄市薛城区工商业联合会
山东省邹平县工商业联合会
山东省菏泽市牡丹区工商业联合会
河南省郑州市工商业联合会
河南省三门峡市工商业联合会
河南省焦作市工商业联合会
河南省商丘市工商业联合会
河南省漯河市工商业联合会
河南省信阳市工商业联合会
河南省洛阳市洛龙区工商业联合会
河南省辉县市工商业联合会
湖北省襄樊市工商业联合会
湖北省荆门市工商业联合会
湖北省宜昌市工商业联合会
湖北省恩施土家族苗族自治州工商业联合会
湖北省汉川市工商业联合会
湖南省浏阳市工商业联合会
湖南省慈利县工商业联合会
湖南省湘乡市工商业联合会
湖南省祁阳县工商业联合会
湖南省沅陵县工商业联合会
湖南省冷水江市工商业联合会
广东省梅州市工商业联合会
广东省汕头市工商业联合会
广东省惠州市工商业联合会
广东省东莞市工商业联合会
广东省中山市工商业联合会
广东省江门市工商业联合会
广东省湛江市工商业联合会
广东省佛山市南海区工商业联合会
广西壮族自治区南宁市工商业联合会
广西壮族自治区北海市工商业联合会
广西壮族自治区百色市工商业联合会
广西壮族自治区全州县工商业联合会
广西壮族自治区柳州市城中区工商业联合会
广西壮族自治区南丹县工商业联合会
海南省文昌市工商业联合会
海南省乐东黎族自治县工商业联合会
重庆市沙坪坝区工商业联合会
重庆市黔江区工商业联合会
四川省成都市工商业联合会经济联络处
四川省广元市工商业联合会
四川省绵阳市工商业联合会
四川省德阳市工商业联合会
四川省南充市工商业联合会
四川省遂宁市工商业联合会
四川省自贡市工商业联合会
四川省宜宾市工商业联合会
四川省凉山州工商业联合会
贵州省六盘水市工商业联合会
贵州省遵义市工商业联合会
贵州省开阳县工商业联合会
贵州省江口县工商业联合会
云南省玉溪市工商业联合会
云南省楚雄彝族自治州工商业联合会
云南省昆明市五华区工商业联合会
云南省罗平县工商业联合会
云南省保山市隆阳区工商业联合会
云南省昭通市昭阳区工商业联合会
云南省玉龙纳西族自治县工商业联合会
西藏自治区那曲地区工商业联合会
西藏自治区林芝地区工商业联合会
陕西省西安市工商业联合会研究室
陕西省延安市工商业联合会
陕西省铜川市工商业联合会
陕西省榆林市工商业联合会
陕西省洛南县工商业联合会
甘肃省酒泉市工商业联合会
甘肃省张掖市工商业联合会

甘肃省庆阳市工商业联合会
甘肃省陇南市工商业联合会
甘肃省武威市凉州区工商业联合会
青海省玉树藏族自治州工商业联合会
青海省化隆回族自治县工商业联合会
宁夏回族自治区工商业联合会组织宣传处
宁夏回族自治区青铜峡市工商业联合会
新疆维吾尔自治区乌鲁木齐市工商业联合会
新疆维吾尔自治区阿勒泰地区工商业联合会
新疆维吾尔自治区鄯善县工商业联合会
新疆维吾尔自治区吉木萨尔县工商业联合会
新疆维吾尔自治区乌苏市工商业联合会
新疆生产建设兵团农八师石河子市东城区工商业联合会

附件2. 全国工商联系统先进个人名单

（分省按姓氏笔画排序，共220名）

王　林　北京市石景山区工商业联合会主席
袁建国　北京市海淀区工商业联合会主任科员
鲍晓芹（女）　北京市顺义区工商业联合会党组书记、常务副主席
王玉柱　天津市北辰区工商业联合会副主席
张福玲　天津市河西区工商业联合会党组书记
曹金茹　天津市塘沽区工商业联合会党组书记、副主席
王文涛　河北省廊坊市工商业联合会副主席
王树平　河北省保定市工商业联合会组宣部部长
宋锡林　河北省秦皇岛市海港区工商业联合会主席
张　钢　河北省唐山市工商业联合会副主席兼秘书长
张文静（女）　河北省张家口市工商业联合会副调研员
张瑞霞（女）　河北省河间市工商业联合会副主席兼秘书长
杜瑛瑛（女）　河北省衡水市工商业联合会副主任科员
岳凤杰（女）　河北省石家庄市桥西区工商业联合会主席
郭庆明　河北省邯郸市峰峰矿区工商业联合会主席
梁忠林　河北省工商业联合会主任科员
刘海民　山西省阳泉市工商业联合会副主席
孙文红（女）　山西省太原市万柏林区工商业联合会常务副主席
许世明　山西省大同市南郊区工商业联合会主席
陈有明　山西省岢岚县工商业联合会主席
宣为民　山西省临汾市工商业联合会主席
魏　尧　山西省朔州市工商业联合会秘书长
于　钢（蒙古族）　内蒙古自治区通辽市工商业联合会党组书记
王东良　内蒙古自治区乌海市海勃湾区工商业联合会主席
冯建学　内蒙古自治区工商业联合会会员部主任科员
李雪清（女，满族）　内蒙古自治区锡林郭勒盟工商业联合会经济部副部长
陈继祥　内蒙古自治区科尔沁右翼前旗工商业联合会主席
赵　玲（女）　内蒙古自治区满洲里市工商业联合会副主席
徐惠忠（女）　内蒙古自治区呼和浩特市工商业联合会副科长
渠伍团　内蒙古自治区察哈尔右翼前旗工商业联合会主席
刘　丽（女）　辽宁省盘锦市工商业联合会秘书长
孙虹霞（女）　辽宁省营口市工商业联合会秘书长
汪　昕　辽宁省大连市工商业联合会法律咨询处处长
谷泽毅　辽宁省丹东市工商业联合会副主席
邵　明　辽宁省西丰县工商业联合会党组书

记、常务副主席
高　嵩（女）　辽宁省抚顺市工商业联合会主席
董　光　辽宁省阜新市工商业联合会副主席
王贵昌　吉林省东辽县工商业联合会主席
张学东　吉林省辉南县工商业联合会主席
李劲松　吉林省吉林市工商业联合会调研部副主任科员
殷明吉　吉林省白城市工商业联合会经济部副科长
温占斌　吉林省公主岭市工商业联合会主席
于治城　黑龙江省双鸭山市工商业联合会主席、党组书记
马本营　黑龙江省大庆市工商业联合会副主席
刘泽生　黑龙江省黑河市工商业联合会主席
张凤林　黑龙江省鹤岗市工商业联合会副主席
李　刃　黑龙江省鸡西市工商业联合会副主席
麻昌征（回族）　黑龙江省大兴安岭地区工商业联合会会员部部长
卢秀臻（女）　上海市嘉定区工商业联合会党组书记
朱建国　上海市金山区工商业联合会主席
张炜华（女）　上海市黄浦区工商业联合会党组书记
李正东　上海市闵行区工商业联合会党组书记
陆　健　上海市宝山区工商业联合会科长
樊天平（女）　上海市工商业联合会经济部部长
朱顺清　江苏省江阴市工商业联合会副主席
邢茂银　江苏省南京市雨花台区工商业联合会党组书记、副主席
吴志兵　江苏省盐城市工商业联合会处长
张　华　江苏省淮安市工商业联合会党组副书记、副主席
季　平　江苏省镇江市工商业联合会副主席
胡冬陵　江苏省工商业联合会会员处处长
赵富新　江苏省南通市工商业联合会经联部部长
莫国庆　江苏省溧阳市工商业联合会党组书记、副主席
陶建明　江苏省张家港市工商业联合会主席、党组书记
程安红（女）　江苏省徐州市工商业联合会会员部部长
薛晨光　江苏省泰兴市工商业联合会主席
马兆成　浙江省工商业联合会研究室主任
刘增铭　浙江省嵊州市工商业联合会副主席
何广庭　浙江省临海市工商业联合会党组书记
沈　江　浙江省台州市黄岩区工商业联合会党组书记、副主席
施菲菲（女）　浙江省舟山市工商业联合会会员处处长
赵志雄　浙江省瑞安市工商业联合会主席
崔小平　浙江省杭州市工商业联合会办公室主任
曹以跃　浙江省湖州市工商业联合会会员处处长
孙玉山　安徽省亳州市工商业联合会副主任科员
李纯海　安徽省凤台县工商业联合会主席
汪正胜　安徽省潜山县工商业联合会主席
邵　菊（女）　安徽省巢湖市工商业联合会副主席兼秘书长
季　春　安徽省阜阳市工商业联合会办公室主任
尚芝兰（女）　安徽省宁国市工商业联合会主席
金怀斌　安徽省淮北市工商业联合会副主席
贾东明　安徽省合肥市工商业联合会副主席
邓麟喜　福建省福州市工商业联合会主席
林国焕　福建省光泽县工商业联合会主席
林品吕　福建省福安市工商业联合会主席
曾志超　福建省厦门市工商业联合会主任科员
丁　玲（女）　江西省丰城市工商业联合会主席
吴淑琴（女）　江西省余江县工商业联合会主席
张晓年　江西省九江市工商业联合会秘书长
邵林荣　江西省景德镇市工商业联合会科长
胡显煌　江西省工商业联合会经联处处长
徐年春　江西省泰和县工商业联合会主席
蒋　虹（女）　江西省南昌市工商业联合会维权服务处处长
鞠见荣（女）　江西省赣州市章贡区工商业

联合会主席
于　真（女）　山东省济南市历下区工商业联合会党组书记
王新华　山东省莱芜市工商业联合会党组成员、副主席
刘春香（女）　山东省广饶县工商业联合会党组书记、常务副主席
刘新峰　山东省东阿县工商业联合会主席
刘瑞金　山东省青岛市工商业联合会调研宣传处处长
杨洪亮　山东省日照市工商业联合会常务副主席
郑绪强　山东省烟台市工商业联合会组织宣传科主任科员
彭本效　山东省淄博市工商业联合会科长
韩长江　山东省夏津县工商业联合会主席
魏明科　山东省汶上县工商业联合会主席
王永禄　河南省工商业联合会经联部部长
王克非　河南省周口市工商业联合会党组书记
王留方　河南省濮阳市工商业联合会秘书长、办公室主任
司福林　河南省许昌市工商业联合会党组书记
安喜兰（女）　河南省汝州市工商业联合会党组书记、副主席
成　健　河南省开封市工商业联合会副主席
张黎明　河南省安阳市工商业联合会党组书记、副主席
刘　翔　湖北省随州市工商业联合会党组成员、秘书长
吕　勤（女）　湖北省黄冈市工商业联合会会员部部长
何祥英（女）　湖北省大冶市工商业联合会党组书记、常务副主席
易光振　湖北省武汉市工商业联合会会员部部长
徐　虹（女）　湖北省鄂州市工商业联合会主席
徐能焰　湖北省咸宁市工商业联合会副主席
成极中　湖南省湘潭县工商业联合会主席
朱山东　湖南省平江县工商业联合会主席
张孝新　湖南省桂东县工商业联合会主席
李　虹（女）　湖南省株洲市工商业联合会副主席
李楚屏（女）　湖南省长沙县工商业联合会主席
陈延武　湖南省益阳市工商业联合会主席
胡维明　湖南省永顺县工商业联合会主席
钟春枝（女）　湖南省常德市工商业联合会党组书记、副主席
黄品翔　湖南省新宁县工商业联合会主席
戴建华　湖南省衡阳市工商业联合会党组书记、副主席
王小东（女）　广东省韶关市工商业联合会办公室主任
关北淦　广东省茂名市工商业联合会常务副主席
李　倩（女）　广东省河源市工商业联合会秘书长
陈　清（女）　广东省阳江市工商业联合会经济联络部主任
陈丽琴（女）　广东省汕尾市工商业联合会科员
陈国森　广东省高要市工商业联合会副主席兼秘书长
陈喜明　广东省潮州市湘桥区工商业联合会主席
罗运金　广东省清远市工商业联合会常务副主席
郑培杰　广东省揭阳市工商业联合会党组成员、副主席
黄健敏　广东省广州市工商业联合会副主席
彭新腔　广东省珠海市工商业联合会调研员
毛剑玲（女）　广西壮族自治区防城港市工商业联合会主任科员
杨　怿　广西壮族自治区宾阳县工商业联合会主席
杨　翔（苗族）　广西壮族自治区资源县工商业联合会主席、党组书记
邹永海　广西壮族自治区北流市工商业联合会主席
钟荣汉　广西壮族自治区贺州市八步区工商业联合会副主任科员
莫贻凤（女）　广西壮族自治区钦州市工商业联合会秘书长、办公室主任

梁玉先（壮族） 广西壮族自治区来宾市工商业联合会办公室主任
王惠来（女） 海南省海口市工商业联合会副主席
张光英 海南省文昌市工商业联合会常务副主席
黄林波（黎族） 海南省工商业联合会办公室主任
兰文龙 重庆市南岸区工商业联合会党组副书记、副主席
冷五一 重庆市江津区工商业联合会党组书记、第一副主席
周代前 重庆市渝北区工商业联合会党组书记
彭君适 重庆市工商业联合会主任科员
雷文睿 重庆市工商业联合会经济部部长
王鸿璋 四川省工商业联合会经济处处长
冉卫文（女，土家族） 四川省工商业联合会研究室副主任
刘德伟 四川省渠县工商业联合会主席
张立治 四川省乐山市工商业联合会副主席
李联洪（藏族） 四川省阿坝藏族羌族自治州工商业联合会组织宣传部部长
杨晓婷（女） 四川省平昌县工商业联合会副主席
陈曼均（女） 四川省泸州市纳溪区工商业联合会主席
屈良斌 四川省武胜县工商业联合会主席
郑立新 四川省丹棱县工商业联合会主席
袁建华 四川省米易县工商业联合会常务副主席
郭豫川 四川省仁寿县工商业联合会主席
康　培 四川省内江市工商业联合会主席
黄　跃（女） 四川省雅安市工商业联合会办公室主任
谢素华（女） 四川省康定县工商业联合会秘书长
蔡纯午 四川省简阳市工商业联合会主席
冯　蔚（女） 贵州省黔西县工商业联合会主席
严修元 贵州省普安县工商业联合会主席
何代兴 贵州省平塘县工商业联合会主席
吴玉生 贵州省安顺市工商业联合会党组书记
李进军 贵州省镇远县工商业联合会主席
徐明霞（女，土家族） 贵州省遵义市凤冈县工商业联合会主席
冯兆昌（拉祜族） 云南省西双版纳傣族自治州工商业联合会副主席
刘云民（女） 云南省工商业联合会办公室主任科员
张　华（女） 云南省广南县工商业联合会主席
李永喜 云南省临沧市工商业联合会会员经济部部长
李建华（白族） 云南省怒江傈僳族自治州工商业联合会办公室主任
徐建萍（女，佤族） 云南省澜沧县工商业联合会主席
索朗平措（藏族） 云南省香格里拉县工商业联合会主席
莫爱莲（女） 云南省沾益县工商业联合会党组书记
钱丽波（女，彝族） 云南省红河县工商业联合会秘书长
黄正来 云南省弥渡县工商业联合会主席
管有成（傣族） 云南省德宏傣族景颇族自治州工商业联合会副主席兼秘书长
边　巴（藏族） 西藏自治区工商业联合会办公室副主任
李　岩 西藏自治区工商业联合会组织会员处副处长
塔金才（藏族） 西藏自治区工商业联合会组织会员处副处长
牛道君 陕西省工商业联合会副秘书长
王小杰 陕西省兴平市工商业联合会副主席
王军君 陕西省宝鸡市工商业联合会秘书长
王香凤（女） 陕西省华阴市工商业联合会主席
沈荣喜 陕西省安康市工商业联合会副主席
陈宪政 陕西省杨凌示范区工商业联合会主席
郑佩宏 陕西省工商业联合会办公室主任
钱金堂 陕西省定边县工商业联合会主席
梁龙君 陕西省汉中市工商业联合会党组书记、副主席
刘雪峰 甘肃省平凉市工商业联合会主席

何有龙　甘肃省永靖县工商业联合会主席
李春梅（女）　甘肃省兰州市城关区工商业联合会主席、党组书记
肖建胜　甘肃省酒泉市工商业联合会主席
尚祖光　甘肃省天水市工商业联合会主席
黄廷学　甘肃省金昌市工商业联合会党组书记、副主席
翟鹏山　甘肃省定西市工商业联合会主席
马世雄（回族）　青海省西宁市工商业联合会党组书记、常务副主席
陈　琦（撒拉族）　青海省兴海县工商业联合会常务副主席、秘书长
李风川（回族）　宁夏回族自治区永宁县工商业联合会党组书记、副主席
李银德　宁夏回族自治区吴忠市工商业联合会副主席兼秘书长
简学诗　宁夏回族自治区平罗县工商业联合会主席
刘　娟（女）　新疆维吾尔自治区博尔塔拉蒙古自治州工商业联合会副主任科员
邢建金　新疆维吾尔自治区伽师县工商业联合会党组书记、常务副主席
李德静（女）　新疆维吾尔自治区焉耆回族自治县工商业联合会主席
陈立孝　新疆维吾尔自治区察布查尔县工商业联合会常务副主席
依米提·尕衣提（维吾尔族）　新疆维吾尔自治区新和县工商业联合会常务副主席
孟宪军　新疆维吾尔自治区哈密地区工商业联合会秘书长
郑文琦　新疆维吾尔自治区工商业联合会会员部部长
陈一菊（女）　新疆生产建设兵团农一师阿拉尔市工商业联合会主席
施建军　新疆生产建设兵团农五师工商业联合会主席
张尚东　中华全国工商业联合会办公厅综合处处长
郑克俭　中华全国工商业联合会扶贫与社会服务部光彩处处长
谭丽莎（女）　中华工商时报社四川记者站站长

调研报告

DYBG

贯彻落实科学发展观　构建和谐劳动关系

——全国工商联劳动立法专题调研情况报告

全国工商联法律部劳动立法专题调研组

（2008年6月）

为落实黄孟复主席、全哲洙书记关于宣传贯彻《劳动合同法》等劳动立法、代表和维护会员合法权益的指示精神，充分发挥工商联在构建和谐劳动关系过程中的协调作用，收集、反映民营企业对于劳动立法实施的意见，推进劳动立法的顺利实施，2008年1月至5月，全国工商联法律部开展了劳动立法专题调研。

一、调研情况概述

全国工商联法律部从2008年初即开展了劳动立法的调查研究工作，在全国范围内收集社会各方面对于《劳动合同法》、《就业促进法》、《劳动争议调解仲裁法》（以下简称“三法”）的意见。2008年1月，陪同沈建国副主席在北京重点走访了千喜鹤集团、汇源集团、苏宁电器北京分公司等企业，参加了海淀区劳动密集型企业贯彻《劳动合同法》专题座谈会。

2008年3月24～28日、4月16～20日、5月5～8日，沈建国副主席、吴一坚副主席、王文京副主席先后并分别在安徽、陕西、福建开展了劳动立法专题调研，共计召开了9场约120家企业代表参加的座谈会，参观、走访了陕西金花企业集团、西安丰源缝纫设备公司、宝鸡专用汽车公司、咸阳红星食品公司、合肥洽洽食品公司、奇瑞汽车公司、芜湖恒升重型机床公司、安徽南翔集团、力奴鞋业有限公司、百祥车饰有限公司、富贵鸟集团公司、野豹儿童用品有限公司、紫山集团有限公司、华艺钟表集团有限公司、东南融通、弘信电子科技有限公司、银鹭集团17家各具代表性的民营企业，与当地工商联进行了座谈，比较充分地听取、了解了企业贯彻落实“三法”的情况，收集了企业对于劳动立法实施和配套法规制定的意见。法律部白莲湘副部长、岳公正处长、韩鹏、姚雄龙陪同进行调研。此次调研有如下特点：

1. 地方政府高度重视“三法”的贯彻实施，对调研工作给予了高度的关注

陕西省省长袁纯清在百忙中出席了西安片的劳动立法专题座谈会，并做了重要讲话。安徽省省长王三运接见了劳动立法调研小组，并就“三法”实施相关问题与沈建国副主席进行了深入的交流。各地政府领导，尤其是劳动部门的领导，积极参加座谈会，畅谈了宣传、引导贯彻企业“三法”的做法。

2. 地方工商联认真组织座谈会，广大民营企业积极反映贯彻“三法”的做法和遇到的问题

各地工商联对座谈会进行了细致的安排，邀请了当地劳动部门、工会以及各行业有代表性的民营企业家等与“三法”贯彻的相关方参加会议，以求调研取得实效。各地民营企业对“三法”实施一直密切关注，对参与调研座谈抱以极高的热情，很多都主动要求参加座谈会，反映了许多带有典型性的问题和颇具价值的政策建议。

3. 发挥全国工商联兼职副主席作用，邀请兼职副主席参与调研，扩大调研影响

为贯彻《全国工商联关于进一步发挥兼职副

主席作用的意见》，此次调研特邀请吴一坚、王文京两位兼职副主席参与，其中，吴一坚副主席参加了在陕西的调研，王文京副主席参加了在福建的调研。通过参与调研，一方面扩大了调研的影响，增加了对“三法”的宣传力度；另一方面建立了发挥兼职副主席作用的工作新机制。

二、调研成果

1.《劳动合同法》的实施要考虑我国当前经济现实情况，不应“一刀切”，应给予企业一定适应期，分情况、分步骤灵活推进

我国是一个资源紧缺的人口大国，而且市场经济尚不完善，财富积累尚不充足，经济发展不平衡，地区、城乡、企业类型差异巨大，中小企业和劳动密集型企业是最主要的用工主体，绝大多数企业都是愿意依法经营的，短期用工、随意侵犯劳动者权益等只是个别企业的行为，《劳动合同法》的实施应充分考虑到企业的差异性，考虑企业的生存需要。《劳动合同法》的制定和实施需要一系列配套制度的完善，尤其是社会保险制度，而我国现行的社会保险制度还存在着根本性的缺陷，如社保基金统筹层次过低、社保转移困难、社保办理程序复杂，等等。这些配套制度的缺陷严重制约了企业、劳动者缴纳社会保险的积极性，《劳动合同法》相关规定的实施应随着这些配套制度的完善而逐渐推进。

2.《劳动合同法》的实施应适当放松对劳资双方契约自由的干预，充分保障劳资双方自由选择的权利，鼓励企业的灵活用工和技术创新

《劳动合同法》规定劳资双方强制签订书面劳动合同的义务，干预了劳资双方订立契约的自由，有些企业和劳动者并没有书面劳动合同，但相互信任，建立了和谐稳定的劳动关系；而在有的企业中，劳动者不愿意签订书面劳动合同。《劳动合同法》的实施应尊重市场中劳资双方的自由选择，对事实劳动关系予以承认。《劳动合同法》规定了无固定期限劳动合同，有利于企业建立长期稳定的劳动关系，但同时也限制了企业灵活的用人机制，对于一些不努力工作又没有大错的员工，企业没有办法解雇，末位淘汰制在企业的运用也受到了限制，这鼓励了一些员工的惰性，制约了企业灵活的用人管理机制。

3.《劳动合同法》的实施不应单方面限制企业，应赋予企业制约劳动者的法律手段，对员工有所限制，适当平衡双方的权利义务

《劳动合同法》规定用人单位招用劳动者，不得扣押证件、收取财物、要求担保等，而且严格限制违约金的约定，这有利于保护劳动者的利益，但也造成企业用工管理上的困难，尤其是劳动密集型企业，对于一些低素质、任意违约的劳动者，没有任何的法律手段。根据《劳动合同法》第37条的规定，劳动者可以没有任何理由地解除劳动合同，而不承担任何责任，现实中诸多劳动者甚至都不会履行提前30日书面通知用人单位的义务，对于由此给用人单位造成的损失，法律没有任何的保护性规定。根据《劳动合同法》第46条第5项的规定，劳动合同期满，除用人单位维持或者提高劳动合同约定条件续订劳动合同，劳动者不同意续订的情形外，用人单位应向劳动者支付经济补偿，这一规定并没有坚实的根据，但增加了企业的用工成本。

4.《劳动合同法》、《劳动争议调解仲裁法》的部分规定原则性较强，需要进一步的细化和明确

如《劳动合同法》规定的“民办非企业单位”、“与其建立劳动关系的劳动者”、“连续工作满十年”、“连续订立二次固定期限劳动合同”、“专业技术培训”、“专项培训费用”、“临时性、辅助性、替代性的工作岗位”等的具体含义，都需要有进一步的界定，以便于企业切实执行。《劳动争议调解仲裁法》第十九条规定，劳动争议仲裁委员会由劳动行政部门代表、工会代表和企业方面代表组成，但由谁作为企业方面代表并不明确，应明确全国工商联、中企联等商会组织共同作为企业方面代表。

5. 推进《劳动合同法》、《就业促进法》顺利实施，应加大各有关方面对劳动者培训力度，提高劳动者的综合素质，培养劳动者忠诚、诚信的良好品质

《就业促进法》规定，县级以上人民政府加强统筹协调，鼓励和支持各类职业院校、职业技能培训机构和用人单位依法开展就业前培训、在职培训、再就业培训和创业培训；鼓励劳动者参加各种形式的培训。现阶段非公有制企业职工成

分复杂，素质参差不齐，职工职业道德总体水平较差，广泛存在职工责任心不强，不安心岗位工作，流动性强，短期行为多，悖德行为多，恶意违约多等问题，政府及相关部门应积极落实就业促进法的规定，加大对劳动者的培训力度，这也是劳动合同法顺利实施的重要保障。

6. 针对我国大量中小型民营企业寿命短、负担重的现实，应推动政府及时出台就业促进政策，鼓励他们扩大就业，扶持他们做大做强

《就业促进法》在税收、金融、管理等方面规定了诸多对企业的优惠政策，有利于降低企业的用工成本，推动《劳动合同法》等相关法律的顺利实施。从调研的情况看，有少数地方政府贯彻《就业促进法》的相关规定，出台了促进就业的一系列优惠政策，如宝鸡市政府实施积极的就业政策，通过提供免费就业培训、实施税费减免、给予社会保险补贴、给予贷款贴息等政策措施，鼓励支持企业扩大安置就业，但多数地方政府对这方面的关注尚显不足，通过政策激励企业促进就业的力度还不够。大量的中小企业是我国现阶段最重要的用工主体，《就业促进法》的实施要加大对这些企业的激励力度，鼓励他们扩大投资、吸收就业，促进社会稳定、经济发展。

7. 《劳动争议调解仲裁法》已经实施，涉及民营企业的劳动争议解决需要工商联作为企业代表介入，工商联应积极参与，努力发挥作用

《劳动争议调解仲裁法》第 8 条规定，县级以上人民政府劳动行政部门会同工会和企业方面代表建立协调劳动关系三方机制，共同研究解决劳动争议的重大问题。安庆市工商联主席吴涛等认为，应将工商联纳入三方协调之中，形成“三方四家”的工作机制，充分发挥工商联在劳动关系协调中的作用。工商联及各有关方面应积极呼吁、改善劳动行政部门和司法部门对企业的偏见。一部分有代表性的劳动密集行业非公有制企业反映，在劳动执法过程中，由于观念陈旧和减轻工作量或追求案件数量等现象存在，劳动行政部门和司法部门倾斜对职工的保护与支持，职工“一告就赢”、“未告先赢”、“违约也赢”的现象较多，企业为避免陷入劳动仲裁和诉讼纠纷，往往违心地对违约职工也给予补偿。

8. 经营状况良好的大型企业积极缴纳社会保险，众多中小民营企业社保缴纳压力较大，科学、公平、可行的社会保险制度尚有待建立

调研表明，经营状况良好、行业利润率较高的企业都能认识到缴纳社会保险对于分散企业经营风险、保障员工合法权益的作用，从而认真履行社保缴纳义务，及时、足额缴纳“三险”乃至“五险”。但众多中小企业、劳动力密集型企业普遍反映社保缴纳负担过重。浙江台州市一个节日灯生产企业，职工 200 多人，每年利润几十万元，如按规定缴纳“五险”，480 元/每人每月，占工资总额的 30.7%（其中养老保险 20%，医疗保险 7.5%，失业保险 2%，生育和工伤保险各 0.6%），一年要为职工缴纳上百万元的“五险”，企业实际上无力上缴。我国社会保险制度建设还存在一些缺陷，主要包括：第一，社保基金统筹层次过低。各地民营企业普遍反映，现行社会保险基金统筹层次过低，职工在辞职离职时无法带走社保账户的社会保险金，无法实现异地转移，当地劳动行政部门也不给退费，明显违背了社会保障的公平原则，使得流动性较大的劳动者不愿意缴纳社会保险。第二，社保办理程序过繁。合肥金屯集团董事长方浩等认为，现行社保账户建立、社保缴纳、社保账户消除等，都要到劳动部门履行复杂的行政手续，需要极长的时间，这不能适应目前劳动力流动性日益增大的现实，而且给企业造成了很大的负担，建议简化社保办理的相关程序。

三、有关建议

根据这一阶段调研反映的情况和问题，我们建议：

（一）科学制定《劳动合同法》的配套法规、司法解释，在法律允许的范围内，放松对劳动力市场契约自由的干预，平衡劳资双方的权利义务设置，对《劳动合同法》规定不明确的条文作出进一步的解释，提高法律的可操作性。

（二）进一步加大对“三法”的宣传和培训力度，以工商联为主渠道，开展多种形式的法律培训，加强对非公有制企业贯彻“三法”的正面引导，正确看待有效处理“三法”，尤其是《劳动合同法》实施过程中遇到的突出问题。

（三）在立法层面、执法层面都应当考虑我

国企业地区差异、类型差异、行业差异、规模差异巨大的实际特点，允许不同地区、不同特点企业采用适合其自身的合同文本，允许一定程度的灵活性，给予劳动密集型企业、中小企业一定的过渡期。

（四）制定《劳动合同法》配套法规、司法解释应有利于促进劳动者素质和诚信度的提高，加强对职工的职业培训，可以考虑建立劳动者劳动履历制度，作为企业招录员工的参考资料和提高劳动者诚信的法律手段，对职工的职业表现进行长期监督。

（五）制定《劳动合同法》配套法规、司法解释应加强对劳动行政执法部门的监督，完善劳动行政执法的程序，保障行政相对人的劳动权利和寻求救济的权利，促进劳动行政部门依法行政，充分发挥劳动行政部门在构建和谐劳动关系中的积极作用。

（六）加快制定《就业促进法》配套法规，督促各地出台促进就业的优惠政策，对积极吸纳就业的企业给予一定的政策优惠，适当降低企业的经营成本，鼓励企业坚持做好扩大就业安置，促进劳动立法整体的协调实施。

（七）加快制定《劳动争议调解仲裁法》配套法规，建立更适应非公有制企业需要、更符合国情的劳动关系三方协调机制，将工商联纳入三方协调机制之中，形成三方四家或多家的工作机制，充分发挥工商联在劳动关系协调中的作用。

（八）在社会保险相关立法中，明确规定根据社会经济发展情况和社会保险制度建设情况逐渐提高社会保险基金的统筹层次，积极探索提高社会保险基金统筹层次的途径，加强研究符合实际的全国统筹运作模式，加快实现社会保险基金的全国统筹。加强社会保险基金的透明管理，将其曝光在公众的监督下。真正本着“取之于民、用之于社会”的原则，将其每一笔开支明明白白向社会公示，保证专款专用，让企业、让每一个参保人放心。

全国工商联劳动立法专题调研组

沈建国（女）　全国工商联副主席

王文京　全国工商联副主席，用友软件股份有限公司董事长兼总裁

吴一坚　全国工商联副主席，陕西金花企业集团总裁

王　瑗（女）　全国工商联法律部部长

白莲湘（女）　全国工商联法律部副部长

岳公正　全国工商联权益处处长

姚雄龙　全国工商联法律部干部

韩　鹏　全国工商联法律部干部

甘　鹏　全国工商联主席办秘书

总报告执笔人：韩　鹏

分报告执笔人：岳公正　姚雄龙

（全国工商联法律部　供稿）

解决民营企业“走出去”融资问题的思考

（2008 年 8 月）

实施“走出去”战略，鼓励和支持有比较优势的各种所有制企业对外投资、跨国经营，主动参与各种形式的国际经济合作和竞争，是党中央根据经济全球化趋势和国内进一步改革开放的内在需求提出的重大战略举措。当前经济全球化的广度和深度进一步加强，国内经济结构调整、资源要素成本上升、结构性生产能力相对过剩的压力日益突出，充分利用国内国际两个市场和两种资源，是民营企业应对全球化挑战的必然选择。

当前，民营企业“走出去”处于发展机遇期。一方面，经济全球化使资本和劳动力等资源要素在国际间的流动趋于便利，新兴市场经济体，逐渐成为拉动世界经济增长的新动力，“走出去”到这些国家发展有巨大的商业潜力；另一

方面，我国政府对促进“走出去”的政策力度逐渐加大，在国内也形成一批具有国际竞争力的优势产业和产业集群，很多民营企业已成为产业的领军企业。在这种背景下，越来越多的民营企业从战略发展的高度，以全球的视野，重新审视资源配置的问题。

在民营企业“走出去”的过程中，有效融资是决定企业扩大境外投资、快速进入国际市场的重要因素。近年来，民营企业对外投资方式发生了较大变化：一是投资领域不断拓展。从贸易窗口为主逐渐发展到建立境外生产基地、境外技术研发中心、国际营销网络、境外经济贸易合作区、境外资源开发等更加丰富的投资领域；二是投资区域更加广泛。在保持亚洲和欧美市场平稳增长外，民营企业近年来在非洲和南美洲投资增长迅速；三是境外投资单体规模增加，境外制造、境外经贸合作区和境外资源开发项目为代表的规模较大的境外投资形式发展迅速；四是投资方式多样化。出资方式由实物出资向资本投资演变，投资方式开始从创办企业等实业投资向跨境参股、并购等资本运营的方向发展。这些投资方式的变化，使民营企业对融资规模、周期性、时效性以及融资工具等方面提出了更高的要求。但是，目前民营企业融资仍然面临很多问题，也成为民营企业“走出去”的瓶颈之一。

本文从五个方面对此进行探讨：一是民营企业“走出去”的资金来源；二是目前国内金融机构在企业“走出去”方面的服务；三是当前民营企业“走出去”面临的融资问题；四是一些发达国家的做法及经验；五是政策建议。

一、民营企业“走出去”的资金来源

目前，民营企业“走出去”的资金来源大致有5个方面。

1. 企业自有资金

这是民营企业对外投资的主要资金来源，这种主要依靠自有资金的现状，只能是“走出去”起步时期的阶段性现象，今后企业必须将外源性融资作为其发展的重要手段。

2. 在国内金融机构及其境外分支机构获得融资

与国外金融机构相比，我国金融机构及其境外分支机构能更容易掌握民营企业在境内外的情况，可以通过统一授信、担保、保险等方式解决企业的融资需要。因此，在现阶段国内金融机构应该是民营企业“走出去”重要的债务融资来源。

3. 在国外金融机构融资

由于在境外新设的企业一般无银行信用记录，现阶段企业很难获得这方面融资，当企业在境外经营成熟后，国外的金融机构将能发挥重要的作用。

4. 资本市场直接融资

包括发行企业债券、私募、公开市场上市和引入股权投资基金等方式获得的资金。上市、发行债券等虽然是企业资金来源的重要方式，但门槛较高，只有少数企业能够获得，相对于现阶段广大民营企业而言，缺乏普遍意义。股权投资是直接融资的途径之一，但是目前针对企业“走出去”的股权投资机构只有1~2家。

5. 财政性资金

目前商务部建立了若干专项资金，用于对企业海外投资的补贴，但总体规模很小，支持力度有限。

二、目前国内金融机构在企业“走出去”方面的服务

我国金融机构为企业“走出去”提供的融资方式主要包括以下几个方面：

1. 信贷融资

银行信贷融资主要包括政策性银行和商业银行的贷款。近几年国家开发银行开展了对企业境外投资的贷款业务，支持领域主要集中在：石油、天然气等能源领域，金属和非金属矿产等资源和原材料领域，以及关系到与周边及重要国家外交关系的一些重大基础设施项目领域。开发银行服务对象集中于大型国有企业，民营企业也有获得开发银行金融支持的案例。如浙江新洲集团的“俄罗斯哈巴罗夫斯克州木兴林场森林采伐及木材加工项目”在2006年获得国家开发银行1.56亿元，期限达11年的长期贷款支持。

中国进出口银行是我国机电产品、高新技术产品进出口、对外承包工程及各类境外投资的专业化银行，主要有以下几个服务方式：①出口卖方信贷。主要包括为国内企业出口项目提供贷款，对外承包工程贷款，以及境外投资贷款。境外投资贷款项目主要指境外资源开发、境外加工贸易、境外投资建厂、基础设施、境外研发中心、产品销售中心和服务中心，以及境外企业收购、并购或参股等。②出口买方信贷。是向国外借款人发放的中长期贷款，用于进口商即期支付中国出口商货款。③对外担保业务，其中有借款保函、融资租赁保函、延期付款保函等融资类保函。中国进出口银行还与全国工商联签署了金融合作的框架协议，用于积极鼓励、支持和引导民营企业“走出去”对外投资和跨国经营，为企业提供出口信贷、进口信贷、境外投资贷款、贸易融资等方面的金融支持。

商业银行的融资服务主要包括：①向境内企业对外投资提供项目贷款；②由境内母公司委托银行为境外子公司在当地融资提供担保；③开展离岸业务，在境外设立吸收境外存款、服务境外客户的银行。目前开展离岸业务的有招商银行、深圳发展银行、交通银行、上海浦东发展银行等，总体上看离岸银行业务量比较小，金融工具品种单一。

2. 直接投资

目前国家开发银行已投资设立了中瑞合作基金、中国—比利时直接股权投资基金、中国—东盟投资基金、中非发展基金等国际产业基金。但除中非发展基金外，其他基金主要投资于国内企业和东盟成员国的中小企业。中非基金投资对象主要是到非洲开展经贸活动和在非洲投资的中国企业及项目。中非发展基金采取市场化运作、自主经营、自担风险。以投资参股方式为主，帮助企业解决资本金不足问题，同时获得应有的投资效益。

3. 出口信用保险

中国出口信用保险公司（中国信保）是我国唯一为企业提供出口信用保险的公司，也是政策性金融机构。中国信保提供短期和中长期出口信用保险、融资类担保和非融资类担保及出口信用保险项下的融资业务，针对我国企业对外投资，还开展对外投资保险，是保障投资者的境外投资免受征收、汇兑限制、战争和政府违约等事件造成损失的保险产品。通过保险的作用，投保企业能够在补偿损失、融资便利、提升信用等级等方面受益。

三、当前民营企业“走出去”面临的融资问题

通过调研我们认为，民营企业“走出去”的融资主要有以下几方面问题：

1. 企业用自有资金对外投资，面临外汇管制问题

对于“走出去”的企业而言，解决投资资金的汇兑便利化是最现实的问题。目前国家外汇管理局已全面取消境外投资购汇额度限制，在审批管理上通过权限下放和材料简化等方式进行便利化改革。但是，仍然不能从根本上解决企业“走出去”过程中对外汇使用的需求。

（1）对企业用自有资金向境外子公司放款的审批管理依然严格，比如对境外子公司数量、对外投资总额等都有较高的限制，向子公司每一笔放款都需要外汇管理局核准。2005 年国家外汇管理局批复同意《宁波市境外放款外汇管理改革试点办法》，放宽了对放款人条件的限制，取得很好的效果，但该政策还未在更大的范围内执行。

（2）境内母公司向境外子公司在境外融资提供担保的审批门槛较高。例如，目前对外担保额与企业外汇收入挂钩以及部分财务指标限制等规定是在外汇短缺形势下制定的，已经滞后于形势的发展，制约了企业的境外融资活动；外汇管理现行政策中对被担保人的资格条件要求，使部分企业间接控股的境外公司开展业务受到了限制。

由于政策门槛较高、外汇审批时间相对较长，民营企业对外投资公司的后续资金，尤其是补充境外企业流动资金遇到很多困难，有的企业丧失了发展机会。例如，以生产铜产品为主的浙江海亮集团，由于向境外子公司提供流动资金的审批周期长，失去了国际期货市场铜交易的最好时机。

2. 国内金融机构支持不足

我们认为，在现阶段民营企业“走出去”的主要信贷融资渠道应是我国金融机构，但无论从资金规模、机构数量和金融产品等方面，都不能满足民营企业的融资需求。

（1）政策性金融不能满足企业对外投资的长期稳定资金需求。我国“走出去”政策性金融服务集中在国家开发银行和中国进出口银行。国家开发银行主要服务对象集中在国有大型企业以及

能源、资源等战略性领域，虽然近年来，一些民营企业也获得过国家开发银行长期贷款支持，但总的来说，由于门槛较高，民营企业一般较难达到开发银行贷款要求。近年来中国进出口银行对企业“走出去”的融资服务发展迅速，也有很多创新的金融品种，但主要信贷对象仍然集中在大型项目和大型企业，民营企业获得的信贷支持相对较少。

目前我国没有专门对政策性金融的法律或条例，银监会对政策性银行的监管基本上依照对商业银行的办法，其结果限制了政策性金融功能的发挥。另外，由于我国政策性银行资本金依赖政府注资或政府担保下的债务融资，单一的资本补充渠道使其资本充足率随着银行贷款规模的增加而降低，直接影响了我国政策性银行的贷款规模和抵御风险的能力。

（2）银行（政策性银行和商业银行）的境外分支机构能力不足，布局不合理。从规模上看，我国银行在境外的分支机构网点少、规模小，且增长缓慢，目前还不具备承担支撑我国境外企业融资的能力；从地区结构来看，我国的银行主要在发达国家和地区设立分行，与我国企业在新兴市场国家投资增长迅速存在错位。特别是近年来民营企业在金融资源较为匮乏的非洲、东南亚等地进行资源开发、设立经贸合作区后，这个问题显得更为突出；从行业结构来看，境外机构贷款主要分布在消费信贷、房地产等行业，而我国企业跨国投资主要集中在服务贸易、工业生产加工、矿产资源开发等行业，存在资金分布不合理的问题。

（3）商业银行金融工具单一，例如，受《贷款通则》“不得用贷款从事股本权益性投资”的政策限制，民营企业无法向银行申请贷款用于境外设立子公司、境外股权并购、境外大型项目资本金等，导致我国企业在与跨国公司竞争中处于不利地位。

（4）银行全球授信体系不完善。尽管国内一些银行在国外设立分支机构，但是还不能向客户提供全球性金融服务。例如，目前很多商业银行尚未真正建立全球授信业务体系，企业的境外子公司不能利用国内母公司的信誉和授信额度，国内母公司不能为其境外子公司在我国银行境外机构贷款提供担保（内保外贷），企业境外投资形成的资产不能作为抵押担保在境内贷款等。尽管有的银行开展了全球业务，但是审批手续复杂，操作时效性差，特别是担保费用较高，增加了境外投资的财务成本。

3. 出口信用保险发展滞后

出口信用保险既符合市场化原则，又能体现“走出去”的政策导向，还能简化企业向银行申请贷款的程序，为企业和银行分担了风险，是WTO《补贴和反补贴措施协议》的一个重要的补贴例外。但目前我国出口信用保险对出口及对外投资的支持与发达国家有很大差距（2005 年数据：中国为 3% ~5%，韩国为 14%，英国为 45%，日本为 50%）。由于我国只有中国出口信用保险公司从事这方面业务，缺乏竞争、非商业化经营，因此，出口信用保险总体规模小，惠及面窄、保险成本高，特别是民营企业投保的普及率较低。

4. 支持企业“走出去”的股权投资形式较少

目前只有中非发展基金、中国投资有限公司等为数不多的向“走出去”企业和项目进行股权投资的机构。支持的对象少、要求门槛高，难以满足中小型民营企业需求面广、额度较小的融资特征。

5. 财政专项资金规模小

目前，商务部在支持企业“走出去”的专项资金主要有“中小企业国际市场开拓资金”、“外经贸区域协调发展资金”、“境外经贸合作区发展资金”和“对外承包工程保函风险资金”等。但由于专项资金规模偏小、惠及面窄、企业认知度低、操作程序较复杂，民营企业获取资金的难度较大。

四、一些发达国家的做法及经验

从国际经验上看，各国企业在国际化过程中，政府的推动作用是必不可少的，其中来自政府层面的金融和财税政策是企业对外投资中最重要的支持因素。一些发达国家为本国企业国际化融资提供了很好的保障，他们的经验可以为我国制定“走出去”金融政策提供借鉴。

1. 保护性制度安排

主要包括保险制度和海外投资亏损准备金

制度。美国海外投资保证制度主要为美国私人海外投资者提供外汇险、征用险和战争险三种政治风险担保。日本政府推动企业“走出去”的主要措施是海外投资保险制度、海外投资亏损准备金制度和海外投资融资担保制度，前两项主要面向企业，后者主要面向为各企业提供贷款的金融机构。法国政府委托法国外贸保险公司从事支持境外投资的政策性保险业务，主要有政治险、市场开拓险。政治险主要范围是东道国实行国有化、外汇及红利不能汇出、战争及暴动等风险，期限长达5～15年。市场开拓险主要是支持年营业额在1.5亿欧元以下的中小企业，目的是鼓励企业开拓新兴市场，减轻开拓市场的前期商业负担。当中小企业在境外投资遇到重大亏损时，可通过保险返回其股本投资额的50%。

2. 财税支持体系

在税收政策方面，美国、日本、法国等国政府对企业海外投资收入实行税收减免，鼓励企业进行海外投资。例如：日本政府每年对在发展中国家设立分支机构的日本公司给予上百亿日元的所得税减免；法国对外投资企业在开办的前4年有亏损时，允许在应税收入中免税提取准备金，在10年内再把准备金按比例逐年纳入应税收入；在财务上实行财务合并制，跨国公司可将其全球投资损益合并计入财务报表。在财政支持方面，日本企业对其海外员工进行培训、企业组团赴海外调查都会得到日本政府的资助。法国政府对于符合条件的中小企业，可给予8000到1万欧元的国际市场开拓资金支持，这种支持是资助性质的，无须偿还。对大企业集团和跨国公司，中央政府提供财政资助和政府贷款，支持其对最贫穷国家和新兴市场重点开拓的国家，开展非官方项目的可行性研究工作。

3. 政策性金融支持

美国进出口银行与海外私人投资公司在这方面扮演着重要角色，有两项贷款专门用于支持跨国公司对外直接投资，即开发资源贷款和对外私人直接投资贷款。日本国际协力银行是日本政府支持海外投资的政策性融资渠道。此外，日本的中小企业金融公库、国民生活金融公库、商工组合中央金库和海外贸易开发协会等机构主要为中小企业对外投资提供优惠贷款。

4. 金融服务业跨国经营

1999年，美国政府实行《金融服务现代化法》后，短时间内就使美国跨国银行在全球范围内通过兼并、对外直接投资等手段成为世界排名前列的银行。金融业的跨国服务，使美国跨国公司的筹资成本降低，极大地促进了美国的对外直接投资活动。

五、几点政策建议

针对以上分析，我们对支持民营企业“走出去”融资提出以下几点建议：

1. 加大财政、税收的支持力度，为企业“走出去”提供资金支持

（1）在财税政策上，为了减轻境外企业的税收负担，可以借鉴一些发达国家的做法，实行境外投资损失准备金制度和海外投资收入税收减免制度。对于企业的境外投资、资源开发投资、境外工程承包，允许将投资的部分金额计入“投资损失准备金”内，以免缴企业所得税；如投资受损，则可从“投资损失准备金”中得到补偿。

（2）在财政政策上，为了鼓励更多优势企业做好对外投资项目的前期准备工作，国家还可以对境外企业提供财政资助，如企业组团赴境外调查、对境外资源项目进行初步勘探、对其境外员工进行培训时，国家可提供一定比例的补助金；为鼓励国内富余产能向外转移，建议国家比照资源回运费用补贴，对富余产能在境外投资的设备运保费给予一定比例补贴，对向境外转移富余产能企业在境外投资购置土地、建设厂房给予直接补贴；建议国家从对外经济合作专项资金中列出专项，建立境外投融资担保基金，由商务部、财政部、进出口银行和中国出口信用担保公司等单位制定办法，为国家鼓励的一些境外投资项目提供担保支持。同时在政策操作层面，要进一步加强宣传，操作过程也要进一步透明化，以便使更多的企业享受到优惠政策。

加大财政资金的引导作用，设立对外投资的财政引导资金，用于支持社会资金设立专门的境外投资私募基金、投资“走出去”企业和项目的风险投资基金及支持我国各类企业开拓新兴市场等。

2. 进一步放宽外汇管制，为企业“走出去”提供汇兑便利

（1）取消在外汇资金来源审核、购汇审核、利润汇回等不必要的限制，扩大基层外汇管理部门的审核权限，实行更加便利化措施。在尊重商业原则的前提下，可以进一步探讨先使用、后审批的外汇管理方式，即根据项目前期运作需要，项目成功时可转为投资，不成功时原款返回。

（2）放宽母公司向境外子公司放款的资格条件限制，为股东向境外子公司贷款提供便利。与直接投资比较，股东贷款在经营上更灵活、控制上更方便、资源配置上更合理。建议推广宁波试点经验，进一步放松资本项下的外汇管制，允许母公司用自有资金和贷款资金向境外子公司发放贷款。在审批程序上，可根据境外公司的经营规模，给其国内母公司核定一定的外汇额度，由银行在额度内直接办理资金汇兑，不再设置其他门槛。

（3）简化企业对外担保的管理办法。建议进一步修订《境内机构对外担保管理办法》，简化程序、降低担保门槛、实行备案制度；进一步扩大境内银行对外担保的额度和权限，由银行自主把握对外担保的风险。

3. 加大银行支持民营企业“走出去”的力度

（1）加大政策性银行对民营企业“走出去”的支持力度。国家政策性银行是国家“走出去”战略的直接实施者，不能仅以效益为导向，应充分体现其政策性、战略性和在战略目标下承担的风险性。对于支持企业“走出去”可能引发的信贷风险，应将其纳入国家实施“走出去”战略所应负担的政策成本中进行总体评估，不应简单地将政策性银行与商业银行在同一个层面上监管。因此建议：第一，研究政策性金融的立法问题，出台政策性银行法，将政策、风险、效益统一在实施国家战略上；第二，进一步提高进出口银行等政策性金融支持企业“走出去”的能力，增加资本金，增强银行抗风险的能力；第三，加快政策性银行在境外设置分支机构的速度，特别是在一些市场前景好、潜力大、中国企业开始进入投资、但金融资源匮乏，商业银行不愿意设点的欠发达国家和新兴市场国家；第四，创新适应经济全球化的金融工具，可在政策性银行先行先试。

（2）鼓励境内商业银行等金融机构为“走出去”企业提供全方位金融服务。第一，加快境内商业银行的国际化步伐。建议参照外资银行奉行以本国企业为主要的目标客户群的“跟随客户”经验，鼓励商业银行在民营企业对外投资比较集中的区域，尤其是境外经贸合作区、工业园区所在地设立支行或办事处，为“走出去”的民营企业提供本地化的金融服务。对于那些不确定因素多的国家和地区，可探讨政策性银行先设立分支机构、商业银行随后跟进的方式。第二，建议境内银行进一步与国际接轨，丰富金融产品，为民营企业提供必要的融资支持。如离岸金融服务、股权融资、出口应收账款质押贷款、境外资产抵押贷款、项目贷款等形式多样的业务品种，为企业走出去提供后继融资服务。第三，修订《贷款通则》中禁止资本金贷款的限制，允许银行贷款给企业用于境外公司的资本金投入，特别是面对越来越多的民营企业境外并购，探讨为企业提供包括杠杆收购在内的并购贷款。第四，探讨企业以境外资产、股权、矿业开采权、土地等作抵押，由境外银行出具保函，为境外企业在国内取得贷款提供担保的“外保内贷”的融资模式。

4. 充分利用出口信用保险，形成适度竞争，扩大保险的作用范围

前文中已讨论过，我国缺乏与中国信保相对应的商业信用保险，保险覆盖面小，没有起到其应有的作用。建议允许成立商业性出口信用保险公司，在业务品种上、区域上与政策性保险公司有所区别。例如，政策性保险以中长期保险业务为主，商业性保险以中短期为主，既要体现政策性与商业性不同，又要形成一种适度的竞争关系。有利于提高我国出口信用保险的经营管理水平，降低保险成本，扩大信用保险整体规模、提高企业投保的积极性；建议政府要出台相应的补贴措施，引导鼓励民营企业在出口和对外投资中投保。

5. 建立对外产业投资基金，进行专业化投资

建议建立对外投资产业基金、对外私募股权投资基金进行专业化投资。

（1）针对民营企业“走出去”过程中对股

权融资的需求，充分利用国家充足的外汇储备，根据民营企业的特征，针对特定的区域（国家）、特定的市场设立若干类似中非发展基金的股权投资基金，直接对国内民营企业境外投资的项目和公司进行股本投资，基金可以采取国家、企业、银行、专业投资机构相结合的股权设计，实行商业化操作。

（2）设立对外并购基金（VC 或 PE），专门通过股权并购，在国际上获取知识产权、品牌、市场份额和资源。基金在政府的引导和支持下，以民间资本为主，商业化运作，这种民间组织方式对国际的资源和敏感行业企业的并购也会比较容易被东道国所接受。

（全国工商联经济部　供稿）

从制度上将工商联纳入协调劳动关系三方机制，是构建非公有制企业和谐劳动关系的重要举措

——工商联参与协调劳动关系三方机制情况的调研报告

全国工商联参与协调劳动关系三方机制调研组

（2008 年 8 月）

内容摘要：2001 年 8 月，我国正式建立了由原劳动和社会保障部、中华全国总工会和中国企业联合会/中国企业家联合会（以下简称中企联）组成的国家协调劳动关系三方会议制度。由于国企改制、非公有制经济发展尚处于发展中等特定历史原因，工商联当时没有在制度上被纳入三方会议。但改革开放 30 年来，全国工商联作为非公有制企业代表组织，充分发挥了组织健全、会员众多、运转有力的优势，积极参与三方机制工作，与劳动行政部门、工会密切配合，在参与劳动立法、发展和谐劳动关系、维护非公有制企业劳动权益等方面发挥了重要作用，为协调非公有制企业劳动关系，促进三方机制的发展作出了积极贡献。调研表明，从制度上将工商联纳入协调劳动关系三方机制是构建非公有制企业和谐劳动关系的重要举措；为使雇主方组织的代表性更加完整、更具代表性，应尽快改进目前规定的三方机制的组织组成方式，增加关于工商联参与三方机制的规定，由中企联和全国工商联等共同代表企业方，从制度上确立工商联在三方机制中的法律地位，实现对非公有制企业合法利益的全面代表。

党的十六届六中全会提出要“发展和谐劳动关系”，“完善劳动关系协调机制”。三方机制是劳动关系协调机制的主要载体和重要形式。1990 年我国批准了国际劳工组织通过的《三方协商促进履行国际劳工标准公约》，成为公约的缔约国，承诺运用各种程序在政府、雇主和工人的代表之间进行有效协商。2001 年 8 月我国建立了由劳动保障部、全国总工会和中企联组成的协调劳动关系三方机制。2002 年 8 月，三家单位联合发布了《关于建立健全劳动关系三方协调机制的指导意见》，提出由三方分别代表政府、工会和雇主，这是我国协调劳动关系三方机制实施的重要标志。7 年来，三方相互积极配合，在处理劳动争议事件、协调劳动关系等方面发挥了重要作用。但是，当前协调劳动关系三方机制存在一定缺陷，急需完善。主要是，在三方机制中劳动保障部代表政府、工会代表劳方，其代表性和执行力比较强，而中企联作为企业方唯一代表的做法使企业方代表性很不完整，不少企业特别是非公有制企业普遍对此提出了意见。

协调劳动关系三方机制建立近十年来的实践说明，为了进一步建立健全劳动关系三方协调机制，促进构建非公有制企业和谐劳动关系，从制度上将工商联纳入协调劳动关系三方机制的意义重大，必将对非公有制经济健康发展产生积极影

响。为此，黄孟复主席、全哲洙书记对于进一步了解和掌握工商联参与协调劳动关系三方机制情况作出了指示，为了落实黄孟复主席、全哲洙书记的指示精神，沈建国副主席、谢经荣副主席指导法律部、扶贫部、研究室积极工作，以座谈、发放调查问卷、走访等形式听取各方意见，了解情况。沈建国副主席在6月23日至25日赴上海调研，视察了上海市工商联，了解了卢湾区、黄浦区、长宁区、静安区等基层工商联工作情况，与上海市劳动保障局、总工会、企业联合会进行了座谈，还召开了富大股份公司、置信电气股份公司、避风塘美食公司等非公有制企业参加的专题座谈会。7月10日和11日沈建国副主席在天津继续调研，与天津市委常委、副市长崔津渡，天津市人大副主任、市工商联主席张元龙，天津市政府副秘书长陈宗胜等进行了会谈，分别召开了天津市市级三方机制领导人，即市劳动保障局、总工会、国资委、企业联合会负责同志座谈会和天津有关区县工商联负责人及部分民营企业家座谈会，考察了天津荣程联合钢铁集团公司。调研主要情况总结、分析如下：

一、非公有制企业劳动关系是新时期企业劳动关系的主体

改革开放30年来，我国非公有制经济快速发展，不断壮大，取得了举世公认的成就。目前，我国私营企业已达540多万家，占全国法人企业的80%以上，成为我国最大的企业群体；非公有制经济的就业人数占全国城镇就业的70%以上，成为社会就业的主要渠道。正如党的十五大指出，非公有制经济已经成为社会主义市场经济的“重要组成部分”。企业劳动关系随之发生了历史性的重大变化：（1）非公有制企业已经成为我国企业劳动关系的主体和劳资矛盾集中的领域，非公有制企业劳动关系成为整个企业劳动关系调整的中心环节；（2）县域和乡镇成为企业劳动关系问题的主要分布区，而集中在县域和乡镇的主要是非公有制企业；（3）随着《劳动合同法》等劳动法律法规的颁布，劳动者维权意识不断增强，非公有制企业劳动纠纷大幅度增加，劳动争议案件量持续上升。可以说，非公有制企业劳动关系已经成为新时期企业劳动关系的重中之重。

二、反映非公有制经济利益要求是党和政府赋予工商联的重要职责

党中央、国务院鼓励和支持工商联参与协调劳动关系工作，已将工商联协调劳动关系的职能纳入了国家有关法规和政策。1952年，政务院第147次政务会议通过的《工商业联合会组织通则》（现行有效）指出，工商联“代表私营工商业者的合法利益，向人民政府或有关机关反映意见，提出建议，并与工会协商有关劳资关系等问题”。1991年，《中共中央批转中央统战部〈关于工商联若干问题的请示〉的通知》（中发〔1991〕15号文件）中指出，“工商联的主要工作对象是私营企业、个体工商户”，要“维护他们的合法权益”。2005年，《国务院关于鼓励、支持和引导个体私营等非公有制经济发展的意见》指出，“充分发挥工商联在政府管理非公有制经济方面的助手作用”。2006年，《中共中央关于巩固和壮大新世纪新阶段统一战线的意见》指出，“在建立新型劳动关系的过程中，工商联既要维护非公有制经济人士的合法权益，又要与工会等人民团体密切配合，维护职工具体利益”。

和其他企业代表组织相比，工商联组织健全、会员众多，了解和掌握非公有制经济和非公有制企业的诉求。全国工商联现有220万会员，其中企业会员82.43万，团体会员2.1万。县以上工商联组织达到3130个，覆盖了全国县以上行政区划单位总数的97%；基层组织23409个（含乡镇、街道、异地、市场、开发区商会），行业组织达8846个，占全国行业类经济组织约1/9；组织覆盖至全国所有县和大部分乡镇和街道。工商联具有直属行业协会商会众多的比较优势。截至2007年底，全国工商联有直属行业商会28个，工商联系统共有行业组织8846个。同时，工商联具有反映非公有制经济和非公有制企业利益诉求的畅通渠道，能够代表非公有制经济和非公有制企业的利益，对非公有制经济和非公有制企业具有巨大凝聚力和影响力。

三、工商联广泛参与劳动关系协调，地方工商联普遍作为三方机制的主要成员

工商联和政府部门、工会组织密切配合，加强协调劳动关系职能，引导企业构建和谐劳动关系，促进三方机制的健全和完善。

1. 加强和政府部门合作

2005年，《国家发展改革委关于印发贯彻落实〈国务院关于鼓励支持和引导个体私营等非公有制经济发展的若干意见〉重要举措分工方案的通知》（发改企业〔2005〕966号）指出，全国工商联要参加“建立和完善非公有制企业的劳动关系协调机制，依法规范工资分配制度，健全劳动争议处理制度”，也要参加“建立健全非公有制企业工会组织”。根据国务院工作安排，全国工商联被授权与原劳动保障部、全国总工会、中国企联、安全监管总局、司法部、发展改革委共同参与了建立和完善非公有制企业劳动关系协调机制，依法规范工资分配制度，健全劳动争议处理制度的有关工作。参与了全国厂务公开协调小组的工作。

2. 在劳动立法中充分反映非公有制企业的正当意愿

近年来，工商联向党中央、国务院反映了非公有制企业劳动关系的一系列重大问题，提出的多项客观公正的意见建议被采纳。在《劳动合同法》、《就业促进法》、《劳动争议调解仲裁法》、《社会保险法（草案）》等劳动法律法规的起草、修订与实施过程中，提出了建设性意见和建议。国务院法制工作部门采纳吸收了工商联对《劳动合同法实施条例》的多项修改意见。

3. 指导非公有制企业构建和谐劳动关系

全国工商联与劳动保障部、全国总工会签订关于合作推动就业与再就业工作的协议，连续四年联合举办招聘周，共有40.18万家民营企业提供了799.5万个岗位，299.5万人实现就业；各级工商联与政府、工会部门共同坚持开展“关爱员工、实现双赢”活动，评选表彰非公有制经济人士；与原劳动保障部、全国总工会联合表彰“全国就业与社会保障先进民营企业”。

4. 地方工商联普遍参与了协调劳动关系三方机制

目前，地市级和县级行政区域普遍没有中国企联组织。在中国企联组织普遍缺位的情况下，省级、地市级工商联组织普遍参与到协调劳动关系会议制度中，或者被当地党委政府明文规定参与其中，或者未以文件的形式明确，但是承担了成员单位的职责。部分省、很多地（市）、县（市、区）对三方机制的雇主代表组织做出变通，实行了三方四家（或五六家）协调机制，把中国企联和工商联、个体私营协会、外企协会等共同作为企业方代表，效果很好，得到了广大非公有制企业的认同和欢迎。

海南省工商联始终作为雇主代表组织参与三方机制。江苏省工商联与省企联通力合作，共同代表雇主组织。辽宁省工商联参加了省协调劳动关系委员会，和企联、外商协会共同作为企业方代表。上海市卢湾区等部分区（县）工商联和企联、个体私营协会、外企协会等共同作为企业方代表，以三方四家或多家等形式参与了三方机制。全国工商联专项调查表明，32省区①中，海南、江苏、山东、河北、湖南、辽宁、福建、云南、吉林、新疆、宁夏、新疆生产建设兵团12个省级工商联参加了三方会议，工商联参与三方会议占三方会议总数的37.5%；22省区②中，已建立地（市）级三方会议243个，参加的地（市）级工商联138个，占地（市）级三方会议总数56.79%；12省区③中，已建立区（县）级三方会议680个，参加的区（县）级工商联432个，占区（县）级三方会议总数的63.53%，成为三方会议的重要组成部分。工商联在非公有制经济代表人士和非公有制企业中的影响日益广泛，被非公有制经济代表人士和非公有制企业普遍认同为“娘家”，已经在广大非公有制企业中获得了代表组织的地位。

同时，全国总工会、中国企联的地方组织尤其是地（市）级以下基层组织普遍欢迎工商联参与三方机制，愿意和工商联合作，使三方机制协调非公有制企业劳动关系的职能落到实处。

四、建议

随着我国社会主义市场经济体制不断完善，发展和谐劳动关系日显重要。协调劳动关系三方机制是市场经济国家协调劳动关系的制度安排，是我国适应国际规则协调劳动关系的重要举措，对我国企业劳动关系的和谐稳定发挥了重要作

---

① 含新疆生产建设兵团。

② 不包括陕西、河南、吉林、青海、江西、山西、内蒙古、广西、西藏、新疆生产建设兵团。

③ 指江苏、河北、湖南、安徽、广东、辽宁、海南、山东、福建、贵州、新疆、宁夏。

用。中国企联在参与劳动立法、发展和谐劳动关系、维护企业劳动权益等方面发挥了积极作用，为三方机制的发展作出了贡献。同时，中国企联也存在基层组织不健全、覆盖面小、非公有制企业普遍对其不了解、雇主组织职能尚未健全等历史原因形成的长期的体制性缺憾。这使现行三方机制的建设存在重大的体制性障碍——在三方机制中劳动行政部门代表政府、工会代表劳方，其代表性和执行力比较强，而中国企联作为企业方唯一代表，使企业方代表性不完整，企业意愿难以充分表达，影响了三方机制作用的发挥，协调非公有制企业劳动关系的职能不健全，直接阻碍了三方机制的建设和发展。

我国社会转型使社会利益主体多元，政府职能转变也促进了行业组织和商会的发展，企业方代表多元化是中国社会的客观现实。要健全与完善三方机制，必须正视现实，以开放的姿态接纳多元的企业方代表共同参与劳动关系协调工作，这样才能从制度上进一步健全与完善三方机制。

为了构建企业和谐劳动关系，充分反映不同形态企业的诉求和利益，必须建立符合当前国情、适应非公有制经济发展需要的三方机制，我们建议：全国工商联参与三方协调机制，是对三方机制的健全与完善。为完整三方机制企业方的代表性，应改变现行三方机制企业方的代表构成。要根据全国工商联组织健全、运转有力，已经参与劳动关系协调工作的实际，正视地方工商联已经广泛参与三方机制，普遍作为三方机制的企业方代表的现实，增加关于全国工商联参与三方机制的规定，由中国企联和全国工商联共同代表企业方，从制度上确立全国工商联在三方机制中的法律地位，实现对非公有制企业权益的全面代表。

全国工商联参与协调劳动关系三方机制调研组

沈建国　全国工商联副主席，全国工商联法律委员会主任
谷彦芬　全国工商联扶贫与社会服务部部长
王　瑗　全国工商联法律部部长
白莲湘　全国工商联法律部副部长
岳公正　全国工商联法律部权益处处长
涂　文　全国工商联研究室理论处调研员
刘仕君　全国工商联扶贫与社会服务部副处长
姚雄龙　全国工商联法律部法规处主任科员
甘　鹏　全国工商联主席办秘书
报告执笔人：岳公正

（全国工商联法律部　供稿）

增强大型民营企业国际竞争力，培育我国的跨国公司

（2008 年 9 月）

党的十七大明确提出，要加快转变经济发展方式，拓展对外开放广度和深度，提高开放型经济水平，鼓励发展具有国际竞争力的大企业集团，支持企业在研发、生产、销售等方面开展国际化经营，加快培育我国的跨国公司和国际知名品牌，形成经济全球化条件下参与国际经济合作和竞争新优势。

一、问题的提出

在经济全球化的背景下，驱动经济发展的要素已经发生深刻变化，人才、技术、标准、品牌等因素正发挥着越来越重要的作用。跨国公司依靠其拥有的行业标准、核心技术、国际品牌等竞争要素，在产业链中处于优势地位，它们在全球配置资源，掌握着产业主导权，建立国际经营网络，扩大国际市场份额，成为影响全球经济的重要力量。

国家与国家之间的经济竞争，在很大程度上体现在跨国公司之间的竞争。是否拥有一批具有

竞争力强的跨国公司，成为衡量一个国家综合国力的重要标志。支持大型企业提高国际竞争力已成为各国政府的国家责任和参与全球竞争的战略选择。韩国三星电子、LG等公司的国际竞争优势，就是企业努力和国家政策支持共同作用的结果。近年来，我国也开始有意识地培育我国的跨国公司，推动大型国有企业增强国际竞争力，目前除台湾、香港外，国内已有26家企业进入世界500强，其中只有联想集团（注册在香港）一家非国有企业。

分析2008年《财富》全球最大500家公司排名（见表1）可以发现，无论从入围企业数量还是销售收入，竞争性行业都占了很大的比例。而且从时间序列来看，除前10强日趋集中在汽车、炼油、零售等少数几个行业外，500强行业分布越来越分散，1995年为40个行业，2000年为46个，2004年为50个，2007年则达到52个。

表1　2008年世界500强行业营收总额分布情况

	行业	营收总额	营收总额占比（%）
1	银行	3793721	16.06
2	炼油	3293846	13.95
3	保险	2064270	8.74
4	汽车	1651524	6.99
5	电信	1027009	4.35
6	食品、药品店	960164	4.07
7	电子、电气设备	773229	3.27
8	公用事业	717769	3.04
9	一般商品零售	621397	2.63
10	金属	459016	1.94
11	制药	415734	1.76
12	航天国防	415732	1.76
13	能源	388515	1.64
14	化学	343164	1.45
15	专业零售	336811	1.43
16	贸易	329538	1.40
17	邮政包裹快递	324462	1.37
18	保健品批发	296072	1.25
19	汽车零件	266777	1.13
	……		
	总计		100%

总体上看，我国进入世界500强的公司，在企业数量上相对不足，在行业上也相对单一（见表2），主要集中在石油、银行保险、电力、电信、冶金、汽车等行业，一些大型国有企业由于长期以来在国内的行政垄断和资源控制，积累了规模优势。

表2　2008年入围世界500强的国内企业情况

（不包括中国台湾、香港）

序号	名称	500强名次
1	中国石油化工集团公司	16
2	国家电网公司	24
3	中国石油天然气集团公司	25
4	中国工商银行控股有限公司	133
5	中国移动通信集团公司	148
6	中国人寿保险（集团）公司	159
7	中国建设银行股份有限公司	171
8	中国银行股份有限公司	187
9	中国农业银行	223
10	中国南方电网有限责任公司	226
11	中国中化集团公司	257
12	宝钢集团有限公司	259
13	中国电信集团公司	288
14	中国第一汽车集团公司	303
15	中国中铁股份有限公司	341
16	中国铁道建筑总公司	356
17	上海汽车工业（集团）总公司	373
18	中国建筑股份有限公司	385
19	中粮集团有限公司	398
20	中国远洋运输（集团）总公司	405
21	中国海洋石油总公司	409
22	中国五矿集团公司	412
23	中国交通建设股份有限公司	426
24	中国铝业公司	476
25	中国冶金科工集团公司	480
26	联想集团（注册在香港）	499

一般认为，处在竞争性行业的企业脱颖而出更能代表其真正的实力。因此，提高我国企业的国际竞争力，在竞争性领域争取和掌握产业主导

权，将是中国经济未来数十年必须面对的战略性问题。我们需要培育一批在更多领域，特别是竞争性行业的企业，支持它们步入世界级企业的行列，而在市场竞争中形成比较优势和国际竞争力的民营企业将是重要来源。

大型民营企业都成长于竞争性行业，近年来不少企业生产规模迅速扩大，管理水平日益提高，逐步具备了全球思维和国际战略眼光。联想集团、苏宁电器集团、雨润集团、正泰集团等一批大型民营企业已经成为行业发展的龙头，逐渐承担起引导行业发展、应对跨国公司挑战的重任，具备了参与国际竞争的基本条件。与国有企业相比，这些民营企业市场化程度更高，显示出明显的比较竞争优势。因此，结合我国目前国情，在今后一个时期内营造政策环境，重点培育一批具有国际竞争力、有自主创新能力、行业领先的大型民营企业，鼓励它们在国内做强做大的同时，努力争取在竞争性领域取得国际产业的主导权和话语权，对于保障我国经济持续安全发展，加快形成国际竞争新优势，具有十分重要的现实意义和战略意义。

二、国外支持大企业国际化和提高国际竞争力的政策分析

国内学者对企业国际竞争力问题做过很多研究，张金昌（2002 年）从国家、产业和企业三个层面提出了国际竞争力的评价方法与模型；任洪斌（2007 年）提出构成企业国际竞争力的环境、资源、企业能力等要素结构；曾翔等（2007 年）从政策体系构建、市场环境优化、提高企业创造高附加值能力等方面对企业国际竞争力做了讨论。所有这些研究表明，企业国际竞争力是企业的内在能力与企业商业生态环境系统互动的产物。其中，政策激励作为最重要的环境因素，直接影响企业国际竞争力的形成和发展。

一些发达国家在提高企业国际竞争力方面的政策体系经验有很多可以借鉴之处。郝玉峰（2007 年）在《加快推动我国大企业发展的系统思考》中对美国、日本和韩国有关支持政策做了分析，他认为，尽管以美国为代表的“市场主导型”和以韩国和日本为代表的“政府主导型”采取的方式不完全相同，但在构建支持体系方面却有很多相似之处。

美国虽然并无非常明确的、指向性的支持企业国际竞争力的国家政策，但事实上已经形成“面对国内市场需求大力促进竞争与创新”、“面对国际竞争环境保护国内企业发展”的二元体系。例如，创造持续竞争优势的国家战略和政策理念、健全基于市场竞争的大企业发展法律体系、高度重视知识产权保护的战略与政策、发达的金融和资本市场体系、政府对产业研发的专项投资和优惠的税收政策体系等多个方面。

日本政府在经济起飞时期针对提高大型企业国际竞争力有一系列战略和政策体系安排，其主要构架是以加强政府干预为主，建立有效的产业政策实施体系，扶持战略产业，并通过政府之“手”推动大型企业的技术引进、研究开发、促进企业产品更新、发展企业集团，组织规模经济等。

韩国的主要做法和经验是通过制定和实施一系列国家计划，对大型企业发展的方向和重点实行强有力的指导；有计划地指导企业进行合并、重组，形成规模经济，减少国内恶性竞争；为企业形成国际竞争力、开拓国际市场提供配套的政策支持；实行保护民族工业的政策，为大型企业成长提供可靠的产业安全保障；通过系统的产业技术政策，组织和指导国外先进技术的引进、消化、吸收和创新，努力建立自己的工业体系和技术能力；建立海外投资管理体制，为大型企业扩大对外直接投资和进行海外扩张提供政府支持；为大型企业创建国际品牌提供高效服务，提高国际竞争力。

三、民营企业要提高自身的国际竞争力

提高民营企业国际竞争力问题，首先要从企业自身做起，我们认为应该从以下几个方面努力。

1. 深刻理解企业国际化战略的核心

民营企业要从要素资源市场优化配置的战略高度，以全球的视角，统筹考虑企业产业供应链的全球配置问题。有条件的企业要实施“走出去”战略，真正实现企业的经营模式和资源配置方式向全球化转变。

2. 企业要逐步在管理理念、管理机制、企业文化等方面与国际接轨

要随着企业战略转型，要对公司的股权结构和公司治理结构、管理结构做出相应的调整，适

应企业“走出去”对外投资的需要。例如，在组织结构方面，要加强研究从母公司中心辐射管理模式，向以矩阵管理结构为代表的多中心网络节点管理模式的转变，以便对经营环境变化做出更迅速的反应，更有效地利用全球资源；在人力资源管理方面，要吸引、培养一批国际化的专业人才，特别是培养一批既熟悉国际规则，又熟悉资本运作和企业管理的复合型人才，为企业国际化战略的组织和执行储备力量。

3. 培育自己的品牌和自主知识产权

近年来，技术标准成为欧美国家在保护国内市场方面重要的非关税壁垒手段；终端销售渠道被国外大企业控制的趋势日益明显、国际贸易保护日益加强、贸易摩擦日益增多；新兴市场的关税壁垒依然是重要障碍。因此，通过投资、并购等有效途径，在发达国家设立研究机构、打造自主品牌的国际营销网络、提高自主品牌产品在新兴市场国家的本土化率，都是民营企业需要思考的重要问题。

4. 吸纳多元文化，承担社会责任

在企业强化全球利益，形成多元文化的国际化进程中，企业的责任理念需要进一步加以提升。因此，学习当地文化、吸纳当地人才、为当地提供就业机会、保护当地环境，建立包括股东利益、社会和环境责任在内的更广泛的公司责任体系，是企业国际化过程中实现和谐发展和互利共赢的必要条件。

5. 加强企业的实际控制权

对于一些率先成为具有全球公司特征的民营企业，在股权结构日益分散化和国际化的趋势下，面临“身份”和“国民待遇”边缘化的问题。因此，探讨通过加大对主要业务公司的股权控制、通过组织结构设计等方式，强化企业的实际控制权，以赢得政府的信任和支持，也是民营企业全球化过程中将要面临的重要课题。

四、政府要为提高民营企业国际竞争力创造政策环境

支持我国大型民营企业提高国际竞争力的问题，还需要从中国的实际出发，认真学习借鉴先进国家的经验和做法，进一步探讨有关国家政策的制度安排，我们认为应该强调以下两个原则。

1. 坚持市场配置资源的基础性作用

在培育企业国际竞争力过程中，政府要把支持竞争性领域企业放在重要的位置。政府要尊重企业的市场主体地位，遵循市场经济规律，通过充分发挥市场机制，创造外部条件、激发企业内在活力和发展动力，政府和企业各司其职，密切合作，共同提高国家在竞争性领域的综合能力。

2. 给予民营企业更多的市场资源配置空间

按照优化经济结构、转变增长方式的客观要求，引导优质资源向具有参与国际竞争的优势民营企业集中。很多民营大企业集团在技术研发和产品创新方面的能力较强，工艺、装备水平较高、管理团队和管理水平都相对优秀。优质资源向大企业集团集中，一定程度上提高了资源利用效率，有利于支持他们成为跨国公司乃至全球公司。

具体的建议是：

（1）优选行业领军的大型民营企业进行重点培育。国家在支持国有大型企业进入世界500强的同时，也应按照鼓励参与全球资源整合、提升国际竞争力的原则，有意识地重点培育一批大型民营企业的国际竞争力。根据《国民经济行业分类》大类（适当考虑一些重要中类）划分，将位于各行业前三名的民营企业纳入支持和培育计划，再制定标准，对企业的管理水平、自主知识产权、自主品牌等进行评估，从中筛选一批大型民营企业，并编制优选企业目录。

（2）将大型民营企业纳入国家整体规划。对有条件的特大型民营企业实行与同类大型国有企业计划单列的同等待遇。将企业纳入国家创新体系统筹规划，进一步鼓励企业建立国家级创新中心、研发中心和工程中心，引导企业承担更多的国家重大科研项目，建立技术研发体系，掌握有自主知识产权的核心技术。

（3）支持民营企业培育国际品牌。在确定出口退税率时，在货物用途、类别的基础上，对自主品牌和贴牌产品实行区别对待政策，特别是对“中国名牌”的出口产品，实行优惠退税率政策。

（4）拓宽民营企业的融资渠道。为企业发行企业债券、可转换债券和短期融资债券等提供条件，鼓励企业创立符合国家产业政策的产业基金；支持企业在海内外多个资本市场上市融资；

在外汇管理、对外担保、银行全球授信等方面，提供便利化措施。

（5）鼓励民营企业境外投资。在推动国内存量资源整合的同时，支持企业对外直接投资、战略重组、联合兼并。对企业对外大型并购项目、大型资源开发项目、大型承包工程项目给予优惠贷款、贴息资助或政府担保。建议实行海外投资等损失准备金制度，对于企业的海外投资、资源开发投资、海外工程承包，允许将投资的部分金额计入“投资损失准备金”内，以免缴企业所得税；如投资受损，则可从“投资损失准备金”中得到补偿。

（6）对大型民营企业遭遇境外法律纠纷困难予以政府援助。对企业在国际竞争中遇到的产生重大国际影响的知识产权、反倾销等跨国纠纷，国家应通过固定的工作机制，组织跨部门工作小组进行协调，保护企业的合法权益。鼓励、支持商会在处理企业跨国纠纷中发挥组织、协调等作用。

（7）另外，“联想”等一批率先走出国门的中国领先企业已经成为全球公司，但面临“身份”和“待遇”边缘化的风险。国外政府在“中国威胁论”的影响下，对中国企业采取了一系列市场限制措施；然而，随着这些企业国际股份比例的提高、公司注册地点、上市地点和经营地点的转移，我国在政府采购、基础科研经费、政策参与权上也产生了顾虑。针对这个问题，我们建议有必要采取更科学、合理的企业身份识别方法，以实际经营控制权为中心，综合考虑资源分布、人员、品牌、专利、历史演进、文化认同等因素，正确识别“联想”等一些领先企业的“中国企业”的身份；同时，在正确识别企业身份的基础上，进一步明确《政府采购法》中提到的“国货”的概念，建议从“企业身份”和“产品国产化率”两个因素定义国货标准，以合理保证“中国企业”享受政府采购方面的相关政策。

（全国工商联法律部　供稿）

《民营企业参与社会主义新农村建设调查问卷》分析报告

为贯彻党中央关于建设社会主义新农村的重大战略部署，顺应广大民营企业积极投身新农村建设的愿望和要求，全国工商联于2006年5月出台了《关于组织、引导、支持民营企业参与社会主义新农村建设的意见》，并与中国光彩会联合召开“参与社会主义新农村建设工作会议”，制定了《“民企系三农、共建新农村”光彩行动方案》。此后，各级工商联、光彩会积极行动起来，认真组织、广泛动员，纷纷下发指导性文件，召开工作会、现场会等，通过多种形式积极推动民营企业参与新农村建设，掀起了一个工作高潮。为及时了解和掌握各级工商联、光彩会和广大民营企业贯彻“意见”精神和实施“光彩行动方案”的基本情况，全国工商联于2007年2～10月系统开展了“民营企业参与社会主义新农村建设调研年”工作。作为“调研年”工作的一项重要内容，全国工商联扶贫与社会服务部与农业部农村经济研究中心联合组成专题调研组，共同设计了《民营企业参与社会主义新农村建设调查问卷》，通过对参与新农村建设的民营企业进行抽样调查，反映民营企业对新农村建设的认识和意愿，了解和掌握民营企业参与新农村建设的基本情况，收集民营企业对新农村建设的意见和建议，为进一步创新工作机制、完善政策支持、增强服务手段，做好组织、引导和支持民营企业参与社会主义新农村建设提供参考。

一、调查形式及内容

此次问卷调查的形式为有条件抽样调查，对象为各级工商联会员企业中已参与新农村建设且具有代表性的民营企业。问卷内容主要涉及三部分：第一部分为民营企业的基本情况，包括企业名称、创立年份、资产总额、负债率、2006年营销收入和上缴税收、主营业务、职工人数、曾获得的荣誉等；第二部分为民营企业对新农村建设的认识，包括民营企业对新农村建设及其政策的认识和了解程度、对新农村建设意义和作用的态度和评价、对民营企业参与新农村建设的意义、原因以及对工商联作用的认识等；第三部分为民营企业参与新农村建设的基本情况，包括参与新农村建设的形式、惠及农户和农村情况、对农民进行培训情况、对农村的捐赠情况、参与的社会事业情况、与农民的利益连接形式、目前面临的困难和问题、未来的要求和期望、工商联组织应该如何进一步发挥作用的建议等。

二、问卷发放与回收情况

课题组向全国31个省、自治区、直辖市工商联，新疆生产建设兵团工商联和全国工商联农业产业商会发放问卷1500份，部分省市又加印了327份，截至8月末共回收问卷1427份，回收率为78.1%。其中有效问卷1420份，有效率达到99.5%。

从问卷的回收率和有效率来看，各级工商联组织和被调查民营企业对这项调查积极配合、填写认真，较全面、真实地反映了民营企业参与新农村建设的实际情况和认识。

三、样本分析

1. 从样本的区域构成①来看（见图1），东、中、西的比例比较均匀。样本覆盖全国31个省市、区和新疆生产建设兵团的民营企业，其中东部地区问卷占样本总量的37.9%，中部地区问卷占样本总量的29.4%，西部地区问卷占样本总量的32.7%。

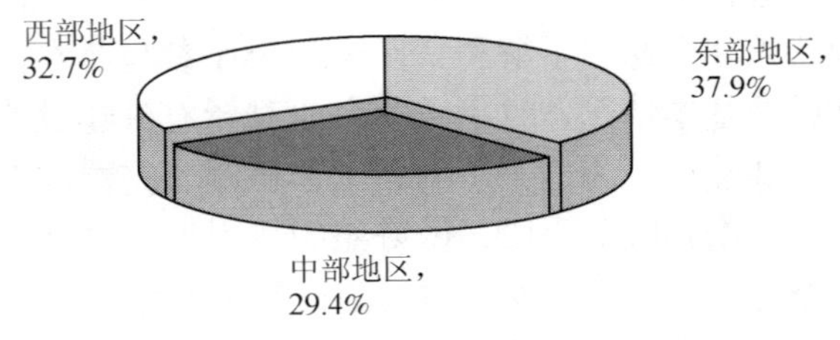

图1　样本的区域构成

2. 从样本企业的创立时间来看（见图2），与当前全国民营企业的年龄结构基本吻合。1990年以前创立的企业占样本总数的17.7%，20世纪90年代创立的企业占样本总数的46.4%，2000年以后创立的企业占样本总数的40.9%。

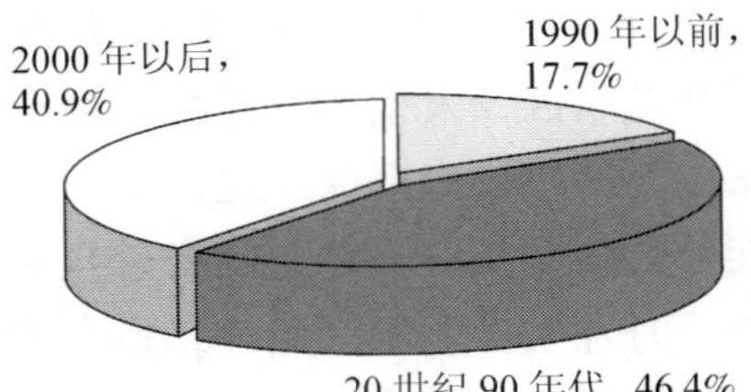

图2　样本企业的创立时间分布

3. 从样本企业的主营业务来看（见图3），第三产业覆盖面较广，产业分布②上，第二产业所占比重较小。按照标注的划分标准，样本企业主营业务为第一产业的占34.4%，第二产业的占19.7%，第三产业的占45.9%。

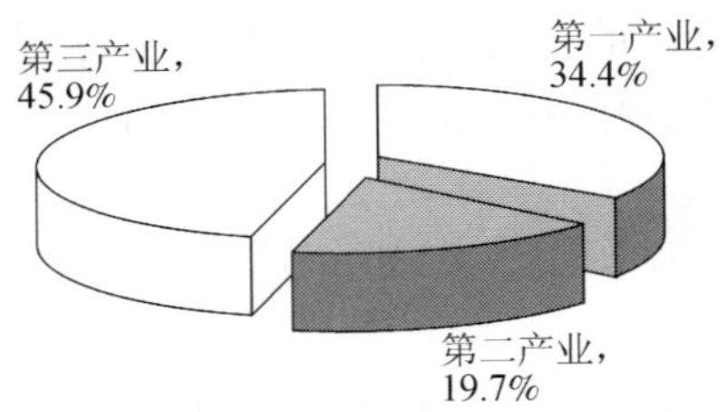

图3　样本企业主营业务分布

4. 从样本企业的资产、负债、营销总额和上缴税收四项指标来看（见图4～图7），与全国民营企业的总体状况相比，样本企业规模较大，效益较好，负债较低，总体实力高于全国平均水平。从被调查企业规模③来看（见图4），较大规模（1亿～10亿元及10亿元以上）企业占

① 东部地区包括北京、天津、上海、河北、辽宁、江苏、浙江、福建、山东、广东、海南11个省区市；中部地区包括山西、吉林、黑龙江、安徽、江西、河南、湖北、湖南8个省区市；西部地区包括内蒙古、重庆、四川、贵州、广西、云南、西藏、陕西、甘肃、青海、宁夏、新疆12个省市区及新疆生产建设兵团。

② 由于样本企业多为多元化经营，我们把主营业务与农业相关的农林高新技术产业、食品加工业、农机业企业都划归第一产业（第一产业是指种植业、养殖业、水产业、农林高新技术产业、食品加工业、农机业等；第二产业是指矿业、汽车行业、钢铁、冶金、建筑业、制造业、医药业等；第三产业是指商业、餐饮、服务业、房地产业、超市等）。

③ 根据样本情况，在本报告中企业规模的划分标准是：较小规模企业是指资产总额在1000万元以下的企业，中等规模企业是指资产总额在1000万～1亿元的企业，较大规模企业是指资产总额在1亿元以上的企业。

35.8%，中等规模企业占46.2%，较小规模企业占18.0%。

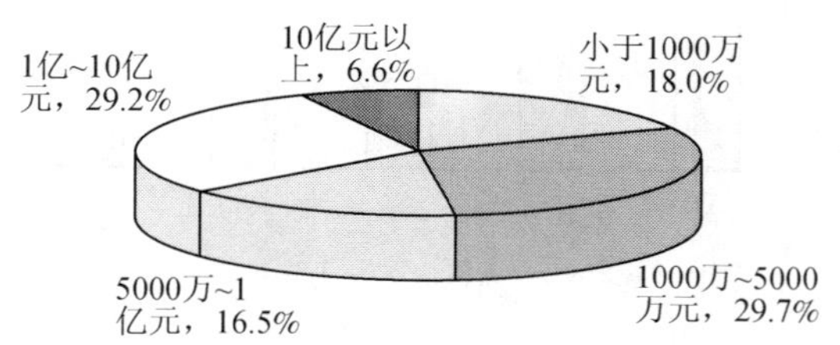

图4　样本企业资产总额分布

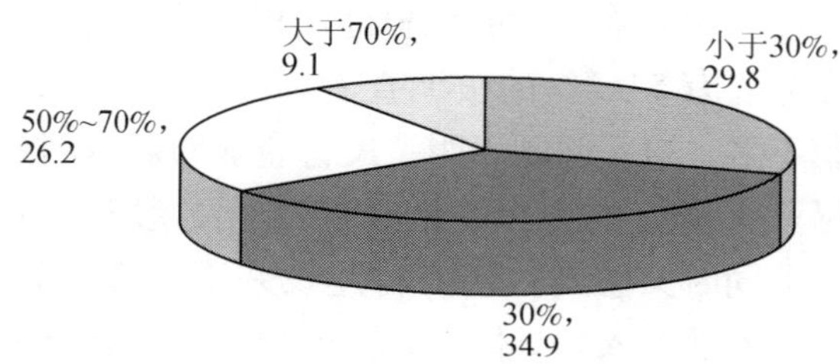

图5　样本企业负债率分布

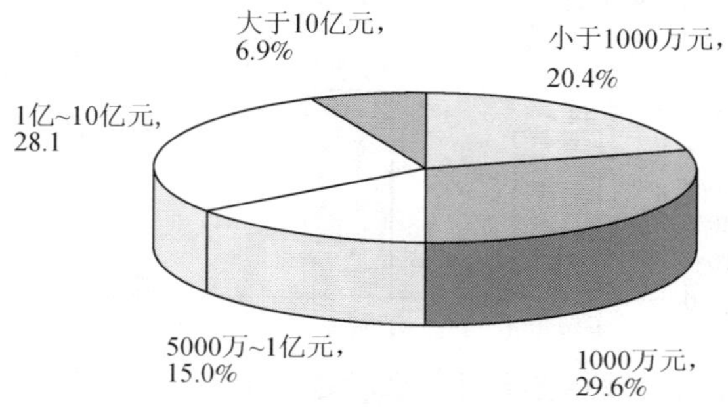

图6　样本企业2006年营销总额分布

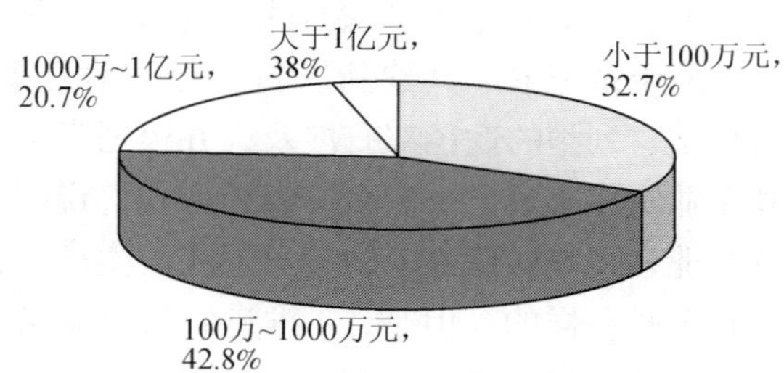

图7　样本企业2006年上缴税收分布

四、主要分析结果

1. 民营企业对新农村建设的认识和态度

（1）民营企业对新农村建设的重要性、对自身在新农村建设中的作用认识非常充分（见图8，图9），广泛认同中央关于建设社会主义新农村的战略决策，并且充分意识到了民营企业在实现这一目标中的地位与使命。在样本企业中，认为新农村建设十分重要的占97.7%，认为民营企业参与新农村建设十分重要的占87.1%。

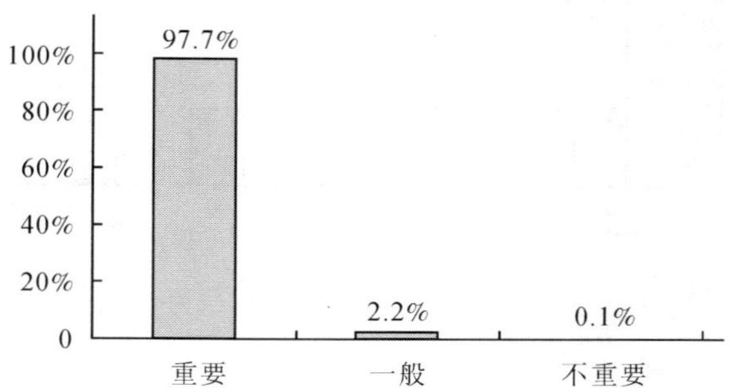

图8　被调查者对新农村建设重要性的认识

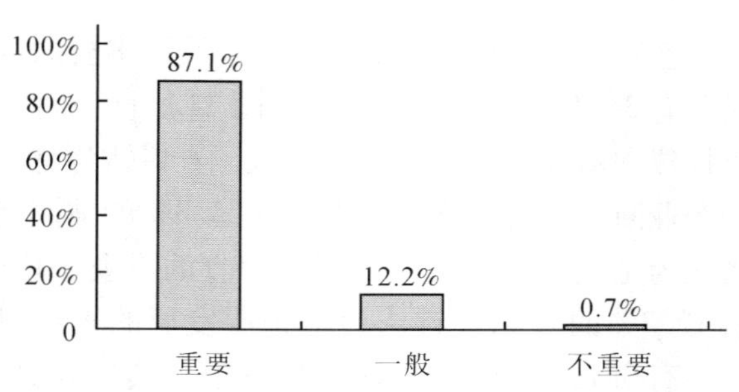

图9　被调查者对民营企业参与新农村建设重要性的认识

（2）民营企业参与社会主义新农村建设，更多的是从缩小贫富差距、构建和谐社会、履行社会责任等宏观的、全局的、利他的角度来考虑，体现了新时期民营企业家的政治素养、全局观念和社会责任意识。为充分反映民营企业参与社会主义新农村建设的动机，问卷设计了三个角度的问题①：对新农村建设的意义的看法、对民营企业参与新农村建设的看法和参与新农村建设的原因。

①对于新农村建设最重要的意义，有30.6%的被调查者（见图10）认为是有利于缩小贫富差距、促进社会稳定，有29.4%的被调查者认为是有利于改善农民生产、生活状况，有25.6%的被调查者认为是有利于国家经济的持续健康发展，有13.7%的被调查者认为可以促进非公有制经济发展，有0.7%的被调查者认为是有其他意义。缩小贫富差距、改善农民生产生活、促进国民经济发展这三个选项的选择率占85.6%。

① 为全面反映企业参与新农村建设动机的不同方面，这三个问题都采用双选题形式，即对每个问题可以选择最认可的两个选项，是每个选项的选择率。

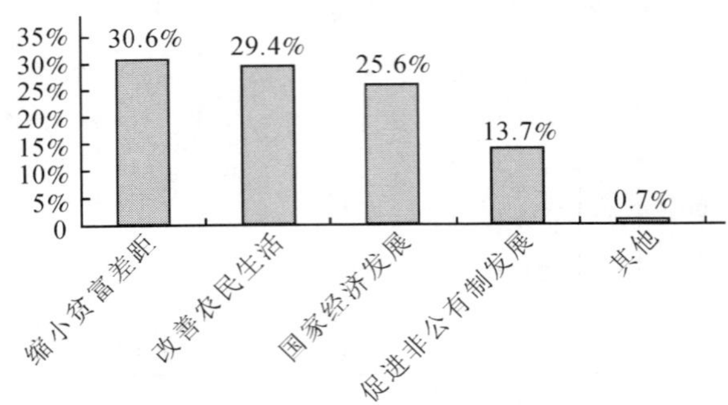

图 10　被调查者对新农村建设最重要意义的认识

②对于民营企业参与新农村建设最重要的意义，有34.4%的被调查者（见图11）认为有利于构建和谐社会，有27.9%的被调查者认为是民营企业回报社会的重要方式，有25.3%的被调查者认为是促进农业发展、农民增收的重要手段，有12.3%的被调查者认为是企业发展的重要机遇，有0.1%的被调查者认为还包含其他意义，包括有利于缩小城乡差距、有利于农村创建文明和谐新风、有利于挖掘开发生产能力、合理配置公共资源等。

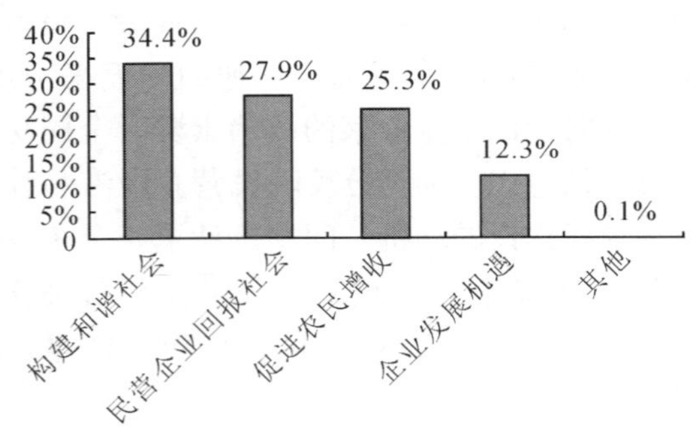

图 11　被调查者对民营企业参与新农村建设意义的认识

③对自身企业参与新农村建设最重要的原因，有36.5%的被调查者（见图12）回答是为了履行企业的社会责任，有33.9%的被调查者回答是为了帮助农民改善生产生活条件，有11.5%的被调查者回答是因为农村劳动力成本较低，资源丰富、潜力巨大，有9.4%的被调查者回答是为了提高企业在社会上的知名度和影响力，有0.5%的被调查者回答是其他原因，包括解决农民工就业问题、产生广告效应、拓宽企业经营的区域范围等。

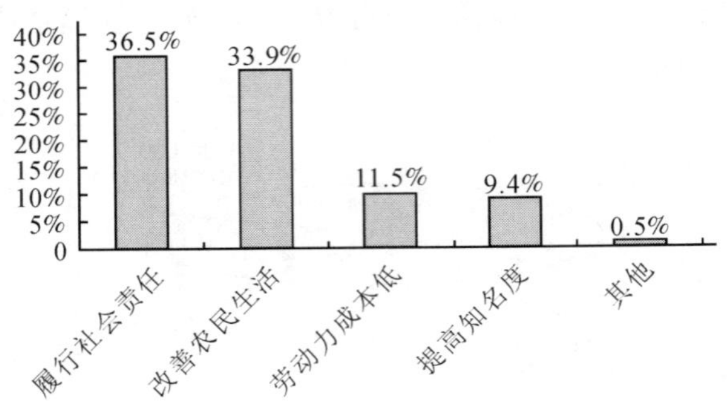

图 12　被调查企业参与新农村建设原因

（3）民营企业对新农村建设相关政策的了解不充分。有54.2%的被调查者（见图13）认为了解不多。这一问题表明，民营企业对新农村建设尽管有良好的愿望、端正的态度、参与的热情，但同时又感到对新农村建设并不充分了解，认识还不够深入和具体。这一现象有待于提高和转变，今后在组织、引导和支持民营企业参与新农村建设工作中应予以重视。

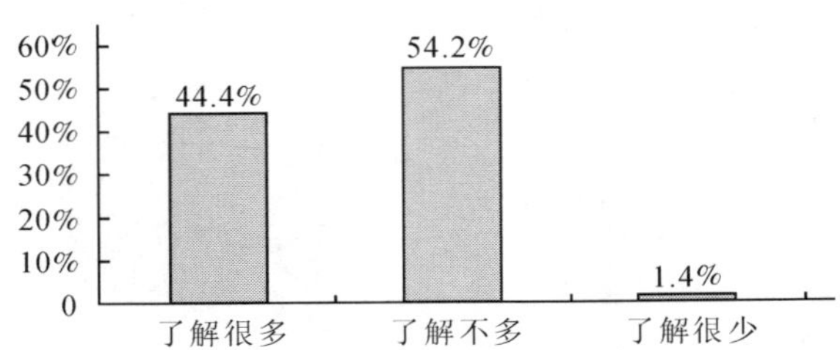

图 13　被调查者对新农村建设政策的了解情况

2. 民营企业参与新农村建设的具体情况

（1）民营企业参与新农村建设的形式多种多样，“民企系三农、共建新农村光彩行动方案”中所总结、列举的途径都有涉及，并根据当地特点和企业实际采用了一些新的运作方式，说明了民营企业在新农村建设中的参与形式、生产经营方式是多种多样的。但是，“推进农村富余劳动力转移”仍是民营企业参与新农村建设的最主要的形式（见图14），其次是参与农村社会公益事业，而通过产业带动形式参与新农村建设的比重还有待进一步提高。在被调查企业中，通过推进农村富余劳动力转移形式参与新农村建设的占20.5%，通过参与农村社会公益和文化事业形式参与新农村建设的占14.9%，通过组织农民工技术和技能培训形式参与新农村建设的占14.3%，通过参与农业产业化经营形式参与新农村建设的占13.1%，通过改善农村的村容村貌形式参与新农村建设的占 12.7%，通过促进农村商品流通业发展形式参与新农村建设的占 7.8%，通过促进农村非农产业的发展形式参与新农村建设的占 6.3%，通过利用金融手段支持新农村建设的占 5.2%，通过促进农村特色旅游发展形式参与新农村建设的占 5.0%，通过捐资助教、健全农村服务体系、修建农村基础设施、改善农村医疗条件等其他形式参与新农村建设的占 0.4%。

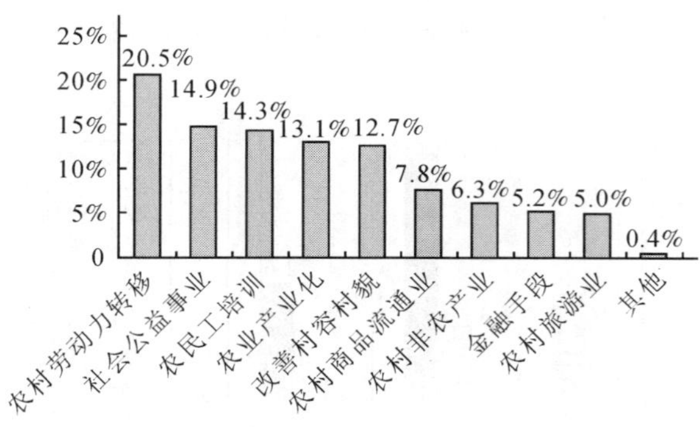

图 14　被调查企业参与新农村建设的主要形式

（2）民营企业在推动农村富余劳动力转移方面发挥着重要作用，并重视对农民工的培训。在被调查企业中，平均每家企业有员工 889 人，平均安置农民工 522 人，占到员工总数的 58.7%；有 83.9% 的被调查企业对农民或农民工进行过无偿培训，平均培训 2475 人次，东部地区、第三产业的被调查企业培训人数明显较多（见图 15，图 16，图 17）。推进农村劳动力转移是增加农民收入最直接、最有效的形式，是以“减少”农民来“富裕”农民的重要途径。同时，通过对农民工的各类培训，有利于农村劳动力资源的可持续发展，有利于培养各类农村致富带头人，有利于提升农民素质、转变农民观念、培育新型农民。今后还应继续引导民营企业在推动农村富余劳动力转移、培育新型农民方面发挥更大的作用。

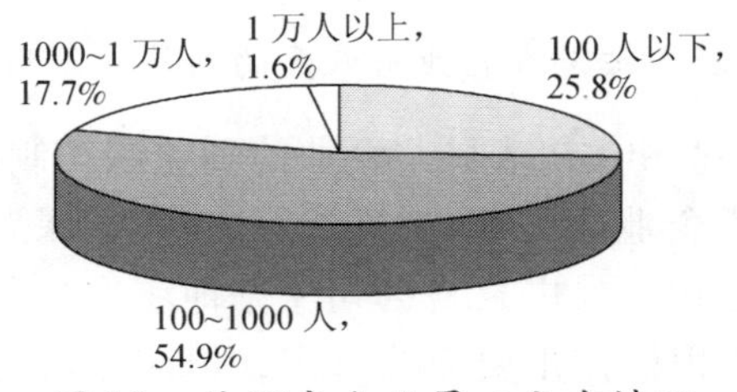

图 15　被调查企业员工分布情况

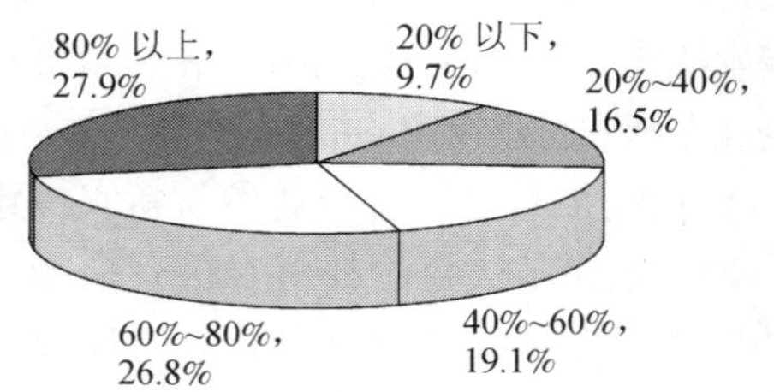

图 16　农民工占被调查企业员工比例

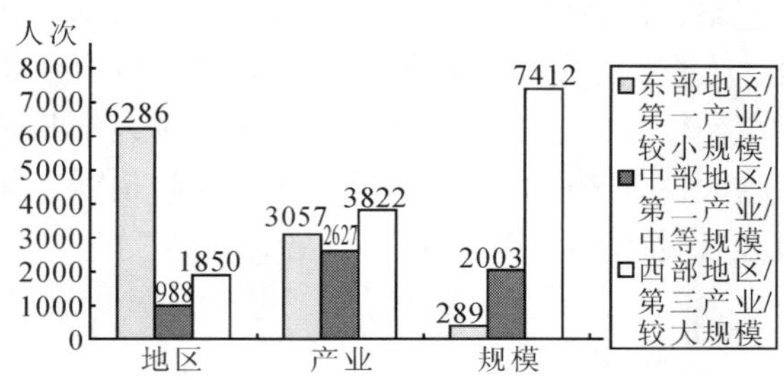

图 17　分区域、产业和规模被调查企业平均培训情况

（3）民营企业惠农效果显著。企业规模越大惠及农民收入金额、惠及农户数和涉及村数量越多，第一产业、较大规模的民营企业惠及效果更为显著，农业产业商会的会员企业尤其显著（见图 18）。在被调查民营企业中，通过与农民开展合作或进行贸易往来，平均每家企业有 2789.3 万元直接交付到了农民手里，每家企业平均惠及农户 8556 户，惠及村数 69 个。这表明，民营大型企业和农业产业化企

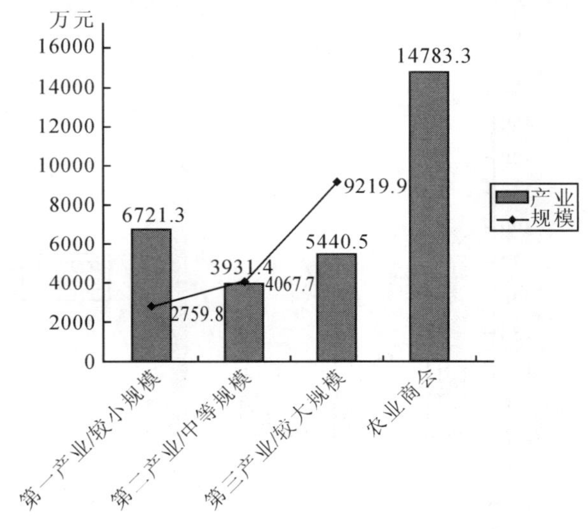

图 18　不同产业、不同规模被调查企业平均惠农资金情况

业，特别是农业产业化龙头企业应该成为组织、引

导和支持民营企业参与新农村建设工作的重点，应进一步发挥农业产业商会的作用、挖掘农业产业化龙头企业在新农村建设中的潜力。

（4）捐赠依然是民营企业参与新农村建设的重要形式，绝大多数企业都对农村有捐赠，捐赠教育的比重最高。在被调查企业中，有93.4%对农村有捐赠，平均每家企业捐赠资金84.6万元，捐赠教育所占比重最高，达到24.1%，其他依次为道路、村容村貌、农业技术推广、农田水利建设、人畜饮水等。分区域来看，东部地区企业捐赠金额较大，分规模来看，企业规模越大捐赠金额越大，分产业来看，第二产业企业的捐赠金额最大（见图19～图22）。

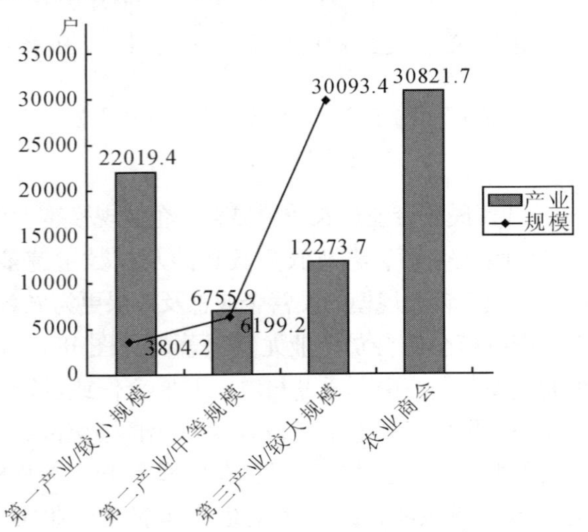

图19　不同产业、不同规模被调查企业平均惠及农户情况

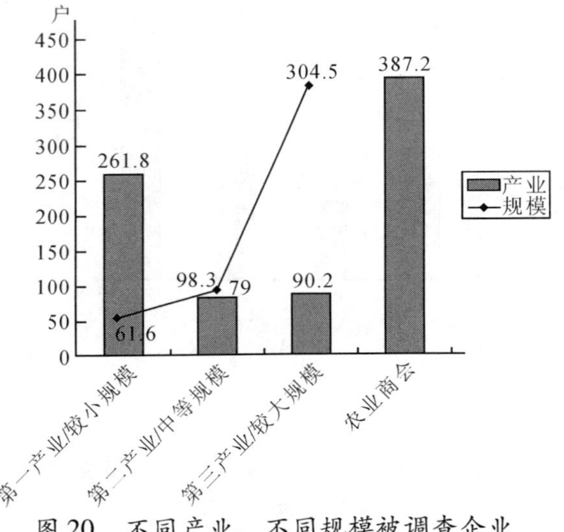

图20　不同产业、不同规模被调查企业平均惠及村数情况

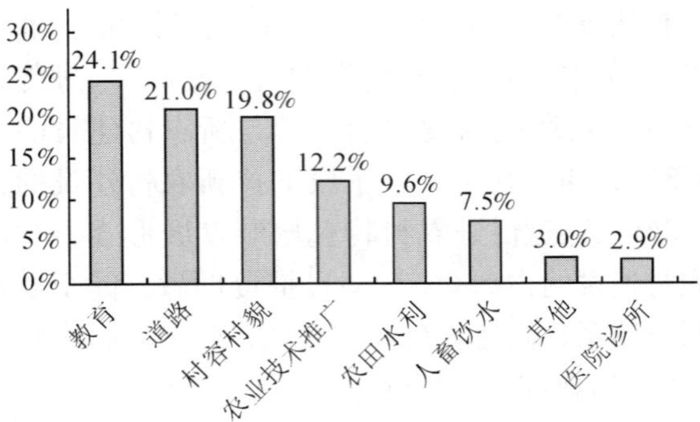

图21　被调查企业向农村捐赠的用途分布

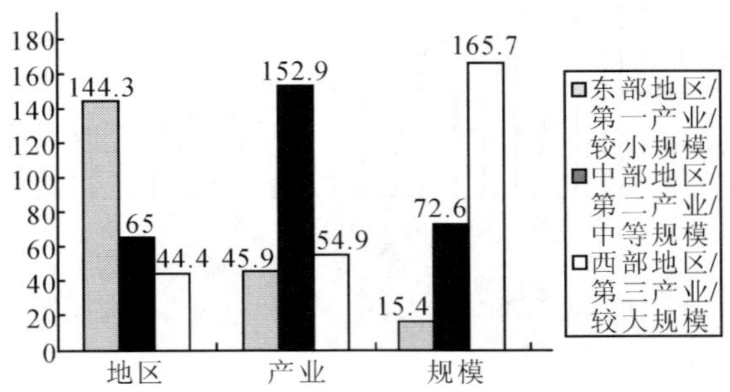

图22　分区域、产业和规模被调查企业均值捐赠情况

（5）在企业与农户的利益联结形式上，“龙头企业＋基地＋农户”和“龙头企业＋农户”目前仍是企业与农民利益联结形式的主要方面。“龙头企业＋基地＋农户”的形式比重最高，达到35.5%，“龙头企业＋农户”的形式占27.3%，“龙头企业＋农村经济合作组织＋农户”的形式排第三位，占20.3%（见图23）。

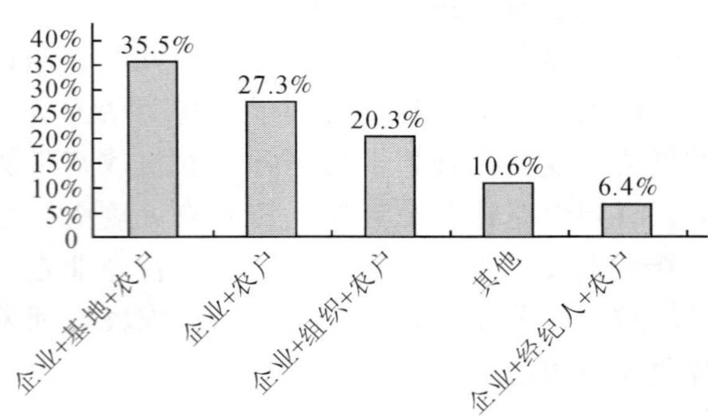

图23　被调查企业与农民的利益联结形式

探索和解决农民与企业的利益联结制问题，是民营企业参与新农村建设的重要课题。对于“公司＋农户”、“公司＋基地＋农户”这些模式的积极作用要充分肯定，但应该着力探索和实践企业与农户“连股、连心、连利”的

长效合作模式，使企业与农户真正形成产权与生产经营的合作体、利益与风险共享共担的共同体。

（6）民营企业对农村生产合作组织的重要性有一定程度的认识，第一产业企业对生产合作组织的认可程度明显更高。在被调查的民营企业中，有54.4%的民营企业与农民之间没有建立生产合作组织，在45.6%已建立了合作组织的企业中，有85.1%是由企业与农民合作建立的，仅有14.9%是由农民自己建立的（见图24）。被调查

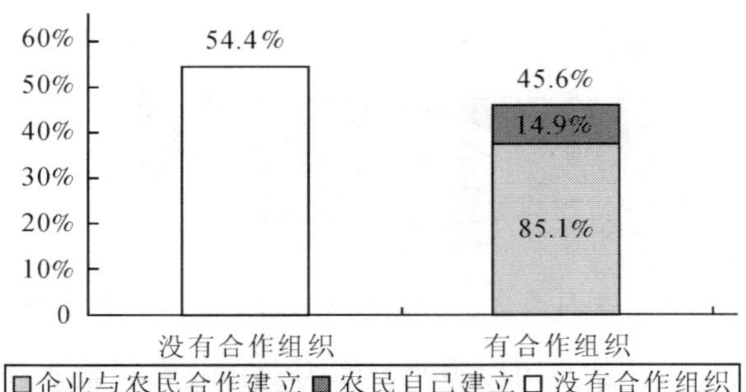

图24　被调查企业建立生产合作组织的情况

企业中，第一产业建立生产合作组织的比例最高（见图25）。对于生产合作组织的作用，有

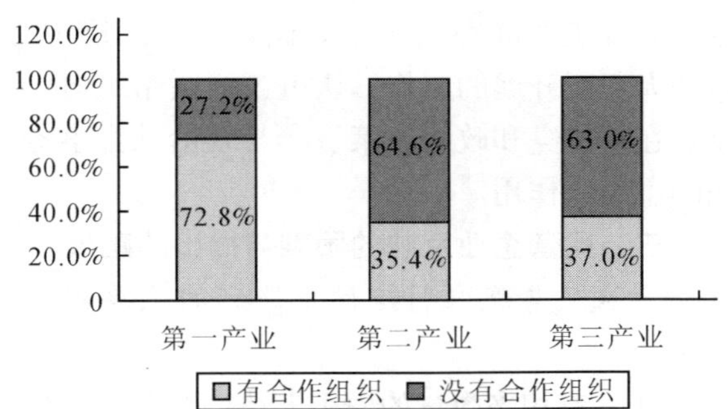

图25　不同产业被调查者建立生产合作组织的情况

33.4%的被调查者认为作用很大，有64.0%的被调查者认为有一定作用，有2.6%的被调查者认为几乎没有作用（见图26）。从有合作组织和没有合作组织的企业比较来看，已有合作组织的企业对这一形式认可程度明显较高（见图27）。分产业来看，第一产业企业对这一形式的认可程度最高（见图28）。农村经济合作组织的发展是社会主义新农村建设中值得推广和发展的新型组织形式，是能够代表农民利益、维护农民权益、反映农民诉求的重要组织手段。

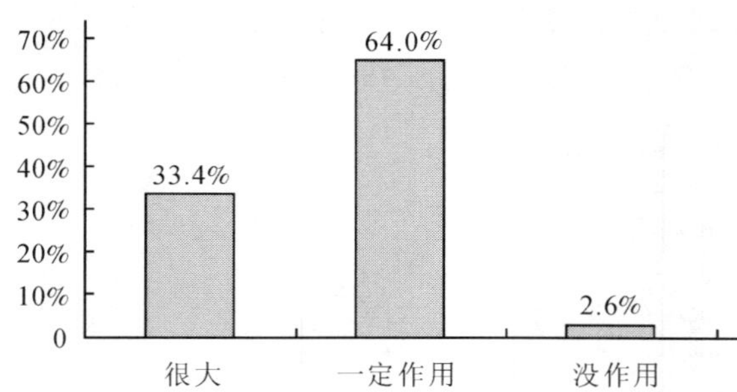

图26　被调查者对生产合作组织作用的认识

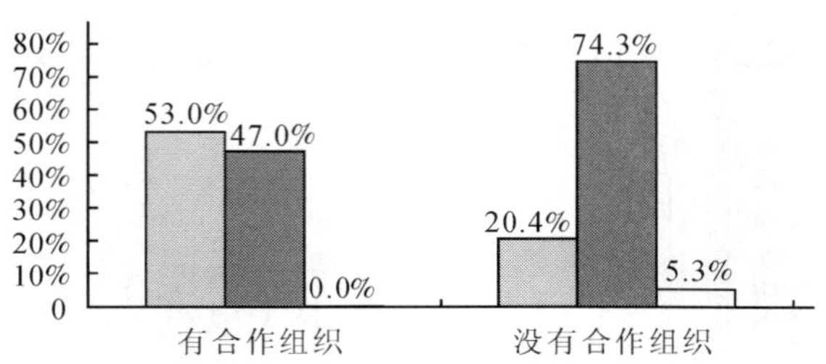

图27　不同被调查者对生产合作组织作用的认识

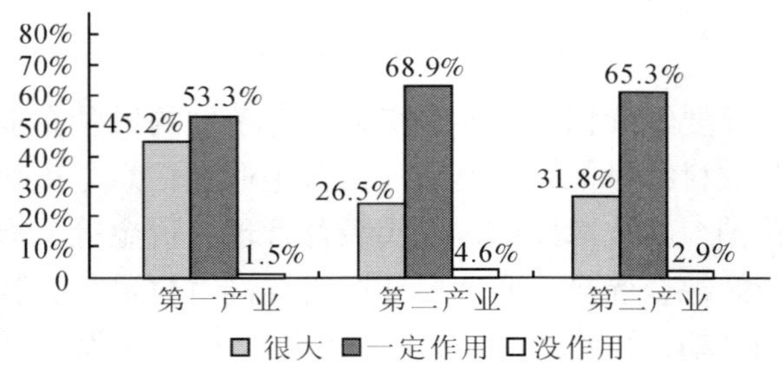

图28　不同产业被调查者对生产合作组织作用的认识

为缓解农民“千家万户的小生产与千变万化的大市场”之间的矛盾，改善农户直接与企业对话、与市场对接时的弱势地位，同时也为了减少企业与单个农户打交道时的成本和风险，应进一步从企业和农民两方面加强宣传引导，切实促进农村生产合作组织的发展。

（7）民营企业对“村企结对帮扶”这一参与新农村建设的形式评价较高，已有结对帮扶村的企业对这一形式的评价更高。由于调查对象均为已经参与了新农村建设的民营企业，有结对村的企业所占比例较大，有72.4%的被调查企业有结对帮扶的村。对于这种参与形式的看法，有64.5%的被调查者认为非常好，仅有1.0%的被调查者认为不好（见图29）。对比分析，已有结对村的企业认为非常好的占75.6%，认为一般的

占24.3%，没有结对村的企业认为非常好的占47.8%，认为一般的占49.6%（见图30）。

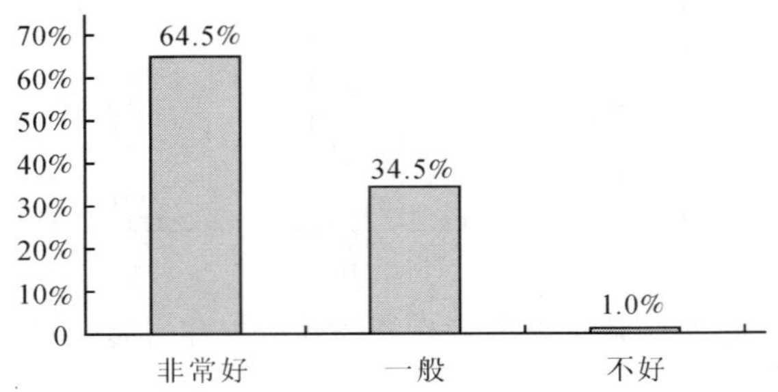

图29　被调查者对村企结对帮扶形式的看法

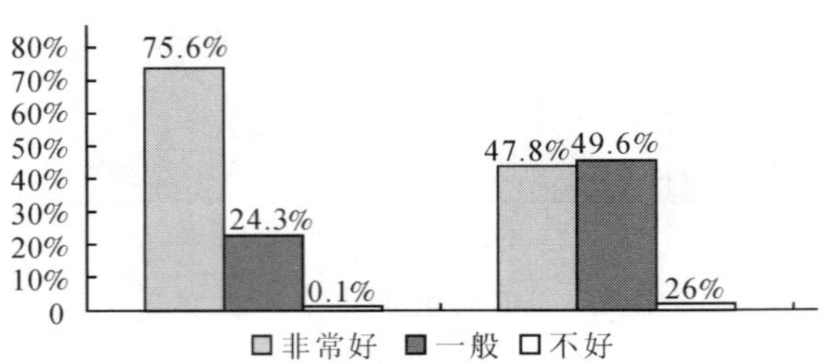

图30　已有和没有结对村的被调查企业对这一形式的看法

要继续积极引导有实力、有条件的民营企业与农村结对，有效地发挥民营企业在信息、市场营销、新技术推广、现代经营管理、资金等多方面的综合优势，通过多种形式直接对村进行帮扶和带动，帮助其实现社会主义新农村建设的目标，符合中央关于“因地制宜地实行整村推进的扶贫开发方式”的要求，这是提高扶贫开发水平和民营企业参与新农村建设的有效实践，但一定要因地制宜、因企制宜、注重实效，不能停留在口号上、活动上、数目上，既要对企业深入引导、具体支持，又要让企业自觉自愿、尽力而为、量力而行的参与，切实将企业的积极性调动起来、力量集中起来、作用发挥出来。

3. 民营企业对工商联作用的认识

民营企业充分重视工商联在民营企业参与新农村建设中的作用，充分认可工商联组织对民营企业在宣传党和政府政策、参与政治社会事务方面的主渠道作用。对工商联在民营企业参与新农村建设中的作用，有89.1%的被调查者认为非常重要（见图31）。在民营企业了解新农村建设相关政策的渠道方面，排第一位的就是工商联，占24.4%（见图32）。

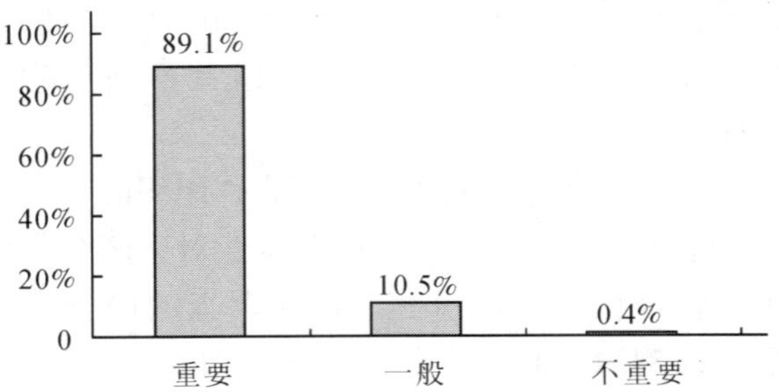

图31　被调查者对工商联在民营企业参与新农村建设中作用的看法

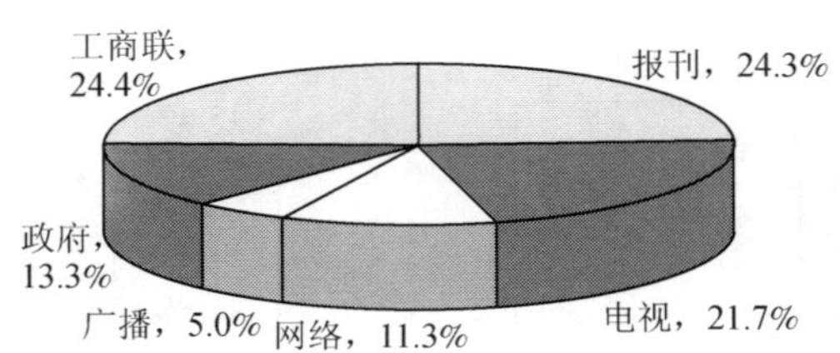

图32　被调查者对新农村建设政策的了解途径

这一结果可以表明，作为党和政府联系非公有制经济人士的桥梁、纽带以及政府管理非公有制经济的助手，工商联系统组织、引导和支持民营企业参与社会主义新农村建设的工作取得了实效，发挥了非常重要的作用；同时也表明，民营企业重视工商联在组织引导民营企业围绕中心、服务大局所开展的工作，认可工商联组织对民营企业在宣传党和政府政策、参与政治社会事务方面的主渠道作用。

五、民营企业反映的困难与提出的建议

1. 在参与新农村建设中遇到的主要困难和问题

（1）有相当数量的农民期待民营企业为他们提供资金直接帮扶，而对于与企业形成生产经营性的合作方式积极性不高。这是被调查民营企业反映最多的问题，有60.2%的企业提出了这一问题。

（2）国家对民营企业参与新农村建设缺乏具体的政策支持，国家的惠农政策，尤其是涉及企业利益的政策，落实障碍较多，阻力较大。这也是被调查民营企业反映较多的问题，有48.6%的企业提出了这一问题。

（3）新农村建设涉及面广，是艰巨而长期的任务，单靠民营企业力量还比较单薄，新农村建设需要民营企业，但更需要各级政府、社会各界多层面、多角度的共同努力。提出这一问题的企业约占30.4%。

（4）农业目前的科技含量仍然较低，农业科技推广难度较大。政府应进一步加大农业科技推广和农民专业技能培训力度，尤其应加大对民营企业科技创新的扶持力度。提出这一问题的企业约占16.3%。

（5）民营企业与农民之间缺乏了解、沟通的平台，相互之间不信任，甚至产生误会，也导致了民营企业参与新农村建设的形式比较单一，迫切需要相关部门特别是工商联进行组织、引导和支持。提出这一问题的企业约占14.2%。

（6）民营企业通过捐赠方式参与新农村建设，由于缺乏监督保障机制，担心造成捐赠资金不能很好地发挥作用。提出这一问题的企业约占10.1%。

2. 对民营企业参与新农村建设的意见和建议

（1）建立鼓励民营企业参与新农村建设的长效机制，政府应在信贷、税收、信息等方面给予切实有效的政策支持，如：建立信息库，及时发布有关新农村建设的相关信息；建立新农村建设项目的审核、审批绿色通道；加快农村金融体制改革的步伐；加大金融对中小企业和农民自主创业的扶持力度等。

（2）通过更多渠道宣传发动，号召更广泛的社会力量参与到新农村建设中来，对民营企业也应加大宣传力度，让越来越多的中小企业也参与进来。

（3）民营企业也应把参与新农村建设看做是长期的任务，并根据自身情况制订出切实可行的参与计划，按照“农民所需、农民所想、企业所能、广泛参与”的原则积极开展这项活动。

（4）其他意见和建议还包括：鼓励民营企业进一步加强农村基础设施建设；积极参与农村医疗、保险、养老工作，关心、支持和帮助农村残疾人、孤寡老人的基本生活保障；鼓励在农村设立教育基地，努力提高农村劳动者的科技文化素质，传授农民科技、商贸、保险知识等。

3. 对工商联组织在民营企业参与新农村建设中如何发挥作用的建议

（1）工商联组织应积极推动政府惠农政策的落实，并积极为企业争取更多的相关优惠政策，尤其是资金方面的支持。

（2）工商联应组织民营企业学习新农村建设的相关政策。

（3）工商联应为民营企业联合起来共同参与到新农村建设搭建平台，以联合的力量带动县域经济的发展。

（4）工商联要加强宣传，把民营企业在新农村建设中的成绩宣传出去，引起社会关注，进而调动广大民营企业参与新农村建设的积极性。

（5）工商联应适当开展表彰活动，对作出贡献的民营企业进行表彰。

（全国工商联扶贫部　供稿）

革命和建设的生命线

——思想政治工作历史地位和作用综述

全国工商联课题组

从中国共产党成立起，思想政治战线就是党的建设的重要领域，特别是掌握了自己的军队之后，思想政治工作在党的工作中始终处于重要地位。毛泽东同志不仅是中国共产党的开创者之一，也是中国共产党思想政治工作的开创者。毛泽东在中国革命和建设的实践中，一直高度重视并长期领导思想政治工作，他最早用“生命线”来说明思想政治工作在中国革命和建设中的地位和作用。

一、思想政治工作始终是中国共产党领导中国革命和建设的生命线

毛泽东同志从中国革命和建设的实际需要出

发，运用马克思主义的基本立场、观点和方法，在总结历史经验教训的基础上，结合中国革命和建设的实际，全面系统地论述了思想政治工作的地位作用、指导思想、方针原则、内容和方法，形成了他的思想政治工作理论体系。

1. 革命战争时期人民军队团结人民战胜敌人的法宝

早在 1929 年 12 月，毛泽东同志就指出："红军党内最迫切的问题，要算是教育问题。为了红军的健全与扩大，为了斗争任务之能够负荷，都要从党内教育做起，不提高党内政治水平，不肃清党内各种偏向，便决然不能健全并扩大红军，更不能负担重大的斗争任务。"（引自《毛泽东文集》第1卷第94页，人民出版社1993年版）在领导中国革命斗争的实践中，毛泽东同志强调要在革命军队内部进行马克思主义和党的正确路线教育，提高党内的政治水平，以便使党员的思想和党内生活都政治化和科学化。1934 年 2 月，红军在江西瑞金召开第一次全军政治工作会议，毛泽东明确提出"政治工作是红军的生命线"的命题，从根本上确立了政治工作在革命军队中的地位和作用。

思想政治工作为发动群众、教育群众和引导群众的行动以及各项具体工作指明正确政治方向。党在不同历史时期有着不同的政治任务和中心工作，任何一项政治任务的完成和中心工作的顺利进行，都离不开思想政治工作。思想政治工作的巨大作用就是通过理论宣传和思想教育，使人们从思想上认识到坚持党在各个历史时期的路线、方针、政策和中心工作的战略意义，自觉地完成党的每一项政治任务，保证党的中心工作的顺利进行，保证群众行动和各项具体工作沿着正确方向前进。思想政治工作能够帮助人们提高思想政治觉悟，振奋群众的革命精神，保证全党和全国人民为中国革命和建设事业奋斗。

思想政治工作能够帮助和引导人们树立进步的理想和信念，提高人们的思想政治觉悟，增强人们的事业心和责任感，激发人们的工作积极性和创造力，能为人们做好各项工作提供精神动力。毛泽东同志充分认识到思想政治工作的这一巨大作用。他认为，在革命战争时期，没有强有力的思想政治工作，没有共产党人坚定的理想和信念，革命的胜利是不可能的。抗日战争时期，毛泽东同志指出："军队的基础在士兵，没有进步的政治精神贯注于军队之中，没有进步的政治工作去执行这种贯注，就不能达到真正的官长和士兵的一致，就不能激发官兵最大限度的抗战热情，一切技术和战术就不能得着最好的基础去发挥它们应有的效力。"（引自《毛泽东选集》第2卷第511页，人民出版社1991年版）

2. 社会主义建设时期一切经济工作的生命线

1955 年9 月，毛泽东同志提出了"政治工作是一切经济工作的生命线"的科学论断（引自《毛泽东文集》第 6 卷第 449 页，人民出版社 1999 年版）1958 年他再次指出："政治和经济的统一，政治和技术的统一，这是毫无疑义的，年年如此，永远如此，这就是又红又专。将来政治这个名词还是会有的，但是内容会变化。不注意思想和政治，成天忙于事务，那会成为迷失方向的经济家和技术家，很危险。思想工作和政治工作，是完成经济工作和技术工作的保证，它们是为经济基础服务的。思想和政治又是统率，是灵魂。只要我们的思想工作和政治工作稍为一放松，经济工作和技术工作就一定会走到邪路上去。"（引自《毛泽东文集》第7卷第351页，人民出版社 1999 年版）

思想政治工作有助于正确处理人民内部矛盾，保证社会政治稳定，为社会主义现代化建设提供安定团结的社会环境。在 20 世纪 50 年代初期，党对社会生活中存在的矛盾的判断绝大多数属于人民内部矛盾。在我国社会主义改造完成以后，毛泽东曾明确指出，正确处理人民内部矛盾已成为国家政治生活的主题，是思想政治工作的一项极其重要的任务。在经济生活中，由于具体的经济利益不同，人民内部会存在大量的经济利益矛盾。在社会生活中，由于封建主义、官僚主义和资本主义影响依然存在，政治生活中的一些矛盾和问题也会表现得越来越突出。这些矛盾和问题处理得不好，不但影响人们之间的关系，影响生产和生活的正常进行，而且有可能使矛盾激化，小事变成大事，严重的甚至会引发社会动乱。思想政治工作的重要作用之一，就是化解各种矛盾，增强人民团结，保证社会政治稳定，为社会主义现代化建设提供安定团结的社会环境，保障社会主义建设顺利进行。明确提出“人民内部矛盾”和“敌我矛盾”的概念，在马克思主义发展史上，毛泽东同志是第一人。毛泽东同志提出：“在这个时候，我们提出划分敌我和人民内部两类矛盾的界线，提出正确处理人民内部矛盾的问题，以便团结全国各族人民进行一场新的战争——向自然界开战，发展我们的经济，发展我们的文化，使全体人民比较顺利地走过目前的过渡时期，巩固我们的新制度，建设我们的新国家，就是十分必要的了。”（引自《毛泽东著作选读》下册第770页，人民出版社1986年版）

3. 改革开放时期不能放松的根本需要

党的十一届三中全会以后，邓小平同志多次强调加强党的领导，必须改善党的领导；强调要改革党和国家的领导制度、处理好法治和人治的关系、处理好党和政府的关系，把党的执政能力和领导水平问题同改革开放和现代化建设任务密切联系起来。邓小平同志指出：“我们说改善党的领导，其中最主要的，就是加强思想政治工作。”（引自《贯彻调整方针，保证安定团结》，1980年12月25日，《邓小平文选》第2卷第365页）“我们一定要把思想政治工作放在非常重要的地位，切实认真做好，不能放松。”（引自《党和国家领导制度的改革》，1980年8月18日，《邓小平文选》第2卷第342页）根据邓小平的这个思想，1981年党的十一届六中全会通过《关于建国以来党的若干历史问题的决定》，重申了“党的思想政治工作是经济工作和其他一切工作的生命线”的重要论断。

邓小平同志还一再强调：实现现代化是一场深刻的伟大革命，全党必须再重新进行学习，除了学马列主义、毛泽东思想之外，还要学经济学、学科学技术、学管理，“几百个中央委员，几千个中央和地方的高级干部，要带头钻研现代化经济建设”。（引自《邓小平文选》第2卷第153页）

1999年，中共中央所发《关于加强和改进思想政治工作的若干意见》指出，“高度重视思想政治工作，是我们党的优良传统和政治优势。我们党领导革命和建设的全部历史证明，掌握思想教育，是团结全党进行伟大政治斗争的中心环节；思想政治工作，是经济工作和其他一切工作的生命线。在改革开放和发展社会主义市场经济的进程中，紧密结合新的历史条件，充分发挥党的这一政治优势，具有重要的现实意义和长远意义。”2000年6月28日，江泽民同志在中央思想政治工作会议上指出：“加强和改进党的思想政治工作，必须全面贯彻落实‘三个代表’的要求。这是党团结和带领人民建设有中国特色社会主义的长期战略方针。”

2003年12月7日，胡锦涛同志在全国宣传思想工作会议上讲话指出：切实做好新形势下的宣传思想工作，是坚持和巩固马克思主义在意识形态领域指导地位的需要，是全面建设小康社会，促进社会主义物质文明、政治文明和精神文明协调发展的需要，是加强党的执政能力建设、提高党的领导水平和执政水平的需要。在全面建设小康社会的伟大进程中，宣传思想工作任务很重。要用时代的要求来审视宣传思想工作，用发展的眼光来研究宣传思想工作，以改革的精神来推动宣传思想工作，努力使宣传思想工作更好地体现时代性、把握规律性、富于创造性。

二、思想政治工作始终服从和服务于党的中心工作

坚持思想政治工作必须服从和服务于党的中心工作是一项根本原则，党的中心工作抓住了社会的主要矛盾，代表了广大人民群众的根本利益，从根本上决定着党的路线、方针、政策的实现。思想政治工作必须围绕党和国家的中心工作来开展，为党的政治路线和国家的工作大局服务。它在各个不同时期的基本任务，就是配合党的中心工作，宣传党的路线、方针、政策和主张，把广大群众团结到党的周围，发动和组织群众为实现党的中心工作而奋斗。

1. 土地革命战争时期党的思想政治工作主要是为夺取政权而服务

土地革命战争时期，是中国共产党领导中国革命经过艰难曲折开始走向成熟的重要历史时期。在这一时期，以毛泽东为代表的中国共产党人，借助强有力的思想政治教育工作，一方面在农村，激励广大农民群众投入轰轰烈烈的土地革命运动中，为革命根据地的开辟与巩固，为革命火种之燎原奠定了坚实的基础。毛泽东同志指出，革命战争是当前的中心任务，思想政治工作的根本任务就是动员人民群众参加革命战争。土地革命战争时期党的农村思想政治教育工作积累了丰富的经验：注重调查研究，以正确的政策争取农民；立足中国农村现实，以马克思主义理论武装农民；注重宣传策略，以多种形式教育农民；重视农村党员和干部教育，培养思想政治教育工作骨干。另一方面，中国共产党人强调要在革命军队内部进行马克思主义和党的正确路线教育，提高党内的政治水平，以便使党员的思想和党内生活都政治化和科学化。1934 年 2 月，在总政治部召开的红军第一次全军政治工作会议上，提出了“一切政治工作是为着前线的胜利，为着实现整个作战计划”的指导方针。这一时期，思想政治工作总的来讲是围绕中国共产党夺取政权而展开。

也是在这一时期，党在创建新型人民军队的过程中，认识到新闻媒介在思想政治工作中的巨大威力和重要功能，提出了武装斗争与新闻宣传并重、报纸是思想政治工作的有力武器、争取广大工农群众是党进行新闻宣传的根本指针等重大理论命题。成功地利用新闻媒介进行有效的思想政治工作，是党和红军发展壮大并走向最后胜利的重要条件。

2. 新中国成立初期党的思想政治工作主要目的是巩固人民民主政权和发展生产力

毛泽东同志早在新中国成立前夕，提出执政党建设问题时就已指出：夺取全国胜利，这只是万里长征走完了第一步，艰巨的经济建设任务摆在我们面前，需要我们学会自己不懂的东西，学会管理城市，学会管理生产的方法，学会商业工作、银行工作和其他工作，提高做好经济工作的本领。否则，“我们就不能维持政权，我们就站不住脚，我们就会要失败”。（引自《毛泽东选集》第 4 卷第 1428 页）这实际上就是加强党的执政能力建设思想的雏形。

全国解放后，社会主义革命和社会主义建设成为中国共产党的中心工作，思想政治工作相应地也就由为革命战争服务转变为为社会主义革命和社会主义建设服务。党在城市的“中心任务”是“动员一切力量恢复和发展生产事业。这是一切工作的重大所在”。（引自《毛泽东选集》第 4 卷第 1428 页，人民出版社 1991 年版）这就明确地提出和阐发了思想政治工作要服从服务于党的中心工作的根本原则。毛泽东指出：“提高劳动生产率，一靠物质技术，二靠文化教育，三靠政治思想工作，后两者都是精神的作用。”（引自《毛泽东文集》第 8 卷第 124、125 页，人民出版社 1999 年版）

1956 年 1 月 25 日，毛泽东同志在最高国务会议第六次会议上提出：“社会主义革命的目的是为了解放生产力”，“我国人民应该有一个远大的规划，要在几十年内，努力改变我国在经济上和科学文化上的落后状况，迅速达到世界上的先进水平。”（引自《毛泽东著作选读》下册第 717 ~718 页，人民出版社 1986 年版）这一思想在毛泽东同志以后的多次讲话中都有明确提出。

但令人遗憾的是，毛泽东在 1957 年提出正确处理人民内部矛盾是社会主义社会政治生活的主题后，并未在行动上将这一正确结论坚持贯彻下去。继 1957 年反右扩大化的错误之后，其思想和实践又继续沿着阶级斗争扩大化错误的方向有所发展，终于导致 1959 年七八月间在庐山会议上发动对彭德怀等同志的错误批判。特别是由于斯大林逝世后苏联的剧变、国际环境的恶化，以及经济发展出现的巨大困难，使得中央对社会主要矛盾的认识产生了变化，认为新生无产阶级政权受到威胁，这更导致在 60 年代上半期出现阶级斗争扩大化。毛泽东提出：“社会主义社会是一个相当长的历史阶段。在社会主义这个历史阶段中，还存在着阶级、阶级矛盾和阶级斗争，存在着社会主义同资本主义两条道路的斗争，存在着资本主义复辟的危险性。”（引自毛泽东《在北戴河中央工作会议和党的八届十中全会上的讲话》，转引自 1967 年第 10 期《红旗》杂志）强调要认识这种斗争的长期性和复杂性，要进行社会教育，并把这一思想作为党在社会主义阶段的总路线。毛泽东同志反复告诫全党全军全国人民：“千万不要忘记阶级斗争”，“必须年年讲，月月讲，天天讲”，并认为阶级斗争的重点已经转移到了党内，由反对社会上的资产阶级转到反对党内的资产阶级分子，思想政治工作演变成了两条路线的斗争，明确提出党内的思想动向值得注意。他进一步提出“要准备党的分裂”，直至发生“文化大革命”的问题，提出了“灵魂深处闹革命”、“狠斗私字一闪念”的思想革命的方法。

由此可以看出，从1949～1978年这一时期，由于历史的局限，虽然我们党在初期有过“一化三改”的总路线，有过“不要四面出击”的警醒，有过“论十大关系”的科学分析，有过社会主要矛盾已经发生变化的认识，但在1949年以前，我国长期处于经济崩溃的状态，我们党在新中国成立初期也只是拥有丰富的斗争经验，缺乏建设经验，因此使得“超英赶美”等革命化的群众运动成为推动经济发展和社会进步的主要模式，思想政治工作的方法主要是采取阶级斗争、路线斗争的方法。中国共产党从夺取政权到保卫政权，始终保持的是一个“革命党”的本色和理论，从经济领域上实行在国营经济领导下，对私人资本主义经济采取限制政策，并通过合作社经济改造个体经济，继而不切实际地追求实现纯而又纯的公有制经济；在意识形态领域则坚持以阶级斗争为纲和无产阶级专政下继续革命的理论；坚持“要斗私，批修”，后来随着极“左”思潮的泛滥，更形成了长达十年的动乱。

在这一历史时期，社会主义的生产力与生产关系成为一种并行关系，生产力对于生产关系的决定作用在一定程度上被弱化。甚至在这一思想指导下，生产关系越来越具有重要意义，它已经不仅仅被看做对于生产力具有一定的反作用，而且被看做促进经济发展的首要推动力。于是政治成为经济的基础，政治挂帅、以政治力量为基础的运动便相应成为最为得力的社会整合的手段，思想政治工作提出了所谓“灵魂深处闹革命”的口号。革命化进行社会整合的方式和意识形态的高度强化集中，一段时期内在政治上巩固了新生的无产阶级政权，人民当家做主的权利也得到巩固；在经济上也带来相当有力的增速发展，人民群众的生活水平得到改善。但从历史的发展结果来看，长期的革命化社会整合和运动性发展经济的模式则不利于经济可持续发展，也不利于必要的法律制度建设。

3. 改革开放以来思想政治工作是经济工作和其他工作的有力保证

党的十一届三中全会开启了改革开放和社会主义现代化建设的历史新时期，中国共产党从此开始了建设中国特色社会主义的新探索。在党和国家的工作重点转移到以经济建设为中心的社会主义现代化建设上来以后，针对有的人忽视思想政治工作，邓小平明确指出：“我们一定要把思想政治工作放在非常重要的地位，切实认真做好，不能放松。”（引自《邓小平文选》第2卷，第324页）“思想政治工作和思想政治工作队伍都必须大大加强，决不能削弱。”（引自《邓小平文选》第3卷，第145页）那种认为思想政治工作万能的观点固然是不对的，但认为在发展商品经济条件下思想政治工作已经过时、可有可无的观点更是错误的。

中央也十分重视思想政治工作和思想政治工作者队伍的重要性。1986年，中共中央《关于社会主义精神文明建设指导方针的决议》中指出：“思想政治工作是经济工作和其他工作的有力保证。要努力适应新时期的需要，开创思想政治工作的新路子。”“要建设好一支精干的思想政治工作队伍，关心和帮助他们的工作，鼓励他们不断提高思想和业务水平，以热情为群众服务的行动和卓有成效的工作来赢得群众信任，充分发挥思想政治工作的作用。

2003年12月7日，胡锦涛总书记在全国宣传思想工作会议上讲话中指出，坚持把为改革发展稳定的大局服务作为宣传思想战线的中心工作。要广泛深入地宣传全面建设小康社会的奋斗目标，全面准确地宣传中央的重大决策部署和各项方针政策，及时充分地反映各行各业和各条战线发展的新思路、改革的新突破、开放的新局面、工作的新举措，着力营造聚精会神搞建设、一心一意谋发展的良好氛围，促进全社会牢固树立和真正落实全面、协调、可持续的发展观，引导干部群众增强抓住机遇加快发展的紧迫感、责任感和使命感，增强投身全面建设小康社会的积极性、主动性和创造性。要高度重视和精心组织推进改革过程中的宣传舆论工作，着力营造解放思想、实事求是、与时俱进的良好氛围，营造倍加顾全大局、倍加珍视团结、倍加维护稳定的良好氛围。

进入新世纪新阶段，中华民族发展也登上一个重要台阶，在先后实现人均国内生产总值超过800美元、国内生产总值突破10万亿元的基础上，2003年，我国人均国内生产总值首次突破

1000美元。机遇和挑战并存，希望和压力同在。世界上一些国家、地区的发展历程昭示我们：在人均国内生产总值从1000美元向3000美元过渡这一关键阶段，如果举措得当，经济社会发展将实现新的跨越；如果应对失误，很容易导致经济徘徊、社会动荡。

新形势、新任务、新挑战、新考验，摆在执政半个多世纪的中国共产党面前：放眼全球，国际局势发生新的深刻变化，世界多极化和经济全球化的趋势继续在曲折中发展，科技进步日新月异，综合国力竞争日趋激烈，各种思想文化相互激荡，各种矛盾错综复杂……；环顾国内，改革发展处在关键时期，社会利益关系更为复杂，新情况新问题层出不穷，人民群众的物质文化需求不断增长，对于发展社会主义民主政治、构建社会主义和谐社会的要求和愿望日益强烈……；展望未来，新世纪新阶段，我们党肩负着庄严的历史使命——带领全国各族人民全面建设小康社会，实现继续推进现代化建设、完成祖国统一、维护世界和平与促进共同发展这三大历史任务，在中国特色社会主义道路上实现中华民族的伟大复兴……

而就在这一新世纪新阶段，包括邓小平理论、“三个代表”重要思想以及科学发展观等重大战略思想在内的中国特色社会主义理论体系的确立和完善，尤其是党的十六大以来科学发展观和构建社会主义和谐社会理论的提出，标志着中国共产党由革命党向执政党角色转换的完成，党的执政理论和执政思想已经走向成熟；党提出的中国特色社会主义道路、社会主义基本经济制度、全面建设小康社会的宏伟目标勾勒出中国新时期未来发展的根本走向。这一理论体系，坚持和发展了马克思列宁主义、毛泽东思想，凝结了几代中国共产党人带领人民不懈探索实践的智慧和心血，是马克思主义中国化最新成果，是党最可宝贵的政治和精神财富，是全国各族人民团结奋斗的共同思想基础。

三、思想政治工作是新时期加强党的执政建设的重要法宝

1. 思想政治工作是寻求意识形态认同的根本方式

思想政治工作是以人为对象，解决人的思想、观点、政治立场问题，提高人们思想觉悟的工作。而从社会学意义看，思想政治工作从来都是政党整合社会意识形态，继而实施自己的政治纲领，达到一定的政治目标，通过一定方式将社会分散的、多元的、不同性质的要素纳入到一个既定的结构性框架之内，达到社会整合目的的根本方法。

意识形态是一个哲学范畴，是经济基础、上层建筑在观念上的反映，是一定社会历史条件下占有物质生产资料从而占有精神生产资料的阶级和社会利益集团、国家集团自觉、全面地反映社会经济形态、政治形态的系统化的理论基础、思想观念、价值体系和道德理想的总称。马克思主义创始人以科学的世界观和方法论，唯物地、辩证地、历史地分析了人类社会的各种问题，科学地指出了社会经济形态（经济基础）、政治形态（上层建筑）、意识形态（思想观念）及其相互关系，上层建筑服务经济基础，意识形态是经济基础、上层建筑在思想观念上的反映，具有阶级性、理论性、实践性、复杂性、继承性的鲜明特点，对经济基础、上层建筑具有促进或阻碍的作用，有时甚至具有阶段性的决定作用。

中国革命胜利后，毛泽东同志明确提出了“指导我们思想的理论基础是马克思列宁主义”的著名论断，确定了马克思主义在我国社会主义意识形态中的指导地位。进入改革开放新的历史时期，邓小平同志以巨大的政治勇气和理论勇气否定了“以阶级斗争为纲”的错误理论和实践，作出了全党的工作中心向经济工作转移的决策，并及时地排除了“左”和右的干扰，使我国社会主义意识形态在马克思主义的正确轨道上巩固发展。“三个代表”重要思想的创立，使社会主义意识形态的地位更巩固、方向更明确。党的十六大和十七大以来，通过贯彻落实科学发展观、构筑社会主义和谐社会等战略思想的实施，马克思主义的指导地位、社会主义核心价值体系、中国特色社会主义理论、我国人民共同奋斗的思想道德基础，都得到了提升和发展，我国主流意识形态的吸引力比任何时候都得到增强。

历史经验证明，意识形态认同是执政党巩固执政地位、维护执政合法性的最持久因素，也是执政党获得领导力量的根本所在；而思想政治工作则是寻求意识形态认同的根本方式，是执政党巩固领导地位、获取领导力量的最具特殊性的政治优势。中国共产党作为执政党，就是要把社会主义意识形态的科学思想和先进的文化传输给全体社会成员，使全体社会成员产生共识，统一意志，把各种积极的社会要素联结在一起，凝聚各社会系统和各方面力量、智慧，形成向心力，发挥社会主义同心同德、集中力量办大事的优势，实现既定发展目标。因此，思想政治工作必须坚持正确的政治方向，这就是坚持用马克思主义的意识形态占领思想领域和舆论阵地的领导地位。中共中央提出的“建设社会主义核心价值体系”则是当前思想政治工作的核心内容。建设社会主义核心价值体系，引领社会思潮，尊重差异，包容多样，最大限度地形成社会思想共识，是形成全民族奋发向上的精神力量和团结和睦的精神纽带。

高度重视思想政治工作，是中国共产党的优良传统和政治优势，这个治党治国的传家宝，任何时候都丢不得，丢了就要吃大亏。

2. 邓小平理论为树立党的执政意识加强思想工作奠定了坚实基础

党的十一届三中全会，开启了中国共产党领导人民群众建设社会主义的新篇章，党的中心工作从以阶级斗争为纲转为以经济建设为中心。作为执政党，中国进入到由革命化手段整合社会到法制化手段整合社会的转型阶段。对此，邓小平同志的“最突出的贡献就在于，不仅领导我们的党和国家从‘文化大革命’造成的深重灾难中走了出来，而且还以对当代中国和世界的深刻了解，为党和国家重新走在时代潮流前面，为中华民族以更强大的力量自立于世界民族之林，规划了崭新的和切合实际的宏伟蓝图”。（引自江泽民《在学习〈邓小平文选〉第三卷报告会上的讲话》，人民出版社 1993 年版，第 9 页）

邓小平对执政党建设理论有两点最突出的贡献：一个是善于从执政党的高度认识问题，另一个贡献是把制度建设问题提高到了极为重要的位置上。邓小平执政党建设思想为执政党意识的觉醒奠定了思想理论基础。他关于社会主义的本质和根本任务；关于社会主义初级阶段；关于“三个有利于”的判断标准；关于分三步走的经济发展战略；关于抓住时机，加快发展，争取国民经济隔几年上一个台阶；关于科学技术是第一生产力；关于改革是中国第二次革命；关于中国的发展离不开世界；关于社会主义和市场经济不存在根本矛盾；关于政治体制改革必须与经济体制改革相适应；关于两手抓、两手都要硬；关于“一国两制”；关于坚持社会主义、制止动乱，防止和平演变；关于要警惕右，主要是防止“左”；关于坚持党的“一个中心、两个基本点”的基本路线一百年不动摇；关于和平与发展是当代世界两大主题；关于以和平共处五项原则为准则，建立国际新秩序；关于对国际局势要冷静观察、稳住阵脚、沉着应付；关于中国的问题关键是把共产党内部搞好；关于干部队伍要革命化、年轻化、知识化、专业化，要选拔人民公认是坚持改革开放路线并有政绩的人进领导机构；关于加强廉政建设，反对腐败的战略思想，不仅是邓小平理论的重要组成部分，也是党实现从革命党向执政党转型的重要内容。

3. 思想政治工作成为新时期提高党的执政能力的重要手段和思想保障

党的十三届四中全会以后，以江泽民为核心的第三代中央领导集体和以胡锦涛为总书记的党中央，根据当今国际环境和时代要求，根据党所肩负的历史使命和在新的历史条件下的艰巨任务，根据党的自身状况和存在的问题，不断对党的执政能力进行研究和阐发。党的思想政治工作的目标、内容和方法，开始围绕加强党的执政基础、提高党的执政能力而展开。

第一阶段，从十三届四中全会到十五大以前，党中央提出了强化执政意识，提高领导水平和执政水平的思想。在 1990 年前后，江泽民就指出：我们的党是执政的党，党的领导要通过执政来体现。“我们必须强化执政意识，提高执政本领。”加强党的领导，“要认真改善党的领导方式和活动方式”。在十四大报告中，他提出了加强和改进党的建设，要“努力提高党的执政水平和领导水平”问题。十四届四中全会通过的《关于加强党的建设的几个问题的决定》，又强调领导干部的执政能力问题，指出党的高级干部要努力成为善于治党治国的政治家，“应该具有较强的领导能力，讲究领导艺术，审时度势，驾驭全局，善于协调各方面的力量”。在随后召开的全国组织工作会议上，胡锦涛在论述提高领导干部的领导水平时，特别强调“驾驭社会主义市场经济的能力”，“从全局观察形势、处理问题的能力”。1996 年 3 月，江泽民关于讲政治的讲话，事实上又把提高执政能力问题作为讲政治的一项重要内容，认为“只有讲政治，才能提高广大干部特别是各级领导干部的思想政治素质，增强总揽和驾驭全局的能力，从而提高领导经济建设和现代化建设的水平”。

第二阶段，从十五大开始，党中央提出加强执政党建设的两大历史性课题的思想，随后不久使用了“执政能力”概念。十五大报告指出：十一届三中全会以来，围绕在改革开放和现代化建设条件下建设一个什么样的党、怎样建设党的问题，开创了党的建设新的伟大工程。它要求“从思想上、组织上、作风上全面加强党的建设，不断提高领导水平和执政水平，不断增强拒腐防变的能力”。在 1997 年底的全国组织工作会议上，胡锦涛将这两个“不断”概括为执政党建设的两大课题。1998 年 2 月，江泽民在十五届二中全会讲话中，又提出在经济工作中要增强承受和抵御风险的能力问题。在这年年底的中央经济工作会议上，他又强调提高驾驭经济工作的能力，是全党必须始终高度重视的一个问题。2000 年 5 月，江泽民在上海进一步将“不断提高领导水平和执政水平，增强拒腐防变和抵御风险的能力”明确为“两大历史性课题”。

党的执政能力的概念，江泽民同志在 1999 年 1 月省部级主要领导干部金融研讨班上的讲话中就已经指出，认为提高“执政能力是极重要的”。2000 年 2 月，他再次强调，我们要“提高各级领导班子、领导干部的领导水平和执政能力，增强广大党员和干部拒腐防变和抵御风险的能力”。2001 年 5 月，江泽民同志在安徽考察讲话时进一步论述了提高党的领导水平和执政能力问题。他说：办好中国的事情，关键取决于我们党。这不仅取决于党的正确的理论路线方针政策，也取决于各级党组织贯彻落实党的理论路线方针政策的能力和水平，也就是说，还取决于我们党的领导水平和执政能力。这就要求“努力提高驾驭市场的能力，提高运用民主法制办法开展工作的能力，提高按照科学规律办事的能力，努力掌握科学的领导方式和领导方法”。他还指出，我们能否在激烈的竞争中始终掌握主动，很大程度上取决于我们党的领导水平和执政能力。因此，“不断提高我们党的领导水平和执政能力，将是一项长期的重要任务”。

从党的十六大开始，党中央就明确提出“党的执政能力建设”思想。十六大报告在论述加强和改进党的建设问题的六项要求时，将“加强党的执政能力建设，提高党的领导水平和执政水平”作为一项重要内容，并且对“执政能力”的内涵初步概括为五个方面。这就是“必须以宽广的眼界观察世界，正确把握时代发展的要求，善于进行理论思维和战略思维，不断提高科学判断形势的能力；必须坚持按照客观规律和科学规律办事，及时研究解决改革和建设中的新情况新问题，善于抓住机遇加快发展，不断提高驾驭市场经济的能力；必须正确认识和处理各种社会矛盾，善于协调不同利益关系和克服各种困难，不断提高应对复杂局面的能力；必须增强法制观念，善于把坚持党的领导、人民当家做主和依法治国统一起来，不断提高依法执政的能力；必须立足全党全国工作大局，坚定不移地贯彻党的路线方针政策，善于结合实际创造性地开展工作，不断提高总揽全局的能力”。《“三个代表”重要思想学习纲要》中进一步明确提出：推进党的建设新的伟大工程的重点是，加强党的执政能力建设，不断提高科学判断形势的能力、驾驭市场经济的能力、应对复杂局面的能力、依法执政的能力、总揽全局的能力。这样，加强党的执政能力建设，也就成为十六大以来加强执政党建设的重点。在党的十五届六中全会专门研讨党的作风建设，并通过《关于加强和改进党的作风建设的决定》之后，十六届四中全会又专门研讨党的执政能力建设问题，并通过了《中共中央关于加强党的执政能力建设的决定》，对于我们党迎接新世纪新阶段所面临的挑战，努力提高领导水平和执政水平，实现全面建设小康社会的宏伟目标十分重要。

同时，党的第三代领导集体没有放松对西方反华反动势力在我国思想战线上渗透的警觉，更清醒地认识到在政治思想、文化渗透方面存在西强我弱的态势，我国当前所处的时期，既是黄金发展期，也是矛盾凸显期，思想政治工作战线任务十分艰巨和重要。1999年，中共中央所发《关于加强和改进思想政治工作的若干意见》指出，掌握思想教育，是团结全党进行伟大政治斗争的中心环节，依然强调“思想政治工作是经济工作和其他一切工作的生命线”，认为“思想领域的矛盾和斗争错综复杂，有时还表现得相当激烈。思想领域的阵地马克思主义不去占领，非马克思主义和反马克思主义的东西就必然会去占领。坚持‘两手抓、两手都要硬’，切实加强和改进思想政治工作，是摆在全党面前的一项重大而紧迫的任务”。

改善党的领导，最主要的是加强思想政治工作；越是改革开放，越要加强思想政治工作。在思想政治工作要坚持正确的方针原则方面，主要突出坚持以马克思主义为指导，把理想信念教育作为核心内容；坚持以经济建设为中心，为全党全国工作大局服务；坚持从实际出发，把先进性要求同广泛性要求结合起来；坚持教育与管理相结合；坚持解决思想问题同解决实际问题相结合；动员社会各方面的力量，齐抓共管，形成合力。2000年6月28日，江泽民同志在中央思想政治工作会议上指出，大力加强和改进党的思想政治工作，是保证我们党始终做到“三个代表”的必然要求。“三个代表”重要思想作为我们党的立党之本、执政之基、力量之源，是对党的性质、根本宗旨和历史任务的新概括，是对马克思主义建党学说的新发展，是新形势下对各级党组织和党员干部提出的新要求。加强和改进思想政治工作，是贯彻落实“三个代表”重要思想的具体实践，其重要任务是加强和改善党的领导，实现“三个代表”；其终极目的是推动社会生产力的发展，推动先进文化的繁荣，为最广大人民谋利益。

4. 在新世纪新阶段思想政治工作成为团结广大人民群众参与全面建设小康社会的精神动力

在《中共中央关于加强党的执政能力建设的决定》中，党中央提出“努力探索新方式新方法，加强和改进思想政治工作”。其内容突出地体现了在党的执政思想指导下，对思想政治工作目标、内容和方法的认识更加成熟，较好地体现了执政党的意志。“决定”中强调要“加强理想信念教育，弘扬以爱国主义为核心的民族精神和以改革创新为核心的时代精神，弘扬集体主义、社会主义思想，使全体人民始终保持昂扬向上的精神状态。坚持依法治国和以德治国相结合，实施公民道德建设工程，发扬中华民族传统美德，在全社会倡导爱国守法、明礼诚信、团结友善、勤俭自强、敬业奉献的基本道德规范，反对拜金主义、享乐主义、极端个人主义，消除封建主义残余影响，抵御资本主义腐朽思想文化的侵蚀。坚持尊重人、理解人、关心人，有针对性地解决不同社会群体的思想问题，既要鼓励先进又要照顾多数，既要统一思想又要尊重差异，既要解决思想问题又要解决实际问题。广泛开展群众性精神文明创建活动，积极发展健康向上、各具特色的群众文化”。

2006年10月11日颁布的《中共中央关于构建社会主义和谐社会若干重大问题的决定》是党的执政思想取得的另一项重要成果，对思想政治工作的转型具有重大意义，其中提出的“建设社会主义核心价值体系”是思想政治工作的核心内容。“建设社会主义核心价值体系，形成全民族奋发向上的精神力量和团结和睦的精神纽带。马克思主义指导思想，中国特色社会主义共同理想，以爱国主义为核心的民族精神和以改革创新为核心的时代精神，社会主义荣辱观，构成社会主义核心价值体系的基本内容。坚持把社会主义核心价值体系融入国民教育和精神文明建设全过程、贯穿现代化建设各方面。坚持用马克思主义中国化的最新成果武装全党、教育人民，用民族精神和时代精神凝聚力量、激发活力，倡导爱国主义、集体主义、社会主义思想，加强理想信念教育，加强国情和形势政策教育，不断增强对中国共产党领导、社会主义制度、改革开放事业、全面建设小康社会目标的信念和信心。加强马克思主义理论研究和建设，增强党的思想理论工作的创造力、说服力、感召力。坚持以社会主义核心价值体系引领社会思潮，尊重差异，包容多样，最大限度地形成社会思想共识。”

历经革命、建设和改革，我们党已经从领导人民为夺取全国政权而奋斗的党，成为领导人民掌握全国政权并长期执政的党；已经从受到外部封锁和实行计划经济条件下领导国家建设的党，成为对外开放和发展社会主义市场经济条件下领导国家建设的党。随着改革开放的深入和经济社会的发展，我国工人阶级队伍不断扩大，素质不断提高。包括知识分子在内的工人阶级、广大农民，始终是推动我国先进生产力发展和社会全面进步的根本力量。同时，在社会变革中出现的民营科技企业的创业人员和技术人员、受聘于外资企业的管理技术人员、个体户、私营企业主、中介组织的从业人员、自由职业人员等社会成员，都是中国特色社会主义的建设者，都是我们党执政必须团结和凝聚的重要力量。适应党所处的历史方位和执政的社会基础都发生重大变化的新情况，努力构建社会主义和谐社会，协调好各方面的利益关系，最广泛最充分地调动一切积极因素，不断为中华民族的伟大复兴增添新力量，才能不断巩固党执政的阶级基础、扩大党执政的群众基础。

四、时代的发展变化要求思想政治工作加快转型迎接挑战

30 年来，中国历史上从未有过的大改革大开放，极大地调动了亿万人民的积极性，使我国成功实现了从高度集中的计划经济体制到充满活力的社会主义市场经济体制、从封闭半封闭到全方位开放的伟大历史转折。这一变革要求我们昔日被视作传统政治优势的思想政治工作必须加强和改进。

当前，我国正处在改革的攻坚阶段和发展的关键时期，社会情况发生了复杂而深刻的变化，经济成分和经济利益多样化、社会生活方式多样化、社会组织形式多样化、就业岗位和就业方式多样化日趋明显，给思想政治工作带来大量新情况、新问题。当前，意识形态领域的总体态势是好的，主流积极健康向上。党的十七大以来，在国际形势发生新的复杂变化、国内困难和风险接连发生的情况下，以胡锦涛同志为总书记的党中央带领全党全国各族人民，全力办好大事、妥善应对难事，推动经济社会平稳较快发展，经济建设、政治建设、文化建设、社会建设以及生态文明建设和党的建设取得新的显著成绩，全党全国人民团结奋斗的共同思想基础得到进一步巩固和发展。党的十七大精神日益深入人心，党的凝聚力和中国特色社会主义的影响力进一步增强，坚持改革开放、实现经济社会又好又快发展的社会氛围更加浓厚，社会主义核心价值观广为弘扬，主流舆论进一步壮大，文化建设呈现繁荣发展的良好势头。同时，我们也要清醒地认识到，敌对势力对我西化、分化的活动一刻也没有停止，“西强我弱”的国际舆论格局没有根本改变，渗透和反渗透斗争仍然尖锐复杂，各种敌对势力正加紧在意识形态领域对我国进行破坏活动，而且组织越来越周密，方式越来越多样，通过各种途径加紧进行思想和文化渗透，大肆炒作自由、民主、人权、民族、宗教等议题，利用一些群体性事件、社会热点、重大活动、重大事件煽风点火，大造反华舆论，对我们党和国家进行造谣攻击，思想政治工作面临严峻挑战。但是，“一手硬、一手软”的问题在相当一些地方和部门还没有根本解决，一些领导干部埋头业务工作，不注意研究社会思想政治动向；一些基层党组织处于软弱涣散状态，在思想教育方面没有发挥应有的作用；思想政治工作也存在着不适应社会生活新变化，覆盖不到位，针对性不强以及方法手段滞后的问题。如果不切实扭转这种状况，对各种错误思潮掉以轻心，任其泛滥，我们就会犯历史性的错误。对此，我们必须增强忧患意识，保持清醒头脑，提高政治警觉，从巩固党的执政地位、完成党的历史任务的高度，抓紧研究解决加强和改进思想政治工作的问题。

1. 长期以来思想政治工作中存在浓重的僵化教条色彩使这件利器严重蒙尘

由于长时期的“以阶级斗争为纲”、“政治挂帅”片面夸大了意识形态的作用，概念化、僵化、空话、假话、套话盛行，强制性的人人过关，许多人也不再真心对待思想政治了，就是体制内的干部也难以解决真听、真信、真用问题。一些人“不愿”再提起思想政治，认为它虚无缥缈；一些人“不敢”碰触思想政治，因为勇气和锐气不足，存在畏难情绪；一些人“不会”运用思想政治工作，习惯于陈旧工作方式，墨守成规，老办法不管用了，但新办法不会用，更不愿意再进行探索、创新。

2. 计划经济向市场经济转变要求引导人们形成新的价值观义利观

如何在市场经济的条件下、在对外开放的环境中、在多元化的格局内做思想政治工作，这是摆在思想政治工作者面前的重大课题。在社会主义市场经济条件下，我们必须把握思想政治工作的主旋律，坚持以爱国主义为基础，以集体主义和为人民服务的价值观为核心，建立适合社会主义市场经济的价值观、义利观，增强思想政治工作的有效性。

3. 社会结构的急剧变化要求思想政治工作更具广泛性包容性

改革开放的推进，打破了计划经济条件下一大二公、纯而又纯的一元化的利益格局，农村的家庭承包经营、城市的企业承包、事业单位的企业化管理风起云涌，个体私营企业、三资企业、乡镇企业等迅猛发展，市场化进程用它“看不见的手”催生了一个又一个崭新的利益主体，中国社会也伴随着发生了举世瞩目的全局性、高强度的阶层分化，显现出利益主体多元化的格局。

利益主体多元化是与中国社会主义现代化建设历程和市场经济发展进程相适应的，它激发了整个社会的生机与活力，促进了社会自主力量的成长，是中国社会进步的表现。但同时，利益主体多元化带来了价值观的多元化，带来了利益的自由竞争，一方面塑造了有主体意识的社会公民，引起人们政治参与的扩大化和多样化；另一方面促使广大人民群众的生活方式、思维方式、心理模式发生了翻天覆地的变化，人们的思想道德观念也经历着剧烈的震荡，并产生了一定程度的社会信仰危机。思想政治工作迫切需要创新理论方法、研究工作对象，针对更加广泛的社会群体，包容各种利益诉求，探索在新的社会利益格局下社会各成员的和谐相处之道。

4. 信息交流的便捷要求思想政治工作改变传统模式

在对外开放大背景下，随着网络等新兴媒体的迅速膨胀，人们获取信息的渠道更多更开放，思想观点的表达更快更容易，舆论的影响力更大更激烈，西方媒体的渗透更广更深入，思想政治工作和宣传舆论工作遭遇到前所未有的挑战。特别是个性化、去权威化的网络世界的影响日渐扩大，对传统的思想政治工作模式形成了巨大冲击。每一个接入互联网的人，都可以通过博客、播客等技术平台，发送观点、发布信息和实时交互式讨论，人与人的平等和思想的自由抒发达到了一个空前的高度。这对我们正面宣传为主、预防为主、封堵为主的传统宣传思想工作模式形成了巨大冲击。

高度重视思想政治工作，作为我们党的优良传统和政治优势，是团结全党进行伟大政治斗争的中心环节；思想政治工作，是经济工作和其他一切工作的生命线。在改革开放和发展社会主义市场经济的进程中，紧密结合新的历史条件，充分发挥党的这一政治优势，具有重要的现实意义和长远意义。

（全国工商联宣教部　供稿）

实现“两个健康”的必然要求

——论加强非公有制经济人士思想政治工作的主要经验和重大意义

全国工商联课题组

非公有制经济的出现和发展，适应了我国现阶段生产力发展水平，是党的改革开放政策的产物。加强和改进非公有制经济人士思想政治工作，引导非公有制经济健康发展和非公有制经济人士健康成长，不仅符合非公有制经济人士的自身利益，也是对国家、对社会作出的贡献，有利于社会主义市场经济的发展，有利于建设有中国特色社会主义的伟大事业。研究制定《关于加强和改进非公有制经济人士思想政治工作的若干意见》，对于全面落实中共中央《关于巩固和壮大新世纪新阶段统一战线的意见》（中发〔2006〕15号）和关于加强非公有制经济人士工作的有关精神，充分调动广大非公有制经济人士的积极性、主动性和创造性，鼓励他们在全面建设小康社会、构建社会主义和谐社会中发挥作用，做合格的中国特色社会主义事业建设者，都具有重要的现实意义。

一、关于非公有制经济与非公有制经济人士

加强和改进非公有制经济人士思想政治工作，首先应对非公有制经济和非公有制经济人士进行界定。

1. 非公有制经济

非公有制经济是相对于公有制经济而言的，是一个宽泛的概念。统一战线和工商联工作所说的非公有制经济主要是指个体、私营经济。

个体经济是生产资料个人所有制经济，它的基本特征是以经营者本人或者家庭成员劳动为主，由个人支配其劳动所得的一种经济形式。

私营经济是在个体经济基础上发展起来的、具有一定规模的经济形式。它的基本特征是生产资料私人所有、雇工为主，并占有剩余价值。

“非公有制经济是社会主义市场经济的重要组成部分，它在满足人民多样化的需要、增加就业、促进国民经济的发展中起着积极作用。”（引自江泽民《在中国共产党第十五次全国代表大会上的报告》）这对我们正确认识我国非公有制经济的积极作用，具有重要意义。

非公有制经济的出现和发展，适应了我国现阶段生产力发展水平，是党的改革开放政策的产物。非公有制经济的健康发展，不仅符合非公有制经济人士的自身利益，也是对国家、对社会作出的贡献，有利于社会主义市场经济的发展，有利于建设有中国特色社会主义的伟大事业。在我国整体政治、经济条件下，由于社会主义公有制经济居于主体地位，由于人民民主专政的国家政权能够保障社会主义制度，由于非公有制经济始终受到国家的引导、监督和管理，因此非公有制经济的存在和发展不仅不会冲击公有制经济的主体地位，动摇社会主义的基本制度，而且还会在与公有制经济的联系、竞争和合作中，有益于公有制经济的发展。当前，我国正处于改革的攻坚阶段、发展的关键时期，无论是深化国有企业改革，调整和优化我国的经济结构，促进社会主义市场经济体制的形成，实行“两个根本性转变”，还是建立全方位、多渠道、多领域的就业体系，保持社会稳定，都需要非公有制经济的进一步发展。从发展前景看，由于中央政策明确、地方政府支持、市场经济体制逐步建立、人们思想观念更新，非公有制经济在一段时期内仍将快速增长，在我国社会发展中也将发挥更大作用。因此，对待非公有制经济，要积极鼓励、引导，使其健康发展。

（1）党和国家对发展非公有制经济的政策

完善基本经济制度，健全现代市场体系。坚持和完善公有制为主体、多种所有制经济共同发展的基本经济制度，毫不动摇地巩固和发展公有制经济，毫不动摇地鼓励、支持、引导非公有制经济发展，坚持平等保护物权，形成各种所有制经济平等竞争、相互促进新格局。深化国有企业公司制股份制改革，健全现代企业制度，优化国有经济布局和结构，增强国有经济活力、控制力、影响力。深化垄断行业改革，引入竞争机制，加强政府监管和社会监督。加快建设国有资本经营预算制度。完善各类国有资产管理体制和制度。推进集体企业改革，发展多种形式的集体经济、合作经济。推进公平准入，改善融资条件，破除体制障碍，促进个体、私营经济和中小企业发展。以现代产权制度为基础，发展混合所有制经济。加快形成统一开放竞争有序的现代市场体系，发展各类生产要素市场，完善反映市场供求关系、资源稀缺程度、环境损害成本的生产要素和资源价格形成机制，规范发展行业协会和市场中介组织，健全社会信用体系。（引自胡锦涛《在中国共产党第十七次全国代表大会上的报告》）

根据解放和发展生产力的要求，坚持和完善公有制为主体、多种所有制经济共同发展的基本经济制度。第一，必须毫不动摇地巩固和发展公有制经济。发展壮大国有经济，国有经济控制国民经济命脉，对于发挥社会主义制度的优越性，增强我国的经济实力、国防实力和民族凝聚力，具有关键性作用。集体经济是公有制经济的重要组成部分，对实现共同富裕具有重要作用。第二，必须毫不动摇地鼓励、支持和引导非公有制经济发展。个体、私营等各种形式的非公有制经济是社会主义市场经济的重要组成部分，对充分调动社会各方面的积极性、加快生产力发展具有重要作用。第三，坚持公有制为主体，促进非公有制经济发展，统一于社会主义现代化建设的进程中，不能把这两者对立起来。各种所有制经济完全可以在市场竞争中发挥各自优势，相互促进，共同发展。（引自江泽民《在中国共产党第十六次全国代表大会上的报告》，2002 年）

公有制为主体、多种所有制经济共同发展是我国社会主义初级阶段的基本经济制度。毫不动摇地巩固和发展公有制经济，毫不动摇地鼓励、支持和引导非公有制经济发展，使两者在社会主义现代化进程中相互促进，共同发展，是必须长期坚持的基本方针，是完善社会主义市场经济体制、建设中国特色社会主义的必然要求。改革开放以来，我国个体、私营等非公有制经济不断发展壮大，已经成为社会主义市场经济的重要组成部分和促进社会生产力发展的重要力量。积极发展个体、私营等非公有制经济，有利于繁荣城乡经济、增加财政收入，有利于扩大社会就业、改善人民生活，有利于优化经济结构、促进经济发展，对全面建设小康社会和加快社会主义现代化进程具有重大战略意义。（引自国务院《关于鼓励支持和引导个体私营等非公有制经济发展的若干意见》）

（2）《宪法》对非公有制经济的有关规定

第六条　中华人民共和国的社会主义经济制度的基础是生产资料的社会主义公有制，即全民所有制和劳动群众集体所有制。社会主义公有制消灭人剥削人的制度，实行各尽所能、按劳分配的原则。

国家在社会主义初级阶段，坚持公有制为主体、多种所有制经济共同发展的基本经济制度，坚持按劳分配为主体、多种分配方式并存的分配制度。

第十一条　在法律规定范围内的个体经济、私营经济等非公有制经济，是社会主义市场经济的重要组成部分。

国家保护个体经济、私营经济等非公有制经济的合法的权利和利益。国家鼓励、支持和引导非公有制经济的发展，并对非公有制经济依法实行监督和管理。

第十三条　公民的合法的私有财产不受侵犯。

国家依照法律规定保护公民的私有财产权和继承权。

国家为了公共利益的需要，可以依照法律规定对公民的私有财产实行征收或者征用并给予补偿。

2. 非公有制经济人士

统一战线和工商联工作所说的非公有制经济人士主要是指个体、私营经济这两种经济成分中的个体工商户或企业的所有者、合伙人，以及以私人投资为主导地位的股份制经济组织的主要投资人。我国的非公有制经济人士，是适应社会主义初级阶段解放和发展生产力的需要，在改革开放、发展社会主义市场经济过程中出现的一个新的社会群体。非公有制经济人士的构成主体已经由过去的主要以农民和城镇待业人员为主，发展到包括从党政机关、国有企事业单位、大专院校、科研单位分流出来的行政干部和中高级知识分子在内的庞大队伍。当前这支队伍仍处于不断发展变化之中。

截至 2007 年，我国私营企业 551.3 万家，占全国法人企业总数的 80% 以上，投资人 1396.5 万人，从业人员 7253.1 万人，注册资金 9.39 万亿元；个体工商户 2741.5 万户，从业人员 5496.2 万人，资金总额 7350.8 亿元，私营企业和个体工商户吸纳就业总数占全国城镇全部就业人数的 70% 以上和新增就业的 90% 以上，成为就业人口的主要安置渠道。2006 年，私营企业税收达 3505.2 亿元，占全国企业税收总额的 9.5%，个体经济税收达 1663.51 亿元，占全国企业税收总额的 4.5%，两者合计税收收入 5168.7 亿元，同比增长 26%，占全国企业税收总额的 14%，成为国家税收的重要稳定来源。（引自《中国民营经济发展报告 No.5》，黄孟复主编，社会科学文献出版社）

私营企业占绝对多数的中小企业提供了大约 70% 的技术创新、65% 的发明专利和 80% 以上的新产品，成为自主创新的主要研发阵地。在非公有制企业大量产生和快速发展的过程中，已经涌现出众多国内外著名大企业，业已成为产业或行业发展的排头兵、名牌产品的创立者、地方经济腾飞的领头雁。

中央领导关于非公有制经济人士的论述

非公有制经济是我国改革开放的产物，在发展生产力，增加就业，满足人民生活多样化的需要等方面发挥了重要作用。在国家政策的指引下，进行诚实劳动、合法经营的非公有制经济人士，为建设有中国特色社会主义事业贡献了力量，对他们为经济发展作出的贡献应该充分肯定。同时，也不能忽视他们中间存在的一些问题。对非公有制经济人士，要坚持"团结、帮助、引导、教育"的方针，既要鼓励支持，又要帮助教育。要引导他们把自身企业的发展与国家的发展结合起来，把个人富裕与全体人民的共同富裕结合起来，把遵循市场法则与发扬社会主义道德结合起来。（引自2001年3月4日江泽民同志在全国政协九届四次会议的民建、工商联联组会上的讲话）

3. 新的社会阶层

新的社会阶层主要由非公有制经济人士和自由择业知识分子组成，集中分布在新经济组织和新社会组织当中，目前呈现出快速发展的态势。据不完全统计，目前我国新的社会阶层的人数约有5000万人，加上相关的从业人员达到1.5亿人。2006年全国律师事务所达到12000多家，从业律师有15万多人；全国注册会计师事务所达到5700多家，注册会计师达到7万多人；全国资产评估机构有3500多家，注册资产评估师和从业人员有8万多人；注册税务师事务所有3100多家，注册税务师和从业人员有6万多人。同时，据有关方面估计，全国约有自由职业人员1000多万人。

新的社会阶层作为中国特色社会主义事业的建设者，为推动社会主义现代化建设作出了非常重要的贡献，是我国经济增长的重要推动者，是我国自主创新的促进者，是我国和谐社会建设的积极参与者。作为党的富民政策的直接受益者，很多新的社会阶层人士致富思源、富而思进，通过捐款捐物、兴教办学、科技援助、投资立项等多种形式帮助困难群众脱贫致富。

新的社会阶层人士中，有大批中共党员，他们在开展新的社会阶层人士统战工作中肩负着特殊的责任。首先应该明确，统战工作是做党外人士的工作，新的社会阶层人士中的中共党员不是统战工作对象。但他们作为新的社会阶层的重要组成部分，具有新的社会阶层一些共性的特征，并有一定共同的政治利益诉求，与新的社会阶层人士联系非常紧密，特别是他们中的一些人在本阶层一定范围内有着较大影响。要充分发挥这些党员的作用，通过他们开展工作。

十六大以来，以胡锦涛同志为总书记的党中央着眼为实现中华民族伟大复兴凝聚新力量，对做好新的社会阶层人士工作做出深刻论述，提出明确要求，概括起来有：

一是明确最大限度地把他们团结起来，充分发挥他们的作用，是巩固党的群众基础的需要，是巩固和发展新世纪新阶段统一战线的需要，也是构建社会主义和谐社会的需要。

二是明确了做好新的社会阶层人士工作的方针，即坚持充分尊重、广泛联系、加强团结、热情帮助、积极引导。要引导新的社会阶层人士爱国、敬业、诚信、守法、贡献，致富思源，富而思进，自觉履行义利兼顾、扶贫济困的社会责任，积极回馈社会、造福人民，做合格的中国特色社会主义事业建设者。

三是要把新的社会阶层中的各类人才纳入党和政府的工作范围，努力形成与社会主义初级阶段基本经济制度相适应的人才思想观念和人才创业机制。

四是新的社会阶层人士工作是党的群众工作的新领域，统一战线要把新的社会阶层人士工作作为新的着力点，坚持以社团为纽带、社区为依托、网络为媒介、活动为抓手，把新的社会阶层人士更广泛地团结和凝聚在党和政府周围。

关于新的社会阶层的权威论述

改革开放以来，我国的社会阶层构成发生了新的变化，出现了民营科技企业的创业人员和技术人员、受聘于外资企业的管理技术人员、个体户、私营企业主、中介组织的从业人员、自由职业人员等社会阶层。而且，许多人在不同所有制、不同行业、不同地域之间流动频繁，人们的职业、身份经常变动。这种变化还会继续下去。在党的路线方针政策指引下，这些新的社会阶层中的广大人员，通过诚实劳动和工作，通过合法经营，为发展社会主义社会的生产力和其他事业作出了贡献。他们与工人、农民、知识分子、干部和解放军指战员团结在一起，他们也是有中国特色社会主义事业的建设者。（摘自江泽民《在庆祝中国共产党成立八十周年大会上的讲话》，2001 年）

二、非公有制经济已经成为国民经济和社会发展的重要推动力

改革开放以来，非公有制经济迅速发展，不仅成为了国民经济发展的重要力量，也在构建和谐社会、推动社会进步中发挥着很重要的作用。比较重要的方面有：

1. 推动经济发展

中国当前的主要矛盾，仍然是人民不断增长的物质文化生活需要和落后的生产力之间的矛盾。经济发展是社会和谐的最重要基础。改革开放以来，非公有制经济始终以高于全国经济增长速度的水平发展。到“十五”计划结束，非公有制经济已经成为国民经济的重要组成部分，经济增长的主要来源。根据国家统计局的数据进行推算：“九五”末期的 2000 年，我国内资非公有制经济在国内生产总值（GDP）中所占比重约为 42.8%，外商和中国港澳台投资经济的比重约为 12.6%，二者之和约占 GDP 的 55%。到“十五”末期的 2005 年，内资非公有制经济在 GDP 中的比重约为 49.7%，外商和港澳台经济比重为 15% ~16%，两者相加约占 65%，占经济增量的 70% ~80%，成为经济发展的最大动力来源。

在工业方面，2005 年与 2000 年相比，规模以上非公有制企业实现工业增加值 5 年共增长 246%，年均增长 28%。2005 年，民营工业比重达到 60% 左右，比 2000 年提高约 14 个百分点。

特别要指出的是，私营工业增长更为迅猛。私营工业增加值由 2000 年的 1318 亿元增长到 2004 年的 8290 亿元，2005 年预计将超过 1 万亿元，五年增长 7 倍多，年均增长约 50%。私营工业利润从 2000 年的 190 亿元增长到 2004 年的 1237 亿元，2005 年将达 1460 亿元，五年增长 7.2 倍，年均增长超过 50%，远高于同期全国工业增加值平均增长 21% 和工业利润平均增长 25% 的速度。

2. 维护社会稳定

就业是民生之本，劳动者普遍就业是社会稳定的最重要基础。非公有制经济现已成为解决中国社会就业问题的绝对主体。“十五”期间，一方面，城镇新增劳动力和农村转移劳动力日益增多；另一方面，国有单位就业人数大幅度下降，就业问题对社会稳定构成了巨大挑战。由于非公有制经济的快速发展，形成巨大的劳动力需求，吸纳了劳动力增量和存量转移的绝大部分，明显改善了就业结构、缓解了就业压力。

“十五”期间，非公有制经济在二、三产业的就业人数净增 7000 万人。城镇非公有制经济就业人数，净增 5700 万人。而同期城镇就业总数增加了 4100 万人，国有单位就业减少了约 1500 万人，个体私营企业就业增加了 2600 万人。非公有制经济在二、三产业就业的比重，已经从 2000 年的 77.5% 增加到 2005 年的 84.1%。非公有制经济占城镇就业的比例从 2000 年的 65% 左右增加到 2005 年的 75% 以上。非公有制经济创造的就业，不仅分担了国企“减员增效”的后顾之忧，而且吸纳了更多的新增劳动力。可以说，没有非公有制经济，就没有就业问题的基本解决，也就没有社会的基本稳定。非公有制经济在就业上的贡献，为社会稳定提供了重要保障。

3. 税收贡献大

2000 年以来，非公有制经济特别是私营企业税收明显快于全国税收增长速度。私营企业税收增长率五年来一直保持在 40% 以上，占全国税收的比重从 2000 年的 3.3% 提高到目前的 8.7%。2005 年私营企业税收可达 2000 年的 6.3 倍。2006 年私营企业税收总额 3495.2 亿元，比 2005 年增长 28.6%，高于全国 6.7 个百分点；占全国税收总额的比重为 9.28%，比 2005 年提高了 0.48 个百分点。在不少地方，非公有制经济税收占地方财政收入的比重已经超过 60%，成为地方的主体财源。

4. 促进社会公平

社会的公平公正是建设社会主义法治国家、完善社会主义市场经济体系、构建社会主义和谐社会的前提。非公有制经济的发展过程，既是国家在政策、法律和制度上逐步给予非公有制经济以公平待遇的过程，也是非公有制经济不断争取政策、法律和制度公平待遇的过程。这一公平公正的形成过程，有力地推动了整个社会的更大公平公正。

5. 提高生产效率

效率，特别是生产效率，是经济发展和社会和谐的重要条件。改革开放以来，由于国家实行了推进非公有制经济发展的政策，民营资本产生了、壮大了，民营资本效率显现了、展示了。正是民营资本的出现和民营资本的效率，有力地推动了全社会资本和全社会生产要素效率的提高。

6. 带来创造活力

自由地创业、创造和创新，是解放生产力和社会充满活力的重要标志。数以千万计的人民群众创建了几千万家个体工商户和几百万家私营企业，还有上千万自由职业者的出现，这是改革开放以来中国人追求创业自由的重要体现。几千万个人和家庭的创业，为个人创造了价值，为社会创造了财富，为国家创造了实力。非公有制经济还是技术创新的重要力量，为构建创新型国家作出了重大贡献。到2007年，民营科技企业已超过15万家，全国53个国家级高新区中的民营科技企业占70%以上；全国企业专利中由私营企业申请的占41%，高于其他经济成分。

7. 增大民众财富

家庭财产普遍增加是实现民富国强与社会和谐的重要标志。改革开放以来，我国居民家庭财产普遍大幅度增加，其中一个主要原因是非公有制经济的快速发展。到2006年，全国有2576万家个体工商户，户均资金近2.53万元，这些个体户涉及家庭人口达7500多万人，其中多数人基本上过上了小康生活。全国有494.7万家私营企业，户均注册资金151万元，私营企业投资者人数近1300万人，涉及家庭人口近4000万人，私营企业中的高层管理人员比投资者人数更多，涉及的家庭人口更多。这些家庭多数是比较富裕的家庭。非公有制经济使这么多家庭的财产得以日益增加，过上富裕和比较富裕的生活，为社会和谐提供了重要保证。

8. 参与新农村建设

实施新农村建设战略，是扭转我国城乡差别扩大趋势、推进经济结构调整、促进社会和谐与进步的重大战略举措。而非公有制企业是新农村建设的一支重要力量。数百家国家级、数千家省级和数万家县市级农业产业化龙头企业，绝大多数都是私营企业，它们已经成为推进农业产业化的主力军。几十万家乡镇企业都是非公有制企业，它们是发展农村二、三产业的主力军。可以说，中国新农村建设的主体力量是农民，主导力量是政府，而一个最主要的社会参与力量就是非公有制企业。

9. 平衡地区发展

改变落后地区经济状况，促进地区平衡发展，是全社会协调发展的很重要方面。改革开放以来的历史表明，非公有制经济发展是改变地区经济相对落后的一个主要因素。20世纪80年代中期以来的江浙等地，90年代中期以来的福建等地，都是主要靠大力发展非公有制经济才得以迅速赶上并超过全国增长水平的。目前，中西部地区都已认识到，要加快改变经济落后的现状，发展非公有制经济是一条主要出路。

10. 贡献公益事业

非公有制企业已经成为发展社会公益慈善事业的重要力量。如由非公有制经济人士发起，以扶贫开发为主要内容的“光彩”事业，目前已经实施项目达到1.54万个，到位资金1247亿元，安排就业近480万人，帮助近770万人摆脱了贫困，各种捐赠170亿元。在浙江，近年来各级慈善组织所接受的捐赠有近80%来自于非公有制企业。最新私营企业抽样调查显示，约有84%的业主有过捐赠行为。在2008年的四川汶川特大地震发生后，据不完全统计，截至5月15日上午10时，仅各地工商联120多家会员企业就共向地震灾区捐款达3.252亿元，港币210万元，物资药品价值7728万元，捐款捐物总值已逾4亿元。

11. 对外贸易和走出去的新兴主力

“十五”期间，非公有制经济出口总额从2000年的1328亿美元增加到2005年的6043亿美元，增长3.6倍，年均增速35%。进出口总额占全国的比重从2000年的53.3%提高到2005年的77.4%，5年间提高了24.1个百分点。特别要指出的是，随着进出口权的放开，私营企业现已成为我国对外贸易的“生力军”。私营经济出口五年来年年翻番，五年增长48倍，在外贸出口中的比例由2000年仅占1%提高到15%左右。

企业“走出去”步伐加快。非公有制企业已经成为我国对外直接投资的生力军。2005年对外直接投资的母体非公有制企业为2573家，占我国对外投资企业总数的64%。非公有制企业“走出去”的产业分布主要是境外分销贸易及其他服务业和加工贸易生产，分别占48.6%和38.7%。

三、非公有制企业素质不断提高

1. 企业经济实力提高

2006年私营企业户均注册资金为151万元，比2005年提高了8万元。到2006年9月，全国规模私营工业企业的平均资产规模为2620万元/户，比2005年提高200万元。2005年达到2亿元销售收入规模以上的非公有制企业达到2688家，比上年增长26.85%；其中前20位企业营业收入总额为5025亿元，比上年增长37%，平均规模为251亿元；名列前三位的联想集团达1082亿元，沙钢集团为405亿元，苏宁电器集团为397亿元。

2. 企业产品质量档次逐步提高

长期以来，民营特别是私营企业主要分布在市场竞争比较充分的劳动密集型产业中。随着市场准入的放宽以及企业自身实力的增强，越来越多的私人资本进入到资金密集和技术密集的重化工业与基础产业中。例如，从全国工商联上规模非公有制企业调研数据来看，黑色、有色金属冶炼及压延加工业是增长最快的产业之一，2004年的营业收入总额和税后净利润总额跃居各个行业首位。

“十五”期间，非公有制企业品牌意识不断增强，质量档次大幅度提高，较好地满足了人民生活的多样化需求，为提高人民生活质量、为中国产品占领世界市场作出了巨大贡献。

3. 私营企业组织形式及治理结构不断优化

企业资本规模明显扩大，产权结构日益多元化。“十五”期间，个体、私营企业数量和资本规模大幅增加。到2005年9月，我国私营企业已达419万户，注册资金总额为58157亿元，分别是2000年底的2.4倍和4.4倍；户均注册资金2000年为75万元，到2005年底达近150万元，增加了近一倍。据全国第七次私营企业抽样调查，到2005年底，独资企业比例为21%，比两年前降低了1.5个百分点；合伙企业比例为7.4%，降低了0.3个百分点；有限责任公司比例为65.6%，提高了2.7个百分点。抽样调查还显示，私营企业中设立股东大会的占58.1%，比两年前提高1.4个百分点；建有党组织的占34.8%，提高4个百分点；建立工会的占53.3%，提高2.8个百分点；设立了职代会的占35.9%，提高了约5个百分点。

“十五”期间，我国非公有制企业在做大做强方面也是成绩卓著。根据全国工商联上规模非公有制企业调研数据，2004年非公有制企业500家（上规模非公有制企业中销售收入前500名，下同）的入门门槛为9.7亿元，比2002年的4.0亿元提高了2.4倍。2000～2004年，非公有制企业500家销售收入总额的年均增长率为47.4%，比中国企业500家高26个百分点。目前，我国已经成长起来一批具有较强市场竞争力的大型非公有制企业。

4. 企业自主创新能力增强

我国民营科技企业目前已达约15万家，在53个国家级高新技术开发区中，70%以上为民营科技企业，其科技成果占高新区的70%以上。我国专利申请中，私营企业申请量占41%，高于其他经济成分；全国有7个省的私营企业专利申请比例超过50%，有6个省的私营企业发明专利申请超了50%。

5. 民营上市公司明显增加

民营上市公司增加较快，2006年私营控股上市公司增加了28家，占全国新增上市公司数量的39.4%，发行股份10亿多股，募集资金84.6亿元。

6. 管理人员素质提升，治理结构走向规范

“十五”期间非公有制企业家整体素质有了较大提高。根据《中国私营企业调查》数据，私营企业家的文化素质逐年提高，拥有大专以上学历的私营企业主比例1993年为17.2%，2000年为38.4%，2004年达到51.8%。而且私营企业家的政治素质和领导素质也有所加强，2004年私营企业主中共产党员的比例上升至33.9%。

私营企业治理结构已逐渐走向规范。许多私营企业进行了股份制改造，建立了股东大会、董事会和监事会，股权结构和管理模式向现代企业制度靠拢。许多家族制企业聘请职业经理人参与企业管理和运作，使企业更加适应现代市场经济

的要求。根据2004年《中国私营企业调查》数据，私营企业中74.3%的企业设有董事会，56.7%的企业设有股东大会，50.5%的企业设有工会，内部组织的逐步完善对规范企业治理结构起到有力的支撑作用。

7. 诚信守法渐成趋势，劳动关系走向和谐

过去，不少私营企业给人们的印象是假冒伪劣、唯利是图、破坏市场秩序。随着国家对诚信守法的大力倡导，市场经济秩序的不断整顿，以及私营企业规模的逐渐扩大，越来越多的企业认识到诚信守法是企业的生存之本，企业信誉意识日益增强，信用水平不断提高。

劳动关系和谐是整个社会和谐的十分重要的方面。近年来，国家不断加大对劳动执法监督的力度，政府和社会舆论对和谐劳动关系的大力倡导，越来越多的私营企业日益认识到“关爱员工，实现双赢”的重要性和必要性。许多企业越来越重视维护员工合法权益，重视员工劳动安全、工资福利和教育培训，尊重员工的人格和自我价值实现，企业劳动关系正日益走向和谐。

四、非公有制经济人士群体思想状况的基本特点

从非公有制经济人士队伍状况看，他们整体上是在发展生产、解决就业、提供税收、增强国力等方面作出积极贡献的中国特色社会主义事业建设者。从总体和本质上看，他们拥护党的领导，拥护社会主义制度，拥护改革开放政策，积极参与社会主义物质文明建设和精神文明建设，有较强的社会责任感，为经济建设和社会发展作出了很大贡献，是我国社会主义现代化建设的一支积极力量，是统一战线的重要成员。但在价值取向、思想观念、利益要求、政治愿望以及生活方式等方面，非公有制经济人士群体有别于一般的工人、农民、知识分子。这一群体构成多样复杂，思想素质参差不齐，社会经历不同，接受党的教育程度不同，并处于不断发展变化之中，是在思想状况、行为方式、涉足行业、资产规模等方面存在很大差异的个人资本所有者。他们创造了巨大的物质财富，孕育了社会主义市场经济条件下许多新的时代精神，热心公益事业和慈善事业，但也有少数人挥霍无度、比阔斗富，生活情趣不健康，崇尚享乐主义、拜金主义、极端个人主义的人生观、价值观；他们拥护党的领导和改革开放政策，渴望政府部门、金融机构等方面的支持与服务，但也有少数人主张取消公有制主体地位，法制意识、诚信意识淡薄，存在着坑蒙拐骗、偷税漏税、制假贩假、恶意逃债等违法行为；他们感受到自身在一些方面还存在不平等、受歧视现象，甚至认为自己是弱势群体，维护自身合法权益的要求强烈，但也有少数人不依法为员工缴纳社会保险金，甚至克扣员工工资，不顾员工的健康和安全，侵害员工的合法权益，为富不仁不义；他们的社会地位不断提高，政治参与渠道逐步扩大，参加培训提高素质的需求日趋强烈，但也有少数人不认真履行自己所承担的社会职务的责任与义务，政治参与动机复杂。非公有制经济人士中存在的缺点、弱点和某些不法行为，说明其自身素质还需进一步提高。必须加强对这一群体的教育引导工作，帮助他们树立在党的领导下建设有中国特色社会主义道路的信念，做到爱国、敬业、守法，使之自觉为我国经济和社会发展作出更大贡献。

随着非公有制经济的发展和非公有制经济人士队伍的壮大，他们中必然产生一些代表性人物。统一战线主要是做代表人士工作的。通过统战工作，培养一支拥护党的领导，坚持走建设有中国特色社会主义道路的积极分子队伍，进而通过他们去带动和影响广大非公有制经济人士，引导这支队伍健康发展，对于发展壮大新时期爱国统一战线，巩固我国安定团结的政治局面，加快改革开放和现代化建设事业都具有十分重要的意义。

1. 当今社会思想意识的独立性、选择性、多变性、差异性越来越强

党的十一届三中全会以来，我国实行改革开放，发展社会主义市场经济，推进两个根本性转变，进一步解放和发展我国社会主义社会的生产力，这场深刻的社会变革，必然会引起人们精神世界的深刻变化。面对国际国内的新情况新问题，不仅是对非公有制经济人士，就是对党的干部和工人、农民和知识分子，真正把一些道理向干部群众讲清楚也不是那么容易；社会发展、科技进步、交往扩大，使得人们接受的信息很丰富也很庞杂，思想十分活跃，要真正把他们的思想

统一起来，也不那么容易。改革开放和现代化建设，带来了经济的快速发展和社会的巨大进步，增强了人们的竞争意识、效率意识、民主法制意识、开拓创新精神，为做好思想政治工作创造了更好的物质条件和精神条件。同时，由于社会经济成分、组织形式、就业方式、利益关系和分配方式日益多样化，人们思想活动的独立性、选择性、多变性、差异性明显增加；市场经济活动存在的弱点及其带来的消极影响，反映到人们的思想意识和人与人关系上来，容易诱发自由主义、分散主义和拜金主义、享乐主义、利己主义；人民内部矛盾的内容和表现形式也出现了许多新的情况。中国实行对外开放，有利于人们开阔眼界、增加见识、活跃思想，但国外资产阶级腐朽思想文化也会乘机而入，我国社会长期存在的封建主义残余思想包括封建迷信和愚昧落后的思想观念，在新的历史条件下也会沉渣泛起。社会存在发生的变化，反映到人们的头脑中来，必然引起思想意识的相应变化。这些现象不仅出现在相当普遍的群体之中，在非公有制经济人士中更有相当突出的反映。

2. 防范国内外敌对势力政治文化渗透和分化争夺代表人士的任务不容忽视

对外开放不断深入和对外交流不断增加，国内外两个市场的不断融通，国际交流日益频繁，非公有制企业家争相“走出去”，国外意识形态、政治观念通过各种信息渠道蜂拥而来。在目前整个国际舆论环境“西强我弱”的情况下，对这个西方西化、分化势力争夺的“高危”群体，防范西方文化渗透、政治思想渗透的任务十分艰巨。

当前经济全球化进程加快，世界科学技术进步，特别是信息技术及其产业的崛起更是日新月异，影响日益广泛。在这种情况下，各种思潮相互交错、相互激荡。这必然会对我国的思想领域、对非公有制经济人士的思想意识产生影响。这种影响有积极的一面，也有消极的一面。一些国外敌对势力始终没有放弃对社会主义国家的颠覆和渗透，其中很重要的就是进行意识形态渗透。20世纪的东欧剧变、苏联解体，就与西方国家长期进行的意识形态渗透有密切关系。现在，中国是世界上最大的社会主义国家，正在不断发展、日益富强。西方敌对势力加紧以各种手段和方式对我国施行西化、分化的政治战略，企图颠覆中国共产党的领导和中国的社会主义制度。他们的这种政治图谋是绝不会改变的。特别是对掌握着一定资本、决定着一部分人就业、生存条件的非公有制经济人士，他们通过各种方式进行渗透。从策略、手段来看，目前呈现出以下显著特点。第一，利用热点敏感问题对我国进行炒作攻击。敌对势力的一个基本手法就是将个别问题扩大化、将单一问题复杂化、将一般问题政治化，最终把所有问题都说成是我国“社会制度弊端”造成的，始终把矛头对准我们党的领导和我国社会主义制度。第二，千方百计进行文化渗透，并把渗透活动向基层延伸。敌对势力通过一些境外非政府组织以扶贫、教育、文化合作等名义对我国进行渗透，利用合作研究、文化产品、文化资本对我国进行渗透，宣扬西方的价值观念和政治制度。敌对势力搞所谓“草根运动”、“松土运动”，抓住一些民生问题或司法个案煽动所谓“维权”，挑唆群众同党和政府对立，企图动摇我们党和政府的民心基础。一些境外宗教组织在我国境内搞非法宗教活动，与我们党争夺群众。第三，在一些重点领域扶持“异见人士”。敌对势力通过资金扶持、邀请出国讲学、西方政要高规格接见等多种手段，在我国境内培植代理人。在敌对势力支持下，一些境内“异己人士”不时推出所谓“意见书”、“公开信”，挑战我国政治底线。第四，把互联网等现代媒体作为渗透的重要渠道。敌对势力把媒体特别是互联网等现代媒体作为制造核扩散反华舆论、进行意识形态渗透的重要渠道，散布大量有害信息，极力抹黑中国、丑化中国、妖魔化中国。他们还把香港、台湾作为对祖国大陆实施出版物渗透的基地，采取境内组稿、境外发行、夹带入境、境内复制印刷等方式，向境内传播政治性非法出版物。第五，境外各种敌对势力串通勾连。“台独”、“藏独”、“东突”、“民运”、“法轮功”等组织在敌对势力协调下逐步合流，彼此串通勾连，相互声援策应，成为敌对势力的反华政治工具。我们对此要保持清醒的头脑，不能一相情愿，麻痹大意，当东郭先生。要充分认识到在非公有制经济领域，同国内外各种敌对势力在渗透和反渗透、颠覆和反颠覆上的斗争将是长期的、复杂的。我国正在进行完善和发展中国特色社会主义制度和社会主义市场经济体系的自我变革，非公有制经济人士思想政治工作面临的形势更复杂了，任务更繁重了，工作更艰巨了。历史的经验证明，思想政治工作对非公有制经济领域绝不是可有可无、无所作为，而是必不可少、大有可为。

3. 必须重视和正确解决社会各阶层之间的利益冲突和矛盾

随着我国社会主义市场经济深入发展，改革开放后出现的新的社会阶层呈现出快速增加的态势。这一群体作为中国特色社会主义事业的建设者，在推动经济社会发展、全面建设小康社会中发挥着重要作用。处理好新形势下的我国社会各阶层关系，很重要的一条就是要妥善处理社会各阶层的利益关系。在非公有制经济领域，也要坚持把实现好、维护好、发展好最广大人民群众的根本利益作为引导非公有制经济人士健康成长和非公有制经济健康发展的根本出发点和落脚点，使广大非公有制经济人士在作决策、办事情、做工作过程中，坚持发展为了人民、发展依靠人民、发展成果由人民共享。要引导非公有制经济人士坚持和完善按劳分配为主体、多种分配方式并存的分配制度，坚持各种生产要素按贡献参与分配。在经济发展的基础上，更加注重社会公平，合理调整国民收入分配格局，逐步缓解地区之间和部分社会成员之间收入差距过大的趋势，使全体人民朝着共同富裕的方向稳步前进。要着力解决人民最关心、最直接、最现实的利益问题，完善社会保障体系，加强扶贫开发工作，使人民群众不断得到实实在在的利益，使各阶层群众特别是城乡困难群众都感受到社会主义大家庭的温暖。要认真研究现阶段人民内部矛盾产生的原因和解决办法，着力避免因决策失误和工作不当引起群众不满和抱怨，坚决依法纠正各种损害群众利益的行为，引导群众以理性、合法的形式表达利益要求、解决利益矛盾。

要正确认识和处理社会各阶层的关系，激发创造活力，注重公平正义，鼓励先富帮后富，形成社会各阶层各尽所能、各得其所而又互相关爱、和谐相处的局面。正确认识和处理新形势下我国社会各阶层关系，必须科学分析和准确把握我国社会阶层结构发生的深刻变化，在发挥我国工人、农民、知识分子、干部、军人推动社会发展的主体作用的同时，正确处理和协调非公有制经济人士等新的社会阶层的利益诉求，全面兼顾和实现各阶层群众的利益，充分发挥社会各阶层在推动经济社会发展中的作用，努力使整个社会更加生机勃勃、更加融洽和谐。

4. 忽视社会思潮的支流也会给党的事业和非公有制经济健康发展带来极大危害

中国共产党的思想政治工作在改革开放中不断随着形势和环境的变化而创新，与时俱进，为促进改革发展稳定，为夺取现代化建设的胜利，提供了强大精神动力和重要政治保证。但是毋庸讳言，我们党在思想政治工作方面，一段时间内曾经发生过邓小平同志批评的抓经济建设一手比较硬、抓思想政治建设一手比较软的现象，有过深刻教训，对新时期思想政治工作如何加强和改进，缺乏深入的研究和有效的手段。总结正反两方面的经验，在新的历史时期，思想政治工作只能从不断变化的实际出发大力加强和改进，而不可有半分松懈和削弱。

在改革开放进程中，人们思想活跃，各种观念大量涌现，正确的思想和错误的思想相互交织，进步的观念和落后的观念相互影响，这是难以避免的。思想政治工作的一项重要任务和职能就是整合社会意识，在当今中国，就是用中国特色社会主义理论体系和价值体系引导包括非公有制经济人士在内的广大人民群众分清主流和支流、正确和谬误，充分认识到以马克思主义为指导的正确的进步的思想观念是整个社会思想的主流。违反马克思主义的错误的落后的思想观念，尽管是支流，也必须认真对待。如果任其发展，就会造成极大的社会危害。有些错误思潮的滋生蔓延，往往就是始于我们一些党的干部对支流的忽视，最后不得不用很大气力去解决，这方面的教训不可忘记。越是变革时期，越要警惕各种错误思想观念的产生及其给人们带来的消极影响，越是要加强和改进党的思想政治工作。

我国思想政治领域的矛盾和斗争是长期的、复杂的，在一定条件下甚至会是十分尖锐的。因此，思想政治工作在党的全部工作中的地位不能变，是经济工作和一切工作的生命线。我们纠正过去一度发生的“以阶级斗争为纲”的错误是完全正确的，但这不等于阶级斗争已经不存在了。只要阶级斗争还在一定范围内存在，我们就不能丢弃马克思主义的阶级和阶级分析的观点和方法。这种观点和方法始终是我们观察社会主义同各种敌对势力斗争的复杂政治现象的一把钥匙。在坚持改革开放、加强对外经济文化交流的同时，要十分注意警惕和防范敌对势力的渗透、颠覆活动。这也是我们在新时期加强和改进非公有制经济人士思想政治工作需要深入研究的重要课题。

思想政治工作做好了，非公有制经济人士才能健康成长，非公有制经济才能健康发展。在2008年四川汶川特大地震抗震救灾中，在喜迎奥运的日子里，广大非公有制经济人士表现出了极高的政治热情和爱国主义精神，形成了强大的声势。反之，如果思想政治工作软弱，抓得不紧，错误思潮泛滥，人们的思想乱了，人心散了，就会产生严重后果。

五、工商联开展非公有制经济人士思想政治工作的主要经验

改革开放以来，各级工商联组织积极履行自己的政治职责，努力做好非公有制经济人士思想政治工作，总结出一批宝贵的经验。概括起来就是紧紧抓住“不断加强党的路线方针政策教育，引导非公有制经济人士健康成长和非公有制经济健康发展”这条主线，努力建设一支坚决拥护党的领导、坚持走社会主义道路的积极分子队伍。随着工商联组织不断扩大、职能日益健全，思想政治工作日趋活跃，作用突出，取得了一定成绩。主要做法有：

1. 初步建设成一支非公有制经济代表人士队伍

非公有制经济代表人士包括各级工商联会员，担任各级工商联执委、常委、副主席、主席，各级商会理事、常务理事、副会长、会长，各级党的代表大会代表，各级人大代表、常委、副主任，各级政协委员、常委、副主席，各级政府部门领导等职务，以及在一定社会范畴或某一行业具有广泛影响的非公有制经济人士。

在党的领导下，经过三十年改革开放的洗礼，在各级统战部和工商联的努力下，一支拥护党的领导，坚决走社会主义道路，积极为国家经济建设作贡献的非公有制经济代表人士队伍正在逐步形成。实践证明，这些代表性人士在发挥表率作用、带动本群体共同进步方面，在参与两个文明建设方面，在促进社会共同富裕、维护社会稳定方面，都发挥了积极作用。随着党的十五大精神的深入贯彻，以及各项方针政策的落实，今后一个时期，在国有经济不断巩固和增长的前提下，非公有制经济在我国整个国民经济中的比重将会增大，非公有制经济人士队伍将有很大发展变化。新的形势对经济领域统战工作提出了新的更高要求，加紧培养和建立非公有制经济积极分子队伍已经成为经济领域统战工作的一项突出任务。

2. 做好代表人士的政治安排

做好代表人士的政治安排既是工商联做好他们思想政治工作的一项重要内容，也是一个重要的工作手段，可以把代表人士的政治参与意识，纳入到现行的政治体系之中，使之进入有序状态，维护社会稳定；可以使代表人士产生一种对社会的归属感和责任感，有助于引导他们发挥才干，担负起自身的社会责任；有利于协调关系、化解矛盾，达到调整各种关系、共同建设社会主义的目的。

现阶段代表人士的政治安排主要有三种方式：被选举为各级人大代表，推荐担任各级政协委员，推荐担任各级工商联执委及相关职务（包括工商联主管商会协会的职务）。实践证明，对代表人士的政治安排取得了非常显著的综合效益，在全社会营造了社会主义民主政治的氛围，为广大非公有制经济人士参与国家和地方大政方针的制定、参与社会有关事务的管理提供了有效保证，其影响扩及海外。同时，这一实践使代表人士从更深更广的层面领会了党的方针政策，了解了国情和社情民意，受到了锻炼，进一步巩固了思想政治工作的成果。

地方工商联案例

广东各地工商联注重代表人士的发现、培养和推荐安排，使一批政治上有觉悟、经济上有实力、社会上有影响、对人民有贡献的代表性人士脱颖而出。近年来广东担任各级人大代表、政协委员的非公有制经济人士积极参政议政，反映社情民意，在各方面做出表率。一批非公有制经济人士担任了工商联主席和商会会长。经过锻炼学习，这些代表性人士在政治把握能力、参政议政能力、组织领导能力、合作共事能力等方面普遍得到了提高。广东雁南飞企业集团董事长叶华能担任梅州市工商联主席，汕头市民生集团有限公司副董事长兼总经理李润凯担任汕头市濠江区工商联主席，积极投入工作，提升了工商联整体形象，也带动了企业家会员的健康成长。

3. 通过参政议政引导有序政治诉求

由于代表人士的政治需求和愿望，集中反映着广大非公有制经济人士的需求和愿望，各级工商联在组织非公有制经济人士积极建言献策的同时，通过参政议政引导非公有制经济人士把自己的企业发展与国家的发展大局结合起来，把经营目标与政府倡导的区域经济发展方向结合起来，追求经济效益与承担社会责任结合起来。

地方工商联案例

海南省工商联对于政治上有觉悟、经济上有实力、社会上有影响、对人民有贡献的非公有制经济代表人士，积极发展入会，并推荐担任人大代表、政协委员。发挥主渠道作用，引导非公有制经济人士参政议政，利用人大、政协等平台，反映非公有制经济人士心声，为经济社会发展建言献策。如：2007 年，海南省工商联（总商会）和非公有制经济人士担任的政协委员向省政协共提交团体提案 13 件、个人提案 190 件，所提交的提案和论文得到重视和表彰。特别是三亚凤凰岛发展有限公司董事长、省工商联（总商会）副主席曾宪云，于 2003 年成立了第一个省政协委员个人提案工作办公室，安排两名专职工作人员，每年投入经费 20 余万元用作大量的社会调查研究，积极参政议政、建言献策。自担任省四届政协委员会委员以来，共提出质量较高的提案 45 件，撰写社情民意 5 篇，45 件提案被立案采纳的有 43 件。

大庆市工商联协助建立党委政府与民营企业直通车制度，民营企业遇到困难、问题可直接上报市委、市政府主要领导。企业反映，开展直通车活动既给我们创造了与党委政府部门交流、帮助企业解决困难的机会，也使工商联在服务会员中发挥了作用；既树立党委政府的形象，也加强了政府政策的宣传解释和政企沟通。服务会员的过程也是进行思想引导的良好过程。

4. 发起光彩事业走共同富裕之路

1994 年，在中央统战部和全国工商联支持下，10 位非公有制经济代表人士发起以扶贫开发，落实国家“八七扶贫”计划为宗旨的“光彩事业”，各地相继成立了光彩事业促进会。光彩事业的范围进一步扩大，从 2002 ~ 2006 年，开展了 18 次“光彩事业行”活动，丰富了内容，提高了成效。据不完全统计，在这五年中，光彩事业累计投资 1023 亿元，安置了 358 万人就业，帮助 437 万人脱贫。企业向光彩事业和社会公益活动捐赠钱物 981 亿元。这些活动，为地方的经济发展、扩大就业、减少贫困和社会稳定作出了重要贡献，也为参与光彩事业的企业拓展了新的发展空间。同时，各级工商联组织动员广大会员投身社会主义新农村建设，探索非公有制企业支持“三农”的途径与方式。与劳动保障部、全国总工会等部门连续三年在 100 个大城市开展“全国民营企业招聘周”活动，共计解决了 202.5 万人的就业问题。

5. 通过表彰等活动树立典型示范引路

建立表彰体系，加大表彰力度，为非公有制企业和非公有制经济人士树立新的前进方向。黄孟复主席曾多次强调，“要加大表彰的力度”，“表彰也是引导”，“表彰不要求全，有闪光点就要充分肯定”。由此，各级工商联相应建立起多层次的表彰体系、加大表彰力度，并成为工商联思想政治工作的新亮点。

——全国工商联与中央统战部、国家发改委、人事部、国家工商管理总局等 5 部委联合开展“优秀中国特色社会主义事业建设者”表彰活动以来，各地统战部、工商联纷纷举办相应的表彰，覆盖绝大多数省、自治区和直辖市。“优秀中国特色社会主义事业建设者”表彰为非公有制经济代表人士健康成长指明了方向，这项表彰不仅有着很高的荣誉，同时它的评选标准更是非公有制经济人士全面健康成长的准则，具有很强的示范意义。各地工商联在这项表彰活动中还有所创新，譬如重庆市就是以市委市政府名义进行的表彰。

——每年一度的光彩事业奖章的颁发，使得光彩事业成为引领非公有制企业实现共同富裕的光辉旗帜。光彩事业不仅是一项由非公有制企业发起的投资扶贫的事业，更是对非公有制经济人士承担社会责任，实现共同富裕的思想教育。光彩事业“义利兼顾，互惠互利”的理念不仅为广大非公有制经济人士所接受，更得到政府和社会各方面的广泛认可，这是符合社会主义市场经济体制要求和社会主义道德要求的理念。

——已经连续开展五年的全国工商联和全国总工会联合开展的“关爱员工，实现双赢”活动，对促进非公有制企业建立和谐劳动关系发挥了积极作用。上海市工商联和总工会在去年底开展这项活动时，采取竞相推荐的方法，差额推选，实际上就是找差距，推动建立和谐劳动关系。

——全国工商联与劳动和社会保障部、国家质量监督检验检疫总局、国家税务总局联合表彰的“工商联就业先进会员企业”、“工商联质量先进会员企业”、“工商联诚信纳税会员企业”，引导非公有制企业主动承担社会责任，为扩大就业、诚信纳税和提高产品质量作出新贡献。

——开展“党旗在我心中”表彰活动，为在非公有制企业中发挥基层党、工会和共青团组织的作用创建了难得的平台，也为搞好非公有制企业基层党建工作创造了一个切入点。

——连续开展四年的优秀企业报刊和企业文化先进单位评选，成为推动民营企业文化建设的切入点之一。各地工商联相继组织了企业报刊的评比，企业也对此非常欢迎。非公有制企业报刊已经成为工商联了解非公有制企业发展状态和企业家思想动态的主渠道之一。

——评选精神文明建设先进企业。北京市工商联多次在会员企业中评选精神文明建设先进企业，得到市委、市政府的重视和支持，推动了非公有制经济领域精神文明建设工作深入展开。

到目前为止，工商联已经初步建立起分层次、全方位、注重部门联合的表彰体系。

地方工商联案例

近年来，甘肃省工商联把适时表彰先进作为开展非公有制经济思想政治工作的好形式，并当做一个品牌来抓。首先，充分利用节庆活动开展表彰先进活动。如在庆祝甘肃省工商联成立50周年大会上，先后表彰了“诚信纳税”和“安置就业”的优秀、先进会员企业。其次，紧密配合省委、省政府开展表彰先进活动。2005年，甘肃省工商联认真按照省委、省政府的统一安排和要求，表彰了全省优秀非公有制企业和优秀企业家。再次，结合工商联系统的实际开展表彰活动。甘肃省工商联先后开展了优秀社会主义事业建设者、优秀民营科技企业、优秀文化建设企业、光彩事业奖章、扩大就业和社会保障先进企业、“关爱员工、实现双赢”优秀企业、“为建设小康社会作贡献”先进个人等十余项较大的表彰活动。在非公有制经济中开展评比表彰活动，一方面，树立了非公有制经济的良好社会形象。另一方面，通过树立典型来激励先进、鞭策后进，进一步促进非公有制企业快速健康发展和非公有制企业家健康成长，进一步促进甘肃省非公有制经济的发展。实践证明，通过评比表彰，可以使非公有制经济人士在事业上有奔头，社会上有地位，学习有榜样、赶超有目标。

在开展上述评比表彰活动的同时，甘肃省非公有制企业家还参加了全国各行各业的先进表彰活动，先后受到省部级以上表彰的有李海珊等6名民营企业家被授予全国劳动模范称号；王永平等10名企业家被授予全国关爱员工优秀民营企业家；红旗建筑安装有限公司等8家企业被评为思想政治工作先进单位；山丹水泥厂等3家企业被评为企业文化建设先进单位；刘建民等4名企业家被授予全国优秀中国特色社会主义事业建设者；雷菊芳等17名民营企业家被授予甘肃省劳动模范称号。同时，在全社会形成了发展非公有制经济有功、做非公有制经济人士光荣的社会氛围。

安徽省各级工商联通过在电台、电视台制作节目、在报纸开辟专栏、编辑民企名录、建立商会网站、自办商会内刊等多种形式宣传报道民营企业，展示民营企业家的风采。为配合安徽省“优秀中国特色社会主义事业建设者”评选表彰活动，省工商联在《工商导报》开辟专栏，用50余个整版，宣传报道获选的优秀建设者。安徽省工商联举办50周年成就图片展，编印《前进中的安徽省民营经济》画册，举办纪念50周年文艺晚会等。芜湖、安庆等市工商联为纪念50周年，也分别举办了“建设者之歌”、“情系个私”等大型文艺晚会。几年来，安徽省工商联会同省劳动保障厅、省总工会、省妇联等部门开展了“就业和社会保障先进民营企业”、“关爱员工、实现双赢优秀民营企业”、“十佳女创业之星”等多项表彰活动。2006年，安徽省工商联配合省委统战部等六部门评选表彰了70名安徽省首届“优秀中国特色社会主义事业建设者”。有6位民营企业家还被评为全国“优秀中国特色社会主义事业建设者”。据不完全统计，自2002年以来，安徽省受全国表彰的民营企业家有64人次，受省级表彰的民营企业家达550人次，一大批民营企业家受到了市县级表彰。通过一系列的表彰，充分展示了非公有制经济人士良好的社会形象，对促进这支队伍的健康成长起到了很好的示范作用。

哈尔滨市工商联通过建立非公有制经济人士评价体系、把非公有制经济人士纳入商会建设体系，坚持开展“十大风云人物”、“民企五十强”评比等活动，把思想政治工作渗透到企业生产经营、行业组织建设，培养他们锐意进取，拼搏向上，履行社会责任，既鼓励了民营企业家努力创业，又树立了工商联和民营企业家良好社会形象，推动了思想政治工作有效落实。

6. 组织学习座谈论坛，统一思想提高认识

工商联各级组织把全面宣传贯彻党的基本路线当做首要政治任务和头等大事抓紧抓好，学习形式多种多样，如下发文件，发放学习辅导材料，召开座谈会、研讨会、现场经验交流会，举办相关论坛等，这是工商联宣传贯彻党和政府各项方针政策的传统工作方法之一，并不断根据现实情况有所创新。

地方工商联案例

2008年以来，美国次贷危机影响加深，国际能源、资源价格、国际粮价上涨加剧，国内经济增速回落，劳动力成本上升，通胀逐步走高，国家又实行了稳健的财政政策和从紧的货币政策，加之1月南方大范围雨雪冰冻灾害，5月汶川特大地震灾害，造成了重大的人员伤亡和经济损失。国内外经济形势日趋复杂，不确定性因素明显增多，非公有制经济在连续多年的高速增长后，正承受着资源、成本、环境、资金等要素瓶颈的制约，民营经济发展面临着较大困难和问题。为此上海工商联全力配合上海市委进行“促进上海非公有制经济发展”重点课题调研，遵照上海市委俞正声书记在非公有制经济代表人士座谈会上的“坚持两个毫不动摇，进一步解放思想，高度关注民营企业，充分发挥民营企业在上海经济转型中的作用，鼓励民营企业参与国资重组、国企改制和产业发展，积极营造良好环境，促进民营经济健康快速发展”的讲话精神，深入基层、深入企业开展专题调研，按产业、工业园区划分分别召开了制造业企业、服务业企业、经济小区和招商中心企业、民营科技企业的四个专题座谈会，及时了解民营企业面临的新问题，深入研究上海非公有制经济发展方向和机遇以及宏观调控给民营企业带来的现实影响。同时继续深入贯彻科学发展观，践行科学发展观。利用工商联组织网络健全、地域覆盖面广的优势，本会主席王新奎、党组书记季晓东和副主席唐豪等领导分别在上海各区（县）进行民营企业家集中授课，教育和引导民营企业要自觉贯彻落实科学发展观，深刻理解科学发展观的实质和内涵，充分认识我国经济社会所处的历史发展阶段，审时度势，在挑战中看到机遇，在困境中看到出路，充分运用科学发展观来引领企业科学发展、理性发展和可持续发展。

浙江各级工商联积极做好非公有制经济人士的导向工作，夯实非公有制经济人士思想政治工作的政治基础。一是组织政治学习。党的十七大、全国“两会”、全国工商联十大、浙江第十二次党代会等重大会议召开后，全省各级工商联都认真组织了内容丰富、形式多样的学习活动。2007年11月，浙江省省长吕祖善向全省千名非公有制经济代表人士宣讲党的十七大精神，省工商联也召开全省非公有制经济代表人士学习党的十七大精神座谈会。这些活动使广大非公有制经济人士进一步正确理解、全面把握“十七大”精神，更加坚定了走中国特色社会主义道路的信心，增强了贯彻落实“十七大”精神的自觉性。二是抓好大政方针的学习。每当党和国家的重大方针政策出台，就及时组织非公有制经济人士学习。国务院《关于鼓励支持和引导个体私营等非公有制经济发展的若干意见》和浙江省政府配套文件出台后，全省组织召开不同层面的学习会、报告会、座谈会，把文件政策精神传达给非公有制经济代表人士。三是开展“双思”教育。在非公有制经济人士中深入开展了“致富思源，富而思进”的主题教育，使他们认识到党和政府一系列改革开放和促进发展的正确政策，进一步坚定了对党的正确领导的信念。四是引导非公有制经济人士认清形势，提高认识。2006 年以来，国家实施了宏观调控，采取了从紧的货币政策，不少企业遭遇发展困境，一些非公有制经济人士思想上产生困惑。对此，各级工商联通过调研、走访、座谈等形式，倾听非公有制经济人士的心声，引导他们冷静、理性地看待宏观调控，化危机为机遇，积极反映非公有制经济人士的意见和要求。2008 年 2 月 3 日，浙江省工商联组织部分非公有制经济代表人士，参加由浙江省政府吕祖善省长召集的工商界人士迎春座谈会，企业家与省领导面对面交流，分析当前发展所面临的形势，共商促进浙江经济又好又快发展的对策。

7. 广泛联系，广交朋友

广交朋友是工商联开展非公有制经济代表人士思想政治工作的传统方式之一，更是基层工商联开展思想政治工作的主要做法。通过工商联干部与非公有制经济人士交朋友和谈心活动，拉进了工商联与非公有制经济人士之间的距离，帮助工商联及时掌握他们的思想动态，了解他们的愿望和想法，引导他们健康成长。

在调研中，许多工商联干部反映，在做思想政治工作时不可能颠覆老板与生俱来的本性，想让思想工作“入耳、入脑、入心”，就要充分尊重他们，和他们交朋友。在交朋友的过程中，少一些空洞的说教，多一些沟通交流，这种沟通交流是针对他们的具体问题进行的，不是泛泛的交流，不讲套话、空话，多讲贴心话、实在话，做非公有制经济人士真正的朋友。他们总结说，不是每一位做这项工作的人，都适合做非公有制经济代表人士的朋友。如果我们没有把人选准，非公有制经济人士的思想政治工作就做不好。做思想政治工作的人必须要让非公有制经济人士感觉到这些人非常亲切，值得信赖。这样，做思想政治工作，就能把党的方针政策变成话题，又能把朋友之间的友谊上升到非公有制经济人士对组织的信赖、对党的信赖。

针对这一群体很强的经济利益趋向，过去强调三个结合：个人的利益、国家的利益、社会的利益结合起来，但没有说以谁为中心。一些工商联干部在谈到三个结合时，认为一定要以非公有制经济人士的经济利益为中心。许多工商联干部认为，“这个话一定要和他们说到，让他们感觉到我们是为他们着想，是为他们的长远利益着想。如果我们不为他们考虑，不为他们的经济利益着想，而强调他们更为国家考虑、为社会贡献，违背了他们对经济利益追求的最原始的本性，让他们做他们不愿意做的事情，会让他们非常反感的。如果我们对他们讲清楚了，他们为社会尽责就是为他们自己谋利，这样工商联的工作就好做了。”要以感情为纽带，真心与非公有制经济人士交朋友。以服务为抓手，热情为非公有制经济人士服务。

与非公有制经济人士交朋友必须要坚守党和国家利益，在基本立场上不能含糊。工商联开展思想政治工作要“跟得上”，党和国家需要我们做什么，企业家需要什么，需要工商联有声音的时候，我们要跟得上。“贴得近”，入心入脑，不讲少讲空洞的大道理。“做得实”，把普遍认为很虚的思想政治工作做得扎实，关键是怎么做。“笼得住”，提高凝聚力。

8. 加强维权和服务

很多地方工商联和商会组织提出了服务立会的思想，在经济服务和维权服务中开展非公有制经济人士思想政治工作。由工商联组织主导的、广大非公经济人士积极参加的各类经济性活动，既增强了非公有制经济代表人士发展经济的自豪感，同时也促进了非公有制企业核心竞争力的增长，成为社会主义物质文明与精神文明、中华民族传统美德与社会主义市场经济规律有机结合的重要方式，应当加强引导，使其继续成为广大非公经济人士增强社会责任感、提高思想道德水平的有效载体。

地方工商联案例

浙江省各级工商联采取形式多样的措施为非公有制经济服务，一是围绕非公有制企业关心的问题开展调研，及时反映他们的实际情况和困难，着力帮助企业解决难题。2004 年上半年实施宏观调控时，建筑业、房地产业、制造业企业受冲击较大，特别是德隆、铁本事件发生后，部分非公有制经济人士对政策产生误解。浙江省工商联开展了省、市、县三级联动走访千家会员企业活动，了解企业存在的困难和问题，及时向省委省政府反映情况，引起了省委省政府的高度重视，副省长牵头召集省政府相关部门，根据调研报告中反映的问题，逐条进行解决。2004 年 8 月，省工商联和省银监局召开主题为“银企携手共渡难关”的银企恳谈会，在浙江的 17 家银行主要负责人和 38 家知名企业家“零距离”沟通，受到企业家的称赞。2005 年以来，以推进民营企业转变经济增长方式和自主创新为重点，继续开展三级联动调研，撰写调研报告供省委省政府决策参考，举办报告会、论坛，通过企业家与学者互动交流，引导广大非公有制经济人士加快技术创新与制度创新，转变经济增长方式。2008 年，针对浙江民营企业面临的发展难题，省工商联开展了“关于浙江部分民营企业资金紧张情况的调研”，及时向省政府领导反映浙江民营企业存在的新问题，该调研报告引起了中央和地方政府对浙江民营企业的关注。二是通过“走出去，请进来”的方式，为非公有制企业“跳出浙江”发展提供支持。浙江是个资源小省，非公有制企业发展受到诸多限制。工商联积极为非公有制企业“走出去”发展搭建平台。2007 年和 2008 年，浙江省工商联分别举办了“携手浙商”活动，邀请部分外国驻上海总领事馆的总领事、商务领事等到浙江，与企业家面对面座谈交流，考察非公有制企业，帮助浙江非公有制企业解决一些实际困难，这项活动得到中央统战部和全国工商联有关领导的称赞。同时，组织广大非公有制经济人士赴海外商务考察，为非公有制企业到国外发展牵线搭桥。2002 年以来，全省各级工商联共组织近 500 批 5100 多人次的非公有制经济人士赴海外考察。除了出国考察，各级工商联还组织了大量的国内考察，参加各种招商洽谈会，这些活动帮助了非公有制经济人士开阔眼界，启迪思路，为企业开拓市场奠定了一定的基础。三是关心非公有制经济人士身心健康。如，湖州市工商联建立了非公有制经济代表人士健康保健制度，开展每年两次非公有制经济代表人士健康体检，建立健康档案；还开设了心理健康咨询讲座，请专家教授讲课，为非公有制经济人士开设心理健康咨询活动。近年来，该市工商联为非公有制经济人士健康体检 1000 多人次，受到他们的欢迎。非公有制经济人士的健康体检活动已经在浙江各市、县工商联普遍开展。四是积极引导企业自主创新。浙江的非公有制企业产业比较传统，科技含量比较低下，因此，引导企业转变发展方式、自主创新、科学发展具有重要的意义。各级工商联积极创造条件，营造环境，鼓励企业开展技术创新、管理创新、制度创新、经营模式创新，促进非公有制企业又好又快发展。五是维护非公有制企业合法权益。2002 年以来，全省各级工商联共成立维权机构 108 个，为 4061 家会员企业挽回经济损失 5.2 亿元。

9. 提高社会责任意识

企业社会责任是社会各界和非公有制企业都十分关注的话题，各级工商联注意因势利导，通过开展论坛、座谈、研讨以及引导参与光彩事业，对非公有制企业及其人士的社会责任概念进行梳理和总结，引导非公有制经济人士为社会进步作出更大的贡献。

地方工商联案例

山西省委统战部在省工商联换届后提出“以强国富民为己任，树立新世纪新阶段新晋商的新形象”的要求，希望全省非公有制经济代表人士积极发挥带头作用，争当中国特色社会主义事业的优秀建设者，把“以强国富民为己任”作为履行社会责任的最高境界，成为新世纪、新阶段、新晋商、新形象的优秀代表。省工商联完成换届后，省委统战部和省工商联立即着手启动光彩事业“两区行”的示范之行活动，山西省工商联动员组织担任省工商联（总商会）副主席（副会长）的 33 位非公有制经济人士参加了这次示范活动，于 2008 年 3 月 26 日和 27 日两天，在省委统战部、省工商联领导的率领下，先后到八路军晋绥根据地政府所在地的兴县和八路军总部所在地的武乡县两个革命老区，参观革命历史纪念馆，走访慰问新中国成立前参加革命的老党员、老红军、老八路，捐资 1000 万元，分别在两县建立“光彩助学基金”，与 60 户老革命困难家庭结成对子，帮助他们解决当前生活生产中的困难，组织召开了座谈会和“两区”开发项目发布会，33位非公有制经济代表人士还联名发出了《让我们积极投身光彩事业“两区行”活动中来》的倡议书。这次示范之行在全省上下产生了广泛的影响，引起了省领导、社会各界和非公有制经济人士及新闻媒体的广泛关注。山西省委书记张宝顺又一次接见并做重要讲话，对省委统战部、省工商联组织的这次活动给予充分肯定，对非公有制经济代表人士的光彩行动给予充分的鼓励和支持，要求各级党委和政府要坚定不移地鼓励非公有制经济健康发展，教育引导非公有制经济人士健康成长。之后，一些市县在示范之行带动下，迅速组织了帮扶老革命家庭、助学济困、支持新农村建设等方面的光彩事业活动。

10. 加强商会自律

各地工商联在全国工商联的示范引导下，在非公有制企业集中的行业组建同业公会、行业商会，同样也是实现广大非公有制经济人士和企业实现自我教育、自我约束、自我促进的重要渠道。

地方工商联案例

甘肃省工商联几年来大力发展同行业商会，认真发挥商会的服务职能。目前，全省共有各种基层商会组织266个。以民营企业法人按照自愿原则组织起来的，以行业自律为宗旨，以服务会员、协调关系、同业互助、共谋发展为主要目标的各级商会，在密切沟通联络会员企业，当好政府与企业之间的桥梁和纽带，开展行业调查，为政府做好助手，为会员企业做好服务和行业自律等方面做了很多工作。

安徽省工商联的各个行业商会和异地商会成立时，都会选择一项公益捐赠作为商会成立的重要内容，如2008年5月，安徽福建商会成立时捐款100万元用于安徽省建设光彩学校和防治手足口病。

11. 开展教育培训

全国工商联与各级工商联，发挥各自优势，和中央党校、著名高等院校等合作，相继开办工商联副会长培训班、执常委培训班和非公有制经济代表人士培训班等，学习政策法规、现代管理知识，提高自身素质。

地方工商联案例

上海市工商联一直重视非公有制经济人士的教育培训，已将非公有制经济人士培训列入市委党校干部和高层次人才培训体系，“民营企业家研修班”学员已纳入了市委组织部的高层次人才库，在区县工商联中近四分之一的会长、副会长参加过“民营企业家研修班”培训。上海市下属区县工商联每年还举办非公有制企业经营管理人才、留学回国人员骨干、科技企业创新人才等研修班，深入加强对区县级层次非公有制经济代表人士的教育培训。上海市工商联还组建了工商联法律工作室和法律专家顾问团，举办各类法律讲座，几年来，由市工商联独立举办或市区县工商联联手举办法律讲座，累计共举办了近30期。同时加强对民营企业的法律宣传和个案维权服务，自2003年至今，共受理会员企业维权申请60件，并作出法律意见书41份。该会还通过“上海工商联讲坛”，先后举办了“民营企业与自主创新系列报告会”、“民营企业自主创新能力实务系列培训”等多形式、多主题的专题培训和学习，组织非公有制经济人士深入学习新时期党的路线、方针和政策，把握正确的政治方向，引导非公有制经济人士爱国、敬业、诚信、守法、贡献，切实提升企业核心竞争力。还借助市工商联行业商会、行业沙龙的平台，为民企提供有针对性的咨询和服务，如与市银监会、市银行同业公会、市金融服务办等单位联合举办银企沙龙，围绕“民营企业银行融资担保方式”的主题进行交流，探讨金融服务途径；为了促进民营控股上市公司做好规范，举行以“民营企业与资本市场”为主题的活动，探讨破解企业发展难题的有效途径等。通过上述多渠道、多层次的教育培训工作和咨询服务活动，有力地促进了上海非公有制经济代表人士发展非公有制经济的信心和决心，坚定了为中国特色社会主义事业作贡献的理想和信念。

进高校集中培训成为最受广东省非公有制经济人士欢迎的学习形式。广东省各级工商联组织多次组织非公有制经济人士到中央党校、北京大学、清华大学、中山大学等举办短期集中培训，反响很好。一些非公有制经济人士的培训班得到党委政府重视和财政支持。如深圳市罗湖区政府出资组织辖区内非公有制经济人士赴北京大学短期学习。梅州市市委市政府从2008年开始，财政每年拨款400万元，培训200名民营企业家，计划用3年时间完成600人的培训任务。

湖南省工商联认为教育培训是做好非公有制经济人士思想政治工作的题中之义。为了抓好培训，湖南省工商联制订培训规划，对全省非公有制经济代表人士的培训作出了部署。按照分级培训的原则，以各级社会主义学院为依托，适当利用各级党校，对各级人大代表、政协委员和工商联执委以上非公有制经济代表人士每五年轮训一次，人数7000多人。省工商联协助省委统战部对担任省人大代表、省政协委员、省工商联执委、省直行业商协会正副会长和各市州工商联副主席副会长的非公有制经济代表人士进行培训。2008年，在社会主义学院开设了3个政协委员班、2个人大代表班和1个市州工商联兼职副主席副会长培训班。根据会员企业和广大非公有制经济人士的要求，湖南省工商联还在全省大力倡导举办各种形式论坛、讲座、报告会，帮助非公有制经济人士了解经济形势，学习新的经营管理理论，提高他们的职业素质。2007年全省各级工商联组织各类论坛、讲座、报告会235次，参加学习人数8000余人，组织非公有制经济人士463人次到高校学习，680人次到省外、国（境）外学习。在抓好集中培训的同时，湖南省工商联特别注重抓好非公有制经济人士的日常教育，把省直会员分成5个活动小组，由各个活动小组组织学习，每季一次；省工商联出台了《充分发挥执常委作用，增强工商联组织凝聚力的意见》、《执常委重要事项报告制度》，还制定了工作通报制度，牵头调研制度、年终述职制度，届中考核制度，诫勉谈话制度，用制度来教育管理非公有制经济代表人士；省工商联协助省委统战部制定的《湖南省非公有制经济代表人士综合评价体系》，由省委办公厅、省政府办公厅转发并在全省全面推行。

12. 开展主题活动

各级工商联积极配合党和政府的各项新的政策和方针的出台，组织非公有制经济代表人士学习和贯彻，在实践中把党的方针政策落实到非公有制企业的发展之中。如新农村建设、扶贫开发、扩大就业、西部大开发、振兴东北等老工业基地等主题活动，把企业发展与国家大局的需要、区域经济的要求、人民群众的希望结合起来。各级工商联组织根据党和国家对经济社会发展的部署，紧紧围绕经济建设这个中心，充分发挥组织网络健全、社会覆盖面广的优势，引导非公有制企业参与西部大开发、振兴东北老工业基地、中部崛起等国家重大战略的实施。全国工商联与地方政府举办了“非公有制经济代表人士齐鲁行”、“国际融资洽谈会”等一系列推动地方经济社会发展的经贸投资活动，并组织非公有制企业参加中国国际投资贸易洽谈会、中国中部投资贸易博览会等国家级经贸盛会。一些地方工商联联合有关部门举办了泛珠江三角洲、长江三角洲、环渤海地区等区域经济合作活动，为促进地方经济发展作出了积极贡献。

地方工商联案例

2006年4月，福建省工商联在非公有制企业中持续开展“海西春雨光彩行动”，确定以龙岩市连城县革命老区和莆田市仙游县省定扶贫村（省工商联干部挂职驻点村）为建设社会主义新农村菌草技术项目示范推广基地，利用当地资源，增加农民收入。2007年4月，省工商联动员部分民营企业家参加帮扶宁德少数民族贫困地区农民的活动，共募集资金720万元用于发展生产，改善生活。2007年10月11日，福建省委统战部、省工商联、省光彩会联合在龙岩上杭县举行“2007年‘海西春雨光彩行动’暨突出贡献奖表彰大会”，当场收到民营企业家认捐333万元，并促成了3个投资项目签订合作意向。2007年10月30日又在宁德市举行“海西春雨光彩行动”扶贫工作经验交流会，进一步推动“海西春雨光彩行动”的深入开展。在海西春雨光彩行动中，2007年已经验收的600户扶贫户，在短短的一年时间里，不同程度地实现了户均增收2000元至8000元。以此为契机，我们加大“海西春雨光彩行动”扶贫力度，在宁德市、龙岩市、三明市、南平市的16个县（市、区）实施“海西春雨光彩行动”，共帮扶农村贫困户1600户，提供帮扶资金480万元。澳门宝龙集团董事局主席许健康在北京捐资3900万元人民币，在河北省、河南省、福建省、四川省各选择1个村重点投入，支持当地新农村建设。

13. 推动企业文化建设

全国工商联还积极引导非公有制企业建设和

谐、健康、先进的企业文化。民营文化建设已经成为各地工商联推动和开展思想政治工作的主平台之一。许多地方工商联在推进企业文化建设方面工作十分踊跃，成效显著，受到企业普遍欢迎。工商联抓民营企业文化建设已经有近十年，取得了“两大成果”。一是把民营企业文化建设在全国铺开，并且取得了一定成效；二是在企业界、学术界掀起了一股关注和研究民营企业文化的热潮。在新世纪开拓出一个全新的工作领域，思想政治工作有了一个有效的抓手、有效的载体，这是工商联工作与时俱进的体现。从非公有制企业角度看，重视加强企业文化建设已经蔚然成风。非公有制企业创办的报刊杂志、非公有制企业的员工队伍建设等，也已经纳入了工商联的视野，工商联工作的内容、渠道更多了。事实证明，各级工商联举办的一些品牌活动、文化论坛、演讲活动，创办的报纸、刊物、出版社、网站以及大众传媒等舆论宣传阵地，也是工商联开展思想政治工作的有效手段。

地方工商联案例

中国特色社会主义的非公有制经济，其企业文化一样也具有“中国特色社会主义”特征。四川省工商联提出，努力推进全省民营企业文化建设，就是要结合企业发展实际，最大限度地把“中国特色社会主义”特点融进企业核心生命力和竞争力，使中国特色社会主义理论体系成为企业发展理念的指南，使中国特色社会主义道路成为企业发展的康庄大道。为此，四川省工商联在2004年成立由100多位四川各地知名民营企业家参加的省民营企业文化建设委员会，形成指导与工作机构；2006年，联手省委统战部、省总工会，又召开全省民营企业文化建设工作会议，通过宣传典型、树立标杆、推动活动、形成局面等步骤，不仅在全省民营企业中树立起一批企业文化建设先进单位，使全省广大民营企业有样可学，有牌可争，而且形成了广大非公有制经济人士讨论发展、PK打擂必言“企业文化”的新时尚。

14. 推动非公有制企业党建工作

许多地方工商联积极引导非公有制企业建立党组织，并作为做好非公有制经济人士思想政治工作的重要方面，吸收优秀分子加入党的组织，扩大党员队伍；引导非公有制企业将发展党员的重点放在管理人员、技术骨干、群团负责人及生产一线员工，努力做到培养一批入党积极分子，纳新一批优秀骨干；通过教育培训活动加强对党员思想政治水平和生产技能的教育培训，教育非公有制企业中的党员，特别是党员企业主提高认识，坚定党的信念，树立正确的世界观、人生观、价值观，爱岗敬业，发挥模范带头作用；鼓励支持非公有制企业对生产一线党员开展业务技能培训，使党员成为企业的生产骨干、技术能手、经营行家；同时充分发挥工、青、妇等群团组织的桥梁纽带作用，团结和依靠职工，关心和维护职工的合法权益，协调企业内部各方面的关系，调动职工的生产积极性。

地方工商联案例

宁夏回族自治区各级工商联积极协助有关部门加强非公有制企业党建工作，努力探索加强和改进非公有制企业党建工作的新途径和新方法。在自治区工商联的协助下，3052个企业会员中191个企业建立了党组织，85个建立了团组织，631个建立了工会组织，党的工作覆盖面逐步扩大。目前宁夏机关党总支所属的非公有制经济组织党支部已达8个，党员达110名。银帝集团党支部、正丰集团党支部被自治区党委组织部确定为“全区非公有制企业党建工作示范点”。

与此同时，宁夏统战部和工商联引导非公有制企业党的组织结合非公有制企业的特点，充分发挥六个作用，即政治上的导向作用，保证党的路线、方针、政策在企业贯彻执行，保证政令畅通；思想上的凝聚作用，对职工进行政治教育，做好耐心细致的思想政治工作，全心全意为员工办实事、办好事；完成任务的保障作用，用制度规范职工言行，保质、保量，按时完成生产任务和销售任务；重大决策的参谋作用，支部委员会成员要做到晓下情，知上情，为公司领导决策提供翔实依据；群团组织的领导作用，切实加强对团支部、工会、女工小组、计划生育协会的领导，调动他们的积极性；企业形象的宣传作用，把企业文化、企业精神、企业信誉、企业服务传播到社会，树立良好企业形象；公司领导带头严于律已，带头遵纪守法、带头团结协作、带头勤奋工作、带头钻研业务、带头联系群众，起到一级带一级的示范作用。

广东省工商联在实践中认识到非公有制企业党建工作对做好非公有制经济人士思想政治工作起到非常重要的保障作用。在各级党委的领导下，非公有制企业的党建工作正在全面开展。这项工作得到大多数非公有制经济人士的欢迎。佛山市工商联党组认为，80%以上的非公有制经济人士都希望在自己企业中建立党团组织，以搭建企业与党和政府沟通的桥梁。深圳市和汕头市的民营企业党工委设在工商联，由工商联党委的负责同志兼任党工委书记，实际工作与工商联工作结合紧密，有力地提升了工商联的思想政治工作。

近年来，福建省工商联与省委组织部、省委统战部联合开展了评选“党建之友”活动，积极推动福建省大部分非公有制企业建立党、工、团组织，通过在非公有制企业建立党组织，宣传党的路线方针政策、建立和弘扬先进的企业文化，使党的政策在非公有制企业中传递顺畅，能更好地掌握了解企业员工的思想动态，使思想政治工作增强了实效性和针对性。

15. 树立非公有制经济良好的社会形象

四川汶川地震后，各级工商联一方面组织非公有制经济人士以各种形式支援抗震救灾，另一方面，加强和主流媒体的合作，充分展示非公有制经济人士爱国爱民的热诚和行动。全国工商联与中央电视台、《人民日报》等媒体合作，新闻联播、焦点访谈等知名栏目和《人民日报》整版、《人民政协报》头版头条突出报道了非公有制经济人士参与抗震救灾、重建家园的整体风貌，这也是全国工商联几年来加强与主流媒体合作的一个缩影。在新世纪新阶段，各级工商联尝试与报刊、电视台、广播电台合作，以“创业故事”、“财富人物”等为题，向全社会展示了非公有制经济代表人士良好的社会形象，取得良好效果。

全国工商联四年前就和共青团中央合作，2008年再次和教育部、共青团中央联手，在高等院校开展了“非公有制经济代表人士创业论坛活动”，河北、江苏、贵州、云南等省工商联邀请省内知名企业家走进高校举办报告会，参加听讲大学生数以万计。企业家们的创业精神深深打动了大学生们的心，现场气氛踊跃，社会效果非常强烈，当地教委、团委和高校纷纷要求工商联继续举办类似活动。

地方工商联案例

2003年以来，江苏省工商联组织全省150位思想品德好、创业创新精神强的非公有制经济人士，走上大专院校讲台，宣讲创业创新的历程和取得的成绩，激发广大师生的创业热情。2004年，在江苏省工商联成立50周年之际，以10位非公有制经济人士创业创新典型事迹为题材，为社会大众献上一台《建设者之歌》大型晚会，讴歌了全省非公有制经济人士爱国、创业、奉献的先进事迹，在社会上产生了强烈反响。2007年，在省工商联第九次会员代表大会召开前夕，编辑出版了《奋进的脚步》大型画册，展示了五年来广大非公有制经济人士投身中国特色社会主义事业建设各项活动的风采。2004年，江苏省工商联组织15家主流媒体采访6位受全国表彰的优秀中国特色社会主义事业建设者，共发稿110篇，各大媒体在开篇时均发表了编者按，《新华日报》在活动结束时发表了评论员文章。2005年至2006年，江苏省工商联会同省委宣传部组织12家媒体，对全省在“创业、创新、创优”上取得较大成绩的28位非公有制经济人士进行了采访报道，共刊发稿件106篇。2005年以来，江苏省工商联组织媒体大力宣传了在科学发展、节能减排中作出较大贡献的20位非公有制经济人士，宣传了28位在科技创新、产业集群发展中取得突出成绩的先进典型。2004年，江苏省工商联组织20家中央、省、市主流媒体参加光彩事业万里行活动，全方位采访报道江苏省非公有制经济人士投身省内外光彩事业的先进事迹，共发表文稿183篇，编辑了光彩事业万里行画册。2004年至2006年，江苏省工商联与省广播电台共同开办“财富人生论坛”，共有80位非公有制经济人士先后接受采访，畅谈在党的改革开放政策指引下，个人的成长之路，企业的发展历程，以及投身光彩事业和社会公益事业的事迹。

16. 充分发挥媒体作用

全国工商联落实中央有关文件提出的“以网络为媒介，注意运用互联网等现代科技手段，掌握情况、宣传政策，开展工作”的邀请，建设宣传工作网络，并在网站中基本形成了五大功能平台的构架雏形。一是工商联宣教工作的沟通平台，二是非公有制企业发展动态观察平台，三是非公有制经济代表人士群体思想动态跟踪平台，四是非公有制企业发展的社会舆论环境监测平台，五是民营企业文化建设的推进平台，其目标是努力成为对工商联工作有用的“参考消息”。有了这样一个现代化的综合性平台，加上《中华工商时报》，加上《人民日报》、中央电视台、《人民政协报》、《经济日报》、《民营经济报》等多家兄弟媒体的支持，就能形成一个思想政治和宣传教育工作有效的可操作的工作体系。

同时，全国工商联还注意建立健全工商联与非公有制企业、与非公有制经济代表人士之间的信息渠道和工商联工作交流平台。《中华工商时报》开创了“工商联周刊”等，为非公有制经济人士服务，为工商联服务。

地方工商联案例

近年来，经过工商联的努力，重庆市主要新闻媒体举办了多种宣传报道非公有制经济人士的专题、专栏、专刊等活动。《重庆日报》开辟了“非公有制经济发展”系列报道；《重庆晨报》开辟了“渝商新发现”；《重庆青年报》开辟了“重庆民营英雄人物”；《重庆时报》和《重庆商报》开辟了“优秀建设者”。2008 年，为了打造“新渝商”品牌，重庆工商联在《重庆时报》上开辟了“新渝商”专栏，同时把本会的刊物和网站都改名为“新渝商”，设立“新渝商”大讲堂，整合资源，集中展现新渝商形象，收到良好效果。

六、加强和改进非公有制经济人士思想政治工作是新形势下提出的新要求

思想政治工作，从根本上说就是做人的工作，做群众的工作，涉及人们的思想、观念、意识等领域，也就是人们的精神生活。做好非公有制经济人士思想政治工作，最大限度地把他们团结起来，充分发挥他们的作用，是巩固党的群众基础的需要，是巩固和发展新世纪新阶段统一战线的需要，也是构建社会主义和谐社会的需要。要坚持充分尊重、广泛联系、加强团结、热情帮助、积极引导的方针，切实做好他们的工作，把他们更广泛地团结和凝聚在党和政府周围，在建设中国特色社会主义事业中更好地发挥作用。

1. 加强和改进非公有制经济人士思想政治工作是促进非公有制经济科学发展的客观需要

加强和改进非公有制经济人士思想政治工作是深入学习和贯彻落实科学发展观的必然要求。非公有制经济作为社会主义市场经济的重要组成部分，从业人员众多，影响广泛，作用巨大，是我国经济社会的重要推动力量。非公有制经济能否按照科学发展观的要求实现健康发展，关系到国民经济的又好又快发展，关系到全面建设小康社会宏伟目标的实现，关系到阶层关系和谐和社会稳定。当前非公有制经济发展中还存在着一些不适应、不符合科学发展观的问题，影响和制约了非公有制经济的健康发展。当前非公有制经济发展还存在着一些不适应、不符合科学发展观要求的问题，影响和制约着非公有制经济的健康发展。这就要求进一步加强非公有制经济人士的思想政治工作，引导他们按照科学发展观的要求，转变发展观念，更新发展思路，破解发展难题，不断提高自身素质、创新能力、管理水平和企业效益，坚持走科学发展道路，为推动经济社会发展作出积极贡献。

随着经济发展和改革深化，非公有制经济环境正在面临着深刻变化：各项法规政策逐步完善，政府行为日益规范；公平竞争的市场环境基本形成，竞争日益激烈，对企业创新能力的要求增强；企业利润增长的诸多因素受到抑制；社会舆论对民营企业的要求和评价标准不断提高。这一系列变化使得相当一部分非公有制经济人士感到不适应，面临很多困惑，出现许多“发展中的困惑”、“成长中的烦恼”。非公有制经济进一步发展既面临重大机遇，又面临严峻挑战。越是发展困难的时刻，越能显示出思想政治工作所具有解疑释惑、鼓舞人心、凝聚力量的功能作用，越能显示出思想政治工作的强大威力和无限魅力。

目前非公有制经济发展呈现出一系列新的阶段性特征。主要是：非公有制经济发展迅速，已成为就业的主渠道，同时非公有制企业平均生存期较短，企业技术水平较低、人才短缺的矛盾越来越突出；非公有制经济发展的市场环境、政策环境、法制环境更加趋于完善，同时市场准入、融资支持等问题尚未从根本上得到解决，还存在制约非公有制企业发展的诸多困难；非公有制经济在国民经济总量中的比重不断提高，已经成为我国经济增长的重要推动力量，同时加工制造业很多企业在生产经营中依靠低资源成本、低环境成本、低用工成本竞争，自主创新能力弱，品牌产品少。特别是在目前，美国次贷危机的负面影响还在加深，已经波及多种金融产品、各类金融市场和多家大型金融机构，并向实体经济扩散蔓延。美国金融市场持续动荡和经济增长大幅下滑正通过金融、贸易等方式向世界传导，全球经济明显减速。国际油价有所回落，但仍在高位波动，通胀压力还不小。国内价格上涨压力尚未根本缓解，煤电油运供应紧张，一些地区和行业增长速度明显回落，股市、房市波动较大。众多非公有制企业特别是中小企业由于对宏观形势把握不准，生产经营不善，应对挑战准备不足，再加上普遍存在的技术落后、融资困难、人才缺乏、抗风险能力低以及社会发展环境有待改善等因素，出现了思想困惑，产生了悲观情绪，动摇了发展信心。一些非公有制经济人士把企业面临的深刻变化归纳为：投资环境的变化，出现了“四高一低”的现象，企业用工成本提高、原材料成本升高、能源价格从总的趋势看必然升高、人民币汇率升值，出口退税优惠和利润的降低；法制环境的变化，从单纯地促进经济发展到提出以人为本，全面、协调、可持续的科学发展观，强调社会的和谐和创造财富的共享，实施《劳动合同法》，劳动者的权益保障从法律制度上受到加强；社会人文环境的变化，特别是社会舆论对民营企业的要求不断提高，从单纯以发展经济论英雄，到提出企业社会责任、和谐劳动关系、环境保护、慈善公益事业，这一系列变化使得很多非公有制经济人士面临很多疑惑。

如果说前30年的中国非公有制经济处于第一次创业阶段，解决的是快速发展问题，依靠的主要是改革开放政策的推动，那么今后的中国非公有制经济则进入第二次创业阶段，解决的是全面协调可持续发展问题，依靠的必然是科学发展观引领，把企业发展与国家发展结合起来、统一起来，以世界性、全局性、战略性眼光来认识科学发展观的科学内涵和精神实质，着力转变不适应不符合科学发展观的思想观念，着力解决影响和制约科学发展的突出问题，变压力为动力，变挑战为机遇，更加自觉、坚定地走科学发展道路。

贯彻落实科学发展观是一场深刻的观念变革，不会轻而易举，也不能一蹴而就，需要在新旧观念的交锋和碰撞中完成，需要我们开展循序渐进、富有实效的思想政治工作，也需要非公有制经济人士不断接受教育和自我学习，提高综合素质和水平，进而用全局的观念来审视自己的优势和劣势，在全局中选定企业发展的坐标和方向。特别是中小企业实现科学发展，一方面必须营造良好的外部环境，另一方面也要通过积极地、正确地引导，促进中小企业从主要依靠数量扩张到注重质量提高，从主要依靠粗放型增长到更加注重可持续发展，从主要依靠企业个体到更加协作配合，从片面追求经济效益到更加注重提高经济效益与履行社会责任相结合等方面观念的转变。而思想政治工作正是加强非公有制经济人士全面理解科学发展观精髓的必要手段。通过教育引导，使他们避免断章取义、概念化、简单化地理解这一科学体系，避免把“发展是硬道理”简单理解为“增长是硬道理”，避免把“以经济建设为中心”理解为“以速度为中心”，避免只重视财富的创造而忽略财富的共享。

中央领导关于引导非公有制经济人士健康成长和非公有制经济健康发展的论述

坚持公有制为主体、多种所有制经济共同发展的基本经济制度，是由我国的社会主义性质和初级阶段国情决定的。公有制经济是社会主义市场经济的主体，国有经济在国民经济中起着主导作用。非公有制经济是社会主义市场经济的重要组成部分，它在满足人民多样化的需要、增加就业、促进国民经济发展中起着积极作用，通过诚实劳动和合法经营先富起来的个体劳动者和私营企业主，不仅是党和政府的政策允许的，也是光荣的。他们为建设有中国特色社会主义事业贡献了力量，应该受到社会的尊重。对个体、私营等非公有制经济要继续鼓励、引导，使之健康发展，充分发挥积极作用。当然，我们也要看到，非公有制经济人士中也存在缺点、弱点和某些不法行为。我们应本着团结、帮助、引导、教育的方针，着眼于非公有制经济健康发展和非公有制经济人士健康成长，帮助他们树立在党的领导下走建设有中国特色社会主义道路的信念，做到爱国、敬业、守法；在加快自身企业发展的同时，也要开展致富思源、富而思进的活动，帮助更多的人走上富裕之路。近年来，由非公有制经济人士发起的以扶贫开发为宗旨的光彩事业有了很大发展，他们自己从中也受到了教育，要进一步办好。要加强非公有制经济组织中党、团和工会组织的建设，凡是条件具备的企业，都要建立党、团和工会组织。工商联作为统战性、经济性、民间性的人民团体和民间商会，要反映非公有制经济人士的意见，维护他们的合法权益，成为党和政府联系非公有制经济人士的桥梁，成为政府管理非公有制经济的助手。（引自江泽民《进一步开创统一战线工作的新局面》，2000 年 12 月 4 日在全国统战工作会议上的讲话）

2. 加强和改进非公有制经济人士思想政治工作是巩固发展新世纪新阶段统一战线的重要任务

非公有制经济人士是中国特色社会主义事业的建设者，是新世纪新阶段统一战线工作的重要方面。他们在经济上有实力、社会上有影响、政治上有诉求，并呈现出快速发展的趋势。做好非公有制经济人士的团结、帮助、引导、教育工作，关系到新形势下统一战线的巩固和发展，关系到党的阶级基础和扩大党的群众基础。这就要求充分发挥统战工作作为党的特殊政治工作和群众工作的优势，把非公有制经济人士作为统战工作的重要内容，通过思想引导，增进广泛共识，坚定共同理想，把他们紧密地团结在党的周围。

统一战线作为中国共产党的一个重要法宝和一项战略方针，在不同历史时期呈现出不同的特点，充分体现了大团结大联合主题的时代特征和中国特色。新中国成立前以及成立后的较长时间，我们党领导的统一战线性质是阶级联盟。改革开放以后，我们党的全部工作从以阶级斗争为纲转到以经济建设为中心，统一战线也开始了从阶级联盟到全体社会主义劳动者、拥护社会主义爱国者和拥护祖国统一爱国者的“三者”的政治联盟的转变。非公有制经济人士作为我国改革开放和社会主义市场经济条件下出现的群体，是中国特色社会主义事业建设者，是新世纪新阶段统一战线的重要方面。随着改革开放的不断推进，我国经济社会结构发生了深刻变化，新的社会阶层日益发展壮大。我们党科学界定了包括非公有制经济人士在内的新的社会阶层是中国特色社会主义事业建设者，使新世纪新阶段统一战线由原来的“三者”联盟进一步发展成为包括中国特色社会主义事业建设者在内的“四者”联盟，新的社会阶层人士工作也被明确为我们党的群众工作的新领域、统一战线工作的新的着力点。由“三者”联盟发展到“四者”联盟，是新世纪新阶段统一战线内部构成发生的最大变化；把新的社会阶层作为中国特色社会主义事业建设者纳入到统一战线范围，是新世纪新阶段统一战线显著的特征；不断巩固“四者”联盟，是新世纪新阶段统一战线的重要任务。

与“三者”联盟相比，统一战线“四者”联盟的提出，主要基于新社会阶层也是中国特色社会主义事业建设者的论断。非公有制经济人士是集中分布在新经济组织和新社会组织之中的新社会阶层的主体。他们既不是原工商业者的延续，更不是被改造的对象，而是作为我们党在政治上的重要同盟者、社会主义市场经济的重要推动者、中国特色社会主义事业的重要建设者，在改革开放中从工人、农民、知识分子、干部、军人等群体中分化出来的社会新生力量，在促进共同富裕、构建社会主义和谐社会、全面建设小康社会中发挥着重要作用。统一战线在新形势下的这种发展变化表明，能否最大限度地团结非公有制经济人士，对巩固和发展新世纪新阶段统一战线、巩固党的阶级基础、扩大党的群众基础和提高党的执政能力，发展中国特色社会主义伟大事业关系十分重大。就统一战线工作而言，思想政治工作历来都是形成在爱国主义、社会主义旗帜下最广泛联盟的重要途径和手段，而努力形成团结一切可以团结的力量、调动一切可以调动的积极因素的牢不可破的统一战线，则是思想政治工作的直接目标和任务。要着眼于统一战线的发展变化，深刻认识加强和改进非公有制经济人士思想政治工作对于巩固和壮大统一战线的重要意义，最大限度地把他们团结起来，把他们的智慧和力量凝聚起来，把他们的创造活力激发出来，引导他们继续解放思想、坚持改革开放、推动科学发展、促进社会和谐。

3. 加强和改进非公有制经济人士思想政治工作是引导非公有制经济人士健康成长的客观需要

随着我国经济社会结构、社会组织形式、社会利益格局的深刻变化，人们的思想观念、价值取向和行为方式日趋多样，对非公有制经济人士的思想带来不同程度的影响。广大非公有制经济人士热爱祖国，拥护党的领导，拥护社会主义制度，拥护改革开放政策，社会责任感日益增强。同时，由于他们自身构成多元，素质参差不齐，思想活动的独立性、选择性、多变性、差异性更加明显，少数人疏于自律、诚信缺失、道德失范甚至出现违规违法问题。这就要求引导非公有制经济人士坚持走中国特色社会主义道路，自觉承担社会责任，塑造良好社会形象，做合格的中国特色社会主义事业建设者。

在党的方针政策指引下，广大非公有制经济人士能够致富思源、富而思进，自觉履行义利兼顾、扶贫济困的社会责任，积极回馈社会、造福人民，在经济地位不断提高的同时，逐步树立起了整体的良好社会形象。但我们也必须看到，非公有制经济人士作为动态发展的新兴社会群体，自身构成多元，素质参差不齐，思想活动的独立性、选择性、多变性、差异性更加明显。我们要在充分肯定其主流健康向上的同时，也清醒地看到他们中的少数人存在一些不可忽视的问题。有的重利轻义，遵纪守法意识、产品质量意识、安全生产意识淡薄；有的眼界不开阔、心胸不豁达，对企业发展缺乏长远思考和战略谋划；有的摆阔斗富、生活奢靡、崇尚享乐，与中华民族传统美德和社会主义道德要求相背离；有的受国内外各种社会思潮影响，对国家基本经济制度和政治制度认识模糊。面对这些问题，统战部和工商联要牢固树立政治意识、责任意识，增强政治鉴别力，做非公有制经济人士思想政治工作的重要职责只能坚持和加强，不能放弃和削弱，必须把促进“两个健康”当做非公有制经济人士工作的出发点和落脚点，坚持对非公有制经济鼓励、支持和服务，对非公有制经济人士教育、引导和培养。正是由于环境的改变，加强思想政治工作就有更大的紧迫性、更多的重要性。实践证明，越是新情况、新矛盾大量产生的时候，越能显示出思想政治工作解疑释惑、鼓舞人心、凝聚力量的有效作用。可以说，开展非公有制经济人士思想政治工作的目的与促进非公有制经济健康发展的目标是一致的，加强和改进非公有制经济人士思想政治工作是引导非公有制经济人士健康成长和非公有制经济健康发展的客观需要。

4. 加强和改进非公有制经济人士思想政治工作是统战部、工商联履行职责的重要方面

长期以来，各级统战部门和工商联认真贯彻党的统一战线方针政策，积极实践，不断探索，非公有制经济人士思想政治工作取得了明显成效。但也存在着一些薄弱环节，有的领导干部认识不足，重视不够，轻视忽视思想政治工作的现象还不同程度地存在；有的部门因循守旧，缺乏有效的工作机制和方法手段；有的地方机构设置、干部队伍、工作经费等方面投入不足，影响了工作的正常开展。这就要求各级统战部门和工商联高度重视非公有制经济人士思想政治工作，更新思想观念，改进工作方法，完善体制机制，确保思想政治工作富有成效，切实完成好党赋予的任务。

应该说，所有涉及非公有制经济领域的党政部门、社会团体，都从各自职能出发，以不同形式，或直接或间接地在做非公有制经济人士工作。其中，统战部和工商联是被中央明确赋予承担非公有制经济人士思想政治工作职责的党委部门和人民团体。《中共中央关于巩固和壮大新世纪新阶段统一战线的意见》指出，团结新的社会阶层人士是统一战线的重要任务，要求切实做好新的社会阶层人士统一战线工作。统战部是党委主管统一战线工作的职能部门，担负着牵头协调和监督检查本地区统一战线工作的职责。非公有制经济人士思想政治工作是当前统一战线工作新的着力点的重要方面，对加强和改进非公有制经济人士思想政治工作统战部负有领导责任；而工商联负有直接责任。多年来，各级统战部和工商联认真贯彻党的统一战线方针，牢牢把握非公有制经济人士工作政策，坚持围绕中心、服务大局，通过积极实践和探索，在广泛开展非公有制经济人士思想政治工作方面积累了许多宝贵经验。

工商联在改革开放这一新的历史条件下存在的最大价值，在于引导非公有制经济人士健康成

长和促进非公有制经济健康发展。对于非公有制经济要鼓励、支持和服务，对于非公有制经济人士则要教育、引导和帮助。1991 年 7 月，中共中央批转中央统战部《关于工商联若干问题的请示》指出：在我国，非公有制经济将在相当长的历史时期内存在和发展。现在急需一个党领导的主要做非公有制经济代表人士思想政治工作的人民团体。工商联作为党领导下的以统战性为主，兼有经济性、民间性的人民团体，可以配合党和政府承担这方面的任务，成为党和政府联系非公有制经济的一个桥梁。工商联的主要工作对象应是私营企业、个体工商户、“三胞”投资企业和部分乡镇企业。工作任务是对私营企业主、个体工商户、港澳同胞、海外侨胞投资者介绍党的方针、政策，进行爱国、敬业、守法的教育，维护他们的合法权益，反映他们的正确意见，全面贯彻党对非公有制经济代表人士团结、帮助、引导、教育的方针，做好非公有制经济代表人士的思想政治工作，在他们中逐渐培养起一支坚决拥护党的领导的积极分子队伍。这是中央第一次明确工商联在新的历史条件下的主要职责和任务。

2006 年 6 月，《中共中央关于巩固和壮大新世纪新阶段统一战线的意见》对工商联的性质、职能、作用、地位等赋予了新的内涵，其中明确提出：“重视发挥工商联在促进非公有制经济人士健康成长和促进非公有制经济健康发展中的作用”，“充分发挥工商联在非公有制经济人士思想政治工作中的重要作用，引导非公有制经济人士健康成长”。

2007 年 11 月，贾庆林同志代表中共中央、国务院在致全国工商联“十大”的贺词中，对工商联工作再次提出了新的要求。中央要求，新世纪新阶段充分发挥工商联在非公有制经济人士参与政治和社会事务中的主渠道作用，在非公有制经济人士思想政治工作中的重要作用，在政府管理非公有制经济方面的助手作用，在构建和谐劳动关系过程中的协调作用和在我国行业协会商会改革发展中的积极作用，进一步指明了工商联工作的方向。在新时期党对这一新群体的思想政治工作任务，责无旁贷地落到了工商联肩上。工商联组织越来越受到各级党委、政府的重视。工商联作为中国共产党领导下的统一战线性质的人民团体，在我国政治生活中所具有的重要地位和作用，在履行职能中所负有的重大政治责任，相当程度体现在对非公有制经济人士思想政治工作的重要作用。工商联的各项工作都应围绕这一中心环节展开，都应是促进非公有制经济人士健康成长和非公有制经济健康发展的载体。

（全国工商联宣教部　供稿）

立足于中国特色社会主义共同理想

——简述新世纪新阶段非公有制经济人士思想政治工作的基本方针

全国工商联课题组

改革开放 30 年来，中国最重大的事件是市场经济的确立，非公有制经济是其中最为活跃的推动力量；而中国经济社会结构中最深刻的变化莫过于新阶层的出现，在经济多元化、社会多元化催生了人们的思想意识多元化、价值观多元化的现实下，搞清楚非公有制经济人士这一特殊人群的基本政治倾向、政治态度和思想动态，并进行科学的分析和及时的把握，是一项具有高度研究价值的系统工程，意义也十分重大，任务也异常艰巨。

一、当前非公有制经济人士思想政治工作的主要问题和误区

1. 各地工商联对非公有制经济人士思想状态的调研成果和结论

掌握非公有制经济人士当前相对真实的思想政治状况，在理论上是一个重大课题，在实践中

是有效地开展思想政治工作的基本前提。但由于非公有制经济人士这个群体的特殊性，决定了开展思想政治工作的异常复杂和敏感。

第一，非公有制经济人士总体上拥护党的政策，但差异性十分巨大。在中国社会转型过程中，异军突起的新阶层中的主流是认同国家政治体制、制度及基本方针政策，拥护共产党的领导，拥护现行制度、现行政策的，是致富思源、富而思进的，这是一个重要的基本判断。但这个群体成分十分庞杂，由于他们各自所处地域不同、出身不同、所从事行业不同、企业发展路径和规模不同，决定了各自的文化素质、道德水准、思想意识、政治态度都大相径庭，现阶段尚不可能是一个有着共同意识自觉的阶层。非公有制经济人士呈现的这一特点，决定了思想政治工作的复杂性。

山西省工商联调研反映，非公有制经济人士政治态度明朗，理想追求健康，坚定不移地走中国特色社会主义道路；他们关注社会热点问题，关心经济发展的良好环境，拥护改革开放，推动科学发展，促进社会和谐，对全面建设小康社会充满信心；他们有较强的政治诉求，希望进入各级人大、政协乃至工商联组织中担任职务，通过人大议案、政协提案、会议发言、提出意见建议等多种形式参政议政，建言献策；他们希望在政治上被充分肯定，法律上被有效保护，行为上被关注理解；他们在企业建立党、团、工会组织，积极支持这些组织开展活动。

河北省工商联对1000家民营企业法人进行的问卷调查中，对国家形势总体评价栏目内，评价“非常好”的有403人，评价“好”的有578人，评价“不太好”的仅10人，评价“不好”的没有。但是企业家们对非公有制企业生存发展的环境状况深感忧虑。问卷调查中显示，对企业生存发展环境状况评价，认为“不好”、“很不好”的比例近7%。忧虑一是社会造假成风，知识产权保护不力；二是官员腐败，贿赂公行；三是治安恶化，犯罪猖獗；四是鼓励、支持民营科技企业发展的优惠政策不落实。

第二，积极评价改革开放、发展社会主义市场经济的成果。他们拥护贯彻科学发展观、构建和谐社会的方针，承担社会责任的意识越来越强，注重企业发展与国家、社会和员工发展相协调，努力构建和谐发展氛围。越来越多的非公有制经济人士认识到企业做小是自己的，做大了就是社会的，大多数从过去只谋自身企业发展赚钱转为注重企业和国家、社会协调发展，承担了更多的社会责任。在党和政府的积极引导下，作为先富起来的一部分人的非公有制经济人士代表，按照“致富思源、富而思进”的要求，做到致富不忘回报社会，回报人民，响应党和政府的号召，积极投身于光彩事业和向灾区献爱心活动，热心捐助公益事业，参与国有企业的产权制度改革和安置下岗职工的“再就业工程”。

但这一群体容易以个人经济利益得失为标准来处理个人与社会、个人与国家利益的关系，对我国当前政治体制制度不理解，对国内外政治制度、意识形态等问题还存在模糊认识。少数人因某些利益得不到满足而对党和政府产生不满情绪，对市场准入不公平和社会歧视不服气，对政策落实不到、政策配套不全、前后出台的政策欠连续性等方面不满意，特别对目前国家产业政策、宏观调控政策及劳动法的颁布带来的用工成本提高等影响感到困惑和不满。有的人推崇“金钱万能论”，一些违背国家法律和道德规范的行为时有发生，少数人有钻法律空子的心理和行为。

第三，对自己目前社会地位感受尚可。河北省工商联在1000家民营企业法人中调查显示，对自己目前社会地位感受“很满意”的294人，感受“满意”的664人，两类合计，满意率95.8%。那些企业较有影响、本人又得到了政治安排的创业人士，在企业里有权威，在社会上有地位，普遍自我感觉良好；那些企业效益较好、本人仍在全身心倾力于企业的经营、发展，尚无心顾及其他的创业人士，在企业受员工敬重，在社会上也较受地方有关领导看重，自我感觉也普遍尚可。

但是这一群体对自己现实境况又有颇多不满。非公有制经济人士尽管各人阅历、各企业状况各异，但因处同一时代背景，他们的意见、要求、情绪和心态又颇多共性，其一，自感身负重任，生活沉重；其二，自感处处有陷阱，生活太艰险；其三，自感企业发展和自己生活处于夹缝之中，生活很无奈。同时，社会公众对非公有制经济人士的关注度提高，人们在享受改革开放尤其是非公有制经济发展的广泛成果和承认非公有制经济的重要贡献的同时，却对非公有制经济人士仍然抱有一些偏见和误解，一些影视作品中对非公有制经济人士程式化的负面描写即可看出端倪。特别是一些非公有制经济人士对动辄被冠以“富豪”的称号而声讨，动辄将腐败与民营企业相联系，动辄将民营企业家与贫困群体相对立等现象难以释怀，他们极力主张取消富豪榜一类评比，认为它毒化了人民自主创造富裕美好生活的环境。有些企业家认为当前的舆论导向有偏差，小报记者的小消息往往被炒作放大，小问题被小题大做，而主流媒体对非公有制企业和非公有制经济人士的正面宣传力度又不够往往是非主流媒体的猎奇甚至歪曲真相的宣传占上风，任凭这种错误的舆论导向传播，使非公有制经济人士的积极性受打击，他们对政府部门的信赖度下降。也有个别企业家对中国特色社会主义事业建设者的称号和新阶层划分表示不理解，担心会将他们再次归入另类。

正确引导社会舆论，创造良好成长环境，是思想政治工作的一个重要环节。从一定意义上讲，工商联现在不仅要做非公有制经济人士的思想政治工作，还要面对全社会做各方面人士的思想政治工作。

第四，有守法诚信经营，践行义利兼顾的愿望。目前，越来越多的民营企业已经把诚信经营作为自己企业文化建设的核心内容之一。1999年，部分非公有制经济代表人士在学习邓小平理论和党的十五大报告中深切体会到，经济体制转轨过程中存在的商业欺诈和信用紊乱，已经严重地阻碍了社会主义市场经济体制的建立。弘扬中华民族“守信用、讲信誉、重信义”的传统美德，已经成为时代的要求，成为非公有制经济领域亟待解决的重大课题。在中央统战部和全国工商联的引导和支持下，33 名非公有制经济代表人士于 1999 年 7 月在北京人民大会堂，向全国非公有制经济人士发出了《信誉宣言》，倡议弘扬中华民族“守信用、讲信誉、重信义”的传统美德，共同维护社会主义市场经济的正常秩序，营造良好的社会环境。《信誉宣言》的发表，得到了有关方面的高度重视和高度评价，在社会上引起了一定反响，得到了非公有制经济人士的热烈响应。这一举措不仅对塑造非公有制经济人士的良好形象起到了宣传作用，而且为推动社会主义精神文明建设发挥了促进作用。《信誉宣言》是非公有制经济代表人士继“光彩事业”之后的又一重大举措，是我们开展非公有制经济代表人士工作以来的又一有效形式，是非公有制经济代表人士积极参与社会主义精神文明建设的具体表现。很多民营企业还把维护职工合法权益的制度化建设作为重要工作内容，如建立健全职工代表大会制度、签订集体劳动合同制度、工资集体协商机制、缴纳社会保险制度、执行最低工资标准、工资增长机制、安全保障制度等，有的还针对女职工制定出特殊的福利制度。这些充分说明，在人民群众中诞生并发展起来的民营企业，有着自己强烈的社会责任意识，他们是构建社会主义和谐社会的重要生力军。

但是少部分人在追求利益最大化遇阻时容易发生摇摆。必须清醒认识到，非公有制经济人士依然是一个以追求利益最大化为目标的群体，普遍更加重视企业自身利益和发展，对改善非公有制经济发展环境充满期待。一部分人一旦利益受损，就会反应激烈，或千方百计规避，或想方设法博弈。特别是对新近开始执行《劳动合同法》意见较为集中和尖锐，有的老板直率指出，《劳动合同法》自 2008 年 1 月 1 日实施以来，所引发的纠纷已成为影响当前非公有制经济发展的难点，也是社会各界特别是企业界广泛争议的热点，认为《劳动合同法》最大的失误在于错误判断国情。非公有制经济人士高度关注企业发展环境是必然的，也是正常的。但是从初步调查情况看，缺乏加强自身思想建设的意识正在成为一种普遍存在的现象，这种状况令人担忧。这一方面说明各项政策法规制定的品质和出台的时机需谨慎斟酌；另一方面也凸显了思想政治工作和教育引导的重要性和迫切性。

第五，队伍不断壮大，素质逐步提高，企业持续健康发展，经济实力日益增强。广大非公有制经济人士注重企业发展质量，努力把企业做好做强，推动经济社会又好又快发展，已形成了较强的经济实力。越来越多企业家的法治观念、道德标准、诚信意识、感恩情怀不断增强，综合素质和思想觉悟不断提高。他们善于学习，把大部分业余时间用在学习和事业上，踊跃参加各类科技知识、市场经济、企业管理培训和素质提升活动。

但地方工商联也反映，一些非公有制经济人士初有成就之后小富即安、富而求稳，不敢与外资合作或行业协作扩大企业规模，害怕别人来分企业的经营管理权。有大量的企业还停留在家庭管理的水平上，思想保守，很难适应市场竞争的需要。对在企业内建立党组织有抵触情绪，担心影响自己在企业的权威，使思想政治工作的正常开展受到影响；环保、节能意识不强，由于企业的趋利性、科技水平低及资金实力不强等原因，特别是规模较小企业，普遍存在污染环境、资源浪费等问题。

另外，新成长起来的第二代非公有制企业经营管理者，在许多方面与其父辈相比都有了很大进步，也有很大差异。他们思想独立性更强，眼光更加开阔，但比较缺乏社会经验的积累和坎坷的历练，对中国国情和中国共产党领导的必要性缺乏深刻的体会，对坚定走中国特色社会主义道路缺乏深刻认识，也是思想政治工作关注的新焦点。

第六，关注形势，注重产业调整。他们中的大部分关注国内外政治经济动态和各项政策信息的变化，自觉地把企业的发展与国家的产业政策结合起来，依法经营、照章纳税意识，环保意识、品牌意识、创新意识以及诚信度等均有较大提高，不再像企业发展初期那样急功近利。民营企业家们普遍认为只有认真遵守市场经济规则，才能真正将企业做大做强。作为自负盈亏的直接经营者，他们在事业上注重自身价值的实现，希望结合“二次创业”，努力适应经济体制和经济增长方式两个根本性转变的要求，跳出粗放型生产经营模式和改变家族式的管理方式，使企业向投资规模化、产品多元化、管理集团化、生产科技化方向发展，在激烈市场竞争中立于不败之地，勇创自己企业的形象、信誉和名牌产品，以获得最大的经济效益。

但是产业结构不合理、环保意识不强、公益事业贡献不多的问题还不同程度存在于非公有制经济领域，还有些人不注重自身素质的提高，少数人重利轻义、诚信缺失、道德失范、疏于自律，投入到扩大再生产和社会公益事业上的资金有限，往往把钱花在超前消费、极度消费、畸形消费上。

第七，大批成熟稳健的代表人士登上政治舞台。非公有制经济代表人士参政议政意愿比较强烈，调查表明，上规模和较大的民营企业业主由于有了较高的经济地位，因此非常注重自身的社会和政治地位，利益诉求和行为方式复杂多样，大多积极要求加入人大、政协、工商联等组织，希望获得更多的政策信息和与党委、政府领导便利沟通的渠道，通过参与国家和地方的政治生活，获得自己的话语权。除了人大、政协、工商联是非公有制经济代表人士参与政治的主要渠道，还有的代表人士担任总工会委员、青联委员、妇联委员、监委行风检查员、纪委特邀监督员、特约审计员、法院人民陪审员、网上评议政府工作绩效评议员等职。他们通过参政议政参与到政治和社会事务当中，也提高了眼界，更加深刻了解了党和政府方针政策，增强了大局意识和责任意识，使得其自身政治意识、政治诉求发生积极的变化。上海市工商联会员中的代表、委员都能安排时间参加各级“两会”以及政府有关部门召集的各类会议，对本土的经济建设和宏观发展能够提出较为建设性的意见；参政议政态度较好、有一定的参政议政能力，要求政治安排的意识和愿望较强，外省市来沪发展的有一定规模的企业业主更为强烈。非公有制经济人士群体在政治觉悟上不断提高，归属感较强，乐意通过各种平台显现自己的政治地位，争取更大的发展空间，实现更大的社会价值。他们重视实现人生价值，追求事业的成功，追求增加对社会贡献的份额。但也要看到，由于创业过程的多变与曲折，他们存有比较复杂的心理。他们的政治态度更多地体现在经济层面，根本出发点依然是为了保护自身经济利益。

目前，企业家组成的以行业利益为纽带、以公益活动为纽带和以联谊为纽带的非政府组织日益兴旺，除去联手开拓市场的因素外，也表明企业家交流结社、发表见解的欲望日渐强烈，现有手段不足以表达。非公有制经济人士队伍中少数精英人物，特别是一些脱胎于体制内的人士，他们的综合素质高、创业起点高、企业实力强，一些人本就夙有强烈的政治抱负和社会理想，当财富一旦积累到一定程度，又唤醒了政治热情。他们中的部分代表人物，还借助同业联盟、财富俱乐部、公益慈善基金等非政府组织为载体，探讨和发表一些政见。因此，当前思想政治工作的一个重点，就应是关注该群体的群体意识、政治诉求、社会抱负的走势及变化，同时努力把这些组织建成企业家自我教育的场所和课堂。

第八，具有一定规模的企业比较重视企业思想文化建设，注重企业、个人形象及社会美誉度、信任度。企业家普遍认为企业思想文化是企业得以发展壮大的灵魂，能积极投入一定资金用于企业思想文化建设。在支持党团组织开展社会活动过程中，大部分企业主的态度是积极的，他们能够切实加强企业内部党团组织成员的思想政治教育，坚持开展党团组织活动，积极提高党团组织的向心力和凝聚力，以党团组织为基础开展文化、科技、体育等活动和献爱心、搞扶贫等公益事业。他们能积极改善职工的物质和精神文化生活，注意改善劳资关系，努力增强职工的凝聚力、向心力，努力营造拴心留人的环境，不断提高企业的核心竞争能力。

但非公有制企业党建的组织活动开展水平，与工作要求依然存在较大差距。调查表明，非公有制企业党建工作主要存在三方面的制约因素，一是部分非公有制经济人士对党组织的作用缺乏正确认识，对在企业内建立党组织心存疑虑，担心这可能挑战他们在企业决策中的权威，因而有一定的抵触情绪。二是对非公有制企业党组织缺乏有效的管理手段。党务工作有其独特的工作特点，需要按照党的章程，党内政治生活准则，党组织的工作议事规则的要求运行，而非公有制经济人士有些虽然兼任公司的党委（支部）书记，但对党务工作却知之甚少，因此也缺乏有效的管理手段，造成党组织活动较少，组织生活不够正常，导致组织观念淡化，党员的先锋模范作用得不到充分发挥。三是个别党务工作者不正当地行使监督职能，妨碍了企业的正常管理经营，影响了党组织和企业管理层的和谐关系，对企业组建党组织产生极深的负面影响。

第九，非公有制经济人士群体的自主性非常强，个性也非常强，在行动上、思想上不愿受人支配。这些特性有积极一面，也有消极一面。

非公有制经济人士总体上体现出“散”、“忙”、“杂”、“繁”的特点。“散”就是缺少组织依托，有一些人虽然有一定代表性和社会影响力，但游离于各种组织以外，处于组织生活的盲区。“忙”就是民营企业家在时间分配上几乎都是超负荷运转，天上飞，地上跑，时间对他们来说就是金钱，很难挤出时间开会、学习、参加活动。“杂”就是身份各异、出身各异、从事行业各异、企业规模各异。“繁”就是诉求纷繁，各有所需，莫衷一是，而且非公有制经济人士参与社会事务渠道多元，不利于集中引导。非公有制经济人士的特点决定了对其开展思想政治工作的难点，工商联干部必须打破常规，创新适应其特点、更具有针对性、容易被接受且能收到实效的方式、方法，这对思想政治工作提出了更高的要求。

党中央关于如何判断人们政治上先进与落后标准的论述

必须尊重劳动、尊重知识、尊重人才、尊重创造，这要作为党和国家的一项重大方针在全社会认真贯彻。要尊重和保护一切有益于人民和社会的劳动。不论是体力劳动还是脑力劳动，不论是简单劳动还是复杂劳动，一切为我国社会主义现代化建设作出贡献的劳动，都是光荣的，都应该得到承认和尊重。海内外各类投资者在我国建设中的创业活动都应该受到鼓励。一切合法的劳动收入和合法的非劳动收入，都应该得到保护。不能简单地把有没有财产、有多少财产当做判断人们政治上先进和落后的标准，而主要应该看他们的思想政治状况和现实表现，看他们的财产是怎么得来的以及对财产怎么支配和使用，看他们以自己的劳动对中国特色社会主义事业所作的贡献。要形成与社会主义初级阶段基本经济制度相适应的思想观念和创业机制，营造鼓励人们干事业、支持人们干成事业的社会氛围，放手让一切劳动、知识、技术、管理和资本的活力竞相迸发，让一切创造社会财富的源泉充分涌流，以造福于人民。（引自《江泽民在中国共产党第十六次全国代表大会上的报告》）

实现人民的富裕幸福，是我们建设社会主义的根本目的。随着经济的发展，广大人民群众的生活水平不断提高，个人的财产也逐渐增加。在这种情况下，不能简单地把有没有财产、有多少财产当做判断人们政治上先进与落后的标准，而主要应该看他们的思想政治状况和现实表现，看他们的财产是怎么得来的以及对财产怎么支配和使用，看他们以自己的劳动对建设有中国特色社会主义事业所作的贡献。（引自《江泽民同志在庆祝中国共产党成立八十周年大会上的讲话》）

2. 各地工商联开展非公有制经济人士思想政治工作的主要问题

问题之一，组织建设薄弱，亟待扩大工作覆盖面。尚有十个左右省级工商联未设置宣传教育部。即使有宣传教育部，一般性宣传工作也往往多于思想政治工作。越接近基层这一职能作用也越淡化。到了地市县一级，由于编制减少，负责思想政治工作的部门无法齐全，人员配备不到位，责任不明确等状况比较严重和普遍。许多地方党委、政府忽视思想政治工作是工商联的重要职能和作用，使得招商引资、慈善公益事业成为中心任务，一些民营企业家不愿意和工商联接触。黑龙江省工商联反映，工商联存在着机构、编制、人员素质、经费、办公设施等实际困难，影响工作开展。13个地市级工商联共有行政编制133个，平均每个地市10人，最少的只有3人。地市办公经费普遍不足，每年经费不足5万元，全年经费缺口很大，召开有关会议、开展大型活动的经费难以保证，基本上是一事一请。吉林省各级工商联共有会员46932人，工商联编制仅344人，在编326人，有的县（市、区）只有1个编制。工商联的干部由于历史形成的原因，有些人很难适应新形势下工商联工作的需要，却无法流动。尤其是县、乡镇（街道），直接面对大量的工商联会员，是开展非公有制经济人士思想政治工作的“前线”，但恰恰这个层面的工商联组织最薄弱，编制少、人员相对老化。

组织建设的薄弱，使得工商联的思想政治工作覆盖面小，影响力和凝聚力相对较弱，非公有制企业思想政治工作存在“真空地带”，大多数没有加入工商联的非公有制企业，其思想政治工作领域成了“真空地带”，无人过问，无部门抓；非公有制企业党的力量薄弱，制约非公有制企业及思想政治工作的深入开展。据调查，浙江省是我国非公有制经济发展最为活跃，工商联工作成果十分显著的省份，截至今年3月底，浙江有私营企业45.41万家，个体工商户181.88万家，而全省工商联共有会员95800个，各级工商联（包括基层组织、行业商会）经常联系的非公有制经济人士更少，只占企业会员、个人会员的10%左右。虽然各地具有经济实力、行业领先、社会影响力大的非公有制经济人士加入了工商联，但覆盖面小、影响力和凝聚力弱的事实表明工商联的思想政治工作离党委政府的要求、离非公有制经济人士的现状还存在差距。

问题之二，工商联权限职能有限，亟待完善开展思想政治工作职能的环境。在浙江，据统计县以上工商联共有42个工商联主席职务由企业家担任，占总数的40%，工商联企业家主席担任同级人大副主任、政协副主席职务的11人，占总数的10%。由企业家担任工商联主席，进入同级人大、政协领导班子，对非公有制经济人士的思想政治工作具有重要的导向意义，是开展思想政治工作的前提和条件。但是这一权限目前主要在党委统战部，很多常委、副会长的安排，工商联领导班子在确定前都毫不知情，对有的工商联副主席、常委的被提名人背景和情况也不了解，个别人甚至当选后也没有参加过工商联会议。许多工商联反映，为开展非公有制经济人士思想政治工作搭建的有效载体不多，同时思想政治工作涉及许多部门，未能形成与这些部门协同开展思想政治工作的有效机制。

同时，环境影响主渠道作用的发挥。当前各类协会纷纷成立，许多是由在职或退下来的省级领导牵头、职能部门主管和组织的，存在严重的组织职能重叠、组织散滥现象，这些协会面对的是同一群体，有不少人士在几个甚至十几个协会中兼职。会要参加，会费要交，甚至要接受变相摊派，造成了很不好的影响。企业家在权衡利弊的情况下只好“亲人”不亲“组织”，往往听有权、有势、有恩的招呼，使工商联主渠道作用被削弱。上海市工商联抽样调查显示，69.3%的企业参加了政府部门主管的行业协会，51.0%的企业参加了工商联下属行业商会或同业公会。多数企业认为行业商会主要职责是代表本行业企业的利益，维护合法权益，帮助企业与政府有关方面进行沟通，提供信息、咨询、教育培训等服务，协调同行业企业的经营行为。多数认为当前行业组织存在的弊端主要是官办色彩浓厚，政会不分，难以代表行业的利益，以及政府职能转变和转移不到位，行业组织不健全，同时行业组织立法滞后，发展没有纳入法制化轨道。

问题之三，普遍存在畏难情绪，亟待提高工作创新的勇气和积极性。不少工商联党组领导还对思想政治工作存在认识不到位，态度不坚决，方向难把握；措施不得力，工作难坚持。在效果上显示落实力度弱，手段创新少，工作渠道比较匮乏，许多干部有畏难情绪。谈到成绩和经验时，来自上级的套话多，来自实际的经验少；定性描述多，定量分析少；主观判断多，客观研究少；个别案例多，综合情况少；活动开展多，总结研究少；提出问题多，解决方法少；宏观的定性的建议多，微观的具体的可操作性强的主意少。思想政治工作说到底就是一个凝聚人心、凝聚力量的工作，要突出以人为本。在实际中，大多思想政治工作没有贴近民营经济发展的实际，没有贴近民营企业家生活，没有深入到企业生产第一线，真实了解企业生产经营情况，难以适应现阶段经济、政治、文化的实际情况和要求。有的开展工作凭老经验、老办法；有的开展工作随意性大，没有形成制度；有的方法简单，开会、命令等“灌输式”、“说教式”教育居多，以理服人、以情感人等“诱导式”、“启发式”教育偏少，思想政治工作缺乏说服力和吸引力。有的内容单一，把思想政治工作简单地看做是理论学习、形势教育，忽视了思想政治工作与建设企业文化、构建和谐企业、改善内部环境等方面的内在联系。随着改革的深入，一些非公有制经济人士对一些新出台的政策法规，在认识理解上存在疑虑和担心，思想准备不足，特别是对融资贷款、行业准入、行政审批、行政执法等方面遇到的困难和障碍感到无奈和无助，缺乏自信和有效的应对办法。面对这些问题，思想政治工作也显得有些力不从心，思想政治工作与解决非公有制经济人士的现实问题还有一定的差距。调查显示，67.43%的受访者认为思想政治工作说教味浓，且形式呆板、手段单一，缺乏吸引力。一些工商联干部积极性、主动性不够。调查发现，凡是工商联有凝聚力、有活力，工作有成效的，背后总有活动能力强、热心工商联工作的工商联领导。相反，抱着养老的心态、被冷落的心情在工商联工作，即便原来工作基础较好的，也很快受影响。

问题之四，基础建设总体薄弱，亟待下大力气建立及时掌握情况的工作机制。缺乏对本地区非公有制经济人士思想状态的动态掌握，特别是缺乏具有统计学意义的科学抽样调查系统，难以描述非公有制经济人士群体思想状况；基本上没有建立对非公有制经济人士思想动态的（如讲话、文章、采访等）采集和分析系统；基本没有对非公有制经济人士思想政治工作的系统的理论研究。

问题之五，教育培训流于形式，亟待增强有效性。第一，培训缺乏针对性。进入政协、人大和青联等其他人民团体的非公有制经济人士，大多是各级统战部和工商联在这一阶层中开展思想政治工作中做出的政治安排。但非公有制经济人士进入这些组织后受到的培训，基本上是与这些组织的其他新成员一起，学习、了解这些组织的基本职能，很少有专门针对改革开放后新形成的非公有制经济人士的学习内容。第二，难以起到选拔、考察的作用。非公有制经济人士担任一定的社会职务，参与国家政治生活，是新时期统战工作的重要内容。他们代表的是非公有制经济人士这一新社会阶层，在某种意义上也代表工商联，应该也必须有一定的政治素质。由于培训是在政治安排之后进行的，培训工作也就难以发挥发现、选拔、考察、推荐的作用。第三，质量难以保证。由于非公有制经济人士是否参加工商联组织的培训，与自身能否得到政治安排无关，使得部分担任了社会职务的非公有制经济人士对参加培训重视不够，参加人员和参加学习时间往往打折扣，在培训过程中发现个别代表人士的素质与承担的社会职务有差距也难以调整，而且有可能在政治安排时遗漏人才。第四，培训尚未形成系统的、相对稳定的教材。由于教育培训工作未被纳入非公有制经济代表人士培养和选拔的工作体系中，只是一种“事后的补课”，因此每年安排的培训都带有一定的临时性，比较多的情况就是其他工作忙了，培训就少搞一点，时间相对充裕时，培训就多安排一点。尽管每年的培训都有一些基本内容，如新时期统战理论与实践，工商联的职能、性质和作用，非公有制经济的特点、贡献和发展趋势等，但一直没有系统、规范的教材，培训的内容和重点也往往因人、因时而异。

问题之六，重发展、轻教育现象严重，亟待提高工商联职责意识。只重视支持企业发展，忽视对企业家教育。没有从讲政治高度认识非公有制经济人士的健康成长问题，存在着引导教育不够的问题。实际工作中，强调鼓励支持企业发展，营造发展的良好环境较多，而地方政府宽容企业违规违法上项目的做法、片面强调骨干企业的贡献作用以及执法不公等做法，助长了一些非公有制企业的守法不严、畸形发展、诚信口碑不好的行为。一些领导和部门对非公有制经济人士的态度往往是“恭敬”有余，批评教育不足，使他们在成长中过多依靠内因主导，缺乏培育的营养，有的甚至任其自由发展、自生自灭，非公有制经济人士的成长环境过分依存在优胜劣汰的自然规则中，一定程度上忽视非公有制经济人士引导教育工作的重要性。还有相当多的工商联干部和非公有制经济人士将对非公有制经济人士的思想政治工作理解为对民营企业的思想政治工作。非公有制经济人士谈企业和员工的思想政治工作的比较多，谈自身思想建设和思想认识的少。

问题之七，行业商会作用单薄，亟待加强党建工作。当前行业商会思想政治工作中的突出问题是党的力量比较薄弱。专职人员少，会员松散，平时各干各的事，没有把思想政治工作提到议事日程上。行业商会涉及领域广，人员复杂，素质参差不齐，给党建工作及思想政治工作的稳步推进带来了困难，党员力量单薄、身份交叉、流动性大，管理上还有待于进一步完善。尽管有关部门在行业组织党建工作上采取了不少措施，但一些单位和个人对行业商会党建及开展思想政治工作的重要性认识不深、不全面，严重阻碍了党建工作的健康发展，致使党通过行业商会做好非公有制经济人士思想政治工作不能发挥应有的作用。

3. 当前对非公有制经济人士思想政治工作普遍存在的误区

对非公有制经济人士思想政治工作面临许多尴尬，比如，很多老板在公开的场合说着符合党和政府要求的场面话，而在私下里对自己这些话也很不以为然。这种情况使得掌握非公有制经济人士真实思想状况增加了难度，也反映目前思想政治工作的思维方式和方法普遍存在着误区。

第一个误区，把投入当产出。习惯于把开会、发文件、谈心这些投入性工作作为成绩予以总结上报，上级也往往将其作为成绩予以认定。一方面用新的形式主义来反对旧的形式主义，用新的文山会海来反对旧的文山会海。另一方面容易使思想政治工作自成体系，自我服务，使思想政治工作与中心工作形成“两张皮”。甚至有些工作任务刚下达，就开始要数字，要效果，让基层被迫应付。思想政治工作出现“主体性缺失”，与实践脱节，表里不一，知而不行，使教育者与被教育者都产生角色错位和双重人格，而且内容概念化、僵化，手段强制性色彩浓重，空话、假话、套话盛行，致使一度出现信仰危机，思想政治工作变得面目生冷，陷入人们不再真听、真信、真用的窘境。在新的形势、新的情况面前，对待思想政治工作，有些人“不愿提”了，心存厌倦，甚至反感，刻意回避；有些人“不敢碰”了，缺乏实践探索的激情和理论创新的勇气，畏首畏尾，瞻前顾后；有些人“不会干”了，老办法不管用，硬办法不能用，软办法不顶用，新办法不会用；有些人“不太懂”了，长期“敬而远之”，已不知“看家本领”、“传家宝”和“生命线”为何物了。

第二个误区，把理想目标视作现实存在，进步性与广泛性相混淆。在社会上一方面有悖道德伦理的事件时常出现，特别是各种腐败案件极大地毒化了社会风气；另一方面，宣传思想领域普遍对“高大全”式人物群体存在着扭曲性期盼，误以为搞思想政治教育目标越高，对人的思想要求越纯，越能产生好的效果。而忽视了广泛性的基础工作，致使许多思想政治工作成了空头政治。思想政治工作当然不能放弃远大理想和奋斗目标，但同样也不能把远大理想作为现实存在，脱离或超越经济基础、社会基础和人们的思想道德基础。要切实防止思想政治工作只重初衷，不重结果，只想挖思想根源，不看社会功用的错误做法。有的专家认为，高调对先进人物进行拔高宣传也会把人们对先进人物的期盼吊得很高，甚至造成人为的先进性人物人格扭曲，失去了对广泛群体的吸引力、公信力，起不到示范作用。所以，务必要把对代表人士的进步性要求和广大非公有制经济人士的普遍性要求结合起来，把重大原则与一般思想认识问题区别开来，使思想政治工作能够因人、因地、因时、因事地开展，增强针对性，才能提高有效性。

第三个误区，主观努力与客观实践相背离。主观努力上是力求建立与市场经济相联系的道德价值体系，客观上或者结果上的一些思想政治工作却是破坏正在形成过程中的社会主义市场经济条件下的道德价值体系。有的人总把自己当做真理的传播者，总认为自己是真理在握，因而“我说你听，我打你通”，实际效果差。还有的人理性上承认自己并不在任何问题上都是真理在握，在实践中又很难承认，不能发展和完善自己的参照系，思想观念上存在滞后。实际上很多思想政治工作者本身也对此表示怀疑，信心不足，提出了所谓“谁该教育谁”的问题。

第四个误区，过高估计了道德的作用和理想目标的吸引力，过高估计了思想教育的作用，而忽略了法制、政策和制度对道德的强化作用。在法制尚不健全的情况下，过重地看待道德作用，看待思想教育作用，一方面使思想政治工作承担了本不该承担的、属于行政管理或法律范围内的事情，另一方面也使思想政治工作走向万能，也就走向虚幻。

第五个误区，认为解放思想就是打破，创新就是打破，而忽略了发扬具有广泛群众基础的优良传统。改革开放以来，在精神和思想道德领域打破了许多东西，很少有人研究或者致力于重建工作。长此以往将导致精神领域的紊乱，导致道德领域的滑坡。要十分重视信仰失重、道德失范、行为失规等问题，加快建立社会主义市场经济体制下的思想道德准则。非公有制经济人士的实践对此作出了重要贡献，要十分重视和鼓励从非公有制经济领域汲取精神财富和营养。

二、加强和改进非公有制经济人士思想政治工作的指导思想

加强和改进非公有制经济人士思想政治工作的指导思想是：坚持以马克思列宁主义、毛泽东思想、邓小平理论和“三个代表”重要思想为指导，全面贯彻落实科学发展观，按照充分尊重、广泛联系、加强团结、热情帮助、积极引导的方针，充分发挥统一战线的政治优势，发挥工商联在非公有制经济人士思想政治工作中的重要作用，引导非公有制经济人士健康成长和促进非公有制经济健康发展。

1. 马克思主义中国化是指导我们工作的理论基础

以马克思列宁主义、毛泽东思想、邓小平理论和“三个代表”重要思想为指导坚持马克思主义在意识形态领域的指导地位，用马克思主义的世界观和方法论武装头脑。马克思主义的辩证唯物主义和历史唯物主义，是科学的世界观、方法论，只有广泛宣传它的基本原理和基本观点，才能帮助和引导人们划清唯物论与唯心论、辩证法与形而上学的界限。要把用邓小平理论武装全党、教育干部和人民作为思想政治工作的首要任务，广泛进行党的基本路线和基本纲领教育，进行爱国主义、集体主义、社会主义和艰苦创业精神的教育。要密切联系30年来改革开放和中国特色社会主义建设中的理论和实践问题，增强工作的针对性和实际效果，使广大非公有制经济人士更加自觉地贯彻执行党的基本理论和基本路线。要坚持进行中国近现代史、中共党史和基本国情教育，进行中华民族优良传统和革命传统教育，进行维护祖国统一教育，大力弘扬爱国主义精神，牢固树立中国特色社会主义的共同理想，进一步增强学习中国特色社会主义理论体系的自觉性和坚定性，把非公有制经济领域的智慧和力量凝聚到实现党的十七大确定的各项任务上来。

2. 科学发展观是新世纪新阶段经济社会发展的重要指导方针

深入学习贯彻科学发展观是当前全党的一项重要工作，也是非公有制经济人士思想政治工作一项至关重要和迫在眉睫的重要任务。科学发展观是对党的三代中央领导集体关于发展的重要思想的继承和发展，是马克思主义关于发展的世界观和方法论的集中体现，是同马克思列宁主义、毛泽东思想、邓小平理论和“三个代表”重要思想既一脉相承又与时俱进的科学理论，是我国经济社会发展的重要指导方针，是发展中国特色社会主义必须坚持和贯彻的重大战略思想。

要通过深入学习贯彻科学发展观教育引导广大非公有制经济人士，努力把自身企业的发展与国家的发展结合起来，把个人富裕与全体人民的共同富裕结合起来，把遵循市场法则与发扬社会主义道德结合起来，帮助他们树立正确的世界观、人生观、价值观、财富观和投资观，全面提高他们的思想政治、道德文化等综合素质，以富民强国为己任，自觉增强社会责任感，保障企业实现又好又快的发展。

党中央关于科学发展观的论述

科学发展观，是立足社会主义初级阶段基本国情，总结我国发展实践，借鉴国外发展经验，适应新的发展要求提出来的。科学发展观，第一要义是发展，核心是以人为本，基本要求是全面协调可持续，根本方法是统筹兼顾。

——必须坚持把发展作为党执政兴国的第一要务。发展，对于全面建设小康社会、加快推进社会主义现代化，具有决定性意义。要牢牢抓住经济建设这个中心，坚持聚精会神搞建设、一心一意谋发展，不断解放和发展社会生产力。更好实施科教兴国战略、人才强国战略、可持续发展战略，着力把握发展规律、创新发展理念、转变发展方式、破解发展难题，提高发展质量和效益，实现又好又快发展，为发展中国特色社会主义打下坚实基础。努力实现以人为本、全面协调可持续的科学发展，实现各方面事业有机统一、社会成员团结和睦的和谐发展，实现既通过维护世界和平发展自己，又通过自身发展维护世界和平的和平发展。

——必须坚持以人为本。全心全意为人民服务是党的根本宗旨，党的一切奋斗和工作都是为了造福人民。要始终把实现好、维护好、发展好最广大人民的根本利益作为党和国家一切工作的出发点和落脚点，尊重人民主体地位，发挥人民首创精神，保障人民各项权益，走共同富裕道路，促进人的全面发展，做到发展为了人民、发展依靠人民、发展成果由人民共享。

——必须坚持全面协调可持续发展。要按照中国特色社会主义事业总体布局，全面推进经济建设、政治建设、文化建设、社会建设，促进现代化建设各个环节、各个方面相协调，促进生产关系与生产力、上层建筑与经济基础相协调。坚持生产发展、生活富裕、生态良好的文明发展道路，建设资源节约型、环境友好型社会，实现速度和结构质量效益相统一、经济发展与人口资源环境相协调，使人民在良好生态环境中生产生活，实现经济社会永续发展。

——必须坚持统筹兼顾。要正确认识和妥善处理中国特色社会主义事业中的重大关系，统筹城乡发展、区域发展、经济社会发展、人与自然和谐发展、国内发展和对外开放，统筹中央和地方关系，统筹个人利益和集体利益、局部利益和整体利益、当前利益和长远利益，充分调动各方面积极性。统筹国内国际两个大局，树立世界眼光，加强战略思维，善于从国际形势发展变化中把握发展机遇、应对风险挑战，营造良好国际环境。既要总揽全局、统筹规划，又要抓住牵动全局的主要工作、事关群众利益的突出问题，着力推进、重点突破。（引自胡锦涛《在中国共产党第十七次全国代表大会上的报告》）

3. 遵循新世纪新阶段统战工作方针

第二十次全国统战工作会议指出，加强新的社会阶层人士统战工作，必须坚持“充分尊重、广泛联系、加强团结、热情帮助、积极引导”的方针，这为在新世纪新阶段做好新的社会阶层人士，特别是非公有制经济人士统战工作进一步指明了方向，提供了基本的政策依据。

充分尊重，就是要尊重非公有制经济人士的劳动创造和工作成绩，尊重他们在市场经济大潮中的创业精神，肯定他们为发展生产、解决就业、提供税收、增强国力作出的积极贡献。

广泛联系，就是要广泛加强同广大非公有制经济人士的沟通、联系，了解和掌握非公有制经济人士的基本状况和发展变化，关注他们的利益诉求，畅通反映意见建议的渠道。

加强团结，就是要凝聚他们的聪明才智，有计划、有系统地加强对非公有制经济代表人士的培养，扩大他们有序的政治参与。

热情帮助，就是要完善和落实相关法律法规

和政策措施，做好协调服务工作，维护非公有制经济人士的合法权益，保护和调动他们的积极性、主动性、创造性，使他们掌握的资本、技术、劳动、管理和信息等生产要素在建设中国特色社会主义事业中更好地发挥作用。

积极引导，就是要引导广大非公有制经济人士坚持爱国、敬业、诚信、守法、贡献，致富思源、富而思进，自觉履行义利兼顾、扶贫济困的社会责任，积极回馈社会、造福人民，做合格的中国特色社会主义事业的建设者。

4. 发挥工商联“三性”统一的综合优势

工商联作为党和政府联系非公有制经济代表人士的桥梁和纽带，是具有统战性、经济性、民间性的人民团体，有着统战工作和民间商会的两方面职能。要保证工商联的正确发展方向，充分发挥工商联的作用，工商联必须坚持统一战线性质，必须不断健全和完善民间商会的职能。

统战性是指工商联是由各类工商业者、主要是非公有制经济代表人士参加的统一战线组织，具有政治协商、民主监督、参政议政、团结教育、协调关系等基本功能。工商联自成立之日起就是人民政协的组成单位，履行政治协商、参政议政、民主监督职能，在国家政治生活中发挥了重要作用。在新的历史时期，党中央又把做非公有制经济代表人士思想政治工作的任务交给工商联，为工商联增添了新的工作职能。工商联在贯彻党的有关方针、政策，提高非公有制经济人士爱国、敬业、守法的自觉性，引导非公有制经济健康发展方面做了大量工作，显示了不可替代的作用。统战性是工商联所独有而其他社会团体不具备的政治优势。在对非公有制经济人士工作的任务更加突出和繁重的形势下，工商联的统战性一定要继续坚持，不能削弱，更不能放弃。只有坚持统战性，工商联才能坚持正确的政治方向，才能真正发挥党和政府联系非公有制经济人士的桥梁和纽带作用。工商联的经济性是由其会员特点决定的，他们绝大多数是非公有制经济人士，是拥有经济实体的企业人员，主要在经济领域活动。工商联要与经济工作相联系，要维护和代表会员的合法权益，要为会员在法律范围内的经济活动服务，体现商会的职能。工商联的民间性是由其人民团体的性质决定的，它是一个群众性组织，与政府职能不同。它的作用的发挥，主要是通过协调服务、组织沟通、信息咨询等形式和渠道来实现的。

工商联的统战性、经济性、民间性是密切相关的有机整体。统战性要寓于经济性、民间性中，经济性、民间性要体现统战性。有的同志提出，随着改革开放的深入，非公有制经济的发展，工商联的商会职能将在国内和国际上的经济活动中越来越充分地体现出来，因此，工商联要少提甚至不提统战性，应突出和强调经济性、民间性。也有的同志提出，工商联无权无钱，做好代表人士的思想政治工作就行了，用不着强调经济性、民间性。这两种倾向都是错误的，在实践上是有害的，必须纠正。如果丢掉了统战性这一政治优势，工商联的地位作用就会大大降低。反过来说，如果丢掉经济性、民间性，工商联就失去了存在的意义。

5. 始终围绕促进“两个健康”

工商联的所有工作都要以促进非公有制经济人士健康成长和非公有制经济健康发展为出发点和落脚点，紧紧围绕“健康”二字下工夫、做文章。党和国家对非公有制经济发展有明确的方针政策，工商联的任务就是进一步推动有关方针政策的全面贯彻落实，对非公有制经济要鼓励、支持和做好服务，对非公有制经济人士要加强团结、教育和培养，有效促进“两个健康”。

实践证明，“两个健康”是相互交融、不可分割的。非公有制经济人士健康成长是非公有制经济健康发展的基础和内动力，非公有制经济健康发展是非公有制经济人士健康成长的必然结果和价值体现。从工商联工作的角度讲，促进非公有制经济人士健康成长，就是要通过我们形式多样、富有成效的思想政治工作，团结、教育广大非公有制经济人士共建社会主义核心价值体系，努力把自身企业的发展与国家的发展结合起来，把个人富裕与全体人民的共同富裕结合起来，把遵循市场法则与发扬社会主义道德结合起来，爱国、敬业、诚信、守法、贡献，致富思源、富而思进，自觉接受党的领导，自觉履行社会责任，主动支持本企业的党建工作，做合格的中国特色社会主义事业的建设者；促进非公有制经济健康发展，就是要通过我们多种渠道、多个方面地帮助解决非公有制企业在发展过程中所遇到的实际困难和具体问题，引导、帮助他们树立并落实科学发展观，建立新型劳动关系，加强富有特色、促进和谐的企业文化建设，努力实现企业又好又快发展。

应该说，工商联现有的工作是有利于促进“两个健康”的。但从总体上看，工商联在牢牢抓住“健康”二字上意识还不够强，内容还不够新，成效还不够实。要清楚地认识到，如果非公有制企业经营管理者亚健康、不健康，最终将导致非公有制企业亚健康、不健康。因此，首先要切实加强和不断改进对非公有制经济人士健康成长的工作，引导他们既要成为物质财富的创造者，也要成为精神财富的创造者，以此为非公有制经济健康发展提供保证，使其真正成为社会主义市场经济的重要组成部分。

三、加强和改进非公有制经济人士思想政治工作的基本任务

加强和改进非公有制经济人士思想政治工作的基本任务是：最大限度地把广大非公有制经济人士团结凝聚在党的周围，引导他们坚定不移地走中国特色社会主义道路，做到爱国、敬业、诚信、守法、贡献，自觉承担社会责任，做合格的中国特色社会主义事业建设者；努力培养和造就一支与中国共产党同心同德、致力于中国特色社会主义事业的非公有制经济代表人士队伍，带动广大非公有制经济人士为全面建设小康社会、构建社会主义和谐社会作贡献。

1. 最大限度地把广大非公有制经济人士团结在党的周围

为巩固和扩大党的执政基础争取人心、凝聚力量，是非公有制经济人士思想政治工作的光荣使命。团结包括广大非公有制经济人士在内的新的社会阶层人士是建设中国特色社会主义事业的必然要求。历史证明，最大多数人的利益和全社会全民族的积极性创造性，对党和国家事业的发展始终是最具有决定性的因素。建设中国特色社会主义事业既是一项前无古人的伟大事业，也是一项事关全体中国人民根本利益的伟大事业。改革开放以来，在我国社会变革中出现的民营科技企业的创业人员和技术人员、受聘于外资企业的管理技术人员、个体户、私营企业主、中介组织的从业人员、自由职业人员等新的社会阶层，都是中国特色社会主义事业的建设者，是推动改革开放和现代化建设的新的重要力量。在加强工人、农民和知识分子团结的基础上，做好新的社会阶层人士工作，形成全体人民各尽其能、各得其所而又和谐相处的局面，对于发展我国先进生产力和先进文化，实现和维护最广大人民的根本利益，不断推进中国特色社会主义伟大事业具有重大的意义。

团结广大非公有制经济人士是党中央交给统一战线，特别是工商联的一项重大课题。十一届三中全会后，为团结调动一切积极因素，我们党先后将在我国社会变革中出现的新的社会群体纳入统一战线工作范围。1991 年，中央在批转中央统战部《关于工商联若干问题的请示》的决定中，明确将个体户、私营企业主等非公有制经济人士的思想政治工作交由统战部门和工商联来做，并提出了“团结、帮助、引导、教育”的工作方针和任务。2003 年，胡锦涛同志在“七一”重要讲话中提出需要进一步探讨和研究的 14 个重大课题，其中之一就是如何不断为中华民族伟大复兴增添新力量。这主要是指如何在巩固工人、农民、知识分子团结基础上，团结新的社会阶层人士，需要统战部门认真研究解决。在第 20 次全国统战工作会议上，胡锦涛同志明确提出：新的社会阶层人士工作是党的群众工作的新领域，统一战线要把这项工作作为新的着力点，把他们更广泛地团结和凝聚在党和政府周围。

团结包括广大非公有制经济人士在内的新的社会阶层人士，引导他们坚定不移地走中国特色社会主义道路，是新世纪新阶段统一战线不断发展壮大的内在要求。

进入新世纪，随着改革开放的深入和社会结构的进一步变革，统一战线发展成为全体社会主义劳动者、社会主义事业建设者、拥护社会主义爱国者和拥护祖国统一爱国者的政治联盟。新的社会阶层作为中国特色社会主义事业建设者，既是我国经济建设和社会发展不可缺少的力量，也是统一战线内部构成的重要组成部分。因此，做好新的社会阶层人士工作，不仅是巩固党的阶级基础和群众基础，实现全面建设小康社会奋斗目标的需要，更是巩固和发展新世纪新阶段爱国统一战线的内在要求。在团结工作中，要正确认识和处理社会各阶层的关系，激发创造活力，注重公平正义，鼓励先富帮后富，形成社会各阶层各尽所能、各得其所而又互相关爱、和谐相处的局面。正确认识和处理新形势下我国社会各阶层关系，必须科学分析和准确把握我国社会阶层结构发生的深刻变化，在发挥我国工人、农民、知识分子、干部、军人推动社会发展的主体作用的同时，正确处理和协调非公有制经济人士等新的社会阶层的利益诉求。教育引导非公有制经济人士特别是年青一代，继承发扬老一辈民族工商业者与中国共产党风雨同舟、患难与共的优良传统，坚定不移走中国特色社会主义道路，进一步巩固和扩大党的执政基础，全面兼顾和实现各阶层群众的利益，充分发挥社会各阶层在推动经济社会发展中的作用，努力使整个社会更加生机勃勃、更加融洽和谐。

2. 引导广大非公有制经济人士坚持走中国特色社会主义道路

改革开放以来，我们党和国家取得一切成绩和进步的根本原因归结起来就是：开辟了中国特色社会主义道路，形成了中国特色社会主义理论体系。高举中国特色社会主义伟大旗帜，最根本的就是要坚持这条道路和这个理论体系。改革开放的历史进程中，我们党把坚持马克思主义基本原理同推进马克思主义中国化结合起来，把坚持四项基本原则同坚持改革开放结合起来，把尊重人民首创精神同加强和改善党的领导结合起来，把坚持社会主义基本制度同发展市场经济结合起来，把推动经济基础变革同推动上层建筑改革结合起来，把发展社会生产力同提高全民族文明素质结合起来，把提高效率同促进社会公平结合起来，把坚持独立自主同参与经济全球化结合起来，把促进改革发展同保持社会稳定结合起来，把推进中国特色社会主义伟大事业同推进党的建设新的伟大工程结合起来，取得了一个拥有十几亿人口的发展中大国摆脱贫困、加快实现现代化、巩固和发展社会主义的宝贵经验。

中国特色社会主义道路就是，在中国共产党领导下，立足基本国情，以经济建设为中心，坚持四项基本原则，坚持改革开放，解放和发展社会生产力，巩固和完善社会主义制度，建设社会主义市场经济、社会主义民主政治、社会主义先进文化、社会主义和谐社会，建设富强民主文明和谐的社会主义现代化国家。中国特色社会主义道路之所以完全正确、之所以能够引领中国发展进步，关键在于中国共产党既坚持了科学社会主义的基本原则，又根据我国实际和时代特征赋予其鲜明的中国特色。在当代中国，坚持中国特色社会主义道路，就是真正坚持社会主义。

3. 使广大非公有制经济人士爱国、敬业、诚信、守法、贡献

爱国、敬业、诚信、守法、贡献，做合格的中国特色社会主义事业的建设者，是新世纪新阶段党中央对包括非公有制经济人士在内的新的社会阶层人士提出的明确要求。充分认识这“十字”要求的内涵，对于引导非公有制经济人士自觉承担社会责任，做合格的中国特色社会主义事业的建设者具有十分重要的意义。

爱国，是对每一个中国公民的基本要求。爱国不是抽象的，而是具体的。在全面建设小康社会新阶段，要引导新的社会阶层人士热爱中国共产党、热爱祖国、热爱社会主义、热爱人民，把自身的发展与国家振兴结合起来，将报效祖国作为义不容辞的责任，以投身改革开放和现代化建设事业为最大光荣，为全面建设小康社会添砖加瓦，为富民强国贡献力量。

敬业，是一种态度、一种境界。要引导新的社会阶层人士把追求个人事业的发展与建设中国特色社会主义事业有机地结合起来，一方面，要发扬奋发图强、创业创新、锐意进取、勤劳兴业的精神，兢兢业业做好自己的本职工作；另一方面，要牢固树立和落实科学发展观，将企业做强做大做好，在激烈的国际竞争和市场竞争中不断发展，在促进祖国繁荣富强的宏伟事业之中、在与社会共同进步中实现自己的价值。

诚信，是中华民族优秀的传统道德，也是市场经济的基石，更是做人的根本。要引导新的社会阶层人士坚持诚信为本、公平竞争，守诺、践约、无欺，为建立和完善社会信用体系，形成与社会主义市场经济相适应的社会主义思想道德体系作出努力。

守法，是每个公民的本分和道德准则，也是市场经济对企业的基本要求。社会主义市场经济是法治经济，只有诚实劳动、遵纪守法，才能受到社会的尊重，得到法律的保护，也才能使企业持续发展。要引导新的社会阶层人士自觉遵守国家的法律法规，遵守国家的财政税收、环境保护和劳动保护等政策，遵循市场规则和行业规范，在开展经营活动、发展企业自身的过程中，维护国家、集体利益，维护企业员工的合法权益。

贡献，就是要引导新的社会阶层人士继承和发扬中华民族传统美德，致富不忘国家、致富不忘人民，义利兼顾、德行并重、扶危济困，服务社会、回报人民、奉献祖国，积极参与社会公益事业，参与光彩事业，为全面建设小康社会、构建社会主义和谐社会作出应有的贡献。

4. 建设一支代表人士队伍

非公有制经济人士的内部构成来自方方面面，思想素质参差不齐，社会经历不同，接受党的教育程度不同，处于不断发展变化之中。随着非公有制经济的发展和非公有制经济人士队伍的壮大，他们中必然产生一些代表性人物。工商联主要是做代表人士工作的。努力培养和造就一支与中国共产党同心同德，始终不渝致力于中国特色社会主义事业的非公有制经济代表人士队伍，进而通过他们去带动和影响广大非公有制经济人士，引导这一群体健康成长和健康发展，对于发展壮大新时期爱国统一战线，巩固我国安定团结的政治局面，加快改革开放和现代化建设事业都具有十分重要的意义。

做好代表性人士的工作，并通过代表人士团结其所联系和影响的各方面群众，是统一战线的重要工作方法。非公有制经济人士作为改革开放后社会主义市场经济的产物，人数持续增长，队伍不断壮大，作用日益突出。非公有制经济人士作为中国特色社会主义事业的建设者，思想状况主流是积极向上的，能够拥护党的领导，拥护社会主义制度，但内部构成比较复杂，素质参差不齐，还存在着一些这样那样的问题，需要加强教育和引导，帮助他们健康成长。这就需要建立起一支代表人士队伍，起到导向作用，并发挥他们在国家经济和社会生活中的作用。从目前情况来看，包括非公有制经济代表人士在内的新的社会阶层代表人士的培养工作还面临着一些新的问题：一是这个阶层虽然人数较多，但发育不过30年，正处在成长期，自然产生了一些代表人士，但代表性还不够强，代表范围还不够广，需要加强有组织的培养。二是非公有制经济人士与其他社会阶层之间以及新的社会阶层内部之间的流动性比较大，在身份、领域、地域等方面变化频繁，代表人士显现出较大的不稳定性。三是非公有制经济人士分布的领域和行业十分广泛，选择性、自主性、差异性较强，其代表性人士在人生观、价值观以及政治信仰、政治诉求等方面具有多样性。四是非公有制经济人士与新的社会阶层内部其他群体之间差异较大，难以产生代表整个新阶层人士的代表性人物。这就需要针对非公有制经济人士的特点，有针对性地加强培养。《中共中央关于巩固和壮大新世纪新阶段统一战线的意见》提出，要“把新的社会阶层代表人士的培养选拔纳入党外代表人士队伍建设的总体规划，按照有较高政治素质、有较大社会贡献、有较强参政议政能力、在所联系阶层中有较大影响的标准，建立和完善评价体系，有重点地培养选拔，逐步建立一支代表人士队伍”，并明确了具体的政策。

加强非公有制经济代表人士队伍建设，要注意加强培养。通过举办各种学习班、研讨班、培训班，不断提高他们的思想政治素质，增强他们对党的感情，坚定他们走中国特色社会主义道路的信念。同时，要通过举办各种社会公益活动，加强代表人士宣传表彰，帮助他们树立良好形象，增强在所联系群众中的代表性。

要加强对非公有制经济代表人士选拔使用和政治安排工作，使他们在充分发挥作用的同时，增强与党合作共事的自觉性。要按照中央的要求，适当增加非公有制经济代表人士在各级人大代表、政协委员中的数量，做好向有关人民团体推荐提名工作。在非公有制经济人士比较集中的行业协会，可推荐适当数量的党外人士担任领导职务。

5. 为全面建设小康社会聚集力量

培养和造就一支非公有制经济代表人士队伍，目的是影响和带动广大非公有制经济人士为全面建设小康社会、构建社会主义和谐社会不断创造物质财富和精神财富。我们党在第十六次全国代表大会上提出要在本世纪头二十年，集中力量，全面建设惠及十几亿人口的更高水平的小康社会，使经济更加发展、民主更加健全、科教更加进步、文化更加繁荣、社会更加和谐、人民生活更加殷实。这是实现现代化建设第三步战略目标必经的承上启下的发展阶段，也是完善社会主义市场经济体制和扩大对外开放的关键阶段。经过这个阶段的建设，再继续奋斗几十年，到本世纪中叶基本实现现代化，把我国建成富强民主文明的社会主义国家。要实现这一宏伟蓝图必须集中全国人民的智慧和力量，聚精会神搞建设，一心一意谋发展。发展必须相信和依靠人民，人民是推动历史前进的动力。个体、私营等各种形式的非公有制经济是社会主义市场经济的重要组成部分，对充分调动社会各方面的积极性、加快生产力发展具有重要作用。必须毫不动摇地鼓励、支持和引导非公有制经济发展。必须坚持公有制为主体，促进非公有制经济发展，将两者统一于社会主义现代化建设的进程中，不能把这两者对立起来。各种所有制经济完全可以在市场竞争中发挥各自优势，相互促进，共同发展。一切妨碍发展的思想观念都要坚决冲破，一切束缚发展的做法和规定都要坚决改变，一切影响发展的体制弊端都要坚决革除。

在我国社会深刻变革、党和国家事业快速发展的进程中，妥善处理各方面的利益关系，对为祖国富强贡献力量的社会各阶层人们都要团结，对他们的创业精神都要鼓励，对他们的合法权益都要保护，对他们中的优秀分子都要表彰，把一切积极因素充分调动和凝聚起来。坚持以邓小平理论和“三个代表”重要思想为指导，深入学习贯彻科学发展观，也要求必须最广泛最充分地调动一切积极因素，努力形成全体人民各尽其能、各得其所而又和谐相处的局面。最大多数人的利益和全社会全民族的积极性创造性，对党和国家事业的发展始终是最具有决定性的因素。《中共中央关于巩固和壮大新世纪新阶段统一战线的意见》提出，团结新的社会阶层人士是统一战线的重要任务，要把新的社会阶层人士作为统一战线工作新的着力点，最大限度地把他们团结在党的周围，充分发挥他们的作用，不断为中华民族的伟大复兴凝聚新力量。

四、加强和改进非公有制经济人士思想政治工作的主要目标

加强和改进非公有制经济人士思想政治工作的主要目标是：引导非公有制经济人士自觉学习中国特色社会主义理论体系，开展学习贯彻科学发展观、坚持改革开放、树立社会主义法制和道德观念、继承优良传统等方面的教育活动，树立中国特色社会主义共同理想；按照科学发展观的要求，推动非公有制经济人士积极探索走又好又快、可持续发展道路的新思路和新途径，努力帮助解决制约非公有制经济发展的问题；教育和引导非公有制经济人士自觉遵守国家法律法规，规范企业行为，依法生产经营，按照市场规则开展公平竞争和互利合作；支持和鼓励非公有制经济人士发展企业生产，保证产品安全，实现节能环保，保障员工权益，参与公益慈善事业，自觉履行社会责任；引导非公有制经济人士建设和创新具有时代精神的企业文化，树立社会主义核心价值观，培育文明风尚，弘扬和谐文化，增强企业凝聚力，在创造物质财富的同时为社会创造精神财富。

1. 立足于树立中国特色社会主义共同理想

用中国特色社会主义共同理想凝聚力量，用以爱国主义为核心的民族精神和以改革创新为核心的时代精神鼓舞斗志，用社会主义荣辱观引领风尚，巩固全党全国各族人民团结奋斗的共同思想基础是党的十七大发出的号召。根据党的十七大精神，我们要努力在非公有制经济领域建设社会主义核心价值体系，增强社会主义意识形态对广大非公有制经济人士的吸引力和凝聚力，社会主义核心价值体系是社会主义意识形态的本质体现，是党执政的重要思想基础。要在非公有制经济领域，积极开展中国特色社会主义理论体系宣传普及活动，引导非公有制经济人士自觉学习中国特色社会主义理论体系，开展科学发展观、改革开放、社会主义法制和道德、优良传统等方面的教育。中国特色社会主义理论体系，就是包括邓小平理论、“三个代表”重要思想以及科学发展观等重大战略思想在内的科学理论体系。这个理论体系，坚持和发展了马克思列宁主义、毛泽东思想，凝结了几代中国共产党人带领人民不懈探索实践的智慧和心血，是马克思主义中国化最

新成果，是党最可宝贵的政治和精神财富，是全国各族人民团结奋斗的共同思想基础。

加强和改进非公有制经济人士思想政治工作，就是要积极探索用社会主义核心价值体系引领非公有制经济领域思潮，主动做好这一群体的意识形态工作，既尊重差异、包容多样，又有力抵制各种错误和腐朽思想的影响。

2. 立足于深入贯彻落实科学发展观

切实帮助非公有制经济人士解决发展中的问题和实际困难，积极探索克服制约企业发展的新思路和新途径，关键要在加快转变经济发展方式上取得重大进展，引导非公有制企业走上又好又快、可持续发展道路。根据党的十七大报告精神，引导工作主要有以下几个方面内容：

——提高自主创新能力。按照国家和地区，以及行业发展大局的需要，加大对自主创新投入，着力突破制约增强核心竞争力、对社会发展有负面影响的关键技术，努力引导和支持社会各种创新要素向企业集聚，促进科技成果向现实生产力转化。引导非公有制经济人士充分调动职工的积极性，鼓励小发明、小创新、合理化建议，使创新智慧竞相迸发、创新人才大量涌现。

——加快转变经济发展方式。努力推动产业结构优化升级，坚持走中国特色新型工业化道路，促进企业效益的增长由主要依靠投资、出口拉动向依靠消费、投资、出口协调拉动转变，由主要依靠增加物质资源消耗向主要依靠科技进步、劳动者素质提高、管理创新转变。当前要注重按照科学发展观的要求调整非公有制经济人士的投资观、发展观，注重防范包括资金链危机在内的各种风险。

——积极参与社会主义新农村建设。鼓励非公有制企业把发展现代农业、繁荣农村经济作为重要任务和发展方向，投身农村基础设施建设，健全农村市场和农业服务体系，促进农业科技进步，增强农业综合生产能力，努力探索“农户+基地+公司”的现代农业生产经营模式，发挥亿万农民建设新农村的主体作用。

——加强能源资源节约和生态环境保护。自觉坚持节约资源和保护环境的基本国策，把建设资源节约型、环境友好型企业放在企业发展战略的突出位置，要造福一地，而不贻害一方；要功在当代，更要利在千秋，并把这一基本国策落实到每个企业、每个部门、每个环节之中，既要增强企业核心竞争力，也要增强可持续发展能力。

——为区域协调发展作贡献。引导非公有制经济人士通过发展经济缩小区域发展差距，把企业发展与区域发展总体战略结合起来，在深入推进西部大开发，全面振兴东北地区等老工业基地，大力促进中部地区崛起，积极支持东部地区率先发展等方面发挥作用。引导非公有制经济人士遵循市场经济规律，借力借势，通过参与带动力强、联系紧密的经济圈和经济带发展自己。引导非公有制经济人士参与光彩事业和扶贫开发事业，特别是加大对革命老区、民族地区、边疆地区、贫困地区发展扶持力度，积极帮助资源枯竭地区实现经济转型。工商联要发挥政府管理非公有制经济的助手作用，引导生产要素跨区域合理流动，为非公有制经济发展创造良好的发展环境。

——促进现代市场体系的完善。充分认识毫不动摇地巩固和发展公有制经济的必要性，充分认识毫不动摇地鼓励、支持、引导非公有制经济发展的必然性。模范遵守法纪，诚信经营，主动维护市场经济秩序，通过参政议政等方式有序反映合理诉求、建言献策，推动平等保护物权，推进公平准入，改善融资条件，破除体制障碍，形成各种所有制经济平等竞争、相互促进新格局的形成。积极参与国有企业改革，加强健全自身现代企业制度。

——拓展“走出去”的广度和深度。把“引进来”和“走出去”更好结合起来，提高“引进来”和“走出去”质量，努力形成国内国外企业的联动、互利共赢、安全高效的开放型经济体系，形成经济全球化条件下我国非公有制企业参与国际经济合作和竞争新优势。探索创新对外投资和合作方式，在研发、生产、销售等方面开展国际化经营的途径，加快培育我国自己的跨国公司和国际知名品牌。特别要注重防范国际经济风险。

3. 立足于道德建设规范行为

教育和引导非公有制经济人士自觉地在国家的法律、政策框架下，规范企业自身的生产经营行为，切实履行保障劳动者合法权益的义务，按照经济规律和市场规则，开展公平竞争和互利合作。要特别加强企业道德建设，在非公有制经济人士中切实开展以“八荣八耻”为主要内容的社会主义荣辱观教育，通过形式多样的学习教育活动，引导非公有制经济人士以“八荣八耻”为道德准则和行为规范，努力做社会主义荣辱观的实践者和推动者。在非公有制经济领域倡导爱国、敬业、诚信、友善等道德规范，培育文明道德风尚，坚持依法治企与以德治企相结合，开展社会公德、职业道德、家庭美德教育，努力形成知荣辱、讲正气、促和谐的风尚，形成平等互敬、扶贫济困、礼让宽容的人际关系。发扬艰苦奋斗精神，提倡勤俭节约，反对拜金主义、享乐主义、极端个人主义。弘扬我国传统文化中有利于社会和谐的内容，形成符合传统美德和时代精神的道德规范和行为规范。

4. 立足于引导自觉履行社会责任

引导非公有制经济人士自觉履行社会责任，是非公有制经济人士思想政治工作的重要内容。要教育引导广大非公有制经济人士树立“双赢才是真赢、多赢才能久赢”的观念，不能错误地把企业与员工之间的关系当做是雇佣关系，也不能简单地把企业与客户之间的关系看做是“买卖”关系，要通过体制机制创新将各方结成利益共同体。利润不应是企业的唯一追求，自觉承担社会责任、实现企业利润最大化和社会效益最大化的有机统一，应当成为非公有制经济人士实现自我价值和社会价值的最佳结合。企业履行社会责任在某种意义上讲是一种收入的再分配，表面上体现的是付出，实质上是一种“得”。非公有制企业要义利并重，善求“义”中之“利”，才能得到社会更多的尊重、更大的信任，促进企业更好更快发展。

长期以来，广大非公有制经济人士艰苦创业、努力奋斗，致富思源、富而思进，勇于承担社会责任，积极参与公益事业，体现了关爱社会、关注民生的可贵品行。但也要看到，有些非公有制企业缺乏社会责任感，还存在着这样那样的一些问题，在相当程度上损害了非公有制经济人士的社会形象。我们既要积极反映非公有制经济人士的合理诉求，又要引导他们自觉承担社会责任，把两者有机结合起来。只有引导非公有制经济人士自觉承担社会责任，才能使党委和政府更加重视他们的意见建议，才能使他们合理诉求的解决更具广泛的社会基础。

非公有制经济人士承担社会责任，在不同的时期有不同的重点。当前，鼓励和引导非公有制经济人士承担社会责任，就是要使他们自觉承担起六个方面的责任：一是爱国报国的责任，积极参与改革开放和现代化建设事业，致富不忘国家，把报效祖国、造福社会作为义不容辞的责任，把企业发展与国家富强、民族振兴结合起来；二是发展企业的责任，注重企业发展质量，建立现代企业制度，提高自主创新能力，努力把企业做好做强做久；三是节能环保的责任，努力建设资源节约型、环境友好型企业，大力发展符合循环经济的技术和产品，加大企业环境保护的力度，切实保护好自然生态，防止和杜绝自己的企业造成影响经济社会发展特别是严重危害人民健康的突出环境问题，淘汰落后的生产能力，增强可持续发展能力；四是诚信守法的责任，增强诚信守法意识，以正确处理劳动关系为重点，以支持企业党的建设、工会建设和企业文化建设为保障，维护员工合法权益，构建和谐劳动关系，促进和谐企业建设；五是道德自律的责任，加强思想修养，提高精神境界，保持积极向上、情趣健康的生活方式，努力形成与社会主义市场经济相适应的价值观念和行为准则；六是公益慈善的责任，积极投身先富帮后富、实现共同富裕的实践，积极参与光彩事业和各种社会公益慈善事业，在促进社会和谐中作出积极贡献。

5. 立足于加强文化创新

引导广大非公有制经济人士提高文化素质，加强道德修养，健全人格，培养良好心态，实现心理和谐，注重发展和创新具有时代精神的企业文化。非公有制经济人士创造的精神财富，主要凝聚在其企业精神中，企业精神集中体现在企业文化中。企业文化是企业思维方式和行为方式的总和，它不直接解决企业是否赢利的问题，但可以解决企业成长是否健康、是否可持续的问题，通过长期潜移默化的作用塑造企业的存在方式和员工的行为方式。先进的企业文化关系到企业的生存和发展，有助于增强企业的凝聚力和创造力，直接影响企业的经营理念和发展思路，是企业核心竞争力的重要体现。随着经营管理者自身素质的不断提高，现在已有越来越多的非公有制企业更加重视企业文化建设，但普遍存在企业文化缺乏个性和员工基础的问题，甚至有些企业把企业文化简单理解为企业文体娱乐活动。文化创新就是企业要将自己的企业文化从注重形式向注重内容转变，从缺乏个性向突出特色转变，从“老板文化”向员工认同转变，把企业文化和企业可持续发展、不断提高竞争力结合起来，在以人为本、开拓进取、诚信守法、共建共享等经营理念上提高企业文化内涵层次，最终形成全体员工认同、富有企业个性、促进企业增强凝聚力和竞争力的企业文化。

非公有制经济人士思想政治工作的一个新的工作内容，就是广泛和深入挖掘非公有制企业文化中符合正在构建中的社会主义核心价值体系的精神财富，引导非公有制经济人士大力发展和创新具有时代价值的企业文化，在继承和发扬民族优秀文化传统的同时，广泛吸收外来优秀文化成果，进一步使企业文化更具鲜明的个性和员工认同基础，更加符合社会主义核心价值体系的总体要求。通过在非公有制企业创建群众性精神文明活动，提升非公有制企业核心竞争力，改善非公有制企业劳动关系，从而促进非公有制经济人士自觉实现企业经济效益与社会效益的统一、个人利益与集体利益的统一、局部利益与整体利益的统一、当前利益与长远利益的统一。

五、加强和改进非公有制经济人士思想政治工作的基本原则

加强和改进非公有制经济人士思想政治工作必须把握好以下原则：

坚持把思想政治教育寓于服务经济社会发展之中。加强和改进非公有制经济人士思想政治工作必须紧紧围绕经济建设这个中心，把非公有制经济人士的智慧和力量凝聚到坚持改革开放、推动科学发展、促进社会和谐上来，为促进非公有制经济又好又快发展提供强有力的精神动力和思想保证。

坚持以人为本。坚持正面教育，充分尊重、信任和关心广大非公有制经济人士，以诚待人、以理服人、以情感人，真心实意为他们排忧解难，切实维护他们的合法权益，及时反映他们的合理诉求，多做聚人心、暖人心、稳人心的工作；鼓励非公有制经济人士加强自我教育，增强自律意识，提高自我约束和自我激励的能力。

坚持进步性与广泛性相结合。根据非公有制经济人士的思想特点，按照进步性和广泛性的要求，因人、因地、因时制宜，采取不同的教育引导方法，求同存异、体谅包容，实现最广泛的团结。

坚持改革创新、务求实效。认真研究和把握新形势下非公有制经济人士思想政治工作的特点和规律，在继承统一战线工作基本经验和优良传统的基础上，进一步解放思想，勇于创新，不断探索思想政治工作的新思路、新举措和新方法。

1. *服从服务于党的中心工作是思想政治工作的根本任务*

经济建设是新时期党的中心工作，思想政治工作必须紧密结合经济发展需要，为非公有制经济人士健康成长和非公有制经济健康发展提供强有力的精神动力和思想保证，把非公有制经济人士的积极性引导好、保护好、发挥好，把人心凝聚到全面建设小康社会的伟大事业上来，凝聚到促进非公有制经济又好又快发展上来，为改革开放和夺取全面建设小康社会新胜利提供强有力的精神动力和思想保证。要善于把思想政治工作融入到为企业的服务中，发挥统战性、经济性、民间性人民团体的特殊作用和政府管理非公有制经济的助手作用，推动政府各部门、社会各方面认真贯彻党的十七大精神和国务院《关于鼓励支持和引导个体私营等非公有制经济发展的若干意见》精神，协助政府部门处理企业面临的困难和问题，努力为非公有制企业发展创造条件、优化环境。关心和维护非公有制经济人士群体的利益，努力拓宽为非公有制经济服务的领域，健全服务机制，增强服务能力；搭建服务平台，完善服务措施，扩大服务效果。

2. *深入贯彻落实科学发展观*

要在广大非公有制经济人士中开展科学发展观的教育。当前，世界经济起伏不定，国际金融市场出现动荡、国内经济运行中也存在一些突出矛盾和问题的现实，证明了党中央立足社会主义初级阶段基本国情，总结我国发展实践，借鉴国外发展经验，适应新的发展要求提出的科学发展观的科学前瞻性、无比正确性。科学发展观既是理论问题，更是实践问题。因此，在非公有制经济人士中进行科学发展观教育，主要是在实践中引导他们正确判断形势，继续解放思想，着力转变不符合科学发展观的思想观念，着力解决影响和制约企业科学发展的突出问题。针对影响可持续发展的瓶颈问题，破除盲目扩张规模、缺失内涵发展的错误理念，推进文化创新，确立效益优先、质量优先、生态优先、节约优先、安全优先的发展方式；针对自主创新能力不强，破除对低成本、高消耗的依赖心理，推进科技创新，提高劳动者素质，培育知名品牌，增强核心竞争力；针对制约发展的体制性障碍，破除家长式决策、家族式管理的思维定式，推进制度创新，促使企业股权从单一、封闭向多元、开放转变，实现企业所有权和经营权分离，加快建立现代企业制度；针对节能减排和环境保护难度加大，破除先发展后规范、先污染后治理的落后模式，树立环境保护也是发展的观念，推进管理创新，推动节能减排和环境保护从“软约束”向“硬约束”转变；针对经济全球化竞争压力加大，破除偏重国外市场、忽视国内市场的片面思想，推进发展战略创新，以世界眼光和战略思维利用国内国际两种资源，开拓国内国际两个市场，加快产业转型升级步伐。实践证明，在发展的困难时期，企业调整产业结构、提升质量效益和市场竞争力的动力最强。因此，非公有制企业要增强危机经营意识，在转变发展观念中破解发展难题，在更新发展思路中转变发展方式，把解放思想体现在抢抓科学发展先机的具体行动中。通过教育，使广大非公有制经济人士充分认识到，科学发展观是非公有制经济应对当前挑战、实现健康发展的现实之路、必由之路、成功之路，从而更加自觉地把科学发展观落实到企业生产经营的全过程。

3. 坚持以人为本

开展非公有制经济人士思想政治工作首先要树立牢固的群众观点，坚持走群众路线，架设相互理解、相互信任的桥梁，广泛开展民主协商对话，通过平等的双向交流，真诚服务，讲理疏导，满腔热情地帮助非公有制经济人士解决实际困难和问题。引导非公有制经济人士首先要做好人，具备健全的人格、良好的人品和宽广的胸怀，具备良好的道德修养和较高的经营管理水平，发挥企业领军人的作用，争做好的企业，成为优秀的中国特色社会主义事业建设者。

坚持正面教育，充分尊重、信任、理解和关心广大非公有制经济人士，以诚待人、以理服人、以情感人，要真心实意地为他们排忧解难，切实维护他们的合法权益，及时反映他们的合理诉求，注重心理疏导、体谅包容、求同存异，多做聚人心、暖人心、稳人心的工作。要鼓励自我教育，提高自我激励能力，增强自律意识，充分发挥非公有制经济人士自身的能动作用。党的十七大报告提出的在加强和改进思想政治工作中注重人文关怀和心理疏导，体现了思想政治工作以人为本的宗旨和与时俱进的创新。思想政治工作是做人的工作，必须坚持以人为本，着眼于促进人的全面发展，既教育人、引导人、鼓舞人，又尊重人、理解人、关心人，多做得人心、暖人心、稳人心，解疑释惑的工作。同时思想政治工作要提高说服力、增强影响力，又必须注重形式和内容的创新。

要根据广大非公有制经济人士的实际需要，从单纯注重思想政治教育，逐步转向既注重思想政治教育，又注重人文关怀和心理疏导。改革开放以来，随着社会全面进步，人们物质生活水平显著提高，精神生活和精神世界更加丰富多彩。同时由于社会生活急剧变化，工作和生活节奏明显加快，竞争日趋激烈，也导致人们生活和工作的压力增大，受到各种心理问题困扰，由此引发的社会问题也日益突出。缓解人的心理压力，促进人的心理健康，实现人的心理和谐，已经成为加强和改进思想政治工作，维护团结稳定，促进社会和谐的重大课题。

非公有制经济人士作为企业的领军人物，在剧烈市场竞争中承担着比普通人更多更重的责任和压力。工商联组织开展思想政治工作，要引导广大非公有制经济人士用和谐的方法、和谐的思维认识事物、处理问题。用健康丰富的文化生活有效调节他们的情感和心理，引导他们加强自身修养，提高精神境界，完善自我人格，培养乐观、豁达、宽容的精神，培养自尊自信，理解平和、健康向上的社会心态，在生产经营中树立合理竞争、共同发展的理念，提倡包容和协作的精神。

要架设相互理解、相互信任的桥梁，广泛开展民主协商对话，通过平等的双向交流，多做讲理疏导工作，满腔热情地帮助非公有制经济人士解决实际困难和问题。鼓励他们进行自我教育，积极开发非公有制经济人士的潜力，努力调动非公有制经济人士的积极性，真心实意地关心非公有制经济人士，尊重非公有制经济人士的合法权益、创业精神和劳动创造，尽力为他们的发展排忧解难，肯定他们为强国富民作出的贡献。

4. 坚持进步性与广泛性相结合

既要引导广大非公有制经济人士树立远大理想和奋斗目标，更要用历史唯物主义和辩证唯物主义观点、方法，在工作中区分层次，有的放矢，把教育的目标同具体的行为规范结合起来，把对非公有制经济代表人士的进步性要求同对广大非公有制经济人士的一般性要求结合起来，把对处于行业龙头地位的上规模企业的要求和对一般中小企业的要求结合起来。必须分清政治立场、思想认识和道德素养之间的区别和联系，要准确把握其中量与质的转化关系。对重大原则问题，必须坚定政治立场，旗帜鲜明地同各种错误思潮进行斗争，绝不能任其自由泛滥；对一般思想认识问题，要在尊重人们思想差异性的基础上形成共识。要坚持贯彻民主的原则和疏导的方针，对他们一时想不通、想不开的问题，要采取包容的心态，提高认识、统一思想、凝聚人心；相信和依靠广大非公有制经济人士，启发他们自我教育、自我提高。对其中承认党的纲领和章程的先进分子，要及时吸收他们加入中国共产党。

5. 坚持开拓创新，务求实效

思想政治工作必须充分体现时代性，把握规律性，富于创造性，既要继承和发扬过去工作中好的经验，更要解放思想、实事求是、与时俱进，不断开拓创新。在深入实际、研究新情况和新问题的基础上，总结新特点、新规律，积极开辟新途径，探索新办法，创造新经验；既要立足于指导当前工作，更要着眼于谋划未来发展，注重前瞻性，体现预见性，增强指导性。同时进行理论创新，始终围绕中心、服务大局，着眼于促进“两个健康”的工作目标，深入研究变化了的社会环境和工作对象，认识和把握内在规律，使思想政治工作方式、方法由经验型变为科学型，用与时俱进的思想政治工作理论，指导不断发展变化的实践活动，建立一套行之有效的方式、方法、手段、机制，保持思想政治工作的生机和活力。

进一步解放思想，勇于实践，大胆创新，在继承统一战线工作和工商联工作的基本经验和优良传统基础上，坚持从社会主义初级阶段的实际出发，从广大非公有制经济人士的思想实际出发，认真研究思想政治工作的特点和规律，不断探索思想政治工作的新思路、新举措、新途径，努力开拓，注重实效。

一切都从非公有制经济的发展实际出发，认真研究新形势下对非公有制经济人士思想政治工作的特点和规律，坚决反对和防止理论脱离实际现象，坚决反对和防止形式主义，提高思想政治工作的感召力和渗透力。围绕深化对中国特色社会主义的研究和探索，突出抓好非公有制经济和思想政治工作理论研究中的重大前沿课题和工商联工作实践中遇到的重大问题，从理论与实践的结合上回答问题、解决问题。

六、开展非公有制经济人士思想政治工作的方针

1991 年，《中共中央批转中央统战部〈关于工商联若干问题的请示〉的通知》明确了开展非公有制经济人士工作应坚持“团结、帮助、引导、教育”的方针。近几年来的实践证明，这一方针是完全正确的，广大非公有制经济人士是拥护的，也收到了很好的成效。2000 年《中共中央关于加强统一战线工作的决定》强调：“要继续坚持‘团结、帮助、引导、教育’的方针。”在深化改革、扩大开放、加快发展的新形势下，始终坚持、全面贯彻、认真落实这一方针，认真做好非公有制经济人士的思想政治工作，不仅是关系非公有制经济健康发展的大问题，而且是关系到改革开放和现代化建设事业的大问题。

团结，就是要按照“三个有利于”的标准，放宽视野，面向整个非公有制经济人士群体，在继续做好现有代表人士工作的基础上，注意加强同高科技企业和股份制企业中非公有制经济代表人士的沟通与联系，从而把广大非公有制经济人士最大限度地团结在党的周围。

帮助，就是要着眼于非公有制经济的健康发展，帮助非公有制经济人士解决生产经营中的实际问题，维护他们的合法权益，帮助他们提高自身素质，增强企业的生存和发展能力，逐步建立现代企业制度，在激烈的国际竞争和市场竞争中发展壮大。

引导，就是要着眼于非公有制经济人士的健康成长，深化“致富思源、富而思进”、光彩事业、信誉宣言等活动，支持非公有制经济人士继续参与国有企业改革和再就业工程，参与西部大开发，引导他们“把自身企业的发展与国家的发展结合起来，把个人富裕与全体人民的共同富裕结合起来，把遵循市场法则与发扬社会主义道德结合起来，通过积极稳妥地扩大非公有制经济代表人士在人大、政协和工商联的安排，把他们的政治诉求引导到社会主义民主法制的轨道上来”。

教育，就是要按照“爱国、敬业、守法”的要求，加强对非公有制经济人士的爱国主义、社会主义教育和法律法规、职业道德教育，树立社会主义义利观，形成符合社会主义市场经济要求的经营理念、价值观念和道德规范。

在贯彻“八字”方针中，要支持工商联履行统战性、经济性、民间性人民团体和民间商会的职能，充分发挥在非公有制经济人士思想政治工作中的优势和作用。

思想政治工作要坚持正确的方针原则

必须坚持以马克思列宁主义、毛泽东思想和邓小平理论为指导，坚持党的基本路线和基本方针。要以科学的理论武装人，以正确的舆论引导人，以高尚的精神塑造人，以优秀的作品鼓舞人，培育有理想、有道德、有文化、有纪律的公民。要把理想信念教育作为核心内容，引导广大党员、干部和群众树立建设有中国特色社会主义的共同理想，树立正确的世界观、人生观、价值观，为建设富强、民主、文明的社会主义现代化国家而团结奋斗。

必须坚持以经济建设为中心，为全党全国工作大局服务。经济建设是我们党和国家的中心任务，改革、发展、稳定是我们党和国家的工作大局。解决中国所有问题的关键，要靠在保持社会政治稳定的前提下，深化改革，加快发展。思想政治工作必须紧紧围绕经济建设这个中心，紧密结合各项业务工作进行，为改革开放和社会主义现代化建设提供强有力的精神动力和思想保证。

必须坚持从实际出发，增强针对性和实效性。思想政治工作要立足于团结一切可以团结的力量，调动一切积极因素，化消极因素为积极因素，把干部群众的积极性引导好、保护好、发挥好。要坚持从社会主义初级阶段的实际出发，从广大干部群众的思想实际出发，把先进性要求同广泛性要求结合起来，区分层次，有的放矢，注重实际效果。要相信和依靠群众，启发群众自我教育、自我提高。要坚持贯彻民主的原则和疏导的方针，对干部群众的思想认识问题，多做解惑释疑、提高认识、统一思想、凝聚人心的工作。要坚持讲政治，对重大原则问题，必须立场坚定，旗帜鲜明。要坚决同各种错误思潮进行斗争，绝不能任其自由泛滥。

必须坚持教育与管理相结合。高尚思想道德的培养，良好社会风尚的形成，既要靠耐心细致的思想教育，又要靠科学规范的严格管理。要抓紧建立健全有关的法律法规和制度，依法加强对社会生活各个方面的管理，把我们倡导的思想道德原则融于科学有效的社会管理之中，使自律与他律、内在约束与外在约束有机地结合起来，形成扶正祛邪、扬善惩恶的良好社会环境。

必须坚持解决思想问题同解决实际问题相结合。没有正确的思想和高尚的精神，就不可能推进我们的事业。如果不注意解决群众的实际问题，思想教育就会脱离群众，难以收到实效。加强思想政治工作，必须既讲道理，又办实事，倾听群众呼声，了解群众情绪，关心群众疾苦。要认真贯彻落实党的各项政策，多做得人心、暖人心、稳人心的工作，把好事办实、实事办好，真正把党和政府的温暖送到群众心坎上。

必须坚持在党的领导下，依靠全社会共同来做。思想政治工作涉及经济和社会生活的各个方面，不仅党的组织、宣传部门要做，党的其他部门、政府部门以及工会、共青团、妇联等人民团体和其他社会组织都要做。要充分发挥社会科学、新闻出版、文化艺术工作者和教育科技工作者的重要作用。要在党委统一领导下，充分调动社会各方面的积极性，形成职责明确、齐抓共管、覆盖全社会的工作机制。（引自《中共中央关于加强和改进思想政治工作的若干意见》）

（全国工商联宣教部　供稿）

填补认识和实践的“短板”

——非公有制经济人士思想政治工作新载体新手段评述

全国工商联课题组

一、加强非公有制经济人士思想政治工作的基础建设

1. 建立思想信息反馈制度

充分利用各种信息渠道，建立信息采集、分析和反馈系统，加强舆情研究，及时掌握非公有制经济的发展趋势，了解非公有制经济人士的愿望和诉求。加强与有关专业部门合作，建立健全调研机制，定期开展非公有制经济人士思想状况调查，增强思想政治工作的针对性。

不了解非公有制经济人士思想状态而开展所谓的思想政治工作，无异于盲人骑瞎马，夜半临深池。加强和改进非公有制经济人士思想政治工作，必须坚决反对官僚主义，克服懒惰思想和畏难情绪，注意经常掌握和分析非公有制经济人士思想动态。对于影响社会稳定的因素，要把问题解决在萌芽状态；对重要情况一定要及时如实报告，绝不能报喜不报忧。针对当前难以对非公有制经济人士群体思想状况进行动态了解，难以准确描述非公有制经济人士群体思想状况等实际，针对非公有制经济人士思想政治工作的基础建设总体来说还十分薄弱，系统的理论研究也存在十分不足的“短板”等情况，要着手在各级工商联建立一支垂直的信息员队伍，就非公有制经济领域重要思想动态和工商联工作信息进行定期反馈。建立长效机制，加强与有关专业部门合作，定期开展非公有制经济人士思想状况调查，逐步建立和完善具有统计学和社会学意义的科学描述非公有制经济人士思想状况的调查系统，使思想政治工作建立在科学数据和分析的基础上。保证信息渠道畅通是现代社会运行管理的基本手段，只有及时准确地了解工商联系统工作状况和非公有制经济领域的动态，我们才能有的放矢地开展思想政治工作。

逐步统筹建立非公有制经济领域信息反馈制度，建立和完善非公有制经济人士思想动态采集分析系统，充分利用各种信息渠道，建立信息采集、分析、反馈系统，加强舆情研究，及时掌握非公有制经济发展趋势和非公有制经济人士的各种愿望、诉求。要通过各种媒体对非公有制经济人士，特别是代表人士的采访报道，发表的文章，以及企业家在各种研讨会、座谈会、企业内部会议和论坛等发表的言论，及时、多点、多角度地反映这一群体的思想动态。在此基础上，逐步梳理改革开放以来，非公有制经济代表人士在不同阶段为国民经济发展作出巨大贡献的同时所创造的丰富巨大的精神财富，为研究民营企业家心路历程和思想动态打下坚实的基础。应建立长效机制，及时总结和推广非公有制经济人士所创造的优秀的精神财富，逐步建立和完善非公有制经济领域舆情监控系统，通过自建和购买有关资料库和信息源，指向性很强地收集海内外各种新闻媒体有关民营企业、民营企业家和民营经济发展的报道；及时了解民营企业的动态，掌握情况；建立民营企业发展的社会舆论环境的监测平台，跟踪海内外各种媒体、专家学者和社会各方面人士及群体对民营企业家，对民营企业发生的事件，以及涉及民营经济领域的热点问题等发表的文章和评论，为领导决策提供参考。要充分利用和通过网络有针对性地掌握和了解非公有制经济人士的政治态度、利益诉求和思想动向，积极宣传正面声音、引导中间声音、化解负面声音，及时反映新的社会阶层人士的意见建议，为新的社会阶层人士提供多种维权、服务咨询的方便。

2. 开展综合评价工作

建立和完善非公有制经济代表人士综合评价体系，坚持“凡进必评”，把综合评价作为推荐非公有制经济人士担任人大代表、政协委员和工商联执委、常委等的必经程序，作为“优秀中国特色社会主义事业建设者”等评比表彰的基本依据。要注重通过综合评价，全面掌握情况，及时发现问题，提高教育引导的有效性。

做好新的社会阶层人士的统战工作，关键是要建设一支高素质的新的社会阶层代表人士队伍。建立和完善新的社会阶层代表人士评价体系是新世纪新阶段开展新的社会阶层人士统战工作的一项基础性工作，对于团结新的社会阶层人士，有重点地培养选拔其代表人物，逐步建立和培养一支新的社会阶层代表人士队伍具有十分重要的意义。《中共中央关于加强和改进思想政治工作的若干意见》强调，要“按照有较高政治素质、有较大社会贡献、有较强参政议政能力、在所联系阶层中有较大影响的标准，建立和完善评价体系，有重点地培养选拔，逐步建立一支代表人士队伍”。

按照科学发展观的要求，进一步完善非公有制经济代表人士综合评价体系，把评价、培养、使用有机结合起来，促进代表人士队伍建设的科学化、规范化。坚持“凡进必评”原则，把综合评价作为推荐非公有制经济人士担任人大代表、政协委员和工商联执常委以上职务的前置程序，作为“优秀中国特色社会主义事业建设者”等表彰奖励的基本依据。有效运用和及时反馈综合评价结果，掌握情况，发现问题，提高思想政治工作的针对性。

制定新的社会阶层代表人士评价体系，应在各地党委的领导下，由党委统战部牵头，工商局、环保局、国税局、地税局、劳动和社会保障部门以及安全生产等政府有关职能部门，工商联、工会等有关方面参加，征求相关行业组织以及企业所在党、团、工会组织和员工的意见，并考察和参考所在企业的信用、信誉、资质评定等因素和有关部门的评价以及参加“希望工程”、“光彩事业”等社会公益活动的情况。统战部门要把新的社会阶层代表人士的培养选拔纳入党外代表人士队伍建设的总体规划，全面考察，统筹安排。

新的社会阶层代表人士评价体系的内容主要包括四个方面：①有较高政治素质。主要看思想政治状况和现实表现，涉及政治态度、企业文化建设及支持所在企业党团组织、工会组织建设和发挥作用情况。②有较大社会贡献。主要通过企业经营、管理、信用、纳税以及企业发展战略、技术创新能力、环境保护、安全生产意识等，反映企业规模、发展潜力和社会影响等情况。③有较强参政议政能力。主要看对国家政治社会生活的了解和关心程度，围绕国计民生的重大问题，不断提高考察调研能力、正确分析能力、归纳总结能力和表达建议能力，积极致力于政府决策的科学化和民主化。④在所联系阶层中有较大影响。主要看代表性、影响力，重点考察个人素质、业内评价及社会公众形象，尤其是依法经营、对待员工态度、参与社会公益事业、参与社会主义新农村建设以及参与构建社会主义和谐社会的情况。

3. 建立非公有制经济代表人士社会责任评价体系

要正确引导广大非公有制经济人士履行社会责任，发挥典型示范作用，必须建立一整套权威有效、全社会认可的企业社会责任评价体系。通过科学完善的指标体系，对非公有制企业在保障股东权益、员工权益，履行经济、社会、法律、诚信经营、环保、公益等社会责任层面的表现进行评估，并借助强势媒体进行年度发布，从而引导非公有制企业按照“发展是第一要义”的要求，承担起发展生产的责任；按照可持续发展的要求，承担起节能环保的责任；按照构建和谐社会的要求，承担起构建企业内部和谐劳动关系、参与社会公益慈善事业的责任，这样既有利于正确引导非公有制企业履行社会责任，又能够为思想政治工作创建新的载体，增强工商联组织的凝聚力和影响力。

二、拓展非公有制经济人士思想政治工作的途径

1. 引导有序政治参与

充分利用各级人大、政协、工商联和有关人民团体等渠道，通过聘请担任特约人员、参与行风评议和开展政企对话等形式，组织非公有制经济人士参与国家、地方有关法律法规和方针政策的协商讨论，参与社会事务的管理和监督。根据有较高政治素质、有较大社会贡献、有较强参政

议政能力、在所联系阶层中有较大影响和热心工商联工作的标准，进一步做好非公有制经济代表人士的培养选拔和政治安排工作。对已做政治安排的代表人士，要建立联系制度、届中考核制度、诫勉谈话制度，帮助他们全面提高素质。

发挥工商联作为非公有制人士参与政治和社会事务的主渠道作用。在引导有序参与中，还要特别注意团结、尊重和联系担任过工商联领导职务的非公有制经济代表人士，注意发挥他们的作用。

2. *加强社会实践教育*

开展社会实践活动。进一步组织非公有制经济人士积极参与新农村建设、扶贫开发、智力支边、公益慈善事业等社会实践活动。大力弘扬光彩精神，推进新形势下光彩事业的发展。建立非公有制经济代表人士社会考察制度，围绕经济社会重点、热点问题进行调研，帮助他们了解国情、社情和民情，加深对党的方针政策的理解，提高贯彻执行的自觉性和坚定性。善于利用重要活动、重大事件，有效开展时事教育和思想引导工作。

要根据他们中的各级人大代表、政协委员以及各类特约人员所属不同的产业领域，组织开展经济发展现状和经济政策方面的研究，为规范和完善社会主义的市场经济秩序服务。要引导非公有制经济代表人士提出建设性意见，为各级党委和政府决策提供依据。各级党委和政府通过召开各种协商会、通报会、座谈会等，听取他们的意见建议。

加强智力支边、扶贫开发和定点合作工作。要组织非公有制经济人士，按照经济规律，配合国家实施西部大开发、振兴东北老工业基地、中部崛起、建设社会主义新农村等重要战略任务，积极参与和开展智力支边、光彩事业、吸纳就业等活动，引导他们到老少边穷地区开展扶贫开发、职业培训和生态保护等建设活动，鼓励和支持他们与贫困地区开展定点合作，以帮助当地加快发展、脱贫致富。

丰富扩展“社会办学”、“科技兴农”、“对口联系”等一系列为经济发展服务的模式。要鼓励支持广大非公有制经济人士在落后地区开展“社会办学”、“科技兴农”等活动，不断提高当地人民群众的文化水平和依靠科技致富的能力。建立政府有关部门与工商联的对口联系制度，围绕经济问题交流信息、通报情况，便于非公有制经济人士通过工商联将经济发展的意见建议直接反映给政府部门，促进民主决策、科学决策，发挥工商联作为政府管理非公有制经济人士的助手作用。

谋划组织品牌活动。利用工商联资源多、舞台大、活动面广的优势，善于找“抓手”、建“平台”、树“品牌”，提高活动层次，注重活动实效，扩大工作覆盖面和影响力。工商联将所开展的活动与加强非公有制经济人士思想政治工作结合起来，与非公有制经济人士政治安排中的推荐工作结合起来，与协助政府管理非公有制经济结合起来，与促进民营企业建立和谐劳动关系结合起来，与推动民营企业文化建设结合起来，与为民营企业做好各项服务工作结合起来，切实担当起活动的组织者、引导者、推动者的重任。在谋划活动载体上，努力形成有影响力的品牌效应，重点组织开展能把工商联“统战性、经济性、民间性”融为一体的活动、能把年度重点工作贯穿起来的活动、能把各部门调动起来形成合力的活动，把道德行为、经济行为、政治行为三者有机统一起来，把个人富裕与全体人民的共同富裕结合起来；推动区域协调发展与合作，鼓励非公有制经济人士通过响应国家关于西部大开发、振兴东北等老工业基地、实施中部崛起等战略决策，缩小区域发展差距；进一步增强守法经营和规范发展的自觉性；继续拓展“走出去”战略的广度和深度，提高企业“走出去”的水平和工商联的服务水平，形成经济全球化条件下非公有制经济参与国际经济合作和竞争新优势。

3. *加强社会宣传和理论研究工作*

充分运用各种宣传手段，与报刊、电视、广播、网络等媒体建立密切联系，利用新闻发布、论坛峰会、对话访谈等多种形式，宣传党和国家发展非公有制经济的各项方针政策，宣传非公有制经济领域取得的成就，树立非公有制经济人士良好形象。加强互联网信息分析，有针对性地加大网上宣传力度，积极引导社会舆论。充分发挥《中国统一战线》、《中华工商时报》和中华工商联合出版社等舆论阵地的宣传作用。要围绕非公有制经济人士思想政治工作中的重大理论和实践问题，深入基层调查研究，及时总结经验，完善方针政策，推动思想政治工作的深入开展。

特别要强调的是，各级工商联及会员企业都要支持和订阅自己的报纸，使《中华工商时报》在两年内真正成为非公有制经济领域媒体的领军者。

要大胆探索、积极利用电影、电视、文学作品等丰富多彩的文艺形式，创作一批深入人心、受众耳熟能详的宣传新时期工商联干部、非公有制经济人士的优秀文艺作品。要有计划有步骤地把改革开放中涌现出的一批经得住考验的企业家典型推向社会公众，用舆论的力量对典型人物进行肯定与嘉奖。在一定的时间内力争有计划地推出若干全国性的典型。

党中央关于新闻媒体在思想政治工作中作用的论述

充分发挥新闻媒体在思想政治工作中的重要作用。报刊、广播、电视等新闻媒体是进行思想政治教育的重要渠道，在社会生活中的影响越来越大，必须掌握在党的手里。所有新闻媒体的宣传，都要坚持党性原则，坚持实事求是，坚持团结、稳定、鼓劲和正面宣传为主，牢牢把握正确舆论导向。要贴近群众，贴近实际，贴近生活，认真做好典型宣传、热点引导、舆论监督，增强宣传教育的吸引力、感染力和说服力。要大力弘扬社会正气，对各种错误思潮和社会丑恶现象及时给予有力的揭露和批判，绝不能给它们提供舆论阵地。要加强对社会生活类报刊和娱乐性广播电视节目的管理。加强互联网上的信息分析，有针对性地加大网上宣传力度，提高宣传质量。（引自《中共中央关于加强和改进思想政治工作的若干意见》）

4. 发挥行业组织作用

发挥行业组织作用。行业组织是非公有制经济人士进行自我管理的基本形式和参与社会事务的重要渠道，是思想政治工作扩大覆盖面、增强渗透力的有效载体。要加强对所属行业组织的管理和指导，发挥其思想引导、政策宣传、提供服务、反映诉求、规范行为的作用。注重在行业组织中培养选拔代表人士，使之成为思想政治工作的积极参与者和实践者。

行业组织也是改革开放以来我国蓬勃发展的新的经济组织和新的社会组织即“两新”组织的重要组成部分，非公有制经济人士主要集中分布在以行业组织为主的新经济组织、新社会组织之中。在“两新”组织中开展工作，有利于最大限度地把新的社会阶层人士团结在党的周围，不断为全面建设小康社会和实现中华民族的伟大复兴凝聚新力量。在新世纪新阶段，做好“两新”组织中的统一战线工作，扩大工商联工作的覆盖面，重点要突出三个方面：一是配合各级党委组织部门在“两新”组织中积极开展党建工作，加强行业组织等“两新”组织的党建工作，是通过“两新”组织开展非公有制经济人士思想政治工作的基础，是不断巩固党的阶级基础和扩大群众基础的需要。加强党的思想政治工作的覆盖面，是增强党的基层组织的创造力、凝聚力和战斗力的必然要求。要按照党的十六届四中全会的要求：“加大在新经济组织、新社会组织中建立党组织的工作力度”，切实发挥在“两新”组织中党组织的作用，教育“两新”组织中的广大党员充分发挥先锋模范作用。在“两新”组织中的党组织还要认真履行党章所赋予的职责，切实发挥引导监督作用、团结凝聚作用和组织协调作用，推进“两新”组织生产经营和业务工作的发展。二是要引导非公有制经济人士支持在非公有制企业和行业组织中开展党建工作，引导他们充分认识作为中国特色社会主义事业建设者所肩负的责任，理解和支持在“两新”组织中建立党的组织，开展党的活动和工作，并积极为党组织的活动提供必要条件。三是重视做好行业组织中非公有制经济人士，特别是代表人士的工作，这也是统一战线工作新的着力点，事关党的群众基础的巩固，事关新世纪新阶段统一战线的发展，事关构建社会主义和谐社会的进程。

三、创新和增强非公有制经济人士思想政治工作的手段

1. 加强教育培训

按照中央统战部和全国工商联的教育培训规划，统筹开展非公有制经济人士学习培训工作。要突出政治性和统战性培训，适应非公有制经济人士个性化、差异性的特点，有的放矢地设置培训内容，编写培训教材，开设特色课程。创新培训理念和方式，坚持教学相长、学教互动。按照分层分类原则，对各级工商联领导班子成员和执委、常委进行轮训。建立培训考核和督察制度，把参加培训的情况作为选拔使用的重要依据。

进一步探索研究非公有制经济人士成长的规律，建立广泛的联系培养教育制度。对代表人士要建立经常性的考核、培训、指导帮助和管理制度，通过举办各种学习班、研讨班、培训班，切实不断地提高他们的社会责任意识和政治责任意识，增强对党的感情，坚定走中国特色社会主义道路的信念。通过层层培训、普遍培训，逐步在代表人士的培养、选拔、推荐和政治安排中，形成培养有重点、选拔有标准、推荐有程序、培训有教材、政治安排之前先学习、履职情况届中要考察的完整工作链条。建立起以教育为基础、以培训为先导的新工作机制，使对非公有制经济人士的政治引导、系统教育落到实处。坚持因需施教，既体现统一战线工作的需要，又按照分层分类原则，确定相应培训范围，提高教育培训质量和效果。

2. 加大服务和维权力度

加大服务维权力度。坚持解决思想问题同解决实际问题相结合，进一步增强服务意识，提高服务能力。要深入研究非公有制企业发展中遇到的普遍性问题，主动配合党委、政府有关部门，推动形成完善的市场和法治环境。通过提供经贸交流、项目考察、融资支持、信息咨询、法律维权、仲裁调解、风险防范、危机处理、对外联络等服务，努力帮助非公有制经济人士解决企业发展中遇到的突出困难和问题。

要普遍增强企业法律意识和危机处理能力，加强普法教育。认真参与有关法律法规的制定与修订工作，充分反映非公有制企业的立法诉求，提高回复法律法规征求意见的质量。各级工商联组织要创造条件，努力争取司法部门的支持，建立工作部门与社会力量相结合的专业化维权机构，完善依法维护会员企业合法权益的工作机制。要建立企业风险防范和危机处理机制，开展非公有制企业重大事件的跟踪调查，注意收集、整理案例。协助政府和仲裁机构，在非公有制企业中推行仲裁法律制度。积极协调沟通，突出抓好在当地具有典型意义的案例及制度建设，起到示范作用。

切实做好为会员服务工作是工商联履行职能的重要内容，是增强工商联组织凝聚力的关键所在，也是做好非公有制经济人士思想政治工作的前提条件。各级工商联组织要按照科学发展观的要求，拓宽为会员服务的领域，健全服务机制，增强服务能力，千方百计做好服务工作。要针对非公有制企业的不同阶段的特点和需求，搭建服务平台，完善服务措施，扩大服务效果，使他们感到工商联是真正的娘家，愿意掏心窝子说出自己的真实感言，愿意依靠工商联组织。要促进工商联组织之间、广大会员之间在经贸领域的交流与合作，使广大非公有制经济人士感到工商联干部懂行、内行，有共同语言，对他们的思想政治工作也就能入脑入心。要充分发挥行业商会的作用，加强对行业商会工作的指导，推进行业商会的规范管理，提高商会管理人员的职业操守，使行业商会成为为会员服务的重要载体和主要渠道，扩大服务的覆盖面和实效性。鼓励有实力的企业，适应经济全球化的趋势，提高国际竞争能力，努力做强做大，发展成为跨国公司，创建国际知名品牌，在实现中华民族伟大复兴中承担更多责任和使命。

3. 建立健全表彰制度

在非公有制经济人士中树立一批具有代表性的先进典型，扩大社会影响，形成崇尚先进、学习先进、争当先进的良好氛围。继续开展优秀中国特色社会主义事业建设者等表彰工作，进一步开展内容丰富、形式多样、效果显著的各种类型专项表彰活动。主动加强与有关部门和团体的合作，进行联合表彰或推荐表彰。要不断总结经验，坚持标准，严格程序，建立具有广泛社会影响和品牌效应的多层次的表彰体系。

继续扎实开展优秀中国特色社会主义事业建设者等评选表彰工作，进一步开展内容丰富、形式多样、效果显著的各种类型专项表彰活动，要将全国工商联与各地工商联联合打造的“优秀中国特色社会主义事业建设者”表彰、“光彩事业”和“关爱员工、实现双赢”等一些具有自身特色的活动品牌坚持下去，不断创新，增强工商联的凝聚力和影响力，并主动加强与有关部门和团体的合作，进行联合表彰或推荐表彰。

党中央关于先进典型影响在思想政治工作中作用的论述

注重运用先进典型影响和带动群众。改革开放和现代化建设中涌现出来的先进集体和先进人物，体现了时代精神，是实践社会主义精神文明的楷模。要采取多种形式，大力宣传他们的感人事迹和高尚品质。要改进宣传方法，让群众感到他们可亲可敬可信可学。各行各业都要注意发现和总结自己的先进典型，做到学有榜样、赶有目标，在全社会形成崇尚先进、学习先进、争当先进的良好风气。（引自《中共中央关于加强和改进思想政治工作的若干意见》）

4. 推动企业文化建设

企业文化建设是非公有制企业开展精神文明建设的重要形式，也是引导非公有制经济人士进行自我教育的有效载体。要发挥全国工商联宣传培训委员会和地方工商联企业文化建设委员会等的作用，吸纳有关专业人士参与，建立企业文化评价标准和企业社会责任测评标准。挖掘非公有制企业文化中符合社会主义核心价值体系的积极因素，继承和发扬中华民族优秀文化传统，积极吸收外来优秀文化成果，建设具有时代特征和鲜明个性特点的企业文化。广泛开展企业文化交流，扩大优秀企业文化的社会效应。

鼓励非公有制经济人士创造精神财富，是非公有制经济人士思想政治工作的重大课题。广大非公有制经济人士在创业、创造、创新的艰辛过程中，不仅创造了物质财富，也创造了精神财富，提供了一系列具有时代特征意义的健康向上的精神食粮。当前全社会奉行的一些准则，如创业创新、竞争合作、自立自强、讲求效率、尊重科学、尊重人才、法制诚信、慈善公益等，无疑许多都是非公有制经济人士创造的符合社会主义价值理念的文化养分。集中来说，就是我们所鼓励提倡的“爱国、敬业、诚信、守法、贡献”的优秀中国特色社会主义事业建设者精神，它们对小富即安、平均主义、不思进取、自我封闭等落后观念造成巨大冲击。对这些精神财富给予充分肯定，有利于激发非公有制经济人士的成就感、自豪感和进行文化创新的自觉性、积极性，有利于他们对社会主义核心价值体系的参与共建。

5. 密切联系，广交朋友

密切联系，广交朋友。开展多种形式的联谊交友活动，坚持原则性，提高艺术性，增强亲和力，扩大覆盖面，密切同非公有制经济人士尤其是代表人士的联系，关心他们的思想、工作、生活和企业发展情况。要把团结引导与必要的批评教育结合起来，对他们存在的一些缺点和问题，及时提醒、主动指出，引导他们健康成长。

要围绕统一战线大团结大联合的主题，引导广大非公有制经济人士，特别是代表人士自觉执行党的方针政策和国家的法律法规，激发他们参与全面建设小康社会和社会主义和谐社会的积极性、创造性，及时反映他们的意见建议，鼓励和帮助他们更好地发展事业。

四、加强对非公有制经济人士思想政治工作的领导

1. 完善机制，形成合力

统战部和工商联要在各级党委领导下，把非公有制经济人士思想政治工作摆上重要位置，纳入重要议事日程，并贯穿于工商联工作的各个环节之中。要结合实际，逐步形成党委统一领导、统战部组织协调、工商联党组具体实施、有关方面参与其中的非公有制经济人士思想政治工作机制。各级统战部要加强对工商联党组的领导，认真研究并及时解决重大问题。工商联党组要建立健全思想政治工作责任制，党组书记要负起主要责任人的职责。工商联领导班子成员要明确分工，相互配合。各省、自治区、直辖市、新疆生产建设兵团和副省级城市工商联要设立宣传教育部门，地级、县级工商联没有条件设立部门的要明确专人具体负责。把思想政治工作的成效纳入工商联领导班子考核内容。积极争取有关党政部门、人民团体的支持、参与和配合，形成资源共享、工作互动、密切协作的格局。

——各级统战部要切实负起领导责任。按照中央关于新的社会阶层人士是统一战线工作新的着力点，要最大限度地把他们团结在党的周围的要求，认真研究加强和改进非公有制经济人士思想政治工作的各项措施，使这项工作成为统一战线工作的新“亮点”。主要领导要经常过问，分管领导要全力抓好，有关部门要具体落实。进一步明确统战部的牵头协调和监督检查职责，加强非公有制经济人士思想政治工作理论研究，加大对工商联工作的指导力度；在研究部署有关非公有制经济人士工作时，充分考虑发挥工商联作用，与工商联的重点工作统筹安排，为非公有制经济人士思想政治工作的有效开展创造良好条件；把非公有制经济人士思想政治工作纳入工商联领导班子工作的考核内容，作为换届考察、选人用人的重要依据。

工商联党组受同级统战部领导是党中央的明确规定。《关于巩固和壮大新世纪新阶段统一战线的意见》进一步强调，“统战部要切实加强对工商联党组的领导，充分发挥工商联党组在工商联中的领导核心作用”。这为做好新世纪、新阶段工商联工作提供了重要保证。

要坚持党管干部的原则。工商联作为党领导下的具有统战性、经济性和民间性的人民团体和民间商会，不同于一般的社会团体和工商社团，必须坚持党管干部的原则。这是加强党对工商联工作领导的重要体现。统战部要认真履行这方面的职责，把这项工作认真负责地做好。要在对党组成员的任免、对领导干部的管理中，真正把那些政治素质和道德品质好、工作能力比较强、干部群众信得过的优秀人才，充实到工商联党组中来。

——工商联党组要建立健全思想政治工作责任制。各级工商联党组要充分发挥领导核心作用，切实担负起非公有制经济人士思想政治工作的组织责任；其他领导班子成员也要明确任务负起责任，要把非公有制经济人士思想政治工作贯穿于各项工作的各个环节之中。坚决贯彻执行党的方针政策，坚持正确的政治方向，加强同党外干部的合作共事；在研究安排各项重要工作时，都要充分考虑是否有利于非公有制经济人士思想政治工作。在党组统一领导下，建立非公有制经济人士思想政治工作责任制。除了明确分管领导和牵头部门外，所有领导干部和所有工作部门都要明确自身肩负的思想政治工作职责，着眼于促进“两个健康”、体现“三性”、发挥“五个作用”来开展工作、组织活动。在各级工商联特别是领导班子中，要营造一种开展思想政治工作义不容辞、对非公有制经济人士进行教育引导责无旁贷的氛围，把思想政治工作与参政议政、经济服务、法律维权、社会扶贫等工作结合起来进行，寓思想教育引导于综合服务之中。

——各级工商联要在各级党委统战部的领导下建立长效工作机制。各级统战部和工商联要通过积极努力，以自身富有成效的工作作为争取党委和政府在扩大工作领域、丰富工作职能、提高工作水平、解决工作困难等方面的支持，逐步形成党委统一领导、统战部牵头协调、工商联党组组织实施、工商联各工作部门相互配合、有关方面参与其中的非公有制经济人士思想政治工作长效机制。

要建立健全统战部与工商联党组工作联系制度，认真研究并及时解决重大问题，推动工商联党组贯彻落实党的路线方针和政策，坚持工商联正确的政治方向，加强对会员的团结、教育工作，不断完善工商联党组的工作制度，充分发挥党组作为工商联的领导核心作用。

要推动工商联党组搞好与党外代表人士的合作共事。这是工商联的统战性所决定的，也是工商联贯彻党的统战政策、体现党的领导的具体表现。工商联党组要搞好与党外代表人士的合作共事，必须处理好党组会与主席会，党组书记、副书记与主席、副主席之间的关系，处理好党的组织与个人的关系。要坚持在重大问题包括干部人事问题上，与党外人士充分协商，民主讨论，取得共识。同时，还要加强思想政治工作，搞好政治引导。

各省、自治区、直辖市，新疆生产建设兵团和副省级城市工商联要专设宣传教育部门，地级、县级工商联没有条件设立部门的须明确专人具体负责。要把思想政治工作的成效纳入领导班子考核内容。要积极争取有关党政部门、人民团体的支持、参与和配合，形成资源共享、工作互动、密切协作、合理分工的新格局。

——工商联要加强合作，形成合力。在职责明确基础上互相配合，形成工作合力，是我们在工作中的一贯要求。实践证明，能否形成工作合力，对内显现的是素质能力，对外展示的是精神风貌。经过多年的发展，工商联已经形成了纵横交错、不同层面的组织网络。如果各级工商联及其所属各类商会能形成一种合力，那将成为不可忽视的力量，在促进经济社会发展中会发挥更大作用。就工商联的组织体系而言，既要形成系统上下的工作合力，特别是充分调动地方工商联的积极性，发挥地方工商联与企业直接接触的工作优势；又要形成各级工商联机关内部的工作合力，围绕思想政治工作重点内容发挥各自的职能优势，心往一处想，劲往一处使，齐心协力抓好工作落实。工商联所具有的“三性”是统一的，发挥“五个作用”的职能是交叉的，促进“两个健康”的任务也是共同的。工商联的任何工作部门，在开展工作、组织活动时，都要着眼于促进加强和改进非公有制经济人士思想政治工作，体现综合优势；既不能孤立地看问题，也不能对立地看问题；对工作中存在的问题既不能麻木不仁，也不能情绪偏激。在认识上和实践中任何对这三方面的对立和割裂，都是违背党中央要求和全国工商联十大精神的，都是有损于党在社会主义初级阶段基本经济制度的，都是有害于工商联组织发展的。因此，工商联各工作部门尤其是分管领导必须增强全局观念，克服本位思想，善于团结共事。团结共事是领导干部不可缺少的一种素质和能力。团结就是大局，团结就是觉悟，团结就是能力，维护团结就是一种责任。特别是工商联工作作为党的统一战线工作的重要组成部分，更要讲大团结、大联合，把一切有利因素调动起来，把各种积极力量会聚起来，使它转化成为生产力、凝聚力和影响力。因此，我们既应当不断提高“能干事”的本领，又应当努力培育“能共事”的作风，在团结中干事，在干事中团结，使人与人之间和睦相处，个人与集体之间相互依存，部门与部门之间密切配合，把各种积极力量会聚起来，转化为生产力、凝聚力和影响力。

2. 切实加强理论研究

要围绕非公有制经济人士思想政治工作中的重大理论和实践问题，深入基层调查研究，及时总结经验，完善方针政策，推动思想政治工作的深入开展。

——理论研究是一项长期的战略课题。实践基础上的理论创新是社会发展和变革的先导。创新工作思路，开拓工作局面，推动事业发展，迫切需要加强理论建设。要认真学习和把握中国特色社会主义理论体系，开展非公有制经济理论、新时期统战工作理论、工商联工作理论和有关重大经济社会问题的研究，对工作中遇到的新情况、新问题进行比较深入系统的研究，为工商联的工作创新和持续发展提供理论支撑，提高运用科学理论分析和解决实际问题的能力。要加强研究队伍建设，充分利用社会资源，建立理论研究工作制度，注重理论研究成果的应用，形成理论研究的浓厚氛围和有效机制。

各级工商联组织特别是主要负责人，要带头调查研究，把理论研究作为一项战略任务摆到突出位置，努力做到理论研究与实践探索相互促进。认真改进调查研究的手段和方法，深入基层、企业和非公有制经济人士中调查研究，发现新情况，解决新问题，借助现有研究机构和社会力量，注重调查研究的质量和成果应用。及时总结经验，运用理论研究的成果指导工作实践。

——工商联理论研究富有实际意义。加强工商联理论研究，是探索新时期工商联工作新路子的需要，是提高工商联干部队伍素质的有效途径，是丰富党的统战理论的重要举措。

工商联开展理论研究，要坚持解放思想，在实践探索中加强理论研究，从理论与实践的结合上回答问题、解决问题。工商联开展理论研究，必须从自身的宏观环境、工作对象、地位性质、职能作用、历史沿革、发展趋势等方面出发，立足于指导当前工作，着眼于谋划未来发展，注重前瞻性，体现预见性，增强指导性。根据党中央即将制定新时期工商联工作新文件的要求，要着重研究工商联的历史沿革、政策发展、工作经验、改革创新等重大问题，提出决策参考意见。

当前，随着非公有制经济在我国经济社会发展中地位的不断提升，工商联工作所涉及的领域越来越广泛，进行理论研究的现实基础越来越深厚。我们要适应实践发展的需要，深入调研，切实加大理论研究工作力度，用科学的理论成果指导工商联的工作实践。

3. 推进企业党建和群团工作

推进企业党建工作。配合各级党委组织部门在非公有制企业和行业组织中开展党建工作，积极探索统战部、工商联参与党建工作的机制和模式。引导非公有制经济人士认识加强企业党建工作的重要性，支持在企业建立党组织，开展党的活动。

——在非公有制企业中，党团组织的主要任务是：通过宣传贯彻党和国家的路线、方针、政策，引导和监督企业遵守国家的法律、法规，依法经营，照章纳税；关心企业的重大问题，提出意见和建议，支持和促进企业的发展；做好职工思想政治工作，团结和依靠职工群众，关心和维护职工的合法权益；加强社会主义精神文明建设，建设有理想、有道德、有文化、有纪律的职工队伍；协调企业内部各方面的关系，坚持原则、化解矛盾，维护企业和社会的稳定。非公有制经济人士要理解和支持企业党、团组织在职工中发挥政治核心作用，支持灵活多样的活动内容和方式。工商联要引导非公有制经济人士协助有关方面对企业中党员进行管理，充分发挥非公有制经济人士队伍中共产党员的先锋模范作用。

发挥党团组织在引导非公有制经济人士加强思想道德建设和企业道德建设中的作用。要根据党章、团章要求，在非公有制企业中成立党团组织。党团组织要通过宣传贯彻党和国家的路线、方针、政策，引导和监督企业遵守国家的法律、法规，依法经营，照章纳税。要把引导非公有制经济人士加强思想道德建设，同关心企业的重大问题、支持和促进企业的发展结合起来，同团结和依靠职工群众、关心和维护职工的合法权益结合起来，同协调企业内部各方面的关系、促进企业和社会的稳定结合起来。

——企业工会的主要作用。企业工会要支持企业依法经营管理，教育和引导职工树立国家主人翁精神，遵守国家法律和政策，遵守劳动纪律和职业道德，执行劳动安全卫生规程；组织职工开展技术革新、劳动竞赛和合理化建议活动，努力完成生产任务，为企业发展作贡献；要采取多种形式，会同企业对职工进行教育和培训，提高职工队伍素质。要特别注意维护法律赋予职工的各项合法权益，督促企业经营管理者积极建立健全职工代表大会制度、签订集体劳动合同制度、工资集体协商机制、缴纳社会保险制度、执行最低工资标准、工资增长机制、安全保障制度等，为建设和谐劳动关系发挥重要作用。

4. 加强思想政治工作者队伍建设

建设一支政治坚定、业务精通、作风清廉的高素质的思想政治工作者队伍，是加强和改进非公有制经济人士思想政治工作的重要保障。要采取措施，建立思想政治工作干部的定期培训制度，不断提升理论政策水平和业务工作能力，使他们成为非公有制经济人士思想政治工作的行家里手。进一步明确工作职责，改善工作条件，拓宽选人渠道，不断充实干部队伍。注重在非公有制经济代表人士中培养思想政治工作骨干队伍，充分发挥他们的积极作用，共同做好非公有制经济人士思想政治工作。

——队伍建设是做好非公有制经济人士思想政治工作的保证。要从非公有制经济发展环境和非公有制经济人士自身变化的实际出发，根据党和国家提出的新任务、新要求，建立起一支政治坚定、作风清廉、业务精通、素质优良、富有人格魅力的思想政治工作者队伍。这支队伍既包括各级统战部经济统战部门、工商联宣教部门的专职干部，也包括工商联全体干部，还包括非公有制经济代表人士特别是被表彰的各级优秀中国特色社会主义事业建设者、人大代表、政协委员、工商联执委和常委，行业商会负责人以及非公有制经济人士中的中共党员。省级工商联和有条件的市级工商联，要设立专职宣传教育部门；没有条件设立专职宣传教育部门的市级工商联，要明确专人负责思想政治工作；切实加强县级工商联和行业商会的组织建设，在强化服务中增强做好非公有制经济人士思想政治工作的主动性、自觉性和创造性；与有关部门积极配合，在具备条件的行业商会和非公有制企业中建立党团组织。通过建立健全机构、明确人员，形成非公有制经济人士思想政治工作队伍的骨干力量。充分发挥全国工商联宣传培训委员会的作用，整合统战部、工商联各工作部门的职能，吸纳党政有关部门、社会有关方面和非公有制经济领域在思想政治工作、企业文化、管理创新等方面有研究、有建树的人员参与，强化非公有制经济人士思想政治工作队伍的社会力量。通过广泛团结，加强交流，建立和完善具有开展政策研究、进行政府对话、加强企业党建、推动企业文化建设、提高管理水平等功能的工作平台，吸纳广大非公有制经济代表人士自觉参与，注重发挥非公有制经济人士中党员的作用，扩大非公有制经济人士思想政治工作队伍的基础力量。

——建立充满生机和活力的思想政治工作者培养选拔机制。建立和完善能够充分调动广大干部抓落实的积极性、主动性和创造性，能够体现优胜劣汰的选人用人机制，树立正确政绩观，按照客观规律办事，真抓实干，注意克服形式主义、官僚主义，反对弄虚作假，努力创造出无愧于人民、无愧于时代、无愧于历史的新业绩。建立健全责任制，明确岗位责任；强化督察工作，抓好工作考核，年终时严格按照全年工作要点的完成情况考核评价部门工作，把抓落实作为衡量干部觉悟和能力的重要标准，以落实的成效作为干部考核提职的重要依据。干部提拔和任用要在德才兼备的前提下，重点考虑能干事、会干事、干成事的人，大胆选用和优先使用政治上靠得住、工作上有本事、作风上过得硬的干部，使其成为能够肩负起工商联事业发展重任的骨干。提高综合素质，增强工作能力，改进、健全组织体系和运行机制，切实提高履行职责和发挥作用的能力。要把加强非公有制经济人士队伍建设与加强工商联干部队伍建设结合起来，按照提高素质、优化结构、相对稳定的要求，通过公开招聘选拔一批德才兼备的中青年干部，充实到这支队伍中来。培养和提高机关干部的综合素质，积极拓宽服务渠道，完善服务手段，体现特色，增强吸引力，不断提高工作效率和水平，这对做好非公有制经济人士思想政治工作更具有根本性、全局性和长期性的作用。要坚决破除那些束缚人才特别是束缚青年干部成长和发挥作用的观念和做法，建立健全继续教育和培养制度，建立以公开、竞争、择优为导向，有利于优秀人才脱颖而出、充分施展才能的选拔任用机制。

统战部和工商联党组在建设思想政治工作者队伍时要管好宏观、管好政策、管好协调、管好服务，重点做好制定政策、整合力量、营造环境的工作，努力做到用事业造就人才、用环境凝聚人才、用机制激励人才、用制度保障人才，不断促进思想政治工作者队伍建设的制度化、规范化、程序化，要将这支队伍视作统战部、工商联的宝贵财富，关心他们的工作和生活，关心他们的思想与成长，使他们创新有机会、干事有舞台、发展有空间。对政治上靠得住、工作上有本事、作风上过得硬、开展思想政治工作有成效的干部，要重点培养和使用，把他们放到重要岗位上进行锻炼，使其成为能够肩负起事业发展重任的骨干。

非公有制经济人士队伍的特点，决定要使对他们的思想政治工作真正具有感召力和有效性，必须提高思想政治工作者的综合素质。思想政治工作者的能力水平、为人处世和言行表现往往对思想政治工作的效果起着重要的影响。要重点培养这支队伍的创新能力、服务能力、调研能力、协调能力，培养学习型、创新型、务实型的干部，使他们不断在实践中完善自己、在竞争中提高自己、在奋斗中充实自己。

高度重视思想政治工作，是我们党的优良传统和政治优势。我们党领导革命和建设的全部历史证明，掌握思想教育，是团结全党进行伟大政治斗争的中心环节；思想政治工作，是经济工作和其他一切工作的生命线。加强和改进非公有制经济人士思想政治工作，是各级统战部和工商联面临的一项长期、艰巨、复杂的重要政治任务，有许多实践问题需要探索，有许多理论课题需要破解。我们要进一步增强历史责任感、时代使命感，解放思想，开拓创新，求真务实，扎实工作，努力培养造就一大批合格的中国特色社会主义事业建设者，团结广大非公有制经济人士为夺取全面建设小康社会新胜利，实现中华民族伟大复兴作出新的更大的贡献。

全国工商联课题组

组长：孙晓华

副组长：高庆林　王尚康

组员：刘　建　王兆成　李　扬　邵　逸
吴　巍　杜　薇

（全国工商联宣教部　供稿）

中国民营企业是实施“走出去”战略的重要力量

——民营企业“走出去”调研报告

前言

进入新世纪以来，随着科学技术特别是信息技术的飞速发展，商品、劳务、资本、技术等各种生产要素跨国流动日趋频繁，经济全球化进程日益加快。各国为抢抓机遇，应对挑战，竞相利用世界平台加速推进产业结构的优化升级，加速提升综合国力和国际竞争力。我国自1998年首次提出充分“利用两个市场、两种资源”提高对外开放水平以来，伴随人均GDP的快速增长、科学发展观的逐步确立，企业在全球实现资源优化配置的动力不断增强，“走出去”的步伐不断加快。对外投资流量和存量占全球比重从2002年的0.5%和0.4%，上升到2006年的1.74%和0.73%；投资国别从2003年的139个发展到2007年的173个；投资范围从初期仅集中在欧美、港澳地区开始向亚、非、拉等发展中国家和地区扩展；截至2007年底，中国企业对外直接投资总额已近1200亿美元，居发展中国家前列。在此过程中，民营企业蓬勃发展、日益壮大，逐步成为我国实施“走出去”战略的重要力量。为深入了解民营企业“走出去”的基本情况、存在问题，有针对性地提出解决意见和建议，2008年，全国工商联将“民营企业走出去”列为重点调研课题。调研组在黄孟复主席的率领下，先后赴浙江、福建、广东等地作了深入调查，期间多次与当地政府有关部门进行座谈，走访了几十家有代表性的企业，各地工商联围绕这一课题也作了大量专题调研，以下报告即在此基础上形成的阶段性成果。

一、民营企业“走出去”的基本情况

（一）民营经济已经成为国民经济发展的重要力量

1. 民营企业数量持续增长，生产经营资本规模不断扩张

我国私营企业在1989年时仅有90581户，到2007年已迅速增加到551.3万户，18年增长了59.9倍，年均增速25.6%。现私营企业户数已占全国企业总数的近60%。注册资本总额由1989年的84.5亿元迅速增加到2007年的93873.1亿元，18年增长了1110倍，年均增速高达47.6%。

2. 民营经济投资高速增长，成为经济增长的重要引擎

2000年至2006年，全国投资总额增长7.7万亿元，年均增长22.3%；其中内资民营企业增长5.41万亿元，年均增长30.4%，高于全国8.1个百分点。2007年我国城镇固定资产投资11.74万亿元，同比增加2.4万亿元，增长25.8%；而同期民营经济投资7.68万亿元，同比增加1.82万亿元，增长31.1%，高出城镇固定资产投资增速5.3个百分点。

3. 民营工业快速发展，增加值增速显著

2000年至2006年，全国规模以上各类工业企业增加值增长5.44万亿元，年均增长21%；其中私营工业增加值增长1.42万亿元，年均增长51.1%，高于全国30.1个百分点。2007年，全国规模以上工业企业增加值增速18.5%，同期私营企业工业增加值增速26.7%，高于全国8.2个百分点。

4. 民营企业进出口总额持续增长，已经成为对外贸易的重要力量

2007年，我国民营企业实现进出口总额4243.7亿美元，较1995年增长了65.5倍，年均增速高达41.9%。其中出口占到全国出口比重的24.4%，较2006年增加2.3个百分点，而同期国有企业出口仅占全国出口比重的18.5%，较2006年回落了1.2个百分点。

5. 民营经济效益大幅提升，已经成为国家税收的重要来源

2000年至2006年，全国工业企业利润增长

1.44万亿元，年均增长27.4%；其中规模以上私营工业利润增长2758亿元，年均增长58%，高于全国30.6个百分点。2007年1～11月，全国工业企业利润总额为2.3万亿元，同比增长36.7%，而规模以上私营工业利润总额为4000亿元，同比增长50.9%，高于全国14.2个百分点。民营经济效益的大幅增长，为国家税收提供了重要源泉。2000年至2006年，全国税收增长2.5万亿元，年均增长19.8%；其中私营工业税收增长3076亿元，年均增长42.4%，高于全国22.6个百分点。

（二）民营企业已经具备“走出去”的基本条件

1. 上规模民营企业不断增多，出现了大量行业排头兵

国家工商总局数据显示，2007年我国注册资本在100万元以上的私营企业达133.63万户，占私营企业总户数的24.24%。其中注册资本在亿元以上的企业5734户，私营企业集团6412户。此外，工商联调查统计的2007年销售收入3亿元以上的上规模民营企业共2950家，其中前500家的户均营业收入超过71亿元，有86家超过100亿元和23家超过200亿元；户均资产超过50亿元，有51家超过100亿元和13家超过200亿元。这些企业遍布服装、鞋帽、皮革制造、信息传输、计算机、软件、医药制造、电气机械、装备制造、交通运输、仓储、邮政、石油、采矿等各个行业，其中不少企业已经发展成为行业内的排头兵。如华为集团，2007年实现合同销售额160亿美元，同比增长45%，其中72%的销售额来自国际市场；再如联想集团，2007年实现销售额167.8亿美元，2008年首次跻身美国《财富》杂志公布的全球企业500强排行榜，位列第499位。

2. 民营企业创新能力不断增强，核心竞争力显著提升

我国技术创新的70%、国内发明专利的65%和新产品的80%来自以私营企业为主的中小企业。到“十五”期末，中小企业专利申请比例已突破65%，远高于大型企业5%、规模以下企业29.7%的水平。即便是用专利申请量来考察，“十五”期末中小企业仍占到61.4%，远高于大型企业18.5%、规模以下企业20.1%的水平。从全国大中型工业企业来看，2006年，私营企业的专利申请数为9809件，其中发明专利申请数为1885件，拥有发明专利数为4613件，分别占全国大中型工业企业总数的14.2%，7.3%和15.5%。2004～2006三年，在大中型工业企业中私营企业的专利申请数占总数的百分比维持在15%左右，其中发明专利维持在7%左右，发明专利的拥有量从11%增长到15.5%。此外，2007年民营企业500家中，有238家被认定为高新技术企业，有258家拥有自主知识产权，311家企业的关键技术系自主开发，500家企业共获得专利27390项，其中发明专利就有2650项。民营企业创新能力的持续增强，使其在产品开发、市场营销、售后服务等方面竞争能力显著增强，为其在全球实现资源优化配置创造了条件。

3. 民营企业组织制度不断完善，为“走出去”提供了机制保证

我国现存的私营企业组织形式主要为有限责任公司、股份有限公司、合伙企业、独资企业四种。统计数据显示，有限责任公司已经成为私营企业首选的组织形式。截至2007年底，全国551.3万户私营企业中，有436.3万户选择了有限责任公司的组织形式，占到私营企业总数的79.14%，其注册资本达8.74万亿元，占私营企业注册资本总额的93.05%。此外，股份有限公司虽然绝对数量较少，但增长速度却相当惊人。2007年，全国私营股份有限公司达到2186家，较上年增加765家，增幅高达53.84%。其中，民营上市公司数量已由1990年的1家发展到410家，占全部上市公司总数的1/4强。私营企业组织制度的不断完善，为管理模式由传统的“家族式”向现代管理模式转变创造了条件，成为民营企业实现“走出去”目标的机制保证。

（三）民营企业“走出去”的基本状况

随着民营经济实力的不断壮大，其“走出去”的愿望日益强烈，步伐日益加快。据商务部统计，截至2007年底，已有7000多家国内投资主体在境外直接投资企业1万多家，其中私营企业对外投资的主体数量占11%，大约有800多家；对外直接投资存量达1179.1亿美元，其中国有企业占71%，有限责任公司占20.3%，股

份有限公司占5.1%，私营企业和股份合作制企业各占1.2%，后两类企业对外投资存量近30亿美元。如果考虑到有限责任公司和股份有限公司中有相当部分企业为私营资本控股，加之大量尚未申报登记（浙江和福建调查普遍反映，实际已经“走出去”但尚未登记的企业相当于已登记企业的0.5倍至1倍以上）等情况，各类民营企业对外直接投资的实际数量远高于统计数据。

另据全国工商联2007年和2008年对上规模民营企业的调查，2006年，上规模民营企业中有51.52%的企业拥有对外业务，年出口总额为657.59亿美元，户均出口额为4002.37万美元。2002~2006年，出口总额年均增长45.35%，户均出口额年均增长23.34%。这些企业在境外开展的经营类型包括建立销售公司、建立生产企业、设立研发机构、开展工程承包以及从事资源开发等，其中选择境外建立销售公司的最多，达411家；在对外投资模式上，118家选择了海外独资新建，84家选择了海外合资新建，16家选择了并购。2007年，上规模民营企业出口总额达到了924.85亿美元。其中民营企业500家中，38家拥有海外生产企业，102家拥有海外销售公司。

在“走出去”的民营企业中，浙江企业占了相当比重。自2000年以来，浙江省境外投资年增幅均在60%以上。截至2008年5月，其境外投资项目已达3227个，项目数居全国之首。在投资类型方面，浙江省正在实现由商贸型向生产型转变。2008年前5个月新增境外投资项目188个，较上年同期增长16.5%，其中生产型项目就有46个，较上年同期增长43.8%。在投资模式上，浙江省正在实现由单独出海向建设集群化园区的方向转变。目前已在境外开发建设泰国罗勇、俄罗斯康耐、越南前江、墨西哥吉利四个国家级以及博茨瓦纳、尼日利亚、美国等一批境外工业园区。

此外，广东、江苏、上海、重庆等省市民营企业“走出去”的步伐也在加快。如江苏，近5年共核准民营企业境外投资项目464个，投资领域除纺织服装、医药化工、轻工、机械、电子家电等优势传统产业外，还出现了一批从事境外资源开发、技术研发的资源型、研发型企业以及经营教育、酒店、有线电视等的服务型企业。

再如重庆，截至2008年4月，全市“走出去”的民营企业已经超过100家，累计批准境外投资金额已达2.23亿美元。

而上海，2007年新批对外投资项目72个，民营企业就囊括了37个，占了总数的一半以上。

二、民营企业“走出去”的主要特点

（一）“走出去”的主要动因

1. 抢抓商机，获取利润

国际市场纷繁复杂、瞬息万变，机遇稍纵即逝，只有善抓机遇、敢抓机遇、快抓机遇的企业，才会在激烈的市场竞争中赢得回报。在我国，不少民营企业“走出去”就是要抢抓商机。如温州冠盛集团就提出，“走出去要掌握一个原则，就是要先开枪，后瞄准，不要指望第一枪打十环，枪打多了自然会瞄得准了”；“走出国门就有路，困在家里就是难”。这些提法虽然简单，但却是一些企业历经艰辛而摸索出的宝贵经验，很值得那些因瞻前顾后而裹足不前的企业学习和借鉴。

2. 规避汇率风险、稳定发展预期

自2007年下半年以来，随着人民币升值步伐的不断加快，众多出口型企业经营成本不断上升，赢利能力持续下降。不少企业由于无法预期人民币升值的速度和幅度，为了避免损失，往往不敢接长期订单，只能打些零工，严重影响了企业的正常生产经营。而在这些企业中，绝大部分都是民营企业。如果民营企业“走出去”，不仅可以有效规避本币升值的风险，而且能够以更低的成本完成境外投资，获取重要资源，因此“走出去”就成为民营企业重要的战略选择。

3. 缓解贸易摩擦、扩大市场份额

当前，我国民营企业普遍集中在竞争性领域。随着我国市场由卖方向买方的转变，国内市场日趋饱和、竞争日趋激烈，产品只能大量出口。然而，随着我国制造业产品，特别是消费品出口的持续增长以及外贸顺差的不断扩大，各种贸易壁垒接踵而至，贸易摩擦和纠纷不断，在个别国家甚至发生焚烧中国产品、捣毁中国商铺的极端事件。为此，民营企业“走出去”直接融入当地社会，在互利共赢中壮大企业、占领市场就成为重要选择。

4. 转移过剩产能，延长产品生命周期

经过长达30年的持续快速发展，我国在纺织、服装、制鞋、家电、金属机械制品等诸多领域都已开始出现产能过剩现象，这不仅造成国内相关企业的过度竞争，而且浪费了大量能源资源。如果这些企业能够转移到发展中国家，既可以帮助当地发展实用技术、增加财政收入、解决就业问题，又能够缓解国内资源环境压力、盘活国内过剩产能、促进国内企业的转型升级。因此，对于产能过剩行业的企业，“走出去”已经成为其生存发展的必然选择。

5. 获取先进技术和管理经验，增强企业核心竞争力

在改革开放初期，我国与发达及新兴工业化国家存在较大技术落差，那时只需将丰富的自然资源、廉价的劳动力资源与国外转移的二、三流的技术相结合，就可以实现经济的快速增长。然而，随着这种技术落差的缩小，我国企业越来越难以获取适合自己发展的新技术，这是因为发达国家或地区为保持技术上的领先优势，确保赚取产业或产品价值链上的高额利润，制定了大量多边条约和国内法律，严格限制某些先进技术向我国转让。即便是来华外商，一般也只能转让标准化的成熟技术，而核心技术或关键部件仍在本国进行生产。因此，除了要立足自主创新之外，“走出去”直接接触先进技术和管理经验、直接借用“外脑”、尽可能多的汲取“溢出效应”所带来的好处，就成为民营企业获取新技术、提升竞争力的重要途径。

6. 应对资源、环境、劳动力成本持续上升压力，实现可持续发展

一直以来，我国绝大多数民营企业的发展主要是靠“比较优势”的发挥，即靠大量消耗能源、资源来换取微薄的利润。然而我国并不是一个资源极大丰富的国家，据有关部门预测，我国已探明的45种主要矿产中，到2010年能满足国内需要的只有21种，到2020年仅剩下6种。因此，这种发展模式不可持续，近几年我国能源、原材料、土地价格快速攀升，环保准入条件日趋严格，劳动力价格不断上涨就已充分说明这一问题。而“走出去”充分利用国际市场、国际资源发展自己，可有效缓解国内压力，最终实现可持续发展。

（二）“走出去”的主要渠道

1. 通过境外的华侨人脉

我国有几千万华侨华人遍布在世界各地，仅20世纪80年代以来就新增华侨500万人，其中来自内地的约有300万人。海外侨胞有广泛的商业网络和较强的经济实力，是我国民营企业“走出去”的重要桥梁。特别是他们熟悉居住国的政治、经济、法律、文化和风俗习惯，在帮助国内企业到海外创业、生存和发展方面具有独特的优势。比如温州，有40多万侨胞分布在美国、意大利、西班牙、新加坡等90多个国家和地区，为温州企业的足迹能够遍布世界多个角落作出了巨大贡献。

2. 通过先行者的引领

即借助先行到境外投资企业所提供的各种帮助实现“走出去”的目标。如重庆渝路集团，第一次“出海”就借助了重庆对外建设总公司这条“大船”，靠分包项目首次进入非洲乌干达。尽管这次“出海”小额亏损，但却熟悉了环境，培养了人才，积累了丰富的境外项目管理经验，为日后在境外的发展打下了坚实基础。

3. 通过经贸代表团出访、驻外使领馆的帮助

经贸代表团涉及的商业洽谈项目，往往准备比较充分、信息比较全面、可操作性强，因此随经贸代表团出访成为不少企业加强对外交流与合作、最终跻身国际市场的重要途径。驻外使领馆基于了解驻在国国情，熟悉当地政治、经济、文化、法律和风俗，便于与驻在国政府进行磋商和交涉等诸多优势，在民营企业“走出去”的过程中也日益发挥着重要作用。

4. 通过行业商会协会牵线搭桥

行业商会协会在组织企业家出国考察，加强与境外商会、使领馆、办事机构和专业中介机构的联系与合作，为民营企业提供境外投资咨询和信息服务、组织企业相关人员进行境外知识培训等方面具有独特的优势。有意“走出去”的民营企业应主动加强与之的联系，充分利用好这个平台。

（三）“走出去”的主要形式

1. 产品出口

通过在境外开设专卖店或办事机构促进产品

出口是目前民营企业“走出去”的重要形式。如浙江康耐集团，继在巴黎开出第一家品牌专卖店后，现已在美国、意大利、希腊、法国等10多个国家开出了100多家海外专卖店，形成了强大的营销网络，提升了品牌效应和竞争力。

2. 工程承包和劳务输出

商务部数据显示，截至2008年4月底，我国在外各类劳务人员有75.86万人。通过工程承包和劳务输出的形式“走出去”是缓解国内就业压力、增加国内居民收入的重要途径之一。截至目前，我国虽然有近百万人在外工作，但劳务输出人数尚不足全球劳务输出总人数的1%，未来拓展的空间十分巨大。

3. 境外设立研发机构

我国“走出去”的企业中，不少在国外设立研发机构。它们通过聘用国外的科学技术人员、通过与国外的科研院所近距离接触与交流来获取发展急需的先进技术，并掌握发明专利权。如浙江华立集团通过在以色列、加拿大设立研发中心，在仪表行业始终保持了技术上的领先优势。

4. 境外投资办厂

这是鼓励民营企业“走出去”的主要形式之一，它可使企业有效规避国内各种不利因素、国际上形式多样的贸易壁垒，可实现国际国内两种资源、两个市场的优势互补，从而推动企业又好又快的发展。浙江省在这方面走在了全国前列。目前浙江已有境外加工贸易企业38家，其中规模较大的有万向集团投资2995万美元设立的以生产汽车零配件为主的万向美国公司，钱江摩托集团投资600万美元在印度尼西亚合资组建的摩托车生产企业，中国威莱绢棉有限公司投资204万美元在乌兹别克斯坦建立的白厂丝加工厂，等等。

5. 资本并购、企业参股

这是当前国际上对外直接投资的主要形式，它可以有效缩短企业进入的时间，迅速扩大企业的生产经营规模；可充分利用原有企业的技术、品牌和销售网络，迅速占领国际市场；可近距离学习原有企业先进的管理经验，迅速提升自身的管理水平。如重庆博赛矿业集团2006年底出资8000万美元与圭亚那政府合资收购了该国一家拥有40万吨年生产能力的铝矾土加工厂和一座近2亿吨储量的铝矾土原矿，使其一跃成为世界最大的耐火级铝矾土生产厂家，并一举掌控了国际耐火级铝矾土市场的定价权。再如浙江，仅2007年就先后有万向、雅戈尔、纳爱斯、钱江、哈衫等民营企业在发达国家和地区展开一系列并购活动。

6. 境外上市融资

这是优质民营企业“走出去”的重要途径。截至2006年底，我国在海外证券市场上市的民营企业已达171家，目前仅山东青岛市就有10多家民营企业向外管局表达了海外上市的愿望，并正在积极进行海外上市的前期准备工作。

7. 建立境外经贸合作园区

在2006年11月举行的中非合作论坛北京峰会上，胡锦涛代表中国政府宣布今后3年将在非洲国家建立3至5个境外经济贸易合作园区，此后由商务部推动的境外经贸合作园区建设逐步升温。这种抱团集聚式的投资模式，有利于协作解决问题，协调与投资国政府的关系，有利于抵御各类风险。如今，大量境外经贸合作园区已经开工建设。如浙江的华立集团、康耐集团、温州协力皮革、吉利控股等企业已分别在泰国、俄罗斯、越南、墨西哥等地建立国家级经济贸易合作区。在泰国和俄罗斯的合作园区已分别有11家和9家企业签约入园。

（四）“走出去”的主要优势

1. 比较成本优势

相对发达国家的跨国企业，我国的民营企业结构简单、经营灵活、适应性快，具有较低的管理成本；可充分利用母国的人员、设备、零部件供给，具有较低的生产经营成本；可有效实现国外先进技术与国内制造业基地的优势整合，具有较高的生产经营效率。因此，我国的民营企业“走出去”设点、建厂、并购企业，具有很强的竞争力。

2. 经营机制优势

相对国有企业，民营企业集聚了一大批经过市场锤炼、敢于挑战、勇于创新、开拓力强的企业家，“走出去”具备了人的因素；民营企业产权关系比较清晰，在企业战略、投资决策、经营运作和用人制度上拥有自主决策权，能够快速的传递和处理市场信息，能够随国际市场变动而迅速地调整经营战略；在小规模技术的应用上比较成熟，能够适应国际市场对商品多品种、小批量、个性化的需求，“走出去”具备了经营机制优势。

3. 民间色彩优势

国外对我国企业在国际市场上集中大规模投资始终保持高度警惕。而我国民营企业总体上规模还不够大，实力还比较弱，有着浓厚的民间色彩，以分散的形式“走出去”易被国际社会和境外合作者所接受，有助于淡化“中国威胁论”、“新殖民主义论”等“中国因素”的影响，便于中国企业在战略性资源、高新技术等比较敏感的领域获得更大的发展空间。此外，民营企业“走出去”对我国开展民间经济外交、营造良好的国际舆论环境也有积极的推动作用。

三、民营企业走出去存在的主要问题

相比其他国家走出去的状况，相比我国经济发展的实际状况，企业尤其是民营企业走出去还远远未形成应有的规模，未达到应有的质量。通过调研，我们了解到，制约企业走出去的障碍主要存在于政府、社会和企业三个方面均准备不足。

1. 政府管理方面

实施走出去战略，政府是主导。中央已将走出去放到国家战略的高度，但有关部门在管理、促进、服务等政策方面的引导还不到位，未能充分构建企业积极走出去和成功走出去的良好政策环境。

一是负责境外投资的政府部门较多，管理权限分散，审批程序烦琐，不利于企业“快速”走出去。目前，民营企业境外投资必须通过境外投资项目核准、境外投资企业核准，人员出入境审批等多项审批，涉及发改委、商务部、海关、外汇管理局等多个部门，历经县、市（地）、省、部级乃至国务院等多个层级，仅项目核准就须提供报送项目申请报告，公司董事会决议或相关的出资决议，证明中方及合作外方资产、经营和资信情况的文件，银行出具的融资意向书，资产评估报告，中外方签署的投标、购并或合资合作项目意向书或框架协议等文件等六大类材料，仅项目核准就至少需要 2 个月以上的时间。对此，调研企业反映，我国境外投资管理环节错综，程序烦琐，材料复杂，审批标准不明确，审批内容有交叉，耗时漫长，不仅没有加快企业走出去的步伐，还在一定程度上影响着广大企业走出去的积极性，有时还扮演着“拖后腿”的角色贻误商机，以致部分企业暗度陈仓，游离于政府监管之外走出去。浙江通领科技集团有限公司反映，该集团要在美国投资 1.36 亿元建立工业园区，已经耗时一年还没有通过省级核准，而对最终能否得到国家发改委核准还没有自信。另据浙江绍兴有关部门估计，几乎 50% 的走出去企业规避了政府管理，到境外直接投资。

二是没有统一的境外投资促进法律，相关配套政策法规还不完善。相比较“引进来”的三资企业法及相关实施细则，我国境外投资规范还没有上升到法律层级，甚至没有行政法规层级的统一规范出台，难以匹配“走出去”的国家战略地位，难以对企业境外投资给予明确的指引和促进。同时，实施“走出去”国家战略，推动企业境外投资，需要国家全面启动财税、金融、外汇、人才、进出口、出入境等系统政策，而目前，专门针对“走出去”的配套政策法规，特别是财税、金融政策还相当缺乏。

三是国家财税政策和外汇支持力度较小。当前，国家财力大幅度提高，中央和地方各级政府都设立了支持走出去的专项资金，但其规模还满足不了企业快速走出去发展的需要，而且至今还没有出台促进民营企业走出去的资金扶持政策，同时有关政策和补贴在执行过程中，上报材料复杂、申请程序烦琐、办理时间过长，政策落实困难。民营企业获得财政支持的难度较大。同时，政府在我国与近百个国家和地区签订的避免双重税收协议上宣传和落实不够，也缺乏专门针对“走出去”而设置的一定种类、一定年限、一定行业或一定幅度的税收优惠，企业走出去的税负还比较重，步伐还不够轻盈。面对庞大的外汇储备，国家还没有创新外汇储备的使用和管理方式，给予企业走出去更多的外汇支持。

四是政府有关“走出去”的信息服务滞后。目前，政府的信息提供平台分散在不同部门，缺乏系统性和全面性，有的信息在时效性和针对性方面达不到企业要求，不能为企业提供完整、准确、及时的国内国外商情信息。同时，政府的信息提供渠道还不畅通，对已有信息平台的宣传不够，许多企业无从知晓如何获得有关信息。调研中，就有企业对商务部的境外投资信息茫然不知。

五是政府外交推动不够，使领馆相关力量不足。相较发达国家的经济外交力度，国家还没有将经济外交充分融入政治外交。在国家领导人带队企业家外交访问方面，在与有关国家和地区签署投资保护协定方面，在通过外交方式对有关国家和地区采取对等或同等原则，为“走出去”民营企业争取更好的境外投资环境方面，政府外交力度还不够。在民营企业“走出去”投资中，我国驻外使领馆商务参赞配备力量不足，难以对境外企业生存状况进行充分了解，难以为企业提供周到细致的服务，没有发挥出为企业走出去营造良好境外环境的作用。

2. 金融服务方面

企业走出去，资金是关键。企业的资金就相当于人体的血液，资金是否充裕是决定企业寸步难行还是大步流星的最根本因素。目前，民营企业用于境外投资的自身资金一般比较有限，融资难、资金匮乏，正在成为民营企业走出去时望而却步的最大原因。

一是境内信贷支持少。国内政策性金融机构不能满足企业对外投资的长期稳定资金需求。目前，主要服务走出去的国家开发银行和中国进出口银行，由于资本金补充渠道单一，贷款规模偏小，加之其主要服务于大型项目和大型企业，投向狭窄，对民营企业的信贷支持相对更少。国内商业银行中，不是没有开展相应的商业贷款业务，就是设置更高门槛，在企业信用等级、资产负债比例和抵押品价值等指标上往往采取比境内贷款更为严格的尺度，加大了企业境内融资难度。比如，由于境内金融机构对企业境外项目资产尤其是无形资产认定困难，企业就很难以境外资产做抵押从境内获取贷款。

二是境外信贷支持难。企业走出去，金融理当先走出去。但目前，我国金融机构境外布点严重不足，离岸银行业务量比较小，金融工具品种单一。截至 2007 年末，我国国有商业银行仅在美国、日本、英国等 27 个国家和地区设有 33 家分行、19 家附属机构，实在难以匹配遍及 173 个国家的数以万计中国企业的资金需求。同时，由于国外的金融体系和运行机制与我国不同，由于缺乏信用记录等多种原因，许多中国企业难以获得东道国金融机构提供的信贷。很多企业反映，对在当地投资的中国企业，当地银行往往关闭贷款的大门。一些国家甚至一旦发现本土企业被中国企业并购，也立即收缩贷款额度。即使世行、亚洲开发银行等国际金融机构能提供资金，也大多用于能源、交通、农业、旅游等基础设施项目上，从事其他项目的民营企业很难申请到国际金融机构的贷款。

三是企业资源全球整合难，信贷成本高。一方面，企业自有资金对外投资面临外汇管制问题。另一方面，由于欠缺完善的全球授信业务体系，企业集团内尤其是国内母公司的资产难以被银行作为有效担保从而为境外子公司提供信贷支持。尽管国内一些银行在国外设立有分支机构，但企业的境外子公司不能利用国内母公司的信誉和授信额度，国内母公司不能为其境外子公司在我国银行境外机构贷款提供担保（内保外贷），企业境外投资形成的资产不能作为抵押担保在境内贷款等。尽管有的银行开展了全球业务，但是审批手续复杂，操作时效性差，特别是担保费用较高，增加了境外投资信贷成本。

四是支持企业“走出去”的股权投资形式较少。目前，只有中非发展基金、中国投资有限公司等为数不多的机构，向走出去企业和项目进行股权投资，支持的对象少、要求门槛高，难以满足中小型民营企业需求面广、额度较小的融资特征。

五是境外投资政策保险机制不健全。目前，承担海外投资保险的机构只有中国出口信用保险公司一家，政策宣传不到位，保险覆盖率不够，广大民营企业不能据此获得境外投资的国家保证。

融资难让民营企业境外投资力不从心。泰安岱银服装股份有限公司 8 年前在斯里兰卡设立了服装生产厂，销售前景看好，但由于改制前的原因资产负债比例相对较高不符合银行的要求，无法贷款扩大境外生产。

3. 社会服务方面

顺利“走出去”，社会服务必须跟上。调研

情况表明，社会服务体系不健全，也是造成企业走出去难的一个重要因素。

一是与企业“走出去”有关的中介组织建设明显滞后，对现有的法律、会计、评估、咨询等中介组织缺乏相应法律规范和监督管理，相关的法律、咨询、评估、验资等服务明显不足，民营企业难以得到有关走出去的高质量有针对性的中介服务。

二是国内行业协会商会运作机制不健全，跟不上企业走出去服务要求。在现有社团管理体制下，地方行业协会受制于主管单位限制难以取得法人资格，运行机制很不健全，加之已有行业协会专门人才配备不足，没有形成走出去企业境内联动与合作的有效机制，在促进境内母公司交流协作方面发挥作用不够，难以为企业“走出去”提供必要服务。这也造成不少企业国内不相往来，国外孤军作战，无法形成和发挥整体竞争优势的局面。

三是境外行业协会稀缺，难以做到整合“走出去”企业的优势、规范企业“走出去”后的行为和加强企业间联合互动。在非洲，当地普遍缺乏有凝聚力的华人商会组织，来协调和规范企业的行为，与当地政府进行沟通协调，同时帮助新来的企业能够尽快熟悉当地的投资、法律环境，并依法办事，合法维护自身的正当权益。因此，我国企业走出去“一窝蜂”和“恶性竞争”的现象时有发生。因缺乏有效的引导和服务，一些地方还发生了因低价竞争而破坏当地市场经营秩序的惨痛教训，极大地损害了国家的声誉和企业的信誉。

浙江海亮集团2007年开始在越南修建工厂，并参与越南前江龙江工业园的开发建设，但由于孤身在外，不熟悉越南原材料市场，不得不从国内采购生产所需的辅助材料，导致国内配套供给难度大，甚至难以配套，影响越南项目的生产经营。

4. 企业自身方面

实施“走出去”战略，企业是主体。对民营企业整体而言，虽然经过30年的飞速发展已经成长为我国最大的企业群体，但99%以上都属于中小企业，规模普遍较小，经营管理水平不高，抗风险能力较弱，走出去的意识和条件都还不够。对具备走出去条件的部分民营企业而言，自身发展不足，准备不充分，束缚着走出去的脚步。

一是人才缺乏成为制约企业“走出去”的重要因素。在开拓国际市场、到境外投资发展的过程中，民营企业普遍缺乏懂外语、懂专业、懂法律、会经营等方面的专业人才，尤其缺少能从事境外企业经营的复合型人才，导致企业无法准确把握国际市场动向，使民营企业难以“走出去”，或者即使“走出去”了，也是困难重重，发展受到阻碍。

二是有的企业国际化经营管理经验不足，也直接影响“走出去”的成败。有些企业遇到问题和困难时，习惯于依靠经验、关系来解决。据了解，在初期有50%以上的企业均受过骗、上过当，如新疆华凌集团、新疆野马集团等企业的经济损失都在100万元以上。

三是不少企业知识产权意识淡薄，在国际市场上欠缺有自主知识产权的核心专利、品牌、技术、工艺，缺乏品牌战略和保护意识，影响企业走出去的良性发展。调研中，奇瑞集团反映，该集团品牌几年前就被国外抢注，如今不得不花大价钱回购境外品牌使用权，国际化战略因此大大受阻。

四是还有部分民营企业守法意识和社会责任意识不高，竞争无序，行为欠规范，导致走出去后难以融入当地社会，甚至遭到当地社会的排挤和打击，影响企业走出去后的生存和发展。在非洲，中国企业间的恶性无序竞争导致了目前非洲各国使馆开始对中国人的入境签证加以严格控制的不良后果。

5. 东道国方面

企业走出去，东道国是根基。调研企业反映，一些东道国投资环境不利，动摇着企业走出去扎根的信心。

一是东道国在文化习俗、市场体制、政策法规等方面与我国存在较大差异，民营企业融入难。我国民营企业“走出去”才刚刚起步，往往会遭遇当地文化观念、经营理念、消费观念等方面的冲突，会因为不熟悉当地外资政策、市场秩序、出入境管理及社会治安等方面的情况，给企业走出去后融入当地社会造成一定障碍。

二是一些发展中国家经济实力弱，水电资源紧张，停水停电频繁，严重影响正常生产秩序；工业基础差，缺少相关产业链，给企业带来隐性损失。还有一些东道国劳动力素质较低，影响了企业走出去后的经营效益。比如，到东南亚投资的劳动密集型企业反映，当地的员工往往整体素质差，技术水平低，难以掌握较为复杂的操作工艺，劳动生产率偏低。

三是一些东道国在官方与民间，对中国企业进入存在一股排斥力量。面对中国的迅速崛起，一些西方媒体别有用心地对中国进行“妖魔化”宣传，一些国家也因此对中国企业进驻当地表示排斥，在金融支持、人员出入境等方面设置障碍。比如，有企业反映，意大利金融机构对兼并意大利公司的中国企业，基本上拒绝提供贷款支持；俄罗斯、印度等国家对我国企业外派职员，设置一个月的居住时限，导致企业职员不得不每月往返于中俄两地，给企业平添了许多麻烦和成本。

四是有些东道国政局风云变幻，官员腐败，行政效率低下。许多非洲国家存在政府变换频繁，政策多变等问题，难以给我国企业走出去提供一个稳定的、可预期的投资环境。比如，埃及的外国投资政策变化频繁，使一些原本要投资的企业止步观望。还有些东道国官员腐败严重，办事效率低下，增加了企业走出去后的运行成本。在东南亚的企业反映，东南亚国家官员腐败现象严重，很多时候不按规则办事，如果企业不了解情况，风险很大。

四、民营企业“走出去”的发展趋势

随着民营企业的发展壮大和优化升级，民营企业“走出去”呈现良好的发展前景。

1. 民营企业对经济全球化、企业国际化的认识越来越高，企业“走出去”从自发、随机、盲目向自觉、主动、战略指引转变

近年来，我国民营企业在经历高速发展后正面临着生产过剩、环境、资源、土地、劳动力、国际贸易摩擦和壁垒等瓶颈制约，出现增速回落的现象。对此，一些民营企业被逼无奈，在来不及做出通盘考量和战略规划的情况下，仓促选择通过境外投资破解发展难题，“走出去”应对国内发展困境，寻找新的发展空间，其“走出去”带上了盲目性和随机性的色彩。但随着国家“走出去”战略的不断推进，越来越多的民营企业，特别是一些高新科技民营产业和一些国内具有竞争优势的民营企业，如浙江三花、华为、华立、苏泊尔、钱江弹簧、青年客车等，认识到经济全球化、企业国际化的重要意义，更多地从发展战略的高度主动走出去，积极利用国际国内两个市场、两种资源谋求企业发展。

2. 民营企业走出去的数量越来越多，投资分布的国家与地区越来越广，投资方式越来越多样化，投资格局明显优化

不同于早期中国企业走出去以大型国有企业为主的情况，近年来，在走出去的企业中，民营企业数量、规模的增幅明显快于国有企业，在浙江、上海、福建等沿海发达地区，民营企业无论在数量还是在投资规模上，都已经占据当地走出去的半壁江山，成为实施“走出去”战略的中坚力量。可以预见，不久的将来，民营企业将成为“走出去”的主体。“走出去”企业队伍的不断扩大，也带动着民营企业投资区域多元化，从具有比较优势的发展中国家，到迅速崛起的新兴市场国家，再到全球化市场化成熟的发达国家，在173个国家或地区都能见到中国民营企业的身影。而且，走出去的企业纷纷采取新建、并购、租赁、联营、设立境外研发机构等多样化方式参与境外投资实践，投资格局也必将进一步优化。

3. 民营企业更善于发挥不同规模、不同行业、不同地域的比较优势，“走出去”竞争力越来越强

从调研情况看，不同规模、不同行业、不同地域的民营企业表现出不同的发展趋势。从规模上看，大型民营企业偏重全球布局，全面整合国际国内资源；中小型民营企业偏重比较优势，有选择地重点突破。专业化大型民营企业实力雄厚，人才储备充分，战略部署能力强，往往立足国际化，敢于在发达国家的成熟市场争取机会；中小型民营企业机制灵活，通常从事高科技产业或传统制造业，往往立足利润最大化，在发展中国家或新兴市场国家发挥比较优势。从行业上看，传统制造企业走向低成本比较优势的发展中国家，试图重续低成本发展模式；资源开发利用企业走向资源丰富优势的国家，试图破解国内资源瓶颈；国内竞争相对优势产业走向新兴市场国

家，试图打造区域自主名牌；国际竞争相对优势企业走向发达国家，试图创造世界中国品牌。从地域上看，沿海、沿边省份民营企业更善于利用对熟悉周边投资国环境的优势，优先选择周边投资国实施走出去战略。如在2007年度对外直接投资十强的省份中，排名前五位的广东、上海、江苏、浙江、福建和第八位的山东，都是民营经济最发达的省市；排名第七和第九的新疆建设兵团和黑龙江，则充分利用了其沿边的地理优势。充分发挥比较优势，民营企业“走出去”竞争力越来越强。

4. 境外经贸合作区将大力带动民营企业抱团走出去，集群发展将成为民营企业“走出去”的重要模式

目前，境外经贸合作区进展顺利，经商务部批准成立的国家对外经贸合作区就有19个，其中民营企业占据了8个之多，加之更多活跃在国际市场的民营企业自发设立的境外工业园区、中国商城，集群发展模式必将带动一大批有条件的民营企业大规模走出去，园区必将成为广大中小企业的首选，成为中国民营企业推进产业梯度转移、走出去集群开发的基地和摇篮。

5. 一批在国内具有行业优势的民营企业正在成为中国跨国公司的重要成长力量

随着我国上规模民营企业的成长性进一步优化，随着海尔、联想、华为、万向等一批杰出民营跨国公司在国际舞台上大展身手，将有越来越多优势大型民营企业在“走出去”中迅速成长，并成为中国跨国公司的重要成长力量。

五、国外对外直接投资的基本经验及教训

随着全球经济一体化进程的不断深入，跨国并购越来越频繁，外国直接投资增长较快。欧、美、日等发达国家在鼓励本国企业开展对外投资方面起步较早，很多政策措施相当成熟。以韩国、新加坡等为首的新兴转轨国家近十几年在对外直接投资上也发展得较快，并形成了一些特别适合发展中国家的基本做法和成功经验。这些做法和经验对于我国实施“走出去”战略具有重要的参考价值。

（一）发达国家对外直接投资的简要情况

进入20世纪90年代以来，世界对外直接投资（FDI）的双向流动基本上仍是以发达国家为主，特别是以欧、美、日为主导的世界FDI高速增长。《2007年世界投资报告》指出：全球FDI流入量连续3年增长。2006年达到1.306万亿美元，比上一年增长了38%，是2000年以来增幅最高的一年。流入发达国家的FDI增长了45%，达到8570亿美元，流入发展中国家的外资增长21%，达到3970亿美元，流入东南欧和独联体国家的外资增长68%。而其中流入发达国家的FDI中，有90%左右是来自发达国家。就存量而言，美国仍然是世界最大的FDI来源地，但这几年其FDI流出有所下降。而欧盟国家在对外直接投资中相对表现活跃，如荷兰、法国、英国、德国等。日本近几年在对外直接投资中表现也相当突出，2005年日本的FDI流出达到460亿美元，金融、汽车、保险是其主要投资方向。

发达国家跨国公司的并购与兼并发展很快，近20年来以每年42%的速度增加，已经成为实施全球化战略的主要手段。目前，跨国并购主要来自三大板块——欧盟、日本和美国，在所有的跨国交易中，有60%左右涉及来自欧洲的收购者。近几年，大型跨国并购越来越多，交易规模越来越大。2005年特大交易的价值为4540亿美元，是2004年的2倍以上，占全球跨国并购总价值的63%。从收购的产业分布来看，跨国并购主要集中在能源、汽车、制药、通信和金融服务等行业，而服务业作为高利润、高增长行业正成为跨国公司争夺更多市场份额的目标和焦点。

发达国家出于全球配置能源资源和占领国际市场的考虑，一直十分重视鼓励本国企业开展对外直接投资，并制定相应政策以保证本国企业对外投资的自由和安全，这些政策主要包括：清除妨碍市场自由化的一些政策性障碍；调整对外国投资者的某些鼓励政策；强化市场的监管，以确保市场机制的顺利进行。同时，通过双边乃至多边贸易谈判达到对外投资和利益的最大化。

（二）新兴转轨国家对外直接投资的主要经验

发达国家固然是世界对外直接投资的主体，但新兴转轨国家近几年也发展迅猛，在对外投资中扮演着越来越重要的角色。2005年，发展中经济体（其中也有一些新兴转轨国家）对外直接投资有大幅度增长，共计已达1330亿美元，占全

球总数的17%左右，其中中国香港居首，达到330亿美元。这些国家关于鼓励本国企业对外直接投资的一些做法和经验更值得我们去学习和借鉴。这些做法和经验主要表现在以下几个方面：

1. 将对外直接投资上升到国家战略的高度予以重视

为增强本国企业的国际竞争力，在国际分工中取得更大的比较优势，提高国家的经济业绩，这些新兴转轨国家纷纷制订国际发展战略，对本国有竞争力的产业，有针对性、有重点地给予财政、信贷、税收、外汇管制、信息服务等方面的政策支持。鼓励本国的大企业、大集团在海外投资设厂，扩大其产品的竞争力和国际市场份额。同时对于国内发展成熟，但属于即将被淘汰的夕阳产业，为促进经济结构调整和产业升级，鼓励并引导企业转移至劳动力成本更低、资源供应更为充足的地区，使产业获得新的比较优势，提高企业效益。近几年表现突出的一点是，为获取自然资源日益成为目前很多新兴转轨国家海外投资的主要目的。如韩国政府就专门出台政策鼓励企业对外投资，以保证本国自然资源如石油、煤炭、木材等的安全。印度政府为了保证能源产品得到长期、稳定、充足的供应，在全世界开展了能源战略扩张。

2. 清除对外直接投资的政策性障碍

大多数国家在某些阶段都通过各种规章制度对FDI流出实施控制，以减少这种投资的负面效应，特别是为避免对国际收支的不利影响而采取种种限制措施。过多的手续和过度的外汇控制已经成为企业国际化的障碍。随着国际资本市场逐步一体化，这种限制也逐渐被取消了。中国台湾省是首先启动废除对外投资障碍的新兴经济体之一。而韩国在1987年也开始推行自由化，逐步废除一些限制对外投资的政策障碍，到1996年开始允许所有商业类别的对外直接投资，从该年以后，对所有的对外直接投资项目从授权（核准）系统转移到了通报（报告）系统。

3. 促进对外投资的法制建设

在调整国际（跨国）投资活动的各种法律规范中，既包含发展中国家和发达国家的涉外投资法或对外投资法，又包含涉及跨国投资问题的各类双边性国际条约、区域性国际条约和全球性国际公约，以及国际政府间机构制定的有关跨国投资活动的规范性文件，还有有关投资的国际惯例，等等。由于涉外投资涉及国家经济安全，所以这些国家十分重视其相应的法制建设，基本都制定了鼓励对外投资的立法。同时，也很注重与其他国家签订有关国际投资保护的双边条约。如韩国，截至2004年底，就和69个国家签署了保护投资的双边协议。

4. 成立专门促进对外投资的机构

一些国家为进一步鼓励本国企业对外直接投资，还专门设立了向那些希望开展对外投资的企业提供支持和服务的团体和机构，包括贸易促进机构、投资促进机构以及出口信贷担保机构。如1994年新加坡政府开展一项区域化战略，意在促进新加坡企业的对外直接投资以及使新加坡成为在亚洲经营的跨国公司的地区总部。为此，新加坡专门成立了3家机构，即新加坡国际企业发展局、新加坡经济发展局和新加坡标准、生产力与创新局，为该战略的实施提供管理和服务。而马来西亚促进对外投资涉及的机构则包括：进出口银行、马来西亚出口信贷保险公司、马来西亚南—南协会以及马来西亚对外贸易发展局和中小企业发展局。

5. 提供全方位的信息和技术援助

新兴转轨国家对外投资信息咨询一般是通过国家行政机关或国内特殊机构所设的经济、商业情报中心进行的。它们为本国企业和居民的对外直接投资提供信息和技术援助服务，从而有效地降低了它们的前期成本。这种信息和技术援助包括五种具体的措施：①纯粹的信息服务，为本国企业和居民的对外直接投资提供关于有关东道国的宏观经济状况、法律制度、行政管理制度和要素成本等信息。②组织投资招商团，即通过母国政府机构的出版物、组织研讨会、投资洽谈会等方式为本国计划对外直接投资的企业提供服务，为投资行为牵线搭桥，直接帮助跨国公司寻找投资机会。③通过提供某些东道国特定产业和特定投资项目的信息，为本国企业寻找特定的投资机会。④提供可行性分析以及所需的部分资金。由专门机构，对国外的市场、技术、资金、企业的发展状况以及东道国的政治局势、政策等进行分析，为投资者提供决策参考。⑤为本国小型企业在项目开发初期提供诸如准备法律文书、提供融资咨询、改进技术以适应东道国的特殊要求和人员培训等方面的技术援助。

6. 采取直接的金融支持

大多数新兴转轨国家对本国企业的对外直接投资提供金融支持。很多国家成立开发金融公司或专门的政策性银行，如进出口银行等，为涉外投资企业提供贷款和股权融资。如泰国通过进出口银行，可为在外国的泰国企业提供高达施工工程成本85%的长期信贷。新加坡经济发展局为境外投资提供从第三方投资者那里每获得2新元就为之匹配1新元的股权融资。这些开发金融公司的参与，不仅为海外的投资企业带来了技术和管理经验，从而降低了投资风险，而且大大提高了投资企业在国际金融市场和东道国金融市场的融资能力。此外，一些国家还成立专门的信用担保机构，为本国的涉外投资企业提供信用担保，为企业的融资提供有力支持。

7. 制定相关财税优惠政策

对外直接投资，由于涉及多个国家，容易引起双重征税问题。因此，很多国家采取必要措施以避免双重征税。如到2004年底，韩国共和60个国家签署了避免双重征税双边协议。此外，很多新兴转轨国家为鼓励本国企业对外直接投资，还制订了相应的税收激励计划。如新加坡规定，对在发起和发展对外直接投资过程中产生的核定费用，每项批准允许高达20万新元的双重扣除。对超出预定基础上的合格的境外收入的50%允许免税。对本地企业（融资）计划还提供了很多财政激励，如长达10年的免税。马来西亚对汇回的境外收入免税，而且对开办前的费用减税。

8. 建立对外投资的风险保障机制

许多新兴转轨国家设立专门的保险机构为本国企业的对外直接投资提供保险服务，以帮助企业规避风险。例如，马来西亚出口信贷保险公司就专门开立境外投资保险，以保护企业境外投资和利润免遭转移限制、征收、战争和国内动乱以及违约方面为马来西亚公司提供帮助。此外，一些国家还积极与国际担保机构展开合作。如泰国进出口银行、印度出口信贷担保机构就积极与多边投资担保机构（MIGA）开展合作，以减少本国企业对外直接投资风险。

（三）新兴转轨国家对外直接投资的教训

新兴转轨国家在对外直接投资中也不是一帆风顺的，也有一些失败的教训值得我们吸取。

1. 对外直接投资应与本国国内经济发展相适应，不能操之过急

一些新兴转轨国家为了加快推动对外投资的自由化，出台各种政策鼓励企业将产业和运营基地转移到海外，而使得国内产业出现一定程度的空心化。

2. 政府对大企业对外直接投资应以间接支持为主，不能支持过度

政府在支持本国大企业对外直接投资方面，往往喜欢通过政策性手段来大力扶持。这从短期看是提高了大企业集团在国际市场上的竞争力。但从长远看，并没有从本质上提高这些企业的效率，甚至会使这些企业滋生强烈的依赖心理。如韩国大宇集团的倒闭就与政府的过度支持有关。

3. 企业对外直接投资应围绕主业开展，不能盲目投资

企业在进行对外直接投资过程中，出于不同的目的可能会涉足不同的行业领域。投资陌生领域，首先风险较大，加之投资线过长，往往会使企业现金流出现困难，各国政策变幻莫测，更易引发危机。因此，企业的对外直接投资，应沿着自己产业的价值链展开，不易脱离主业简单去追求金融投资收益。

六、推动民营企业走出去的政策建议

党的十七大提出，要“拓展对外开放的广度和深度，提高开放型经济水平”，“创新对外投资和合作方式，支持企业在研发、生产和销售等方面开展国际化经营，加快培育我国的跨国公司和国际知名品牌。积极开展国际能源资源互利合作。实施自由贸易区战略，加强双边和多边经贸合作”。贯彻十七大关于推动企业走出去开展国际化经营的方针政策精神，必须高度重视充分发挥民营企业在实施走出去战略中的重要作用，特别是在当前国际金融危机情况下，为我国民营企业“走出去”既带来挑战，更带来机遇，应采取一系列切实可行措施支持有条件的民营企业大力开展国际化经营。

1. 建立或明确“走出去”工作的统筹协调机构

我国在引进外资方面已经有一整套管理体系和统筹协调的归口管理部门，但在我国企业海外投资方面缺乏这样的明确制度安排。企业到海外投资涉及方方面面的政策，需要经过多个政府部门与金融外汇机构的审批和监督管理。对缺乏国际化经验的企业而言，面对众多的政府部门感到无所适从，经常贻误重大商机。因此，应当建立或明确企业“走出去”工作的统筹协调机构，或建立高效的部际协调机制并明确牵头部门，统筹协调；制订中国企业海外投资总体规划，加强政策引导，制定和实施鼓励政策并推动相关政策的尽快出台与积极落实；做好企业海外投资的产业引导，合理布局，防止无序竞争；规范境外投资的制度，促进贸易和投资便利化，加快企业“走出去”步伐。

2. 制定中国企业《海外投资促进法》

要尽快启动相关立法程序，尽快制定中国企业《海外投资促进法》，为企业“走出去”提供全面的法律支持与保障。日、韩和新加坡等国及我国台湾地区，均制定了企业海外投资促进法，对企业海外投资进行了促进和规范。目前企业“走出去”还处于一种无法可依的状态。因此，我们应及时总结企业“走出去”的经验教训，改变有政策无法律的状况，加快出台《海外直接投资法》等相关法律，明确重鼓励和服务与轻审批和限制的理念，统一和规范对民营、国有企业、合资等各类所有制企业进行境外投资的鼓励措施、审批程序和管理办法，就境外投资的定义、鼓励措施、审批程序、人员出入境、资金融通、劳动力来源、利润分配及利润再投资、税收优惠等问题做原则规定，以法律形式明确其效力，规范政府审批权限的行使，规范企业的境外投资行为。

3. 放宽审批限制，实行备案制，放权于企业和市场

政府部门应切实转变观念，真正将“走出去”放在国家战略高度予以贯彻落实，以促进和服务为理念，重新理清政府职能与国家战略的关系，重新审视审批事项设立的科学性和可行性，重新检验审批事项与审批目的的因果关系，重新权衡审批的权力与责任。要相对集中审批权限，将目前商务部门、发改委以及其他政府部门相互交叉的审批项目相对集中在一个工作部门；切实下放审批权限，实行“属地化”审批原则，委托省级甚至是地县级工作部门进行终极审批，再由地方政府报中央部门备案监管，提高工作效率；深化审批体制改革，化不必要的事前审批为事后备案。对符合境外投资鼓励条件的民营企业和项目，实行事后备案制，逐步建成审批和备案制相结合的境外投资管理制度；简化申报材料，取消与审批目的无关的材料要求，简化民营企业境外投资项目可行性报告以及中介评估报告格式要求；推进电子政务和一站式窗口建设，缩短审批时限。

4. 完善企业海外投资的国内税收支持与财政援助政策

随着国家财力的大幅度提高，中央和地方各级政府要加大对企业走出去的支持力度。一要为企业“走出去”制定专项税收减免政策，实行境外投资损失准备金制度和海外投资收入税收减免制度。二要加快与企业投资热点地区或国家签订避免双重征税协议的进程。三要加大对企业走出去前期准备工作的财政资助力度，鼓励更多优势企业有准备地走出去。四要设立政府鼓励中小企业“走出去”的专项扶持基金，用于中小型民营企业海外投资项目担保费补贴等。五要扩大“对外经济技术合作专项资金”、“中小企业国际市场开拓资金”等财政资金规模，改进相关管理办法，降低门槛，支持更多中小企业开拓国际市场。六要设立对外投资的财政引导资金，支持社会资金设立专门的境外投资私募基金、投资走出去企业和项目的风险投资基金及支持我国各类企业开拓新兴市场等。

5. 制定专门的海外投资金融政策，建立企业海外投资的金融支持体系

要制定专门的海外投资金融政策，鼓励国有商业银行和股份制银行创新金融工具与服务方式，允许更多的银行机构在境外设立分支机构或代表处，与境外银行建立代理行关系，积极开展海外投资融资业务，为企业提供全方位服务。一是进一步加大政策性银行对民营企业走出去的支持力度，使其成为我国企业海外投资的专业性银行机构。要研究政策性金融立法问题，出台政策

性银行法；增加进出口银行资本金，提高抗风险能力；加快政策性银行在境外设置分支机构的速度，特别是在一些市场前景好、潜力大、受中国企业欢迎的欠发达国家和新兴市场国家；在政策性银行试行适应经济全球化的创新金融工具。二是鼓励境内商业银行等金融机构为走出去企业提供全方位服务。要加快境内商业银行的国际化步伐，鼓励商业银行在民营企业对外投资比较集中的区域，尤其是境外经贸合作区、工业园区所在地设立支行或办事处；丰富金融产品，进一步与国际接轨；修订贷款通则中禁止资本金贷款的限制，允许银行贷款给企业用于境外公司的资本金投入，特别是境外并购；探索企业以境外资产、股权、矿业开采权、土地等做抵押，由境外银行出具保函进行“外保内贷”的融资模式。此外，协调有关部门与金融机构，加快建立海外投资信用担保，加大对企业信用评级的力度，对资产优良和信誉良好的企业扩大授信额度。加大对海外资源勘探项目的金融支持力度，参照国家进出口银行或其他银行用于符合国家产业政策的境外矿产勘察开发投资项目的政策性贷款利率，对到国外勘探、开发我国短缺性资源的企业给予优惠贷款，同时应建立海外资源勘探风险基金制度。

6. 改进和完善促进企业走出去的外汇政策

目前我国外汇巨额储备的现状短期内无法改变，加大境外投资步伐是解决我国经济内外失衡、避免汇兑风险的重要出路，从某种意义上来说也将对企业走出去产生重要推动作用。当前，实现资本项目下外汇的自由汇兑的条件已基本成熟，国家外汇管理局应综合考虑外汇储备总量、构成、变动趋势、汇兑需要预测及保持必要安全储备等因素，放宽外汇管制，简化境外投资外汇管理手续，取消境外投资规模限制。一要放宽母公司向境外子公司放款的资格条件限制，推广宁波试点经验，进一步放松资本项下的外汇管制，允许母公司用自有资金和贷款资金向境外子公司发放贷款。二要修订《境内机构对外担保管理办法》，简化程序、降低担保门槛、实行备案制度，放活企业、银行对外担保的自主决策。三要积极探索创新外汇储备的管理使用模式，改进外汇储备管理方式，创新外汇使用工具，从外汇储备中划出一块，建立支持企业“走出去”的外汇专项资金，借鉴中非基金经验，设立多个类似的专项基金，分类支持和引导民营企业海外投资。四是可在部分地区进行走出去企业的年度自动供汇额度试点。

7. 建立官方指导、社会为主、市场运作的中国企业海外投资信息服务体系

由政府有关部门牵头或引导，推动贸促会、有关行业商会协会、科研机构和涉外民间组织等，组建专门服务于中国企业海外投资的综合性服务平台和网络体系，为企业“走出去”提供信息咨询、人才培训、业务培训等服务。一是要做好信息收集和发布工作。建立和实施市场预警机制，除发布海外市场法规信息外，还应定期向行业或企业发布国别障碍、海外投资贸易商情风险预警。二是要加大对走出去企业的人才和业务培训力度。根据不同地区、不同行业、不同类型企业的特点，实行差异化培训。在培训内容上要充分考虑企业的实际需要，如境外投资有关政策、重点国别地区介绍、境外加工贸易实务介绍、项目的成功与失败案例分析、境外资源开发、跨国兼并、跨国经营实务、小语种等，既有针对性又有实用性。在培训方式上，把集中办班、专题讲座和网络培训相结合，重点加强短期培训，避免照本宣科，增加交流互动，把培训办得灵活多样、有声有色。

8. 加大对我国海外建立经济贸易区的国家支持力度

设立境外经济贸易合作区是推动企业“走出去”的重要途径和发展模式，有利于发挥整体优势，特别是有利于中小企业开展海外投资业务，解决其分散投资、单打独斗、势单力薄等问题。要研究与借鉴国际经验，认真总结国内类似开发区发展经验，加大政府政策支持力度，积极扶持，规范管理，加强引导。建立境外经济贸易合作区，一定要因地制宜、因时制宜，以百年大计的战略眼光设计好布局功能，从所在国需要和中国企业实力与影响具体情况出发，确定合作区战略位置和发展模式。要对境外布局提供指导，避免境外开发区的功能定位出现重复，尤其是立项上的指导，防止一哄而上，导致不必要的损失。要发挥比较优势，同时要兼顾企业的积极性，只有具备独特优势的企业在海外设立园区，才能取得成功。要利用合作区建立产业链，避免单兵作战、各自为战，通过产业集群的优势，使企业抱团出击海外市场，增加竞争优势。要在政策衔接、园区定位、国内招商等方面切实做细做好工作，不宜把摊子铺得太大。要争取东道国政府的支持，通过了解、学习东道国的投资环境、产业政策、现行政策，融入和适应东道国环境，形成针对国内企业的竞争优势，使合作区项目更加持久。在已有的境外经贸合作区中树立典型，广泛宣传，使更多的民营企业认识这一境外投资的上佳途径。

9. 加大外交推动力度，增强使领馆支持企业“走出去”的工作力度

外交资源是一个国家珍贵而又特殊的资源，它所具有的国际视野与影响力是任何组织和个人所无法比拟的。充分有效地利用外交资源，对推动企业海外投资和发展能起到事半功倍的作用。中国的对外交往应及时调整思路，尽快改变中国外交传统上重政轻商的习惯，加强经济领域商务外交，加大外事部门为中国海外企业服务的力度，整合政府资源和企业资源。一是建立中国各级外交官定期访问企业制度，外交官选拔应更加重视商务企业人才，允许退休的外交官发挥咨询作用。二是驻外使领馆要改变以往重视国内政府和国有大企业的服务思路，加强为中小企业服务的力度，为“走出去”的企业提供信息服务、法律咨询、权益保护等有效的帮助，如帮助企业确认投资的可行性，减少投资失误；为企业物色关键合作人物，使经营业务更有针对性、更有效；当企业受到不公平待遇时为企业提供法律援助等。

10. 推动行业协会商会开展促进企业“走出去”的服务，逐步建立中国企业的境外行业协会商会

重视发挥工商联的政府助手作用，充分利用工商联在民营企业中的影响力和号召力，由全国工商联和中国国际商会共同牵头组建中国境外投资企业服务商会，为走出去企业提供综合、高效服务。中国境外投资企业服务商会可与商务部、外管局、外交部以及金融管理部门建立工作联系制度，每月召开一次联席会议，由有关部门通报各国投资环境发展变化情况、新出台的投资促进政策，发布境外投资地域、行业的指导性意见，跟踪分析境外投资企业的发展状况，商讨重大境外投资复杂个案的解决方案，反映境外投资企业遇到的共性问题等。在政府有关部门指导下，推动有影响的已“走出去”企业牵头组建中国海外投资企业联合会或商会，或组建不同区域、不同市场、不同产业的海外企业联合会或商会，以加强企业间的联合与协作，建立行业自律机制，协调企业境外行为，避免在境外盲目投资、无序竞争，增强中国企业在海外投资的整体实力与竞争力。

11. 将培育一批民营跨国公司作为提高国家竞争力的重要举措

国家与国家之间经济竞争，在很大程度上体现在跨国公司之间的竞争，支持大型企业提高国际竞争力已成为各国政府的国家责任和参与全球竞争的战略选择。应结合我国目前国情，认真学习和借鉴先进国家的经验和做法，本着坚持市场配置资源的基础性作用和给予民营企业更多市场资源配置空间的原则，重点培育一批具有国际竞争力、有自主创新能力、行业领先的民营大型企业，加快形成国际竞争新优势。将有条件的大型民营企业纳入国家整体规划，实行与同类大型国有企业计划单列的同等待遇，将企业纳入国家创新体系统筹规划；支持企业培育国际品牌，对自主品牌和贴牌产品实行区别对待政策，特别是对“中国名牌”的出口产品，实行优惠退税率政策；拓宽企业的融资渠道，为企业发行企业债券、可转换债券和短期融资债券等提供条件，鼓励民营企业创立符合国家产业政策的产业基金；支持企业对外投资和国际并购，对企业大型境外并购、资源开发、承包工程等项目给予优惠贷款、贴息资助或政府担保；对企业遭遇境外法律纠纷困难予以政府援助，减少企业在国际竞争中因知识产权、反倾销等跨国纠纷而产生的风险，保护企业的合法权益。

12. 把香港作为推动国内民营企业“走出去”的重要平台

香港是世界上自由度最高的贸易体，全球第三大金融中心，亚洲最好的国际企业运营平台，在配合国家“走出去”战略中可以扮演十分重要的角色。融资难是目前企业“走出去”过程中面

临的最突出的问题，内地和香港两地金融机构可以加强信息交流与沟通，建立两地金融信息共享机制，切实解决内地企业“内保外贷”的问题；推动香港人民币离岸金融市场建设，支持香港银行开展人民币存贷款业务，支持更多内地企业到香港发行人民币债券，支持在香港注册的内地企业可用人民币直接投资周边国家；利用香港保险业发达的优势，吸引更多内地企业到香港注册，享受香港保险机构分行业、分产品的更差异化的保险产品；利用香港投资推广署与贸易发展局长期积累的经验，帮助商务部、全国工商联等有关部门，建立涵盖世界各国政治经济状况、法律宗教概况、相关行业统计、商品贸易状况、报关与商务实务、国别风险报告、专业机构与行业组织名录等多方面信息的“走出去”公共信息网，为内地企业“走出去”提供便利。利用香港在国际金融、物流、商贸、信息、人才等方面的独特优势，把香港作为推动国内民营企业走出去、拓展全球业务的重要商贸平台。

（全国工商联研究室　供稿）

构建民营企业新型劳动关系　促进形成各种所有制经济新格局

——2007～2008暨改革开放30年中国民营经济发展报告

2007年是我国经济社会发展进程中具有重要意义的一年。这一年，党的十七大胜利召开，中央提出了实现全面建设小康社会的新目标新要求，明确要继续解放思想，坚持改革开放，推动科学发展，促进社会和谐，为夺取全面建设小康社会新胜利而奋斗；经济增长率在新世纪连续五年超过10%，12年来首次超过11%，GDP总量达到了近25万亿元。这一年也是党和国家有关非公有制经济发展的方针政策进一步落实的一年，几部促进各种所有制经济平等竞争的新的重要法律相继出台，党的十七大明确提出了形成各种所有制经济平等竞争、相互促进新格局的新要求，非公有制经济发展的环境进一步改善，民营经济取得了新的更大的发展。2008年，我们又迎来中国改革开放30年，迎来奥运盛会。基于这样一个时点，本报告重点在于分析2007～2008年中国民营经济①发展的总体状况、政策法律环境、面临的主要问题，系统阐述民营经济新型劳动关系的现状、存在问题、解决建议，在简要回顾中国改革开放30年民营经济发展历史的基础上，提出对各种所有制经济新格局的新理解，并就各种所有制经济新格局的未来作出展望。

一、又好、又快——2007～2008年中国民营经济发展形势分析

2007～2008年，中国经济总体形势健康稳定。民营经济作为国民经济的重要组成部分，数量持续增长、规模不断扩大、创新能力显著增强、经济和社会效益明显提高，在解决就业、增加税收、缩小贫富差距、促进社会和谐等方面发挥着日益重要的作用。

（一）民营经济继续保持良好发展态势

1. 民营经济持续快速增长情况

2007～2008年，中国民营经济继续保持快速增长态势，个体私营经济表现尤为突出。

（1）民营企业数量持续增长，个私企业数量增长尤为明显。截至2007年底，全国登记注册的私营企业达到551.3万户，同比增加53.2万户，增长10.7%；注册资金总额为9.39万亿元，同比增加1.78万亿元，增长23.5%；户均注册

① 本报告所述民营经济包含三个层次，具体界定如下：一是广义民营经济，指除国有和国有控股企业以外的多种所有制经济的统称；二是内资民营经济，指广义民营经济减去港澳台和外商投资企业，包括集体企业和个体私营及其他混合经济；三是狭义民营经济，单指个体私营经济。本报告以分析狭义民营经济即个体私营经济为主。

资金 170.3 万元，同比增加 17.7 万元，增长 11.6%。2008 年上半年，私营企业数量继续增长，达到562.8 万户，较2007 年底增加11.5 万户，增长2.1%；注册金额为10.75 万亿元，较 2007 年底增加1.36 万亿元，增长14.5%；户均注册资金达到191 万元，较2007 年底增加20.7 万元，增长12.2%（见表1）。

截至2007 年底，全国登记注册的个体工商户达到2741.5 万户，同比增加145.5 万户，增长5.6%；注册资金总额7350.8 亿元，同比增加 881.8 亿元，增长 13.6%；户均注册资金 2.68 万元，同比增加0.19 万元，增长7.6%。2008 年上半年，个体工商户数继续增长，达到2759.1 万户，较 2007 年底增加 17.6 万户，增长 0.64%；注册资金总额达到8051.57 亿元，较 2007 年底增加700.77 亿元，增长9.53%；户均注册资金为2.92 万元，较2007 年底增加0.24 万元，增长8.96%（见表2）。

表1　2000～2008 年私营企业发展情况

年份	注册资金总额（亿元）	增长率（%）	注册企业（万户）	增长率（%）	户均注册资金（万元）	增长率（%）
2000	13308	—	176	—	75.5	—
2005	61331	27.9	430	17.8	142.6	8.6
2000～2005 年均增长（%）		35.7		19.6		13.6
2006	76029	24	498.1	15.8	152.6	7
2007	93873.1	23.5	551.3	10.7	170.3	11.6
2008 年6 月	107500	14.5	562.8	2.1	191	12.2

注：1. 资料来源：国家工商总局；

2. 2008 年6 月的增长率是与2007 年底数据比较所得。

表2　2000～2008 年个体工商户发展情况

年份	注册资金总额（亿元）	增长率（%）	注册企业（万户）	增长率（%）	户均注册资金（万元）	增长率（%）
2000	3315	—	2571	—	1.29	—
2005	5810	14.9	2464	4.8	2.36	9.8
2000～2005 年均增长（%）		11.9		-0.8		12.8
2006	6469	11.3	2596	5.4	2.49	5.5
2007	7350.8	13.6	2741.5	5.6	2.68	7.6
2008 年6 月	8051.57	9.53	2759.1	0.64	2.92	8.96

注：1. 数据来源：国家工商总局；

2. 2008 年6 月的增长率是与2007 年底数据比较所得。

（2）民营经济投资高速增长，个体私营经济投资增长尤为强劲。2007 年，我国城镇固定资产投资为11.74 万亿元，同比增加2.4 万亿元，增长25.8%；同期民营经济投资达7.68 万亿元，同比增加1.82 万亿元，增长31.1%，高出城镇固定资产投资增速5.3 个百分点，其中个体私营经济投资2.15 万亿元，同比增加0.68 万亿元，增长46.7%，高出城镇固定资产投资增速20.9 个百分点。2008 年1～5 月份，民营经济城镇固定资产投资继续保持高速增长，完成投资额23268.3 亿元，较上年同期增长31.3%，高出城镇固定资产投资增速5.7 个百分点；而个体私营经济投资则完成7917.6 亿元，较上年同期增长40.4%，高出城镇固定资产投资增速14.8 个百分点（见表3）。

表3　2006～2008年按登记注册类型分城镇固定资产投资情况

登记注册类型	投资完成额（亿元）				
	2006年	2007年	比上年增长（%）	2008年1～5月	比上年同期增长（%）
全国总计	93368.7	117413.9	25.8	40264.2	25.6
国有经济	34753.2	40591.1	16.8	12575.2	19.9
民营经济	58615.5	76822.8	31.1	23268.3	31.3
个体私营经济	14635.1	21490.7	46.7	7917.6	40.4

注：1. 根据《中国统计摘要2008》计算整理；

2. 国有经济包括国有、国有联营、国有独资三部分；民营经济为内资部分减去国有经济部分。

（3）民营工业增加值增速显著，私营工业增加值增速尤为迅猛。2007年，我国规模以上工业企业增加值整体增速达到18.5%。其中，国有及国有控股企业增速13.8%，集体企业增速11.5%，股份合作企业增速17.5%，股份制企业增速20.6%，外商及港澳台投资企业增速17.5%，而同期私营企业工业增加值的增速则高达26.7%，高于全国整体增速8.2个百分点，高于国有及国有控股企业12.9个百分点（见表4）。

表4　规模以上工业企业工业增加值增长速度（%）

分类＼年份	2001	2004	2005	2006	2007
工业增加值	9.9	16.7	16.4	16.6	18.5
在总计中：					
国有及国有控股企业	8.1	14.2	10.7	12.6	13.8
集体企业	7.2	9.9	12.4	11.6	11.5
股份合作企业	9.2	12.5	16	15.5	17.5
股份制企业	10.4	16.5	17.8	17.8	20.6
外商及港澳台投资企业	11.9	18.8	16.6	16.9	17.5
私营企业		22.8	25.3	24.4	26.7

注：1. 资料来源：《中国统计摘要2008》；

2. 工业增加值增长速度按可比价计算。

（4）民营企业进出口总额大幅增长，私营企业进出口增幅尤为突出。2007年，我国民营企业自营进出口总额为4225.4亿美元，同比增长38%；占全国进出口总额的比重为19.5%，同比提高2个百分点。其中出口总额为2969亿美元，同比增长38.8%；进口总额为1256.4亿美元，同比增长34%。2008年1～5月，我国民营企业进出口继续保持快速增长势头，完成进出口总额2020亿元，比上年同期增长33.8%，其中出口总额为1375亿元，比上年同期增长32.6%，进口总额为645亿元，比上年同期增长36.2%（见表5、表6）。

表5　2007年中国各类企业进出口情况

单位：亿美元

项目	出口		进口	
	金额	同比（%）	金额	同比（%）
总值	12182	25.7	9562.9	20.8
国有企业	2254	17.8	2697.0	19.7
外商投资企业	6959	23.4	5609.5	18.7
民营企业	2969	38.8	1256.4	34.0

资料来源：商务部。

表6　2008年1～5月中国各类企业进出口情况

单位：亿元

项目	进出口		出口		进口	
	金额	同比（%）	金额	同比（%）	金额	同比（%）
总值	10121	26.2	5451	22.9	4670	30.4
国有企业	2465	32.1	990	17.3	1475	44.3
外商投资企业	5636	21.4	3085	20.8	2551	22.2
民营企业	2020	33.8	1375	32.6	645	36.2

资料来源：商务部。

2007 年，我国私营企业进出口总额为 3476 亿美元，同比增长 42.7%，高于全国增长率 19.2 个百分点；占全国进出口总额的比重为 16%，同比提高 2.2 个百分点。其中出口总额为 2475 亿美元，同比增长 45%，高于全国 19.3 个百分点；占全国出口比重为 20.3%，同比提高 2.7 个百分点（见表 7）。

表 7　私营企业进出口情况

单位：亿美元，%

年份 指标	2000	2003	2005	2006	2007
全国进出口总额	4743	8512	14221	17606	21745
增长率	31.3	37.1	23.1	23.8	23.5
私营进出口总额	37.5	593.2	1662.1	2435.8	3476
增长率	254.8	154.2	49.5	46.5	42.7
占全国比重	0.8	7.0	11.7	13.8	16.0
全国出口总额	2492	4383	7620	9690	12000
增长率	27.9	34.6	28.4	27.2	25.7
私营出口额	23.8	347.4	1122.3	1707.6	2475
增长率	275	152	62.1	52.2	45.0
占全国比重	1.0	7.9	14.7	17.6	20.3

资料来源：根据国家海关和商务部提供的数据测算。

2. 民营经济效益和社会贡献情况

（1）私营工业企业利润大幅增加，占全国比重稳步上升。2007 年 1～11 月，全国工业企业利润总额为 22951 亿元，同比增长 36.7%，而规模以上私营工业利润总额为 4000 亿元，同比增长 50.9%，高于全国规模以上工业利润增幅 14.2 个百分点；占全国规模工业利润的比重为 17.4%，比 2006 年底提高了 1 个百分点（见表 8）。

表 8　规模以上各类工业企业利润及比重变化情况

单位：亿元，%

年份 项目		2000	2005	2006	2007＊
全国工业企业	绝对数增长率	4393.5	14802.54 24.1	19504.4 31.8	22951 36.7
国有及其控股	绝对数增长率	2408.3	6519.75 19.6	8485.5 30.2	9662 29.2
外商及港澳台	绝对数增长率	1282.5	4140.81 6.8	5384.1 30.0	6126 34.3
内资民营工业	绝对数增长率	702.7	4141.98 59.3	5664.8 36.8	7163 29.1
私营工业	绝对数增长率	189.7	2120.65 48.3	3191.1 50.5	4000 50.9
工业利润		100.0	100.0	100	100
国有及其控股		54.8	44.0	43.5	42.1
外商及港澳台		29.2	28.0	27.6	26.7
民营工业企业		16.0	28.0	29.0	31.2
私营工业企业		4.3	14.3	16.4	17.4

注：1. 资料来源：国家统计局；

2. 2007 年工业企业利润为 1～11 月数，且增长速度按可比价格计算。

（2）民营经济税收持续增长，私营经济税收贡献突出。2007 年，我国内资民营经济税收总额为 30031.4 亿元，同比增长 36.5%。其中私营经济税收总额为 4771.51 亿元，同比增长 36.1%，高于全国 2.3 个百分点；占全国企业税收总额的比重为 9.6%，同比提高了 0.1 个百分点。2008 年 1～6 月，民营经济税收继续增长，其中集体企业完成税收 453.8 亿元，比上年同期增长 2.2%；股份合作企业完成 165.3 亿元，增长 23.5%；股份公司完成 13375.7 亿元，增长 39.5%；私营企业完成 3080 亿元，增长 33.1%（见表 9、表 10、表 11）。

表 9　2000～2008 年中国民营经济税收状况表

单位：亿元

年份	税收收入	私营经济		个体经济		民营经济	
		绝对数	占比（%）	绝对数	占比（%）	绝对数	占比（%）
2000	11855.78	414.42	3.5	762.7	6.4	1177.12	9.9
2005	30308.78	2715.96	9	1385.67	4.6	4101.63	13.5
2006	36949.59	3505.22	9.5	1663.51	4.5	5168.73	14
2007	49449.29	4771.51	9.6	1484.26	3	6255.77	12.7
2008 年 1－6 月	32553.3	3080.06	9.5	1058.46	3.3	4138.52	12.7

注：1. 资料来源：2000～2007 历年《中国税务年鉴》；

2. 表中民营经济为狭义民营经济，即单指个体、私营经济。

表 10　各种经济成分税收总额及增长率

单位：亿元，%

指标＼年份	2000	2005	5 年年均增长率	2006	2007
全国	12665.8	30865.8		37636.3	49449.3
增长率	－	20.0	19.5	21.9	31.4
国有企业	5399.9	7487.9		8061.7	9512.1
增长率	－	9.3	6.8	7.7	18.0
内资民营	5049.1	17029.4		21624.2	30031.4
增长率	－	31.2	27.5	27.0	36.5
私营企业	419.7	2715.9		3505.2	4771.5
增长率	－	36.1	45.3	28.6	36.1
个体	762.7	1385.7		1194.7	1484.2
增长率	－	14.3	12.7	－	－
外资企业	2216.7	6348.5		7950.4	9905.8
增长率	－	18.5	23.4	25.2	24.6

注：1：资料来源：国家税务总局和笔者的计算；

2. 2006 年个体经营税中不含利息所得税，统计口径与前期不同，因此无法与前期数据进行比较。

表 11　2008 年 1～6 月各经济类型税收收入状况表

单位：亿元

项目＼收入	收入额	比同期增加额	比同期增长（%）
税收收入合计	32553.3	7696	30.5
国有企业	5809.9	986.5	20.5
集体企业	453.8	9.71	2.2
股份合作企业	165.3	31.5	23.5
股份公司	13375.7	3784.1	39.5
私营企业	3080	765.4	33.1
涉外企业	6520.1	1485.1	29.5
其他企业	3148.5	543.8	20.9

资料来源：国家税务总局。

（3）民营企业社会责任感增强，对慈善公益事业贡献巨大。据中国光彩事业促进会统计，到 2007 年 6 月，由民营企业参加的光彩事业累计投资项目达 16244 个，比 2006 年同期增加 815 个；累计到位资金 1337.8 亿元，比 2006 年同期增长 90.8 亿元；累计安置就业人员 492.9 万人，比 2006 年同期增加 13.1 万人；累计帮助脱贫 787.6 万人，比 2006 年同期增加 17.8 万人。截至 2007 年 6 月底，民营企业向光彩事业和社会公益事业累计捐赠财物金额为1180亿元（见表12）。

表12　2000～2007年光彩事业成果统计

指标 \ 年份	2000	2005	2006	2007
累计投资项目（个）	3160	13544	15429	16244
累计到位资金（亿元）	141.2	1069	1247	1337.8
累计参与企业（家）	3207	18723	19982	—
累计就业（万人）	90.7	300.8	479.8	492.9
累计脱贫（万人）	231.9	548.3	769.8	787.6
累计捐赠金额（亿元）	25.1	130.8	170.2	1180.0 *

注：1. 资料来源：中国光彩事业促进会。各年数据为当年6月底数。

2. 2007年捐赠金额与以前统计口径不同，为向光彩事业和社会公益事业共同的捐赠额。

民营企业社会责任感增强，对慈善公益事业贡献巨大，还集中体现在“5·12”四川汶川特大地震之后。面对突如其来的自然灾害，广大民营企业和非公有制经济人士展示出了强烈的社会责任感和“一方有难、八方支援”的崇高奉献精神。据全国工商联对上报的8000多家企业的不完全统计，截至6月5日，距地震发生后仅仅20多天时间，它们捐赠的现金就已多达51.5亿多元，捐赠的物资价值超过10.9亿元。其中捐赠额500万至1000万元的企业有120家，1000万元以上至1亿元的企业有92家，1亿元及以上的企业有5家。

（4）民营经济成为就业压力的缓冲器，社会和谐的助推器。构建社会主义和谐社会是我们的一项重大战略任务和长期历史任务。实现社会和谐是一个系统工程，需要社会方方面面的共同努力。而尽最大努力解决城乡人口的就业问题，则是实现社会和谐的重要方面。只有最大限度地解决人们的就业，才能使人们的基本生活有所保障，才能真正做到改革成果人人共享，最终实现共同富裕。

近年来，随着全社会资本有机构成的不断提高，经济增长对就业的吸纳能力不断下降，就业形势日渐严峻，社会和谐面临重大挑战。而民营经济，尤其是个体私营经济对就业的高吸纳能力，已经使其成为就业压力的缓冲器，社会和谐的助推器。据统计，2006年全国城镇就业人数为2.83亿人，乡镇企业就业人数1.47亿人，两者总数约4.3亿人，其中3亿多人都是在民营经济中就业。截至2008年6月，全国登记注册的个体私营企业从业人员超过1.33亿人，如果考虑私营企业普遍低报员工人数，大量个体户并未登记注册等情况，个体私营经济实际从业人员可能已经接近2亿。从表13中我们也可以看出，个体私营经济对就业始终保持着较强的吸纳能力，尤其是私营企业，就业人数从2000年的2400多万人激增到2007年的7253万多人，年均增速高达17.1%。2008年上半年，个体私营从业人员总数仍保持了4.4%的增长率。

表13　2000～2008年个体私营企业从业人员数量变化情况及增长率

年份	私营企业从业人员（人）				个体从业人员（人）		个体私营从业人员总数（人）	增长率（%）
	合计	增长率（%）	投资者人数	雇工人数	从业人数	增长率（%）		
2000	24064955	19	3953480	20111475	50700113	-18.8	74765068	-9.5
2005	58240656	16.1	11099344	47141312	49005412	6.8	107246068	11.7
2006	65862963	13.1	12716513	53146450	51596773	5.3	117459736	9.5
2007	72531108	10.1	13965217	58565891	54961731	6.5	127492839	8.5
2008年6月	76971200	6.1			56093800	2.1	133065000	4.4

注：1. 资料来源：根据国家工商总局数据计算整理；

2. 2000年个体从业人员大幅减少主要由于统计口径出现变化；

3. 2008年6月的增长率是与2007年底比较所得。

（5）民营经济成为缩小城乡差距的主要途径，加快新农村建设的重要力量。据全国30个省级工商联组织对民营企业参与社会主义新农村建设的不完全统计，截至2007年6月底，已有171627个民营企业参与到社会主义新农村建设中来，其中实行与村结对帮扶的企业有68298个，结对村数达到59775个。这些企业结合自身特点和优势，因地制宜、因企制宜，在促进农民增收、农业增效、带动农村经济发展和改善村容村貌等方面取得了明显成效。

此外，许多民营企业本身就源于农村或与农村有着天然的联系，它们通过农业产业化带动、配套拉动、中心辐射等多种方式，有效拓宽了农民增收的渠道，极大改善了周边农民的生活水平。如有8000多员工、主要从事肉鸭育种、繁育和深加工的山东中澳集团，通过“龙头企业+专业合作社+标准化农场+农户”的产业模式，带动了企业所在县及周边县市10余万户农户脱贫致富。再如湖北福星集团，作为一家大型高科技企业集团，它积极发展配套企业，扶持村级企业，通过以厂带村，福星地区实现了农村向城镇的转变，4000多农民实现了就地转移，占村中总劳力的85%以上；2006年农民人均纯收入突破1.5万元，是11年前的10倍。

3. 民营经济整体素质提高情况

（1）私营企业组织形式不断优化，股份有限公司迅速增多。我国现存的私营企业组织形式主要为有限责任公司、股份有限公司、合伙企业、独资企业四种。统计数据显示，有限责任公司已经成为私营企业首选的组织形式。截至2007年底，全国551.3万户私营企业中，有436.3万户选择了有限责任公司的组织形式，占到私营企业总数的79.14%，其注册资本达8.74万亿元，占私营企业注册资本总额的93.05%。此外统计数据还显示，股份有限公司虽然绝对数量较少，但增长速度却相当惊人。2007年，全国私营股份有限公司达到2186家，较上年增加765家，增幅高达53.84%（见图1、图2）。

（2）工会建设稳步发展，党建工作取得新成效。据全国总工会统计，2006年全国共有企业工会88.4万个，其中非公有制经济工会71.5万个，占80.9%。在党建方面，据统计目前有党员的上规模民营企业大多数均已建立党组织。如广西玉林市2007年有109家上规模民营企业新建立党组织，全市225家上规模民营企业全部建立党组织。

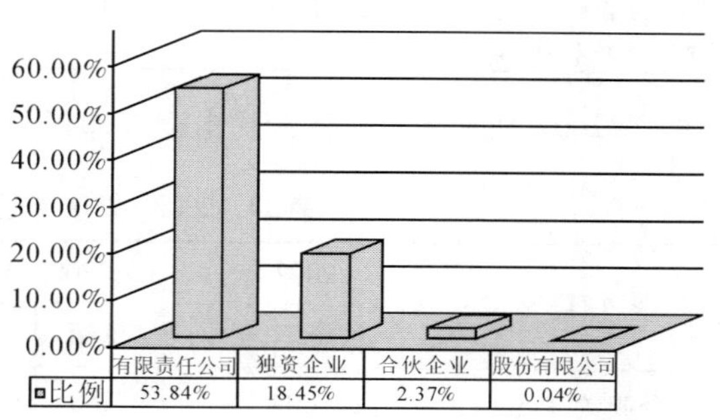

图1　2007年私营企业组织形式①

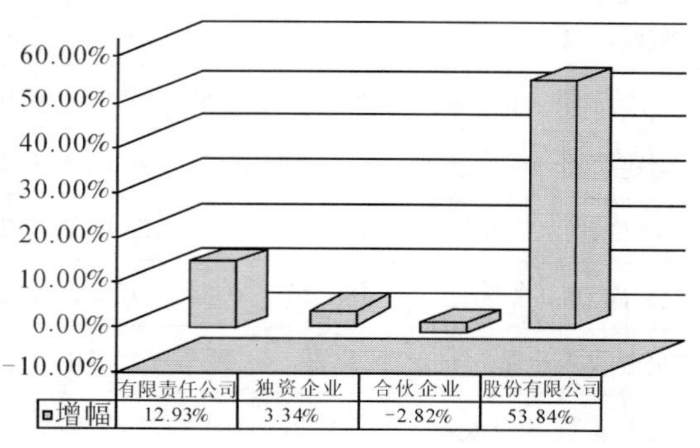

图2　2007年各类型私营企业增长幅度②

（3）上规模民营企业数量不断增多，市场竞争能力显著增强。国家工商总局数据显示，2007年注册资本超过100万元的私营企业有133.63万户，比上年增加15.05万户，增长12.69%，占私营企业总户数的比重为24.24%。其中注册资本在100万～500万元的有94.44万户，增加8.29万户，增长9.62%；注册资本在500万～1000万元的有21.14万户，增加2.47万户，增长13.23%；注册资本在1000万～1亿元的有

① 资料来源：国家工商总局。

② 资料来源：国家工商总局。

17.48 万户，增加 4.14 万户，增长 31.04%；注册资金在亿元以上的私营企业达到 5734 户，增加 1489 户，增长 35.08%。私营企业集团 6412 户，增加 818 户，增长 14.62%（见图 3）。

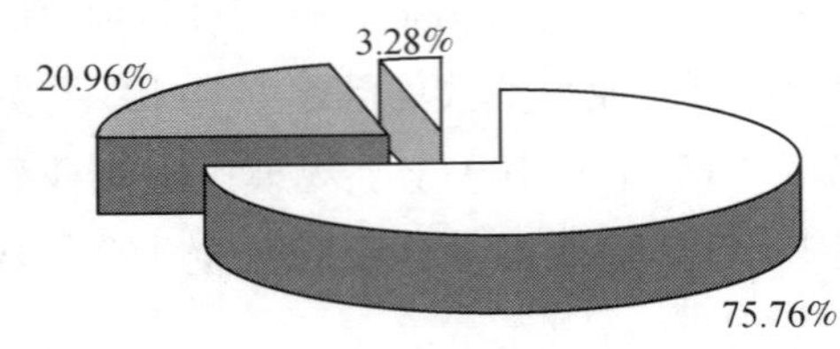

图 3　2007 年私营企业注册资本分布比例[①]

据全国工商联 2007 年对上规模民营企业的调查，2006 年，上规模民营企业前 500 家的入围标准——营业收入总额由 2005 年的 13.36 亿元提高到 18.27 亿元，同期中国企业 500 强入围标准由 2005 年的 60.7 亿元下降为 55 亿元，而二者的差距由 4.5 倍缩小到 3 倍。民营企业 500 强的平均资产周转率为 145.53%，中国企业 500 强为 33.65%，前者明显强于后者。民营企业 500 强的资产利润率为 5.87%，中国企业 500 强的资产利润率为 1.82%，前者明显高于后者（见表 14、表 15、表 16）。

表 14　2002～2006 年上规模民营企业主要规模经济指标

项目	2002 年		2003 年		2004 年		2005 年		2006 年	
	总额	户均	总额	户均	总额	户均	总额	户均	总额	户均
企业数（元）	1582.00	—	2268	—	2119	—	2688	—	3191	—
营业收入（亿元）	9324.67	5.98	1522.54	6.71	22141.08	10.45	31360.48	11.67	42110.61	13.20
缴税总额（亿元）	471.30	0.30	691.77	0.31	884.29	0.42	1184.03	0.44	1599.91	0.50
资产总额（亿元）	8821.59	5.58	13851.56	6.14	18790.66	8.87	24797.20	9.23	32054.49	10.05
固定资产（亿元）	3085.02	1.95	4658.35	2.18	6088.26	2.96	7818.73	2.92	10216.96	3.20
净资产（亿元）	3653.90	2.32	5431.26	2.43	6758.86	3.20	8962.53	3.37	11721.34	3.67
税后净利润（亿元）	486.13	0.31	780.23	0.35	1068.73	0.50	1324.03	0.50	1872.89	0.59
利润占收入比重（%）	5.20	—	5.10	—	4.80	—	4.20	—	4.45	—
员工人数（万人）	274.20	0.17	383.91	0.17	438.33	0.21	582.29	0.22	691.22	0.22

注：1. 资料来源：2007 年全国工商联上规模民营企业调研；

2. 2002、2003 年上规模民营企业的入围标准是年营业收入 1.2 亿元（含）以上，2004 年以后入围标准提高到年营业收入 2 亿元（含）以上。

表 15　2002～2006 年上规模民营企业经营效率指标

	2002 年	2003 年	2004 年	2005 年	2006 年	年均增速
企业数（家）	1582	2268	2119	2688	3191	—
总资产周转率（%）	105.70	109.92	117.80	126.47	131.37	5.59%
销售净利率（%）	5.21	4.98	4.83	4.22	4.45	-3.65%
劳动生产率（万元/人）	34.01	39.66	50.51	53.85	60.92	15.93%
人均利润率（万元/人）	1.77	1.98	2.44	2.27	2.17	11.88%

资料来源：2007 年度全国工商联上规模民营企业调研。

① 资料来源：国家工商总局。

表16　2002～2006年户均指标差距比较

	户均营收总额（亿元）	户均资产总额（亿元）	户均员工人数（万人）
民营企业500强			
2006	53.99	37.10	0.7
2005	41.61	30.31	0.61
2002	14.10	12.88	0.34
中国企业500强			
2006	349.76	1054.32	4.7
2005	282.81	823.44	4.53
2002	139.23	552.79	4.05
民营企业500强/中国企业500强			
2006	15.44%	3.52%	14.89%
2005	14.71%	3.68%	13.46%
2002	10.13%	2.33%	8.40%

资料来源：2007年度全国工商联上规模民营企业调研。

以上数据和调查表明，民营经济中不仅规模企业在迅速增多，而且这些企业通过不断地推进技术创新、管理创新、制度创新，有效实现了上规模、上档次、上水平，有效增强了企业实力和市场竞争力。

（4）私营企业自主创新能力不断增强，发明专利拥有量显著上升。2006年，全国大中型工业企业中，私营企业专利申请件数为9809，其中发明专利申请件数为1885，拥有发明专利数为4613，分别占全国大中型工业企业总数的14.2%、7.3%和15.5%。从2004～2006年三年的情况来看，在大中型工业企业中，私营企业的专利申请数占总数的百分比维持在15%左右，其中发明专利维持在7%左右，发明专利的拥有量从11%增长到15.5%。民营企业持续保持一定的创新水平，掌握的专利越来越多，比重越来越大（见表17、表18）。

表17　全国大中型私营工业企业自主创新企业分布情况

单位：个，%

指标	开展自主创新活动的企业数			所占比重		
年份	2004	2005	2006	2004	2005	2006
全国	6566	6874	7838	23.7	24.1	24.0
内资企业	5138	5171	5782	27.3	26.8	27.5
国有企业	1046	914	848	25.4	27.2	26.7
私营企业	799	1014	1406	17.7	18.8	20.8
外商及港澳台	1428	1703	2056	16.1	18.4	17.7

注：1. 资料来源：《中国科技统计年鉴》和《工业企业科技活动统计资料》；

2. 所占比重指有开展自主创新活动的企业在同类企业中所占比重。

表18　全国大中型工业企业专利申请情况表

单位：件

指标	专利申请量			发明专利			发明专利拥有量		
年份	2004	2005	2006	2004	2005	2006	2004	2005	2006
全国	42318	55271	69009	13908	18292	25685	17988	22971	29716
内资企业	28298	38350	50275	8312	12594	19000	13884	17209	21232
国有企业	2258	2900	4288	683	961	1488	1531	2030	2257
私营企业	6264	8382	9890	1058	1351	1885	1987	2850	4613
占全国比重（%）	14.8	15.2	14.2	7.6	7.4	7.3	11.0	12.4	15.5
外商及港澳台	14020	16921	18734	5596	5698	6682	4104	5762	7944

资料来源：《中国科技统计年鉴》和《工业企业科技活动统计资料》。

（5）民营上市公司数量稳步增长，质量不断提高。截至2007年底，我国民营企业在国内上市公司的数量由1990年的仅1家稳步发展到410家（见图4），占全部上市公司数量的四分之一强。其中，2007年增长33家，包括借壳17家，IPO16家。民营上市公司在国内的总股本数达到1248.8亿股，流通A股696.2亿股，分别占全部A股的5.64%和全部流通A股的14.87%（见表19）。

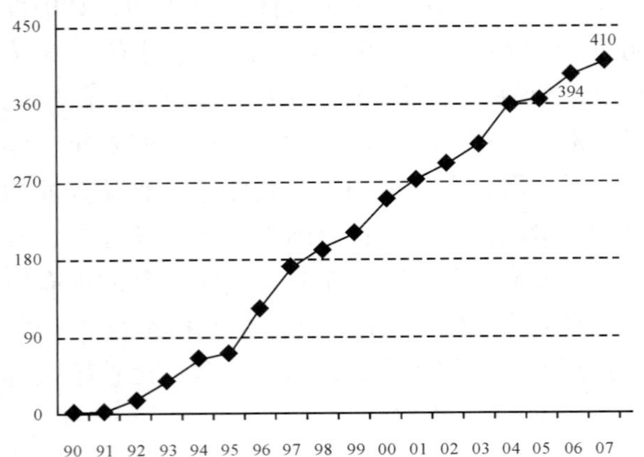

图4 1990～2007年民营上市公司的数量变化①

表19 2007年民营上市公司情况简表

	总股本（合计）	流通A股（合计）
全部A股	2212699115745	468127913039
民营上市公司	124881967431	69616402454
民营占全部市场比重（%）	5.64	14.87

资料来源：中国证券市场研究设计中心。

国内民营上市公司不仅数量在逐步增多，质量也在稳步提升。主要表现在：无论从营业收入、总资产，还是从利润总额来看，都实现了稳步快速增长。2007年，民营上市公司的营业总收入达到了6083亿元，比2004年的3175.7亿元增长了近一倍；资产净利率达到5.77%，比2006年提高了一倍多，也远远高于2007年A股2.94%的平均水平；利润总额比2006年增长了166%，净利润更是同比增长了181%。

此外，国内大批优秀民营企业还初步学会了利用国际市场进行融资。截至2006年底，我国在海外证券市场上市的民营企业已达171家，且这一数字还在呈现不断上升的趋势。

（6）民营企业国际视野日渐形成，“走出去”步伐日益加快。2007年，我国非金融类对外直接投资187.2亿美元，同比增长6.2%，2003～2007年均增长60%。投资流量和存量占全球比重从2002年的0.5%和0.4%，上升到2006年的1.74%和0.73%；投资国别从2003年的139个发展到2006年的172个；截至2007年底，我国境外中资企业的资产总额超过3000亿美元，雇员达到63万人，企业对外投资能力显著增强。尤其是民营企业，虽然总体上走出去的规模还比较小，数量还比较少，但发展势头强劲。

据全国工商联2007年对上规模民营企业（年营业收入总额在2亿元人民币（含）以上的民营企业，共入围3191家）的调查，上规模民营企业已在海外开展的经营类型包括：建立销售公司、建立生产企业、设立研发机构、开展工程承包和从事资源开发，其中以建立销售公司居多，有411家；在海外投资方面，上规模民营企业有118家在海外独资新建企业，有84家在海外合资新建企业，有16家兼并企业；在海外业务拓展方面，上规模民营企业有808家拟建立销售网络，有592家拟设立办事处，有231家拟与周边国家经贸合作，有226家拟建立生产企业，有148家拟设立研发机构，有123家拟开展工程承包，有102家拟开展资源开发（见表20、表21、表22）。

表20 2006年上规模民营企业已在海外开展的经营类型

已在海外开展的经营类型	企业数（家）	占全部企业的比重（%）
建立销售公司	411	12.88
建立生产企业	93	2.91
设立研发机构	74	2.32
开展工程承包	50	1.57
从事资源开发	29	0.91

资料来源：2007年度全国工商随着上规模民营企业调研。

① 资料来源：Wind。

表 21　2006 年上规模民营企业已在海外投资的主要方式

海外投资的主要方式	企业数（家）	占全部企业的比重（%）
独资新建	118	3.70
合资新建	84	2.63
兼并企业	16	0.50

资料来源：2007 年度全国工商联上规模民营企业调研。

表 22　2006 年上规模民营企业拟向海外拓展类型

海外拓展类型	企业数（家）	占全部企业的比重（%）
销售网络	808	25.32
办事处	592	18.55
周边国家经贸合作	231	7.24
建立生产企业	226	7.08
设立研发机构	148	4.64
工程承包	123	3.85
资源开发	102	3.20

资料来源：2007 年度全国工商联上规模民营企业调研。

在走出去的民营企业中，浙江企业占了相当比重。自 2000 年以来，浙江省境外投资年增幅均在 60% 以上。截至 2008 年 5 月，其境外投资项目已达 3227 个，项目数居全国之首。在投资类型方面，浙江省正在实现由商贸型向生产型转变。2008 年前 5 个月新增境外投资项目 188 个，较上年同期增长 16.5%，其中生产型项目就有 46 个，较上年同期增长 43.8%。如今，纺织、机械、轻工、电子、建筑业已成为其“走出去”的主导产业。

（二）宏观经济与制度政策环境不断改善

1. 2007 年宏观经济形势良好

2007 年，国家进一步加强和改善宏观调控，注重发挥市场在资源配置中的基础性作用，努力化解经济运行中的突出矛盾和问题，着力推动经济社会又好又快发展，国民经济保持了增长较快、结构优化、效益提高、民生改善的良好态势。2007 年国内生产总值高达近 25 万亿元，同比增长 11.9%。经济效益继续提高，企业利润大幅度增长，规模以上工业企业利润达到 2.5 万亿元以上，全国财政收入达到 5.13 万亿元，分别增收 6000 亿元和 1.2 万亿元左右。社会消费品零售总额增长 16% 左右，进出口总额 2.17 万亿美元，同比增长 23% 左右；城镇居民人均可支配收入达到 1.38 万元，实际增长 10% 以上，农民人均纯收入达到 4140 元，增长 7% 以上，城镇新增就业超过 1100 万人。农业和农村面貌出现可喜变化，经济结构不断改善，节能减排取得明显进展，改革开放继续深化，城乡居民收入不断提高，消费需求开始转旺。这为民营经济又好又快发展提供了良好的宏观背景条件。

2. 有关重要法律政策相继制定

2007 年，一批事关经济社会发展全局的重要法律法规和政策规章相继出台，为民营经济的持续、快速、健康发展提供了良好的法制与政策环境。

《物权法》把实行社会主义市场经济，保障一切市场主体的平等法律地位和发展权利作为基本原则，平等保护国家、集体和私人的物权。这对于发展社会主义市场经济，鼓励和推动各种民营经济的发展，具有重要意义。《物权法》让民营经济吃了“定心丸”。

《反垄断法》是我国的“经济宪法”，它立足于保护公平竞争，鼓励创新发展，促进和谐有序竞争环境的形成。这有助于破除计划体制延续下来的行业门槛和国企垄断，为民营企业的生存和发展争取更大的空间。

《企业所得税法》及《实施条例》为内外资企业提供同一条起跑线，结束了不合理的外资“超国民待遇”；同时放宽了对小型微利企业的定义，扩大优惠范围。这将降低民营企业的实际税负，节约投资成本和经营成本，有利于民营企业公平地参与市场竞争。

《劳动合同法》、《就业促进法》和《劳动争议调解仲裁法》，为建立中国特色社会主义和谐的、新型的劳动关系提供了有力的法律保障，从而为有效解决员工流失率高、劳动争议频繁等困扰民营企业多年的问题创造了条件。民营企业也可借机转变经营思路，推动创新发展，实现产业升级。

另外，《民事诉讼法》、《律师法》的修订，《政府信息公开条例》、《行政复议法实施条例》的制定等，都是中国法治进程中的大事。它们的制定和施行，将进一步推动市场经济的发展和完善，为民营经济又好又快发展提供重要的政策推动力。

2007年国务院及其有关部门还制定发布了一系列与发展非公有制经济有关的规范性文件：国务院发布了《关于加快发展服务业的若干意见》，国务院办公厅发布了《关于加快推进行业协会商会改革和发展的若干意见》，国家发改委、商务部发布了《外商投资产业指导目录（2007年修订）》，国家发改委发布了《关于做好中小企业节能减排工作的通知》，中国银监会制定了《村镇银行管理暂行规定》，等等。

3.“非公经济36条”主要配套措施相继出台

2007年是贯彻落实《国务院关于鼓励支持和引导个体私营等非公有制经济发展的若干意见》的第三年。计划中的“非公经济36条”的37个配套文件已出台了35个。其中：2007年国家发改委等12家部门联合制定了《关于支持中小企业技术创新的若干政策》，国家发改委制定了《关于促进产业集群发展的若干意见》，国防科工委发布了《国防科工委关于非公有制经济参与国防科技工业建设的指导意见》，中国银监会对《银行开展小企业贷款业务指导意见》进行了修订。下发了《银行开展小企业授信工作指导意见》，中国银监会还于2006年底下发了《关于调整放宽农村地区银行业金融机构准入政策更好支持社会主义新农村建设的若干意见》，等等。2006年国务院法制办与国家发改委联合下发了《关于开展清理限制非公有制经济发展规定工作的通知》，到2007年10月底，全国共审查160多万件涉及非公经济发展的法律法规和规范性文件，其中清理出与“非公经济36条”精神不符的各类法律法规和规范性文件6000多件。各地为贯彻落实“非公经济36条”做了大量工作，31个省市区累计出台了促进非公有制经济发展的法规性文件210多件。随着这些配套政策措施的相继出台，非公有制经济在平等准入、公平待遇方面的状况有了进一步改善。

4.十七大对发展非公有制经济提出新政策新要求

十七大报告对促进非公有制经济发展作了许多新的重要论述：坚持平等保护物权，形成各种所有制经济平等竞争、相互促进新格局；推进公平准入，改善融资条件，破除体制障碍，促进个体、私营经济和中小企业发展；以现代产权制度为基础，发展混合所有制经济；等等。这些重要论述是我国改革开放经验的新的科学总结，是坚持和发展中国特色社会主义的重要举措。坚持平等保护物权，像保护国家、集体的物权那样平等保护私人物权，有助于完善我国平等竞争优胜劣汰的市场环境，有助于完善现代产权制度和现代企业制度。坚持平等保护物权，是各种所有制经济平等竞争、相互促进的基础。我国实施允许国内民间资本和外资参与国有企业改组改造的政策，使国有资本和各类非国有资本相互渗透和融合，以股份制为主要形式的混合所有制经济迅速发展起来。混合所有制经济的发展，也表明我国公有制特别是国有制找到了一个与市场经济相结合的途径。改革开放的经验表明，各种所有制经济平等竞争、相互促进，是坚持社会主义初级阶段基本经济制度、完善社会主义市场经济体制的内在要求，也是实现科学发展、社会和谐的必要条件。

（三）民营经济发展中面临的新问题新困难

1.“非公经济36条”及其配套措施实际执行不够理想

当前，落实“非公经济36条”及其配套措施在实际执行中仍面临不少问题：一是政策层面的问题虽然基本解决了，歧视观念却依然存在，一些政策要真正落实到位，仍有较大难度。二是一些部门和地区存在政策执行不力，透明度不高、人为“梗阻”等现象。三是各个地方和各个部门执行情况参差不齐、很不平衡。四是融资问题，这是目前影响民营企业发展的首要问题。融资渠道不畅、资金短缺问题始终困扰着民营企业，已成为其发展的最大障碍。相对于民营企业在整个经济中的地位和作用，相比民营企业对金融服务的巨大需求，金融机构的服务供给仍是严重不足。五是行业准入问题，垄断行业的改革进程仍然进展不大，民营企业的行业准入仍面临重重障碍。根据全国工商联的关于“非公经济36条落实情况”的问卷调查显示，目前影响民营企业发展的主要问题依次是：融资渠道、执法环境、权益保护、税费负担、市场秩序、行业准入、政府沟通、土地使用、舆论环境和地方保护。其中行业准入和垄断方面障碍最大的前五个行业分别是电力、电信、石油、金融服务业，公用事业。

2. 《劳动合同法》在实际执行中有待进一步完善

《劳动合同法》的实施对稳定各类劳动关系，保障企业长远发展有利。但是，《劳动合同法》在总体上对企业实行宽进严出，对员工实行宽进宽出。《劳动合同法》实施后，不少企业特别是民营企业在短时期内将面临一系列新的矛盾与困难：按新法规定，员工离职基本上为“零成本”，企业基本无能为力；必须无条件为劳动者缴纳社会保险，对企业来讲是一笔庞大的支出；企业解除或者终止劳动合同，需要向劳动者支付赔偿金；拖延支付工资或加班费，劳动行政部门责令支付后逾期不支付的，也要加付赔偿金。这显然会大大增加部分企业的经营和管理成本。即便是用工非常规范的企业，用工成本也会增加；同样要面对员工“来去自由”却无法控制的风险；在固定期限合同正常期满终止时，仍需依法向员工支付一定的经济补偿金。

此外，《劳动合同法》经过一段时间的执行，一些深层次问题陆续显露出来：企业与员工在对《劳动合同法》有关条款的理解上存在较大差异，企业管理难度有所增加。如部分员工认为有了《劳动合同法》的保护，企业不敢随意辞退自己，工作积极性下降，企业效率受到影响，由此引发的劳动争议有所上升；目前实行的“一调一裁两审”制度若走完全部程序需要一年以上，劳动争议不能得到及时解决，甚至引发群体纠纷、上访事件；企业劳动力成本快速上升，诸多劳动密集型企业不堪重负。

当前，民营企业多数属于中小型、劳动密集型，且大都处于产业链的低端，利润较低，其生产经营对低价劳动力成本的依赖性比较大。《劳动合同法》的实施，付出成本最多的恰恰是这些利润空间原本就很微薄的中小民营企业，对就业贡献最大的劳动密集型企业受到的冲击也最大。

3. 金融税收环境仍不宽松

民营企业融资困难，金融产品不能满足企业发展需要，影响企业做大做强。其主要表现为：

一是直接融资与间接融资结构失衡。目前对我国GDP贡献达60%的中小企业缺乏足够的政策支持，主要依赖于间接融资。据统计，我国小企业间接融资占比高达98%，直接融资不足2%，由于多层次资本市场建设滞后，绝大多数中小企业无法通过股权或债权市场吸纳社会资金，创业投资机制尚未形成，产权交易市场基本上有场无市。

二是对民营企业信贷的支持力度不够。目前我国大银行主导信贷业务，主要服务对象是大企业，地方中小银行少，存贷业务比例低。据有关方面统计，占企业总量0.5%的大型企业拥有50%以上的贷款余额，户均4.42亿元。而与此相应，占比90%以上的小型企业，其贷款余额不足20%。据国家统计局数据，2005年乡镇、私营企业及个体短期贷款共计10082.6亿元，占全部短期贷款87449.2亿元的11.5%。2006年乡镇、私营企业及个体短期贷款共计8889.6亿元，占全部短期贷款98534.4亿元的9%，在2006年全部短期贷款比2005年增加12.7%的情况下，乡镇、私营企业及个体短期贷款占比反而却下降了2.5个百分点。2007年，全部短期贷款达到114479.95亿元，同比增长16%，其中乡镇、私营企业及个体短期贷款余额为10620.3亿元，同比增长21.7%，占全部短期贷款余额的比重为9.3%。这一比重虽然比2006年提高了0.3个百分点，但还远未恢复到2005年所占比重的水平。

三是制度制约问题突出。目前，我国银行业在制度安排上，从评级标准、风险分类、抵质押条件、收费标准等方面均较少考虑小企业自身及融资特点。据国家发改委和银监会联合开展的小企业融资调研显示，小企业融资成本最低也接近10%，远超出大型企业的贷款成本。

四是民营资本进入金融银行业仍然障碍重重。据统计，目前我国11家股份制银行中，民营资本占12%，而股份制银行资产占全国银行资产的近16%，也就是说，民营股份在银行业总资产中只占2%左右。2007年国家允许设立村镇银行，但在设置条件上对民营资本进入仍有较多限制。如必须有一家以上境内银行金融机构作为发起人，且持股比例不得低于20%，单一自然人、单一其他非银行企业法人持股比例不得超过10%。这说明村镇银行还得由现存的金融机构来控股。

税费负担过重仍然是制约民营企业发展的主要因素。一是企业税负过重，即政府制定的税种过多、税率过高，导致企业的税收负担过重。新的企业所得税法在一定程度上起到了为中小企业减负的作用，新税法规定内资企业税率从33%减到25%，符合条件的小型微利企业实行20%的优惠税率，这个规定将使一大批中小企业获利。但所得税只是中小企业负担的一部分。中小企业的另一个税负是增值税，其税率仍偏高。二是小企业大都属于小规模纳税人范畴，不得实行进项税额抵扣销项税额的方法计算应纳税额，不得领用、开具增值税专用发票，这导致一些小企业的实际税负高于一般纳税人。三是税外收费多。1/3的税，2/3的费，“费大于税”。据调查，有的非公有制企业经营者每天要对付各种检查、摊派、罚款，不少企业认为收费文件不透明，收费标准弹性大。此外，一些执法部门对哪些该罚、哪些不该罚，很少预先告知；许多文件缺乏实施细则，行政执法人员自由裁量权过大。

4. 民营企业进入垄断行业和公用事业仍存在诸多障碍

虽然国务院制定了“非公经济36条”，从政策层面上明确了非公有制经济可以进入垄断行业和公用事业，但是在实际操作过程中仍然存在着不少障碍。市场准入方面人为设置了一些障碍，以天然气开采为例，国家有关文件明确表示民营企业可以进入，但有关部门制定的具体准入政策，却设置了一个难以逾越的门槛——企业注册资本要有40亿元。类似这样的设置资本实力、技术水平、从业资历等各种门槛来设置“玻璃门”的现象还存在。项目融资方面还有障碍，在现行的项目融资政策下，民营企业很难获得项目融资，因此在参与基础设施等项目建设的时候难度很大。市场环境方面还存在障碍，国家利益部门化，部门利益企业化，特别是一些由国有企业垄断的行业领域，利用国有企业的特权和对资源的垄断，采取各种手段加强其垄断地位，以不公平的方式与民争利，很有可能形成新一轮垄断资源、分割市场的局面。2007年12月29日，国家广电总局和信息产业部联合发布了《互联网视听节目服务管理规定》，对提供网络视听服务机构的资质做出了严格的规定。根据该规定，提供互联网视听节目服务的必须“具备法人资格，为国有独资或国有控股单位”。目前大部分网站都是民营公司，这样的规定无疑是人为地把互联网视听服务机构硬性地推向国有企业，或必须寻找国有单位作为“红帽子”，这将对民营互联网视听服务企业发展是一个严重限制和打击。

5. 创新不足成为制约民营经济发展的重要瓶颈

我国民营经济的快速发展主要还是靠“量”的扩张，即依靠要素的投入和投资的拉动，而不是通过技术创新、管理创新和制度创新。近年来，虽然越来越多的民营企业开始意识到创新的重要性，但囿于融资、政策激励、产权保护等政策制度障碍，囿于资金、技术、人才等自身条件限制，自主创新的动力还不强，力度还不大，深度还明显不足。在经济全球化日益深化、市场已由卖方转向买方的形势下，创新不足已经成为制约民营经济进一步发展的“短板”，其参与市场竞争的能力，尤其是参与国际市场竞争的能力业已受到严峻挑战。

6. 受要素成本上升影响产业升级迫在眉睫

改革开放以来，民营经济从无到有，从弱到强，主要依靠的是“比较优势”的发挥。经过30年的发展，我国人均GDP业已达到2500美元。这一数字既意味着改革发展的辉煌成就，同时也预示着生产要素成本的不断上升。这集中体现在能源、原材料价格、土地价格的快速攀升，环保准入条件的日趋严格，劳动力价格的不断上涨等方面。如据统计，2007年1~12月，我国工业品出厂价格同比上涨3.1%，原材料、燃料、动力购进价格同比上涨4.4%，两者之间存在1.3个百分点的价差，而2008年上半年，工业品出厂价格同比上涨7.6%，原材料、燃料、动力购进价格同比上涨11.1%，两者之间的价差急剧扩大到了 3.5 个百分点，导致企业成本快速上升，利润空间明显下降。

随着要素成本的上升，众多民营企业尤其是小型、微利型民营企业举步维艰，它们已经到了变“比较优势”为“竞争优势”的关键时期，即已经到了利用观念创新、技术创新、管理创新、文化创新，来加速实现产业、产品结构优化升级的关键时期。在未来的市场竞争中，其“低成本”的优势将逐步消失，“高质量、名品牌、差异化”的产品或服务将成为其“竞争获胜”的必然选择。

7. 市场环境仍然面临诸多问题

世界银行国际金融公司《2007 年全球商业环境报告》显示：2007 年，在全球 175 个经济体中，中国的商业环境排名虽然较上年提升了 15 位，但仍位居第 93 位，属中等偏下水平（见表 23）。具体来说，中国主要在新企业建立、行业经营许可、信贷获取、税收制度四个方面表现欠佳。

表 23　部分发达及新兴工业化国家或地区商业环境全球排名

国家或地区名称		美国	日本	韩国	新加坡	德国	法国
排名	2006 年	3	12	23	2	21	47
	2007 年	3	11	23	1	21	35
国家或地区名称		印度	巴西	墨西哥	中国	中国香港	中国台湾
排名	2006 年	138	122	62	108	6	43
	2007 年	134	121	43	93	5	47

资料来源：《全球商业环境报告》。

2006 年，在我国开办一家企业需经过 13 个步骤，耗时 48 天时间，花费人均年收入的 13.6%，并需拿出相当于人均年收入的近 9.5 倍的资金作为注册资本金。而在澳大利亚，仅需经过 2 个步骤，耗时 2 天时间，注册资本金为 0，可见我国开办企业的门槛还相当高。即便是 2007 年我国修改了《公司法》之后，企业完成所有规定的注册程序，仍需要经过 13 个步骤、花费 35 天时间和相当于人均年收入 9.3% 的成本，还必须筹备相当于人均年收入 2.1 倍的初始资本金，在全球排名仍在 128 位。

2006 年，我国建筑业获得审批和许可需要经过 30 个步骤，耗时 363 天，支出相当于人均年收入近 1.3 倍的费用才能走完全过程。而在中国香港完成这一过程仅需 22 个步骤、230 天时间和相当于人均年收入 0.39 倍的费用。即便是 2007 年我国将这一过程减少到 29 个步骤，仅需支出相当于人均年收入 84% 的费用，在全球 175 个经济体中仍排在第 153 位。

2006 年，我国公共信用登记机构覆盖范围仅为成年人的 0.4%，私营征信机构覆盖范围为 0；信贷人权利指数只有 2。而在韩国，私营征信机构对成年人的覆盖达到了 80.7%，信贷人权利指数达到了 6；在中国香港，私营征信机构对成年人的覆盖也已达到 64.5%，信贷人权利指数更是达到了最高值 10 的水平。2007 年尽管我国公共信用登记范围由 0.4% 扩大到了 10.2%，但这一指标在全球仍排在第 101 位。

2006 年，我国企业平均每年需缴纳 34 次税收，耗时 584 个小时，应缴税额达到了毛利润的 46.9%。而在中国香港每年仅需缴纳 1 次税收，耗时仅 80 小时，缴纳税金仅为毛利润的 14.3%；在韩国，每年也仅需缴纳 26 次税收，耗时 290 个小时，缴纳毛利润的 29.6%。比较而言，我国无论在税收缴纳的次数、花费的时数还是在缴纳比例上，都是全球较高的国家。2007 年，在全球 175 个经济体中，我国在税收制度方面排在了第 168 位。

8. 民营企业自身素质有待进一步提高

这主要体现在五个方面：一是知识结构不合理。民营企业家学历层次相对不高，没有接受过系统的高等教育和管理培训。在企业发展到一定规模需要推行现代管理时，由于对系统的管理学、经济学知识了解不多，对管理技能掌握不够等种种知识结构的欠缺就体现出来了。二是科学发展观意识还不强。民营企业都是独立的经济体，大都是小企业，普遍缺乏整体的科学发展观，随着资源环境约束对企业的影响越来越大，粗放式经营和低水平建设的企业，其生存将越来越难。三是不重视人才培养在许多企业中依然存在。很多民营企业并不重视人才培养，倾向于用有经验的管理人员、技术人员，而不是根据自己的需要去培养人才，使用人才。四是不少民营企业家的诚信意识不够。现在的大多数民营企业家都已经认同“应该讲诚信”这个理念，但在关键时刻不少人仍往往不讲诚信。五是风险意识不强。面对快速变化和竞争激烈的市场，许多民营企业缺乏预测风险和有效规避风险的能力。国家提出要转变经济增长方式，许多民营企业没有认识到转型的必要性，依然按照以前的生产方式，生产以前的产品，或者盲目转型到自己并不熟悉的产业，缺乏风险意识。

9. 2008 年民营经济面临的宏观环境出现新变化

2008 年，我国宏观调控的主要目标是贯彻去年中央经济工作会议确定的“双防”方针，即防止经济增长由偏快转为过热，防止价格由结构性上涨演变为明显通货膨胀，为此，中央采取了稳健的财政政策和从紧的货币政策。从上半年经济运行结果看，宏观调控政策已取得相当成效。今年上半年，实现 GDP 近 13.1 万亿元，同比增长 10.4%；规模以上工业增加值同比增长 16.3%，社会消费品零售总额增长 21.4%，固定资产投资增长 26.3%，出口增长 21.9%，城镇居民人均可支配收入实际增长 6.3%，农村居民现金收入实际增长 10.3%。这说明，我国经济形势总体健康稳定。然而就未来趋势，国际、国内经济都出现了一些新变化。

从国际上看，美国次贷危机的影响还远未消除，全球经济增长将明显放缓。据国际货币基金组织（IMF）预测，2008 年，全球经济增长将从 4.1% 调降至 3.7%，比年初预计再次调低 0.5 个百分点，为 2002 年以来的最低点；美国经济增长将由 2007 年的 2.2% 回落到 2008 年的 0.5%，甚至认为美国正在发生 20 世纪 30 年代以来最为严重的金融危机。与此同时，美联储与欧央行都认为本国或地区已经出现通货膨胀的风险。西方发达国家或地区一旦出现滞胀局面，势必会传导到发展中国家或地区。从国内看，经济增速逐步回落，CPI、PPI 环比均已出现下行趋势，加之 1 月南方大范围雪灾、5 月汶川特大地震灾害造成巨大经济损失和人员伤亡，国内经济形势变得日趋复杂。

国内外经济形势的不确定性，给民营经济发展带来许多新情况新问题，主要表现在三个方面：一是资金紧张加重、成本加大。今年一季度，在全部新增贷款中，私营企业新增贷款占比仅为 7.8%，比去年同期下降了 1.32 个百分点，比去年末下降了 4.69 个百分点。随着利率多次提高，民间借贷盛行，利率不断攀升，一般高达 25% ~30%，企业融资成本明显加大。二是出口压力加大。各国经济增长放缓，需求相对减少，加上一系列调减贸易顺差的政策，特别是出口退税率降低，给出口企业特别是中小企业带来了很大影响。人民币不断升值，也降低了我国出口产品的价格竞争力。截至 4 月份，外贸出口对 GDP 增长的贡献率几乎为零。私营企业出口总额累计 621.1 亿美元，虽同比增长了 38.2%，但增速下降 9.2 个百分点。三是资源要素价格和环境成本、用工成本明显上升。能源原材料价格大幅度上涨，落实节能减排目标、调整资源税、加大环境生态保护和实施《劳动合同法》等，都使得民营企业生产成本不断上升。短期内成本上升因素的多重叠加，已使大批民营企业特别是中小民营企业举步维艰，不少企业甚至游走在倒闭或破产的边缘。

二、稳定、和谐——发展中的民营企业新型劳动关系

企业劳动关系和谐是社会和谐的重要基础，民营企业劳动关系是企业劳动关系的重要方面。经过改革开放 30 年的发展，随着民营企业就业人数的增加和组织形式与治理结构的不断变化，一种既不同于西方私营企业也不同于传统公有制企业的新型劳动关系正在中国民营企业中逐步建立。

党的十六届六中全会作出《关于构建社会主义和谐社会若干重大问题的决定》之后，全国工商联将推进民营企业构建和谐劳动关系作为一项重要工作任务，开展了“民营企业劳动关系状况”重点调研。从调研情况看：

（一）民企劳动关系基本状况——总体和谐稳定

党的十六大以来，各级人大、政府和工会按照中央的要求，在提高劳动工资与社会保障水平、维护劳动者合法权益、改善企业劳动关系方面出台了一系列法律法规和政策规章，加强了管理，取得显著成效。民营企业劳动关系得到明显改善，总体和谐稳定。主要表现在：

1. 劳动合同签订率不断提高，执行情况改善

全国总工会2007年第六次全国职工队伍状况抽样调查（以下简称“总工会抽样调查”）显示，2006年全国企业员工劳动合同签订率为68.8%；其中私营个体企业为47.3%，比2003年提高近17个百分点。中央统战部、全国工商联2006年第七次全国私营企业抽样调查（以下简称“工商联抽样调查”）显示，样本企业劳动合同签订率为71.4%，比2004年提高8.8个百分点。全国工商联2007年部分城市私营企业抽样调查（以下简称“工商联2007年调查”）显示，2005年和2006年样本企业员工劳动合同签订率分别为73.1%和74.6%。

2. 劳动者工资收入明显增长，拖欠现象减少

据劳动和社会保障部统计，2004年3月以前的10年间，全国各地平均调整最低工资标准3.8次；之后至2006年底，调整了1.9次；2006年各地最低工资标准比上年平均提高30%左右。总工会抽样调查显示，企业职工月平均工资为1367元，比2002年实际增长37.8%，其中私营个体企业为1204元。工商联抽样调查显示，2005年企业员工年平均工资为13480元，比2003年增长67.8%。

3. 企业工会组建率上升，作用日益扩大

总工会抽样调查显示，61.5%的员工所在单位建立了工会，认为工会发挥了作用或重要作用的员工占63%。工商联抽样调查显示，2005年企业工会组建率为53.3%。

4. 社会保障水平不断提升，劳动关系进一步稳定

据劳动和社会保障部统计，2006年末全国民营企业参加基本养老保险人数约4500万人，比上年新增近610万人，其中农民工1417万人。工商联抽样调查显示，2005年样本企业中建立了医疗保险的占36.9%，养老保险的占43.9%，失业保险的占22.2%，工伤保险的占24.4%，生育保险的占13.9%，比2003年均有所提高。

5. 协调劳动关系三方机制广泛建立，劳动争议矛盾日益缓和

目前绝大多数省级、市地和县都建立了协调劳动关系三方机制，多数地区已向区和乡镇、街道延伸。不少企业建立了劳动争议调解组织。工商联2007年调查显示，有11%的样本企业建立了劳动争议调解组织，有25%的企业准备建立；有大约70%的员工认为对劳动者群体性事件应通过劳动者代表与企业协商或由工会与企业集体谈判解决。

（二）民企劳动关系的主要问题

1. 劳动合同方面

中小企业劳动合同签订率很低，建立集体劳动合同制度的较少，许多合同不规范，不少是流于形式，合同期限较短，合同执行情况欠佳。总工会抽样调查显示，还有50%以上的私营企业员工未签订劳动合同，企业建立集体合同的比例只有15.7%。

2. 工资收入方面

部分企业仍然未真正执行最低工资标准，欠薪问题仍然困扰着一些农民工，工资集体协商制度覆盖面不大，员工工资由企业单方决定现象较普遍，经营管理者与普通员工的收入差距过大，尚未形成普通劳动者工资正常合理增长机制。据总工会抽样调查显示，民营企业开展工资集体协商的只有14.2%。

3. 工会建设方面

大约一半私营企业尚未建立工会，不少工会存在行政化倾向，许多工会有名无实。总工会抽样调查显示，民营企业建立职工（代表）大会制度的只有1/4，实行了工会与企业平等协商制度的只有13.7%。工商联2007年调查显示，成立工会组织的企业有31.9%，职工参加工会的比例为40%，近40%的职工认为工会很少活动或不活动。

4. 社会保障方面

企业员工参保比例仍不高，中小企业普遍感觉缴费负担较重，社会保险关系转移困难，许多员工不愿参保，员工社会保险水平低。全国总工

会抽样调查显示，全国各类用人单位没有给职工缴纳五险的比例超过35%，除工伤保险外，民营企业保险缴费比例不到国有及控股企业的一半。

5. 劳动争议矛盾方面

劳动争议案件数量不断上升，集体劳动争议的比重扩大，部分劳动争议案件处理难度增大。近年劳动争议案件呈快速上升趋势。劳动和社会保障部统计显示，2000～2003年，全国劳动争议案件和涉及人数年均增长为36%和30%，其中私营企业为55%和11.6%。私营企业劳动争议的主要原因依次为劳动报酬、工伤和保险福利；争议多以裁决方式解决，其中劳动者胜诉占50%。

（三）树立新观念——用发展的观念看待发展中的问题

当前中国民营企业劳动关系问题有几个显著的特点，主要是：小企业问题比较多，新建企业问题比较多，乡镇企业问题比较多，农民工问题比较多，劳动密集型企业问题比较多，欠发达地区企业问题比较多。之所以如此，是由民营经济发展成熟程度决定的。

我国私营经济迅速兴起于20世纪90年代，总体发展尚不成熟：一是大半为新建企业，全国私营企业2000年为176万家，到2007年9月为538万家，其中2/3以上产生于新世纪。二是大多数为小企业，目前我国私营企业户均雇工才10.6人，销售收入70多万元，98%以上是小企业。三是以劳动密集型为主，95%以上的私营企业从事加工生产、建筑劳务、一般流通与社会服务，以提供普通劳动服务为主。四是企业素质普遍不高，绝大多数私营企业技术水平低，经营环境差，本小利薄，企业经营者及员工的综合素质和能力普遍不高。五是经营波动性和员工流动性大，多数企业经营变化频繁，平均寿命不足5年，员工特别是农民工流动性大。

对于民营企业劳动关系的现状，一定要用客观的态度对待，必须看到这种状况的产生和存在具有普遍性、必然性和长期性；一定要用发展的观念看待，必须看到随着改革开放的深入、市场经济体制的完善、社会主义法制的健全，民营企业存在的大量问题将在发展过程中逐步化解；一定要用发展的办法解决，必须采取实事求是、分门别类、宽严相济、循序渐进的办法加以解决。

（四）采取切实措施推进民企构建新型劳动关系

1. 从政府和社会的角度——九条建议

（1）将中国劳动关系管理的重点转向以民营经济和中小企业为主。民营经济已经占企业的大多数，占非农就业的大多数，占劳动争议案件的大多数。国家在劳动关系宏观管理上应当从以公有经济、大中型企业为主转向以民营经济、中小企业为主，转变传统管理思维和方式，及时适应和正确把握民营经济和中小企业劳动关系特点。

（2）完善劳动政策、改进劳动监管要立足于既保护劳动者合法权益，又推动企业扩大就业。由于我国民营企业中强资本、弱劳工状况的客观存在，国家在制定劳动政策、加强劳动监管时突出保护劳动者合法权益是完全必要的。但也要同时考虑保护企业的灵活用工机制，考虑众多小企业和个体户的人力成本压力，考虑如何鼓励他们不断增加就业岗位。

（3）按企业类型特点分类、有序地推行劳动合同制度。民营大中型企业少，小型企业多，要根据不同企业类型特点分类、有序地推行劳动合同制度。对有一定规模的企业和工作时间稳定的雇工，重在大力推行集体合同制、扩大合同签订率、规范合同内容、严格监督合同执行。对小企业及个体户，对季节性、临时性雇工，分类推行比较灵活、简明的合同制度。

（4）稳定提高最低工资标准，推进企业逐步建立工资正常增长机制。对小企业和季节性临时性雇工，重在保障最低工资和防止工资拖欠，逐年稳步提高并严格执行最低工资标准。对有一定规模的企业，重在大力推行工资集体协商制度、地方工资与行业工资指导线制度，逐步建立员工收入与企业效益相适应的正常工资增长机制。

（5）在小企业和个体户中推行弹性参保政策。必须充分考虑小企业和季节性临时性雇工的客观情况，在缴费的基数、费率和方式上都要有灵活性和可操作性，降低参保门槛，实行“低进低保”的弹性参保政策。要制定专门针对个体户的保险政策，提供相关保险服务。要切实解决农民工社会保险关系转移难问题。

（6）增强工会组织的独立自主性。在民营企业中推行工会制度，提高企业建会率，注重发挥工会作用。对有一定规模的企业，要健全职代会制度，提高职工参与的主动性，增强工会的民主性、自主性，避免企业变相控制。在行业比较集中的地区，相应建立行业类工会组织，维护同行业职工的共同利益。对无法单独建立工会的小企业和个体户，相应推进社区、街道和乡镇工会建设。

（7）坚持预防、协调和规范处理三者有机结合解决劳动争议问题的原则。预防，重在提高劳资双方法律意识，严格推行劳动合同制度和工资集体协商制度，加强工会组织建设，完善劳动保障监察制度，建立劳动关系预警机制等。协调，企业内部重在建立劳资双方协商制度，建立专门的劳动关系协调机构，加强工会与企业的经常性协商工作，发挥工会在集体谈判和问题处理中的作用；企业外部重在发挥协调劳动关系三方机制重要作用，协调解决地区、行业共同性劳动争议问题。规范处理，重在严格执行劳动争议处理法规，严肃争议处理程序，完善争议调解制度，增强调解处理约束力，建立健全集体争议和重大突发事件处理机制。

（8）完善协调劳动关系三方机制。三方机制中的工会代表劳方、劳动部门代表官方，代表性、规范性和执行力都比较强，但仅以中企联作为雇主方的代表就很不全面。有的地方实行了三方四家（或五六家）协调机制，把中企联、工商联、外企协会和个私协会共同作为企业方代表，效果普遍较好。工商联是党和政府联系非公有制经济人士的桥梁纽带和政府管理非公有制企业的助手，目前已有200多万会员，其中企业会员80多万，应当将其正式纳入协调劳动关系三方机制之中。在发挥行业工会作用的同时，也要发挥行业商会协会在协调同行业劳动关系中的积极作用，扩大其有序参与。

（9）正确引导舆论，营造企业和谐劳动关系的良好社会氛围。劳动合同法、就业促进法、劳动争议仲裁法等三部重要法律已经开始实施，应当进行广泛深入宣传。宣传“三法”，一要全面、正确阐释条款内容，减少歧义，消除某些误解；二要在强调依法保护劳动者权益的同时，兼顾宣传员工与企业双方的平等权利与义务关系；三要加强正面引导，多宣传先进企业劳动关系和谐稳定的典型经验，多树立正面形象；四要提倡各个地区各类行业规范有序执法，既要积极作为，又不能操之过急，避免引发新的矛盾冲突。

2. 从企业的角度——五个注重

构建民企新型劳动关系，既需要政府的努力、社会的支持，更需要民企苦练“内功”，不断完善企业制度，健全激励机制，强化社会责任，构建核心文化，最终靠企业与社会目标的一致性，民企所有者、经营者与员工目标的一致性来共同打造这样一种新型劳动关系。

（1）注重激励机制的形成。所谓“激励机制”是指能够引导客体向着主体所期望的方向主动前进的制度或措施。有了激励机制，企业员工与企业所有者、经营者的利益、目标才会趋向一致，稳定、和谐的劳动关系才有形成的基础。《中国民营企业劳动关系状况调查》表明，一些上规模的民营企业以及部分科技型民营企业开始逐步建立起有效的激励机制。如某些上规模民营企业的工资收入分配机制开始呈现多样化特征，除传统工资收入分配制度外，年薪制、加薪、分红、激励基金、股票期权等逐渐成为薪酬激励的重要方式。在部分科技型民营企业中，有些企业通过项目成果奖、科技产品销售收入提成奖等激励措施，加大对技术人员的激励力度；部分具备条件的高薪技术企业，还实行了技术专利和科技成果作价折股，由科技发明和贡献者持有的长期激励措施，使科技人员的价值和贡献得到完全的体现和回报。然而，对于众多中小民营企业，组织机构和岗位设置还很不合理，管理流程还很混乱，还没有建立起有效的激励机制，这已构成部分民营企业经营效益不高、劳动争议频繁的重要原因。

（2）注重现代企业制度的建立。建立现代企业制度不仅是国有企业改革的目标，也应成为民营企业发展的方向。近几年，我国民营企业劳动争议案件迅速增多，表面看往往是由于私营企业为追求利润最大化而刻意压低工资成本、规避合同契约、逃避应缴保费等原因造成的，但深入分析，则会发现这些企业一般都是内部组织不健全，管理随意性大、追求短期效益的家族式企业，或由原国有中小企业转制时间不长的企业。这类企业的共同特征是企业决策不透明或决策仅由一两个人说了算，缺乏科学的组织和制度保证，而缺失的制度正是产权清晰、权责明确、政企分开、管理科学的现代企业制度。民营企业，尤其是上规模民营企业应加速这一制度的建立。

（3）注重企业家自身素质的提升。“企业家”体现的是一种素质，而不是一种职务。企业家素质的高低在很大程度上决定了其所管理企业的劳动关系的状况。现实表明，企业家越是具备新型的人才观念、强烈的创新精神、国际化的经营能力，知识面越广博，越是重视激励机制的形成和现代企业制度的建立，越是重视人力资本作用的发挥和稳定、和谐劳动关系的构建。因此，民营企业的管理者不仅要在实践中加强锻炼、增长才干，也要重视各种知识的积累，及时了解掌握企业管理、战略决策、市场营销、人力资源管理等各方面的知识，最终既要靠制度也要靠丰富的知识和高超的管理艺术来凝聚员工、形成合力，共同去打造企业新型劳动关系。

（4）注重企业社会责任的养成。任何组织的存在和发展，只有在它拥有为社会，至少是为大多数人所接受的道德上的正当性时，才能被大众视为是正义的，才能为社会大众认可和接受，并成长壮大。因此，民营企业不仅要追求经济利益上的最大化，更要制定一种有利于社会的长远目标，要主动承担创造财富、推动发展、解决就业的责任；遵守道德、注重诚信、维护良好经济秩序的责任；节约资源、保护环境、科学发展的责任；致富思源、回馈社会、参与公益慈善事业的责任。这是民营企业及其经营管理者走向成熟的重要标志。当前民营经济领域劳动争议频繁，且呈日益上升势头，在很大程度上是这些企业社会责任缺失的外在反映。社会责任的养成，对于民营企业不分大小。上规模民营企业可以凭借较强的资本、技术、人力资源优势以及规范的企业制度科学发展，奉献社会；规模较小的企业在自身发展的同时，也要从推动社会进步、促进经济发展、维护社会稳定大局的角度来规范自己，也要关注就业问题，重视员工工资的增长以及社会保险费的及时足额缴纳，重视员工各项合法权益的维护，为构建新时期新型劳动关系作出贡献。

（5）注重企业核心文化的构建。人的需求除了最基本的物质需求外，还有赢得社会尊重、实现自身价值等精神层面的需求。人们进入企业，不仅是来挣一份收入，更是在寻找一种能够发挥自身长处、实现人生价值的事业。而企业文化就是其要寻找的精神追求的重要载体。具有独特观念和历史传承的企业文化，在冷冰冰的制度之外构筑了一种文化需求的氛围，它可以有效地把员工目标与企业目标、企业目标与社会目标统一起来，从而极大地调动起企业员工的“主人翁”责任感，调动起整个企业的社会责任感。由于我国民营企业起步比较晚，发展时间比较短，目前绝大多数都还没有形成自己独特的企业文化，即便有，多数也是简单地把企业的规章制度以及发展目标与企业文化等同起来，而不是真正意义上的“以共同的价值标准、道德标准和文化信念为核心，能够为全体员工公认的，在社会上具有广泛影响、与企业品牌融为一体的”企业文化。民营企业核心文化的构建，是其成熟进步的重要标志。相信随着这种核心文化的与日俱增，新型劳动关系将会得到更好地维护和发展。

三、形成、发展——各种所有制经济平等新格局

党的十七大明确提出要“平等保护物权，形成各种所有制经济平等竞争、相互促进新格局”。这是党在所有制问题上的最新表述，是一个新观念、新理论，它内涵深刻、影响重大、意义深远。

怎样理解各种所有制经济新格局？我们认为，“新格局”的最主要、影响最深远的“新”，就是30年来逐步以至彻底改变了对个体私营等非公有制经济的认识、观念、政策和法律，进而逐步以至彻底改变了非公有制经济在中国的命运。

（一）改革开放30年民营经济发展回顾

中国改革开放的30年，是经济持续高速增长、创造世界经济增长奇迹的30年，是人民生活极大改善、各项社会事业取得辉煌成就的30年，经济社会发生了翻天覆地的历史性巨变。这一巨变既让世界感到震惊，同时也让世界感到困惑，为什么众多国家梦寐以求的“经济持续高增长”在那么多国家都没能实现，却在中国实现了呢，翻开历史的画卷不难发现，这就是中国改革开放的力量，是观念理论不断创新、政策法律不断创新的结果，同时也是在这些新理论新政策的引导下民营经济从无到有、从弱到强，迅猛发展的结果。

1. 各种所有制经济的新观念、新理论不断涌现

从历史上看，共产党人比任何其他政党都更加关注和重视所有制问题，但中国共产党并不是完全照搬传统马列主义的所有制理论。在新民主主义革命时期，中国共产党在坚决反对封建主义和官僚资本主义的同时，对民族资本主义采取的是团结与争取的统一战线政策，对私有的小农户、小手工业、小商业经济采取的是与工农群众基本一样的依靠政策。在新民主主义经济建设时期，对民族资本、私人小生产经济采取的不是消灭而是改造的政策。这些都不同于苏联式的做法。

党的十一届三中全会后，在邓小平理论指导下，中国共产党提出了推进国有与集体等公有制经济改革改制和鼓励支持个体私营等多种所有制经济发展的新观念新理论。随着改革开放的推进和经济社会的发展，这一观念理论不断变化与发展。这个变化发展大致经历了三个阶段：

（1）从彻底否认、完全消灭私有制到确立为公有制经济的“必要的、有益的补充”。1978 年 12 月，党的十一届三中全会胜利召开，正式开启了中国改革开放的历史航程。全会讨论通过了《中共中央关于加快农业发展若干问题的决定（草案）》和《农村人民公社工作条例（试行草案）》。文件明确指出：“社员自留地、家庭副业和集市贸易是社会主义经济的必要补充部分，任何人不得乱加干涉。”1979 年 9 月，十一届四中全会通过了《中共中央关于加快农业发展若干问题的决定》，指出：“社队的多种经营是社会主义经济，社员自留地、自留畜、家庭副业和农村集市贸易是社会主义经济的附属和补充，决不允许把它们当做资本主义经济来批判和取缔。”“在保证巩固和发展集体经济的同时，应当鼓励和扶持农民经营家庭副业，增加个人收入，活跃农村经济”。这些新的观点和理论对于指导我国农村经济，特别是农村个体经济的恢复和发展起到了非常重要的作用。1981 年 6 月，十一届六中全会又通过了《中国共产党中央委员会关于建国以来党的若干历史问题的决议》，明确提出：“国营经济和集体经济是我国基本的经济形式，一定范围的劳动者个体经济是公有制经济的必要补充。”1982 年 9 月，党的十二大则进一步强调：“由于我国生产力水平总的来说还比较低，又很不平衡，在很长时期内需要多种经济形式的同时并存。在农村和城市，都要鼓励劳动者个体经济在国家规定的范围和工商行政管理下适当发展，作为公有制经济的必要的、有益的补充。”至此，非公有制经济在经济社会生活中“必要的、有益的补充”地位得以确立。

1987 年 10 月，党的十三大上提出：“我们已经进行的改革，包括以公有制为主体发展多种所有制经济，以至允许私营经济的存在和发展，都是由社会主义初级阶段生产力的实际状况决定的。只有这样做，才能促进生产力的发展。”“目前全民所有制以外的其他经济成分，不是发展得太多了，而是还很不够。对于城乡合作经济、个体经济和私营经济，都要继续鼓励它们发展。”这次大会自改革开放以来首次使用了私营经济的概念，标志着私营经济作为一种非公有制经济正式登上了中国经济的舞台。

（2）从“必要的、有益的补充”到确立为社会主义市场经济的“重要组成部分”。1992 年 10 月，党的十四大提出：“社会主义市场经济体制是同社会主义基本制度结合在一起的。在所有制结构上，以公有制包括全民所有制和集体所有制经济为主体，个体经济、私营经济、外资经济为补充，多种经济成分长期共同发展，不同经济成分还可以自愿实行多种形式的联合经营。”这段论述在理论上实现了一系列新的突破：在所有制结构上首次提出“以公有制包括全民所有制和集体所有制经济为主体，个体经济、私营经济、外资经济为补充”的模式；确定了以公有制为主体，多种经济成分共同发展的方针。党的十四大报告，标志着社会主义初级阶段所有制结构理论的初步形成。

1997 年 10 月，党的十五大提出：“公有制为主体、多种所有制经济共同发展，是我国社会主

义初级阶段的一项基本经济制度。”“非公有制经济是我国社会主义市场经济的重要组成部分。”这次大会第一次把私营经济纳入社会主义的基本经济制度之内，明确了非公有制经济在社会主义市场经济中的重要地位。2001 年 7 月 1 日，江泽民在庆祝中国共产党成立 80 周年大会上的讲话中指出：私营企业主“也是中国特色社会主义事业的建设者”，这一论述是将私营经济纳入我国基本经济制度之内的人格化表现，它为非公经济人士的健康成长奠定了理论基础。

（3）从“重要组成部分”到“两个毫不动摇、两个平等”的所有制经济新格局”。2002 年 11 月，党的十六大提出：“根据解放和发展生产力的要求，坚持和完善公有制为主体、多种所有制经济共同发展的基本经济制度。第一，必须毫不动摇地巩固和发展公有制经济……第二，必须毫不动摇地鼓励、支持和引导非公有制经济发展。个体、私营等各种形式的非公有制经济是社会主义市场经济的重要组成部分……第三，坚持公有制为主体，促进非公有制经济发展，统一于社会主义现代化建设的进程中”。这次大会首次提出了“两个毫不动摇”和“一个统一”，在理论上实现了重大飞跃。2003 年 10 月，十六届三中全会又通过了《中共中央关于完善社会主义市场经济体制若干问题的决定》。《决定》提出：要“大力发展国有资本、集体资本和非公有资本等参股的混合所有制经济，实现投资主体多元化，使股份制成为公有制的重要实现形式”。并要求抓紧“清理和修订限制非公有制经济发展的法律法规和政策，消除体制性障碍。放宽市场准入，允许非公有资本进入法律法规未禁入的基础设施、公用事业及其他行业和领域”。这个《决定》极大地拓展了公有制经济与非公有制经济融合的空间和领域，为非公有制经济的长远发展祛除了制度障碍。

2007 年 10 月，党的十七大胜利召开。这次大会明确提出要“平等保护物权，形成各种所有制经济平等竞争、相互促进新格局”；“推进公平准入，破除体制障碍，促进个体、私营经济发展”。同时，对国有经济进一步提出改革改制的要求，提倡国有资本向重点行业和重要领域集中，允许地方中小国有企业改制为非国有。至此，“两个毫不动摇，两大平等政策”的所有制经济新格局业已形成。新格局的形成，是 30 年来我们党团结和率领全国各族人民不断解放思想、与时俱进、开拓创新的结果，它使我们彻底改变了传统社会主义所有制观念，形成了中国特色社会主义所有制新观念。

2. 各种所有制经济的新法律、新政策不断推出

伴随着各种所有制经济新观念、新理论的每一次突破，各种所有制经济的新法律、新政策便会迅速推出。党的十一届三中全会后，国家先后制定了中外合资经营、中外合作经营和外资经营等三个涉外企业法律，开启了中国对外开放的大门。党的十二大以后，1982 年国务院制定了《个体工商户管理暂行办法》，正式承认了个体经济的合法地位。同年，全国人大修改宪法，明确了“城乡劳动者个体经济，是社会主义公有制经济的补充”。党的十三大以后，1988 年全国人大修改宪法，明确了“国家允许私营经济在法律规定的范围内存在和发展。私营经济是社会主义公有制经济的补充”，正式承认了私营经济的合法地位。随后，国务院颁布了《中华人民共和国私营企业所得税暂行条例》、《中华人民共和国私营企业暂行条例》和《国务院关于征收私营企业投资者个人所得税的规定》。在此期间，对国有企业实行了承包经营责任制，并逐步进行股份制改革；对农村集体经济实行了联产承包责任制，土地经营权完全归农民家庭个人。

党的十五大后，1999 年全国人大修改宪法，增加了“国家在社会主义初级阶段，坚持公有制为主体、多种所有制经济共同发展的基本经济制度，坚持按劳分配为主体、多种分配方式并存的分配制度”的内容。明确了“在法律规定范围内的个体经济、私营经济，是社会主义市场经济的重要组成部分”。党的十六大后，2004 年全国人大修改宪法，明确了“公民的合法的私有财产不受侵犯”，“国家依照法律规定保护公民的私有财产权和继承权。”2005 年国务院出台了《关于鼓励支持和引导个体私营等非公有制经济发展的若干意见》，提出了一整套政策措施。在此期间，对国有企业普遍推行股份制改革，并扩大结构布局调整，多数国有中小企业实现转制为非国有。

2007 年，国家制定了《物权法》、《企业所得税法》、《反垄断法》、《劳动合同法》等法律，进一步明确了对各种所有制经济的平等政策法律。

可以说，党和国家已经形成一整套改革国有、集体经济和促进非公有制经济发展的方针政策和法律政策。

3. 理论创新、政策创新下民营经济的飞速发展

改革开放以来，每一次理论观念、法律政策的创新，都会迎来民营经济的跨越式发展。而民营经济的飞跃，又会催生新的矛盾和问题，从而孕育出新一轮的理论创新和政策创新。30 年来，我国的民营经济就是在这样的循环中飞速地向前发展着。

（1）从 1978 年的改革开放到党的十四大之前，个体私营经济理论经历了由“必要的补充部分，到附属和补充，到必要的补充，再到必要的、有益的补充”几个阶段。在所有制经济理论渐进过程中，个体经济、私营经济实现了从无到有、从少到多的发展历程。1978 年全国个体工商户从业人员仅有 15 万人，基本上都是投入非常少、规模非常小、在经济生活中仅起到“补丁”作用的小商小贩或修理工。而到了 1987 年，在短短 10 年间全国个体工商户从业人员就已增加到 2143 万人，较 1978 年增长了 142.9 倍，年均增长 73.6%；个体工商户的户数从 1981 年的 183 万户增加到 1373 万户，年均增长 39.9%；注册资金从 1981 年的 5 亿元增加到 236 亿元，年均增长 90.1%。1988 年私营经济的合法地位得以确立，年末全国注册私营企业达到 40638 家，雇工人数达到 723782 人。如果将大量挂靠在集体企业、混杂于个体工商户中的私营企业纳入进来，实际数量估计在 20 万家以上。

（2）从 1992 年党的十四大到党的十六大之前，非公有制经济被纳入到基本经济制度的框架之内，并确立为社会主义市场经济的重要组成部分。这使得这一时期成为民营经济迅速发展的“黄金期”。据统计，1992 年到 1997 年，个体工商户、私营企业、外资企业的数量年均增速分别高达 13.2%、32.5% 和 22.9%。到 2001 年底，全国私营企业总户数已达 202.85 万户，注册资本 18212.24 亿元，从业人员 2714 万人，产值 12317 亿元，实现消费品零售总额达 6245 亿元。

这一时期民营经济的主要特点：一是产业分布日趋合理。从最初的商贸服务业和一般性竞争领域逐步拓宽，不仅进入制造业、商贸流通、房地产开发等竞争性行业，而且逐步进入交通、能源、水利、城建、通信、环保等基础设施以及文化、教育、卫生、体育等公共服务领域。二是规模迅速扩大。《2002 年度全国工商联上规模民营企业调研分析报告》数据显示，以年营收总额 1.2 亿元为入围标准，2002 年全国有 1582 家私营企业入围，入围企业营收总额 9330.4 亿元，其中前 500 家企业总计达 7051.56 亿元，比上年增长 42%。营收总额达 50 亿元以上的企业 21 家，比上年增加 11 家；营收总额达 5 亿元以上的企业 405 家，比上年增加 119 家。从户均值来看，1999 ~ 2002 年分别为 3.58 亿元、3.91 亿元、5.04 亿元和 5.89 亿元，年均增长 18%，远远高于同期 GDP 年均 8% 的增长水平。

（3）从党的十六大至今，“两个毫不动摇、两大平等政策”的所有制经济新格局使民营经济迎来了难得的战略“机遇期”。到 2007 年，我国私营企业总数已达 551.3 万户，比 2002 年增加 307.8 万户，年均增长 17.8%；个体私营经济领域注册资金总额突破 10 万亿元，其中私营企业注册资金达到 93873.1 亿元，是改革开放初期的 1111 倍；个体工商业注册资金达到 7350.8 亿元，较开放初期增长了 1604 倍；规模以上私营工业企业利润从 2002 年的 490 亿元增加到 4000 亿元，五年增长了 7 倍，年均增长 52%。

这个时期民营经济的主要特点：一是规模继续扩大。《2006 年度全国工商联上规模民营企业调研分析报告》数据显示，以年营收总额 2 亿元为入围标准，2006 年全国共有 3191 家民营企业入围，其营收总额高达 42110.61 亿元，资产总额高达 32054.49 亿元。其中营收总额超过 100 亿元的企业有 58 家，超过 200 亿元的企业有 14 家。民营企业 500 家的营收总额为 26997.01 亿元，户均 53.98 亿元，同比增长 29.75%；资产总额为 18550.40 亿元，同比增长 22.34%。二是战略上开始由以“量”取胜向以“质”取胜转变。在 2006 年的年民营企业 500 家中，有 111 家企业拥有“中国驰名商标”，有 118 家的企业产

品被评为“中国名牌产品”；有223家企业被认定为高新技术企业。500家企业共获得专利17618项，其中2670项为发明专利。三是在制度设计上开始向现代企业制度过渡。股份多元化的公司制企业开始成为民营经济的主要形式。据调查，从1993年到2006年，私营企业独资企业比例已从64%下降到21%；而有限责任公司的比例则从17%上升到了66%。四是在产业分布上，部分民营企业开始进入到一些国有资本占优势的领域。钢铁、煤炭、化工、汽车、房地产、信息产业和新兴服务业等领域中的民营企业数量在逐年增加。五是在区域分布上，中西部民营经济有加快发展的趋势。尽管个体私营经济总体上仍以东部发达，中部、西部、东北部落后为主要特征，但东部与其他区域的差距在逐渐缩小，这种现象在个体工商业中体现得最为明显。2007年，中部6省与西部12省个体工商户数分别达到了600万户和727.9万户，分别占到全国总数的21.88%和26.55%，较上年均有了大幅增加，与东部差距均有了明显缩小。

（二）业已形成的各种所有制经济“新格局”

1. 各种所有制经济的新地位新作用

在“两个毫不动摇、两个平等”等一系列理论创新、制度创新的推动下，国有经济得到进一步巩固和发展，非公有制经济的地位和作用发生根本性变化。

（1）国有经济进一步增强。这主要体现在三个方面：一是资产规模日益庞大。截至2007年底，中央企业、全国地方国资委直接监管和委托监管的国有及国有控股企业的资产总额已高达23.98万亿元，净资产已达9.99万亿元。二是企业实力日益增强。在2007年中国企业500强排名中，国有及国有控股企业进入349家，占69.8%；实现营业收入14.9万亿元，占500强营收总额的85.2%。在2007年美国《财富》杂志公布的全球企业500强中，中国进入30家，其中内地企业22家，全部为国有控股企业。三是依旧为国家税收的重要来源。2007年，各级国有及国有控股企业上缴税金1.15万亿元，占当年全部税收总额的23.3%。

（2）非公有制经济的地位和作用发生根本性变化。党和国家关于促进个体私营等非公有制经济发展的新的理论、方针和政策，从根本上改变了非公有制经济的制度与社会环境，使其地位迅速提升，作用明显增强。这主要体现在八个方面：

一是非公有制经济已经成为最大的企业群体（见表24），私营企业户数由1989年的90581户迅速增加到2007年的5513120户，18年增长了59.9倍，年均增速25.6%，其中最高年份增速达到了81.7%。如今，私营企业户数已经占全国企业总数的近60%。

表24　1989～2007年私营企业户数及增长率

年份	户数（户）	增长率（%）	年份	户数（户）	增长率（%）
1989	90581		2000	1761769	16.8
1990	98141	8.3	2005	4300916	17.8
1994	432240	81.7	2006	4980774	15.8
1995	654531	51.4	2007	5513120	10.7

注：1. 资料来源：国家工商总局；
2. 增长率均为与上年比较所得。

二是非公有制经济已经成为生产经营资本的重要主体（见表25、表26），私营企业注册资金由1989年的84.5亿元迅速增加到2007年的93873.1亿元，18年增长了1110倍，年均增速47.6%，其中最高年份增速达到了207.7%。个体经济资金数额由1981年的4.58亿元增加到2007年的7350.79亿元（2000年统计口径有变化），26年增长了1604倍，年均增速32.8%，其中最高年份增速达到了270.2%。据国家工商联数据，到2006年，仅私营企业注册资本就已占到全国资本总数的22.9%。

表25　1989～2007年私营企业注册资金及增长率

年份	注册资金（亿元）	增长率（%）	年份	注册资金（亿元）	增长率（%）
1989	84.5		2000	13307.7	29.4
1990	95.2	12.7	2005	61331.1	27.9
1993	680.6	207.7	2006	76028.5	24
1995	2621.7	81.1	2007	93873.1	23.5

注：1. 资料来源：国家工商总局；
2. 增长率均为与上年比较所得。

三是非公有制经济已经成为国民经济的重要组成部分。据统计，截至2006年底，浙江非公经济占全社会经济总量的比例已高达90%以上，重庆也已超过50%；2007年，四川内资民营经济在GDP中的比重为50%，如果计入外商和港澳台投资经济，早在"十五"期末这一比重就占到了65%。就全国而言，目前全部非公有制经济已占GDP比重的一半以上，占GDP增量的2/3。

表26　1981～2007年个体经济资金数额及增长率

年份	资金数额（亿元）	增长率（%）	年份	资金数额（亿元）	增长率（%）
1981	4.58		1999	3439.22	10.2
1983	30.58	270.2	2000	3315.26	-3.6
1985	168.7	68.5	2005	5809.5	14.9
1990	397.42	14.4	2006	6468.77	11.3
1995	1813.14	37.5	2007	7350.79	13.6

注：1. 资料来源：国家工商总局；
2. 增长率均为与上年比较所得；
3. 2000年对个体从业人员的统计口径出现变化，故资金数额较上年出现负增长。

四是非公有制经济已经成为社会就业的主要渠道（见图5、图6），截至2007年底，在个体私营领域就业的人数已经超过1.27亿人，其中私营企业对就业始终保持着较高的吸纳能力。1991～2007年，在私营企业就业的人数增长了38.4倍，年均增速达25.8%。如今，民营经济就业人数已占到全国城镇全部就业的70%以上和新增就业的90%以上。

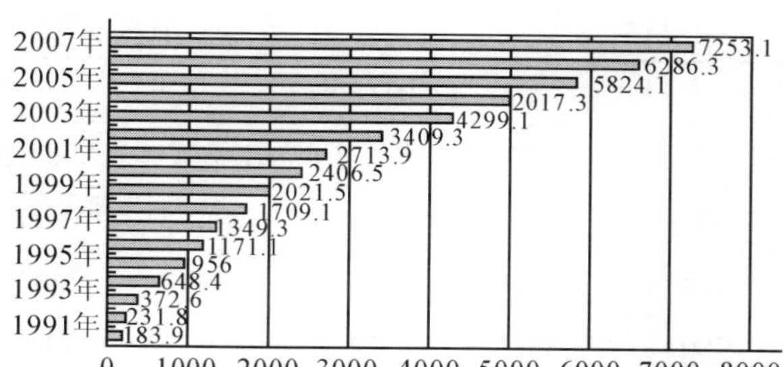

图5　1991～2007年私营企业从业人员数量图[①]（单位：万人）

五是非公有制经济已经成为对外贸易的主力军（见表27、表28）。1995年以来，随着国家对民营经济自营进出口的逐步放开，民营企业进出口总额快速增长，到2007年已实现进出口总额4243.7亿美元，较1995年增长了65.5倍，年均增长高达41.9%。从出口来看，加入WTO以来，民营经济出口比重逐年上升，到2007年已占到全国出口比重的24.4%，较上年增加2.3个百分点，而同期国有企业出口仅占全国出口比重的18.5%，较上年回落了1.2个百分点。

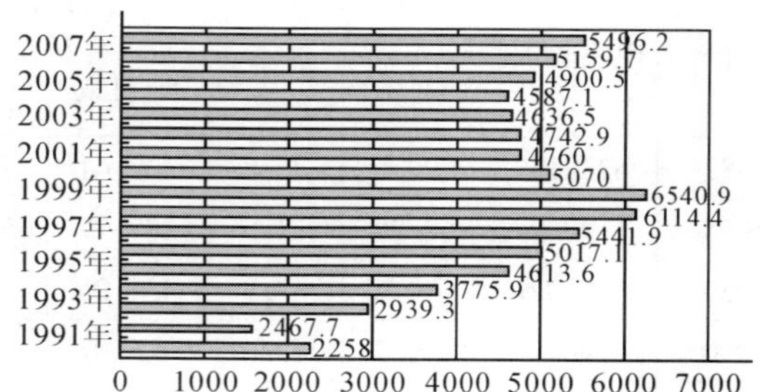

图6　1991～2007年个体从业人员数量图[②]（单位：万人）

表27　1995～2007年各类企业进出口情况　　单位：亿美元

年份	国有企业		外资企业		民营企业	
	金额	增长（%）	进出口额	增长（%）	进出口额	增长（%）
1995	1646.4	—	1098.2	—	63.8	—
2000	2153.7	24.7	2367.1	35.6	222.3	65.0
2005	3660.1	10.9	8317.2	25.4	2243.9	38.9
2006	4165.8	13.8	10364.5	24.6	3076.5	37.1
2007	4945.3	18.7	12549.3	21.1	4243.7	37.9

注：1. 资料来源：商务部；
2. 增长率均为与上年比较所得。

① 资料来源：根据国家工商总局数据绘制。
② 资料来源：根据国家工商总局数据绘制。

表 28 加入 WTO 以来各类企业出口走势比较 单位：亿美元

年份	国有企业			外资企业			民营企业		
	金额	增长（%）	比重（%）	金额	增长（%）	比重（%）	金额	增长（%）	比重（%）
2001	1132.3	-2.8	42.5	1332.4	11.6	50.1	196.9	47.8	7.4
2002	1228.6	8.5	37.7	1699.4	27.6	52.2	327.7	66.5	10.1
2003	1380.3	12.4	31.5	2403.4	41.4	54.8	600.0	83.1	13.7
2004	1535.9	11.4	25.9	3386.1	40.9	57.1	1011.7	68.6	17.0
2005	1688.1	9.9	22.2	4442.1	31.2	58.3	1489.8	47.3	19.5
2006	1913.4	13.4	19.7	5638.3	26.9	58.2	2139.3	43.6	22.1
2007	2248.1	17.5	18.5	6955.2	23.4	57.1	2976.8	39.2	24.4

资料来源：商务部。

六是非公有制经济已经成为提供税收的重要来源（见表 29、表 30），私营经济税收由 1989 年的 1.12 亿元迅速增加到 2007 年的 4771.51 亿元，18 年增长了 4259.3 倍，年均增速高达 59.1%；个体经济税收由 1982 年的 11.33 亿元增加到 2007 年的 1484.26 亿元，25 年增长了 130 倍，年均增速达 21.5%。另据国家工商总局数据，2006 年，在全部税收收入中国有经济占 24.8%，集体经济占 2.9%，混合经济占 35.5%，外资占 21.2%，个体私营占 13.5%。

表 29 1982～1993 年全国税收收入分经济类型表 单位：亿元

年份	税收收入	国有经济		集体经济		私营经济		个体经济		其他经济	
		绝对数	占比（%）	绝对数	占比（%）	绝对数	占比（%）	绝对数	占比（%）	绝对数	占比（%）
1982	623.17	478.4	76.8	133.41	21.4			11.33	1.8	0.03	
1985	1197.7	868.78	72.5	287.17	24			27.32	2.3	14.43	1.2
1989	1881.56	1278.52	67.9	431.25	22.9	1.12	0.1	119.66	6.4	50.98	2.7
1990	1967	1349.2	68.6	426.8	21.7	2	0.1	132	6.7	57	2.9
1991	2118.9	1447.04	68.3	441.05	20.8	3.38	0.2	150.76	7.1	76.66	3.6
1992	2328.32	1559.23	67	478.06	20.5	4.55	0.2	176.61	7.6	109.88	4.7
1993	3970.52	2608.5	65.7	695.7	17.5	10.46	0.3	314.69	7.9	341.17	8.6

资料来源：《中国税务年鉴 1993》。

表 30 1995～2007 年中国民营经济税收状况表 单位：亿元

年份	税收收入	私营经济		个体经济		民营经济（私营＋个体）	
		绝对数	占比（%）	绝对数	占比（%）	绝对数	占比（%）
1995	5515.52	35.56	0.6	401.24	7.3	436.8	7.9
2000	11855.78	414.42	3.5	762.7	6.4	1177.12	9.9
2005	30308.78	2715.96	9	1385.67	4.6	4101.63	13.5
2006	36949.59	3505.22	9.5	1663.51	4.5	5168.73	14
2007	49449.29	4771.51	9.6	1484.26	3	6255.77	12.7

资料来源：历年《中国税务年鉴》。税收收入不含农税和关税，含海关代征两税。2007 年数据来自国家税务总局计划统计司《税收月度快报 2007（12）》。

七是非公有制经济已经成为推进自主创新的重要源泉。改革开放以来，我国技术创新的70%、国内发明专利的65%和新产品的80%来自以私营企业为主的中小企业。到“十五”期末，中小型企业专利申请比例已突破65%，远高于大型企业5%、规模以下企业29.7%的水平。即便是用专利申请量来考察，“十五”期末中小型企业仍占到61.4%，远高于大型企业18.5%、规模以下企业20.1%的水平（见图7、图8）。

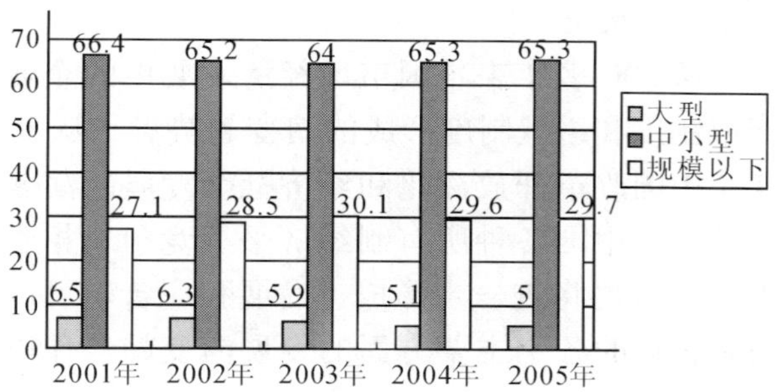

图7　“十五”期间各年提交专利申请的不同规模企业所占比例对比①

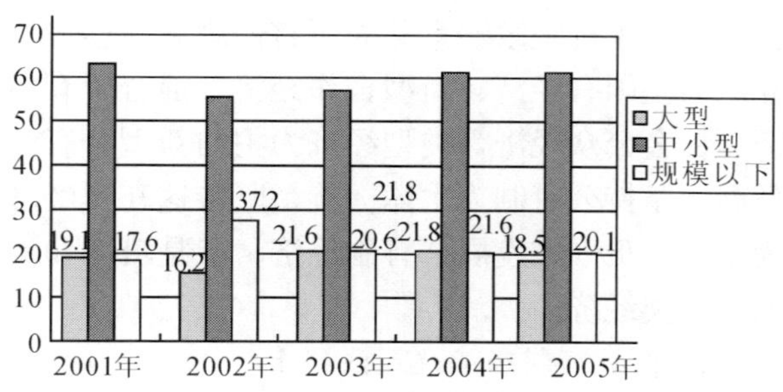

图8　“十五”期间各年不同规模企业专利申请量对比②

八是非公有制经济已经成为促进共同富裕的基本力量。据国家工商总局数据，2007年全国有2740多万个体户，私营企业投资者人数1396万多人，高层管理人员大约在1000万左右，涉及家庭人口逾1.5亿人，基本过上了比较富裕的生活；非公有制经济解决了城镇就业的70%以上，他们因就业而有了生活保障，绝大多数人基本过上了小康生活。

2. 各种所有制经济的新形式新内涵

随着所有制经济观念理论和方针政策的变化，现在的国有经济、集体经济等公有制经济和个体、私营、外资等非公有制经济，与过去人们理解的公有制和私有制有很大区别，已经被赋予了新的形式和内涵。

（1）国有经济的新形式新内涵。传统的国有经济是完全的国有国营。经过30年改革，国有企业实行了所有权与经营管理权的分离，已经将工厂制改为公司制，并推行了股份制改革，企业产权已经多元化，已经有大量的私人、外商和其他社会资本进入。目前相当部分的国有经济已经变为国有控股的混合所有制经济。

（2）集体经济的新形式新内涵。农业集体经济，由于实行了土地承包制，目前除土地所有权仍保留集体所有性质外，土地的使用权、经营权已经完全个体化、私营化。农村和城镇集体企业，过去是集体所有、集体经营，目前大都已经改为股份合作制企业或私营企业。

（3）私营经济的新形式新内涵。我国的私营经济主要包括个体经济、私营企业和私营为主的公司。个体经济与传统意义的个体经济没有多少变化。私营企业，特点是主要投资者为自然人。这类私营企业的大多数规模较小，与传统的私营企业内涵没有多大区别，但其中的大中型企业，已经成为私营有限责任公司和股份有限公司，股权已经多元化，有的甚至有国有、集体参与，与传统私营企业有很大甚至根本的区别，还有一类私营公司，主要投资人或控制人是作为法人的私营企业、私营机构，股权也是多元化的，在很大程度上也是一种混合所有制经济。

（4）外资经济的新形式新内涵。中国的外资经济，除外商独资企业外，外商合资与合作企业中的中方合资合作人，或为国有，或为集体，或为私人，或为社会机构，或为多种成分混合，也是一种混合所有制经济。另外，外商独资企业、外商合资企业中的外资，许多也不是国外的纯私营机构，而是国外的社会公众机构如基金管理公司、养老金管理机构等，是该国的一种社会资本、公众资本。

（5）社会经济、公众经济等新兴的公有经

① 资料来源：由黄孟复主编、中华工商联合出版社出版的《中国民营企业自主创新调查》。

② 资料来源：由黄孟复主编、中华工商联合出版社出版的《中国民营企业自主创新调查》。

济形式。20 世纪 90 年代以来，大量出现了由社会团体、事业单位、中介组织、基金公司、投资机构投资举办或参与组建经营的企业公司和社会组织。这类经济社会组织既非国有、集体，也非私营、外资，其对经济社会发展的影响与作用越来越大。这类经济社会组织是一种新兴的社会经济、公众经济。它具有很大的公有制性质，其公有的程度远远超过集体经济和地方国有经济；它也具有相当程度的私有性质，多数组织的经营管理的最终目的是为个人投资者或参与者服务和谋利益。可以将这类组织的经济属性确认为社会所有制或公众所有制，它们在很大程度上是公有经济，是一种新兴的和新型的公有经济。

3. 各种所有制社会阶层的新变化新关系

随着各种所有制经济地位作用、实际内涵的发展变化，社会阶层关系也产生了新的巨大变化。

（1）传统意义的社会各阶层演变为新的社会各阶层。传统计划经济时代的社会阶层主要包括工人、农民、机关干部和知识分子等四大类，社会主义市场经济时期的社会阶层大致主要包括工人、农民、个体工商户、自由职业者、私营企业主、公务员、公司和社团机构高级管理人员等几大类。

（2）工人、农民阶层的变化。传统计划经济体制下的工人，主要是指在国有与集体企业从业的工人。现在的工人则是包括在国有、集体、私营、外资、混合所有等各类企业、公司和社会服务机构中受雇从业的普通员工。由于普遍实行劳动合同制，这些受雇从业人员，就其与雇用单位的关系而言，其经济地位、社会作用和利益诉求在性质上是基本相同的，并不因单位的所有制性质不同而明显不同。传统计划经济体制下的农民，就是在集体土地上生产的农民。现在的农民，除其承包的土地所有权仍为集体外，土地使用权和生产经营权完全归个人家庭。这样的农民与过去的农民在性质上已经发生根本变化。

（3）几个新的社会阶层。个体户、私营企业主、自由职业人员、公司和社团机构高管人员，这是改革开放后出现的新的社会阶层。这是几个不同的社会阶层，不能将其视为只是一个新的社会阶层。这几个社会阶层，在经济地位、社会作用、思维方式、行为取向和利益诉求上均有很大的不同。需要特别指出的是，这里的公司企业高管人员，不论在什么类型的企业，都同样拥有智力资源和管理权力，他们在经济地位、社会作用、思维方式、行为取向和利益诉求上具有一致性，并不因公司企业的所有制性质不同而有根本区别。

（三）未来各种所有制经济“新格局”的发展趋势及展望

从 200 多年来各国市场经济发展中的企业产权制度和组织制度形成的演变趋势看，从 30 年来中国改革开放深化和经济社会发展的演变趋势看，中国各种所有制经济平等竞争、相互促进新格局将进一步形成、发展和完善。可以对新格局的各个主要方面的发展演变趋势作以下展望：

1. 在所有制经济观念理论上

人们将基本放弃传统的公有、私有观念，日益淡化基于传统政治意义的所有制理念，逐步树立以新型国有经济、新型合作经济、混合所有经济、社会公众经济等类型经济为主的新型公有制理念。坚持公有制为主体，就是坚持这几类经济为主体，巩固和发展公有制经济，就是巩固和发展这几类经济。

2. 在所有制经济政策法律上

国家将逐步以至完全取消在所有制问题上的差别政策法律待遇，对各类所有制经济实行统一的、公开的、公平的政策法律。主要表现在对产业领域、产品技术、社会服务的发展的支持或一定限制上，不再区分是什么样的所有制经济。

3. 在所有制经济地位作用上

传统的国有经济将发展为新型的国有经济，其在总量上将进一步扩大，在重点产业领域的地位得到新的巩固，但在国民经济中的比重将逐步下降，在更多的竞争领域将逐步退出。传统的集体经济将进一步减少，一部分将发展为新型的合作经济，它们将在一些社会服务领域，特别是农村经济服务领域发挥重要作用。各类混合所有经济、社会公众经济将大量产生，成为经济社会发展的重要主体。个体经济、中小私营企业将进一步发展，成为解决社会就业的最大主力；规模型的私营经济将发展成为私营为主的混合所有经济，成为前述混合所有经济和社会公众经济中的重要主体。外资经济将继续在中国对外开放和重要产业领域中发挥不可替代的重大作用，以外资为主的混合所有经济将成为整个混合所有经济的一个主体。

4. 在各种所有制经济相互关系上

中国的各种所有制经济，一头是新型的国有经济、集体合作经济，中间是各类混合所有经济、社会公众经济，另一头是外资经济，私营个体经济，它们各自在相应的领域发挥作用、平等竞争、相互促进、共同发展。

5. 在各种所有制经济的社会阶层关系上

工人、农民和个体户是最基础最主要的社会阶层，人数最多，他们主要拥有的是劳动力资源。公司企业中层管理人员，社团与中介组织中层管理人员，自由职业者，普通公务员，是中间性的社会阶层，他们主要拥有智力资源和一定经济社会管理权力。私营企业主，国有、外资企业高层经营管理者，社会团体与中介组织的主管人员，高级公务员，是较高层的社会阶层，他们或拥有较多财产资源，或拥有较大经济与社会管理权力。在社会主义市场经济条件下，各个社会阶层之间在根本利益上是一致的，但在许多具体利益上存在大小不同的差别。特别是有关阶层人员处于雇佣与被雇佣、管理与被管理的关系之中时，可能存在一定利益矛盾。但是，这种利益矛盾与所有制经济的关系并不大。今后，基于传统意义所有制关系而产生的利益与社会矛盾将日益减少，基于新产生的社会阶层关系而产生的利益与社会矛盾将日益增多。正确认识、合理协调、妥善处理和努力化解这些矛盾，是构建和谐社会的新的重大课题。

6. 在各种所有制经济的发展理念上

科学发展观将占据主导地位。改革开放前30年，中国经济处于第一次创业阶段，解决的是发展问题，依靠的主要是改革开放政策的推动，今后中国经济的发展将进入第二次创业阶段，解决的是全面协调可持续发展问题，科学发展观将成为经济继续增长的引擎。具体讲，无论国有经济还是民营经济，都将逐步实现以速度为中心向以发展为中心，以创造财富为中心向以实现财富共享为中心的转变，文化创新、技术创新、管理创新、制度创新、人力资源作用的充分发挥将成为企业发展的新的动力，高质量、高效益、低消耗、低污染的差异化产品或服务将成为企业发展的主要方向。

总之，各种所有制经济平等竞争、相互促进新格局形成的程度和状况，是衡量社会主义市场经济体制建立健全的重要标志。在很大程度上讲，新格局完全形成之时，就是中国社会主义市场经济体制完全建立之时，反之亦然。推进新格局形成，就是在推进改革开放，在推进市场经济体制建立，在发展中国特色社会主义。相信在科学发展观的指导下，各种所有制经济新格局必将得到进一步的深化和发展，民营经济的生机与活力必将得到进一步的迸发和涌流，非公有制经济必将在社会主义市场经济的百花园中绽放出绚丽多姿的奇葩。

（全国工商联研究室　供稿）

民营企业就业发展报告

民营企业与就业课题组

（2008年12月）

改革开放30年来，我国民营经济得到快速发展，民营企业已经成为国民经济的重要组成部分，并对扩大城乡就业发挥了重要作用。据统计，目前我国以民营企业为主的中小企业占全国企业总数的99%以上，对GDP的贡献率超过60%，对税收的贡献率超过50%，提供了80%以上的城镇就业岗位①。2005年，国务院制定了《关于鼓励支持和引导个体私营等非公有制经济发展的若干意见》（国发〔2005〕3号）文件，为配合落实这一意见，各部门制定一系列配套政策措施鼓励、支持民营经济快速健康发展，各省（区、直辖市）也都结合本地特点制定了大力促进民营经济发展实施办法。此后，民营企业得到进一步发展，截至2007年底，登记注册的全国私营企业达551.3万户，个体工商户达2741.5万户②。

民营企业在解决就业和再就业方面作了很大贡献。“十五”期间，民营企业在二、三产业的就业人数净增7000万人，其中城镇民营企业就业人数净增5700万人③。民营企业创造的就业岗位，不仅吸纳了国有企业“减员增效”产生的下岗职工，而且吸纳了大量新增劳动力。据调查，国有企业下岗失业人员80%是在中小企业实现再就业的。近年来，随着我国高校毕业生人数的快速增长和高校毕业生就业压力的加大，众多大学毕业生也把就业选择投向了中小企业。以中小企业为主体的民营经济已经成为社会就业的主要渠道，但民营企业的发展仍有很多问题有待进一步解决。

为了全面了解、掌握民营企业在促进就业中的实际作用、用工状况和存在问题，了解国家就业再就业政策在民营企业中的落实情况及存在的问题，为政府制定相关政策提供参考，2007年，劳动保障部、全国总工会、全国工商联召开联席会议并制定《2007年三方合作推动就业与再就业工作计划》。根据会议精神与工作计划安排，开展了民营企业就业与社会保障状况调查分析。本报告正是在这次调查的基础上，结合有关统计数据和政策分析形成的。

报告分为三部分：第一部分根据调查得到的数据分析民营企业的就业和社会保障状况，包括吸纳就业的总体情况、劳动条件、享受再就业扶持政策、劳动关系与社会保障等方面的内容；第二部分结合已有的数据和资料分析民营企业就业存在问题并探讨原因；第三部分提出相关政策建议。

一、民营企业的就业状况

随着我国非公有制经济的健康发展，民营企业已经成为解决我国就业的主要渠道。民营企业在创造财富、为社会贡献税收的同时，提供了大量就业岗位，为维护社会稳定作出了贡献。2007年，私营企业投资者为1396.5万人，雇工7253.1万人，个体工商户从业人员为5496.2万人，个体私营经济共解决了14145.8万人的就业问题；④民营企业创造了非农产业80%的新增就业岗位；在已落实就业岗位的高校毕业生中，约有30%在中小企业、民营企业实现就业。⑤

1. 调查样本的基本情况

本次调查涉及31个省（区、市）的民营企业，计划调查1980家民营企业，实际调查1456家民营企业，有效问卷1430份。其中，问卷最多的分别是山东（193份），云南（129份），江苏（99份）（见表1）。在调查的民营企业中，制造业最多，占53.2%；批发零售业和建筑业排第二和第三位，分别占9.7%和9.1%；商务服务业占8.1%，排第四位（见表2）。大型企业占7.3%，中型企业占31.2%，小型企业⑥占61.5%（见表2）。所调查的企业中77.5%成立5年及以上，属稳定发展的企业。

---

① “培育‘小老板’，多造‘新饭碗’（政策解读·关注促进就业政策②）”，《人民日报》，2008年12月3日。

② 张厚义，“中国私营企业主阶层成长的新阶段、新情况、新问题”，中国网。

③ “民营经济跨进历史新时期”，《中华工商时报》，2005年12月12日。

④ 国家统计局编，《中国统计年鉴（2008）》，中国统计出版社，北京。

⑤ 周济，“30%的毕业生在中小企业民营企业就业”，中国教育新闻网，2008年5月27日。

⑥ 企业规模划分使用的标准来自国务院国有资产监督管理委员会办公厅2003年11月4日发布的《关于在财务统计工作中执行新的企业规模划分标准的通知》（国资厅评价函〔2003〕327号）。

表 1　各省民营企业调查数量

省份	样本数	比重（%）	省份	样本数	比重（%）	省份	样本数	比重（%）
北京	43	3.01	安徽	40	2.8	四川	49	3.43
天津	48	3.36	福建	56	3.92	贵州	—	—
河北	39	2.73	江西	38	2.66	云南	129	9.02
山西	6	0.42	山东	193	13.5	西藏	7	0.49
内蒙古	5	0.35	河南	65	4.55	陕西	44	3.08
辽宁	50	3.5	湖北	26	1.82	甘肃	35	2.45
吉林	24	1.68	湖南	90	6.29	青海	9	0.63
黑龙江	34	2.38	广东	23	1.61	宁夏	15	1.05
上海	66	4.62	广西	19	1.33	新疆	35	2.45
江苏	99	6.92	海南	18	1.26			
浙江	94	6.57	重庆	31	2.17	合计	1456	100

表 2　民营企业调查涉及的行业分布和规模分布

		调查样本数	所占比重（%）		调查样本数	所占比重（%）
行业	制造业	754	53.21	餐饮业	72	5.08
	建筑业	129	9.1	房地产业	78	5.5
	采掘业	33	2.33	商务服务业	115	8.12
	交通运输仓储业	28	1.98	农林牧渔业	23	1.62
	批发零售业	137	9.67	其他	48	3.39
规模	大型企业	89	7.29	小型企业	751	61.51
	中型企业	381	31.2			

以企业的资本来源和构成来划分，民营企业指资本以民间资产（包括资金、动产和不动产）为投资主体的企业。广义上，民营企业指所有的非公有制企业，即除国有企业、国有资产控股企业和外商投资企业以外的所有企业，包括个人独资企业、合伙制企业、有限责任公司和股份有限公司。狭义上，民营企业仅指私营企业和以私营企业为主体的联营企业。

本次调查由全国工商联具体负责，各省工商联从其会员样本中选择不同经营规模的 20～200 家民营企业进行问卷调查。因工商联会员样本主要包括的是私营企业、港澳台侨投资企业、非公有制经济成分为主的有限责任公司和股份有限公司以及中介服务机构等，所以，本报告中关于调查部分民营企业的描述主要是私营企业和少量股份企业。

调查显示，作为新增就业主力军的民营企业，其各项指标在 2006 年均有良好的表现。2006 年生产总值的增长率为 16.7%，作为多属劳动密集型的企业，能够保持如此之高的增长率，已经非常难得了；税负有所降低，税金总额在 2006 年下降了 17.6%；企业经营的各项经营指标均有所增长（见表 3）。

从行业分布看，2006 年各行业的年生产总值均有所增长，其中采掘业、建筑业总产值的增长幅度最大，分别为 40.1% 和 37.1%。2006 年人均总产值除批发零售业和其他行业外均有所增长，但各行业间的差异较大。商务服务业、房地产业和批发零售业的人均年生产总值最高，而建筑业、交通运输仓储业和采掘业的增长幅度最大，分别为 43.7%、40.1% 和 29.6%（见表 4）。

表 3　民营企业生产经营状况

	2005 年（万元）	2006 年（万元）	2007 年上半年（万元）	2006 年增长率（%）
全年生产总值	26041.1	30396.6	18506.0	16.73
增加值	8710.5	9752.6	5462.9	11.96
税金总额	1928.9	1588.1	1312.4	－17.67
利润总额	1603.9	2141.9	1249.8	33.54
年末固定资产原值	8969.1	11495.6	10804.8	28.17
全年新增固定资产	2278.0	2721.8	1186.2	19.48
全部生产成本	18081.6	23583.6	14339.8	30.43
人工成本	1367.5	1773.4	1166.1	29.68

从企业类型看，2006 年小型企业的总产值和人均总产值增长率为 12.8%，居于第一位，其次是中型企业，大型企业的增长率最低。虽然企业规模越大，年生产总值也越大，但人均总产值却越低，小型企业的人均总产值为 79.7 万元，居于首位（见图 1）。

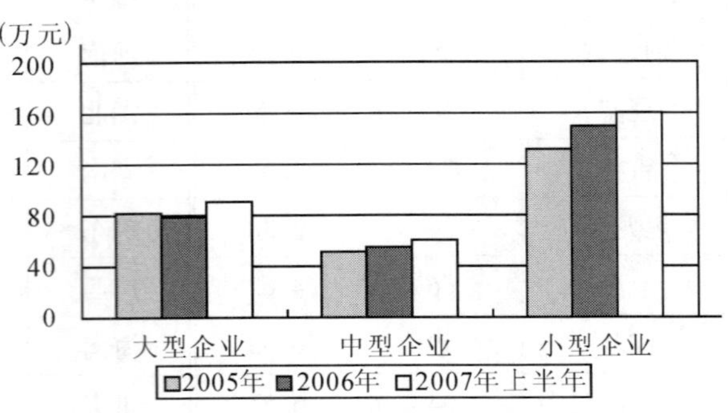

图 1　不同规模民营企业的人均总产值①

表 4　各行业民营企业的总产值和人均总产值　　单位：万元、%

行业	全年生产总值			人均总产值		
	2005 年	2006 年	增长率（%）	2005 年	2006 年	增长率（%）
制造业	26446.60	31124.22	17.69	45.64	47.43	3.92
建筑业	35257.76	48345.66	37.12	103.31	148.51	43.75
采掘业	10252.56	14361.85	40.08	19.00	24.62	29.58
交通运输仓储业	25558.98	30841.86	20.67	43.12	60.42	40.12
批发零售业	41533.55	47035.77	13.25	158.44	155.99	－1.55
餐饮业	5914.67	6760.24	14.30	8.94	9.12	2.01
房地产业	20875.22	24001.26	14.97	177.48	206.74	16.49
商务服务业	12681.65	15257.66	20.31	532.45	597.56	12.23
农林牧渔业	11188.17	13264.09	18.55	30.93	33.11	7.05
其他	48190.25	29669.45	－38.43	140.25	109.96	－21.60

2. 民营企业吸纳就业的总体情况

调查数据显示，民营企业吸纳就业人数逐年增加，招用农民工较多，并存在一定程度的缺工。

（1）总量及结构特点

①吸纳就业总量逐年增加，行业间差异较大

民营企业吸纳就业人数在 2005～2007 年间有所增长，2005 年平均每家企业吸纳 569 人就业，2006 年为 640 人，比 2005 年增加了 12.5%，2007 年上半年平均每家企业吸纳 695 人就业。调查企业 1241 家②，2005 年共吸纳 705994 人就业，2006 年共吸纳 794405 人就业，比 2005 年增加了 12.5%，到 2007 年上半年共吸纳 863088 人就业（见表 5）。其中，女职工所占比例 2005 年、2006 年、2007 年上半年分别为 42.6%、42.6% 和 42.9%，略有增长。

① 2007 年的数据用 2007 年上半年数据的 2 倍估算。

② 为保证同比的准确性，这里使用的是问卷上“企业在岗职工总数”三年数据均作回答的企业，共 1241 家。

表5 民营企业吸纳就业情况

	观察样本数	平均在岗职工人数	总在岗职工人数
2005年（人）	1241	569	705994
2006年（人）	1241	640	794405
2007年上半年（人）	1241	695	863088
2005～2006年增长率（%）	—	12.48	12.52

各行业平均吸纳就业人数三年间有所增长，尤其是采掘业和交通运输仓储业2007年上半年增加更多。各行业平均吸纳就业人数差异较大，平均而言，除了其他行业外，建筑业吸纳就业人数最多，平均每家企业吸纳935人就业，其次是餐饮业和交通运输仓储业，平均每家企业吸纳767人就业，第三是采掘业，平均每家企业吸纳757人就业，而商务服务业和房地产业吸纳就业人数最少，平均每家企业吸纳就业人数分别为357人和394人（见图2）。

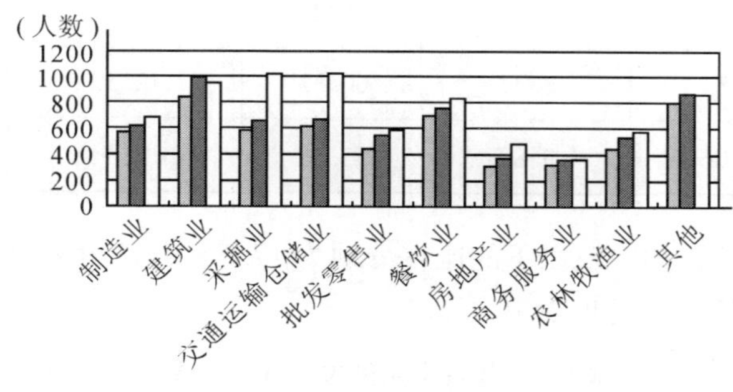

图2 各行业民营企业平均每家企业吸纳就业人数

②用人机制灵活，存在技工短缺

回答"在岗职工总数近年变化原因"的1309家民营企业中，企业内部岗位调整所占比例最高，占42.9%；其次是工厂生产能力的变化（增加/减少），占23.2%；生产新产品和生产或服务变化（发展/下滑）的原因也较多，分别占21.3%和20.4%；技术工人短缺所占比例为18.9%（见表6）。而内部岗位调整的比重最高，说明民营企业具备较好的人员流动、晋升机制，用工灵活性较强。

表6 民营企业在岗职工总数发生变化的原因

原因	比例（%）	原因	比例（%）
生产或服务发展/下滑	20.4	出口困难/增加	2.22
企业内部岗位调整	42.93	工厂生产能力增加/减少	23.22
采用新技术或生产自动化	15.97	非工资性成本增加	6.65
生产新产品	21.31	生产经营的不确定性因素发生	10.92
技术工人短缺	18.87	政策法律的变化	1.53
企业重组	7.79	其他	5.88
工资/薪水上涨	14.67	没有发生变化	11.38

③员工以生产人员为主，专业技术人员的比重略有上升

2007年上半年，民营企业的在岗职工中以生产人员为主，占57.2%；服务人员和工程（专业）技术人员位居其次，分别占13.1%和11.5%；一般行政人员占9.4%，中高级管理人员占9.0%（见表7）。

表7 在岗人员的岗位分布情况 单位：%

	中高级管理人员	工程（专业）技术人员	一般行政人员	生产人员	服务人员
2005年	8.83	10.99	9.53	57.59	13.06
2006年	8.84	11.03	9.47	57.78	12.88
2007年上半年	9.04	11.45	9.39	57.17	12.95

分行业来看，各行业均以生产人员、服务人员为主；管理人员比重在各行业间略有差异，商务服务业的中高级管理人员所占比重最高（占13.7%），其后依次是房地产业（占12.0%）、建筑业（占11.7%）和批发零售业（占11.5%）；工程（专业）技术人员所占比重最高的是建筑业（占19.4%），其次是房地产业和商务服务业；一般行政人员的比重排前三位的分别是商务服务业（占12.3%）、房地产业（占12.1%）和批发零售业（占12.0%）；生产人员和服务人员占比重排前

三位的是交通运输仓储业（占75.5%）、餐饮业（占75.5%）和农林牧渔业（占72.0%），排在第四位的是制造业，占72.0%。

分企业规模来看，企业规模越大，生产人员和服务人员所占比重越大，中高级管理人员的比重越小（见表8）。

表8 不同行业和不同规模民营企业在岗人员的岗位分布情况（2007年上半年） 单位:%

		中高级管理人员	工程（专业）技术人员	一般行政人员	生产人员	服务人员
行业	制造业	8.33	10.58	9.13	63.19	8.77
	建筑业	11.70	19.41	10.25	47.18	11.47
	采掘业	6.47	9.33	7.41	69.58	7.22
	交通运输仓储业	6.00	8.30	10.17	57.63	17.90
	批发零售业	11.54	10.22	11.98	34.59	31.67
	餐饮业	9.45	7.81	7.29	25.87	49.59
	房地产业	12.00	15.17	12.06	40.67	20.11
	商务服务业	13.67	13.28	12.31	37.33	23.41
	农林牧渔业	8.83	10.21	8.92	65.83	6.21
	其他	10.03	16.74	9.95	36.00	27.29
规模	大型企业	6.92	10.97	10.23	54.20	17.69
	中型企业	7.60	10.85	8.72	60.33	12.50
	小型企业	10.35	12.06	9.87	55.38	12.34

④从业人员文化程度相对较高

从调查的情况看，2007年上半年，民营企业的在岗人员中，初中及以下人员占32.3%；高中（中专/中技/职高）占38.0%，大专以上从业人员占29.7%。显然，初中及以下人员所占比重略有下降，高中（中专/中技/职高）的比重略有上升（见表9）。而2005年经济普查数据显示，全国第二、第三产业从业人员中，初中及以下占42.2%，高中（中专/中技/职高）占33.4%，大专及以上占24.6%[①]。与此相比较，这些稳定发展的民营企业在岗人员的文化程度要略高于全国第二、第三产业就业人员的文化程度。

分行业来看，民营企业中的采掘业和农林牧渔业的初中及以下在岗人员的比重较高，分别为47.2%和44.0%；其次是房地产业、餐饮业和制造业，初中及以下的比重分别为17.5%、37.9%和36.8%（见表10）。

表9 全体在岗人员的学历分布情况 单位:%

	研究生及以上	大学本科	大专	高中（中专/中技/职高）	初中及以下
2005年	1.60	9.34	18.42	37.28	33.36
2006年	1.49	9.35	18.03	37.92	33.21
2007年上半年	1.59	9.76	18.35	38.00	32.30

① 杨宽宽，“我国就业人员素质总体偏低”，http: // www.zgxxb.com.cn/news.asp? id = 3133。

表 10　不同行业民营企业在岗人员的学历分布情况（2007 年上半年）　　单位:%

行业	研究生及以上	大学本科	大专	高中（中专/中技/职高）	初中及以下
制造业	1. 30	8. 06	15. 51	38. 33	36. 81
建筑业	1. 74	14. 66	23. 05	35. 15	25. 40
采掘业	0. 58	4. 59	9. 91	37. 74	47. 18
交通运输仓储业	0. 90	4. 85	16. 56	46. 24	31. 46
批发零售业	1. 88	9. 30	19. 88	46. 85	22. 10
餐饮业	1. 12	4. 37	12. 81	43. 81	37. 89
房地产业	3. 20	20. 52	32. 77	26. 02	17. 50
商务服务业	1. 40	9. 55	26. 79	41. 46	20. 80
农林牧渔业	2. 12	8. 95	14. 38	30. 51	44. 03
其他	2. 71	17. 68	25. 63	32. 12	21. 87

⑤从业人员年龄结构偏年轻，以 26 ~ 35 岁为主

民营企业的在岗人员以 26 ~ 35 岁为主，占 35% 以上。16 ~ 25 岁与 36 ~ 45 岁的比重相差不多，为 25% 左右，前者略高一些（见图 3）。2006 年全国城镇就业人员中，16 ~ 24 岁的占 12. 6%，25 ~ 34 岁的占 26. 4%，35 ~ 44 岁的占 33. 2%，45 岁及以上的占 27. 7%①。很明显，与全国城镇就业人员的平均水平相比，民营企业在岗人员的年龄结构偏年轻。但不同行业间在岗职工的年龄分布差异较大。餐饮业以 16 ~ 25 岁的年轻在岗人员为主，所占比重高达 51. 8%，批发零售业 16 ~ 25 岁在岗人员比重也较高，为 33. 4%（见表 11）。

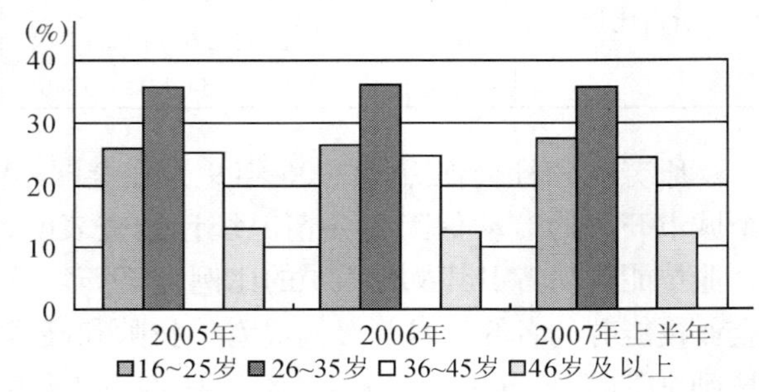

图 3　民营企业在岗人员的年龄分布情况

表 11　分行业民营企业在岗人员的年龄分布情况（2007 年上半年）　　单位:%

行业	16 ~ 25 岁	26 ~ 35 岁	36 ~ 45 岁	46 岁及以上
制造业	27. 36	36. 13	24. 99	11. 51
建筑业	19. 54	34. 97	29. 97	15. 52
采掘业	15. 03	40. 50	30. 75	13. 72
交通运输仓储业	20. 06	36. 27	28. 30	15. 36
批发零售业	33. 39	37. 98	19. 79	8. 84
餐饮业	51. 78	25. 76	13. 53	8. 93
房地产业	21. 05	37. 42	27. 41	14. 12
商务服务业	26. 59	37. 24	23. 06	13. 11
农林牧渔业	20. 40	38. 04	30. 89	10. 66
其他	27. 03	36. 70	22. 98	13. 29

① 《中国劳动统计年鉴（2007）》，中国统计出版社。

⑥技能人才有所增加，但占比低于全国平均水平

调查显示，民营企业在岗人员中技能人才所占比例在2005～2007年三年间略有增长，从2005年的29.3%增加到2007年上半年的30.6%。技能人才中初级工所占比例最大，约占34.0%左右；其次是中级工，约27.4%左右；高级工约占16.8%左右；技师和高级技师所占比例达21.9%（见表12）。

表12　民营企业在岗人员的技能状况　单位:%

		2005年	2006年	2007年上半年
技能人才占在岗职工总数的比例		29.31	29.99	30.64
各级技能人才所占比例	高级技师	7.84	8.16	8.34
	技师	13.94	13.36	13.55
	高级工	16.27	16.98	16.75
	中级工	27.11	26.71	27.38
	初级工	34.84	34.80	33.98

原劳动和社会保障部2006年9月在全国40个城市开展的劳动保障主要情况统计调查表明，企业技能劳动者占其从业人员的比例为39%。从企业技能劳动者的技术等级构成看，技师和高级技师占5.8%（技师占4.4%，高级技师占1.4%），高级工占21.1%，中级工占35.6%，初级工占37.5%。显然，尽管这些民营企业的技能人才比例低于全国平均水平8.4个百分点，但其技师和高级技师所占比重却高于全国平均水平。

（2）招工情况

①招用农民工最多，其次为下岗失业人员

调查数据显示，民营企业招用的农民工所占比重最大，为40%左右；招用的下岗失业人员其次，占22%左右；招用的劳务派遣工所占比重略有上升，从2005年的13.2%上升到2007年上半年的14.4%；民营企业招用的残疾人所占比重也保持在3%左右（见表13）。

表13　民营企业招用各类型职工占在岗职工的比例

单位:%

	2005年	2006年	2007年上半年
招用下岗失业人员	22.42	22.05	21.94
招用农民工	40.67	39.99	39.33
招用残疾人	2.81	3.19	3.05
招用劳务派遣工	13.18	13.54	14.38

注：招用比例（%）=100×招用该类型职工数/在岗职工总数。

分行业来看，下岗失业人员主要集中在服务业就业。其中批发零售业的民营企业招用下岗失业人员所占在岗职工的比重最高，为30.5%；商务服务业和交通运输仓储业招用下岗失业人员的比重也较高，分别为25.7%和25.0%；而房地产业、餐饮业、建筑业招用下岗失业人员的比重较低，分别为16.9%、17.6%和17.7%。

招用农民工所占比重最高的是餐饮业，为50.6%；最低的是批发零售业，为21.4%。招用劳务派遣工比例最大的是商务服务业为28.8%，而餐饮业仅为1.9%（见表14）。

表14　分行业民营企业招用各类型职工占在岗职工的比例（2007年上半年）　单位:%

行业	招用下岗失业人员	招用农民工	招用残疾人	招用劳务派遣工
制造业	21.24	42.18	3.73	14.12
建筑业	17.73	41.99	2.23	22.86
采掘业	20.14	49.49	1.24	10.78
交通运输仓储业	25.02	38.04	1.41	9.67
批发零售业	30.51	21.38	2.21	8.59
餐饮业	17.57	50.58	1.05	1.91
房地产业	16.86	25.97	2.57	16.98
商务服务业	25.65	32.58	2.97	28.82
农林牧渔业	19.91	44.69	1.10	28.00
其他	27.62	17.58	2.21	10.93

在回答“雇用农民工的主要原因”的有效样本中，“生产任务的季节性强”排第一，占41.2%，其后依次是“从事城镇职工不愿意干的苦脏累险工作”（34.8%）、“应对生产任务的突然增加”（34.5%），而“节省成本”则排在最后，占19.6%（见表15）。

表15　民营企业雇用农民工的原因

雇用原因	频数	所占比例（%）
节省成本	212	19.56
生产任务的季节性强	447	41.24
应对生产任务的突然增加	374	34.50
从事城镇职工不愿意干的苦脏累险工作	377	34.78
其他	273	25.18
回答该题的有效样本数	1084	

②民营企业对农民工和生产人员的需求最大

民营企业每年招工计划中对农民工和生产人员的需求最大，平均每家民营企业2007年计划招用农民工149人，招用生产人员131人。2007年1~6月实际招工满足率为70%左右，其中农民工招工满足率为79.2%，招用一般行政人员和生产人员的满足率分别为75.0%和72.5%，而招用服务人员和工程（专业）技术人员的满足率分别为67.8%和68.8%（见表16）。

表16　民营企业的招工计划和实际招用人数

	2007年招工计划（人）	2007年1~6月实际招用人数（人）	招工满足率（%）	2008年招工计划（人）
中高级管理人员	14	10	71.43	14
工程（专业）技术人员	16	11	68.75	19
一般行政人员	12	9	75.00	13
生产人员	131	95	72.52	148
服务人员	59	40	67.80	62
农民工	149	118	79.19	165

③招工形式以企业内部员工介绍为主，辅以媒体发布招工信息、公共职业介绍机构介绍等多种形式。

民营企业的招工主要形式是通过企业内部员工介绍，占63.3%；其次是通过媒体形式，占59.6%；第三是通过公共职业介绍机构，占52.9%。另外，企业通过张贴告示等方法直接招聘的占46.6%，通过教育/职业培训机构的占33.7%（见表17）。

表17　民营企业的招工方法

	频数	所占比例（%）
通过媒体形式	828	59.57
企业通过张贴告示等方法直接招聘	648	46.62
通过教育/职业培训机构	468	33.67
通过公共职业介绍机构	735	52.88
通过私营职业介绍机构	112	8.06
通过企业内部员工介绍	880	63.31
其他	40	3.45
回答该题的有效样本数	1390	

3. 民营企业的劳动条件

（1）工时和工资

①民营企业从业人员工作时间普遍较长

民营企业的在岗职工中，分人员类别看，农民工和生产人员周工作时间最长，平均每周工时为46个小时；其次为服务人员，周工作时间为45个小时；周工时最短的中高级管理人员、工程（专业）技术人员和一般行政人员也达到了44个小时。分行业看，建筑业、采掘业、餐饮业和农林牧渔业的农民工，以及餐饮业的中高级管理人员周工作时间最长，为47个小时。总体来看，餐饮业的职工周工作时间最长。分企业规模看，规模越小，生产服务人员及农民工的周工作时间则越长（见表18）。

调查发现，2006年以来，企业职工的平均工作时间（包括加班时间）没有变化的占73.5%，增加的占7.9%，减少的占18.6%。

表 18　民营企业各类职工的周工作时间

单位：小时

		中高级管理人员	工程（专业）技术人员	一般行政人员	生产人员	服务人员	农民工
行业	制造业	45	44	44	46	45	46
	建筑业	43	43	42	45	43	47
	采掘业	46	45	43	46	45	47
	交通运输仓储业	43	42	42	46	41	46
	批发零售业	44	44	44	45	45	45
	餐饮业	47	45	45	46	47	47
	房地产业	41	42	41	43	43	44
	商务服务业	43	44	42	45	44	45
	农林牧渔业	44	44	43	47	46	47
	其他	42	42	42	44	44	44
规模	大型企业	44	44	42	44	43	45
	中型企业	44	44	43	46	44	46
	小型企业	44	44	44	46	45	47
合计		44	44	44	46	45	46

②工资收入保持增长，但群体和行业的差异明显

据原劳动和社会保障部统计，2004 年 3 月以前 10 年，各地最低工资标准的调整幅度较低，年均调整 0.38 次；2004 年 3 月之后至 2006 年底，调整幅度加快，共调整了 1.9 次；尤其是 2006 年各地最低工资标准比上年平均提高 30% 左右。这些情况在民营企业职工收入上也有所体现，调查显示，民营企业职工税前月平均收入（包括工资、奖金、加班费、各种津贴和补助等）在 2005～2007 年三年间逐年增加，以中高级管理人员增加幅度最大，其月收入 2007 年上半年达 3044 元/月；工程（专业）技术人员其次，为 2379 元/月；一般行政人员为 1572 元/月；生产人员 1421 元/月；服务人员月平均收入最低，仅为 1185 元/月。农民工月平均收入虽也有所增加，但工作收入依然偏低，为 1271 元/月（见表 19）。

从增长率看，2006～2007 年间的增长率较前一年有所下降，但 2007 年中高级管理人员的收入增长率最高，为 9.0%，其次是工程（专业）技术人员，农民工的月收入增长率最低，仅为 4.9%（见表 19）。

表 19　民营企业各类职工的税前月平均收入

单位：元,%

	中高级管理人员	工程（专业）技术人员	一般行政人员	生产人员	服务人员	农民工
2005 年	2448.50	1926.21	1307.97	1184.52	1014.52	1075.71
2006 年	2792.82	2203.74	1491.83	1348.51	1120.85	1211.98
2007 年上半年	3043.93	2379.08	1571.58	1420.90	1185.47	1271.39
2005～2006 年增长率	14.06	14.41	14.06	13.84	10.48	12.67
2006～2007 年增长率	8.99	7.96	5.35	5.37	5.77	4.90

分行业来看，餐饮业和批发零售业的职工月平均收入最低，尤其农民工月平均收入更低，分

别为947元/月和985元/月。总体而言，企业规模越大，各类职工的月平均收入也越高，但不同规模企业的中高级管理人员、工程（专业）技术人员的月平均收入差距更大（见表20）。

表20　分行业和企业规模各类型职工的税前月平均收入

单位：元

		中高级管理人员	工程（专业）技术人员	一般行政人员	生产人员	服务人员	农民工
行业	制造业	2979.81	2361.93	1503.52	1425.01	1181.68	1212.07
	建筑业	2764.84	2293.86	1446.56	1394.86	988.78	1265.34
	采掘业	3268.67	3163.10	1667.34	2039.38	1083.64	1727.86
	交通运输仓储业	3518.12	2650.89	1526.61	1467.50	1061.82	1373.46
	批发零售业	2435.74	1975.00	1391.86	1096.43	1049.84	984.92
	餐饮业	2836.55	1913.83	1365.26	1387.13	1024.67	946.50
	房地产业	3373.43	2573.58	1509.73	1447.45	1050.34	1111.53
	商务服务业	2917.12	2474.75	1439.44	1305.62	1256.14	984.58
	农林牧渔业	3454.55	2358.57	1461.95	1314.55	1023.68	1092.86
	其他	5805.09	3088.95	4445.25	1488.59	2452.29	3982.65
规模	大型企业	4629.32	3103.61	1865.78	1613.13	1303.34	1542.50
	中型企业	3398.20	2705.02	1653.57	1619.03	1245.47	1253.14
	小型企业	2533.51	2130.94	1420.14	1306.14	1050.99	1152.72

2006年以来，民营企业职工收入各组成部分大多增加，其中，基本工资（或底薪）增加的占82.2%，业绩工资增加的占78.7%，加班工资增加的占55.2%，奖金增加的占70.6%，各种补贴或津贴增加的占60.6%（见表21）。

表21　2006年以来企业职工收入各组成部分的变化情况

单位:%

	增加	减少	没有变化	没有这项报酬/津贴
基本工资（或底薪）	82.19	0.9	16.38	0.53
业绩工资（包括计件工资、绩效工资）	78.74	0.92	14.81	5.52
加班工资	55.23	3.46	34.66	6.65
奖金	70.59	1.05	22.39	5.97
各种补贴或津贴	60.56	0.79	31.11	7.54

（2）员工职业技能与培训状况

①民营企业的发展已经受到员工技能水平的制约，表现为存在较严重的技能人才短缺

民营企业要提高其产品的科技含量、提升其内部管理水平，尤其是当企业跨行业生产、多元化发展时，就更离不开包括技能人才在内的各类人才。调查发现，民营企业认为其职工的技能状况基本能够适应企业发展要求的占68.4%，已成为制约企业发展主要因素的占22.4%，以大型企业最为严重（见表22）。

在问到“民营企业是否存在技术工人或普通工人的短缺”时，回答存在高级技术工人短缺的占59.7%，存在中级技术工人短缺的占49.5%，存在初级技术工人短缺的占20.5%，存在普通工人短缺的占29.1%，不存在技术工人短缺的仅占9.1%，不存在普通工人短缺的占17.0%（见表23）。可以得出，民营企业虽然在一定程度上存在普通工人的短缺，但技工短缺更为严重，尤其是

高级技能人才更为缺乏。而且，企业规模越大，其技能人才尤其是高技能人才的短缺更为严重。

表22 企业职工技能状况对企业发展的影响

单位:%

	大型企业	中型企业	小型企业	合计
基本能够适应企业发展要求	68.38	70.45	68.55	68.38
已成为制约企业发展的主要因素	22.38	21.59	20.97	22.38
是制约企业发展的次要因素	7.36	5.68	8.87	7.36
对企业发展的影响不大	1.88	2.27	1.61	1.88

表23 企业是否存在技术工人或普通工人的短缺

单位:%

	大型企业	中型企业	小型企业	合计
存在高级技术工人短缺	68.97	64.07	56.17	59.66
存在中级技术工人短缺	42.53	53.20	49.24	49.48
存在初级技术工人短缺	17.24	23.12	20.67	20.50
存在普通工人短缺	27.59	31.48	27.46	29.13
不存在技术工人短缺	8.05	7.52	9.57	9.14
不存在普通工人短缺	20.69	14.76	16.92	17.04

注：本题是多项选择，比重的计算分母为回答该题的样本数。

②绝大部分民营企业对职工提供各类培训，但培训投入偏低。民营企业面临培训资源有限、职工流动性大等困难

调查发现，97.4%的民营企业直接对职工进行培训。其中，岗前培训占59.1%，在岗培训占67.3%，脱产（离岗）培训占25.4%，岗前和在岗培训相结合的占48.8%，岗前、在岗和脱产培训相结合的占32.9%，其他形式的培训占6.8%（见表24）。

表24 民营企业对职工进行培训的类型

	频数	所占比例（%）
岗前培训	804	59.12
在岗培训	915	67.28
脱产（离岗）培训	346	25.44
岗前与在岗培训相结合	664	48.82
岗前、在岗和脱产培训相结合	447	32.87
其他形式的培训	92	6.76
回答该题的有效样本	1360	

2005年和2006年，企业用于培训的经费占其生产总值的比重分别为0.5%和0.4%。除了其他行业之外，餐饮业和商务服务业的培训经费占生产总值的比重较高；企业规模越大，培训经费占生产总值的比重则越低（见图4）。调查显示，民营企业人均培训经费2005年为997元，2006年为1079元，2007年上半年为1025元，且企业规模越小，人均培训经费越高；85.6%的民营企业预计2008年培训经费有所增加。

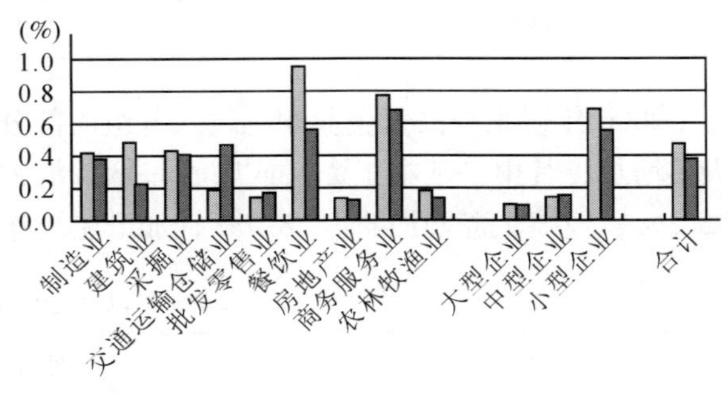

图4 培训经费占生产总值的比重

调查发现，83.9%的民营企业没有得到过培训方面的资助或补助，有10.7%的民营企业获得了政府提供的培训资助，2.2%的民营企业获得了其他社团提供的培训资助，还有3.1%获得其他来源的资助。分行业看，农林牧渔业获得政府提供资助的比例最高，达25.0%，其次是制造业和建筑业，分别占13.8%和12.8%。分企业类型看，中型企业获得培训资助或补助的比例最高，为17.5%；其次是小型企业，获得培训资助或补助的比例为16.5%；大型企业获得资助或补助的比例最低，为13.1%（见表25）。

表 25　接受培训方面的资助情况

单位:%

		没有资助或补助	获得政府提供的资助	获得其他社团提供的资助	其他来源
行业	制造业	79.49	13.82	2.97	3.71
	建筑业	84.40	12.84	1.83	0.92
	采掘业	88.89	7.41	0.00	3.70
	交通运输仓储业	92.00	4.00	0.00	4.00
	批发零售业	90.43	3.48	2.61	3.48
	餐饮业	84.62	7.69	3.08	4.62
	房地产业	96.88	1.56	1.56	0.00
	商务服务业	88.24	8.82	0.00	2.94
	农林牧渔业	75.00	25.00	0.00	0.00
	其他	95.65	2.17	0.00	2.17
规模	大型企业	86.90	8.33	4.76	0.00
	中型企业	82.46	11.99	2.34	3.22
	小型企业	83.51	10.84	2.29	3.36
合计		83.93	10.74	2.23	3.10

民营企业在职业培训上面临的问题，企业认为排在第一位的问题是“企业培训资源有限，能力不足”，其次是“职工流动性太大”，第三是“政府对企业培训的支持和重视不够”。

4. 民营企业劳动关系与社会保障状况

我国实行渐进式的经济改革政策，其突出特点是在对原有国有企业实行渐进改革的同时，允许民营经济在原有体制外发展，这种改革政策在城镇形成了两种不同的用工制度：一方面是政府控制部门（主要是国有企业）；另一方面是市场主导部门（民营经济等）。市场主导部门包括民营经济领域，劳动者和企业双方的劳动关系表现为典型的劳资关系。民营企业与劳动者是否形成劳动关系由市场进行调节，劳动力的价格也由市场调节。

当前中国民营企业多为中小型企业，且多处于产业链的低端，利润较低，其生产经营对低价劳动力成本的依赖性比较大。同时，民营企业也确实存在着不少用工不规范现象，如劳动合同签订率、社会保险参与率相对较低等。

（1）劳动合同签订情况

调查发现，民营企业的劳动合同签订率为74.6%，劳动合同期限及续签比例与岗位级别成正比。

调查显示，民营企业的职工中，签订劳动合同的占74.6%，没有签订劳动合同的占25.4%。在签订合同的劳动者中，签订无固定期限劳动合同的占31.4%，签订有固定期限劳动合同的占74.5%；另外，签订以完成一定任务为期限劳动合同的占26.2%，签订其他劳动合同的占25.0%。

没有签订劳动合同比例最高的属餐饮业，其次是批发零售业。而民营企业规模越小，职工没有签订劳动合同的比例则越高。

民营企业职工签订劳动合同的期限，中高级管理人员最长，平均为36个月；其次是工程（专业）技术人员，劳动合同期限为32个月；第三是一般行政人员，为26个月；生产人员和服务人员的劳动合同期限分别为22个月和20个月；农民工的劳动合同期限最短，平均为19个月，尤其是商务服务业和餐饮业的农民工劳动合同期限更短，分别为16个月和15个月（见表26）。

分行业看，餐饮业和建筑业的农民工续签合同比例最低，分别为64.4%和67.9%；餐饮业中的各类职工续签合同比例在各行业中都是最低。另外，企业规模越大，农民工续签劳动合同的比例也增高，其他各类职工续签合同的比例也随之增加（见表27）。

表 26　民营企业的劳动合同期限

单位：月

		中高级管理人员	工程（专业）技术人员	一般行政人员	生产人员	服务人员	农民工
行业	制造业	38	34	28	23	22	18
	建筑业	37	34	28	18	18	20
	采掘业	37	33	28	24	25	20
	交通运输仓储业	33	32	27	27	27	26
	批发零售业	29	26	20	19	18	17
	餐饮业	28	23	20	17	15	15
	房地产业	35	30	23	21	18	24
	商务服务业	31	26	20	20	16	16
	农林牧渔业	43	37	30	29	24	24
	其他	39	35	25	25	22	20
规模	大型企业	44	33	27	24	21	22
	中型企业	39	37	29	25	21	19
	小型企业	34	31	25	21	20	18
合计		36	32	26	22	20	19

表 27　续签劳动合同的比例

单位:%

		中高级管理人员	工程（专业）技术人员	一般行政人员	生产人员	服务人员	农民工
行业	制造业	91.6	90.8	88.5	83.6	83.3	75.0
	建筑业	90.4	88.0	87.7	81.3	79.7	67.9
	采掘业	90.7	85.7	85.4	87.9	91.4	74.2
	交通运输仓储业	88.1	89.8	92.5	86.5	82.2	89.5
	批发零售业	92.5	92.3	90.0	83.7	82.4	77.4
	餐饮业	84.3	82.5	79.0	73.2	66.5	64.4
	房地产业	90.0	85.8	84.6	75.7	78.7	78.1
	商务服务业	91.9	90.0	86.5	77.9	77.4	71.0
	农林牧渔业	92.6	92.1	89.2	87.9	84.4	79.1
	其他	96.7	93.2	92.8	83.9	83.8	79.2
规模	大型企业	94.9	93.6	92.5	88.1	85.9	81.2
	中型企业	93.4	91.7	89.9	83.5	83.2	75.3
	小型企业	89.9	88.5	86.1	81.7	80.5	72.1
合计		91.2	89.8	87.8	82.6	81.5	74.2

在劳动合同的续签上，民营企业的中高级管理人员续签劳动合同的比例最高，为91.2%；其次是工程（专业）技术人员，续签劳动合同的比例为89.8%；第三是一般行政人员，为87.8%；生产人员和服务人员的续签劳动合同比例分别为82.6%和81.5%；而农民工续签比例最低，仅为74.2%。

（2）工会组建与劳动争议处理情况

在我国市场化改革过程中，民营企业劳动关系当事人之间利益冲突明显加剧，出现不同程度的劳动关系紧张的情况，主要体现在以下几个方面：一是收入差距进一步拉大；二是劳动争议不断增加，群体事件居高不下；三是工业安全形势严峻。据《中国劳动统计年鉴》（2004）统计，2003年全国劳动争议案件受理数是226391件，其中国有企业是48771件，仅占总数的21.5%；而包括私营企业、个体工商户、有限责任公司和股份制联营等则是112405起，占到结案总数的49.7%。民营企业劳动关系的紧张化，主要集中在劳动报酬、保险福利、工伤、解除劳动合同等关系劳动者基本权益的方面。2003年全国受理的涉及劳动报酬、保险福利、工伤、解除劳动合同等劳动争议的案件数分别为76774、44434、31734和40017，其中私营企业相应的劳动争议案件数是12244、5358、6633和4231，反映了民营企业劳动关系紧张加剧的特征。

这次调查显示，81.0%的民营企业建立了工会，71.8%的职工为工会成员。其中，交通运输仓储业的民营企业建立工会的比例最高，为92.9%；批发零售业的民营企业工会成员所占比重最高，为74.7%。分企业规模看，规模越大，民营企业建立工会的比例越高，但工会成员所占比重则越低。据全国总工会统计，2006年全国共有企业工会88.4万个，其中非公有制经济71.5万个，占80.9%，入会员工8161万人，员工入会率58.6%。

在调查的民营企业中，建立了工资集体协商制度的占41.4%，建立了职工代表大会制度的占69.1%，建立了职工董事监事制度的占44.8%，建立了民主议事制度的占45.2%，而没有建立以上制度的占6.4%。一般而言，随企业规模的增加，民营企业建立各项机制的比例也随之增加，没有建立以上任一制度的随之下降。具体而言，建立工资集体协商制度的比例建筑业最高，为52.3%，其次是商务服务业和制造业，分别为46.7%和46.3%；农林牧渔业建立职工代表大会制度的比例最高，达到92.3%，其次为制造业和批发零售业，分别为76.3%和76.2%；建立职工董事监事制度和民主议事制度比例最高的均属采掘业，分别为69.2%和61.5%；而房地产业和餐饮业没有建立以上制度的比例较高，分别为11.7%和11.5%（见表28）。

表28　民营企业建立各项机制的情况

单位：%

		工资集体协商制度	职工代表大会制度	职工董事监事制度	民主议事制度	没有建立以上制度
行业	制造业	46.25	76.25	46.25	48.93	5.72
	建筑业	52.27	75.00	48.86	37.50	6.38
	采掘业	42.31	57.69	69.23	61.54	3.70
	交通运输仓储业	26.09	60.87	56.52	56.52	8.00
	批发零售业	34.52	76.19	53.57	51.19	4.55
	餐饮业	45.65	65.22	36.96	58.70	11.54
	房地产业	33.96	71.70	47.17	41.51	11.67
	商务服务业	46.67	63.33	53.33	41.67	3.23
	农林牧渔业	38.46	92.31	38.46	46.15	7.14
	其他	33.33	74.07	44.44	55.56	10.00
规模	大型企业	44.00	88.00	65.33	56.00	4.00
	中型企业	49.07	78.57	48.76	50.00	3.73
	小型企业	42.13	66.60	45.74	47.02	8.94
合计		41.41	69.14	44.82	45.20	6.36

2006年以来，19.7%的民营企业发生过劳动争议，平均每家涉及职工6人次。其中，交通运输仓储业和餐饮业的民营企业2006年以来发生过劳动争议的比例较高，分别为29.2%和25.0%，商务服务业的比例最低，为9.0%；企业规模越大，发生过劳动争议的比例也越大（见图5）。

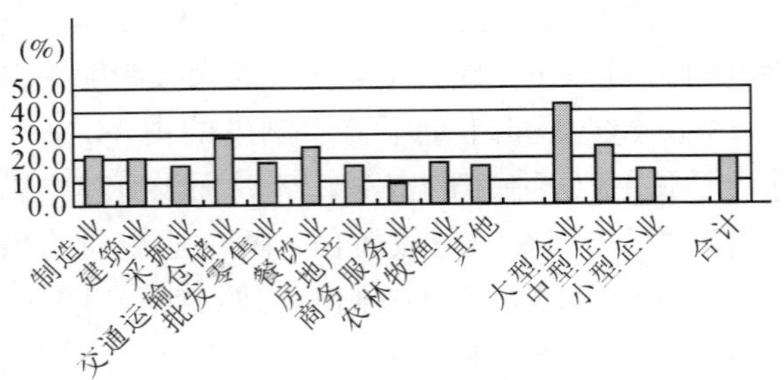

图5　2006年以来民营企业发生劳动争议的比例

发生劳动争议后，解决劳动争议的渠道有多种，其中通过企业内部调解的占77.6%，通过劳动仲裁委员会调解、仲裁的占64.6%，通过法院诉讼的占12.7%。随着企业规模的增加，通过这三种渠道解决劳动争议的比重也有所上升。然而，各行业内的差异较大，其中通过企业内部调解比例最高为商务服务业，为90.9%，最低的则是其他行业，为62.5%；通过劳动仲裁委员会调解、仲裁比例最高的为建筑业，为74.2%，最低则是餐饮业，仅为37.5%；通过法院诉讼比例最高的为交通运输仓储业，为55.6%，而批发零售业、商务服务业和农林牧渔业都没有通过法院诉讼来解决所发生的劳动争议（见图6）。

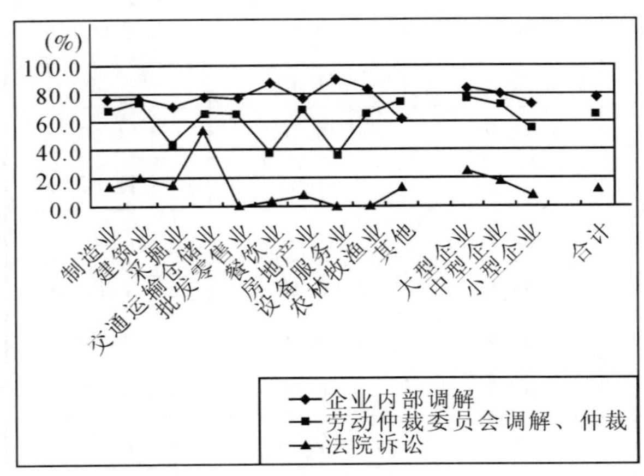

图6　民营企业发生劳动争议时的解决渠道

（3）社会保险的参保情况

据原劳动和社会保障部统计，2006年末全国民营企业参加基本养老保险人数约为4500万人，比上年新增610万人，其中农民工1417万人。但民营企业职工参加社会保险的比例仍然偏低，不及国有及控股企业的一半。在调查中，工伤保险的参保率最高，其次是养老保险，第三是医疗保险，生育保险最低。分行业看，交通运输仓储业的各险种参保率都较高，而餐饮业的各险种参保率则偏低。各险种的参保率具体如下：

养老保险的参保率为62.6%，其中属房地产业和交通运输仓储业较高，而餐饮业最低，仅为44.9%。

医疗保险的参保率为59.0%，其中交通运输仓储业最高，而采掘业和餐饮业较低，分别为39.6%和48.0%。

工伤保险的参保率为69.2%，其中交通运输仓储业和采掘业较高，而餐饮业仍为最低，仅为53.1%，批发零售业也较低，为56.5%。

失业保险的参保率为54.3%，其中交通运输仓储业和房地产业较高，而餐饮业最低，仅为39.8%。

生育保险的参保率为45.6%，其中交通运输仓储业和房地产业较高，而采掘业最低，仅为18.9%（见表29）。

具体到各类职工而言，职位越高，各类保险的参保率则越高。中高级管理人员的参保率最高，其次是工程（专业）技术人员和一般行政人员，生产人员和服务人员的参保率较低，而农民工的参保率远远低于职工参保率的平均水平。农民工五大险种的参保率分别为：养老保险7.6%，医疗保险5.0%，工伤保险10.3%，失业保险4.5%，生育保险4.5%（见图7）。

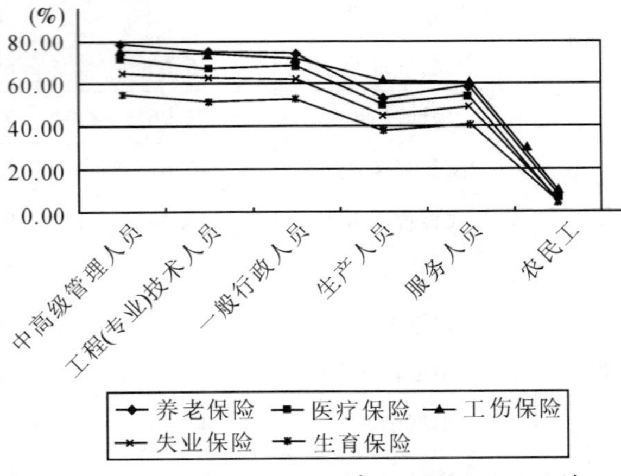

图7　民营企业各类职工参加社会保险的情况

表 29　民营企业参加社会保险的情况

单位:%

		养老保险	医疗保险	工伤保险	失业保险	生育保险
行业	制造业	63.79	59.37	72.40	53.09	43.52
	建筑业	57.29	57.36	67.01	48.30	46.74
	采掘业	52.03	39.58	80.58	47.25	18.92
	交通运输仓储业	77.92	84.03	88.37	79.85	82.06
	批发零售业	57.85	52.58	56.52	52.81	40.08
	餐饮业	44.88	48.03	53.10	39.81	33.64
	房地产业	78.39	76.06	73.09	76.81	72.04
	商务服务业	64.85	61.29	66.19	57.53	49.68
	农林牧渔业	54.31	54.24	62.51	49.88	29.51
	其他	66.13	56.13	66.19	57.77	50.30
规模	大型企业	75.03	68.89	75.87	67.96	59.56
	中型企业	64.07	58.43	71.63	54.30	46.06
	小型企业	59.34	57.61	67.08	51.11	43.24
合计		62.57	58.96	69.15	54.31	45.60

5. 民营企业享受再就业扶持政策的情况

2002 年全国再就业工作会议之后，中共中央、国务院下发了《关于进一步做好下岗失业人员再就业工作的通知》（中发〔2002〕12 号），有关部委在很短时间里陆续下发了 8 个配套文件，包括国务院办公厅《关于下岗失业人员从事个体经营有关收费优惠政策的通知》，中共中央宣传部、劳动和社会保障部《关于印发《〈进一步做好下岗失业人员再就业工作宣传提纲〉的通知》，劳动和社会保障部会同国家计委、国家经贸委等 11 个部门《关于贯彻落实中共中央国务院关于进一步做好下岗失业人员再就业工作的通知若干问题的意见》，财政部和劳动和社会保障部《关于促进下岗失业人员再就业资金管理有关问题的通知》，国家经贸委会同财政部等 8 个部门《印发〈关于国有大中型企业主辅分离辅业改制分流安置富余人员的实施办法〉的通知》，财政部和国家税务总局《关于下岗失业人员再就业有关税收政策的通知》，国家税务总局和劳动保障部《关于促进下岗失业人员再就业税收政策具体实施意见的通知》，中国人民银行、财政部、国家经贸委、劳动和社会保障部《关于印发〈下岗失业人员小额担保贷款管理办法〉的通知》。2005 年，国务院又出台了《关于进一步加强就业再就业工作的通知》（国发〔2005〕36 号）文件。

“12 号文件”及相关配套文件、“36 号文件”形成了中国积极的就业政策体系，其核心扶持政策包括五个方面：一是鼓励劳动者自谋职业、自主创业。对下岗失业人员从事个体经营的，免收属于管理类、登记类和证照类的各项行政事业性收费，并给予限额税收减免、小额担保贷款及贴息的扶持。二是鼓励企业吸纳就业。对商贸企业、服务型企业、劳动就业服务企业中的加工型企业和街道社区具有加工性质的小型企业实体，新增岗位新招用下岗失业人员，并与其签订 1 年以上劳动合同、缴纳社会保险费的，在相应期限内给予社会保险补贴和定额税收减免的扶持。对符合条件的劳动密集型小企业，根据实际招用人数，给予小额担保贷款支持。三是帮扶困难群体再就业。鼓励开发公益性岗位，帮助就业困难对象再就业，并按照实际招用人数给予社会保险补贴和岗位补贴。对于部分下岗失业人员在公益性岗位工作超过 3 年的，社会保险补贴期限可相应延长。四是鼓励国有大中型企业充分利用原企业的非主业资产、闲置资产和关闭破产企业的有效资产，改制创办面向市场、独立核算、自负盈亏的法人经济实体，分流安置企业富余人员。对于产权明晰并逐步实现产权多元化、吸纳原企业富余人员达到30%以上，并与其变更或签订新的劳动合同的，在3年内免征企业所得税。五是免费就业服务和职业培训补贴。对下岗失业人员、城镇登记失业人员以及进城登记求职的农村劳动者，公共就业服务机构提供免费职业介绍服务；对下岗失业人员、城镇登记失业人员以及进城务工的农村劳动者，提供一次性职业培训补贴。

应该说，积极的就业政策含金量很高，国家为就业和再就业投入资金大幅增加，并动员社会各方面共同为就业工作作出贡献。民营企业在招用下岗失业人员实现再就业方面作出了较大贡献，但对就业政策的了解和争取政策的支持还有待于提高。

（1）招用下岗失业人员的情况

从民营企业的角度看，政府为鼓励企业吸纳就业，对商贸企业、服务型企业、劳动就业服务企业中的加工型企业和街道社区具有加工性质的小型企业实体，新增岗位新招用下岗失业人员，并与其签订1年以上劳动合同、缴纳社会保险费的，在相应期限内给予社会保险补贴和定额税收减免的扶持。对符合条件的劳动密集型小企业，根据实际招用人数，给予小额担保贷款支持。

在调查的民营企业中，招用过下岗失业人员的占88.7%。分行业来看，餐饮业民营企业招用过下岗失业人员的比重最高，为97.2%；其次是采掘业，为96.9%；第三和第四分别为房地产业和批发零售业，各占93.2%和93.1%。另外，企业规模越大，招用过下岗失业人员的企业所占比重也越高（见图8）。

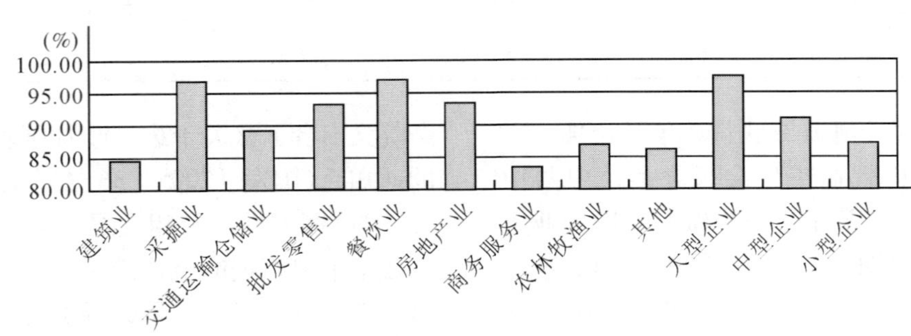

图8　民营企业招用下岗失业人员的比例

调查发现，平均每家民营企业招用128名下岗失业人员，其中女性70名。“4050”人员40名。平均每家民营企业招用持《再就业优惠证》下岗失业人员71名，其中女性38名，“4050”人员28名。分行业看，以商务服务业、餐饮业等第三产业招用下岗失业人较多，平均每家民营企业招用130人左右。另外，民营企业规模大，招用的下岗失业人员也随之增多（见表30）。

（2）享受再就业政策的情况

在鼓励企业吸纳就业方面，国发〔2005〕36号文件对税收减免、社会保险补贴、小额信贷等方面有明确规定：

税收减免。对商贸企业、服务型企业（国家限制的行业除外）、劳动就业服务企业中的加工型企业和街道社区具有加工性质的小型企业实体，在新增加的岗位中，当年新招用持《再就业优惠证》人员，与其签订1年以上期限劳动合同并缴纳社会保险费的，按实际招用人数，在相应期限内定额依次减免营业税、城市维护建设税、教育费附加和企业所得税，期限最长不超过3年。对2005年底前核准减免税但未到期的企业，在剩余期限内仍按原方式继续享受减免税政策。

社会保险补贴。同时，对上述企业中的商贸企业、服务型企业，在相应期限内给予社会保险补贴，期限最长不超过3年。社会保险补贴标准按企业应为所招人员缴纳的养老、医疗和失业保险费计算，个人应缴纳的养老、医疗和失业保险费仍由本人负担。对2005年底前核准社会保险补贴但未到期的企业，在剩余期限内按此政策执行。

表 30　民营企业招用下岗失业人员情况

单位：人

		招用下岗失业人员	其中：		招用持《再就业优惠证》下岗失业人员	其中：	
			女性	“4050”人员		女性	“4050”人员
行业	制造业	114	57	30	71	37	26
	建筑业	126	49	49	83	34	46
	采掘业	100	21	28	78	16	19
	交通运输仓储业	119	49	46	23	12	9
	批发零售业	128	97	51	49	40	23
	餐饮业	130	92	40	52	34	26
	房地产业	129	54	38	80	36	31
	商务服务业	133	102	67	56	42	29
	农林牧渔业	161	112	47	67	26	23
	其他	364	194	82	206	99	41
规模	大型企业	644	330	168	277	118	100
	中型企业	147	80	47	83	47	29
	小型企业	46	27	19	29	18	15
合计		128	70	40	71	38	28

小额信贷。对符合贷款条件的劳动密集型小企业，在新增加的岗位中，新招用持《再就业优惠证》人员达到企业现有在职职工总数 30% 以上，并与其签订 1 年以上期限劳动合同的，根据实际招用人数，合理确定贷款额度，最高不超过人民币 100 万元。财政贴息、经办银行的手续费补助、呆坏账损失补助等按照已经明确的有关规定执行。

在 36 号文件出台之后的几年里，政策的执行情况究竟如何？我们的调查结果显示，在享受到再就业政策的民营企业中，政策执行的情况是令人满意的。在享受招用持《再就业优惠证》下岗失业人员政策扶持的民营企业中，2006 年平均每家民营企业享受的税收减免额度为 149.3 万元，2007 年上半年为 97.5 万元；2006 年平均每家民营企业享受社会保险补贴政策的人数为 74 人，而这些企业招用持《再就业优惠证》的下岗失业人员为 77 人（见表 31）。

分行业来看，交通运输仓储业平均每家民营企业享受的税收减免额度最高，而批发零售业、房地产业、商务服务业享受的税收减免额度较低；但采掘业享受社会保险补贴政策的人数最高，其次是建筑业，而房地产业、交通运输仓储业享受社会保险补贴政策的人数最少。另外，随着企业规模的增大，平均每家民营企业享受的税收减免额度和享受社会保险补贴政策的人数都随之而增加（见表 31）。

调查也发现，积极的就业政策还有进一步宣传的空间。在没有享受税收减免政策或社会保险补贴政策的民营企业中，不符合条件的占 25.9%，自己认为符合条件申请后未批准的占 8.4%，符合条件但没有申请的占 24.2%，不知道有这项政策的占 41.6%。也就是说，有 65.8% 的民营企业不了解或者没有申请享受税收减免政策或社会保险补贴政策。随着企业规模的增加，不了解有这项政策的比例有所降低（见表 32）。

在回答“是否享受过劳动密集型小企业的小额贷款政策”的民营企业中，回答享受过的比例为 7.2%，其中农林牧渔业为 14.3%，交通运输仓储业为 11.1%，制造业为 9.0%；企业规模越小，享受小额贷款的比例也越高，其中小型企业享受小额贷款政策的比例为 7.8%（见图 9）。

表 31　民营企业享受再就业政策的情况

		享受的税收减免额度（万元）		享受社会保险补贴政策人数（人）	
		2006 年	2007 年上半年	2006 年	2007 年上半年
行业	制造业	190.05	133.71	76	77
	建筑业	128.36	21.82	106	88
	采掘业	299.00	80.00	528	1527
	交通运输仓储业	304.00	168.00	17	18
	批发零售业	29.97	11.84	43	33
	餐饮业	46.89	52.52	36	52
	房地产业	16.73	25.28	16	17
	商务服务业	35.15	18.74	56	64
	农林牧渔业	25.00	30.00	28	29
	其他	209.50	—	37	37
规模	大型企业	458.07	669.00	170	222
	中型企业	202.48	75.86	130	175
	小型企业	87.48	46.39	41	34
合计		149.28	97.50	74	76

表 32　没有享受税收减免政策/社会保险补贴政策的原因　　单位:%

企业规模	不符合条件	符合条件，申请后未批准	符合条件，但没有申请	不知道有这项政策
大型企业	31.48	1.85	33.33	33.33
中型企业	21.76	10.04	26.36	41.84
小型企业	27.19	8.11	21.49	43.20
合计	25.90	8.36	24.16	41.58

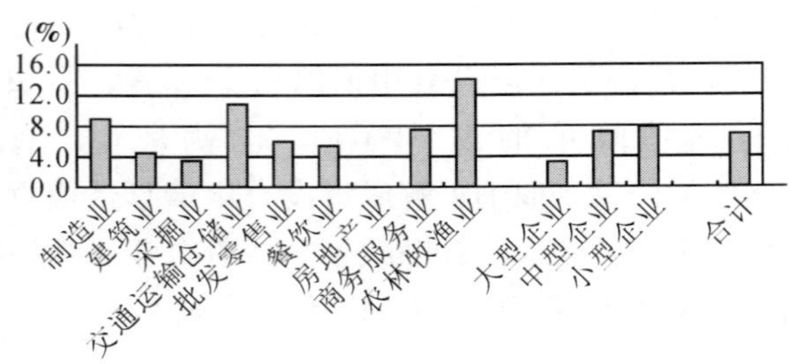

图 9　享受过劳动密集型小企业的小额贷款政策的比例

享受过劳动密集型小企业小额贷款政策的民营企业，2004 年以来平均每家企业累计享受的小额贷款额度为 260.3 万元。其中采掘业最高，为 3000 万元（这与采掘业民营企业样本数少有一定关系），制造业其次，为 283.4 万元，第三是建筑业，为 159.3 万元。另外，中型的民营企业累计享受的小额贷款额度最高，平均为 462.03 万元（见表 33）。

在没有享受小额贷款政策的原因中，“未招用持《再就业优惠证》下岗失业人员”的占 7.6%，“不符合劳动密集型小企业的条件”的占 21.9%，“未签订 1 年以上劳动合同”的占 0.3%，“未有担保机构为企业担保”的占 4.0%，“符合条件，申请后未批准”的占 3.4%，“符合条件，但没有申请”的占 29.1%，“不知道有这项政策”的占 33.7%，即大约还有 62.8% 的企业不知道小额贷款政策或者没有申请小额贷款（见图 10）。

表 33　2004 年以来累计享受的小额贷款额度　单位：万元

		小额贷款额度		小额贷款额度
行业	制造业	283.41	餐饮业	30.5
	建筑业	159.33	房地产业	—
	采掘业	3000	商务服务业	44.21
	交通运输仓储业	—	农林牧渔业	25.00
	批发零售业	105.50	其他	—
规模	大型企业	150.00	小型企业	148.38
	中型企业	462.03		
合计		260.27		

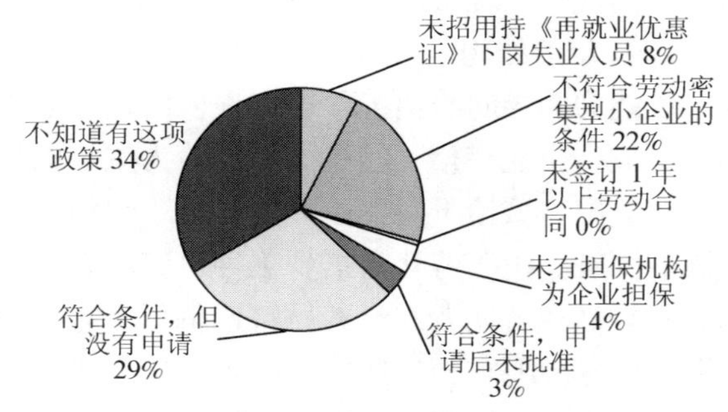

图 10　没有享受小额贷款政策的原因

二、民营企业就业存在的问题

1. 民营企业存在技术工人短缺

从全国整体看，我国经济发展和经济增长方式的转变对劳动者素质的要求越来越高，而当前由于劳动者素质不适应经济发展的要求，从而导致了新兴产业、高技术行业和技能性职业所需人员供不应求，现代制造业、服务业所需的专业技术和各类技能人才严重短缺。

人才和人力资源短缺是制约民营企业快速发展的重要因素，已经影响到民营企业的快速发展，甚至成为制约企业发展的主要因素。在“招工难”的全国大背景下，民营企业在一定程度上也存在普通工人短缺，但技工短缺，尤其是高技能人才的缺乏更为严重。调查发现，18.9% 的民营企业存在技术工人短缺现象，民营企业的技能人才比例低于全国平均水平 8.4 个百分点。职工技能水平的偏低，影响了生产技术的掌握，制约了技术的升级，从而制约了民营企业的快速发展。

大部分民营企业很少有自己的培训部门，没有完善的培训体系，导致民营企业很难在招纳人才、人才培养、留住人才方面有所建树，人员的流失率也会偏高，造成企业在技术进步、企业发展方面有诸多限制。

2. 职工的劳动权益保障水平还有待提高

近几年，政府对民营企业的用工行为和人力资源市场进行规范，使得民营企业的就业环境得到改善。从 1995 年以来实行的《劳动法》，对有关劳动合同、工时、社会保险等方面做了规定，使得劳动者就业地位的有所改善。政府还颁布了一系列劳动保障法律法规，如《企业最低工资规定》、《工资支付暂行规定》、《社会保险费征缴暂行条例》、《失业保险条例》、《工伤保险条例》、《劳动保障监察条例》，以及 2007 年颁布的《劳动合同法》等，标志着政府对人力资源市场秩序、劳动关系特别的监管力度的加强，使得民营企业用工和人力资源市场得到了进一步的规制，职工的劳动条件和就业状况得到很大改善。

然而，由于历史的因素，与国有企业相比，民营企业职工的劳动权益保障水平仍显偏低。主要表现在以下几方面。

（1）民营企业职工的工资水平偏低。尤其是餐饮业和批发零售业的职工月平均收入较低，而农民工月平均收入更低。欠薪问题仍然困扰一些农民工，工资集体协商制度覆盖面不大，工资由企业单方决定现象仍较普遍，管理者与普通员工的收入差距过大，尚未形成普通员工工资正常合理增长机制。工资水平偏低，是导致职工安全性降低，职工流动性较大，企业员工队伍不稳定的原因。

（2）职工劳动时间较长，尤其餐饮行业职工劳动时间最长。在各类型职工中，农民工和生产人员的劳动时间较长，平均每周工作 46 小时，这意味着他们每月仅休息 4 天。劳动时间过长，既违反了国家《劳动法》的有关规定，也会使员工过度疲劳，从而影响了劳动力素质的提高和导致工作效率的降低。

（3）民营企业与员工签订劳动合同的比率不高，1/4 的职工没有签订劳动合同。其中餐饮业与批发零售业签订劳动合同的比例最低。另外，民营企业与生产人员和服务人员签订劳动合同的期限较短，尤其是与农民工签订的劳动合同期限最短。缺乏劳动合同的保障，民营企业职工队伍不稳定。

（4）民营企业职工参加社会保险的比例偏低，很少有企业对全部员工都进行投保，更多的只是为管理、技术人员进行参保，而其所雇用的农民工在各类险种的参保率都极为低下。社会保险缴费对很多中小企业及农民工来说负担较重，加上社会保险关系转移困难，很多农民工不愿参保。

3. 没有充分利用再就业优惠政策

2002 年以来，国家相继出台了就业再就业工作的相关配套政策文件。根据这些政策，民营企业如果招用一定数量持《再就业优惠证》的下岗失业人员，并符合相关条件，则可以享受税收减免、社会保险补贴或小额贷款的优惠政策。这些政策旨在促进下岗失业人员再就业，同时也在一定程度上对民营企业的发展提供了支持。然而，大部分民营企业都没能充分利用再就业优惠政策。调查的民营企业虽然都相继吸纳了一定数量的下岗失业人员和农民工，但享受到了税收减免政策或社会保险补贴政策的民营企业数量较少，仅占 1/4，享受小额贷款的民营企业数量也较少，仅占 7% 左右。而没有享受到相关政策的原因中，“不知道有相关政策”的比例较高。有些企业本可以享受到就业再就业的优惠政策，但由于企业根本不知道有这样的扶持政策而错失良好的机会。这也要求政府和社会团体要加大政策宣传力度，使党和国家的惠民政策更贴近企业。

4. 用工存在结构性短缺

当前，我国经济发展模式面临转型，产业结构面临调整和升级，企业竞争逐步深化，而从第一产业转移出来的劳动力素质较低等因素，导致了企业招工难与劳动力就业难并存的局面。这种局面主要表现为企业在用工上的性别结构、年龄结构、技能结构的短缺与过剩并存。

（1）性别结构

民营企业主要是以劳动密集型为主，且第二产业占相当比例。根据企业经营的性质，总体上男性劳动力的需求较大。但是，随着普通操作工和车缝工等工种则需要大量的女性劳动者，尤其是近几年第三产业发展较快，商业、旅游、娱乐、餐饮等行业成为女性劳动者的主要就业渠道，也出现了年轻女性劳动力供不应求的局面。

（2）年龄结构

以能力为导向的招工理念在许多民营企业中尚未形成，企业在招工时往往被年龄为主导的招工理念支配，城镇下岗失业人员中的“4050”人员就业困难。由于劳动密集型工种对劳动者体力的要求较高和劳动者本身素质普遍偏低，企业对求职者的年龄要求相当严格，严重偏向青年劳动力，使得企业招工选择范围大幅缩小，可招聘的人员总量锐减。同时，企业的从业人员低龄化和年龄结构缺乏梯度差别，也带来了许多问题，必然出现企业员工年龄结构断层的问题。

（3）技能结构

虽然以劳动密集型制造业为主的民营企业大量需要只拥有简单技能的劳动者。但是随着经济全球化和产业结构的调整与升级，客观上要求企业对产品和技术作相应调整和升级，以获得新的竞争优势。相应地，民营企业对从业人员的素质也提出了新的要求。近些年的民工荒很大程度上是劳动力资源配置错位，出现结构性短缺，其中技工荒是主要原因之一。许多民营企业缺的并不是普通工人，而是具有一定技术的技工。

5. 民营企业用工行为有待进一步规范

民营企业在用工和劳动管理方面仍存在很多不规范，如不注重协调劳资关系，规范用工行为，改进企业经营和管理方式，从而改善企业从业人员的生产和生活条件，提高福利待遇和劳保条件，提供优良的用工环境，吸引优秀人才。

劳动合同签订率低，劳动合同不规范。调查显示，2006 年这些稳定发展的民营企业的职工中，签订劳动合同的占74.6%，没有签订劳动合同的占25.4%。在劳动合同的内容上，有些民营企业会以口头协议代替劳动合同，或签订一些显失公平的劳动合同，或以劳务合同代替劳动合同等。

社会保险制度不完善，员工参保率低。我国社会保险制度不完善，主要表现为覆盖不全。城市职工基本上能够享受养老、医疗、失业、生育和工伤五大保险，而实际上，庞大的农民工群体大部分没有参加社会保险，大量民营企业职工游离在社会保险“安全网”以外。

三、发展民营企业，扩大就业的政策建议

解决好民营企业用工问题，构建全社会和谐用工关系，对促进就业、建设和谐社会具有重大意义。

1. 新形势下加大对民营企业的政策支持力度

2008年以来，由于受金融危机的影响，民营企业面临的压力越来越大，尽管国家已经出台了多项政策，“但总的看，民营企业的效益下滑、亏损上升、融资难、出口难等问题还没有得到根本解决，生产经营形势依然十分严峻，必须进一步采取措施，促进企业渡过难关”。①

（1）要切实解决民营企业市场准入难的问题，并在实际工作中取得实质性进展。要打破行业垄断，降低准入门槛，支持民营资本进入能源、金融、基础设施、公用事业等重要领域。

（2）加大财政支持力度，解决民营企业融资难的问题。在全球金融危机的大背景下，民营企业的生存状况令人堪忧。国家应加大对中小企业的财政支持力度，加快解决民营企业融资难的问题。要拓宽民营企业融资渠道，简化贷款审批手续，提高对民营企业的信贷比重。改进金融服务，创新金融产品，建立多层次的资本市场，拓宽民营企业直接融资的渠道。国有商业银行、其他商业银行应放宽对民营企业贷款抵押条件，创新民营企业贷款担保抵押方式。对于原来已经贷款的，由于形势变化，暂时无法按时偿还银行贷款的企业，适当放宽还贷时间。

（3）要加大对民营企业的财税支持，进一步降低民营企业的税费负担。适当减免民营企业的所得税。

2. 降低创业门槛，支持民营企业发展

受全球金融危机影响，我国部分地区和行业的民营企业停产倒闭现象增多，吸纳就业减少，而且有进一步蔓延的趋势。针对形势的变化，近期政府抓紧出台了一系列政策措施来稳定和促进民营企业发展。国务院办公厅转发人力资源社会保障部等部门《关于促进以创业带动就业工作的指导意见》提出，要鼓励和支持个体私营等非公经济和中小企业发展，扩大创业领域。

营造良好、平等的政策环境，促进民营企业发展。加快清理和消除阻碍创业的各种行业性、地区性、经营性壁垒，简化创办企业手续，开辟创业“绿色通道”。同时，严禁任何形式的乱收费、乱摊派、乱罚款、乱检查、乱培训，大力推行阳光收费。进一步清理和规范涉及创业的行政审批事项，简化相关手续，建立创业绿色通道。此类政策将有效节约民营企业的办事成本，鼓励创业的积极性。

不断降低创业门槛。在法律、法规许可范围内，对初创企业，可按照行业特点，合理设置资金、人员等准入条件，允许注册资金分期到位。允许创业者将家庭住所、租借房、临时商业用房等作为创业经营场所。而且各地区、各有关部门还可根据实际情况，适当放宽高校毕业生、失业人员和返乡农民工创业的市场准入条件等。这将使创办企业和项目得到稳定发展，降低创业风险，提高创业的成功率。

3. 完善公共服务，落实再就业优惠政策

扩大民营经济的就业蓄水能力，需要民企自身的努力和完善，也需要得到政府和有关组织的有效的公共服务。尽管国务院发布的“非公经济36条”为民营企业进入更多领域打开了大门，但事实上，目前民营企业进入的行业仍然十分有限，并且大多数为中小型的劳动密集型企业。民营企业若想长期稳定发展，除了自身的努力外，相关的公共服务则是重要的推动力量。因此，对政府帮助民营企业加强能力建设，除了出台必要的扶持政策外，在公共服务方面至少还有两方面可继续努力：一是加大公共就业服务，使民营企业招工与求职者更好地匹配；二是加大岗位培训

① “温家宝表示要加大对民营企业的支持力度”，来源于中国广播网，资料来源：http：//www.cnr.cn/news/200811/t20081123_505157398.html。

和指导力度，适应市场需求和科技发展潮流，鼓励创业并带动就业。

在公共就业服务中，重要的是为民营企业落实再就业优惠政策提供服务，促进民营经济发展。对到民营企业就业的下岗失业人员，免费开展岗前培训和职业介绍。按国家统一政策，对新办和现有服务（含商贸）型民营企业，招用国有企业下岗失业人员达到规定比例的，各级劳动保障部门及时为其办理相关认定手续，落实税收和社会保险补贴政策。对从事个体经营的下岗失业人员提供税费减免的认定手续和相关服务。

4. 进一步宣传就业再就业扶持政策，做好政策的衔接

胡锦涛总书记在十七大报告中指出："就业是民生之本。要坚持实施积极的就业政策，加强政府引导，完善市场就业机制，扩大就业规模，改善就业结构。"在国家重视就业再就业工作的今天，民营企业也应该依据就业再就业优惠政策积极发展，壮大实力，扩大就业岗位。针对还有部分企业对相关优惠政策不了解的问题，相关部门应为企业之所想，为企业之所需，深入企业调查，帮助企业解决实际困难。

另外，根据就业再就业扶持政策，符合条件的民营企业可享受的优惠政策期限为 3 年。从 2006 年开始执行，2008 年底则期满。根据当前金融危机对民营企业形成很大的冲击，已造成失业人员增多的情况。要按照国务院 2009 年《关于做好当前经济形势下就业工作的通知》精神，切实落实鼓励企业吸纳就业困难人员的社会保险补贴政策。延续鼓励企业吸纳下岗失业人员的税收扶持政策，对符合条件的企业在新增加的岗位中，当年新招用持《再就业优惠证》人员，与其签订 1 年以上期限劳动合同并缴纳社会保险费的，按规定在相应期限内定额依次减免营业税、城市维护建设税、教育费附加和企业所得税，审批期限延长至 2009 年底。

5. 发展和规范人力资源市场，加强劳动执法的监察力度

政府部门要加大人力资源市场的执法力度，切实保障劳动者的利益。为了缓解企业招工难、劳动者就业难的问题，一是建立失业预警和调控体系，二是扩大招工和就业渠道，三是建立和健全人力资源中介机构，四是积极发展和规范人力资源市场，五是下大力气整顿人力资源市场秩序。逐步形成劳动者通过市场实现就业、企业通过市场挑选人才的市场调节就业、劳动者自主择业、政府协调促进的市场就业机制。

随着《就业促进法》、《劳动合同法》的实施，用人单位必须依法为劳动者提供平等就业机会，依法为劳动者缴纳各项社会保险，切实维护劳动者合法权益。各级各部门要加大《劳动合同法》、《就业促进法》的宣传力度，使企业和员工都能知法、懂法和用法。同时，政府有关部门依据《就业促进法》的相关要求加大对企业的服务和监管力度，促使企业依据《劳动合同法》、《劳动法合同》用工，保障职工的合法权益。

人力资源和社会保障部门、工会组织应深入企业，为企业法人和职工讲解有关权益保障的相关知识，使企业了解用工自主权，职工了解自身应该享有的劳动保障权益。人力资源和社会保障部门要对法律的实施情况进行监督检查，尤其检查用人单位在为劳动者提供平等就业机会、履行劳动合同、按时足额支付工资、缴纳社会保险等方面的违法情况，保障公民实现劳动就业权，维护和改善劳动者生存状况，实现体面就业，促进社会公平和谐。

6. 构建民营企业用工的和谐环境，充分发挥工会、工商联的作用

通过市场机制确立民营企业员工与企业进行平等谈判的话语权，建立民营企业员工与企业平等谈判机制，即企业从业人员的劳动报酬、劳动保障、权利义务等涉及切身利益的问题均由企业和员工双方协商决定的良好机制。紧紧抓住劳资协调这条主线，为民营企业员工搭建一个良好的成长平台重点扶持农民工的教育、培训项目，鼓励发展各层次的人力资源市场，促进劳动力的合理流动。

工会应最大限度地将员工组织到工会中来，积极反映员工的诉求，切实维护员工的合法权益，努力构建和谐稳定的劳动关系。应进一步完善劳动关系三方机制，建立民营企业平等协商集体谈判制度，通过平等协商合理确定劳动定额、劳动工时、工资标准和劳动条件等，同时，应积极推动民营企业建立职代会和厂务公开制度，组

织员工有序参与企业管理，保障员工的知情权、参与权和监督权，不断激发员工的积极性和创造性，推动民营企业的创新发展。

要通过工商联、行业协会和商会等非政府组织，强化对民营企业的引导和管理，以实现企业自律。政府通过工商联、行业协会传达国家的方针政策，工商联、行业协会通过对会员企业的引导、规范其行为，促进其构建和谐劳动关系。

7. 促进就业结构与产业升级协调，合理配置劳动力资源

解决就业问题，根本在于以经济发展促进劳动力就业。政府部门要努力实现就业结构与产业结构的良性关系，既发挥就业结构变动与产业升级对经济发展的促进作用，也在经济发展中不断促进就业结构与产业结构优化，充分发挥人力资源市场对劳动力资源配置的基础性作用。要努力扩大就业，促进劳动密集型行业的发展，发挥中小型民营企业吸纳劳动力的重要作用；充分发挥第三产业对劳动力的吸纳作用，形成二、三产业共同发展的格局；努力促进产业结构转换与升级，充分发挥不同产业与行业对不同层次劳动力的吸纳作用。

同时，鼓励民营企业在规范用工的基础上合理配置劳动力资源。首先要营造尊重人才、尊重劳动、尊重贡献、尊重创新的良好氛围，创新人才引进机制，引进人才要与促进企业现有人才潜能发挥结合起来，促进企业发展。其次是注重人力资源开发利用，提高员工，队伍素质，加大培训工作力度，把培训作为提升员工队伍素质的重要途径，以提高思想道德素质和业务素质为基础。

8. 发挥人力资源社会保障工作的助推作用

影响民营企业健康发展的重要原因之一就是大多数民企用工不规范、劳动合同签订很随意、员工福利待遇难保证，以致造成职工队伍不稳定、企业规模难壮大。政府的人力资源社会保障部门维系着企业和职工双方的合法权益，对民营企业的发展有极大的助推作用，必须适时引入、跟进、加强。

（1）要强化就业服务，为民营企业构建良好的用工环境。人力资源社会保障工作人员要树立主动服务、超前服务意识，不断改进和完善服务方式，切实增强服务实效，努力提高服务质量。

（2）健全培训机制，提高素质，使民营企业职工的基本素质和职业技能适应时代发展的需要。政府要对有培训就业任务的劳动、农业、扶贫、工会、共青团、妇联等部门进行培训资源整合，统一计划、统一安排、统一要求、统一考核，重点开展民营企业在岗员工的技能培训、法律知识、城市生活常识等方面的培训，提高其遵守法律法规和依法维权的意识，提高就业技能，以增强民营企业员工综合素质，解决制约民企发展的瓶颈问题。

（3）引导和督促民营企业与职工依法签订劳动合同，规范用工行为。通过签订合同，明确民营企业与所雇员工之间的权利和义务，确立责权明晰的劳动关系，同时建立健全劳动合同管理台账，完善相关规章制度，实行劳动用工备案制，使招工、辞退、终止或解除劳动合同的各个环节都有案可查，使民营企业逐步迈入正道。

（4）依法规范民营企业工资支付行为，稳定提高最低工资标准，加强对工资分配的宏观管理，引导和推动民企随着经济效益的提高，合理确定职工工资水平，推进企业逐步建立工资正常增长机制，确保民营企业的健康发展。对小企业和季节性临时用工，应重在保障最低工资和防止工资拖欠，逐年稳步提高最低工资标准。对有一定规模的企业，重在实行工资集体协商制度、地方工资与行业工资指导线制度。进一步完善协调劳动关系三方机制，坚持预防、协调和规范处理三者有机结合的原则来解决劳动争议问题。

（5）健全社会保障体系，扩大覆盖面，督促民营企业按时足额缴纳各项社会保险。要从民营企业员工流动性大、就业形式灵活的特点出发，实行社会保障分类管理、区别对待，探索完善参保缴费的约束、激励机制，充分调动民企的参保积极性，形成只要开办企业、招用职工，就要参加社会保险的长效机制。有些地区在小企业和个体户中推行弹性参保政策，即在社会保险交费的基数、费率、方式上都具有灵活性和可操作性，降低参保门槛，实行“低进低保”的参保政策。民营企业也要把为员工谋福利作为发展基点，为员工老有所养、病有所医、失业有保提供基本保障，从而稳定队伍，也就保住了自身的发展。

（6）加强舆论对就业的引导作用，积极引导劳动者转变就业观念，为民营经济配置合格的劳动者。各级劳动保障部门要通过舆论宣传、政策扶持等手段，积极引导和鼓励劳动者到民营企业就业，鼓励下岗失业人员自谋职业或组织起来创办民营企业，有效促进就业新观念的形成。要根据民营经济发展的需要，通过人力资源市场信息网络和开展各类专场招聘活动，主动、及时地为民营企业提供数量、质量相适应的劳动力。

参考文献

[1]“培育‘小老板’，多造‘新饭碗’（政策解读·关注促进就业政策②）”，《人民日报》，2008年12月3日。

[2] 国家统计局编：《中国统计年鉴》（2008），北京：中国统计出版社。

[3] 国务院国有资产监督管理委员会办公厅发布的《关于在财务统计工作中执行新的企业规模划分标准的通知》（国资厅评价函〔2003〕327号，2003年11月4日）。

[4] 黄孟复，胡德平主编：《中国民营经济发展报告（2005~2006）》，北京：社会科学文献出版社。

[5] 杨宽宽：《我国就业人员素质总体偏低》，http：//www.zgxxb.com.cn/news.asp?id=3133。

[6] 张厚义：《中国私营企业主阶层成长的新阶段、新情况、新问题》，中国网。

[7] 周济：《30%毕业生在中小企业民营企业就业》，中国教育新闻网，2008年5月27日。

[8] 国家统计局编：《中国劳动统计年鉴》（2004，2007），北京：中国统计出版社。

[9] 新华网，http：//news.xinhuanet.com/employment/2005-07/22/content_3253801_1.htm。

[10] 中国广播网，http：//www.cnr.cn/news/200811/t20081123_505157398.html。

[11]《民营经济跨进历史新时期》，《中华工商时报》，2005年12月12日。

课题指导：张小建　王　炯　孙安民

课题主持：莫　荣

课题组：王亚栋　谷彦芬　陈杰平　李占武　王君伟　徐　洁　李晓林　刘士君　王海龙　张一卫　陈　兰

报告执笔：陈　兰

（全国工商联扶贫部　供稿）

《工商联会员2008问卷调查》分析报告

——当前非公有制企业家群体的思想政治状况

全国工商联宣传教育部

（2008年12月）

一、调查对象的整体状况

为系统、持续地了解全国非公有制经济人士思想政治状况，2008年9~11月，全国工商联宣教部首次组织部分省市工商联，在会员企业中开展了一次专项问卷调查。

本次调查涉及河北、贵州、吉林、广东、山东5个省级工商联和杭州市余杭区、成都市双流县2个县级工商联，共发放问卷1200份，回收有效问卷1125份，有效问卷回收率为93.7%。调查采用简单随机抽样方法，即由各省级工商联抽选2~3个非公有制经济比较发达的地市级工商联，再由各地市级工商联抽选4个县级组织，按照会员企业编号顺序和平均间隔抽取被调查企业。调查中，7省、市县工商联分管副主席和宣传部门负责人亲任调查督导员，精心组织操作，有效保障了本次调查的质量。

本次调查所采集的统计数据截至2007年底。经与同期的国家工商局企业统计数据、第8次中国民（私）营经济调查、上规模企业调查的相关数据比较，本次调查所涉及企业的平均资产、员工人数、营收总额等规模适中，具有一定的代表性（见表1）。

表 1　本次调查的代表性比较

	本次调查	国家工商局统计数据	第 8 次民（私）营经济调查	2007 年上规模民营企业调研
平均创业年限（年）	13.6		8.2	
户均资产（万元）	8255.2	170.27（注册资本）	1744.9	141400
户均员工（人）	350	13	191	2274
户均营收额（万元）	10872.0		6033.9	184700

二、非公有制企业家的政治态度和思想意识

1. 对时事政治的态度

高度关注国家大政方针的变化，一般性关注对经济形势有重要影响的事件，对与切身利益关系不大的时事内容关注度最低。

非公有制企业家是一个非常关注时事政治的群体，本次调查中仅有 1.1% 的被访企业家表示“不关心时事政治”，与以往研究结果相仿（见表2）。绝大多数企业家都能清醒地认识到政治环境对于企业生存发展的重要意义，因此企业家们对“全国两会”、“党的重要会议”等关乎国家大政方针政策的时政信息表现出高度关注，对“重大灾害”和“中央和地方党政领导变动”等对经济形势、政策落实有重要影响的事件投入一定的关注，而对与政治环境、切身利益关系不大的时事内容关注度最低（见表3）。

表 2　是否留意国家大事或社会时事新闻

	人数比例（%）
经常留意	79.5
有时留意	19.5
不太留意	1.0
合计	100

数据来源：2002 年香港中文大学陈健民教授主持《中国私营企业发展与社会参与》调查。

表 3　关注时事政治的内容　　单位:%

	全国两会	党的重要会议	重大灾害	中央和地方党政领导变动	群体性事件	国外涉华舆论
关心	81.2	78.9	56.2	53.1	39.6	32.2
不关心	18.8	21.1	43.8	46.9	60.4	67.8

2. 对国家政治状况的评价

对和谐稳定的社会环境评价甚高，盛赞改革开放 30 年来党的领导，对国家前途充满信心，六成人预期政治体制改革将有很大发展。

在对我国政治、社会情况的评分中，企业家对我国目前和谐稳定的社会环境评价甚高，平均达到 7.68 分，高居榜首（见表 4）。对我国政府大力推行的民主法制化进程，被访企业家也给予了 7 分以上的较高评价。

进一步的分析发现，大部分企业家的评分集中在 7 分左右，评价在 5 分以下的被访企业家仅占总人数的 13%（见图 1），这一结果表明企业家对我国的政治社会现状总体上感到比较满意。

表 4　对我国政治现状的评分[①]

	平均分
社会的和谐稳定程度	7.68
法治化进程	7.25
民主化进程	7.12
政府机构的行政效率	6.78
政府官员的廉洁程度	6.40
公检法机构执法公正程度	6.38

① 10 分代表最好，1 分代表最差。

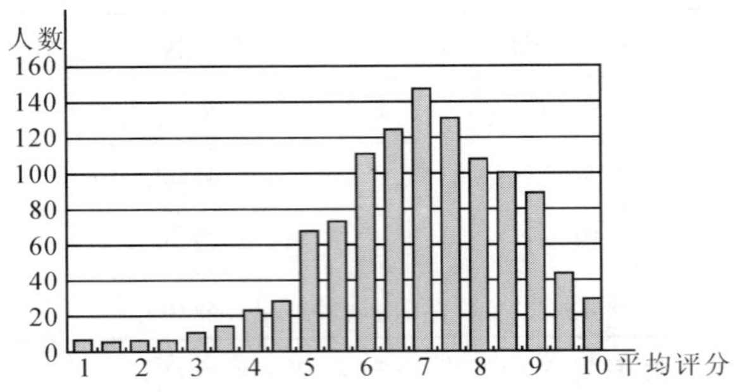

图 1　对我国社会政治状况平均评分的分布①

作为改革开放政策的积极实践者和最大受益者，被访企业家对改革开放过去 30 年来党的领导予以盛赞，评价甚至远高于党在解放前革命斗争时期的表现（见表 5）。在对未来十年我国社会发展形势的预测中，有 83.3% 的被访企业家认为我国的社会形势会趋于更加和谐稳定。而认为未来十年我国政治体制改革将有很大发展的比例比 2002 年提高 1 倍以上（见表 6）。总体来讲，非公有制企业家群体对国家发展前途充满信心。

表 5　对中国共产党在不同历史时期表现的评价

	选择比例（%）
改革开放 30 年	77.5
新中国成立前的革命斗争时期	16.1
新中国成立初期	5.7
“文化大革命”时期	0.6

表 6　对未来十年我国政治体制改革前景的预测（%）

	将有很大发展	有一定发展	和现在一样	不如现在	说不清
2008 年	61.2	29.2	2.3	0.4	6.8
2002 年	28.9	59.6	9.0	—	2.6

数据来源：2002 年数据来自香港中文大学陈健民教授主持《中国私营企业发展与社会参与》调查。

交互分析表明（见表 7），加入了中国共产党的企业家对我国当前的政治社会状况普遍评价较高；担任各级人大代表、政协委员、工商联执常委等社会职务的企业家，以及获得过劳动模范、优秀建设者等社会荣誉的企业家，他们对社会政治状况的评分显著高于未担任社会职务、未获得过社会荣誉的被访者；此外，资产规模在 5000 万元以上的被访企业家的评分普遍也较高。这表明，非公有制企业家中的共产党员、社会职务和社会荣誉的获得者，以及资产规模较大的企业家，这些群体在国家政治和经济生活中拥有较高的地位和更多的资源，他们也许对社会政治状况有着更高的掌控感，因此评价较高。

表 7　不同类型企业家对社会政治状况的平均评分（%）

		对社会政治状况的平均评分	
		5 分以下	5 分以上
不同政治面貌	中共党员	9.5	90.5
	民主党派	21.6	78.4
	群众	14.8	85.2
担任社会职务情况	担任	12.1	87.9
	未担任	18.5	81.5
获得社会荣誉情况	获得	9.7	90.3
	未获得	18.3	81.7
不同资产规模	大于 1 亿元	7.6	92.4
	5000 万 ~1 亿元	4.5	95.5
	1000 万 ~5000 万元	15.7	84.3
	500 万 ~1000 万元	10.6	89.4
	小于 500 万元	16	84

3. 最希望改善的社会问题

“发展经济”始终是最关注的问题，相比 20 世纪 90 年代的调查结果，对社会治安问题的关注度大幅下降，而“法制建设”和“打击腐败”仍然被列为当前最应改善的社会问题。

当前企业家最希望改善的社会问题，排在第 1 位的是“发展经济，改善人民生活”，且各种社会问题的位次与 2002 年的《中国私营企业发展与社会参与》调查结果基本相同，具有较高可信度（见表 8）。可以看出，非公有制企业家群体看待社会问题更多地是从企业自身的经营发展的角度出发，对经济层面的问题考虑较多，而政治诉求、政治抱负并不明显。

① 10 分代表最好，1 分代表最差。

表 8　当前最希望改善的社会问题

	本研究结果（%）和位次		2002 年位次
发展经济，改善人民生活	42.6	1	1
法制建设更健全、更公正	18.9	2	2
打击腐败使社会更廉洁	10.0	3	3
提高全社会的道德水平	6.4	4	5
教育更普及，全民素质提升	6.2	5	4
贫富悬殊的问题得到缓解	6.2	6	7
有更宽松的民主自由空间	5.3	7	6
社会治安得到改善	4.3	8	8

数据来源：2002 年数据来自香港中文大学陈健民教授主持《中国私营企业发展与社会参与》调查。

与 20 世纪 90 年代的两次调查相比（见表 9），企业家对社会治安问题的关注度有了大幅度下降（20 世纪 90 年代的关注度为 20.6% 和 34.8%，本次调查结果为 4.3%），反映出 10 余年来各级党委政府在社会治安综合治理方面取得了显著成效。

表 9　20 世纪 90 年代最关注的社会问题

	1995 年（%）	1997 年（%）
权钱交易	37.3	57.4
“三乱”（乱收费、乱摊派、乱集资）	31.4	58.9
治安恶化	20.6	34.8
分配不公	5.1	16.3
敲诈勒索	2.9	6.9
政府、军队人员经商	2.6	5.3

数据来源：中共中央统战部、全国工商联 1995 年、1997 年全国私营企业研究课题。

而 20 世纪 90 年代企业家关注度最高的是“权钱交易”、“乱收费、乱摊派、乱集资”等问题，虽经国家三令五申，但本次调查中仍有 18.9% 和 10% 的被访企业家认为法制建设和打击腐败是当前最应改善的社会问题。

4. 对企业发展外部环境的评价

总体比较满意但仍期望改进。对自身社会政治地位的满意度最高，对融资便利性的满意度最差；对公检法机构执法公正程度评分最低，并认为公检法和银行最难相处。

从总体上看，企业家们对近几年来非公有制经济发展的外部环境比较满意，对自身的社会政治地位、人身财产安全、企业当地的发展环境、行业准入、舆论环境表示“很满意”和“满意”的被访者超过 50%，其中企业家对自身社会政治地位的满意度最高，达到 72.5%（见图 2）。

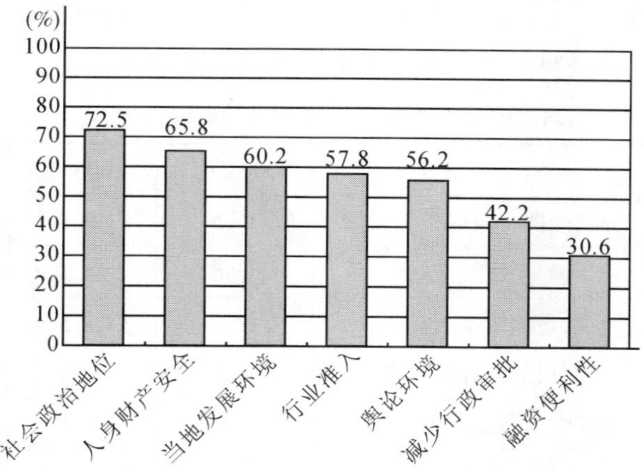

图 2　对非公有制经济发展外部环境的满意度

然而，“融资便利性”却是企业家们评价满意度最低的环境因素。评价“很满意”的占 6.7%，“满意”的占 23.9%，均在被调查的七个环境因素中排名最后；表示“不满意”或“很不满意”的比例均排名第一，总比例合计 24.4% 近 1/4（见图 3）。

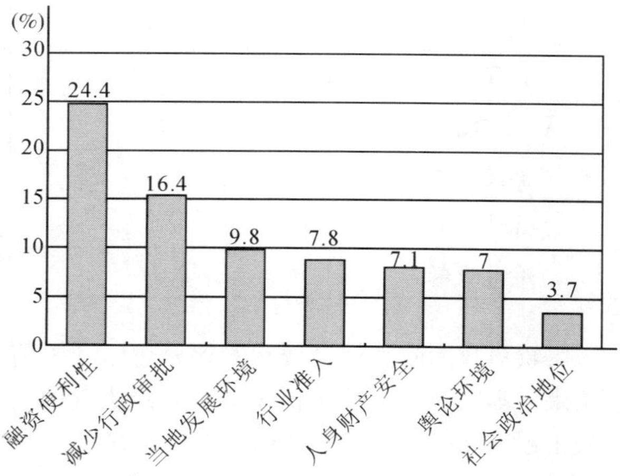

图 3　对非公有制经济发展外部环境的不满

同时，有28.3%的被访企业家认为“银行”是最难相处的一种社会关系（见表11）。这也从侧面反映出非公有制企业对“贷款难”的不满。这一长期存在的“老大难”，说明在金融领域，大多数企业与市场的关系尚未理顺，客观上阻碍了企业的发展，也为后来国际金融危机引发的中小企业“倒闭潮”埋下了伏笔。至于非公有制企业“贷款难”的原因，表10中的两次调查结果进行了一定程度的揭示。

调查发现，在超过1/3的企业家眼中，“公检法部门”“夺得”第一，成为最难以相处的社会关系，为此叹息无奈的比例（36.6%）甚至超过了“银行”（28.3%），另外有11.8%的被访企业家选择了“党政部门”（见表11）。

表10　非公有制企业贷款难的原因（%）

	2004年	2006年
贷款抵押、担保条件太严	46.5	49.3
手续繁杂	33.8	24.4
贷款成本太高	12.7	17.5
信用等级评定过严	2.8	4.5
公开财务信息的要求过高	1.3	2.0
其他	2.8	2.4

数据来源：中共中央统战部、全国工商联2004年、2006年全国私营企业研究课题。

表11　最难相处的社会关系

	认为难相处的比例（%）
公检法部门	36.6
银行	28.3
党政部门	11.8
社保部门	5.9
党政领导	5.5
新闻媒体	5.1
企业员工	4.1
企业股东	2.7

比较对我国政治社会现状的评分也印证了前述结果，本次调查中被访企业家对公检法机构执法公正程度和政府官员的廉洁程度评分最低（见表12）。

表12　对我国政治现状的评分①

	平均分
社会的和谐稳定程度	7.68
法治化进程	7.25
民主化进程	7.12
政府机构的行政效率	6.78
政府官员的廉洁程度	6.40
公检法机构执法公正程度	6.38

由此可见，当前非公有制企业家对外部环境的不满主要集中在公检法部门的执法不公和党政官员的腐败问题上。他们认为解决问题的当务之急是“强化对权力部门的制约和监督”，这一点远高于对改善其他问题的期望（见表13）。

表13　我国当务之急应借鉴的发达国家制度

	希望改善的比例（%）
强化对权力部门的制约和监督	58.6
政务信息更加公开透明	17.9
扩大公众影响政府决策的渠道	14.7
拓展舆论监督的空间	5.7
只要不影响我们做生意，怎样都行	3.0
其他	0.1

5. 对待权钱交易问题的态度

有七成以上的受访者认同权钱交易是企业发展隐患，并认为此举未必是企业降低成本的良策；但在腐败能否被根除的问题上态度模糊或信心不足。

我们社会进入转型期以来，以权钱交易为主要形式的腐败现象不断恶化，不仅造成巨额经济损失，更构成对政府公信力与合法性的最大挑战，成为越来越严重的社会问题。在2002年的《中国私营企业发展与社会参与》调查中，有47.5%的被访者认为腐败问题“非常严重”，认为“比较严重”的有44.9%，两项之和占92.4%，而选择“一般”和“不严重”的仅为7.6%。

① 10分代表最好，1分代表最差。

从对待权钱交易的立场上看（见表14），企业家在关乎企业自身发展的问题上旗帜鲜明，71.7%的被访者将权钱交易视为“企业未来发展的隐患”，同时超过八成的人（不同意54.9%，很难说26.0%）认为权钱交易未必就一定能降低企业发展成本。但在权钱交易现象是否能得到有效治理、交易双方谁应承担主要责任等问题上，有三成左右的被访者都表示“很难说”。由此可见，虽然大部分企业家都意识到权钱交易是为企业发展埋下的一颗“地雷“，但不少人对待腐败问题的态度仍然十分模糊或者说对这一现象得到根本解决信心不足。比如，本次调查中，在了解企业“与权力部门发生冲突纠纷时的解决方式”时，有企业家在“其他”选项中填写了这样的解决方法——“哪有事，哪花钱”，反映出少部分企业家继续进行权钱交易的内在动机。

表14　对待权钱交易的态度（%）

	同意	很难说	不同意
权钱交易是企业未来发展的隐患	71.7	13.2	15.0
权钱交易现象能够得到有效治理	55.8	33.5	10.8
在权钱交易中，有权一方责任更大	53.2	30.7	16.1
权钱交易能降低企业发展成本	19.1	26.0	54.9
腐败干部背后都有民营企业家的身影	14.4	32.0	53.6

6. 解决冲突纠纷的方式

依靠组织和人情解决纠纷依然是企业家们的首选，通过法律手段解决问题一直不是企业家处理冲突的主要渠道，同时也很少有人选择诉诸舆论或“自发联合起来争取解决”这些相对比较激烈的解决方式；令人欣慰的是，与“权力部门”发生纠纷后选择“默默忍受”的比例明显降低，表明企业家维护自身利益的意识和信心都有了大幅提升。

在生产经营过程中，企业难免会与政府管理部门、“权力部门”发生冲突纠纷，这种情况下，非公有制企业家最先想到的解决方式是依靠政府和组织。本次调查中选择“请求党政领导、上级主管部门解决”和“通过工商联或行业组织协助解决”的被访企业家都超过了半数（见表15）。另外有43.4%的被访者希望依靠人情，“私下协商，自行解决”。很少有人会选择诉诸舆论工具或“自发联合起来争取解决”这些相对比较激烈极端的解决方式，说明企业家群体维护和谐稳定社会关系的愿望比较强烈，建设和谐社会，与政府部门和睦相处是企业家们的利益所在。

与2004年的数据相比，与“权力部门”发生纠纷后选择“默默忍受”的比例明显降低（从第2位降到了第5位），表明非公有制企业家维护自身利益的意识和信心都有了大幅度的提升，这一变化令人欣慰。而选择“提请仲裁或进行诉讼”，通过法律手段解决问题一直不是企业家解决纠纷的主要渠道，这一方面可能是由于我国目前的法制环境尚不尽如人意，被访者对法律的公正性缺乏信心，公检法部门难以取得非公有制企业家的信任；另一方面或许是受传统文化中“无讼”理念的影响，中国社会尚未真正形成依靠法律解决纠纷的社会环境和文化环境。

表15　解决与权力部门纠纷的方式

	本研究结果（%）和位次		2004年位次
请求党政领导、上级主管部门解决	57.9	1	1
通过工商联或行业组织协助解决	52.6	2	3
私下协商，自行解决	43.4	3	4
提请仲裁或进行诉讼	23.2	4	5
默默忍受	20.9	5	2
通过媒体施加影响	5.2	6	6
自发联合起来争取解决	4.7	7	7
其他	1.1	8	8

数据来源：2004年数据来自中共中央统战部、全国工商联全国私营企业研究课题。

7. 新社会阶层的群体属性

具备一定的群体意识，但仍然矛盾且不清晰。1/3的企业家不知道自己归属于“新社会阶层”，但文化层次越高对此认知度越高；他们在诸多思想认识问题上的高度一致反映出相当程度的群体共性。

2001年7月1日，在庆祝中国共产党成立80周年大会上的讲话中，江泽民主席首次使用了“新的社会阶层”的提法，以此概括我国自20世纪70年代改革开放以来出现的不同于工人、农民、知识分子的新的社会群体。2002年召开的中共十六大，确认了新的社会阶层是中国特色社会主义事业的建设者。2006年7月的全国统战工作会议进一步明确了“新社会阶层”的概念，中共中央颁发的《关于巩固和壮大新世纪新阶段统一战线的意见》中指出，“改革开放以来出现的新的社会阶层，主要由非公有制经济人士和自由择业知识分子组成，集中分布在新经济组织、新社会组织中。他们作为中国特色社会主义事业的建设者，在促进共同富裕、构建社会主义和谐社会、全面建设小康社会中发挥着重要作用”。

本次调查中，有66%的被访者知道非公有制企业家被称为“新社会阶层人士”，21.4%的被访者表示“不知道”，另外尚有12.6%的被访企业家表示“没听说过这个概念”，表明至少有1/3的企业家并没有关心过自身的政治属性。同时企业家对“新社会阶层”概念的认知程度与其受教育程度呈现明显的关联，知晓这一概念的被访者比例随受教育程度的提高显著增高（见表16）。

表16 不同文化程度企业家对“新社会阶层”概念的认知程度（%）

	知道	不知道	没听说过这个概念
研究生	81.0	8.9	10.1
本科/大专	70.6	17.9	11.5
高中/中专	56.0	29.6	14.4
初中及以下	50.8	33.9	15.3

他们在对一些宏观问题的认识上存在很大共性，有92.9%的被访企业家同意“民营企业也是先进生产力的代表”，81%的被访者不同意“发展民营经济是导致贫富差距的根源”。但在“民营企业发展初期有原罪”的问题上，观点也出现了分散，虽然有近2/3的被访者“不同意”这一观点，但仍有超过1/4的被访企业家表示“很难说”，还有8.2%的被访者表示“同意”（见表17）。由此可见，“新社会阶层”的概念虽然已经在客观上被建构出来，但在主观上，非公有制企业家们的群体意识尚不清晰且存在一定的矛盾。

表17 对民营经济的社会认知 单位:%

	同意	很难说	不同意
民营经济也是先进生产力的代表	92.9	4.6	2.5
发展民营经济是导致贫富差距的根源	6.9	12.2	81.0
民营企业发展初期是有原罪的	8.2	25.8	66.0

8. 思想交流渠道

多元化、多样化趋势明显。四成受访企业家有熟悉且经常联系的海外朋友，半数每天上网1小时以上，且三成多的人已经或准备“开博”，这一状况表明海外交往和网络环境对企业家群体思想意识的影响越来越不容忽视。

20世纪90年代，我国非公有制企业对外开放的主要形式以招商引资和开展涉外服务为主，利用国外的资金和技术发展企业。2001年，中国正式加入世贸组织。在新的历史条件下，我国非公有制企业迈开了“走出去”的步伐（见表18）。本次调查中有17.1%的企业开展了海外业务，8.1%的被访企业家表示有开展海外业务的计划。

随着企业对外开放水平的不断提高，非公有制企业家开展海外交往的现象也越来越普遍。本次调查中，有48%的被访企业家在上一年中有出国、出境的记录，其中主要的出访缘由是商务活动（57.7%），且企业资本规模越大的企业家出国、出境的次数越多；有25.3%的被访者经常与海外投资人或企业家联系，海外企业管理人员和专业技术人员是企业家们经常联系的对象，总计有40.4%的被访企业家表示自己在海外有熟悉且经常联系的朋友。

表18　开展海外业务情况（%）

	2002年	2004年	2006年
进行海外投资	2.1	1.8	1.9
自营进出口权	—	19.0	18.3
委托贸易公司外销产品	—	—	15.6

数据来源：中共中央统战部、全国工商联全国私营企业研究课题。

同时，除国内主流媒体作为最主要的信息渠道外，网络也成为非公有制企业家获取信息、交流思想的重要平台。本次调查显示，有71.2%的被访企业家每天上网，49.2%的企业家每天上网时间在1小时以上；16.9%的企业家在网上开设了自己的博客，还有14.4%的被访者表示正准备“开博”（见图4）。

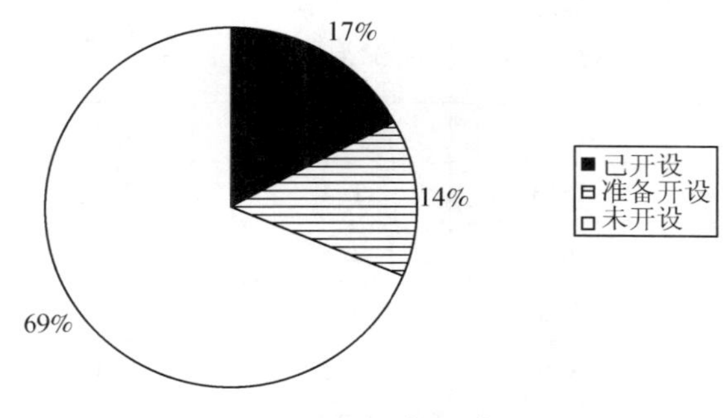

图4　开设博客情况

9. 对待财富的态度

有六成以上的企业家认同党的改革开放政策是富民之源，承认财富是员工、创业者、科技人员共同创造的；并且年纪越轻、文化程度越高、资产规模越大，对个人财富的认识和分配越具社会性、时代性，表明在长期教育引导下，新社会阶层人士的新财富观已经形成。

社会主义市场经济条件下的新社会阶层人士的新财富观，是对应着传统社会“无商不奸”、“唯利是图”、“为富不仁”等旧财富观而言的，在对于财富来源的认识、对财富再分配的观念上都与旧财富观有着显著的、根本性的区别。这种进步，一方面源于企业家们自身综合素质的提升，同时也表明长时期的“团结、帮助、教育、引导”工作起到了“润物细无声”的作用。

本次调查中，对于非公有制企业家获得财富的主要原因，有83%的被访企业家选择了“改革开放大背景和政策机遇”，61.4%的被访者认为“是由企业家和员工共同创造的”，位于“敢于承担风险，善于创新”和“个人聪明才智和勤奋刻苦”两项个人特质之前（见表19）。这表明大部分企业家都能清醒地认识到党的改革开放政策是富民之源，并且承认财富是员工、创业者、科技人员的共同创造。这些观念正是非公有制企业家“致富思源，富而思进”，“共享共建”，构建和谐社会的基础。

在将来如何处理个人财富的问题上，排在第一位的是“交由职业经理人管理运行”，仅有41.3%的被访企业家选择家庭继承，还有10.4%的被访者表示要“捐建慈善公益基金”。这与遗富子孙的传统财富观有了很大差异（见表20）。

表19　对财富来源的认识

	选择比例（%）
改革开放大背景和政策机遇	83.0
是由企业家和员工共同创造的	61.4
敢于承担风险，善于创新	54.0
个人聪明才智和勤奋刻苦	44.4
政府支持	40.0
运气好	10.1

表20　对个人财富的处理方式

	选择比例（%）
交由职业经理人管理运行	42.7
子女亲属继承	41.3
捐建慈善公益基金	10.4
自己享受消费	2.8
其他	2.8

随着社会主义市场经济体制的不断完善，非公有制企业家对企业资产的处分越来越遵循市场规律，做到义利兼顾。并且，年纪越轻、

受教育程度越高、资产规模越大的企业家对新观念的接纳程度越高，中共党员、民主党派人士比群众的观念更富时代性（见表21），可见新财富观的形成与企业家自身素质的提高密不可分。

值得注意的是，在资产规模大于5000万元的被访企业家（占样本总数的27.6%）中，没有一人选择要将个人财富用于“自己享受消费”。正如被誉为“中国首善”的江苏黄埔再生资源利用有限公司董事长陈光标所言：“财富如水，如果你有一杯水，你可以独自享用；如果你有一桶水，你可以存放家中；但如果你有一条河，你就要学会与他人分享。”资产规模较大的企业家能够更深刻地认识到巨额财富的社会属性和企业承担的社会责任，因而不会将财富用于私人消费和享乐。

10. 企业基层组织建设

最近15年企业党组织、工会组织数量增长了10倍和7倍，并且政治觉悟越高、受教育程度越高、企业规模越大的，组织建设工作做得越好，进一步说明企业内部治理的完善程度决定于企业家综合素质。

非公有制企业党组织和工会组织的建设是基层组织建设的重要方面。结合以往调查可以看到，近15年来企业内部组织建设取得了长足的进步。

1993年，建立了基层党组织的非公有制企业只有4%，建立工会组织的企业则只有8%，而本次调查中这两个数字已经分别增长到45.8%和57.4%（见表22）。非公有制企业中工会组织机构的发展，对于规范企业相关利益主体的行为，保障各自的权益，形成完善的企业治理结构提供了重要的组织基础。

表21　将来如何处理个人财富（%）

		交由职业经理人管理运行	子女亲属继承	捐建慈善公益基金	自己享受消费	其他
不同年龄组	35岁以下	51.2	27.4	11.9	8.3	1.2
	35~40岁	38.0	42.1	15.3	1.4	3.2
	40~50岁	44.8	39.1	10.4	2.3	3.4
	50~60岁	42.4	45.6	7.6	2.4	2.0
	60岁以上	21.4	60.7	3.6	7.1	7.1
不同文化程度	研究生	46.1	27.6	17.1	2.6	6.6
	本科/大专	46.6	38.4	11.1	1.3	2.7
	高中/中专	35.5	48.7	8.6	4.3	2.9
	初中及以下	29.1	54.5	3.6	12.7	0
不同资产规模	大于1亿元	52.3	32.9	11.6	0	3.2
	5000万~1亿元	43.8	44.8	9.5	0	1.9
	1000万~5000万元	44.9	39.9	7.6	4.3	3.3
	500万~1000万元	44.0	45.9	6.3	3.1	0.6
	小于500万元	36.1	45.5	12.0	2.6	3.8
不同政治面貌	中共党员	47.9	36.8	11.6	1.4	2.4
	民主党派	46.2	37.5	13.5	1.9	1.0
	群众	38.0	45.2	9.2	4.0	3.6
总计		42.7	41.3	10.4	2.8	2.8

表22 企业内部组织建设状况（%）

	1993年	1995年	2000年	2002年	2004年	2006年	2008年
建立党组织	4.0	6.5	17.4	27.4	30.7	34.8	45.8
建立工会	8.0	5.9	34.4	49.7	50.5	53.3	57.4

数据来源：2006年之前数据来自中共中央统战部、全国工商联全国私营企业研究课题。

表23反映了不同政治面貌、在党内任不同职务、不同文化程度、拥有不同资产规模和员工人数的企业家在企业内部建立基层组织的情况，可以清晰地看出，政治觉悟越高、受教育程度越高、掌管企业规模越大的企业家的企业内部基层党组织和工会组织的组建率越高，组织建设工作做得越好。

表23 不同类型企业家企业内部组织建设情况（%）

		是否建立党组织		是否建立工会	
		已建立	未建立	已建立	未建立
不同政治面貌	中共党员	65.0	35.0	67.5	32.5
	民主党派	42.3	57.7	51.4	48.6
	群众	31.8	68.2	51.4	48.6
党内不同职务	书记	90.7	9.3	79.0	21.0
	副书记	63.6	36.4	63.6	36.4
	委员	54.0	46.0	58.7	41.3
	无职务	35.6	64.4	52.8	47.2
不同文化程度	研究生	64.6	35.4	68.4	31.6
	本科/大专	49.2	50.8	61.6	38.4
	高中/中专	38.4	61.6	49.8	50.2
	初中及以下	31.7	68.3	48.3	51.7
不同资产规模	1亿元以上	86.8	13.2	80.5	19.5
	5000万~1亿元	69.6	30.4	77.7	22.3
	1000万~5000万元	43.6	56.4	61.8	38.2
	500万~1000万元	34.7	65.3	44.7	55.3
	500万元以下	24.1	75.9	37.9	62.1
不同员工人数	500人以上	78.4	21.6	80.9	19.1
	200~500人	65.6	34.4	66.1	33.9
	100~200人	54.1	45.9	60.8	39.2
	50~100人	37.4	62.6	61.5	38.5
	50人以下	21.3	78.7	36.8	63.2

11. 宗教信仰

企业家信教比例略有增长，信佛者较多；信教的主要原因是“修身养性”，同时，期望通过宗教获得“心灵寄托”、舒缓“压力过大”者也超过半数，令人对该群体的精神生活状况感到忧虑。

与1993年的调查数据相比，本次调查中信仰宗教的非公有制企业家比例略有增长，由1993年的14.6%上升到19.9%（见表24）。

表 24 宗教信仰状况

	佛教	道教	基督教	天主教	伊斯兰教	其他	无宗教信仰
本次调查	16.7	1.0	0.7	0.5	0.3	0.7	80.1
1993 年	9.3	0.6	1.2	1.0	2.2	0.3	85.4

数据来源：1993 年数据来自中共中央统战部、全国工商联全国私营企业研究课题。

其中，信仰佛教的比例增幅最大，由 9.3% 增长到 16.7%。另外，由于本次调查的地区没有涉及穆斯林聚居区，因此信仰伊斯兰教的比例与 1993 年相比有较大幅度下降。

对于信仰宗教的原因（见表 25），有超过半数（52.7%）的被访企业家认为信教是为了“修身养性”，表明大部分非公有制企业家追求宗教信仰的目的是涵养性情、调和身心，提高自身素质和修养。另有 38% 的被访者选择“心灵寄托”作为信教的目的，还有 19.5% 的被访者认为信仰宗教是“压力过大”造成的，这两个选项合计也超过半数（57.5%）。这种状况表明，大部分企业家们身处激烈的市场竞争中，承担着巨大的心理压力，迫切需要克服焦躁、抚慰心灵、舒缓压力、坚定意志，获得精神层面的理解和支持，由于在现实社会缺少相应渠道、平台的情况下，一部分人因此选择了宗教生活。

表 25 信仰宗教的原因①

	选择比例（%）
修身养性	52.7
心灵寄托	38.0
压力过大	19.5
追随潮流	7.8
普度众生	6.3
其他	3.3

三、非公有制企业家的政治参与意识和现实表现

1. 参与政治社会事务的愿望普遍增强

企业家队伍里中共党员的数量自 2001 年后猛增，参加民主党派比例为 10%；他们对自身政治参与程度的评价，普遍低于对经济收入和社会声望的评价，展露了一种更广泛地参与政治社会事务的愿望。

政治是经济的集中表现。非公有制企业家作为企业的管理者和巨额财富的所有者，其经济实力的增长必然会伴随着参与政治社会事务愿望的增强。

根据中共中央统战部、全国工商联的私营企业研究课题资料，2001 年允许非公有制企业家入党后，2002 年这一群体中中共党员的比例由 2000 年的 19.8% 猛增至 30.2%。此后该数字一路上升，2004 年、2006 年的调查数据分别为 33.4% 和 40.5%。本次调查中，41.1% 的被访企业家是中国共产党党员（见图 5），另有 10.2% 的被访者加入了各民主党派。由于本次调查对象中担任一定社会职务的人数较多、企业规模较大，因而参加民主党派的比例高于私营企业研究课题资料。

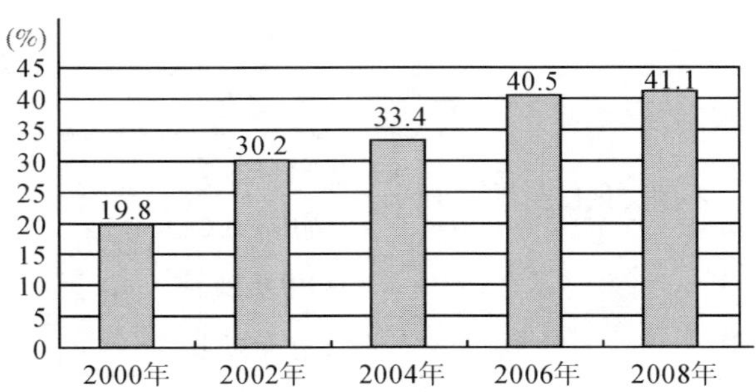

图 5 非公有制企业家中中共党员的比例（%）②

在对自己的经济收入、社会声望和政治参与程度处于社会何种地位的评价中（见表 26，1 分代表地位最高，10 分代表地位最低），大部分企业家认为自己处于社会中间阶层。但历次调查中，他们对自身政治参与程度的评价普遍低于对经济收入和社会声望的评价，2004 年和 2006 年的调查中甚至出现下滑的趋势。这种现象从侧面表明非公有制企业家对政治参与现状的不满，他们希望能够在更大范围内更深入地对政治社会事务产生影响。

① 此题为多选题，故比例之和大于 100%。

② 2006 年前数据来自中共中央统战部、全国工商联全国私营企业研究课题。

表 26　对自身社会地位的评价

	1993 年	1995 年	1997 年	2000 年	2002 年	2004 年	2006 年
经济收入	4.5	4.7	4.7	4.7	4.7	5.1	5.3
社会声望	4.0	4.3	4.4	4.3	4.1	5.1	5.3
政治参与	4.6	5.2	5.3	5.1	5.0	5.6	5.9

数据来源：中共中央统战部、全国工商联全国私营企业研究课题。

2. 充分认同现有政治参与的渠道

约八成的企业家把担任人大代表、政协委员、工商联执常委视作最重要的政治参与方式，表明其对主流渠道的代表性、有效性以至荣誉感的认同；“通过媒体发表意见建议”等非主流方式似乎并不为企业家群体所接受，但仍有少数受访者建言加速民主化进程和企业家担任政府职务。

非公有制企业家参与政治最重要的途径，是担任各级人民代表大会代表、政治协商会议委员，而工商联作为党和政府联系非公有制经济人士的桥梁和纽带、政府管理非公有制经济的助手，也吸引了很多企业家的眼光。

本次调查数据表明，企业家最希望通过“担任人大代表”的方式参与社会政治事务（比例为32.1%），“参加工商联或行业组织”（26.0%）和“担任政协委员”（21.2%）紧随其后。有意思的是，“工商联或行业组织”的位次超过“政协委员”5 个百分点。其中缘由，可能是因为“工商联或行业组织”近年在经济领域发挥的作用日渐凸显，也可能是调查对象全部是工商联会员所致。而“直接与当地党政领导干部交流”、“担任政府部门的特约观察员、监督员”、“通过媒体发表意见建议”等非正式的渠道并不太被企业家群体接受（见表27）。可见，非公有制企业家更希望通过主流、规范的渠道介入政治社会生活，他们将此作为提高自身社会政治地位的有效方法。

虽然本次调查中认为“现有的渠道、方式都不够充分有效”的受访者只有0.4%，但他们所表达的意见依然不容忽视。有3 位受访者在问卷上留言，认为“现行体制更多体现党委政府及领导人个人利益与愿望，不能完全有效利用社会人才”，建议“应加速民主化进程，还权于民，采用公推竞选、自荐等形式，让社会优秀人才参与政治和社会事务，推进社会和谐发展”，并直接提议“为有能力、有才华的民企人士提供担任政府相应职务的机会”。这些思想认识，一方面表达了他们的良好政治愿望；另一方面也可以看到西方政治思潮的印记。

表 27　希望通过何种方式参与政治和社会事务

	选择比例（%）
担任人大代表	32.1
参加工商联或行业组织	26.0
担任政协委员	21.2
直接与当地党政领导干部交流	12.1
担任政府部门的特约观察员、监督员等	6.8
通过媒体发表意见建议	1.4
现有的渠道、方式都不够充分有效	0.4

在非公有制企业家实际任职方面，本次调查中，85%的被访企业家都担任了一定的社会职务。有67.1%的被访企业家担任了工商联执委常委，48.1%的被访者担任政协委员（见表28），这是企业家参与政治事务最普遍的两种形式。

表 28　担任社会职务情况（%）

级别	人大代表	政协委员	工商联执委常委	行业组织常务理事
全国	0.8	1.8	2.6	3.3
省市级	2.9	2.6	2.8	5.9
地市级	9.7	15.4	21.3	10.3
县级	12.4	28.3	39.1	7.5
乡级	0.6	—	1.3	1.0
总计	26.4	48.1	67.1	27.9

3. 参与社会政治事务带有一定功利性

参政议政的目的首先是为企业自身发展服务，但受教育程度的高低，直接影响着他们的目的有所侧重，或更关心“提高自己的声望”，或更看重“拓宽反映自己愿望要求的渠道”。

非公有制企业家群体参与政治事务的目的带有一定的功利性。他们大都有了一定的经济基础，但绝大多数仍处在努力增强经济实力、将企业做大做好的阶段，他们不可能将太多的时间和精力投入政治领域，而是要首先专心于自己企业本身的发展。对他们来说，参与政治是为经济利益服务的手段。

本次调查结果显示，近半数（48.3%）的被访企业家表示参政议政的目的是“拓宽反映自己愿望要求的渠道”，选择“实现企业家的政治理想”和“寻求更多的政治保护”的企业家则各占20%左右（见表29）。交互分析发现，受教育程度较低的企业家更多地希望通过参政议政“提高自己的声望”和“接触高层领导，争取支持”，而受过高等教育的企业家则更看重“拓宽反映自己愿望要求的渠道”和“寻求更多的政治保护”；企业规模大小与参政目的的联系并不紧密，这一点有些出人意料。

表29 企业家参政的目的

	选择比例（%）
拓宽反映自己愿望要求的渠道	48.3
实现企业家的政治理想	21.6
企业经济实力提升后，寻求更多的政治保护	18.9
接触高层领导，争取支持	7.4
提高自己的声望	3.2
其他	0.5

四、非公有制企业家的社会责任意识和现实表现

1. 参与社会慈善事业的目的深具公益色彩

八成企业家选择“扶助弱势群体，使社会更加和谐”，“什么都不图”和“为国家分忧解难”的被访者也均超过半数，表明其公益活动中主流的思想是富而思源，回报社会。

本次调查中，96%的企业家曾经有过社会捐赠行为，捐款额最低为1000元，最高达3000万元，中位数为15万元。

对于参与慈善公益事业的主要目的，近80%的被访企业家选择了“扶助弱势群体，使社会更加和谐”，另外选择“什么都不图，这是一个社会人应尽的责任”和“报答党和政府，为国家分忧解难”的被访者也均超过半数（见表30）。非公有制企业家参与公益慈善事业的目的深具公益色彩，他们的主流思想是富而思源，回报社会。

表30 参与慈善公益事业的主要目的

	选择比例（%）
扶助弱势群体，使社会更加和谐	79.7
什么都不图，这是一个社会人应尽的责任	55.4
报答党和政府，为国家分忧解难	51.4
在社会上树立一个好的口碑	22.7
环境有压力	4.4
其他	1.4

2. 对企业社会责任的理解更加全面理性

超过3/4的被访企业家选择办好企业、多创税收和就业作为履行社会责任的最重要方式，认同慈善公益事业的也超过六成；遗憾的是仅四成受访者认为办企业应承担相应的环境责任，可见企业家的环保意识亟待提高。

企业作为市场经济的主体，同时也是社会的一分子，是公民社会的主体。它一方面从社会中获得经营发展所必须的各种资源，同时企业支配巨大财富做出的行为又会对社会环境造成重大的影响。因此，企业在不断创造经济价值的同时，也应该作为社会进步的推动者，与政府、公众和其他社会成员共同致力于保证环境的健康和社会的和谐。企业的社会责任就是企业对社会的义务，企业的投资者、管理者和员工需要履行公民义务，企业本身也应该履行社会责任。

近年来，随着社会主义市场经济体系的不断发展，新财富观的逐步形成，企业不应唯利是图而应对社会承担责任的观念也在企业家群体中渐渐成为主流。本次调查中，对于什么是企业社会责任的认识高居前两位的是“把企业做强做大，为国家创造更多税收”和“为社会创造更多就业岗位”，选择将其作为主要方式的被访企业家均超过3/4（见表31）。企业家们普遍认为，使自

己的企业健康发展，为国家创造税收和就业是承担社会责任最重要的方式。此外，企业家对从事社会慈善公益事业的认知度也很高，达到63.6%，但对其应该承担的环境责任认知度偏低，仅为43.5%。

表31　企业承担社会责任的主要方式

	选择比例（%）
把企业做强做大，为国家创造更多税收	81.1
为社会创造更多就业岗位	76.4
积极参与慈善等社会公益事业	63.6
建立和谐劳动关系	58.4
减少环境污染，发展绿色经济	43.5
其他	1.3

3. 企业内部劳动关系总体和谐稳定不具冲突性

有七成受访企业最近三年内没有劳资纠纷发生，分析发现和谐的企业劳动关系与企业家受教育水平联系最为紧密。

从本次调查的结果来看，非公有制企业内部劳动关系总体上是好的。在企业家认为最难相处的社会关系中，“企业员工”和“企业股东”居最后两位（见表11），表明企业家对于企业内部社会关系的协调处理是比较有信心的。本次调查中，有73.9%的企业在最近三年内没有劳资纠纷发生，24.3%的企业中曾发生过一般性争议，只有1.8%的企业在最近三年内出现过严重的劳资纠纷（见表32）。

表32　最近三年内劳资纠纷情况（%）

	无争议发生	曾有过一般性争议	曾有过严重争议
研究生	82.1	17.9	0
本科/大专	74.7	24.1	1.2
高中/中专	70.4	27.6	2.0
初中及以下	67.8	22.0	10.2
总计	73.9	24.3	1.8

交互分析发现，劳资纠纷状况与企业家的受教育水平有着紧密的联系，从图表可以看出，受教育程度越高的企业家企业中出现劳资纠纷的比例越低。“研究生”学历的企业家在最近三年内没有发生过严重纠纷，而“初中及以下”文化程度的企业家中有10.2%在最近三年中遇到过严重劳资纠纷。

五、若干建议

通过本次抽样调查，对当前非公有制企业家群体的思想政治状况有了一定了解。从调查了解到的情况看，建议进一步做好以下工作。

1. 有针对性地加强宣传引导工作

要结合企业家关心关注的热点难点开展工作，特别是要争取党委政府和相关机构的支持配合，努力消除非公有制企业在发展中的顾虑，把解决思想问题同解决实际问题结合起来，营造良好的外部环境。

2. 切实落实《关于加强和改进非公有制经济人士思想政治工作的若干意见》

要正确区分政治问题、思想问题和认识问题，采取不同的方式进行教育引导；不可忽视少数非主流的政治和思想倾向，防患未然；要大力开展社会主义主题教育活动，开展国情教育活动，使社会主义核心价值体系成为企业家思想和行为的指针。

3. 继续开展相关调研跟踪

一方面，要持续和完善抽样调查，搜集积累相关资料；另一方面，要采取面谈、追踪等方式，注重典型研究和队伍研究，及时掌握企业家群体的思想认识状况，为进一步做好工商联工作提供参考。

（全国工商联宣教部　供稿）

政协团体提案及发言 ZXTTTAJFY

政协团体提案

关于建立农业灾后生产恢复应急支持体系的提案

建议承办单位：农业部

我国是一个自然灾害频发的国家，做好自然灾害管理工作，事关人民群众的生命和财产安全，是促进经济社会健康发展的必然要求，是强化政府社会管理和公共服务能力的重要内容。近年来，随着全球变暖等环境因素的变化，自然灾害、疫病频发，如 2003 年“非典”、2005 年“禽流感”、2007 年“猪蓝耳病”、2008 年雪灾、2008 年汶川大地震等，每一次灾害都给国家经济建设和灾区人民生活造成巨大损失，农业这一基础产业也首当其冲遭到毁灭性打击。我国是农业大国，农业作为我国第一民生产业，影响面很大，积极推进农业防灾、抗灾，特别是加快农业灾后重建和迅速恢复生产具有十分突出的意义。尽管各级政府及相关单位都很重视，在灾后都出台了一些扶持政策措施，但扶持措施仍然有所局限和不足。建议提早建立灾后重建支持应急系统，建议如下：

1. 建议政府机构对涉及灾区运输、电力、通信、税收、药品、防疫、卫生、安全等相关方面提前研究防范和恢复措施，并以法律或法规的形式对灾害程度划分等级，针对不同灾害等级制定紧急预案。一旦有灾害发生，立即启动紧急预案。

2. 在国家政策性银行层面建立灾害恢复生产应急援助计划。一有灾情发生，迅速启动紧急绿色通道，对灾害区域相关灾后恢复生产单位给予无息或低息等特殊贷款支持。

3. 充分利用在农业产业链上具有较大辐射性和带动能力的国家农业产业化龙头企业等载体，支持农业产业化龙头企业的恢复发展，使政策措施迅速及时传递到农业生产户。

4. 尽快完善我国农业保险制度，加速推进政策性农业保险立法。在法律条款中明确各级政府有关机构的管理职能和支持作用、保险费率的形成机制、农业保险保户的相关权利等内容，通过法律手段为农业保险提供支撑；通过创新农业保险投入机制、完善农业保险基金筹措和管理制度等多种方式确保农业保险制度的完善，吸引农民积极参保，使农民抵御自然灾害的能力得到根本性提高。

关于促进光伏产业技术和市场发展的提案

建议承办单位：国家发展和改革委员会

能源安全和温室气体减排是全球能源产业面临的主要问题，大力发展可再生能源，已成为国家可持续发展的重要问题。太阳能是唯一能够最大规模满足未来人类能源需求的可再生资源。太阳能几乎存在于世界每一个地方，未来对于太阳能的控制主要体现在太阳能转化技术方面。因此能够将太阳能直接转化为电力的光伏技术从一诞生开始就备受追捧。可以说光伏技术构成了未来国家核心竞争力的重要部分。

目前，欧盟、日本和美国等发达国家从国家长远发展战略出发，相继出台“上网电价法”等优惠政策对光伏发电进行补贴。我国光伏产业适时抓住这个国际机遇得到了迅猛发展，太阳能电池产量从2002年的0.6万千瓦迅速增长到2008年的200万千瓦，跃居世界第一位，并与欧洲和日本三分天下。

不过，在我国光伏生产规模快速膨胀的同时，也伴随着诸多问题和障碍，主要体现在以下几个方面：

1. 出口市场严重受到金融危机影响

我国的光伏产业主要得益于国际市场，生产容量的98%依靠出口，但受全球金融危机影响，出口市场严重受到冲击。一方面，由于德国、日本、西班牙等国本国的光伏产业这几年得到了迅速发展，光伏技术日趋成熟，光伏发电成本迅速下降，在新的形势下，各国很可能通过提高准入门槛来限制国外产品。另一方面，我国大部分光伏企业还不具备过硬的质量和良好的品牌，在此次金融危机中，面对短期内光伏产品供大于求的局面，它们将很难跟上国际市场标准的发展而最终可能被淘汰出局。

2. 国内光伏市场发展缓慢

我国目前光伏发电系统安装容量仅占生产容量的不足2%，市场狭小已经严重阻碍我国光伏技术的跨越式发展。目前国家只对风能和生物质能上网电价有补贴细则，而对光伏发电上网还是“一事一议”的方式，这极大限制了国内光伏市场的发展。此外，可再生能源中长期规划提出，到2010年光伏发电累计装机达到30万千瓦，到2020年达到180万千瓦。在中国光伏制造产业已有相当发展的情况下，目前政府设定的光伏发展目标明显偏低，不足以支持国内光伏市场的发展，从而也会间接影响我国的光伏制造业。因此快速启动国内光伏市场对于我国光伏产业来讲尤为迫切和重要。

3. 研发和创新能力薄弱

我国光伏产业尚未建立起全面的研发和创新体系，也缺乏一些高新制造产业的支撑，因此我国的太阳电池关键生产设备基本依赖进口。许多太阳电池生产企业全面引进国外生产线或基本采用进口设备。这种现状导致我国光伏产业被打上“代工车间”的烙印。另外，光伏生产技术更新换代较快，光伏技术已经在朝着全产业链优化、自动化的方向发展，面对我国目前主要靠进口生产线、并且各产业链单兵作战的现状，我们急需采取有效措施积极应对。

虽然目前光伏发电的成本较高，是传统电力成本的6～10倍，但是随着传统电力成本不断上升以及光伏发电成本的不断下降，光伏发电将会变得越来越有竞争优势。但目前，与风电发展相比，国家对于更具战略意义的光伏产业仍然存在认识不够、扶持力度不够的问题。因此，我们建议：

1. 迅速制定上网电价补贴细则，启动“上网电价法”

我们认为，只有在市场形成的初期打破市场规律，积极对并网电价进行补贴，对国内太阳能企业给予实质性的激励，才能迅速培育市场，形成有自我完善机制的国内太阳能市场。这不论从我国光伏产业的长远战略考虑，还是从顺利度过全球金融危机的短期策略考虑，都是科学的、可行的、必要的和迫切的！

2. 规划、管理、技术急需强化

首先，应该提高《可再生能源中长期发展规划》中有关光伏产业的发展目标规划；其次，应该组建更高级别的政府专门管理机构加强规划和管理；最后，应该在“973”和“863”等科研项目计划中给予光伏产业更多的资金投入，迅速建立起产、学、研紧密结合的国家光伏研发体系。

3. 迅速培育国内市场

首先，政府应该带头使用太阳能，在市政、交通照明等领域优先使用太阳能产品，并大力开展示范推广。可以在城市有计划地开展太阳能利用十万屋顶或百万屋顶计划等，在荒漠开展上规模大型并网电站的建设和研究。其次，在偏远农村地区充分使用太阳能电力能源。鉴于我国目前区域间经济发展不平衡的情况，许多边远地区缺乏必要的电力设施。相比投资巨大的传统电力网络，太阳能电力能在最快时间内，以较小的成本供给必要的生活电力。国家应积极发挥太阳能发电的这一优点，解决我们边远地区的基本电力供应。

关于促进我国生物燃料产业发展的提案

建议承办单位：国家能源局、农业部

生物燃料是可再生能源的一种，包括燃料乙醇和生物柴油。近年来，公众对生物燃料的兴趣日益增长，主要基于以下几点：首先，生物燃料是唯一可以大规模替代交通部门汽油和柴油的可再生能源；其次，生物燃料与目前的煤变油、煤基甲醇/二甲醚、汽车动力电能/氢能等替代模式相比具有更高的能源效率和生态环境友好性；另外，生物质制取物质性产品是目前石油化工产品生产的唯一替代渠道。

世界大国都出台了强有力的促进方案。美国2007年底提出到2022年以1.08亿吨生物燃料替代20%运输燃料的目标及逐年计划。欧盟2007年初提出了生物燃料不得少于运输燃料10%的目标。印度计划到2008年10月将乙醇在汽油中添加比例由目前的5%提高到10%，到2017年这个比例要达到20%。

对比各国规划，我国规划2020年以液体生物燃料替代运输用石油只占2%。这只是欧盟的1/5，美国的1/10！中国石油比欧美国家更加紧张，生产生物燃料的原料并不比欧美国家贫乏，发展技术也并不存在实质性的障碍，而生物燃料规划却存在如此大的差距！

在世界大国中，中国的生物燃料产业已经显得裹足不前了，除了国家规划严重滞后以外，还存在如下几个主要问题：

1. 原材料供应问题严重

目前生物燃料的原材料生产的投入基本都是企业行为，由于缺乏基础设施配套，成本很难控制。而生物燃料的原料生产主要在“三农”，产值的六成在“三农”，发展能源农业在促进农业发展、农村城镇化、农民增收致富和解决剩余劳动力方面具有很大现实意义。然而，目前生物燃料产业似乎与农业关系并不大。

2. 转化技术比较落后

目前我国的燃料乙醇主要是利用糖和淀粉发酵来制取，技术比较成熟，但被誉为“第二代燃料乙醇技术”的纤维素发酵制乙醇技术进展缓慢，与国外差距较大。国外在利用环境非常友好的酶催化技术制取生物柴油方面进展迅速，并且在通过基因工程促进原料高产方面也有长足进展，相较而言，我国的生物柴油技术进展缓慢。

3. 资金投入明显不足

生物燃料的生产属于高新技术和新兴产业，其技术研发和市场培育需要大量资金投入，但目前投融资渠道较为单一，国家及地方政府财政投入严重不足，部分领域研发能力弱，技术水平较低，制约了技术创新和产业化发展。另外，原材料的种植是一项很大的系统工程，单个企业很难实现，这就需要国家相关部门、地方政府、企业等形成一个合作机制，共同推动产业发展。

发展生物燃料是保障国家能源安全的一个重要战略部署，针对目前我国生物产业面临的问题，当前最紧迫需要做的事情有以下几点：

1. 将生物燃料产业纳入基础产业的范畴，科学制定发展规划并建立产业发展体系，从根本上解决原材料的供应问题

应该将粮食种植和能源种植这两种相关度极高的产业进行整合，统一进行育种、栽培、收购、调配、销售、技术等综合服务，以最大可能地降低原材料供应成本。

2. 大力促进生物燃料的研发与利用

国家应将生物燃料技术研究纳入国家重大科技专项之中，应从原料生产、收集、储存、运输、加工转换、市场流通、终端使用等全产业链考虑，系统地制定技术促进方案。首要解决原料供应、生物燃料制取以及副产物深加工等核心难题。

3. 积极完善财税扶持政策

由于先期进入生物燃料领域风险较大，市场难以预计，很大程度影响了产业发展初期企业进入的积极性。对于先期进入原料种植的企业，应该为其滚动开发创造条件，银行应该允许这些企业通过已经种植的植被进行抵押贷款。也可以建立生物燃料发展的风险基金制度，对生物燃料生产企业的亏损实施弹性补贴，以吸引足够多的企业进入生物燃料领域，随着产业不断发展该补贴可逐年降低。另外，应该对从事生物燃料原料生产的基地进行额外补贴以鼓励其在环境方面取得的正效应。

关于大力发展中小金融机构切实解决小企业融资难问题的提案

建议承办部门：银监会、财政部

在我国，占全国企业总数90%以上的小企业已经成为拉动经济增长、增加国家税收、推动自主创新、稳定城镇就业的重要企业群体。然而，这样一个在经济社会生活中占据重要地位、做出重要贡献的群体，却长期受困于融资难问题。近来，尽管中央为应对金融危机陆续推出了一系列缓解中小企业融资难问题的重大举措，但多数中小企业、特别是小企业并未真正感受到阳光政策的温暖。2008年短期贷款数据显示，虽然个体私营短期贷款余额同比增长了20.4%，高于全国短期贷款增长8.9个百分点，但如果将乡镇企业也包括在内，其同比增长仅为10%，还低于全国短期贷款增长1.5个百分点。

造成小企业贷款难的主要原因一方面在于多数小企业因资本规模小、财务管理差、抗风险能力弱、可供抵押资产少而无法得到大银行认可的信用记录，进而无法取得贷款；另一方面也是更重要的一面则在于我国金融机构的体制机制尚不健全，尤其是机制创新的专门为小企业服务的中小金融机构体系建设严重不足。数据显示，目前全国中小金融机构中仅有城市商业银行不足100家，农村商业银行20多家，农村合作银行近150家，村镇银行等新型农村金融机构100多家。这样的银行数量规模已远远滞后于小企业发展的需要。其实，小企业融资难问题在美、日、韩等发达及新兴国家也都存在，只是这些国家通过大力发展中小金融机构，不断健全中小金融服务体系，有效缓解了小企业融资难问题。如在美国，资产在10亿美元以下的小银行就有7000多家，这对满足小企业的资金需求起到了重要的保障作用。对此我国应予以积极研究和借鉴。

当前，我国一定要树立“大金融富国、小金融富民”的观念，既要对大银行从放宽利率浮动范围、降低营业税费、扩大抵押品范围、改进风险管理与考核制度等多方面着手，从利益机制上刺激其扩大中小企业贷款额度，又要认真贯彻2007年国务院《关于全面深化金融改革促进金融业持续健康安全发展的若干意见》，下大力发展多种形式的中小金融机构，不断健全中小金融服务体系，切实从体制机制上解决中小企业融资难问题。为此建议：

1. 在城市开发区大力发展科技银行

科技银行是专为科技型中小企业量身定做的、机制创新的、专业化的区域性商业银行。在科技型企业聚集区域大力发展科技银行，同时实现科技银行与风险投资机构的有机结合，可以有效规避传统商业银行过于强调安全性、盈利性的弊端，能够充分满足科技型企业在技术研发和成长阶段的资金需求。为此建议参照美国硅谷银行模式，在城市开发区、高新技术园区广泛建立专门支持中小科技型企业发展的科技银行。近期可先在北京中关村、上海浦东等高新区进行由社会出资、风险自担的试点。

2. 在大中城市大力发展社区银行

社区银行是指在大中城市的特定区域内组建并独立运营，主要为当地中小企业和居民提供个性化金融服务的小银行。社区银行在目标市场方面主要服务于周边中小企业、个体工商户和家庭，在客户关系方面中高层管理人员可以广泛接触居民、深入了解社区事务，在贷款审批方面拥有更完备的贷款人信息等特点，使其在促进社区小企业发展、稳定社区居民就业方面发挥了重要作用。因此建议在我国大中城市广泛建立社区银行。一方面可以推动城市小型金融机构向社区银行转变；另一方面也可以引导城市大中型商业银行部分引入社区银行经营模式。

3. 在城镇和农村地区大力发展村镇银行

在我国城镇和农村地区，金融支持不足始终是小企业发展的重要瓶颈。尤其是在农业发展银行主要转向粮棉收购、农业银行大量撤并县及其以下分支机构重点转向中心城市后，农村地区金融支持不足问题更加突出。如今，我国已提出要加快城乡经济社会一体化建设的目标，而实现这一目标，首先就要解决农村地区的融资难问题。为此，建议在城镇和农村地区抓紧建立专门服务于当地小企业和个体工商户，服务于农业、农村、农民的村镇银行，一个县至少设立1至2家。

4. 积极建立和发展小额贷款公司

不吸收公众存款、只从事小额贷款业务的小额贷款公司在解决小企业融资难方面日益发挥着重要作用。特别是那些产业链条上龙头企业发起组建的小额贷款公司，在支持上下游配套企业发展过程中，由于信息比较对称，显著增强了贷款风险的可控性。因此建议加快建立和发展小额贷款公司，尤其是要加大对具备条件的龙头企业组建小额贷款公司的支持。

5. 积极建立和发展小额贷款担保公司

截至2007年底，我国有小额贷款担保公司3700多家，加上未统计进来的大大小小有上万家。这些担保公司在完善中小企业信用担保体系，支持小企业融资方面发挥着积极作用，但总体规模小、作用有限，有些担保机构自身也存在很大的生存压力。为此建议政府：一要加大对小额贷款担保公司的扶持力度。要安排一定的专项资金用于建立信用担保补偿基金，对符合条件的中小企业信用担保机构，特别是一些比较小的信用担保机构实行免征营业税的优惠政策。二要积极探索与企业、担保机构相互合作的机制。有条件的地方应从财政拿出部分资金专门用于对企业贷款和担保公司进行贴息支持。三要推动再担保机构的建立。应在财政预算中设立再担保基金，以提高担保机构运作中的安全性和稳定性，帮助其有效分散风险。

6. 加速推进民间金融的公开化、规范化、合法化

长期以来，民间金融在我国一直存在，且在小企业融资方面发挥了重要作用。然而由于民间金融非法的地位，使其失去了正常的监督和管理，由此也造成了其贷款利率过高、易引发民间纠纷等一系列社会问题。为此，建议政府尽快出台《放贷人条例》，抓紧启动民间资本解决小企业融资难问题。

关于对《劳动合同法》中经济补偿金支付分配和管理的建议

建议承办单位：人力资源和社会保障部、财政部

《劳动合同法》规定用人单位支付经济补偿金对于限制用人单位擅自解除劳动合同、保护劳动者合法权益起到了有效的作用。但在实际操作上却偏离了立法的初衷，既使劳动者的权益因此受损，也给企业的经营发展带来负面影响，主要表现在以下三个方面：

1. 经济补偿金被悬空

经济补偿金是一种社会义务的转移，是国家将一部分社会义务转移给用人单位的结果。当劳动者在与用人单位解除或终止劳动关系后，劳动者的失业将加重社会的负担。为此，法律明确规定将这种社会义务转由企业分担。由企业向劳动者支付一定的经济补偿。

然而，上述规定实现的前提是企业必须有足够的资金作保障。企业若出现大量支付经济补偿金的情况，通常是在企业进行改制改组转型、或经营状况不佳，甚至出现破产的情况下发生的，而这些状况下企业的周转资金肯定紧缺甚至资不抵债。那么，企业为了生存，这些补偿金往往先被企业占用，企业一旦破产，原量化到职工头上的经济补偿金也就落空。而若政府又没能力埋单解决的话，就会产生社会的不稳定因素，从而使经济补偿金保护劳动者的作用旁落，法律刚性受到动摇。

2. 企业经营发展受到制约

经济补偿金的规定无疑是要从法律上保护劳动者利益，但其在一定程度上一方面制约了企业用人灵活性和自主权；另一方面加重了企业的资金负担和给企业正常资金周转带来了不利影响，据了解，我国经济补偿的标准也相对较高，按照劳动者的本单位工作年限每满一年支付一个月的工资来计算，相当于支付劳动者全部报酬的8.3%，比英法等发达国家规定的一般为全部劳动报酬的6%还要高。

最为突出的情形是在企业需要转型时，会出现原有雇员的工作技能不相适应的情况，企业就要额外付出较大的人力成本去实现转型发展，而目前我国税收上并不允许企业在经营过程中预提经济补偿金列入成本费用，只是实际发生时允许当期列支，结果是企业状况好时有经营所得需要上缴国家税收，企业状况差时还需额外负担大量的经济补偿金，无疑使企业资金周转雪上加霜，导致劳动者的权益保障无法

实现。

《劳动合同法》规定用人单位支付经济补偿金，是对用人单位附加设定的一项法律义务，经济补偿金给付的资金来源于用人单位的资产，而不包括国家、劳动者个人出资的部分。只要劳资双方确立了劳动关系，经济补偿金的给付就存在潜在的可能性。用人单位的负担过重，不符合放水养鱼，民富国强的国民经济整体发展原则。

3. 个税负担出现新的不公平

对于高收入、社会就业具有优势的劳动者来说，他们为了逃避高额的个人所得税，可能选择放弃经济补偿金的保障，不与用人单位签订劳动合同，而对于那些收入中等或较低、社会就业优势较差的劳动者来说，为了获得经济补偿金的保障，唯有与用人单位签订劳动合同，那么，这部分劳动者就成为了个人所得税的主要纳税人。由此，显而易见，《劳动合同法》的有关规定不但使个人所得税调节社会收入分配的功能未能充分发挥，也使高收入与其他收入的劳动者所负担的税收不公平。

对于这些问题，我们提出以下建议：

1. 税收上允许企业税前预提经济补偿准备金

建立和谐的劳资关系需要政府、企业、劳动者的共同承担，政府应该在税收上给予支持，允许企业税前预提经济补偿准备金，使企业能够获得支付经济补偿金的资金来源保障，这样做表面上虽然使国家税收提前减少，但实际上长远来说国家税收总量并没有减少，但可以减轻经济补偿金对企业发展所造成的负面影响，而且也使经济补偿金制度实施能够得到更有力的保障。

2. 经济补偿准备金管理应参照社保管理办法

为防止企业预提经济补偿金后挪作它用并减轻企业负担。建议参照社保管理办法，经济补偿准备金由政府统筹管理，计算标准可参照国际和我国企业发展水平，按个人工薪收入的2%比例上缴国家有关部门统筹管理，既可减少劳资之间的矛盾，也可使企业在承担社会责任的同时不会负担过重，使政府、企业共同分担这项社会责任，符合社会公平原则。

关于鼓励、扶持和引导民营书业发展的提案

建议承办单位：中宣部、新闻出版总署

党的十七大提出，要激发全民族文化创造活力，掀起社会主义文化建设新高潮，推动社会主义文化大发展大繁荣。要达到这个新的更高的要求，我们必须以科学发展观为指导，努力构建多种所有制形式共同发展的健康有序、繁荣稳定的出版物流通大市场。

目前，民营书业已经成为出版发行领域的重要组成部分。新闻出版总署统计显示，2007 年全国出版物发行网点中 93.6% 为民营；出版物发行业非国有从业人员 62.77 万人，占全国出版物发行业从业人数的 82%；民营批发网点吸纳就业同比增加了 46.55%。另据中国出版科学研究所测算，在教辅图书市场，民营书业占了约 90% 市场份额；在少儿领域，民营书业所占市场份额超过 50%；在经管等领域，畅销书榜上 70% ~80% 来自于民营书业。因此，无论从企业数量、经营规模、市场份额，还是扩大社会就业、繁荣文化市场和增加财政税收等诸多方面来考量，民营书业的崛起已显示出举足轻重的地位和作用。

然而，民营书业发展仍然面临诸多困难和问题。首先，多年来原有体制的原因导致其具有的“民营”灰色身份，形成现在的市场主体不平等。图书行业一直通过政府权力设置准入限制，全国 500 多家出版社，没有哪家占有优势市场份额，这个行业不允许设立民营出版社，推行严格的书号管理制度。没有书号的书被视为非法出版物，而书号只给这 500 多家出版社。虽然严密保护，多数出版社的效率却越来越低，只能靠卖书号营生，而民营出版业要生存，则必须寻租书号。其次，市场之下的民营书业缺乏国有资本与海外资本的强势，面临的市场压力较大。再次，短期宏观经济层面，经济前景不明朗，图书作为非生活必需品，可能成为被削减开支的消费项目，影响整个产业的增长速度。

为在发挥国有出版企业主导作用的基础上，进

一步鼓励、扶持和引导民营书业的发展，以更好地满足人民群众日益增长的精神文化需求，建议：

1. 支持民营书业参与改组、购并

允许并鼓励民营书业企业通过参股等多种形式参与出版社的改组、改制获得出版权；积极支持民营资本采用股份制等多种形式参与国有发行企业兼并、重组，条件许可的，可以控股，鼓励他们做大做强，形成新的文化生产力。

2. 出台支持民营书业的相关政策

按照《国务院关于鼓励支持和引导个体私营等非公有制经济发展的若干意见》第一条：贯彻平等准入、公平待遇原则，尽快研究制定《国务院办公厅关于印发文化体制改革中经营性文化事业单位转制为企业和支持文化企业发展两个规定的通知》（国办发〔2008〕114号）在民营书业企业中的实施细则，尤其是财政税收方面的优惠措施。

3. 适度开放民营书号

每年全国出版图书约20万种，其中民营书业参与出版的超过半数，因此建议国家每年拿出一定数量的书号（比如10000个书号），由民营书业企业的代表性商会协会会同政府指定的国家级出版社共同审核，直接供应给信誉良好的民营出版企业，为其提供出版服务，以探索一条民营书业参与出版的绿色健康通道，扶持其真正成为图书行业的一只重要力量，与国企形成既竞争又配合的战略格局。

4. 对能“走出去”的民营图书出版发行企业提供走出国门的机会和资质支持

对其出国参展或行业交流给予适当补助，赋予其出口权和享受出口退税等优惠。

5. 要尽快修订完善符合现状和发展需求的出版物发行行业规范

允许图书批发及零售企业跨地区经营，降低社区书店和小型专业书店的准入门槛。

6. 加快市场诚信体系建设，建立行业规则和监管体系，形成社会约束机制

建议政府主管部门强化市场监管职能，通过日常管理和集中治理相结合，加大对不法经营行为的打击力度。

7. 进一步规范开展出版发行业的评奖活动

政府组织有关评奖、评选、评比时，涉及非公经济代表的应听取民营书业企业的代表性商会协会的意见。

8. 建议中宣部、新闻出版总署制定下发《关于鼓励、支持和引导非公有制经济发展出版发行业的意见》等相关文件

使各级行政部门把鼓励、支持和引导非公有制经济发展出版发行业作为一项重要任务纳入工作日程，为非公有制经济发展出版发行业营造更为良好的政策环境。全国工商联书业商会为此已做了深入研究，愿意为起草相关文件尽一份心、出一份力。

关于鼓励民营企业作为研发主体参与国家重大专项课题的提案

建议承办单位：科技部、环保部

随着国力的不断增强，我国政府在科技研发上的投入迅速增长。为使科技成果迅速转化并得到推广应用，国家对企业参与科技研发工作给予了很大的支持，如国家许多重大课题均要求产学研结合，企业作为研发主体参与课题研发，而且多数课题的最终成果要建设示范工程。

随着我国各行业市场化改革的逐步深入，大批的民营企业获得了较快的发展。其中，有不少民营企业规模大、技术强、管理先进，具有很强的自主创新能力，已经成为行业中具有代表性的企业。支持民营企业参与国家重大专项课题的政策得到了社会各界的一致认可，然而在具体实施过程中还存在许多偏差，导致民营企业实际参与度及参与的有效性比较低。主要表现在：

1. 国有重大专项课题鲜有民营企业参与

作为传统科研主体的大学及科研院所由于涉及自身利益，实际上对此政策并不认可，许多学术专家认为企业只会追求利润，不会愿意投入人力财力作研发工作，或者传统地认为研发本身就是大学及科研院所的事情。目前国家和地方的各种重大课题立项、评审、鉴定和编写实施方案等工作均是依赖业内的学术权威、知名专家进行的，这些专家基本上都是来自大学及科研院所，又大多依靠国家的科研课题来取得研究经费，通常不希望民营企业参与。如在关于水体污染控制与治理科技重大专项第一批择优（子）课题承担

单位评审结果公告中，其中36个择优（子）课题共计39项，最终的课题承担单位中有26家大学及科研院所，3家为地方环境监测中心站等政府下属机构，10家为企业。在这10家企业中有7家均为有强大地方政府背景的国有大型城市水务公司，剩余只有3家为环保公司（其中包括上海交大名下的1家环保公司）。国内许多知名的具备技术研发能力的民营环保企业榜上无名。

2. 研发主体结构不合理

由于缺少话语权和知情权，使企业在参与国家重大专项课题和建设示范工程的过程中处于不利的地位，有机会参与的企业多是一些用户单位。这样的企业不可避免地只能处于从属地位，其中有些企业并没有任何研发能力，对课题成果的推广也没有实质帮助，真正具有研发能力的企业，尤其是日益发展壮大的民营企业却很少有机会能参与。如根据水专项通知公告网页上所有水专项课题指南发布项目的统计，截至2009年1月底已发布的共计136项课题指南中，有94项为定向委托方式，42项为择优委托方式。实际上定向委托方式对于不明就里的企业来说根本无缘接触，而择优委托实际上也没有给企业留出多少参与的空间，在已经公示的水专项课题中约1/4由企业承担，而民营环保公司则仅占5.1%。

3. 重大科技项目申报时限短

国家科技部（包括国家环保部负责的“国家水体污染控制与治理科技重大专项”）定期不定期发布重大科技指南，有技术研发能力的单位都可以申报承担，类似于一种招投标的形式，由于这些指南的编制也有一定的技术背景，材料申报的时间又非常紧张（短的可能是20天时间），单纯的企业能够中标参与的机会很少。只有了解或参与指南编制过程的单位或个人才能在如此短的时间内编制出较为完善的课题申报材料而最终中标。如关于发布水专项河流主题“特殊类型河流污染防治与水质改善关键技术研究与示范”项目“渭河关中段污染治理特殊性问题研究”子课题和“清水塘工业区入江废水中重金属减排和综合整治技术”子课题申报指南的通知，发布时间为2008年11月18日，而项目申请受理的截止日期为2008年12月7日。关于发布水专项“北方城市大型污水处理厂除磷脱氮和污泥减量化技术研究与工程示范”、“北京再生水分质利用及水环境整治技术集成与工程示范”课题申报指南的通知发布时间为2008年10月8日，而项目申请受理的截止日期为2008年10月27日。

结合目前许多民营企业日益重视研发投入，企业研发能力不断增强的现状，为真正使民营企业作为研发主体参与国家重大专项课题，以便加强我国科技成果转化的力度，提高我国自主创新能力，减少科研课题结题验收后即束之高阁的现象，增强国家重大专项课题的实用性和应用价值，我们提出如下几点建议：

1. 大量吸收民营企业技术专家进入国家及地方的专家库

可以设立一个从国内各重点领域的民营企业中选拔的专家库，选拔企业专家应采用不同于大学及科研院所的标准，不能单纯以发表论文、申请专利为主要考核标准，而应以具备的工程经验为主，结合专利的申请、论文的发表；民营企业专家应有机会全程参与国家重大专项课题的前期规划、立项、审查、鉴定、验收等决策过程，这样会使课题方向更加适应现实应用问题。

2. 国家对于不同类型的课题，应选择不同的研发主体

由于企业自身既是成果的使用者，又是成果的推广者，对于示范工程的建立有比大学及科研院所更为便利的条件，因此这类课题应以企业作为研发主体承担单位。对于基础性研究及少量的应用性研究以大学及科研院所为承担主体单位，而对于大多数应用性研究和开发性研究以企业为承担主体单位。

3. 国家重大专项课题在立项阶段，不仅要征求大学和科研院所的意见和提案，也应充分吸收具有技术研发能力的民营企业的意见

如果不涉及国家机密，所有国家重大专项课题均应该采取公开发布指南，邀请有研发能力的单位公开竞争，择优选择承担单位。同时，由于企业众多，技术能力参差不齐，应设定一些刚性考核指标，如技术资质、研发软硬件条件、研发团队人数、配套资金筹集能力、示范工程建设能力、成果推广能力等，对参与重大课题的企业进行规范，避免人情关系导致不胜任的企业参与，从而影响整体课题质量。

4. 对国家重大专项课题组内产学研的分工及费用分配原则制定操作细则

明确产学研各自的职责范围、投入及费用分配方式，避免参与的企业有名无实。对于课题成果所形成的知识产权的具体使用也要制定实施细则，明确承担单位，尤其是企业的责、权、利。

5. 鼓励民营企业出资参与国家课题

可以设置参与国家级科研课题的资金门槛。同时鼓励有能力的民营企业独立从事科研活动。

关于鼓励农民通过专业合作社流转土地的建议

建议承办单位：农业部、财政部

自我国实现联产承包责任制之后，农村的土地流转虽广泛存在，但多在亲戚、朋友、邻居间进行，属农民的自发行为，流转范围较窄，规模比较小，流转行为也不规范。党的十七届三中全会明确提出了鼓励土地流转，使我国农村土地流转问题的研讨和探索不断升温，也为进一步提高土地经营规模和效率水平，推动土地要素释放促进经济发展的能量创造了条件。

我国当前土地流转形式大体上包括以下几种：代耕代种、互换、出租、反租倒包和合作性土地流转模式。从受让主体看，前两种主要是农户，第三、第四种主要是企业，第五种是农民专业合作社。由于受让主体的不同，会使得土地流转产生的经济和社会效益差别很大。因此要深入分析不同受让主体和各种流转模式的利弊，采取政策措施，引导农民采用既能推动土地的规模化经营，又能保障农民长远利益的方式进行土地流转。

代耕代种模式多是由暂时无力或不愿经营土地的农户，自行协商临时把承包地交由别人（大多是亲友）耕种，原承包合同关系不变，时间、条件一般由双方口头约定。受土地流转范围和人员的限制，这仅是避免土地撂荒的权宜之计，不可能成为长期有效的土地流转机制，更不可能成为促进未来土地流转的主要方向。互换模式则是由承包户相互调整地块，以使承包地连片集中经营。这仍是农户内部流转，受到互换土地等物质条件的限制，规模不会很大，再加上缺乏机构和组织的有效管理和协调，未来虽可能会作为农村土地流转的一种辅助形式而存在，也不可能成为农村土地流转的主要模式。

对于出租或反租倒包模式，则主要是一些不愿自行经营土地的农民，将土地承包经营权长期有偿让与他人；或是由地方政府或村级组织先从农户那里租赁土地，然后进行转租给他人（多由企业进行土地的高附加值项目开发）。这种模式一般由社会资本一次或分次将土地租赁费给农民后，农民就不再享有土地收益的分配权。在社会资本投资农业的积极性不断提高的大背景下，这种模式正在迅速发展。由于农民缺乏对农用土地价值的有效评估，在土地价值不断升值的情况下，这种模式很容易造成土地被社会资本集中，农民因失去了对所承包土地的经营权，无法分享未来土地的高附加值收益和土地经营的长期收益而造成利益损失，甚至可能因土地经营收益的纠纷而引发群体性事件。因此，对是否鼓励这种土地流转模式一定要慎重，并需要我们根据项目的可行性和是否充分尊重了农民的意愿进行区别对待。

合作性土地流转模式则是由农民以土地承包经营权入股成立股份合作社，由合作社自身或通过与社会资本合作开发土地，实现土地统一经营。合作社可获得土地规模化经营的收益，或者合作社可根据与社会资本协议共同分享土地规模经营的增值收益，农民则根据在合作社入股情况进行收益的二次分配。这种模式既能保障了土地的规模化经营，有利于吸收社会资本加大对农业产业投入，提高土地产出效率，又能保证农民长期的土地收益权，让农民分享了土地增值收益。而土地股份合作社不仅可以通过产业合作实现普通专业合作社的社会功能，更可以通过产权合作实现农村土地和社会资本与农产品市场的有效对接，发展适度规模经营。因此，我们认为，国家应采取措施扶持土地股份合作社的组建和发展，把它们培育成为土地流转的受让主体。为此，我们提出以下建议：

1. 鼓励农户在自愿基础上成立土地股份型农民专业合作社，引导农民由传统的产销合作向新型的产权合作方向发展

进一步修订或补充完善《农民专业合作社

法》，允许农民在自愿的基础上，以土地承包经营权入股的方式成立土地股份合作社。允许已成立农民专业合作社社员将土地承包经营权抵押或交付合作社经营。对通过成立合作社方式实现土地成方连片规模化经营的农民合作组织在财政上给予更多的支持和补助。

2. 加强对农民专业合作社负责人的培训和引导，提高其素质，推动传统合作社向新型的土地股份合作社转变

在全国范围内大规模开展对农民专业合作社负责人的培训，总结土地股份合作社的运营经验，提高农民对土地入股联合经营的认识，加强合作社之间的信息与经验的交流，引导农民将分散经营的土地通过合作组织集中统一经营，通过合作社连接农业生产与市场，实现土地的高效利用与增产增收。

3. 鼓励社会资本与农民专业合作社合作进行农用土地开发，并从政策和制度方面保障农民对入股土地享有长期增值收益权

对于社会资本与农民专业合作社共同开发农用土地，只要符合不改变土地所有权、不改变土地用途、不损害承包方利益的基本条件，并能够将分散的土地集中管理，实现统一经营、规范管理和产业化运作的项目，国家应拿出专项扶持资金，给予政策、财政和税收等方面的优惠和支持。同时，国家应该出台相关政策和法律规定，进一步强调农民对所流转土地的长期收益权，限制或避免社会资本大规模针对农民承包土地的“圈地运动”，防止农民只顾眼前利益而失去全部土地，并由此带来社会风险。

对已经实现土地入股的农民专业合作社，可以通过合作社完成对农民承包地地块的确权、登记和颁证工作，并以法律或公正手段对土地的所有权进行进一步界定，保障农民对入股土地享有长期增值收益权，并给合作社颁发土地使用权证。允许社会机构对合作社持有的土地使用权证进行评估，作为银行抵押贷款、融资和投资入股的有效凭证，以提高合作社对社会资本的谈判能力。

关于规范和加强中小企业培训市场管理的建议

建议承办单位：工业和信息化部、财政部

目前我国中小企业数量众多、规模偏小、管理水平普遍偏低，急需通过规范化的教育培训，提高生产、经营、管理等方面的素质，不断提升竞争力。多年来，社会化培训一直在我国中小企业培训体系中居于主体地位，但由于缺乏必要的规范管理，中小企业社会化培训在管理上存在诸多漏洞，造成了中小企业培训市场的混乱，影响了中小企业培训市场的健康发展，对非公有制经济发展产生不良影响。目前我国中小企业培训市场存在的突出问题主要有：

1. 以培训为名，行赚钱之实

现在从事企业培训和咨询服务的机构很多，诸如“文化传播公司”、“企业发展策划中心”等。他们通过各种途径深入中小企业从事培训演讲和咨询服务活动，一场报告会收费少则几万，多则十几万。有些培训机构甚至打着某某职能部门的牌子，借培训和咨询服务之名，行敲诈勒索之实，不仅无法保证培训质量、帮助企业提高生产经营管理水平，反而加重了企业负担。

2. 虚假浮夸，名不副实

许多培训机构不具备培训资质，是一些以教育为名的经营公司，虽然名号冠冕堂皇，但名不副实、言过其实。一些主讲人所冠以的“专家”、“教授”、“策划大师”、“首席企业教练”等称号，大多为自封自许，既无相应学历，也没有相应资质和职称。还有一些授课老师缺乏道德自律意识，为自我炒作和标新立异，不惜以偏激的观点和说法，来引起听众的注意，甚至公开宣传一些破坏政企关系、影响社会稳定的负面观点和内容。

3. 管理缺位，扶持乏力

中小企业培训市场作为一种适应中小企业发展需要而出现的新生事物，目前处于一个管理上的“真空”状态，既缺乏必要的行业准入和资质认证、审核制度，也没有必要的规划和财政、政策扶持措施，这与当前提高中小企业自身素质的

迫切需求明显不相适应。

对于广大中小企业而言，它们缺的不仅是资金和市场，从根本上看，更缺的是真正管用的知识和技能。通过培训提高企业自身素质和员工工作水平，对于提高企业竞争能力、实现永续发展具有重大意义。因此，建议国家从战略的高度规范和加强中小企业培训市场管理。

1. 建立健全中小企业社会化培训管理制度

要根据经济社会发展总体目标，制定出台中小企业培训规划和中小企业社会化培训管理办法，制定社会培训机构（包括主讲人）的资质或资格标准，做到有规可依、有章可循。要逐步建立完善社会培训机构进入中小企业培训市场的准入制度，明确规定社会培训机构必须具备一定的基础设施条件和师资力量。建立培训机构和主讲人的退出机制，严格执法，对不符合规定的培训机构、主讲人，要坚决清理出市场。

2. 充分发挥行业协会商会的作用，建立中小企业社会化培训供需对接平台

行业协会商会是联系广大中小企业、培训机构和政府管理部门之间的桥梁、纽带和助手。要充分发挥行业协会商会的行业自律作用，授权其制定行业企业培训规划，对培训机构、主讲人的资质进行认证和审核，报有关职能部门备案，并负责对培训质量、培训效果进行评估。

3. 加大扶持力度，着力培育中小企业社会化培训市场

要把加强中小企业培训作为促进经济社会又好又快发展的一项基础性工作来抓，特别是在面对当前复杂国际国内经济环境、科学发展任务相当紧迫和繁重的关键时刻，要从政策、财政等方面加强引导和扶持。一要加大政策扶持。根据经济社会发展的迫切需要，制订中小企业培训的指导计划，对于符合规定的培训机构、培训项目给予税收优惠。二要加大财政投入。建立政府出题、有关培训机构公平竞争、有关社会团体和企业共同评估的运作机制，加强对产业政策、宏观经济形势、现代管理知识、经营风险防范、市场信息等方面的业务和技能培训，有关经费应列入财政预算。

关于规范执法、改善服务稳定中小企业劳动用工的建议

建议承办部门：人力资源和社会保障部

当前，在国际金融危机的影响下，我国经济环境出现了较大变化，就业形势更趋严峻。中小企业作为我国就业的主渠道，解决了我国城镇就业的77%和新增就业的90%。稳定中小企业劳动用工，对稳定当前就业形势具有重要的现实意义。当前，中小企业面临压力巨大，部分企业出现订单减少、货款回流不及时、融资困难、产品滞销等经营困难。同时，由于《劳动合同法》颁布实施，使企业用工成本进一步上升，在用工方面，中小企业也面临诸多困难。

1. 相关部门执法倾向性明显

有企业反映，《劳动合同法》给予了员工相对大的权利，一旦发生劳动争议和纠纷，相关部门往往从保护劳动者权益角度进行处理，忽视了对企业利益的平等保护，在劳动仲裁和诉讼中，企业几无胜率，导致少数员工为获利而恶意提起诉讼。此外，在员工发生工伤后，劳动部门工伤鉴定委员会往往从更明确保护劳动者的角度出发，对工伤做出从重的鉴定结果，严重损害企业利益。再次，劳动监察部门在检查发现企业用工中存在的问题时，往往对企业一罚了之，不给企业了解、改善的机会。

2. 缴纳保险金负担沉重

企业与员工订立劳动合同后，必须为本地劳动者缴纳养老等社会保险金，为外来人员缴纳综合保险金，特别是随着员工工资的提高，企业为员工缴纳的保险金也相应增加。以上海为例，小城镇保险金从去年的每人每月369元增加为433元，对中小企业而言，负担相当沉重。同样，很多地区本地、外地员工缴纳保险金标准不同，人为造成本地、外地用工市场悬殊，不利于稳定。

3. 最低工资标准限制了企业实行减薪轮岗

当前，一些企业经营困难，开工不足，但不愿意裁员熟练工人，希望能以轮岗的方式进行用工；对许多员工来说，也愿意减少部分劳动报酬

和劳动时间与企业共渡难关，保留住工作机会。但按照《劳动合同法》的规定，无论员工每月工作时间是多少，企业都必须支付最低工资标准以上的劳动报酬，给企业带来较大的用工成本压力，也导致企业无法以减薪轮岗的方式稳定现有用工。

4. 行业特殊性额外增加企业用工成本

对于一些在用工上具有行业特殊性的企业，如物业管理、餐饮、服装制造等，往往按市场需求、时间要求来决定员工工作时间，员工闲时工作量不足，而任务重时又难以严格遵循 8 小时法定工作时间，高额的加班费也给企业造成较大成本压力。

在当前这一特殊时期，政府有必要采取特殊的办法，加大力度支持中小企业渡过难关。特别是对于用工量较大，又符合国家产业导向的劳动密集型制造业、服务业企业，可在税收、融资、政府采购等方面提供各项便利，促进企业发展，提高企业用工需求，增加就业岗位。此外，在企业用工上，应加大政策支持力度，主动服务企业，尽量营造宽松的环境，减少企业用工成本，稳定企业用工，缓解就业矛盾。为此，我们建议：

1. 规范执法，为中小企业营造较为宽松的用工环境

建议相关部门在依法办事的前提下，如实进行工伤鉴定，并做好劳动争议调解仲裁工作，在保护劳动者利益的同时，注重对企业合法利益的维护。《劳动合同法》的立法目的是构建和发展和谐稳定的劳动关系，不应该使其成为某些员工恶意诉讼的工具。

对于在用工上存在一些不合规定现象，但情节不严重的企业，要明确企业违规的原因。对确实不了解某些新规定，或对新规定执行一时无法到位的企业，可给予企业一次学习更正的机会，而不要以罚为主，简单地处理问题；对于因经营困难，不得已采取一些措施以降低用工成本的企业，更要加强教育、引导和主动服务，以更好地鼓励企业用工。

2. 主动服务，为中小企业稳定用工提供政策支持

一是允许企业以周薪的方式支付劳动报酬，支持企业轮岗用工。建议相关部门允许企业将员工每月的劳动报酬折算成每周，在保证周薪中每小时劳动报酬标准不低于按月薪标准折算的前提下，按员工实际工作周进行支付。

二是统一本地、外地员工保险金标准，稳定用工市场。建议通过财政补贴等方式统一本地、外地员工保险金标准，减少因标准不一而产生的员工地域流动，稳定用工市场。

三是发挥企业欠薪保障金的作用。对生产经营困难的企业，充分发挥欠薪保障金垫付功能，及时化解欠薪矛盾，帮助困难企业渡过难关，同时也切实维护劳动者的合法权益。

四是运用失业保险基金及工会费，对困难企业员工进行培训。为防止经营困难的企业将员工推向社会，减少企业裁员、稳定企业员工，建议由劳动保障部门、工会组织从失业保险基金和工会费中划拨经费，组织员工进行培训。

关于积极促进绿色建筑发展的提案

建议承办单位：国家发展和改革委员会、住房和城乡建设部

绿色建筑是指其在全寿命周期内，最大限度地节约资源（节能、节水、节材、节地）、保护环境和减少污染，为人们提供与自然和谐共生的健康、适用和高效的使用空间的建筑。其核心内容是节能、节水、节材、节地和环境保护，可概括为“四节一环保”。推广绿色建筑是功在当代、利在长远的战略工程。

我国建筑开发面对的资源问题日益突出。中国建筑行业仍属于高能耗、高物耗、高污染行业。我国建筑能耗与国外相比高出很多。现在我国每年新建房屋 20 亿平方米中，99% 以上是高能耗建筑；而既有的约 430 亿平方米建筑中，只有 4% 采取了提高能源效率措施，单位建筑面积采暖能耗为发达国家新建建筑的 3 倍以上。根据测算，如果不采取有力措施，到 2020 年，中国建筑能耗将是现在的 3 倍以上。

随着人口不断增长，能源的承受能力不断下降，我国建筑发展过多占用各种资源将会导致产

业发展的衰落，因此必须大力提倡绿色生态建筑的发展，做节能、节地、节材、环保的建筑。将绿色生态建筑以可持续发展观融入建筑行业，逐步实现建筑行业向节能化转变，即以最少的资源和环境的消耗来创造最大的人的居住舒适度和生活质量。这是建立可持续发展和节约型社会的重要任务。

以大型公共建筑节约电能为例，根据对部分大型公共建筑的节能改造经验，通过加强运行管理，杜绝“跑冒滴漏”的浪费现象，可节能5% ~10%；通过提高水泵风机等输配设备的运行效率及应用变频调速技术，可节能10% ~20%；通过改善过渡季节设备运行方式、避免冷热不均、增加自动控制系统等措施，还可节能10% ~20%。大型公共建筑的综合节能潜力为30% ~50%。

目前，我国在绿色建筑发展中存在的问题有：

1. 存在片面理解绿色建筑的现象

目前大部分人对绿色建筑基本概念的理解仍停留在“建筑节能”的阶段，包括一些政府管理部门在内。观念问题不解决，就不能全面制定鼓励促进绿色建筑发展的政策与措施。在绿色建筑的发展过程中，消费者的意向、地产开发机构的决策，甚至技术的产业化发展都与政府的政策导向有着密切的关系，因此，政策和制度是当前中国绿色建筑发展在操作层面上，首先需要解决的问题。

2. 政府部门激励政策与措施力度不够

未将绿色建筑的管理纳入系统管理体制中。对绿色建筑我们要进行全寿命的分析，全方位看待问题。我们往往在某一点上看是好的，但若综合考虑，其在整个系统中就不一定是绿色环保的。

3. 缺乏统一协调的管理机制

在市场经济条件下，绿色建筑首先也是一种商品，它从生产到消费背后需要多个群体共同支撑，这些群体同时构成一条完整的产业链。作为这一产业链条的不同环节，政府、开发机构、研究机构、设计机构、建设机构、产品供应商、行业协会、消费者、金融机构乃至媒体，都在绿色建筑的发展历程中扮演着不同的角色，成为绿色建筑发展的不同推动力量和影响因素。缺乏统一协调管理机制，不仅会形成不良竞争局面，也会产生各种社会资源的浪费。

为促进绿色建筑的发展，我们建议：

1. 编制与实施绿色建筑鼓励与支持目录

绿色建筑是一个系统化的概念，是贯穿规划、设计、施工、管理、使用全过程的概念。政府管理部门不仅要在节能方面有政策与财政方面的支持，还要在节水、节材、节地和环境保护方面有所部署。除鼓励节能外，还要全方位推动绿色建筑的发展，编制与实施绿色建筑鼓励与支持目录，鼓励绿色建筑“四节一环保”在各方面有效开展。

2. 在政府有关部门管理下，制定相关政策，鼓励、支持多家机构参与推广绿色建筑的发展

我国建筑量大、面广，除每年要增加大量新建筑外，还有几百亿存量建筑需要改造，单靠政府的努力是不够的，应采取激励措施，充分发挥各行业与组织的积极性，让行业协会、商会、金融机构、国外组织等加入到推广队伍中来。

3. 关注农村绿色建筑的发展

虽然我国城镇化以每年大于1%的速度在发展，但农村人口数量仍然是巨大的，新增建筑与城镇新增数量相当，是推广绿色建筑不可忽视的重要组成部分。建议选取重点技术（如太阳能、风能、污水处理等）、试点区域进行推广。

4. 加强大型公共建筑的绿色化

建议建立监察执法机制，对大型公共建筑包括从设计、施工、调试到运行管理的全过程中进行监管，如建造前设计方案是否符合节能标准、设备采购、施工调试是否贯彻设计方案以及建成后运行管理是否合理。设计方案在施工图完成后要通过详细地模拟计算对建筑本身、能源转换及设备系统、可再生能源这三项与建筑节能密切相关的内容进行评估，通过节能评估后开发商才能获取开工许可证，准予施工建设。另外，对新建和既有的大型公共建筑均给出合理用能配额，政府节能监察部门定期检查其能耗情况，结合气候变化、人住率、设备状况等实际使用条件下的能耗分项计量数据，判断该建筑运行管理是否节能高效，从而罚劣奖优，比如对超出合理用能配额的能源消耗征收高额费用。

关于建立环保企业贷款抵押担保机制的提案

建议承办单位：中国人民银行、财政部、工业和信息化部

在这次中央4万亿元扩大内需投资计划中，安排了3500亿元用于生态环境建设，旨在发挥财政投资四两拨千斤的作用，拉动社会资本投资环境建设。但目前，环保企业在市场融资过程中出现了许多困难和问题。这些问题不解决，对环境产业的健康发展十分不利，同时，也使国家财政投资的拉动效应大打折扣。这些问题主要表现在：

1. 金融机构对环保企业贷款不积极

在当前经济条件下，一般金融机构往往愿意投资给高回报的产业，而大多数环保企业当前还处于中小型规模，仅仅是保本微利，银行一般都不愿意提供贷款。同时商业银行贷款利率高、周期短，也难以适应城市公用环境基础设施行业设施的收益低、周期长的特点。

2. 贷款抵押品条件苛刻

基础设施领域所形成的资产形态更多地表现为划拨土地、无房产证的泵房、设备间、设备资产、管网资产等，难以达到金融机构要求的抵押条件。而特许经营权抵押贷款在目前的商业银行体制下又不能顺利推行，当前不少省市甚至明文规定特许经营者不得以转让、出租、质押等方式处分特许经营权。

3. 担保体系不健全

由于城市基础设施建设贷款额一般较大，地方难以找到合适的企业担保或者企业不愿为其提供担保，而地方财政担保又与我国现行《担保法》规定国家机关不得为保证人的条款相违背，因此担保方面存在缺陷。还有不少地方尚未建立政府担保体系，使得银行难以为民营环保企业办理贷款。

有鉴于此，建议国家有关部门积极创造条件，利用银行信贷为城市公用环境设施建设融资，尤其是在资产抵押、担保等方面为企业创造更好的信贷环境。

1. 加大银行对环境项目信贷资金的投放

国家应鼓励各类银行向环保企业提供贷款。近日中国建设银行广东省分行与东莞市签署协议，将在3年内向东莞市的交通、市政、环保、中小企业等提供600亿元信贷支持，就是一个范例。建议可以结合国家投融资体制改革，在推行项目业主制和项目经营权转让制度的基础上，落实环保项目融资的资本金制度，以吸引银行信贷资金投向环保项目，也可以将更多的环保项目纳入国家开发银行的城市综合开发贷款项目。

2. 积极探索适应环保企业的多形式贷款抵押方式

在规范环保企业财务制度的基础上，扩大贷款抵押品范围，允许划拨土地及地上的建筑物、地面和地下管网、设备设施抵押融资，并适度提高现有资产抵押率。2002年发布的《关于推进城市污水、垃圾处理产业化发展的意见》中鼓励城市政府用污水、垃圾处理费收费质押贷款，不少省份也已制定相应的政策，可进一步推行。此外，还可放宽企业股权质押、知识产权权利质押、未来收益权质押等政策。

3. 允许特许经营权抵押贷款

近期，江西省将县（市）污水处理厂的特许经营权统一质押给省资产集团公司，向银行贷款融资，并集中建设、建成出让、统一还贷，使得向来慎贷、惜贷的金融机构趋之若鹜。这种办法是解决县级污水处理设施建设资金难题的有益探索，也为其他类似项目的融资树立了范例。福建省也出台政策允许投资企业用特许经营权向金融机构质押贷款，用于污水、垃圾处理厂的建设和运行。这些经验值得在全国推广。

4. 鼓励现有担保公司优先为环保企业提供便捷快速贷款担保服务

近日，国务院办公厅发布《关于当前金融促进经济发展的若干意见》，鼓励“地方人民政府通过资本注入、风险补偿等多种方式增加对信用担保公司的支持，要求设立包括中央、地方财政出资和企业联合组建在内的多层次中小企业贷款担保基金和担保机构，对符合条件的中小企业信用担保机构免征营业税”。目前，有些城市已经有了一些民间投资组建的商业性担保公司，政府应在大力支持的同时，鼓励各级担保机构优先支持环保企业发展，如对环保节能类企业提供贷款担保的，可给予担保费收入一定比例的奖励。支持和引导担保机构简化贷款担保手续，尽量缩短办理时间。对环保企业，要在担保审批、信用额度、担保种类等方面提供方便和优惠，并合理确定并适当降低对环保企业的贷款担保收费标准。

5. 建立专门的环保担保公司

目前可借鉴日本、德国等国经验，成立专门为环保企业融资服务的信用担保基金和担保公司，担保公司由国家每年从财政中拿出资金，或者将收取的主要污染物排污权有偿使用资金、排污费等作为引导基金注入。

关于尽快制定海外投资促进法的提案

建议承办部门：全国人大法工委、国务院法制办

"走出去"是一项重要的国家战略，是进一步扩大对外开放的必要途径，也是全面提升我国企业国际竞争力的必由之路。改革开放以来，我国通过积极实施"引进来"战略，积极参与经济全球化，在新一轮全球产业分工中取得了重要地位，成为经济全球化的受益者。随着中国经济融入世界经济步伐的逐步加快，为抢抓机遇，积极应对全球化的挑战，2000 年党中央确立实施"走出去"战略，提出"努力在利用国内外两种资源、两个市场方面有新的突破"，企业"走出去"得到了迅猛发展。从 2003 年至 2008 年，我国对外直接投资以年均 60% 的速度增长，2008 年非金融类对外直接投资达 406.5 亿美元。

当前，我国企业"走出去"面临难得的大好机遇。2008 年以来，金融危机席卷全球，美日欧等发达经济体纷纷陷入衰退，此时企业"走出去"不仅可以较低成本获得国际市场上的优质资源，迅速发展壮大企业实力，也能在全球范围内进行资源整合，促进国内产业结构的调整和转型，抢占经济复苏的先机。同时，本国经济的衰退也促使一些发达国家纷纷降低对外国企业的投资门槛要求，一些新兴市场对中国投资表示了强烈的愿望和积极的支持。因此，尽快制定海外投资促进法，进一步加大对企业"走出去"的保障和支持力度，帮助企业抓住难得的国际机遇，不仅具有长远的战略意义，更具有紧迫的现实意义。

为了规范我国的海外投资活动，支持企业积极"走出去"，商务部、外经贸部、中国人民银行等先后出台了一系列规定，对于我国海外投资的管理发挥了重要作用。但与企业"走出去"的发展态势和当前的紧迫形势相比，关于"走出去"的法律保障和支持力度还远远不够，难以匹配"走出去"的国家战略地位，也严重制约了"走出去"战略的深入实施。

1. 在法律层级上，至今没有出台关于"走出去"的法律甚至行政法规

相比我国早在 1979 年就出台《中外合资经营企业法》，之后迅速建立了以"三资企业法"及配套实施细则为核心的"引进来"法律法规体系，我们在提出"走出去"战略十年后还没有正式出台真正意义上的海外投资法，甚至没有出台专门的行政法规。目前调整海外投资关系的国内法规范，主要是国务院有关部委颁布的若干部门规章，效力层级明显不高。

2. 从指导思想上看，我国现有关于海外投资的部门规章监管性理念较重，保护性、促进性理念偏淡

在对待不同主体的政策支持方面，还存在"重国有企业、轻民营企业；重大型企业，轻中小企业"的倾向。

3. 从内容上看，由于各个部门缺乏统一的计划性和共同的原则性指导

一方面，现行部门规章规定不可避免地相互交叉或冲突；另一方面一些重要制度又出现遗漏，如关于海外并购立法基本处于空白状态，海外投资保险目前也只是处于起步阶段，距离我国海外投资的发展速度及建立完善的我国海外投资保险制度和法律体系的要求还有较大差距。同时，专门针对"走出去"的配套政策法规特别是财税、金融政策还相当缺乏。

为此，我们建议：

1. 建议本届全国人大补充立项，尽快启动海外投资促进法立法程序

鉴于目前十一届人大常委会 5 年立法规划已

经正式出台，建议提请将其补充到年度立法规划，尽快组织有关力量进行调研、论证，广泛征求企业、行业组织等社会各界意见，尽早制定海外投资促进法。

2. 在正式的海外投资促进法出台前，建议国务院先行制定促进海外投资的行政法规

由于立法时间较长，但当前“走出去”时不我待，建议先由国务院对现有部门规章进行清理整合，暂行制定海外投资促进的行政法规，规范并促进海外投资行为。

3. 建议制定海外投资促进法应当坚持“积极促进、尽力保护、合理监管”的原则

明确重鼓励服务、轻审批限制的观念，确立宏观的海外投资总体战略及基本制度、管理措施、服务体系。统一和规范对国有企业、民营企业、外资等各类所有制企业进行境外投资的鼓励措施、审批程序和管理办法，就境外投资的定义、鼓励措施、审批程序、人员出入境、资金融通、劳动力来源、利润分配及利润再投资、税收优惠等做原则规定，以法律形式明确其效力，规范政府审批权限的行使，规范企业的境外投资行为。

关于进一步调整生态公益林补偿政策的建议

建议承办单位：财政部

建立自然保护区是保护自然资源和自然环境最有效的措施，在维护我国国土生态安全和保护我国生物多样性方面起到了极其重要的作用。

我国自然保护区事业已有50余年的发展历程。截至2008年底，全国共建立各种类型、不同级别的自然保护区2531个，总面积1.52亿公顷，相当于陆地国土面积的15.2%。这些自然保护区有效保护了我国85%的野生动物种群，65%的高等植物群落，还涵盖了90%的陆地生态系统类型，49%的天然湿地，20%的天然优质森林，以及30%的典型荒漠地区，成为我国生态保护和自然保护区的主体，在保护生物多样性，维护生态平衡和推动生态建设等方面发挥了巨大的作用。

但是，由于社会及历史原因，我国自然保护区内还生活有一定数量的居民。据不完全统计，我国自然保护区内居民数量达到980余万人。由于自然条件限制，很多群众生产生活较为落后。例如，广东省自然保护区中社区群众人均年收入为3200元，低于全省农村居民人均年收入的4690元；云南省国家级自然保护区中居民年收入最高为1800元，最低只有300～500元。为彻底改善群众生活条件，促进社会和谐发展，最彻底的解决方式无疑是采取生态移民的方式，即对自然保护区内居民，特别是核心区或生态脆弱区域采取生态移民。但是，由于财力限制，这一方式的实施目前受到限制。因此，需要寻求新的方式来解决这一问题。

国内外的实践证明，建立有效的生态补偿方式是解决自然保护区区内居民生产生活问题的有效方式，因为生态补偿机制作为一种有偿使用生态资源环境的新型管理模式，将区际环境变化与毗邻地区社会发展状态相联系，协调了自然保护区与当地社区之间的关系，最大限度地缓解社会经济发展和生态环境保护间的矛盾，使经济发展与生态保护在发展过程中达到协调。

我国对生态补偿工作已经有一些探索。2004年底，中央森林生态效益补偿基金制度开始在全国实施，将大江大河源头和国家级自然保护区内的森林纳入补偿范围，并对林农安排了一定的补偿费，对促进自然保护区居民生产生活发展起到一定的积极作用。但与我国自然保护区建设和发展的需要相比，目前我国对自然保护区及其周边地区居民的补偿机制还有不足，存在标准过低，范围过窄的问题，尤其是只包含了国家级自然保护区，而地方级自然保护区和国家重点保护的野生动物栖息地却没有明确纳入补偿范围。

因此，建议进一步完善生态补偿机制，扩大生态公益林补偿范围，将所有自然保护区和国家重点保护的野生动植物栖息地均纳入生态公益林补偿范围，并提高补偿标准，切实提高自然保护区及周边地区居民的生产生活水平，使其继续从自然保护区相关政策中受益，积极投身到自然保护事业中来，实现人与自然和谐发展。

关于进一步加强金融服务支持民营企业“走出去”的建议

建议承办单位：人民银行、银监会、财政部

近几年，民营企业对外投资增长势头明显，已发展到境外投资建厂，从事资源开发，设立研发中心，开展跨国并购，对外承包工程等多种形式，并出现集群式、规模化、园区化的发展态势。当前国际金融危机影响还在继续深化，民营企业面临国内外经济下行压力的同时，也迎来到境外投资和并购难得的机会。因此，鼓励民营企业“走出去”，充分利用国内国际两个市场和两种资源，主动参与国际经济合作，不仅是企业适应全球化挑战的需要，也是在当前经济形势下，促进经济增长、调整经济结构的有效途径。但是目前我国在对外投资方面金融服务比较滞后，融资已经成为制约民营企业“走出去”的瓶颈之一，主要面临以下几方面的问题：

1. 银行融资服务功能不足

一是目前我国没有专门针对政策性金融的法规，政策性业务与一般商业性业务同在一个监管要求下，限制了政策性金融功能的发挥。中国进出口银行资本金不足，制约了政策性银行的惠及面和抗风险能力。目前政策性银行信贷业务主要集中在大型项目和大型企业，门槛偏高、难以满足民营企业对外投资长期稳定资金需求；二是我国银行境外的分支机构网点少、业务范围窄，规模小且增长缓慢，还不具备承担支撑我国境外企业融资的能力。从地区结构来看，我国的银行主要在发达国家和地区设立分行，与我国企业在新兴市场国家投资增长迅速存在一定的错位；三是目前很多商业银行尚未真正建立全球授信业务体系，民营企业的境外子公司不能利用国内母公司的信誉和授信额度，企业的国内母公司不能为其境外子公司在我国银行境外机构贷款提供担保，企业境外投资形成的资产不能作为抵押担保在境内贷款；四是银行的金融工具还比较单一，特别是民营企业还无法得到境外设立子公司、股权并购、大型项目资本金等方面的贷款，使我国企业在与跨国公司竞争中处于不利地位。

2. 出口信用保险发展滞后

我国出口信用保险与发达国家有很大差距，我国只有中国出口信用保险公司从事出口信用保险业务，缺乏必要的竞争，同时国家相关补贴措施还不够到位，存在出口信用保险总体规模小，惠及面窄、保险成本高，特别是民营企业投保的普及率较低等问题。

3. 股权投资形式较少

目前只有中非发展基金、中国投资有限公司等为数不多的面向“走出去”企业和项目进行股权投资的机构。支持的对象少、要求门槛高，难以满足中小型民营企业需求面广、额度较小的融资特征。

针对以上问题，我们提出如下建议：

1. 加大政策性金融对民营企业“走出去”的支持力度

作为“走出去”战略的直接实施者，政策性银行的信贷风险应纳入国家实施“走出去”战略需要负担的政策成本中进行总体评估，不能与商业银行在同一个层面上监管。一是研究制定政策性银行法，在国家战略高度统筹考虑政策、风险、效益问题。二是提高中国进出口银行等政策性金融支持“走出去”的能力，增加进出口银行资本金，增强其融资能力和抵御风险能力。三是扩大政策性银行在境外设置分支机构的国家范围，特别是在一些市场前景好、中国企业开始进入投资，但金融资源匮乏、商业银行不愿意设点的欠发达国家和新兴市场国家。四是创新适应经济全球化的金融工具，可在政策性银行先行先试。

2. 鼓励商业银行等金融机构为“走出去”企业提供全方位金融服务

一是加快商业银行全球授信系统的建设，借鉴一些外资银行奉行以本国企业为主要的目标客户群的“跟随客户”经验，鼓励商业银行在民营企业对外投资比较集中的区域，尤其是境外经贸合作区、工业园区所在地设立支行或办事处，为境外民营企业提供本地化金融服务。二是境内商业银行进一步与国际接轨，丰富金融产品，提供离岸金融服务、股权融资、并购贷款、项目贷款、出口应收账款质押贷款、境外资产抵押贷款等业务品种，为企业“走出去”提供必要的后继融资服务。

3. 充分利用出口信用保险，形成适度竞争，扩大保险的作用范围

一是允许成立商业性出口信用保险公司，与政策性保险公司形成一种在业务、区域上有所区别又适度竞争的关系，提升我国出口信用保险的经营管理水平，降低保险成本，扩大保险整体规模。二是增加中国出口信用保险公司资本金，提高政策性信用保险的覆盖面和渗透率。三是政府出台相应的补贴措施，提高企业投保的积极性，引导鼓励民营企业在出口和对外投资中投保。

4. 建立对外产业投资基金，进行专业化投资

一是针对特定的区域（国家）、特定的市场设立若干类似中非发展基金的股权投资基金，直接对民营企业境外的项目和公司进行股本投资，基金可以采取国家、企业、银行、专业投资机构相结合的股权结构设计，实行商业化操作。二是设立对外并购基金（VC 或 PE），通过股权并购，在国际上获取知识产权、品牌、市场份额和资源。基金可在政府的引导和支持下，以民间资本为主，实行商业化运作。

关于进一步完善污水处理设施建设运营机制的提案

建议承办单位：国家发改委、建设部、环保部

中央为扩大内需促进经济增长，出台了4万亿元的投资计划，其中强调要加强生态环境建设，加快城镇污水、垃圾处理设施建设和重点流域水污染防治。有关部门负责人表示，中央财政未来两年用于污水处理行业的投资是900亿元，加上银行贷款等资金，污水处理行业投资将可达到2800亿～3000亿元。此次国家扩大内需政策对于环境保护特别是污水处理而言，无疑是个重大利好消息，但在污水处理设施建设过程中也出现了一些值得关注的问题。

1. 政府投资建设污水处理厂而忽视管网建设，对社会资本产生挤出效应

在新一轮环境投资中，各地仍将建设重点放在污水处理厂建设上，而对配套的管网建设重视不够。据媒体报道，有关部门曾在5天之内收到各地上报的500份污水厂申建单，这一数据超过目前全国已有污水处理厂总数（1442座）的1/3。地方报送的大都是污水处理厂申建项目，而污水管网建设的项目却少有问津。这样势必导致厂网建设脱节，许多污水处理厂因管网不配套而无法运营，难以发挥污染减排的功效。与此同时，政府投资建设污水处理厂势必对社会资本产生挤出效应。据有关调查，现在有些地方政府对民间资本进入污水处理设施建设领域持拒绝态度，原因是他们正在申报国家污水处理厂建设项目。这种现象值得注意。

2. 中小城镇污水处理设施规模小、运营成本高

从目前国家政策看，新一轮环境投资重点将投在县城及中小城镇污水垃圾处理设施建设上。但这些地方一般规模较小并且过于分散，一般中小城镇的污水日处理量只有5000～6000吨左右，如果选用常规处理工艺则处理成本较高，为将来的正常运营带来难题。

3. 城镇污水处理收费机制不健全，设施运营难以为继

据了解，目前仍有相当一部分城市尚未征收污水处理费，即使已经征收的地方也存在收费过低的问题。尤其是为数众多的中小城镇污水处理收费机制还没有建立，将来的运行机制还很不清晰。收费机制的不健全将直接导致污水处理厂运营经费的短缺，使其难以正常运营发挥治污功能。

4. 污水处理厂进水浓度不合规，影响处理效果

一些地区工业废水进入城市污水管网，导致进水中含有重金属等有害物质，污水浓度超出了污水处理设施的处理能力，甚至一些工业废水里还含有抗生素等，大量杀死处理厂的生物菌，造成污水处理厂不能正常运营。

5. 污水处理产生的污泥增加速度快、环境危害大

按照国家有关“十一五”环保规划，2010年城市污水处理率不低于70%，预计届时全国污水处理能力一天超过一亿吨。按照现行工艺，每处理一吨污水，将产生千分之一左右的含水率80%的湿污泥，每年污泥的产生量就会达到3600

多万吨。而目前，由于技术、资金和政策等原因，国内大部分污泥处于简单填埋状态，没有进行有效处理，容易造成二次污染。

国家加快环境基础设施建设是必要之举，但必须注意提高环境投资质量，充分发挥投资效益，为此，我们对如何用好新一轮的环境投资提出以下几点建议：

1. 政府投资应起到拉动社会资本投资环境建设的作用，而应避免对社会资本产生挤出效应

对于污水处理设施建设项目，由于城市污水管网投资浩大、资本沉淀性强、建设周期长，社会资本一般是难以介入的，这就需要由政府来投资。而污水处理厂的建设则完全可以市场化，采取 BOT、TOT 等形式由社会资本来投资。实际上，近年来“政府建网、企业建厂、市场化运营”模式已经取得了许多成功经验，业已成为我国城市环境建设的基本模式。

2. 保证投标企业能够实行规模化运营，降低运营成本

鉴于县城和中小城镇污水垃圾处理设施过于分散、规模小、运营成本高的特点，为吸引社会资本投资，建议地方以县级行政区域或小流域为单元，将分散的小型污水垃圾处理项目统一打捆后进行市场招标，以保证投标企业能够实行规模化运营，降低运营成本。有的也可以在污水处理厂建成后，委托社会企业进行专业化运营。在处理工艺选择上不应攀比大中城市，因地制宜地选择适合本地特点、成本较低、简单实用的处理工艺。

3. 加强污水处理费的征收监管

已经开征污水处理费的地方应加强监管，力保足额征收；尚未开征的地方应尽快出台污水处理费的征收政策。同时，鉴于中小城镇居民特别是中西部地区居民收入水平较低，收费政策难以一步到位，建议由各级财政来承担污水垃圾运营费用，东部地区可由省市两级财政承担，中西部地区则需要中央政府给予补贴。

4. 为保证污水处理厂进水水质，使污水处理设施正常运营

建议对排入城镇污水管网的工业废水要制定严格的准入标准，对超标排放废水要采取严厉的处罚措施，并确定相关政府部门进行严格监管。

5. 明确污泥处理的责任主体，构建污泥处理的政策支撑体系

将污泥无害化处理纳入地方节能减排考核体系，从体制上杜绝污泥造成二次污染。同时，征收的污水处理费中应包含污泥处置费用，或由政府财政予以补贴，使污泥处置实现市场化运营。

关于利用“扩大内需”加快林业建设的建议

建议承办单位：发改委、财政部

在当前全球金融危机的大背景下，最值得关注的问题，是如何确保扩大内需的举措落到实处，切实解决民生问题，使最广大的人民从扩大内需的投资项目中受益，同时，还能够兼顾长期的生态环境效益，借机推进经济发展模式的战略性转变。

林业建设在扩大内需中具有很大潜力，有利于促增长、保就业，还有利于农民增收和生态效益，可以作为此一轮扩大内需的优先关注领域之一。为此，我们向党中央、国务院提出如下具体建议：

1. 扩大内需投资中增加对生态和林业建设投资

林业投资的预期收益高、综合效益好、风险相对较低，而且投资拉动的乘数效应十分明显，符合中央扩大内需的基本要义。国家增大对林业建设的投入，特别是完善林业贷款财政贴息政策，实施政策性森林保险制度，能够产生“四两拨千斤”的作用，不仅带动市场上下游供求链的发展，更可以吸收各级、各地区的各类闲散资金，并且留下大量优质的生态资产，堪称一举多得。

2. 提高生态林补偿标准，保障基本生态资源

目前现有的生态林补偿标准过低，补偿标准是每亩补贴 5 元（依据 2001 年制定的标准），大大低于经济林 300 元/亩以上的收益，这不利于基本生态资源的维护，也不利于巩固天然林保护的成果。建议国家借此次扩大内需之机，将生态公益林补偿标准提高到每亩 15 元或更高的水平。同时，建议考虑参照种植业补贴，对林业发展实行苗木补贴和农资、农机补贴。

3. 尽快发行特别国债，动用国债资金投入生态建设

目前（1～3月份）正是植树造林最适宜的季节，大量农民富余劳动力和返乡农民工急需创业支持，这是林业建设的大好时机。而我国目前实行积极的财政政策，发债空间比1998年更大。因此，建议尽快发行特别国债，专门安排出一笔助农育林专项资金，帮助返乡农民工实现在当地就业，此事宜及早动手、尽快落实。

4. 以投资换改革，实现林业管理体制机制的历史性转变

可以考虑利用此次扩大内需之机，减免涉林税费，由国家公共投资和公共财政购买林业提供的公共产品，通过转移支付等手段实现林业部门经费由财政全额负担，实现财政养林，杜绝一切不合理的涉林收费，彻底地解决多年来遗留的林业体制机制问题。

5. 支持地方创新，在南方地区全面推行集体林权改革

建议以江西、福建等省区的集体林权改革为案例，总结经验、规范操作、加大支持、全面推广。中央财政适当补助集体林权制度改革工作经费，对财政困难的县乡，中央和省级财政要加大转移支付力度，加快全国集体林权制度改革，以绿色改革推动实现生态资产保护和绿色发展。

国家发展与建设的根本宗旨在于富民，党中央、国务院提出此轮扩大内需以富民为本。因此，借此次扩大内需之机，加快推进林业改革和发展，进一步推进中国的生态建设，实施有中国特色的绿色新政，这既是历史给予我们的机遇，也是未来对于我们的要求。

关于协助企业贯彻劳动合同法稳定劳动关系的建议

建议承办单位：人力资源和社会保障部

去年以来，受国际金融危机快速蔓延和世界经济增长明显减速的影响，我国经济下行压力加大，民营企业尤其是出口型民营企业、劳动密集型民营企业、中小民营企业经营困难加剧，亏损行业大幅增加。《劳动合同法》的贯彻实施也面临一些新的情况和问题：第一，很多企业难以足额缴纳社会保险费、支付工资乃至经济补偿金，企业用工需求减少，经济性裁员和职工待岗歇业现象逐步增多，企业用工管理的难度加大。第二，虽然劳动合同法实施条例对劳动合同法进行了细化，但劳动合同法的部分规定仍有待进一步的明确，对于劳资双方的权利义务仍需进行更细致、更科学的配置。第三，劳动争议案件数量大幅上升，亟须政府、工会、雇主代表三方积极发挥作用、解决纠纷，但由于工商联在国家协调劳动关系三方中的缺位，使得民营企业的劳动争议难以在此框架中得到有效解决。第四，《劳动合同法》、《就业促进法》、《劳动争议调解仲裁法》等，是一个相互衔接的整体，全面贯彻这些劳动立法，有利于维护劳动关系的稳定，就业促进法在税收、金融、管理等方面规定了诸多对企业的优惠政策，但由于缺乏更细致、更具操作性的规定，实际落实情况并不理想。

我国目前的产业状况是以低附加值的加工业为主，从长远看，只有切实推进我国产业结构调整升级和转变经济发展方式，提高企业的技术能力、产业能力，才能不断提高抵抗危机冲击的能力，提高对劳动者的保护水平，实现劳动合同法“保护劳动者的合法权益，构建和发展和谐稳定的劳动关系”的立法宗旨。在当前形势下，要结合实际贯彻劳动合同法，充分考虑企业的承受能力，更加重视保护劳动者的合法权益，更加重视企业的生存发展，更加重视维护社会的就业稳定。2008年11月17日，人力资源和社会保障部发出通知，提出切实措施，强调要把帮助企业渡过难关、稳定就业局势作为当前头等大事来抓；12月22日，人力资源和社会保障部等部门发出《关于采取积极措施减轻企业负担稳定就业局势的通知》，提出在一定期限内缓缴社会保险费、降低4项社会保险费率等5条重要措施，这两个通知的发出，对于在当前经济形势下贯彻劳动合同法，维护企业就业稳定，促进经济平稳发展，具有重要的意义。2009年1月23日，人力资源和社会保障部、全国总工会、中国企业联合会联合发出《关于应对当前经济形势稳定劳动关系的指导意见》，从国家协调劳动关系三方角度提出

了针对性的指导意见，但由于工商联在国家协调劳动关系三方中的缺位，也使得此意见对民营企业的适用性大打折扣。目前，人力资源和社会保障部正在起草劳动合同法配套规章。

为有效帮助企业应对当前经济形势，保障劳动合同法的顺利实施，我们建议人力资源和社会保障部：

1. 大力推动上述文件的落实，阶段性降低社会保险费率，允许困难企业在一定期限内缓缴社会保险费，暂缓调整企业最低工资标准，简化特殊工时制审批程序，妥善解决困难企业支付经济补偿问题，切实减轻企业负担。

2. 指导各级劳动执法部门和人员提高依法行政能力和管理服务水平，在执法过程中，注意区别违法行为的性质，灵活执法；对于恶意拖欠劳动工资、非法用工等违法行为要严格依法查处，对于受经济危机影响而出现的社保缴纳困难、工资支付困难等问题，要协助予以解决，维护企业的正常经营和就业。

3. 及时出台劳动合同法配套规章，针对法律实施中出现的问题，进一步对劳动合同法及其实施条例进行细化，对劳资双方的权利义务进行更合理的配置，适当减轻企业义务，增强法律的操作性和科学性。

4. 继续帮助协调工商联加入国家协调劳动关系三方机制，发挥工商联在引导民营企业应对当前经济形势、稳定劳动关系中的作用。

5. 完善就业促进法配套法规，督促各地出台促进就业的优惠政策，对积极吸纳就业的企业一定的政策优惠，引导企业承担社会责任，鼓励企业坚持做好就业安置，促进劳动立法整体的协调实施。

关于切实解决部分原工商业者生活困难问题的提案

建议承办单位：民政部、人力资源和社会保障部、财政部

原工商业者在1956年为实现对资本主义工商业的社会主义改造和社会主义建设作出了重要贡献。他们现在年事已高，体弱多病，部分人员在生活和医疗方面确实存在着困难。进一步解决他们的生活困难问题，是执行党的统一战线方针政策的具体体现；也是学习实践科学发展观，以人为本，让改革和发展的成果惠及全体人民的实际体现。

党中央、国务院对此项工作高度重视，2002年4月，劳动和社会保障部、中央统战部、财政部、民政部联合下发了《关于进一步解决部分原工商业者生活困难问题的通知》（劳社部发〔2002〕9号）。文件下发后，各地党委和政府都积极采取措施，解决原工商业者生活困难问题。北京、上海、湖南等地都出台了落实劳社部〔2002〕9号文件的相关规定，财政拨出资金解决部分原工商业者的生活困难问题，受到了广大原工商业者及社会的一致好评。

但是，一些地方在执行落实劳社部〔2002〕9号文件的过程中，因对文件的某些规定在文字理解上有差异，致使对一些已故原工商业者无工作的配偶的生活困难问题还没有落实解决。

劳社部发〔2002〕9号文件规定：“对已故原工商业者无工作的配偶，可按当地城市居民最低生活保障标准全额发给生活费。”

已故原工商业者无工作的配偶，即无工作的原工商业者遗孀老太太。她们也都是七老八十的老人了。以北京市为例，该市已为1600名原工商业者无工作遗孀落实了生活困难补助金，并把这部分人纳入北京市大病救助范围，但是还有三四百位1956年公私合营时企业在北京进行合营，但现在户口不在北京的已故原工商业者无工作的配偶无法落实。原因是此项政策是通过纳入社会保障体系解决她们的生活困难；而纳入“低保”必须以户口在京为前提，没有北京市户口，就没有渠道执行，无法按照9号文件的要求，把她们纳入北京市的“低保”体系。

这些已故原工商业者无工作的配偶的户口分布在14个省或自治区。她们或其亲属找到户口所在地的政府，要求按劳社部〔2002〕9号文件规定解决她们这些遗孀老太太的生活困难问题。但是，当地政府（即户口所在地的政府）要求这些无工作的原工商业者遗孀老太太到“公私合营”所在地解决。他们认为9号文件规定的“当地”就是指原工商业者“公私合营”时企业所在地。据北京市工商联反映，几年来，这些遗孀老太太或她们的亲属为落实此项政策往返奔波于户口所在地与北京之间，多次上访而无结果。致使党的政策未能落到实处，也产生了不好的社会影响。其他省、自治区、直辖市也有不少类似的情况。

此外，这些人当中还有一些户口现在农村。很多农村地区还没有建立最低生活保障体系，使得户口在农村的已故原工商业者无工作的配偶的生活费无法纳入到当地的“低保”体系之中。这就给解决她们的生活困难问题又增加了障碍和难度。

为此，我们建议人力资源和社会保障部、中央统战部、财政部、民政部可出台一个劳社部〔2002〕9号文件实施细则或补充通知，明确以下内容：

1. 明确说明对于已故原工商业者无工作的配偶的生活费问题是由当年公私合营的所在地政府解决，还是由现在户口所在地的政府解决

本着谁受益，谁负责的原则，也为了避免相互扯皮，责任不清的问题，建议由1956年前后企业公私合营的所在地政府负责解决。同时，按企业公私合营所在地的城市居民最低生活保障标准全额发给生活费。

2. 对于已故原工商业者无工作的配偶，无论她们的户口是农业户口，还是非农业户口，本省的一律按“当地城市居民最低生活保障标准全额发给生活费”

明确说明这是解决她们生活困难的生活费，发给生活费总得要有个标准，这个标准就是参照“当地城市居民最低生活保障标准全额”。农业户口的已故原工商业者无工作的配偶跨省级行政区域的情况，按建议的第一条解决。

3. 由省级财政统一解决

一些市、县财政情况不好，也影响了政策文件的落实。可否借鉴湖南省由省财政统一解决全省未参加社会养老保险且退休金收入低于当地企业退休人员平均养老金收入水平的原工商业者和已故原工商业者无工作配偶生活费的办法。

关于推动非公有制经济领域人才建设的提案

建议承办单位：人力资源和社会保障部

近年来，非公有制经济已成为国民经济持续发展中最具活力的生力军。随着非公经济的发展，对人才的需求越来越大，人才瓶颈制约了非公经济组织的成长。

非公有制经济组织存在人才困难的主要原因，是其体制与管理上的问题。如私营企业执行社会保障制度不够完善，学生就业大多不愿选择到非公经济组织；受户籍制度的影响非公经济组织不能解决人才的户籍问题，从而缺乏吸引人才的有利条件；在一些技术密集的行业和岗位，非公经济组织人员流动频繁，加上企业信用与个人信用管理不完善，人才流动中存在着泄露商业秘密等问题，有的企业不愿支付成本培训人才，更不愿将员工送出去系统培训。

推动非公有制经济领域的人才建设，需要政府研究非公经济发展的新特点，进一步做好相关的管理和公共服务。为此，建议：

1. 完善人才服务，建立良性的人才市场

在行政方面，一是广泛开展非公经济组织人才的普查工作，准确掌握非公有制经济组织人才的现状，为非公经济组织提供人才信息服务，引导合理流动，促进市场化配置；二是分层分类建立非公经济组织人才库，重点抓好企业主、专业技术人才、高技能人才的建档入库。对入库的各层各类人才实行档案管理、人事关系代理等“一站式”便利服务；三是在各类科技专家和拔尖人才的选拔上，给予非公经济组织更多的政策倾斜，消除人才流动中的城乡、部门、行业、身份等限制，帮助非公经济组织引进高层次经营管理人才和复合型人才；四是发挥好人事咨询功能，建立健全组织机构，帮助非公经济组织制定人才发展规划、建立人才激励机制，促进企业由传统家族式管理向现代人力资源管理的转变。

2. 完善信用管理，加快信用体系建设

一方面，要加强对非公经济组织的信用管理，合法地获取非公经济组织经营者的信用资

料，对企业贯彻《劳动法》、履行劳动合同、缴纳养老、医疗、失业保险及教育培训等方面进行信息采集，向社会需求方提供具有真实性、可靠性和权威性的公司法人资信报告。依据报告划分诚信等级，对诚实守信企业给予表彰，对失信企业给予处惩。另一方面，要建立个人诚信档案。关于个人诚信，职业道德、奖惩方面等情况，要有专门机构随时记录归档，动态管理，为聘用单位提供真实、可靠的个人资信报告。

3. 完善市场机制，扶持中介组织发展

一是要加强人才市场信息化建设。定期发布非公经济组织人才供求信息、人才价格信息，实现人才机构信息共享与互通。二是要进一步推进人事代理制度，促进人才资源配置市场化。目前在一些地方兴起的人才派遣制度就是人才市场化的产物。要认真深入地研究解决人才派遣中存在的不规范，甚至欺诈行为，逐步完善人才派遣政策法规，更加明确双方的责、权、利。三是要加强对人才中介机构的管理。既要推动人才中介机构进一步拓展市场服务领域，强化市场服务功能，又要加大对人才中介机构的监管力度，推进人才服务机构的社会化、市场化、产业化和规范化。

关于推进行业协会、商会法制化建设的建议

建议承办单位：全国人大法工委、国务院法制办

近年来，我国行业协会、商会发展比较快，并在促进行业自律、维护行业规范、推动行业健康发展等方面发挥了一定的作用。但是，由于相关法律法规不健全、政策措施不配套、管理体制不完善，作为政府和企业桥梁、纽带的行业协会、商会并没能发挥应有的作用。通过此次对三鹿奶粉事件的执法监管来看，政府对具体行业的直接监管难度越来越大，其监管行政成本更是不可小觑。而三鹿奶粉事件仅仅是我国食品安全领域的冰山一角，在各行各业的产品质量安全事件此起彼伏、层出不穷的情境下，政府监管在很多情况下不得不处于被动执法状态，政府部门也不可能有足够的能力去制定、规范、完善每个行业的行业标准。为此建议进一步推进行业协会、商会的法制化建设，充分发挥行业协会、商会自律作用。目前，行业协会、商会发展过程中存在的突出问题主要有：

1. 行业协会、商会受现行体制的束缚，其法律地位不明确

到目前为止，我国尚未出台有关行业协会、商会的专门法律，因此，行业协会、商会在性质、地位、职能、权益等方面均没有明确的法律规定。法律地位的不明确，致使其开展活动的法律依据不足，发展缺乏制度保障。与此同时，由于大范围存在的社团主管问题，工商联不能成为基层商会的业务主管部门，行业商会没有独立的法人资格，其合法性难以保证。这种严重滞后于中国实践的体制束缚了其行业管理职能的发挥。

2. 行业协会、商会在制定行业标准及行业自律、监管方面严重缺位

目前，行业协会、商会在参与制订修订行业标准和行业发展规划，完善行业管理，促进行业发展方面没有足够的话语权，甚至出现实质性的缺位现象。行业自律机制不健全，缺乏行业自律、监管的必要手段，加之由于行业协会、商会法律地位的缺位导致其权威性的丧失，使得其对违规失信的企业缺乏必要的惩治手段，无法采取强制性的措施禁止市场准入和责令市场清出，这也是行业协会、商会在行业管理中无法发挥应有作用的根本原因之一。

3. 社会各方缺乏对行业协会、商会作用的正确认识

长期以来，我国过分依赖政府对行业和企业的行政管理，社会各方对发挥行业协会、商会等自律性组织在行业管理中的作用认识不足，部分地方政府和相关主管部门依然对行业协会、商会工作重视不够，有的甚至对发挥行业协会、商会作用可能导致行政权力的削弱存在顾虑。

几点建议：

1. 尽快制定一部符合我国实际情况的行业协会、商会管理法

从长期来看，要建立健全行业协会、商会立法，以制度来保证规范化运作。通过立法，确立行业协会、商会的社会团体法人地位，实现有法

可依，对行业协会、商会的法律地位、性质、基本职能、权利、义务等作出明确法律界定；对行业协会、商会的设立程序、规章制度、活动开展、利益维护、行业监管等建立相应的法律依据；对组织建设、会员发展、会费收取、会员服务等运作方式作出科学合法的规定。

2. 有选择性地推进行业协会、商会法制化建设的试点工作

为了探求有利于行业健康发展，符合行业协会、商会自身发展规律的管理体制和运行机制，可以根据各省实际情况，有针对性地搞几个试点，建立健全行业协会、商会的规章制度。通过试点，出台地方性的行业协会、商会管理规定，对其组织构架、行业自律和监督职能、活动规则、会员收费、人事管理、财务管理等方面作出具体的规定，将行业协会、商会逐步纳入法制化、规范化发展的轨道。

3. 以政策性文件明确赋予行业协会、商会实质性参与行业管理方面的职能，完善行业自律管理制度和行业监督机制，减轻政府监管难度

行业协会、商会对自己行业内部的运作模式，对行业的“潜规则”最为清楚，也理应最具话语权，因此，要让具有行业代表性、专业权威性和信息全面性的行业协会、商会真正成为行业管理的重要主体。要充分发挥行业协会、商会在行业自律方面的重要作用，制定行规行律，遏制假冒伪劣和违法行为的发生；健全各项自律性管理制度，建立完善行业自律性管理约束机制，规范会员行为；改革和完善行业监管机制，建立健全科学、规范、有效的监管体制，为行业协会创造公平、公正的发展环境；建立与政府职能部门建立定期或非定期的沟通机制，在出台涉及行业发展的重大政策措施前，应主动听取和征求有关行业协会、商会的意见和建议。

关于在高新技术开发区内试点设立科技银行的建议

建议承办单位：银监会、人民银行

市场发育程度、科技创新能力和金融市场效率是决定一个国家财富创造能力的主要要素。过去三十年，我们积极发挥了市场的作用，经济发展取得了瞩目的成就，但在某种程度上却以牺牲环境和长远利益作为代价。未来三十年，必须通过发挥科技创新、提高金融市场效率促进我国经济持续健康发展。党中央、国务院提出到2020年建设成为创新型国家的战略任务已经非常紧迫，特别是面对当前的国际金融危机，依靠科技创新、转变经济发展方式、调整经济结构显得更加迫切。因此，必须在科技创新与金融创新结合上取得重大突破，我国企业自主创新的效率和效果才会有实质性的飞跃。

技术创新活动和科技型企业成长有其特定的规律，在企业不同的发展阶段需要有不同的资金供给方式，特别是进入创业后期和成长期的科技型企业，资金需求快速膨胀，而目前银行的经营准则与科技型企业“高增长、高盈利、高风险”的特点之间存在结构性矛盾，导致债权性资金不能规模化地进入企业，许多具有创新特征的科技型中小企业长期游离于金融体系之外，丧失发展机遇甚至夭折。在现行银行体制内设立单独的业务或机构等改良的方式，是不能从根本上解决科技与金融结合的深层次矛盾，需要从体制和机制上加以突破。因此，我们建议在高新技术开发区内设立科技银行，解决科技型中小企业发展过程中的“成长瓶颈”问题。科技银行是科技和金融结合的突破点，通过科技银行把有限的金融资源配置到有利于经济发展方式转变的科技型企业中去，是促进结构调整、建设创新型国家的重要着力点。

设立科技银行符合国家金融改革方向。2007年国务院《关于全面深化金融改革促进金融业持续健康安全发展的若干意见》明确提出要设立适应特定对象、提供特色服务中小金融机构，积极为科技型中小企业提供金融服务等金融改革方向。我们认为，在我国支持中小企业发展，需要建立包括面向农民、农业和农村经济发展的村镇银行，面向个人创业、城镇中小企业的社区银行以及面向科技型中小企业的科技银行在内的中小银行体系，针对特定服务对象，提供多方位、有特色、专业化服务。其中科技银行与风险投资机构相结合，主要在高

新技术开发区内，以科技型中小企业为特定对象，为他们成长过程中不同阶段的资金需求特点提供金融服务，因此设立科技银行符合国家金融改革方向。

近年来，全国工商联、九三学社中央和科技部对科技银行的有关问题作了可行性论证，特别对“如何把握科技银行始终坚持为科技型中小企业服务的发展方向”、“如何有效控制科技银行的风险”科技银行的两个核心问题，从机制创新、股东结构安排、制度设计等几个方面也做了比较深入的研究。科技银行的定位是：为科技型中小企业量身定做的、机制创新的、专业化的、区域性商业银行，它既不能因袭政策性银行的老路，把风险集中到国家身上，也不能拘泥于现有商业银行的机制和业务模式。机制创新内容包括：以民间投资为主的股权设计、集中于高新科技园区的区域属性、股权与债权结合的金融服务模式、知识产权质押等创新的担保方式、与风险投资机构紧密合作的守门员制度、财政资金引导和风险补偿支持、熟悉金融和科技领域的专业人才团队建设等一系列制度创新。通过创新金融工具以及国家支持方式，使科技银行形成风险与收益相匹配的资产结构，最终达成适应科技企业融资特点和银行稳健经营原则的新银行制度。

目前设立科技银行条件基本具备，正当其时。最近中央提出保增长、扩内需、调结构的方针。中央经济工作会指出要加快金融体制改革，建立健全货币政策和金融发展、金融监管相协调的机制，改善金融结构和服务，加强金融监管和创新。在高新技术产业开发区内，科技企业外源性债务融资需求非常迫切，当地政府和很多科技型企业对科技银行的机制和模式非常认同，对成立科技银行非常积极。当前正是促进金融改革的关键时间点，也是调整经济结构最佳机遇期，尽快在2～3个科技资源和金融资源富集的高新技术产业开发区试点建立科技银行，非常必要，正当其时。我们希望有关部门尽快批准在北京中关村、上海浦东等高新技术产业开发区试点，成熟后再逐步推广。

关于支持国内企业加快实施跨国并购战略的提案

建议承办单位：国家发改委、商务部、外交部、人民银行

通过跨国并购，以股权合作方式分享其他国家的自然资源、技术、品牌与销售渠道，是提升中国制造业国际竞争力、扭转中国制造业在国际分工链中的不利地位、增强中国制造业可持续发展后劲的有效途径。政府相关部门有必要出台配套政策措施，支持有实力的中国企业抓住机遇加大跨国并购的步伐。

1. 海外并购是提升中国制造业国际分工地位的有效途径

改革开放三十年来，中国制造业取得了辉煌的成绩，对中国经济建设作出了突出贡献。但由于核心技术、品牌和销售渠道大多数掌握在发达国家实体企业手中，中国制造业长期以来始终处于国际产业分工链中的中低端，在利益分配中处于不利地位，以极大的劳动力资源消耗、能源与环境消耗，生产了全球约30%的商品，却只获得国际同类商品价值1/5的回报，实物产出的份额与价值获得份额严重分离。

制造业在未来很长的一段时间内仍将是中国经济发展的重要基础。但从目前的情况看，由于能源与环境资源的不可再生性，以及其他发展中国家在低劳动成本方面带来的竞争压力，中国制造业正在面临日益恶劣的发展环境。应争取让中国的要素资源合理地分布在国际产业链的前、中、后端，而不是长期从事简单加工装配。

通过跨国并购，采取股权合作的方式，共享其他国家的自然资源、技术、品牌和销售渠道，特别是参股发达国家的技术领先企业、行业龙头企业，是提升中国企业国际竞争力、扭转中国制造业在国际分工链中的不利地位、增强中国制造业可持续发展后劲的有效途径。同时也使我国的巨额外汇储备多了一个安全长久的投资渠道，也必将倒逼国企加快改革步伐，是事关国运的大跨越。

2. 并购的条件逐步具备且处于难得的“时间之窗”

首先，中国经过了30年的高速发展，已经积累了一定的财富。现在中国已成为外汇储备最多的国家之一。其次，中国的一部分企业自身发展战略、运营管理能力、对现代企业制度的理解等，也具备了“走出去”的条件。第三，以数百万留学生为代表的中国人，成就了“走出去”的人力资源条件。第四，中国的国际形象大大改观，特别是奥运会的成功举办使得外国人对中国刮目相看。最后，资金短缺的压力正在改变着欧美政府和企业长期以来抵制中国企业并购的态度，为我国企业并购处于低谷中的发达国家实体企业提供了难得的时间之窗。

当然，我们也应该认识到：参股其他国家实体企业绝不是广泛号召、搞群众运动大帮哄，一定要出于企业自身发展战略的要求，分散决策；不是简单的“抄底”，要以融合、结合、学习、提升为主要目的，要相当长时间的持有，把我国的要素资源配置到更能获得长久的、战略性利益的国家和产业中。

建议：

1. 成立海外并购领导协调小组

建议由国家发改委或更高一级的部门牵头组建“海外并购领导协调小组”，由发改委、商务部、国资委、外交部、外管局等相关部门组成，具体负责各部门之间的政策衔接问题。

2. 简化跨国并购审批程序

相关部门对国内企业跨国并购的审批程序比较复杂，费时费力。这在当前国际市场剧烈动荡、机遇转瞬即逝的情况下，会延误许多并购时机。建议适当放宽有关审批条件，对于有时间要求的跨国并购申请，尤其是民营企业的并购，采取依法特事特办、快办的方式提高审批效率。

3. 设立“境外收购基金”

基金可通过社会募集、政府相关部门出资等方式设立，委托专业投资机构管理，对国内企业跨国并购给予相应的资金支持。

4. 鼓励银行加大跨国并购贷款支持力度

商业银行可以在银监会关于并购贷款风险指引的原则下，发放海外并购贷款，鼓励更多有条件的企业加入到“走出去”的行列中；国家开发银行和中国进出口银行可加大对中国企业境外并购的贷款支持力度，营造一个好的融资环境。

5. 与国家产业振兴计划以及地方的产业升级相结合

政府应当引导中国出海企业将并购重点放在产业振兴计划中涉及的行业，以及地方“产业升级”涉及的行业，从而使跨国并购行为符合国家产业发展的战略性安排和国民经济的可持续发展。

6. 加强对“走出去”企业的风险保障机制

进一步完善相关的风险评估与保障体系，鼓励中国进出口信用保险公司等机构向对“走出去”并购欧美实体公司的中国企业提供风险保障。

7. 加强政府与被投资国政府的交流和减轻企业境外收入税收负担

中国政府应当加强和被投资国政府的交往和沟通，为出海企业创造良好的并购环境。同时加大对企业境外收入所得的倾斜力度，通过税收减免、亏损退税、关税优惠等方式降低企业的海外税收。

关于抓住机遇完善石油储备体系建设的提案

建议承办单位：国家发展改革委、国家能源局

2008年，国际油价出现大幅动荡，从1月份的每桶100美元涨升到7月11日的每桶147.27美元，再跌落到12月份的每桶42.04美元，目前国际油价在每桶40美元以下徘徊。这为我国建立和完善多元化的石油储备体系提供了一个千载难逢的好机会。

我国的石油储备工作从1993年开始酝酿，到2003年中央正式批准，前期工作共花了10年时间。自2003年起，我国开始在镇海、舟山、黄岛、大连四个沿海地区建设战略石油储备基地，储备能力相当于约10余天消费量的石油战略储备。据已公布的信息显示，第一批四个战略石油储备基地兴建历时5年，并已于2008年全面投入使用。

2009年中国将开建第二批锦州等八个战略石油储备基地，设计容量为2680万立方米。根据规划，我国战略石油储备在2020年，将增至相当于3个月进口量的水平，达到国际能源署的建议标准。目前，二期工程刚刚起步，几大石油公司的商业基地，也需要一个漫长的建设周期，但这一轮原油低价很可能至多持续一年，不能等到我国建好油库。在可能稍纵即逝的国际低油价面前，国家原油储备能力依然遭遇很大挑战。

在构建国家石油储备体系的过程中，民营企业应发挥重要作用。依据政府规划，中国要建立起由国家战略石油储备、各个地方政府的石油储备、三大石油公司的商业石油储备和中小型公司的石油储备构成的四级石油战略储备体系。目前中石化、中石油已经展开商业储油行动，但民营企业却基本被排除在体系之外，仍在等待政策开闸。

按照现行的成品油非国营贸易进口政策，民营企业从国际上进口原油受到诸多限制，原油进口权基本为大型国企所专有。2008年，39家企业获得1915万吨的原油进口配额，多集中在中石化、中石油、中海油、中化系统的公司，民营企业只有少数几家。国内油品市场的油源全部掌握在国有石油企业手中，民营石油企业拥有的具备相当规模的油库由于没有油源，大多长期处于闲置状态。

实行“藏油于民”，打造多元化的石油储备体系，是一件利国利民的大事。在我国油气领域，中石油、中石化、中海油是三大主体，但如果只依赖三大公司，不但使得他们负担过重，也让国际市场对我国的储备“家底”一目了然。民企参与国家石油储备，既有利于减少国家财政支出，降低国家石油储备成本，又可以让民企发挥其经营灵活、信息灵通、目标小的优势，形成多元化、多成分的海外兵团，使收购油源的行为更灵活；而且，石油储备只有分散，安全性才会更高。我国民营油库大大小小分布在沿海和内陆各个省份，这样的分布更具灵活性和战略意义。

目前我国民营企业拥有很大的储备空间。据统计，截至2007年底，全国共有民营成品油仓储企业139家、民营成品油批发企业563家和民营加油站59085个，约3000万吨仓储能力，其中部分上规模的民营石油企业已经具备参与国家石油储备建设的能力基础。据估算，民营石油企业现有储备能力的50%以上即可用于国家石油储备。如国家实行相关政策，鼓励民营资本投资国家石油储备设施，估计在短时间内还能增加至少10%的可用于国家石油储备的能力。为此，提出以下建议：

1. 将符合条件的民营油企纳入国家石油战略储备体系

要紧紧抓住当下原油低价的时机，将信誉好、实力强的民营油企纳入石油战略储备体系，充分利用民营石油企业大量闲置的储油设施，起到节约时间、双管齐下的作用。可以由政府租赁民营储油设施，长期使用，待国家石油储备基础设施建成，从民营油企的储备库倒库即可。

2. 将国家二期工程的部分储备计划，交予具有进口牌照资质的民营企业

3. 把“民营油企参与石油储备”写入正在起草《国家石油储备法》

通过立法，给民企以合法“名分”；并对企业在储备中的责任、义务作出明确规定，确保在紧急时刻有油，且能够顺利调用。

关于抓住机遇加速氢燃料电池产业化步伐的提案

建议承办单位：国家发改委、科技部

氢燃料电池是目前世界上最成熟的一种氢能利用手段，应用前景广阔，市场潜力巨大，对产业结构升级、环境保护及经济的可持续发展意义十分重大。为此，近年来我国政府越来越重视氢能及燃料电池技术的发展，并将其作为战略高技术而设立了相关研发计划和示范项目，探索新的制氢用氢途径，通过试点加速实现氢能源及燃料电池汽车商品化、产业化进程。国家科技部启动了“十五”“863”计划中的电动汽车重大科技专项。国家科技部与全球环境基金（GEF）、联合国开发计划署（UNDP）中国燃料电池公共汽车商业化示范项目，在北京成功示范一期基础

上，又启动了上海二期，同时开通、成立国家863项目安亭加氢站和上海燃料电池汽车商业化促进中心。国内相关省份也正在你追我赶扶持新能源汽车产业，纷纷利用各自优势上马新能源汽车。然而，氢燃料电池技术含量极高，尽管我国在技术层面保持了与世界大致相同的水平，但仍为幼稚产业，其规模产业化还有大量工作要做。

当前存在的主要问题在于：

1. 国内诸多城市和企事业研究机构都不断加大投资力度，准备分享各种市场份额，上海、北京、大连、武汉、重庆、深圳、浙江等城市都加大了新能源和电动汽车的政策扶持力度，各个省份和城市都在积极发展、优化和整合当地的产业结构，我国面临着持续技术创新和产品开发的有限资金资源未能更好整合利用的问题。

2. 燃料电池还未真正产业化，目前企业的开发项目主要依靠国家科技部的示范项目资助，政策风险较高；企业技术进步速度与产能要求不匹配，导致生产任务非常重，而且由于合同的不确定性导致生产计划组织困难；由于金融危机的影响，既定任务的研究开发经费不能满足产业化开发的实际需求；导致产业化工程技术的开发工作进展缓慢，工艺技术水平满足不了产业化的要求，严重影响了产品工艺性能的提高和生产成本的降低。

3. 主要产品材料依赖进口，采购周期不确定严重影响燃料电池的开发与生产进度，对企业造成非常大的压力；造成商业化应用成本高，整体推进速度缓慢。

4. 产能提升较慢，工艺水平成为制约企业分享产品市场份额的重要因素，需要加大各种燃料电池工艺装备的开发，开发燃料电池批量生产设备。

5. 燃料电池原材料国产化步伐慢，导致生产成本高。

为此建议：

1. 制定中国燃料电池中长期发展规划，和扶持该产业发展的政策

抓好氢燃料电池汽车的研发及产业化规划，将其和其他配套产业列入政府重点支持和优先发展产业目录，予以重点倾斜支持，让燃料电池产业享受节能、环保产业的优惠财税政策，从政策角度扶持产业的发展，促进燃料电池产业更好更快地发展。

2. 积极实施政府采购政策，加大财政补贴力度

目前燃料电池成本仍然较高，国际上通常是通过政府采购来扩大产量、促进技术向产业化方向迈进的。目前国家科技部牵头财政部已经启动在上海、大连、武汉、长沙、深圳、重庆等13城市推广使用燃料电池汽车，对轿车和公交客车分别给予25万元和60万元的补贴。这一做法对我国燃料电池产业的发展必将起到重要的推动作用，只是补贴额度相对于目前燃料电池轿车近300万元、公交客车近500万元的生产成本，还显得远远不足。建议将燃料电池轿车的补贴额度提高到60万元、公交客车的补贴额度提高到160万元左右的水平。

3. 继续加大对我国自主知识产权创新能力建设的扶持力度

对承担国家科技部“节能与新能源汽车”“863”计划的燃料电池技术项目单位，给予更大的资金支持，因为燃料电池技术是燃料电池汽车的最核心技术，它代表了一个国家燃料电池汽车的水平。而目前国家对“863”项目资金支持的金额太小，项目单位仅能采购些核心零部件，大量的研发资金需要企业自己负担。这样给企业造成相当大的资金负担，并挫伤了企业投入的积极性。因此，建议国家从对企业可持续发展支持的角度出发，加大对燃料电池技术“863”项目的资金拨付力度，再现有基础上，增加一倍资金支持企业进行自主研发和持续创新，最终真正的使我国的燃料电池新能源汽车技术达到世界一流水平，2015年以后将在商业化爆发的发展中获得巨大的回报，彻底避免重蹈传统汽车发展的覆辙，迎来中国汽车发展的真正春天！

政协书面发言

鼓励民营企业参与国家重大专项课题　进一步调动民营企业自主研发积极性

随着我国综合国力的不断增强，政府在科技研发上的投入迅速增长。同时，为使科技成果迅速转化成实际生产力并得到推广应用，许多国家重大课题要求产学研结合，允许企业作为研发主体参与课题研发，且多数课题最终成果要建设示范工程。

近年来我国各行业市场化改革逐步深入，大批的民营企业获得了较快发展。其中，不少民营企业规模大、技术强、管理先进，具有很强的自主研发能力，已经成为行业中具有代表性的企业。支持民营企业参与国家重大专项课题的政策得到了社会各界的一致认可，然而在具体实施过程中还存在许多偏差，导致民营企业实际参与程度低、参与有效性差。主要表现在：

1. 作为传统科研主体的大学及科研院所由于涉及自身利益，对此政策并不认可。也有许多学术专家认为企业只会追求利润，不会愿意投入人力财力作研发工作。目前国家和地方的各种重大课题立项、评审、鉴定和编写实施方案等工作大都依赖来自大学及科研院所的专家进行，这些专家又大多依靠国家科研课题来取得研究经费，通常不希望民营企业参与。如在关于水体污染控制与治理科技重大专项课题的 39 家承办单位中，26 家为大学及科研院所，3 家为地方环境监测中心站等政府下属机构，另外 10 家为企业，其中 7 家是国有大型水务公司。许多知名的具备技术研发能力的民营环保企业则榜上无名。

2. 由于缺少话语权和知情权，企业在参与国家重大专项课题和建设示范工程的过程中处于不利的地位。有机会参与的企业中有些并没有任何研发能力，对课题成果的推广也没有实质帮助，真正具有研发能力的企业，尤其是日益发展壮大的民营企业却很少有机会参与。据水专项通知公告网上统计显示，截至 2009 年 1 月底，在已发布的共计 136 项课题指南中，94 项为定向委托方式，42 项为择优委托方式。定向委托方式对于不明就里的民营企业来说根本无缘接触，而择优委托也没有给企业留出多少参与的空间，在已经公示的水专行项课题中民营环保公司则仅占 5.1%。

3. 国家科技部（包括国家环保部“国家水体污染控制与治理科技重大专项”）发布的重大科技指南中规定，有技术研发能力的单位都可以申报。但是这些指南的编制都有一定的技术背景，材料申报的时间又非常紧张（短的可能是 20 天时间），只有了解或参与指南编制过程的单位或个人才能在如此短的时间内编制出较为完善的课题申报材料。如“特殊类型河流污染防治与水质改善关键技术研究与示范”项目“渭河关中段污染治理特殊性问题研究”子课题和“清水塘工业区入江废水中重金属减排和综合整治技术”子课题申报指南的通知，发布时间为 2008 年 11 月 18 日，申请受理截止日期为 2008 年 12 月 7 日。

目前许多民营企业日益重视研发投入，技术研发能力不断增强，为了能使民营企业有机会参与国家重大专项课题，以便进一步调动其自主研发积极性，起到加强我国科技成果转化的力度、增强国家重大专项课题的实用性、提高我国自主创新能力的作用，我们提出如下几方面建议：

一是吸收民营企业技术专家进入国家及地方的专家库。在选拔民营企业专家时，不应单纯以发表论文、申请专利为主要考核标准，而应以工程经验为主，同时结合专利申请、论文发表的情况；民营企业专家应有机会全程参与国家重大专项课题的前期规划、立项、审查、鉴定、验收等决策过程。

二是国家重大专项课题在立项阶段，不仅要征求大学和科研院所的意见，也应充分吸收具有技术研发能力的民营企业的意见和建议。如果不涉及国家机密，所有国家重大专项课题均应公开发布指南，邀请有研发能力的单位进行公开竞争，择优选择承担单位。

三是对国家重大专项课题组内产学研的分工及费用分配原则制定操作细则，明确产学研各自的职责、投入及费用分配方式，避免参与的企业有名无实。同时，对于课题成果所形成知识产权的具体使用也应制定实施细则。

四是鼓励民营企业出资参与国家课题，可以设置参与国家级科研课题的资金门槛。同时鼓励有能力的民营企业独立从事技术研发活动。

进一步推动环境服务业的健康发展　有效解决日益严重的环境污染问题

面对国际金融危机在全球的蔓延，中国政府以4万亿元投资来拉动内需、带动经济发展，这对缓解我国经济压力具有非常积极的作用，其中，环境服务业的发展和推动应当作为中央投资拉动内需的一个重要领域。发展环境服务业、有效解决环境污染问题、提高环境质量不仅是我国社会经济发展的必然需求，同时也是我国节能减排、建设两型社会政策背景下的必然选择。

一、我国环境服务业现状

环境服务业是环境保护产业的一个重要组成部分。随着经济全球化、环境全球化的迅猛发展，环境服务业在国际环境市场中的份额不断提高，已成为最具发展潜力的环境保护产业领域。环境服务业在我国起步较晚，20世纪90年代中期之前，我国环境服务业从业单位主要是各种科研设计单位，服务业也相应以开发、设计等技术性服务为主。20世纪90年代后期，随着工程项目增加，以工程为基础的环境工程公司大量进入服务业，环境服务业的内涵也从单一的技术服务向决策、管理、金融等综合、全方位的智力型服务发展，结构性调整明显加快。

1. 随着我国环境设施的加快建设，环境服务业获得了迅速发展

近年来，随着中国环境投资的加大，中国环境设施建设有了长足的发展。城市自来水用水人口3.48亿人，用水普及率93.8%，近十年来我国城市用水人口总数平均每年增长3.54%，城市供水综合能力为2.7亿立方米/日。2007年底，城市污水年处理量达到226.8亿立方米，近十年平均增长率为9.68%；2008年7月全国运营污水处理厂数量达到近1500座，而2000年不足200座；城市污水处理厂污水处理能力已达到7137.5万立方米/天，十年污水处理厂处理能力的平均增长率高达19%；2007年底，全国城市污水处理率为62.8%。十年平均增长率为3.7%。中国政府在2005年底提出了城市污水处理率2010年要达到70%的目标，重点城市的污水处理率在2010年要达到80%，中小城市达到60%~70%，2008年底已经接近这一目标。与此同时，从事供水、污水处理的环境服务企业无论是数量上还是规模上都有很大的提升。

2. 环境服务业市场机制体系初步建立

2002年以来，建设部等有关部门开始推进引入市场机制的改革，先后颁布《关于加快市政公用行业市场化进程的意见》（2002）和《市政公用事业特许经营管理办法》（2004），通过五年的努力，我国在环境产业初步建立了以特许经营为核心的市场引入机制体系。在全国市政公用行业内迅速涌现出大量的市场化改革项目，根据建设部2005年、2006年的调研，全国市政公用行业（供水、污水、垃圾、供气、供热、公共交通）共上报调研所涉及的各类市政公用行事业项目近2000个，其中各行业均有超过半数以上的项目都已经开展了以特许经营制度为核心的引入市场机制的改革，而且特许经营所涉及特许经营制度的项目数每年仍在逐年迅速的增长之中。

3. 环境服务业市场主体得到发展

大量的社会企业开始进入环境产业的投资、建设、运营、管理环节，在我国公共服务领域逐步形成了一支初步健全的产业队伍，也形成了一定的产业基础。经过五年多的实践，特许经营制

度已经在我国市政公用行业的改革中发挥了巨大的积极作用，尤其是在引入资金和提高行业服务效率方面，促进了行业市场的良性发展。例如，在供水和污水行业，目前由非传统企业处理服务的供水量和污水量已经分别超过了全国2007年总供水量的20%和总污水处理量的70%；社会企业所提供的垃圾处理服务比例也得到迅速增加；而且很多非传统企业提供的服务，在服务质量上得到了地方政府和公众的普遍认可。

4. 环境产业的服务业转型加快，运营服务比例逐步提高

随着环境设施的增加，环境产业的重心逐渐由工程服务、设备服务向运营服务转移，以运供服务为核心的环境服务业比重逐渐加大。到2008年底已经形成的供水服务、污水处理服务和垃圾处理服务的总服务业理论产值分别达到约700亿、100亿和50亿。一批中国环境服务业在环境产业中的比重达到约30%。

二、环境服务业的主要问题

我国的环境服务业发展尚处在产业化的初期，产业转型没有完成，产业体系很不完善。

1. 服务业比重仍然偏低

环境服务业的比重是环境产业成熟的标志，发达国家一般在50%~60%，我国由于仍然处在环境设施的建设时期，环境服务业的比重较小，也反映出产业初期的基本特点。

2. 市场机制没有完善

虽然中国已经开始建立和完善市场机制体系，但是受到立法体制的限制，中国的特许经营制度还没有完成立法，虽然已经有7个地方性《特许经营条例》发布，但是在国家层面，特许经营目前仍然停留在部门规章的层次，对特许经营所涉及的产权、税收、土地、价格等综合问题难以协调。

3. 设施运营的系统效果差

环境设施“晒太阳”已经成为社会关注的重点。据有关报道，河南省在2008年5月份有30座污水处理厂由于没有稳定运行受到环保部门通报批评；在污水处理费收缴情况相对理想的山东省，其已建成的151座污水处理厂中有42座运营负荷低于75%。根据中国水网的研究，2007年全国城市污水处理设施平均利用率仅为60.32%。环境设施较差的运营表现与产业化程度密切相关。

4. 环境设施服务的标准化差，服务不规范

环境设施近年来迅速增长，但是管理难以跟上，大部分设施停留在粗放的管理水平之上，健全了ISO质量管理体系的污水处理厂不超过10%，管理水平差异极大；垃圾处理的产业化程度更加低下，由于服务标准的缺乏和监管的缺位，垃圾处理的服务费出现了从40元/吨到300元/吨的巨大反差。同时，由于环境设施绩效管理工具的缺失，企业管理水平高低不能达到有效甄别，也制约了政府的监管。

5. 产业分散，市场集中度差

目前的环境设施基本停留在当地企业分散经营方式上，市场份额最大的公司所运营的项目数量也不超过30个，全国1500个污水处理厂和几百个垃圾处理厂，分散在近千个运营主体之中。清华大学的调研发现，产业化程度相对较高的无锡市所属64个污水厂由40多个不同的企业主体经营。经营主体的分散造成了市场主体服务意识和品牌意识淡薄，造成技术支撑和人才支撑的滞后，严重制约着服务质量的提高，也加大了政府的监管成本。

三、主要建议

针对上述我国环境服务业发展的现状和问题，我们提出以下几点建议：

一是改变环境领域“谁污染，谁治理”的原则为“谁污染，谁负责”，为了保证环保设施的运行质量和效率，强化推进环境治理设施运营服务的市场化进程，推行专业化运营服务，制定政策促进污水处理运营服务领域的产业整合，鼓励有品牌的环境企业适当扩大市场规模，提高市场的集中度。同时，政府所属的事业单位等非市场主体应该彻底从建设运营主体中退出。

二是完善特许经营制度，推行市场机制的投资运营模式。对于市政环境基础设施，政府能够出资的，鼓励采取DBO（设计-建设-运营）的建设模式；政府资金困难的，采用BOT（建设-运营-移交）建设模式，选择专业化企业进行经营。对于已经建成的环境设施，优先采用委托经营的模式，交由专业化的、有品牌的运营服务商运营；对于资金困难的政府，可以将已经建成

的环境设施，以TOT（移交－运营－移交）模式在一定时期内转让经营权，但是也必须由专业化的、有品牌的运营服务商运营，特许期结束后要将设施无偿交还给政府。

三是在特许经营体系中，环境服务项目仍然是公用事业的性质，且属于政府购买服务的产业性质，需要财税政策的支持。建议将目前集中在设备制造环节和污染产生环节的税收优惠政策向环境治理服务环节转移，环境设施运营企业的营业税、土地使用税、房产税、所得税等建议进行明确而适当的减免或免收，同时适当降低环境设施的土地和用电费用。这些减免可以降低政府的服务费支付压力，控制服务价格，同时可以鼓励专业服务公司向品牌化、规模化发展，提高产业化水平。

四是环境设施的建设是一个必要的过程，而设施的有效运营才是真正的目的。建议在国家层面建立基于环境设施治理效果的政府财政补贴机制，即动用专向财政资金对环境设施运营环节给予补贴，这样可以有效提高设施运营者的积极性，并能够保证设施正常运营，切实实现减排目标，改善环境质量。同时，建议将有限的国债资金集中投向污水处理管网、农村环境设施等市场机制不能覆盖的领域，与市场资金形成有机的补充。

民营经济是改革开放的主要受益者和重要推动者

2008年12月18日，胡锦涛总书记在纪念党的十一届三中全会召开30周年大会上，系统回顾了改革开放的伟大历程，深刻总结了改革开放的宝贵经验。精辟概括的“十个结合”，对改革开放以来我们取得的一切成绩和进步的根本原因作了全面阐述。学习总书记的讲话精神，盘点民营经济30年发展，可以看到，这“十个结合”中的每一个结合都包含着民营经济30年发展的经验，都凝聚着民营经济30年发展实践的贡献。循着“十个结合”的路径，可以看到，民营经济与改革开放血脉相连，共生共荣。可以说，30年来，民营经济既是改革开放全面展开的主要受益者，也是改革开放纵深发展的重要推动者。这也可以从十个方面进行简要概括：

1. 没有解放思想，就没有人们对民营经济观念的彻底转变，而民营经济发展又从根本上打开了人们思想解放的空间

改革开放是新旧观念、新旧体制的激烈碰撞。30年来，民营经济的兴起和快速发展首先得益于中国共产党始终坚持解放思想、实事求是、与时俱进的方针，坚持把马克思主义基本原理同推进马克思主义中国化很好地结合了起来。30年来，人们对非公有制经济的认识经历了由“公有制经济的必要的有益的补充”到“社会主义市场经济的重要组成部分”，再到“两个毫不动摇”、“平等保护物权”、“形成各种所有制经济平等竞争，相互促进新格局”的重大转变，传统所有制观念被颠覆，民营经济观念深入人心，民营经济发展的思想和认识藩篱不断被推翻。民营经济也是解放思想的重要推动者。民营经济的每一步重要发展，都进一步打开了人们解放思想的空间。改革开放30年我国重大理论问题的每一次突破，从来没有离开过非公经济人士的艰辛探索。民营经济始终是马克思主义理论中国化的重要实践平台和重要推动力量。

2. 没有市场化改革取向，就没有民营经济快速发展的体制基础，而民营经济发展又推动和强化了市场化改革取向

30年来，民营经济发展得益于我们在坚持社会主义制度的前提下，创造性地发展了市场经济，社会主义制度的优越性与市场配置资源的有效性实现了有机结合。30年来，我国单一的公有制经济被公有制为主体、多种所有制经济共同发展所取代；政府单纯运用行政手段调控经济的格局被主要运用经济手段的宏观调控所取代；平均主义的分配方式被按劳分配为主体、多种分配方式并存所取代，市场在资源配置中日益发挥着基础性作用。由此带来劳动、知识、技术、管理、资本的活力竞相迸发，创造社会财富的源泉充分涌流，民营经济从小到大，从弱到强，始终保持了快速发展的势头。民营经济也是建立和完善社会主义市场经济体制的重要推动者。民营经济每一步重要发展，都有力地推进和强化了市场化改革取向。民营经济对市场信号反映灵敏、能够自

党地运用价值规律支配自己行为的优势，渴望追逐利润、创造财富的内在冲动，使其成为市场经济中最活跃的因素。它的发展不仅推动了消费品和生产资料市场的发展，促进了产权、土地、劳务、资本、信息和技术等多种要素市场的形成，还促进了大量行业商会、协会的形成，推动了国有企业、集体企业改革，丰富了公有制为主体、多种所有制经济共同发展的实践，使中国特色社会主义市场经济体制日臻完善。

3. 没有以经济建设为中心，就没有民营经济发挥效率展示活力的历史性机遇，而没有民营经济发展经济建设就将失去重要动力来源

30 年来，民营经济发展得益于我们坚持了从社会主义初级阶段这个最大的实际出发，始终以经济建设为中心，不断解放和发展生产力。30 年来，一切有利于发展社会主义生产力、有利于增强综合国力和有利于提高人民生活水平的路线、方针、政策不断推出，民营经济有了持续快速发展、充分发挥作用的环境和土壤。民营经济也是坚持以经济建设为中心解放和发展生产力的重要推动者。没有民营经济的发展，很难想象我国经济能够保持这样高、这么长期的发展速度。30 年来，民营企业产权关系比较清晰，在企业战略、投资决策、经营运作和用人制度上拥有自主决策权，能够快速传递和处理市场信息的特点，使其年均增长率一直高于国有经济的年均增长率，由此带来全社会经济效率的不断提升，成为国民经济快速增长的主要贡献者。

4. 没有依法治国，就没有民营经济发展的基本法律制度保障，而民营经济发展又更深刻、有力地推进了社会主义法制建设

30 年来，民营经济发展得益于我们始终坚持“一手抓建设，一手抓法制”，坚持依法治国，不断健全社会主义法制。30 年来，从 1982 年到 2004 年间四次修改宪法，从 1982 年颁布《个体工商户管理暂行办法》到 1990 年实施《公司法》、《证券法》再到 2007 年《物权法》、《反垄断法》出台，我国在依法治国基本方略下建造了不以所有制区别立法的经济法律体系，宪法、行政法、经济法、民商法及刑法都更加公平对待民营经济，保护民营经济的合法权益，巩固民营经济的发展成果，推动民营经济出现一波又一波的发展高潮。民营经济也是健全社会主义法制的重要推动者。是民营经济总量的持续攀升改写了宪法修正案的“重要组成部分”，是私营企业和个体户的大量出现推动了《个人独资企业法》、《合伙企业法》等市场主体法体系的不断完善，是民营经济作为就业主渠道推进了劳动法制不断走向新的里程碑，是民营经济极大提升民间资本实力推动了《物权法》等财产法体系的建立健全，没有特权保障的民营经济已经成为社会主义法制的忠实拥护者和重要推动者。

5. 没有民主政治改革，就没有新的社会阶层的兴起与发挥作用的政治条件，而新的社会阶层重要作用的发挥又丰富和发展了民主政治

30 年来，民营经济发展得益于党中央坚持不断壮大爱国统一战线，培育和壮大以非公有制经济人士为主的新的社会阶层。30 年来，从 1978 年邓小平同志就针对老工商业者提出“人要用起来”，到 2004 年宪法修正案将中国特色社会主义事业建设者纳入爱国统一战线“四者联盟”，党中央一直坚持深化民主政治改革方向，坚持不断壮大爱国统一战线，为非公有制经济人士提供了生存和发展的良好政治环境。一大批非公有制经济人士茁壮成长起来，成为新时期新的社会阶层的主要力量，深刻地影响了我国的社会和阶层格局。同时，民营经济也是民主政治体制改革的重要推动者。非公有制经济人士带着他们在市场经济中形成的民主意识、公平意识、规则意识积极参与国家经济社会事务管理，极大地丰富了统一战线工作的对象基础，成为新时期统战工作的新的着力点。越来越多的非公经济人士成为政协委员、人大代表，据统计，仅工商联系统就有 7 万多民营经济人士成为各级人大代表、政协委员。他们积极履行参政议政、民主监督的职责，有力推动了我国民主决策、民主管理、民主监督的进程，成为我国政治体制改革的重要推动力量。

6. 没有尊重人民首创精神，就没有企业家精神的提倡与展示，而企业家精神的发扬光大又推动了全体人民首创精神潜力的更大发挥

30 年来，民营经济发展得益于坚持尊重人民的主体地位，发挥人民的首创精神，最大化地激发了人民群众的创业、创新、创造热情。30 年来，在以创业谋出路中，形成了民营企业家敢于

逆流而上、勇于承担风险、甘于顽强拼搏的创业精神；在以创新谋发展中，培育了民营企业家敢为天下先、百折而不挠的创新精神；在以创造谋腾飞中，养成了民营企业家大胆尝试、勇于实践的创造精神。以创业、创新、创造为核心的民营企业家精神，就是尊重人民首创精神所结出的璀璨果实。民营企业家精神的养成，又进一步调动了人民群众的积极性、主动性、创造性，影响了创业致富、创新强国、创造强人等现代意识的形成，推动了人民首创精神在经济、社会、文化各领域遍地开花，丰富了以改革创新为标志的时代精神。

7. 没有平等竞争公平正义，就没有民营经济的良好生存发展环境，而民营经济发展又明显推进和加快了平等竞争和公平正义进程

30 年来，民营经济发展得益于党中央始终坚持公平正义，营造平等竞争、公平发展的环境。30 年来，从 1979 年的家庭联产承包责任制到 2005 年的非公 36 条，党中央一直坚持为民营经济清除体制机制上的障碍，为民营经济营造公平的生存空间和发展环境，使民营经济放开手脚飞速发展。同时，民营经济又是维护公平正义的重要推动者。民营经济的存在和发展本身，就是冲破经济领域所有制歧视、行政性垄断的结果，就是对公平、竞争、正义理念的呵护和实践。发展起来的民营经济，倍加珍惜公平正义的来之不易，坚持以先富带动共同富裕，积极践行社会责任，投身新农村建设带动农民增加收入，投身光彩等慈善事业带动困难人群脱贫致富，投身教育、医疗、体育等民生社会事业带动经济社会协调发展。

8. 没有社会和谐，就没有民营经济平稳健康发展的良好社会氛围，而民营经济发展又深刻影响和广泛推动了社会和谐

30 年来，民营经济发展得益于党中央坚持构建和谐社会，维持社会稳定。30 年来，从改革开放之初的“物质文明和精神文明建设两手抓”到新世纪以来的经济建设、政治建设、文化建设、社会建设“四位一体”，民营经济发展所立足的、面临的社会越来越和谐，阻碍民营经济发展的不和谐因素不断产生又不断消亡，民营经济始终保持了高速平稳发展。同时，民营经济又是促进社会和谐稳定的重要推动者。劳动关系是现代社会体系的轴心，作为我国最大的企业群体，民营企业坚持构建和谐劳动关系，吸纳 70% 以上的城镇就业缓解了因就业形势严峻造成的不和谐因素，贯彻劳动法律法规保护员工合法权益缓解了因劳资对立造成的不和谐因素，极大地推动了构建和谐社会主义社会进程。

9. 没有对外开放，就没有民营企业“走出去”开展国际化经营的机遇条件，而民营经济发展又更深程度、更广范围推动了我国经济加入经济全球化进程

30 年来，民营经济发展得益于坚持扩大对外开放，鼓励国民经济积极参与经济全球化。改革开放之初，党中央大力推行“引进来”政策，国际上大量的资金、高素质的人才、先进的技术和管理经验被引进国门，稚嫩的民营经济紧紧抓住了这个学习和充实的机会，迅速成长为拉动沿海地区外向型经济高速增长的最大贡献者。20 世纪 90 年代中期以来，国家大力推行“走出去”战略，发展起来的民营经济走出国门，从“产品走出去”到“劳务走出去”，到“资本走出去”，再到“生产走出去”，民营经济摆脱了其在国内的人才、资源等制约，在国际竞争中锻炼比拼迅速成长，促进了民营企业在国内市场的升级转型和在国际视野下的扩张发展，全面提升了其国际竞争力。发展的民营经济又是扩大开放的重要推动者。30 年来特别是进入新世纪以来，民营经济在我国进出口总额节节攀升，成为对外贸易的生力军，巨额贸易顺差、庞大外汇储备的重要贡献者。30 年来，民营经济是沿海地区“引进来”生产要素的重要合作者，是推动“引进来”不断发展的重要力量。30 年来，民营经济对外直接投资飞速发展，尤其是 2003 年到 2007 年间，年均增长 60%，成为中国企业“走出去”的重要力量。

10. 没有坚持和改善党的领导，就没有人们关于私营企业主入党观念的彻底改变，而民营企业党组织的广泛发展又丰富了共产党先进性的内涵、扩大了共产党的群众基础

30 年来，民营经济发展得益于坚持和改善共产党的领导，不断推进共产党的建设。30 年来，中国共产党在急剧变化的形势面前坚持不懈地加强自身建设，不断改善和提高执政能力，保持先

进性，开拓性地进行中国特色社会主义理论创新和伟大实践，为社会主义市场经济下的民营经济开创了宽容的生存环境，为民营经济的良性发展指引了社会主义的坚定方向，为非公有制经济人士的健康成长提供了思想上和组织上的保证。30年来，共产党的建设不断在民营经济、民营企业中推进，极大地推动了民营经济发展。截至2007年6月底，全国共在非公企业建立共产党组织25.2万个，共产党员通过发挥先锋模范作用推动了民营企业文化的养成，共产党组织通过发挥其战斗堡垒作用增强了民营企业的凝聚力。民营经济又是改善共产党的建设的重要推动者。30年来，30%以上的私营企业主光荣加入中国共产党，极大地扩大了其群众基础；规模以上非公企业大都建立了共产党组织，极大地增强了其组织基础；民营经济是市场经济最活跃的力量，是先进生产力的重要组成部分，对共产党保持先进性起了重要的作用；以非公人士为主的新的阶层人士广泛参与政治生活，建言献策，民主监督，促进了共产党的清正廉洁和执政能力建设。

回首改革开放30年，展望民营经济发展未来，我们认为，只有继续坚持改革开放，才能进一步发展民营经济；而民营经济的进一步发展，必将推动改革开放的深化扩大，从而进一步发展中国特色社会主义，早日实现中华民族的伟大复兴。

民营企业“走出去”恰逢其时

改革开放以来，我国民营经济发展迅猛，已经成为国民经济的重要力量。到2008年6月底，我国私营企业已达562.8万户，占全国企业总数的60%以上，注册资本总额已达10.8万亿元，呈现出以下特点。

1. 上规模企业增多，出现了大量行业排头兵

2007年，我国注册资本在亿元以上的私营企业达5734户。工商联调查统计的2007年上规模民营企业中，前500家的户均营业收入超过71亿元，有86家超过100亿元和23家超过200亿元，联想集团和沙钢集团分别达1466亿元和1155亿元；户均资产超过50亿元，有51家超过100亿元和13家超过200亿元。

2. 企业创新能力增强，核心竞争力提升

我国技术创新的70%、国内发明专利的65%和新产品的80%来自以私营企业为主的中小企业。华为、海尔、力帆等一批民营企业拥有的发明专利数量已居同行业企业的前列。

3. 企业制度日益完善，为“走出去”提供了机制保证

全国562.8多万户私营企业中有限责任公司占79%，企业集团6千多户；规模以上私营工业企业中有限责任公司占69%；私营上市公司400多家，占全部上市公司总数的1/4强。

随着实力壮大，不少民营企业国际化经营的愿望日益增强，“走出去”步伐加快。据商务部数据，截至2007年底，已有7000多家国内投资主体在境外直接投资企业1万多家，其中私营企业对外投资的主体数量占11%，大约有800多家；对外直接投资存量达1179.1亿美元，其中国有企业占71%，有限责任公司占20.3%，股份有限公司占5.1%，私营企业和股份合作制企业各占1.2%，后两类企业对外投资存量近30亿美元。如果考虑到有限责任公司和股份有限公司中有相当部分企业为私营资本控股，加之大量尚未申报登记（浙江和福建调查普遍反映，实际已经“走出去”但尚未登记的企业相当于已登记的0.5倍至1倍以上）等情况，各类民营企业对外直接投资的实际数量远高于统计数据。

民营企业之所以“走出去”的愿望日益增强，主要为了抢抓商机、规避风险、扩大市场，转移产能，获取先进技术，增强核心竞争力，应对资源、环境、劳动力成本持续上升的压力等。他们通过境外华侨人脉、“走出去”先行者的引领、驻外使领馆的帮助、行业协会商会的牵线搭桥等多种渠道，以产品出口、工程承包和劳务输出、境外设立研发机构、境外投资办厂、资本并购参股、境外上市融资、建立境外经贸合作园区等多种形式走出国门。民营企业“走出去”已逐渐从自发、随机、盲目，向自觉、主动、战略指引转变。

相比其他新兴市场国家企业境外投资情况和我国经济发展的实际状况，我国企业特别是民营企业“走出去”还远未达到应有的规模和质量。影响其进一步发展的主要因素来自以下几个方面。

1. 政府管理方面的问题

主要是：负责境外投资的政府部门较多，管理权限分散，申报材料复杂，审批程序烦琐，耗时漫长；至今没有出台统一的境外投资促进法律，相关配套政策法规也不完善；国家在财税政策和外汇政策上的支持力度不大，信息咨询等服务严重滞后；政府在外交方面推动不够，驻外使领馆的相关力量明显不足。

2. 金融服务方面的问题

主要是：国内政策性金融机构贷款规模小，投向狭窄，商业银行对“走出去”的贷款门槛高；我国金融机构境外业务发展不足，离岸银行业务量比较小，金融工具单一，全球授信制度不健全；支持企业“走出去”的股权投资形式较少；境外投资保险机制缺乏；企业自有资金对外投资面临外汇管制问题，由于缺乏信用记录，许多中国企业难以获得东道国金融机构提供的信贷。

3. 社会服务方面的问题

主要是：与企业“走出去”有关的法律、会计、评估、咨询等中介组织建设明显滞后；国内行业协会、商会运作机制不健全，为业内企业“走出去”提供支持与服务少；境外基本没有中资协会、商会组织，企业“走出去”缺乏同行相助。

4. 企业自身存在的问题

主要是：国际化经营经验普遍不足，严重缺乏国际化人才，知识产权意识不强，部分企业守法意识和社会责任意识不高，中国企业在境外盲目竞争现象严重。

当前，在国际金融危机的不断蔓延的形势下，国际能源、资源、资本、技术处于低位徘徊，结合国际国内的实际状况，我们可以果断地说，当前正是大力推进国家“走出去”战略的大好时机，正是加快民营企业“走出去”步伐的大好机遇。国家必须高度重视民营企业在实施“走出去”战略中的重要作用，采取切实措施支持有条件的民营企业积极开展国际化经营。

1. 要建立或明确企业“走出去”工作的统筹协调机构

我国在企业海外投资方面缺乏明确的制度安排，由此导致部门各行其是，相互掣肘，效率低下。因此，应当建立或明确企业“走出去”工作的统筹协调机构，或建立高效的部际协调机制并明确牵头部门，制定中国企业海外投资总体规划，做好企业海外投资产业引导和国别指导，推动相关政策的尽快制定与早日落实。

2. 要制定中国企业海外投资促进法

“引进来”与“走出去”是我国对外开放战略的两个基本方面。引进外资我们是立法先行，20 世纪 80 年代就制定了专门法律，现已形成一整套法律体系。但我国至今无一部“走出去”的专门法律。这不利于我国企业正常、顺利开展海外投资活动。我国应启动相关立法程序，尽快制定中国企业海外投资促进法，为企业“走出去”提供法律支持与保障。

3. 要放宽审批限制，对民营企业实行备案制

加快推进境外直接投资行政审批制度改革。相对集中审批权限，将目前商务部门、发改委以及其他政府部门相互交叉的审批项目相对集中在一个工作部门。下放审批权限，对非国有的对外投资项目实行“属地化”审批管理。对符合境外投资鼓励条件的民营企业和项目实行事后备案制。推行民营企业的中长期境外投资规划实行一次性审批。简化申报材料，推进电子政务和“一站式”窗口建设。

4. 要完善企业海外投资的国内税收支持与财政援助政策

为企业“走出去”制定专项税收优惠政策，实行境外投资损失准备金制度和海外投资收入税收减免制度。加快与企业投资热点地区或国家签订避免双重征税协议的进程。设立政府鼓励中小企业“走出去”的专项扶持基金；扩大“对外经济技术合作专项资金”、“中小企业国际市场开拓资金”等财政资金规模。建立财政引导资金，支持社会资金设立专门的境外投资私募基金和风险投资基金等。

5. 要建立企业海外投资金融支持体系，完善外汇支持政策

鼓励国有商业银行和股份制银行创新金融工具与服务方式，允许更多的银行机构在境外设立分支机构或代表处，与境外银行建立代理行关系。修订贷款通则中禁止资本金贷款的限制，允许银行贷款给企业用于境外公司的资本金投入，

探索企业以境外资产、股权、矿业开采权、土地等作抵押贷款融资。协调有关部门与金融机构加快推进海外投资信用担保业务开展，允许成立商业性出口信用担保公司。修订《境内机构对外担保管理办法》，简化程序、降低担保门槛、实行备案制度，放活企业、银行对外担保的自主决策。进一步放松资本项下的外汇管制，允许母公司用自有资金和贷款资金向境外子公司发放贷款。改进外汇储备管理方式，创新外汇使用工具，从外汇储备中划出一块，建立支持企业“走出去”的外汇专项资金。

6. 要建立中国企业海外投资信息服务体系

由政府有关部门牵头或引导，推动贸促会、工商联、有关行业协会商会、科研机构和外事民间组织等，组建专门服务于中国企业海外投资的综合性服务平台和网络体系，为企业“走出去”提供以信息、咨询、技术为主的多功能服务。

7. 要加快海外经济贸易区建立步伐，加大使领馆支持企业“走出去”的工作力度

要研究与借鉴国际经验，认真总结国内类似开发贸易区发展经验，尽快建成几个境外经济贸易合作区，为企业“走出去”提供示范。建立境外经济贸易合作区，要因地制宜、因时制宜，从东道国需要和中国企业实力与影响情况出发，选择合作区发展模式。应改进我国对外经济交往方式，改变对外关系上的重政轻商思维，加强经济商务外交，加大外事部门为中国海外企业服务的力度，积极为“走出去”的企业提供信息服务、法律咨询、权益保护等服务。建立驻外使领导馆外交官定期访问中资企业的制度。

8. 要推动行业协会商会开展促进企业“走出去”的服务，逐步建立境外行业协会商会

由全国工商联和中国国际商会共同牵头组建中国境外投资企业服务商会，并与商务部、外管局、外交部以及金融管理部门建立工作联系制度，提出境外投资地域、行业的指导性意见，商讨境外投资重大案例解决办法，反映境外投资企业遇到的共性问题。在政府部门指导下，推动有影响的已“走出去”企业牵头组建中国海外投资企业协会商会，或组建不同区域、不同市场、不同产业的企业协会商会，以加强境外企业间的合作，协调境外投资行为，增强中国企业海外投资的整体实力与竞争力。

9. 要将培育一批民营跨国公司作为提高国家竞争力的重要举措

重点培育一批具有国际竞争力、有自主创新能力、行业领先的民营大型企业。将有条件的大型民营企业纳入国家整体规划，实行与同类大型国有企业的同等政策待遇。支持培育民营国际品牌，对“中国名牌”出口产品实行优惠政策。拓宽融资渠道，为重点企业发行企业债券、可转债和短期融资券提供条件，在外汇管理、对外担保、银行全球授信等方面提供便利化，在企业遭遇境外法律纠纷时给予政府援助等。

10. 要把香港作为推动国内民营企业“走出去”重要平台

加强内地和香港两地金融机构的信息交流与沟通，建立两地金融信息共享机制。推动香港人民币离岸金融市场建设，支持更多内地企业到香港发行人民币债券，支持在香港注册的内地企业可用人民币直接投资周边国家。利用香港保险业发达的优势，吸引更多内地企业到香港注册，享受香港保险机构分行业、分产品的更差异化的保险产品。

我国房价何以居高不下

——房地产开发的总费用支出一半流向政府

房地产业是国民经济中的重要支柱产业之一，它对国民经济的快速、稳定发展起着不可替代的作用，对政府财政收入更是贡献巨大。近年来，由于房价上涨过快，舆论导向以及公众的口诛笔伐，使房地产企业背负着“暴利”的妖魔化形象。2008 年以来，尽管在国内宏观调控和国际金融危机的多重打击之下，我国房地产价格出现下跌，但与广大消费者的期望价格仍有较大差距，由此也导致了当前不少楼盘有价无市的现象出现。为探明我国房价何以居高不下的真正原因，全国工商联房地产商会于 2008 年 7 月至 10 月在北京、上海、广州、深圳、青岛、西安、成都、苏州和呼和浩特 9 个城市，选取 62 个不同规模、不同所有制的房地产开发企业的 81 个项

目，就“房地产企业的开发费用”进行了深入调查和分析研究，希望找出问题的症结所在。

从调查结果来看，我们从中得出以下一些结论：

1. 开发企业的直接成本中主要为土地成本

在房地产开发企业项目开发中，土地成本占直接成本的比例最高，达到58.2%，是最主要的组成部分。土地成本呈现从沿海城市到中部和西部地区、从一线城市到二线和三线城市逐次递减的趋势（见图1）。此外，在市政工程和公共配套设施中，除了企业为项目本身进行的投入外，这些建设还作为市政工程的一部分参与到城市的功能服务中。这实际上是企业为市政建设提供了额外服务，而且从某种程度上变相提高了房地产开发项目的直接成本。

众所周知，近十年来房地产业得到高速发展，“土地财政”现象随之产生，政府成为了最大的受益方。由于政府所得部分在房地产开发成本当中是刚性的，这就使得近年来房价居高不下，从而相对降低了公众的购买力。另外，土地成本过高不仅增加了企业的资金压力，也导致了政府土地收益的不可持续性。

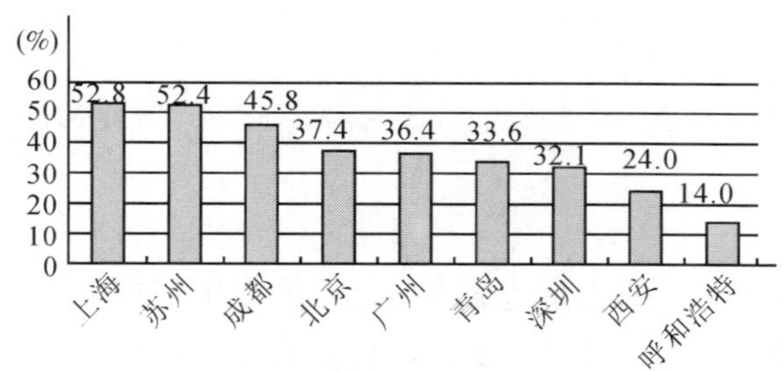

图1　各城市土地成本占总成本比例分布

数据来源：来自REICO报告

2. 开发项目的总费用支出中，大约一半流向政府

房地产开发项目的总费用支出为总成本与总税收之和。调查统计结果显示，在所调查的81个房地产项目的总费用支出中，流向政府的部分（土地成本+总税收）所占比例为49.42%。也就是说，在房地产开发项目的总费用支出中，有接近一半是支付给政府的。从三个一线城市来看，流向政府的份额上海的开发项目最高，为64.50%，其次是北京，为48.28%，最低的广州也达到了46.94%。

目前，房地产行业不景气，受损失最大的首先就是财政收入。由于房地产投资大幅缩减，2008年大部分城市的土地拍卖价格较2007年下降了一半左右，这大大降低了政府可用财力的可持续性。而且，由于商品房滞销，房地产开发企业无法回笼现金，这也使得金融机构面临潜在的巨大风险。另外对于国民经济而言，由于与房地产行业相关联的产业众多，房地产业这些年的快速发展带动了上百个相关行业的发展，解决了大量就业，房地产行业目前的衰退就很有可能影响其他行业的发展，从而引发较为严重的社会问题。

3. 开发项目的总销售收入中，流向政府的份额占37.36%

调查统计结果显示，开发项目中流向政府的份额占总销售收入的37.36%，除土地成本外的总成本补偿（工程费用、配套费用等）占总销售收入的36.49%，企业的剩余所占份额只有26.14%。如果将各种非税收费以及总成本中的市政建设和公共配套设施投入也加入到政府收入份额中，那么政府的收入份额就要超过40%。相比而言，在房地产开发企业的总销售收入中，政府所占比例（37.37%）超过企业所占比例（26.14%）大约11个百分点。而企业所得部分还要负担企业运营成本，所以由企业单方面调低房价的空间很小。

分析单个城市，上海的开发项目总销售收入中流向政府的份额最高，为61.84%，相应地，企业剩余所占份额最小，只有4.15%；而北京市流向政府的份额为42.42%，除土地之外的成本补偿所占份额为45.71%，企业剩余部分只有11.87%。

房地产行业是一个高财务杠杆的行业，在市场行情好的时候，资金回笼快，企业可以依靠借贷获取较高的自有资金回报率。但一旦市场萧条，产品流动性降低，导致企业的资金成本压力成倍增加，利润也迅速被挤占。随着销量的不断降低，大量商品房被积压，企业利润空间早已所剩无几，处于微利甚至全行业亏损的境地。

4. 房地产税费偏高且呈增加趋势

以北京为例，开发企业在房地产开发过程中

需要与20多个政府部门打交道，需要缴纳的各种费用多达20多种；广州的开发企业在开发过程中需要与30多个政府部门打交道，缴纳多达20多种收费。据统计，除土地成本支出外，目前我国房地产企业税收占总成本的26.06%（见表1），占总支出的19.06%，占总销售收入的14.21%。其中开发环节税收占到总支出的2.00%，销售环节税收占到总支出的17.06%。在全部税收中，营业税和地方附加税所占比例最高，占到了全部税收的48.84%。

表1　房地产税费在总成本、总支出和销售收入中的分布（25个项目）　单位:%

指标			占总成本比例	占总支出比例	占销售收入比例
直接成本			82.33	67.00	50.18
运营成本			17.67	13.94	9.47
土地成本			37.13	30.36	23.16
土地成本和总税收			63.19	49.42	37.36
总税收	100.00		26.06	19.06	14.21
开发环节税收	11.55	100.00	2.64	2.00	1.41
房产税	0.30	4.39	0.06	0.05	0.04
土地使用税	0.71	20.26	0.15	0.12	0.08
契税	9.18	64.51	2.09	1.59	1.12
印花税	1.36	10.85	0.34	0.25	0.17
销售环节税收	88.45	100.00	23.43	17.06	12.80
营业及附加税	48.84	57.42	9.56	7.60	5.37
企业所得税	24.33	26.40	7.71	5.36	4.21
土地增值税	15.28	16.18	6.16	4.09	3.22

注：样本量为25个项目；这25个项目都是截至调查日已经完成的项目。营业及附加税包括：营业税、城建税和附加税。总支出=总成本+税收。

数据来源：来自REICO报告。

在房地产税收的过程中，一些税收项目（例如增值税）是提前预缴的。税收的提前预缴给房地产开发企业带来了巨大的资金压力，企业一方面承担着自身贷款所产生的利息负担，而预缴税金所带来的利息收入又不会被计算给企业，而是成为了政府的一项财政收入。

从税收的变化上分析，在对税费问题有回答的60家开发企业中，有52家开发企业认为近两三年政府在房地产项目上征收的税费增加了。这是因为：税费会随着近几年房地产价格上涨而同步增加；同时，地方政府不断通过提高税费来增加财政收入。

由上可见，我国房地产行业目前存在成本和费用结构严重失衡、税费明显偏高且征收不合理的状况。刚性的土地成本不仅导致了房价的居高不下，同时也是造成当前房地产市场低迷的重要原因。为此建议：房地产行业政策扶持应当加大力度，从税收制度和土地配给制度上入手进行改革，让房地产行业的发展回归理性和科学发展的轨道。具体可以采取以下的办法：

1. 将房地产税收集中到保有环节

税收方面，建议将一次性收取的土地租金和集中在开发和销售环节的税收整合为统一的房地产税或物业税，延迟到房屋保有环节征收。

房地产税收体制改革的目标应确立在政府既能够通过房地产税收对房地产市场进行政策干预，降低房地产市场的交易成本，提高交易效率，又能通过房地产税收增加和保持政府收入，而且应以不导致金融风险集中为原则。从分散金融风险的角度出发，房地产税收体制的改革，应该减少开发环节和销售环节一次性征收的方式，将收税环节适当后延，集中在房屋保有环节征收。

2. 改革土地招拍挂制度

要改变过去的纯粹以“价高者获得土地”的招拍模式，变为综合考虑土地竞标者的投标方案，尤其是将绿色建筑等系列促进社会和谐和可持续发展等指标纳入到综合考虑因素中。当前由于环境恶化带来的不利影响与后果，促使人们反思人类自己的行为与生活方式。绿色建筑已得到社会和消费者的支持与拥戴，将这些因素考虑在内，不仅可有效配置土地资源，同时也会大大促进社会环境的和谐发展。

振兴房地产市场　拉动消费促进经济增长

为了应对美国金融危机引起的全球经济下滑，我国政府在出台系列“保增长、促发展”政策的同时，安排4万亿元资金强力启动内需，使得当前扩大国内消费需求成为重中之重。而房地产作为关系国计民生的重要产业，应在其中发挥非常重要的作用。

一、房地产是拉动消费、刺激经济增长的重要支柱产业

1. 房地产业是国民经济的重要组成部分

改革开放30年，房地产业蓬勃发展，并逐渐发展成为国民经济的重要支柱之一。从1998年到2007年，房地产行业增加值从3454.5亿元上升为11854.3亿元，年均增长14.7%，高于国民生产总值及第三产业的增速，在国民经济总量中的份额逐渐上升，到2007年这一比重达到了4.7%。

国家十分重视房地产业的发展，在国务院2008年10月召开的省、区、市人民政府和国务院部门主要负责同志会议上，温家宝总理指出：“房地产业是国民经济的重要支柱产业，对于拉动钢铁、建材及家电家居用品等产业发展举足轻重，对金融业稳定和发展至关重要，对于推动居民消费结构升级、改善民生具有重要作用。要认真分析和研究房地产市场的形势，正确引导和调控房地产走势。”

2. 房地产投资有效地促进了全社会固定资产投资增长

从2002年以来，我国经济保持着GDP增长10%左右的快速势头，其中投资（固定资产投资、房地产投资）在经济的快速发展中起到了重要作用。房地产开发投资占全社会固定资产投资的比重从1986年的3.2%上升到2007年的18.4%。而2007年房地产投资更是达到历史新高，完成资金投放25289亿元，同比增长30.2%。

从投资规模的角度看，按照国家统计局最新公布的数据，2008年1～8月，我国城镇固定资产投资8.492万亿元，其中房地产开发投资为1.843万亿元，占比高达21.7%。如果将建筑业等相关产业也考虑在内，比如房地产用量占全国总用量近1/4的钢材、水泥等，房地产在中国经济中的分量不言而喻。

3. 房地产业对经济增长的贡献不断加强

首先是房地产开发投资对GDP增长的直接贡献。1953～1978年，我国GDP年均增长6.1%，其中房地产业年均增长5%，对经济增长的贡献率为1.83%。1978～2005年，我国房地产业增加值占GDP的比重平均为4.1%，比改革开放前提高了2.1个百分点，期间我国GDP年均增长9.6%，房地产业年均增长11.4%，对经济增长的贡献率为2.39%。

其次是房地产开发投资对GDP增长的间接贡献。一是房地产开发投资关联产业众多；二是我国房地产开发投资对关联产业的带动效应约为2倍。

第三是近年来房地产开发投资对经济增长的平均贡献率超过了20%。伴随着房地产业的发展，综合直接贡献率和间接贡献率所得到的房地产开发投资对GDP增长的总贡献率，由1998年的15.03%上升为2007年的27.49%，平均达到了21.76%。

4. 房地产业对相关产业消费的带动性作用越来越强

房地产业的产业链长，波及面广，国民经济中绝大部分产业都与房地产业有关联关系，在投入产出表的40个部门中，有38个部门与房地产业存在后向直接关联或前向直接关联关系，但不同产业与房地产业的关联度有所不同，房地产业对金融保险业、商业、建筑业、非金属矿物制品业、化学工业、社会服务业等产业的关联影响比较突出。

据测算，每投入100元的住房资金，可以创造相关产业170～220元的需求；每销售100元的住宅，可以带动130～150元其他商品销售。因此住宅建设如果增加10个百分点，可望带动国民生产总值增长1个百分点。房地产行业还能刺激和满足居民的住房消费和需求，是扩大内需的一帖良药。在房地产的总投资中，住房投资占70%左右。在广大居民的消费中，住房消费也占有很大比重，是最大的“消费源”。

5. 房地产行业提供了大量的就业岗位

1998年我国房地产业从业人员为94万人，2007年达到166.5万人，年均增长6.6%，比同期我国全部就业人员的平均增速（1.0%）和第三产业就业人员平均增速（3.1%）分别高出5.6和3.5个百分点，体现了对增加就业的推动作用。此外，通过带动相关产业的发展，房地产业对其他产业的就业增长也发挥了积极作用。房地产及其相关的行业都属于劳动力密集型行业。据相关数据表明，每建一平方米房子需要16个工人，而住宅行业每吸纳100人就业，可带动相关行业200人就业。

由此我们可以看出，随着我国产业结构的调整，以房地产业为代表的第三产业还将创造更多的就业机会，对于我国这样一个劳动力资源十分丰沛的国家而言，其意义是不言而喻的。

6. 房地产业还起到了促进经济结构优化的作用

总体来看，与房地产行业关联紧密的行业大量集中在第三产业，而房地产行业的发展会对第三产业的快速发展起到较大的带动作用，这符合产业结构调整的客观规律和我国未来产业结构调整的发展方向，从而能够起到促进经济结构优化的积极作用。

7. 房地产业已经成为财政收入的重要来源

首先，通过出让土地使用权，政府能获得大量的财政收入。上海、北京、深圳等发达地区的土地收益占每年财政收入的比重高达25%左右，部分地区甚至超过50%，成为名副其实的“第二财政”。同时，房地产业税收也是地方政府税收收入的重要来源。粗略计算，2006年我国房地产业税收收入占当年各项税收的5.98%。再次，房地产业能带动众多关联产业的发展，间接创造大量的财政收入。

二、当前房地产业形势分析及影响

当前，房地产业发展不容乐观。今年，由于受国内经济形势和购房者观望情绪的影响，房地产行业继续2008年的颓势，市场交易持续低迷，主要表现在如下几个方面：

1. 供需市场双双下降，市场愈加低迷

数据显示，春节后的1月28日至2月2日的6个交易日里，上海楼市仅成交了230套商品住宅，与去年同期相比下滑26%。比购房者观望更为严重的是开发商，在节后的6个交易日里只有1个楼盘推出69套房源，而去年同期则有5个楼盘推出881套房源。同期，北京、深圳、广州的成交量分别下滑95.5%、83.7%和12.5%。

2. 房地产企业普遍缺钱，行业迎来深度调整和变革

过去一年来，房地产企业饱受多方面压力，首先是银行对于房地产企业银根的继续收紧，国内资本市场房地产企业IPO基本不被放行；另外，市场低迷导致销售量萎缩，两种压力下使得缺钱成为众多房地产企业最大的问题。同时行业也迎来深度调整和变革，一些企业开始转投开发风险更大的商业地产。

3. 行业不景气，金融风险加剧，有可能造成严重的社会问题

房地产行业不景气，受损失最大的首先是财政收入。由于房地产投资大幅缩减，2008年全国大部分城市的土地拍卖价格较2007年下降了一半左右，大大降低了政府可用财力的可持续性。由于商品房滞销，无法回笼现金，使得金融机构也面临巨大风险。对于国民经济而言，房地产行业带动了上百个相关行业的发展，解决了大量就业，房地产行业的衰退还很有可能引发严重的社会问题。

三、相关政策建议

房地产行业的持续衰退已经影响到国家投资拉动和扩大内需的大政策，各级政府纷纷出台刺激房地产市场的各种政策，这些政策虽然在一定程度上解决了短期的市场问题，但是却没有从根

本上消除影响房地产业健康、稳定、安全运行的制度障碍，导致房地产开发企业潜在金融风险集中的制度性因素仍然存在。

房地产行业政策扶持应立足于促进当前经济增长与行业长期健康发展，从税收制度等根本性制度方面入手进行改革，让房地产行业的发展回归理性和科学发展的轨道，同时也让房地产业在使中国经济走出低谷中发挥应有的支柱产业效应。为此，我们建议：

1. 降低房地产税收，以降低市场交易成本，振兴交易量

从开发项目的总成本构成角度看，房价的主要组成部分是土地成本和各种税收（接近一半），从性质上分析，它们是房地产开发企业预先为购房者“代垫”的，需要在房屋销售过程中得到补偿。因此，这部分成本和税收是无法降低的刚性成本，这也是房地产企业降低房价的底线。而如果房价不降低，在市场购买力不足的条件下，开发企业的销售就不能完成，从而也就不能补偿其成本和预先缴纳的税收，其最终结果就是潜在金融风险转化为现实的金融风险。

通过调整房地产税收，可以减轻企业资金负担，增强降价承受力，降低交易成本，提高交易量。具体办法是将一次性收取的土地出让金和集中在开发和销售环节的税收整合为统一的房地产税或物业税，延迟到房屋保有环节征收。

推出物业税的主要阻力是地方政府不愿意放弃土地财政，但若不取消土地财政，住宅市场将永远是畸形和扭曲的。因此，中央政府要尽快建立流转税、所得税和财产税三大税类，并完善财政转移支付体系，及时推出物业税，这也鼓励地方政府更有动力搞好城市建设和完善公共设施、绿化环境，从而推动房地产市场良性健康发展，在此过程中获得更多物业税。

2. 适时调整或取消土地增值税

土地增值税是1994年在宏观调控背景下针对经济过热出台的措施。但现在整体经济和房地产形势开始下滑，预先提留土地增值税给房地产企业造成很大的资金压力，可考虑适时调整或取消。

3. 改革土地招拍挂制度

应改变过去的纯粹以“价高者获得土地”的模式，可考虑适当增加指标，综合考虑土地竞标者的投标方案，例如增加绿色建筑等系列促进社会和谐和可持续发展等指标。

4. 拓宽商业地产融资渠道，尽快开放REITs通道

国务院已经明确提出可以通过REITs等形式来融资，现在只等监管部门出台相关法律，一旦REITs没有了政策方面的限制，与REITs最为密切的商业地产也将获得更大的发展空间，同时将刺激经济增长。

总之，房地产业的发展既要与整个国民经济的整体发展相协调，也要与地方区域经济的发展相协调；要与人口发展、环境发展、资源利用相协调；既要满足当代社会的需求，还要考虑后人开发的余地，决不能进行掠夺性开发；使开发效益与资金效益得到较好的协调，从而实现土地资源的永续利用、住宅业的稳定协调发展、房地产市场完善与人居环境的改善等多方面目标和要求。

抓住百年机遇　成就百年梦想

——利用金融危机参股发达国家实体企业

正在发生的金融危机，改变着世界的经济格局与走势，也改写着世界经济的发展历史。在给中国经济带来负面影响的同时，本轮经济危机是否也给我国带来了新的发展机遇？中国的资源禀赋与国情现状，决定中国在较长时间内还要走一条以制造业为“立国之本”的道路，而快速提升我国主要制造行业实力的有效方法，是与发达国家的行业领先企业进行股权层面的深度合作。发达国家公司参股中国企业比比皆是，而中国企业参股发达国家大公司却屈指可数，在金融危机之下，这种局面有了改变的可能。对中国制造业的发展来说，这是百年一遇的机遇；对中国人来说，这也是我们实现百年梦想的机会。

一、“走出去”参股是中国企业发展的必然要求

改革开放30年，中国经济已经融入世界，进出口占GDP比重高达67%。但中国在国际产业分工中的位置却令人堪忧。由于中国企业缺乏自己的核心技术，始终扮演给发达国家企业打工的角色。在全球制造业分工链中，发达国家企业

占据着产业链前端的核心技术、核心零部件的生产和后端的销售渠道、市场品牌等获利丰厚的环节；而产业链中资源耗费最多、污染最严重、利润最微薄的零部件加工、组装、装配环节，却都放在了中国。长期以来，中国以无数的打工仔、打工妹的青春和汗水，以不可再生的一次性能源和原材料，以过度透支的环境为代价，生产出相当于全世界总量30%的商品，但同时，中国企业却只获得了全球同类商品价值1/5的收益，实物产出的份额与价值获得的份额已严重分离。中国不可能丢弃制造业，但处在当前这种产业链低端的制造位置上，长期持续下去结果将非常可怕。

按目前的消耗程度和技术水平，中国的煤、油、水等资源大约还能坚持30～50年。中国的人口红利差不多快用完了，10年之后低劳动成本优势不复存在。中国的环境约束也将成为不可逾越的瓶颈，有环保组织测算，以水气污染为代价的环保代价已经占到我们GDP的5.8%左右。再过30年，即使中国想从事低端制造，也将没有优势，届时中国将有可能步拉美国家的后尘，成为一片“绝望的大陆”。

为摆脱困境，中国企业过去也曾有过许多尝试：如合资建厂以引进技术，以及“市场换技术”等，但结果却往往是技术没有换来，反而丢了自己的市场。

中国政府意识到这一问题的严重性，于20世纪初制定了“走出去”的国家战略，近些年来，也已有一些探路者开始了海外并购的行动，但由于时机条件的不成熟，中国企业“走出去”的步伐十分艰难。

发端于美国的本轮金融危机，为中国企业“走出去”参股发达国家实体企业提供了一个难得的机遇。危机使发达国家的金融系统受到严重损伤，实体企业资金链发生断裂，企业产生迫切的融资需求，这就给我们参股西方发达国家实体企业提供了绝好的机会。中国企业应该抓住机会，变成为国外优秀实体企业的股东，进而获得企业发展迫切所需的资源和技术。

这种参股行为不是那种广泛号召、搞群众运动的“大帮哄”，一定是企业出于自身的发展战略需要，需要企业自主的分散决策，基于企业自身发展的利益。这种参股是一种以融合、结合、学习、提升为主要目的的产业投资行为，而绝非那种“低买高卖”式的财务抄底行为。

二、对参股目标的选择

在这一轮“走出去”参股行动中，目标企业的选择上应以技术领先企业、行业龙头企业、资源类企业为主。

首先是技术领先企业。国外技术领先企业的股权是中国企业“走出去”收购的主要目标：如信息、机械、生物等产业中的领先企业。通过股权收购，进而取得对目标企业高端技术的学习权，以及高端技术企业转向中国的“产业转移权”，这是中国企业“走出去”的最大收获，是政府最希望看到的结果。

其次是行业龙头企业。发达国家行业中龙头企业的股权是我们此次“走出去”购买的另一个重要目标，如参股“世界500强”企业等。购买此类股权的目的，是争取使中国企业获得在行业龙头企业中的“参与权”，进而使我们在国际上获得更多资源，在竞争中占据主动。由于这类跨国企业的股权结构非常分散，拥有小比例股权就可能成为该企业的重要股东，因而只要我们收购其较少比例的股权即可达成目的。

再次是资源类企业。这类企业股权也是“走出去”收购的一个重要目标。中国是发展中国家，我们的比较优势在短期内不会改变，“世界工厂”、“中国制造”的发展主题短期内也不会改变，对“工厂”、“制造”所需的各种资源的依赖当然也不会改变。中国对资源的需求仍是第一位的，在海外收购一些资源类企业，就可在一定程度上缓解目前国内存在的资源紧缺困难。

三、“走出去”的策略把握

国内的收购主体主要包括国有企业和民营企业两类。国有企业与民营企业相比，具有资金实力强，容易获得政府和银行支持等优势；但它也具有明显的缺点，如决策慢、激励约束不足、人才不足、在国外并购阻力较大等。

目前国内有些国有企业已经行动起来，但多数有实力的国企还因为国内日子过得舒适而缺乏“走出去”的动力。政府应出台相应措施，鼓励和激励这类企业“走出去”，这也是推动国企深化改革的重要契机。

民营企业与国有企业相比，处于资金少、受

扶持也少的劣势地位。但民营企业也有明显的优势：如产权清晰、机制灵活、决策快、在国外收购的阻力小等。民营企业的嗅觉十分灵敏，目前已有民营企业远征发达国家去寻找适合的投资对象，但民营企业的最大劣势是资金实力严重不足，对此政府应加强扶持力度。

“走出去”参股要充分利用好PE在并购中的优势作用。PE是一个新型的集合投资模式，它具有传统企业所不具备的企业制度优势，可以帮助中国企业更好地到海外参股并购，弘毅投资携手中联重科成功收购意大利CIFA公司就是一个最好例证。

海外参股的实际运作中，政府应引导、组织中国的实体企业与金融企业合作，组成联合体同船出海，这样可以起到取长补短、规避风险、在利益上各取所需的效果。目前，中投和几大保险公司等金融企业都有合作投资的可能。

要鼓励投资银行、会计师事务所、律师事务所等相应中介机构积极介入，认真研究发达国家国情、企业和行业走势，特别是研究发达国家法律、劳工等方面的阻力如何去化解，为企业的海外并购提供必要支持。

四、需做好的相关政策配套

政府能否出台好的政策配套措施，是中国企业在此次金融危机中“走出去”参股能否成功的关键所在。应着重把握以下几个方面：

1. 成立海外并购领导协调小组

建议由国家发改委或更高一级的部门牵头组建“海外并购领导协调小组”。小组成员可由发改委、商务部、国资委、外交部、外管局等相关部门组成，具体负责各部之间的政策衔接问题。

2. 放宽对跨国并购的审批

我国政府对国内企业跨国并购的相关审批程序比较复杂，费时费力。这在当前国际市场剧烈动荡、机遇转瞬即逝的情况下，会延误许多并购时机。建议适当放宽有关审批条件，对于有时间要求的跨国并购申请，尤其是民营企业的并购，采取依法特事特办、快办的方式提高审批效率。

3. 设立“境外收购基金”，加大融资支持力度

基金可通过社会募集、政府相关部门出资等方式设立，委托专业投资机构管理，对“走出去”并购的国内企业给予相应的资金支持，使产融结合有一个稳定的支点。

4. 银行应当加大对跨国并购企业的资金支持

商业银行可以在银监会关于并购贷款风险指引的原则下，发放海外并购贷款，鼓励更多有条件的企业加入到“走出去”的行列中；国家开发银行和中国进出口银行要进一步加大对中国企业境外并购的贷款支持力度，营造一个好的融资环境。

5. 与国家产业振兴计划以及地方的产业升级相结合

政府应当引导中国出海企业将并购重点放在产业振兴计划中涉及的行业，从而使跨国并购行为符合国家产业发展的战略性安排和国民经济的可持续发展。

“产业升级”是各地政府关注的热点问题，许多地方提出了“腾笼换鸟”的计划。如果笼子腾空而新“鸟”不来，地方经济就会遭受巨大损失。许多优秀的“鸟”就在发达国家龙头企业手中，它们可以飞到中国，也可以飞到其他国家。相关部门应当引导出海企业将参股发达国家实体企业与地方的“产业升级”结合起来，从而调动各地政府的积极性，推动国外先进企业的并购，引导产业升级。

6. 加强对“走出去”企业的风险保障机制

进一步完善相关的风险评估与保障体系，鼓励中国进出口信用保险公司等机构向对“走出去”并购欧美实体公司的中国企业提供风险保障。

7. 加强政府与被投资国政府的交流和减轻企业境外收入税收负担

中国政府应当加强和被投资国政府的交往和沟通，为出海企业创造良好的并购环境，同时加大对企业境外收入所得的倾斜力度，通过税收减免、亏损退税、关税优惠等方式降低企业的海外税收。

参股发达国家实体企业是我国改革开放的一个新阶段，是事关国运的一次大跨越，可以堪比当年的“千里跃进大别山”，“两弹一星”工程，是一个重大的国家工程。需要政治家的远见、企业家的胆识和投资家的经验相结合，发挥中国集中力量办大事的优势，整合资源，参股发达国家实体企业的股权，以全面提升中国制造业的水平，使中国的要素资源能比较均匀地分布在产业

链的各个部分。

收购发达国家实体企业，可使我国的巨额外汇储备又多了一个安全又长久受益的投资渠道。本次经济危机的病因主要在西方发达国家的金融体系上，故金融股权不确定性极大，而发达国家实体企业总体是健康的，水分不大。如果未来10年我国有一万亿美元的外汇进入发达国家实体企业，对提升我国的战略实力将产生深远影响。

参股发达国家实体公司是个中长期战略性操作，可能需10～30年，早晚要做，但眼前是最好的时机，企业应抓住时机，迅速启动，工商联并购公会成员正在策划和推动若干项目。

当然客观上我国很多企业目前自身的日子也很难过，这在一定程度上增加了我们"走出去"的难度。但与国外企业相比，我国企业的困难少得多，优势也明显得多。这就需要政府的大力倡导与支持，帮助企业挺过难关，抓住机会，乘势一跃，通过参股迅速缩小我国与发达国家领先企业的距离，大幅度提升我国制造业的水平。

"走出去"获得国外先进技术，促进中国国力的提升，这是我们中华民族的百年梦想。西方发达国家当前爆发的金融危机，正是给我们提供了这样一个百年一遇的机会，我们也应该借此机会，成就百年来的中国梦想。

政协口头发言

中小企业融资难，难在小企业

自去年国际金融危机以来，党中央、国务院、国家金融管理部门和银行系统对中小企业融资问题给予了特别关注，推出了一系列强有力的措施，努力缓解中小企业融资难问题，并取得了明显效果，但来自产业部门和企业基层的声音反映，众多小企业融资道路仍然困难重重。对此，全国工商联对当前中小企业融资难的实际状况展开了调查分析，我们认为，中小企业融资难，难在小企业。笼统地提中小企业融资问题，在实质上混淆和掩盖了小企业融资难问题。为此，我们建议：要调整对中小企业融资问题的认识角度与政策思路，将解决中小企业融资问题调整为着力解决小企业融资问题。

一、两种声音背后：中小企业融资问题掩盖和模糊了小企业融资问题

目前关于中小企业融资问题有两种明显不同的声音。来自金融管理部门和银行系统认为，2008年银行业金融机构的中小企业贷款余额为10.31万亿元，占全部企业贷款的53.06%，中小企业融资难问题已经得到一定缓解。但来自工信部的看法是，2008年全国新增小企业贷款只有225亿元，比上年只增长了1.4%，而全国贷款增加了14.9%。2009年前三个月，全国信贷规模总量增加了4.8万亿元，其中中小企业贷款增加额度只占不到5%，中小企业融资问题没有得到根本解决。为什么有如此差别巨大的两种声音？我们认为，是将中型企业与小企业相提并论，笼统地统计中小企业信贷数据，在实际上模糊、淡化和掩盖了小企业融资难的严重程度。

二、中小有别：中型企业与小企业的融资问题不应相提并论

按照《统计上大中小型企业划分办法（暂行)》和《中小企业标准暂行规定》，我国企业数量结构特点是大型企业极少，中型企业不多，小企业占绝大多数。总体来看，全国各类大型企业不到一万家，占全国企业的不足0.1%；中型企业不到10万家，占近1%；其余99%均为小企业。

情况表明，大型企业信贷状况好于中型企业，而中型企业信贷状况远远好于小企业。根据银监会2008年年报数据，2008年我国企业贷款结构是，大型企业占近47%，中小型企业占53%，没有单独公布小企业的数据。根据国家统计局数据，全国金融机构短期贷款余额2008年底为12.5万亿元，其中个体私营企业贷款4221亿元，只占3.4%，加上乡镇企业和个体私营企业（包括大型乡镇企业和私营企业）贷款1.16万亿元，共占9.3%。初步估算，大型企业的银行信贷覆盖率几乎为100%，中型企业大约在90%以上，而规模以上的小型企业至少80%与银行信贷无关，规模以下的小型和微型企业95%以上与银行信贷无关。总的看，中企业融资难已经基本得到解决，小企业融资难基本没有得到解决。

可见，小企业问题与中型企业问题差别甚大，小企业数量多，问题多，但小企业在就业、稳定等方面对国家、社会贡献更大。就规模以上工业企业而言，2008年，每10万元主营业务收入带动就业的人数，小企业为2.3人，中企业为2人，大企业为1.22人。相比中型企业，小企业才是规模小、贡献大的特殊群体，更需要政策扶持和社会关注。在国外，也重视小企业问题。比如，美国就设立了联邦小企业局专门服务小企业。

三、正视事实：中小企业融资难，难在小企业

根据工商银行2008年年报，到2008年底，全国资产信贷规模最大、客户覆盖面最广、营业网点达15676个的工商银行才有36267户小企业贷款客户，平均一个网点有贷款的小企业才2.31个，单个网点累计发放小企业贷款才227.5万元。除农业银行外，其他国有商业银行的小企业客户更少。

总体看，我国中小企业融资难的问题，实质上中型企业融资并不难，真正难的是小企业。将中型企业与小企业的融资问题混同，客观上掩盖了我国企业融资问题的实质，误导了人们认识与判断问题的方向，影响了国家有关企业金融政策的针对性，拖延了我国银行金融体制改革的进程。

因此，我们建议：

1. 中央应将中小企业融资政策问题明确调整为小企业融资政策问题

从国家宏观层面看，中央在制定和出台政策时应改变同时考虑中小企业的传统思路，不应再笼统地、混淆地提中小企业融资问题，而应明确提出着力解决小企业融资问题。

2. 金融机构应摒弃成见，正确认识小企业实际经营效益状况

金融机构普遍认为，小企业的资产与经营质量不高，对其贷款，成本高，收益小，信用差，风险大。实际情况并非如此。根据我们对有关统计数据的分析，在全国近36万家规模以上工业企业中有近20万户私营企业和33万户小企业，其中利润高、效益好的占1/3以上，有一定利润与效益的占1/3，微利、亏损的不到1/3。就规模或限额以上小型企业情况看，多数企业的资产质量、经济效益、财务记录、市场信誉并不差。他们是可发展的潜在客户，是有效益的风险小的客户，是银行金融机构的重要收入与利润来源。

3. 金融资源配置要与小企业地位、作用和需求相适应

首先，大银行要加大小企业信贷力度，真正落实银监会《关于银行建立小企业金融服务专营机构的指导意见》，建立小企业金融服务专营机构，明确小企业信贷规模比例，特别是提高小企业中长期贷款规模，推动小企业转型升级。其次，要加快建立服务小企业的小银行，广泛发展为小企业量身定做的小型金融机构，力争在3～5年内，全国每个县（及地市的区）建立2～3家小银行，3～5家小额贷款公司，3～5家贷款担保机构，发达县可以更多；建立更多的农村资金互助社。

4. 采取强有力政策措施支持金融机构开展小企业信贷服务

主要是降低金融机构小企业信贷业务的营业税或所得税，提高小企业信贷利率浮动范围，扩大小企业信贷贴息的财政支持，相应改进小企业信贷业务的成本核算、业绩考核机制，完善小企业金融服务尽职免责制度。

（本文为傅军副主席代表全国工商联在全国政协2009年7月召开的专题协商会上的发言。）

组织和会员发展[①]

ZZHHYFZ

关于2008年上半年会员发展和组织建设情况的通报

一、会员发展情况

根据各省级工商联的报表统计，截至2008年第二季度末，全国工商联共有会员2208985个，比去年第四季度末增加18582个。其中，企业会员836600个，比去年第四季度末增加12336个；团体会员21090个，比去年第四季度末增加76个；个人会员1351295个（包括个体工商户959326个，原工商业者和“三小”115255个，非公有制企业投资者、经营者185648个），比去年第四季度末增加6170个。

二、组织建设情况

根据统计，2008年上半年，商会新增230个基层组织（比2007年第四季度末增加了1%），432个行业商会（同业公会）组织（比2007年第四季度末增加了4.9%），县以上工商联组织数未变。截至2008年第二季度末，全国共有县以上工商联组织3130个（包括5个工商联筹备组），占全国县以上行政区划总数的97%。县级工商联共2770个（包括市辖区工商联789个，4个工商联筹备组）。此外，新疆生产建设兵团有团以上工商联组织167个。

商会共有基层组织23639个，其中乡镇商会17321个，街道商（分）会、小组3556个，地区组织4个，异地商会1051个，市场商会437个，开发区商会233个，联谊会196个，其他841个。

商会共有行业组织9278个，其中全国工商联直属28个，省级工商联所属405个，地市级工商联所属2220个，县级工商联所属4739个，乡镇街道1761个，其他125个。

① 本章内容均由全国工商联会员部供稿。

附表1　中华全国工商业联合会2008年第一季度会员情况综合统计表

制表单位：全国工商联会员部　　　　统计日期：2008年3月31日

地区	合计	企业会员小计	其中		团体会员小计	其中		个体会员小计	其中	
			私营	混合型		行业组织	个私协会		个体工商户	原工商业者“三小”
北京市	23472	15790	6820	5240	170	89	15	7512	1973	4200
天津市	12469	9574	7183	1040	60	12	14	2835	1241	1031
河北省	117689	53903	41045	8149	934	449	210	62852	44539	3705
山西省	72464	21774	15407	2811	691	185	186	49999	32728	2662
内蒙古自治区	62332	34724	33259	957	616	259	113	26992	19924	2182
辽宁省	129397	41723	31930	6024	778	293	69	86896	68726	7286
吉林省	41940	12319	10353	427	302	108	61	29319	16913	2352
黑龙江省	35579	13568	10700	988	402	131	103	21609	13293	2260
上海市	33658	27519	18270	1280	118	56	34	6021	1519	4060
江苏省	155102	94415	81749	7066	1290	580	408	59397	38151	8409
浙江省	95800	78287	65472	3407	2113	180	94	15400	8970	2597
安徽省	114845	30049	20870	6425	746	166	220	84050	65548	4045
福建省	100518	52521	37166	5402	778	300	178	47219	23175	7679
江西省	40369	13776	6908	5867	506	246	103	26087	15680	4226
山东省	113011	52584	40185	9056	943	455	308	59484	39453	3308
河南省	141926	38276	30183	4724	1812	474	233	101838	73574	1131
湖北省	102651	17835	14487	1417	1137	361	275	83679	69757	2816
湖南省	111274	38719	30232	6392	1606	898	234	70949	49637	6373
广东省	113794	71519	57778	6114	664	382	176	41611	18246	6601
广西壮族自治区	83661	10091	7064	977	831	83	117	72739	56979	5554
海南省	8406	3248	1919	305	61	37	11	5097	2064	2416
重庆市	46632	13442	11476	969	168	78	39	33022	15464	11054
四川省	108628	20488	14713	3080	946	296	318	87194	67960	5990
贵州省	92893	8715	5004	612	670	268	192	83508	65583	7354
云南省	53557	10596	7764	1347	585	176	112	42376	32654	3670
西藏自治区	2182	439	358	11	14	9	5	1729	1647	0
陕西省	56545	14361	9937	1748	567	136	148	41617	30239	2839
甘肃省	50099	9773	7057	1257	788	212	123	39538	32854	1342
青海省	7969	2745	1539	828	103	10	59	5121	1422	1030
宁夏回族自治区	12200	4951	3579	944	170	94	42	7079	3858	301
新疆维吾尔自治区	24358	5200	4076	777	292	0	0	18866	17468	702
新疆生产建设兵团	25061	2799	2431	217	117	25	16	22145	20118	0
全国工商联	403	381	126	191	4	0	1	18	0	0
合计	2190884	826104	637040	96049	20982	7048	4217	1343798	951357	119175

附表 2　中华全国工商业联合会 2008 年第一季度会员类型及行业统计表

制表单位:全国工商联会员部　　　　统计日期:2008 年 3 月 31 日

	小计	农林牧渔	食品饮料	纺织服装	皮毛羽绒	木材家具	印刷业	文体用品	石油炼焦	化学制品	医药制造	橡胶塑料	水泥制造	玻璃陶瓷	金属制品	机械制造	电子通信	首饰制造	其他制造	建筑装修	交通运输	批发零售	餐饮业	金融保险	房地产	美容美发	旅馆业	旅游业	娱乐业	信息咨询	计算机应用	其他服务	其他行业
私营独资	413935	15096	17638	25270	5229	15169	5960	4170	3558	6673	3007	4071	3364	3922	9280	16934	5852	6467	33168	20512	10785	55153	29741	412	7066	8345	5829	3026	5015	2316	3634	25994	51279
私营合伙	38754	1841	1658	3152	538	1467	764	386	367	491	328	525	522	448	1404	2171	623	252	2417	2011	1291	2633	3152	48	1099	1073	644	260	635	279	657	2322	3296
私营有限公司	153809	5428	9512	10713	1712	6710	2850	1813	1250	3887	1543	2715	1630	1596	4902	10837	3663	594	9494	7522	2591	16251	7526	236	5141	1613	3038	1023	1213	1117	1343	7779	16567
私营股份公司	30542	1483	1325	3310	489	1412	500	411	258	969	506	391	748	256	1203	2260	515	88	2222	1655	613	2080	1504	155	1105	258	280	169	301	229	224	992	2631
港澳台合资合作	3887	110	324	465	95	99	95	139	4	103	61	57	42	37	103	220	102	74	332	66	63	249	169	6	143	5	43	26	74	20	43	129	389
港澳台独资	2176	89	121	183	91	126	90	28	8	67	39	50	25	24	23	100	65	18	226	43	14	80	87	2	78	16	41	35	45	31	24	158	149
港澳台股份公司	1389	56	35	91	89	247	21	55	3	27	20	12	4	18	15	55	47	6	236	22	16	29	23	1	12	6	47	4	17	8	34	32	101
中外合资合作	6574	263	485	1137	179	444	167	142	54	264	99	206	53	73	171	394	233	30	540	212	45	172	169	15	160	12	82	23	81	20	63	125	461
外资企业	3029	67	242	276	201	115	41	57	48	148	56	62	28	46	66	100	348	14	316	25	18	105	81	9	82	19	34	21	29	16	29	64	266
外商股份公司	1490	52	110	145	32	261	12	22	5	93	30	74	22	6	45	49	51	17	27	31	19	37	20	2	11	11	48	9	7	16	3	23	200
国有企业	16462	390	688	1130	111	202	277	342	174	410	279	42	70	53	70	695	277	51	1276	410	241	4459	516	457	262	24	280	98	25	55	60	829	2209
集体企业	28768	879	1142	1699	351	785	825	411	445	774	172	185	224	161	347	1522	411	49	3080	1622	572	5001	1098	158	442	99	417	165	237	80	69	1453	3893
股份合作企业	15485	492	627	892	243	350	236	68	144	546	269	751	154	91	299	1164	288	152	982	692	281	1203	610	64	283	76	284	124	129	68	88	932	2903
联营企业	6378	284	214	320	113	264	129	85	135	95	59	100	45	78	79	255	103	85	533	313	170	599	237	102	154	107	111	270	89	46	12	335	857
其他有限责任公司	51264	2068	1988	3190	586	1248	931	538	417	1414	702	791	771	496	1985	3161	1003	263	4061	4079	1291	4225	2129	208	2302	475	661	423	535	506	446	2253	6118
其他股份有限公司	22922	755	1186	1364	372	532	537	510	261	798	410	354	428	230	554	1271	419	103	1453	1079	666	2617	1111	218	1293	259	485	338	300	200	217	777	1825
其他企业	29240	5434	616	2004	202	275	253	290	286	398	191	335	418	140	433	945	202	115	1365	857	990	2191	1320	138	159	336	138	121	158	83	346	1457	5928
企业会员小计	826104	34787	37911	55341	10633	29706	13688	9467	7417	17157	7771	10721	8548	7675	20979	42133	14202	8378	61728	41151	19666	97084	49493	2231	19792	12734	12462	6135	8890	5090	7292	45654	100188
团体会员小计	20982		私营企业协会		1541		个体劳动者协会			2676		外商投资企业协会			171		乡镇企业协会			2882		同业公会		3197		行业协会		3851		其他		6664	
个人会员小计	1343798		非公企业投资经营者		180897	港澳台侨知名人士		3594	个体工商户	951357	经济工作者	12183	经济理论工作者		2920	法律工作者	3105	有关部门负责人		24468	工商联干部	13933	原工商业者“三小”		119175	其他	32166	其中高级职称者	7954	其中中级职称者	30731	其中妇女	65949
实有会员数	2190884		有关资料		企业会员资产总额(万元)					1553948973		从业人员(人)			20527040		个体工商户资产总额(万元)					8306994		从业人员(人)			1759975						

附表 3　中华全国工商业联合会 2008 年第一季度企业会员分地区行业统计表

制表单位:全国工商联会员部　　　　　　　　　　　　　　　　　　　　统计日期:2008 年 3 月 31 日

	农林牧渔	食品饮料	纺织服装	皮毛羽绒	木材家具	印刷业	文体用品	石油炼焦	化学制品	医药制造	橡胶塑料	水泥制造	玻璃陶瓷	金属制品	机械制造	电子通信	首饰制造	其他制造	建筑装修	交通运输	批发零售	餐饮业	金融保险	房地产	美容美发	旅馆业	旅游业	娱乐业	信息咨询	计算机应用	其他服务	其他行业	小计
北京市	148	538	433	57	318	125	83	18	125	210	37	32	24	69	517	668	26	707	2245	213	1967	728	77	674	111	148	155	98	430	146	1355	3308	15790
天津市	85	285	512	29	230	121	56	30	505	199	149	54	58	1116	498	187	7	850	242	147	711	318	38	174	534	30	18	37	174	362	505	1313	9574
河北省	1640	2297	2999	1532	1894	1251	1084	689	1500	339	633	813	711	2035	2540	750	392	4361	2697	1477	6325	3098	210	1024	939	992	424	738	541	422	3022	4534	53903
山西省	693	790	514	89	343	266	132	1772	332	172	35	133	178	194	731	67	56	1023	1029	869	3516	1330	48	182	307	328	90	150	87	43	1642	4633	21774
内蒙古自治区	486	640	269	156	131	87	42	842	1232	435	27	952	43	400	352	77	45	4931	1943	3071	8110	1092	45	1451	1024	383	916	113	45	48	3208	2128	34724
辽宁省	1728	1261	1507	767	953	472	338	144	722	297	450	314	348	1363	2494	873	75	1957	1673	611	3638	4105	16	995	1191	415	236	734	345	686	2415	8600	41723
吉林省	1301	525	291	16	631	277	133	92	110	231	37	44	28	33	525	79	10	1137	342	120	1168	1337	38	338	345	245	77	97	48	157	1170	1337	12319
黑龙江省	675	834	372	91	524	196	156	141	286	179	69	45	15	170	511	196	18	1075	559	283	2346	955	11	161	285	201	57	209	132	118	1389	1309	13568
上海市	116	2979	2687	101	1756	296	221	5	494	71	93	37	23	67	824	139	7	3559	542	105	9199	998	6	628	23	67	59	301	320	131	818	847	27519
江苏省	2328	3109	12180	772	2609	1596	895	400	3450	693	1656	967	920	3748	9131	2457	333	7965	3364	1758	8371	5366	281	1846	1629	854	454	772	590	995	3777	9149	94415
浙江省	6341	6287	8301	1440	3320	1207	1303	302	1350	603	1975	502	960	3557	6605	2274	424	7087	2259	1294	6212	1706	241	1012	500	652	243	217	329	459	1794	7531	78287
安徽省	1353	1393	1595	460	1230	473	314	317	869	193	216	351	118	250	1180	449	45	2035	1786	620	5646	1965	65	819	261	545	128	390	151	143	1625	3064	30049
福建省	2335	2305	6887	761	1659	831	437	334	696	272	658	257	570	807	1223	1147	358	4455	2376	1470	5233	1437	278	1039	327	550	302	753	263	332	2499	9670	52521
江西省	372	653	853	79	465	468	368	85	302	533	165	221	209	223	466	153	26	316	761	641	1178	1341	0	1073	427	351	252	154	120	0	1078	443	13776
山东省	2615	3328	3373	754	2288	1428	740	419	1540	453	1522	818	682	1321	4373	502	154	2793	3439	1211	4981	3555	97	1276	842	734	550	631	326	461	1856	3522	52584
河南省	4863	2496	2879	427	1315	546	475	127	841	378	336	772	328	829	2269	589	55	2235	1668	826	2693	2697	73	1006	814	859	168	394	218	318	1729	3053	38276
湖北省	613	583	1017	101	456	245	268	26	203	155	95	172	105	113	603	122	53	336	550	416	1003	1103	95	579	282	1893	161	436	71	217	1379	4384	17835
湖南省	1584	1997	1314	386	1147	775	708	296	398	334	208	488	546	833	1502	607	161	1326	1921	874	5927	2445	108	1383	825	917	365	950	212	298	1344	6540	38719
广东省	1156	455	4182	1993	5510	1518	660	308	582	754	1630	379	961	1816	2083	1804	5777	6846	3397	902	6427	5152	48	630	292	414	240	290	116	1508	5954	7735	71519
广西壮族自治区	474	622	278	76	297	142	58	84	170	166	134	112	51	230	335	88	42	764	456	181	1531	576	20	314	126	176	65	100	67	42	740	1574	10091
海南省	279	167	64	7	171	43	39	17	45	68	27	7	38	99	33	31	4	88	135	69	424	258	73	297	16	90	73	50	43	26	166	301	3248
重庆市	439	408	334	71	395	169	42	28	184	139	120	96	324	516	882	114	29	699	1468	327	941	1019	33	665	380	120	161	131	90	35	664	2419	13442
四川省	608	1041	796	119	795	309	160	153	322	255	135	283	173	259	1112	203	40	976	1530	625	1567	1798	59	868	304	407	167	458	61	44	1285	3576	20488
贵州省	260	315	172	28	162	143	86	152	133	103	14	50	15	49	91	42	9	1014	496	295	1699	497	29	210	52	112	51	77	29	18	293	2019	8715
云南省	775	712	228	21	298	127	49	224	201	102	77	109	90	327	195	106	31	689	1152	301	1061	595	74	143	85	285	105	107	26	44	582	1675	10596
西藏自治区	20	16	8	0	7	2	6	11	2	5	0	0	0	0	2	2	0	17	138	16	43	24	4	11	0	32	12	8	1	0	34	18	439
陕西省	575	627	390	94	369	248	363	240	275	228	89	351	76	248	575	228	69	982	1168	344	1685	1303	42	380	147	253	168	166	57	80	776	1765	14361
甘肃省	388	610	253	75	224	120	98	29	135	87	41	101	29	149	212	126	23	937	902	269	1307	664	22	247	155	114	50	102	62	76	599	1567	9773
青海省	109	235	182	16	19	16	25	50	49	29	4	12	5	27	60	27	10	83	160	27	307	174	8	44	19	33	330	17	4	2	193	469	2745
宁夏回族自治区	90	140	288	74	53	24	5	20	33	18	21	23	6	25	34	4	0	184	422	45	725	725	11	60	315	32	25	19	11	4	970	545	4951
新疆维吾尔自治区	218	153	122	33	97	124	86	38	29	13	15	50	30	36	38	57	91	114	167	125	589	812	6	87	87	158	23	133	35	45	575	1014	5200
新疆生产建设兵团	116	91	36	3	36	43	35	10	32	29	47	3	9	51	112	18	8	170	142	124	541	314	55	132	90	70	9	53	81	24	184	131	2799
全国工商联	4	19	25	5	4	0	2	14	10	28	6	0	2	19	25	16	0	17	22	10	13	6	20	44	0	2	1	5	5	8	34	15	381
合计	34787	37911	55341	10633	29706	13688	9467	7417	17157	7771	10721	8548	7675	20979	42133	14202	8378	61728	41151	19666	97084	49493	2231	19792	12734	12462	6135	8890	5090	7292	45654	100188	826104

附表 4　中华全国工商业联合会 2008 年第一季度企业会员登记注册类型统计表

制表单位:全国工商联会员部　　　　统计日期:2008 年 3 月 31 日

	私营独资	私营合伙	私营有限公司	私营股份公司	港澳台合资合作	港澳台独资	港澳台股份公司	中外合资合作	外资企业	外商股份公司	国有企业	集体企业	股份合作企业	联营企业	其他有限责任公司	其他股份有限公司	其他企业	小计
北京市	3326	237	3023	234	194	49	18	237	31	6	917	1214	241	136	4378	485	1064	15790
天津市	3618	1002	2371	192	39	30	6	111	110	8	280	419	41	73	823	103	348	9574
河北省	29158	4815	5329	1743	96	60	34	114	43	117	782	1961	1524	813	4089	1723	1502	53903
山西省	11792	1428	1859	328	6	10	5	37	29	2	935	2405	466	438	1361	546	127	21774
内蒙古自治区	23727	867	6371	2294	28	0	0	6	0	2	28	176	156	17	532	252	268	34724
辽宁省	23869	731	6686	644	95	123	23	248	70	9	448	1313	1454	70	3638	862	1440	41723
吉林省	8010	192	2096	55	5	12	0	28	6	8	511	602	36	13	272	106	367	12319
黑龙江省	6805	166	3417	312	20	7	0	75	13	19	664	956	86	34	436	432	126	13568
上海市	18270	0	0	0	623	119	8	421	171	0	2737	3879	126	238	36	880	11	27519
江苏省	38594	3870	34311	4974	558	101	25	743	388	18	542	1182	1376	143	4291	1256	2043	94415
浙江省	24441	3594	33461	3976	198	57	64	850	179	23	375	664	551	116	1255	1485	6998	78287
安徽省	13529	1317	5226	798	28	44	9	62	24	17	479	1408	534	256	4874	761	683	30049
福建省	25629	4656	5832	1049	552	506	155	1190	477	170	639	2291	1585	1031	1708	1078	3973	52521
江西省	2042	383	3160	1323	59	54	63	263	259	154	19	130	1288	281	1830	2468	0	13776
山东省	28023	1503	8324	2335	152	98	23	551	99	53	294	1107	1721	340	5024	1971	966	52584
河南省	20783	3021	5008	1371	129	45	28	92	23	89	170	787	486	473	2325	1440	2006	38276
湖北省	9588	413	3973	513	148	14	6	27	19	15	1071	355	187	32	960	238	276	17835
湖南省	21621	2646	4712	1253	82	97	32	178	108	31	175	505	569	508	3287	2028	887	38719
广东省	47722	3097	3484	3475	706	553	843	1005	754	670	944	669	1786	387	1579	2362	1483	71519
广西壮族自治区	5124	600	1169	171	46	29	5	59	53	8	675	932	127	86	641	123	243	10091
海南省	1343	45	375	156	14	39	9	66	76	8	482	305	47	29	156	73	25	3248
重庆市	8316	437	2195	528	10	7	7	21	15	4	153	146	145	125	643	56	634	13442
四川省	9339	1185	3094	1095	22	15	9	55	11	29	384	550	259	64	2048	709	1620	20488
贵州省	3868	94	942	100	16	54	3	23	26	1	1241	1430	41	143	300	128	305	8715
云南省	5629	271	1652	212	16	18	3	24	14	17	314	781	157	98	765	327	298	10596
西藏自治区	358	0	0	0	0	0	0	0	0	1	32	37	1	5	0	5	0	439
陕西省	7036	741	1941	219	19	9	1	37	4	0	667	1378	233	118	984	413	561	14361
甘肃省	4853	388	1674	142	22	11	1	13	4	5	379	707	108	65	925	159	317	9773
青海省	1177	44	271	47	4	0	0	7	4	0	74	145	37	217	358	216	144	2745
宁夏回族自治区	2777	79	627	96	0	0	0	3	4	0	4	47	16	4	835	89	370	4951
新疆维吾尔自治区	2308	651	1011	106	0	8	2	8	2	2	28	231	62	18	616	81	66	5200
新疆生产建设兵团	1192	268	186	785	0	2	6	1	0	0	18	46	21	6	170	20	78	2799
全国工商联	68	13	29	16	0	5	1	19	13	4	1	10	18	1	125	47	11	381
合计	413935	38754	153809	30542	3887	2176	1389	6574	3029	1490	16462	28768	15485	6378	51264	22922	29240	826104

附表5　中华全国工商业联合会2008年第一季度团体会员统计表

制表单位：全国工商联会员部　　　　统计日期：2008年3月31日

地区	私营协会	个体协会	外企协会	乡企协会	同业公会	行业协会	其他	小计
北京市	7	8	1	7	36	53	58	170
天津市	3	11	1	0	5	7	33	60
河北省	64	146	6	111	154	295	158	934
山西省	48	138	0	105	111	74	215	691
内蒙古自治区	23	90	2	40	66	193	202	616
辽宁省	30	39	2	218	164	129	196	778
吉林省	16	45	2	45	48	60	86	302
黑龙江省	24	79	3	135	39	92	30	402
上海市	16	18	8	6	16	40	14	118
江苏省	121	287	13	34	434	146	255	1290
浙江省	31	63	3	32	44	136	1804	2113
安徽省	53	167	11	82	48	118	267	746
福建省	34	144	37	79	230	70	184	778
江西省	98	5	15	142	121	125	0	506
山东省	96	212	12	59	208	247	109	943
河南省	154	79	11	820	250	224	274	1812
湖北省	80	195	9	194	244	117	298	1137
湖南省	123	111	5	292	173	725	177	1606
广东省	78	98	10	70	287	95	26	664
广西壮族自治区	45	72	5	22	48	35	604	831
海南省	1	10	0	1	2	35	12	61
重庆市	20	19	2	3	42	36	46	168
四川省	153	165	2	87	88	208	243	946
贵州省	53	139	3	35	156	112	172	670
云南省	35	77	0	110	45	131	187	585
西藏自治区	2	3	0	0	2	7	0	14
陕西省	46	102	4	35	60	76	244	567
甘肃省	42	81	4	77	53	159	372	788
青海省	11	48	0	7	1	9	27	103
宁夏回族自治区	31	11	0	14	13	81	20	170
新疆维吾尔自治区	0	0	0	0	0	0	292	292
新疆生产建设兵团	3	13	0	20	9	16	56	117
全国工商联	0	1	0	0	0	0	3	4
合计	1541	2676	171	2882	3197	3851	6664	20982

附表6　中华全国工商业联合会2008年第一季度个人会员统计表

制表单位：全国工商联会员部　　　　统计日期：2008年3月31日

项目 / 地区	非公企业投资经营者	港澳台侨知名人士	经济工作者	经济理论工作者	法律工作者	有关部门负责人	工商联干部	其他	小计	个体工商户	原工商业者“三小”	总计	其中		
													高级职称	中级职称	妇女
北京市	364	6	70	38	39	109	56	657	1339	1973	4200	7512	0	0	0
天津市	341	0	12	3	8	150	41	8	563	1241	1031	2835	866	617	143
河北省	9863	91	878	171	262	1199	583	1561	14608	44539	3705	62852	355	1918	3923
山西省	8954	24	725	193	83	1400	724	2506	14609	32728	2662	49999	136	162	595
内蒙古自治区	2542	17	210	41	80	616	541	839	4886	19924	2182	26992	473	2618	5923
辽宁省	5922	17	465	151	114	820	361	3034	10884	68726	7286	86896	0	0	0
吉林省	8611	39	212	83	67	439	271	332	10054	16913	2352	29319	278	512	3242
黑龙江省	1719	9	224	139	79	681	391	2814	6056	13293	2260	21609	353	1317	3863
上海市	34	25	8	5	8	31	220	111	442	1519	4060	6021	0	0	0
江苏省	7044	58	657	285	172	2593	699	1329	12837	38151	8409	59397	0	0	0
浙江省	2233	60	265	7	68	574	446	180	3833	8970	2597	15400	201	611	0
安徽省	10187	87	847	167	187	1256	513	1213	14457	65548	4045	84050	0	0	0
福建省	13570	268	402	53	83	540	434	1015	16365	23175	7679	47219	193	978	0
江西省	5645	156	85	89	65	41	100	0	6181	15680	4226	26087	207	567	3553
山东省	10712	1820	538	204	281	1327	803	1038	16723	39453	3308	59484	0	0	0
河南省	21083	200	846	327	457	1045	912	2263	27133	73574	1131	101838	0	0	0
湖北省	7727	82	425	132	72	728	718	1222	11106	69757	2816	83679	440	2786	960
湖南省	11376	150	572	105	187	977	664	908	14939	49637	6373	70949	383	2909	2912
广东省	12536	187	167	56	44	670	774	2330	16764	18246	6601	41611	534	1890	2378
广西壮族自治区	6305	52	774	2	119	1265	358	1331	10206	56979	5554	72739	82	786	3022
海南省	303	14	61	24	8	87	77	43	617	2064	2416	5097	51	105	91
重庆市	3654	31	574	103	77	391	274	1400	6504	15464	11054	33022	840	3140	5397
四川省	8768	37	1014	184	161	1973	864	243	13244	67960	5990	87194	842	4254	7262
贵州省	4587	81	1092	98	38	1782	263	2630	10571	65583	7354	83508	0	0	0
云南省	1891	44	245	28	72	1400	1186	1186	6052	32654	3670	42376	259	1013	6829
西藏自治区	24	0	11	0	3	21	23	0	82	1647	0	1729	0	13	4
陕西省	5883	15	327	145	129	790	481	769	8539	30239	2839	41617	443	2014	2738
甘肃省	3549	15	166	26	54	524	337	671	5342	32854	1342	39538	243	729	3927
青海省	2209	0	81	40	20	211	79	29	2669	1422	1030	5121	0	0	0
宁夏回族自治区	2574	0	58	12	17	103	82	74	2920	3858	301	7079	56	289	285
新疆维吾尔自治区	0	1	71	3	13	195	397	16	696	17468	702	18866	99	209	873
新疆生产建设兵团	678	1	101	6	37	530	261	413	2027	20118	0	22145	620	1294	8029
全国工商联	9	7	0	0	1	0	0	1	18	0	0	18	0	0	0
合计	180897	3594	12183	2920	3105	24468	13933	32166	273266	951357	119175	1343798	7954	30731	65949

附表7　中华全国工商业联合会2008年第二季度县以上组织统计表

制表单位：全国工商联会员部　　　　统计日期：2008年6月30日

项目/地区	总累计数	当年累计数	地级			县级			市辖区	筹备组			半年增长
			地级市	自治州	地区（盟）工商联（办事处）	县级市	县（旗）	自治县	工商联（办事处）	地级	县级	地级市辖区	
北京市	19	0	0	0	0	0	2	0	16	0	0	0	0
天津市	21	0	0	0	0	0	3	0	17	0	0	0	0
河北省	184	0	11	0	0	22	108	6	36	0	0	0	0
山西省	131	0	10	0	1	13	84	0	22	0	0	0	0
内蒙古自治区	114	0	12	0	0	93	3	5	0	0	0	0	0
辽宁省	114	0	14	0	0	19	16	8	56	0	0	0	0
吉林省	70	0	8	1	0	22	19	2	17	0	0	0	0
黑龙江省	148	0	12	0	1	18	46	1	69	0	0	0	0
上海市	20	0	0	0	0	0	1	0	18	0	0	0	0
江苏省	120	0	13	0	0	27	25	0	54	0	0	0	0
浙江省	103	0	11	0	0	22	35	1	33	0	0	0	0
安徽省	122	0	17	0	0	5	56	0	43	0	0	0	0
福建省	96	0	9	0	0	14	44	0	27	0	1	0	0
江西省	113	0	11	0	0	82	0	0	19	0	0	0	0
山东省	158	0	17	0	0	31	60	0	49	0	0	0	0
河南省	177	0	17	0	0	21	89	0	49	0	0	0	0
湖北省	116	0	12	1	0	21	44	2	35	0	0	0	0
湖南省	137	0	13	1	0	122	0	0	0	0	0	0	0
广东省	143	0	21	0	0	23	41	3	54	0	0	0	0
广西壮族自治区	124	0	14	0	0	7	56	12	34	0	0	0	0
海南省	24	0	2	0	1	6	4	6	4	0	0	0	0
重庆市	40	0	0	0	0	16	0	5	18	0	0	0	0
四川省	198	0	18	3	0	14	120	0	42	0	0	0	0
贵州省	98	0	4	3	2	9	58	11	10	0	0	0	0
云南省	146	0	8	8	0	9	79	29	12	0	0	0	0
西藏自治区	16	0	5	0	0	1	6	0	0	0	3	0	0
陕西省	118	0	9	0	1	3	82	0	22	0	0	0	0
甘肃省	101	0	12	2	0	4	58	7	17	0	0	0	0
青海省	24	0	1	2	0	1	8	6	4	1	0	0	0
宁夏回族自治区	25	0	5	0	0	2	11	0	6	0	0	0	0
新疆维吾尔自治区	109	0	2	5	7	20	62	6	6	0	0	0	0
全国工商联	1	0	0	0	0	0	0	0	0	0	0	0	0
合计	3130	0	288	26	13	647	1220	110	789	1	4	0	0

附表 8　中华全国工商业联合会 2008 年第二季度基层组织统计表

制表单位：全国工商联会员部　　　　统计日期：2008 年 6 月 30 日

地区＼项目	总累计数	当年累计数	乡镇商（分）会	街道商（分）会小组	地区组织	异地商会	市场商会	开发区商会	联谊会	其他	半年增长
北京市	128	0	22	69	0	2	9	3	9	14	0
天津市	213	1	105	36	0	4	3	3	8	54	1
河北省	1570	0	1383	124	2	13	11	4	11	22	0
山西省	630	0	507	84	0	12	10	16	1	0	0
内蒙古自治区	292	0	247	19	0	16	4	3	3	0	0
辽宁省	1115	0	642	387	0	18	40	11	2	15	0
吉林省	294	-10	201	60	0	7	14	6	2	4	-10
黑龙江省	491	0	373	92	0	17	1	1	7	0	0
上海市	217	0	0	209	0	0	0	8	0	0	0
江苏省	1459	-5	1033	236	0	90	35	28	21	16	-5
浙江省	1002	0	446	176	1	220	30	19	10	100	0
安徽省	1125	0	969	90	0	29	18	3	9	7	0
福建省	684	1	323	37	0	292	8	2	9	13	1
江西省	887	0	702	96	0	27	26	7	18	11	0
山东省	1788	47	1390	288	0	11	33	19	13	34	47
河南省	2109	0	1929	157	0	10	6	3	2	2	0
湖北省	1029	0	774	207	0	16	10	11	11	0	0
湖南省	1335	61	910	287	0	33	58	15	21	11	61
广东省	880	0	505	112	0	5	6	1	8	243	0
广西壮族自治区	1101	4	1054	0	0	38	1	2	3	3	4
海南省	13	0	10	1	0	2	0	0	0	0	0
重庆市	436	0	309	88	0	10	6	2	7	14	0
四川省	1489	0	1043	325	0	22	17	0	14	68	0
贵州省	1078	0	885	76	0	15	25	56	0	21	0
云南省	655	88	453	56	0	78	1	1	0	66	88
西藏自治区	1	0	1	0	0	0	0	0	0	0	0
陕西省	658	0	445	163	0	29	5	3	2	11	0
甘肃省	687	38	469	42	1	24	49	5	5	92	38
青海省	40	0	13	17	0	0	0	0	0	10	0
宁夏回族自治区	38	5	25	12	0	0	1	0	0	0	5
新疆维吾尔自治区	195	0	153	10	0	11	10	1	0	10	0
新疆生产建设兵团	0	0	0	0	0	0	0	0	0	0	0
合计	23639	230	17321	3556	4	1051	437	233	196	841	230

附表 9　中华全国工商业联合会 2008 年第二季度行业组织统计表

制表单位：全国工商联会员部　　　　　　统计日期：2008 年 6 月 30 日

地区＼项目	总累计数	当年累计数	省级工商联所属	地市级工商联所属	县级工商联所属	乡镇街道	其他	半年增长
北京市	70	0	38	32	0	0	0	0
天津市	44	0	27	17	0	0	0	0
河北省	612	0	7	44	406	137	18	0
山西省	371	7	6	36	199	130	0	7
内蒙古自治区	311	3	20	131	137	23	0	3
辽宁省	440	0	17	156	169	97	1	0
吉林省	228	39	7	54	82	84	1	39
黑龙江省	128	0	1	52	62	9	4	0
上海市	71	0	13	0	58	0	0	0
江苏省	1127	161	21	256	638	209	3	161
浙江省	307	0	6	128	159	13	1	0
安徽省	219	0	6	65	78	67	3	0
福建省	305	-2	8	37	194	61	5	-2
江西省	322	0	6	45	225	40	6	0
山东省	566	-21	11	68	345	138	4	-21
河南省	446	0	20	125	272	19	10	0
湖北省	370	0	5	42	183	140	0	0
湖南省	706	115	14	129	440	114	9	115
广东省	408	0	32	99	196	80	1	0
广西壮族自治区	118	3	1	29	63	25	0	3
海南省	17	0	10	6	1	0	0	0
重庆市	131	0	17	35	75	3	1	0
四川省	442	0	25	344	32	41	0	0
贵州省	253	0	10	26	124	84	9	0
云南省	275	93	29	35	157	25	29	93
西藏自治区	5	0	1	3	1	0	0	0
陕西省	238	3	12	31	151	43	1	3
甘肃省	401	27	5	58	164	163	11	27
青海省	13	0	3	0	2	0	8	0
宁夏回族自治区	173	4	20	113	25	15	0	4
新疆维吾尔自治区	97	0	6	10	80	1	0	0
新疆生产建设兵团	36	0	1	14	21	0	0	0
全国工商联	28	0	0	0	0	0	0	0
合计	9278	432	405	2220	4739	1761	125	432

关于2008年第三季度会员发展和组织建设情况的通报

一、会员发展情况

截至2008年第三季度末，全国工商联共有会员2215995个，比上季度末增加7010个。其中，企业会员841301个，比上季度末增加4701个；团体会员21073个，比上季度末减少17个；个人会员1353621个（包括个体工商户962750个，原工商业者和“三小”114867个，非公有制企业投资者、经营者185444个），比上季度末增加2326个。

二、组织建设情况

截至2008年第三季度末，全国共有县以上工商联组织3130个（含5个工商联筹备组），占全国县以上行政区划总数的97%，县以上工商联组织数与上季度末相比没有变化。此外，新疆生产建设兵团有团以上工商联组织167个。商会共有基层组织23838个，其中，乡镇商会17437个，街道商（分）会、小组3564个，地区组织4个，异地商会1124个，市场商会438个，开发区商会234个，联谊会195个，其他842个。商会基层组织比上季度末增加了199个。商会共有行业组织9286个，其中，全国工商联直属28个，省级工商联所属408个，地市级工商联所属2228个，县级工商联所属4746个，乡镇街道1751个，其他125个。商会行业组织比上季度末增加了8个。

附表1　中华全国工商业联合会2008年第三季度县以上组织统计表

制表单位：全国工商联会员部　　　　　　　　　　　　统计日期：2008年9月30日

项目 地区	总累计数	当年累计数	地级			县级			市辖区	筹备组			季增长
			地级市	自治州	地区（盟）工商联（办事处）	县级市	县（旗）	自治县	工商联（办事处）	地级	县级	地级市辖区	
北京市	19	0	0	0	0	0	2	0	16	0	0	0	0
天津市	21	0	0	0	0	0	3	0	17	0	0	0	0
河北省	184	0	11	0	0	22	108	6	36	0	0	0	0
山西省	131	0	10	0	1	13	84	0	22	0	0	0	0
内蒙古自治区	114	0	12	0	0	93	3	5	0	0	0	0	0
辽宁省	114	0	14	0	0	19	16	8	56	0	0	0	0
吉林省	70	0	8	1	0	22	19	2	17	0	0	0	0
黑龙江省	148	0	12	0	1	18	46	1	69	0	0	0	0
上海市	20	0	0	0	0	0	1	0	18	0	0	0	0
江苏省	120	0	13	0	0	27	25	0	54	0	0	0	0
浙江省	103	0	11	0	0	22	35	1	33	0	0	0	0
安徽省	122	0	17	0	0	5	56	0	43	0	0	0	0
福建省	96	0	9	0	0	14	44	0	27	0	1	0	0
江西省	113	0	11	0	0	82	0	0	19	0	0	0	0
山东省	158	0	17	0	0	31	60	0	49	0	0	0	0
河南省	177	0	17	0	0	21	89	0	49	0	0	0	0
湖北省	116	0	12	1	0	21	44	2	35	0	0	0	0
湖南省	137	0	13	1	0	122	0	0	0	0	0	0	0
广东省	143	0	21	0	0	23	41	3	54	0	0	0	0
广西壮族自治区	124	0	14	0	0	7	56	12	34	0	0	0	0
海南省	24	0	2	0	1	6	4	6	4	0	0	0	0
重庆市	40	0	0	0	0	16	0	5	18	0	0	0	0
四川省	198	0	18	3	0	14	120	0	42	0	0	0	0
贵州省	98	0	4	3	2	9	58	11	10	0	0	0	0
云南省	146	0	8	8	0	9	79	29	12	0	0	0	0
西藏自治区	16	0	5	0	0	1	6	0	0	0	3	0	0
陕西省	118	0	9	0	1	3	82	0	22	0	0	0	0
甘肃省	101	0	12	2	0	4	58	7	17	0	0	0	0
青海省	24	0	1	2	0	1	8	6	4	1	0	0	0
宁夏回族自治区	25	0	5	0	0	2	11	0	6	0	0	0	0
新疆维吾尔自治区	109	0	2	5	7	20	62	6	6	0	0	0	0
全国工商联	1	0	0	0	0	0	0	0	0	0	0	0	0
合计	3130	0	288	26	13	647	1220	110	789	1	4	0	0

附表2　中华全国工商业联合会2008年第三季度基层组织统计表

制表单位：全国工商联会员部　　统计日期：2008年9月30日

地区＼项目	总累计数	当年累计数	乡镇商（分）会	街道商（分）会小组	地区组织	异地商会	市场商会	开发区商会	联谊会	其他	季增长
北京市	128	0	22	69	0	2	9	3	9	14	0
天津市	213	1	105	36	0	4	3	3	8	54	0
河北省	1570	0	1383	124	2	13	11	4	11	22	0
山西省	630	0	507	84	0	12	10	16	1	0	0
内蒙古自治区	292	0	247	19	0	16	4	3	3	0	0
辽宁省	1115	0	642	387	0	18	40	11	2	15	0
吉林省	294	－10	201	60	0	7	14	6	2	4	0
黑龙江省	491	0	373	92	0	17	1	1	7	0	0
上海市	217	0	0	209	0	0	0	8	0	0	0
江苏省	1459	－5	1033	236	0	90	35	28	21	16	0
浙江省	1002	0	446	176	1	220	30	19	10	100	0
安徽省	1125	0	969	90	0	29	18	3	9	7	0
福建省	761	1	326	41	0	365	7	2	8	12	77
江西省	887	0	702	96	0	27	26	7	18	11	0
山东省	1788	47	1390	288	0	11	33	19	13	34	0
河南省	2109	0	1929	157	0	10	6	3	2	2	0
湖北省	1029	0	774	207	0	16	10	11	11	0	0
湖南省	1335	61	910	287	0	33	58	15	21	11	0
广东省	880	0	505	112	0	5	6	1	8	243	0
广西壮族自治区	1101	4	1054	0	0	38	1	2	3	3	0
海南省	13	0	10	1	0	2	0	0	0	0	0
重庆市	436	0	309	88	0	10	6	2	7	14	0
四川省	1489	0	1043	325	0	22	17	0	14	68	0
贵州省	1078	0	885	76	0	15	25	56	0	21	0
云南省	655	88	453	56	0	78	1	1	0	66	0
西藏自治区	1	0	1	0	0	0	0	0	0	0	0
陕西省	658	0	445	163	0	29	5	3	2	11	0
甘肃省	691	38	469	42	1	24	51	5	5	94	4
青海省	40	0	13	17	0	0	0	0	0	10	0
宁夏回族自治区	38	5	25	12	0	0	1	0	0	0	0
新疆维吾尔自治区	195	0	153	10	0	11	10	1	0	10	0
新疆生产建设兵团	118	0	113	4	0	0	0	1	0	0	0
合计	23838	230	17437	3564	4	1124	438	234	195	842	81

附表3　中华全国工商业联合会2008年第三季度行业组织统计表

制表单位：全国工商联会员部　　　　统计日期：2008年9月30日

项目 地区	总累计数	当年累计数	省级工商联所属	地市级工商联所属	县级工商联所属	乡镇街道	其他	季增长
北京市	70	0	38	32	0	0	0	0
天津市	44	0	27	17	0	0	0	0
河北省	612	0	7	44	406	137	18	0
山西省	371	7	6	36	199	130	0	0
内蒙古自治区	311	3	20	131	137	23	0	0
辽宁省	440	0	17	156	169	97	1	0
吉林省	228	39	7	54	82	84	1	0
黑龙江省	128	0	1	52	62	9	4	0
上海市	71	0	13	0	58	0	0	0
江苏省	1127	161	21	256	638	209	3	0
浙江省	307	0	6	128	159	13	1	0
安徽省	219	0	6	65	78	67	3	0
福建省	301	-2	8	41	196	51	5	-4
江西省	322	0	6	45	225	40	6	0
山东省	566	-21	11	68	345	138	4	0
河南省	446	0	20	125	272	19	10	0
湖北省	370	0	5	42	183	140	0	0
湖南省	706	115	14	129	440	114	9	0
广东省	408	0	32	99	196	80	1	0
广西壮族自治区	118	3	1	29	63	25	0	0
海南省	17	0	10	6	1	0	0	0
重庆市	131	0	17	35	75	3	1	0
四川省	442	0	25	344	32	41	0	0
贵州省	253	0	10	26	124	84	9	0
云南省	275	93	29	35	157	25	29	0
西藏自治区	5	0	1	3	1	0	0	0
陕西省	238	3	12	31	151	43	1	0
甘肃省	411	27	7	61	169	163	11	10
青海省	13	0	3	0	2	0	8	0
宁夏回族自治区	175	4	21	114	25	15	0	2
新疆维吾尔自治区	97	0	6	10	80	1	0	0
新疆生产建设兵团	36	0	1	14	21	0	0	0
全国工商联	28	0	0	0	0	0	0	0
合计	9286	432	408	2228	4746	1751	125	8

附表4　中华全国工商业联合会2008年第三季度会员情况综合统计表

制表单位：全国工商联会员部　　　　统计日期：2008年9月30日

地区	合计	企业会员小计	其中		团体会员小计	其中		个体会员小计	其中	
			私营	混合型		行业组织	个私协会		个体工商户	原工商业者“三小”
北京市	15958	12344	5973	3234	143	72	15	3471	2052	860
天津市	12674	9794	7378	1047	60	12	14	2820	1243	1014
河北省	117689	53903	41045	8149	934	449	210	62852	44539	3705
山西省	72669	21874	15493	2825	694	188	186	50101	32825	2662
内蒙古自治区	62596	34855	33390	957	621	259	113	27120	19925	2182
辽宁省	129005	41331	31930	6024	778	293	69	86896	68726	7286
吉林省	41904	12283	10353	427	302	108	61	29319	16913	2352
黑龙江省	35255	13244	10376	988	402	131	103	21609	13293	2260
上海市	33658	27519	18270	1280	118	56	34	6021	1519	4060
江苏省	158284	98110	84472	8029	1316	605	408	58858	37586	8313
浙江省	98101	79392	66571	3411	2126	180	95	16583	10130	2594
安徽省	114845	30049	20870	6425	746	166	220	84050	65548	4045
福建省	102175	54694	38843	5885	778	298	177	46703	23145	7314
江西省	40369	13776	6908	5867	506	246	103	26087	15680	4226
山东省	116552	57735	42515	10259	973	449	305	57844	38169	2950
河南省	141926	38276	30183	4724	1812	474	233	101838	73574	1131
湖北省	102651	17835	14487	1417	1137	361	275	83679	69757	2816
湖南省	121274	40970	32417	6596	1606	898	234	78698	55784	6373
广东省	113794	71519	57778	6114	664	382	176	41611	18246	6601
广西壮族自治区	84849	10382	7312	1010	834	86	117	73633	57580	5496
海南省	8428	3267	1926	312	62	37	11	5099	2066	2416
重庆市	46632	13442	11476	969	168	78	39	33022	15464	11054
四川省	108628	20488	14713	3080	946	296	318	87194	67960	5990
贵州省	92893	8715	5004	612	670	268	192	83508	65583	7354
云南省	59141	13108	9433	2096	588	205	121	45445	34370	3646
西藏自治区	2182	439	358	11	14	9	5	1729	1647	0
陕西省	57261	14602	10153	1771	567	136	148	42092	30535	2839
甘肃省	51997	10142	7281	1396	821	236	123	41034	33986	1310
青海省	7969	2745	1539	828	103	10	59	5121	1422	1030
宁夏回族自治区	13556	6100	4153	1018	175	99	42	7281	4003	286
新疆维吾尔自治区	24358	5200	4076	777	292	0	0	18866	17468	702
新疆建设兵团	26295	2791	2423	217	85	10	10	23419	22012	0
全国工商联	427	377	130	182	32	28	1	18	0	0
合计	2215995	841301	649229	97937	21073	7125	4217	1353621	962750	114867

附表5　中华全国工商业联合会2008年第三季度会员类型及行业统计表

制表单位：全国工商联会员部　　　　统计日期：2008年9月30日

	小计	农林牧渔	食品饮料	纺织服装	皮毛羽绒	木材家具	印刷业	文体用品	石油炼焦	化学制品	医药制造	橡胶塑料	水泥制造	玻璃陶瓷	金属制品	机械制造	电子通信	首饰制造	其他制造	建筑装修	交通运输	批发零售	餐饮业	金融保险	房地产	美容美发	旅馆业	旅游业	娱乐业	信息咨询	计算机应用	其他服务	其他行业
私营独资	418366	15317	18021	25295	5236	15326	5901	4282	3536	6705	3001	3945	3072	3971	9383	17222	5715	6598	33712	20894	10757	55905	30531	407	6898	8317	5877	2854	4916	2241	3557	26470	52504
私营合伙	39157	1823	1710	3063	555	1490	765	403	376	519	330	513	523	465	1393	2147	555	250	2516	2054	1312	2670	3190	48	1006	1086	644	261	690	278	665	2392	3465
私营有限公司	163518	5604	9671	12488	1711	6826	2994	1872	1340	4125	1551	2743	1661	1564	5232	11459	3994	599	10005	7883	2797	17417	7869	238	5330	1679	3036	939	1951	1159	1324	8314	18143
私营股份公司	28188	1489	1330	1830	484	1389	509	415	259	962	501	395	742	248	985	2155	362	88	2181	1536	626	1982	1503	157	1112	193	300	169	302	211	217	993	2563
港澳台合资合作	3896	113	319	467	91	99	95	139	4	106	61	58	41	39	96	217	102	74	332	65	63	248	166	6	145	5	44	28	75	20	43	134	401
港澳台独资	2216	88	123	188	92	121	91	28	8	66	39	49	25	24	24	104	64	18	224	44	14	82	87	2	78	16	36	39	44	31	24	152	191
港澳台股份公司	1457	57	39	91	89	253	20	55	3	27	19	11	6	18	15	64	47	6	251	22	17	31	23	1	9	8	48	5	14	8	69	30	101
中外合资合作	7054	285	526	1167	189	464	179	162	65	275	110	211	60	84	218	392	245	31	597	205	57	192	180	15	178	12	91	23	83	20	67	150	521
外资企业	3056	65	243	262	201	119	41	58	48	147	56	63	28	47	66	109	346	14	318	28	23	107	89	9	88	19	34	21	29	18	29	69	262
外商股份公司	1519	53	115	154	32	263	14	23	5	93	30	74	22	6	47	48	51	18	24	31	19	36	24	3	11	11	48	9	8	16	5	23	203
国有企业	16629	386	695	1140	111	210	277	351	173	416	280	38	70	53	77	693	282	50	1268	436	241	4460	512	455	263	23	280	95	26	55	60	823	2330
集体企业	29234	876	1215	1690	351	791	829	424	436	787	183	193	230	166	362	1543	406	139	3056	1550	681	4995	1127	118	438	100	427	171	235	115	69	1481	4050
股份合作企业	15617	498	598	907	229	336	220	66	145	545	270	779	156	112	316	1130	288	153	1044	621	286	1168	598	69	300	84	276	111	133	79	88	1013	2999
联营企业	6468	286	216	317	113	218	129	85	137	93	69	101	46	78	74	253	109	104	533	322	214	562	231	102	155	113	121	262	93	46	12	338	936
其他有限责任公司	52960	2035	2186	3298	635	1469	1003	603	421	1472	783	855	890	549	2155	3490	1087	246	4097	3719	1176	4699	2253	212	2277	461	658	472	563	504	442	2182	6068
其他股份有限公司	22892	837	1130	1358	357	512	443	511	266	807	413	354	456	226	603	1260	423	95	1484	1034	670	2565	1150	192	1310	259	477	337	292	161	201	908	1801
其他企业	29074	5513	667	2013	224	308	300	296	311	406	195	341	422	146	510	1014	224	115	1369	853	1005	2250	1346	145	177	347	155	115	168	83	352	1616	6088
企业会员小计	841301	35325	38804	55728	10700	30194	13810	9773	7533	17551	7891	10723	8450	7796	21556	43300	14300	8598	63011	41297	19958	99369	50879	2179	19775	12733	12552	5911	9622	5045	7224	47088	102626
团体会员小计	21073		私营企业协会		1562		个体劳动者协会			2655		外商投资企业协会			176		乡镇企业协会			2878		同行协会		3152		行业协会		3973		其他		6677	
个人会员小计	1353621		非公企业投资经营者		185444	港澳台侨知名人士		1999	个体工商户	962750	经济工作者	12209	经济理论工作者		2908	法律工作者	3154	有关部门负责人		24901	工商联干部	13551	原工商业者“三小”		114867	其他	31838	其中高级职称者	7463	其中中级职称者	28703	其中妇女	59236
实有会员数	2215995		有关资料		企业会员资产总额（万元）					1565144938		从业人员（人）			21021558		个体工商户资产总额（万元）					8343270		从业人员（人）			1729554						

附表6 中华全国工商业联合会2008年第三季度企业会员分地区行业统计表

制表单位:全国工商联会员部　　　　统计日期:2008年9月30日

	农林牧渔	食品饮料	纺织服装	皮毛羽绒	木材家具	印刷业	文体用品	石油炼焦	化学制品	医药制造	橡胶塑料	水泥制造	玻璃陶瓷	金属制品	机械制造	电子通信	首饰制造	其他制造	建筑装修	交通运输	批发零售	餐饮业	金融保险	房地产	美容美发	旅馆业	旅游业	娱乐业	信息咨询	计算机应用	其他服务	其他行业	小计
北京市	111	492	381	59	223	96	62	17	95	164	37	17	39	46	447	602	18	613	1479	168	1821	589	47	505	101	67	46	58	288	56	1040	2560	12344
天津市	85	285	514	34	225	122	56	30	523	201	149	54	59	1087	679	187	120	759	232	239	635	305	39	177	537	28	19	36	177	363	512	1326	9794
河北省	1640	2297	2999	1532	1894	1251	1084	689	1500	339	633	813	711	2035	2540	750	392	4361	2697	1477	6325	3098	210	1024	939	992	424	738	541	422	3022	4534	53903
山西省	693	793	515	89	345	266	133	1773	334	192	35	133	178	194	735	67	56	1024	1031	869	3532	1338	48	187	307	328	93	152	87	49	1645	4653	21874
内蒙古自治区	486	641	270	156	131	87	51	842	1232	435	31	952	43	400	352	77	45	4931	1956	3077	8120	1095	45	1453	1024	383	916	115	46	48	3211	2204	34855
辽宁省	1728	1261	1507	767	953	472	338	144	722	297	450	314	348	1363	2494	873	75	1957	1673	611	3638	4105	16	995	1191	415	236	734	345	686	2415	8208	41331
吉林省	1301	525	291	16	631	277	133	92	110	231	37	44	28	33	525	79	10	1137	342	120	1168	1337	38	338	345	245	77	97	48	157	1170	1301	12283
黑龙江省	675	834	372	91	524	196	156	141	286	179	69	45	15	170	487	196	18	1075	559	283	2246	955	11	161	285	201	57	209	132	118	1389	1109	13244
上海市	116	2979	2687	101	1756	296	221	5	494	71	93	37	23	67	824	139	7	3559	542	105	9199	998	6	628	23	67	59	301	320	131	818	847	27519
江苏省	2423	3210	12390	822	2669	1629	918	455	3523	709	1705	992	980	3879	9414	2522	333	8078	3411	1801	8851	5695	311	1937	1645	908	513	1452	629	1021	3873	9412	98110
浙江省	6349	6290	8287	1442	3318	1206	1304	303	1350	602	1975	503	963	3635	6656	2277	423	7133	2267	1297	6347	1713	244	1020	503	656	245	217	332	462	1830	8243	79392
安徽省	1353	1393	1595	460	1230	473	314	317	869	193	216	351	118	250	1180	449	45	2035	1786	620	5646	1965	65	819	261	545	128	390	151	143	1625	3064	30049
福建省	2395	2423	6984	766	1796	892	467	341	719	286	668	268	629	909	1312	1006	371	4485	2650	1501	5763	1578	275	980	335	563	304	834	275	345	2644	9930	54694
江西省	372	653	853	79	465	468	368	85	302	533	165	221	209	223	466	153	26	316	761	641	1178	1341	0	1073	427	351	252	154	120	0	1078	443	13776
山东省	2812	3502	3459	680	2519	1464	983	433	1783	565	1424	631	622	1568	4715	733	262	3581	3550	1328	5738	3856	63	1164	594	717	340	607	352	394	2548	4748	57735
河南省	4863	2496	2879	427	1315	546	475	127	841	378	336	772	328	829	2269	589	55	2235	1668	826	2693	2697	73	1006	814	859	168	394	218	318	1729	3053	38276
湖北省	613	583	1017	101	456	245	268	26	203	155	95	172	105	113	603	122	53	336	550	416	1003	1103	95	579	282	1893	161	436	71	217	1379	4384	17835
湖南省	1446	2272	1368	386	1199	775	708	296	398	334	208	488	546	833	1752	607	161	1840	1921	874	6151	2752	108	1383	825	917	365	950	212	298	1810	6787	40970
广东省	1156	455	4182	1993	5510	1518	660	308	582	754	1630	379	961	1816	2083	1804	5777	6846	3397	902	6427	5152	48	630	292	414	240	290	116	1508	5954	7735	71519
广西壮族自治区	489	638	290	77	312	148	62	85	173	168	133	116	56	236	340	101	45	779	465	190	1570	602	21	331	127	184	67	106	67	42	743	1619	10382
海南省	284	168	64	7	171	43	39	17	45	68	27	7	38	99	33	31	4	89	138	69	425	258	73	298	16	90	73	50	43	27	168	305	3267
重庆市	439	408	334	71	395	169	42	28	184	139	120	96	324	516	882	114	29	699	1468	327	941	1019	33	665	380	120	161	131	90	35	664	2419	13442
四川省	608	1041	796	119	795	309	160	153	322	255	135	283	173	259	1112	203	40	976	1530	625	1567	1798	59	868	304	407	167	458	61	44	1285	3576	20488
贵州省	260	315	172	28	162	143	86	152	133	103	14	50	15	49	91	42	9	1014	496	295	1699	497	29	210	52	112	51	77	29	18	293	2019	8715
云南省	862	819	223	31	355	140	59	224	243	108	112	132	107	386	240	93	23	669	1431	344	1324	974	52	309	145	383	111	139	38	78	707	2247	13108
西藏自治区	20	16	8	0	7	2	6	11	2	5	0	0	0	0	2	2	0	17	138	16	43	24	4	11	0	32	12	8	1	0	34	18	439
陕西省	583	636	397	94	385	249	364	240	287	231	91	359	77	249	580	230	69	1002	1200	359	1706	1321	43	394	151	254	168	169	58	81	780	1795	14602
甘肃省	416	733	242	58	243	121	103	29	135	82	42	131	49	153	213	127	23	889	1013	244	1420	677	21	261	161	124	53	93	62	76	618	1530	10142
青海省	109	235	182	16	19	16	25	50	49	29	4	12	5	27	60	27	10	83	160	27	307	174	8	44	19	33	330	17	4	2	193	469	2745
宁夏回族自治区	298	148	290	156	54	24	5	57	41	20	21	25	6	26	38	6	0	193	455	48	743	731	13	66	471	34	42	19	11	7	1118	934	6100
新疆维吾尔自治区	218	153	122	33	97	124	86	38	29	13	15	50	30	36	38	57	91	114	167	125	589	812	6	87	87	158	23	133	35	45	575	1014	5200
新疆生产建设兵团	116	91	36	3	36	43	35	10	32	29	47	3	9	51	112	18	8	170	142	124	541	314	55	132	90	70	9	53	81	24	184	123	2791
全国工商联	6	19	22	6	4	0	2	15	10	23	6	0	2	19	26	17	0	16	22	10	13	6	20	40	0	2	1	5	5	9	34	17	377
合计	35325	38804	55728	10700	30194	13810	9773	7533	17551	7891	10723	8450	7796	21556	43300	14300	8598	63011	41297	19958	99369	50879	2179	19775	12733	12552	5911	9622	5045	7224	47088	102626	841301

附表 7　中华全国工商业联合会 2008 年第三季度企业会员登记注册类型统计表

制表单位:全国工商联会员部　　　　统计日期:2008 年 9 月 30 日

	私营独资	私营合伙	私营有限公司	私营股份公司	港澳台合资合作	港澳台独资	港澳台股份公司	中外合资合作	外资企业	外商股份公司	国有企业	集体企业	股份合作企业	联营企业	其他有限责任公司	其他股份有限公司	其他企业	小计
北京市	2821	189	2797	166	193	44	14	191	18	5	1020	1296	164	241	2475	354	356	12344
天津市	3722	1003	2461	192	39	30	6	113	110	8	289	422	41	73	830	103	352	9794
河北省	29158	4815	5329	1743	96	60	34	114	43	117	782	1961	1524	813	4089	1723	1502	53903
山西省	11844	1430	1891	328	6	10	5	37	29	2	935	2405	466	438	1374	547	127	21874
内蒙古自治区	23727	867	6502	2294	28	0	0	6	0	2	28	176	156	17	532	252	268	34855
辽宁省	23869	731	6686	644	95	123	23	248	70	9	448	1313	1454	70	3638	862	1048	41331
吉林省	8010	192	2096	55	5	12	0	28	6	8	511	602	36	13	272	106	331	12283
黑龙江省	6481	166	3417	312	20	7	0	75	13	19	664	956	86	34	436	432	126	13244
上海市	18270	0	0	0	623	119	8	421	171	0	2737	3879	126	238	36	880	11	27519
江苏省	39514	4082	38340	2536	554	102	26	747	394	18	542	1182	1376	143	5254	1256	2044	98110
浙江省	24474	3603	34518	3976	198	56	65	849	178	23	380	664	551	116	1254	1490	6997	79392
安徽省	13529	1317	5226	798	28	44	9	62	24	17	479	1408	534	256	4874	761	683	30049
福建省	26701	4515	6570	1057	558	505	160	1224	449	173	650	2257	1602	1037	2089	1157	3990	54694
江西省	2042	383	3160	1323	59	54	63	263	259	154	19	130	1288	281	1830	2468	0	13776
山东省	27057	1603	11446	2409	156	144	88	1023	156	78	336	1552	1870	318	6172	1899	1428	57735
河南省	20783	3021	5008	1371	129	45	28	92	23	89	170	787	486	473	2325	1440	2006	38276
湖北省	9588	413	3973	513	148	14	6	27	19	15	1071	355	187	32	960	238	276	17835
湖南省	23617	2646	4901	1253	82	97	32	178	108	31	175	505	569	508	3443	2076	749	40970
广东省	47722	3097	3484	3475	706	553	843	1005	754	670	944	669	1786	387	1579	2362	1483	71519
广西壮族自治区	5297	636	1193	186	47	31	5	61	53	8	677	932	128	86	663	133	246	10382
海南省	1345	46	379	156	14	39	9	68	77	8	482	307	47	29	161	75	25	3267
重庆市	8316	437	2195	528	10	7	7	21	15	4	153	146	145	125	643	56	634	13442
四川省	9339	1185	3094	1095	22	15	9	55	11	29	384	550	259	64	2048	709	1620	20488
贵州省	3868	94	942	100	16	54	3	23	26	1	1241	1430	41	143	300	128	305	8715
云南省	6583	489	2125	236	20	15	3	35	19	19	311	750	188	97	1487	324	407	13108
西藏自治区	358	0	0	0	0	0	0	0	0	1	32	37	1	5	0	5	0	439
陕西省	7128	744	2053	228	20	9	1	37	4	0	667	1378	233	118	1006	414	562	14602
甘肃省	5141	388	1592	160	20	11	1	13	4	5	377	706	106	67	1049	174	328	10142
青海省	1177	44	271	47	4	0	0	7	4	0	74	145	37	217	358	216	144	2745
宁夏回族自治区	3319	97	641	96	0	0	0	3	4	0	4	47	29	4	883	102	871	6100
新疆维吾尔自治区	2308	651	1011	106	0	8	2	8	2	2	28	231	62	18	616	81	66	5200
新疆生产建设兵团	1192	260	186	785	0	2	6	1	0	0	18	46	21	6	170	20	78	2791
全国工商联	66	13	31	20	0	6	1	19	13	4	1	10	18	1	114	49	11	377
合计	418366	39157	163518	28188	3896	2216	1457	7054	3056	1519	16629	29234	15617	6468	52960	22892	29074	841301

附表8　中华全国工商业联合会2008年第三季度团体会员统计表

制表单位：全国工商联会员部　　　　统计日期：2008年9月30日

地区	私营协会	个体协会	外企协会	乡企协会	同业公会	行业协会	其他	小计
北京市	7	8	1	4	30	42	51	143
天津市	3	11	1	0	5	7	33	60
河北省	64	146	6	111	154	295	158	934
山西省	48	138	0	105	112	76	215	694
内蒙古自治区	23	90	2	40	66	193	207	621
辽宁省	30	39	2	218	164	129	196	778
吉林省	16	45	2	45	48	60	86	302
黑龙江省	24	79	3	135	39	92	30	402
上海市	16	18	8	6	16	40	14	118
江苏省	121	287	13	34	446	159	256	1316
浙江省	32	63	4	32	43	137	1815	2126
安徽省	53	167	11	82	48	118	267	746
福建省	34	143	36	81	227	71	186	778
江西省	98	5	15	142	121	125	0	506
山东省	94	211	13	72	162	287	134	973
河南省	154	79	11	820	250	224	274	1812
湖北省	80	195	9	194	244	117	298	1137
湖南省	123	111	5	292	173	725	177	1606
广东省	78	98	10	70	287	95	26	664
广西壮族自治区	45	72	5	22	50	36	604	834
海南省	1	10	0	1	2	35	13	62
重庆市	20	19	2	3	42	36	46	168
四川省	153	165	2	87	88	208	243	946
贵州省	53	139	3	35	156	112	172	670
云南省	51	70	3	98	43	162	161	588
西藏自治区	2	3	0	0	2	7	0	14
陕西省	46	102	4	35	60	76	244	567
甘肃省	46	77	4	77	56	180	381	821
青海省	11	48	0	7	1	9	27	103
宁夏回族自治区	31	11	0	14	15	84	20	175
新疆维吾尔自治区	0	0	0	0	0	0	292	292
新疆生产建设兵团	5	5	1	16	2	8	48	85
全国工商联	0	1	0	0	0	28	3	32
合计	1562	2655	176	2878	3152	3973	6677	21073

附表9　中华全国工商业联合会2008年第一季度个人会员统计表

制表单位：全国工商联会员部　　　　统计日期：2008年9月30日

项目 / 地区	非公企业投资经营者	港澳台侨知名人士	经济工作者	经济理论工作者	法律工作者	有关部门负责人	工商联干部	其他	小计	个体工商户	原工商业者	总计	其中		
													高级职称	中级职称	妇女
北京市	300	4	36	26	16	114	63	0	559	2052	860	3471	0	0	0
天津市	341	0	12	3	8	150	41	8	563	1243	1014	2820	866	617	143
河北省	9863	91	878	171	262	1199	583	1561	14608	44539	3705	62852	355	1918	3923
山西省	8959	24	725	193	83	1400	724	2506	14614	32825	2662	50101	136	162	595
内蒙古自治区	2543	17	210	41	80	616	541	965	5013	19925	2182	27120	473	2618	5923
辽宁省	5922	17	465	151	114	820	361	3034	10884	68726	7286	86896	0	0	0
吉林省	8611	39	212	83	67	439	271	332	10054	16913	2352	29319	278	512	3242
黑龙江省	1719	9	224	139	79	681	391	2814	6056	13293	2260	21609	353	1317	3863
上海市	34	25	8	5	8	31	220	111	442	1519	4060	6021	0	0	0
江苏省	7070	63	662	288	178	2593	708	1397	12959	37586	8313	58858	0	0	0
浙江省	2242	60	265	7	68	573	462	182	3859	10130	2594	16583	201	611	0
安徽省	10187	87	847	167	187	1256	513	1213	14457	65548	4045	84050	0	0	0
福建省	13490	268	402	53	83	540	433	975	16244	23145	7314	46703	193	978	0
江西省	5645	156	85	89	65	41	100	0	6181	15680	4226	26087	207	567	3553
山东省	12303	231	614	219	346	1338	807	867	16725	38169	2950	57844	0	0	0
河南省	21083	200	846	327	457	1045	912	2263	27133	73574	1131	101838	0	0	0
湖北省	7727	82	425	132	72	728	718	1222	11106	69757	2816	83679	440	2786	960
湖南省	13028	150	572	105	187	927	664	908	16541	55784	6373	78698	383	2909	2912
广东省	12536	187	167	56	44	670	774	2330	16764	18246	6601	41611	534	1890	2378
广西壮族自治区	6634	52	776	2	120	1267	362	1344	10557	57580	5496	73633	0	0	0
海南省	303	14	61	24	8	87	77	43	617	2066	2416	5099	51	105	91
重庆市	3654	31	574	103	77	391	274	1400	6504	15464	11054	33022	840	3140	5397
四川省	8768	37	1014	184	161	1973	864	243	13244	67960	5990	87194	842	4254	7262
贵州省	4587	81	1092	98	38	1782	263	2630	10571	65583	7354	83508	0	0	0
云南省	2704	35	223	14	101	1898	736	1718	7429	34370	3646	45445	207	837	5702
西藏自治区	24	0	11	0	3	21	23	0	82	1647	0	1729	0	13	4
陕西省	6062	15	327	145	129	790	481	769	8718	30535	2839	42092	443	2014	2738
甘肃省	3723	15	166	26	54	529	346	879	5738	33986	1310	41034	472	857	4048
青海省	2209	0	81	40	20	211	79	29	2669	1422	1030	5121	0	0	0
宁夏回族自治区	2624	0	58	12	17	117	90	74	2992	4003	286	7281	60	297	288
新疆维吾尔自治区	0	1	71	3	13	195	397	16	696	17468	702	18866	99	209	873
新疆生产建设兵团	540	1	100	2	8	479	273	4	1407	22012	0	23419	30	92	5341
全国工商联	9	7	0	0	1	0	0	1	18	0	0	18	0	0	0
合计	185444	1999	12209	2908	3154	24901	13551	31838	276004	962750	114867	1353621	7463	28703	59236

关于2008年第四季度会员发展和组织建设情况的通报

一、会员发展情况

根据各省级工商联的报表统计，截至2008年第四季度末，全国工商联共有会员2337423个，比上季度末增加121428个；比2007年底增加147020个，增长6.7%。其中，企业会员936640个，比上季度末增加95339个；比2007年底增加112376个，增长13.6%。团体会员19478个，比上季度末减少1595个；比2007年底减少1536个，减少7.3%。个人会员1381305个（包括个体工商户989690户，比2007年底增加38363户，增长4%；原工商业者和“三小”112428个，比2007年底减少8505个，减少7%），比上季度末增加27684个；比2007年底增加36180个，增长2.7%。从企业会员、团体会员、个人会员的增幅来看，各地注重调整会员结构，重点发展企业会员，企业会员占会员总数比例逐步增大。但会员占全国注册登记企业的比例数始终偏低。与国家工商总局2008年9月底数据比较，全国私营企业达到64328万个，全国工商联私营企业会员724532个，占全国总数的11.3%；全国个体工商户达到282394万户，全国工商联个体工商户会员989690户，占全国总数的3.5%。全国工商联会员队伍的发展壮大，主要归功于各级工商联同志的辛勤工作和开拓创新，使工商联的影响力、凝聚力不断扩大，吸引越来越多的优秀企业和非公有制经济代表人士加入到组织中来。会员发展数量较2007年底同比增长幅度前五位的省级工商联是青海、河南、宁夏、重庆、湖南。各级工商联要继续加大发展会员的力度，逐步调整会员结构，发展会员仍要坚持以企业为主，特别是非公有制企业，同时注意吸收混合所有制的企业和新的社会阶层中的代表人士。

二、组织发展情况

截至2008年第四季度末，全国共有县以上工商联组织3130个（含5个工商联筹备组），占全国县以上行政区划总数的97%，县以上工商联组织数与2007年底和上季度末相比都没有变化。此外，新疆生产建设兵团有团以上工商联组织167个。

全国工商联共有基层组织23993个，比上季度末增加155个，比2007年底增加466个，增长2%。其中，乡镇商会17203个，比2007年底减少234个，减少1%；街道商（分）会、小组3749个，比2007年底增加169个，增长4.7%；异地商会1289个，比2007年底增加328个，增长34.7%；市场商会427个，开发区商会243个，联谊会212个，地区组织27个，其他843个（主要是松散性的如交流会、论坛、联盟等组织），这几类商会的数量与2007年底相比变化不大。与2007年底相比，重庆市、云南省和宁夏回族自治区工商联的基层组织增长比例较大。

全国工商联共有行业组织10337个，比上季度末增加1051个，比2007年底增加1491个，增长16.9%。其中，全国工商联直属28个，和2007年底相比没有变化；省级工商联所属445个，比2007年底增加57个，增长14.7%；地市级工商联所属2123个，比2007年底增加22个，增长1%；县级工商联所属5289个，比2007年底增加871个，增长19.7%；乡镇街道2284个，比2007年底增加483个，增长26.8%；其他168个（主要是行业性的联谊组织）。与2007年底相比，河南省、云南省的行业组织增长比例较大。

从2008年组织发展的情况来看，县以上工商联组织数量没有变化；基层组织增长幅度不大，异地商会增长较快；行业组织增长较快，其中县级工商联所属和乡镇街道的行业组织增长尤为迅速。截至2008年底，全国工商联基层组织和行业组织合计34330个。

附表 1　中华全国工商业联合会 2008 年第四季度县以上组织统计表

制表单位：全国工商联会员部　　　　统计日期：2008 年 12 月 31 日

项目 地区	总累计数	当年累计数	地级			县级			市辖区	筹备组			季增长
			地级市	自治州	地区（盟）工商联（办事处）	县级市	县（旗）	自治县	工商联（办事处）	地级	县级	地级市辖区	
北京市	19	0	0	0	0	0	2	0	16	0	0	0	0
天津市	21	0	0	0	0	0	3	0	17	0	0	0	0
河北省	184	0	11	0	0	22	108	6	36	0	0	0	0
山西省	131	0	10	0	1	13	84	0	22	0	0	0	0
内蒙古自治区	114	0	12	0	0	93	3	5	0	0	0	0	0
辽宁省	114	0	14	0	0	19	16	8	56	0	0	0	0
吉林省	70	0	8	1	0	22	19	2	17	0	0	0	0
黑龙江省	148	0	12	0	1	18	46	1	69	0	0	0	0
上海市	20	0	0	0	0	0	1	0	18	0	0	0	0
江苏省	120	0	13	0	0	27	25	0	54	0	0	0	0
浙江省	103	0	11	0	0	22	35	1	33	0	0	0	0
安徽省	122	0	17	0	0	5	56	0	43	0	0	0	0
福建省	96	0	9	0	0	14	44	0	27	0	1	0	0
江西省	113	0	11	0	0	82	0	0	19	0	0	0	0
山东省	158	0	17	0	0	31	60	0	49	0	0	0	0
河南省	177	0	17	0	0	21	89	0	49	0	0	0	0
湖北省	116	0	12	1	0	21	44	2	35	0	0	0	0
湖南省	137	0	13	1	0	122	0	0	0	0	0	0	0
广东省	143	0	21	0	0	23	41	3	54	0	0	0	0
广西壮族自治区	124	0	14	0	0	7	56	12	34	0	0	0	0
海南省	24	0	2	0	1	6	4	6	4	0	0	0	0
重庆市	40	0	0	0	0	16	0	5	18	0	0	0	0
四川省	198	0	18	3	0	14	120	0	42	0	0	0	0
贵州省	98	0	4	3	2	9	58	11	10	0	0	0	0
云南省	146	0	8	8	0	9	79	29	12	0	0	0	0
西藏自治区	16	0	5	0	0	1	6	0	0	0	3	0	0
陕西省	118	0	9	0	1	3	82	0	22	0	0	0	0
甘肃省	101	0	12	2	0	4	58	7	17	0	0	0	0
青海省	24	0	1	2	0	1	8	6	4	1	0	0	0
宁夏回族自治区	25	0	5	0	0	2	11	0	6	0	0	0	0
新疆维吾尔自治区	109	0	2	5	7	20	62	6	6	0	0	0	0
全国工商联	1	0	0	0	0	0	0	0	0	0	0	0	0
合计	3130	0	288	26	13	647	1220	110	789	1	4	0	0

附表 2　中华全国工商业联合会 2008 年第四季度基层组织统计表

制表单位：全国工商联会员部　　　　统计日期：2008 年 12 月 31 日

地区＼项目	总累计数	当年累计数	乡镇商（分）会	街道商（分）会小组	地区组织	异地商会	市场商会	开发区商会	联谊会	其他	季增长
北京市	135	7	27	69	0	3	9	3	10	14	7
天津市	218	6	105	39	0	4	4	2	3	61	5
河北省	1570	0	1383	124	2	13	11	4	11	22	0
山西省	634	4	507	84	0	16	10	16	1	0	4
内蒙古自治区	292	0	247	19	0	16	4	3	3	0	0
辽宁省	947	－168	531	358	22	15	3	8	10	0	－168
吉林省	303	－1	201	60	0	8	14	6	2	12	9
黑龙江省	491	0	373	92	0	17	1	1	7	0	0
上海市	219	2	0	208	0	0	0	11	0	0	2
江苏省	1520	56	1060	252	0	103	39	33	25	8	61
浙江省	1070	68	459	196	2	298	34	21	12	48	68
安徽省	1125	0	969	90	0	29	18	3	9	7	0
福建省	764	81	326	41	0	368	7	2	8	12	3
江西省	887	0	702	96	0	27	26	7	18	11	0
山东省	1788	47	1390	288	0	11	33	19	13	34	0
河南省	1972	－137	1609	326	0	16	8	5	6	2	－137
湖北省	1029	0	774	207	0	16	10	11	11	0	0
湖南省	1352	78	910	287	0	33	58	15	21	28	17
广东省	880	0	505	112	0	5	6	1	8	243	0
广西壮族自治区	1104	7	1055	1	0	39	1	2	3	3	3
海南省	13	0	10	1	0	2	0	0	0	0	0
重庆市	531	95	333	122	0	22	11	1	7	35	95
四川省	1605	116	1139	288	0	54	25	2	17	80	116
贵州省	1103	25	899	76	0	25	26	56	0	21	25
云南省	655	88	453	56	0	78	1	1	0	66	0
西藏自治区	1	0	1	0	0	0	0	0	0	0	0
陕西省	675	17	453	171	0	29	6	3	2	11	17
甘肃省	718	69	478	42	1	31	51	5	5	105	27
青海省	40	0	13	17	0	0	0	0	0	10	0
宁夏回族自治区	39	6	25	13	0	0	1	0	0	0	1
新疆维吾尔自治区	195	0	153	10	0	11	10	1	0	10	0
新疆生产建设兵团	118	0	113	4	0	0	0	1	0	0	0
合计	23993	466	17203	3749	27	1289	427	243	212	843	155

附表 3　中华全国工商业联合会 2008 年第四季度行业组织统计表

制表单位：全国工商联会员部　　　　统计日期：2008 年 12 月 31 日

地区＼项目	总累计数	当年累计数	省级工商联所属	地市级工商联所属	县级工商联所属	乡镇街道	其他	季增长
北京市	77	7	39	38	0	0	0	7
天津市	46	2	27	19	0	0	0	2
河北省	612	0	7	44	406	137	18	0
山西省	375	11	6	36	203	130	0	4
内蒙古自治区	313	5	22	131	137	23	0	2
辽宁省	445	5	17	171	160	95	2	5
吉林省	251	62	7	64	95	84	1	23
黑龙江省	128	0	1	52	62	9	4	0
上海市	71	0	13	0	58	0	0	0
江苏省	1259	293	23	275	695	266	0	132
浙江省	365	58	9	128	197	30	1	58
安徽省	219	0	6	65	78	67	3	0
福建省	307	0	8	41	195	48	15	6
江西省	322	0	6	45	225	40	6	0
山东省	566	－21	11	68	345	138	4	0
河南省	822	376	25	164	404	207	22	376
湖北省	370	0	5	42	183	140	0	0
湖南省	813	222	14	149	460	181	9	107
广东省	408	0	32	99	196	80	1	0
广西壮族自治区	125	10	1	30	61	33	0	7
海南省	17	0	10	6	1	0	0	0
重庆市	158	27	22	71	63	1	1	27
四川省	566	124	41	58	214	226	27	124
贵州省	371	118	10	45	207	100	9	118
云南省	275	93	29	35	157	25	29	0
西藏自治区	5	0	1	3	1	0	0	0
陕西省	281	46	14	36	170	60	1	43
甘肃省	417	43	7	70	185	148	7	6
青海省	13	0	3	0	2	0	8	0
宁夏回族自治区	179	10	22	114	28	15	0	4
新疆维吾尔自治区	97	0	6	10	80	1	0	0
新疆生产建设兵团	36	0	1	14	21	0	0	0
全国工商联	28	0	0	0	0	0	0	0
合计	10337	1491	445	2123	5289	2284	168	1051

附表4　中华全国工商业联合会2008年第四季度会员情况综合统计表

制表单位：全国工商联会员部　　　　统计日期：2008年12月31日

地区	合计	企业会员小计	其中		团体会员小计	其中		个体会员小计	其中	
			私营	混合型		行业组织	个私协会		个体工商户	原工商业者“三小”
北京市	24485	16702	7387	5658	174	88	18	7609	1975	4185
天津市	12674	9794	7378	1047	60	12	14	2820	1243	1014
河北省	117689	53903	41045	8149	934	449	210	62852	44539	3705
山西省	74458	22762	16130	2970	701	195	186	50995	33713	2662
内蒙古自治区	62871	35095	33630	957	626	259	118	27150	19925	2182
辽宁省	132039	44296	34839	6312	804	310	74	86939	69242	6567
吉林省	47408	26236	17203	3925	314	161	70	20858	16795	1501
黑龙江省	35255	13244	10376	988	402	131	103	21609	13293	2260
上海市	35085	28919	19463	1338	122	60	34	6044	1541	4060
江苏省	164188	106097	91919	8553	1385	671	393	56706	35734	7938
浙江省	110989	91185	83129	3127	588	243	91	19216	11619	2835
安徽省	114845	30049	20870	6425	746	166	220	84050	65548	4045
福建省	103227	55057	39077	5971	783	300	177	47387	23249	7336
江西省	40369	13776	6908	5867	506	246	103	26087	15680	4226
山东省	116552	57735	42515	10259	973	449	305	57844	38169	2950
河南省	171284	54702	44795	8037	1314	822	181	115268	84761	690
湖北省	118058	35539	31030	1533	994	532	265	81525	68766	2507
湖南省	129423	46779	36973	7764	1773	910	229	80871	55529	6654
广东省	113794	71519	57778	6114	664	382	176	41611	18246	6601
广西壮族自治区	87152	10915	7734	1069	846	91	121	75391	59144	5288
海南省	8506	3302	1953	318	63	38	11	5141	2108	2404
重庆市	54758	20029	11808	7046	233	105	38	34496	19421	8314
四川省	108628	20488	14713	3080	946	296	318	87194	67960	5990
贵州省	102070	8715	5004	612	774	319	198	92581	73401	7133
云南省	59141	13108	9433	2096	588	205	121	45445	34370	3646
西藏自治区	2182	439	358	11	14	9	5	1729	1647	0
陕西省	59939	15479	10906	1884	611	170	148	43849	31885	2567
甘肃省	52842	10252	7379	1414	836	246	126	41754	34598	1288
青海省	12217	5430	1938	3008	116	10	66	6671	2106	892
宁夏回族自治区	14168	6708	4225	1024	179	103	42	7281	4003	286
新疆维吾尔自治区	24387	5200	4076	777	292	0	0	18895	17468	702
新疆生产建设兵团	26295	2791	2423	217	85	10	10	23419	22012	0
全国工商联	445	395	137	190	32	28	1	18	0	0
合计	2337423	936640	724532	117740	19478	8016	4172	1381305	989690	112428

附表5　中华全国工商业联合会2008年第四季度会员类型及行业统计表

制表单位:全国工商联会员部　　　　统计日期:2008年3月31日

	小计	农林牧渔	食品饮料	纺织服装	皮毛羽绒	木材家具	印刷业	文体用品	石油炼焦	化学制品	医药制造	橡胶塑料	水泥制造	玻璃陶瓷	金属制品	机械制造	电子通信	首饰制造	其他制造	建筑装修	交通运输	批发零售	餐饮业	金融保险	房地产	美容美发	旅馆业	旅游业	娱乐业	信息咨询	计算机应用	其他服务	其他行业
私营独资	467199	19226	19818	27966	5926	16889	6305	4968	3833	6873	3744	4180	3488	4430	10831	17617	7237	6822	33997	21941	12221	58788	42016	574	8248	9191	6131	3623	5647	2522	4574	26758	60815
私营合伙	43645	1893	1784	3130	592	2338	752	518	440	525	364	498	578	481	1095	2226	702	277	2823	2284	1356	3466	3576	63	996	1135	674	373	731	341	745	2932	3957
私营有限公司	178135	5662	10688	13456	1936	7165	3467	2266	1525	4194	1809	2907	1942	1640	6349	12889	4217	738	11541	8625	3145	20090	8203	288	5249	1758	1571	1167	2461	1267	1440	8891	19589
私营股份公司	35553	1714	1675	2082	676	1532	566	622	279	1197	655	469	722	267	1147	2595	670	125	2809	1707	804	2327	1491	157	1352	244	343	314	429	229	240	1918	4196
港澳台合资合作	4004	114	348	459	90	99	99	138	4	129	108	52	41	56	100	231	104	74	321	64	24	246	175	1	134	5	60	38	70	24	37	183	376
港澳台独资	3232	87	124	176	92	122	92	37	12	65	38	46	28	21	22	106	63	16	223	45	13	84	93	2	1067	19	34	42	44	30	29	64	296
港澳台股份公司	1496	56	38	92	88	251	23	55	8	32	20	11	7	21	14	72	43	6	249	21	19	34	25	1	11	6	50	5	16	12	69	39	102
中外合资合作	7219	272	532	1187	192	463	182	162	65	275	110	211	64	82	223	429	246	30	622	228	58	193	189	15	168	13	94	26	77	20	69	167	555
外资企业	3216	65	241	271	200	119	44	60	49	146	55	66	26	50	71	121	343	16	324	31	24	109	89	9	88	19	36	44	32	17	30	74	347
外商股份公司	1541	64	118	88	32	271	14	25	6	94	29	74	22	5	41	47	52	17	11	33	21	40	27	2	11	11	44	9	10	20	8	50	245
国有企业	15919	428	729	981	106	120	201	250	169	390	294	35	78	45	104	682	228	48	1263	339	219	4387	612	447	248	22	251	87	32	54	60	837	2173
集体企业	29758	840	1242	1591	332	781	825	413	437	694	184	176	224	157	378	1533	384	140	3042	1500	679	5011	1267	127	428	105	1001	260	325	118	68	1489	4007
股份合作企业	16150	493	628	881	222	374	219	57	144	540	276	781	157	113	316	1187	287	151	1108	615	268	1161	591	83	318	87	494	143	156	73	88	1057	3082
联营企业	7262	340	235	305	107	220	129	93	138	86	69	109	43	76	78	284	110	107	572	514	227	621	220	106	155	110	119	385	96	44	57	337	1170
其他有限责任公司	67448	2714	2467	2958	684	1623	1058	630	428	1624	851	886	960	600	3286	4264	1102	255	5180	5576	1382	5572	3884	261	2685	1051	906	764	624	570	600	3412	8591
其他股份有限公司	26880	911	1308	1619	370	519	456	505	271	858	438	373	496	236	602	1417	423	92	1723	1130	727	2843	1415	238	1350	332	508	629	650	272	384	1331	2454
其他企业	27983	964	696	1510	215	265	185	260	311	401	106	407	117	140	653	1105	216	116	1614	875	995	2427	1813	135	226	317	199	439	384	121	543	2086	8142
企业会员小计	936640	35843	42671	58752	11860	33151	14617	11059	8119	18123	9150	11281	8993	8420	25310	46805	16427	9030	67422	45528	22182	107399	65686	2509	22734	14425	12515	8348	11784	5734	9041	51625	120097
团体会员小计	19478	私营企业协会	1562	个体劳动者协会	2610	外商投资企业协会	229	乡镇企业协会	2227	同行协会	3600	行业协会	4416	其他	4834																		
个人会员小计	1381305	非公企业投资经营者	190665	港澳台侨知名人士	2140	个体工商户	989690	经济工作者	11965	经济理论工作者	2765	法律工作者	3148	有关部门负责人	24886	工商联干部	13388	原工商业者"三小"	112428	其他	30230	其中高级职称者	8056	其中中级职称者	31996	其中妇女	64372				
实有会员数	2337423	有关资料	企业会员资产总额(万元)	1444828528	从业人员(人)	5878190	个体工商户资产总额(万元)	3533868	从业人员(人)	1599382																							

附表6　中华全国工商业联合会2008年第四季度企业会员分地区行业统计表

制表单位:全国工商联会员部　　　　统计日期:2008年3月31日

	农林牧渔	食品饮料	纺织服装	皮毛羽绒	木材家具	印刷业	文体用品	石油炼焦	化学制品	医药制造	橡胶塑料	水泥制造	玻璃陶瓷	金属制品	机械制造	电子通信	首饰制造	其他制造	建筑装修	交通运输	批发零售	餐饮业	金融保险	房地产	美容美发	旅馆业	旅游业	娱乐业	信息咨询	计算机应用	其他服务	其他行业	小计
北京市	615	549	426	62	312	129	88	23	126	222	26	23	22	45	621	679	25	795	2261	228	2066	701	80	684	113	103	200	106	448	158	1465	3301	16702
天津市	85	285	514	34	225	122	56	30	523	201	149	54	59	1087	679	187	120	759	232	239	635	305	39	177	537	28	19	36	177	363	512	1326	9794
河北省	1640	2297	2999	1532	1894	1251	1084	689	1500	339	633	813	711	2035	2540	750	392	4361	2697	1477	6325	3098	210	1024	939	992	424	738	541	422	3022	4534	53903
山西省	714	815	565	91	350	277	137	1809	342	198	39	135	182	206	746	74	57	1037	1058	880	3701	1374	53	284	324	329	103	231	96	83	1673	4799	22762
内蒙古自治区	486	641	270	156	131	87	51	842	1232	438	31	952	43	400	362	77	45	4931	1956	3077	8327	1095	45	1453	1024	383	916	115	46	48	3211	2224	35095
辽宁省	1525	1265	1428	776	942	502	352	144	600	319	487	319	337	1640	2528	892	75	2031	1686	606	4059	4391	15	1076	1248	435	262	779	350	696	2324	10207	44296
吉林省	1375	1352	640	21	1855	256	533	186	153	464	42	151	22	323	814	508	162	992	715	405	1766	2271	340	578	548	244	841	1133	263	588	2298	4397	26236
黑龙江省	675	834	372	91	524	196	156	141	286	179	69	45	15	170	487	196	18	1075	559	283	2246	955	11	161	285	201	57	209	132	118	1389	1109	13244
上海市	116	3169	2752	113	1859	299	221	6	559	76	93	39	38	67	853	139	7	4070	542	105	9464	1013	6	628	23	67	67	311	340	131	899	847	28919
江苏省	2498	3821	13078	994	2985	1726	1031	504	3691	853	1821	1121	1045	4474	10163	2809	345	8848	3469	1902	9593	6355	266	2083	1713	968	563	1540	667	1149	4064	9958	106097
浙江省	1735	6617	10285	1967	3575	1661	1681	401	1795	579	2209	638	974	4719	8375	3133	544	7822	2351	1744	5841	1887	278	1127	637	528	317	377	386	751	2844	13407	91185
安徽省	1353	1393	1595	460	1230	473	314	317	869	193	216	351	118	250	1180	449	45	2035	1786	620	5646	1965	65	819	261	545	128	390	151	143	1625	3064	30049
福建省	2456	2459	6992	783	1803	889	469	341	724	289	727	268	642	917	1316	1009	419	4523	2696	1503	5804	1591	282	986	350	582	305	848	275	347	2542	9920	55057
江西省	372	653	853	79	465	468	368	85	302	533	165	221	209	223	466	153	26	316	761	641	1178	1341	0	1073	427	351	252	154	120	0	1078	443	13776
山东省	2812	3502	3459	680	2519	1464	983	433	1783	565	1424	631	622	1568	4715	733	262	3581	3550	1328	5738	3856	63	1164	594	717	340	607	352	394	2548	4748	57735
河南省	7320	3629	2271	718	1879	597	689	451	801	1019	330	767	456	993	2625	887	115	3550	2224	1683	5707	3877	50	1506	1328	941	625	535	255	888	2734	3252	54702
湖北省	2121	686	690	55	537	330	219	53	122	204	63	231	272	242	458	95	74	369	1526	622	2785	10937	27	1609	677	1144	883	683	140	388	961	6336	35539
湖南省	1850	2553	1755	546	1394	833	831	210	436	414	330	540	857	1048	1842	746	167	2126	2183	1006	6686	2932	139	1587	909	1022	496	1115	297	346	2079	7504	46779
广东省	1156	455	4182	1993	5510	1518	660	308	582	754	1630	379	961	1816	2083	1804	5777	6846	3397	902	6427	5152	48	630	292	414	240	290	116	1508	5954	7735	71519
广西壮族自治区	525	702	301	77	346	164	73	92	182	171	137	121	57	249	347	112	46	794	490	201	1630	633	21	356	134	198	71	125	75	45	764	1676	10915
海南省	287	169	64	7	171	43	39	17	45	68	28	7	38	99	34	33	5	90	142	69	428	262	73	303	17	90	73	50	43	27	170	311	3302
重庆市	550	543	548	78	460	147	74	47	184	161	144	117	265	629	985	119	30	860	2333	335	1144	2271	79	959	563	257	187	230	77	53	1252	4348	20029
四川省	608	1041	796	119	795	309	160	153	322	255	135	283	173	259	1112	203	40	976	1530	625	1567	1798	59	868	304	407	167	458	61	44	1285	3576	20488
贵州省	260	315	172	28	162	143	86	152	133	103	14	50	15	49	91	42	9	1014	496	295	1699	497	29	210	52	112	51	77	29	18	293	2019	8715
云南省	862	819	223	31	355	140	59	224	243	108	112	132	107	386	240	93	23	669	1431	344	1324	974	52	309	145	383	111	139	38	78	707	2247	13108
西藏自治区	20	16	8	0	7	2	6	11	2	5	0	0	0	0	2	2	0	17	138	16	43	24	4	11	0	32	12	8	1	0	34	18	439
陕西省	603	662	408	94	403	255	375	248	299	238	94	372	80	260	641	240	70	1012	1270	430	1846	1368	46	447	151	272	172	173	60	87	950	1853	15479
甘肃省	437	740	245	58	248	124	104	29	125	82	40	132	48	153	216	134	23	886	1040	252	1429	680	24	244	160	126	54	93	62	79	617	1568	10252
青海省	149	276	253	18	24	21	32	52	50	35	4	23	5	870	70	29	10	541	220	57	406	219	10	52	22	379	337	23	4	4	417	818	5430
宁夏回族自治区	298	148	428	156	54	24	5	57	41	20	21	25	6	26	38	6	0	193	455	48	746	732	13	67	471	34	42	19	11	7	1119	1398	6708
新疆维吾尔自治区	218	153	122	33	97	124	86	38	29	13	15	50	30	36	38	57	91	114	167	125	589	812	6	87	87	158	23	133	35	45	575	1014	5200
新疆生产建设兵团	116	91	36	3	36	43	35	10	32	29	47	3	9	51	112	18	8	170	142	124	541	314	55	132	90	70	9	53	81	24	184	123	2791
全国工商联	6	21	22	7	4	0	2	16	10	23	6	0	2	20	26	19	0	19	25	10	13	6	21	40	0	3	1	6	5	9	36	17	395
合计	35843	42671	58752	11860	33151	14617	11059	8119	18123	9150	11281	8993	8420	25310	46805	16427	9030	67422	45528	22182	107399	65686	2509	22734	14425	12515	8348	11784	5734	9041	51625	120097	936640

附表 7　中华全国工商业联合会 2008 年第四季度企业会员登记注册类型统计表

制表单位:全国工商联会员部　　　　统计日期:2008 年 12 月 31 日

	私营独资	私营合伙	私营有限公司	私营股份公司	港澳台合资合作	港澳台独资	港澳台股份公司	中外合资合作	外资企业	外商股份公司	国有企业	集体企业	股份合作企业	联营企业	其他有限责任公司	其他股份有限公司	其他企业	小计
北京市	3859	243	3017	268	197	48	16	236	31	6	870	1191	247	227	4614	570	1062	16702
天津市	3722	1003	2461	192	39	30	6	113	110	8	289	422	41	73	830	103	352	9794
河北省	29158	4815	5329	1743	96	60	34	114	43	117	782	1961	1524	813	4089	1723	1502	53903
山西省	12279	1473	2046	332	6	10	5	38	29	2	937	2408	466	440	1511	553	227	22762
内蒙古自治区	23727	874	6735	2294	28	0	0	6	0	2	28	176	156	17	532	252	268	35095
辽宁省	26716	661	6897	565	96	123	23	258	69	7	347	998	1365	77	3975	895	1224	44296
吉林省	12095	1725	2802	581	28	19	0	23	6	51	1181	1156	84	23	1313	2505	2644	26236
黑龙江省	6481	166	3417	312	20	7	0	75	13	19	664	956	86	34	436	432	126	13244
上海市	19463	0	0	0	668	131	9	433	181	0	2762	3923	129	238	36	935	11	28919
江苏省	44600	4345	40052	2922	538	97	28	762	404	16	542	1174	1451	139	5658	1305	2064	106097
浙江省	30326	3455	40769	8579	225	61	79	889	186	24	297	541	512	116	675	1824	2627	91185
安徽省	13529	1317	5226	798	28	44	9	62	24	17	479	1408	534	256	4874	761	683	30049
福建省	26794	4595	6624	1064	558	505	160	1224	453	174	662	2273	1602	1039	2167	1163	4000	55057
江西省	2042	383	3160	1323	59	54	63	263	259	154	19	130	1288	281	1830	2468	0	13776
山东省	27057	1603	11446	2409	156	144	88	1023	156	78	336	1552	1870	318	6172	1899	1428	57735
河南省	28645	3792	9809	2549	149	41	13	122	101	14	90	656	582	561	5409	1485	684	54702
湖北省	27500	1001	2014	515	115	1009	39	33	46	65	106	894	259	382	334	558	669	35539
湖南省	25916	3534	5781	1742	89	101	33	179	113	31	172	504	657	557	4387	2163	820	46779
广东省	47722	3097	3484	3475	706	553	843	1005	754	670	944	669	1786	387	1579	2362	1483	71519
广西壮族自治区	5556	685	1297	196	59	31	5	65	53	8	683	954	133	86	711	139	254	10915
海南省	1361	46	389	157	14	39	9	68	76	8	485	307	47	29	167	75	25	3302
重庆市	7413	828	2906	661	27	5	8	26	20	10	102	169	128	419	6336	163	808	20029
四川省	9339	1185	3094	1095	22	15	9	55	11	29	384	550	259	64	2048	709	1620	20488
贵州省	3868	94	942	100	16	54	3	23	26	1	1241	1430	41	143	300	128	305	8715
云南省	6583	489	2125	236	20	15	3	35	19	19	311	750	188	97	1487	324	407	13108
西藏自治区	358	0	0	0	0	0	0	0	0	1	32	37	1	5	0	5	0	439
陕西省	7649	774	2254	229	21	9	1	37	4	0	668	1379	233	123	1110	418	570	15479
甘肃省	5107	389	1725	158	20	11	1	13	4	4	374	699	107	67	1063	177	333	10252
青海省	1375	52	461	50	4	0	0	7	4	0	81	157	244	222	2019	523	231	5430
宁夏回族自治区	3391	97	641	96	0	0	0	3	4	0	4	47	29	4	883	108	1401	6708
新疆维吾尔自治区	2308	651	1011	106	0	8	2	8	2	2	28	231	62	18	616	81	66	5200
新疆生产建设兵团	1192	260	186	785	0	2	6	1	0	0	18	46	21	6	170	20	78	2791
全国工商联	68	13	35	21	0	6	1	20	15	4	1	10	18	1	117	54	11	395
合计	467199	43645	178135	35553	4004	3232	1496	7219	3216	1541	15919	29758	16150	7262	67448	26880	27983	936640

附表 8　中华全国工商业联合会 2008 年第四季度团体会员统计表

制表单位：全国工商联会员部　　　　统计日期：2008 年 12 月 31 日

地区	私营协会	个体协会	外企协会	乡企协会	同业公会	行业协会	其他	小计
北京市	10	8	1	8	38	50	59	174
天津市	3	11	1	0	5	7	33	60
河北省	64	146	6	111	154	295	158	934
山西省	48	138	0	105	119	76	215	701
内蒙古自治区	28	90	2	40	66	193	207	626
辽宁省	32	42	2	219	154	156	199	804
吉林省	23	47	1	42	79	82	40	314
黑龙江省	24	79	3	135	39	92	30	402
上海市	16	18	8	6	16	44	14	122
江苏省	113	280	13	36	493	178	272	1385
浙江省	32	59	6	48	38	205	200	588
安徽省	53	167	11	82	48	118	267	746
福建省	34	143	36	82	229	71	188	783
江西省	98	5	15	142	121	125	0	506
山东省	94	211	13	72	162	287	134	973
河南省	133	48	16	200	509	313	95	1314
湖北省	78	187	50	67	350	182	80	994
湖南省	125	104	5	338	145	765	291	1773
广东省	78	98	10	70	287	95	26	664
广西壮族自治区	49	72	5	22	50	41	607	846
海南省	1	10	0	1	2	36	13	63
重庆市	22	16	2	12	47	58	76	233
四川省	153	165	2	87	88	208	243	946
贵州省	58	140	9	38	162	157	210	774
云南省	51	70	3	98	43	162	161	588
西藏自治区	2	3	0	0	2	7	0	14
陕西省	46	102	4	45	68	102	244	611
甘肃省	47	79	4	84	64	182	376	836
青海省	11	55	0	7	1	9	33	116
宁夏回族自治区	31	11	0	14	19	84	20	179
新疆维吾尔自治区	0	0	0	0	0	0	292	292
新疆生产建设兵团	5	5	1	16	2	8	48	85
全国工商联	0	1	0	0	0	28	3	32
合计	1562	2610	229	2227	3600	4416	4834	19478

附表9　中华全国工商业联合会2008年第四季度个人会员统计表

制表单位：全国工商联会员部　　　　统计日期：2008年12月31日

项目 地区	非公企业投资经营者	港澳台侨知名人士	经济工作者	经济理论工作者	法律工作者	有关部门负责人	工商联干部	其他	小计	个体工商户	原工商业者	总计	其中		
													高级职称	中级职称	妇女
北京市	469	6	70	37	42	115	56	654	1449	1975	4185	7609	0	0	0
天津市	341	0	12	3	8	150	41	8	563	1243	1014	2820	866	617	143
河北省	9863	91	878	171	262	1199	583	1561	14608	44539	3705	62852	355	1918	3923
山西省	8959	24	725	193	83	1401	729	2506	14620	33713	2662	50995	136	162	595
内蒙古自治区	2573	17	210	41	80	616	541	965	5043	19925	2182	27150	473	2618	5923
辽宁省	6250	17	482	159	122	795	325	2980	11130	69242	6567	86939	0	0	0
吉林省	1336	8	147	90	72	372	252	285	2562	16795	1501	20858	0	0	0
黑龙江省	1719	9	224	139	79	681	391	2814	6056	13293	2260	21609	353	1317	3863
上海市	35	25	8	5	8	31	220	111	443	1541	4060	6044	0	0	0
江苏省	7057	64	665	275	194	2640	725	1414	13034	35734	7938	56706	0	0	0
浙江省	2950	74	280	8	71	658	489	232	4762	11619	2835	19216	461	1497	0
安徽省	10187	87	847	167	187	1256	513	1213	14457	65548	4045	84050	0	0	0
福建省	14097	256	389	53	78	516	438	975	16802	23249	7336	47387	204	979	0
江西省	5645	156	85	89	65	41	100	0	6181	15680	4226	26087	207	567	3553
山东省	12303	231	614	219	346	1338	807	867	16725	38169	2950	57844	0	0	0
河南省	26441	107	625	143	291	883	642	685	29817	84761	690	115268	1271	5711	11567
湖北省	8241	180	352	102	104	423	489	361	10252	68766	2507	81525	560	3156	1751
湖南省	14647	327	581	123	201	936	694	1179	18688	55529	6654	80871	413	2802	4278
广东省	12536	187	167	56	44	670	774	2330	16764	18246	6601	41611	534	1890	2378
广西壮族自治区	7002	52	781	2	121	1277	364	1360	10959	59144	5288	75391	5	39	70
海南省	314	14	61	24	8	87	78	43	629	2108	2404	5141	56	105	91
重庆市	4368	16	574	108	97	426	302	870	6761	19421	8314	34496	0	0	0
四川省	8768	37	1014	184	161	1973	864	243	13244	67960	5990	87194	842	4254	7262
贵州省	5444	81	1094	98	57	1877	320	3076	12047	73401	7133	92581	0	0	0
云南省	2704	35	223	14	101	1898	736	1718	7429	34370	3646	45445	207	837	5702
西藏自治区	24	0	11	0	3	21	23	0	82	1647	0	1729	0	13	4
陕西省	6627	15	332	148	132	811	563	769	9397	31885	2567	43849	451	2062	2746
甘肃省	3869	15	169	19	58	558	342	838	5868	34598	1288	41754	473	854	4021
青海省	2723	0	116	78	34	446	198	78	3673	2106	892	6671	0	0	0
宁夏回族自治区	2624	0	58	12	17	117	90	74	2992	4003	286	7281	60	297	288
新疆维吾尔自治区	0	1	71	3	13	195	426	16	725	17468	702	18895	99	209	873
新疆生产建设兵团	540	1	100	2	8	479	273	4	1407	22012	0	23419	30	92	5341
全国工商联	9	7	0	0	1	0	0	1	18	0	0	18	0	0	0
合计	190665	2140	11965	2765	3148	24886	13388	30230	279187	989690	112428	1381305	8056	31996	64372

重要活动 ZYHD

全国工商联系统先进表彰活动在京举行

在全国工商联成立55周年之际，工商联历史上首次全系统先进表彰活动30日在北京隆重举行。全国政协副主席、中共中央统战部部长杜青林，全国政协副主席、全国工商联主席黄孟复出席此次全国工商联系统先进集体、先进工作者表彰大会，并向受表彰单位和个人颁发奖章、奖牌和证书。

浙江省温州市工商联等32个单位，北京市宣武区工商联常务副主席王健等10名同志，分别荣获人力资源社会保障部、全国工商联联合授予的“全国工商联系统先进集体”、“全国工商联系统先进工作者”荣誉称号。辽宁省朝阳市工商联等151个“全国工商联系统先进单位”，山东省广饶县工商联常务副主席刘春香等220名“全国工商联系统先进个人”，同时受到全国工商联表彰。甘肃省兰州市工商联会长王有贤等591名在各级工商联组织中工作满25年的干部职工，荣获全国工商联颁发的荣誉证书。

杜青林、黄孟复发表讲话，并代表中央统战部、全国工商联向全体受表彰单位和个人表示热烈祝贺，向为工商联事业发展辛勤工作的各级工商联干部职工致以诚挚的问候。

杜青林在讲话中充分肯定了全国各级工商联组织和广大干部职工中涌现出的优秀代表和先进典型，要求各级工商联根据发展非公有制经济和开展工商联工作的需要，不断壮大会员队伍，积极探索创新有利于工商联为科学发展服务和实现自身科学发展的工作机制，努力建设一支勤奋学习、业务过硬、务实创新、廉洁自律、团结奉献的干部队伍。

杜青林强调，各级工商联要把学习实践科学发展观作为一项重大的政治任务，引导非公有制企业深入学习实践科学发展观，增强战略思维能力和科学决策水平，采取各种政策扶持手段，积极帮助企业解决融资困难、改善发展环境、努力渡过难关；要坚持改革创新，推动完善有关法律法规和政策，引导非公有制企业提高自主创新能力，增强非公有制经济发展活力；要团结教育广大非公有制经济人士坚定不移地走中国特色社会主义道路，引导他们继续弘扬“光彩精神”，积极参与社会主义新农村建设，自觉承担社会责任，促进非公有制经济人士健康成长。

黄孟复要求各级工商联通过这次表彰活动，形成学先进、比先进、赶先进的良好风尚，形成爱岗敬业、无私奉献、奋勇争先、干事创业、团结协作、开拓进取的浓厚氛围，运用科学发展观来指导实践，以促进“两个健康”作为工商联各项工作的出发点和落脚点，进一步提高履行职责和发挥作用的能力，推动工商联事业的发展。

（摘自新华网10月30日　记者：魏武）

“2008全国民营企业招聘周”拉开帷幕

2008年5月27日上午，人力资源和社会保障部、教育部、全国总工会、全国工商联在北京召开视频会，正式启动“2008全国民营企业招聘周”活动。重点帮助灾区和家在灾区的应届高校毕业生就业。中共中央政治局委员、国务院副总理张德江，中共中央政治局委员、国务委员刘延东作出批示。

张德江指出，举办民营企业招聘周活动，对于促进民营经济发展，促进劳动就业，很有意义。要总结经验，改善服务，注重实效，特别是为高校毕业生就业提供良好的平台。

刘延东指出，民营企业招聘周活动，是多部

门共同搭台、各地联合行动、促进高校毕业生就业的积极举措。希望有关部门和团体努力发挥各自优势，精心组织，通力合作，注重实效，努力办好招聘周活动。

“2008 全国民营企业招聘周”活动由人力资源和社会保障部、教育部、全国总工会和全国工商联共同举办。主题是为民营企业招聘用人服务，为大中专毕业生就业搭桥。招聘周活动以视频会议方式启动。全国各省区市及 100 个大中城市同时启动招聘周活动。

全国政协副主席、全国工商联主席黄孟复宣布活动正式启动。人力资源和社会保障部部长尹蔚民，教育部部长周济，全国总工会副主席、书记处书记张鸣起，全国工商联党组副书记、副主席褚平等出席启动仪式并作重要讲话。地方、民营企业和高校毕业生代表也在启动仪式上发言。国务院再就业工作部际联席会议成员单位，民营企业和高校毕业生代表近 200 人参加了启动仪式。

各省、自治区、直辖市设立分会场与主会场同时启动了招聘周活动。据统计，全国共有 13.6 万家企业参加了招聘周活动，与 2006 年和 2007 年相比，分别增长 48% 和 15%；提供空岗信息 263 万条，分别增长 41% 和 28%，共有 97 万求职人员与用人单位达成就业意向，其中：大中专毕业生 35 万人，下岗失业人员 23 万人，进城务工人员 39 万人。各地有近万家培训机构进入招聘现场提供服务，有 20 万人次签订了职业技能培训协议；招聘现场累计发放政策宣传品 310 多万份，提供维权及法律援助 25 万人次。

民营企业招聘周活动已经举办了四届。前三届共有 26.6 万户民营企业参加了招聘活动，提供岗位信息 536 万条，202 万名求职者签订了就业意向协议。今年的民营企业招聘周活动将持续一周时间，采取集中招聘与分散招聘相结合、综合招聘与专场招聘相结合、组织异地招聘与深入校园招聘相结合、现场招聘与网上招聘相结合等方式进行。同时，还将开展政策宣传、政策咨询和权益维护等活动。为支持抗震救灾工作，招聘周将把帮助灾区和家在灾区的应届高校毕业生及农民工就业作为重要内容。

招聘周期间，中国高校毕业生就业服务信息网（www. myjob. edu. cn）和全国工商联人才网（hr. acfic. org. cn）将同步举办网上招聘活动。

（摘自新华网 5 月 27 日　记者：杜宇）

第三届全国就业与社会保障先进民营企业表彰大会在北京召开

11 月 30 日，人力资源社会保障部、全国总工会和全国工商联在北京人民大会堂隆重召开第三届全国就业与社会保障先进民营企业表彰大会，中共中央政治局委员、国务院副总理张德江，全国政协副主席、全国工商联主席黄孟复出席会议并为受表彰的民营企业代表颁发奖牌。张德江副总理在会上发表了重要讲话，强调要深入贯彻落实科学发展观，继续狠抓政策措施的落实，齐心协力，扎实工作，促进民营企业发展，稳定和扩大就业，完善社会保障体系，为经济社会发展和改善民生作出更大贡献。

中央统战部副部长、全国工商联党组书记、第一副主席全哲洙代表三方讲话，全国总工会副主席、书记处书记王炯宣读《关于联合表彰全国就业与社会保障先进民营的决定》，人力资源和社会保障部副部长张小建宣读《关于表扬 2009 年全国民营企业招聘周组织工作优秀城市的通报》。海南航空集团公司董事长陈峰代表受表彰的 196 家民营企业作了大会发言，北京市人力资源和社会保障局副局长张祖德代表受表扬的 49 个城市进行了发言。会议由人力资源社会保障部尹蔚民部长主持。

国务院副秘书长肖亚庆、财政部副部长王军、中国人民银行行长助理郭庆平、工业信息部副部长扬学山、商务部副部长傅自应、国家税务总局副局长王力、国家工商总局副局长钟攸平和全国工商联副主席孙安民等有关领导出席了表彰会并为受表彰的先进民营企业代表颁奖。

出席表彰会的还有国务院就业工作部际联席会议相关成员单位的有关部门的负责同志；各省、自治区、直辖市人力资源保障局厅（局）、总工会和工商联的负责同志；受表彰的 196 名民营企业代表；北京市人力资源社会保障局、总工会、工商联机关干部和北京市部分受表彰企业的员工共计 600 多人参加了大会。

表彰会结束后，各地人力资源社会保障部

门、总工会、工商联负责同志和受表彰的民营企业代表参加了“民营企业发展和促进就业政策咨询会”。会议由人力资源和社会保障部副部长张小建主持，全国总工会副主席王炯、全国工商联副主席孙安民到会致辞。会上，来自人力资源社会保障部、工业和信息化部、国家税务总局、中国人民银行等有关司局领导介绍并解析了国家应对国际金融危机稳定就业的有关政策，听取并回答了企业关心的一些问题和建议。

与会者一致认为，此次表彰会开得及时、意义重大。因为自2008年发生国际金融危机以来，我国许多企业受到了很大冲击，特别是中小企业。一些企业被迫关停，一些企业不得不降薪、裁员。就是在这种不利的经济形势下，还是有一批民营企业咬紧牙关，积极履行社会责任，响应工会号召，开展“共同约定行动”，主动维护职工合法权益，稳定工作岗位，为政府分忧，对确保就业局势基本稳定起到了重要作用。现在我国经济虽然出现了企稳回升的趋势，经济整体向好的态势进一步推进，但仍面临不少困难和问题，稳定扩大就业难度还很大，“促内需、调结构、扩就业、保稳定”仍将是我国当前和今后较长时期内经济发展的主要目标。在这种现实的背景下，对积极吸纳就业，在困难时刻坚持不减员、不降薪的民营企业进行表彰，具有更加积极和特殊的意义。

（全国工商联扶贫部　供稿）

2007年度工商联工作十大亮点获选名单揭晓

由全国工商联宣教部支持、《中华工商时报》主办的“2007年度工商联（商会）工作十大亮点评选”活动结果日前揭晓。包括重庆市工商联首获社团业务主管资格、南京考评“基层星级商会”在内的10个典型案例，成为2007年度工商联工作成绩的优秀代表。

“2007年度工商联工作十大亮点评选”活动自启动以来，得到各级工商联的积极响应。在全国各地工商联（商会）宣传部门负责人、《中华工商时报》驻各地记者站负责人、各级工商联（商会）通讯员等推荐的近百件2007年度各级工商联（商会）工作案例中，有30件优秀工作案例列入候选名单。经过公示、评选，最终产生十大亮点。

1. 重庆市工商联首获社团业务主管资格

完成单位：重庆市工商联

2. 第三届全国民营企业招聘周活动津门启动

完成单位：天津市工商联等

3. 基层商会建设实现历史性突破

完成单位：四川省仁寿县工商联

4. 南京考评“基层星级商会”

完成单位：南京市工商联

5. 工商联牵手“千人复明”工程

完成单位：沈阳市工商联

6. 环渤海民营经济经贸合作临汾洽谈

完成单位：山西省工商联、临汾市工商联

7. 海内外知名企业家“齐鲁行”

完成单位：山东省工商联

8. 民营企业经营数据纳入黑龙江统计体系

完成单位：黑龙江省工商联

9. 贵州省为中小企业融资担保

完成单位：贵州省工商联

10. 推动“吉林省民营经济腾飞计划”实施

完成单位：吉林省工商联

（全国工商联宣教部　供稿）

2007年度中国民营经济发展分析会召开

2008年1月31日，全国工商联在北京举行“2007年度中国民营经济发展分析会”。会议总结了2007年中国民营经济发展的总体态势，分析了民营经济发展中存在的问题，阐述了民营经济民营企业构建新型劳动关系的重要意义和应承担的社会责任，展望民营经济发展的新趋势，并提出促进民营经济更好更快发展的建议。全国政协副主席、全国工商联主席黄孟复作主报告，全国工商联党组书记、第一副主席全哲洙主持会议。这次会议着重探讨、研究、分析民营经济构建和谐劳动关系问题，对于促进民营经济持续发展乃至对于促进社会和谐都将产生重要而深远的影响。

全国工商联主席黄孟复就2007年中国民营经济发展的总体情况和中国民营企业的劳动关系

问题作了分析，并探讨了对各种所有制经济新格局的形成与发展的看法。

劳动和社会保障部副部长杨志明就“在企业发展的基础上建立职工工资正常增长机制”及劳动关系的核心问题——工资分配和劳动报酬问题以及依法妥善处理劳动纠纷发表主题演讲。

民建中央副主席、经济学家辜胜阻应邀出席会议并演讲，他指出：2008 年对于中国的劳动关系来说，是极为不寻常的一年。《劳动合同法》、《就业促进法》于 1 月 1 日起实施，《劳动争议调解仲裁法》将于 5 月 1 日起实施。要利用三项劳动就业法律实施的契机，重构民营企业“和谐稳定、平等合作、互利双赢”的劳资关系新格局。

全国总工会副主席张鸣起做了题为“贯彻落实党的十七大精神构建和谐稳定的民营企业劳动关系”的主题演讲。国家统计局姚景源总经济师的演讲是“中国宏观经济形势分析”，中国民间商会副会长、力帆实业集团股份有限公司董事长尹明善做了题为“民营经济发展的新机遇新问题”的演讲。

会议现场气氛热烈，观众提问踊跃，黄孟复、全哲洙、杨志明、张鸣起、姚景源、尹明善分别对观众提问做了回答。

（摘自搜狐财经
2008 年 1 月 31 日　编辑：田野、丁潇）

中国民营经济发展 30 年高层论坛在京召开

由全国工商联和北京大学共同主办的“中国民营经济发展 30 年高层论坛”12 月 26 日下午在北京人民大会堂举行。中共中央政治局常委、全国政协主席贾庆林向论坛发来贺信。贾庆林在贺信中充分肯定了非公有制经济 30 年来为我国经济发展、自主创新、改善民生和促进就业、实施“走出去”战略、建立和完善社会主义市场经济体制作出的重要贡献，强调包括非公有制经济人士在内的新的社会阶层人士已经成为中国特色社会主义事业的建设者，成为中国改革开放和社会主义现代化建设的一支重要力量。贾庆林要求各级工商联继续弘扬优良传统，始终坚持正确的政治方向，切实加强自身建设，充分发挥职能作用，更好地促进非公有制经济健康发展和非公有制经济人士健康成长。同时要求广大非公有制经济人士响应党中央的号召，统一思想，坚定信心，积极应对国际金融危机的严峻挑战，把保持增长、调整结构、关注民生更好地结合起来，着力转变发展方式，加快结构调整步伐；着力挖掘内需潜力，积极开拓国内市场；着力实施“走出去”战略，奋力开拓国际市场；着力加强自主创新，提升企业竞争能力；着力承担社会责任，千方百计增加就业岗位，为促进经济平稳较快发展、维护社会和谐稳定作出新的贡献。

全国政协副主席、中共中央统战部部长杜青林出席论坛。全国政协副主席、全国工商联主席黄孟复发表主题演讲。他说，中国共产党始终坚持解放思想、实事求是、与时俱进的方针，不断推进马克思主义中国化，坚持市场取向的改革，坚持以经济建设为中心，尊重人民首创精神，促进社会和谐，扩大对外开放，使得民营经济成为改革开放的主要受益者和重要推动者。

论坛现场气氛热烈。黄孟复在演讲中强调，民营经济既是改革开放的主要受益者，也是重要推动者，得到现场嘉宾的一致认同。北京大学民营经济研究院院长厉以宁，联想控股有限公司总裁柳传志，重庆力帆控股有限公司董事长尹明善，北京大学党委副书记杨河围绕本次论坛的主题“改革创新与科学发展”分别发表主题演讲。厉以宁的演讲分析了中国经济下滑的影响因素，提出我国政府应对金融危机可采取的五项措施，成为网络转载率最高的演讲稿。柳传志就“民营企业转型与核心竞争力问题”发表的演讲高屋建瓴、鞭辟入里。尹明善以“民营企业的社会责任”为主题进行的演讲情绪饱满、慷慨激昂，引起了与会嘉宾的强烈共鸣。

中央电视台经济频道在高层论坛现场录制了一期特别节目。全国工商联副主席孙晓华、刘沧龙、张元龙、刘迎霞等 12 位嘉宾及百余位各级工商联领导干部、民营企业家、专家学者就民营经济 30 年的发展经验、民营经济当前的形势和对策以及民营企业的对策和责任等话题展开了气氛热烈、激情四射的对话。

本次论坛在社会各界赢得热烈反响。中央电

视台经济频道《直击华尔街风暴》直播节目推出系列报道《坚定信心促发展》，于26日晚黄金时间播出了45分钟的专访，聚焦中国民营经济发展30年高层论坛，探讨金融危机下民营企业发展的契机，获得较高评价。北京大学民营经济研究院常务副院长单忠东作为该节目唯一嘉宾进行说明和点评。

中央电视台中文国际频道《中国新闻》栏目以“全国工商联主席黄孟复：民企尽量不要裁员”为题对高层论坛的举办进行了报道。香港凤凰卫视《资讯大陆》栏目27日以“民企盼降税减负渡经济危机”为题报道了本次高层论坛。中央电视台四套节目27日用15分钟专门播放了论坛第二阶段改革开放30年民营企业系列成就颁奖典礼的报道。

论坛由中共中央统战部副部长、全国工商联党组书记、第一副主席全哲洙主持。来自各地的民营企业家、政府官员、专家学者等近600人出席论坛。

（全国工商联宣教部　供稿）

第五次“大型民营企业首脑沙龙”在江苏同里举办

为集中听取大型民营企业对当前经济形势的判断与对国家出台政策措施的意见，2008年11月6日，全国工商联在江苏同里举办第五次“大型民营企业首脑沙龙”。

此次沙龙的主题是：对当前国际金融危机和国内经济形势前景的分析和判断、民营企业发展的应对之策；回顾改革开放30年民营企业发展历程，总结经验教训及对未来发展的思考。

来自恒安集团、新华联集团、上海复星、海航集团、力帆集团、科瑞集团、新希望集团等34家国内大型民营企业董事长出席了沙龙。参会企业家围绕着国际金融危机对我国实体经济的影响、民营企业目前的困难以及应对策略，改革开放30年来民营企业的发展之路等问题展开了热烈的讨论。会后，对企业家观点进行整理并形成“民营企业家对当前经济形势的看法及建议”报中央统战部。

（全国工商联经济部　供稿）

2007年度上规模民营企业调研工作圆满完成

2008年是全国工商联进行上规模民营企业调研的第10年，“上规模民营企业”的入围门槛从最初1998年的企业年营收总额9000万元人民币上调到2007年的3亿元人民币，2007年入围“上规模企业”共2950家。

十年间，中国民营经济在国民经济中的地位不断提升，社会影响力不断扩大，对社会的贡献也日益显著；民营企业在国民经济各个领域不断壮大，在规模、盈利、管理等方面实现了巨大的飞跃。对上规模民营企业十年来的连续调研，为进一步了解民营经济发展动态，研究和制定民营经济政策法规，促进民营企业健康成长提供了坚实的实践依据。

2008年2月28～29日，全国工商联在杭州举办了全国工商联上规模民营企业调研统计培训班，主要围绕财务管理、数据统计和纠错、报告撰写等内容进行了培训，并征求了各地经济部门对上规模调研工作的意见和建议。

（全国工商联经济部　供稿）

全国工商联科学技术奖申报工作启动

2008年初，全国工商联主席办公会批准筹备设立全国工商联科学技术奖，启动了相关筹备工作，向国家奖励办公室正式提出申请设立“中华全国工商业联合会科学技术奖”，并于10月获批。经主席办公会审定，把商会推荐2008年度“国家科技进步奖”的6个项目作为2008年度全国工商联科技进步奖一等奖项目，在全国工商联十届二次执委会上进行了颁奖。

“2009年度全国工商联科技进步奖”的申报工作也已开始。为提高申报工作的质量，11月20日我部在北京举办了由各地工商联干部、有关直属行业商会、协会、企业人员参加的申报科技奖培训班，编制了网上申报的软件，建立了有几百位各领域专家的专家库。

（全国工商联经济部　供稿）

大事记[①]

DSJ

1月

1日，黄孟复主席，宋北杉、褚平、孙安民、孙晓华、沈建国、谢经荣副主席在全国政协出席新年茶话会。

4日，宋北杉副主席在职工之家出席全国双拥模范城（县）命名暨双拥模范单位暨个人表彰大会。

同日，褚平副主席在机关主持召开第1次主席专题办公会议，研究落实举办2007年度中国民营经济发展形势分析会暨2008年全国工商联新春招待会等有关工作。

同日至13日，孙安民副主席率北京市政府代表团赴美国访问。

6日至8日，商会与国家林业局、中国光彩会在广西南宁联合举办“第四期民营企业家林业培训班”。

7日至9日，谢经荣副主席赴澳门出席中华总商会95周年庆典活动。

8日，中央统战部杜青林部长、黄跃金副部长等一行4人到商会机关走访，并与主要领导同志座谈。中央统战部办公厅主任安七一、五局局长王永庆陪同走访。黄孟复主席，全哲洙书记，宋北杉、褚平、孙晓华、沈建国副主席参加座谈。

10日，孙晓华副主席在北京华贸中心出席“2008企业发展论坛”。

11日，黄孟复主席、宋北杉副主席在钓鱼台国宾馆出席第三届“心美丽·自非凡”慈善晚会。会员部负责同志参加晚会。

12日，宋北杉、褚平副主席在北京八宝山殡仪馆参加严克强同志遗体送别仪式。机关部分同志参加送别仪式。

14日至15日，全哲洙书记在京出席全国统战部部长会议。

16日，黄孟复主席在机关主持召开第1次主席办公会议，研究了以下议题：①审定全国工商联2008年度工作要点；②审定全国工商联十届二次主席会议议题；③研究确定全国工商联十届一次常委会议召开地点；④审定推荐国家第二批扶贫龙头企业名单；⑤听取“2007年度民营经济形势发布会暨全国工商联2008年新春招待会”筹备工作汇报；⑥研究全国工商联2008年度政协团体提案选题建议；⑦审定全国工商联“十大”期间先进个人奖励名单；⑧有关人事问题。全哲洙书记，宋北杉、褚平、孙安民、孙晓华、沈建国、谢经荣副主席出席会议。有关部门主要负责人列席会议。

同日，全哲洙书记在人民大会堂出席中国侨商投资企业协会成立大会。

同日，褚平副主席在机关主持召开对口支援西藏自治区工商联有关工作协调会。

同日，黄孟复主席、孙安民副主席在机关会见四川仪陇县委书记一行。

17日，民营经济形势与非公有制经济发展座谈会在机关召开。黄孟复主席、全哲洙书记、谢经荣副主席出席会议。中国社科院研究所研究员张卓元、本会副主席林毅夫、国家发改委经济体制综合司司长孔泾源、国务院研究室综合司副司长刘应杰、国家工商总局个体私营经济监管司副司长潘海民等专家学者以及中国民间商会副会长郑跃文、民生银行副行长洪崎等企业家出席会议。

同日，褚平副主席在政协礼堂参加全国政协教科文卫体委员会全体委员会议。

① 本部分内容由全国工商联办公厅供稿。

同日，沈建国副主席在机关出席法律部召开的征集《社会保险法（草案）》修改意见座谈会。座谈会由法律部王瑗部长主持。

18日，中国人权发展基金会第二届全国理事会在京召开。黄孟复主席出席会议并当选为新一届理事会理事长。

19日至20日，黄孟复主席赴南京出席陈邃衡同志遗体告别仪式。

21日，黄孟复主席在全国政协出席全国政协主席会议。

同日，黄孟复主席，全哲洙书记，宋北杉、褚平、孙安民、谢经荣副主席前往北京医院看望孙起孟、经叔平同志。

22日至25日，黄孟复主席出席全国政协常委会议。

同日，黄孟复主席，全哲洙书记，宋北杉、褚平、孙安民、谢经荣副主席到家中看望王光英、孙孚凌同志。

同日至24日，沈建国副主席分别到千喜鹤食品有限公司、汇源饮料集团有限公司和苏宁电器股份有限公司北京分公司等三家在京企业进行调研，了解贯彻落实劳动合同法的情况。

23日，黄孟复主席，全哲洙书记，宋北杉、褚平、孙安民、孙晓华、沈建国、谢经荣副主席在中央统战部出席各民主党派中央、全国工商联在京领导同志迎春餐叙会。

同日，谢经荣副主席在机关会见了海内外华人友好商会秘书长、香港观塘工商业联合会会长许镇江先生等一行10人。

25日，商会机关在华侨大厦举办新春联欢会。黄孟复主席，全哲洙书记，宋北杉、褚平、孙晓华、沈建国、谢经荣副主席，机关全体干部职工、各直属单位代表和离退休干部代表参加了联欢会。

28日，黄孟复主席、孙安民副主席在机关会见了前来拜会的毕节地委副书记、地区行署专员秦如培等一行。

同日，孙安民副主席在中央统战部出席由中国光彩事业促进会召开的迎春联谊会。

29日，黄孟复主席率领工商联会员企业的代表到北京市延庆县，慰问当地的老工商业者和贫困家庭。褚平、孙安民副主席，有关部门负责人和全国工商联新能源商会、农产业商会负责人参加了慰问活动。

30日，黄孟复主席，全哲洙书记，宋北杉、孙安民、沈建国副主席在中央统战部出席反腐倡廉工作情况通报会。

同日，全哲洙书记在人民大会堂出席中组部召开的在京老同志新春茶话会。

31日，全国工商联十届二次主席会议在北京王府井大饭店召开。黄孟复主席主持会议。会议有4项议题：①传达学习胡锦涛总书记在各民主党派中央、全国工商联新老主要领导人座谈会上的讲话，学习贾庆林主席在全国工商联新老领导班子成员座谈会上的讲话；②审议《全国工商联关于进一步发挥兼职副主席作用的意见》；③审议《全国工商联常委、执委工作制度》；④审议《全国工商联各专门委员会主任建议名单》。全哲洙书记，宋北杉、褚平、孙安民、孙晓华、沈建国、谢经荣副主席及各位兼职副主席出席会议。

同日，由商会宣教部、央视国际携手打造的以民族复兴为主题，以30年改革开放为主脉络的全新网络栏目《复兴讲堂》在北京五洲大酒店国际会议中心举行揭幕仪式。黄孟复主席出席仪式并为栏目揭幕。孙晓华副主席在仪式上致辞。部分兼职副主席、中国民间商会副会长、全国知名企业家和学者以及宣教部负责同志参加仪式。

同日，全国工商联2007年度中国民营经济发展分析会在北京五洲大酒店国际会议中心举行。国家有关部门负责同志、有关专家学者、企业家和部分驻华使领馆、海外工商社团及工商界人士、首都各大新闻媒体的记者等300余人参加了会议。晚上，与会代表在会议中心参加了“2008年全国工商联新春招待会”。黄孟复主席发表新春致辞，宋北杉副主席主持招待会。全哲洙书记，宋北杉、褚平、孙安民、孙晓华、沈建国、谢经荣副主席出席分析会和招待会。机关各部门有关负责同志参加分析会和招待会。

2月

1日，黄孟复主席在机关会见了国家统计局局长谢伏瞻等一行4人。谢经荣副主席，研究室、经济部主要负责同志参加了座谈会。

3日，内蒙古东达蒙古王集团向雨雪冰冻灾区捐赠仪式在机关礼堂举行。黄孟复主席，全哲洙书记，国家民政部党组成员、纪检组组长刘光和，孙安民副主席，国家民政部救灾救济司专员李全茂，内蒙古自治区工商联主席田震，内蒙古东达蒙古王集团董事长赵永亮出席捐赠仪式。会后，黄孟复主席接受了新华社记者采访。捐赠仪式由孙安民副主席主持，商会部分干部、在京的内蒙古自治区的民营企业家和首都部分新闻媒体的记者参加了捐赠仪式。

同日，黄孟复主席、全哲洙书记在中南海出席中共中央召开的党外人士迎新春座谈会。

5日，黄孟复主席、宋北杉、褚平、孙安民、孙晓华、沈建国、谢经荣副主席出席在人民大会堂举行的2008年春节团拜会。

15日，黄孟复主席、全哲洙书记出席中央统战部召开的协商会。

19日，全国工商联推荐2008年度国家科学技术进步奖评审会议在机关召开，孙安民副主席出席会议。会议在专家初审的基础上，对候选项目进行会议评审。来自中国工程院、天津大学、清华大学、国家知识产权局、教育部和联想投资有限公司等单位的负责人参加会议。会议由经济部欧阳晓明部长主持。

21日，黄孟复主席在机关主持召开第2次主席办公会议，研究了以下议题：①审议中国特色社会主义学习教育活动方案；②审议全国工商联2008年至2012年教育培训规划；③听取2007年机关干部职工年度考核情况汇报；④审议全国工商联2008年度科学技术进步奖推荐项目；⑤听取全国政协工商联界别组会议期间工作方案汇报；⑥审定政协大会发言题目并确定发言人；⑦听取全国工商联新办公楼初步设计方案等有关问题的汇报；⑧审议全国工商联机关服务中心分离和独立运行方案。全哲洙书记，宋北杉、褚平、孙安民、孙晓华、沈建国、谢经荣副主席出席会议。有关工作部门负责同志列席会议。

同日，全哲洙书记在人民大会堂出席中共中央举办的元宵节联欢晚会。

22日，黄孟复主席、全哲洙书记、褚平副主席在机关会见湖南省工商联负责人，并听取工作汇报。

25日，孙安民副主席出席在人民大会堂举办的东北中小企业股份有限公司成立大会暨揭碑仪式。

27日，黄孟复主席、全哲洙书记出席中央在中南海召开的民主协商会。

同日，褚平副主席在机关主持召开第2次主席专题办公会议。会议研究了以下议题：①通报2007年预算执行情况；②布置编制2008年执行预算。机关各部门负责同志出席会议。

28日至29日，商会在杭州举办第三次上规模民营企业调研培训班。来自31个省级工商联，浙江7个地级市工商联，杭州13个区级工商联的同志共计60人参加了培训。

同日，确定了5个奖励项目作为全国工商联2008年度国家科技进步奖推荐项目，报国家科学技术奖励办公室。

29日，黄孟复主席出席在人民大会堂举行的纪念周恩来同志诞辰110周年座谈会。

同日，宋北杉副主席在全国政协出席全国政协十一届一次会议大会发言有关事宜协调会。

3月

1日，孙晓华副主席出席在文华大厦举办的中央社会主义学院春季开学典礼。

2日，黄孟复主席，全哲洙书记，宋北杉、褚平、孙安民、孙晓华、沈建国、谢经荣副主席出席中央统战部举办的各民主党派中央、全国工商联与各省、自治区、直辖市统战部部长联谊会。

3日至14日，黄孟复主席，全哲洙书记，宋北杉、孙晓华、沈建国副主席在京出席全国政协十一届一次会议。

同日，商会在京丰宾馆召集工商联界别的全国政协委员召开会议。全哲洙书记就进一步提高工商联界别政协委员思想认识、更好地履行委员职责、参加好大会作动员讲话。

4日，中共中央政治局常委、十届全国人大常委会委员长吴邦国参加了政协工商联、民建界别联组会，与委员们座谈并发表重要讲话。黄孟复主席，全哲洙书记，宋北杉、褚平、孙安民、孙晓华、沈建国、谢经荣副主席及工商联界别的委员参加会议。会议由全国政协副主席张榕明主持。

同日，黄孟复主席在央视《新闻会客厅》栏目谈和谐劳动关系。

5 日至 19 日，褚平、孙安民、谢经荣副主席在京参加十一届全国人大一次会议。

6 日，中央统战部和全国工商联在中央统战部礼堂举办部分全国人大代表、政协委员中非公有制经济代表人士招待会。全哲洙书记主持会议，中央统战部胡德平副部长发表讲话，卢志强副主席代表民营企业发言。中央统战部杜青林部长、黄跃金副部长，黄孟复主席以及商会副主席和中国民间商会副会长出席会议。

13 日，中华红丝带基金（以下简称“基金”）一届三次理事会在北京召开。全国政协副主席、全国工商联主席、基金理事会名誉理事长黄孟复出席会议并发表讲话。商会九届副主席、党组副书记、原基金理事会理事长张龙之同志主持会议。有关领导、嘉宾，基金理事会理事、会员共 48 人出席会议。

17 日，全哲洙书记在中央统战部出席情况通报会。

18 日，黄孟复主席，宋北杉、褚平、孙安民、沈建国、谢经荣副主席在中央统战部出席情况通报会。

19 日，褚平、孙安民、谢经荣副主席在人民大会堂参加全国人大常委会议。

同日，褚平副主席在人大会议中心参加全国人大内务司法委员会会议。

同日，沈建国副主席在机关出席由商会法律部组织召开的征求劳动合同法实施条例意见的小型座谈会，会议由法律部白莲湘副部长主持。有关民营企业和律师事务所的同志参加会议，并围绕劳动合同法实施条例草案提出了修改意见。

同日，谢经荣副主席在机关主持召开第 3 次主席专题办公会议，召集机关各工作部门负责同志对 2008 年调研工作计划进行讨论。

20 日，谢经荣副主席在机关会见澳门中小企业协进会理事长欧宗杰先生。

同日，全国工商联机关召开会议，为“十大”期间表现突出的先进个人颁奖。会议由褚平副主席主持。宋北杉副主席在会上发表讲话。

21 日，黄孟复主席在机关主持召开第 3 次主席办公会议。会议有以下议题：①审定《全国工商联机关 2007 年经费预算执行情况及 2008 年经费执行预算报告（建议稿）》；②审定全国工商联与苏宁电器集团合作建全国工商联办公楼协议书；③审定《全国工商联专门委员会工作规则》；④审定《设立全国工商联民营企业技术创新奖（暂定名）初步设想》；⑤审定《改革开放三十周年纪念活动方案》；⑥审定全国工商联十届一次常委会议议题、时间；⑦审定《全国工商联 2008 年度调研计划》；⑧审定《关于评选表彰工商联系统先进单位和先进工作者的通知》；⑨审定《中华全国工商业联合会直属行业商会章程范本（修改稿）》；⑩审定人事事项。全哲洙书记，宋北杉、褚平、孙安民、孙晓华、沈建国、谢经荣副主席出席会议，机关有关工作部门负责同志列席会议。

23 日至 4 月 1 日，孙晓华副主席赴四川、重庆、广东、广西等地就学习教育活动试点和思想政治工作进行调研。

同日至 26 日，受全国人大财经委的委托，谢经荣副主席陪同接待了老挝国会主席通邢访华。23 日，谢副主席代表吴邦国委员长在首都国际机场迎接通邢主席来访；24 日，谢副主席分别陪同吴邦国委员长、温家宝总理会见了通邢主席，并出席了欢迎宴会；25 日，谢副主席陪同路甬祥副委员长会见了通邢主席，并出席午宴；26 日，谢副主席在首都国际机场送通邢主席离开北京。

25 日，“推进科技银行工作协调会”在机关召开。黄孟复主席、科技部万钢部长、北京市吉林常务副市长、上海市沈晓明副市长等领导出席了会议。参加会议的还有九三学社、科技部、银监会以及北京市、上海市有关部门的负责人。协调会由孙安民副主席主持。

同日，褚平副主席在北京出席了由中央统战部召开的中央智力支边协调小组会议，各民主党派中央、全国工商联负责智力支边工作的领导同志参加了会议。会议由中央统战部胡德平副部长主持。扶贫部有关负责同志参加会议。

同日，褚平副主席在国务院小礼堂出席国务

院召开的廉政工作会议。

同日，孙安民副主席在人大会议中心参加全国人大法律工作委员会会议。

同日至28日，沈建国副主席赴陕西就《劳动合同法》等法律实施情况进行调研。

26日，黄孟复主席在机关会见了韩中友好协会会长、锦湖韩亚集团董事长朴三求先生一行8人。谢经荣副主席、全国工商联旅游商会会长王平、会员部部长刘红路和联络部副部长吕绍欣等陪同会见。

28日，宋北杉、褚平副主席在中央统战部参加涉藏工作会议。

同日，宋北杉副主席在中央统战部出席中央有关精神传达会。

同日，宋北杉副主席在中央统战部出席党外人士情况通报会。

29日，谢经荣副主席代表商会在中央统战部礼堂参加全国政协副主席、中央统战部部长杜青林会见日本旭化成株式会社社长蛭田史郎一行的外事活动。扶贫部负责同志陪同参加会见活动。

30日至31日，全国省级工商联研究室主任会议在重庆召开。谢经荣副主席、中国民（私）营经济研究会会长保育钧、中央统战部五局副局长吴晓礼出席会议。谢经荣副主席作了总结讲话。中国社科院研究员张厚义、北京市社科院研究员戴建中应邀出席会议。研究室有关负责同志出席会议。

同日至31日，“大湄公河次区域（GMS）经济合作第三次领导人会议”在老挝首都万象举行，温家宝总理出席了会议。“GMS工商和投资对话会”及“GMS国家领导人和亚行行长与工商界人士对话会”作为配套活动在会议期间举行。商会作为组成单位之一参加了这次活动。

31日至4月3日，宋北杉副主席赴山东就商会基层组织建设工作进行调研。

同日，褚平、孙晓华副主席在中央统战部出席情况通报会。

4月

1日，全哲洙书记在中央统战部出席情况通报会。

同日至2日，谢经荣副主席就“工商联在非公有制经济人士参与政治和社会事务中的主渠道作用”在重庆调研。研究室有关负责同志陪同调研。

3日，黄孟复主席在上海对浦东新区科技投融资体系进行考察。商会经济部部长欧阳晓明陪同考察。

同日，全哲洙书记在机关主持召开第4次主席办公会议，会议讨论了有关农村改革发展问题的意见建议。宋北杉、褚平、孙安民、孙晓华、沈建国、谢经荣副主席出席会议。办公厅、研究室、宣教部主要负责同志列席会议。

7日，孙晓华副主席在全国政协参加全国政协提案委员会会议。

8日，褚平副主席在机关主持召开第4次主席专题办公会议，听取机关各部门关于四月份主要工作计划的汇报，与各部门负责人进行了探讨，并下达了2008年部门执行预算。机关各部门主要负责同志出席会议。

9日，黄孟复主席、全哲洙书记在中央统战部出席党外人士座谈会。

同日至10日，全国工商联数据库建设暨统计工作会议在北京京民大厦召开，褚平副主席出席会议并作讲话。会员部、扶贫部及各省级工商联有关同志参加会议。

同日至11日，全国工商联经济服务工作座谈会在江西南昌召开。孙安民副主席出席会议并作重要讲话。江西省政协副主席、省委统战部长宋晨光到会并致辞。会议由经济部欧阳晓明部长主持。来自全国各省（区、市）、新疆生产建设兵团和副省级城市工商联分管经济工作的负责人共100余人出席了会议。会议期间，与会同志还参观考察了泰豪集团、蓝天学院等民营企业。

10日，黄孟复主席、褚平副主席在机关听取商会副主席、天津市工商联主席张元龙汇报工作。

同日，褚平副主席在人大会议中心参加全国人大内务司法委员会第二次全体会议。

11日，褚平副主席在人民大会堂参加中共中央举办的纪念王震同志诞辰100周年座谈会。

13日，黄孟复主席出席在北京翠明庄宾馆召开的中华红丝带基金一届三次理事会并作重要讲话。

15 日，黄孟复主席，全哲洙书记，褚平、沈建国副主席在机关会见了到访的最高人民法院院长王胜俊，最高人民法院副院长万鄂湘，最高人民法院政治部主任李克一行。有关部门负责同志陪同会见。

16 日，黄孟复主席在办公室会见了河南省政协副主席、省工商联主席梁静一行。随后，梁静主席一行向全哲洙书记、褚平副主席进行了工作汇报。

同日，全哲洙书记、褚平副主席前往北京市西直门桃园小区实地考察了全国工商联新办公楼所在地块，并参观了相邻的北京市党派大楼。办公厅王建设主任、秦臻副主任及北京市工商联党组书记吴杰陪同考察参观。

同日，沈建国副主席在中央党校出席“杭州市非公有制经济人士中央党校培训班”开班式。

同日，谢经荣副主席在人大会议中心参加全国人大财经委会议。

17 日，黄孟复主席在机关主持召开第 5 次主席办公会议，会议研究了有关人事事项。全哲洙书记，褚平、孙安民、孙晓华、谢经荣副主席出席会议。办公厅、人事部主要负责同志列席会议。

同日，黄孟复主席在机关会见了前来拜访的中共四川巴中市市委书记李仲彬，市委常委、市委统战部部长宣迅，市政协副主席、工商联主席杨白华等一行。孙安民副主席陪同会见。

同日至 20 日，中华红丝带基金与中国红丝带网共同主办“关爱中华红丝带家国孩子们心理健康教育”活动。

18 日至 19 日，黄孟复主席、褚平副主席赴天津出席第十五届中国天津投资贸易洽谈会。

19 日，黄孟复主席、孙晓华副主席在北京中国人民大学出席中国民营企业创业论坛。

同日，“创业讲堂”全国演讲活动拉开帷幕，黄孟复主席出席启动仪式并寄语大学生为祖国建功立业。

21 日，黄孟复主席在全国政协会见厅会见了应全国政协外事委员会邀请访华的巴巴多斯参议员马韦勒夫妇。全国政协常委、外事委员会副主任武大伟同志等陪同会见。

同日至 25 日，全哲洙书记赴湖北就民营企业落实科学发展观情况进行调研。

同日，沈建国副主席在全国总工会出席“贯彻落实党的十七大精神，全面推进厂务公开民主管理工作”电视电话会议。

22 日至 25 日，褚平、孙安民副主席在京参加全国人大常委会议。

23 日，谢经荣副主席在中国国际展览中心参观第五届中国数控机床展览会。

24 日，黄孟复主席在机关主持召开第 6 次主席办公会议，审定中华工商联合出版社有限责任公司董事长人选等有关事项。宋北杉、褚平、孙晓华、谢经荣副主席出席会议。办公厅、宣教部、人事部主要负责同志列席会议。

同日，黄孟复主席，宋北杉、褚平、孙安民、谢经荣副主席在中央统战部出席中央统战部召开的情况通报会。

同日至 5 月 8 日，黄孟复主席，宋北杉副主席赴坦桑尼亚、纳米比亚和毛里求斯访问。

同日，全国工商联直属行业商会秘书长会议在机关举行。宋北杉副主席出席会议并发表讲话。会议由会员部刘红路部长主持。各直属行业商会秘书长（秘书处负责人）及会员部有关同志参加会议。

25 日，褚平副主席在机关主持召开全国工商联新办公楼建设领导小组会议。办公厅王建设主任、秦臻副主任，基建办相关工作人员及苏宁集团负责同志参加会议。

同日至 27 日，孙晓华副主席赴南京召开部分省市宣传工作通气会。

26 日至 5 月 2 日，孙安民副主席赴武汉、南京出席“第三届中国中部投资贸易博览会”和“2008 年中国—南京重大项目投资洽谈会”。

27 日，由全国工商联和南京市人民政府联合主办的“2008 南京重大项目投资洽谈会”在南京金陵饭店隆重开幕。孙安民副主席，赵克志、朱善璐、丁解民、蒋宏坤、李仁等江苏省、南京市的领导出席了开幕式。

28 日，褚平副主席在机关主持召开会议，对叶宝珊同志治丧工作和全国工商联 2008 年承办“两会”建议、提案工作进行了布置。机关各部门负责同志参加会议。

29 日，全哲洙书记在人民大会堂出席纪念中共中央发布“五一口号”六十周年座谈会。

同日，褚平副主席在人民大会堂出席庆祝“五一”国际劳动节大会。

同日，褚平副主席在北京中国剧院出席庆祝“五一”国际劳动节文艺晚会。

同日，谢经荣副主席在国安剧场出席纪念中共中央“五一口号”发布六十周年晚会。

30 日，孙晓华副主席在九三学社中央出席九三学社中央书画院成立仪式。

同日，叶宝珊同志遗体送别仪式在北京八宝山革命公墓礼堂举行。全国政协原副主席、商会原副主席孙孚凌；全哲洙书记，褚平、沈建国、谢经荣副主席；商会离退休干部及机关同志等参加了叶宝珊同志遗体送别仪式。

5 月

4 日至 8 日，孙晓华副主席赴宁波出席“2008 中国青年创业创新高端论坛”并进行调研，随后赴南昌为工商联培训班讲课。

同日至 8 日，沈建国副主席赴福建就《劳动合同法》实施情况进行调研。

同日至 11 日，谢经荣副主席率团赴美国出席联合国可持续发展委员会第十六次会议。

9 日，黄孟复主席、全哲洙书记在机关分别会见了山东省工商联和济宁市人民政府有关负责同志。褚平、孙安民副主席，经济部欧阳晓明部长陪同会见。

同日，黄孟复主席，全哲洙书记，宋北杉、孙安民、沈建国副主席在王府井大饭店会见并宴请了以香港中华厂商联合会会长尹德胜为团长的代表团一行 40 余人。

同日，全哲洙书记，孙晓华副主席在机关会见了吉林出版集团董事长、总经理周殿富一行。宣教部、人事部负责同志及中华工商联合出版社有限责任公司的有关同志参加会见。

12 日至 16 日，宋北杉副主席赴广州出席“第十二届中国烘焙展览会”并在当地调研。

13 日，黄孟复主席在机关主持召开紧急会议，研究关于对四川地震灾区的救援工作。褚平、孙安民副主席，会员部、扶贫部负责同志参加会议。

同日，孙安民副主席在中央统战部出席中国光彩事业促进会、中国光彩事业基金会向四川地震灾区捐赠仪式。在仪式上，中国光彩会向四川地震灾区捐赠第一批救灾款 2220 万元人民币。

14 日，黄孟复主席在机关主持召开会议，听取了各地民营企业向地震灾区捐款捐物的情况汇报，并研究了 5 月 15 日全国工商联抗震救灾捐赠仪式的方案，对下一步做好捐助活动和宣传报道、信息报送工作作出安排。褚平、孙安民副主席，办公厅、会员部、宣教部、扶贫部负责同志参加会议。

同日，黄孟复主席在机关会见了中国前外交官联谊会会长、外交部前副部长吉佩定一行 4 人。孙安民、谢经荣副主席陪同会见。研究室、经济部、联络部负责同志参加了会见。

15 日，全国工商联会员企业向四川地震灾区捐赠仪式在机关礼堂举行。黄孟复主席，中央统战部胡德平副部长，孙晓华、沈建国、谢经荣副主席出席会议。会议由孙安民副主席主持。17 家民营企业现场捐赠了总额 3040 万元人民币、10 万元港币和价值 700 万元的物资，商会领导、机关及直属企事业单位干部职工现场捐资 25.507 万元。中央统战部、北京市工商联的有关负责同志，部分直属会员企业和直属行业商会负责人，首都新闻界近 100 人参加捐赠仪式。

同日，褚平副主席在中央统战部参加中央统战部召开的保密工作会议。

18 日，黄孟复主席出席在河北廊坊举行的“中国廊坊科技创新及现代服务业投资洽谈会”。

19 日，黄孟复主席在机关主持召开第 7 次主席办公会议，听取各部门关于抗震救灾工作的汇报，研究部署下一阶段的抗震救灾工作。全哲洙书记，宋北杉、褚平、孙安民、孙晓华、沈建国、谢经荣副主席出席会议。办公厅、会员部、人事部、经济部、扶贫部、宣教部的主要负责同志列席会议。

同日 14 时 28 分，黄孟复主席在全国政协机关向四川汶川大地震遇难同胞默哀。

同日 14 时 28 分，机关全体干部职工在机关默哀 3 分钟，以表达对四川汶川大地震遇难同胞的深切哀悼。全哲洙书记，宋北杉、褚平、孙安民、孙晓华、沈建国、谢经荣副主席参加哀悼仪式。

20日，全哲洙书记在机关召开民营企业落实科学发展观座谈会。研究室、经济部、法律部的相关领导出席会议。北京市工商联党组书记吴杰、部分直属行业商会负责人、部分北京市民营企业家参加了座谈会。

同日，受黄孟复主席和全哲洙书记委托，孙安民副主席一行抵达成都，与四川省政府就全国工商联系统参与灾区重建进行对接和谋划。

同日，谢经荣副主席在机关会见了以香港中华总商会副会长张成雄先生为团长的香港餐务管理协会代表团一行40余人。这是该会第一次组团到内地访问。联络部、会员部等部门负责同志陪同会见。

21日，全哲洙书记在机关会见了美中经贸投资总商会美国东部地区主席邓明臣和会长周荏钐钧等一行4人。联络部、经济部等部门负责人陪同会见。

同日，孙安民主席从成都出发，赴德阳市、绵竹市、什邡市和洛水县龙门山镇看望遭受重灾仍坚持奋战在抗震救灾第一线的工商联干部职工和民营企业。22日，孙副主席在成都郊区温江区会见了带队前来支援灾区的天津市工商联党组书记马文举和随行的民营企业家一行；在四川省人民政府与黄小祥副省长就全国工商联和民营企业今后参与四川地震灾区恢复重建工作进行商谈，并提出了有关工商联、民营企业参与灾区重建的意见和建议；在返京前专程到成都太平寺空军机场救灾物资货运场，看望由民营企业职工组成的抢运救灾物资突击队队员。

22日，褚平副主席在机关听取天津市政府领导关于举办“天津融洽会”有关情况汇报。

同日，孙晓华副主席在北京听取重庆市工商联领导同志汇报“2008全国知名民营企业重庆行”有关事宜。宣教部部长高庆林、经济部副部长罗力汇报时在座。

23日，黄孟复主席在机关主持召开第8次主席办公会议，研究了以下议题：①审定全国工商联十届一次常委会议方案（送审稿）；②审议全国工商联十届三次主席会议议程（草案）；③审议有关全国工商联执委、常委替补事项；④听取孙安民副主席赴四川地震灾区慰问受灾民营企业情况通报；审定调整全国工商联扶贫工作领导小组方案；⑤审议全国工商联统计工作管理办法（试行）；⑥审议关于《中华工商时报》社发起成立全联网股份公司事宜。全哲洙书记，宋北杉、褚平、孙安民、孙晓华、沈建国、谢经荣副主席出席会议。办公厅、会员部、扶贫部、宣教部的主要负责同志列席会议。

同日，全国政协主席会议在北京召开。黄孟复主席出席会议，宋北杉副主席列席会议。

26日，黄孟复主席一行到中国证券市场研究中心（联办）进行调研，就当前我国宏观经济形势与有关专家进行了座谈。出席会议的有联办的专家，中国宏观经济学会秘书长王健、中国体改研究会秘书长石晓敏以及国家发改委中小企业司的有关同志。陪同黄孟复主席调研的有谢经荣副主席，研究室、经济部等部门负责同志。

同日，褚平、沈建国、谢经荣副主席出席在中央统战部举行的抗震救灾情况通报会。办公厅、研究室、会员部、宣教部、扶贫部的负责同志列席会议。

同日至28日，孙安民副主席赴甘肃地震灾区慰问受灾的民营企业。

同日，经济部与中华财务会计咨询公司在机关礼堂召开“中华工商上市公司财务指标指数”通报会，共同发布了“中华工商上市公司财务指标指数”。

27日，黄孟复主席，褚平副主席出席在人力资源和社会保障部举办的“2008民营企业招聘周”启动仪式。扶贫部的相关同志参加了启动仪式。

同日，黄孟复主席在人民大会堂出席胡锦涛主席为韩国总统李明博访华举行的欢迎仪式。

同日，黄孟复主席在中央统战部出席“世茂集团捐建地震灾区百家爱心医院仪式”。在捐建仪式上，商会副主席、世茂集团董事局主席许荣茂代表世茂集团捐款1亿元，用于在地震灾区建设100家爱心医院。

同日起，商会与中国光彩会组织“光彩数字电影抗灾爱心宣传队”，在四川地震灾区为数百个灾区乡镇县放映了近8000场免费公益电影。

28 日，黄孟复主席在机关会见了韩国全国经济人联合会会长、晓星集团董事长赵锡来一行 6 人。经济部、扶贫部、联络部负责同志陪同会见。

同日，黄孟复主席在北京出席“中国泛海集团支援抗震救灾捐赠仪式”，代表中国光彩事业促进会接受泛海集团董事长卢志强及泛海集团捐款 2.0378 亿元。

同日，宋北杉副主席在中纪委出席抗震救灾资金物资监管工作汇报会。

29 日至 31 日，黄孟复主席陪同中共中央政治局常委、全国政协主席贾庆林在四川地震灾区看望慰问干部群众。

同日，商会在机关举办专题讲座，邀请中国社会科学院工业经济研究所所长吕政作题为“科学发展观与非公经济的发展”的讲座。讲座由宋北杉副主席主持。全哲洙、沈建国、谢经荣副主席和机关全体干部听取了讲座。

6 月

1 日，在“六一”国际儿童节到来之际，刚从四川灾区慰问回京的黄孟复主席心念地震灾区的孩子们，特意以“你们的朋友”的身份给灾区儿童写了一封信，向他们致以节日的问候。黄孟复主席在信中写道：

“磨难铸造坚强，坚强成就希望。前几天在灾区，我又看到了你们在帐篷中认真学习的身影，听到了你们琅琅的读书声，你们坚毅的眼神让我深受感动。……灾区与祖国在一起，四川与世界在一起。地震震不断爱的传递。……孩子们，请擦干眼泪，振奋精神，迎接美好的明天。”

同日，黄孟复主席还委托四川省、成都市、德阳市在机关的全体会领导与全国“光彩书库”、四川通安物流公司的同志们一道，为绵竹东汽小学和彭州新兴镇小学捐赠了 6000 余本少儿课外图书。为孩子们送去了节日的礼物。

2 日，黄孟复主席在机关主持召开第 9 次主席办公会议，研究了以下议题：①讨论下一步抗震救灾工作；②讨论黄孟复主席在十届一次常委会议上的讲话稿；③审议《全国工商联关于进一步做好抗震救灾工作的决议》（草案）；④审议《关于加强全国工商联执委会自身建设的意见》（征求意见稿）。全哲洙书记，宋北杉、褚平、孙安民、孙晓华、沈建国、谢经荣副主席出席会议。机关各部门主要负责同志列席会议。

3 日，黄孟复主席在机关主持召开第 10 次主席办公会议，研究了以下议题：①听取商会机关新办公楼设计方案评标情况汇报；②审议关于《中华工商时报》社发起成立全联网股份公司事宜。全哲洙书记，宋北杉、褚平、孙晓华、沈建国、谢经荣副主席出席会议。办公厅、宣教部、法律部的主要负责同志列席会议。

同日，黄孟复主席在机关听取了商务部等单位关于我国“走出去”的情况汇报。谢经荣副主席，研究室、经济部、联络部负责同志参加会议。

4 日，谢经荣副主席主持召开第 5 次主席专题办公会议，对“第二届亚洲制造业论坛”的海外邀请、论坛颁奖、论坛宣传等工作进行了讨论和部署。亚洲制造业协会的负责同志参加了会议。

6 日，非公有制经济人士参加抗震救灾情况介绍会在京召开。全哲洙书记，孙安民、孙晓华副主席出席介绍会并作讲话。会议由孙安民副主席主持。研究室、扶贫部、经济部有关负责同志参加介绍会。《人民日报》、新华社、中央电视台、中央人民广播电台、《人民政协报》、《中华工商时报》、搜狐网等主流媒体记者应邀参加介绍会。

10 日，全国工商联十届三次主席会议在长沙召开。黄孟复主席主持会议。会议有 6 项议题：①审定黄孟复主席在全国工商联十届一次常委会议上的讲话；②审议《全国工商联十届一次常委会议关于积极参加抗震救灾和灾后重建工作的决议》（草案）；③审议《全国工商联专门委员会工作规则（修订草案）》和《全国工商联专门委员会调整和增设方案》（草案）；④审议人事事项；⑤审议《关于加强全国工商联执委会自身建设的意见（征求意见稿）》；⑥审议通过全国工商联十届一次常委会议议程（草案）、日程（草案）和分组及小组召集人名单（草案）。

同日至 12 日，商会与天津市人民政府和美国企业成长协会共同主办了“第二届中国企业国际融资洽淡会”，孙安民副主席出席了开幕式。

11日至12日，全国工商联十届一次常委会议在长沙召开。会议期间，由孙安民副主席主持，召开了“工商联系统抗震救灾对口支援专题座谈会”，汶川地震灾区21个重灾县工商联的负责同志与对口支援的省市工商联进行了对接。

12日，沈建国副主席在京出席了最高人民法院召开的各民主党派和全国工商联负责人座谈会并发表了意见。

13日，中共中央、国务院在人民大会堂召开省区市和中央部门主要负责同志会议。胡锦涛总书记、温家宝总理在会上发表重要讲话，会议由吴邦国委员长主持，贾庆林、李长春、习近平、李克强、贺国强、周永康等党和国家领导同志出席会议。黄孟复主席、全哲洙书记出席会议。

14日至20日，孙晓华副主席随全国政协调研团赴浙江、广西调研《劳动合同法》实施情况。法律部有关负责同志陪同调研。

16日，褚平副主席在机关主持召开第6次主席专题办公会议，研究了以下议题：①通报2008年1月至5月项目经费预算执行情况；②通报支持抗震救灾压缩公用经费情况；③布置编制2009年项目预算；④推行公务卡有关情况说明。机关各部门主要负责同志出席会议。

17日至19日，黄孟复主席赴福建福州出席了“中国·海峡项目成果交易会”系列活动。

同日至20日，全哲洙书记，宋北杉、褚平、孙安民、沈建国、谢经荣副主席在京参加中央统战部举办的“深入学习贯彻党的十七大精神专题研讨会”。

同日，全哲洙书记在中央社院出席“党外人士情况通报会”。

20日，黄孟复主席，全哲洙书记，宋北杉、褚平、孙安民、沈建国、谢经荣副主席在中央社院出席“深入学习贯彻党的十七大精神专题研讨会”总结交流会。

23日，黄孟复主席在机关会见美中关系全国委员会主席欧伦斯先生。中国人权发展基金会林伯承副理事长陪同会见。

同日至25日，沈建国副主席赴上海就劳动关系三方机制进行调研。扶贫部、法律部有关负责同志陪同调研。

24日，黄孟复主席，宋北杉、孙晓华副主席在全国政协出席全国政协召开的“双防”专题协商会。研究室有关负责同志参加会议。

同日至26日，褚平、孙安民、谢经荣副主席在京参加全国人大常委会议。

25日至7月1日，黄孟复主席带领全国工商联“民营企业‘走出去’”调研组赴浙江调研。

27日，沈建国副主席在机关出席商会召开的《劳动合同法》贯彻情况汇报会并讲话。会议由法律部副部长白莲湘主持。部分省工商联、行业商会、民营企业和律师事务所等熟悉相关工作的人员参加汇报会并介绍情况。

30日，全哲洙书记，宋北杉、褚平、孙安民、孙晓华、沈建国副主席在中央统战部出席情况通报会。

同日，宋北杉副主席在机关主持召开第7次主席专题办公会议，研究布置召开全国工商联组织工作会议有关工作。

7月

1日，商会在机关召开全国工商联直属行业商会参与灾后重建工作座谈会。宋北杉副主席主持座谈会。28个直属行业商会会长、秘书长、办公室主任出席会议。扶贫部、会员部负责人出席座谈会。

同日，全国工商联纪念建党87周年党课——“万众一心、抗震救灾”先进事迹报告会在机关礼堂举行。商会副主席、四川宏达集团董事长、集团党委书记刘沧龙，商会执委、江苏黄浦集团董事长陈光标，四川省绵阳市北川羌族自治县工商联党组书记尚兴琼等3位工商联系统抗震救灾先进代表在会上作了报告。宋北杉副主席主持会议并发表重要讲话。全哲洙书记，褚平、孙晓华、沈建国副主席，部分工商联老领导，机关和直属单位的全体党员、离退休老干部党员代表，机关入党积极分子、团员和干部职工150余人参加了党课。

2日，黄孟复主席，全哲洙书记，宋北杉副主席在京参加全国政协常委会议。

同日至4日，孙安民副主席赴内蒙古自治区出席全国工商联扶贫工作座谈会。

4 日，谢经荣副主席在机关会见了贵州省安顺市政协主席韦林一行。研究室、经济部有关负责同志陪同会见。

7 日，黄孟复主席，全哲洙书记，宋北杉、褚平、孙安民、孙晓华、沈建国、谢经荣副主席在中央统战部出席情况通报会。

8 日，全哲洙书记在机关主持召开会议，听取各专职副主席汇报所分管工作部门的上半年工作情况和下半年工作安排。宋北杉、褚平、孙安民、孙晓华、沈建国、谢经荣副主席出席会议。

同日，褚平副主席在机关主持召开会议，听取全国工商联各专门委员会组成情况汇报，对专门委员会人员交叉、人数过多等问题进行了协调。会议责成办公厅对各工作部门报来的委员会人员组成方案再作调整后，提交明天召开的主席办公会议审定。办公厅、研究室、会员部、宣教部、扶贫部、经济部、联络部、法律部有关负责同志参加会议。

9 日，黄孟复主席在机关主持召开第 11 次主席办公会议，研究了以下议题：①审议全国工商联新办公楼设计方案；②审定《全国工商联机关固定资产管理办法》；③审定《全国工商联内部审计工作规定》；④审定《全国工商联外事工作管理规定》；⑤审定《全国工商联专门委员会人员组成方案》；⑥审议全国工商联组织工作会议有关文件。全哲洙书记，宋北杉、褚平、孙安民、孙晓华、沈建国、谢经荣副主席出席会议。办公厅、研究室、会员部、联络部、法律部主要负责同志列席会议。

10 日至 11 日，沈建国副主席赴天津就工商联参与三方机制进行调研。

11 日至 13 日，全哲洙书记赴重庆出席“2008 中国（重庆）民营经济发展论坛暨全国知名民营企业重庆行”活动。商会经济部有关负责同志陪同前往。

12 日，“2008 中国（重庆）民营经济发展论坛暨全国知名民营企业重庆行”活动在渝开幕。来自全国各地的百余名知名民营企业家参加了活动。重庆市委书记薄熙来、市长王鸿举参加经贸合作恳谈会并会见了全哲洙书记一行。

同日，沈建国、谢经荣副主席共同主持召开第 8 次主席专题办公会议，研究工商联参与协调劳动关系三方机制有关问题。

15 日，黄孟复主席在机关召开上半年经济形势分析座谈会。孙安民副主席出席会议。国家工业和信息化部中小企业司司长王黎明、人民银行调查统计司副司长陈志理、中国社会科学院研究生院院长刘迎秋、北京航空航天大学教授任若恩、全国工商联房地产商会会长聂梅生、江西泰豪科技股份有限公司董事长黄代放、时代集团总裁王小兰、汇源饮料食品集团董事长朱新礼、物美集团董事长吴坚忠等应邀出席会议并发言。陈永杰、刘红路、高庆林、黄文夫等部门负责人出席会议。

同日至 18 日，全哲洙书记赴四川调研灾区民营企业恢复重建情况。扶贫部有关同志陪同调研。

同日，谢经荣副主席在全国人大常委会议中心出席全国人大财经委上半年经济运行情况汇报会。

同日至 16 日，经济部与法律部在中央财经大学首次举办了“全国工商联民营企业风险管理培训班”，来自全国各地工商联经济、法律工作部门的同志以及部分民营企业负责人、行业商会的管理人员参加了培训。沈建国副主席出席培训班并在开课仪式上讲话，经济部欧阳晓明部长、法律部王瑗部长等分别主持了培训课程。

16 日，褚平、孙安民副主席在京参观奥运场馆。

同日，商会在机关召开了“北京地区工商联参与协调劳动关系三方机制”座谈会。商会沈建国、谢经荣副主席出席会议，与北京市工商联及所属东城区等 11 个区县工商联相关负责人座谈。法律部部长王瑗、副部长白莲湘，北京市工商联副主席李燕平，商会研究室、扶贫部、法律部有关同志参加会议。

同日，谢经荣副主席在全国人大常委会议中心参加全国人大财经委上半年经济运行情况汇报会。

17 日，黄孟复主席，宋北杉、褚平副主席到北京医院看望九届全国政协副主席，商会第七、第八届主席经叔平，并送去了花篮和蛋糕，庆贺经老 90 寿辰。

同日，沈建国副主席在北京金台饭店出席商

会举办的“工商联参与协调劳动关系三方机制”座谈会。河北、辽宁、湖北、广东、四川等11个省工商联的有关领导和干部参加会议。法律部部长王瑗主持会议。研究室、扶贫部、法律部的有关同志参加座谈会。

同日，谢经荣副主席在机关出席“促进民营企业走出去”座谈会。

18日，褚平副主席在机关主持召开第9次主席专题办公会议，研究部署机关安全保卫工作。机关各部门主要负责同志参加会议。

同日，沈建国、谢经荣副主席在机关出席“工商联参与协调劳动关系三方机制专家座谈会”。会议邀请了中央政策研究室经济局局长李连仲、国务院参事室参事陈全生、国务院研究室社会发展司司长邓文奎、人力资源和社会保障部副司长董平、全国总工会研究室副主任安建华等有关专家进行了座谈。会议由研究室陈永杰主任主持。法律部、研究室、扶贫部的有关负责同志参加会议。

21日，黄孟复主席、全哲洙书记、孙安民副主席出席中央召开的座谈会。

同日，沈建国、谢经荣副主席参加了在机关举行的关于研究完善三方机制工作讨论。研究室、扶贫部、法律部负责同志参加讨论。

22日，黄孟复主席在机关主持召开第12次主席办公会议，研究了以下议题：①通报在四川省灾区调研情况；②审议有关人事事项；③审定《关于编写中国工商联简史和工商联人物史料抢救工作计划方案》；④听取全国工商联章程备案有关问题的汇报。全哲洙书记，宋北杉、褚平、孙安民、孙晓华、沈建国、谢经荣副主席出席会议；机关有关工作部门负责同志列席会议。

同日，黄孟复主席在机关主持召开全国工商联扶贫工作领导小组会议。全哲洙书记，宋北杉、孙安民副主席出席会议，扶贫工作领导小组成员参加会议。

23日，全哲洙书记在中央统战部主持召开会议，研究工商联新文件起草工作。孙晓华、谢经荣副主席，研究室、会员部、宣教部负责同志出席会议。

同日上午，褚平副主席在机关主持召开会议，研究商会与中地公司合作建房纠纷案的相关事宜。办公厅王建设主任、秦臻副主任，法律部王瑗部长、白莲湘副部长参加会议。

24日，“推进科技银行工作第三次协调会”在上海兴国宾馆召开。黄孟复主席、九三学社中央韩启德主席、科技部刘燕华副部长、上海市沈晓明副市长、北京市王晓明副秘书长等领导出席了会议。国家发改委财政金融司、人民银行上海总部、银监会政策法规部、九三学社中央参政议政部、商会经济部、北京市金融办、北京中关村科技园区管理委员会、上海市科委、上海市金融办、上海市浦东新区政府等有关部门的负责同志参加了会议。协调会由孙安民副主席主持。

同日至30日，全哲洙书记赴黑龙江出席“光彩事业鹤城行”活动，并调研基础组织建设情况。扶贫部有关负责同志陪同前往。

25日，沈建国副主席在最高人民检察院出席关于检察工作征求意见座谈会。

28日至8月1日，宋北杉副主席赴江苏等地调研。会员部有关负责同志陪同调研。

30日，黄孟复主席在机关主持召开第10次主席专题办公会议。会议主要学习了新华社7月25日通讯《胡锦涛主持政治局会议，研究推进农村改革发展等问题》，并就如何向中央提出有关农村改革发展问题的建议进行了研究。会上，黄主席作了重要讲话，并对下一步调研工作进行了布置。孙安民、谢经荣副主席出席会议，研究室、会员部、宣教部、扶贫部、经济部和法律部的主要负责同志参加会议。

8月

4日，全国工商联扶贫工作委员会在北京成立。黄孟复主席出席并作重要讲话。扶贫工作委员会共有27人组成，其中主任2人，副主任5人。商会王健林、张近东副主席担任主任。孙安民副主席出席会议。扶贫工作领导小组成员参加会议。

同日上午，全哲洙书记在机关主持召开全国工商联新办公楼建设领导小组第二次会议，会议有以下主要议程：①通报新办公楼建设领导小组成员名单，通过工程指挥部组织机构设置及人员名单；②听取新办公楼建设近期工作汇报；③听取新办公楼设计方案修订及报送情况的汇报；④研究确定新办公楼建设进度安排及开工时间。褚平、张近东副主席，办公厅和苏宁电器有关负责同志出席会议。

同日至7日，宋北杉副主席赴郑州出席县级工商联和行业组织建设工作座谈会。会员部有关负责人陪同前往。

5日，谢经荣副主席在机关主持召开会议，针对“民营企业走出去”重点调研主报告提纲进行了研究。研究室、经济部、联络部负责同志参加会议。

6日，沈建国、谢经荣副主席带队走访人力资源和社会保障部，了解国家协调劳动关系三方机制有关情况及对商会参与协调劳动关系三方机制的意见。人力资源和社会保障部副部长杨志明、劳动关系司司长邱小华、副司长茹英杰、办公厅副主任曹淑杰等会见了商会一行。法律部副部长白莲湘等参加了走访。

7日，黄孟复主席在机关主持召开第13次主席办公会议，研究了以下议题：①审议《关于全国工商联表彰先进单位和先进个人活动方案》；②审议《全国工商联机关干部教育培训办法》；③听取关于中华工商联合出版社有限责任公司近期工作的汇报。全哲洙书记，宋北杉、褚平、孙安民、孙晓华、沈建国、谢经荣副主席出席会议。机关有关工作部门负责同志列席会议。

同日，孙安民副主席在机关会见了陕西省政协副秘书长、省工商联主席冯钧平一行，听取了陕西省工商联、汉中市工商联关于抗震救灾、灾后重建的工作情况汇报。会见前，冯钧平主席一行分别拜访了黄孟复主席和全哲洙书记。扶贫部副部长王钢治参加会见。

8日，黄孟复主席，全哲洙书记，褚平、沈建国、谢经荣副主席在北京国家体育场出席北京第29届奥林匹克运动会开幕式。

12日，商会组织参与中国光彩事业基金会和中国人口福利基金会为受到冰雪灾害的湖南、贵州两省而举办的“光彩与幸福慈善之夜”捐赠晚宴。全国政协副主席、中央统战部部长杜青林，全国政协副主席、全国工商联主席黄孟复，第十届全国人大副委员长、全国妇联主席、幸福工程组委会主任顾秀莲，中央统战部副部长，中国光彩促进会副会长胡德平，中央统战部副部长黄跃金、中国民间商会副会长谢伯阳出席捐赠晚宴。此次活动旨在借助社会力量，救助雨雪冰冻灾区贫困母亲。不少社会知名人士、爱心明星、成功企业家纷纷赶赴活动现场，慷慨解囊。截至当晚21时，共募集资金560多万元。

13日，褚平副主席在机关主持召开第11次主席专题办公会议。会议根据黄孟复主席、全哲洙书记指示精神，结合西藏自治区工商联《关于请求全联协调安排2008年援藏项目的请示》，研究部署了全国工商联支援西藏工商联建设的有关问题。

16日，全哲洙书记，宋北杉、褚平、孙晓华、沈建国、谢经荣副主席到前全国人大副委员长王光英家，为王光英同志庆贺九十寿辰，并送去了生日蛋糕、鲜花和礼品。

22日，宋北杉副主席出席在全国政协召开的全国政协秘书长会议。

25日至29日，褚平、孙安民、谢经荣副主席在京参加全国人大常委会议。

同日，谢经荣副主席赴广州出席广东省光彩事业促进会第二次会员代表大会。

26日，黄孟复主席在京出席全国政协主席会议，宋北杉副主席列席会议。

28日，褚平副主席在机关召开第12次主席专题办公会议，研究、协调9月至12月会议、活动安排。会议要求，各工作部门要增强全局意识、大局意识、配合意识，按照今年工作要点和主席办公会议要求，认真研究后4个月工作，切实抓好落实，确保重点工作的圆满完成。会议还研究了今年预算执行等事项。机关各部门相关同志参加会议。

同日，商会和中央宣传部、中央文明办、工业和信息化部、国资委、工商总局、质检总局七部门在京召开座谈会，部署启动“百家食品企业践行首先承诺”活动。

29日，黄孟复主席在机关主持召开第14次主席办公会议，研究了以下议题：①审议全国非公有制经济人士思想政治工作会议主要文件及会议方案；②审议全国工商联系统抗震救灾表彰活动方案；③审议《全国工商联机关干部挂职锻炼办法》；④听取《全国工商联机关2008年竞争上岗选拔处级领导干部方案》的汇报；⑤有关人事问题。全哲洙书记，宋北杉、褚平、孙安民、孙晓华、沈建国、谢经荣副主席出席会议。中央统战部五局和本会机关有关工作部门负责同志列席会议。

9月

1日，沈建国副主席在京出席中央社会主义学院2008年秋季开学典礼暨全国统一战线干部教育教学改革表彰大会。

2日至3日，孙晓华副主席赴齐齐哈尔出席“第五届中国企业文化论坛”。

同日至5日，全哲洙书记，孙安民副主席赴长春参加“优秀中国特色社会主义事业建设者吉林行”活动。

3日，黄孟复主席在机关会见来访的香港贸易发展局主席苏泽光一行3人。谢经荣副主席，联络部、经济部负责同志参加会见。

同日，沈建国副主席在国务院会议室参加国务院第25次常务会议，审议《中华人民共和国劳动合同法实施条例》。

4日，宋北杉副主席在中纪委礼堂出席中央抗震救灾资金物资监督检查领导小组扩大会议。

同日，沈建国副主席在国务院法制办出席《劳动合同法》实施条例征求意见座谈会。

同日，谢经荣副主席在京出席商会与挪威工商总会合作举办的中挪商会管理研讨会。各工作部门、各直属行业商会及地方工商联有关同志参加研讨。

同日，谢经荣副主席出席在中央社会主义学院召开的“中国民营经济史——纪事本末暨大事记”专家审稿座谈会并讲话。会议由研究室主任陈永杰主持。中国民（私）营经济研究会会长保育钧、中国社会科学院研究员张卓元、中央统战部五局局长王永庆、工业和信息化部中小企业司司长王黎明、中国人民大学教授高德步、中国社会科学院研究员武力、《人民日报》评论员马立诚等几十位专家参加座谈会。

5日，沈建国副主席在国务院会议室出席了国务院召开的《劳动合同法》实施条例征求意见座谈会。法律部白莲湘副部长陪同出席。

同日，商会和亚洲制造业协会及沈阳市人民政府共同召开了“第二届亚洲制造业论坛”的新闻发布会。谢经荣副主席出席了发布会，与会的领导还有中国社科院副院长、亚洲制造业协会会长陈家贵及沈阳市人民政府副市长祁鸣。新闻发布会由宣教部高庆林部长主持，经济部欧阳晓明部长和联络部赵宏部长及沈阳市人民政府，沈阳市工商联和亚洲制造业协会的相关人员出席了发布会。

6日至8日，谢经荣副主席赴厦门出席“第三届海峡西岸经济区论坛”。经济部有关负责同志陪同出席。

7日至8日，谢经荣副主席赴福建厦门出席“第十二届中国国际投资贸易洽谈会”系列活动。

8日至9日，谢经荣副主席在京出席全国政协“2008中国经济社会论坛”。

同日，国务院副秘书长汪永清在国务院会议室主持召开协调会议，研究《劳动合同法实施条例》颁布后的宣传解释和舆论引导工作。全国人大法工委、中央宣传部、国务院法制办、国务院新闻办、人力资源和社会保障部、信息产业部、公安部、全国总工会、中国企业联合会等单位有关领导同志出席会议。沈建国副主席代表商会出席会议。宣教部有关负责同志陪同出席会议。

9日至12日，谢经荣副主席率民营企业“走出去”调研组一行，赴广东省惠州、南海进行调研。研究室、经济部的有关同志陪同调研。

10日，由商会和山东省政府共同举办的“2008年海内外知名企业家齐鲁行暨中国济宁投资经贸洽谈会”在山东济宁召开。黄孟复主席，王文彪、卢志强副主席，中国民间商会金会庆、谢伯阳副会长出席了开幕式。王文彪副主席代表商会致辞。在山东期间，黄孟复主席会见了专程来济宁的山东省省长姜大明、省委副书记刘伟。来自全国各地工商联、企业界、投资机构共300多名代表参加了本次洽谈会。

同日，褚平、沈建国副主席在机关主持召开第13次主席专题办公会议，研究部署《劳动合同法实施条例》学习宣传贯彻工作。机关各工作部门负责同志参加会议。

12 日，黄孟复主席在机关主持召开第 15 次主席办公会议，研究了以下议题：①审议《关于加强和改进组织工作的意见（修改稿）》；②审议全国工商联系统先进集体和先进工作者表彰大会方案；③有关人事事项。全哲洙书记，宋北杉、褚平、孙安民、孙晓华、沈建国副主席出席会议，办公厅、研究室、会员部、人事部主要负责同志列席会议。

同日，沈建国副主席在全国政协出席全国政协常委会大会发言工作协调会。研究室有关负责同志陪同出席。

14 日，黄孟复主席，宋北杉、孙晓华、沈建国副主席在全国政协出席中秋联谊晚会。

同日至 19 日，谢经荣副主席赴陕西参加全国人大财经委“十一五”规划落实情况调研。

15 日至 22 日，黄孟复主席率全国政协委员视察团赴广西视察。

同日至 18 日，全哲洙书记、孙晓华副主席赴山西召开“全国非公有制经济人士思想政治工作会议”文件征求意见座谈会。

同日至 23 日，沈建国副主席赴广东参加全国政协《劳动合同法》调研。

16 日至 20 日，孙安民副主席赴内蒙古出席“第十届环渤海地区工商联民营经济经贸洽谈会”。

18 日，宋北杉副主席在机关主持召开第 14 次主席专题办公会议。会议听取了全国工商联系统先进集体、先进工作者评选表彰活动各工作组工作进展情况汇报，研究部署了评选表彰有关具体工作。褚平副主席和评选表彰活动各工作组负责人出席会议。

同日，全国人大常委会在人民大会堂召开劳动合同法执法检查组第一次全体会议。沈建国副主席代表商会出席会议。法律部白莲湘副部长陪同出席会议。

19 日，商会在机关礼堂举办了关于“改革开放 30 年与非公有制经济发展”专题学习讲座。讲座由中国经济体制改革研究会会长高尚全同志主讲。褚平副主席主持讲座，沈建国副主席出席讲座。机关干部职工、直属单位负责人和老干部代表 100 余人参加了讲座。

同日至 23 日，全哲洙书记在京出席深入学习实践科学发展观活动省部级主要领导干部专题研讨班。

同日至 21 日，宋北杉副主席在京出席深入学习实践科学发展观活动工作会议。

22 日，孙晓华副主席在机关主持召开“全国非公有制经济人士思想政治工作会议”筹备工作会议，研究部署会议各项工作。

中央统战部五局王永庆局长、吴晓礼副局长、高伟东副巡视员，商会办公厅马小蔚副主任，宣教部高庆林部长、王尚康副部长参加会议。

同日，谢经荣副主席在北京金台饭店出席“全国工商联提案工作交流暨培训会”并讲话。会议由研究室、会员部共同举办。中央政策研究室经济局局长李连仲、国务院研究室综合司司长刘应杰、全国政协提案委员会办公室巡视员张怡分别讲授了提高调研能力和提案质量的经验方法。

23 日，黄孟复主席在沈阳会见了参加“第二届亚洲制造业论坛”的部分外国跨国公司嘉宾。黄孟复主席分别会见了韩国 LG 电子株式会社社长禹南钧、浦项制铁株式会社副会长金东震、韩国现代重工集团（中国）投资有限公司董事长金钟振、日本三菱日立制铁机械株式会社社长山崎育邦、日本伊藤忠商事会社理事高坂节三等。谢经荣副主席，经济部、联络部负责同志陪同会见。

24 日，由商会主办，沈阳市人民政府和亚洲制造业协会承办的“第二届亚洲制造业论坛”在沈阳隆重召开。黄孟复主席出席论坛开幕式并致辞。沈阳市市长李英杰也在开幕式上致辞。开幕式由谢经荣副主席主持。在论坛举办期间，黄孟复主席会见了辽宁省委书记、省人大主任张文岳，省委副书记、省政协主席骆琳，省委常委、沈阳市市委书记曾维等地方领导。出席本届论坛的有联合国工业发展组织、亚太经济合作组织等国际组织的负责人，安赛乐米塔尔、LG 电子、现代重工等 20 多家世界 500 强和跨国公司高层，以及国内的国有和民营企业负责人共 300 多位嘉宾。

25 日，孙安民副主席在机关会见了由美国全国商会高级顾问、美国强生公司前全球副总裁托马斯·高瑞率领的美国全国商会企业家代表团。经济部副部长罗力陪同会见。

同日至27日，由商会经济部、安徽省工商联、安徽省商务厅联合举办的中部地区民营企业“走出去”培训班在安徽黄山举办。

26日至27日，全国非公有制经济人士思想政治工作会议在北京金台饭店召开。这是中共中央统战部和商会共同组织召开的改革开放以来首次该领域的专题工作会议。黄孟复主席、全哲洙书记出席会议并讲话。孙晓华副主席在会议结束时作总结讲话。会议讨论了《关于加强和改进非公有制经济人士思想政治工作的若干意见》。中央党校副校长孙庆聚，宋北杉、褚平、孙安民、沈建国、谢经荣副主席出席会议。各有关部门负责同志及各省、自治区、直辖市和新疆生产建设兵团党委统战部和工商联负责人等共200余人参加会议。

28日，黄孟复主席在机关主持召开第16次主席办公会议，研究了以下议题：①审议《全国工商联关于加强县级工商联和行业商会组织建设的若干意见（修改稿）》；②讨论黄主席在全国工商联组织工作会议上的讲话（送审稿）；③审议全国工商联组织工作会议方案；④审议人力资源和社会保障部与商会联合表彰的全国工商联系统先进集体和先进工作者名单。全哲洙书记，宋北杉、褚平、孙安民、孙晓华、沈建国、谢经荣副主席出席会议。办公厅、研究室、会员部、人事部主要负责同志列席会议。

同日，黄孟复主席、孙安民副主席在人民大会堂出席全国政协、中央统战部举行的国庆招待会。

同日，谢经荣副主席在机关会见了以香港九龙总商会理事长刘志伟为团长的香港九龙总商会访京团一行13人。联络部、法律部负责同志陪同会见。

29日，北京奥运会残奥会总结表彰大会在人民大会堂举行。黄孟复主席、褚平副主席出席大会。

同日，国务院在人民大会堂举行国庆招待会，庆祝中华人民共和国成立59周年。黄孟复主席、宋北杉副主席出席招待会。

10月

1日，宋北杉副主席在天安门广场参加向人民英雄纪念碑献花活动。

6日，全哲洙书记在机关与到商会指导检查工作的“深入学习实践科学发展观活动”中央第八指导检查组成员会面。宋北杉、褚平、孙晓华、沈建国副主席和人事部主要负责同志陪同会面。

同日，全哲洙书记、宋北杉、褚平、孙晓华、沈建国副主席在中央统战部出席“深入学习实践科学发展观活动”动员会。

7日，黄孟复主席在全国政协出席全国政协主席会议。

7日至15日，商会宣教部组织《人民日报》、《人民政协报》、《中华工商时报》、新华社、中央电视台、中央人民广播电台等中央新闻媒体赴西藏自治区采访报道。

8日，黄孟复主席、全哲洙书记、孙安民副主席在人民大会堂出席全国抗震救灾总结表彰大会。

9日至12日，全哲洙书记在京出席中共十七届三中全会。

同日，谢经荣副主席在京参加全国人大财经委会议。

10日，谢经荣副主席在机关会见了巴基斯坦驻华大使马苏德·汗，商务及经济参赞纳依姆·汗等一行4人。联络部部长赵宏陪同会见。

同日，全国工商联深入学习实践科学发展观活动动员大会在机关礼堂举行。

11日至12日，处级以上党员干部学习实践科学发展观专题学习班在机关举办。

13日，黄孟复主席在机关主持召开第17次主席办公会议，研究了以下议题：①审定全国工商联单独表彰的先进单位、先进个人推荐名单和在工商联工作满25年的干部职工名单；②审议全国工商联系统先进集体、先进工作者表彰大会发言代表建议名单；③审议全国工商联组织工作会议大会发言代表建议名单；④审议“关于表彰全国工商联系统先进集体和先进工作者的决定”、“关于表彰全国工商联系统先进单位和先进个人的决定”和“对在工商联工作满25年的干部职工颁发荣誉证书的决定”；⑤审定第五届全国民营企业关爱员工、实现双赢活动表彰名单。全哲洙书记，宋北杉、褚平、孙晓华、沈建国副主席出席会议。办公厅、会员部、宣教部主要负责同志列席会议。

同日至17日，谢经荣副主席率全国工商联港澳台侨执常委赴甘肃考察。

14日，宋北杉副主席在机关会见深圳市宝安区总商会一行13人，并听取了该商会的工作汇报。

15日，黄孟复主席、全哲洙书记，宋北杉副主席在京参加全国政协常委会议。

同日，黄孟复主席作为主宾出席了巴基斯坦新任总统扎尔达里在钓鱼台国宾馆举办的商务午宴。午宴前，扎尔达里总统会见了孙晓华副主席。陪同会见及宴请的有扶贫部部长谷彦芬、联络部副部长吕绍欣。我国共有300多个政府机构代表和企业界人士出席了午宴。

16日，商会在北京召开座谈会，征求部分省级工商联领导对《关于加强县级工商联和行业商会组织建设的意见（征求意见稿）》的修改意见，为即将召开的全国工商联组织工作会议作准备。全哲洙书记出席会议并作重要讲话。宋北杉副主席主持会议。北京等12个省级工商联的主席或党组书记出席会议，并提出了许多修改意见。

同日，孙晓华副主席在京出席中华工商联合出版社深入学习实践科学发展观活动动员大会。

同日至19日，由商会经济部、重庆市工商联联合举办的西部地区民营企业“走出去”培训班在重庆举办。

17日至18日，黄孟复主席赴江苏出席第四届中国总部经济高层论坛等活动。

同日，全哲洙书记在人民大会堂出席中国工会第十五次全国代表大会开幕式。

同日至20日，孙安民副主席在浙江杭州出席“第十届中国杭州西湖国际博览会”。

20日，黄孟复主席在机关主持召开第18次主席办公会议。会议主要议题是审议《全国工商联关于加强县级工商联组织建设的若干意见（征求意见稿）》等有关文件。全哲洙书记，宋北杉、褚平、沈建国、谢经荣副主席出席会议。办公厅、会员部、研究室主要负责同志列席会议。

同日到24日，全哲洙书记赴湖北、重庆参加对口支援三峡库区有关会议并召开全国工商联开展学习实践科学发展观活动征求意见座谈会。

同日至22日，褚平副主席赴河北就全国工商联学习实践科学发展观活动进行调研。

同日，孙晓华副主席在京出席《中华工商时报》社深入学习实践科学发展观活动动员大会。

同日至26日，孙晓华副主席赴浙江就全国工商联学习实践科学发展观活动进行调研。

21日，黄孟复主席在北京钓鱼台国宾馆宴请德国人权组织负责人。

同日，孙安民副主席出席在国谊宾馆举办的“劳动论坛”。

同日，由商会研究室和中国社会科学院社会科学文献出版社共同举办的“《中国民营经济发展报告No.5（2007—2008）》新书发布会”在北京召开。谢经荣副主席出席并讲话。研究室巡视员黄文夫主持会议。研究室副巡视员张金喜、国家统计局综合司副巡视员王文波出席发布会。《中国青年报》、《经济日报》、腾讯网等20多家媒体参加发布会。

22日，黄孟复主席在机关会见了韩国全国经济人联合会会长赵锡来等一行8人。联络部、经济部负责同志陪同会见。

23日，谢经荣副主席在全国人大出席全国人大财经委“十一五”规划中期评估座谈会。

同日，沈建国副主席在京参加商会与全国总工会等部门联合开展的“厂务公开情况调研”。

同日至24日，全国厂务公开协调小组成员、沈建国副主席带队，赴北京市就厂务公开调研检查。

同日至28日，褚平、谢经荣副主席在京参加全国人大常委会议。

24日，谢经荣副主席在人民大会堂出席中日友好条约缔结三十周年庆祝活动。

同日，谢经荣副主席在人民大会堂出席亚欧首脑论坛开幕式。

27日，由商会和国家发改委、商务部等七部委以及西部12省共同主办，四川省政府承办的“第九届中国西部国际博览会”在成都举行。李克强副总理出席开幕式。黄孟复主席，孙安民、王健林、王新奎、刘沧龙、吴一坚副主席出席开幕式。

同日，商会和四川省政府及国家工商总局共同举办“民营企业灾后重建与发展论坛”。黄孟复主席在会上作了主旨演讲。论坛由孙安民副主席主持。

28 日，全哲洙书记，孙晓华副主席在中央统战部出席关于深入学习实践科学发展观活动辅导报告会。

同日，谢经荣副主席在北京饭店出席“第三届世界工商协会论坛”开幕式。

同日，全国工商联法律委员会第四次全体会议在北京召开。沈建国副主席，商会副主席、用友软件股份有限公司董事长兼总裁王文京，商会副主席、金花企业集团总裁吴一坚出席并分别主持主任会议和全体委员会议。

29 日至 30 日，全国工商联组织工作会议暨全国工商联系统先进集体、先进工作者表彰大会在北京召开。会议讨论了《全国工商联关于加强执委会建设的意见》。首次与人力资源和社会保障部联合表彰了全国工商联系统 32 个先进集体、10 名先进工作者，全国工商联单独表彰了全国工商联系统 151 个先进单位，220 个先进个人，并为他们颁发了奖牌、奖章和证书。会议还首次为 595 名在工商联工作满 25 年的干部职工颁布发了荣誉证书。黄孟复主席，全哲洙书记，宋北杉、褚平、孙安民、孙晓华、沈建国、谢经荣副主席和各地工商联的同志出席会议。

30 日，黄孟复主席在北京新大都饭店宴请泰国工商总会主席郑继烈、常务副主席许勇敢等一行 6 人。陪同宴请的有谢经荣副主席，经济部和联络部负责同志。

11 月

2 日至 3 日，商会在贵州省安顺市召开省级工商联研究室主任工作座谈会。谢经荣副主席出席会议并作重要讲话。贵州省副省长谢庆生到会并作讲话，贵州省工商联主席郑楚平参加会议。部分省、自治区、直辖市工商联分管副主席，各省、自治区、直辖市工商联研究室主任及有关人员，贵州省 9 个地州市工商联负责人共 60 余人参加会议。

6 日至 7 日，商会在江苏同里举办第五次大型民营企业首脑沙龙。黄孟复主席，孙安民副主席，民建中央辜胜阻副主席参会并作重要讲话。商会副主席、新华联集团董事局主席傅军，中国民间商会副会长、重庆力帆实业有限公司董事长尹明善，中国民间商会副会长、科瑞集团有限公司董事长郑跃文，中国民间商会副会长、中国民生银行董事长董文标，新希望集团董事长刘永好，海航集团董事长陈峰等参加会议。

同日至 10 日，黄孟复主席，孙安民副主席赴浙江陪同贾庆林主席调研并赴江苏参加“民营企业首脑沙龙”。

7 日，谢经荣副主席在人民大会堂出席“神七”庆功大会。

10 日，全哲洙书记在京西宾馆出席中央经济工作会议。

同日，商会经济部组织了浙江省外的 10 名企业家参加温州民营企业家座谈会，黄孟复主席，浙江省委副书记、省长吕祖善出席了会议，全国政协主席贾庆林作重要讲话。

11 日，黄孟复主席在人民大会堂出席纪念刘少奇同志诞辰 110 周年座谈会。

12 日，全国工商联新办公楼奠基典礼举行。黄孟复主席在奠基典礼上致辞。

同日，全国工商联经济委员会成立会议在北京召开。黄孟复主席出席会议，发表重要讲话并向经济委员会主任、副主任颁发了聘书。商会副主席、经济委员会主任王文彪、许荣茂出席会议并讲话。会议由经济委员会主任孙安民副主席主持，扶贫部部长谷彦芬、经济部副部长罗力以及各工作部门代表出席会议。

13 日，黄孟复主席在办公室接受凤凰卫视专访。

同日，全哲洙书记，宋北杉、褚平、孙晓华、沈建国副主席在中央统战部出席“统一战线服务科学发展和自身科学发展”主题研讨会。

14 日，黄孟复主席在机关主持召开第 19 次主席办公会议，研究了以下议题：①听取全国工商联十届二次执委会议方案的汇报；②审议《全国工商联善款使用管理规定（征求意见稿）》；

③听取关于《中国工商》杂志复刊工作的汇报；④审定2008年全国工商联科技进步奖项目；⑤有关人事事项。全哲洙书记，宋北杉、褚平、孙安民、孙晓华、沈建国、谢经荣副主席出席会议。办公厅、扶贫部、宣教部、经济部、人事部负责同志列席会议。

16日至26日，黄孟复主席率中国人权发展基金会代表团访问美国。

17日至19日，孙安民副主席赴南京出席“七省一市工商联新农村建设工作交流座谈会”。

18日，褚平副主席在机关主持召开第16次主席专题办公会议，协调安排2009年春节前机关有关工作事宜。

同日至19日，商会在江苏省召开了“工商联民营企业参与新农村建设工作座谈会”。孙安民副主席出席会议并作重要讲话。江苏省工商联主席李仁同志出席开幕式并致辞。

同日至19日，“非公有制企业民商事纠纷仲裁工作试点经验交流会暨仲裁知识培训班”在北京举办。沈建国副主席出席会议并讲话。会议由法律部王瑗部长、白莲湘副部长主持。国务院法制办协调司司长卢云华出席会议。各省级工商联分管法律工作的会领导、有关部门负责同志，各试点城市工商联和仲裁委员会负责该项工作的同志共70余人参加会议。

同日至19日，谢经荣副主席赴青岛参加“中土论坛”。

同日，孙晓华副主席在机关会见菲华商联总会名誉理事长蔡聪妙。联络部负责人参加会见。

19日，全国工商联十届四次主席会议在中央统战部召开。全哲洙书记主持会议。会议有3项议题：①在当前国际国内经济形势下，对明年的经济走势进行分析与判断。②分析民营企业面临的困难和问题，探讨民营企业的应对措施；提出工商联应如何帮助企业克服困难、可持续发展的建议。③对当前经济工作和民营企业发展提出政策性建议。宋北杉、褚平、孙晓华、沈建国、王文京、王文彪、王健林、卢志强、刘沧龙、吴一坚、张元龙副主席出席会议。中国民间商会郑跃文、谢伯阳副会长，中央统战部五局负责同志，商会各工作部门负责同志列席会议。

20日，全国工商联学习实践活动领导小组在京召开“坚持科学发展，认清自身特色，充分发挥作用”主题研讨会。中央第八指导检查组组长宋育英参加会议。

同日至22日，谢经荣副主席赴香港参加香港中华总商会第46届会董会就职典礼。

同日，为使2009年度“中华全国工商业联合会科学技术奖”推荐工作顺利进行，商会在北京国谊宾馆举办了推荐工作培训班。来自各省、自治区、直辖市的工商联，部分直属行业商会，部分民营企业负责人近60人参加培训。

21日，全哲洙书记，孙安民、沈建国副主席在京出席中央召开的座谈会。

同日，全哲洙书记在北京王府井大饭店会见并宴请了以菲华商联总会永远名誉理事长陈永栽先生为总领队，以该会理事长陈本显先生为团长的代表团一行50余人。宋北杉、沈建国副主席参加会见及宴请。

同日，全国工商联学习实践活动第一次转段会在机关礼堂召开。全哲洙书记在会上作讲话，总结了第一阶段工作，布置下一阶段工作。中央第八指导检查组副组长王玉庆同志在会上讲话。

24日，沈建国、谢经荣副主席在机关共同主持召开第17次主席专题办公会议，研究参与“协调劳动关系三方机制”问题。

25日，谢经荣副主席在全国人大常委会议中心参加全国人大财经委会议。

27日，宋北杉副主席在北京天桥剧场观看北京市工商联举办的纪念改革开放30周年文艺演出。

同日，孙安民副主席在钓鱼台国宾馆出席第三届新能源国际高峰论坛。

同日，孙安民副主席在国务院出席国务院防治艾滋病领导小组全体会议。

28日，黄孟复主席，全哲洙书记，孙安民副主席在中南海出席中央召开的座谈会。

同日，孙晓华副主席在中宣部出席“百家食品企业践行道德承诺活动”座谈会。

30日至12月1日，中华红丝带基金在北京举行“遏制艾滋·履行承诺——2008世界艾滋病日主题宣传活动”。孙安民副主席出席此次公益活动。

12 月

1 日，新一届全国工商联参政议政委员会会议在京召开。黄孟复主席出席会议并作重要讲话，并向参政议政委员会主任、副主任颁发证书。商会副主席、参政议政委员会主任谢经荣致辞。商会副主席、新华联集团董事长兼总裁、参政议政委员会主任傅军出席会议并讲话。会议由谢经荣副主席主持。

同日，孙安民副主席参加防治艾滋病宣传日活动。

同日至 2 日，孙安民副主席在人民大会堂参加全国人大法律委员会全体会议。

2 日，全国厂务公开协调小组主办的“纪念厂务公开推行 10 周年座谈会暨企业民主管理高层论坛”在北京举行。沈建国副主席出席会议。

4 日，黄孟复主席在机关主持召开第 20 次主席办公会议，研究了以下议题：①审议《关于加强全国工商联执委会自身建设的意见（修改稿)》；②审定《关于全国工商联十届执行委员、常务委员替补事宜的请示》；③审定全国工商联抗震救灾先进集体、先进个人名单；④研究全国工商联参与国家级三方机制的相关问题；⑤研究十届二次执委会议工作报告起草工作。全哲洙书记，宋北杉、褚平、孙安民、孙晓华、沈建国、谢经荣副主席出席会议。办公厅、研究室、会员部、扶贫部、法律部主要负责同志列席会议。

8 日，由商会主办，武汉市政府支持、武汉市工商联承办的“中亚国家商会经贸合作培训研讨会”在武汉举行。孙安民副主席、武汉市岳勇副市长、湖北省委统战部苏晓云部长、湖北省工商联赵晓勇主席、武汉市工商联于元九主席等领导出席研讨会。研讨会开幕式由经济部欧阳晓明部长主持。来自中亚区域经济合作机制下的中国、哈萨克斯坦、吉尔吉斯斯坦、乌兹别克斯坦、塔吉克斯坦、阿塞拜疆、蒙古等七国的国家商会、企业代表及来自我国部分省市商会负责人和旅游、纺织服装、建材和汽摩配等行业的民营企业代表约 80 人出席了研讨会。

10 日，黄孟复主席，宋北杉、孙安民、孙晓华、沈建国副主席在中央统战部出席中央经济工作会议情况通报会。

同日至 14 日，全哲洙书记随中央代表团赴广西参加庆祝广西壮族自治区成立 50 周年活动。

同日，孙晓华副主席在中华工商时报社召开中华工商时报社民主生活会。

同日，沈建国副主席走访中国企业联合会，沟通加入国家级三方机制相关问题。

11 日，褚平副主席在机关召开会议，通报中央经济会议精神。商会机关副局级以上党员干部参加会议。

同日，谢经荣副主席在机关会见到访的澳门贸易投资促进局主席李炳康一行 8 人。联络部部长赵宏陪同会见。

13 日，沈建国副主席在农工民主党中央机关出席农工民主党中央书画院成立仪式。

17 日，黄孟复主席在北京王府井大饭店会见并宴请了以新当选的香港中华总商会会长蔡冠深为团长的香港中华总商会访京团一行 30 余人。谢经荣副主席参加了会见和宴请。联络部、会员部、法律部负责同志陪同会见和宴请。

同日，天津市副市长崔津渡访问商会。黄孟复主席会见了崔副市长一行。天津市人民政府陈宗胜副秘书长、金融办公室杜强副主任，经济部罗力副部长等参加会见。

同日，宋北杉副主席在北京长话局出席全国清理规范评比达标表彰工作电视电话会议。

同日，孙晓华副主席在人民大会堂出席大型电视纪录片《天下湘商》首发仪式。

18 日，黄孟复主席，全哲洙书记，孙安民副主席在人民大会堂出席纪念党的十一届三中全会召开 30 周年大会。

19 日，黄孟复主席，全哲洙书记，宋北杉、沈建国副主席在中央统战部出席“统一战线纪念改革开放 30 周年座谈会”。

同日，沈建国副主席在人民大会堂出席全国人大常委会劳动合同法执法检查组第二次全体会议。

22 日，黄孟复主席在最高人民法院出席最高人民法院召开的座谈会。

同日，宋北杉副主席在全国政协参加全国政协秘书长会议。

23 日至 25 日，全哲洙书记在京出席全国统战部部长会议。

24 日，黄孟复主席在全国政协出席全国政协主席会议。

24 日至 25 日，商会在京召开了“民营企业军民两用高新技术产品”评审会，确定了 66 家企业产品首批进入推荐目录。

25 日至 26 日，全国工商联十届二次执委会议在北京职工之家召开。会议审议通过了黄孟复主席代表常委会所作的工作报告；审议通过了《全国工商联关于加强执委会建设的意见》；选举刘迎霞为全国工商联十届执委会副主席；表彰了 198 个全国工商联抗震救灾先进集体和 197 个全国工商联抗震救灾先进个人，并为他们颁发了奖牌和证书；首次为 6 家企业颁发了全国工商联 2008 年度科技进步奖奖杯和证书。

会议分别由全哲洙、宋北杉同志主持。商会主席、副主席、执委 300 多人出席会议。中国民间商会副会长，中央统战部四局、五局负责同志，本会各工作部门及直属单位负责人列席会议。

会前，于 24 日分别在职工之家召开了十届五次主席会议和十届二次常委会议；会后，于 26 日下午在人民大会堂与北京大学共同主办“中国民营经济发展 30 年高层论坛”。中共中央政治局常委、全国政协贾庆林主席为论坛发来贺信。全国政协副主席、中央统战部部长杜青林出席论坛。黄孟复主席，北京大学民营经济研究院院长厉以宁，联想控股有限公司总裁柳传志，重庆力帆控股有限公司董事长尹明善，北京大学党委副书记杨河等围绕论坛主题“改革创新与科学发展”分别发表主题演讲。

26 日，谢经荣副主席在最高人民检察院出席最高人民检察院召开的党外人士座谈会。

27 日，宋北杉副主席在北京职工之家出席全国工商联组织委员会全体会议。

同日，褚平副主席在京西宾馆出席全国组织部部长会议开幕会。

29 日，宋北杉副主席在全国政协出席政协十一届二次会议秘书处第一次筹备工作会议。

同日，褚平副主席在中央统战部出席“2009 年度考察调研选题交流会”。

30 日，孙安民副主席在全国人大参加全国人大法律委会议。

同日，沈建国副主席在机关主持召开第 18 次主席专题办公会议，进一步研究商会参与协调劳动关系三方机制问题。

31 日，黄孟复主席在机关召开当前经济形势座谈会。住房和城乡建设政策研究室主任陈淮、人力资源和社会保障部研究院院长田小宝、清华大学教授魏杰、北京师范大学金融中心主任钟伟、北京科技大学教授赵晓、北京航空航天大学教授任若恩等有关方面的专家学者参加会议，并就当前国际国内经济形势进行了座谈。孙安民副主席出席会议。研究室、经济部负责同志出席会议。

同日，褚平、谢经荣副主席在机关主持召开第 19 次主席专题办公会议，研究 2009 年全国工商联工作要点、2009 年全国工商联调研项目计划和 2009 年全国工商联团体提案选题等项工作。

本会各工作部门汇报了 2008 年调研和提案工作情况，并就 2009 年拟开展的重点工作、2009 年调研项目的初步计划安排以及提案选题作了说明。

褚平、谢经荣副主席对做好 2009 年全国工商联工作要点工作、调研项目计划和提案选题提出了要求。褚平、谢经荣副主席指出，要围绕中心，服务大局，在科学发展观的指导下，认真贯彻党的十七大、十七届三中全会和中央经济工作会议精神，落实全国工商联十届二次执委会议精神，做好 2009 年全国工商联工作要点、全国工商联调研项目计划和团体提案选题等工作。

同日，谢经荣副主席在人民大会堂出席《告台湾同胞书》发表三十周年座谈会。

地方工商联工作

DFGSLGZ

北京市工商业联合会

工作综述

2008年是很不寻常、很不平凡的一年。面临的重大任务非同寻常，遇到的重大挑战非同寻常，经受的重大考验非同寻常。一年来，在中共北京市委的领导和全国工商联的指导下，北京市工商联系统认真落实十七大、十七届三中精神和市委、市政府工作部署，紧紧围绕全市工作大局，全面履行工商联各项基本职能，积极投身参与奥运、服务奥运的伟大事业和抗震救灾的义举，积极应对国际金融危机带来的严峻挑战，齐心协力，各项工作都取得了新的进展。

一、深入学习实践科学发展观取得新收获

按照中央和市委的部署和要求，在市委指导检查组的指导下，北京市工商联自2008年10月开始，以“坚持科学发展，发挥‘五个作用’，促进‘两个健康’”为主题，开展了深入学习实践科学发展观活动。

活动初始，市工商联党组认真按照中央和市委关于学习实践科学发展观活动的指示精神，统一思想，提高认识，做好学习实践活动的各项准备工作，党组主要领导认真履行第一责任人的责任，为顺利开展学习实践活动提供了领导和组织保障。

活动期间，主要采取动员教育、集中培训、专题辅导、党课、集体研讨、个人自学等形式，认真组织广大党员干部学习党的十七大和十七届三中全会精神，学习胡锦涛总书记的重要讲话和中央关于学习实践活动的有关精神，通过系统学习，广大党员干部进一步深化了对科学发展观的理解，增强了贯彻落实科学发展观的自觉性和坚定性。

在广泛征求基层单位、机关干部群众及服务对象的意见和建议的基础上，班子成员结合各自分管工作，确定了在学习实践活动中需要重点调研的课题，并分别深入18个区县工商联和企业进行调研；同时，针对当前国际金融危机对非公企业的影响，分别组织召开了制造业和第三产业等行业座谈会，认真听取企业的呼声，研讨对策。

结合学习实践活动的开展，还在机关范围内举办了“我为首都非公有制经济代表人士健康成长和非公有制经济健康发展建言献策”征文和大讨论活动，广泛开展了“我为促进‘两个健康’献一策”活动，围绕工商联自身建设和职能作用的发挥进行了解放思想大讨论。通过讨论，广大党员干部进一步深化了认识、转变了观念、开阔了视野，在事关工商联科学发展全局的重大问题上形成了共识。

通过开展各个阶段、各个环节的工作，主要在认识和实践两个方面取得了新收获：一是在对科学发展观的认识上有了新的提高，尤其是对坚持科学发展、贯彻奥运理念、建设“人文北京、科技北京、绿色北京”的认识上更加统一，深入贯彻落实科学发展观的思想基础更加牢固，按照科学发展观的要求推动工商联事业发展的思路更加明确；二是在科学发展观的实践上有了新的突破，特别是紧密结合当前新形势新要求，研究提出了发挥工商联五个作用新措施。认识的提高和实践的突破，也为进一步构建有利于科学发展的工商联工作机制和改进工作作风奠定了坚实的基础。

二、组织非公经济投身抗震抗冰雪救灾取得新胜利

2008 年，我国相继发生了南方冰雪灾害和四川汶川严重地震灾害，特别是四川汶川的特大地震，给受灾地区人民生命财产和经济社会发展造成重大损失。

北京市非公企业救灾行动迅速：北京玛丽妇婴医院迅速组成全市第一支非公经济 10 人医疗志愿队，携带着价值数十万元的医疗器械及上百种专用设备、药品，赶赴四川地震灾区救援，这支医疗志愿队在灾区共行程 2000 多公里，救治地震伤员近 400 多人，巡诊达 5000 多人次，编写、发放抗灾防病资料 5000 多份。北京诚栋房屋制造有限公司援建了全国第一所“抗震希望小学”，教室总价值达 35 万多元，面积达 1100 余平方米，可容纳 600 名中小学生学习，具有良好的抗震、防火、防水性能。为实现以高科技手段及时将灾区疫情短信上报中央的要求，恒基伟业公司突击研发了第一批 900 台光能疫情通手机捐赠灾区。市工商联交通运输业商会组织 40 余名工程技术人员，携带 22 台大型抢险机械设备及一台发电机，筹款 30 余万元，组成全市非公经济第一支抗震救灾工程队奔赴四川抗震前线。这支工程队在灾区连续奋战一个多月，相继完成了打通道路、清理倒塌房屋、平整灾民生活场地等繁重任务。副市长、市工商联主席程红等领导亲自出席出发仪式，为工程队送行。党组书记、第一副主席吴杰代表程红副市长和市工商联专程赶往灾区慰问和看望工程队全体成员，表达商会对他们的支持和关怀。

众多企业和商会也在第一时间及时赶赴灾区救援：物美集团迅速筹集 300 万元的军用帐篷、方便食品、消毒用品、内外衣物等运往四川灾区。柯瑞生物有限公司冒着频繁余震，派出运输车队，将价值 100 万元柯瑞螺旋藻和保罗科工贸集团价值 100 万元的保健品，运送灾区第一线。为了让灾区群众和抢险救灾的人民子弟兵、公安干警吃上卫生可口的饭菜，餐饮业商会组织会员企业派出优秀厨师，到灾区直接开展食品餐饮服务。了解到地震灾区急需药品和帐篷后，圣火公司在京紧急购置百余顶帐篷和价值近 3 万元的药品，空运到四川灾区。还组织公司 50 多名员工成立了圣火志愿者服务队，加入到北京青年医疗志愿者赴四川抗震救灾服务队中。留学人员商会组织的“北京人志愿者”救援队赴四川省广元市青川县灾区慰问，运去了价值将近 20 万元的赈灾物资。

此外，泰康人寿保险股份有限公司在捐款的同时，拨付 500 万元作为专项理赔基金。金属材料行业商会数百名企业员工主动报名献血。石材业等 5 个行业商会采取直接捐款捐物或者物品义拍等形式向灾区同胞献爱心。市工商联机关党员也积极行动，共捐出特殊党费 10.5011 万元，干部职工捐款合计 1.7 万元。三替城市管理有限公司为灾区提供 2000 多个就业岗位，董事长李少华被什邡市人民政府授予什邡市“荣誉市民”称号。

2008 年初我国南方部分省市发生冰雪灾害后，首都广大非公有制经济人士积极响应党和政府的号召，踊跃捐款捐物献爱心。据不完全统计，仅在市慈善联合总会组织的赈灾义演活动中非公经济人士就捐款 600 多万元。

为帮助广大会员企业向四川地震灾区和南方冰雪灾区人民捐款捐物的义举，北京市工商联积极与“红十字会”和慈善机构联系，畅通捐赠渠道，并及时收集企业捐赠信息，向全国工商联和市委统战部、市政协报送。北京电视台、北京广播电台、《北京日报》、《中华工商时报》等新闻媒体也及时给予了宣传报道。

三、引导非公经济参与奥运、服务奥运取得新成就

1. 周密组织了“平安奥运”行动

2008 年，北京市工商联成立了平安奥运行动指挥协调领导小组，就整体工作进行认真筹划和周密部署安排：一是动员号召广大会员企业和非公经济人士，积极开展“平安奥运”活动和“迎奥运、讲文明、树新风”系列活动。二是利用《工商界》刊物和工商联网站宣传中央和市委、市政府关于成功举办奥运会的部署要求，宣传奥林匹克精神，传播奥运会文明礼仪和普及奥运会知识。三是在机关内部开展了平安奥运系列活动：进行了平安奥运动员；下发了《北京市工商联关于开展“平安奥运行动”的工作意见》；签订了“平安奥运行动责任书”；组织参加了市工商联大厦平安奥运行动消防演练；按照上级文件精神组织机关全体党员深入社区参加了平安奥运志愿者活动；安排收看《奥运，祝你平安》电视宣传片和开展了奥运英语培训；坚持了干部值班和信息每日报送制度，实现了“大事不出、小事减少、管理严格、秩序良好”的目标。

2. 深入进行了非公经济参与奥运、服务奥运基本情况的调查摸底

据统计，当时全市非公有制企业中，有188家企业参与了9个类别、212项奥运场馆建设或者提供相关服务。在调研摸底的基础上，通过召开座谈会等方式，了解了会员企业参与奥运项目及有关工作进展情况，并对参与奥运项目的非公有制企业提出了三点要求：一要全力以赴参与奥运，按照最高标准完成项目，做到万无一失。二要规范管理、促进和谐，营造良好的社会氛围，展示既古老又现代的新首都风貌。三要抓住机遇，强化管理，借奥运之机加快企业自身发展，把企业的优势凸显出来，特别是要把企业特有的产品、服务、自主知识产权、自主专利介绍给世界，为后奥运经济作出贡献。

3. 隆重举行了首都非公经济迎接奥运服务奥运誓师大会

为进一步动员全市广大非公有制企业更好地参与奥运、服务奥运，以良好的精神风貌，为成功举办一届“有特色、高水平”的奥运会作出更大贡献，市委统战部、市工商联、市私个协、非公经济人士联谊会于4月25日联合召开了“首都非公经济迎接奥运服务奥运誓师大会”，时任市委常委、统战部部长的尤兰田同志到会并讲话；副市长、市工商联主席程红主持会议；奥组委秘书行政部副部长林向义等领导与首都非公有制经济企业代表和个体工商户代表800多人出席了会议。会上，百万庄园投资集团有限公司董事长陈立群、新奥特集团董事长郑福双等分别表示决心；华冠商贸有限公司总经理、奥运火炬手肖英宣读“平安奥运行动倡议书”，向全市非公企业及广大员工发出了争做平安奥运践行者的倡议。誓师大会前后，数量众多的非公企业和市工商联行业商会全面参与了奥运会服务和保障工作。

4. 开展非公经济参与奥运、服务奥运总结表彰和编辑纪念画册工作

10月31日，市工商联、市私个协、非公有制经济人士联谊会联合召开“首都非公经济参与奥运服务奥运总结表彰大会”对为奥运作出突出贡献的409个先进集体、339名先进个人和20个优秀组织单位进行了表彰。副市长、市工商联主席、非公经济人士联谊会名誉会长程红同志出席会议并讲话。表彰会后，又联合组织编辑了《与奥运同行——首都非公有制经济及新的社会阶层人士参与奥运服务奥运纪实》纪念画册，进一步向社会展示了非公经济新风貌。

四、全面履行基本职能取得新进展

1. 参政议政、调查研究工作得到进一步加强

在市政协十一届一次会议召开期间，市工商联全体政协委员以新的面貌、新的姿态参政议政。工商联界别市政协委员，以强烈的政治责任感和使命感参加政协大会。大会期间，各位委员围绕举办一届有特色、高水平的奥运会和残奥会，建设繁荣、文明、和谐、宜居的首善之区等首都经济社会发展的重大问题积极建言献策。市工商联代表作了题为《贯彻落实党的十七大精神促进首都非公有制经济健康发展》的大会发言，同时，工商联政协委员还向大会提交了题为《首都非公有制经济是转变经济发展方式的重要力量》的书面发言。2008年，商会认真重视政协大会的团体提案工作，在反复征求各方面意见的基础上，研究确定了提案的主题和内容，最后提交政协大会的《关于全面实施〈劳动合同法〉，构建和谐劳动关系的建议》案和《关于促进我市非公有制经济在文化创意产业中又好又快发展的建议》案，被市政协常委会批准立案后，市委刘淇书记亲自批示市委、市政府分管领导和相关部门进行提案的办理和答复。

在日常工作中，广大非公经济人士自觉以主人翁的姿态和求真务实的作风参与政治协商和议政建言。2008年，在由市委书记刘淇主持的市委、市人大、市政府、市政协领导参加的市各民主党派、工商联主要负责同志民主协商座谈会上，商会集中广大会员意见，提出了关于非公经济参与奥运、服务奥运，关于有效发挥首都非公

有制经济在构建社会主义和谐社会的首善之区的地位作用，关于进一步优化首都经济发展环境，促进非公有制经济健康发展等意见建议，特别是关于积极鼓励、支持非公经济参与奥运、服务奥运的意见和建议，得到了市委书记刘淇等其他领导的赞扬和肯定。在由郭市长亲自主持召开的《政府工作报告》讨论修改征求意见座谈会上，商会代表作了发言。他们在广泛征求非公经济人士意见的基础上，就《政府工作报告》内容，实事求是地提出了应当突出首都非公经济的贡献作用，以及进一步明确支持、鼓励和引导非公有制经济又好又快发展等5条修改建议。

2. 教育引导和精神文明建设进一步展开

一年来，市工商联采取举办座谈会、报告会、专题培训等多种形式，组织广大会员深入学习党的十七大和十七届三中全会精神、解读政策，通过深入开展学习实践科学发展观教育活动，倾听非公企业的诉求，引导非公经济人士致富思源、富而思进，牢固树立大局意识、责任意识。在积极组织引导非公经济服务奥运、参与奥运和投身抗震救灾斗争的同时，继续在首都非公经济企业中开展文明单位创建活动和内报内刊评选活动，引导非公经济坚持两个文明一起抓，取得经济和社会效益双丰收，截至2008年，已有326家会员企业被评为“北京市工商联系统文明单位”，59家进入了“北京市工商联系统文明单位标兵”行列；有18家会员企业被首都文明办授予了“首都文明单位”称号，其中3家进入了“首都文明单位标兵”行列。2008年市工商联也被授予了“全国文明单位”荣誉称号。

3. 光彩事业、城乡一体化建设和社会公益事业进一步推进

在组织非公有制经济参与首都社会主义新农村建设工作中，市工商联与门头沟区政府共同举办了共建现代化生态新区签约仪式暨《门头沟区投资指南》招商项目发布会，并签订了《北京市工商联门头沟区政府共建门头沟现代化生态新区合作协议》。目前已有3家非公企业到门头沟投资立项开发，8家非公企业签订合作意向。在北京市参与首都社会主义新农村建设先进民营企业表彰大会上，北京市工商联有58家非公有制企业受到表彰。

在组织非公有制经济参与就业再就业工作中，继续与市、区劳动和社会保障局、工会在全市联合开展民营企业招聘周活动，广泛组织非公有制企业参与“全国大中型企业与应届高校毕业生网上双选周”活动，招聘周期间全市共有2484家民营企业参加网上及其他形式招聘洽谈会，提供就业岗位信息53774个，签订就业意向人数13138人，印发政策宣传品99208册，维权及法律援助3485人次。在北京市就业与社会保障先进民营企业表彰大会上，银达物业管理有限公司等48家企业被授予“北京市就业与社会保障先进民营企业”称号。

在组织非公有制经济参与区域经济建设工作中，组织宣武、石景山、通州、顺义、怀柔、平谷工商联主管领导及非公有制企业负责人共40余人参加第十届环渤海地区民营经济经贸合作洽谈会，北京市达成合作项目4个，投资总额4.2亿元人民币。先后组织非公有制企业参加吉林市经贸项目考察和“振兴东北老工业基地优秀中国特色社会主义事业建设者吉林行”活动。分批组织部分会员企业赴银川、山东省济宁市、四川灾区什邡市考察，并签订部分合作意向。

在组织非公有制经济参与教育等社会公益事业中，实施了“权金城捐资助学工程”，由权金城国际控股集团向河北省唐县仁厚镇房庄村小学捐资20万元修建教学楼，现已基本竣工。继续开展了“光彩力教春雨工程”，向崇文区13所初中学校和3500名初中学生捐赠了价值93.48万元的教学软件，向平谷区24所初中学校捐赠了价值60万元的教学软件。继续落实“爱义行捐资助学工程”和“健峰捐资助学工程”的实施；启动了“光彩圣火爱心敬老温暖工程”，由北京圣火科贸有限公司自2008年起，用十年时间，无偿资助北京市远郊区县采暖条件较差、缺少建设资金、新建或改造采暖系统的10家养老福利机构，按计划分期分批为其免费安装采暖系统。

4. 会员发展和组织建设进一步提升

2008年商会会员队伍继续壮大，会员总数达24495家，其中私营独资、私营合伙、私营有限、私营股份等私营企业会员16176家，占会员总量的66.03%。

市工商联组织工作制度建设继续加强，制发

了《关于进一步加强行业商会建设的意见》，并出台了《北京市工商业联合会直属行业商会综合评价考核办法》等一系列实操性文件。

市工商联非公经济代表人士队伍建设继续强化，通过2008年北京市两会换届，非公经济人士担任市人大代表、市政协委员的比例进一步提高，市人大共有27名非公经济人士代表，占全市市人大代表的3.5%。市政协共有56名非公经济人士委员（不含新阶层人士），占全市政协委员的7.68%，同时还推荐了1名全国人大代表、10名全国政协委员。

5. 商会服务和对外交流进一步增强

（1）积极主动地开展聘请特邀顾问工作。为切实发挥工商联作为党和政府联系非公有制经济及人士的桥梁纽带作用，3月28日，市工商联隆重举行特邀顾问聘请仪式，副市长、市工商联主席程红向应邀担任特邀顾问的市政府各委办局的领导颁发聘书并发表讲话。市发改委等49个委办局的领导应邀担任市工商联特邀顾问。

（2）积极主动地帮助非公企业应对国际金融危机。自国际金融危机爆发以来，市工商联与区县工商联积极行动，通过开展大量的调查研究、座谈会，了解企业困难，倾听企业呼声，并及时收集整理了大量的信息，上报给市区两级党委、政府，为政府出台扶植中小企业政策做好决策支持。市工商联经济处和市发改委中小企业处（减负办）还联合召开了专题座谈会，深入了解中小企业发展中的困难和问题，提出了制定北京市今后经济运行平稳发展的政策建议。

（3）积极主动地促进非公企业对外合作交流。2008年市工商联共接待来自法国、比利时、瑞典、加拿大及港澳台地区代表团组及工商界代表5次20余人。与法国阿尔萨斯大区发展署驻华代表处成功建立起联系，出席了全国工商联挪威工商会商会管理研讨会，并组织城八区工商联领导及企业家共计46人次分别参加了加拿大温哥华市政府在北京不列颠哥伦比亚省—加拿大展厅举办的三次城市信息说明会。继续与香港贸发局密切合作，定期将香港贸发局编印的《香港商贸通》刊物提供给各区县工商联及会员企业，帮助他们及时、详细地了解香港经贸信息。

6. 宣传教育和法律服务工作进一步强化

2008年共组织16班次的培训、研讨，参与会员企业700余家，1300多人次。工商联教育培训中心与北京移动合作启用短信辅助办公系统，将相关培训信息通过短信平台发布。继续与市委党校合作，举办了第十期工商管理专业研究生班，65名非公有制企业的投资者和高层管理人员通过了入学考试。与市委统战部及北京社会主义学院共同举办了区县工商联兼职主席研讨班和区县工商联主席、党组书记研讨班。此外，还通过多种方式加强了对会员企业的法律服务工作。

2008年市工商联继续在电视台、广播电台等新闻媒体播发宣传非公有制企业及非公经济人士的稿件，在主流媒体上刊登非公经济代表人士和工商联领导的新闻专访，既向社会展示了非公经济人士的良好形象，又扩大了工商联的社会影响。

7. 组织开展纪念改革开放30周年系列活动

在改革开放30周年之际，市工商联组织了一场全市非公经济文艺演出。出版了一期《工商界》纪念专刊。组织编写和出版了一部首都非公经济人士纪念改革开放30周年大型文集《历史的回声，时代的见证》，并于12月28日举办了首发式，全国工商联副主席孙安民，北京市副市长、市工商联主席程红，市委统战部副部长楚国清等领导出席会议，程红副市长发表重要讲话。

8. 机关自身建设进一步提高

2008年市工商联以提高干部素质，建设和谐机关为重点，加强了机关干部队伍建设。一是认真举办理论学习和处室业务知识讲座，完善机关各项制度，通过编写职位说明书等建立起加强机关干部队伍建设的长效机制。二是开展干部教育培训工作，按照市委组织部要求，组织处级以上领导干部参加了全市干部网上在线学习培训、考试；组织6名处级领导干部参加了市人事局举办的任职培训；组织新录用的5名大学生到市行政学院进行初任培训，还安排1人参加军转办组织的军转干部培训班。此外，根据党章规定，工商联机关党委圆满完成换届，加强了党组织自身建设。

9. 原工商业者工作进一步开展

两节期间，市工商联举行了原工商业者迎春

团拜会，邀请原工商业者及遗孀代表20余人参加。2008年初，全国政协副主席、全国工商联主席黄孟复，全国工商联副主席褚平、孙安民，以及全国工商联有关部门负责人率民营企业家到我市延庆县送温暖，慰问了当地原工商业者和贫困家庭，副市长、市工商联主席程红等领导陪同慰问。北京新发地农产品股份有限公司等6家企业为延庆县原工商业者和贫困家庭捐赠了价值近30万元的御寒物资和过年用品。据统计，2008年为原工商业者发放车马费、慰问金、困难补助、住养老院补助1200余人次，发放各种费用、补助共计140余万元。

以上成绩的取得，是在各级党委和政府的领导下，各级工商联组织和广大会员共同努力的结果。在看到成绩的同时，也要清醒地认识到，新形势下市工商联的工作还存在一些突出问题，主要是：理论研究和调研质量有待进一步提高；非公有制经济人士思想政治工作的有效途径有待进一步探索；基层组织建设和商会管理有待加强；工作载体和工作机制有待创新；各级工商联机关执行力有待增强。

重要活动

表彰首都非公经济参与奥运工作

北京市工商业联合会、北京市私营个体经济协会、北京市非公有制经济人士联谊会于10月31日召开“首都非公经济参与奥运服务奥运总结表彰大会”。北京市副市长、市工商联主席、北京市非公经济人士联谊会名誉会长程红出席会议并讲话；市委统战部副部长、北京市非公经济人士联谊会常务副会长楚国清主持了大会；北京奥组委秘书行政部副部长林向义，市工商联党组书记、第一副主席、北京市非公经济人士联谊会常务副主席吴杰，市私营个体经济协会会长、北京市非公经济人士联谊会副会长金鑫，市工商联党组副书记、常务副主席马兰霞，市工商联副主席张卫江、李燕平、王克林，市工商联秘书长李红军，市私营个体经济协会副会长王金、市委统战部工商经济处副处长、北京市非公经济人士联谊会秘书长贺淑晶等领导同志以及非公有制经济企业和新的社会阶层人士700多人参加了大会。金鑫在大会上宣读了《关于表彰首都非公经济参与奥运服务奥运先进集体、先进个人、优秀组织奖的决定》，对为奥运作出突出贡献的409个先进集体、339名先进个人和20个优秀组织单位予以表彰。

举办“首都非公有制经济人士纪念改革开放三十周年文艺演出”

2008年11月27日，在纪念改革开放三十周年之际，为展示首都非公有制经济建设所取得的巨大成绩，表达非公经济人士对改革开放政策的拥戴之情，北京市工商联、北京市私营个体经济协会和北京市非公有制经济人士联谊会在天桥剧场举办了“首都非公有制经济人士纪念改革开放三十周年文艺演出”。

2008年11月27日，“首都非公有制经济人士纪念改革开放三十周年文艺演出”在天桥剧场举行

全国工商联党组副书记、副主席宋北杉，副主席王文京，中国个体劳动者协会副秘书长施玉足出席演出。北京市工商联党组书记、第一副主席吴杰出席并致辞，副主席张卫江，李燕平出席。首都各界人士共1200余人观看了此次演出。

组织开展抗震救灾工作

北京市工商联党组书记、第一副主席与首批捐赠企业代表合影

四川汶川“5·12”特大地震发生后，北京市工商联按照市委、市政府的决策部署，迅速行动起来，成立了“市工商联抗震救灾工作领导小组”，向全体会员企业发出了《关于开展向四川地震灾区捐赠活动倡议书》，同时，设立认捐热线和捐助站，每日接受会员企业捐助，并及时将捐款捐物情况向全国工商联和市委统战部报告。北京市副市长、市工商联主席程红非常重视工商联组织开展的抗震救灾工作，及时提出工作要求，并亲自出面帮助解决会员企业奔赴抗震前线铁路输送等问题。与此同时，各区县工商联、直属行业商会也纷纷行动起来，以多种形式组织会员企业为地震灾区捐款捐物。

据不完全统计，在抗震救灾斗争中，全市非公企业共为地震灾区捐款捐物24791.023万元人民币，其中捐款18735.273万元，捐物折合人民币6055.75万元。

北京市工商联领导名单：

主席：程　红

党组书记、第一副主席：吴　杰

党组副书记、常务副主席：郑默杰

党组成员、副主席：张卫江　李燕平　王克林

副主席：金维虹　陈东生　郭　为　张征宇　张杰庭　张大中　聂启明　王小兰　严望佳　胡克勤　夏　敏　刘迎建　王长田　张宝全　叶　青　陈立群　徐生恒　李少华　刘　彬

秘书长：李红军

组织结构：

北京市工商业联合会会员代表大会、北京市工商业联合会常务委员会、北京市工商业联合会执行委员会、会员处、经济服务处、调研室、联络处、宣传教育处、法律处、光彩事业办公室、办公室、人事处、行财处

联系方式：

地址：北京市崇文区广渠门内白桥大街22号北京工商联大厦

邮编：100062

北京市工商联直属商会联系方式：

1. 北京市工商联洗染业商会

地址：朝阳区酒仙桥路4号洗衣园

邮编：100015

2. 北京市工商联金属材料行业商会

地址：丰台区南四环西路188号总部基地12区48号楼5层

邮编：100070

3. 北京市工商联企业家书画会

地址：丰台区四合庄甲1号文化教育中心二层

邮编：100070

4. 北京市工商联婚纱艺术人像摄影行业商会

地址：海淀区远大路22号12号楼太森国际3001室

邮编：100097

5. 北京市工商联古玩商会

地址：朝阳区东三环南路华威桥21号4012室

邮编：100021

6. 北京市工商联五金机电商会

地址：朝阳区小武基路甲1号朝龙不锈钢市场办公区

邮编：100023

7. 北京市工商联交通运输业商会

地址：丰台区六里桥甲1号悦都大酒店北楼（写字楼）423

邮编：100073

8. 北京市工商联汽车配件业商会

地址：朝阳区南四环东路城环城国际汽配城16号楼485

邮编：100076

9. 北京市工商联留学人员商会

地址：东城区和平里滨河路1号航天信息大厦3层

邮编：100031

10. 北京市工商联女企业家商会

地址：宣武区马连道甲10号

邮编：100055

11. 北京市工商联环境艺术商会

地址：三里河路1号2号楼

邮编：100044

12. 北京市工商联饮料食品行业商会

地址：宣武区滨河路贵都国际中心B座

717 室

邮编：100055

13. 北京市工商联文化产业商会

地址：朝阳区和平街 14 区 21 号楼南平房

邮编：100013

14. 北京市工商联美容美发化妆品业商会

地址：建外大街 24 号华侨村 4 门 15 层 C

邮编：100022

15. 北京市工商联珠宝行业商会

地址：北三环东路 36 号环球贸易中心 B 座 18 层 1808 室

邮编：100013

16. 北京市工商联商务房地产业商会

地址：丰台区马家堡东路 71 号立业大厦 7005 房间

邮编：100068

17. 北京市工商联观赏石行业商会

地址：宣武区右安门西城根 4 号九洲家园宾馆院内

邮编：100054

18. 北京市工商联化妆造型业商会

地址：宣武区育新街 47 号清芷园 2C202

邮编：100054

19. 北京市工商联家具行业商会

地址：慧忠北里 312 号天创世缘 B2 座 2002 室

邮编：100012

20. 北京市工商联装饰行业商会

地址：宣武门西大街 129 号金隅大厦 B 座 210 室

邮编：100031

21. 北京市工商联住宅房地产业商会

地址：崇文区广渠门内白桥大街 22 号北京工商联大厦 712 室

邮编：100062

22. 北京市工商联收藏品行业商会

地址：海淀区北三环西路 31 号 306 室（大钟寺西侧）

邮编：100098

23. 北京市工商联石材业商会

地址：朝阳区十八里店西直河石材大世界

邮编：100023

24. 北京市工商联建筑行业商会

地址：宣武区南滨河路 27 号贵都国际中心 A 座 12A05

邮编：100055

25. 北京市工商联物流业商会

地址：朝阳区十八里店西直河安正物流 209

邮编：100023

26. 北京市工商联电梯业商会

地址：海淀区阜成路 42 号 6C－410 室

邮编：100036

27. 北京市工商联厨卫行业商会

地址：朝阳区北三环东路 6 号国展中心 1 号馆 4 层 375 室 5403 信箱

邮编：100028

28. 北京市工商联清华园企业家商会

地址：清华大学东门外紫光大厦 7 层

邮编：100084

29. 北京市工商联民俗旅游业商会

地址：石景山区西井路 21 号 402

邮编：100041

30. 北京市工商联古典家具业商会

地址：丰台区南三环分钟寺 519 号古典家具市场

邮编：100078

31. 北京市工商联不锈钢有色金属行业商会

地址：朝阳区小武基路甲 1 号朝龙不锈钢市场办公区

邮编：100023

32. 北京市工商联信息化商会

地址：朝阳区华严北里 1 号健翔山庄 C10 座

邮编：100029

33. 北京市工商联水产业商会

地址：丰台区新发地北水嘉伦市场办公楼 3 层

邮编：100070

34. 北京市工商联清洗保洁业商会

地址：丰台区马家堡路 122 号驰跃翔楼 5 层 503 室

邮编：100068

（北京市工商联赵忠华　供稿）

天津市工商业联合会

工作综述

2008年是不平凡的一年，也是天津市工商联工作创新发展的一年。在天津市委、市政府的领导下，全市民营经济保持了平稳较快发展。民营企业增加值占全市经济总量的39%，民营企业就业人数占城市就业人员总数的75%，全市467家高新技术企业中，民营企业达到283家。民营经济又好又快地发展，为促进社会和谐进步作出了重大贡献。全市各级工商联组织和广大会员高举中国特色社会主义伟大旗帜，全面贯彻党的十七大精神，以邓小平理论和“三个代表”重要思想为指导，深入贯彻落实科学发展观，围绕市委提出的“一二三四五六”的奋斗目标、工作思路和“站在高起点、抢占制高点、达到高水平”的要求，锐意进取，真抓实干，各项工作取得了新成绩。

一、组织建设稳步发展，宣传教育培训工作不断深入

组织建设步伐加快。发展会员1007个，会员总数达到13715个，是历年来发展新会员数量最多的一年。乡镇分会建会率达84%，城区街道分会建设不断推进，两个区实现了全覆盖，基层组织建设实现了新突破。

行业商会建设创新发展，已成立了30个行业商会、15个异地商会，其中9个商会注册法人，新吸纳了4家异地商会和北大、清华、天大校友会为团体会员，在海南省建立了天津商会，纵横交错的组织网络更加完善。市工商联妇委会召开第二次代表大会，产生了新一届妇委会领导班子。

东丽区工商联和河北区工商联刘崇同志被国家人力资源和社会保障部、全国工商联分别授予“全国工商联系统先进集体”和“全国工商联系统先进工作者”称号。开发区工商联和河北区工商联被全国工商联评为“先进集体”。河西区工商联张福玲同志、塘沽区工商联曹金茹同志、北辰区工商联王玉柱同志被评为“先进个人”。

贯彻全国工商联组织工作会议和非公经济人士思想政治工作会议精神，举办了第七期非公经济代表人士培训班。配合市委统战部建立了非公经济代表人士综合评价体系。

携手天津市各大主流媒体，大张旗鼓地开展了纪念改革开放30周年系列活动；举办了民营企业职工运动会，展现了民营企业团结奋进，争创一流的精神风貌；《湾区网》开发了新功能，增设了新专题。与天津电视台合作，推出天津民营企业家专辑；《天津商会》报也开辟了“企业家故事”栏目。完成了编撰《天津工商联六十年》的史料搜集和整理工作。

二、调研工作紧贴实际，参政议政水平不断提高

发挥非公有制经济人士参与政治和社会事务主渠道的作用，围绕全市大局，就统一战线、经济形势和民营经济发展等问题调查研究，建言献策。

商会提出的建设民营企业成长基地的建议被市委、市政府采纳；关于加强非公经济代表人士档案管理的建议被列为市政协主席促办提案；黄孟复主席亲自参加商会举办的产业集群高峰论坛，商会在政协常委会上就发展我市产业集群专题发言，引起了市委、市政府领导的重视。

针对经济形势的变化，商会及时了解民营企业的情况，分别向市委、市人大、市政府有关部门汇报，较好地发挥了参谋的作用。商会《关于我市中小企业发展面临的困难和问题》的调查报告，被市委刊发。

商会开展了“解放思想，推进工商联事业发

展”的有奖征文活动；汉沽区工商联举办了“应对危机、赢在未来”民营经济高峰论坛；东丽区工商联举办了“2008年东丽湖论坛”，针对“金融创新与区域开发”、“金融创新与民营企业发展”等论题进行了深入探讨与交流。

三、重点项目扎实推进，各项服务工作取得新成绩

民营经济成长示范基地通过了规划论证，开始招商，产生了初步效益。中小企业集合债券列入天津市金融创新项目。商会与市政府有关部门举办了第二届“融洽会”和第三届“小洽会”，20余家会员企业签约。担保中心为企业贷款提供担保3300万元，协调银行为企业贷款7600万元。经商会推荐的11家小额贷款公司已经获准筹建，已有6家开业，集合了3.1亿元资金，对缓解中小企业融资难起到了促进作用。与市科委联合召开了“推动民营企业实施自主创新产业化项目恳谈会”，协调解决了落实项目的12个问题。与市监察局联合召开了“促进民营经济发展工作会议”，促进民营经济发展服务中心的工作进一步加强，投诉办结满意率超过95%。

全市11个区县监察局、工商联成立了促进民营经济发展服务中心，运用企业危机处理服务机制有了成功实践；市行政效能监督岗企业增至60家；与市各级法院配合召开“民营企业知识产权司法保护工作座谈会”，依法办理“天津商会”被抢注的案件；与市公安局经侦总队建立了长期联系机制；商会正式加入市协调劳动关系三方会议；组织民营企业踊跃参加“津洽会”，获得最佳组织奖和最佳服务奖。在第十届“环洽会”上，商会提出建立环渤海省市工商联网站联盟的倡议，得到了参会省市工商联的积极响应。

商会相继组织了近500家会员企业分别参加了10余项全国或地区性经贸活动。天津民营企业商品展示中心在美国开业，中小企业外向化促进会的筹备工作正在推进。开发区工商联牵头编撰的《天津市商务环境白皮书》，获得市领导和社会各界的高度评价。

商会关于组建“环渤海地区工商联联络工作联席会”的倡议得到相关省市工商联的积极回应；河西区工商联与多家金融机构签约合作，为中小民营企业融资创造了新的融资平台；加强与全国工商联和政府有关部门的联系与沟通，加强与环渤海各地工商联的联系，加强与海外工商社团的联系，为民营企业“走出去”开拓了更多渠道。

四、积极承担社会责任，多项工作受到表彰

通过深入的思想教育，进一步增强了广大民营企业家的社会责任感。在抗震救灾中，广大民营企业家捐款捐物达3亿多元，展示了中国特色社会主义事业建设者的风采。市光彩会和市工商联向略阳县捐款791.99万元，建设“嘉陵江天津光彩大桥”和徐家坪公路，向茂县捐款200万元，在凤仪镇学校建立“天津光彩图书馆”。

广大会员为地震灾区人民献爱心、办实事的精神，受到了两省领导和人民的高度赞扬。2008年，商会还会同市委统战部开展了“光彩事业安徽行”和“光彩事业老区行”等活动，光彩基金捐款220万元，为社会主义新农村建设献计出力。4名民营企业家为市公安局捐款460万元，推动了警企共建平安企业活动。同市劳动和社会保障局、市总工会、市教委和市残工委等部门，组织323家企业参加了“民营企业招聘周”和“残疾人专场招聘会”，吸纳8000多人参与应聘，有力推动了天津市的就业工作。

一年来，各区县工商联、各行业商会、异地商会和市工商联各专门委员会围绕中心，服务大局，做了大量卓有成效的工作。去年也是天津市各级工商联组织、民营企业家和工商联工作者受表彰最多的一年：市工商联、市光彩会支援地震灾区重建工作被市政府授予“对口支援先进单位”称号；江西商会获江西省“首届十大优秀商会”称号；大通集团、汇森房地产公司、华田投资公司、福建商会、麦购集团被全国工商联授予“抗震救灾先进集体”称号；应大集团董事长应泽从、狗不理集团董事长张彦森、荣程钢铁集团董事长张祥青、福光集团董事长张雪岩、万隆集团总经理李凤军、天狮集团总裁李金元被授予“抗震救灾先进个人”称号；大邱庄薄板公司董事长禹作胜、生机集团董事长王连民被评为“全国关爱员工优秀民营企业家”；金锚集团、天宁树脂公司被评为“全国双爱双评先进企业”。天成化工厂、荣程钢铁集团、万利天然纤维薄膜公司、鑫茂科技投资集团、友发钢管集团5家企业荣获市节能工作先进单位。上述成绩的取得已成为天津市民营企业的亮点。

五、学习实践活动深入发展，科学发展的方向进一步明确

根据市委部署，商会上半年开展了“解放思想，干事创业，科学发展”大讨论，下半年开展了学习实践科学发展观活动。商会组织广大党员干部认真学习党的十七大精神和中央、市委的一系列指示，积极开展调查研究，深入查找了思想上和工作中不适应、不符合科学发展观的突出问题，联系市工商联的实际，进一步梳理了科学发展的思路，提出了进一步落实科学发展观的整改方案。目前市工商联的整改工作正在落实。

作为第一批学习实践活动的试点单位，南开区工商联开展以“化挑战为机遇，求发展作贡献”为主题开展学习调研，积极探索促进民营经济发展的途径。通过学习实践活动，商会在当好党和政府的助手、坚持“三性”统一，确保“两个健康”，深刻认识民营经济发展的阶段性特征，推进工商联工作再上新水平等重大问题上形成了共识，为工商联工作科学发展奠定了新的思想基础和工作基础。此外，在机关党员中开展了“党在我心中、我在群众中”的主题实践活动。青年理论小组有理论学习，有实际调查，有研究成果。上述工作进一步加强了市工商联领导班子思想政治建设和党员干部队伍建设，保证了工商联各项工作的完成。

重要活动

天津市民营企业成长示范基地开始建设

为探索扶持民营企业发展的新模式，天津市工商联与津南区政府、东丽区政府、西青区政府提出建设民营企业成长基地的建议。其中，在津南区葛沽镇建立民营企业成长示范基地。这一构想写进了中共天津市委2008年工作要点和市政府工作报告。2008年初成立了天津滨海民营企业成长示范基地筹备小组，市工商联副主席杨蔚东任组长，开展示范基地成立的前期工作。7家民营企业出资派员参加到小组工作。

建设民营企业成长示范基地的工作得到市委、市政府领导的高度重视。中共中央政治局委员、天津市委书记张高丽，市长黄兴国、常务副市长杨栋梁等市领导同志先后做出批示。2008年6月3日，市长黄兴国主持召开市政府第7次市长办公会，听取了关于建立“天津滨海民营企业成长示范基地”的汇报。市人大副主任、市工商联主席张元龙参加了会议。会议原则同意在津南区葛沽镇建设天津滨海民营经济成长示范基地。黄兴国对示范基地提出了明确要求。

市工商联、市监察局联合召开促进民营经济发展工作会议

天津市监察局、天津市工商业联合会促进民营经济发展服务中心是全国首家省一级监察局与工商联合作成立的维护民营企业合法权益的工作机构。促进民营经济发展服务中心成立以来，共接到电话、网上和来函投诉365件，受理和办结民营企业投诉35件，为民营企业避免和挽回经济损失500多万元。“服务中心”在受理和解决投诉的过程中，及时向纪检、监察部门反映基层单位在政策制订、依法行政和作风建设方面存在的问题，提出改进的意见和建议，有力地推动了政府机关转变职能，改进作风，提高效能，进一步优化了天津市投资发展环境。

市监察局、市工商联促进民营经济发展服务中心成立揭牌

2008年4月16日，天津市监察局、天津市工商联召开了促进民营经济发展工作会议。天津市委常委、市纪委书记臧献甫，市人大常委会副主任、市工商联主席张元龙出席会议。会上，市监察局、市工商联促进民营经济发展服务中心负责同志总结了两年来的工作，并提出各区县也要建立促进民营经济发展服务中心的要求，对服务中心今后工作做了部署。南开区监察局、天津市莆田商会和大港区工商联作了经验介绍。

举办首届民营企业职工运动会

天津市工商联、天津市体育局、天津市总工会联合举办的“荣程杯·天津市首届民营企业职工运动会”于2008年4月19～28日在天津市人民体育馆等7家体育场馆内隆重举行。中共天津市委常委、副市长崔津渡，全国工商联副主席、天津市人大常委会副主任、天津市工商联主席张元龙，天津市政协副主席、天津市委统战部部长刘长喜等领导出席了开幕式并观看了民营企业员工文体表演。各区、县工商联、体育局、总工会等有关单位负责人，各行业商会、异地商会代表，参赛运动员和媒体共计3500余人参加了开幕式。

2008年4月19～28日，首届民企职工运动会开幕

本届运动会的口号是“和谐兴民企、健康迎奥运”。在历时9天的比赛中，共58个代表队，约1200人参加了球类、棋牌、游泳、田径等5类11个项目的比赛。

本次运动会吸引了来自中央和地方的多家媒体专程采访报道。其中，新浪、搜狐、腾讯等门户网站，新华社、《人民日报》、《人民政协报》、《天津日报》、《今晚报》、《每日新报》等天津主流报纸，《中华工商时报》、《金融界》等行业报刊，中央人民广播电台、天津电视台，人民网、新华网、北方网、天津政务网、天津视窗等知名网站纷纷报道、转载运动会盛况。本次运动会还入选全国工商联“2008年度工商联工作十大亮点”评选，是全国范围内首次以民营企业为参赛对象的运动盛会。

组织民营企业积极支援汶川地震抗震救灾和灾后重建工作

2008年5月12日四川汶川特大地震发生后，天津市工商业联合会和天津市光彩事业促进会于5月13日晚8时紧急召开了主席（会长）会议，研究决定尽快举行“天津市民营企业向汶川地震灾区献爱心捐赠仪式”，讨论通过了积极向汶川地震灾区人民捐款献爱心的“倡议书”，并落实了首批带头捐款的会员企业。5月16日和26日，市工商联、市光彩会连续两次举行了“天津市民营企业向汶川地震灾区献爱心捐赠仪式”。据不完全统计，全市工商联会员企业和个人共向灾区人民捐款3.1亿元，其中通过市光彩会捐款991.99万元。

天津市民营企业向四川地震灾区献爱心捐款仪式

为表达天津市民营企业家对地震灾区人民的深情厚谊和支援灾后重建工作，2008年5月20～23日，天津市工商联党组书记、第一副主席马文举率天津市工商联、市光彩事业促进会代表团一行三人赶赴四川省成都市、都江堰市，实地考察被地震摧毁的聚源中学和新建小学，向四川省工商联、成都市委、都江堰市教育局领导表达了捐资重建聚源中学的愿望。

2008年10月6～11日，天津市工商联副主席、天津市光彩事业促进会副会长兼秘书长一行两人前往天津市对口支援震后恢复重建的陕西省略阳县和四川省茂县，认真考察了略阳县和茂县的恢复重建项目，与略阳县人民政府初步达成了在该县白水江镇修建“嘉陵江天津光彩大桥”和在徐家坪镇修建一条公路的意向，与四川省工商联、省光彩事业促进会和茂县教育局签订了捐资200万元建设茂县凤仪镇学校“天津光彩图书馆”的协议书。

2008年11月15日，马文举书记率市工商联、市光彩事业促进会代表团一行三人赴陕西省略阳县，与县人民政府签订了援建略阳县一桥一路的协议。在签约仪式上，天津市工商联副主席、市光彩事业促进会副会长、天津汇森集团董事长闫山林代表全市民营企业家向略阳县灾区人民捐款791.99万元；略阳县人民政府常务副县长杨瑞良和天津市工商联副主席、市光彩事业促进会副会长谷强分别在援建协议书上签字。

《天津市商务环境白皮书》出版

2008年3月，《天津市商务环境白皮书》出版。白皮书分为五个章节，内容涵盖天津市面临的机遇与挑战、商务环境具体分析、重点行业问题分析、商协会有关介绍和白皮书形成的过程等方面。通过90多个图表直观形象地对天津市政策法规、基础设施、公共服务、产业配套、商务成本等影响经济发展的诸多因素加以描述和分析，针对商务环境存在的不足提出了参考性的改进建议。

《天津市商务环境白皮书》是我国第一本由工商界社团组织主导出版的经济类报告书，本书所指出的各项指标对于今后关于天津市的商务调查具有比照意义。白皮书的出版体现了政府和商界之间的良性互动，为政府进一步完善投资经营环境起到了借鉴作用，是商界建言献策、积极参与天津经济建设的一个有益尝试。

市工商联参加天津市协调劳动关系三方会议

2008年12月16日，天津市协调劳动关系三方会议第十三次会议通过了吸纳市工商联为天津市协调劳动关系三方会议成员单位的决定，市工商联副主席谷强担任市协调劳动关系三方会议副主席。天津市形成了由市人力资源和社会保障局代表政府、市总工会代表劳方、市工商联、市国资委和市企联代表企业的协调劳动关系三方机制。

市工商联加入天津市协调劳动关系三方会议使市三方会议更加完善、更具代表性，从制度上确立了工商联在三方协调机制中的法律地位。在维护非公有制企业的合法权益，推进区县协调劳动关系三方机制的健全和完善方面发挥了示范作用。

在积极构建和谐劳动关系的过程中，市工商联充分发挥组织健全，行业商会和基层组织完备，组织网络覆盖全市的优势，在天津市开展的劳动关系和谐企业、和谐园区创建活动中充分代表天津市民营经济的利益，发挥了重要作用；在国际金融危机的严峻形势下，市工商联立足稳定大局、促进发展，认真贯彻市委提出的“保增长、渡难关、上水平”的要求，高度关注民营企业在劳动关系方面出现的新问题、新情况，提出了及时采取有效措施，加强民营企业和谐劳动关系建设的意见和措施，充分发挥民营企业在“保企业、促就业、保稳定、促和谐”中的重要作用，确保了企业健康、平稳的发展，得到了广大非公有制企业的认同和欢迎。

海南省天津商会成立

2008年11月10日，海南省天津商会成立大会在海口市举行。全国工商联副主席、市人大常委会副主任、市工商联主席张元龙出席并讲话，市政协副主席、市委统战部部长刘长喜，海南省政协副主席、省委统战部部长邱德群出席为商会揭牌。

天津海南商会是天津第一家在异地成立的商会组织，由68家在海南投资经营的津商发起组建。成立会上，天津大田集团海南南丽湖置业有限公司董事长王树生被选举为会长，天津宁发集团海南香水湾大酒店有限公司董事长张同生、天津大通建设集团海南筑信投资股份有限公司董事长逯鹰、天津永泰红磡集团海南万福事业有限公司董事长李德福、天津泰达集团海南西秀海景园实业有限公司总经理祖国湛、泰丰集团海南嘉博投资开发有限公司董事长郁知、天津津兰集团三亚新大陆投资发展有限公司董事长郭宝印、天津万隆集团海南优联投资发展有限公司总经理许晓春、天津赢想集团赢想传媒有限公司董事长齐世宏当选为副会长。同时王树生被任命为天津市人民政府驻广州办事处海南联络处主任，齐世宏被任命为海南联络处秘书长。

天津市工商联进出口商会积极开展活动

天津市工商联进出口商会是由市工商联倡议建立的主要由天津外向型非公有制企业组成的民间商会组织。2007年12月20日，“天津市工商联进出口商会第一次理事大会”暨“天津市工商联进出口商会成立大会”在天士力集团国际会议中心召开。进出口商会成立后，积极加强与市商务委、市外办、中国信用保险公司等政府部门和有关机构的合作，针对外经贸企业发展实际需求，开展了多项服务工作并取得一定成绩。2008年，进出口商会多次组织企业参加卢森堡、日本、香港等国家和地区在津举办的交流论坛、合作研讨会、推介会等活动，为企业提供掌握最新资讯、增进了解、互通有无的机会，不断增强了自身凝聚力。

进出口商会的成立是商会等中介组织承接政府服务职能，充分发挥其在经济活动中作用的有益尝试。进出口商会积极配合政府，建立政策服务平台，协助企业用足用好天津市陆续出台的各项外经贸鼓励政策，引领企业增强国际市场竞争力。

市工商联开展系列活动，纪念改革开放30周年

为充分展示天津市民营经济改革开放30年来取得的优异成果，集中反映优秀民营企业家风采，在纪念党的十一届三中全会召开30周年之际，商会开展了一系列重点宣传活动。

开展“我与改革开放30年”征文活动。本次征文活动历时5个月。从各级工商联组织，行业商会，异地商会，到广大会员都踊跃参加，做了大量的工作。本次活动共收到各类稿件161篇。商会及时通过湾区网和《天津商会》报将其中的优秀作品予以发表。本次征文活动全面回顾了改革开放30年来民营经济的发展历程，展示了党的富民政策给国家和社会带来的巨大进步，也总结了工商联与时俱进的工作经验和成果，对进一步激发广大非公有制经济人士坚定走中国特色社会主义道路，继续解放思想、坚持改革开放的信心和决心，促进民营经济又好又快发展具有积极意义。

为进一步加大对改革开放30年成果的宣传力度，商会与《天津日报》、《今晚报》、天津人民广播电台、天津电视台等媒体合作，以改革开放30年为契机，引导舆论、全力宣传天津市民营企业和非公有制经济代表人士。《天津日报·北方周末》版的“改革开放30年——人物亲历”刊发了10位民营企业家的事迹。黄兴国市长看后专门做出了批示。《天津电视台·时代智商》栏目播出了7位企业家的专访。

另外，自2008年以来，《天津商会》报的“企业家故事”栏目和各基层商会报纸的相关栏目也从不同角度对百余位企业家进行了不同侧重的宣传。

召开纪念改革开放30周年座谈会。为全面总结和回顾改革开放以来天津市非公经济的发展历程和非公经济人士的成长轨迹，市工商联联合市委统战部于2008年11月21日隆重召开“天津市非公有制经济代表人士纪念改革开放30周年座谈会”。张元龙、刘长喜出席会议并讲话。天津市各行业非公有制经济代表人士80余人参加座谈。

天津市工商联领导名单：

主席：张元龙

第一副主席：马文举

副主席：王国瑛（女）　杜克荣　李占通　王学利　闫希军　谷　强　耿　伟　杨蔚东　于　静（女）　王天举　付玉成　左　晔　闫山林　应泽从　李　响　李金元　李德福　张建浩　张彦森　张继光

秘书长：耿　伟（兼）

天津市商会领导名单：

会长：张元龙

副会长：柴宝成　武国维　张雪岩　于学军　王树生　王永正　李之和　连良桂

组织结构：

办公室、人事室、研究室、经济部、会员部、宣传部、商务联络部、法律部、市光彩促进会办公室

联系方式：

地址：天津市和平区花园路9路

邮编：300041

天津市工商联直属商会联系方式：

1. 天津市工商联服装商会

地址：天津市南京路209号吉利大厦4楼

邮编：000520

2. 天津市工商联美容美发商会

地址：天津市和平区赤峰道33号

邮编：300041

3. 天津市工商联五金商会

地址：天津市河东区新开路225号文光大厦11楼

邮编：300011

4. 天津市工商联古玩商会

地址：鼓楼北街88号

邮编：300090

5. 天津市工商联手机销售商会

地址：天津市气象台路33号

邮编：300070

6. 天津市工商联润滑油脂商会

地址：南开区宾水西道333号万豪大厦C座7层

邮编：300381

7. 天津市工商联汽车流通业商会

地址：天津市河西区太湖路6号

邮编：300210

8. 天津市工商联电脑商会

地址：天津市南开区鞍山西道百脑汇1601号

邮编：300192

9. 天津市工商联房地产商会

地址：津南区双港镇红磡领世郡集团办公大楼

邮编：300000

10. 天津市工商联园林绿化商会

地址：天津市河东区卫国道顺驰太阳城建筑师走廊1号

邮编：300250

11. 天津市工商联水暖阀门商会

地址：塘沽海洋高新技术开发区华山道303号

邮编：300451

12. 天津市工商联散热器商会

地址：河西区怒江道7号（家宝散热器公司院内一楼）

邮编：300000

13. 天津市工商联汽配用品业商会

地址：天津市河西区解放南路汽配城新南区29号

邮编：300221

14. 天津市工商联地毯商会

地址：天津武清大宫城（津围公路46号公里处）

邮编：301702

15. 天津市工商联资源再利用商会

地址：南开区秀川路俊城浅水湾69号5楼（银座酒家旁）

邮编：300381

16. 天津市工商联金属材料商会

地址：天津市河西区浦口道南浦大厦2门6层

邮编：300203

17. 天津市工商联人造花商会

地址：武清区花城经济区A区5号

邮编：301700

18. 天津市工商联家具商会

地址：南开区科研西路6号

邮编：300192

19. 天津市工商联防御雷电灾害业商会

地址：河西区解放南路富裕广场2号楼1门1302室

邮编：300202

20. 天津市工商联不锈钢加工商会

地址：南开区黄河道398号

邮编：300110

21. 天津市工商联机械设备商会

地址：东丽开发区一经路16号

邮编：300300

22. 天津市工商联太阳能商会

地址：天津市东丽区大毕庄镇政府对面中国北方五金城B区1号313号

邮编：300240

23. 天津市工商联金银珠宝商会

地址：河西区友谊路42号

邮编：300061

24. 天津市工商联生活用纸商会

地址：北辰开发区淮河道6号天津小护士科技发展有限公司

邮编：300410

25. 天津市工商联石油管商会

地址：和平区吴家窑二号路50号1－5层大厦302室

邮编：300000

26. 天津市工商联自行车商会

地址：河北区金钟河大街战略路天华雅园35号楼

邮编：300241

27. 天津市工商联水运商会

地址：和平区睦南道39号

邮编：300050

地址：天津市华苑产业区华天道2号国际创业中心4002室

邮编：300384

28. 天津市工商联水产商会

地址：天津市北辰区北仓道5009号（与外环线交口）老板娘水产食品城

邮编：300000

29. 天津市工商联陶瓷商会

地址：和平区诚基中心2号楼2门812号

邮编：300042

30. 天津市工商联互联网商会

地址：和平区南马路11号创新大厦25、26层

邮编：300022

31. 天津市工商联化学试剂商会

地址：东丽区徐庄村西

邮编：300230

32. 天津市工商联民营医院商会

地址：河西区隆昌路86号乐园医院

邮编：300042

33. 天津市工商联国际会议会展商会

地址：天津市和平区重庆道114号

邮编：300040

（天津市工商联研究室　供稿）

河北省工商业联合会

工作综述

2008年河北省工商联在全国工商联，河北省委、省政府的领导和省委统战部的指导下，认真学习贯彻党的十七大、十七届三中全会和省委七届三次、四次全会以及全国工商联十大精神，深入贯彻落实科学发展观，以科学发展观为指导，围绕中心，服务大局，结合新形势、新任务、新要求，以“听、帮、引、促”活动为主线，解放思想，开拓进取，努力发挥“五个作用”，各项工作都取得了新的进展。

一、卓有成效地开展了解放思想大讨论和学习实践活动，增强了贯彻落实科学发展观的自觉性和坚定性

2008年上半年，省委在全省部署开展了以学习贯彻落实科学发展观为主题的解放思想大讨论活动。下半年，又按照中央统一要求，开展了深入学习实践科学发展观活动。省工商联在上半年的解放思想大讨论活动中，通过加强学习，进一步统一思想认识，按照“自己找、群众提、相互点、上级帮”的办法，征集到各方面意见、建议102条，针对这些意见建议，制定了相应的整改措施，修订完善了规章制度12项。在学习实践科学发展观活动中，召开专题座谈会16个，走访会员企业、商会23家，与企业负责人及员工座谈交流400余人次，发放征求意见卡300张，征集到科学发展群众语言1231条、科学发展事例114个、科学发展群众意愿144条、不符合科学发展的现象136条，意见建议90条。对于这些意见和建议，省工商联及时研究，制定了相应的整改措施，现已取得了阶段性成果。

二、扎实开展“听、帮、引、促”活动，推动全省工商联工作创新发展

河北省工商联开展的“听、帮、引、促”活动在全国工商联主办的“2008年度工商联工作十大亮点”评选活动中名列榜首。“听（听取意见）、帮（帮助解难）、引（引导方向）、促（促进发展）”活动是今年在全省工商联系统部署开

展的一项旨在更好地发挥本会职能、作用、优势和影响，推动工作取得新成效的重要工作。省和各地工商联都予以高度重视，加强领导、制定方案、建立机制，采取多种措施，力促活动扎实进行。

（一）深入调查研究，广泛听取意见，切实发挥好参政议政主渠道作用

2008年，全省各级工商联重点围绕“非公经济36条”落实情况、民营经济发展环境、融资难、金融危机对民营经济的影响以及发挥工商联职能作用等问题深入开展调查研究，广泛听取意见、了解情况，积极通过专题调研报告、人大政协建议提案、座谈对话等形式和方式认真履行参政议政职责，发挥主渠道作用。省工商联先后60余次由会领导带队深入到各地进行调研，走访民营企业近百家，与近1000人次进行了座谈。形成了《关于我省民营经济发展情况的调研报告和建议》、《2007年河北省民营经济发展报告》、《加快推进民营企业节能减排》、《激活发育市场主体》等调研成果9份，这些调研成果都受到了有关省领导和有关方面的高度重视。在年初召开的省人大政协“两会”上，省工商联提交集体提案3份，提交个人提案、议案26份。这些提、议案都得到了有关部门的较好办理。

（二）积极搭建平台，热情帮助解难，扎实开展经济服务工作

2008年，河北省工商联积极采取多种措施，扎实开展经济服务工作，努力帮助民营企业解难，受到各级党委、政府及广大民营企业的肯定和认可。

1. 搭建政企对话服务平台

6月初，省工商联主席、党组书记和3位企业家副主席分别与代省长胡春华等省领导座谈，就推动民营经济发展提出了意见和建议。6月下旬，省工商联组织召开了书记、省长和省直24个部门主要负责人与民营企业家的座谈会，省委书记张云川、代省长胡春华等多位省领导出席会议，张云川听取发言后作了重要讲话。

2. 搭建银企对接服务平台

融资难是困扰民营企业发展的一个突出瓶颈，为全面掌握全省民营企业融资状况，切实做好融资服务，年内河北省工商联会同省人民银行等多家金融机构，深入到全省11个市了解情况，搭建银企对接平台与合作机制。先后召开座谈会40余次，走访和座谈企业600余家，对接项目30多个，协议融资金额4.92亿元，发放调查问卷3000余份。

3. 搭建法律维权服务平台

5月份，省工商联与省法院、检察院、监察厅等12个部门共同建立了维护非公有制企业合法权益的联席会议制度，并成立了省工商联维权委员会和石家庄仲裁委驻省工商联工作站，一年来，省工商联协助办理了5起维权案件。

4. 搭建人才交流服务平台

为帮助民营企业解决人才短缺问题，缓解高校大学生就业压力，省工商联联合省直部门在全省开展了民营企业招聘活动，共6054家民营企业参加了招聘，提供空岗信息15.5万个。

5. 搭建对外开放服务平台

年内与16个国家和地区的50余家商会和外国驻华使馆建立了联系，组团出访了俄罗斯、澳大利亚、新西兰等国家，同6家海外商会签署了友好合作协议，为部分民营企业项目进行了引资和招商。

6. 搭建经济联络服务平台

为充分发挥工商联的商会优势，年内省工商联组织参加了环渤海地区民营经济经贸合作洽谈会、中国投资贸易博览会等10余个大型经贸洽谈活动，参与企业达300余个（次）。5月份，省工商联与石家庄市共同举办了“中国·河北海内外商会恳谈暨经贸洽谈会”，美、俄、法、澳等十几个国家和港、澳、台地区的商会、工商界人士及国内商会组织参加会议。会上签约项目13个、总额39亿元，有16家商会缔结友好商会。12月2日，省工商联与省委宣传部、省文化厅联合举办了“文化产业与民营资本对接恳谈会”，近50家民营企业与各市及省直文化团体进行了项目对接。

7. 搭建教育培训服务平台

省工商联上半年在河北省内举办了民营企业家高级研修班，200余名企业家参加了培训。下半年又在江苏连续举办了四期培训班，180余名民营企业家及工商联干部接受了培训。河北省工商联积极开展培训服务情况被全国工商联评为优

秀案例。

（三）突出主题，强化引导，努力做好思想政治工作

年内全省各级工商联组织紧紧围绕引导非公有制经济人士走中国特色社会主义道路、贯彻落实科学发展观这一主要任务，因地制宜，开展系列活动，取得了新的成效。

1. 开展纪念改革开放30周年系列活动

上半年，省工商联与团省委共同组织了“纪念改革开放30周年大学生就业创业面对面·优秀民营企业家进校园活动”，全省60余名优秀民营企业家赴50所高校进行了宣讲，听讲人数3万余人。下半年与省委统战部联合主办了“河北省非公有制经济发展论坛”，省领导及非公有制经济代表人士、专家学者及有关部门负责人130多人参加了论坛。三季度举办了全省工商联系统纪念改革开放30周年书画图片展，通过来自300余名非公有制经济人士及工商联干部职工的400多幅作品，集中展示了改革开放30年来的巨大成就。

2. 开展系列评比表彰活动

年初召开了河北省光彩会十周年庆祝大会和省光彩会10周年成果展，授予106名民营企业家河北省“光彩之星”荣誉称号。年内经过各地层层推荐、考察，在全省评选出了100家民营企业思想政治工作先进单位，在11月召开的全省民营企业思想政治工作经验交流暨表彰大会上进行了隆重表彰。为进一步增强广大非公有制企业的社会责任感，年内省工商联与《河北日报》等单位联合开展了第二届最具社会责任感企业暨企业社会责任十大杰出人物推选活动；与省总工会等10个单位联合开展了“关爱员工、实现双赢”活动和“十大杰出农民工”、“关爱农民工十佳企业”评选活动。

3. 继续推进光彩事业

年内，在全省工商联系统部署开展了“民企系三农，共建新农村”光彩事业活动，对104个村进行了重点帮扶，受到当地党委、政府和群众的好评。

4. 积极组织会员参与抗震救灾

汶川地震发生后，据不完全统计，各地民营企业和工商联系统通过民政部门、红十字会等途径捐赠现金2.7亿多元，捐赠物资3000多万元，支援灾区过渡安置房价值1000多万元。省工商联还专程赴川，与平武县工商联就对口帮扶工作进行对接。

三、组织建设迈出新步伐，会员队伍有了新发展

2008年，全省工商联会员总数已突破12万人，居全国第5位。年内，省工商联针对县级工商联组织建设薄弱的问题开展专题调研，发放调查表200多份。省工商联领导先后在保定、石家庄、秦皇岛召开座谈会，完成了《河北省县级工商联组织建设情况的调研报告》。为推动直属商会建设和直属会员工作，召开了全省直属商会、直属会员工作会议，表彰了26个先进直属商会和优秀直属会员。年内组建了省工商联安徽商会、冀南商会，吸纳河北四川商会为团体会员。目前，省工商联直属商会已发展到12家，还有几个商会也正在筹备之中。今年以来，省工商联共发展直属会员12名，省工商联直属会员总数达到了68名。

四、以提高履职能力为重点，进一步加强了自身建设

为激励调动全省工商联系统的工作积极性，省工商联研究制定了市级工商联单项工作先进单位评比办法，并从今年开始评选表彰。在全国工商联召开的表彰会上，我省石家庄市工商联被全国工商联和国家人事部授予“全国工商联系统先进集体”荣誉称号，有8个市、县工商联被授予“全国工商联系统先进单位”荣誉称号，10名工商联干部被授予“全国工商联系统先进个人”荣誉称号，16名工作满25年的干部职工受到了荣誉表彰。

为了充分发挥兼职副主席、副会长和常委、执委作用，年初，省工商联专门制定下发了《关于充分发挥兼职副主席、副会长作用的意见》和《关于充分发挥常委、执委作用的意见》，并出台了相应的《履职考核办法》。年内成立了省工商联维权委员会以及信息网络建设、对外联络、参政议政4个专委会，组织建设委员会等其他6个委员会正在筹备之中。这些委员会都由兼职副主席、兼职副会长担任主任和副主任，为发挥兼职副主席、副会长作用提供了平台。

为进一步推动省工商联“六型”（学习型、服务型、创新型、开放型、效率型、务实型）机关建设，提高机关干部队伍的整体素质，开展了以办文、办会、办事为主要内容的专题培训，并通过安排省工商联干部到民营企业挂职提高干部的实践能力。全省信息化促进工程及重点应用系统推广项目——省工商联综合信息系统建设顺利实施，全省工商联网站群已正式开通，为及时沟通信息、交流工作提供了新的载体，通过网络平台召开会议的做法受到会内外一致好评。年内，河北省工商业联合会工作信息被全国工商联《工作通讯》和网站及省委信息中心等采用刊发近200篇。

重要活动

召开河北省工商联十届二次执委会议

2008年1月18日，省工商联十届二次执委会议在石家庄召开，省委常委、副省长杨崇勇出席会议并发表重要讲话。

2008年1月18日，省工商联十届二次执委会议在石家庄召开

省工商联常务副会长范少明主持会议，省工商联会长黄荣作省工商联常委会工作报告，省工商联副会长常卫华作省工商联五年工作规划、成立十个专门委员会建议方案等文件的说明，省工商联副会长李纯勇、孙增泰分别宣读了先进县（市、区）工商联和信息工作先进单位表彰决定，省委统战部副部长、省工商联党组书记武志雄作闭幕讲话。黄荣在报告中从六个方面对换届以来的工作进行了总结和回顾，从九个方面对2008年的工作进行了安排。黄荣在报告中指出，2008年省工商联工作的总体目标是：组织建设要有大发展；参政议政工作要有大提高；教育培训工作要有新思路；经济服务工作要有新成效；对内对外开放要有新进展；光彩事业要有新突破；机关建设要有新形象；信息化建设要有新成就。

会议通过了省工商联十届二次执委会议工作报告、省工商联2008年工作要点、省工商联2008~2012年五年工作规划、《省工商联、省总商会关于充分发挥工商联、总商会兼职副主席、副会长作用的意见》、《省工商联关于充分发挥省工商联常委、执委作用的意见》、省工商联成立十个专门委员会的建议方案，增补了7位河北省总商会副会长，表彰了2007年度36个先进县级工商联组织和6个信息工作突出的市级工商联组织。

举办“中国·河北（石家庄）2008海内外商会恳谈暨企业经贸洽谈会”

5月15~16日，“中国·河北（石家庄）2008海内外商会恳谈暨企业经贸洽谈会”在石家庄市人民会堂举行。来自美国、加拿大、法国、澳大利亚、俄罗斯等十几个国家和地区的40余家商会，300多名工商界、企业界人士齐聚河北省会石家庄，共话交流、合作与发展。

会议期间，参会的国外商会代表与河北省的企业家就如何更好地发挥商会作用、开展交流与合作等进行了恳谈。河北省的多家企业与海内外企业进行了项目洽谈，取得了丰硕成果：其中有13家企业在会上签约，金额达39.008亿元人民币。达成合作意向的企业有两家，意向金额达12.156亿元人民币。达成贸易合作的企业有一个，贸易金额达0.02亿元人民币。

出席开幕式的领导有：全国工商联副主席、天津市人大常委会副主任、市工商联主席张元龙，中国民（私）营经济研究会会长保育钧，中共河北省委常委、省政府副省长杨崇勇，中共河北省委常委、省委统战部部长刘永瑞，中共河北省委常委、石家庄市委书记吴显国，河北省人大常委会副主任、省工商联主席黄荣，河北省政协副主席孔小均，河北省委、省政府决策咨询委员会顾问、省工经联会长郭世昌，中共河北省委统战部副部长、省工商联党组书记武志雄，中共石家庄市委副书记、石家庄市市长冀纯堂，石家庄市人大常委会主任王增明，石家庄市政协主席、市委统战部部长王华清。石家庄市人大常委会副主任、市工商联主席王仲联。

恳谈会期间河北电视台、《经济日报》、《中国商报》、《河北日报》、《河北经济日报》、《燕赵都市报》等多家新闻媒体参加，并在会后进行了宣传报道。

举办“大学生就业创业面对面·优秀民营企业家进校园”活动

2008年4月17日上午，河北省工商联、共青团河北省委联合举办的“纪念改革开放三十周年大学生就业创业面对面·优秀民营企业家进校园”活动启动仪式在河北经贸大学礼堂举行。省人大常委会副主任、省工商联主席黄荣，团省委书记王晓栋，河北经贸大学党委书记、校长王莹，省工商联党组副书记、常务副主席范少明，团省委副书记韩立群，全国工商联宣教部处长刘建等领导出席启动仪式。启动仪式上，省人大常委会副主任、省工商联主席黄荣、团省委书记王晓栋都作了重要讲话。

在首场报告会上，新联合投资控股有限公司董事局主席李雨浓、河北斯特龙企业集团有限公司董事长刘书英就自身创业经历和如何树立正确的创业观、就业观为大学生做了精彩演讲，大学生代表还就自己关心的就业等问题与企业家进行了交流，博得了大学生的阵阵掌声。

来自河北经贸大学、河北体育学院、石家庄铁道学院、石家庄计算机职业学院等高校共约1100名大学生听取了报告会。

举办河北省民营企业家“企业新领袖高级研修班”

4月22~26日，河北省民营企业家“企业新领袖高级研修班”在石家庄市北方大厦举办。省工商联宣教处处长袁青主持开班仪式，省工商联党组副书记、常务副主席范少明出席开班仪式并做重要讲话，

此次培训请到了著名经济学家梁小民，中国民营科技促进会副会长、北京华商管理科学研究院常务副院长袁青鹏，劳动和社会保障部劳动科学研究所副所长、学术委员会主任莫荣，中国政法大学教授王涌分别就晋商兴衰看当前民营企业的困境与出路、中国民营企业如何从“小业主”向企业家转型、劳动保障制度改革等方面进行了授课。

来自全省各市工商联主管宣教的负责同志、省联直属商会、省联直属会员及全省各市的企业家近200名参加了培训。专家教授深入浅出的理论讲解、切合实际的授课内容使大家受益匪浅。企业家纷纷表示希望省工商联能多创造类似的学习机会，确保自己知识的更新速度，以取得企业长远健康的发展。

组织会员企业为四川灾区捐款

在四川汶川地震发生后，省工商联迅速行动。立即在全省工商联系统部署开展抗震救灾工作。全省各地工商联组织和广大民营企业会员在不同场合以高度的政治热情和强烈的社会责任感投身支援灾区的捐赠活动。慷慨解囊，踊跃捐赠。据不完全统计，截至6月5日，河北省省工商联已向灾区捐款达25792.2万元；捐献物品价值约为3765.4万元。

在抗震救灾活动中，各级政协委员积极响应上级号召，为灾区的建设贡献自己的力量。其中，全国政协常委王玉锁捐款500万元，全国政协委员吴以岭、宋佳城分别捐款310万元和168万元。

举办2008民营企业招聘周活动

按照人力资源和社会保障部、教育部、全国总工会、全国工商联的统一部署，2008年5月27日至6月2日，省工商联会同省劳动和社会保障厅、省教育厅、省总工会在全省11个设区市开展了主题为“为民营企业招聘用人服务，为大中专毕业生就业搭桥”的民营企业招聘周活动。

活动期间，全省共有6054家民营企业参加了招聘，提供空岗信息15.5万个，签订就业意向人员6万人，其中：大中专毕业生2.6万人，下岗失业人员1.2万人，进城务工劳动者2.2万人。签订职业培训（含委托企业培训）近2万人，印刷发放各类宣传品30多万份，现场维权及法律援助5517人。活动的举办，促进了积极就业政策的落实，充分发挥了民营企业在推动就业和再就业工作中的重要作用。

召开深入学习实践科学发展观活动动员大会

10月10日，省工商联召开了深入学习实践科学发展观活动动员大会。省人大常委会副主任、省工商联主席黄荣出席会议，省委统战部副

部长、省工商联党组书记武志雄作动员讲话，省委指导检查组出席会议，组长曹文治代表指导检查组作了重要讲话。会议由省工商联常务副主席、党组副书记范少明主持。

武志雄在讲话中指出，深入学习实践科学发展观活动，是党的十七大作出的重大战略部署，是用马克思主义中国化最新成果武装全党的重大举措，是提高党的执政能力、保持和发展党的先进性的必然要求，是推进河北省经济社会又好又快发展的重要保证，是做好工商联工作的迫切需要。

武志雄对省工商联开展学习实践活动的方法步骤作了具体部署，提出了要求。他说，工商联的学习实践科学发展观活动要准确把握指导思想、原则目标和方法步骤；切实加强组织领导，明确责任；周密部署，强化督察；宣传引导，联系沟通；统筹兼顾，相互促进，确保学习实践活动取得实效。

省委指导检查组组长曹文治在动员会上作了重要讲话，对商会前一段的准备工作给予了充分的肯定，并对商会搞好学习实践活动提出具体要求。他全面阐述了中央、省委关于开展学习实践活动的重大意义，强调了要认真按照中央、省委的总体部署和要求，严格活动程序，抓好每一阶段、每一步骤的工作，要采取有力措施，扎实推进学习实践活动深入开展。

省工商联副主席、党组成员常卫华、李纯勇，副主席孙增泰、省工商联全体机关人员共计50余人出席了会议。

举办第二届河北省民营企业思想政治工作经验交流暨表彰大会

在全省深入学习贯彻党的十七届三中全会和省委七届四次全会精神，努力实践科学发展观的新形势下，2008年11月11日，省委统战部、省工商联在石家庄市隆重召开了第二届河北省民营企业思想政治工作经验交流暨表彰大会。

中共河北省委常委、省委统战部部长刘永瑞和省委统战部副部长、省工商联党组书记武志雄出席会议并讲话。省工商联常务副主席范少明，省工商联副主席常卫华，河北畅达集团有限公司董事长、省工商联副主席王贵玉以及省和各市委统战部、市工商联的负责同志，受表彰的先进单位代表，石家庄市（区）工商联机关干部和新闻媒体人员约180多人参加了会议。会议由省人大常委会副主任、省工商联主席黄荣主持。

大会对石家庄市桥东区工商联、河北省工商联石油业商会、神威药业有限公司等100家工商联、商会和民营企业进行了表彰，并授予“河北省民营企业思想政治工作先进单位”荣誉称号。海湾安全技术有限公司、河北正元化工有限公司、石家庄神威药业集团有限公司、汇福粮油集团、遵化市工商联、河北省工商联石油业商会6家先进单位代表进行了发言。会议还传达了非公有制经济人士思想政治工作会议精神。

省委统战部副部长、省工商联党组书记武志雄在讲话中回顾了河北省民营企业思想政治工作情况，按照科学发展观的要求，对今后做好民营企业思想政治工作进行了部署。

省委常委、省委统战部长刘永瑞代表省委作了重要讲话，他在讲话中充分肯定了全省民营企业在开展思想政治工作中取得的成绩，分析了存在的问题，指出了促进民营经济又好又快发展，必须以科学发展观为统领，坚持以人为本，注重节能减排，打造和谐企业文化以及不断创新增强竞争力等新的思路和要求，是新形势下加强和改进民营企业思想政治工作的指导思想和工作目标。

成功举办外经贸知识培训班

2008年11月26～28日，省工商联在广州市举办“河北省工商联外经贸知识培训班暨对外联络委员会成立大会”，进行了外经贸知识培训，与广东省工商联、广州市工商联和深圳市总商会等交流探讨了工作，考察了企业，拜访了河北驻广州办事处和广东河北商会，取得良好效果。

全省各市工商联主管领导和经济、联络处（科）长及部分外向型企业家代表30多人参加。会上，省工商联、广东省工商联、广州市工商联及河北商会分别致辞、介绍有关情况及工作经验，各市工商联进行了工作交流探讨，暨南大学刘少波教授结合当前国内外形势进行了精彩讲授并与大家对话交流。

培训期间，省工商联副主席、香港天津集团董事局主席刘慰慈就目前金融风暴可能导致的全球经济危机结合自身经历和香港、广东的形势进行了深入分析，对民营企业的应对措施谈了自己的看法。广东省工商联、广州市工商联、深圳市总商会分别介绍了当地的经济社会发展情况、民营经济发展情况和工商联为会员服务工作情况。企业家介绍了各自企业的有关情况、参加活动的感受和今后的发展思路。与会人员都按要求认真准备了书面材料并进行了交流。结合培训内容参观考察了可口可乐广州公司、深圳广田集团。

河北省工商联（商会）领导名单：

主席（会长）：黄　荣

党组书记、副主席（副会长）：武志雄

党组副书记、常务副主席（副会长）：范少明

副主席（副会长）：常卫华　李纯勇　孙增泰

秘书长：常卫华（兼）

组织机构：

办公室、人教处、机关党委、会员处、宣教处、经济处、联络处

联系方式：

地址：石家庄市新华路236号

邮编：050051

河北省工商联直属商会联系方式：

1. 河北省工商联福建商会

地址：石家庄市四中路银河宾馆五层

邮编：050011

2. 河北省工商联五金机电商会

地址：石家庄市高新技术产业开发区海河道10号

邮编：050035

3. 河北省工商联石油业商会

地址：石家庄市翟营大街326号石门小区40号楼1单元101室

邮编：050035

4. 河北省工商联家具装饰业商会

地址：槐安路81号金门国际家具展销中心转家具商会

邮编：050035

5. 河北省工商联美容美发行业商会

地址：中山东路289号长安广场一楼高黎生时尚领秀

邮编：050035

6. 河北省工商联金属材料商会

地址：裕华路45号冶金大厦1104房间

邮编：050035

7. 河北省工商联质量保障商会

地址：石家庄市裕华东路114号金鹏花园9号楼6单元301室

邮编：050031

8. 河北省工商联浙江商会

地址：石家庄市建设北大街256号浙江大酒店15层

邮编：050031

9. 河北省工商联古玩业商会

地址：石家庄市中山路西头陆军学院北西山宾馆

邮编：050031

10. 河北省工商联安徽商会

地址：东开区海河道9号博深公司北厂区办公楼2楼

邮编：050035

11. 河北省工商联农业产业化商会

地址：北京市平谷区兴谷开发区九区千禧鹤集团

邮编：101200

12. 河北省工商联湖南商会

地址：石家庄市和平东路301号华尔泰建材有限公司

邮编：050000

（河北省工商联宣教处　供稿）

山西省工商业联合会

工作综述

2008年，是十届山西省工商联的开局之年。在省委的正确领导下，在全国工商联和省委统战部的指导帮助下，认真贯彻中共十七大、十七届三中全会和省委九届六次全会、全省经济工作会议精神，始终坚持以科学发展观为统领，围绕中心，服务大局，履行职能，发挥作用，推动非公有制经济健康发展和非公经济人士健康成长，各项工作在历届的基础上迈出了新的步伐。

一、加强学习教育，坚持用中国特色社会主义理论体系统一思想、指导实践

1. 深入开展学习实践科学发展观活动

在全面学习中共十七大精神的基础上，按照中共山西省委的部署，省工商联成立专门领导机构，制定《实施方案》，扎实、有序、有效地开展科学发展观学习实践活动，号召非公有制经济人士和广大会员当好推动转型发展、安全发展、和谐发展的促进者、实践者和宣传者，要求非公有制经济人士、广大会员和机关中的中共党员带头学习实践科学发展观，做忠实执行科学发展观的模范、全力推动科学发展的模范。

结合自身实际，省工商联确定了“服务科学发展，促进‘两个健康’，为建设新基地新山西作出新贡献”的主题和载体，坚持继续解放思想，突出实践特色，认真查找了影响服务科学发展和制约科学发展的突出问题，提出了整改方案，制定了整改措施。通过学习实践活动，大家进一步加深了对科学发展观的科学内涵和精神实质的理解，进一步提高了对省委学习实践活动确定的主题和载体的认识，进一步增强了贯彻落实科学发展观的自觉性和坚定性，进一步理清了工作思路，明确了方向，推动了工作。

2. 广泛开展中国特色社会主义主题教育活动

按照全国工商联的要求，在全省工商联系统安排部署了“中国特色社会主义主题教育”活动，编辑了16万字的学习资料汇编，印刷800册下发省工商联执委和市县工商联。

全省各级工商联组织结合学习实践科学发展观和隆重纪念改革开放30周年，采取多种形式，开展主题学习教育活动，取得明显成效。黄孟复主席在全国工商联十届二次执委会工作报告中，对山西省的经验给予了充分肯定。

3. 隆重举办纪念改革开放30周年系列活动

改革开放确立了非公有制经济的重要地位，改革开放带来了非公有制经济的快速发展，改革开放催生了非公有制经济人士的成长，改革开放使工商联事业不断发展壮大。省工商联认真组织、精心部署，先后组织了“纪念改革开放30年征文活动”，编印了征文选，并举办了“纪念改革开放30周年座谈会”。

全省各级工商联和会员企业通过不同形式广泛宣传改革开放的伟大成就和非公经济的重大贡献，太原、阳泉和闻喜等市县分别举办了大型文艺晚会和纪念座谈会。通过一系列纪念活动，抒发了非公有制经济人士对改革开放国策的赞美，讴歌了非公有制经济发展的成就，更加坚定了非公有制经济人士坚持中国共产党的正确领导、走中国特色社会主义道路，继续推进非公有制经济健康发展和社会主义现代化事业的信念。

4. 开展非公有制经济人士思想政治工作大调研

按照全国工商联的安排部署，省工商联参加了全国工商联关于加强和改进非公有制经济人士思想政治工作的大调研活动，在重点市县工商联和会员企业的配合下，总结了全省各地和企业的典型经验，完成了调研报告，引起了中央统战部和全国工商联的高度重视。

9月16～17日，中央统战部副部长、全国工商联党组书记全哲洙同志在山西省主持召开了由全国10省市统战部、工商联领导参加的全国非公有制经济人士思想政治工作会议文件征求意见座谈会，对山西省开展以“新晋商树立新形象”为主题的非公经济人士思想政治工作系列活动给予了充分肯定。并视察了安泰集团等会员企业和太原汽配商会，看望了省工商联机关工作人员。

二、认真履行职责，为促进非公有制经济平稳较快发展贡献力量

1. 帮助非公有制企业积极应对金融危机

2008年11月，面对金融危机的冲击和影响，商会迅速组成调研组，由驻会领导带队，分四路深入市县和非公企业调查了解情况，研究应对危机、化解风险、走出困境的对策，向省委、省政府上报了《关于当前我省非公有制企业面临困境的调查报告》，被省主要领导称为“在第一时间深入非公企业调查了解情况的部门”。并与省委统战部共同组织了省城16家银行负责人和非公企业负责人参加的银企座谈会，及时帮助困难企业疏通融资渠道。

2. 为非公有制经济平稳健康发展积极建言献策

驻会领导和机关人员深入基层、深入非公企业调查研究，指导工作，利用省委、省政府的民主协商会、征求意见座谈会和省政协会议等各种参政议政平台，积极反映非公企业的诉求，就推动非公有制经济平稳健康发展积极建言献策。

在省“两会”上，担任人大代表、政协委员的非公经济人士和会务干部积极撰写议案提案，踊跃发言，受到多位省领导的好评。省政协十届二次常委会议上，省工商联作了《关于民营企业节能减排的几点建议》的大会发言。在省政协十届二次全委会议上，省工商联作了《增强信心，应对挑战，支持帮助非公有制企业实现转型发展》的大会发言，并向省政府报送了《建立加快非公有制经济转型发展的推进机制的意见》，呼吁在当前金融危机影响下，各级党委政府和有关部门要在科学发展观指导下，鼓励支持非公企业科学发展、平稳发展、健康发展。引起省委、省政府主要领导和有关部门的高度重视。

2008年，省工商联还承担了全国工商联在4个省进行的“民营企业贯彻落实科学发展观”调研课题和全国上规模民营企业调研、全国第八次私营企业问卷调查任务，全年形成了《山西省民营经济发展报告》等12个专题调研报告，共10万余字。并将近5年来较为优秀的18件提案、政协大会发言和调研报告整理报送入选《建言集》，其中4件获优秀成果奖。这些调研成果得到了社会好评，成为社会全面了解山西省民营经济和商会发展情况的重要窗口。

3. 积极开展社会服务，为非公有制企业办实事、解难题

一年来，先后与省劳动和社会保障厅、教育厅、总工会共同组织了第四届“民营企业招聘周”；与渤海银行太原分行签订了战略合作协议并组织召开了银企座谈会；组织了《劳动合同法》实施情况调查问卷和调查意见反馈；加强了与省人大、省政府法制办和有关厅局的联系；与院校和律师事务所合作，探索会员企业风险防范和危机管理工作机制。按照“走出去、请进来”的原则，加强与兄弟省市区工商联和异地商会的交往，组织会员企业参加了“环洽会”、“津洽会”和“西博会”等商贸活动，参加了在武汉召开的异地晋商会工作研讨会，接待并协助陕西、海南、重庆等省市工商联来晋进行的经贸考察交流活动。这些活动的开展，为非公有制企业开阔视野、解决难题、拓展市场提供了帮助。

三、实施“凝聚力工程”，积极引导非公有制经济人士承担责任、奉献社会

1. 精心组织“光彩事业‘两区行’”和“万企联万户”活动

2008年3月，省工商联和省委统战部共同组织担任省工商联（总商会）副主席（副会长）的30位非公经济代表人士，赴晋绥革命老区的兴县和太行革命老区的武乡县走访慰问。企业家们捐资1060万元，在两县分别建立了500万元的“光彩助学基金”，为八路军纪念馆和晋绥革命纪念馆各捐赠30万元，还与60位新中国成立前参加革命的老党员、老红军、老八路结成了帮扶对子，开展为期三年的“一带二帮扶”活动。这次光彩事业“两区行”示范活动，在全省上下产生了广泛的影响，受到社会各界普遍好评，同

时对非公经济人士是一次精神震撼和灵魂洗礼，对非公经济人士自我教育、奉献社会起到了示范作用。省委常委、统战部李政文部长评价这是一次“感恩之行、奉献之行、示范之行、发展之行”。

3月28日，省委书记、省人大常委会主任张宝顺亲切接见了参加光彩事业“两区行”活动的企业家，他指出，“光彩事业‘两区行’活动为老区人民做了实实在在的事情，增进了与老区人民的感情，增强了企业家的社会责任感”。“示范之行”取得圆满成功之后，商会于8月28日又启动了“新晋商万企联万户感恩行动”。各地积极响应，长治、吕梁等市和太原市尖草坪等县区工商联立即组织结对帮扶。海鑫集团董事会决定，今后十年，每年拿出120万元帮扶200户“三老”家庭。

2. 积极引导非公有制企业在应对金融危机中承担社会责任

受国际金融危机的影响，山西省不少非公有制企业遭遇严重困难。面对严峻挑战，商会及时号召非公有制企业与全省人民共克时艰。担任省联副主席、副会长的企业家在“保稳定、保民生、保发展”中率先主动承担社会责任，安泰、海鑫、阳光、美锦等企业做出了不裁员的决定，华宇集团联合59家企业发出了“不裁员、不减薪、送温暖”的倡议，美锦集团等会员企业舍小家为大家，在承受巨额亏损的情况下坚持生产，为太原等城市供应煤气。树立了“责任晋商、信誉晋商”的良好形象。

3. 积极动员组织民营企业支援抗震救灾和灾后重建

“5·12”汶川大地震发生后，商会在第一时间向全省工商联和会员企业下发了《关于向四川地震灾区捐款捐物的通知》。全省各级工商联和会员企业，发扬“一方有难，八方支援”的精神，以高度的社会责任感，通过多种渠道、多种方式全力投身抗震救灾，为灾区人民献爱心，为国家分忧解难。

5月15日，商会在机关组织了“让我们携手为抗震救灾共献爱心”的大型募捐活动，省工商联副主席和执常委企业，直属商会、异地商会纷纷前来参加捐赠活动，56家会员单位向全省民营企业发出了《让我们积极投身支援四川抗震救灾斗争中来》的倡议书。全省非公有制企业和非公有制经济人士捐赠款物共计3.4亿元，其中捐赠千万元以上的8家，100万元以上的51家。50万元以上的31家，30万元以上的46家，10万元以上的77家。

省工商联副主席韩长安专程赴灾区考察，用专列接收1200名灾区师生来长治市长安慈善学校过渡性复课并承担3年所有费用；省工商联常委李安平在地震发生后的第二天即赴灾区参加救灾，并包专机运送1000多万元急救药品捐赠救灾前线，成为山西志愿者第一人。韩长安荣获“全国抗震救灾模范”称号。安泰、振东、海鑫、潞宝、金业5家会员企业和陈忠孝、孙宏原、张亚平、赵明、刘眉寿5名非公经济人士分别荣获全国工商联“抗震救灾先进集体”和“先进个人”。

在全省抗震救灾工作表彰大会上，山西省工商联被授予“特殊贡献奖”，20家会员企业被授予先进集体。在省政府表彰的“爱心捐助奖”中，商会获得“爱心捐助组织奖”，安泰、海鑫、潞宝和振东获得“爱心捐助功勋奖”，大土河焦化公司、东辉集团和金业集团古交公司获得“爱心成就奖”，远鑫实业公司等20家会员企业获得“爱心贡献奖”。

商会作为支援灾后重建工作领导组成员单位，积极组织会员企业参加对口援建项目考察对接工作，并将30个援建项目整理汇编下发。目前，已有安泰焦化、中德型材等援建项目落实四川。

4. 引深“新晋商、新形象”活动

围绕“新晋商树立新形象”的主题，开展了“大宣传、大评比、大表彰”活动，全年在中央级、省级和境外媒体发表相关稿件74篇（条），其中由《中华工商时报》记者采写的“一个商帮的复苏与重塑”，翔实报道了山西省开展“新晋商、新形象”活动的情况。这一活动入选“2008年全国工商联十大亮点工作”。

省委、省政府授予49名非公经济人士为“山西省非公有制经济人士优秀中国特色社会主义事业建设者”，全省工商联系统24个先进组织、6名机关工作者和75名非公经济人士、5家会员企业受到省“凝聚力工程”领导组的隆重表彰。

四、注重自身建设，不断增强工商联的凝聚力

1. 加强对市、县工商联工作的指导

年初，省工商联召开了全省工商联工作暨省工商联十届二次执委会议，将参会范围扩大到县级工商联，会议对全省各级工商联加强自身建设进行了工作部署。省委常委、统战部长李政文出席会议并作了重要讲话。这次会议，进一步明确了全省各级工商联的工作思路，坚定了信心，增添了干劲，有力地推动了工商联组织上下联动，受到全国工商联的高度关注和市县工商联的欢迎。

按照全国工商联的部署，商会开展了对县级工商联组织建设情况的大调研，商会领导先后深入11个市70多个县（区）进行调研指导，帮助他们开展工作，激发和调动他们服务全省经济发展、服务非公企业、服务社会的积极性。全国工商联党组副书记、副主席宋北杉来晋调研时，对山西省近年来狠抓县级工商联组织建设，对孝义市工商联、太原市汽配商会等县级工商联和基层商会的工作经验给予充分肯定。

2. 积极发展壮大会员队伍

按照“积极发展、确保质量、优化结构、加强服务、规范管理”的原则，努力吸引更多的非公企业和非公经济人士加入到工商联组织中来。截至2008年12月底，全省会员发展到74458个，当年新发展2074个。

3. 表彰先进，激发工作活力

商会联合省人事厅在全省工商联系统开展了评比表彰先进活动，与省总工会共同组织开展了山西省第二届“关爱员工，实现双赢”活动先进单位和先进个人评选表彰活动。在省工商联十届三次执委（扩大）会议上，对运城市工商业联合会等16个市县工商联组织和李晓平等25名个人分别表彰为“全省工商联系统先进集体”和“全省工商联系统先进工作者”；对山西鼎盛天桥国际投资有限公司董事长李德志等25名非公有制经济人士、山西鼎盛天桥国际投资有限公司租赁部副经理张强等25名民营企业员工、太原六味斋实业有限公司等30家民营企业和太原市工商联、太原市总工会等45家市、县级工商联、总工会，太原市工商联副主席乔瑞生、大同市总工会副主席李安军等45名机关工作者，分别表彰为“关爱员工优秀民营企业家”、“热爱企业优秀员工”、“双爱双评先进企业”、“组织开展‘关爱员工，实现双赢’活动先进单位”和“组织开展‘关爱员工，实现双赢’活动先进个人”。

在2008年全国工商联和国家人力资源和社会保障部联合开展的评选表彰活动中，长治市工商联获得“先进集体”称号，孝义市工商联党组书记、常务副主席苏连英荣获“先进工作者”称号；太原、运城2个市级和长治、高平、代县、昔阳4个县级工商联被全国工商联授予系统先进集体，临汾市工商联主席宣为民等6名机关工作者被全国工商联授予系统先进个人。韩长安、丰新兰、王国瑞荣获“全国关爱员工优秀民营企业家”称号。

4. 开展“强素质、树形象”和“献良策、比贡献”活动，不断加强机关建设

在会党组的直接领导下，从四月份开始，机关组织开展了为期3个月的“讲学习、讲团结、讲正气，树立大局意识、责任意识、奉献意识”为主要内容的“强素质、树形象”学习教育活动，机关形成了想干事，愿干事，干成事的良好氛围，学习风气进一步浓厚，工作作风进一步改进。同时积极创造良好的工作环境，更新了车辆，添置了办公设施。机关蝉联省直机关“文明和谐单位”。

重要活动

工商联机关和会员企业向南方灾区人民献爱心

全国工商联《关于转发中央统战部〈关于发挥统一战线的优势和作用做好抗击雨雪冰冻灾害工作的通知〉的通知》和山西省委、省政府《关于开展“向南方灾区人民献爱心”社会捐助活动的通知》下发后，省工商联（总商会）迅速召开党政会议进行了研究部署，及时对全体机关人员进行了动员，并向全体会员企业发出了《关于发挥民营企业优势和作用，积极为南方灾区人民献爱心的电话通知》。2月15日下午，省

工商联举行了捐助仪式，第一批在晋的部分执委、常委、副会长企业和福建商会、广东商会、河南商会、代理商联合会前往省工商联机关为南方灾区人民献上一份爱心，共为灾区捐助人民币152420元。据了解，绝大多数工商联会员企业在当地组织的捐助活动中进行了捐助。

开展“新晋商、新形象——光彩事业‘两区行’”活动

光彩事业“两区行”活动现场

3月26～28日，中共山西省委统战部、省工商联共同组织实施了光彩事业“两区行”活动。担任省工商联（总商会）副主席、副会长的30位非公经济代表人士，在省委常委、省委统战部部长李政文，省政协副主席、省工商联（总商会）主席韩儒英等领导同志的带领下，赴晋绥革命老区的兴县和太行革命老区的武乡县，参观革命历史纪念馆，接受革命传统教育；走访慰问新中国成立前参加革命的老党员、老红军、老八路，亲身感受党领导的革命战争、社会主义建设和改革开放的光辉业绩。参加活动的非公企业家共捐资1060万元，分别在兴县和武乡县建立了500万元“光彩助学基金”，为八路军纪念馆和晋绥革命纪念馆各捐赠30万元。30位企业家还与60位新中国成立前参加革命的老党员、老红军、老八路结成了帮扶对子，给每户6000元的帮扶款，有针对性地开展为期三年的“一带二帮扶”活动。

中共山西省委书记、省人大常委会主任张宝顺于3月28日上午亲切接见了参加光彩事业“两区行”活动的非公经济代表人士，对企业家致富不忘社会，不忘革命老区和革命老前辈的光彩行动给予了充分肯定和高度赞扬，并勉励他们努力发展企业，承担起更大的社会责任。

山西振东集团包专机为地震灾区运送急救药品

在四川汶川地震发生后，振东集团总裁李安平于5月13日赶赴振东集团重庆分公司看望慰问员工，并立即组织员工徒步4个多小时赶往都江堰灾区，并以志愿者身份立即加入救援队伍。当得知抢救伤员急需抗生素等药品时，又迅速返回集团总部筹备了总价值1000余万元的药品捐赠灾区。同时，集团总部党委向全体员工发出支援灾区的倡议，号召员工奉献爱心，截至18日，员工捐款60余万元。振东集团为在最短的时间内将药品用在最急需的地方，经与民航部门联系包租了一架飞机，于5月20日20时由长治机场起飞，将装载着1000多万元的急救药品和全体员工的爱心专程将药品送往受灾地区医院，为抢救受灾群众生命、恢复健康奉献一份爱心。

全力投身抗震救灾活动

5月12日，四川汶川地区发生的特大地震灾害牵动了亿万人民的心，山西省各级工商联组织和广大民营企业也给予了深切关注。在党中央的号召下，在省委、省政府的领导下，山西省工商联面对灾情高度重视，迅速反应，全力以赴，积极组织全省各级工商联组织和会员企业，发扬“一方有难，八方支援”的精神，以高度的社会责任感，通过多种渠道、以不同方式全力投身抗震救灾，为灾区人民贡献爱心，为国家分忧解难。

山西省工商联积极组织会员企业
投身抗震救灾活动

5月13日，根据省委、省政府关于抗震救灾的统一部署和具体要求，商会领导迅速召开紧急会议研究救灾捐款活动初步方案，并对机关进行了全面部署。在第一时间向全省工商联和会员企业下发《关于向四川地震灾区捐款的通知》，以11个市工商联和省工商联执委以上企业为重点，划片分组、专人负责，启动所有通信设备，确保联络快捷畅通、任务落实到位，既快速准确，又有条不紊。会领导身体力行，对一些重点对象亲自联系落实，机关各部室按照分工要求，加班加点，把抗震救灾精神通知到每个执委企业和常委以上的企业家本人。通过行之有效的措施和机关全体人员全力以赴的工作，使山西省工商联关于抗震救灾的精神在最短时间内传递到各级工商联和会员中，并且做好了随时随地接受安排捐赠事宜的各项准备。

5月15日上午10时由山西省工商联（总商会）举办的“让我们携手为抗震救灾共献爱心”的募捐活动在省政协院内热烈而庄严地进行。接到省工商联《关于向四川地震灾区捐款的通知》的山西田森、光宇、海鑫、安泰、阳光、美锦能源、通达集团、中阳钢厂、智海、建峰、常平、远鑫、金海洋、华宇、瑀丰等民营企业，纷纷从全省乃至全国各地迅速汇集在山西省工商联，慷慨解囊，为四川汶川地震灾区献出一片爱心。捐款从2000元到200万元，截至中午，共收到捐款捐物2400万元，其中参与捐赠仪式的56家民营企业家现场捐款捐物1300多万元，这当中涉及煤焦铁的24个企业捐款达1208万元，户均50万元。山西美锦能源集团公司常务副总裁姚锦诚代表参加捐赠的企业家向全省非公有制经济人士发出《让我们积极投身支援四川抗震救灾的斗争中来》的倡议。40多家中央和省级新闻媒体的60多名记者到现场进行了采访报道。

以此次活动为序幕，一场全省范围内的心系灾区、奉献爱心的捐赠款物活动在工商联系统全面展开，从大型的民营企业到集贸市场的个体工商户，人人参与，户户捐赠。据不完全统计，全省工商联系统共捐赠款物3.4亿多元。

工商联机关赴西柏坡、大寨接受革命传统教育

7月2日，正值中国共产党建党87周年之际，省工商联组织机关全体职工赴西柏坡、大寨进行革命传统教育。

在西柏坡参观期间，机关全体人员先后参观了西柏坡革命历史纪念馆，毛泽东、刘少奇、朱德、周恩来、任弼时、董必武旧居，解放军总部旧址，中国共产党七届二中全会旧址和国家安全教育馆。在七届二中全会旧址前，机关全体党员面对庄严肃穆的党旗重温誓词，再一次接受心灵的洗礼。

7月3日，全体机关职工登上了曾经名震中外的大寨虎头山，切身感受大寨人民敢于战天斗地、艰苦奋斗、自力更生的精神，大家认为这种精神是中华民族跻身世界、屹立东方强国之林的根本和灵魂，表示要结合自身实际进行深刻的思想锤炼，多一份踏实，少一份浮躁，更好地发扬和传承我国劳动人民艰苦奋斗的精神，怀着感恩的心、包容的心、奉献的心，做好本职工作，共创和谐单位、和谐集体、和谐社会。

与省委统战部联合举办新晋商万企联万户思源感恩行动启动仪式

8月28日，由省委统战部、省工商联联合举办的“新晋商万企联万户思源感恩行动”启动仪式在太原迎泽宾馆举行。省委常委、省委统战部部长李政文出席会议，省政协副主席、省工商联（总商会）主席韩儒英主持启动仪式。省委统战部副部长、省工商联党组书记、副主席马天荣宣读了启动方案，省委统战部常务副部长王大高、副部长郭海刚，省工商联副主席樊秀清、王建华、郎宝山、赵淑芊和省工商联企业家副主席及参加省工商联十届三次常委会的常委、省工商联执委共计130余人参加了启动仪式。

“新晋商万企联万户思源感恩行动”启动仪式

此次活动主旨是引导非公经济人士，致富思源、回报社会，以强国富民为己任自觉承担社会责任，积极投身光彩公益事业，以实际行动树立新时期新晋商的良好形象。其主要任务是组织动员万名非公有制经济人士从现在起利用三年时间结队帮扶全省生活困难的万名老红军、老八路、新中国成立前老党员家庭解决困难，发展生产，改善生活，实现共同富裕。

山西省委领导会见全国工商联党组书记全哲洙一行

9月15～17日，中央统战部、全国工商联在山西省召开非公有制经济人士思想政治工作文件征求意见座谈会。中央统战部副部长，全国工商联党组书记、第一副主席全哲洙参加并主持会议，全国工商联党组成员、副主席孙晓华，中国民间商会副会长尹明善，山西省政协副主席、省工商联主席韩儒英，江苏省政协原副主席、省工商联主席李仁，中央统战部五局、全国工商联宣教部领导，北京、上海、山东、广东、甘肃等省市工商联党组书记和4个县区统战部长、工商联会长和党组书记等有关方面代表参加会议。会议期间，省委副书记薛延忠会见了全哲洙一行，省委常委、统战部部长李政文参加会见。薛延忠副书记代表省委、省政府对全哲洙一行的到来表示欢迎，对中央统战部和全国工商联多年来对山西工作的关心支持表示感谢，并着重介绍了近年来山西省经济社会发展，特别是民营经济的增长情况。

举办纪念改革开放30周年座谈会

12月12日下午，山西省工商联在太原迎泽宾馆举办纪念改革开放30周年座谈会。省政协副主席、省工商联主席韩儒英，省委统战部副部长、省工商联党组书记、副主席马天荣，省工商联党组成员、副主席樊秀清、王建华、郎宝山、赵淑芊，副巡视员、秘书长牛定元，原省工商联老领导马存义、马长有、岳纪安、商庆武、张慎德、李建勋，企业家副主席王建国、远勤山、薛靛民，总商会副会长范小玲、郝建秀，省委统战部五处处长高志勇及太原、晋中、阳泉三市工商联主席、党组书记、太原市县区工商联主席以及省工商联机关全体人员和省城主要媒体记者共100余人参加了座谈会。会议由马天荣书记主持，韩儒英主席讲话，省工商联老领导和非公经济人士代表及市县工商联代表发了言。

在座谈中，大家围绕党的十一届三中全会以来，山西非公经济和工商联发展、非公经济人士成长的历程，用亲身经历歌颂社会主义好、改革开放好的时代主旋律，表达在党的正确领导下，坚持以中国特色社会主义理论为指导，坚持走中国特色社会主义道路的决心和信念，激励全省非公经济人士发扬敢为人先、百折不挠、勇于奋斗的创业精神，增强在当前经济发展波动中战胜困难的信心和勇气，在省委的正确领导下，继续坚定不移地沿着中国特色社会主义道路阔步前进，为实现省委提出的“转型发展、安全发展、和谐发展”的科学发展要求，加快新基地新山西建设作出积极贡献。

山西华宇集团携手59家企业举办“不裁员、不减薪、送温暖”倡议活动

12月29日，为应对国际金融危机冲击，山西华宇集团携手59家民营企业共同发出“不裁员、不减薪、送温暖”倡议。省政协副主席、省工商联主席韩儒英，省工商联党组成员、副主席郎宝山和全国人大代表、省总商会副会长华宇集团董事长赵华山出席了倡议活动仪式。

省政协副主席、省工商联主席韩儒英在活动仪式上作了重要讲话，他指出，在全省各界认真学习贯彻中央经济会议精神和省委九届六次全会及全省经济会议精神之时，在全省学习实践科学发展观，并以科学发展观为指导，积极应对世界金融危机之际，华宇集团携手59家连锁企业开展“不裁员、不减薪、送温暖”活动，是落实省委提出的“强信心，稳增长，促转型，保民生”要求的最为有效的具体行动，此举在我省非公企业中属于第一，必将影响和带动更多的非公企业加入到这一行动行列中来，为保证广大员工有岗位、有收入、生活稳定、尽责尽职，意义重大，影响广泛。这一行动再一次展现了省工商联非公企业家在重大危机面前，以强国富民为己任，自觉自愿地为党和政府分忧，为群众解难的中国特色社会主义建设者精神风貌；再一次说明了新晋商无愧于新时代新任务的要求，无愧于社会各界和人民群众的厚望。希望企业家面对金融危机的影响，要树立信心、抢抓机遇，化风险为机遇，变压力为动力。用好用足国家扩大内需的各项政策措施，调整产业结构，加大科技投入力度，创立企业自主品牌，把企业做精做强做大，不断开发和增加更多的就业岗位。

山西省工商联领导名单：

主席：韩儒英

党组书记、副主席：马天荣

副主席：樊秀清　王建华　郎宝山（满族）
王建国　王艳梅（女）　冯建新
关志道　吕治成　李　猛　李兆会
李新民　李德志　远勤山　陈　云
陈忠孝　段青山　赵远长　袁玉珠
高靖海　崔裕峰　彭家华　韩长安
韩树平　薛靛民

秘书长：牛定元

山西省总商会领导名单：

会长：韩儒英

副会长：王永安　王德文　孙宏原　邢拴林
张亚平　李永红　陈福喜
范小玲（女）　姚锦诚　贺美壁
赵　明　赵华山　郝建秀
高文变（女）　梁文海

组织结构：

办公室、机关党委、组织会员部、研究室、法律部、宣传教育部、经济联络部、扶贫与社会服务部

山西省工商联直属商会联系方式：

1. 山西省工商联浙江商会

地址：太原市南内环西街中段黎氏阁家居卖场G区6号

邮编：030012

2. 山西省工商联五金商会

地址：太原市金港大酒店B座1903号

邮编：030000

3. 山西省工商联代理商联合会

地址：太原市桃园北路12号纺织总会招待所405房间

邮编：030002

4. 山西省工商联广东商会

地址：太原市并州南路489号太行商务大厦5层

邮编：030006

5. 山西省工商联福建商会

地址：太原万柏林区漪兴路1号904座

邮编：030027

（山西省工商联冯学亮　供稿）

内蒙古自治区工商业联合会

工作综述

2008年，内蒙古工商联坚持以“三个代表”重要思想为指导，按照落实科学发展观的要求，紧紧围绕自治区党委、政府中心任务，以调查研究和参政议政为重点，经济服务为载体，组织建设为基础，思想教育和政治引导为手段，自身建设为保证，体现“三性”统一的优势，充分发挥好“五个作用”，为内蒙古经济社会发展作出了重要贡献。

一、调查研究、参政议政工作进一步加强

集中力量编写完成2007年度《内蒙古民营经济发展报告》、《中国私营经济年鉴》（第七卷）“内蒙古私营经济发展概况”的撰写工作，完成全国私营企业问卷调查表填报工作；会同有关单位，在深入调查研究的基础上，撰写《关于在我区全面开展非公有制经济代表人士综合评价工作的调研报告》和《关于内蒙古民营经济发展问题的调查和思考》研究文章；开展上规模民营企业调研工作，上报营业收入超3亿元企业40家。召开了全区工商联参政议政委员会工作会议，会议回顾总结过去两年工作，部署今明两年工作；审议通过了《内蒙古自治区工商业联合会调查研究和参政议政工作管理办法》。向自治区

政协十届一次全委会提交团体提案18件，90%提案给予答复。其中，《关于建立我区民营大型企业风险防范与危机处理机制》的提案，被自治区政协评为优秀提案；上报社情民意信息18条，被自治区政协办公厅采纳5条。

二、深入开展学习实践科学发展观活动

按照内蒙古党委统一部署，在内蒙古学习实践科学发展观活动领导小组的正确领导下，商会深入开展学习实践科学发展观活动，较好地完成了学习调研阶段的各项任务。在学习调研阶段，培训党员42人，其中培训副处级以上干部18人，在职党员和副处以上干部培训率达100%。邀请中共十七大代表、全国政协常委、全国工商联副主席、大连万达集团董事长王健林，在内蒙古人民会堂作了题为“学习实践科学发展观，民营企业尽社会责任”的报告会。确定了四个重点调研课题，深入部分盟市、旗县工商联和直属会员企业、商会组织，通过召开座谈会、走访企业、问卷调查等形式积极开展调研活动征求意见，最终征集各种意见、建议22条，形成四个调研报告，并在学习会上做了交流，为解决问题和完善制度打下了基础。

三、思想政治和宣传工作成绩显著

通过内蒙古电视台、《北方经济报》和《内蒙古商报》等新闻媒体积极宣传非公有制经济领域中的先进典型和先进事迹，努力为非公有制经济发展营造良好社会环境，全年共发表各类文章20余篇，电视专栏宣传报道10余次。同时与自治区金融办等7个单位举办了2008年自治区“诚信企业”和“企业诚信人物”的表彰活动。组织民营企业家进入内蒙古工业大学校园举办“创业讲堂”，近600名应届毕业大学生聆听了自治区3位知名民营企业家的讲座，取得了良好的社会效果。向全国工商联推荐上报自治区“全国关爱员工优秀企业家”、“全国热爱企业优秀员工”先进事迹材料。举办了清华大学工商管理总裁研修班、“大学生创业讲堂”和人力资源“赢家之道”公开培训班；同时，与自治区劳动厅联合举办了《劳动合同法》培训班。先后举办各类培训班6期，培训人数900余人。

四、经济服务工作取得丰硕成果

成功召开第十届环渤海地区工商联民营经济经贸合作洽谈会，全国人大常委、全国工商联副主席孙安民，内蒙古党委常委、统战部部长伏来旺及环渤海七省区市工商联的有关领导出席会议，蒙古、俄罗斯代表团，环渤海七省区代表团，国内部分省区企业家代表400多人参加了会议。通过广泛宣传、积极推介、有效对接，项目合作取得了丰硕成果。第十届“环洽会”共签约项目45个，项目总投资75亿元人民币，洽谈会为国内外、区内外企业家合作共赢搭建了平台。与内蒙古党委统战部主办的“第二届创业北方内蒙古商贸洽谈会”成功召开，来自国内外、区内外的600多家企业进行了项目洽谈和对接，共达成协议20项，签约金额156.02亿元人民币。

与农发行内蒙古分行进行经贸合作，下发《关于上报农业发展银行项目的通知》，进一步理顺了民营企业办理信贷的程序；组织会员企业参加“2009年全国工商联‘科技进步奖’申报工作”培训班，经筛选审核，向全国工商联报送了5家会员企业的“科技进步奖”申报材料；与自治区财政厅联合下发了《关于进一步加强和规范我区非公有制企业会计人员管理工作的通知》，认真为会员企业办理会计证核证工作；与自治区劳动厅、总工会等有关单位联合举办协调劳动关系三方会议，会议通过了《大力开展企业集体协商要约行动和建立集体协商指导员队伍的意见》；为会员企业提供了2008年度国家级火炬计划项目、星火计划项目申报资料；经商会推荐，通辽利牛集团被国家扶贫办审定为“国家级扶贫龙头企业”。组织会员企业参加了2008中国内蒙古国际能源产业及节能减排技术博览会、第十一届中国北京国际科技产业博览会、第五届满洲里中俄蒙高新技术产品展览会、第三届中部投资博览会及中国东西部民营经济合作发展论坛、中国沈阳第二届亚洲制造论坛、2008海内外知名企业家齐鲁行、第九届中国西部国际博览会等活动。在第九届中国西部国际博览会上，经商会推荐，内蒙古东达蒙古王集团代表自治区政府代表团签署了“东达新村安置400户四川震后灾区爱心创业工程”协议。

五、组织建设工作扎实推进

2008年末，全区共有各类会员62871个，其中企业会员35095个，团体会员626个，个人会员27150个。2008年共发展直属会员13个，其中团体会员2个，企业会员8个，个人会员3个。全区共有各类行业商会（协会）311个，其中直属行业商会（协会）20个。

商会积极协助行业商会开展各类活动。在商会的联系和帮助下，内蒙古锁业行业商会与呼市工商局联合开展了对锁具市场的整治和规范活动；与内蒙古金融办等单位共同成功举办了首届内蒙古诚信企业诚信人物评选活动；指导内蒙古眼镜行业协会按章程规定的程序进行换届准备工作；与自治区石油商会联合举办了“2008年内蒙古迎新春商品采购年会”。

六、努力做好抗震救灾工作

与内蒙古光彩事业促进会共同举行了向四川地震灾区献爱心捐赠仪式，内蒙古工商联执委和光彩会理事100多人参加了捐赠仪式。据统计，内蒙古工商联直属会员企业和机关干部职工捐款捐物1325.38万元（其中价值300万元物资），全区工商联系统和全区非公有制经济人士合计捐款捐物3.5亿元。在自治区党委、政府举行的支援抗震救灾工作总结表彰大会上，内蒙古西蒙科工贸集团有限公司等22家民营企业被授予先进集体荣誉称号。内蒙古诚华（集团）有限公司董事长陈英等13位企业家被授予先进个人荣誉称号。商会被自治区评为抗震救灾优秀组织奖。

七、光彩事业和扶贫工作成效明显

与内蒙古人事厅、劳动厅、教育厅、总工会五部门共同举办了“内蒙古2008民营企业招聘周活动”。全区共有4230家企业参与，提供空岗信息79729多条，44941人签订就业意向协议，其中下岗失业人员13367人，进城务工人员14612人，大中专毕业生16962人。与全国高校毕业生就业市场内蒙古分市场联合举办了“2008年夏季高校毕业生就业洽谈会”，200多家企业提供了近万个就业岗位，两万多名大学毕业生到会应聘，为促进劳动就业、满足企业人才需求做出了努力。承办了全国工商联扶贫工作座谈会。根据会议安排，分别在呼和浩特市、包头市、鄂尔多斯市三地召开并进行考察，会务工作量大且复杂，在商会的精心策划、周密组织和积极努力下，会议取得圆满成功，受到与会人员的一致好评。

在商会的积极争取下，全国工商联中国光彩事业基金向全区部分盟市贫困地区学校捐赠光彩书库31个，总价值77.5万元；为乌兰察布市兴和县、二连浩特市光彩学校捐款40万元，均已下发到接受捐助学校。在商会的组织、推动下，内蒙古永业公司向商会在兴安盟的扶贫点捐赠价值100万元的“永业植物生命素”，对呼和浩特市清水河县喇嘛湾镇中心小学捐赠价值10万元的电教设备，并为部分乡捐赠价值10万元的电教设备；在商会的积极努力争取下，为扶贫点争取到扶贫资金24万元，重庆力帆集团提供10万元电教设备。同时，商会还认真做好与呼和浩特市长乐宫结对帮扶工作。

八、自身建设稳步推进

全年共组织机关中心组学习13天，机关学习14天。为加强工商联党建工作，认真开展了“学习贯彻党的十七大精神、保持共产党员先进性”和“为民、务实、清廉”主题教育活动。积极选派干部参加政治理论和文秘、档案、人事、计算机等专业知识的培训，选派干部挂职交流。

努力搞好老干部工作，2008年，专门组织老干部赴厦门旅游，开展老年节活动，丰富了老干部的文化生活，受到老干部的肯定和好评。不断健全和完善各项规章制度，修定了《党组工作制度》和《工商联机关工作制度》，使各项工作更加规范化和制度化。

重要活动

召开“学习实践科学发展观，促进非公有制经济发展”座谈会

2008年11月18日，在内蒙古政府礼堂，内蒙古工商联组织在呼的民营企业家和有关行业商会举行了“学习实践科学发展观，促进非公有制经济发展”座谈会。内蒙古工商联副主席郝智浓主持座谈会，内蒙古工商联主席田震、副主席高海涛、副巡视员王进生及机关干部出席了会议。内蒙古东方路桥集团董事长丁新民等民营企业家以及温州商会、山东商会、浙江商会、矿业商会、物流商会、土默特商会的领导和人员参加了这次会议。参会的企业家和行业商会代表积极发言，建言献策，提出了很多很好的建议，大家一致认为这次会议开得及时、必要，决心在各自的行业和企业中进一步落实学习实践好科学发展观，促进非公有制经济进一步大发展。

深入开展学习实践科学发展观活动

内蒙古工商联党组书记杨继业作深入开展学习实践科学发展观活动动员报告

2008 年 10 月 16 日，内蒙古工商联召开动员大会，部署深入学习实践科学发展观活动。内蒙古工商联确定学习实践活动的具体目标是：深化认识，保证解放思想有新飞跃；强化职能，保障科学发展观落实有新突破；深入探索，实现工商联工作思路有新开拓；创新机制，促进工商联工作水平有新提升；改进作风，力求在自身建设方面有新进展。

举办“学习实践科学发展观，民营企业尽社会责任”报告会

为了深入开展学习实践科学发展观活动，内蒙古工商联邀请大连万达集团董事长王健林于 10 月 4 日上午，在内蒙古人民会堂举办了“学习实践科学发展观，民营企业尽社会责任”报告会。王健林从企业自身发展经历，就诚信经营、节能减耗保护环境、关爱员工、回报社会等方面，用真实感人的事迹向大家讲述了民营企业应如何学习实践科学发展观，尽民营企业的社会责任。内蒙古工商联主席田震主持报告会。内蒙古十届常委会的常委，内蒙古、呼和浩特市、包头市、鄂尔多斯市等工商联的干部和自治区工商联直属会员企业、行业商会、异地商会等 600 多人参加了报告会。内蒙古深入学习实践科学发展观指导组的领导同志也亲临大会指导。

“学习实践科学发展观，民营企业尽社会责任”报告会会场

“光彩文库”内蒙古捐赠仪式在呼和浩特举行

2008 年 10 月 17 日，“光彩文库”内蒙古捐赠仪式在呼和浩特举行，内蒙古工商联副主席郝智浓、乌兰察布市工商联主席沙凤英等出席会议，来自全区 8 个盟市，21 个旗县，31 所受捐小学共 50 多名工商联、教育局及学校的负责人参加了本次仪式。在会上内蒙古工商联还与受捐学校所在地工商联签署了捐赠协议。本次活动是经内蒙古工商联与全国工商联、中国光彩事业基金会积极联系、主动沟通，征得捐赠企业科瑞集团的同意，决定向全区 31 所小学捐赠价值 68 万多元的图书，以支持全区基础教育事业的发展，帮助边远贫困地区小学图书馆的建设。

举办内蒙古中小企业应对世界金融危机暨管理创新研修班

为深入学习实践科学发展观，积极应对世界金融危机给中小企业带来的挑战，进一步了解国家抵御金融危机，扶助中小企业发展的政策措施，研究中小企业抵御金融危机风险的对策和思路。同时学习国内外先进的企业管理，研究企业法律保护、企业文化建设等方面的问题，提高企业高层管理人员的决策能力、经营能力，促进自治区经济持续、快速、健康发展，2008 年 12 月 18 ~ 20 日，内蒙古工商联、内蒙古工商局、内蒙古个体劳动者协会、内蒙古私营企业管理协会共同主办，内蒙古党校培训中心承办的“内蒙古中小企业应对世界金融危机暨管理创新研修班”在呼和浩特开班。内蒙古工商联副主席高海涛，内蒙古工商局副局长王玉成，内蒙古党校培训中心李焕魁主任及内蒙古个体私营企业管理协会的负责人参加了开班仪式，来自呼和浩特、包头、乌兰察布、鄂尔多斯、巴彦淖尔、乌海、阿拉善、二连浩特近百名企业负责人参加培训。

举办第十届环渤海地区工商联民营经济经贸合作洽谈会

第十届环渤海地区工商联民营经济
经贸合作洽谈会大会现场

2008年9月18～19日，第十届中国环渤海地区工商联民营经济经贸合作洽谈会在内蒙古二连浩特市隆重召开。此次盛会，不仅吸引了北京、天津、河北、山东、辽宁、山西等环渤海地区的商会参会，东南沿海部分省市及港、澳、台民营企业，以及蒙古国、俄罗斯的代表团和企业家，还有内蒙古12个盟市（满洲里市、二连浩特市），共300余家企业、600多人齐聚二连浩特市共话合作，共谋发展。参会客商就本次大会优势项目能源、矿产、物流、旅游、对外贸易、木材加工等项目进行协商洽谈寻找合作商机。这些项目集中了内蒙古的优势产业和资源优势，具有市场前景好、投资见效快、科技含量高、带动能力强和生态环保型的特点。这次大会上共签约项目45个，项目总投资75亿元人民币。

内蒙古工商联领导名单：

党组书记：杨继业

主席：田　震

副主席：杨继业　斯琴高娃　郝智浓
　　　　和　光　高海涛　李岳清　李志强
　　　　张　钢　王清军　李勇毅　丁新民
　　　　王文彪　张东海　赵永亮　马　麟
　　　　刘忠元　连广明　张海峰　敖其尔
　　　　潘　刚　戴洪九

巡视员：张文奎

副巡视员：王进生

秘书长：郭贵元

内蒙古总商会领导名单：

会长：田　震

副会长：杨继业　斯琴高娃　郝智浓
　　　　和　光　高海涛　沙如拉　武希慧
　　　　富子荣　马万良　邹招斌　张茂霖
　　　　赵希增　秦国庆　翟　仲

秘书长：郭贵元

组织结构：

办公室、会员部、经济部、机关党委、内蒙古工商联参政议政委员会、内蒙古工商联教育培训委员会

联系方式：

地址：呼和浩特市新城区呼伦贝尔北路89号

邮编：010050

内蒙古自治区工商联直属商会联系方式：

1. 内蒙古工商联美容美发行业协会

地址：呼和浩特市新城区兴安北路5号

邮编：010010

2. 内蒙古工商联锁业行业商会

地址：呼和浩特市回民区光明东路4号

邮编：010030

3. 内蒙古工商联建材行业协会

地址：呼和浩特市回民区大庆路3号

邮编：010030

4. 内蒙古工商联汽车摩托车行业协会

地址：呼和浩特市回民区战备路11号

邮编：010030

5. 内蒙古工商联铁矿行业商会

地址：呼和浩特市新城区锡林北路1号大天广场14楼

邮编：010010

6. 内蒙古工商联眼镜行业协会

地址：呼和浩特市回民区通道街祥和1号商用楼4楼

邮编：010030

7. 内蒙古工商联物流行业协会

地址：呼和浩特市新城区爱民路205号办公楼2楼

邮编：010050

8. 内蒙古工商联女企业家商会

地址：呼和浩特市回民区中山西路66号盘

古大厦 5 楼

邮编：010030

9. 内蒙古工商联九州双河古云中文化贸易商会

地址：呼和浩特市新城区呼伦南路绿洲大厦 6 楼 611 号

邮编：010010

10. 内蒙古工商联建筑门窗装饰行业商会

地址：呼和浩特市回民区

邮编：010040

11. 内蒙古工商联温州印刷包装礼品行业商会

地址：呼和浩特市回民区南马路先登大酒店 3 楼

邮编：010040

12. 内蒙古工商联橱柜行业商会

地址：呼和浩特市新城区东库街万鼎新业建材城 B 座 4 楼

邮编：010010

13. 内蒙古工商联石材矿业发展贸易商会

地址：呼和浩特市回民区光明大街 2 号

邮编：010040

14. 内蒙古工商联幼儿教育服务行业商会

地址：呼和浩特玉泉区鄂尔多斯大街 80 号紫维大厦 4 楼

邮编：010030

15. 内蒙古工商联非公有制企业信用商会

地址：呼和浩特市新城区锡林北路 1 号大天广场 16 楼 1627 室

邮编：010010

16. 内蒙古工商联节能协会

地址：呼和浩特市新城区文化宫街 26 号兴业商贸中心

邮编：010010

17. 内蒙古工商联拍卖行业协会

地址：呼和浩特市新城区迎宾南路 1 号福瑞大药房 9 楼

邮编：010010

18. 内蒙古工商联旅游业商会

地址：巴彦淖尔市临河区章嘉庙维信集团

邮编：015000

19. 内蒙古工商联石油业商会

地址：赤峰市红山区

邮编：024000

20. 内蒙古工商联矿业发展商会

地址：呼和浩特市新城区聚隆昌街 108 号

邮编：010010

21. 内蒙古工商联温州商会

地址：呼和浩特市回民区锡林北路 1 号首府广场 801 室

邮编：010030

22. 内蒙古工商联福建商会

地址：呼和浩特市玉泉区昭君路 88 号

邮编：010030

23. 内蒙古工商联泉州商会

地址：呼和浩特市赛罕区东影南路昭君花园 B 座 7 号

邮编：010010

24. 内蒙古工商联乌兰察布商会呼和浩特分会

地址：呼和浩特市新城区光华街

邮编：010010

25. 内蒙古工商联安徽商会

地址：呼和浩特市新城区华闻大厦 1106 室

邮编：010010

26. 内蒙古工商联河套商会

地址：呼和浩特市金桥开发区金桥大酒店 3 楼

邮编：010020

27. 内蒙古工商联浙江商会

地址：呼和浩特市新城区锡林北路 1 号大天广场 17 楼

邮编：010020

28. 内蒙古工商联江西商会

地址：呼和浩特市新城区车站东街金航大厦 5 楼

邮编：010057

29. 内蒙古工商联河北商会

地址：呼和浩特市金桥开发区金桥大酒店 8321 室

邮编：010020

30. 内蒙古工商联鄂尔多斯商会

地址：呼和浩特市新城区海拉尔中路富恒商务楼 312 室

邮编：010050

31. 内蒙古工商联北京企业商会

地址：北京市东城区东四十条45号友诚商务楼406室

邮编：100007

32. 内蒙古工商联呼和浩特台州商会

地址：呼和浩特市新城区锡林北路1号大天酒店1楼

邮编：010020

33. 内蒙古工商联山东商会

地址：呼和浩特市乌兰察布西街193号

邮编：010010

34. 内蒙古工商联广东商会

地址：包头市豪德贸易广场办公楼4楼

邮编：014040

35. 内蒙古工商联土默特商会

地址：呼和浩特赛罕区昭乌达路内蒙古大学桃李湖宾馆421室

邮编：010030

（内蒙古工商联赵庆禄　供稿）

辽宁省工商业联合会

工作综述

在省委、省政府的领导下，在全联和省委统战部的指导下，辽宁省工商联以邓小平理论、“三个代表”重要思想为指导，深入贯彻落实科学发展观，认真履行职能，积极发挥作用，开拓创新、积极进取，增强服务意识、突出组织特色，参政议政、宣传教育、经济服务、组织建设、法律维权、对外联络、自身建设等方面工作都取得了新进展。

一、服务意识进一步增强，经济服务取得新成果

1. 积极投身社会主义新农村建设取得新成果

辽宁省工商联于2007年在全省工商联组织中开展了“一会一乡”创富活动，引导各级工商联组织和广大非公有制企业和人士积极投身社会主义新农村建设。2008年是省联开展“一会一乡”创富活动的第二年。各级工商联都把“一会一乡”创富活动作为工作重点，通过加强领导、宣传动员、搭建平台、协调服务等手段，组织引导广大会员企业积极参与“一会一乡”创富活动。到目前，各市、县工商联已与当地有关乡镇结成97个帮扶对子。全省已有1349家非公有制企业参与这一活动，分别与97个乡签订帮扶协议902项，已经付诸实施的有831项。新上创富活动项目104项，投资总额52.6亿元，到位资金41.2亿元；参与活动的会员企业安排农民就业67219人，培训农民37152人，使60720人摆脱贫困；扶贫捐赠近1.5亿元，资助贫困学生7793名，扶贫人数达9681人；修建（硬化）道路近120公里，建各类桥梁700多座（含入户小桥）。举办技能和创业培训班43期，培训农民40566人次。

2. 牵线搭桥、招商引资交流合作工作取得新成果

一年来，全省各级工商联实现招商引资额达1500多亿元。在实施省委、省政府“突破阜新”战略工作中，成立了由省联主要领导为组长、分管领导为副组长的帮扶阜新工作推进组，制定了帮扶计划，先后开展了大量工作。其中，全国工商联农业产业商会会员企业与阜新企业已签投资协议两项，总投资额为1.1亿元人民币。

3. 积极推进光彩事业，为构建和谐社会作贡献

会同省有关部门于2008年5月在14个市同时开展了民营企业招聘周活动，取得了良好的社会效果。在一周的时间里，1.3万户非公有制企业共提供就业岗位9万个，20万名求职者参加了招聘活动，与用人单位达成意向的有4万人。同时，会同有关部门联合举办了辽宁省首届女大学生就业专场招聘会，组织的40家非公有制企业

提供就业岗位3600多个，达成意向就业合同近4000人次，受到省政府的表扬。全省去年实现光彩项目295项，投资额达34亿元，安置下岗就业20万人，公益捐款1.2亿元。

在抗震救灾、支援灾区工作中，全省各级工商联动真情办实事，做了大量工作。工商联会员企业和非公有制经济人士捐款达3.8亿元，捐物折合人民币2400万元，合计捐钱物4亿多元，为灾后重建提供了有力支援。

4. 引导广大会员和会员企业积极应对世界金融危机，促进辽宁省非公有制经济平稳较快发展

在省委召开的开展深入学习实践科学发展观民主协商会上，提出深入基层、走进群众，真正找准摸清影响制约经济发展的突出问题，更进一步增强解决问题的针对性和实效性的建议；下发了《关于应对金融危机促进我省非公有制经济持续较快发展的几点意见》（辽联发〔2008〕32号），提出了具体措施，对非公有制企业积极应对金融危机起到了较好的指导、引导作用。

二、积极实施“走出去”战略，对外联络工作又有新进展

1. 基础工作得到进一步加强

了解、收集、掌握海外商会通信地址，与一些海外商会加强了联系；开展了外联资源及需求调研。

2. 开展会员服务工作

2008年与省贸促会合作，召开了2次推介会，举办了1次洽谈会，并组织企业多次参加有关贸易洽谈活动。

3. 组团出访

以省政协副主席、省工商联主席王植时为团长的辽宁省友好经贸代表团一行6人对加拿大、美国、韩国进行了友好访问。代表团访问期间认真考察了金融危机对当地经济、社会生活的影响，积极宣传国家实施东北老工业基地振兴战略和我省实施沿海经济战略以来辽宁取得的成就，介绍辽宁良好的投资环境与难得的发展机遇，与加拿大中华总商会、美国和韩国的有关商会洽谈合作事宜，取得圆满成果。

三、进一步增强服务意识，推动法律维权工作

以贯彻落实《劳动合同法》为重点，深入开展法律培训及法律咨询活动；以发挥省工商联维权工作委员会作用为核心，协助做好会员企业的有关工作，帮助解决企业纠纷；以省“三方五部门”劳动关系协调机制为平台，切实维护广大非公有制会员企业的合法权益；以提升维权服务工作水平为主线，推动全省工商联维权工作出现新进展。

据11个市的不完全统计，2008年全省工商联法律培训20917人次，接待法律咨询12258人次，各级工商联提出法律维权服务方面的提案、议案计295件，帮助企业挽回经济损失达7417.5万元。

四、大力夯实工作基础，推动组织建设出现新进展

认真抓好组织建设的基础工作，开展组织工作调研；加强行业商会的监管和服务工作，完成了省直行业商会、外埠商会年检工作，召开了4次秘书长联席会议；加强联谊，组织召开了由200多人参加的省联直属行业（外埠）商会中秋联谊会；先后修订了《省联关于全省会员发展的五年规划》，起草了《辽宁省工商联关于贯彻〈全国工商联关于加强县区工商联组织建设的若干意见〉的实施意见（征求意见稿）》；顺利完成了直属商会换届工作，并制定下发了《辽宁省工商业联合会直属商会工作管理规定（草案）》。目前，一些市已经实现了乡镇商会全覆盖。

五、认真履行职能，积极参政议政、建言献策

在提案准备上做到一个“早”字，在提案征集上，做到一个“广”字，在提案质量上，突出一个“精”字，在提案内容把握上，做到一个“准”字。商会在省政协全会上提出的《关于加快我省民营服务产业发展的建议》，受到省委、省政府的高度重视，被列为重点督办提案。新《劳动合同法》出台后，提出的《关于〈新劳动合同法〉贯彻执行中有关问题的建议》，受到省有关部门的高度重视。在省政协全会、省政协常委会和省委民主协商会等会议上所做的多次发言，都受到了省委、省政府及有关方面的高度关注，收到了较好效果。

六、做好宣传教育工作，充分发挥在非公有制经济人士思想政治工作中的重要作用

在宣传教育工作方面，参加全联和全国总工

会“双爱双评”工作，向全国工商联推荐了两位非公有制企业家和两位非公有制企业员工为全国关爱员工优秀企业家和全国热爱企业优秀员工；积极开展改革开放30周年纪念活动，大力宣传改革开放30年非公有制经济的发展和贡献，大力宣传非公有制经济发展的典型事件和人物；参加全国工商联“十大亮点工作”的推荐工作，沈阳市工商联“千人复明工程”入选。在思想政治工作方面，与省委统战部共同召开全省企业文化建设暨思想政治工作经验交流会。积极发挥信息工作的重要功用，2008年共编发信息40期。

在过去的一年里，各级工商联机关建设也取得了新进展，在省直机关目标绩效考评中，辽宁省工商联被评为先进单位。

2009年国际国内经济形势将更加严峻，美国次贷危机引发的金融危机已经演变为实体经济危机，对辽宁省中小企业的后续影响将进一步显现，非公有制经济发展挑战和机遇并存，工商联的工作也将更加繁重。全省工商联工作总的指导思想是：以邓小平理论和“三个代表”重要思想为指导，深入贯彻落实科学发展观，解放思想、开拓创新，进一步提高履职能力和服务水平，引导非公有制经济人士健康成长、促进非公有制经济健康发展，为企业渡过难关提供有效服务，不断创新工作载体，进一步完善卓有成效的工作机制，切实加强自身建设，为全省保增长、保民生、保稳定作出新贡献。新的一年，商会要在省委、省政府的领导下，在全国工商联和辽宁省委统战部的指导下，认真履行职能，充分发挥作用，把各项工作更进一步推向前进。

重要活动

开展全省工商联基层组织调研

2008年，为配合全国工商联和省工商联组织工作会议，了解和掌握全省基层组织和县区工商联的基本情况和工作情况，辽宁省工商联一方面结合全国工商联组织工作调研，组织召开了有部分市工商联分管组织工作领导参加的座谈会，陪同全国工商联会员部领导到营口、鞍山和辽阳进行调研，先后考察了5个企业和1个区工商联，召开了1个企业家座谈会；另一方面通过“县区工商联调查表”对全省基层组织和县区工商联做了一次基本情况调查，调查内容包括：县区工商联人员编制任职情况、办公条件情况、经费情况、领导班子成员情况、领导机构情况和基层组织的基本情况、登记情况和党建情况等。通过这些调查，对全省县区工商联和基层组织情况有了比较全面的了解，对下一步加强县区工商联和基层商会组织建设做了较为全面的基础性工作。

召开全省企业文化建设暨思想政治工作经验交流会

2008年辽宁省工商联企业文化建设暨思想政治工作经验交流会在大连召开

为深入贯彻党的十七大和全国工商联思想政治工作会议精神，积极探索新时期新阶段以和谐企业文化建设为载体、以建设社会主义核心价值体系为重点、以争做优秀中国特色社会主义事业建设者为主要内容的非公有制经济人士思想政治工作新模式，辽宁省委统战部与辽宁省工商联于2008年11月13日在大连共同召开了全省企业文化建设暨思想政治工作经验交流会。省政协副主席、省工商联主席王植时，省委统战部副部长、省工商联党组书记王立斌到会并讲话。省工商联领导班子成员，各市工商联主席、党组书记、分管副主席及宣教工作负责人，部分县区工商联主席、会员企业代表，各市委统战部经济处负责人共110多人参加会议。

会议总结、交流、推广了工商联各级组织和会员企业近几年来在文化建设、党建工作和思想政治工作中的典型经验和做法。沈阳市工商联、大连市工商联、盘锦市工商联及部分县区工商联、会员企业代表做了大会发言。大会对思想政治工作优秀单位和思想政治工作先进单位进行了表彰。沈阳市工商联、大连市工商联、本溪市工商联、丹东市工商联、盘锦市工商联获“思想政治工作优秀单位”称号，鞍山市工商联、沈阳市和平区工商联等25家市、县（区）工商联和辽宁天久企业集团等16家会员企业获“思想政治工作先进单位”称号。

省工商联开展执常委企业家参与社会慈善公益事业状况调研

为更好地了解广大民营企业家参与社会公益活动情况，及时掌握广大非公经济代表人士思想动态，辽宁省工商联2008年对各执常委企业近五年参与社会慈善公益事业状况进行调查和统计，并撰写了题为《我省非公经济人士参与公益事业基本情况》的报告。该报告受到全联、省委统战部的好评与肯定，先后被省社院及省统战理论研究等刊物转载。

近几年来，辽宁省非公有制经济得到长足发展，已经成为辽宁省老工业基地振兴中一支不可或缺的重要力量，在经济比重上形成“半壁江山”之势。随着民营经济的发展，辽宁省非公有制经济人士的队伍已经成长起来。他们年富力强，思想活跃，拥护党的领导，拥护改革开放政策，有较强的社会责任感，积极参与社会公益事业。

调查显示，辽宁省社会公益事业发展情况已由过去政府包揽唱“独角戏”的局面逐步嬗变，已形成以政府为指导，具有分层次、有重点、多渠道、多元化特点的社会公益事业发展保障体系，即一个由社会、保险、福利、救济、优抚、互助等方面共同构筑的保障体系已基本形成。与此同时，广大非公有制经济人士对社会公益事业的认知程度不断提高，参与社会公益活动已蔚然成风。

据不完全统计，近3年来，辽宁省非公经济人士参加资助、扶贫等项公益活动的有100万人次，受益群众200万人之多；95%的民营、私营企业都不同程度地为社会公益事业作出了贡献，相当一部分民营企业资助总额超过100万元。据对44家执委所在企业调查显示，近5年参与社会公益事业捐助总额达800万元以上的企业就有5家。大连万达集团董事长王健林公益捐助达9亿元之多，其中，近5年捐助额达到3.361亿元，被评为“第二届中华慈善奖”。大连万达集团19年来奉献社会公益事业的资金是中国民营企业中慈善捐赠最多的企业。

辽宁省非公经济人士参与社会公益事业，主要集中在救灾、扶贫、教育、文化、慈善基金等领域。据对44家执委所在企业调查结果显示，在教育领域，非公有制经济人士捐助额达3831.68万元，居第一位；在慈善基金领域，捐助额达3759.0629万元，居第二位；在救灾扶贫领域，捐助额达3164.096万元，居第三位。

近几年来，辽宁省非公经济人士参与社会公益事业的方式发生转变，已由过去的捐款、捐物转变为项目扶贫，推动社会公益事业的发展。广大非公有制经济人士从贫困地区、弱势群体的实际出发，发挥贫困地区的资源优势，积极到贫困地区扶贫开发，投资办厂，出现了一批以扶贫开发、农业产业化、参与国企改制、国土绿化、生态环境保护等符合国家产业政策的项目群。

据不完全统计，五年来，辽宁省广大非公有制经济人士实施公益事业项目608个，投资总额达236亿元，培训农民工和下岗职工28万人，实现脱贫人数7万多人；捐资助学8250万元，捐建光彩小学43所，社会捐赠2.3亿元，扶贫帮困26246户。广大非公经济人士积极参加社会公益事业，树立了良好社会形象，为构建和谐辽宁作出了积极的贡献。

召开全省工商联宣教工作会议

2008年11月27日，辽宁省工商联宣教工作会议在本溪市举行。省政协副主席、省工商联主席王植时到会并讲话，省工商联副主席王本奎，本溪市政协副主席、市委统战部部长李明，省委统战部助理巡视员王艳文，各市工商联主管宣教工作的副主席、宣教工作负责人和部分民营企业家出席会议。辽宁省工商联秘书长程延文主持会议。

此次会议的主要议题是：以党的十七大精神为指导，全面贯彻落实科学发展观，总结交流近年来全省工商联宣教工作经验，并按照省联十次代表大会确定的工作任务，研究和部署今后全省工商联宣教工作。沈阳、大连、本溪等七个市的工商联介绍了宣教工作经验，省工商联宣教部负责人就如何做好全省信息工作提出了具体要求。大会还对各市工商联在宣传工作、教育培训、信息工作、企业文化建设先进单位进行了表彰。

省政协副主席、省工商联主席王植时在讲话中强调要不断加强工商联的宣传教育工作和信息工作，不断探索具有工商联特色的宣教工作新模式；充分发挥工商联组织网络优势和广大会员作用，结合自身特点，开创具有鲜明特色的信息工作新局面。省工商联副主席王本奎在讲话中总结了近几年的宣教工作，对当前工作提出了具体要求。

辽宁省工商联领导名单：

会长：王植时

副会长：王立斌　王本奎　武永存　单　伟
李卓然　马世侠　杨冠兴　李学仁
刘保国　杨　敏　韩召善　刘忠田
高占奎　王宝军　刘贵文　孙国才
姜恩鸿　王健林　李宴清　王　晶
臧　克　田德营　宋云东　金占忠

秘书长：程延文

辽宁省总商会领导名单：

会长：王植时

副会长：王立斌　王本奎　武永存　单　伟
刘希贵　陈巨余　孙荫环　崔玉莲
康宝华　周泊霖　孙才科

秘书长：程延文

组织结构：

办公室、研究室、会员部、宣教部、经济部、外联部、咨询部、直属商会

联系方式：

地址：沈阳市沈河区沈阳路68号

邮编：110011

辽宁省工商联直属商会联系方式：

1. 辽宁省总商会美容美发行业商会
地址：和平区中华路57号金杯大厦603
邮编：110001

2. 辽宁省总商会五金工具行业商会
地址：铁西区腾飞二街58号（机电市场）
邮编：110023

3. 辽宁省总商会烘焙行业商会
地址：铁西区北一中路35号甲沈阳市粮食批发市场院内办公楼一楼3号
邮编：110025

4. 辽宁省总商会包装印刷行业商会
地址：沈河区悦宾街1号
邮编：110013

5. 辽宁省总商会交通运输行业商会
地址：皇姑区长江街60号中乾花园B座1－9－8
邮编：110031

6. 辽宁省总商会移动通讯行业商会
地址：沈河区朝阳街192号
邮编：110011

7. 辽宁省总商会农产品行业商会
地址：营口老边区路南镇前塘大正集团
邮编：115001

8. 辽宁省总商会汽车配件行业商会
地址：鞍山铁东区爱民街1号
邮编：114001

9. 辽宁省总商会妇女手工制品行业商会
地址：皇姑区长江南街200号鑫岩珠宝
邮编：110036

10. 辽宁省总商会民营矿业行业商会
地址：沈河区青年大街227号（罕王大厦11楼）
邮编：110015

11. 辽宁省总商会广东商会
地址：和平区同泽北街5号
邮编：110001

12. 辽宁省总商会川渝商会
地址：沈河区小西路64号
邮编：110011

13. 辽宁省总商会莆田商会
地址：大东区东望街10号志龙陶瓷超市
邮编：110044

14. 辽宁省总商会鞋业商会
地址：东陵区富民街24号
邮编：110015

15. 辽宁省总商会家居装饰业商会
地址：铁西区景星南街90号
邮编：110021

16. 辽宁省总商会钢铁贸易商会
地址：于洪区鸭绿江北街俭兴集团

邮编：110045

17. 辽宁省总商会密封条商会

地址：丹东市振兴区锦绣花园57－8号

邮编：118000

18. 辽宁省总商会茶业商会

地址：大东区大东路128号

邮编：110042

（辽宁省工商联程延文　供稿）

吉林省工商业联合会

工作综述

在吉林省委、省政府的领导下，在全国工商联和省委统战部的指导下，吉林省工商联（总商会）以邓小平理论、“三个代表”重要思想为指导，深入贯彻落实科学发展观，认真学习贯彻党的十七大、省九次党代会及省委九届历次全会精神，坚持统战性、经济性、民间性的统一，围绕中心，服务大局，履职尽责，开拓创新，促进非公有制经济快速发展，引导非公有制经济人士健康成长，各项工作取得较大进展，出现了新的工作局面。

一、深入学习实践科学发展观

吉林省工商联党组把学习贯彻党的十七大，十七届三中、四中全会和省九次党代会及省委九届历次全会精神作为头等大事来抓。按照中央和省委的部署，在机关深入开展了“继续解放思想，推动吉林省振兴”大讨论活动和“深入学习实践科学发展观”活动。在机关党员干部中开展了以“科学发展、加快振兴、富民强省”为主题的学习实践科学发展观活动，以及“树新风正气、促和谐发展”、 “讲党性、重品行、作表率”、“强素质、增信心、作表率”活动。举办了有200多位企业界人士参加的“企业科学发展论坛”。这一系列的活动促进了广大会员、机关干部的思想进一步解放，努力探索促进振兴发展的新思路、新途径、新举措，为一心一意谋发展，坚定不移谋振兴奠定了思想基础。特别是在国际金融危机影响面前，对引导民营企业正确分析形势，把握机遇，树立发展信心，迎接挑战起到积极作用。

按照全国工商联的要求和部署，在非公有制经济组织中开展了学习实践科学发展观活动推动会员企业积极参与学习实践科学发展观活动，并及时加强指导，总结推广典型经验，保证活动顺利开展，完成了预期的目标。

二、坚定正确的政治方向，非公有制经济人士思想政治工作出现新的气象

以坚定信仰为宗旨，开展了“中国特色社会主义学习教育活动”。为把活动开展得扎实有效，商会策划了多种载体，把学习教育活动和实际工作紧密结合起来。

一是舆论引导，重点对在抗震救灾中涌现出的非公有制经济人士典型人物、典型事迹进行总结、宣传；二是先后举办“企业科学发展”论坛、“在改革开放中发展，在科学发展中腾飞”论坛和“迎国庆，话腾飞”论坛；三是开展了“纪念改革开放30周年、学习实践科学发展观”和“我为共和国作贡献”有奖征文活动；四是举办了“吉林省工商联改革开放30年成就图片展”；五是引导民营企业开展“促就业、创和谐”活动；六是和吉林电视台、省中小企业研究会、省政协有关部门共同录制了“吉林省民营经济的跨越发展”、吉林省政协60周年工商联篇的专题片，在国庆节前夕播出，引起社会的广泛关注。

三、弘扬互助大爱精神，为抗震救灾作贡献

“5·12”四川汶川特大地震发生后，商会立即发出通知和《倡议书》，号召广大会员行动起来，全省工商联系统、广大会员向四川汶川灾区共捐款、物折合人民币1亿多元。

四、充分发挥宣传阵地作用，创造和谐的舆论环境

在《中华工商时报》、《吉林日报》、《协商新报》等主流媒体发表宣传会员企业创新发展的事迹、各级工商联工作信息数百篇。在《中华工商时报》全国工商联工作“十大亮点”评选中，吉林工商联“推动吉林省民营经济腾飞计划”获2008年度全国工商联系统工作亮点，《吉林市工商联推荐民营企业家到乡镇任职》入选该年度“优秀案例”。

五、打造品牌，加大调研力度

建立和完善了工商联系统调查研究网络体系，使工商联真正发挥了非公有制经济人士参政议政主渠道作用。打造调研服务月品牌。举全会之力深入会员企业开展调研、服务和引导。打造固定观察点品牌。建立了有660户会员民营企业组成的观察点，定期向省委、省政府反映民营经济的发展情况，提出建议。打造民营经济发展研究会品牌。成立了民营经济发展研究会，整合社会资源，搭建起调查研究工作平台。

2008年商会编撰出版的《吉林省民营经济发展报告》被列为省社会科学规划重点课题。《吉林省民营经济发展态势分析报告》获省委、省政府领导批示：“此报告有情况，有分析，提出的建议也很好”。一些调研报告和建议得到省委、省政府高度重视，许多好的意见和建议被采纳，省长韩长赋亲自安排省工商联参与全省民营经济政策性文件的起草。

六、围绕中心，服务大局，全力促进民营经济腾飞

2008年由商会创意并协调组织的“振兴东北老工业基地优秀中国特色社会主义事业建设者吉林行活动”成为东北亚投资贸易博览会的一大亮点。

在全国工商联领导的大力支持下，商会邀请了由130多位“优秀建设者”组成的代表团来吉。会议期间，商会同有关部门精心组织了全省九市、州和部分开发区分别与代表团成员进行交流和考察洽谈。此次活动共洽谈项目20个，签约金额230亿元。2008年商会获省政府颁发的“对外开放突出贡献奖”、“招商引资突出贡献奖”。

七、切实加强机关建设，努力提高干部素质

深入开展了“学习型、服务型、实干型、纪律型、和谐型”五型机关建设。在提高干部“思想政治工作能力、组织协调能力、经济服务能力、交际公关能力、调研综合能力、宣传鼓动能力”上下工夫，一支勤奋学习、业务精良、求实创新、廉洁自律、团结奉献的干部队伍正在形成。机关的学习风气、工作氛围、干群关系、工作效率、服务质量、工作环境得到总体提升。

八、加强工商联组织建设，工商联组织的凝聚力不断提升

为加强全省工商联组织建设，开展了对各级工商联组织建设情况的调查研究，对全省工商联组织建设情况有了深入地了解。针对组织建设存在的问题，提出积极建议，争取各级党委、政府及有关方面的重视、支持和认可；强化服务，促进工商联会员队伍发展壮大，推进各类商会建设；密切联系，加强工商联组织间的指导，服务与互动的工作思路。

重要活动

开展“调研服务月”活动

2008年，国际金融危机袭来，中小企业受到严重冲击。为全面了解国际金融危机影响下全省民营企业的生产经营状况，及时传达国家和吉林省出台的促进民营经济发展各项优惠政策，积极帮助民营企业协调解决发展中遇到的突出困难和问题，正确引导民营企业科学把握经济形势，提振发展信心，化“危”为“机”，实现平稳较快发展，努力完成省委、省政府促进民营经济三年腾飞计划，吉林省工商联在建立长效调研机制、深度调研上积极探索，开展了“调研服务月”活动。

2009年3~5月份，吉林省工商联领导分别带队，立足为企业“鼓劲、谋事、办事和反映事”，先后深入到包括房地产、汽车零部件、石油化工、农业产业化、医药和生物科技、建筑材料、工程机械、钢铁、煤炭、电器制造、现代服务业（含现代物流、证券交易、汽车经销与维修、信息产业、文化产业、粮油贸易、劳务输出、商业批发和零售业、餐饮旅游业、中介服务

调研服务月中，别胜学主席亲自带队到企业进行调研

等）等十多个行业的200余户（次）民营企业开展调研与服务，并对一些民营企业开展了问卷调查。通过调研，进一步了解了当前民营企业发展的基本状况和各类诉求，并就进一步促进民营经济平稳较快发展进行了研究探讨。他们每月召开一次调研服务情况分析会，交流情况、协调解决问题，最后形成了《关于“调研服务月”活动对民营企业调研情况的报告》（以下简称《报告》），上报吉林省委、省政府。报告客观地分析了民营企业发展的基本态势，反映了民营企业发展的诉求，并对帮助和促进民营经济发展提出了具体的意见和建议。《报告》受到省委、省政府的高度重视，有5位省领导同志分别作了重要批示，一些建议在省政府及有关部门制定的文件中被采纳。

吉林省工商联抗震救灾捐助活动纪实

2008年5月12日，四川汶川发生特大地震。地震发生后，灾区人民的生命安全时时刻刻都牵动着吉林省工商联各级组织、干部职工和民营企业家们的心。

吉林省工商联（总商会）抗震救灾捐赠仪式

5月13日，吉林省工商联紧急召开主席办公会和党组会，成立了抗震救灾领导小组，向全省工商联各级组织、干部职工、民营企业家们下发紧急通知，并发出《紧急行动起来，为抗震救灾作贡献》的倡议书，倡议得到了全省工商联各级组织、干部职工、民营企业家们的积极响应。

5月13日，皓月集团召开紧急会议，部署赶制赈灾食品，由2000多名员工连夜加班赶制出价值120万元的牛肉熟食制品。5月14日，集团派出3部车辆将食品送往灾区。全国工商联常委、省工商联副主席、皓月集团董事长丛连彪表示：“这三辆送货车每车配两名司机，人歇车不歇，三天半时间就能抵达四川绵阳。”

5月15日，修正药业集团通过吉林省红十字会向地震灾区捐赠价值3500万元的药品，首批包括阿莫西林、炎可宁等抗菌消炎、止痛、跌打损伤等灾区急需的药品共计约208万元紧急发往灾区。同时，修正药业3万余名员工也自发向灾区人民捐款。地震发生的当天，吉林省工商联副主席、修正药业集团董事长修涞贵表示：修正药业和灾区群众战斗在一起！他要求在四川的修正员工立即参加当地救灾，要求通化、长春、白山、北京、泉州五大生产基地的员工昼夜加班，为灾区群众生产良心药、放心药。同时他表示：将以最快速度把全部3500万元的捐赠药品送往四川地震灾区、送到受灾群众手中。

全国人大代表、吉林省工商联副主席、吉林（神华）工贸集团董事长李彦群一次性捐出了100万元，要帮助北川县重建一所学校。5月15日上午，这笔善款即通过吉林市慈善总会汇往北川县……李彦群表示：广大非公有制经济人士的义举，弘扬了中华民族“扶危济困、乐善好施”的传统和崇高精神，表达了对灾区人民的一片真情，履行了所承担的一份社会责任。

5月23日，由吉林省委宣传部牵头，省工商联等单位共同举办的“白山蜀水心相连”抗震救灾募捐晚会在吉林电视台播出，引起全社会关注。

据不完全统计，全省工商联系统、广大会员共向灾区捐款、捐物折合人民币1亿多元。在灾后重建工作中，部分会员又以特殊会费的形式为四川黑水县工商联捐款20万元。

吉林省工商联领导名单：

主席：别胜学

副主席：冀　生　孙凯杰　张远军　刘曼抒
宋　勇　丛连彪　王　文　修涞贵
刘　野　王远征　李彦群　金顺爱
郑建林　高立椿　程传海　程德龙
宋治平　张电达　安有良　尹彦利
吴　迪

秘书长：王　文（兼）

吉林省总商会领导名单：

会长：别胜学

副会长：冀　生　孙凯杰　张远军　刘曼抒
王　文　韩真发　曹和平　潘国立
陈春清　刘　韧　刘国华　孙　进
刘　湃　张传海　窦金歆

组织结构：

办公室、经济部、会员部、调研部、宣教部、联络部、机关党委、法律服务中心

联系方式：

地址：长春市工农大路825号吉林省工商联

邮政编码：130021

吉林省工商联直属商会联系方式：

1. 吉林省工商联直属会员商会

地址：长春市工农大路825号

邮编：130021

2. 吉林省工商联计算机行业商会

地址：长春市人民大街280号长春科技城6楼9号

邮编：130061

3. 吉林省工商联石油行业商会

地址：长春市宽城区凯旋北路12号

邮编：130052

（吉林省工商联宣教部　供稿）

黑龙江省工商业联合会

工作综述

2008年，在省委、省政府的领导下，在全国工商联和省委统战部的指导下，全省各级工商联组织高举中国特色社会主义伟大旗帜，团结带领广大会员深入学习实践科学发展观，积极探索新时期工商联工作的新路子，全面加强工商联自身建设，切实提高履行职责的能力，积极发挥“五个作用”，为促进黑龙江省非公有制经济健康发展和非公有制经济人士健康成长作出了新贡献。

一、加强调查研究，参政议政工作取得新突破

一年来，省工商联紧紧围绕省委、省政府工作重心和自身工作实际，深入全省13个市地及部分省外工商联和民营企业中，就民营企业参与东部煤电化基地建设、中小企业贷款、对俄经贸合作、行业商会建设四个重点调研课题进行专题调研。完成了《黑龙江省民营企业参与东部煤电化基地建设情况的调研报告》、《关于全省民营中小企业贷款难问题的调研报告》、《关于黑龙江省民营企业对俄经贸合作情况的调查报告》、《关于有关省市工商联行业商会工作情况的调研报告》。完成了第八次私营企业大型问卷调查、上规模民营企业调研活动。完成《2007年黑龙江民营经济发展报告》、《黑龙江省私营经济年鉴》。在省政协十届一次全会上，提交了《关于整合我省担保机构适时争取进入东北区域再担保体系的建议》、《关于充分发挥工商联在行业协会商会改革发展中积极作用》、《关于扶持非公中小企业上市融资的建议》四分团体提案，做了题为《积极引导会员企业参与新农村建设，为构建社会主义和谐社会作出新贡献》的大会发言。

二、积极宣传引导，思想政治工作获得新进展

一年来，省工商联积极开展思想政治和教育培训工作。组织召开了各市地及县区工商联主席、党组书记参加的全省思想政治工商联工作会议，传达全国非公有制经济人士思想政治工作会议精神。积极筹划组织了民营经济发展及税收、劳动保障专家报告会、黑龙江民营企业家温州模式培训班和经济理论与实务培训班、第二期外事联络干部培训班，收到了较好效果。省工商联积极开展以学习实践科学发展观和纪念改革开放三十年为主题的中国特色社会主义学习教育活动。全省各级工商联撰写纪念文章40余篇，其中多篇稿件在《中华工商时报》等刊物发表。

在双爱双赢活动评选中，省工商联推荐的亿阳集团董事长邓伟、中发集团董事局主席戴浩荣获“全国关爱员工优秀民营企业家”称号；亿阳集团员工杨金莲、中发集团员工胡向东荣获“全国热爱企业优秀员工”称号。

省工商联注重充分发挥媒体宣传作用，及时报道“龙港台商会合作与发展恳谈会”、“香港企业家哈大齐工业走廊行”、抗震救灾及灾后重建等重要活动，50余篇稿件在省内外主流媒体报道，扩大了工商联和民营经济的影响。

三、强化社会责任，为构建社会主义和谐社会作出新贡献

一年来，省工商联积极引导会员企业强化社会责任，在慈善公益事业、光彩事业、新农村建设等方面取得进展。“5·12”汶川地震发生后，省工商联积极开展抗震救灾工作。截至2008年底，全省各级工商联及会员企业累计为抗震救灾工作捐赠款物总计1.5亿元，在对口支援工作中，捐款808.829万元，并带领部分援建企业家代表赴四川剑阁考察参与援建的灾后重建项目。在向南方遭受雨雪冰冻灾害地区捐款物活动中，省工商联组织会员企业共捐赠款物402万元。

省工商联开展了光彩事业可持续发展专题调研，推荐了黑龙江省庆安同源商贸有限公司20万吨水稻综合加工等4个中国光彩事业重点项目，召开了省光彩事业促进会会长（扩大）会议，会同省委统战部在齐齐哈尔市主办了中国光彩事业振兴东北老工业基地鹤城行活动，全国工商联党组书记全哲洙，省委常委、组织部部长龙新南等领导同志与来自全国各地的200多位民营企业家参加了本次活动，共签订合作项目14项，总投资额33亿元，光彩事业促进会为齐齐哈尔市带来扶贫捐赠款8项，捐助总额202.2万元。

2008年，省工商联赴久旺村继续完善对口帮建项目并对帮建成果进行检查。截止到2007年底，久旺村农民纯收入为4972元（比2006年久旺村农民纯收入4603元，增长8%），高出庆安县农民纯收入（4468元）11.28%，超过省规定标准；每栋“两段式”水稻育秧温室每年可确保使用温室的农户增收1万元，帮建工作取得了明显的成效。省工商联连续三年被评为中省直单位帮建新农村工作先进单位。葵花药业集团还捐资100万元支援五常抗击春旱。

四、紧紧围绕中心，为我省经济社会发展做出新努力

一年来，省工商联紧紧围绕黑龙江省经济社会发展中心，积极策划开展招商活动，举办民企招聘周，加强民营企业融资和维权工作。成功举办了“龙港台商会合作与发展恳谈会”和“香港企业家哈大齐工业走廊行”等一系列活动，加强了省工商联与境外商会的交流与合作。省工商联圆满完成了第19届哈洽会的招商工作，荣获第十九届哈洽会“突出贡献奖”。省工商联联合省劳动和社会保障厅、省教育厅、省总工会共同举办“黑龙江省2008第四届民营企业招聘周”活动，共组织3681家企业参加了招聘活动，提供用工岗位136517个，签订就业意向协议36727人。

省工商联积极加强民营企业融资和维权工作，根据国家扶持中小企业的一系列政策，在省委、省政府政治协商会上多次提出意见和建议。齐齐哈尔市工商联与当地金融机构通力合作，帮助41户企业累计获得农业发展银行贷款12.5亿元。鹤岗市工商联成立了民营经济担保商会，得到广大会员的积极支持和热烈响应。为加强维权服务，省工商联积极向省委、省政府争取维权编制，多次协调哈轴集团与哈轴通用公司双方的矛盾纠纷。黑河市工商联充分发挥维权中心的作用，为会员协调解决问题29件。

五、壮大会员队伍，基层组织和行业商会建设迈出新步伐

一年来，省工商联积极围绕基层组织和行业商会建设，组织召开了基层组织建设和行业商会建设座谈会、贯彻全国基层组织会议精神的省工商联工作会议，并协调省委统战部转发了《关于加强县级工商联组织建设的若干意见》。截至2008年底，省工商联共有会员35255家，直属会员129家。省工商联筹备组建了黑龙江省丽水商会和黑龙江省总商会物流供应链商会。双鸭山市工商联把组织建设作为一项基础工程来抓，煤炭、医药、建筑、粮食、商业等行业商会都已形成规模。哈尔滨市工商联成立了上海哈尔滨商会、房地产商会、家具行业商会、永康商会、汽车用品服务业商会5个行业组织。

完善会员库建设。按照全国工商联的统一部署，建立黑龙江省县级工商联以上执常委、民营企业统一数据库。共录入《执常委登记表》2412份，《工商联民营企业统计表》1446份。省工商联网站重新开通，目前已进入试运行阶段。

六、加强自身建设，干部队伍素质得到新提高

2008年，省工商联深入开展学习实践科学发展观活动。根据全国工商联和省委统战部的部署，及时下发了《关于学习实践科学发展观的通知》，制定了实施方案，召开了深入学习实践科学发展观活动动员大会，通过组织集中学习、座谈讨论等方式保证了学习效果。先后安排机关干部30余人参加省委党校、省行政学院和省社会主义学院举办的各类培训及讲座。省委统战部检查指导组对省工商联第一阶段的学习实践工作给予了充分肯定。

省工商联积极完善机关管理制度，制订了《省工商联机关建设方案》、《省工商联机关工作人员请休假制度的规定》等规章。开展了处级领导职务竞争上岗工作。坚持开展广播操、球类、健身运动等，活跃机关文化生活。

重要活动

龙、港、台商会合作与发展恳谈会圆满闭幕

以“2008黑龙江冬季国际投资合作洽谈会暨哈大齐工业走廊项目对接会”（以下简称“冬投会”）为契机，由省工商联主办，省商务厅、省招商局、省振兴办、省政府台湾事务办公室、黑龙江海外联谊会协办的首次“龙、港、台商会合作与发展恳谈会”于2008年1月8日在哈尔滨华旗饭店圆满闭幕。省政府副省长孙尧和省政协副主席、省委统战部部长王涛志到会，孙尧副省长代表省政府致辞。省商务厅、省招商局、省振兴办、黑龙江海外联谊会、省政府台湾事务办公室、省中小企业局等有关单位领导出席会议。香港中华厂商联合会副会长叶志光、台湾省商业会副理事长叶宗义、香港中华总商会代表、香港新华集团行政总经理余正生等商会领导及龙、港、台三地商会企业家代表近百人出席会议。

洪袁舒主席在龙、港、台三地商会合作与发展恳谈会上与香港商会代表互赠礼物

会议的主题为合作与发展，宗旨是通过龙、港、台三地商会及企业家的恳谈，进一步加强龙、港、台商会之间的交流与合作，为会员企业间的经贸合作与发展搭建平台，为会员企业发展创造机遇，实现三地优势互补，合作共赢，促进龙、港、台经济共同繁荣与发展。

会上，黑龙江省工商联主席洪袁舒、香港中华厂商联合会副会长叶志光、台湾省商业会副理事长叶宗义分别就各自地区和商会的基本情况、发展情况及合作愿景作了精彩的主旨演讲。黑龙江省商务厅副厅长康翰卿介绍了黑龙江省对俄经贸科技合作的有关情况。经过友好洽谈，黑龙江省工商联分别与香港中华厂商联合会，台湾省商业会签订了“友好商会”协议。三地商会企业家还就传媒文化、高新技术产业、基础设施、旅游业、现代物流、服务外包等领域进行了广泛对接与洽谈，并表示了积极合作的意愿。

商会民营企业经营数据纳入黑龙江统计体系工作入选2007年度工商联工作十大亮点

由《中华工商时报》主办的“2007年度工商联工作十大亮点评选”结果日前揭晓。黑龙江省民营企业经营数据纳入黑龙江统计体系工作，成为2007年度工商联工作成绩的优秀代表之一。

“2007年度工商联工作十大亮点评选”活动自启动以来，得到各级工商联的积极响应。商会民营企业经营数据纳入黑龙江统计体系工作经过层层选拔，在全国各地近百件工作案例中脱颖而出，入选30件优秀工作案例候选名单，并经过公示、评选，最终入选“十大亮点”。商会工作获选理由是：民营企业经营数据纳入地方统计体系，是一项意义重大的开创性工作。

为规范统计口径，准确掌握民营经济发展情况，为政府决策提供科学依据，在与省统计局多次协商沟通的基础上，洪袁舒主席与省统计局李志范局长进行了深入的工作会谈，一致认为在今后工作中，促进民营经济健康发展、促进民营经济代表人士健康成长是双方共同的责任。省工商联于12月10日以黑联函字（2007.22）号“关于商洽完善民营经济统计项目的函”报送省统计局，建议将民营经济经营数据纳入统计体系。省统计局于2008年1月4日以黑统函〔2008〕1号给商会复函，基本同意工商联工作要求。

召开黑龙江省工商联九届二次执委会议

黑龙江省工商联九届二次执委会议于2008年3月28日在黑龙江省政协常委会议室召开。会议由省委统战部副部长、省工商联党组书记、副主席李中兴主持。省工商联副主席陈宏敏传达了全国人大十一届一次会议精神；省工商联副主席陈伟民传达了全国政协十一届一次会议精神；省政协副主席、省工商联主席洪袁舒作了《立足新起点开创新局面为全省经济社会又好又快发展作出更大贡献》的工作报告；省工商联副主席孙毅夫就九届执委会组成人员进行部分调整作了说明；省政协副主席、省委统战部部长王涛志作重要讲话。

会议对九届执委会组成人员进行了局部调整：西林钢铁集团有限公司董事长苗青远、黑龙江宝泰隆煤化工集团董事长焦云、黑龙江省澳利达医药集团董事长周有财和哈尔滨黑天鹅集团股份有限公司董事长曹滨顺当选省工商联副主席；黑龙江飞鹤乳业有限公司董事长冷友斌、哈尔滨电表仪器厂有限公司董事长金灵丰和大庆市华拓数码科技有限公司董事长徐岩当选省总商会副会长；大庆市久隆精细化工有限公司董事长李国斌等17名同志增补为省工商联常委；增补七台河市隆鹏煤炭发展有限公司董事长郑亚英等11名同志为省工商联执委。至此，省工商联执委从182人增加到211人，常委从92人增加到110人，副主席从19人增加到23人。

举办统计工作培训班

按照全国工商联对统计工作的要求，为加强和完善我省会员数据统计工作规范化、制度化、现代化管理，提高会员组织数据统计工作质量，省工商联于5月7日至9日在黑龙江省委党校举办了为期三天的统计工作培训班。全省各市地及县区工商联主管会员工作的领导及会员数据统计工作人员52人参加了培训。

省工商联副主席陈宏敏代表省工商联在开班式上做了讲话。他在讲话中指出，会员数据统计工作在工商联全部工作中处于重要的基础性地位，是做好其他各项工作的重要前提，今后省工商联将把这项工作纳入年终评选先进的内容和条件之一，希望各市地工商联领导一定要予以重视，切实将工作措施落到实处。

培训期间，会员处、经济处相关同志就上规模企业填表要求和执常委、会员企业统一数据库的使用操作及存在的问题进行了详细的说明和讲解，并结合全省各地工商联使用数据库时存在的问题及经验，就学员们提出的的实际问题做了答疑。培训结束时，学员们一致认为这次培训班办得很好，很及时，通过培训，学有所获，不虚此行。纷纷表示要把这次培训的成果带回工作中去，根据省工商联下发的关于统一数据库上报的工作要求，保质保量，按时完成工作任务。同时，希望省工商联经常举办这样的工作培训，不断提高工商联基层干部的业务素质和工作水平，为更好地开展工商联工作打下良好的基础。

黑龙江省暨哈尔滨市2008民营企业招聘周活动圆满结束

在5月27日~6月2日，黑龙江省劳动和社会保障厅、省教育厅、省总工会、省工商联共同举办了以“为民营企业招聘用人服务，为大中专毕业生就业搭桥”为主题的2008民营企业招聘周活动。

黑龙江省暨哈尔滨市民企招聘周活动启动仪式于5月27日上午9点在哈尔滨理工大学启动。由省政协副主席、省工商联主席洪袁舒宣布“黑龙江省暨哈尔滨市2008民营企业招聘周”活动启动仪式正式启动，由省劳动和社会保障厅厅长秦玉德主持会议并代表主办单位讲话。省教育厅副厅长张信、省总工会副主席侯纯禄、省工商联副主席陈宏敏以及哈尔滨市工商联副主席刘晓梅等相关部门领导出席启动仪式。

本次招聘周活动的宗旨是：贯彻落实《国务院关于进一步加强就业再就业工作的通知》、《国务院关于鼓励和引导个体私营等非公有制经济发展的若干意见》精神，围绕黑龙江省经济发展战略，促进黑龙江省经济振兴以及东部煤电化基地快速发展、资源城市转型的顺利实施，提供人才服务，为民营企业广泛吸纳大中专学生搭建就业平台。

在为期一周的活动中，黑龙江省劳动力人才市场免费接待社会中需求就业的各类人员。工商联、就业局等单位共组织3681家企业参加了招聘活动，提供用工岗位136517个，签订就业意向协议36727人。其中，大学毕业生12192人，下岗失业人员13697人，进城务工人员4931人。

黑龙江省丽水商会成立大会隆重召开

2008年6月16日，黑龙江省丽水商会成立大会在天鹅饭店召开。黑龙江省政府、省民政厅、省工商联及浙江丽水市政府领导莅临大会并讲话，近200名丽水籍企业人士出席大会。丽水商会的成立是新时期经济发展的客观需要，同时也为黑龙江、浙江两省在经济、社会、文化等诸多领域开展广泛深入的交流与合作提供了一个发展平台。

省工商联副主席陈宏敏代表省联在会上致辞，黑龙江省有关部门领导为丽水商会揭牌。丽水市政府副市长也在会上作了发言。星球集团董事长郑秀贵当选丽水商会会长。

“香港企业家哈大齐工业走廊行”活动圆满结束

以第十九届“中国·哈尔滨国际经济贸易洽谈会”为契机，由黑龙江省工商联主办，黑龙江省哈大齐工业走廊建设办公室、哈尔滨市工商业联合会、齐齐哈尔市工商业联合会、大庆市工商业联合会协办的“香港企业家哈大齐工业走廊行”活动开幕式于2008年6月12日上午在哈尔滨华旗饭店隆重举行。省委常委、省政府副省长盖如垠和省政协副主席、省工商联主席洪袁舒到会。盖如垠副省长、洪袁舒主席分别代表省政府、省工商联致辞。龙、港两地企业家代表及香港中华厂商联合会、香港经贸商会、香港中华总商会、香港中小企业国际联盟（商会）、广东省工商联领导、省委统战部、省发改委等省直有关单位领导150人出席开幕式。

洪袁舒主席在“香港企业家哈大齐工业走廊行”活动开幕式上致辞

本次活动主旨是为进一步加强龙、港两地经贸合作，为香港及内地港资企业进入哈大齐工业走廊创造机遇。开幕式上，省政协副主席、省工商联主席洪袁舒就黑龙江省资源优势、产业优势、投资潜力、民营经济发展等有关情况向香港企业家作了简要介绍。省发改委副主任李耀新介绍了哈大齐工业走廊开发建设情况。

6月12日上午开幕式结束后，省工商联副主席陈伟民陪同香港企业家赴大庆、齐齐哈尔、哈尔滨三市进行了实地考察。三市工商联的精心组织、周密安排及市委、市政府的高度重视、大力支持，确保了考察活动顺利进行。考察团成员多数是第一次来黑龙江，黑龙江省独特的区位优势、雄厚的工业基础、丰富的自然资源、良好的人文环境给香港企业家留下了深刻的印象，特别是参观了素有“国宝”之称的中国第一重型机械集团公司后，企业家们深受震撼，认为黑龙江是个充满生机活力、实现梦想的好地方，纷纷表示愿意再来黑龙江，深入探讨合作事宜，并愿介绍更多的企业家朋友来黑龙江投资兴业。

关注灾后重建，工商联号召民企支援剑阁

7月7日上午，省工商联召开部分民营企业家座谈会，主要听取省政府副秘书长韩冬炎介绍四川剑阁县受灾情况以及省政府对口支援灾区的援建计划。省政协副主席、省工商联主席洪袁舒出席会议。

座谈会由省工商联副主席陈宏敏主持。省政府副秘书长韩冬炎向与会企业家们介绍对口支援情况。省政府根据中央部署，将对剑阁县援建三年，今年拟对剑阁县帮建7类40项援建项目，主要有灾民安置，学校、医院、养老院重建、水库加固、乡镇供水站、交通基础设施工程。今年的援建任务，主要依靠社会力量，本着救急、救灾、救民的原则，欢迎有实力、有意向的企业参与到帮建之中，省政府对援建的企业或个人给予冠名。明、后年的援建项目资金将纳入财政预算，政府统筹解决。韩秘书长希望广大民营企业家或行业商会按照量力而行、尽力而为的原则，为今年援建项目奉献一份爱心，作出一份贡献，也从此搭建政府与民营企业沟通的平台。

与会企业家纷纷发言表示，民营企业之所以有今天的发展成就，是因为有党的富民政策，有政府的大力支持，四川遇到历史罕见的地震灾难，大家一定会想灾区之所想，急灾区之所急，响应政府号召，为援建剑阁县再次奉献一份爱心，履行一份责任。

省政协副主席、省工商联主席洪袁舒对民营企业的参与热情表示感谢，并提出尽快召开市地工商联主席会议，传达政府部门对工商联的信任和厚望，号召广大民营企业参与灾后恢复建设，尽最大努力支持政府的援建工作，为灾区的恢复重建作出应有的贡献。

全国工商联党组书记全哲洙一行来黑龙江省调研

7月24日至30日，中共中央统战部副部长、全国工商联党组书记、第一副主席全哲洙一行在出席“光彩事业鹤城行”活动后，就基层工商联组织建设和发挥行业商会作用等问题在黑龙江省的齐齐哈尔、大庆、哈尔滨、七台河、鸡西、牡丹江等市进行了专题调研。

在黑龙江省调研期间，全哲洙先后考察了广发集团、齐重数控、日月星、九州电器、完达山制药、鸿盛房屋节能研发中心、翔鹰集团等16家民营企业，看望了全国工商联下派到密山市挂职锻炼的干部，听取了省及齐齐哈尔、大庆、鸡西市工商联工作汇报，召开了发挥行业商会作用座谈会和工商联基层组织建设座谈会，深入了解了行业商会建设和基层工商联组织建设情况及存在的问题。调研期间，全哲洙还与省委书记吉炳轩、省长栗战书就如何促进民营经济发展和加强工商联工作交换了意见。

全哲洙对省工商联换届以来所取得的工作业绩给予了充分肯定，并对下一步工作提出了新的要求。在发挥行业商会作用座谈会上，全哲洙听取了省工商联主席洪袁舒关于全省行业商会建设总体情况及6位行业商会负责人关于各自行业商会建设情况的汇报，并指出，加强行业商会组织建设，是完善社会主义市场经济体制的需要，是深化行政管理体制改革和形成统一开放、竞争有序的现代市场体系的要求，也是我国非公有制经济不断发展的必然要求，各级党委、政府要加强对行业商会建设的重视和指导，建立政府与行业商会的沟通渠道，坚持引导和服务并重，给予政策上的扶持，建立退出机制，努力把行业商会建成促进非公有制经济健康发展和非公有制经济人士健康成长的实践平台。

全国工商联副主席、亿利资源集团董事局主席兼总裁王文彪，黑龙江省政协副主席、省工商联主席洪袁舒，黑龙江省委统战部副部长、省工商联党组书记李中兴陪同调研。

全国工商联外事联络干部培训班在黑龙江省举办

2008年7月20～24日，全国工商联外事联络干部培训班在黑龙江省哈尔滨、伊春两地举办。来自全国22个省、自治区、直辖市和部分省会城市分管外事联络工作的副主席和联络部（处）长近50人参加了培训。省政协副主席、省工商联主席洪袁舒，省委统战部副部长、省工商联党组书记李中兴及全国工商联联络部部长赵宏出席20日在哈尔滨开学仪式并讲话。全国工商联联络部副部长吕绍欣主持开学仪式。洪袁舒主席、赵宏部长还出席了22日在伊春市培训班的相关活动。

国家外交学院武波教授、中国贸促会韩梅青处长、全国工商联联络部黄珊处长结合外事工作政策及相关业务知识，就商会对外交流交往、新时期工商联对外联络工作人员素质要求、全国工商联对外联络工作及与地方工商联的关系等为全体学员进行了专题培训。全体学员还分别对哈尔滨、伊春两市的部分民营企业进行了实地考察。

黑龙江省工商联领导名单：

主席：洪袁舒

党组书记：李中兴

副主席：陈宏敏　孙毅夫　陈伟民　张郑婴　韩国信　邓　伟　刘迎霞　江廷科　宋殿权　关彦斌　高金鹏　杨福臣　戴　皓　李　和　白沐阳　王文襄　张慧乔　苗青远　焦　云　周有财　曹滨顺

秘书长：刘德君

黑龙江省总商会领导名单：

洪袁舒　李中兴　陈宏敏　孙毅夫　陈伟民　王同镇　王振生　冯永明　蒋贤云　冷友斌　金灵丰　徐　岩

组织结构：

办公室、会员处、宣教处、经济处、联络处、机关党委

黑龙江省工商联直属商会联系方式：

1. 黑龙江省工商联福建商会

地址：哈市道外区先锋路8号

邮编：150056

2. 黑龙江省工商联江西商会

地址：哈市道里区爱建滨江沙龙n栋401室

邮编：150080

3. 黑龙江省工商联湖北商会

地址：牡丹江市西平安街3号新宏基大厦

邮编：157000

4. 黑龙江省总商会亚麻纺编商会

地址：绥化市兰西县县委办公楼

邮编：151500

5. 黑龙江省工商联物流与供应链商会

地址：哈市香坊区哈平路副183号

邮编：150001

6. 黑龙江省工商联丽水商会

地址：哈市兆麟街13号汇融大厦418室

邮编：150010

（黑龙江省工商联白金龙　供稿）

上海市工商业联合会

工作综述

2008年，上海市工商联深入学习贯彻党的十七大、全国工商联十大以及九届市委全会精神，围绕上海转变经济发展方式、坚持科学发展、推进“四个率先”的要求，积极发挥工商联“五个作用”，有力促进民营经济“两个健康”，在团结和动员广大民营企业应对严峻经济形势、确保上海经济平稳较快发展、支援四川抗震救灾和都江堰市灾后重建等工作中取得了新的成绩。

一、参政议政

以保持民营经济平稳较快发展为重点，在市政协十一届一次大会上，提交团体提案6件，委员联名提案1件，个人提案39件。其中《关于出台上海市〈中小企业促进法〉实施办法的建议》、《关于推动私车“双控”以及停车产业化进程，以缓解本市停车难问题的建议》等2件团体提案，《关于用私车额度拍卖资金补贴公交换

乘，体现“公交优先”战略的建议》、《关于社会公众参与城市管理的若干建议》等2件个人提案，获得市政协优秀提案奖。向市政协反映社情民意58件，采用社情民意10篇，建言1篇，获市政协社情民意工作三等奖。针对全市民营企业经营现状和发展诉求，以数据统计和情况分析等方法开展了6次专题调查，共涉及8300多家企业，该项调研工作得到了市委、市政府领导的充分肯定，市委书记俞正声三次在上报的本会调研报告上作出批示。编报13期《调研参阅》和3期《调研参阅（专报）》，其中《2008年一季度本市民营出口企业相关情况问卷调查分析》、《上海私营经济发展亟待政策助力》等调研报告得到市委、市政府领导高度重视；全国工商联研究室领导在《中小企业面临生存、发展困局》上做出批示。编印《2007年度上海民营经济报告》、《2007年上海私营经济年鉴》。完善工商联调研数据采集机制，夯实调研工作基础，建立了由20家左右重点联系企业，400家会员企业组成的企业样本群。

二、教育宣传

推动《劳动合同法》、《就业促进法》、《劳动争议调解仲裁法》三部法律的贯彻实施，组织13次专题法律讲座。编写《〈劳动合同法〉与企业用工管理实用手册》，加强普法教育，促进民营企业构建和谐劳动关系。收集市政府相继出台的一系列支持企业发展的政策，编印《政策汇编》，及时分送各区县工商联、各行业商会和广大民营企业。与市总工会联手，继续推进民营企业“关爱员工、实现双赢”和学习型团队等主题活动深入开展。举办“两新”组织高层次人才——第六期经营管理者研修班。广泛宣传民营企业家的创业事迹、创新精神和创造成果，近10位民营企业家在《走进他们》公众宣传栏目中展示风采，2位民营企业家获得“十大年度人物”称号。组织评选民企优秀内报内刊。加强与媒体联手合作，新辟《上海商报》“商会周刊”、“商会新闻”等专版阵地，在主流媒体上组织专题宣传。据不完全统计，共组织贯彻落实科学发展观、抗震救灾、商会建设等专题宣传232篇次，宣传民营企业家70多人次。上海市民营企业家合唱团相继亮相“上海之春”国际音乐节群众文艺活动开幕式、抗震救灾义演和改革开放30周年纪念活动，展现民营企业家在严峻经济形势下，坚定信心、共克时艰的良好精神面貌和风采。创办《商会信息交流》，进一步做好行业商会之间的信息交流工作。在服务领导决策、服务区县工商联、服务民企发展中，积极打造“窗口”功能，取得成效，荣获上海统战系统信息工作先进单位特别奖。

三、经济服务

市工商联领导率领企业家代表团先后参加第三届“中国中部投资贸易博览会”、第五届“中国·河南国际投资贸易洽谈会”、“光彩事业襄樊行”活动、“第九届中国西部博览会”等各类经贸考察、经贸洽谈和招商活动。组织近200家会员企业参加2008年湖南（上海）投资洽谈活动周、黑龙江省哈大齐工业走廊上海推介会暨合作项目签约仪式、重庆市万州区（上海）产业发展推介会、山东威海（上海）经济合作交流会等十多个外省市在沪经贸活动，促成企业与当地签约投资项目，拓宽经贸交流，加强横向往来，在参与全国区域经济协调发展中实现自身企业的发展。举办民营企业上市相关问题恳谈会、民营控股上市公司沙龙活动、民营企业投融资座谈会等系列活动，鼓励民营企业利用资本市场开展上市融资、股权投资。支持民营企业参与世博项目，多次组织建筑及会展服务领域的民营企业与上海世博局有关部门领导、项目负责人沟通座谈，就参与世博会有关运营进行深入交流，构建直接联系的桥梁。与上海市现代服务业联合会共同开展“2007年度上海现代服务业民营百强企业推选活动”。与上海市科学技术协会、市科技创业中心共同开展“第二届上海最具活力科技企业评选活动”。

四、组织建设

各级工商联发展新会员1427户，超过会员发展目标的12.4%。共发展市属会员14家，其中11家为创新型的高科技企业和在行业中处于领先地位的企业，其他3家为广东省上海商会、上海市重庆商会、上海市陕西商会等团体会员。截至2008年，全市会员总数为31025户，其中非公有制企业会员23775户，占会员总数的76.6%。组织开展第三届上海市工商联基层商会创优活动，表彰45家优秀基层商会和23名优秀个人，强化评估和工作推进机制，进一步健全组织，增强实效。建立商会会长办公会议情况汇报制度和重大事项报告制度，促进商会工作规范化开展。

五、对外联络

组织7个代表团赴美国、加拿大、澳大利亚、日本、越南等国进行经贸考察洽谈。接待墨西哥总统代表团等国外代表团65批522人次，组织上海软件外包国际峰会、技术创新之桥上海—巴塞罗那国际合作洽谈会、墨西哥投资与经贸机遇研讨会等对外经贸交流洽谈活动30个，涉及会员企业逾千家。成为民营企业申办APEC旅行卡推荐单位，首批审核批准4家企业5位成员申办APEC旅行卡。建立“走出去”资料室，综合政府有关部门、各国驻沪总领馆及海外商会等信息渠道，围绕国家政策信息传递与执行、国外商业合作伙伴介绍两方面内容，开展“走出去”咨询服务。与肯尼亚国家工商会，毛里求斯工商会，保加利亚工业协会，意大利中国经济、工业、贸易合作协会，伊朗—中国工商会等8家国外主流商会、工商机构签订旨在促进上海和相关国家企业在贸易、经济与技术领域合作与交流的友好协议，2008是上海市工商联成立至今签订友好协议最多的一年。截至2008年，市工商联与45家国外商会、工商机构签订了友好协议，为工商联拓展海外联系网络、支持民营企业“走出去”发挥了平台和桥梁作用。

六、承担社会责任

四川汶川大地震发生后，各级工商联和民营企业家竭尽全力支援抗震救灾工作。据不完全统计，工商联系统累计捐款捐物约6.59亿元人民币、200万元港币，并提供其他方式的各种支持。市工商联领导两次率上海民营企业家代表团赴都江堰灾区一线进行慰问考察，启动落实援建重建项目。在上海和都江堰两市政府签订的首批43个支持重点项目中，有7项由上海民营企业承担。由上海市援建指挥部和都江堰市商务局发起，上海市经委、农委、工商联等部门参与的“搭建都江堰特色产品进入上海绿色通道”活动，有效帮助了都江堰市企业的猕猴桃、贡茶、休闲食品等进入上海商业系统的几百家门店，实现单月销售破百万元。市光彩会在抗震救灾工作中的出色表现，被上海市红十字会授予抗震救灾组织奖（金奖）。同市劳动保障局、市教育局、市总工会等单位共同主办“为民营企业招聘用人服务，为大中专毕业生就业搭桥”为主题的“2008年全国民营企业招聘周上海会场启动仪式”暨“普陀区百企千岗民营企业招聘专场”，153家民营企业提供了近3000个岗位，1200余名求职者在招聘会现场与民营企业达成初步用工意向，部分需要招聘外来人员的企业对四川籍务工人员予以优先考虑。

七、自身建设

市工商联机关以深入学习实践科学发展观活动为契机，增强动力，激发活力，通过机关学习、各党支部讨论，以及组织“解放思想大讨论”，进一步学习科学发展观，增强实践科学发展观的自觉性，提高工商联工作推进的水平。加强廉政建设，将廉政建设寓于科学发展观的学习活动之中。开展“特殊党费”、“青年干部教育”等活动，在机关形成“讲党性、重品行、作表率”的良好氛围。

重要活动

出版《上海文史资料选辑·上海工商联专辑》

《上海文史资料选辑》由政协上海市委员会文史资料委员会编辑出版，以抢救新中国成立后文史资料为责，2008年第二期（总第127辑）为《上海工商联专辑》。专辑由全国工商联副主席、上海市政协副主席、市工商联主席王新奎作序，共79篇回忆文章，近30万字，汇集了上海工商联历任会领导、各部门有关干部以及原工商业者、民营企业家对上海工商联在中国共产党的领导下各个时期亲历、亲见、亲闻的重大事件和重要人物，回望了半个多世纪上海工商联的风雨历程，生动形象地勾勒出一幅幅有底蕴有色彩的发展图卷。2008年1月14日，该专辑在市政协月潭厅举行了首发式，市政协文史委副主任施福康与会指出，市政协文史资料出版工作能取得卓越成绩是与市工商联文史资料方面的出色工作分不开的。本专辑与往期由市工商联协同编写的《旧上海的金融界》、《旧上海的证券交易所》、《回眸同业公会》等一批专辑产生了很好的社会影响，有着存史咨政的重要意义。

参与支持企业发展政策制定并推动政策落地

2008 年 3 月到 6 月，上海市工商联参与市委重点调研课题“促进上海市非公有制经济发展”的调研，并负责课题中“‘上海市关于鼓励支持个体私营经济发展若干意见’贯彻落实情况”的分课题调研。市工商联集中调研力量进行走访调研，并组织召开系列座谈会，形成《关于“上海市关于鼓励支持个体私营经济发展若干意见”贯彻落实情况调研报告》，就新形势下如何根据上海民营经济进一步发展的不同路径，在放宽准入、公平待遇、准确定位、整合资源、改善管理等政策操作实施上寻求新突破提出积极建议。调研成果在市委、市政府《关于加快促进上海非公有制经济发展的若干意见》等文件中得到体现。通过“上海工商联讲坛”和在各区县举办的政策辅导培训班，对政策进行解读，使民营企业家理解并掌握政策的具体内容和操作方法。2008 年 10 月，对 113 个基层商会 6542 家会员企业、行业商会和 90 家执常委企业进行调研，研究民营企业的实际状况和相关政策的落地情况，并提出进一步建议。

参加上海市非公有制经济代表人士座谈会

2008 年 3 月 26 日，上海市非公有制经济代表人士座谈会在市委统战部会议室举行

2008 年 3 月 26 日上午，市委书记俞正声、市长韩正和市委统战部部长杨晓渡，副市长胡延照、艾宝俊，在上海市委统战部会议室，与数十位民营企业家围坐在一起，亲切交流，听取民营企业家对上海发展民营经济的意见和建议。11 位民营企业家围绕“进一步营造有利于各地中小企业来沪创业、发展的政策与环境”、“解决民营企业融资难”、“重视发展、创建民族传统行业的新品牌”、“建立适合上海特点的科技创新运作机制”等话题提出意见和建议。俞正声、韩正在座谈会上先后讲话，就进一步解放思想，充分发挥民营企业在上海经济转型中的作用，领导干部要与民营企业家交朋友，为民营企业创造更为宽松的环境，提供更好服务，促进上海民营经济与国有经济、外资经济共同健康快速发展等发表了重要意见。

举办上海工商联讲坛金融专题报告会

2008 年 3 月末，在国际次贷危机发生和国内 CPI 较快增长等宏观经济形势下，上海市工商联邀请中国人民银行上海总部金融稳定部主任、调查统计研究部主任凌涛作金融专题报告，剖析形势，解读政策，指点机遇。专家还针对国内金融改革的深化，特别是私募股权及其发展趋势作了专题阐述。专家认为，我国主体经济的发展、主权财富资金的扩张，为私募股权投资提供了强有力的后盾；《合伙企业法》的施行，更为私募股权投资奠定了基础。同时，央行将在推动国内私募股权投资发展方面作出积极的推进，为健康的资本市场建设作出努力。市工商联领导与 100 多位民营企业家、工商联商会领导干部出席听讲。

举办“智利—中国在拉丁美洲的战略伙伴”研讨会

2008 年 4 月 15 日，“智利—中国在拉丁美洲的战略伙伴”研讨会在上海浦东香格里拉酒店举办

2008 年 4 月 15 日，在上海浦东香格里拉酒店举办“智利—中国在拉丁美洲的战略伙伴”研讨会，智利总统米歇尔·巴切莱特率商会企业家代表团参加论坛并发表讲话，近 800 位中外嘉宾

出席研讨会。研讨会介绍了智利的社会和经济发展状况以及未来中智合作的详细规划，智方表示将通过多种努力来加大中智合作的范围，促使双边交流达到一个新的高度，希望中国企业家以一种更战略性的眼光来衡量智利。市工商联主席王新奎代表工商联致辞，表示上海市工商联将积极推进两地的行业协会加强对接，带动行业交流，为促进两地企业共同发展牵线搭桥，为中国民营企业实现“走出去”战略提供有针对性的资讯和服务。中外企业家就开拓智利市场、相关项目和合作进行了面对面的个案洽谈。市工商联还为智利第二大钢铁生产公司 Gerdau AZA S. A. 安排了上海宝钢集团、上海钢铁服务业协会和上海市工商联钢贸商会等作深度会谈，寻求进一步合作。

举办“2008 首届中外商会高峰论坛”

2008 年 6 月 17 日，市工商联与上海商报联合举办“2008 首届中外商会高峰论坛”，此次论坛是国内首次大规模的国际性商会论坛，包括美国、英国、德国、日本及国内浙江、广东、四川、湖北、重庆、安徽等 50 余家在沪商会，围绕“构建中外商会沟通合作平台”主题，探讨新时期下商会发展的新思路、新理念和如何通过商会功能的不断完善，来促进企业的发展、经济的进步和社会的和谐。论坛在加强中外商会交流合作，促进民营经济健康发展，推动更多的中国企业“走出去”方面达成共识。

举办“心系灾区，携手共建，2008 年光彩事业活动日”

2008 年 7 月 20 日，上海市光彩事业促进会举办了主题为“心系灾区　携手共建”的“2008 年光彩事业活动日”

2008 年 7 月 20 日，上海市光彩事业促进会举办了主题为“心系灾区　携手共建”的“2008 年光彩事业活动日”，来自各方的领导及民营企业代表近 600 人参加。中共上海市委常委、市委统战部部长、市光彩事业促进会会长杨晓渡出席并致辞，市人大常委会副主任杨定华、副市长胡延照等出席并向参与灾后援建的企业家授牌，全国工商联为活动发来贺词，四川省、成都市、都江堰市工商联领导以及都江堰市 10 位民营企业家出席。活动通过多媒体、现场采访、歌舞表演、现场捐赠、表彰授奖等多种形式，生动展示了上海广大民营企业在参与建设和谐社会过程中所作的努力和取得的成绩，大力弘扬和宣传了上海民营企业在四川汶川抗震救灾和参与灾后重建工作中表现出的大局意识和高度的社会责任感，体现了民营企业家不断发扬光彩精神，回馈社会，为构建社会主义和谐社会贡献自己的力量。活动推出了 12 个公益和企业定向项目，以及为期三年的“光彩再行动”定向助学、助业、结对、研修培训等援助项目。57 家单位参与助学项目，向都江堰市受灾严重的 1591 名初中和高中困难学生提供资助，总计捐助额为 839.1 万元；全市区县工商联和相关行业商会组织了 47 家民营企业和相关行业商会为灾后闲置人员腾出了 2025 个就业岗位。市工商联与都江堰市工商联签署帮助培训当地民营企业家协议。中山医院青浦分院与都江堰市红十字会医院签署定向培训当地医生协议。普陀区工商联与都江堰市工商联签署缔结友好商会协议。

举办第五期民营企业家研修班并启动为期三年的都江堰市民营企业家共同学习计划

2008 年 9 月 1 日，上海市工商联与市委组织部、市社会工作党委、市委党校共同组织的“见证改革开放，促进企业发展”第 5 期上海民营企业家高级研修班开学，来自上海的 40 多位民营企业家和来自都江堰的 8 位民营企业家首次走进党校接受学习。中央政治局委员、上海市委书记俞正声主讲开学第一课。市工商联副主席唐豪及市委党校的教授分别给学员作了“民营企业要抓住发展新机遇”、“继续解放思想，深入贯彻落实科学发展观”、“改革开放 30 年的伟大历程与基本经验”、“和谐社会与民营经济可持续发展”以及当前国际形势热点问题介绍等专题报告。民营企业家研修班凸显党校学习、党性教育的特性，已被纳入全市“两新组织高层次人才”培训规划，是上海市高层次人才培养计划系列的内容之一。根据都江堰市进行灾后援助的“光彩再行动”协议安排，将连续三年，每年组织10名左右都江堰市民营企业家参加民营企业家高级研修班的培训。

创建知名企业家上海经济社会发展咨询会

由市工商联牵线搭桥，建立了全国知名民营企业家为上海实现科学发展、推进“四个率先”、保持上海经济平稳健康发展建言献策的例会制度。2008年11月8日，首届会议以“上海加快科学发展”为主题，中央政治局委员、市委书记俞正声，市委副书记、市长韩正，以及大连万达集团股份有限公司董事长王健林等17位全国知名民营企业家参加会议。民营企业家围绕大力发展民营经济、扩大改革开放、发展服务经济、加快建设国际金融中心和航运中心、推进科技成果产业化、稳定房地产市场、扩大内需、加快城市化建设、大力吸引人才、改进政府服务等话题，为力促上海实现科学发展坦诚提出意见和建议。

举办“改革开放30年与上海民营经济”论坛

2008年11月13日下午，“改革开放30年与上海民营经济”论坛在市委统战部举行。上海市委常委、统战部部长杨晓渡出席并致辞，原全国工商联副主席、中国民（私）营经济研究会会长保育钧和上海市工商联主席王新奎分别作主题演讲。市工商联副主席、段和段律师事务所管理合伙人段祺华，市工商联副主席、均瑶集团董事长王均金，复星集团副董事长兼总裁梁信军和上海新时达电气有限公司董事长纪德法分别以民营企业家身份作主旨发言。市政府有关部门、工商联、学术理论界、民营企业家等百余人出席论坛，共同纪念和感受改革开放30年来上海民营经济的发展成就，并表达了以科学发展观为引领，进一步增强上海民营企业的应变能力和竞争力，将挑战转化为机遇，获得持久发展的信心。

上海市工商联（商会）领导名单：

主席（会长）：王新奎

党组书记、副主席（副会长）：季晓东

副主席（副会长）：

陈平田　苏　霖　金　亮　唐　豪
傅新华　陈学军　范永进　王　烈
徐　征　何超琼（女）　郭广昌
陈志龙　段祺华　陈　荣　刘幸偕
周跃进　沃伟东　王均金　张文荣
钱建蓉

商会副会长：

范鸿喜　高叔平　严健军　周成建
丁佐宏　周桐宇（女）　徐增增（女）
丁劲松

组织结构：

办公室、会员部、经济部、联络部、调研部、宣教部、组织人事部

联系方式：

会址：上海市延安东路55号17楼

邮编：200002

上海市工商联直属商会联系方式：

1. 上海市工商联五金商会

地址：天目中路428号凯旋门大厦西24楼D座

邮编：200070

2. 上海市工商联汽车保养和维修设备商会

地址：江宁路212号凯迪克大厦27～28层

邮编：200041

3. 上海市工商联电线电缆行业商会

地址：海防路228号福安大厦8楼C座

邮编：200041

4. 上海市工商联房地产商会

地址：延安西路1326号9楼

邮编：200052

5. 上海市工商联钢铁贸易商会

地址：共和新路1301号蓝天绿地商务酒店A座7021室

邮编：200070

6. 上海市工商联民办教育协会

地址：四川中路320号安利大楼402室

邮编：200002

7. 上海市工商联纺织服装商会

地址：共和新路4727号

邮编：200435

8. 上海市工商联自行车行业商会

地址：中山北路3620弄银城大厦2号606室

邮编：200061

9. 上海市工商联石材产业商会

地址：浦电路489号910室

邮编：200122

10. 上海市工商联汽车配件及用品业商会

地址：曹安路1926号4楼

邮编：201824

11. 上海市工商联黄金珠宝业商会

地址：丽水路88号4楼409室

邮编：200010

12. 上海市工商联环境保护产业商会

地址：延安东路55号711室

邮编：200002

13. 上海市工商联宁波商会

地址：银城中路168号上海银行大厦703室

邮编：200120

14. 上海市工商联温州商会

地址：虹桥路2188弄33号

邮编：200052

（上海市工商联宣教部　供稿）

江苏省工商业联合会

工作综述

2008年，受国际金融危机的影响，民营经济不可避免地受到一定的冲击。面对新的经济形势，江苏省工商联团结带领广大民营企业，在各级党委政府的领导下，坚持贯彻落实科学发展观，加快转变发展方式，团结一致、同心协力，克服了多重不利因素的影响，作出了新的业绩。全省民营经济在困难中实现了平稳较快发展。

全省私营企业和个体工商户累计登记注册户数为304.59万户，比上年底增加27.07万户；其中私营企业累计注册户数为80.99万户（不含分支机构74.01万户），比上年底增加6.6万户（不含分支机构增加6.46万户，同比少增长8%）；累计注册个体工商户223.6万户，比上年底增加20.47万户。全省私营企业和个体工商户注册资金总额达16484.11亿元，比上年底增长21%，其中私营企业注册资金15351.99亿元，比上年底增长21%；个体工商户注册资金1132.12亿元，比上年底增长20.8%。全省民营经济年上缴国税和地税收入合计为2095.68亿元，同比增长20.1%，高于全省税收增幅0.7个百分点，占全省税务部门直接征收总额的51.1%，同比上升0.2个百分点。全省私营企业实现进出口总额454.3亿美元，同比增长33.6%；其中，实现出口总额332.5亿美元，同比增长37.7%，高于全省出口总额增幅18.3个百分点，占全省出口总额的比重为15.1%，同比提高2个百分点。2007年全国民营企业500强中，江苏占112席。

年初，江苏省工商联在全省范围内开展了学习实践科学发展观的调研活动，及时向省委、省政府提出加快转变发展方式、实现民营经济科学发展的多项建议。分别形成了《以科学发展观为指导，进一步促进行业商会在产业集群发展中发挥更大作用》、《以科学发展观为指导，率先快速推进太阳能光伏发电在我省的应用》、《发挥综合优势，加强政府引导，推动新医药产业又好又快发展》、《关于江苏民营企业“走出去”的思考》4篇调研报告，为省委、省政府提供了决策参考。对《中华人民共和国中小企业法》、《江苏省中小企业促进条例》实施情况进行调研，向省委、省政府提出建议。在省政协十届一次会议上，重点围绕转变民营经济发展方式，作了《加快转变发展方式，促进我省民营经济又好又快发展》的大会发言，并提交了8份集体提案；在省政协常委会上分别作了生态省建设、加快文化强省等有关专题发言。完成民营企业履行社会责任调研、上规模民营企业调研和两年一度的民营企业抽样调查。

2008 年，全省工商联系统会员总数达到 15.8 万多个，比上年净增 3000 多个，其中企业会员达到 9.8 万多个，私营企业会员达到 8.4 万多个。全省工商联已建有行业商会（同业公会）组织 1129 个，比上年净增 71 个。会员总数、企业会员数、私营企业会员数和行业组织数继续在全国工商联系统保持领先地位。上半年召开了全省组织工作会议，制定下发了《关于进一步加强全省工商联行业商会建设的意见》。行业商会较好地履行职能，涌现出省工商联餐饮业商会、苏州市工商联融资担保商会、丹阳市眼镜商会、太仓市璜泾镇化纤加弹同业公会等一批先进行业商会。

江苏省工商联组织了由专家和企业家组成的 4 个巡回报告团，赴 11 个省辖市开展以“认清形势，应对挑战，坚持走中国特色社会主义道路”为主题的巡回报告，共 2000 多名企业家聆听了报告。利用网络、报纸、电视、杂志等多种媒体宣传我省民营企业转变发展方式好的先进典型，引导更多的民营企业加快转变发展方式，实现产业转型、产品升级。全年组织中央、省市 12 家主流媒体刊载 88 篇稿件，充分利用《江苏工商》连续刊载民营企业在科学发展观指导下，实现科学发展的典型文章 26 篇。组织了民营企业参加在连云港市举办的“第四届苏北投资贸易洽谈会”，引导更多的企业通过南北转移，实现区域共同发展。

全省民营企业积极参与抗震救灾和灾后重建，表现出高度的责任感和自觉意识，受到各级党委政府和社会各界的高度赞誉，产生了强烈的社会反响。江苏省民营企业和非公有制经济人士共向地震灾区捐款捐物累计达 12.11 亿元，占江苏省向四川地震灾区捐款捐物的 1/3。捐赠金额在全国各省、自治区、直辖市中名列前茅，其中捐款 9.78 亿元，捐赠物资价值 2.33 亿元，共有 59 家民营企业捐款捐物超过 300 万元。民营企业积极参与江苏绵竹工业园区建设，江苏光彩会向绵竹灾区教育事业捐赠 270 万元。陈光标被国家民政部和江苏省政府评为“抗震救灾十大先进个人”。沙钢集团、雨润集团、红豆集团、江苏熔盛重工有限公司、康缘集团、江苏新城实业集团被评为“全国工商联系统抗震救灾先进集体”。陈光标、张近东、陈礼斌、董才平、缪双大、徐镜人被评为“全国工商联系统抗震救灾先进个人”。江苏省先进集体、先进个人数是抗震救灾中除灾区外受表彰最多的省份之一。

针对《劳动合同法》实施后出现的新情况，在调研的基础上，向省委、省政府提出了在《劳动合同法》实施过程中应考虑企业发展实际、合理解决用工纠纷的积极建议。参与建立省协调劳动关系三方委员会工作会议制度，明确调研资料共享、活动相互沟通的工作机制。江苏省有 8 个市工商联进入三方协调机制并参与有关工作，68 位工商界人士担任了仲裁员。

在江苏商会网站开设“国家宏观经济走势及对策研究”专栏，重点介绍国内外经济学家对宏观经济走势的预测和评估、行业最新动态信息、知名企业应对宏观经济环境紧缩对策、国家及省市最新政策、投融资等多方面的信息，为江苏省民营企业发展提供信息支持和参考依据。及时发布国家和省政府稳定国内经济发展的政策和措施，组织部分金融机构开展点对点金融服务。

利用对外联络工作的优势和平台，为企业外向型经济发展牵线搭桥提供服务。继续做好引进国外智力工作，共向 SES 专家组织提出项目申请 12 个，联系对口专家 9 名，有 3 家企业已经完成“智力援助”项目。

继续推进民营企业档案管理工作，制定下发民营企业档案工作要则，会同省档案局、中小企业局举办了三期全省民营企业档案业务骨干技能培训班，培训民营企业档案工作人员 1054 人次。

在江苏商会网站开辟“纪念改革开放 30 周年”征文活动专栏，利用《江苏工商》杂志刊载纪念文章。共收到征文 110 篇，刊载 35 篇。同时，积极参与全省“纪念改革开放 30 周年”大型展览的工作，收集整理全省工商联和民营企业 30 年来发展历程的图片 180 幅、文字材料 12 篇；在全省纪念改革开放 30 周年大型图片展览上，展出图片 40 幅、文字材料 3 篇，较为全面地反映了全省工商联组织和民营企业 30 年来的风采。

组织召开全省非公有制经济人士思想政治工作会议，明确做好非公有制经济人士思想政治工作的指导思想、目标任务、有效途径和保障措施。认真组织全省民营企业坚持走中国特色社会主义道路主题教育活动。会同省委统战部、省经贸委，举办以“改革开放与江苏民营经济”为主题的民营企业家高层论坛。举办了有230名企业家、企业高层管理人员参加的以科学发展为主题的培训班，邀请专家学者，围绕宏观经济形势、民营企业科技创新、现代企业制度、人民币汇率和风险投资等内容，为企业家传授知识。首次组织全省民营企业中高级管理人员培训班。编写出版了《江苏民营经济30年发展历程》、《改革开放中的江苏省工商联》、《2007江苏民营经济发展报告》。

江苏省工商联开展的学习实践科学发展观活动有力地推动了工商联的各项工作。加强干部培训和表彰奖励，提高机关工作整体水平。实施机关干部培训工程，选派了5名年轻干部到会员企业学习锻炼。邀请相关领域专家就“国际金融危机与对策”为省和南京市工商联机关干部、行业组织工作人员举行专场报告。制定机关每名干部重点关注研究一个行业或领域计划，机关干部每人撰写一篇与本人工作相关的论文。机关制度建设的不断加强，为开展各项工作提供了有力保证。

重要活动

支援抗震救灾，积极履行社会责任

2008年5月12日，四川汶川特大地震发生后，全省民营企业积极参与抗震救灾和灾后重建，表现出高度的社会责任感，做到了一方有难、八方支援，民营企业和企业家的无私奉献精神，受到了各级党委政府和社会各界的高度赞誉，产生了强烈的社会反响。在地震发生后的当天下午，江苏省工商联李仁主席、邵军书记立即召开会议做出三点部署：1. 深入了解江苏民营企业在震区的情况并对他们进行慰问；2. 加强与江苏各地民营企业的联系，对主动要求捐赠款项和物资的做好接受和服务工作；3. 按照党和政府的统一部署，认真做好社会稳定和后续的支援灾区的工作。

5月21日，省长罗志军在江苏省工商联上报的《关于江苏民营企业和非公有制经济人士向灾区捐款捐物已达42140万元的报告》上作出重要批示：“民营企业和非公人士这种行为应予宣传表彰，并请工商联继续做好组织发动工作”，高度评价了江苏省民营企业在抗震救灾中作出的贡献。

5月21日，省工商联主席李仁接受中国新闻社江苏分社社长陈光明的采访，详细介绍了江苏民营企业在抗震救灾中的事迹和贡献。

沙钢集团在已捐款8136万元的基础上，又多次自发捐款，先后共捐款9550万元

据不完全统计，全省民营企业和企业家向地震灾区捐款捐物累计达12.11亿元，其中捐款9.78亿元，捐赠物资价值2.33亿元，共有59家民营企业捐款捐物超过300万元。沙钢集团董事长沈文荣和全体员工共捐赠9550万元；苏宁电器集团董事长张近东个人捐款5000万元；江苏黄埔再生资源利用有限公司董事长陈光标，在第一时间带领大型机械和60人的抢险队，昼夜兼程赶赴灾区参与抢险救灾，为灾区人民减少损失及灾后重建作出了积极贡献，陈光标被国家民政部和江苏省政府评为“抗震救灾十大先进个人”。

召开组织工作会议

江苏省工商联组织工作会议于6月2~4日在南京举行。会上，李仁主席全面回顾和总结了近几年来全省工商联组织工作情况，并对今后几年的组织工作总体思路和主要目标任务提出了要求。

全国工商联会员部部长刘红路应邀出席并讲话，他充分肯定了江苏省工商联几年来组织工作方面所取得的成绩，介绍了全国工商联的直属行业商会的特色与经验，如：企业家办会、为行业商会办理组织机构代码证等，并对行业商会在章程、争取直属行业商会法律地位、组建标准等方面的工作提出了思考与建议。

省委统战部副部长、省工商联党组书记邵军作了会议总结。他强调，要做好组织建设工作，必须更加重视组织建设、重视会员发展、重视基层建设和重视行业组织建设，开展非公有制经济代表人士的政治思想工作，同时要加强对各类商会的政治引导。

出席此次会议的有各省辖市工商联主席、党组书记、分管主席、会员处长；部分县（市、区）工商联代表，基层组织代表、行业组织代表等。与会代表对组织工作报告进行了讨论，基层组织和行业组织的代表分别进行了经验交流。大家一致表示，将按照省工商联组织建设工作关于“解放思想，拓宽视野、量质并举、积极进取”的要求，充分发挥工商联在行业商会（协会）中的积极作用，全面做好各项工作。

率江苏民营企业家代表团赴滇投资考察

7 月 15 日，江苏省委统战部副部长、省工商联党组书记邵军带领江苏民营企业家代表团一行 22 人赴云南进行为期 5 天的投资考察。代表团在昆明期间参加了昆明市招商投资项目说明会，考察了昆明经济开发区、高新技术开发区，对有意向的投资项目和合作企业进行了进一步洽谈，并以江苏省光彩事业促进会的名义捐资 120 万元用于昆明市富民县罗免乡西核小学危房校舍的改建。代表团在昆明期间，云南省委常委、昆明市委书记仇和代表市委、市政府对江苏民营企业家关心昆明、投资昆明、支持昆明表示感谢。

开展法规调研

江苏省工商联就《中华人民共和国中小企业促进法》和《江苏省中小企业促进条例》贯彻落实情况进行调研。《中华人民共和国中小企业促进法》和《江苏省中小企业促进条例》分别于 2003 年 1 月 1 日和 2006 年 3 月 1 日开始实施。“两法”的颁布，有力地促进了江苏省中小企业大发展。为全面了解“两法”的贯彻落实情况，省工商联组成调研组，在庞辉副主席的带领下，于 8 月 14 日至 20 日，分别在南京、常州溧阳、无锡宜兴、连云港、淮安等地召开企业家座谈会，就“两法”贯彻落实情况进行调研。近 60 名民营中小企业家代表参加了座谈会，广大企业家认为，“两法”为企业发展指明了方向，注入了强劲动力。“两法”颁布以来，各地创业主体不断涌现，对富民惠民的拉动作用越来越大；企业发展速度不断加快，对地方经济的拉动作用越来越大；企业发展质量不断提高，有力地增强了市场竞争力；企业经营领域不断拓宽，为提升产业发展层次起到了很大的推动作用。但是，“两法”在贯彻落实过程中仍然存在一些困难，比如，社会对促进中小企业发展的重要性认识不足，对民营经济战略发展地位的认识有待进一步提高；创业氛围不够浓厚，民营经济发展速度相对放缓，尤其是 2008 年下半年以来，企业受国际国内宏观经济形势影响，企业遇到诸如融资难、用工成本增加、用工难、用地难等问题，破解办法不多，一些政府部门服务工作还不到位等。一定程度上妨碍了广大中小企业进一步发展壮大。

8 月 14 日在南京召开的座谈会上，省工商联李仁主席要求各地工商联对于新的劳动合同法实施后出现的过度维权问题要加以密切关注，及时帮助企业解决相关难题。

挂职会员企业，增强队伍素质

为落实学习实践科学发展观活动中商会提出的加强自身建设的具体措施，努力建设一支高素质的干部队伍，更好地履行工商联的职能，增强服务江苏省民营经济发展的实践能力。为此，商会从 2008 年 10 月起，选派年龄在 45 岁以下、没有在经济部门和企业工作经历的干部分批到在宁会员企业学习锻炼半年。机关成立了由会领导参加的干部学习锻炼工作考核小组，负责对派出学习锻炼干部的考核工作。

挂职锻炼结束后，组织召开了“联系行业个人汇报交流会”，7 位到企业学习锻炼的同志，分别作了“关于江苏省肠衣产业发展情况的调查与思考”、“零售业的投资热点分析”、“完善信用担保体系，促进民营企业融资”、“光伏产业发展的现状与趋势”、“德国 SES 专家项目介绍”、“民办教育产业发展模式及方向研究”、“民营企业现状和发展”的汇报交流。他们深入企业学习研究，掌握了第一手资料，走进相关行业商会，以翔实的数据，运用学习了解的事例和生动的

PPT 演示，并结合自己的思考和体会，向机关全体人员作了一次丰富多彩的在企业学习锻炼的成果报告。

组织“江苏省餐饮业发展情况汇报会”

2008 年 11 月 3 日，由省工商联主办、省工商联餐饮业商会承办的“江苏省餐饮业发展情况汇报会”在南京举行。省工商联主席李仁出席汇报会并讲话。省有关部门和高校以及省工商联行业商会的相关领导参加了会议。省工商联餐饮业商会会长陈素兴在会上汇报了改革开放以来江苏餐饮业的发展情况。

改革开放以来，江苏省餐饮业经历了起步、数量型扩张、规模连锁等阶段，整个行业不断发展壮大。据了解，2007 年全省餐饮业零售额在全国 31 个省、市、自治区中名列第三，餐饮业零售额占社会商品零售额的比例达 10.4%，成为全省社会服务领域的一个重要产业。全省餐饮业销售额由 1990 年的 24 亿元增长到 2007 年的 813 亿元，在不到 20 年的时间里，增长了 33.9 倍。2005 年、2006 年和 2007 年的销售额分别比上年增长 17.53%、16.42% 和 19.7%。另外，餐饮业还为社会提供了大量的劳动就业岗位。据调查统计，2007 年全省餐饮业就业人数达 280 万人，占全省从业人数的 6.06%。

这次，省工商联餐饮业商会进行的全省行业调查在历史上还是第一次，应该说，调查样本收集科学，分析问题全面周到有说服力，必将对全省餐饮行业的进一步健康发展起到积极的指导作用。

组织巡回报告

根据全国工商联关于开展中国特色社会主义学习教育活动的通知精神，结合江苏省当前民营经济发展的实际，省委统战部、省工商联于 12 月 8 ~ 12 日在 11 个省辖市组织了以“认清形势，应对挑战，坚持走中国特色社会主义道路”为主题的巡回报告会。巡回报告共分 4 个组，分别由丛建国、何昌林、姜成林、曹明祥等省工商联领导同志带队，4 位专家学者作了 11 场报告，全省共有 2650 位民营企业家聆听了报告，有 22 位民营企业家作了交流发言。省工商联副主席、红豆集团总裁周海江出席了无锡市的报告会，省工商联副主席、宿迁市彩塑包装有限公司董事长吴培服出席宿迁市的报告会、并在会上做了交流发言，部分省、省辖市、县（市、区）工商联执委参加了报告会。

这次巡回报告会在李仁主席、邵军书记的亲自领导下，是一次全省各级工商联上下联动、积极协调配合的大型活动。4 位专家学者以坚持走中国特色社会主义道路为主线，给广大民营企业家系统讲解了如何进一步贯彻落实科学发展观、学习运用国家和省委、省政府出台的一系列方针政策、紧密联系企业自身发展实际，想方设法克服困难、应对挑战；深入剖析了当前国内外的经济形势和全球金融危机给江苏省民营企业带来的冲击和影响，为广大民营企业积极应对当前的经济形势提出了相应的对策和建议。

举办高层论坛

11 月 24 日，省委统战部、省经贸委和省工商联主办的江苏民营企业家高层论坛在南京隆重举行。本次论坛的主题是纪念改革开放 30 周年，回顾江苏民营经济 30 年的发展历程，积极应对当前国际经济不利形势，坚定信心，面向未来，实现江苏民营经济又好又快发展。全省民营企业家代表、各级工商联代表及社会各界 300 多人出席论坛。省工商联主席李仁作题为《江苏民营经济三十年发展历程和未来展望》的主旨演讲。省政府副秘书长韩庆华到会作了讲话。

2008 年 11 月 24 日，江苏省委统战部、省工商联等部门在南京联合举办江苏民营企业家高层论坛，全省民营企业家代表、各级工商联代表及社会各界 300 多人出席论坛

江苏个体工商户和私营企业“第一人”，现

常州市高氏企业董事长高钧作了《三十年历程和三十年见证》的演讲。他饱含深情地说：我深切体会到工商联发挥了为个私经济维权和发展所做的工作，真正做到了党和政府的助手和桥梁的作用，深切体会到工商联的参政、议政的作用，深切体会到统战部、工商联为个私经济代表人士的政治思想和素质的提升所做的工作，深切地体会到统战部、工商联组织为推动个私经济政策的制定和完善作出的辛勤劳动。红豆集团总裁周海江作了《党的方针政策是民营经济的最大机遇》的演讲。

为纪念改革开放30年，江苏省工商联还组织撰写、出版了《江苏民营经济30年发展历程》和《改革开放中的江苏省工商联》两本专著，并在此次论坛上首发，受到了广泛好评。

召开全省非公有制经济人士思想政治工作会议

2008年11月25日，江苏省委统战部、省工商联在南京召开全省非公有制经济人士思想政治工作会议

11月25~26日，省委统战部、省工商联联合召开全省非公有制经济人士思想政治工作会议。省工商联主席李仁，省委统战部副部长、省工商联党组书记邵军出席会议并讲话。省委组织部、省委宣传部、省委研究室、省中小企业局、省广电局、省新闻出版局、省社会科学院等有关部门的负责同志应邀出席了会议。省工商联党组成员姜成林同志首先传达了全国政协副主席、全国工商联主席黄孟复和中央统战部副部长、全国工商联党组书记、全国工商联第一副主席全哲洙在全国非公有制经济人士思想政治工作会议上的重要讲话精神。他要求全省各级统战部、工商联一定要以全国非公有制经济人士思想政治工作会议和黄孟复主席、全哲洙书记的重要讲话精神为指导，充分认识新形势下开展非公有制经济人士思想政治工作的重要性和必要性，认真履行职能，担当历史重任，创新工作方法和途径，不断加强和改进非公有制经济人士的思想政治工作，努力为促进全省非公有制经济又好又快地发展提供强有力的政治思想保障。

会议期间，与会人员分组讨论了李仁主席、邵军书记的讲话和《关于加强和改进非公有制经济人士思想政治工作的实施意见（讨论稿）》。组织汇编了19份经验材料，4个省辖市、2个县级市工商联在会上作了交流发言。

召开非公有制经济代表人士座谈会

12月29日，江苏省工商联召开非公有制经济代表人士座谈会。省委副书记王国生出席座谈会并讲话，座谈会气氛热烈，张近东、沈文荣、周海江、杨休、陈建华、汤燕雯、丁佐宏、蒋锡培、萧伟等企业家先后发言，大家根据各自企业的发展现状，对今年以来全省经济克服严峻困难和挑战，保持平稳较快发展态势给予高度评价，一致认为有中央出台的促进经济增长的一系列政策措施支持，有改革开放以来积累起来的较强综合实力和抗风险能力作支撑，江苏完全有信心迎接挑战、战胜困难，实现经济社会又好又快发展。大家还就重视解决中小企业融资难、鼓励企业间并购重组联合、加大对品牌建设的扶持、鼓励更多企业走出去、切实为中小企业减负、营造有利于民营经济发展的宽松环境等方面，踊跃发言，争相献策。

王国生认真听取大家发言，详细记下大家的意见和建议，并不时与大家交流沟通。他高度赞扬了全省非公有制经济人士为全省大局作出的重要贡献。他说，大家对当前经济形势判断准确，在困难和挑战面前充满信心，对党委、政府充满信任和期待，体现了强烈的社会责任感。大家提出的意见和建议，省委、省政府将认真研究解决，以更加务实的作风狠抓落实，切实为非公有制经济发展营造更好的环境。省工商联主席李仁以及省有关方面负责人出席座谈会。

江苏省工商联（商会）领导名单：

主席（会长）：李　仁

党组书记、副主席（副会长）：邵　军

副主席（副会长）：

庞　辉　桂德祥　何昌林　姚东明
陆　群　姜成林　许崇正　杨　休
祝义材　汤燕雯　周海江　张桂平
方宜新　陈建华　孙力斌　高德康
荣　毅　朱国平　杨占勇　吴培服

商会副会长：沈文荣　徐镜人　吴协恩
丁佐宏　王振华　陆云芳
卢明立　徐连宽　石祖嘉
于在青

秘书长：桂德祥（兼）

组织结构：

办公室、研究室、会员处、经济处、宣教处、联络处、信息中心等

联系方式：

地址：江苏省南京市北京西路30号19楼
邮编：210024

江苏省工商联直属商会联系方式：

1. 江苏省工商联黄金珠宝业商会
地址：南京市中山东路534号地矿所新大楼514室
邮编：210016

2. 江苏省工商联红太阳直属商会
地址：南京市大桥北路48号
邮编：210031

3. 江苏省工商联美容化妆品业商会
地址：南京市苜蓿园大街112号白下社区服务中心3楼
邮编：210007

4. 江苏省工商联服装业商会
地址：南京市中山北路34号种业大厦3楼
邮编：210009

5. 江苏省工商联餐饮业商会
地址：南京市中山北路34号种业大厦3楼
邮编：210009

6. 江苏省工商联五金产业商会
地址：南京市白下路7－11号新万里广场618室
邮编：210001

7. 江苏省工商联房地产商会
地址：南京市广州路188号环球大厦1005A
邮编：210024

8. 江苏省工商联民办教育产业商会
地址：南京市广州路37号科技大厦13号信箱
邮编：210008

9. 江苏省工商联小型进出口企业商会
地址：南京市中华路50号国贸大厦714室
邮编：210001

10. 江苏省工商联家具业商会
地址：南京市中山北路34号种业大厦3楼
邮编：210009

11. 江苏省工商联开发型科研院所商会
地址：南京市北京西路12号省建科院5楼
邮编：210008

12. 江苏省工商联大明路汽车商会
地址：南京市大明路282号310室
邮编：210012

13. 江苏省工商联家政商会
地址：南京市凤凰西路182号－1
邮编：210036

14. 江苏省工商联工业陶瓷同业商会
地址：宜兴市环科院无锡市陶都锡阳实业公司
邮编：214222

15. 江苏省工商联玩具业商会
地址：南京市中山东路319号维景大酒店商务A楼201室
邮编：210016

16. 江苏省工商联石油业商会
地址：南京市北京西路67号华东饭店C楼303室
邮编：210024

17. 江苏省工商联装饰装修业商会
地址：南京市湖南路181号轻工大厦11楼
邮编：210009

18. 江苏省工商联润滑油同业商会
地址：无锡市惠山区洛社镇石塘湾运河东路9号
邮编：214185

19. 江苏省工商联钢铁贸易商会
地址：南京市广州路199号天诚大厦三楼

邮编：210029

20. 江苏省工商联省部属科研院所联合会

地址：南京市1313信箱1分箱

邮编：210013

21. 江苏省工商联金属制品同业商会

地址：江阴市通江北路203号

邮编：214433

22. 江苏省工商联肠衣商会

地址：如皋市经济开发区惠民路666号

邮编：226500

23. 江苏省工商联亚麻纺织业商会

地址：宜兴市西渚镇政府转

邮编：214236

（江苏省工商联宣教部　供稿）

浙江省工商业联合会

工作综述

2008年，浙江省工商联围绕省委、省政府的中心工作，按照“创业富民、创新强省”总战略和“标本兼治、保稳促调”工作思路的要求，发挥优势、体现特色，积极引导民营企业应对国际金融危机，努力服务民营经济科学发展和实现工商联自身科学发展。

一、认真贯彻落实科学发展观

1. 开展以科学发展观教育和改革开放教育为主要内容的中国特色社会主义学习教育活动，增强了民营企业家贯彻落实科学发展观的自觉性和紧迫感

按照省委要求组织民营企业家代表参加中央领导同志来浙调研时召开的座谈会，及时传达和组织民营企业家学习中央领导同志的重要指示精神，增强了企业发展的信心和坚定渡过难关的决心。在中国浦东干部学院举办了“浙江省民营企业科学发展研讨班”，举办了以“开阔视野、调整策略，实现民营企业又好又快发展”为主题的浙江商会论坛走进湖州、金华（义乌）、慈溪活动，努力引导民营企业转变发展方式，实现科学发展。

2. 开展纪念改革开放30周年活动

召开民营企业家纪念改革开放30周年座谈会，省委副书记夏宝龙等领导出席会议并讲话；编辑出版《势造浙商——30年、30人口述实录》一书，全国政协副主席、全国工商联主席黄孟复为该书作序。通过一系列主题活动，引导民营企业家回顾昨天、抓住今天、面向明天，充分认识改革开放的重大意义和伟大成就，深刻总结改革开放的伟大历程和宝贵经验，增强克难攻坚的信心和决心，努力践行科学发展观。

二、扎实开展调查研究工作

不断创新调研机制，完善非公有制企业家主席（会长）、副主席（副会长）和市级工商联领衔调研制度。畅通企业家常委所在企业反映意见和建议的渠道。根据中央领导同志对本省反映的有关民营企业资金紧张情况所作的重要批示，迅速组织力量开展调研，形成了《关于浙江部分民营企业资金紧张情况的调研报告》，得到了省委、省政府和全国工商联的高度重视，省领导和全国工商联分别把调研报告呈送温家宝总理和贾庆林主席，对中央和浙江省出台促进中小企业发展的政策产生了积极作用。开展非公有制经济人士政治参与调研，形成的《浙江省非公有制经济人士政治参与调研与思考》荣获中央统战部非公有制经济人士工作课题研究一等奖。开展民营企业“走出去”调研，形成的《大力支持我省民营企业“走出去”发展》提案被省政协十届一次会议列为重点提案。认真贯彻落实省委关于为民营企业做好“解困、扶持、服务”工作的要求，围绕民营经济又好又快发展、中小民营企业创业创新发展、民营企业经营现状等课题，各级工商联积极配合，走访民营企业，召开座谈会，倾听民

营企业的呼声，形成了《落实“两创”总战略，促进浙江民营经济又好又快发展的调研报告》、《浙江中小民营企业创业创新发展调研报告》等，为省委、省政府制定扶持民营企业发展的有关政策提供了参考。完成了2007年度上规模民营企业调研工作，再次展示了浙江省民营经济的整体实力，上榜全国500强民营企业的数量连续10年位居全国第一。

三、努力服务民营企业科学发展

紧紧围绕服务民营企业科学发展的工作主线，创新服务载体，搭建服务平台。

1. 搭建政企交流平台

组织召开政企座谈会，邀请吕祖善省长、金德水副省长等领导与民营企业家代表进行了交流座谈，让省领导直接了解民营企业生产经营现状和发展思路，让民营企业家真切感受省领导对民营企业发展的关心和重视，当面聆听省领导的重要指示。

2. 搭建银企合作平台

组织民营企业参加省政府举办的中小企业项目融资对接会和省银监局召开的浙江银企高层对话；与中国进出口银行浙江省分行、中国农业发展银行浙江省分行、中国民生银行杭州分行合作，为民营企业争取信贷支持，缓解资金困难。

3. 搭建科技服务平台

与省科技部门合作，共同做好2008年“中国网上技术市场活动暨杭州科技合作周”的有关工作，推荐9家民营企业为全国工商联科学技术奖候选单位，为民营企业自主创新提供科技服务。

4. 搭建经贸服务平台

组织民营企业参加“西博会”、“吉林行”、“齐鲁行”等招商活动，协助有关省区来浙开展各类招商活动，帮助民营企业寻找合作商机。

5. 搭建外联服务平台

密切与国外驻沪总领事馆、商务机构和主流工商社团的联系，邀请瑞典、卢森堡、荷兰、比利时、挪威五国驻沪总领事、商务领事参加“2008携手浙商”主题活动，邀请海外工商社团和工商界人士参加第十届“浙洽会”，组织民营企业家赴北欧三国商务考察，与瑞典斯德哥尔摩商会缔结友好商会，为民营企业参与国际经济技术交流合作服务。

四、积极引导民营企业履行社会责任

“5·12”汶川大地震发生后，主动参与抗震救灾工作，积极组织动员会员企业捐赠。据不完全统计，全省各级工商联和会员企业共向地震灾区捐助款物12.35亿元。

加强对抗震救灾工作的宣传和报道工作，建立了捐赠日报制度，及时汇总捐赠情况和典型事迹上报全国工商联和省委统战部，并在网站上发布。加强了与《浙江日报》、《人民政协报》、《中华工商时报》、《联谊报》等媒体的联系，及时宣传了会员企业和非公有制经济人士支援抗震救灾的先进典型和感人事迹。总结抗震救灾阶段性工作情况，以《信息专报》上报省委、省政府和全国工商联，省委副书记夏宝龙作了重要批示。

在抗震救灾取得阶段性胜利后，又积极组织动员民营企业参与灾后重建，做好对口支援青川县的工作。有7家民营企业和6名民营企业家分别获得了“全国工商联系统抗震救灾先进集体和先进个人”荣誉称号。作为省援建办的成员单位，参与了省政府在青川建造浙江工业园区的考察工作，并为青川县工商联改善工作条件提供了支持。

新疆德汇国际广场发生特大火灾事故后，按照省委、省政府要求，组织了浙江省第一个慰问组赴乌鲁木齐了解德汇国际广场发生特大火灾事故的有关情况，转达省委、省政府和家乡人民对在德汇国际广场发生特大火灾中受灾浙商的关切之情，从本会会长资金中专拨50万元，帮助他们解决实际困难。及时向省委、省政府汇报德汇国际广场发生特大火灾的有关情况，省委书记赵洪祝对此充分肯定。

认真贯彻落实省委、省政府《关于切实做好“低收入农户奔小康工程”结对帮扶工作的通知》和省委统战部《关于少数民族低收入群众增收帮扶行动的实施意见》的精神，深入开展调研，制定帮扶规划，落实帮扶措施，组织民营企业与浙江省6个低收入农户集中村和10个少数民族村开展结对帮扶活动。与省委统战部、省农办联合召开“全省民营企业参与社会主义新农村建设经验交流暨表彰会”，夏宝龙、茅临生、楼阳生等省领导出席会议并讲话，对在参与社会主义新农村建设中作出较大贡献的100家民营企业和36个工商联组织进行表彰。

发挥工商联在构建和谐劳动关系中的协调作用，开展《劳动合同法》讲座，引导民营企业贯彻落实劳动合同法，保护劳资双方合法权益。与省总工会联合开展省“双爱双评”表彰活动，对35名“关爱员工优秀民营企业家”和35名“热爱企业优秀员工”进行表彰，引导企业关爱员工，员工关心企业，共建和谐企业。

五、不断推进工商联自身科学发展

认真按照全国工商联十大关于组织建设的要求，对近年来全省工商联会员发展和组织建设情况进行深入调研，摸清现状，查找问题，研究对策，切实加强组织建设。会员队伍迅速壮大，新增15189个，同比增长15.85%；会员队伍结构不断优化，非公有制经济会员占91.78%，企业会员新增12898个，增长16.48%，全省企业会员数居全国第二。商会网络不断健全，全省行业商会新增62个，增长20.13%；乡镇（街道）商（分）会组建率为43.23%，新增33个，增长5.31%；异地商会新增82个，增长37.27%。在全国工商联系统先进集体和先进个人表彰大会上，温州市工商联和奉化市工商联王继英同志受到人力资源和社会保障部、全国工商联联合表彰，5家工商联和8位工商联干部受到了全国工商联系统表彰。

开展深入学习实践科学发展观活动，以“加快转变经济发展方式，推进经济转型升级，再创浙江科学发展新优势”为主题，以“加强桥梁组带建设，发挥政府助手作用”为实践载体，以“构建有利于工商联为科学发展服务和实现工商联自身科学发展机制”为重点，以“促进非公有制经济健康发展和非公有制经济人士健康成长”为目标，充分发挥自身优势，努力体现实践特色。认真抓好学习调研，广泛征求意见建议，开展思想解放大讨论，查找工作中存在的突出问题，深入剖析存在问题的主要原因，切实制定相应的改进措施，提高了对贯彻落实科学发展观的认识，增强了服务民营企业科学发展和实现自身科学发展的能力。

设立了浙江商会大厦股份有限公司，积极推进筹建商会大厦工作。

重要活动

积极帮助“1·2”乌鲁木齐德汇国际广场重大火灾中受灾浙商

2008年1月2日，新疆乌鲁木齐德汇国际广场发生火灾，导致在此处经营的浙江籍商户损失惨重。1月5日，受省委、省政府主要领导委托，浙江省工商联派出邓国安副主席一行三人前往乌鲁木齐慰问浙商和协调处理善后工作。

邓国安副主席听取了乌鲁木齐市委、市政府关于火灾和善后工作的情况通报，察看了火灾现场，走访了在新疆的浙江商会，与受灾浙江籍商户代表进行了座谈，哀悼在火灾中英勇牺牲的消防官兵，慰问烈士家属；并通过新疆工商联和新疆浙江商会，积极做好受灾浙江籍商户情绪稳定工作，对受灾的浙江籍商户表示慰问，转达了省委、省政府、省政协主要领导指示精神，鼓励他们勇于战胜困难，合理反映诉求，依法解决问题，树好浙商形象。同时，浙江省工商联筹款50万元，捐赠给“1·2”乌鲁木齐德汇国际广场重大火灾中受灾的浙商。

召开省政府领导与工商界代表人士座谈会

2008年2月3日，在省工商联组织召开的省政府领导与工商界代表人士座谈会上，省委副书记、省长吕祖善与全省部分企业家代表畅谈发展形势，共商发展大计。副省长金德水，省委统战部副部长、省工商联党组书记汤为平，省工商联

2008年2月3日，在浙江省工商联组织召开的省政府领导与工商界代表人士座谈会上，省委副书记、省长吕祖善和副省长金德水正在认真听取浙江省部分企业家代表的意见

副主席邓国安、李任治等出席座谈会，省政协副主席、省工商联主席徐冠巨主持座谈会。

座谈会上，企业家们争先恐后，畅所欲言。企业家们纷纷反映，货币从紧政策、土地等成本上升对省内中小企业发展带来一定的影响。吕祖善省长对此指出，宏观经济环境的调整，是目前企业发展面临的共性问题。省委、省政府将着力在改善经济社会发展环境上做文章，适应宏观调控的形势，认真研究资金供给、资源保障等问题，切实采取措施，改善发展环境，从而扶持一批大型企业集团，带动广大中小企业发展，构建完整产业链条。吕祖善省长还表示，新一届政府面临着新的机遇和挑战，面临资源、环境、要素等制约，广大民营企业家要着力调整产业结构，推动产业升级，实现可持续发展；要十分重视集聚高素质人才，大力实施“走出去”战略，推进“腾笼换鸟”，切实提高核心竞争力和市场占有率；要切实承担社会责任，关注困难群体，增进民生福祉。同时还要发挥企业家、行业协会、工商联的共同作用，加强沟通协调，携手促进全省经济社会又好又快发展。

浙江省工商联九届二次执委会在杭州召开

2008 年 2 月 20 日，浙江省工商联在杭州召开九届二次执委会议。副省长金德水在会上作形势报告。省政协副主席、省工商联主席徐冠巨代表九届常委会作工作报告。省委统战部副部长、省工商联党组书记汤为平在闭幕会上讲话。会议审议并通过了《浙江省工商业联合会九届二次执委会议关于工作报告的决议》、《浙江省工商联关于推进民营企业实施创业富民创新强省总战略的意见》和有关人事事项。省政府副秘书长孙志丹，省工商联副主席邓国安、陈以正、李任治，巡视员郑明治，副主席张必来、崔秀玲、南存辉、汪力成、王建沂、王云友、冯亚丽，省商会副会长王水福、郑胜涛、潘建清、周志江、蒋文标、王海斌、张敏，秘书长赵小敏出席会议。

举办浙江省民营企业科学发展研讨班

2008 年 5 月 13 日至 16 日，浙江省工商联会同浙江省委统战部联合在中国浦东干部学院举办了浙江省民营企业科学发展研讨班，来自全省各地的 29 位企业家参加了本次研讨班。这次研讨班，是浙江省工商联和浙江省委统战部首次联合举办全省民营企业家研讨班。省政协副主席、省工商联主席徐冠巨，中国浦东干部学院副院长王金定出席开班仪式并与学员合影。培训班通过授课、论坛等形式，邀请了王金定、张幼文、王忠明、郭广昌等领导和著名学者、企业家，为学员们解读十七大精神和讲授转型升级、科学发展等方面的知识，帮助学员拓展视野、增强本领。省工商联副主席李任治参加研讨班并和企业家一道学习交流。

学习期间，正值四川汶川大地震，学员们纷纷捐款献爱心，据不完全统计，参加本次研讨班的学员们共捐款捐物总价值 1456 万元。

举办“2008 携手浙商”活动

2008 年 5 月 28～30 日，浙江省工商联举办“2008 携手浙商”活动，邀请瑞典、卢森堡、荷兰、比利时、挪威欧洲五国驻上海总领事馆的总领事、商务领事到浙江民营企业考察，并参加与浙江省民营企业家对话的主题座谈会。副省长钟山会见外宾和部分与会代表并出席座谈会。省政协副主席、浙江省工商联主席徐冠巨，省委统战部副部长、省工商联党组书记汤为平，省工商联副主席陈以正等参加座谈会。“2008 携手浙商”目的是架起浙商与部分欧洲国家政府机构以及商务机构交流的平台，进一步加深了部分欧洲驻沪总领事和商务领事对浙商的了解，扩大浙商的国际影响力，同时帮助浙商深入了解欧洲国家当前经济发展的情况，为浙商走出国门，寻找商机打下了良好的基础。钟山副省长高度评价这次活动，认为省工商联积极开拓外联渠道，加强与国外驻沪总领事和商务领事机构联系，引导浙商实施“走出去”发展战略，是工商联传统工作模式的创新与发展，大有作为。

召开全省民营企业参与新农村建设经验交流暨表彰会

2008 年 7 月 15 日，浙江省工商联会同浙江省委统战部、浙江省农办在杭州召开全省民营企业参与新农村建设经验交流暨表彰会。省委副书记夏宝龙出席会议并作重要讲话。省政协常务副主席、省委统战部部长楼阳生主持会议，省政协副主席、省工商联主席徐冠巨讲话。副省长茅临生，省委副秘书长、省农办主任夏阿国，省委办公厅副主任林云举，省委统战部副部长、省工商联党组书记汤为平，省工商联副主席李任治，中国农业发展银行浙江省分行行长王玉高和各市委统战部、市农办、市工商联、各县（市、区）工商联的主要领导参加会议。

2008 年 7 月 15 日，浙江省工商联会同浙江省委统战部、浙江省农办在杭州召开全省民营企业参与新农村建设经验交流暨表彰会

省委副书记夏宝龙充分肯定近年来全省民营企业参与新农村建设所取得的成绩。他指出，民营企业参与新农村建设成效明显，推动了以工促农、以城带乡格局的形成，推进了现代农业领域的创业，加快了农村公共事业的发展，促进了农村社会的和谐稳定。民营企业参与新农村建设，不仅有助于推动农村经济社会又好又快发展，而且有助于促进城乡关系、工农关系的优化，从体制机制上推动“三农”问题的解决。希望广大民营企业家进一步总结经验，创新形式，拓展领域，注重实效，为我省新农村建设再立新功。同时夏宝龙还强调，在当前我省民营企业发展遇到较多困难的关键时期，各级党委、政府和有关部门要从大局出发，帮助广大民营企业树立战胜眼前困难的信心，努力为他们办实事、解难题，共克时艰，共渡难关，推动浙江省民营企业实现新发展。

会议对获得“参与社会主义新农村建设贡献奖”的 100 家民营企业和获得“优秀组织奖”的 33 个工商联组织进行了表彰。湖州市工商联、奉化市工商联和森马集团、金帆饲料有限公司代表参与新农村建设的工商联组织和民营企业在会上作了交流发言，省工商联与中国农业银行浙江省分行签订了合作协议。

浙江省工商联九届二次常委会议在嘉兴召开

2008 年 8 月 5 日，浙江省工商联九届二次常委会议在嘉兴召开，会议分析了当前浙江省民营经济面临的形势，回顾了省工商联上半年的工作情况，部署了下半年的工作重点，同时对全省工商联系统参与抗震救灾工作进行了回顾和再部署。浙江省政协副主席、省工商联主席徐冠巨，省委统战部副部长、省工商联党组书记汤为平出席会议并讲话。

徐冠巨主席对当前浙江省民营企业发展所面临的形势进行了深刻的分析，强调要认清形势，深入贯彻科学发展观，落实“标本兼治、保稳促调”的总体思路，引导民营企业努力走出转型升级新路子。

汤为平书记在会上强调，要切实增强政治意识、大局意识和责任意识，把思想和行动统一到中央和省委的要求上来，要按照省委、省政府的统一部署，做好对口支援青川县灾后重建工作。据不完全统计，截至 2008 年 6 月 5 日，全省各级工商联和民营企业共向地震灾区捐助款物 12.35 亿元，其中捐赠 1000 万元以上的企业 28 家，捐赠 500 万～1000 万元的企业 16 家。

嘉兴市委副书记、市长李卫宁等嘉兴市和南湖区的领导出席了会议，嘉兴市副市长蒋仁欢在会上致辞。省工商联副主席邓国安、陈以正、李仁治、崔秀玲、汪力成、盛静生、胡成中、王云友、楼忠福、冯亚丽，省商会副会长王水福、郑坚江、郑胜涛、潘建清、周志江、楼永良、张敏，省工商联秘书长赵小敏出席了会议。

徐冠巨主席出席在京举行的浙江民营经济创业创新之路新闻发布会

2008 年 8 月 11 日下午 4 时，2008 北京国际新闻中心在新闻发布厅 1 厅举行浙江民营经济创业创新之路新闻发布会，省委常委、宣传部长黄坤明，浙江省政协副主席、省工商联主席徐冠巨及工商局领导出席发布会介绍情况并回答记者提问。

本次新闻发布会是奥运会开幕后第一场由地方举办的新闻发布会，来自国内和美国、英国、日本、法国、俄罗斯、巴西、马来西亚等国家和地区的 89 家媒体的记者参加了新闻发布会。

徐冠巨在回答记者提问时指出，部分浙江民

营企业从2007年以来，确实存在着困难情况。浙江民营企业需要创业、需要创新，走出这种情况，获得新的发展。

徐冠巨介绍说，当前，浙江民营企业正在进行以下两方面努力：第一，从业主个体的层面，浙商正从老板群体向企业家群体进行提升和发展。第二，从经营管理层面，浙商正从浙江制造向浙江创造提升发展和转变。

召开民营企业家纪念改革开放30周年座谈会

2008年12月2日，浙江省工商联组织部分民营企业家召开座谈会，纪念改革开放30周年。省委副书记夏宝龙出席会议并作重要讲话。省政协常务副主席、省委统战部部长楼阳生主持会议。省政协副主席、省工商联主席徐冠巨出席会议并讲话。

夏宝龙指出，改革开放30年来，浙江民营经济的迅猛发展和显著成果，使世人重新认识了浙江，也为中国的经济发展增加了特色、增添了亮点、增强了动力。同时，浙江民营企业家的奋斗和成功，极大地提升了浙江人的地位和影响力。浙江民营经济是浙江省国民经济的重要支柱，是浙江省经济社会发展的最大特色，是“创业富民、创新强省”的基础所在、优势所在、活力所在。站在新的历史起点上，必须要认真总结民营企业发展的宝贵经验，继续发扬浙商的优良传统，在新的征程上继往开来，开拓新的市场，开创新的未来。

2008年12月2日，浙江省工商联组织部分民营企业家召开座谈会，纪念改革开放30周年

徐冠巨在讲话中说，回顾浙江省民营经济的发展历程，民营经济的每一次发展都与我国改革开放的进程息息相关。党的改革开放政策催生了民营经济，激发了全省人民创业创新的激情。浙江省民营经济的率先发展，推动了浙江省经济社会的领先发展，并对推动我国经济社会的变革发展以及全球经济的互动发展产生了深刻而长远的影响，浙江经济已不是地域经济，浙江经济已是全球经济。

正泰集团股份有限公司董事长南存辉，华立集团有限公司董事局主席汪力成，娃哈哈集团有限公司董事长宗庆后，富通集团有限公司董事长王建沂，广厦控股创业投资有限公司董事局主席楼忠福，西子联合控股集团有限公司董事长王水福，杭州三替集团有限公司总经理陶晓莺在座谈会上发言，总结了企业发展的历程和体会，畅谈了企业应对当前困难的设想和举措，对政府和有关部门帮助企业解决困难提出了意见和建议。

会议还举行了《势造浙商——30年、30人口述实录》发行仪式。由浙江省工商联筹划出版的《势造浙商》一书，是为了纪念改革开放30周年，展示浙江民营企业家创业创新的精神风貌，反映浙江民营企业从无到有、从小到大、不断发展的曲折历程。书中收录的30位浙江知名的企业家，讲述了他们精彩的创业故事和创业体会。全国政协副主席、全国工商联主席黄孟复为本书作序。

省委办公厅副主任林云举，省委统战部副部长、省工商联党组书记汤为平，省工商联副主席李任治，省工商联巡视员郑明治，省工商联副主席、海亮集团有限公司董事长冯亚丽，省商会副会长、中天建设集团有限公司董事长楼永良，省商会副会长、浙江方正电机股份有限公司董事长张敏，省工商联秘书长赵小敏等参加了会议。

第四届浙江省非公有制企业“双爱双评”经验交流暨表彰会议在杭州召开

2008年12月10日，由省工商联、省总工会联合举行的第四届全省非公有制企业“双爱双评”经验交流暨表彰会议在杭州召开。会上，建德市新安江电焊条厂等35家企业被授予“浙江省双爱双评先进企业”称号，沈爱琴等35位同志被授予“浙江省双爱双评优秀民营企业家”称号，马廷方等35位同志被授予“浙江省双爱双评优秀员工”称号。省人大常委会副主任、省总工会主席刘奇，省政协副主席、省工商联主席徐冠巨出席会议并讲话。省委统战部副部长、省工商联党组书记汤为平、副主席李任治、省总工会副主席陈世权出席会议。会议由省总工会党组书记、常务副主席金长征主持。会上，“双爱双评”优秀企业、优秀民营企业家及优秀员工的代表作了经验交流。

浙江省工商联领导名单：

主席（会长）：徐冠巨

副主席（副会长）：

汤为平（女）　邓国安　陈以正

李任治　张必来　崔秀玲（女）

南存辉　汪力成　王建沂　盛静生

胡成中　王云友　邱继宝　楼忠福

冯亚丽

商会副会长：王水福　宗庆后　郑坚江

郑胜涛　潘建清　周志江

陈爱莲　楼永良　蒋文标

王海斌　李书福　张　敏

组织结构：

办公室、研究室、会员处、经济处（法律处）、宣传教育处、联络处

联系方式：

地址：杭州市省府行政区5号楼

邮编：310025

浙江省工商联直属商会联系方式：

1. 浙江省工商联直属商会

地址：杭州市建国北路236号诚信大厦16楼

邮编：310014

2. 浙江省工商联五金机电商会

地址：杭州市湖墅南路校办大厦1－10D

邮编：310014

3. 浙江省工商联园林花木商会

地址：杭州市凯旋路445号浙江物产大厦5D座

邮编：310020

4. 浙江省工商联兴合男装商会

地址：杭州市民生路24号

邮编：310006

5. 浙江省工商联汽摩配商会

地址：杭州天目山路79号4楼400室（杭汽发教学楼）

邮编：310007

6. 浙江省工商联石油业商会

地址：杭州市西湖大道35号万新大厦1号楼23层

邮编：310009

7. 浙江省工商联妇幼婴童商会

地址：杭州市下城区长寿路9号

邮编：310006

8. 浙江省工商联石材业商会

地址：杭州天目山路18号

邮编：310007

9. 浙江省工商联自行车、电动车行业商会

地址：杭州上城区皮市巷86号

邮编：310003

10. 浙江省工商联清华学子总裁经济合作发展促进会

地址：学院路50号1105室

邮编：310000

11. 浙江省工商联电脑流通商会

地址：杭州文三路453号中茵大厦A座4楼

邮编：310012

（浙江省工商联宣教处　供稿）

安徽省工商业联合会

工作综述

2008年，安徽省工商联在省委、省政府的领导下，在全国工商联和省委统战部的指导下，高举中国特色社会主义伟大旗帜，坚持以邓小平理论和“三个代表”重要思想为指导，认真学习贯彻党的十七大、十七届三中全会及胡锦涛总书记两次视察安徽时的重要讲话精神，深入学习实践科学发展观，围绕中心、服务大局，充分发挥工商联的职能作用，团结带领广大会员和机关干部职工积极开展支援抗震救灾捐款捐物活动，积极应对国际金融危机带来的挑战，努力破解非公经济发展难题，为促进非公有制经济人士健康成长和非公有制经济健康发展作出积极贡献。

一、认真学习贯彻党的十七大精神和胡锦涛总书记两次视察安徽时的重要讲话精神，积极开展深入学习实践科学发展观活动

2008年，安徽省工商联紧密联系非公有制经济发展和工商联工作的实际，认真学习宣传贯彻党的十七大、十七届三中全会和胡锦涛总书记两次视察安徽时的重要讲话精神。积极开展深入学习实践科学发展观活动，切实做到组织领导到位、动员部署到位、工作措施到位。由于省工商联做到规定动作规范完成，自选动作突出实践特色，受到各方面关注。

11月16日，《安徽日报》在头版显要位置刊发文章，报道了安徽省工商联开展深入学习实践科学发展观活动和积极为非公经济健康发展献计献策的有关情况。11月27日，省委召开学习实践活动第一阶段情况交流会，安徽省工商联作为从100多家参加第一批学习实践活动单位中推选的15家发言单位之一，在会上作了《深入学习实践科学发展观，破解非公经济发展难题》的大会书面发言。12月31日，省委深入学习实践科学发展观活动简报第96期又对安徽省工商联认真开展分析检查、形成科学发展共识的有关情况进行了报道。

二、深入调查研究，积极建言献策

在省政协十届一次会议上，安徽省工商联的大会发言先后被省长王三运、副省长文海英作了重要批示。在工商联界别的12件团体提案和29件个人提案中，有4件被定为重点提案，其中有2件被省委、省政府领导阅批。积极组织非公企业家参加王三运省长、黄海嵩副省长主持召开的两次非公经济发展座谈会，非公企业代表在会上所提意见、建议得到省领导高度重视。

针对宏观经济形势发生的急剧变化，省工商联于7月至9月、11月先后组织了两次全省性大调研，给省委、省政府提交了3份有分量的调研报告，客观分析非公有制经济形势，提出政策建议，得到省委、省政府的重视与肯定，在主要领导讲话和出台的有关政策性文件中，都相应吸纳了工商联的调研成果。

在广泛搜集数据的基础上，安徽省工商联连续第五年编印了《安徽民营经济发展报告》，受到省领导和企业家的好评。

三、积极开展抗震救灾捐款捐物活动

“5·12”四川汶川等地发生特大地震灾害后，安徽省工商联立即动员工商联系统干部职工和广大非公企业积极为灾区捐款捐物。据不完全统计，全省各级工商联、广大非公企业及非公经济人士，通过各种渠道共向灾区捐款捐物达2亿元。安徽省3万套活动板房和近8万平方米临时校舍的援建任务被分配到11家企业，其中非公有制企业占了10家。

安徽省工商联积极整合《工商导报》、工商联网站、商会信息等平台的宣传力量，对全省工商联系统和非公经济捐赠情况、涌现出的先进典型加以宣传报道，及时向全联和省有关部门报送信息。

省工商联还加强与《中华工商时报》、全国工商联网站及我省各大媒体合作。新华社6月4日登载了刘兆水四兄弟的先进事迹，《中华工商时报》也于5月27日进行了报道。8月份，省工商联与省委统战部共同组织了抗震救灾先进事迹报告会，使抗震救灾精神成为推动安徽省非公有制经济发展的强大精神动力。

四、努力壮大会员队伍，推进基层组织和行业商会建设

全年积极发展了31家具有一定规模影响和代表性的直属会员，累计直属会员321家，并对直属会员进行动态管理。据统计，安徽省工商联会员已近13万个，县以上行政区划工商联组织健全，乡镇、街道基层工商联分会1000多个，行业（同业）商会近400个。

积极配合省民政厅对10个行业商会进行了年检。新组建了房地产、电动车、钢结构、厨具、轴承、地板等行业商会。截至2008年底，属于商会主管的省级行业商会有20个，在省外组建的具有社团法人资格的安徽商会已有29个。经过积极争取，省政府已授权安徽省工商联作为在安徽的异地商会的业务主管单位资格，这是继2004年省政府授权省工商联作为全省性行业协会（商会）的业务主管单位之后的又一次突破。

在王三运省长和省政协杨多良主席的重视支持下，筹建了安徽福建商会，500多位闽商、徽商济济一堂，王省长和杨主席莅会并作了重要讲话，会上签订5个合作项目协议资金100亿元，同时向省光彩会及阜阳手足口病灾区捐赠了100万元。

五、拓展商会职能，围绕“两个健康”提供各项服务

针对非公企业融资难问题，安徽省工商联作为承办单位之一，密切配合相关部门及有关金融单位，积极参与省政府主办的全省银企对接月活动，组织各市广大民营企业参加银企对接。由于组织工作出色，安徽省工商联受到省政府的通报表彰，荣获“全省银企对接月活动先进单位”称号。

积极配合全国工商联及有关单位开展《中华人民共和国劳动合同法》、《中华人民共和国就业促进法》和《中华人民共和国劳动争议调解仲裁法》的贯彻实施情况调研，引导非公企业认真贯彻实施。积极探索法律维权工作机制，大力推广仲裁制度，维护会员的合法权益，两次在全国工商联相关会议上介绍经验。连续第十次开展“全省上规模民营企业经营情况调查与百名排序”活动，动态地反映我省民营经济核心群体的实力、效益和贡献，示范带动非公经济发展。

与北京大学联合举办“EMBA高管课程班”，会同省委组织部、省经委、安徽行政学院举办2期新经济组织高级管理人员研修班，受到参训民营企业家的欢迎和好评。积极配合并参加了2008中国国际徽商大会，受到省政府的通报表扬。在全国工商联领导大力支持下，与全国工商联经济部、安徽省商务厅联合在黄山举办了民营企业“走出去”培训班，积极推动有实力的民营企业“走出去”。不断拓展对外合作交往，组织民营企业家参加第五届中国国际中小企业博览会、第九届中国西部国际博览会和第三届中博会，与福建省工商联、台湾高雄市中小企业协会建立友好商会合作关系，促进招商引资和项目对接。

为做好非公经济人士的思想政治工作，传达学习全国非公有制经济人士思想政治工作会议精神，安徽省工商联在合肥召开了开展中国特色社会主义学习教育活动动员大会。按照统一部署，在广大会员和工商联干部中广泛开展中国特色社会主义学习教育活动，结合纪念改革开放30周年，组织开展了“五个一”系列活动（举办抗震救灾先进事迹报告会、在《工商导报》上开办纪念专栏等），教育引导广大非公经济人士积极投身中国特色社会主义伟大实践，为加速安徽崛起积极贡献力量。

六、扎实开展“机关建设年”活动，不断增强履行职责和发挥作用的能力

为提高工商联履行职责和发挥作用的能力，增强凝聚力和战斗力，省工商联新一届领导班子在大量调研论证的基础上，开展了为期一年多的“机关建设年”活动。坚持把改进作风的实际成效转化为推进工作的强大动力，力争把省联机关干部职工队伍打造成政治坚定、业务精湛、作风优良和“想干事、会干事、干成事、不出事”的过硬队伍，把省联机关建设成为“规范有序、务实高效、勤政廉洁、团结和谐”的学习型、服务型、效能型、创新型机关。机关的政治生态明显改善，制度机制进一步建立健全，构建和谐机关取得初步成效。

重要活动

举办抗震救灾先进事迹报告会

8月26日，省委统战部、省工商联、省光彩事业促进会联合在合肥举办全省非公有制企业支援抗震救灾先进事迹报告会。报告团成员蚌埠震兴路桥公司总经理刘兆水、安徽富煌集团董事长杨俊斌、安徽鸿路集团董事长商晓波、合肥华泰集团总经理张建4位非公企业支援抗震救灾先进代表感人至深的讲述赢得现场250余名与会者如潮般的掌声。报告会由省委统战部副部长、省工商联党组书记操建华主持，省工商联领导李卫华、严安云、黄荣秀、杨蓉参加了报告会。

报告会前，省委副书记王明方、副省长黄海嵩，省政协副主席、省委统战部部长沈素琍会见了报告团的4位成员，王明方同志作了重要讲话。

8月26日，举办抗震救灾先进事迹报告会

王明方指出，这次报告团的4位同志作为非公经济人士代表，充分发挥强项，尽最大努力支援四川灾区，为安徽完成支援抗震救灾阶段性任务发挥了重要作用，赢得了社会广泛的好评。开展报告会活动，对激励全省人民、带动广大非公经济人士更好地投身夺取支援抗震救灾和经济社会又好又快发展双胜利的斗争中作出更大贡献具有积极意义。王明方希望广大非公经济人士要弘扬伟大的抗震救灾精神，进一步坚定走中国特色社会主义道路的信念，推动企业发展得更好更快更强，坚持“以人为本，尊重科学”，把企业员工的积极性调动起来，团结一心、不畏艰难、不断开拓，壮大企业的实力。要不断增强企业的社会责任感，在企业发展壮大的同时努力报效国家、回报社会。

与北京大学联合举办EMBA高管安徽班

为切实提高民营企业经营者综合素质，省联决定与北京大学深圳商学院联合举办EMBA高管课程班。10月10日，由省工商联与北京大学深圳商学院联合举办的北大EMBA（资本运营方向）高管安徽班开学典礼在合肥学苑大厦举行。省政协副主席方兆本出席会议并讲话，省工商联主席李卫华致辞，北京大学副校长海闻教授为学员作学术报告。

10月10日，与北京大学联合举办EMBA高管安徽班

方兆本指出，当前安徽省非公有制经济保持健康快速的发展势头，在带动县域经济发展、推进全省经济增长、增加就业创造税收、扩大投资需求繁荣城乡消费市场、促进经济结构调整和优化等方面发挥着越来越重要的作用，已成为我省加快发展，实现奋力崛起的重要战略支点。但非公经济发展中仍存在人才缺乏等问题，此次EMBA高管培训，对于促进非公企业健康发展，提高民营企业家的综合素质，增强驾驭市场竞争能力，培养造就民营企业家队伍具有重要作用。方兆本希望省工商联以这次培训活动为新的起点，进一步加强对非公企业家和高层管理者的教育培训活动，促进非公企业家深入贯彻落实科学发展观，提高管理水平和战略思维能力，促进解决企

业发展过程中的矛盾和问题，走持续健康和谐发展之路，为促进我省非公经济又好又快发展贡献力量。

省工商联领导操建华、严安云、华应明、耿学梅、吴成贵、黄荣秀、杨蓉，省总商会领导程文显、方浩、杨俊斌、高允连、赵玉秀等出席会议。省联机关全体干部、工商导报社职工、部分市工商联负责人、省联行业商会负责人、首届参训学员及全省部分民营企业家代表共250余人参加会议。

召开全省工商联主席书记会议

全省工商联主席书记会议于1月10～11日在铜陵市召开。省人大常委会副主任胡连松，副省长文海英，省政协副主席卢家丰、郑牧民出席会议。来自全省各市、县（市、区）工商联的主席、书记等近300人参加会议，共同研讨新形势下的工商联工作。

文海英代表省人大、省政府、省政协对大会的召开表示祝贺。她说，近年来，在省委、省政府的正确领导下，我省各级工商联充分发挥综合优势，围绕中心，服务大局，在多方面做了大量富有成效的工作，充分发挥了党和政府联系非公有制经济人士的桥梁纽带作用，充分发挥了政府管理非公有制经济的助手作用。

文海英强调，工商联要始终把服务作为立会之本，不断强化服务意识，创新服务方式，提高服务水平，把工商联打造成真正的“非公经济人士之家”。要积极推动非公有制经济发展环境的优化，尽力促进非公有制企业做大做强，做好非公有制经济人士的思想政治工作。要不断强化工商联自身建设，进一步改进工作方式，不断增强吸引力、凝聚力和影响力，勇敢挑起促进我省非公有制经济发展的大梁，在发展非公有制经济大舞台上唱主角，努力开创工商联工作新局面，在推进跨越式发展、构建和谐安徽、加快安徽崛起征程中再立新功。

民营企业“走出去”培训班在黄山市隆重举办

9月25日至27日，由全国工商联经济部、安徽省工商联、安徽省商务厅联合主办，江苏、浙江等省工商联支持协办的“民营企业‘走出去’培训班”在黄山市国际大酒店隆重举办。来自全省各地100多位民营企业家及全国工商联、江苏省、浙江省、安徽省工商联、安徽省商务厅等部门的专家、学者、特邀嘉宾和机关业务人员共120多人参加了培训活动。举办这次培训班旨在认真贯彻落实科学发展观，进一步加快我省实施“走出去”战略步伐，为推动安徽省有条件、有实力的民营企业开展对外投资，实施跨国经营提供帮助。

培训班邀请了安徽省商务厅、省国税局及有关金融部门专家学者就安徽省企业对外投资总体概况、发展重点及主要政策措施，中小企业海外市场开拓资金，“走出去”企业税收服务与管理，“走出去”贷款情况介绍等内容做了精彩的讲授；同时还邀请了江苏、浙江等省民营企业家，结合自身经历作海外投资成功案例讲解。

全国工商联经济部副部长罗力出席开班仪式并讲话。安徽省工商联副主席华应明、耿学梅、黄山市副市长黄林沐、黄山市原政协副主席、市工商联名誉主席叶秀华出席了培训活动。

安徽福建商会在肥成立

5月12日，安徽福建商会成立大会在合肥稻香楼宾馆隆重召开。省长王三运、省政协主席杨多良到会祝贺并讲话，省人大常委会副主任张俊、福建省政协副主席李祖可共同为商会揭牌，全国工商联副主席许连捷出席会议，省政府秘书长方宁主持会议。皖闽两地相关部门负责同志、商会会员代表等300多人参加了成立大会。

王三运指出，在日益完善的社会主义市场经济中，发展商会组织，是深化体制改革的一个重要抓手，是完善市场体系的一个重点任务，对于扩大对内对外开放、利用两个市场资源，对于促进政府职能转变、维护市场经济秩序都具有重要意义。目前全省各类商会不断涌现，呈现出加快发展的势头，已经成为推动安徽崛起的一支不容忽视的力量。安徽福建商会的成立，是皖闽两省加强交流、深化合作、增进友谊的一件大事，闽商与徽商的融合，一定能碰撞出更加耀眼的火花，激发出合作共赢的更大能量。

王三运希望，安徽福建商会要牢牢把握合作发展主题，遵循和谐共进原则，充分发挥桥梁、窗口和平台作用，把两岸三地和安徽资源有效结合起来，把闽商特质和创业平台完美结合起来，把“敢为天下先，爱拼才会赢”的闽商精神和主诚志信、勤奋敬业的徽商精神结合起来，不断提高商会的吸引力与凝聚力，推动闽商和外来投资者到安徽投资兴业，为推进皖闽两地的交流合作作出新的贡献。

王三运要求，各级各有关部门要高度重视、大力支持各类商会的建设与发展以及在皖外籍企业家的投资和创业，真正把商会和在皖客商的事当做自家的事来办，让广大投资者感到安徽是一个亲商、重商、富商的高地，是一个有情、有义、有归宿感的温馨家园。

会上，皖闽双方签署了总投资额达100亿元的一批合作项目，安徽福建商会还为支援我省的手足口病防治和光彩小学建设进行了捐赠。

安徽省工商联领导名单：

主席：李卫华

第一副主席：操建华

副主席：严安云　华应明　耿学梅　严　琛　慈亚平　余渐富　张靖华　后　力　吴俊保　陈先保　崔兴柏　叶世渠　刘庆峰　何帮喜　周夏耘　姜　纯　张红梅

秘书长：杨　蓉

安徽省总商会领导名单：

会长：李卫华

第一副会长：操建华

副会长：严安云　华应明　耿学梅　王兴业　牟坤林　程文显　方　浩　李方军　李苏清　杨俊斌　段转建　高允连　赵玉秀　钱洲胜

秘书长：杨　蓉

组织结构：

办公室、政研室、会员处、经济处、对外联络处、法律处

联系方式：

地址：合肥市徽州大道15号天徽大厦C座23层

邮编：230001

安徽省工商联直属商会联系方式：

1. 安徽省工商联福建商会

地址：合肥市马鞍山路新都会广场17楼

邮编：230061

2. 安徽省工商联服装商会

地址：合肥市新站区光大国际广场b座8楼

邮编：230011

3. 安徽省工商联电线电缆商会

地址：合肥市南二环淝河路安徽国际五金机电商贸城三期B区

邮编：230061

4. 安徽省工商联计算机商会

地址：合肥市肥西路299号步瑞棋广场五楼

邮编：230022

5. 安徽省工商联汽车经销商商会

地址：合肥市汴河路国际汽车城b座408室

邮编：230011

6. 安徽省工商联策划协会

地址：合肥市金寨路国际商务中心22楼

邮编：230061

7. 安徽省工商联鞋业商会

地址：合肥市新站区光大国际广场b座7楼

邮编：230011

8. 安徽省工商联涂料商会

地址：合肥市临泉路中环国际广场A座202室

邮编：230000

9. 安徽省工商联木制品商会

地址：合肥市桐城南路330号

邮编：230022

10. 安徽省工商联家用纺织品商会

地址：合肥市蒙城北路华浮家纺广场

邮编：230041

11. 安徽省工商联印刷包装物资商会

地址：合肥市临泉路88号

邮编：230041

12. 安徽省工商联徽派炒货协会

地址：合肥市屯溪路369号国检公寓805室

邮编：230021

13. 安徽省工商联房地产商会

地址：合肥市高新区科学大道与海棠路交口创新大厦十六楼

邮编：230088

14. 安徽省工商联美容化妆品商会

地址：合肥市长江中路146号邮政大厦内

邮编：230001

15. 安徽省工商联电动车商会

地址：合肥市蒙城北路新华文景苑

邮编：230041

16. 安徽省工商联钢结构协会

地址：合肥高新区科学大道79号科创大厦4楼

邮编：230088

17. 安徽省工商联厨具商会

地址：合肥市新站区新蚌埠路99号蓝天酒店用品城

邮编：230011

18. 安徽省工商联轴承商会

地址：合肥市明光路435号

邮编：230041

19. 安徽省工商联地板协会

地址：合肥市合裕路红旗建材市场B座5楼

邮编：230011

20. 安徽省工商联蜜蜂产业商会

地址：合肥市睢溪路财富广场11楼

邮编：230041

21. 安徽省工商联航运商会

地址：芜湖市北京西路5号长江海事局辅楼6楼

邮编：241000

22. 安徽省工商联职业经理人协会

地址：合肥市睢溪路财富广场B座1406室

邮编：230041

23. 安徽省工商联长江市场商会

地址：合肥市长江东路长江批发市场

邮编：230011

24. 安徽省工商联中药材商会

地址：亳州市魏武大道88号

邮编：236800

（安徽省工商联李增流　供稿）

福建省工商业联合会

工作综述

2008年，在省委、省政府的正确领导下，省工商联认真贯彻中共福建省委八届三次全会提出的“把海峡西岸经济区建设成为科学发展的先行区、两岸人民交流合作的先行区”的新要求，带领全省各级工商联和广大民营企业家积极参与到一手抓抗震救灾、一手抓经济社会发展的工作中去，重点开展了以下几项工作：

一、围绕中心，服务大局，更广泛更深入地动员海内外闽商积极投身海西建设大业

2008年以来，省工商联进一步树立大局意识和责任意识，积极号召、精心组织、认真引导广大闽商关心、支持和参与海西两个先行区建设，充分发挥异地商会的特殊作用，为闽商回乡投资兴业提供必要服务。截至2008年底，福建省各级异地商会已达365家，其中省级异地商会24个，数量居全国前列。

继续拓宽经贸交流领域，组织福建省民营企业参加“6·18”、“9·8”等一系列大型经贸活动，加强与海内外工商社团的联络与交流。“6·18”期间，设立“福建省工商联行业商会展馆”，安排展区1200平方米，8个行业商会和9家知名民营企业参展。推动民营企业与科研机构项目对接，当场签约项目12个，签约投资额8亿多元。“9·8”期间，商会与厦门总商会共同接待了香港、澳门、新加坡、菲律宾、马来西亚的工商社团，交流会务，增进友谊。

二、突出重点，行动迅速，在对口援川建设中有效作为

“5·12”汶川特大地震后，省工商联按照省委、省政府的部署，全力以赴投入抗震救灾和灾后重建工作，积极发动会员企业捐资捐物，共捐资人民币7亿多元、捐物1亿多元。党中央、国务院关于实行对口支援的决定发布后，根据省委、省政府、省灾后重建领导小组的部署，省工商联迅速动员各级工商联、商会组织、会员企业参与灾区恢复生产、重建家园工作，积极组织福建省民营企业家以市场化为原则投入彭州的灾后重建。据统计，到彭州考察的福建省民营企业家已达200多名，并达成了一批投资意向。“9·8”期间，彭州市委、市政府在厦门召开支援彭州建设项目推介会，组织了60多名民营企业家参会，并落实签约项目19个，投资总额30.98亿元。还汇总了89家民营企业6997个就业岗位的用工信息，通过彭州市工商联发布招工信息并组织发动灾区农民来闽务工，有效地帮助彭州灾区解决劳动力的就业问题。

三、坚定信心，共克时艰，引导民营企业在国际金融危机中实现科学发展

今年以来，福建省部分民营企业特别是出口型企业受到较大冲击，生产经营出现困难。为此，一方面，省工商联深入开展民营企业应对国际金融危机的专题调研。在深入调研的基础上，积极向政府有关部门反映情况，呼吁采取各种政策和扶持手段，帮助民营企业解决实际困难、改善发展环境。另一方面，结合深入学习实践科学发展观和纪念改革开放30周年活动，在广大非公有制经济人士和工商联干部中组织开展“中国特色社会主义学习教育”活动，使广大民营企业家充分认识到科学发展观是应对当前挑战、实现健康发展的现实之路、必由之路。

四、发挥优势，创新思路，充分体现工商联工作特色

调查研究、参政议政是工商联的一项基础性工作，也是工商联的一项重要职能。2008年上半年，省工商联积极承担《发挥特色优势，加快民营经济发展研究》、《非公有制经济组织和社会组织人才队伍建设的研究》等课题的调研，下半年又针对国际金融危机中福建省民营企业的发展状况，开展了《金融危机下我省民营经济的现状、问题与对策建议》等课题的调研。

开展职称评定工作是福建省工商联服务民营企业的重要手段。2008年经商会职称办考核评审，349名非公企业技术人员获得职称，其中高级职称293人、中级职称32人、初级职称24人。开展3期非公有制企业高、中、初级专业技术职务岗前培训班，共培训324人，为加强福建省民营企业人才队伍建设发挥了积极作用。

五、注重提升，推动发展，着力加强工商联自身建设

持续把加强基层组织建设和会员发展工作作为工商联的一项基础性工作抓紧抓好。截至2008年底，全省工商联会员10.3万个，比去年同期增加2709个；基层组织764个，比去年同期增加81个；各级行业组织307个，与去年同期持平。

作为福建省第一批参加深入学习实践科学发展观活动的单位，省工商联紧紧围绕“科学发展，四求先行”这一主题，通过理论学习、深入调研和“四求先行”大讨论，推动学习实践活动取得明显成效。还以创建省直机关第十届文明单位活动为契机，不断加强领导班子建设，提升干部队伍素质，切实改进工作作风，创造良好工作环境，扎实推进机关精神文明建设取得实效。

重要活动

召开2008年度工作会议

2月25日，省工商联（总商会）2008年度工作会议在福州举行。省政协副主席、省工商联（总商会）会长李祖可，省委统战部副部长、省工商联党组书记陈大明，陈峰、邱家赞、陈阿涟、邓麟喜、李顺堤、连锋、胡钢、柳国荣、黄玲、傅光明、王秀成、陈春玖等省工商联（总商会）专兼职副会长，各设区市工商联（总商会）主持工作的会长（副会长）、党组书记，省工商联各直属组织负责人，省委统战部经济处、省工商联机关处级干部等60多人参加了会议。

会议首先认真学习了省委书记卢展工在今

年省政协十届一次会议上对省工商联大会发言所做的重要批示精神。省政协副主席、省工商联（总商会）会长李祖可指出，卢书记继2007年对省工商联在省政协九届五次会议上的发言——《勇担社会责任，构建和谐福建》作了重要批示后，今年又一次对省工商联工作作出重要批示："省工商联这几年工作有所作为，很重要的一条，就是始终围绕发展的全局，在组织协调上下工夫，在抓项目带动和品牌带动上下工夫，在营造环境氛围加强服务上下工夫。"这既是对近几年工商联工作的充分肯定，又为工商联今后的工作指明了努力方向，充分体现了省委、省政府对非公有制经济发展和工商联工作的高度重视、巨大关怀和殷切希望。会议要求全省各级工商联组织、省联各直属组织和各异地商会要认真贯彻落实批示精神，结合各地实际，结合今年的工作计划，切实把促进非公有制经济健康发展和非公有制经济人士健康成长落实到工商联各项工作中去。会上还学习了《中共福建省委统战部关于认真学习贯彻胡锦涛同志在各民主党派中央、全国工商联新老主要领导人座谈会上重要讲话精神的意见》、《关于印发〈全国工商联关于进一步发挥兼职副主席作用的意见〉的通知》、黄孟复主席和全哲洙书记在全国工商联机关干部职工大会上的讲话、《中共福建省委统战部关于印发〈中共福建省委统战部2008年工作要点〉的通知》等相关文件。

会上通过了有关人事安排的决定。根据闽委统干〔2008〕6号文件批复，与会的省工商联（总商会）第九届会长、副会长表决通过俞杰为福建省工商联（总商会）秘书长，并提请今年召开的本会第九届常委会第二次会议审议通过。

福建省光彩事业促进会三届二次理事会议召开

省光彩事业促进会三届二次理事会议4月24日在福建会堂召开，会议总结了福建省光彩事业促进会2007年工作，部署了2008年省光彩事业促进会工作任务。会议由省工商联副主席、省光彩会副会长邱家赞主持。省政协副主席、省工商联主席、省光彩会名誉会长李祖可，全国工商联副主席、省工商联副主席、省光彩会副会长许连捷，省光彩会顾问连锋，省工商联副主席、福州市工商联主席邓麟喜，省工商联副主席、省光彩会副会长傅光明，省工商联副主席、省光彩会副会长梁一峰，省工商联党组成员、省委统战部经济处处长李君琳等参加了会议。此外，大会还通过选举，增补省光彩事业促进会第三届理事会副会长1名、常务理事7名、理事6名。

省政协副主席、省委统战部部长、省光彩会会长张燮飞对2008年光彩工作提出要求。指出，现在的光彩事业已经不是单纯的解决扶贫问题，除了原有的内容外，增加了安置下岗职工再就业、吸纳社会青年就业、帮扶弱势群体、捐资奖教助学、抗御严重自然灾害、参与社会主义新农村建设、支持社会公益事业和慈善事业等内容。参加光彩事业的非公有制经济人士也从追求互惠互利、有偿投资，到更多更高的追求人生价值。张燮飞要求，福建省光彩事业要围绕中心、服务大局，精心打造光彩事业品牌。要不断解放思想、与时俱进，树立和落实科学发展观，进一步增强品牌意识，完善品牌战略，发挥品牌效应，着眼时代发展、立足工作实践。各级统战部、工商联要切实加强对光彩事业的组织和领导，不断推动光彩事业健康发展。同时希望福建省光彩会理事和广大非公有制经济人士坚持以强国富民为己任，倾注心血、贡献力量，铺就光彩的道路，成就光彩的事业，铸就光彩的人生。

省委统战部副部长、省工商联党组书记、省光彩会副会长陈大明提出2008年光彩事业的五项任务：一是认真学习贯彻党的十七大精神，积极引导非公有制经济人士坚定不移地走中国特色社会主义道路。二是继续引导组织民营企业家参与社会主义新农村建设，推动光彩事业进一步面向新农村建设。三是继续开展"海西春雨光彩行动"扶贫工作，为构建和谐的海峡西岸经济区作贡献。四是扩大社会影响，不断壮大光彩事业队伍。五是加强自身建设，提高工作水平。

福建省非公有制经济代表人士纪念改革开放30周年座谈会在榕召开

5月8日下午，由省委统战部、省工商联联

合召开的福建省非公有制经济代表人士纪念改革开放30周年座谈会在福州举行。省政协副主席、省工商联主席李祖可出席座谈会，全国工商联副主席、省工商联副主席、福建恒安集团有限公司首席执行官许连捷等40多位福建省非公有制经济代表人士、各设区市工商联党组书记和各设区市委统战部经济处（科）长参加了座谈。座谈会由省委统战部副部长、省工商联党组书记、副主席陈大明主持。

座谈会上，与会的福建省非公有制经济代表人士围绕改革开放30年来非公有制经济的发展历程和自身的成长过程，畅谈了改革开放所取得的伟大成就。纷纷表示感谢党的改革开放政策为国家和人民带来的历史发展机遇，并表示在今后的发展过程中，要更加坚决地按照党中央的战略部署，在建设中国特色社会主义理论的指引下，进一步解放思想，坚持改革开放，牢固树立科学发展观，坚定不移地走科学发展的道路，努力办好自身企业，自觉维护安定稳定，承担起更多的社会责任，为北京奥运会的成功举办，海峡西岸经济区建设和全面建设小康社会作出更大贡献。

福建省工商联会员企业捐款捐物近4亿元支援汶川灾区

四川汶川发生8级强烈地震后，根据中央统战部、全国工商联及省委省政府的指示精神，福建省工商联、省光彩广泛发动全省工商联会员企业、异地商会发扬“扶贫济困”、“一方有难、八方支援”的精神和传统美德，慷慨解囊，帮助灾区人民抗震救灾，重建家园。

省政协副主席、省工商联主席李祖可，省委统战部副部长、省工商联党组书记陈大明等领导多次电话联系四川省福建商会、重庆市福建商会等受灾地区的福建商会负责人，了解在川闽商的情况，并向商会发去慰问信，向在川闽商表达省委、省政府的慰问，希望广大在川的闽籍企业家和乡亲们风雨同舟、团结拼搏、共渡难关。省工商联将积极动员全省工商联系统尽全力为救灾工作提供力所能及的帮助。

面对突如其来的大地震，福建的非公企业伸出了援助之手，并且在最短的时间内，用实际行动践行着自己的社会责任。截至22日下午17：00，据不完全统计，福建省工商联会员企业、异地商会通过各种渠道，包括红十字会、慈善总会、省光彩事业促进会、各级民政部门等，向汶川灾区人民献爱心，捐款捐物达37803.087万元，不包含异地商会捐款捐物15802.5万元。

首届海峡西岸20城市工商联协作恳谈会在福州隆重举行

首届海峡西岸20城市工商联协作恳谈会于6月18日在福州隆重召开。在福建省工商联的牵头组织下，由福州市工商联主持，来自闽浙赣粤20个城市工商联的领导和工商界精英150多人，欢聚福州，共谋海西发展。

福建省政协副主席、福建省工商联主席李祖可在会议上致辞。他说，海峡西岸20城市商会协作，是一项崭新的事业。省工商联一定要通过不懈的努力，建立长效机制，形成工作特色。为此，他建议：一要坚持优势互补、互惠互利的原则。20城市工商联要打破地域界限，主动站在海西发展大局中形成商会发展新思路，遵循区域经济发展规律，因地、因时、因事制宜开展工作，大胆创新实践，认真总结经验，相互学习促进，寻求共赢发展，在参与中进步，在竞争中发展，在创造中前进，形成20城市商会合作的强大合力。二要着力推进合作平台的建设。要把“海峡西岸20城市工商联协作恳谈会”作为常设会议，在每年“中国·海峡项目成果交易会”期间由福建省9个设区市工商联轮流主持召开，通过交流会务、探讨问题、项目对接等形式，致力建设目标一致、运转协调、务实高效的工作制度，保证海峡西岸20城市商会合作持续、健康发展。三要不断拓展和深化合作领域。要加强20城市商会之间多层次的交流与合作，组织定期或不定期互访，加深了解，增进友谊。推动双边或多边的会晤及洽谈，逐步形成有效的合作推动机制和良好的服务咨询机制及相互之间的合作保护机制。积极引领20城市非公有制经济人士参与到全面建设海峡西岸经济区的伟大实践中来。他提出，福建省总商会将与省内9个设区市商会一起更加主动地加强与周边11市商会的交流与合作，在海峡西岸20城市商会合作中发挥更加积极的作用，为把海峡西岸经济区建设成为科学发展的先行区、两岸人民交流合作的先行区作出更大的贡献。

2009年11月16日福建省工商联与龙岩市人民政府联合举办“海峡两岸商会经济论坛”

2009年9月29日，省委统战部副部长、省工商联党组书记张剑珍组织召开“全省非公有制经济深入学习实践科学发展观活动动员大会”

随后，海峡西岸20城市工商联领导围绕“交流、协作、发展、共赢”的主题在会上做交流发言，并共同签署了《海峡西岸20城市工商联协作框架协议》，这标志着海峡西岸20城市工商联协作机制正式启动。

省委统战部、省工商联联合举办2008年福建省非公有制经济人士暨统战部经济处、工商联干部培训班

“2008年福建省非公有制经济人士暨统战部经济处、工商联干部培训班”于7月2～4日在福州举办。来自全省的新任九届省工商联（总商会）常、执委和新任省光彩会常务理事、理事中的非公有制经济代表人士，近年来被评为各级“优秀建设者”、劳动模范的非公有制经济代表人士，各设区市工商联及省直属组织新任副主席（副会长）、秘书长和各设区市市委统战部经济科（处）干部共50多人参加了此次培训班的学习。

本次培训班的主题是：围绕全面贯彻落实党的十七大精神，通过举办辅导讲座，交流学习党的十七大精神的心得体会等形式，引导全省非公有制经济人士和基层统战部经济处、工商联干部更加牢固树立和自觉落实科学发展观，坚定不移地走中国特色社会主义道路，在党的十七大精神的指引下，积极投身海峡西岸经济区建设，自觉为构建和谐社会和全面建设小康社会贡献力量。

省委统战部副部长、省工商联党组书记陈大明在开班讲话上，结合中央和福建省委关于学习贯彻落实党的十七大精神的部署以及当前非公有制经济领域的发展情况，为培训班学员作了积极开展以坚持走中国特色社会主义政治发展道路为主题的政治交接学习教育活动的动员。他要求我省非公有制经济人士、统战部经济处和工商联干部一要继续深入学习党的十七大精神，积极开展中国特色社会主义主题学习教育活动；二要开展改革开放30周年纪念活动，积极引导非公有制经济人士坚定不移地走社会主义道路；三要进一步增强做好工商联工作的光荣感和责任感，不断开创工商联工作新局面。培训班邀请有关专家、学者和企业家授课，并与学员展开互动，现场回答学员提出的问题。

省政协副主席、省工商联主席李祖可出席了结业仪式，并为学员颁发了结业证书。结业式上，李祖可主席充分肯定了培训班的学习成效，他指出，能否打开工作局面或开创新局面，关键要看省工商联的精神面貌。全省各级工商联要认清挑战与机遇，进一步增强做好新时期工商联工作的责任感，进一步提高工商联机关和各级商会的工作水平，进一步开展好纪念改革开放30周年的系列活动等。

福建省工商联九届二次常委会在榕举行

8月4日下午，福建省工商联（总商会）九届二次常委会于福州福建会堂隆重举行。省政协副主席、省工商联主席李祖可在会上作了省工商联（总商会）九届二次常委会工作报告。省委统战部副部长、省工商联党组书记、副主席陈大明主持会议并讲话。省工商联副主席陈峰、邱家赞、陈阿涟、邓麟喜、李顺堤、连锋、陈成秀、柳国荣、傅光明，省总商会副会长王秀成、洪长水、陈庆元、林永霖、王炎平、许明金等领导出席会议。

陈大明书记首先就学习宣传贯彻胡锦涛总书记在抗震救灾先进基层党组织和优秀共产党员代表座谈会上的重要讲话精神和福建省对口支援四川彭州市灾后恢复重建的有关文件精神做了发言，并传达了全国工商联十届一次常委会议精神。他希望福建省各级工商联组织和广大民营企业深入贯彻落实科学发展观，积极参与到一手抓抗震救灾、一手抓经济社会发展的工作中去，为夺取抗震救灾工作的全面胜利和加快推进福建省“两个先行区”建设作出更大的贡献。

李祖可主席代表常委会作工作报告指出，2008年，是福建省全面贯彻党的十七大精神的第一年。一是及时组织发动全省各级工商联组织和广大会员大力参与抗震救灾。据不完全统计，省工商联会员企业通过省红十字会、省慈善总会、省光彩会、各级民政部门等渠道，向汶川灾区捐款捐物近5亿元，异地商会通过其他渠道捐款捐物达1.71亿元，充分展示了福建省民营企业家作为社会主义建设者的良好形象。二是积极争取全国工商联对海峡西岸经济区建设的支持，促成全国工商联黄孟复主席来闽出席“6·18”开幕式，并代表全国工商联与省政府达成了共同推进海峡西岸经济区建设的协议。在此期间，全国工商联举行了两岸四地商会领导人会晤，并准备把福建作为定期或不定期举办两岸四地商会领导人会晤的基地，这对福建省建设两岸人民交流合作的先行区将起到很好的促进作用。三是着力构建海峡西岸20城市工商联协作新机制，省内9个设区市工商联和毗邻的浙、赣、粤3省11城市工商联，6月18日在福州召开了“海峡西岸20城市工商联协作恳谈会”，共同签署《海峡西岸20城市工商联协作框架协议》，搭建起海西区域经济合作新的平台，将有力地推动海西区域内非公有制经济的发展。四是围绕科学与创新，努力引导和推动民营企业实现可持续发展。五是紧扣纪念改革开放30周年主题，深入调查研究，积极参政议政。六是继续深入开展海西春雨光彩行动，为社会主义新农村建设再作新贡献。

组团参加第十二届中国国际投资贸易洽谈会系列活动

中国国际投资贸易洽谈会（简称“9·8”投洽会）是促进经济发展的重要平台，根据省政府的要求，省工商联积极组团参加这一活动，努力为“走出去”的民营企业了解信息、寻求合作、促进发展提供服务。第十二届“9·8”投洽会期间，省工商联重点做了两场接待和三场推介会。

两场接待：一是省政协副主席、省工商联主席李祖可和省工商联副主席邱家赞接待了来厦参加“海西论坛”和“9·8”投洽会开幕式的全国工商联副主席谢经荣一行，并陪同参观了厦顺铝箔有限公司。二是李祖可主席、邱家赞副主席与厦门总商会领导一起共同会见并宴请了来厦参加“9·8”投洽会的香港中华总商会、香港中华厂商联合会、旅港福建商会、香港总商会、香港观塘工商联等商会代表团全体成员。

三场推介会：一是9月8日上午，邱家赞、陈成秀副主席率我省30多位民营企业家参加了福建对口援建的西藏林芝地区在会展中心举行的招商引资项目说明会。二是组织民营企业家参加9月8日下午我省对口援建的四川彭州市在厦门国家会计学院举行的投资环境说明会暨签约仪式。三是组织民营企业家参加省政府组织的2008年投资海西对口洽谈会。

参加这次“9·8”投洽会，一是组织严密。省工商联共组织149名会员企业参加活动，各设区市工商联都有领导带队，企业家按时参加各种对接和推介会，受到了各有关单位的好评。二是成效显著。福建省民营企业参加四川省彭州灾后重建对接活动的共有19家企业与彭州市政府签订了协议，投资总额为30.98亿元。参加西藏林芝地区推介会的民营企业，现场签约26个项目，协议投资总额8.5亿元。参加2008年投资海西对口洽谈会的民营企业数量最多，达成的投资意向最丰厚，它有力地促进了海西建设和我省对口支援地区的发展。三是进一步扩大了海西的影响。全国工商联副主席谢经荣在听取省工商联领导汇报、参观福建省民营企业后说，福建实施海西发展战略很有眼光，这几年福建经济社会发展很快，海西展现了很好的发展前景。香港总商会、香港中华总商会等海外客人也高度评价福建近年来的发展。

召开纪念改革开放30周年大会

以纪念改革开放30周年，共同回顾30年伟大历程，总结改革开放成功经验，展望海西建设美好前景为主旨的省工商联纪念改革开放30周年大会，12月30日上午在福州隆重举行。会议由省委统战部副部长、省工商联党组书记陈大明主持。

省政协副主席、省工商联主席李祖可在会上做主题发言时说：1978年12月，中共中央召开的十一届三中全会，开启了我国改革开放的历史航程，实现了党的历史上具有深远意义的伟大转折，开辟了中国特色社会主义道路。福建作为全国最早实行对外开放的省份之一，经过30年波澜壮阔的改革开放实践，我省非公有制经济发生了历史性巨变，已撑起福建省经济的半壁江山，并在中国形成一批极具影响力的闽商投资力量。

会上，省工商联原常务副会长欧云远，省工商联副主席、新大陆集团董事长胡钢，省工商联副主席、圣农集团董事长傅光明，泉州市工商联副主席林平原，思明区商会副会长、厦门佳丽海鲜大酒楼有限公司董事长贺迎芳，北京福建企业商会常务副会长吴明生与大会代表共同回顾了改革开放30年来福建非公经济发展的成就，共同抒发了以明天为起点，继续坚持改革开放，推动非公经济更大发展的奋斗豪情。

召开九届三次执委会议

12月30日，福建省工商联（总商会）九届三次执委会在福州召开。会议由省委统战部副部长、省工商联党组书记陈大明主持；省政协副主席、省工商联主席李祖可作省工商联（总商会）九届三次执委会工作报告。省工商联副主席陈峰、邱家赞、陈阿涟、邓麟喜、庄振生、李顺堤、李新炎、连锋、胡钢、柳国荣、黄玲、傅光明，省总商会副会长王秀成、洪长水、王炎平出席了本次会议。

陈大明在会上传达了中央和全省经济工作会议精神，以及全国工商联十届二次执委会议和组织工作会议精神，要求各级工商联组织和全体会员要在当前经济形势下，把握中央和省委力保经济平稳较快发展的方针政策，充分发挥职能作用，想方设法增强企业发展信心，帮助困难企业渡过难关。同时，各级工商联组织要加强自身建设，体现特色，全面提高履行职责能力和工作服务水平，不断增强吸引力、凝聚力和影响力，努力推动非公有制经济为海西发展作贡献。

李祖可在工作报告当中总结了九届二次执委会以来的工作成果，并对2009年福建省工商联工作做了部署。他说，2009年是“大三通”之后海峡西岸经济区建设的关键一年，是福建省非公经济在严峻经济形势下保持稳步发展和提升综合竞争力的重要一年，这给工商联充分履行职能、提高服务水平提出了更高的要求。对此，李祖可提出，2009年全省工商联工作的指导思想和总体思路是：高举中国特色社会主义伟大旗帜，全面贯彻落实中共十七届三中全会精神，深入学习实践科学发展观，紧紧抓住海西建设五周年的战略机遇期，认真按照“解放思想求先行、以人为本求先行、好字当头求先行、持续运作求先行”的实践方向，强化工作职能，突出工作特色，推动工作创新，促进非公有制经济人士健康成长，引导民营企业为海西“两个先行区”建设作出新的贡献。

大会审议确认了人事任免的决定，增补黄家盛、林五四、俞杰三位同志为福建省工商联（总商会）九届执行委员、常务委员。会议审议确认了黄家盛同志任福建省工商联第九届执委会副主席，俞杰同志任福建省工商联（总商会）第九届执委会秘书长的决定。

福建省工商联领导名单：

主席：李祖可

党组书记：陈大明

副主席：陈　峰　邱家赞　陈阿涟　邓麟喜
　　　　庄振生　李顺堤　李新炎　连　锋
　　　　陈成秀　陈景河　胡　钢　柳国荣
　　　　黄　玲　曹德旺　傅光明
　　　　黄家盛（2008年8月就任）

秘书长：陈阿涟（2008年2月离任，兼）
　　　　俞　杰（2008年2月就任）

福建省总商会领导名单：

会长：李祖可

党组书记：陈大明

副会长：陈　峰　邱家赞　陈阿涟　吴惠天
王秀成　洪长水　陈庆元　林永霖
赖桂勇　陈春玖　王炎平　许明金

秘书长：陈阿涟（2008 年 2 月离任，兼）
俞　杰（2008 年 2 月就任）

组织结构：

办公室、政策研究室、经济联络部、会员部、人事教育部

联系方式：

地址：福建省福州市湖东路 276 号同心楼 16－17楼

邮编：350003

福建省工商联直属商会联系方式：

1. 福建省工商联江西商会

地址：福州市钢盘白龙路 2 号

邮编：350005

2. 福建省工商联浙江商会

地址：福州市八一七中路 758 号荣域新天地三楼

邮编：350008

3. 福建省工商联安徽商会

地址：泉州市丰泽街建设银行大厦 15D

邮编：362000

4. 福建省工商联湖北商会

地址：铜盘白龙路 6 号

邮编：350003

5. 福建省工商联陕西商会

地址：前埔路 168 号蒙发利大厦

邮编：361008

6. 福建省工商联四川商会

地址：厦门市嘉禾路 339 号四川大厦 511 室

邮编：361012

7. 福建省工商联直属委员会

地址：福州市湖东路 216 号实达皇冠 5 层 310 室

邮编：350003

8. 福建省工商联拉链同业商会

地址：青阳街道洪宅垵长兴路豪富花园二幢 1007

邮编：362200

9. 福建省工商联五金机电商会

地址：泉州市洛江区安吉路五金机电商城四楼

邮编：362011

10. 福建省工商联橱柜业商会

地址：厦门市槟榔路 55 号厦门总商会会所 2 层 207 室

邮编：361004

11. 福建省工商联女企业家商会

地址：福州市鼓楼区东大路 150#恒裕大厦 A 座 15 层 1101 室

邮编：350003

12. 福建省工商联布料同业商会

地址：福州市六一中路 90 号 505 室

邮编：350001

13. 福建省工商联高科技商会

地址：福州高桥路 26 号阳光假日大酒店 14 层

邮编：350005

14. 福建省工商联木门窗商会

地址：连江北路 293 号喜盈门（福州）建材家具广场办公楼 525－527 号

邮编：350011

15. 福建省工商联油气商会

地址：泉州市津淮街国际华城 01 栋 302 室

邮编：362000

16. 福建省工商联医用设备商会

地址：福州市湖东路 298 号邦发新村 1 座（伊法达大厦）五层

邮编：350003

17. 福建省工商联闽商投资促进中心

地址：福州市华林路屏东写字楼四楼

邮编：350001

18. 福建省工商联闽商经济文化促进会

地址：福州市华林路 128 号屏东写字楼 9 层

邮编：350003

19. 福建省工商联南美商会

地址：福州市五一中路 47 号联邦商业中心 7 层

邮编：350005

（福建省工商联办公室　供稿）

江西省工商业联合会

工作综述

在省委、省政府的正确领导下，在全国工商联和省委统战部的具体指导下，2008 年全省工商联各级组织和会员深入学习党的十七大精神，贯彻落实科学发展观，团结一心、与时俱进、合力争先、主动作为，以扎实的工作服务我省大开放、大发展主战略，不断推动工商联工作迈上新的台阶。

1. 纪念改革开放，推进思想政治工作

改革开放 30 年来，江西省民营经济从无到有、从小到大、从弱到强。2008 年，全省非公有制经济实现增加值 3434.4 亿元，占全省 GDP 的 52.2%；上缴税金 377.27 亿元，占全省财政收入、税金总额的份额达 51.6% 和 73.5%；出口创汇 60.28 亿美元，占全省出口总额的 78.4%；全省非公有制经济实际吸纳从业人员 1080 万人；完成固定资产投资 3000 亿元，占全省全社会固定资产投资总额的 69.8%。

为了纪念改革开放这一伟大历史创举，展示江西省非公有制经济发展丰硕成果，扩大非公有制经济的社会影响，省工商联开展了一系列纪念活动。在《江西日报》、江西电视台等媒体上开辟专栏，对江西省非公有制经济发展的重大成果以及先进人物事迹进行宣传；和省委统战部、省人事厅、省工商局、省中小企业局等单位开展了评选表彰活动，通过基层推荐、媒体公示、民主评选等程序，评选出“改革开放 30 周年江西十大杰出建设者和二十名优秀建设者”，并隆重召开了表彰大会，省委、省政府主要领导出席并作了重要讲话。

通过开展系列评选活动，表彰先进、弘扬正气，进一步推动非公有制经济人士思想政治工作。先后与有关部门联合开展了“关爱员工、实现双赢”、“第二届中国十大杰出赣商暨首届十大优秀商会”、“首届江西年度雇主调查暨江西十佳雇主”等评选表彰活动，积极做好全国工商联系统先进单位和先进个人的推荐工作，表彰了一批先进集体和先进个人，与省人事厅联合表彰了 11 名全省工商联系统先进个人，享受市级劳模待遇。

2. 深入调查研究，提高参政议政质量

充分利用人大会议、政协会议、党外人士座谈会等渠道参政议政、建言献策。在省政协会议上，组织了省政协联组会发言材料 3 份、常委会发言材料 1 份，提交提案 7 份，其中 2 份提案被评为优秀提案，1 份提案被列为主席追踪办理提案。省工商联主要领导还多次在参政议政座谈会、政协常委会等场合就“劳动合同法的实施与民营企业”、“政府扶持中小企业发展的财税政策”等方面问题作了发言。在由省委统战部牵头组织的“献策会”上，省工商联所作的“关于城镇化发展战略的若干思考”发言，引起与会人员的广泛关注。

不断创新调研手段，夯实参政议政工作基础。先后完成了《2007 年江西省民营经济分析报告》、《非公有制经济人士社会责任研究》等多篇调研报告，开展了民营企业落实劳动合同法、基层工商联组织建设、全省民营企业上市资源等专题调研活动，其中调研报告《紧跟发展形势、开创工商联工作新格局》被中央统战部评为全国经济统战理论优秀调研成果二等奖。为了进一步提高省工商联履行参政议政职能的能力和水平，提升建言献策的质量，拿出 10 万元专项经费，在征求全体企业家副主席、副会长意见的基础上，确定 5 个调研课题向社会公开招标进行调研，主要围绕省委、省政府的中心工作，就促进江西经济社会发展、服务广大民营企业等方面问题进行调研，提出有针对性、操作性强的意见建议，供省委、省政府决策参考。

政治安排取得了新突破，参政议政渠道更加畅通。针对人大、政协换届，积极推荐非公有制经济代表人士担任各级人大代表、政协委员。据统计，全省非公有制经济代表人士担任各级人大代表、政协委员的情况为：担任全国人大代表4人，担任全国政协委员6人；担任省人大代表21人，担任省政协委员73人；担任市人大代表258人，担任市政协委员518人；担任县人大代表376人，担任县政协委员1588人。

3. 践行科学发展观，提高机关服务水平

作为江西省第一批开展深入学习实践科学发展观活动试点单位，省工商联党组高度重视，多次召开会议进行专题研究，及时开展试点工作，严格按照省委统一部署完成各项规定动作，并结合工商联工作实际创新开展自选活动。一是高度重视、精心部署，加强组织领导，成立专门工作机构；二是统一思想、提高认识，开展了“创和谐机关、建民企之家”主题大讨论活动；三是深入调研，省工商联主要领导分别领题开展调研，有关调研成果已上报省委学习实践科学发展观试点工作领导小组办公室；四是坚持群众路线，切实解决实际问题，以群众是否满意衡量活动成败；五是突出实践、体现特色，坚持立足当前和着眼长远相结合，既切实解决现实问题又着力建立科学发展的长效机制。

通过学习实践科学发展观活动，进一步提高了服务意识，完善了服务机制，形成了七大工作机制、22项工作制度。以学习实践科学发展观活动为契机，进一步密切与省高级人民法院和省行政投诉中心的工作联系，推动省高级人民法院出台了《关于加强与省工商业联合会工作联系的意见》，与省行政投诉中心共同研究制定了《关于建立优化发展环境工作联系制度的意见》，为维护会员企业正当权益开辟了“绿色通道”。

积极创造条件帮助基层改善办公条件。省工商联新一届领导班子到位后，立即对全省各市县工商联进行了一次全面的摸底调查，比较全面地掌握了基层工商联存在的经费少、人员少、办公条件差等情况，并尽力给予帮助解决。省工商联争取会员单位支持，向全省100个县级工商联赠送了电脑、打印机、传真机等办公自动化设备，并向全体执委、各市县工商联赠阅了2008年度《中华工商时报》。

4. 积极招商引资，服务江西省经济发展

充分发挥工商联联系广泛的优势，积极为政府招商引资工作牵线搭桥，做好政府招商引资工作的助手，积极参与形式多样的经贸活动。在省政府举办的各类招商活动中，省工商联始终作为邀请客商的主力之一，保质保量地完成了政府交办的任务，得到了省领导及有关部门的认可和好评。

全国“两会”期间，省政府在北京召开“重大项目招商座谈会”，在全国工商联和北京市工商联的帮助下，省工商联邀请了30位知名民营企业家参加座谈；4月，“第十二届中国东西部合作与投资贸易洽谈会”在西安举办，借助这个平台，省工商联邀请了30余位当地知名企业家参加省政府举办的“赣陕民营企业家座谈会”；此外还积极配合省政府成功举办了“首届赣商大会”。

为了响应省委、省政府关于大力促进共青城发展的号召，10月，召开“九届二次主席会议”，专门组织与会企业家副主席、副会长赴共青城考察，听取有关情况介绍，使会员企业对共青城的发展机遇有了更深的认识，并纷纷表示要为共青城的发展献计出力。

在“引进来”的同时，积极引导省内民营企业走出去，加强国内外横向经济联系，帮助民营企业到省外、境外投资兴业。充分利用各种全国性的展会活动平台，先后组织省内民营企业家参加了“第五届中国河南国际投资贸易洽谈会”、“振兴东北老工业基地优秀中国特色社会主义事业建设者吉林行”、“全国知名民营企业家齐鲁行”、“第十二届中国（厦门）国际投资贸易洽谈会”、“第九届中国（成都）西部博览会”等活动。

为了加强与国外商会的联系，促进江西省与境外商会和企业的经贸往来与合作，帮助民营企业走出国门，工商联两次组织民营企业家赴美国、加拿大进行经贸考察，组织了一批民营企业家前往英国、西班牙、葡萄牙进行商务考察，学习国外商会的管理模式和经验，考察当地的投资环境，并与当地商会和企业家进行座谈，为江西省民营企业到境外投资合作牵线搭桥。

5. 承接大型活动，积极拓展交流合作

以承办全国性的会议活动为契机，主动配合政府开展一系列交流活动。4 月份，省工商联承办了全国工商联经济服务工作座谈会。会议期间，省工商联还举办了“东中部工商联经济服务工作座谈会”，特邀南京、青岛等东部发达地区工商联的同志出席座谈会，并就如何找准工商联角色定位，发挥政府助手作用，服务于经济发展等问题进行了深入交流。

5 月7 日至13 日，省工商联配合省委统战部承办了中央统战部组织的全国省级工商联副主席培训班。这次培训班汇聚了全国各省市部分知名民营企业家，在赣期间不但圆满完成了培训班的各项学习任务，还先后参加了“科学发展促崛起”论坛、南昌市“第五届城市友好商会会长会议暨南昌重大重点项目招商大会”等活动。

6. 积极抗灾救灾，尽心履行社会责任

年初江西省遭遇 50 年不遇的雨雪冰冻灾害后，全省各级工商联组织积极投入抗冰救灾第一线，引导会员企业参与慈善捐助活动，帮助受灾会员企业抗冰自救和恢复生产。

“5·12”汶川特大地震灾害发生后，第一时间在机关举行了捐赠活动，省委统战部主要领导和省工商联部分企业家副主席、副会长以及在昌的执常委参加了捐赠，整个活动当场接收捐赠现金26 万元，其后，省工商联机关全体党员再次参加捐赠“特殊党费”活动，省工商联机关组织捐赠63.56 万元。

及时发出《向四川地震灾区开展捐赠的倡议书》，在全省工商联系统和广大会员中掀起了抗震救灾的高潮。全省各级工商联组织和广大会员企业迅速行动起来，踊跃捐款捐物。据不完全统计，全省工商联组织及会员企业共向灾区捐赠款物总价值达 13960 万元。

在党中央、国务院明确江西省对口支援四川省小金县灾后重建工作后，省工商联高度重视，迅速成立省工商联对口支援小金县工作领导小组，认真筹划开展对口支援工作。主动与小金县工商联联系，了解小金县灾情及招商引资项目。8 月16 日，省工商联组织了部分会员企业赴小金县进行实地考察，再次向灾区人民捐款40 万元。

省工商联继续组织“千企带千村”活动。各级工商联组织依照“巩固、完善、发展”六字方针，积极引导，大力推动，“千企带千村”活动再创佳绩，截至2008 年10 月，全省共有2976 家民营企业参与帮扶1921 个村，捐赠总额2.68 亿元，产业帮扶项目205 个，帮扶金额9.67 亿元。

7. 丰富宣传载体，创新培训服务手段

寻求多方支持，不断丰富宣传载体。换届后，由泰豪动漫公司赞助支持，建立了省工商联网站并与全国工商联、各设区市工商联以及部分政府网站进行了链接。省工商联的内部刊物《江西商会》，在蓝天学院、梦达彩印公司的支持下继续编辑印发。

不断创新培训手段。成功举办“省工商联执、常委培训班”、“全省工商联商会管理培训班”等多项教育培训活动。充分发挥江西财智名家论坛的作用，为广大民营企业家提供一个开阔视野、增进知识的窗口。先后邀请了十几位经济学、管理学、社会学的国内知名学者来昌讲座，省工商联免费为会员发放入场券800 多张，深受广大会员欢迎。6 月，由会员单位出资支持的北京师范大学艺术与传媒学院副教授于丹女士南昌报告会，省委苏荣书记亲自到场并给予充分肯定。

8. 稳步发展会员，强化组织建设工作

按照坚持标准、积极发展、确保质量、优化结构、加强服务、动态管理的原则，加大会员尤其是企业会员的发展力度，促进工商联队伍不断壮大。省工商联共有会员43023 个，其中企业会员19365 个；共有基层组织845 个，各级行业商会354 个，其中省直行业商会10 个。全省已经有8 个设区市工商联取得了行业商会的主管单位资格。

积极支持行业商会在各自行业和领域内开展丰富多彩的活动。省工商联女企业家商会配合南昌市政府开展了“全国知名女企业家南昌经贸合作恳谈会”，活动汇聚了来自全国各地近300 名知名女企业家，与南昌市有关单位签约资金达13 亿元人民币。省工商联家居建材业商会与有关媒体及公交公司合作，以最优惠的团购价为会员企业搭建广告平台，并在行业内举办了“江西家居建材业年度总评榜”等评选表彰活动。

成立上市工作委员会、医药工作委员会、教育工作委员会、企业发展研究会、现代农业专业委员会、矿产资源工作委员会6个专业工作委员会，提升为会员提供专业化服务的能力。上市工作委员会成立后，及时开展“全省民营企业上市资源”专项调研，针对符合条件并有上市意愿的民营企业开展了上市辅导培训工作。5月，现代农业专业委员会召开成立大会，并以“农业产业化，价值链整合与发展”为主题，举办了“农业产业价值链发展研讨会”。

重要活动

组团赴小金县进行考察和开展对口支援活动

根据党中央、国务院要求，江西省对口支援四川地震灾区小金县灾后重建工作。在省委、省政府的统一部署以及全国工商联的具体指导下，商会重点对口支援四川省小金县工商联开展灾后重建工作。

江西省工商联组团赴小金县进行考察和开展对口支援活动

2008年8月16日，以省工商联副主席于也明为团长的考察团一行抵达四川省小金县。当晚，在小金县召开座谈会，小金县委副书记、组织部部长全明同志就小金县县情、受灾情况、对口支援工作进展情况、灾后重建的打算等四个方面向考察团进行了详细介绍。小金县人民政府副县长刘佳礼在座谈会上详细介绍了当地小水电开发、扶持农业产业化等发展规划情况。

8月17日，在小金县有关领导的陪同下，考察团一行对小金县日隆镇、达维乡受灾情况和民营企业进行了实地走访。在前往九寨葡萄酒业有限公司考察时，考察团一行参观了生产、储酒等车间，详细了解了葡萄酒的生产和投资情况，还来到公司的葡萄生产基地，详细了解葡萄的生长、管理、采摘等环节的具体工作以及给周围群众带来的社会效益等情况。

返回成都后，考察团走访了四川省工商联并召开座谈会。双方互相介绍了各自的基本情况，还就如何更好地开展灾后援建工作以及服务民营经济发展、做好工商联日常工作等进行了交流。

江西省工商联（总商会）九届二次执委会召开

2008年11月25日，江西省工商联（总商会）九届二次执委会议在南昌召开，省政协副主席、省委统战部部长出席会议并讲话。

江西省工商联召开九届二次执委会

江西省工商联主席黄代放向江西省工商联九届二次执行委员会全体执委作了工作报告。黄代放在工作报告中对省工商联一年以来的工作进行了回顾，并对2009年的工作进行了部署。他强调要通过完善商会服务手段，促进民营经济稳定发展，深入贯彻党的十七届三中全会精神，不断推动现代农业发展，狠抓招商引资项目，加强对外经济交流，充分发挥自身优势，提高参政议政水平，同时，加强组织建设，增强工商联的凝聚力，始终围绕省委、省政府的工作部署，引导广大会员企业扩大内需，保持经济稳定增长，充分发挥工商联的独特作用，不断创新商会服务手段，努力在提高会员企业整体素质，增强应对世界金融危机和我国经济发展新情况的能力方面有所作为。

会议审议听取了省工商联2007～2008年度会费收支情况，通过了会费标准调整方案，讨论了如何应对全球金融危机，推进中小企业发展，并对共青城发展情况进行了推介。

表彰十大杰出建设者及二十名优秀建设者

2008年11月25日，“改革开放30周年省十大杰出建设者及二十名优秀建设者表彰大会”在南昌隆重召开。江西省省委副书记、省长吴新雄，省委副书记王宪魁出席表彰大会，王宪魁做重要讲话。省人大副主任胡振鹏、省政协副主席李华栋和省委统战部主要领导出席会议。省工商联主席黄代放宣读了《关于改革开放30周年江西省十大杰出建设者及二十名优秀建设者的表彰决定》。

江西省表彰十大杰出建设者及二十名优秀建设者

与会省领导和活动主办单位领导向省十大杰出建设者及二十名优秀建设者颁发了奖牌。受表彰代表江西省工商联（总商会）副会长、江西民生集团有限公司董事长王翔，江西省工商联常委、思创科技集团有限公司董事长兼总裁游建平依次发言，代表们纷纷表示虽然目前全球金融危机不断加剧，给江西省经济的稳定和增长带来了一定的冲击，但是在党中央、国务院和省委、省政府的高瞻远瞩，审时度势，果断决策下，江西省民营企业一定要准确把握形势，坚定发展信心，采取有效策略，化解经营风险，在内强自身素质，外争市场份额的基础上，培育竞争优势，坚持科学发展。针对全球金融危机影响日益加大的趋势，优秀建设者代表们宣读了《全省民营企业家积极应对全球金融危机和经济衰退严峻挑战的倡议书》，充分展示了大家应对挑战、加快发展的决心和勇气。

活动主办单位的有关负责同志及机关干部、省工商联全体执委和30位受表彰民营企业家共610余人出席了会议。

江西省工商联领导名单：

会长：金　异

副会长：舒国华　吴成华　沈慧德（女）　于也明　刘礼祖　王中洋　王　翔　张果喜　许智明　陈年代　黄代放　于　果　涂建民　熊贤忠　王再兴　王佑任　杨灿龙　温显来

秘书长：洪跃平

江西省总商会领导名单：

会长：黄代放

副会长：舒国华　于也明　张果喜　王　翔　涂建民　李义海　林印孙　查加智　陈　苏　周永辉　谭文英　洪跃平　廖　昶

副秘书长：胡显煜　韩跃武

组织结构：

办公室、经济联络处、会员工作处、咨询培训处、宣传调研处

联系方式：

地址：江西省南昌市百花洲路16号

邮编：330008

江西省工商联直属商会联系方式：

1. 江西省工商联家居建材业商会

地址：南昌市解放西路999号

邮编：330029

2. 江西省工商联房地产商会

地址：南昌市百花洲路省工商联大楼2楼

邮编：330003

3. 江西省工商联汽车服务业商会

地址：南京东路565号南昌市汽车装潢大市场内

邮编：330029

4. 江西省工商联女企业家商会

地址：南昌市百花洲路16号

邮编：330008

5. 江西省工商联房地产经纪商会

地址：福州路金昌利大厦7楼

邮编：330006

6. 江西省工商联古玩艺术业商会

地址：南昌市百花洲路16号

邮编：330008

7. 江西省工商联微型元件商会

地址：余江县锦江镇工业开发区

邮编：335203

8. 江西省工商联轴承商会

地址：玉山县工商联

邮编：334700

9. 江西省工商联电瓷商会

地址：芦溪县上埠镇工业园

邮编：337200

10. 江西省工商联面包商会

地址：资溪县建设中路41号

邮编：335300

11. 江西省工商联眼镜商会

地址：鹰潭市火车站步行街

邮编：335000

（江西省工商联洪跃平、杨明、田绍江、唐迎丰、林繁　供稿）

山东省工商业联合会

工作综述

2008年，在省委、省政府的领导下，在全国工商联、省委统战部的指导下，山东省工商联深入学习贯彻党的十七大和十七届三中全会精神，自觉按照省委、省政府战略部署，主动谋划，务实开拓，大胆创新，突出重点，整体推进，狠抓落实，圆满完成了年度工作各项任务，全面建设又迈上了一个新台阶。

一、学习实践科学发展观活动不断深入

山东省工商联把学习实践科学发展观，始终置于中心位置，一以贯之，常抓不懈。通过召开党组会、主席会和举办培训班等多种形式，进行部署和安排。4月份，配合全国工商联，先后对青岛、潍坊等六市工商联，以及淄博博泵集团、东营华泰集团、德州中澳集团等15家生产型、科技型、外贸型等大型民营企业进行科学发展观学习实践活动专题调研，为开展学习实践科学发展观活动摸清了“底数”。10月底，针对工作实际，制定了学习实践活动实施方案，成立了学习实践活动领导小组，召开了深入学习实践科学发展观活动动员大会。为确保学习实践活动效果，省工商联确立了“服务科学发展，促进两个健康”的活动主题，并于10月份组织省工商联机关全体党员、干部职工和离退休同志到青州市工商联学习调研，听取了青州市工商联主席李守纲同志先进事迹报告，参观了青州尧王制药有限公司。经省工商联党组、主席联席会议研究决定，作出了在全省工商联系统开展向李守纲同志学习活动的决定。省工商联领导班子召开了民主生活会，谈学习、找差距、定措施，把学习实践活动开展的扎扎实实、富有成效。

二、思想政治工作更加扎实活跃

全省各级工商联把高举一面旗帜，坚持一条道路，突出一个理论，促进“两个健康”，实现又好又快发展作为思想政治工作的主线，以纪念改革开放30周年为抓手，以开展丰富多彩、富有成效的活动为载体，精心部署，务求实效。

1. 组织开展中国特色社会主义学习教育活动

10月份，起草下发了《关于开展中国特色社会主义学习教育活动的通知》，要求在广大非公有制经济人士和工商联干部中开展中国特色社会主义教育活动。全省各级工商联行动迅速，及时进行部署，扎实开展教育活动，努力把中国特色社会主义教育活动入心入脑，付诸实践。

2. 组织开展纪念改革开放30周年系列活动

与《联合日报》联合举办了“固德杯”纪

念改革开放30周年征文活动，与《大众日报》联合开展了改革开放30年最具影响力人物评选活动，举办了纪念改革开放30周年文艺汇演活动。

3. 以开展“民企帮村”、“民企助学”和“零就业工程”等活动为载体，引导广大非公有制经济人士进一步增强爱国敬业、回报社会的责任感与使命感

与省委统战部、省农村工作办公室联合表彰了“民企帮村十佳示范企业”。与省劳动和社会保障厅、省中小企业办公室、省总工会等联合举办了“山东2008创业博览会暨民营企业招聘周活动”。为失业人员、大中专毕业生、农村进城务工人员，以及其他城乡各类劳动者提供政策咨询、职业指导和技术培训等，共组织118家民营企业向求职者提供就业岗位1.1万个。全年广大会员企业先后捐款捐物达7.13亿元资助贫困学生、救助孤儿和贫困家庭等。11月份，与省委统战部联合召开了全省非公有制经济人士思想政治工作会议，通报表彰了思想政治工作先进单位和个人。

三、组织建设迈上新台阶

会员发展、会籍管理和积极分子队伍建设工作进一步增强。特别是把县级工商联建设作为“重中之重”，始终抓在手上，紧抓不放。在全国工商联召开的组织工作会议上，山东省工商联作了《着眼两个健康，强化三种意识，努力开创县级工商联组织建设新局面》的大会发言，受到了与会同志好评。12月2日，召开了全省工商联组织工作会议，传达贯彻全国工商联组织工作会议精神，重点研究探讨加强和改进县级工商联组织建设的新思路和新方法，与省人事厅联合表彰了全省工商联系统29个先进单位、20名荣立二等功和60名荣立三等功的先进个人，这是山东省工商联多年来第一次与政府部门联合表彰工商联系统先进单位和个人，是一次历史性突破。组织建设扎实推进，成效显著：一是会员结构明显优化。目前，会员总数已达11.7万个，企业会员比重也由过去37.6%增加到现在49.5%。二是会籍管理不断规范。普遍健全了会员档案，规范了会籍管理。三是基层组织和行业商会继续发展壮大，组织体系日益健全。乡镇、街道商会（分会）1664个，覆盖面为86.7%；异地、市场、开发区、村和社区商会81个；行业商会566个。四是注重发挥兼职副主席作用，印发了《关于进一步发挥兼职副主席作用的意见》，各市工商联根据意见要求，积极探索，大胆实践，有效地调动了兼职副主席的积极性，组织体系建设和工作活力显著增强。

四、经济服务又有新突破

紧紧围绕经济建设这个中心，积极履行助手职能，服务水平不断提高，成效更加显著。

第六届海内外知名企业家“齐鲁行”于9月10～12日在济宁市举行。活动共达成签约项目126个，总投资金额220.93亿元。三次组成山东省代表团，在省政府领导带领下，分别参加了中国中部地区博览会、中国西部地区博览会和湖南省经贸合作洽谈会暨湘商大会，取得了丰硕成果，得到了省政府领导的充分肯定和表扬。按照国家科委、全国工商联的要求，筛选推荐力诺集团、山东慧敏科技有限公司申报了国家科技发明奖，在全国工商联上报国家科委共计6家企业中，山东省就占2家。

为加强与金融部门的联系，6月25日，召开了省工商联融资服务工作座谈会，部分市县工商联作了经验介绍，有效推动了融资服务工作的进展。截至2008年11月，全省各级工商联通过担保、牵线搭桥等多种途径，先后为会员企业获得信贷资金达27.5亿元，为山东省民营企业增强抗击世界金融危机的能力、走出发展困境提供了有力地支撑。

五、对外联络工作再上新水平

1. 着眼于“请进来”投资兴业，先后与辽宁、内蒙、江苏、天津等省市工商联建立战略友好协作关系

积极邀请国外及地区商会或经济组织来山东举办经济论坛，探讨合作渠道。先后与加拿大、德国、韩国等国家经济商会组织签订友好商会协议，扩大了对外联系窗口。3月份，组织200多名企业家参加了由香港投资署、省外经贸厅、驻港联络办举办的“立足香港，迈向国际”介绍会。在青岛承办了土耳其投资推介会，13名土耳其客商与近50名青岛企业家出席推介会。和韩国、日本等商会组织进行了沟通与联系。

2. 立足“走出去”，为民营企业开拓国际市场“开路搭桥”

先后组织安排三批（次）民营企业家到德国、法国、澳大利亚、新西兰、挪威以及中国台湾等国家和地区进行经贸考察，签订有关经贸合作或投资项目21个，共计8亿多美元。

六、调研工作取得新成效

1. 结合新形势下非公有制经济人士思想政治工作、加强县级工商联组织建设，以及学习实践科学发展观活动等展开专题调研

2008年3月到5月，分7个组，到全省17个市、80多个县区工商联和部分会员企业中进行深入调研。4月份，组织机关干部分赴湖北、湖南两省工商联着重就加强新形势下思想政治工作、工商联组织建设等学习取经，学到许多好的经验和做法。与全国工商联一道进行了学习实践科学发展观活动调研。上规模民营会员企业调研圆满完成，参与调研的企业比上年度增加43.9%，所写调研报告成为全省民营企业发展的权威数据，为省委、省政府形成有关决策提供了依据，受到全国工商联通报表彰。

2. 重视调研成果转化

2008年共收集提案线索40多条，形成团体提案23件。撰写的《“民企帮村”是工商联及民营企业探索参与新农村建设的一条新途径》的调研报告被中央统战部《调研参考》和国家核心期刊《山东青年论坛》刊用，产生了较大影响。与省社科院联合编写的139万字的《山东民营经济发展研究报告》一书由中国金融出版社正式出版，在全国社科界和工商联系统产生了很大反响。

3. 对调研中发现重要情况及时利用《民营经济要情专报》等给省委、省政府领导提出建议

就企业贯彻《劳动合同法》、中小企业的发展现状及诉求、民营企业遭遇金融危机所带来的冲击等问题先后向省委、省政府写出了专题报告，为省委、省政府出台有关扶持和帮助民营企业发展的有关政策措施等提供了科学依据。

七、参与抗震救灾和奥运会作出新贡献

5月12日，汶川等地发生地震后，及时召开动员大会，成立了“赈灾捐助、奉献爱心”活动领导小组，向全省非公有制经济人士发出了向地震灾区奉献爱心的倡议。全省17市、140个县市区工商联也都积极行动起来。据不完全统计，截至10月底，全省民营企业和工商联机关工作人员先后向地震灾区捐助现金8.7亿元，捐助赈灾物资价值达5.33亿元，款物合计达14.3亿多元。会员企业采取多种方式参与奥运、支持奥运，青岛市工商联部分会员企业为支持奥帆赛作出了积极贡献。全省各级工商联机关干部和广大会员企业用自己的实际行动有力地支援了抗震救灾和奥运会，展示了山东人民慷慨仗义、乐善好施和无私奉献的高尚情操。

八、自身建设又有新提高

坚持班子抓学习，机关抓培训、抓提高的要求，着眼提高素质、提高能力、提高水平的要求，大力推动工商联机关的思想、组织、作风和廉政建设，切实增强做好工商联工作的责任意识、创新意识、制度意识和群众意识，服务质量和工作水平明显提高。着眼换届后领导班子和机关干部新变化，全省各级工商联都组织开展了多种形式的学习培训活动。首次组织机关处级干部集中进行培训，收到了良好效果。举办了两期市级工商联领导干部培训班，许多县市工商联也都组织举办了行之有效的培训，提高了机关干部办文、办会、办事的能力。同时各级工商联注重在建章立制、完善工作职能等方面下工夫求实效。通过学习培训，全省各级工商联机关在精神面貌、规范管理、工作效能等方面都有较大提高。

重要活动

举办机关处级干部理论培训班

2008年2月25～29日，山东省工商联在省社会主义学院举办了机关处级干部理论培训班。19名处级干部全程参加了培训，部分重要课程也安排机关其他同志参加。培训班以提高机关处级干部综合素质为目标，以提高机关干部服务大局能力、服务会员能力、调查研究能力、组合协调能力、办文办会办事能力为重点，旨在全面推进机关的思想、组织、作风、制度和廉政建设，努力建设一支勤奋学习、业务精良、开拓创新、求真务实、廉洁自律、团结奉献的干部队伍。培训班上，王乃静主席作动员讲话，孙传宏书记作总

结讲话。会领导人人精心准备，个个登台讲课辅导，充分反映了新一届会领导对培训工作的高度重视，也确保了培训班的圆满成功。通过培训，一是增强了高举中国特色社会主义伟大旗帜的坚定性，加深了对坚持走中国特色社会主义道路重要性的认识。二是增强了做好新时期工商联工作的使命感和责任感。三是增强了做好本职工作的能力和信心。四是增强了加强廉政勤政建设的自觉性，进一步提高了对反腐倡廉迫切性和长期性的认识。培训班对机关新年度深入创建“文明机关”工作开好局、起好步，争第一、创一流奠定了坚实的思想基础和能力素质。必将推动我省工商联工作在新的起点，实现新的更大跨越，更好地促进全省非公有制经济的平稳较快发展。

召开学习贯彻省委工作会议精神座谈会

2008年7月30日下午，省工商联在济南珍珠泉宾馆召开全省非公有制经济代表人士座谈会，认真传达学习贯彻省委工作会议精神。省政协副主席、省委统战部部长张传林出席会议并作重要讲话。省政协副主席、省工商联主席王乃静出席会议并讲话。会议由省委统战部副部长、省工商联党组书记孙传宏主持。省工商联、省民间商会领导班子成员、省工商联驻济直属商会负责人和部分民营企业家代表等共50余人参加了会议。会上，省工商联党组副书记、副主席王晓炜传达了省委工作会议精神；民营企业家代表苏寿堂、宗立成、杨涛、翟君、张洪波等结合企业发展实际、围绕如何学习贯彻省委工作会议精神作了发言；省工商联副主席栾文通宣读了《山东省工商业联合会关于学习贯彻省委工作会议精神的决议》。决议强调：一要充分认识加快推进经济文化强省建设的重大意义，切实把思想和行动统一到省委工作会议精神上来。二要充分发挥工商联的独特优势，围绕省委工作会议的决策部署认真履行职能。要把加快推进经济文化强省建设作为履行职能的第一要务，深入开展“建设经济文化强省、工商联和非公有制经济人士怎么办”的大讨论，广泛开展“五个一”活动（为加快推进经济文化强省建设搞一次务实调研、提一条创新建议、办一件利民实事、引进一个投资项目、打造一个工作亮点）；要围绕解决好关系经济文化强省建设的重大问题发挥积极推动作用，积极引导民营企业在转变发展方式、开展“民企帮村”活动、加强企业文化建设、履行社会责任、培育造就人才等方面多做文章。要以学习贯彻省委工作会议精神为动力切实做好下半年各项工作。三要加强组织领导，切实把学习贯彻省委工作会议精神活动不断引向深入。

第六届海内外知名企业家齐鲁行活动取得丰硕成果

由全国工商联和山东省政府共同主办、山东省工商联和济宁市政府承办的“2008海内外知名企业家齐鲁行暨中国济宁投资经贸洽谈会”于2008年9月10～12日在济宁市举行。参加本年度齐鲁行活动的有来自美国、荷兰、芬兰、日本、韩国等国家，台湾、香港地区和国内16个省、市、自治区的302家知名企业家500余人，共达成签约项目126个，总投资金额220.93亿元。参会的302家知名企业中，名列全国民营企业500强的企业约占1/4，位于本行业全国前10强的企业有近20家。参会人员中90%以上是企业的董事长、总经理。其中包括全国工商联企业家副主席2名，中国民间商会副会长3名，中国光彩事业促进会企业家副会长2名，全国人大代表、全国政协委员、全国劳动模范20多名，其余多为各级人大代表、政协委员和工商联的常委、执委，而且参会客商中70%以上都有明确的合作意向。全国工商联黄孟复主席第六次亲率企业家参会，并在大会开幕式上作重要讲话，王文彪副主席代表全国工商联在大会开幕式上致辞，孙安民副主席挂帅担任活动领导小组组长，亲自组织落实活动的筹备工作。山东省委、省政府对齐鲁行活动高度重视，姜大明省长对本届齐鲁行活动作出重要批示，姜省长和刘伟副书记分别在济宁会见黄孟复主席和海内外知名企业家，刘伟副书记在欢迎宴会上致辞。王仁元常务副省长、王军民副省长亲自审定本届活动方案。郭兆信副省长代表省政府出席大会开幕式并作重要讲话。省政协副主席、省委统战部部长张传林主持大会开幕式。

隆重召开了全省非公有制经济人士思想政治工作会议

全国非公有制经济人士思想政治工作会议召

开以后，山东省委书记姜异康，副书记刘伟，省政协副主席、省委统战部部长张传林等领导分别作出重要批示，要求认真贯彻落实全国非公有制经济人士思想政治工作会议精神。省委统战部、省工商联组成7个调研组，分赴各地对全省开展非公有制经济人士思想政治工作情况进行调研，充分征求意见建议，省工商联多次召开会议研讨会议方案。

11月6～7日，全省非公有制经济人士思想政治工作会议召开

2008年11月6～7日，全省非公有制经济人士思想政治工作会议在济南召开。会上传达贯彻了全国非公有制经济人士思想政治工作会议精神，总结交流了近年来我省非公有制经济人士思想政治工作的新经验、新做法，研究探讨加强和改进非公有制经济人士思想政治工作的新思路、新方法，促进全省非公有制经济人士健康成长和非公有制经济健康发展，努力开创全省非公有制经济人士思想政治工作新局面。

省政协副主席、省委统战部部长张传林出席会议并作重要讲话。省政协副主席、省工商联主席王乃静主持会议并讲话。省委统战部副部长、省工商联党组书记孙传宏作主旨讲话。会上表彰了29个全省非公有制经济人士思想政治工作先进单位，有10个单位和个人介绍了各自开展非公有制经济人士思想政治工作的经验做法。省委、省政府有关部门、各市委统战部、市工商联的主要负责同志等150余人参加会议。中央统战部副部长、全国工商联党组书记、第一副主席全哲洙同志在此次会议情况的报告上作了重要批示，充分肯定了山东在非公有制经济人士思想政治工作中取得的成绩。

首次与人事部门联合表彰全省工商联系统先进集体和先进个人

2008年11月18日，省工商联会同省人事厅授予济南市历下区工商联等29个单位“全省工商联系统先进集体”称号；给予李维等20名先进个人记二等功奖励，给予于真等60名先进个人记三等功奖励。要求全省各级工商联和工商联系统广大干部职工，以典型为榜样，在省委、省政府的领导下，坚持以邓小平理论和“三个代表”重要思想为指导，深入贯彻落实科学发展观，不断加强自身建设，进一步营造争先创优，奋发向上的良好氛围，努力把工商联工作提高到一个新的水平，为促进全省非公有制经济健康发展，促进非公有制经济人士健康成长，为实现富民强省新跨越作出新的更大贡献。

山东省工商联组织工作会议召开

2008年12月2日，山东省工商联组织工作会议召开

2008年12月2日，山东省工商联组织工作会议在济南召开。省政协副主席、省工商联主席王乃静，省委统战部副部长、省工商联党组书记孙传宏分别讲话。省人事厅副厅长杨喜坤宣读了由省人事厅、省工商联联合下发的《关于表彰全省工商联系统先进集体和先进个人的通报》（鲁人发〔2008〕78号），有关领导给受表彰的先进单位和个人颁奖。这次会议的主要任务是传达贯彻全国工商联组织工作会议精神，总结交流近年来我省县级工商联组织建设经验，会同省人事厅表彰全省工商联系统先进单位和个人，研究探讨进一步加强和改进新形势下县级工商联组织建设的新思路，努力开创县级工商联组织建设的新局面。王乃静主席对新形势下加强和改进县级工商联组织建设提出了具体要求。一是突出重点，继

续壮大会员和积极分子队伍；二是着眼长远，切实抓好领导班子和干部队伍建设；三是因势利导，扎实推进基层和行业组织建设；四是抓住关键，加快实施规范化管理；五是注重实效，不断提高服务质量；六是勇于实践，进一步推动工作创新。孙传宏在讲话中强调指出，各级工商联应认真处理好“四个关系”：一是上级机关指导和当地党委领导的关系；二是统战部与工商联的关系；三是党内干部和党外干部的关系；四是专职主席和企业家主席的关系。在认真抓好县级工商联基础上，还要加大措施，切实抓好行业商会和乡镇商会建设。孙传宏要求省市工商联机关应转变作风，切实加强对县级工商联组织建设的指导。会上，有18个先进市县（区）工商联交流介绍了经验。

表彰改革开放30年山东民营经济最具影响力人物和山东省优秀民营企业家

为纪念改革开放30周年，展示山东省非公有制经济发展的辉煌成就和民营企业家的精神风貌，省工商联与《大众日报》联合开展了“改革开放30年山东民营经济最具影响力人物”评选活动。综合评选结果和有关方面意见，决定授予王守东等30名同志“改革开放30年山东民营经济最具影响力人物”称号，授予王秀生等30名同志“山东省优秀民营企业家”称号，并在省工商联十一届三次执委会上予以隆重表彰。

表彰改革开放30年山东民营经济最具影响力人物和山东省优秀民营企业家

此次受表彰的同志是沐浴着中国特色社会主义和党的政策阳光，在改革开放各个历史时期成长起来的，在某一阶段、某一地区或某一行业产生过一定影响的民营企业家，是全省非公有制经济人士的优秀代表，为推进山东省经济社会发展作出了积极贡献，从他们身上可以窥见山东省非公有制经济发展的历史轨迹和广大民营企业家的崭新精神风貌。通过表彰使广大民营企业家珍惜荣誉、谦虚谨慎、再接再厉、奋发进取，特别是要坚定信心、振奋精神，正确应对国际金融危机带来的影响和挑战，为推动全省非公有制经济科学发展、和谐发展、率先发展再立新功。

理论调研工作取得新突破

2008年，山东省工商联在理论调研工作方面获得了可喜的成绩。主要有：一是承担的省委统战部统战理论研究重点课题——《关于加强和改进新时期非公有制经济人士思想政治工作的调查与思考》荣获2008年全国统战理论研究优秀成果二等奖，被中央统战部评为非公有制经济人士思想政治工作课题研究报告二等奖，被省委统战部评为2008年度全省统战理论调研宣传“四新工程”优秀理论调研成果一等奖；二是撰写的《深化思想政治工作内涵，引导非公有制经济人士积极应对宏观调控，实施科学发展战略》荣获2008年度全省统战理论调研宣传“四新工程”优秀理论调研成果优秀奖；三是由于在全省统战理论调研宣传“四新工程”评选活动中表现突出，山东省工商联荣获2008年度全省统战理论调研宣传“四新工程”先进单位奖；四是在省委统战部、《联合日报》社组织的全省统一战线学习贯彻十七大精神有奖征文活动中，提供的《以十七大精神为指导，不断开创非公有制经济人士统战工作新局面》荣获二等奖，并被编入全省统一战线与十七大精神研讨会论文集；五是开展理论调研工作的情况，被全国工商联评为2008年度20大工作案例之一。

举办纪念改革开放30周年文艺汇演

为纪念改革开放30周年，省工商联纪念改革开放30周年文艺汇演于12月29日晚在济南举行，省政协副主席、省委统战部部长张传林，省政协原副主席王久祜，省政协副主席、省工商联主席王乃静，省委统战部副部长、省工商联党组书记孙传宏等领导同志和出席省工商联十一届三次执委会的同志观看了演出。全省各级工商联、省工商联直属商会和民营企业选送的20个文艺节目参加了汇演。汇演通过艺术的形式，热情讴歌了30年来在党的改革开放政策指引下我

12 月 29 日晚，山东省工商联纪念改革开放 30 周年文艺汇演在济南举行

省经济社会发展取得的巨大成就，展示了各级工商联围绕中心、服务大局取得的工作成绩以及我省非公有制经济取得的显著成绩和非公有制经济人士的良好精神风貌，山东电视台对文艺汇演进行了录播。

表彰民企帮村活动先进单位

2008 年，省工商联积极响应中央和省委关于推进社会主义新农村建设的号召，在全国工商联系统率先组织开展了旨在推进新农村建设、构建和谐阶层关系的“民企帮村”活动，引导广大会员在把企业做实做强做大的同时，充分发挥自身优势，以各种形式参与社会主义新农村建设。活动开展以来，全省各级工商联组织和广大会员企业积极响应，结合实际，发挥优势，成功探索出了多种有效帮扶方式，创造出了许多好的经验和做法，取得了显著的经济和社会效益，为建设社会主义新农村、构建社会主义和谐社会和全面建设小康社会作出了积极贡献，在全国引起了强烈反响和连锁效应。为深入贯彻落实党的十七届三中全会和省委九届六次全体会议精神，进一步激发全省广大工商联会员参与社会主义新农村建设的积极性、创造性，推动“民企帮村”活动深入健康持久地开展下去，12 月 29 日，省工商联联合省委统战部、省委农村工作领导小组办公室对在“民企帮村”活动中帮扶成效突出、具有典型示范作用的 35 家非公有制企业予以表彰，授予济南圣泉集团股份有限公司等 10 家企业“山东省民企帮村十佳示范企业”称号，授予青岛柏兰食品有限公司等25 家企业“山东省民企帮村优秀企业”称号，并颁发奖牌，号召全省广大工商联会员要以他们为榜样，关心“三农”、情系“三农”，主动履行社会责任，积极投身“民企帮村”活动，努力实现企业发展与新农村建设的双赢，为推进经济文化强省建设，全面建设小康社会和构建社会主义和谐社会开拓进取，努力奋斗。

山东省工商联领导名单：

主席：王乃静

党组书记、副主席：孙传宏

副主席：王晓炜　夏春亭　杨宝友　陆　锦　栾文通　梁向前　高元坤　孔黛碧（女）　苏寿堂　李洪信　陈索斌　宗立成　孙龙平　栾鲁闽　刘德顺　杨　涛　黄栋标　李建华　曹　元（女）　徐　航　田友海　彭德洲　杨世杭　谢硕文　刘双珉　张洪波　王桂波　袁仲雪

秘书长：赵延彤

山东省民间商会领导名单：

会长：王乃静

副会长：孙传宏　王晓炜　吴炳新　栾文通　梁向前　曹　元（女）　陈守国　马西元　张树珍　翟　君　马敬涛　孟令水　樊庆斌　孙　戈

秘书长：赵延彤

组织结构：

办公室、宣调处（参政议政处）、会员处、经济处、联络处、机关党委、《齐鲁工商》编辑部

联系方式：

地址：山东省济南市纬二路 51 号山东商会大厦 18 层楼

邮编：250001

山东省工商联直属商会联系方式：

1. 山东省工商联民营企业家公会

地址：济南市山大路 136 号

邮编：250013

2. 山东省工商联种子商会

地址：济南市桑园路 28 号

邮编：250100

3. 山东省工商联五金机电商会

地址：济南市历山北路 188 号

邮编：250033

4. 山东省工商联金银珠宝商会

地址：济南市经十东路临港经济开发区南区（黄金集团）

邮编：250102

5. 山东省工商联女企业家商会

地址：济南市顺河东街66号（银座晶都206女韵阁）

邮编：250002

6. 山东省工商联电子通信业商会

地址：济南市山大路47号（数码港大厦C座1205室）

邮编：250013

7. 山东省工商联礼仪庆典业商会

地址：济南市槐荫区北小辛庄西街97号（山东天地人礼仪庆典有限公司）

邮编：250022

8. 山东省工商联石油与清洁燃料业商会

地址：济南市花园路40号火炬大厦912房间

邮编：250100

9. 山东省工商联石材业商会

地址：莱州市云峰工业园海关办公楼211室

邮编：261429

10. 山东省工商联台州商会

地址：济南市济洛路64号

邮编：250031

11. 山东省工商联农业产业化商会

地址：济南市泉城路180号齐鲁国际大厦6楼D区21室

邮编：250011

（山东省工商联陈胜军　供稿）

河南省工商业联合会

工作综述

2008年是我国和河南省经济社会发展中很不寻常、很不平凡的一年，也是近年来遇到困难最多、挑战最大的一年。一年来，河南各级工商联深入学习贯彻科学发展观，团结带领广大会员，坚定信心，应对挑战，迎难而上，化危为机，为促进我省经济社会平稳健康发展作出了积极贡献。

一、认真学习实践科学发展观

一年来，全省各级工商联深入学习党的十七大和十七届三中全会精神，引导民营企业学习实践科学发展观。一是根据省委的统一部署，省工商联机关相继开展了“新解放、新跨越、新崛起”大讨论活动和学习实践科学发展观活动。并由驻会领导和企业家副主席、副会长带队，组织机关干部和有关专家学者组成7个调研组，在全省开展了民营企业学习实践科学发展观大调研活动，向省委、省政府报送了调研报告，就支持民营企业应对世界金融危机、实现科学发展，提出了有针对性的意见和建议；二是与武汉大学联合，在郑州等6个省辖市举办了7场“科学发展与民营经济”系列论坛；三是围绕构建“和谐中原”，在广大会员企业中深入开展了“和谐企业”创建活动；四是各级工商联加大宣传工作力度，广泛宣传党中央、国务院和省委、省政府应对国际金融危机的政策措施；五是强化融资担保体系建设，拓宽融资渠道，密切银企合作，积极帮助企业解决融资困难；六是组织专家学者、会员骨干企业举办论坛和报告会，宣讲探讨应对之策。

二、全力推进“百千万工程”

“百千万工程”是2008年全省统一战线服务大局、惠及民生的十件实事之首，是全省工商联工作的重中之重。一年来，各级工商联组织高度重视，全力推进“百千万工程”，取得了显著成效。

百家企业“走出去”方面：一是在调查研究的基础上，与省商务厅联合下发了《关于支持和引导非公有制企业对外投资合作的意见》，为“走出去”工作提供了政策支持；二是与河南工业大学联合举办了河南省民营企业“走出去”培训班；三是首次组织民营企业家到埃及、肯尼亚、埃塞俄比亚等非洲三国进行了商务考察。一年来，各市工商联共举办“走出去”培训班23期，培训企业家1127人次。组织民营企业赴国（境）外考察17批，参与考察企业233人次。

“千企帮千村”方面：一是各地在帮扶工作中既重视帮扶的具体成效，更注重帮扶机制的创新，在丰富多彩的帮扶实践中，逐步探索出形式多样的合作共赢新机制，如土地出租返包机制，商会带协会、协会带农户机制，土地合作入股机制等，新机制带来了新活力、新发展；二是省委统战部、省工商联于2008年9月25日，在漯河市召开了新农村建设“千企帮千村”活动经验交流现场会，总结交流帮村工作新经验，探讨帮村工作新思路。

“千企进河南”方面：一是围绕省、市政府举行的重要经贸活动，积极开展招商引资工作，积极邀请省外客商参加第五届中国河南国际投资贸易洽谈会、第六届中国食品博览会，由于工作积极主动，组织得力，受到省政府通报表彰。在省工商联副主席陈泽民、高天增的积极参与和协助下，邀请23家全国知名涉农企业参加了10月份召开的第二届中国郑州农业博览会，受到省政府领导的赞誉；二是各市、县工商联充分发挥自身和行业商会、异地商会、外省河南商会的作用，协助政府招商，协助企业引资。据不完全统计，全年共邀请1665名省外客商到河南考察投资，引进并实施合资合作项目104个，投资金额269亿元。

帮助“万人创业活动”方面：一是精心挑选了一批社会威望高、影响大、创业精神强的民营企业家，组成高校创业巡回演讲报告团，到郑州大学等6所高校进行演讲；二是与省劳动和社会保障厅、总工会等共同举办了民营企业招聘周活动，有960家民营企业进场招聘，提供用工岗位3.9万个。

三、积极开展改革开放30周年民营经济宣传表彰活动

为纪念改革开放30周年，商会围绕民营经济大发展开展了一系列宣传、评选、表彰活动。一是与《河南日报》报业集团联合举办了“30年·30人”河南省最受尊敬的民营企业家评选表彰活动，与河南电视台联合举办了“中原骄傲——改革开放三十年河南民营经济光荣与辉煌”系列宣传表彰活动，省委书记徐光春同志为活动题写了“辉煌三十年”题词；二是与省国税局、地税局共同开展了河南省民营企业纳税百强排序活动；三是与省劳动和社会保障厅共同开展了河南省民营企业劳动与就业先进单位评选活动，评选产生了51名先进企业；四是广泛开展民营企业参与新农村建设帮扶先进单位和光彩事业先进单位评选活动。

四、引导民营企业承担社会责任，积极参与抗震救灾

“5·12”四川汶川特大地震发生后，全省各级工商联反应迅速。据不完全统计，在抗震救灾中全省工商联系统累计捐款捐物达3.8亿元，占全省捐款总数的1/3左右。在全国抗震救灾表彰大会上，河南省民营企业胖东来经贸有限公司董事长于东来获抗震救灾模范光荣称号。

五、全面提升调查研究、参政议政工作水平

一年来，省工商联先后制定了《河南省工商联调查研究工作制度》、《河南省工商联调查研究参政议政工作考评办法》，印发了《2008年调研工作安排意见》等。

2008年1月18日，省工商联在省政协十届一次全会上关于“强化工商联助手作用，促进河南省非公有制经济健康发展”的大会发言，受到省委书记徐光春同志的高度重视，当即批示：“请省委统战部牵头，由省委政研室、省政府研究室、省工商联三方共同起草进一步加强工商联工作的意见，报省委、省政府审议后下发”；进一步强化主渠道作用的发挥，创办了《民企社情》信息专刊，及时反映非公有制经济人士的诉求和建议，其中，省住宅产业商会在《民企社情》第20期反映的《关于进一步加大对房地产行业扶持力度的建议》，受到徐光春、刘怀廉等领导同志的重视，批示有关部门研究落实；商会领导多次参加省委、省政府召开的情况通报会、征求意见座谈会等，积极反映情况，提出意见和建议；承担了省社科联科研课题《我省民营企业参与新农村建设中的政府行为研究》，获优秀调研成果奖。

六、会员组织工作取得新成绩

全省各级工商联高度重视会员工作，会员队伍建设得到进一步加强。一是会员队伍不断壮大，2008 年底全省会员总数达 171284 个；二是会员结构日益优化，企业会员占会员总数的比例逐年增加；三是会员发展方式进一步改善；四是制订了加强和改进联系服务会员工作办法，进一步加强了对会员的联系与服务工作。

在组织建设方面，一是行业商会建设取得了新发展，2008 年全省新建行业商会 163 个，总数达 822 个，行业商会工作在商会整体工作中日益显示出独特优势和重要性；二是建立了以省工商联执委为基础的非公有制经济代表人士数据库和全省工商联会员担任县级以上人大代表、政协委员数据库；三是开展了全省市、县两级工商联基本情况普查工作，编制了《河南省市、县级工商联组织情况调查统计表》；四是协助全国工商联举办了全国县级工商联和行业商会组织建设工作座谈会（郑州片会）。

七、全面加强工商联自身建设

2008 年是换届后的第一年，面对新班子、新成员、新任务，商会高度重视自身建设工作。一是起草了《河南省工商联（总商会）执委、常委、领导班子成员履行责任义务的有关规定》；二是制定了领导机构、领导班子成员学习制度；三是打造信息服务平台，改进了省工商联《工作信息》，恢复了《河南工商界》，创办了《民企社情》，改版了省工商联网站；四是以纪念改革开放 30 周年为契机，全面加强工商联队伍建设，积极推动工作创新发展，涌现出一大批先进集体和先进个人。南阳市工商联荣获国家人力资源和社会保障部、全国工商联联合授予的先进集体光荣称号，固始县工商联主席张培文荣获先进工作者光荣称号。郑州市等 8 个市、县工商联被评为全国工商联系统先进单位，王永禄等 7 名工商联干部被评为全国工商联系统先进个人。2008 年 10 月，商会召开了全省工商联系统行业商会工作表彰大会，对先进行业商会、行业商会先进个人、行业商会工作先进单位进行了表彰。

重要活动

举办河南省非公有制经济人士纪念改革开放 30 周年系列活动

河南省非公有制经济人士纪念改革开放
30 周年暨民营企业家表彰大会

2008 年是改革开放 30 周年，为回顾总结河南省民营经济 30 年发展的辉煌历程和宝贵经验，引导广大非公有制经济人士坚定不移地走改革开放之路，走有中国特色社会主义之路，为民营经济发展营造更加宽松的环境，商会围绕民营经济大发展开展了一系列非公经济人士纪念改革开放 30 周年活动。与《河南日报》报业集团、河南电视台联合开展了跨度一年的高密度、集中化、大篇幅的民营企业家优秀事迹宣传活动，与省委统战部、省国税局等党政部门联合评选表彰了 30 名“河南省最受尊敬的民营企业家”、30 名“河南省最具影响力的民营企业家”、“纳税之星”、“就业之星”、“光彩之星”、“科技创新之星”、“新农村建设帮扶之星”等，评选表彰活动得到省委、省政府高度重视和全社会的广泛关注，省委、省政府为河南省非公经济人士纪念改革开放 30 周年评选表彰大会发来贺电，省委副书记陈全国到会作重要讲话，上百万群众参与评选投票，单个企业家获得选票数高达 156780 票。

积极参与抗震救灾活动

“5・12”四川汶川特大地震发生后，河南省工商联第一时间发出了“情系汶川　风雨同舟”致全体非公有制经济人士的倡议书，号召全省非公经济人士投入到抗震救灾的战斗中，省政协副主席、省工商联主席梁静一行冒着余震的危险赴四川江油灾区慰问考察。全省各级工商联反应迅速、积极行动，广大非公有制经济人士和民营企业发扬中华民族“一方有难、八方支援”的传统美德，以前所未有的热情和主动精神，奉献爱心、慷慨解囊，积极投身于抗震救灾大行动，通过捐款捐物、赴灾区开展救援、赴灾区慰问演出等不同的方式参与救灾和灾后重建工作，成为抗震救灾的一支重要力量，涌现出许许多多可歌可泣的感人事迹。

5月15日，河南省工商联举行河南民营企业向四川地震灾区捐款仪式

在全国抗震救灾表彰大会上，河南省民营企业胖东来经贸有限公司董事长于东来获抗震救灾模范光荣称号。在全国工商联十届二次执委会议上，河南省平顶山市虹剑煤化有限公司、河南省鑫山实业发展有限公司、建业住宅集团（中国）有限公司、河南羚锐制药股份有限公司和河南心连心化肥有限公司五家民营企业被评为抗震救灾先进集体，省工商联副主席乔秋生、王超斌、陈泽民、秦太宏和许昌市工商联主席郑有全5位民营企业家被评为抗震救灾先进个人。

推动《关于进一步加强新世纪新阶段工商联工作的意见》出台

在各方面的共同努力下，省委、省政府出台了《关于进一步加强新世纪新阶段工商联工作的意见》（以下简称《意见》）。《意见》充分强调了加强新世纪新阶段工商联工作的重要性，各级党委、政府要进一步增强做好工商联工作的自觉性，把加强工商联工作摆上重要日程，切实发挥工商联的桥梁纽带和助手作用，促进河南省非公有制经济又好又快发展。

在工商联职能和作用的发挥方面，《意见》要求，工商联要切实履行政治协商、参政议政职能，要进一步做好非公有制经济代表人士的政治安排工作，加强和改进非公有制经济人士思想政治工作，加强非公有制企业党建工作和非公有制经济人才培养工作，充分发挥工商联在促进非公制企业发展方面的服务作用、在对外经贸活动和民间交往中的积极作用、在构建和谐劳动关系中的协调作用和作为非公有制经济领域内行业商会协会业务主管单位的职能作用。《意见》同时指出，各级党委、政府以及有关部门要畅通与工商联的沟通渠道，对于非公有制经济领域内的重大事项，注重发挥工商联的作用，并积极提供帮助和必要的支持，及时研究并解决非公有制经济发展中遇到的困难。

举行河南民营企业国际化高峰论坛

河南省工商联、河南工业大学联合举办河南省民营企业国际化高峰论坛

6月26～28日，省委统战部、省工商联、河南工业大学联合举办了河南省民营企业国际化高峰论坛，就河南民营企业“走出去”问题进行探讨。北京大学教授、博士生导师刘伟等专家学者和已“走出去”的企业代表作报告。省委常委、统战部部长刘怀廉，省政协副主席、省工商联主席梁静出席并讲话。

深入开展学习实践科学发展观调研活动

为深入学习实践科学发展观，引导和促进河南省民营企业实现科学发展，河南省工商联于11月10～21日开展了民营企业科学发展集中调研活动。

这次调研活动共分7个组，分别由驻会领导班子成员带队，邀请部分企业家副主席、副会长和省社科院、郑州大学、河南财经学院专家、学者参与，分赴各省辖市工商联、部分省直行业商会和会员企业，通过听取汇报、座谈交流、走访企业、问卷调查等方式，重点了解当前河南省民营经济的发展状况及存在的主要困难和问题，民营企业践行科学发展观的情况和亟待解决的问题。形成的调研报告受到省委、省政府的高度重视，民营企业反映的问题通过各级工商联和有关方面的努力得到了解决、部分解决或缓解。

组织民营企业家赴非洲考察

为落实在河南民营企业国际化高峰论坛中形成的共识，促进河南省民营企业实施“走出去”战略，11 月 28 日至 12 月 9 日，河南省工商联组织由党组书记孟令峰为团长的出访团，带领河南省 12 名对非洲有投资意向的企业家，赴非洲进行为期 12 天的实地访问考察。

考察团在境外期间分别拜会了埃及商会、肯尼亚国家投资部和埃塞俄比亚投资局，并进行了友好会谈。双方就投资环境及投资政策、土地等资源开发政策、公路建设政策、外商准入政策等相关环节和领域进行了洽谈，并就相关意向进行了初步会商。

主办河南省民营企业家（高校）创业巡回演讲

为贯彻落实党的十七大提出的以创业带动就业和河南省委八届五次全会提出的促进全民创业的新要求，发挥民营企业家在全民创业中的引领帮扶作用，引导大学生更新择业观念，吸引和鼓励更多的大学生投身民营经济发展，省工商联举办了“河南省民营企业家（高校）创业巡回演讲”活动。

在报告会酝酿之初，省委常委、省委统战部部长刘怀廉等领导高度重视，要求把此项活动作为万家工商联会员企业帮扶万人创业的切入点和突破口，精心组织，抓出成效。为保证活动效果，省工商联组织人员深入高校了解大学生就业情况，对大学生的择业观念进行分析，选择知名度高、社会贡献大、创业精神好的民营企业家组成报告团。

巡回演讲受到了高校师生的普遍欢迎和广泛好评，民营企业家们精辟的论述，独到的见解，引起了大学生们强烈的共鸣，每场报告会结束后都是“曲终人不散”，大学生们围住企业家讨教创业之路，询问经营之道，意犹未尽。

河南省工商联领导名单：

主席：梁　静（女）

党组书记、副主席：孟令峰

副主席：李　振　赵太安　孙晓宁（女）
程国平　王超斌　王　平（女）
陈泽民　张　林　乔秋生　王银良
胡葆森　马荣彬　王　刚　王文亮
朱文臣　刘东晓　许家印　李国庆
杨清河　宋丰强　张海潮　张瀛岑
陈世强　秦太宏　高天增　蒋继明
韩宏伟

河南省总商会领导名单：

会长：梁　静（女）

副会长：孟令峰　李　振　赵太安　汪远思
尹爱萍（女）　朱书成　张全利
张武星　张京豫　陈治华　周武军
赵丰禄　徐胜杰　楚金甫
王小兴（女）　王杰士　王新顺
王源海　任红军　刘国永　刘继臣
李　彪　李玉田　李向清　李新华
张清海　张敬国　郑有全　翟金城

组织结构：

办公室、调研部、组织部、宣教部、经联部

联系方式：

地址：郑州市金水路 14 号

邮编：450003

河南省工商联直属商会联系方式：

1. 河南省工商联鞋业商会

地址：郑州市陇海东路 301 号翠园小区 7 号楼 12 层

邮编：450004

2. 河南省工商联酒店业商会

地址：郑州市淮河西路 1 号

邮编：450052

3. 河南省工商联建筑装饰设计商会

地址：郑州市顺河路 101 号吉祥花园 2 号楼 3 单元 48 号

邮编：450003

4. 河南省工商联浙江商会

地址：郑州市东大街 205 号长江广场

邮编：450000

5. 河南省工商联会展业商会

地址：郑州市民航路 9 号金航大厦 9 楼 918 室

邮编：450003

6. 河南省工商联汽车摩托车服务业商会

地址：郑州市南三环与中州大道交叉口东北角河南汽贸园管委会三楼

邮编：450000

7. 河南省工商联房地产业商会

地址：郑州市花园路 85 号新闻大厦 23F

邮编：450003

8. 河南省工商联婚庆服务业协会

地址：郑州市商城路 146 号

邮编：450004

9. 河南省工商联古玩商会

地址：郑州市丰庆路与国基路交叉口郑州古玩城北区办公室

邮编：450044

10. 河南省工商联物业商会

地址：郑州市中原路 131 号院会馆楼 306 室

邮编：450007

11. 河南省工商联电动车商会

地址：郑州市航海东路 123 号院 2 楼 1 室

邮编：450009

12. 河南省工商联广告传媒业商会

地址：郑州市南阳路 170 号清华商务楼 122 室

邮编：450006

13. 河南省工商联经济商会

地址：郑州市民航路 9 号

邮编：450003

14. 河南省工商联川渝商会

地址：郑州市伊河路 26 号院 301 室

邮编：450052

15. 河南省工商联高新技术产业商会

地址：洛阳高新开发区滨河北路火炬大厦 A 座六楼

邮编：471003

16. 河南省工商联茶叶商会

地址：郑州市航海路 668 号茶叶批发市场

邮编：450000

17. 河南省工商联豫宛商会

地址：郑州市黄河路 125 号联盟国际大厦 4D

邮编：450000

18. 河南省工商联医疗设备代理商商会

地址：郑州市二七区铭功路 83 号豫港大厦 24 楼

邮编：450000

19. 河南省工商联湖北商会

地址：郑州市建业路 8 号附 2 号湖北商会会馆 3 楼 302 室

邮编：450004

20. 河南省工商联家具商会

地址：郑州市金水路 125 号致美商务 6 楼

邮编：450008

21. 河南省工商联安徽商会

地址：郑州市金水区经一路北 9 号清华国际大厦 17 楼

邮编：450003

22. 河南省工商联豫东商会

地址：郑州市花园路与丰产路交叉口新世纪大厦 2 号楼 213 室

邮编：450012

23. 河南省工商联山东商会

地址：郑州市二七区友谊广场六楼 3 号

邮编：450000

24. 河南省工商联汽车用品业商会

地址：郑州市花园路北段 92 号纯翠领域 2 号楼三楼

邮编：450008

25. 河南省工商联殷都商会

地址：郑州市水科路红旗渠酒店

邮编：450047

26. 河南省工商联豫南商会

地址：郑州市纬四路东 68 号附 1 号

邮编：450004

27. 河南省工商联江西商会

地址：郑州市民主路 6 号华健商务大厦 4 楼

邮编：450000

28. 河南省工商联泵阀业商会

地址：郑州市郑东新区商务内环路 23 号楼 1202 室

邮编：450044

29. 河南省工商联晋商会

地址：郑州市郑东新区金水东路39号中原出版传媒产业园南3楼301室

邮编：450016

30. 河南省工商联民营经济发展促进会

地址：郑州市金水路15号省外事办2号楼707室

邮编：450000

31. 河南省工商联湖南商会

地址：郑州市丰产路126号华泰商务酒店7楼

邮编：450003

32. 河南省工商联江苏商会

地址：郑州市经三路财富广场6号楼5楼

邮编：450000

（河南省工商联宣教部　供稿）

湖北省工商业联合会

工作综述

2008年，湖北省工商联以邓小平理论和“三个代表”重要思想为指导，深入学习实践科学发展观，认真学习贯彻党的十七大精神、十七届三中全会精神、湖北省第九次党代会精神及中央、省委经济工作会议精神，在省委、省政府的领导下，用构建和谐社会的思想和科学发展观统领工商联各项工作，进一步贯彻落实《中共湖北省委、湖北省人民政府关于进一步加强工商联工作的意见》（鄂发〔2005〕16号），广泛凝聚力量，认真履行职能，较好地完成了各项工作任务。

一、深入调查研究，为促进“两个健康”建言献策

1. 围绕促进民营经济健康发展和促进非公有制经济人士健康成长开展了一系列调研活动。调研工作取得了较好地成果——分别向全国工商联上报了相关调研报告，2008年度湖北省有13家民营企业上榜全国工商联上规模民营企业调研500强；在调研的基础上向全省工商联和会员企业下发了《关于充分发挥企业家副主席、副会长作用的意见（试行）》，起草了《关于加强县乡镇工商联组织建设的意见》初稿，编写了《2007年度湖北省民营经济发展报告》。8月21日，举办了湖北民营经济发展形势报告会。

2. 充分利用政协大会、双月座谈会等平台积极参政议政。省工商联在省政协十届一次大会上提交了6份提案和2份书面发言材料，作了《又好又快地发展民营经济为构建中部崛起战略支点贡献力量》大会发言，其中一件提案被列为重点督办提案，一件提案被评为优秀提案；在《双月座谈会》上作了4次发言。

3. 召开湖北省民营企业家代表座谈会，为省领导与民营企业家架起直接交流沟通的桥梁。2008年省委先后3次召开民营企业家代表座谈会，省领导与民营企业家共商促进民营经济发展大计。

二、加强教育引导，促进非公有制经济代表人士健康成长

1. 组织非公有制经济代表人士认真学习党的十七大和十七届三中全会精神，开展深入学习实践科学发展观活动。认真贯彻全国非公有制经济人士思想政治工作会议精神，向市、州、县工商联传达、贯彻会议精神。向省工商联、总商会企业家副主席、副会长，各市州、直管市、神农架林区工商联，省直属行业（异地）商会，各县（市、区）工商联转发了中央统战部、全国工商联《关于加强和改进非公有制经济人士思想政治工作的若干意见》，要求各级工商联结合各自实际贯彻落实意见精神。

2. 开展纪念改革开放30周年活动。为纪念我国改革开放30周年，与省委宣传部、省国资委、省思想政治工作研究会联合组织新闻媒体开展“改革开放竞风流——改革开放30周年大中型企业发展成就宣传活动”。组织开展了民营企业家进校园、进机关活动。赵晓勇主席率我省知名企业家走进武汉理工大学和省政府发展研究中心举办“湖北省民营企业家进大学进机关报告会”，向大学生和机关干部宣讲改革开放30年来我省民营企业的创业与发展历程，省工商联副主席、楚天激光董事长孙文，十七大党代表、百步亭集团总裁王波，省政协委员、致盛集团董事长张润斌分别作了报告。

3. 开展了中国特色社会主义学习教育活动。召开专题会议传达了全国工商联会议精神，安排部署了学习教育活动，成立了学习教育活动领导小组。向各市州工商联，省工商联（总商会）企业家副主席（副会长）、常委、执委，直属商会、会员企业负责人下发通知，要求在2008年第四季度，用3个月时间，结合深入学习实践科学发展观活动和纪念改革开放30周年，在广大非公有制经济人士和工商联干部中开展中国特色社会主义学习教育活动。

4. 开展了“关爱员工、实现双赢”和“双爱双评”评选表彰活动。向全国工商联推荐弘博集团董事长巴能军、武汉海特生物董事长陈亚为第五届全国关爱员工优秀企业家，其公司职员各一名为全国热爱企业优秀员工。

5. 元旦、春节、“三八”、“五四”、“八一”、“十一”等节日期间分别召开了座谈会、联谊会，对非公有制经济人士进行引导和教育，促进广大非公有制经济人士健康成长。

6. 加强对非公有制经济人士的培训。与武汉大学经济与管理学院两次联合举办“中华高管论坛”，并组织省和市、州工商联会员企业家及省工商联机关工作人员参加“论坛”进行经济管理知识培训。组织了全省各市、州、直管市、神农架林区工商联党组书记、主席赴福建省学习考察。

三、发挥桥梁纽带和助手作用，积极配合政府开展招商引资工作

1. 出色完成了第三届中博会的邀商任务，并签约8个项目，资金72亿元。省工商联获第三届中博会优秀组织奖和突出贡献奖，分别受到国家商务部和湖北省委、省政府表彰。

2. 参与举办了中亚国家商会经贸合作培训研讨会。研讨会上洽谈项目近40个，协议金额近30亿元人民币。初步建立了湖北武汉中亚国家商会经贸合作机制，为湖北武汉的企业产品进入中亚各国市场创造了商机。

3. 圆满完成了“2008鄂沪（长三角地区）投资说明会”的组织、邀商及李鸿忠省长宴请长三角地区全国500强企业家工作。

4. 成功举办了“光彩事业襄樊行”和“咸宁行”活动。

5. 利用商会网络平台招商引资。应湖北省贫困县罗田县委、县政府恳请，省工商联组织部分省内民营企业家赴罗田县进行了投资考察。7月应随州市委、市政府函请，分别组织召开各行业商会、异地商会“随州行”研讨会，组织部分商会负责人活动前到随州进行了考察活动，后在会员部的支持下组织了近百名企业参加了“百名汉商随州行”活动。

6. 积极参与社会主义新农村建设。年初省工商联与省扶贫办联合向全省各地下发了《湖北省扶贫办、工商联关于联合开展“村企共建扶贫工程”指导意见》，并选择确定了罗田县城门山村等6个村为试点村。省工商联跟踪了解并帮助促成项目，积极协调解决水电林业用地及相关扶贫政策落实等。3月底，省工商联组织省内46名民营企业家赴罗田县骆驼坳镇城门山村实地考察，动员企业家采取有效形式帮扶贫困村，以实现村企共赢。有5家企业多次与该村洽谈。5月8日湖北乐业置业有限公司董事长黄远志与该村正式签订了2万头猪场、粮油加工厂等项目，总投资额1.5亿元。

四、拓宽服务领域，促进民营经济又好又快发展

（一）努力做好为民营企业服务工作

1. 为培植民营龙头企业，鼓励企业做强做大，与《湖北日报》传媒集团、省广播电视总台共同开展了“湖北最佳成长型民营企业和湖北具有带动力民营龙头企业”推选活动，推选出10家“湖北最佳成长型民营企业”和28家“湖北具有带动力民营龙头企业”。

2. 与《湖北日报》传媒集团开展了“2008年度湖北经济十大风云人物”的推选表彰活动，

省工商联推选的武汉卓尔企业集团有限公司董事长阎志、中冶南方工程技术有限公司董事长项明武、湖北稻花香集团有限公司董事长蔡宏柱被评为“2008年度湖北经济十大风云人物”。

3. 为民营企业提供融资服务。巩固与农发行合作，在解决涉农民营企业融资困难同时，与招商银行加强银企交流和合作。加强与省扶贫办的合作，就民营企业扶贫项目，贴息贷款及有关扶贫政策的争取落实进行实质性工作。

4. 积极为民营企业排忧解难，开展民营企业招聘周活动。

5. 加强对全省工商联系统劳务经济开发工作的领导。省工商联按照省委、省政府关于开展“全省农村劳务经济活动月”的统一部署，在春节前下发了通知。对全省工商联2008年农村劳务经济开发工作进行了统一部署，要求各地工商联春节期间集中开展劳务招聘、走访慰问，切实帮助民营企业解决实际困难。为确保农民工春节能按时返回企业及各地分公司上班，省工商联积极联系协调武汉铁路部门，得到了武汉铁路局的鼎力援助。春节期间，省工商联及时协调安排400余名农民工按目的地分批购票，并把他们送上列车，使农民工顺利启程奔赴各地，保证了民营企业节后顺利地组织生产和销售。

6. 积极扶持鄂籍在外企业家回归创业。4月27日在中博会期间，由省委、省政府主办，省农办、省工商联承办召开了“湖北籍在外企业家回归创业考察座谈会”，听取湖北籍在外企业家对回归创业工作意见建议，省委常委、省委统战部部长苏晓云同志出席并讲话，副省长张岱梨主持。

7. 积极开展非公有制企业党建工作。组织民营企业党组织党务统计工作培训，邀请省直机关工委统计专业人员授课。帮助欧亚达家居集团等民营企业建立党组织。举办了湖北省首批民营企业入党积极分子培训班，12家民营企业111名入党积极分子参加培训。

（二）引导民营企业实施“走出去”战略

1. 组织民营企业积极参加有关经贸活动，努力帮助我省民营企业拓展国内外市场。组织14家会员企业参加了“2008华侨华人专业人士创业发展洽谈会”，多家企业在引智引资方面取得了实质性进展。组织民营企业参加了美国湖北工商总会在武昌举办的“美国亚洲贸易中心商务洽谈会”、“湖北—印度经贸合作洽谈会”等经贸活动；组织我省民营企业参加了“齐鲁行”、“吉林行”等活动。

2. 加强与国外商会的交流与合作，为民营企业“走出去”搭建平台。1月10日，省工商联（总商会）与加拿大中国总商会在武昌东湖宾馆举行建立友好商会签字仪式，双方建立了友好商会关系。7月24日，湖北省总商会会长赵晓勇与印度巴拉特商会会长阿贾瓦拉分别代表双方商会签订了《合作交流备忘录》，为促进印度与湖北企业界交流合作打下基础。

五、明确目标，规范管理，会员发展和商会建设取得新进展

1. 完成了《湖北省工商联2003～2007年会员发展情况分析和今后五年会员发展规划》，并上报全国工商联。

2. 创新会员发展工作，探索了会员发展工作的新途径。全年共发展会员20家。

3. 采取扎实有效的措施指导帮助组建行业商会和异地商会。在商会组建、管理工作中，注重规范运作，探索出了商会管理新思路。为交流商会工作经验、探讨商会管理工作，召开了湖北省商会工作会议、举办了湖北省商会论坛，起草了“湖北省工商联对直属商会的管理办法”，使商会工作迈上了新台阶。全年组建或帮助组建行业商会和异地商会6家。

六、发挥武汉城市圈工商联联席会议服务功能，服务与促进武汉城市圈民营经济协作发展、健康发展

召开了武汉城市圈九城市工商联会长第一次联席会议，会议决定武汉城市圈工商联会长联席会议每季度轮流召开一次工作会议。

七、配合省纠风办开展“民营企业评行风”活动，促进民营经济发展环境改善

为配合省纠风办开展“民营企业评行风”活动，省工商联推荐两位全省特约政风行风督察员，参加了省纠风办组织行风评议活动。与此同时还积极组织全省工商联开展民营企业评行风活动，全省各级工商联有近百名民营企业家参加了政风行风评议活动，有效地促进了当地民营企业发展环境的改善。

八、积极参与抗震救灾

5 月 12 日，四川汶川发生地震后，积极动员组织全省工商联和民营企业开展抗震救灾工作，迅速组织非公有制经济人士和民营企业积极有序参与抗震救灾。为抗震救灾作出了积极贡献。

九、抓班子带队伍，自身建设进一步加强

1. 开展深入学习实践科学发展观活动。按照中央和省委的统一部署，开展了深入学习实践科学发展观教育活动，制定了《省工商联深入学习实践科学发展观活动实施方案》，成立了领导小组。从 2008 年 9 月 25 日开始，先后进行了集中学习、调查研究，对照检查、分析问题，整改落实三个阶段的学习实践活动，各阶段活动进展顺利，效果显著。

2. 加强政治理论学习。党组理论学习中心组先后组织学习了中央、省委关于抗震救灾的指示精神，学习了贺国强同志在湖南省就换届领导班子和领导干部作风建设问题进行调研时的讲话精神、学习了“两会”精神及全国工商联十届一次常委会精神等。

3. 认真落实党风廉政建设责任制。成立了省工商联机关党风廉政建设领导小组，制定了省工商联机关党风廉政建设实施方案，党组与机关各部室签订了党风廉政建设责任书，严格落实党风廉政建设目标责任制。

4. 机关“三个文明”建设成效显著。年初我省发生了百年罕见的冰冻雪灾，省工商联机关干部积极响应上级组织号召，踊跃的捐衣捐物支援灾区；汶川地震后，省工商联机关干部积极捐款支援抗震救灾，干部职工捐款 17000 多元，交纳特殊党费 26250 元，捐赠衣被 108 床。此外，还开展和参加了一系列“三个文明”建设活动。

重要活动

召开湖北省民营企业家代表座谈会

2008 年省委先后 3 次召开民营企业家代表座谈会，省领导与民营企业家共商促进民营经济发展大计。2 月 19 日，召开湖北省民营企业家代表座谈会。会议提出要努力为民营企业营造良好的发展环境，建立“直通车”服务机制。会后，省工商联按照省领导批示精神，配合省政府办公厅和省直有关部门对营业额 1 亿元以上的企业进行摸底排队，让这些民营企业通过“直通车”服务机制可以直接向省领导及有关部门反映情况，及时快捷地为民营企业排忧解难。金融危机发生后，省领导高度关注民营企业的发展，先后 2 次召开民营企业家代表座谈会，与民营企业家共同商讨如何应对金融危机给民营企业带来的不利影响，号召全省广大非公有制经济人士坚定信心，克难奋进，努力使我省民营企业顺利渡过困难时期。

2008 年 2 月 19 日，召开湖北省民营企业家代表座谈会

出色完成第三届中博会的邀商任务

在 2008 年第三届中博会期间，省工商联根据省政府的分工，邀请全国 500 强和全国知名民营企业家 506 人参加了“第三届中国中部投资贸易博览会”，超额完成了省政府赋予的邀商任务。并组织邀请了全国知名民营企业家到武汉、宜昌、黄冈、鄂州、黄石、咸宁等地考察，共签约 8 个项目，资金 72 亿元。省工商联获第三届中博会优秀组织奖和突出贡献奖，分别受到国家商务部和省委、省政府表彰。

积极扶持鄂籍在外企业家回归创业

4 月 27 日在中博会期间，省工商联与省委农办合作，由省委副秘书长、省委农办主任刘田喜带队，组织 50 多名湖北籍在外企业家赴孝感、云梦参观考察“回归创业园”，随后由省委、省政府主办，省农办、省工商联承办召开了“湖北籍在外企业家回归创业考察座谈会”，听取湖北籍在外企业家对回归创业工作意见建议，省委常委、省委统战部部长苏晓云出席并讲话，副省长张岱梨主持。中博会期间及会后，湖北在外8个商会会长率湖北籍企业家赴孝感、天门、宜昌、京山、咸宁等地进行实地考察，有10个项目计划整合力量进行投资开发，广东、上海、杭州、湖北商会中博会期间与湖北荆州、江汉区、咸宁、大冶签订4个项目，共计22亿元。以上活动的实施将为当地就地转移农民工1.5万人。

积极参与抗震救灾

5月12日，四川汶川发生地震后，省工商联领导班子反应迅速、应对及时、组织得力、措施到位，在第一时间召开主席办公会和全体主席会议，传达中央精神，积极动员组织全省工商联和民营企业开展抗震救灾工作，并迅速发出紧急通知，要求全省各级工商联充分发挥组织优势，动员会员积极行动起来，大力支援灾区。全省各级工商联组织急灾区人民之所急，想灾区人民之所想，帮灾区人民之所需，迅速组织非公有制经济人士和民营企业积极有序参与抗震救灾。据不完全统计，湖北省工商联系统和商会、会员企业共向灾区捐款捐物17491.74万元，为抗震救灾作出了积极贡献。

湖北省工商联（总商会）与加拿大中国总商会建立友好商会

1月10日，湖北省工商联（总商会）与加拿大中国总商会在武昌东湖宾馆举行建立友好商会签字仪式。省工商联（总商会）会长赵晓勇与加拿大中国总商会会长舒心分别代表双方在建立友好商会协议书上签字。省委常委、统战部部长苏晓云出席签字仪式。苏晓云向客人介绍了中国和湖北省的经济社会发展形势和对外开放的有关方针政策，回答了客人提出的有关问题。签字仪式结束后，苏晓云宴请加拿大中国总商会考察团一行。省委统战部副部长、省工商联党组书记肖菊华主持仪式，省工商联（总商会）副会长陈卫东、省外侨办副主任何世平等有关人员参加签字仪式。

组织部分省内民营企业家赴罗田县投资考察

3月27～28日，省工商联应省贫困县罗田县委县政府邀请，组织部分省内民营企业家及湖北省山东商会、江苏商会、浙江商会、古玩与艺术商会、椒江湖北从业商会、武汉市温州商会企业家一行46人赴罗田县进行了投资考察，有8家企业与罗田县签订了10个项目，签约资金约4.5亿元，另外6个项目已有意向。

参与举办了中亚国家商会经贸合作培训研讨会

2008年11月7日，湖北省工商联赵晓勇主席率领由全省市、州工商联党组书记、会长组成的“湖北省工商联赴福建省学习考察团”对福建省工商联工作进行了学习考察

12月8～11日，省工商联参与了武汉市政府与全国工商联主办的“中亚国家商会经贸合作培训研讨会”。全国工商联副主席孙安民、武汉市委常委、副市长岳勇，市委常委、统战部部长贾耀斌，省工商联主席赵晓勇等领导出席了开幕式。阿塞拜疆等六国商会33名代表，湖北、四川、新疆、武汉、南昌等省区市工商联、武汉城市圈工商联负责人以及各地企业家代表共100余人出席了会议。会议期间，民建中央副主席辜胜阻等6名专家学者作了专题演讲。会议安排了中亚六国代表团团长分别介绍了本国国民经济发展情况和对外经贸合作意向。研讨会上洽谈项目近40个，协议金额近30亿元人民币。初步建立了湖北武汉中亚国家商会经贸合作机制，为湖北武汉的企业产品进入中亚各国市场创造了商机。

成功举办了“光彩事业襄樊行”和“咸宁行”活动

9月26日，省工商联与湖北省光彩事业促进会、襄樊市政府联合举办了“中国光彩事业襄樊行”活动。活动中，签约项目109个，协议金额289.58亿元，其中合同项目65项，金额124.58亿元；协议项目35项，金额115.9亿元；意向9个，金额49.1亿元。这次活动公益捐赠646.3万元，投资扶贫项目28项，投资总额3900万元。12月6日，省工商联与省委统战部、湖北省光彩事业促进会主办了“湖北光彩事业咸宁行”活动。省工商联集中组织了在汉有一定规模的企业家参加此项活动。共有41个合同项目签约，合同金额327亿元，公益捐赠743.3万元。

组织2008鄂沪（长三角地区）投资说明会

省工商联发挥异地商会的作用，邀请上海、江苏、浙江三地500强及知名企业家参加2008鄂沪（长三角地区）投资说明会及李鸿忠省长在上海浦东香格里拉大酒店的会见及宴请活动。与会企业家争先恐后发言。会议取得了一定成效：一是推介、宣传了湖北招商项目及政策，宣传了湖北省领导的发展理念；二是吸引了一批企业来湖北考察投资；三是已在湖北投资的一批企业表示要扩大投资。如：上海复星高科技郭广昌拟投资武汉10亿元并重点在襄樊开展金融战略合作，均瑶集团表示将把湖北作为首选的投资地，东方希望集团、远东控股集团、德力西集团、上海人民电器集团等企业，纷纷表达了投资湖北或扩大在鄂投资、拓宽投资领域的强烈意愿。李鸿忠省长对工商联承办此次活动给予了充分肯定，并要求以后类似的经贸活动，省政府一定要安排工商联参加。

积极为民营企业排忧解难，开展民营企业招聘周活动

2008年全国民营企业招聘周活动于5月27日在北京启动。全国工商联要求湖北省在武汉、襄樊、鄂州、宜昌、黄石同时启动。为了做好2008湖北民营企业招聘周活动，省工商联加强与省劳动和社会保障厅、省教育厅、省总工会合作，并发挥工商联密切联系民营企业的优势，一是加强领导，做好招聘周活动的准备工作，4月中旬，省工商联向全省各级工商联、省直属商会、省直属会员企业下发部署了2008年民营企业招聘周活动相关准备工作，指导武汉、襄樊、鄂州、宜昌、黄石等市工商联开展招聘活动。二是多形式多渠道调查、了解、掌握当前湖北省民营企业急需用人情况，特别是能招用农民工情况，建立民营企业用工档案。三是组织九州通集团、爱帝集团、楚天激光、卓尔集团、武汉阳慷医药等40余家我省较有影响的民营企业参加省工商联与省劳动和社会保障厅、省教育厅、省总工会于27日上午在湖北省人力资源市场举办了较大规模的湖北省2008民营企业招聘周活动。本次活动共邀请73家企业进场招聘，共提供3000余个工作岗位，进场求职人员3700余人。此次活动所提供的岗位众多、行业齐全、专业广泛，招聘岗位要求更贴近求职者，有近70%的求职者与用人单位达成就业意向。四是省工商联经济部与省人力资源市场建立长效合作意向，至此招聘周活动后，对湖北省较大规模民营企业及时提供人才，农民工求职人员前期培训、招工，技能鉴定及相关服务。

湖北省工商联（总商会）领导名单：

主席（会长）：赵晓勇

党组书记、副主席：肖菊华（2008年2月20日离任）

党组副书记、副主席：杨万贵（2008年2月20日就任）

副主席：李　勇　陈卫东　聂安康　罗昌兰
王　琼　王均豪　刘宝林　刘新才
孙　文　郇剑刚　李子良　李跃春
张长友　张兴海　严　军　吴少勋
余元九　陈　军　陈涵霖　茅永红
范永康　杨四知　阎　志　蒋红星
谭功炎

商会副会长：

陈卫东　聂安康　罗昌兰　王道友
巴能军　刘国和　李文华　李先进
肖新富　余汉江　陈春林　欧阳祥山
胡爱娣　高宏震　凌　然　梁亮胜
谢圣明　詹永健

秘书长：桂汉良

组织结构：

办公室、调研室、会员部、宣传教育部、经济部、联络部、机关党委、湖北省非公有制企业服务中心

联系方式：

地址：武汉市武昌区首义路71号

邮编：430060

湖北省工商联直属商会联系方式：

1. 湖北省工商联汽车摩托车配件商会

地址：武汉经济技术开发区海天汽配大世界

邮编：430058

2. 湖北省工商联五金机电商会

地址：武汉市汉口新华西路日月华庭A栋二单元1107室

邮编：430015

3. 湖北省工商联美容化妆品业商会

地址：江岸区东庭街79号乐凯大厦1楼

邮编：430014

4. 湖北省工商联家居商会

地址：武汉市江汉路250号船舶广场文华集团

邮编：430000

5. 湖北省工商联古玩和艺术品商会

地址：武汉市武昌区彭刘杨路232号

邮编：430060

6. 湖北省工商联会展业商会

地址：湖北省武汉市解放大道686号世贸大厦2205室

邮编：430022

7. 湖北省工商联服装商会

地址：中山大道600号阳光大厦（库码）8楼

邮编：430021

8. 湖北省工商联文化产业商会

地址：武汉市武昌区东湖路155号

邮编：430077

9. 湖北省工商联汽车美容装饰用品商会

地址：武汉市江岸区黄孝河路德盛大厦B座2007室

邮编：430000

（湖北省工商联史路　供稿）

湖南省工商业联合会

工作综述

2008年，湖南省工商联在省委、省政府的正确领导和全国工商联、省委统战部的具体指导下，坚持以邓小平理论和“三个代表”重要思想为指导，牢固树立科学发展观，始终围绕富民强省的战略目标，正确把握非公有制经济和新的社会阶层人士的新发展、新变化，积极探索工商联发挥作用的新途径、新方法，较好地完成了全年的工作目标任务，为加快富民强省步伐、推进“两型社会”建设作出了应有贡献。

一、基础工作扎实推进

——加强队伍建设。全年发展会员18223个，会员总数已达129423个，其中企业会员44907家；发展乡镇（街道）分会17个，乡镇（街道）分会总数达1352个；发展行业商（协）会161家，全省各级工商联组建管理的行业商（协）会达813家。出台了“关于充分发挥非公经济代表人士兼职副主席副会长作用”的制度，编印了《湖南省工商业联合会（总商会）组织工作手册》。举办了市县工商联主席、党组书记培训班、行业商（协）会秘书长培训班、直属行业商（协）会经验交流会。联合省经协办等相关单位开展了“十大湘商”评选活动，配合省民间组织管理局完成了湖南省总商会和7家直属行业商（协）会的年检工作。召开十届二次执委会、常委会，新增（替）补副会长4名、常委9名、执委18名，辞免执常委3名。

——积极参政议政。紧扣全省经济社会发展大局，围绕促进非公有制经济发展，深入调研，完成调研报告和理论文章30余篇。其中，《湖南民营企业贯彻落实科学发展观的调查与思考》、《积极探索做非公经济人士思想政治工作的理念、机制和方法》等理论文章在全国工商联十届一次常委会上交流；《当前我省非公有制经济发展的情况与建议》得到省主要领导的高度重视。编辑出版了《2007湖南非公有制经济发展报告》。充分利用全国和省人大、政协会议，以及省委、省政府召开的征求意见会、工作协调会、非公经济座谈会等渠道建言献策。其中，与各民主党派联合提交的《湖南省“3+5”城市群建设及产业发展的对策建议》被列为省政协一号提案，《关于完善劳动关系三方协调机制的建议》被评为优秀提案。向省委、省政府提出并被采纳的涉及非公经济发展方面的建议15条，促成《湖南省股权出资办法》的颁布实施和劳动关系三方协调机制的建立，争取了省财政对参加社会统筹的原工商业者每月增发困难补助40元。

——强化宣传教育。为纪念改革开放30周年，开展了“走中国特色社会主义道路，做优秀中国特色社会主义事业建设者”的主题教育活动；联合省社科院、省社科联，编撰了《湖南非公有制经济三十年》；参与了《天下湘商》十期大型电视纪录片的策划、审稿等工作；举办了“我与改革开放30年”征文活动。在省级以上报刊发表文章200余篇，上报、登载各类信息2600余条，信息工作在全国工商联系统名列前茅。发动会员企业参加了省委宣传部牵头组织的五下乡春节慰问活动；协助省委办公厅举办了“厉以宁教授宏观经济形势报告会”；与省社科联、省委宣传部联合开展了以“拼搏创业、促进崛起”为主题的社会科学普及宣传月活动，组织了150名企业家参加了“企业创新的理念与途径”报告会，出版了《企业创新》一书。与省委宣传部、国资委联合举办了第三届企业文化论坛；与有关单位联合召开了推进工资集体协商工作暨业务培训会议；与中欧国际工商学院和清华大学继续教育学院联合举办了“股票期权激励机制设计”管理论坛、“2008企业领袖大智慧”高峰论坛；联合有关单位开展了湖南十大杰出经济人物、第五届青年企业家“鲲鹏奖”、中国杰出湘商的评比表彰活动。《工商大观》也改变传统发行方式，由订阅改为赠阅，并对版面进行了调整。

二、经济服务有效拓展

——扩大交流渠道。配合长沙市政府承办了全国工商联十届一次常委会议。接待省外境外商会组织来湘考察20余次。召开了泛珠三角区域商会联席会议执委会。与香港光彩事业促进会、新加坡中国商会、美国洛杉矶地区商会建立了友好商会关系，在美国、加拿大设立了海外联络点。加强与德国中小企业联合总会的合作，在上海设立了ZDH湖南项目组，开展了商务礼仪培训、商会发展等方面的ZDH项目合作。

——创新合作方式。省工商联积极支持“两型社会”建设，通过与联合国有关机构多次商谈，向国家有关部委和省委、省政府多次汇报，“中国湖南资源节约、环境友好国际合作高层论坛”的前期工作已基本完成；联合国有关机构多次来湖南省考察，比尔·盖茨牡丹基金也在湖南开展CDM项目，对泰格林纸、经仕集团及唐人神等企业进行了专题考察，与株化、株冶签订了初步合作意向，协议购买湖南省企业价值1亿元人民币的碳排量。向香港光彩事业促进会推荐了长沙市雨花区武广铁路新客站、常德洞庭药业等合作项目，已达成浏阳生物医药园自来水、污水处理厂的初步收购意向；通过在沪的湖南异地商会和上海市工商联，邀请了50余家全国知名企业参加“沪洽周”招商活动。积极推动民营企业“走出去”，组织企业参加了第三届“中博会”、中国西部国际博览会、第十三届澳门国际贸易投资展；帮助加加酱油等会员企业与香港巴黎银行亚太投资公司开展合作；协助香港特区政府投资推广署举办了推动湘籍企业利用香港平台“走出去”的专题活动；与省外事办协作，提出了“规模大、信誉好、外向度高”的部分非公企业名单，为非公企业人员办理循因公渠道出国（境）人员批件手续1900多人次。参与了全省非公经济发展表彰会的筹备工作，推荐株洲市工商联和优化经济发展环境律师援助中心为优秀服务单位；推荐了40家企业为新一届经济环境测评点。

三、主动履行社会责任

——积极投身抗灾救灾。为抗击冰冻灾害，全省各级工商联、行业商会、工商联常执委、广大会员和民营企业，积极投入京珠高速救助、破冰通路、赈灾慰问、平抑物价、生产自救等工作，捐款捐物达9200多万元，慰问受灾群众近2万人。省工商联组织发动的抗冰救灾工作得到了中央和省领导的高度肯定。全国“两会”期间，省工商联向吴邦国等中央领导进行了专题汇报；《人民政协报》以较大篇幅作了报道；中央统战部在《情况简报》上专题介绍，并上报中央政治局和国务院。汶川“5·12”大地震发生后，省工商联举行了“抗震救灾捐赠仪式”，现场捐款500多万元。全省各级工商联会员和非公经济人士通过各种渠道向灾区捐款捐物2.22亿元。积极参与理县文化教育事业的重建工作，组织200多家会员企业参加“四川省灾后重建（湖南）投资说明会”，16家会员企业与四川省代表团签订了33.58亿元的投资意向。“三一集团”、“新华联集团”等单位和王填、谢子龙等民营企业家的抗震救灾工作受到全国工商联表彰。

——深入推动光彩事业。与省委统战部共同召开了“万企联村，共同发展”活动现场经验交流会，编印了《“万企联村，共同发展”政策汇编》。搜集整理了130多家会员企业贷款意向争取银行信贷支持。组织4300多家会员和民营企业，实施项目7000多个、村企结对数3400多个，到位资金35亿多元。我省民营企业参与新农村建设工作，得到了中央统战部、全国工商联和省委、省政府的充分肯定。启动了第二轮“十万招工扶贫光彩大行动”，组织4400多家会员企业招工扶贫3.1万余人，争取成立了有30多个省直部门参与的“湖南省招工扶贫领导小组”，与有关部门连续四年举办了“全省民营企业招聘周”活动。规范了光彩基金的募集和管理办法，募集资金2040万元，其中用于抗冰、抗震救灾近800万元，用于扶贫工作300多万元，用于新农村建设400多万元，用于社会公益事业400多万元，光彩基金的使用效力进一步提高。向全国工商联、中国光彩会申报光彩事业重点项目6个，获批5个，获得贷款意向1.4亿元，省工商联光彩事业工作受到全国工商联和中国光彩会表彰。

四、服务能力进一步提高

——拉近服务距离。首次组织全省各级工商联开展了“遍访会员企业，携手迎接挑战”活动，走访调研会员企业3000多家，省工商联主席会议专题研究了收集到的问题和建议，将办理责任逐一分解到了驻会领导和机关处室，并就其中的一些重大问题上报了省委、省政府。第一次发动全省各级工商联，对2200名省、市两级工商联执常委和所属企业的基本情况进行了调查摸底，建立了执常委动态数据库。

——构建服务平台。与省政协湘声报社合作，联合创办了省内第一份面向非公有制经济人士的专业报纸——《民营周刊》。联合省劳动和社会保障厅、省总工会召开了民营企业和谐劳动关系协调委员会第一次三方会议，通过了《关于建立民营企业和谐劳动关系协调委员会的意见》和《推进全省民营企业工资集体协商工作方案》，正式建立了民营企业和谐劳动关系三方协调机制。拟建设的商会大厦得到了省财政和省联兼职副主席、副会长的大力支持，项目资金已经到位，前期工作已经基本完成。拟成立的“湖南省湘商产业投资有限公司”也得到了省财政和会员企业的积极支持，项目论证已经完成，资金募集即将启动。

——推动非公党建。加强了对会员企业党组织的联系与工作指导，编发了党务工作手册，建立了党建工作台账和联络员制度，确立了党建工作示范点，举办了会员企业入党积极分子培训班。全年会员企业新建立党委2个、总支1个、支部7个，现有33家会员企业建立了独立党组织，管理党员600多人。工商联参与非公党建工作的主要做法经验，受到中央统战部、中央组织部的充分肯定，在全国工商联范围内尚属首次。

——加强机关建设。深入开展了学习实践科学发展观活动，组织全体党员集中学习5次，撰写调研报告和理论文章10余篇。重新制定了机关处室定编定员方案，对有关处室工作进行了整合，公开招考了一名副处级干部，增设法律服务处的请示已报省编委审批，机构设置和人员配备进一步优化。继续选派机关青年干部赴企业挂职锻炼。对“机关制度汇编”进行第二次修订，进一步健全了工商联主席（会长）办公会议、党组会议等会议制度，开始实施机关干部带薪休假制度。针对办公用房紧张的实际，对机关原招待所进行装修，办公用房紧张问题得到缓解，机关经费有所增加。

重要活动

积极参政议政

1月18日，湖南省工商联在省政协十届一次会议提交团体提案5件，分别是：《湖南省“3+5”城市群建设及产业发展对策建议》、《关于进一步完善社会保险政策的建议》、《关于实施股权出资登记的建议》、《关于完善劳动关系三方协调机制的建议》、《关于在长株潭核心区建立民营企业总部基地的建议》。与党派联合提交的《湖南省“3+5”城市群建设及产业发展对策建议》被大会列为一号提案。1月23日，在省政协第十届委员会第一次会议第二次大会上，省工商联主席何报翔当选第十届湖南省政协副主席。

开展抗冰救灾工作

1月29日，省工商联会长何报翔、省工商联党组书记郭树人带领11位兼职副会长赴京珠高速株洲段看望受困司乘人员和当地受灾群众，送去价值120多万元的1000多床棉被、2000多套棉衣、棉裤和大量食品。截至2月底，全省各级工商联共组织非公有制企业为抗冰救灾捐款捐物9200多万元（其中捐款72801万元、捐物2025万元），慰问企业4000多家，慰问受灾群众2万多人。省工商联（总商会）22名兼职副主席（会长）捐款捐物3452多万元。3月19日，中央统战部《情况简报》第36期全文刊发《湖南省非公有制经济人士积极投入抗冰救灾工作》，上报中央政治局、国务院，并在中央统战部办公厅《情况交流》第12期，向各省市党委统战部门转发。省委书记张春贤批示：“抗冰救灾工作的实践再次证明当代非公有制经济人士是听党的话的，是值得信赖的。”

积极参与构建民营企业和谐劳动关系三方协调机制

4月15日，省劳动厅、省总工会和省工商联在长沙召开了湖南省民营企业和谐劳动关系协调委员会第一次三方会议。会议讨论通过了《湖南省劳动和社会保障厅、湖南省总工会、湖南省工商业联合会关于建立民营企业和谐劳动关系协调委员会的意见》和《推进全省民营企业工资集体协商工作方案》。会议还探讨了在贯彻实施劳动合同法时遇到的主要问题以及下阶段的工作任务。这次会议标志着湖南省正式建立起民营企业和谐劳动关系三方协调机制。

积极参与抗震救灾工作

5月21日，由湖南省工商联（总商会）主办、长沙市工商联（总商会）协办的湖南省工商联（总商会）抗震救灾捐赠仪式在长沙举行，现场募捐559.11万元。截至6月底，全省各级工商联会员和非公经济人士通过各种渠道向灾区捐款捐物2.22亿元。

2008年5月21日，由湖南省工商联主办、长沙市工商联协办的抗震救灾捐赠仪式现场

承办全国工商联十届一次常委会

6月11～14日，全国工商联十届一次常委会在长沙召开。全国政协副主席、全国工商联主席黄孟复出席开幕式并讲话，中央统战部副部长、全国工商联党组书记、第一副主席全哲洙主持会议，省委书记、省人大常委会主任张春贤出席并致辞。会议的主题是，按照党中央的决策部署，研究民营企业如何深入贯彻落实科学发展观，一手抓抗震救灾，一手抓经济社会发展。全国工商联副主席宋北杉、褚平、孙安民、孙晓华、沈建国、谢经荣等，省领导陈润儿、李微微、陈肇雄、何报翔出席会议。会议期间，著名经济学家厉以宁还作了题为“民营企业如何适应当前经济形势”的专题报告。

开展遍访会员企业活动

7月31日，省工商联下发《关于开展“遍访会员企业，携手共迎挑战”调研活动的通知》，要求全省各级工商联组织深入了解会员企业在生产经营中面临的困难，了解中央和省鼓励扶持非公有制经济发展政策落实的情况，力所能及采取措施为企业排忧解难，积极向各级党委、政府提出支持非公有制企业克服困难的具体建议。省工商联分成7组对96家省直会员企业开展遍访调研活动，收集具体问题和对工商联工作的建议24个，分别交由驻会领导和相关处室负责办理。全省各级工商联通过开展遍访会员活动，走访企业3000多家。此次活动产生了良好的社会反响，先后有《中华工商时报》、《人民政协报》、《湖南日报》和红网等媒体进行了 14 次报道。

2008 年 8 月开始，湖南省工商联开展“遍访会员企业”活动，图为湖南省工商联主席何报翔在企业座谈

开展解放思想大讨论活动

9 月 8 日，省工商联下发《关于印发〈湖南省工商联系统开展“坚持科学发展、加快富民强省”解放思想大讨论活动实施意见〉的通知》（湘联党〔2008〕12 号）文件，在全省工商联系统开展解放思想大讨论活动。

深入开展学习实践科学发展观活动

10 月 15 日，省工商联召开深入学习实践科学发展观活动动员大会。省委常委、省委统战部部长李微微，省工商联主席何报翔出席会议并讲话。省工商联党组书记刘尧臣作动员报告。省委学习实践活动检查指导组第四组到会指导。会议由省工商联副主席周柏良主持，会领导史雪华、陈宏忠、李曦参加会议。湖南卫视、湖南经视、红网、《湖南日报》、《湘声报》等媒体对省工商联学习实践科学发展观活动进行了深入报道。

参与录制大型电视纪录片《天下湘商》

12 月 17 日，大型电视纪录片《天下湘商》首发式在人民大会堂湖南厅隆重举行。全国人大原副委员长、中国红十字会会长彭佩云，全国工商联副主席孙晓华，湘籍或在湘工作过的在京部分领导，以及来自全国各地湘商代表共 150 人参加了首发式。国家新闻出版总署副署长蒋建国发来贺信。彭佩云为首发式揭幕。省政协副主席、省工商联主席何报翔出席会议并致辞。首发式由省人大常委会原副主任、湖湘文化产业促进会会长庞道沐主持。

2008 年 12 月 17 日，由湖南湖湘文化产业促进会、湖南省工商业联合会、湖南省文化厅、湖南省人民政府驻北京办事处联合主办《天下湘商》的首发仪式在北京人民大会堂湖南厅隆重举行

创办《湘声报·民营周刊》

12 月 19 日，由省工商联与省政协机关报《湘声报》共同举办的《湘声报·民营周刊》创刊仪式在长沙举行。省政协副主席阳宝华出席创刊仪式，省政协副主席、省工商联主席何报翔参加创刊仪式并发表讲话。《湘声报·民营周刊》以省内民营企业家为核心读者群，以“服务民营经济发展、引导民营企业家健康成长、提升民营经济影响”为办刊宗旨，致力于全面为非公有制经济和非公有制经济人士维护合法权益服务、参政议政服务、提供资讯服务。

出版《湖南非公经济三十年》

12 月份，由省工商联与省社科院联合主编的《湖南非公经济三十年》正式出版发行。该书共分五编十章。在湖南工商联历史上，此类系统总结非公经济发展过程的史书著作，尚属首次。

湖南省工商联（总商会）领导名单：

主席（会长）：何报翔

党组书记、副主席（副会长）：郭树人（2008 年 5 月离任）

刘尧臣（2008 年 5 月就任）

副主席（副会长）：

周柏良　史雪华　陈宏忠

李　曦（女）　寇　勇　欧阳彪

蒋志方　陈振东　傅　军　乐根成

伍跃时　邱则有　王　填　李艳归

谢子龙　向文波　叶文智　李　静
傅胜龙　李文金　钟健国　艾立华
黄志明　齐建湘　喻春光　刘平建
曾佑桥　钟生林　李途纯　兰光明
冯卫兵

秘书长：胡子俊

组织结构：

办公室、研究室、宣教处、经济处、联络处、扶贫与社会服务处、会员处、人事处、机关党委、直属会员单位党委

联系方式：

地址：湖南省长沙市砂子塘梨子山附 1 号

邮编：410007

湖南省工商联直属行业商（协）会、促进会联系方式：

1. 湖南省工商联金属材料商会

地址：长沙市解放西路 136 号蓝色地标大厦 14 楼

邮编：410005

2. 湖南省工商联五金机电商会

地址：长沙市雨花区汇金路友信机电商城 2 栋 5 楼

邮编：410014

3. 湖南省工商联汽车商会

地址：长沙市蔡锷路 119 号丰泉大厦 7 楼

邮编：410002

4. 湖南省工商联汽车用品行业商会

地址：长沙市远大一路附一号千禧华城 6 楼 609 室

邮编：410002

5. 湖南省工商联家具协会

地址：长沙市河西麓山路 148 号

邮编：410006

6. 湖南省工商联医药行业协会

地址：长沙市芙蓉中路一段 203 号双鹤大厦 13 楼

邮编：410008

7. 湖南省工商联女企业家商会

地址：长沙市砂子塘梨子山附 1 号 503 室

邮编：410007

8. 湖南省工商联潇湘经济促进会

地址：长沙市狮子山车站南路 470 号星城丽景酒店三楼

邮编：410002

9. 湖南省工商联辣椒行业协会

地址：长沙市雨花区朝辉路锦绣国际星城二期 7 栋 3 单元 605 室

邮编：410007

10. 湖南省工商联不动产商会

地址：长沙市芙蓉中路一段 119 号标志房产大厦 20 楼 2001 室

邮编：410008

11. 湖南省工商联家用电器行业商会

地址：长沙市万家丽中路三段 157 号唐湘国际电器城办公室 604 室

邮编：410007

12. 湖南省工商联湘菜产业促进会

地址：长沙市芙蓉中路二段 337 号佳天国际新城北栋 7 楼

邮编：410015

13. 湖南省工商联市场营销协会

地址：长沙市雨花区香樟路 392 号（民政学院南院内）

邮编：410007

14. 湖南省工商联湖湘文化产业促进会

地址：长沙市经开区（星沙）开元路 17 号

邮编：410100

15. 湖南省工商联摩托车商会

地址：湘潭市株易路口长株潭大市场腾飞大厦 5 楼

邮编：411100

16. 湖南省工商联零担货运协会

地址：长沙市五一大道 96 号省商务厅 2 栋 24 楼 23A11 室

邮编：410001

（湖南省工商联研究室　供稿）

广东省工商业联合会

工作综述

2008年是改革开放30周年，也是广东省工商联成立55周年。一年来，全省工商联组织继续解放思想，坚持改革开放，紧扣科学发展的主题，认真履行职责，积极发挥“五个作用”，各项工作取得新进展。

一、发挥独特优势作用，推动民营经济科学发展

1. 牵头举办“首届新粤商大会”，唱响科学发展主旋律

汪洋、罗富和、全哲洙、林军、黄华华、欧广源、陈绍基等中央和省领导，以及来自海内外的粤商代表共1500多人参加了大会。正如省委书记汪洋在会见出席大会的海内外工商界知名人士时指出的，新粤商是改革造就的新群体，是开放形成的新群体，是老中青结合、以新一代为主的新群体；与会的1500多名新粤商积累了巨大的财富，这是改革开放的巨大成果，也是广东的骄傲和自豪。他殷切期望新粤商成为具有自主创新能力、掌握自主品牌的新群体，成为具有世界眼光、能够参与国际竞争的新群体，成为具有强烈责任感和良好社会形象的新群体。黄华华省长代表省委、省政府在大会上作了重要讲话，高度概括了“敢为人先、务实创新、开放兼容、利通五洲、达济天下”的新粤商精神。

2. 服务“双转移”工作，推动民营经济产业优化升级

商会提出贯彻落实意见，专门召开了各商会协会会长、秘书长会议，就推动行业整体、有序转移提出指导意见。在商会大力倡导下，粤港澳13家主要商会联合发出了携手推进珠三角产业升级的倡议，同时，举办了珠三角产业转移项目推介活动，组织部分参加首届新粤商大会的海外和港澳企业家赴佛山、河源开展经贸考察活动。

3. 深化粤港澳主要商会合作，搭建粤港澳工商界更紧密合作的渠道

商会联合香港中华总商会、澳门中华总商会等9家商会在香港举行了第五次粤港澳主要商会高层圆桌会议，研究探讨港澳企业在粤投资面临的新挑战与应对策略。省委汪洋书记在商会建议上作重要批示，要求重视并进一步完善粤港澳商会合作平台，使之成为促进粤港澳合作的重要渠道。11月下旬，省工商联又举行了第六次粤港澳主要商会高层圆桌会议，深入探讨了当前经济形势对企业的影响，共谋发展良策，联手应对挑战。会议签署了《关于进一步完善粤港澳主要商会高层圆桌会议机制备忘录》。省工商联还充分运用区域商会合作机制，组团参加了皖粤企业对接会、第九届中国西部国际博览会、第四届东北亚投资博览会、第二届中国（佛山）国际金属工业博览会和“陕西·广东经贸合作洽谈会”等一系列重要经贸活动。2008年以来，各地工商联组织会员企业参加经贸活动1.3万多人次，签订投资项目、合作协议528个，到位资金30亿元。

4. 加大调查研究力度，为促进民营经济科学发展提出政策建议

省工商联牵头组织省发改委、省科技厅、省外经贸厅等单位及部分有代表性的民营企业，召开广东民营经济发展形势分析会。开展“访千家民营企业”调研活动，走访考察了1200多家民营企业，召开了77场调研座谈会，收集问卷2089份，形成了一批较高质量的调研报告。汪洋书记、黄孟复主席、周镇宏常委，佟星、林木声副省长分别在商会五个专题调研报告上作了重要批示，充分肯定了商会的调研活动及成果。2008年底，省委、省政府出台的《广东省促进中小企业平稳健康发展的意见》，吸纳了省工商联提出的许多建议和意见。进行了千家民营企业抽样调查，较为全面真实地反映了广东省民营企业生产经营状况以及企业主的思想动态。林木声副省长批示指出调查分析有一定深度，对政府部门决策有参考价值，并批转省经贸委、省工商局等部门研阅。与省社科院编辑出版《广东民营经济发展蓝皮书》系列丛书，丛书共3册约160万字。全省各级工商联形成调研材料、情况反映、专题信息等1813份，对涉及民营经济发展的政策文件提出意见建议105份。

5. 大力维护民营企业合法权益，帮助解决实际困难

召开了广东省民营企业投诉中心成立五周年座谈会，总结了五年来受理民营企业投诉的做法和经验，进一步明确了今后工作的思路和举措。2008年全省受理民营企业投诉机构共接受各类投诉、咨询、求助1155宗（次）。召开了学习贯彻《劳动合同法》专题座谈会，解答执行中遇到的疑难问题并提供专业指导，收集整理民营企业的意见建议，全国工商联办公厅、省政府办公厅将商会相关意见建议报国务院法制办等部门单位，为制定《劳动合同法》实施细则提供重要参考。在今年全国人大十一届一次会议小组讨论会上，陈丹主席就《劳动合同法》贯彻执行情况作了发言，受到全国人大高度重视，引起了主流媒体的广泛关注。

二、大力加强思想政治工作，引导非公有制经济人士争当合格中国特色社会主义事业建设者

1. 开展具有时代特色的系列教育活动

省工商联在全国率先召开了全省非公有制经济人士思想政治工作交流会，制定了《关于加强新世纪新阶段非公有制经济人士思想政治工作的意见（试行）》。开展中国特色社会主义学习教育活动，结合实际，制定了实施意见，指导各地工商联扎实推进工作。会同省委统战部等有关部门单位，隆重表彰了100名“广东省优秀中国特色社会主义事业建设者”，中央和省领导亲切接见了受表彰的优秀建设者。

2. 举行纪念改革开放30周年系列活动，增强非公有制经济人士坚持改革开放的使命感、责任感

会同广东电台举行广东省非公有制经济代表人士纪念改革开放30周年座谈会，展示广东民营企业与时代同行的成长经历。与省委统战部联合主办、由全国文联演艺中心承办，举行了“广东省统一战线纪念改革开放30周年暨省工商联成立55周年大型文艺晚会”，讴歌改革开放30年来的伟大成就，欢庆广东省工商联成立55周年。编辑出版《我们的30年——改革开放中成长的广东非公有制经济代表人士》文集，展现了改革开放30年来广东省民营企业家敢为人先、勇于创新、续写辉煌的奋斗历程和坚定信心。

3. 广泛动员组织民营企业支援抗击雨雪冰冻灾害和抗震救灾工作

雨雪冰冻灾情发生后，省工商联全力以赴地协助做好抗灾救灾工作，广泛发动民营企业支援灾区，特别是为受困回乡路上的群众捐赠御寒衣物。据不完全统计，全省民营企业捐赠款项达3539.2万元，衣物36万多件及一大批食品、药品。“5·12”汶川特大地震发生后，省工商联与羊城晚报报业集团、南方广播影视传媒集团联合向社会各界发出紧急呼吁，开展赈灾大宣传大发动；与省委宣传部、省慈善总会等联合举办赈灾义演晚会。在2008“首届新粤商大会”开幕式上，商会向海内外新粤商发出《抗震救灾爱心行动倡议书》。根据省委、省政府的统一部署，主动做好对口支援汶川县的工作。据不完全统计，全省工商联会员为地震灾区捐款捐物达6.65亿元。

省委书记汪洋在商会报告上作出重要批示：“对民营企业的捐赠要加大宣传力度，既培养和鼓励民营企业承担社会责任的积极性，也可以改变少数人对他们‘为富不仁’的偏见。”在全省抗震救灾先进集体、先进个人表彰大会上，省工商联荣获“抗震救灾先进集体”称号。2008年8月，省光彩事业促进会顺利完成换届工作。据统计，2008年全省光彩事业总投资到位资金达4.7亿元。

4. 积极组织民营企业参加学习培训

建立“广东省工商联民营企业培训基地”，同时举行执委培训班，省工商联执委50多人接受了为期4天的培训。先后组织了民营企业家赴西欧考察，在国家行政学院举办“2008年广东省民营企业培训班”等活动。省民营企业投诉中心与国家行政学院合作，组织广东省受理民营企

业投诉机构干部参加专题业务培训。2008 年以来，全省工商联举办较大规模培训活动 436 个，培训 4.3 万人次。

5. 加大宣传力度，打造具有工商联特色宣传品牌

2008 年以来，商会在国内外主流媒体刊登宣传信息 210 多次，组织重大会务活动的专版报道、电台专访、电视台直播录播 20 多次。广东商会网发挥了工商联宣传阵地的作用，着力整合资源，打造精品栏目，累计发布各类信息 1800 多条，年点击量近 8 万次。

三、切实加强自身建设，增强工商联干部服务科学发展的能力

1. 大力加强基层组织和行业组织建设，不断拓宽工作领域

在加快组建新商会和吸收团体会员步伐的同时，切实履行业务指导单位的职责，增强了行业组织对工商联工作的信任度、认可度。

2. 深入开展解放思想学习讨论活动和学习实践科学发展观活动

全体机关干部展现了锐意创新、务实谋事、昂扬奋进的精神风貌和团队意识。

3. 树典型学先进，不断完善激励机制

深圳市宝安区工商联被人力资源和社会保障部、全国工商联授予“全国工商联系统先进集体”；汕头市工商联等 8 个单位、黄健敏等 11 位同志被全国工商联分别授予“全国工商联系统先进单位”、“全国工商联系统先进个人”称号。经省委批准，商会首次联合省人事厅开展表彰活动，广州市工商联等 21 个单位和李丽纯等 22 位同志分别获得“全省工商联系统先进集体”和“全省工商联系统先进工作者”称号。

重要活动

“访千户民营企业”调研活动取得丰硕成果

广东省工商联围绕中心工作，紧扣科学发展的主题，以推动民营经济科学发展和工商联创新工作机制为重点，深入开展了“访千家民营企业”调研活动，走访考察 1266 家民营企业，收集 2089 份调查问卷，召开 77 个座谈会，形成一系列调研报告，引起了省委、省政府和全国工商联领导的高度重视。

中共中央政治局委员、广东省委书记汪洋在商会《关于推动民营经济科学发展的若干政策建议》上批示：“工商联提出的政策建议有一些对发展民营经济很有意义，请继续关注，深化研究，下半年我听一次汇报。”又对商会《关于2008 年粤港澳主要商会高层圆桌会议有关情况的报告》批示：“所提建议值得重视，这个平台值得重视，并可进一步完善，成为促进粤港澳合作的重要渠道。”全国政协副主席、全国工商联主席黄孟复在商会《关于 2007 年广东民营经济发展态势分析报告》上批示：“广东省工商联通过对比分析，找出广东民企发展中的不足，指出方向，请将粤工商联 15 号文印发各省市。”全国工商联办公厅将报告全文转发各省、自治区、直辖市和新疆生产建设兵团工商联。省委常委、省委统战部部长周镇宏在商会《继续解放思想，推动工商联工作创新发展——关于进一步发挥工商联作用的调研报告》上批示：“省工商联在解放思想学习讨论活动中创新工作思路，提出七项举措。第三阶段要在深化、细化、转化上下工夫，确保取得推动工作的新实效。”副省长佟星在商会《关于我省民营企业自主创新情况的报告》上批示：“这个报告有情况、有分析、有建议，对加强我省民营企业自主创新工作具有较好的参考作用。请将此报告送一份给省委自主创新课题组参考。同时也请中小企业局认真研究相关对策建议。”

深入民营企业慰问就地过年外来务工人员

2008 年 2 月 3 日，广东省工商联驻会领导深入民营企业，慰问就地过年的外来务工人员。

省工商联慰问团每到一家民营企业，就与就地过年外来务工人员一起座谈，了解他们的工作生活情况，深入倾听他们的心意，安抚他们的情绪，并送上慰问金，使他们深切感受到党和政府的关爱。省工商联领导在座谈中多次强调，省委、省政府正在全力以赴地动员和组织全省人民为打赢抗灾救灾这场硬仗而努力，并且取得了非常显著成绩，但是由于连续受严重恶劣天气影响，交通运输压力十分巨大。外来务工人员为广东经济社会发展作出的贡献，广东人民是不会忘记的，广东就是外来务工人员的家。广大民营企业员工一定要响应省委、省政府的号召，留在当

地过年，以实际行动支持全省上下的抗灾救灾工作。

在开展慰问活动中，省工商联领导反复叮嘱民营企业主，企业发展离不开企业员工，关爱员工是民营企业应尽的社会责任。要全力配合和协助当地党委、政府的抗灾救灾工作，主动挑起挽留本企业外来务工人员就地过年的重任。要妥善安排好企业员工的工作生活，安排丰富的娱乐节目，营造欢乐、祥和的节日氛围。

在省工商联的带动下，各地工商联组织也迅速行动起来，广州、汕头、佛山、江门等地工商联也纷纷下基层，开展各种慰问活动。

举行广东民营经济发展形势分析会

为引导广东省民营企业进一步解放思想，更好地实现科学发展。2月28日下午，广东省工商业联合会、广东省总商会在广东大厦举行广东民营经济发展形势分析会。省发改委、省外经贸厅、省科技厅、省工商局、省统计局、省中小企业局、省政府发展研究中心、省社科院、人民银行广州分行等9个政府职能部门和研究机构代表对2007年广东省民营经济发展情况进行总结，并对2008年民营经济发展形势进行综合分析。

2008年2月，广东省工商联首次在广州举办“广东民营经济发展形势分析会”

民营经济发展形势分析会是省工商联首次举办的这种类型的会议，是新形势下为民营企业提供服务的一种尝试，引起了新闻媒体的广泛关注，多家中央和省市新闻单位多视角对会议进行深入报道和追踪采访，获得社会各界的极大反响和一致好评。各地市及基层商会组织、省商会协会和民营企业家约300人参加了会议。

援助四川地震灾区

5月12日下午，四川省发生8.0级地震，给汶川等地造成了严重的人员和财产损失。抗震救灾进入关键时刻，灾区人民的生命安危深深牵动着全省广大民营企业的心。商会迅速反应，紧急动员，全力组织各地工商联和广大民营企业支援抗震救灾工作。与羊城晚报报业集团、南方广播影视传媒集团联合向社会各界发出紧急呼吁，开展赈灾大宣传大发动；与省委宣传部、省慈善总会等联合举办赈灾义演晚会，发动社会力量支援四川灾区。全省各地工商联和商会协会组织通过发出赈灾倡议、举办捐款仪式等方式，动员和组织广大会员捐款捐物支援抗震救灾。

鉴于灾情严重，而灾区重建又是一项长期而艰巨的工程，广东省工商联又在2008“首届新粤商大会”开幕式上，向海内外新粤商发出《抗震救灾爱心行动倡议书》，呼吁广大粤商奉献爱心，支援灾区重建。商会还根据省委、省政府的统一部署，主动做好对口支援汶川县的工作。据不完全统计，全省工商联会员为地震灾区捐款捐物达6.65亿元。

全省各地工商联服务大局的意识和动员组织能力、民营企业家强烈的社会责任感，得到党委、政府和社会各界的广泛好评。在全省抗震救灾先进集体、先进个人表彰大会上，广东省工商联荣获“抗震救灾先进集体”称号。

2008“首届新粤商大会”在广州隆重举行

5月27日上午，由广东省工商联、广东省经贸委、羊城晚报报业集团、南方广播影视传媒集团联合主办的2008“首届新粤商大会”在广州白云国际会议中心隆重开幕。中共中央政治局委员、广东省委书记汪洋，全国工商联党组书记、第一副主席全哲洙，全国侨联党组书记、主席林军，广东省委副书记、省长黄华华，省人大常委会主任欧广源，省政协主席陈绍基，省委常委、常务副省长黄龙云，省委常委、省委秘书长肖志恒，省委常委、省委统战部部长周镇宏，副省长佟星、林木声，省政协副主席汤炳权，博鳌亚洲论坛秘书长龙永图，中国经济体制改革研究会会长高尚全，中央政府驻香港特别行政区联络办副主任黎桂康，中央政府驻澳门特别行政区联络办副主任高燕等出席大会开幕式。

大会开幕式由林木声主持。与会人士首先全体起立，为四川大地震遇难者默哀。全哲洙代表

2008年5月27日，2008“首届新粤商大会”在广州隆重举行

全国工商联致辞，向大会的举行表示祝贺。黄华华代表省委、省政府在大会上发表讲话。出席大会开幕式的还有海内外工商界知名人士，来自全省各地的企业家代表，国内各地广东商会代表，港澳台在粤投资的企业家代表，海内外工商社团代表等1500多人。

开幕式前，汪洋及全国政协副主席、民进中央常务副主席罗富和等领导亲切接见了100名“广东省第二届优秀中国特色社会主义事业建设者”，会见了参加大会的海内外工商界知名人士并进行了座谈。

开幕大会上，全体代表发表了《新粤商宣言》以及《抗震救灾爱心行动倡议书》，粤港澳13家主流商会联合发出《粤港澳携手推进珠三角产业升级倡议书》，100名“广东省第二届优秀中国特色社会主义事业建设者”受到表彰。随后大会举办了“新粤商高峰论坛”。

广东省工商联十届二次常委会议暨全省非公有制经济人士思想政治工作交流会在广州召开

7月15～16日，省工商联十届二次常委会议暨全省非公有制经济人士思想政治工作交流会在广州召开。省委常委、统战部部长周镇宏就做好新形势下非公有制经济人士思想政治工作作重要讲话。

周镇宏要求，要从巩固执政基础高度，认识新世纪新阶段非公有制经济人士思想政治工作的重要意义；要服务大局，把握新世纪新阶段非公有制经济人士思想政治工作的正确方向；要发挥特色优势，进一步发挥工商联在非公有制经济人士思想政治工作中的重要作用；各级党委政府要大力支持工商联开展非公有制经济人士思想政治工作。他勉励全省各级工商联和广大非公有制经济人士，高举旗帜，坚持科学发展，促进社会和谐，为实现全省人民富裕安康，为广东率先基本实现社会主义现代化作出新的更大贡献。

会议讨论并通过了《广东省工商联关于加强非公有制经济人士思想政治工作的意见（试行）》、《广东省工商联关于认真学习贯彻省委十届三次全会精神的意见》。广州、深圳市工商联（总商会），广东外商公会和部分非公有制经济代表人士从加强“两新”组织党的建设，构建劳动和谐关系、加强企业文化建设等方面介绍了经验和体会。各地市（县、区）工商联，省工商联各商会、协会约300人参加了会议。

广东省光彩事业促进会第二次会员代表大会举行

8月25日下午，广东省光彩事业促进会第二次会员代表大会暨二届一次理事会议在广州举行。省委常委、统战部部长周镇宏，全国工商联副主席谢经荣，省直有关部门负责人和来自全省各地的省光彩事业促进会会员代表共300多人出席大会。

会议指出，光彩事业促进会成立七年来，紧紧围绕中心，服务大局，组织引导广大民营企业积极投入社会主义新农村建设，踊跃参与“十项民心工程”，抗击非典，抗灾赈灾，扶贫济困，捐资助教，热心社会公益事业，成效显著，硕果累累。目前全省投身扶贫开发和参与光彩事业项目投资的民营企业家达8503人，实施光彩项目674个，总投资513.36亿元，已投入资金350.87亿元；培训人员177.13万人次，安置下岗再就业25.24万人；捐建光彩学校300多所，助学资金2亿多元；捐赠公益事业项目1318个，捐赠资金21.86亿元。

全国工商联副主席谢经荣在致辞中高度评价和充分肯定了广东省光彩事业的各项工作。省委常委、统战部部长周镇宏代表省委、省政府，感谢多年来一直支持和参与光彩事业的非公有制经济人士和港澳台及海外工商界人士。周镇宏强调，要进一步完善和落实非公有制经济人士综合评价机制，把发展光彩事业作为培养非公有制代表人士的途径和渠道，对作出突出成绩的非公有制经济人士，理直气壮地给他们荣誉，给他们地位，努力营造光彩事业发展的良好氛围。

大会选举产生了广东省光彩事业促进会新一届领导机构，周镇宏当选为新一届理事会会长。省委统战部、省工商联、省光彩会联合表彰近年来为光彩事业作出主要贡献的个人和单位，分别授予“广东省光彩事业特别奖”、“广东省光彩事业组织奖”并颁发了奖牌。

26～28日，周镇宏亲率由一百多位光彩事业促进会理事组成的考察团前往河源、梅州考察。

支持受理民企投诉工作

2008年11月13日上午，以“维权·和谐·发展”为主题的广东省民营企业投诉中心成立五周年座谈会在广州珠岛宾馆举行。会议主要议题是：总结五年来广东省受理民营企业投诉工作情况；讨论广东省民营企业投诉工作需要解决的有关问题；部署今后全省受理民营企业投诉工作的任务。中共广东省委常委、统战部部长周镇宏，副省长林木声出席座谈会。省直各有关部门、单位负责人，21个地级以上市的民营企业投诉机构负责人，民营企业代表，省工商联维权委员会成员及维权联络员共100多人参加会议。

周镇宏代表省委、省政府，对我省各级民营企业投诉机构五年来在协调处理民营企业投诉、建立投诉救助机制和服务体系、推动各地开展民营企业投诉工作、宣传普及法律知识、提高法律维权意识等方面取得的工作成效，给予充分肯定。他说，全省受理民营企业投诉机构共接受民营企业的各类投诉、咨询、求助累计4368宗（次），为民营企业避免或挽回损失累计达5.4亿多元，对切实维护民营企业合法权益、优化政务环境、促进我省民营经济发展起到了积极作用。

下午，广东省民营企业投诉中心还举行了全省受理民营企业投诉机构暨维权委员会工作会议。

共谋发展良策　联手应对挑战——第六次粤港澳主要商会高层圆桌会议在广州隆重举行

11月27日下午，第六次粤港澳主要商会高层圆桌会议在广州隆重举行。中共中央政治局委员、广东省委书记汪洋接见与会代表。省委常委、统战部部长周镇宏，副省长林木声，省政协副主席汤炳权等出席。来自粤港澳三地16家主要商会的数十位商界领袖及广东省有关部门负责人聚首一堂，围绕发挥粤港澳商会合作优势，推动广东经济平稳较快发展主题，共谋发展良策，联手应对挑战。

汪洋指出，加强粤港澳合作，对香港、澳门的稳定发展，对广东可持续发展都是一件十分重要的事情，要积极倡导、主张、支持所有加强市场主体间合作的事情。现在三地商会有一个圆桌会议，就要积极促成圆桌会议能够成为机制，能够在促进粤港澳合作中，发挥越来越重要的作用。汪洋强调，作为会员企业都是市场主体的商会组织要更好了解市场的走向以及三方政府的政策和举措，协调好相互间的互动、合作，落实形成的意向，真正为企业服务。要做好这些工作，需要有个过程，在这个过程中要积累经验，不断丰富完善，使它能够为企业所信任，并越来越有影响力。他希望三地商界加强联系，增加沟通，使商会在促进三地合作中发挥作用，最后达到互利共惠的目标。

2008年11月27日中共中央政治局委员、广东省委书记
汪洋同志会见第六次粤港澳主要商会高层圆桌会议代表并合影

周镇宏指出，三地商会要以世界眼光、全球视野、战略思维，从服务大局出发，进一步完善粤港澳商会联动机制，发挥商会独特优势，强化商会服务，提升三地工商界合作水平。

会议签署了《关于进一步完善粤港澳主要商会高层圆桌会议机制备忘录》，决定从今年开始，每半年召开一次粤港澳高层圆桌会议，并新增加部分成员。

广东省工商联（总商会）十届二次执委会议在广州召开

12月15日，广东省工商联（总商会）十届四次全体主席（会长）会议、十届三次常委会议、十届二次执委会议及全省工商联系统先进集体、先进工作者表彰大会在广州隆重举行。中共广东省委常委、统战部部长周镇宏，副省长林木声出席大会。省工商联（总商会）十届执委，21个地级市及各县（区）工商联主要负责人约550人参加会议。

周镇宏代表省委、省政府对大会的举行表示祝贺。他强调，当前的主要任务是“三促进一保持”。工商联要紧紧围绕中心任务，以推动非公有制经济平稳较快发展为重要着力点，着力构建有利于科学发展的体制机制，在发展思路、工作机制、服务领域、活动载体等方面积极探索，大胆创新。他勉励广大非公有制经济代表人士要坚定发展信心，促进和谐稳定，带头做合格的中国特色社会主义事业建设者。会议表彰了全省工商联系统先进集体和先进工作者。

广东省工商联领导名单：

主席：陈　丹

党组副书记：陈海燕

党组书记、常务副主席：黄少雄

副主席：李阳春　严璋玉（女）　卢小周
孔芙蓉（女）　陈　昆　黄文仔
郭梓文　涂辉龙　詹玉湘
翟美卿（女）　陈凯旋　邵建明
熊贤林　杨　秋　李东生　苏志刚
苏枝桓　张玉其　陈成才　温鹏程
张思民　岑润洪　刘绍喜　叶华能
朱思宜　戴德丰　许智明　刘艺良

秘书长：陈瑞志

广东省总商会领导名单：

会长：陈　丹

常务副会长：黄少雄

副会长：李阳春　严璋玉（女）　卢小周
孔芙蓉（女）　陈　昆　戴庆元
梁志敏　卢伟硕　马　娅（女）
王福亮　贺丹青　陈永弟　姚振华
郑合明　叶惠全　张　茵（女）
温少松

秘书长：陈瑞志

组织结构：

办公室、人事教育部（与机关党办、纪检监察室合署办公）、会员工作部、联络部、经济科技与信息部

联系方式：

地址：广州市越秀区朝天路2号

邮编：510180

广东省工商联直属商会联系方式：

1. 广东省工商联外商公会

地址：广州市朝天路2号工商大厦一号楼6楼

邮编：510180

2. 广东省工商联民营企业投资商会

地址：广州市朝天路2号工商大厦一号楼8楼

邮编：510180

3. 广东省工商联民营企业商会

地址：广州市朝天路2号工商大厦一号楼7楼

邮编：510180

4. 广东省工商联电脑商会

地址：广州市石牌西路8号展望数码广场2308室

邮编：510630

5. 广东省工商联家具商会

地址：广州市天河区黄埔大道西76号富力盈隆广场2609室

邮编：510620

6. 广东省工商联国际钻石商会

地址：广州市朝天路2号工商大厦二号楼809室

邮编：510180

7. 广东省工商联女企业家商会

地址：广州市朝天路2号工商大厦一号楼7楼

邮编：510180

8. 广东省工商联医药商会

地址：广州市先烈中路65号东山广场东楼605室

邮编：510095

9. 广东省工商联油气商会

地址：广州市越华路116号广业轻化集团办公副楼5楼

邮编：510034

10. 广东省工商联日化商会

地直：广州市朝天路2号工商大厦二号楼803室

邮编：510180

11. 广东省工商联金银首饰商会

地址：广州市东风东路741－1号金广大厦六楼602室

邮编：510080

12. 广东省工商联高科技产业商会

地址：广州市朝天路2号工商大厦二号楼606室

邮编：510180

13. 广东省工商联五金机电商会

地址：广州市朝天路2号工商大厦二号楼808室

邮编：510180

14. 广东省工商联家居建筑装饰材料商会（广东省家居建材商会）

地址：广州市沙太北路天健广场M幢三楼301室

邮编：510515

15. 广东省工商联洗染行业协会

地址：广州市越华路116号广业轻化集团办公副楼605室

邮编：510034

16. 广东省工商联中大MBA企业家商会

地址：广州市新港西路135号中山大学岭南学院黄传经堂501室

邮编：510275

17. 广东省工商联拉链商会

地址：广州市花都区狮岭镇杨赤线与合和路交界处纳海皮具饰博园B座44号

邮编：510620

18. 广东省工商联鳗鱼业协会

地址：佛山市顺德区北滘镇林头商业街信兴大厦5楼

邮编：528311

19. 广东省工商联眼镜商会

地址：深圳市横岗街道丽晶中心816室

邮编：518115

地址：广州市广园西路83号宇航大厦306室

邮编：510010

20. 广东省工商联民营企业文化协会

地址：广州市朝天路2号工商大厦一号楼3楼

邮编：510180

21. 广东省工商联汽车配件用品行业商会

地址：广州市永福路35号国际汽车电子广场432室

邮编：510500

22. 广东省工商联家电商会

地址：广州市白云路48号辉煌大厦c栋6楼d－f室

邮编：510600

23. 广东省工商联美容美发化妆品行业协会

地址：广州市广园西路121号美博城A座5楼

邮编：510010

24. 广东省工商联闽南商会

地址：广州市海珠区新港西路顺华名家庭3楼372号

邮编：510300

地址：广州市朝天路2号工商大厦二号楼908室

邮编：510180

25. 广东省工商联晋江商会

地址：深圳市罗湖区东门南路34号太阳岛大厦24楼B、C单元

邮编：518001

26. 广东省工商联湘籍企业家商会

地址：广州市朝天路2号工商大厦二号楼506室

邮编：510180

27. 广东省工商联环境艺术设计行业协会

地址：广州市海珠区艺苑路（新鸿花园旁）东庆街2号10楼

邮编：510310

28. 广东省工商联缝制设备商会

地址：广州市五羊新城寺右南路一街一巷9号广日大厦801室

邮编：510600

29. 广东省工商联经济学家企业家联谊会

地址：广州市华乐路57号华乐大厦北塔12楼D座

邮编：510060

30. 广东省工商联金银珠宝玉器业厂商会

地址：广州市东风中路268号交易广场2201室

邮编：510030

31. 广东省工商联民营经济研究会

地址：广州市海珠区工业大道北43号大院A-1号

邮编：510288

32. 广东省工商联粤西企业发展促进会

地址：广州市站前路88号湛江大厦3楼

邮编：510160

33. 广东省工商联三明市总商会广东商会

地址：广州市朝天路2号工商大厦706房

邮编：510180

34. 广东省工商联轻工业经理人公会

地址：广州市荔湾区站西路28号环球国际商贸中心三期420

邮编：510030

35. 广东省工商联地产商会

地址：广州市朝天路2号二号楼8楼

邮编：510180

36. 广东省工商联海珠中大纺织产业商会

地址：广州市海珠区瑞康路中大九洲轻纺广场K栋四楼

邮编：510260

37. 广东省工商联民营企业权益保障联合会

地址：广州市寺右一马路珠江宾馆二号楼四楼

邮编：510600

地址：广州市政民路51号广东省法学会

邮编：510405

38. 广东省工商联职业经理人协会

地址：广州珠江新城临江大道33号碧海湾B座503—505室

邮编：510000

39. 广东省工商联水产业商会

地址：广州市荔湾区花地大道南488号广州海河国际水产品交易市场B5-012 B5-013

邮编：510030

（广东省工商联伍洁星　供稿）

广西壮族自治区工商业联合会

工作综述

2008年，自治区工商联在自治区党委、政府的正确领导下，认真学习党的十七大、十七届三中全会精神，全面落实科学发展观，调整工作思路，创新工作方法，增强服务意识，紧紧围绕党委、政府中心工作，认真贯彻中央和自治区有关非公有制经济发展政策，切实履行工作职责，各项工作都取得了新的成绩。

2008年，共有地级市组织14个，县级组织109个，乡镇组织1056个，异地商会38个，行业商会125个，其中省级行业商会1个，市级30个，县级61个，乡镇行业商会33个。共有会员总数87152个，其中企业会员10915个，团体会员846个，个人会员75391个。会员中有全国人大代表3人，自治区人大代表39人，市、县人大代表651人；全国政协委员3人，自治区政协委员40人，市、县政协委员3303人。

一、思想建设

组织非公有制企业开展继续解放思想大讨论和全面贯彻落实科学发展观活动，在两次重大学习活动中，自治区工商联企业家副主席、常委、执委和广西商会副会长向自治区区党委、政府等有关部门提出合理化建议和意见超过200条。

各市工商联加大对非公有制经济代表人士培训力度，组织他们到中央党校、北京大学、自治区党校等单位培训；组织100多名非公有制经济代表人士参加广西统一战线纪念改革开放30周年——致富思源百色行活动，企业家们捐款120万元建设思源园——邓小平手迹碑林；组织11名企业家分别到广西大学、广西师范学院、广西中医学院、广西民族大学进行4场主题为“见证30年改革开放和自主创业”的创业演讲报告；举办广西首届非公有制企业运动会，14市近100家企业500多名运动员参加比赛。举办“民营企业纪念改革开放30周年文艺汇演”。

50名非公有制经济代表人士获第二届广西自治区优秀社会主义事业建设者荣誉称号；10名非公有制企业家和员工获自治区“五一”劳动奖章称号；9名民营女企业家获得自治区“三八”红旗手称号。

二、参政议政

与自治区党委统战部、经委、统计局、工商局等单位联合，首次出版了《2007自治区非公有制经济发展报告》。完成了自治区党委下达的2008年重大决策课题《银行业支持北部湾经济区开发建设研究》的调研撰写工作。

组织了四次全区性的重大调研活动：《全区重点乡镇商会工作调查》、《全区非公有制经济人士思想政治工作调查》、《全区工商联基层组织建设情况调查》。金融危机发生后，就当前民营企业生产经营情况，组织有关人员深入南宁、柳州等市进行调研，形成《当前我区民营企业生产经营现状的调查报告》。

《劳动合同法》颁布之后，各级工商联纷纷深入到企业调研，了解企业执行劳动法情况碰到的问题，积极向有关部门反映企业的呼声，提建议和意见100多条。提交自治区政协大会发言和团体提案14件，其中在自治区政协会上提交的关于筹备召开桂商大会、扶持上市公司发展两个提案得到采纳；在全国政协上提交的开展中小银行试点工作、对主要农产品进行保护两个提案得到采纳。据不完全统计，全年区、市、县工商联及其人大代表、政协委员提交各类调查报告、大会发言、提案、议案400余件。

年内编印了《广西非公有制经济信息反映》10期，刊登重大信息80多则。创办了《广西工商联通讯》，编印7期。在四川发生地震期间，增印了3期《广西非公有制经济人士抗震救灾专报》。成立了信息化办公室，负责自治区工商联网站和工商联系统信息化建设工作。与《广西日报》合办开设了一个年度专栏，与广西电视台合作拍摄了8个专题节目，与广西广播电台合办了三次专访活动。

三、经济服务

1. 积极参与北部湾经济区开放开发建设

负责牵头引进民营大企业参与北部湾经济区投资建设，先后组织重庆力帆集团、浙江德力西集团、新疆广汇集团等40多家国内民营知名大企业参加广西北部湾经济区开放开发介绍会；到上海、浙江、江苏、四川、重庆、北京、江西、内蒙古等地开展北部湾招商；各市工商联配合当地政府，到杭州、宁波、温州、厦门、福州、深圳、东莞等地进行招商。据不完全统计，年内全区各级工商联共派出招商小分队53批，150多人次，接待国内外客商89批共487人。

2. 配合政府，承接东部产业转移，依托工业园区，吸引大企业到园区投资

根据自治区党委统战部统一部署，把南宁六景工业园、贵港工业园作为经济统战联系园区。共组织广东、北京、浙江等地120多位企业家到园区考察。其中广东博懊鸿基企业集团有意在南宁投资40亿元建商贸物流基地，广东远通集团拟与园区合作投资建占地100亩的标准厂房，中恒集团拟投资30亿元建设占地1000亩的医药产业园等。贵港市工商联主席、贵港小龙集团董事长吴小龙在贵港江南工业园投资建设4万平方米的标准厂房，成为贵港承接东部产业转移的基地。据不完全统计，2008年，全区工商联共引进投资合作项目121个，总投资145.62亿元。

组织企业参加西部博览会、河南中部博览会、宁夏夏洽会等多个区域性经贸活动。在第五

届中国—东盟博览会和2008中国（自治区）非公经济发展论坛等活动期间，邀请50多位区外客商和东盟十国商会领导及企业界人士前来参会；接待中国纺织品进出口商会、中国食品和包装机械协会等8家商协会，中国食品和包装机械协会拟与防城港、钦州市在食品包装机械项目上进行投资合作。组织北京广西商会企业家一行20多人到南宁、贵港、崇左等市考察，企业家们有意投资基础设施建设、商贸物流、工业园区等方面的项目。马来西亚商会客商通过对南宁、钦州两市考察，拟在两市投资建设马来西亚工业园。

四、服务会员

启动广西非公有制企业成长系列讲座活动，邀请美林（亚太）有限公司董事总经理黄桂林作首场广西非公有制企业成长讲座，邀请上海汇投创业投资管理公司董事长夏保罗为企业家作《当前经济危机中民营企业的机遇》报告；联合世界银行国际金融公司、国家开发银行自治区分行等有关单位举办“2008民营企业国际化之路（南宁）研讨会”；与澳门投资贸易促进局联合举办桂澳经贸合作交流会。与政府经济部门联合推出“民营企业与政府经济官员对话”系列活动，12月19日启动第一场对话活动，是与自治区农业厅共同举行对话农业产业化主题，非公企业与农业厅有关人员60多人参加活动；启动民营企业风险防范和救助机制，加强与公检法、税务、劳动、环保等部门合作，积极为会员提供法律咨询服务。全区各级工商联通过各种渠道和方式，与各有关部门、地市政府的沟通与协调，妥善解决近百起会员企业投诉。

五、光彩事业

年内，全区非公有制经济人士向冰冻灾区捐款物超过1000万元。全区非公有制经济人士通过广西光彩事业促进会、红十字会、民政等渠道，累计向四川地震灾区捐款物达1.1亿元，其中捐款将近9000万元。在四川绵阳、眉山市建立两所广西光彩学校。广西同济医院的医疗手术小分队，是我国首支进入地震灾区开展医疗救治的民营医疗队伍。在2008年民营企业招聘周活动中，全区各级工商联动员会员企业扩大就业岗位，积极招聘就业人员，南宁、柳州、桂林等3个城市和自治区本级参加招聘的非公有制企业1655家，提供就业岗位36558个，进场求职56558人次，现场签订就业意向人数16749人，达成意向率45.81%；开展政策咨询活动，现场发放宣传资料44300份，3098人次获得维权和法律援助。各级工商联积极推进会员企业开展村企挂钩，企业援村活动。大新新振锰品有限公司出资1000万元，帮助宝贤村等三个村进行水、电、路、文化等设施的建设；自治区富丰集团和养鸭户订立合同，采取“公司+农户+基地”的方式，定点定时包回购，保证农民有一条长期稳定的增收渠道。据不完全统计，全区参与新农村建设的会员企业已达800家。

六、对外联络

利用中国—东盟博览会机会，重点联系了东盟国家主流工商社团，海外华人和港澳台工商界人士60多人，推介了广西优势产业和投资项目。

各市、县工商联积极“走出去”，与区外工商联组织、行业商会对口交流，增进友谊，加深了解，扩大各自的网络资源。推动会员“走出去”，鼓励企业利用国际国内两个市场、两种资源，到境外投资发展。开展了会员企业参与大湄公河次区域投资合作调研，召开在越、柬、老、泰、缅5国有投资企业座谈会，了解企业在外投资经商情况，配合全国工商联为温家宝总理出席大湄公河次区域第三次国家领导人对话会提供调研材料，得到全国工商联表扬。组织会员企业参加在泰国清迈举行的工商企业培训班。

七、机关组织建设

12月27~29日，自治区工商联十届三次执委会在南宁召开，替补6名常委，增补许淑清、伍永田、黎福超、陈杏枚、席国际为广西总商会副会长。

在全区工商联系统内开展以“参政议政能力、服务大局能力、服务会员能力、机关工作能力”为主要内容的“机关能力建设年”活动，制订了《广西工商联能力建设考评细则》，把全区工商联机关能力建设纳入量化目标进行管理。举办了由各市县工商联主席、副主席150人参加的全区工商联解放思想大讨论暨主席培训班；举办了以县级工商联为对象，以写调研报告、办文为主要内容的100多名基层机关干部业务培训班。据不完全统计，年内全区各级工商联举办商务礼仪、写作、企业市场开拓等内容的培训班、研讨班约150期。

发挥工商联领导班子的凝聚力，开展兼职非公有制副主席轮值活动，由各兼职非公有制主席主持重大会务活动。由副主席轮值的广西首届非公有制企业运动会、创业讲堂活动、桂澳经贸合作交流会、“民营企业与政府经济官员对话”系列活动、《广西日报》专栏等取得了成功。

积极争取各级党委、政府的支持，加强工商联基层组织建设，努力改变人员少、经费缺、办公条件差、力量弱、作用小的状况，主要领导亲自带头走出机关到基层下访，为基层组织反映诉求，协调解决实际困难，实现了全区所有县工商联都配置了电脑。

重要活动

情系灾民，帮助雪灾地区抗寒救灾

2008年1月中旬以来，桂林市出现了50年不遇的大面积降雪和严寒冰冻天气，致使全州、龙胜、资源、灌阳、临桂等山区的人民群众停电、停水、缺米，人民群众的生活受到严重影响，有的已经断粮几天了。灾情发生后，广西区工商联下发《关于广泛发动各级工商联组织和广大会员积极投入抗冻抗寒救灾工作的紧急通知》，要求各级工商联和非公有制经济人士行动起来，积极帮助受灾群众和受灾企业抗寒救灾。《通知》得到自治区工商联会员和机关干部积极响应。大家纷纷捐款购买大米，支援受灾群众。广西全区工商联系统向冰冻灾区捐款物超过1000万元。

积极深入开展解放思想大讨论活动

2月25日，广西区工商联机关召开继续解放思想大讨论学习会。会议提出，要将解放思想与工商联工作实际相结合，为广西非公经济发展创造良好氛围，开创工商联工作的新局面。与会人员认真学习广西区党委关于开展继续解放思想大讨论活动的通知，并研读了广西区党委书记郭声琨的新春寄语。大家表示，开展继续解放思想大讨论活动是非常必要的，是推动广西经济发展的一个重要途径；郭书记的新春寄语言辞恳切、语言朴实，对广大干部寄予的殷切希望透于纸间，作为领导干部更重视肩负担子，要结合工商联的实际解放思想，增强责任感和创新意识，进一步提高工作水平和工作能力，认真履行职能，完成好党委、政府交给的任务。

举行解放思想大讨论暨主席培训班

广西工商联解放思想大讨论
暨主席培训班在南宁举行

4月11~14日，全区工商联解放思想大讨论暨主席培训班在南宁举行。广西全区各市、县工商联主席、常务副主席150多人参加了培训。全国工商联副主席孙晓华，中国民间商会副会长、力帆实业（集团）有限公司董事长尹明善和自治区党校、广西社会主义学院的教授应邀到培训班给学员分别做专题报告和讲课。广西区党委常委、统战部部长黄道伟出席开班典礼，并作重要讲话。

广西非公经济代表人士积极支援四川地震灾区

5月16日，广西区党委统战部、区工商联、区体育局联合在广西体育馆举行向四川地震灾区捐赠仪式。九十多家非公有制企业的民营企业家或代表出席，纷纷发扬一方有难、八方支援、扶危济困、回馈社会的传统美德，现场捐献踊跃。

广西区党委统战部、区工商联、区体育局
联合举行向四川地震灾区捐赠仪式

据统计，截至6月6日，自治区工商联已收到出席当天捐赠仪式的各企业、团体、单位、个人通过广西光彩事业促进会向地震灾区捐献的

1134.12921 万元现金和价值 188.63 万元的药品等救灾物资。出席捐赠仪式的“泰富黄金杯”广西非公有制运动会的全体运动员、自治区党委统战部和自治区工商联的机关干部也纷纷踊跃向灾区人民捐款。会后，由广西同济医药集团组织的一支广西非公有制医疗救助队立即奔赴四川灾区支援抗震救灾。

启动“广西非公有制企业成长系列讲座”

8 月4 日，为了进一步推动广西区非公有制企业改善管理，提高市场应变能力，加快发展，商会启动广西非公有制企业成长系列讲座，不定期邀请有关专家为我区非公有制企业进行有关知识的专业讲座。第一期讲座邀请了美林（亚太）有限公司董事总经理、亚洲投资银行部主席黄桂林博士作演讲。自治区工商联十届三次常委、我区部分知名非公有制企业和国有企业，南宁市工商联部分会员企业近 150 人参加了讲座。

积极参与全区第一批学习实践科学发展观活动

10 月10 日上午，自治区工商联召开深入学习实践科学发展观活动动员大会。自治区党委统战部副部长、自治区工商联党组书记冯成善对自治区工商联学习实践活动进行了具体部署。冯成善指出，广西区工商联作为广西区第一批深入学习实践科学发展观活动的单位，全体党员干部要自觉参加学习实践科学发展观活动。要结合工商联工作实际，认真研究非公有制经济发展规律，不断完善工作方式，创新工作载体，努力查找工作差距，认真理清工作思想，切实解决问题。

开展“见证 30 年——改革开放与自主创业”为主题的“创业讲堂”演讲活动

举办“见证30 年——改革开放与自主创业”为主题的“创业讲堂”演讲活动

11 月14 日，按照全国工商联、教育部、团中央的要求，为纪念改革开放 30 周年，进一步贯彻落实党的十七大关于“实施扩大就业的发展战略，促进以创业带动就业”的精神，广西区工商联、区教育厅、共青团广西区委共同组织一批广西优秀民营企业家走进广西高校开展以“见证 30 年——改革开放与自主创业”为主题的“创业讲堂”演讲活动。分别在广西大学、广西民族学院、广西中医学院、广西民族大学举办了四场报告会。

广西非公有制经济人士开展“纪念改革开放 30 周年——致富思源百色行活动”

12 月1 日，在广西各族人民纪念改革开放 30 周年和迎接自治区成立 50 周年的日子里，广西区党委统战部、区工商联共同组织的广西统一战线“纪念改革开放 30 周年——致富思源百色行活动”在革命圣地百色市举行。广西区党委统战部、各民主党派广西区委会、广西区工商联和广西商会负责人，无党派代表人士，非公有制经济人士共 170 多人参加活动。参加活动的广西统一战线机关人员、非公有制企业和个人以捐资兴建“思源园——邓小平手迹碑林”的方式，表达了对邓小平同志的怀念和追思，共捐资 124.3 万元。

启动“民营企业与经济官员对话”系列活动

12 月19 日，广西区工商联、区农业厅在南宁市举行“民营企业与经济官员对话”系列活动之一——农业产业对话会。广西区统战部、农业厅、工商联、国税局、地税局、农业银行广西分行、农业发展银行广西分行、14 个市农业产业化办公室以及来自广西部分市县农业产业领域的 29 位企业家参加会议。广西区政府副主席陈章良出席会议并讲话。企业家在会上踊跃发言，针对农业的产业政策、项目、资金申报程序、需要的条件等与农业产业相关的政策进行提问，农业厅有关负责人一一作了解答。企业家表示，通过对话交流，不但加深了对十七届三中全会阐述新的农业产业化政策的理解，而且对农业的产业政策、项目、资金申报程序、需要的条件等与农业产业相关的政策有了更多的了解。对企业的产业结构调整，拓宽企业的发展思路有很大帮助。

与广西高级人民法院建立民营企业法律风险防范机制

12月31日，广西高级人民法院与广西区工商联经充分探讨和研究后达成合作机制，在广西南宁联合召开广西民营企业法律风险防范座谈会，共同签署了《关于建立广西民营企业法律风险防范机制的意见》（下简称《意见》）。《意见》明确，广西高级人民法院将与广西工商联成立广西民营企业法律风险防范机制领导小组，并将建立联席会议制度，指导广西民营企业或在广西投资合作的外来民营企业防范和化解法律风险，协调解决民营企业在生产经营活动中发生的或可能发生的类型化法律纠纷以及具有代表性、典型性的危及企业生存和发展的重大法律纠纷，帮助民营企业以最低法律风险和法律成本化解纠纷。

广西壮族自治区工商联领导名单：

主席：磨长英

党组书记：冯成善

副主席：欧文魁　梁钰光　黄振东　丘德彬
江建伟　史英文　吴小龙　汪林冰
何玉棠　叶建强　陈大光　赖可宾
宁　俊　谭桂发　周亚仙　王国强
冯小华　陈继志

秘书长：梁钰光（兼）

广西壮族自治区总商会领导名单：

会长：磨长英

副会长：王祥林　朱小林　赵铁男　兰红春
陈显彬　覃权利　黄嘉棣　杨开沈
唐延绪　周圣铁　言胜斌　许淑清
伍永田　黎福超　陈杏枚　席国际

组织结构：

办公室、调研室、经济部、会员部、联络部

联系方式：

地址：广西南宁市星光大道7－1号泰富大厦7楼

邮编：530031

广西壮族自治区工商联直属商会联系方式：

广西壮族自治区工商联五金商会

地址：南宁市秀灵路81号南宁东博五金机电城综合楼四楼

邮编：530003

（广西壮族自治区工商联
陈桐梅、陆月兰　供稿）

海南省工商业联合会

工作综述

2008年，海南省工商联（总商会）深入贯彻落实科学发展观，紧紧围绕海南省经济建设和社会发展的大局，坚持“促进非公有制经济人士健康成长、促进非公有制经济健康发展”的工作目标，充分发挥作用，在参政议政、思想政治工作、经济服务、光彩事业等方面取得显著成绩。

一、切实履行职责，积极参政议政

1. 调研工作

2008年初，针对《海南省人民政府关于鼓励支持和引导个体私营等非公有制经济发展的若干规定》（以下简称“25条”）出台两年来的落实情况开展了调研，调研报告呈报省委、省政府，主要领导高度重视，批示召开省长办公会对报告中提出的问题进行研究。省政府于2月26日召开专门会议，听取商会就“25条”贯彻执行专题调研情况的汇报，研究相关问题，形成促进非公有制经济发展的两项举措：一是召开第二次全省非公有制经济和中小企业发展大会；二是决定建立全省非公有制经济运行分析会机制。

上半年，对2007年海南省非公有制经济发展情况进行了调研，形成了《2007年海南省非公有制经济发展调研报告》，上报全国工商联。同时，指导督促各市县工商联对本市县非公有制经济发展情况进行调研，编印《2007年海南省及各市县非公有制经济发展调研报告汇编》，分送省有关领导、各市县领导及有关部门。

2. 建言献策

“两会”期间，提交了《关于修订完善〈海南经济特区促进私营个体经济发展条例〉的议案》及《关于尽快出台“25条”实施细则，推动政策落实，促进海南省非公有制经济又好又快发展》等10份政协提案，议案已被省人大列为省四届人大常委会立法规划。

协助省人大开展《条例》执法检查，在做好《条例》贯彻落实自查工作的同时，协助省政府办公厅起草了《省政府贯彻执行条例情况报告》初稿，参加省政府办公厅报告起草小组工作。

二、大力开展宣传引导和思想政治工作

为贯彻落实全国非公有制经济人士思想政治工作会议精神，商会在六届三次常委会上通过了《关于加强和改进海南省非公有制经济人士思想政治工作的决议》，对做好海南非公有制经济人士的思想政治工作进行了部署。

1. 开展典型宣传

为迎接海南建省办经济特区20周年，与海南电视台、《海南日报》等主要新闻媒体合作，策划了“20年巨变成就辉煌——海南非公有制经济发展20年综述”专题宣传报道。《海南日报》《前进！海南人民》栏目、《人民文摘》第8期对海南省非公有制经济20年的发展历程作了整版宣传报道。商会与团省委、省教育厅联合举办了“创业讲堂”活动，邀请陈峰、曾宪云等优秀民营企业家走进高校，为即将毕业的大学生讲述创业历程，引导大学毕业生更新就业观念，自觉投身到民营经济领域。

2. 做好推荐表彰工作

积极发展政治上有觉悟、经济上有实力、社会上有影响、对人民有贡献的非公有制经济代表人士入会，全力配合省委统战部做好非公有制经济代表人士担任人大代表、政协委员的推荐工作，以及对非公有制经济人士的综合评价工作；完成了省第二届优秀建设者暨非公有制经济人士突出贡献奖表彰活动前期工作和“双爱双评”表彰人选的推荐提名、公示工作；配合省委宣传部汇总上报了海南省非公有制企业界13名先进模范人物的事迹材料；推荐现代科技集团当选为全国精神文明建设工作先进单位；春节期间，组织开展了慰问原工商业者、困难户和拥军优属等活动，共慰问802人，送去慰问金及慰问品共计32万多元。

三、围绕形势，做好经济服务和联络工作

1. 配合政府有关职能部门开展工作

配合省政府研究室起草《海南省人民政府关于鼓励支持引导中小企业和非公有制经济发展的若干规定》；积极建议省政府召开第二次全省非公有制经济发展大会。根据省政府领导的指示精神，商会和工信局协商制定了大会的方案，并配合做好大会的各项筹备工作；配合省工信局积极筹备非公有制经济运行分析会相关工作，共同完成了《海南省前三季度非公有制经济运行分析报告》；与省人劳厅、省总工会、省教育厅共同举办了2008年“民营企业招聘周”活动，309家民营企业进场招聘，提供了6180个岗位，13000多人求职应聘；针对国际金融危机蔓延的新情况，及时邀请陈峰主席为广大非公有制经济人士作了《解析金融风暴的本质，探讨海南应对之策》专题经济形势报告。

2. 做好招商引资工作

健全了走访企业制度，深入企业宣传政策、了解情况，为企业投资经营牵线搭桥：协助先锋药业和重庆天兆畜牧科技有限公司，与相关部门商谈投资兴建核心原种猪场与商品猪养殖基地有关事宜；协助青海洋嘉集团公司解决在海口投资建设自行车服务网点有关事宜；协助重庆泰正集团投资定安有关事项。与屯昌县委、县政府联合举行了“抓住新机遇、寻求新发展”座谈会，并组织多名企业家前往屯昌实地考察。一年来先后组织会员企业参加四川的“第三届泛成渝经济区商会合作峰会”、沈阳的“第二届亚洲制造业论坛”、第十三届“澳门国际贸易投资展览会（MIF）”和成都“第九届中国西部国际博览会”，积极参与“民营企业灾后重建与发展论坛”，组织8家企业参与灾区考察投资。

3. 引导企业诚信守法，为企业排忧解难

新的《劳动合同法》颁发后，举办了《劳

动合同法》培训班和《合同签订和履行中的风险及防范》专题讲座。7月，联合海口仲裁委举办了经济仲裁工作培训班，200多名市县工商联和企业仲裁联络员参加了培训。

与儋州市委领导及有关部门沟通协调，解决了该市农税局巧立名目对30家制砖企业乱收费问题。联系政府有关部门，为海南第一百货等5家商场协商“峰谷电价”的问题。

四、着力加强组织建设工作

1. 发挥企业家会领导的作用

进一步完善了企业家会领导值班制度，根据实际情况安排企业家会领导代表工商联（总商会）出席各种活动，增强了他们的主人翁意识，使工商联和商会的组织效能得以加强。

2. 加强基层商会的建设

完成了基层工商联组织建设调研报告，完成了部分会员基础信息录入。对2003～2007年的会员发展情况进行了分析，制定了下一个五年会员发展规划。

召开了六届三次常委会，通过了《大力加强基层工商联（总商会）组织建设的决议》，出台了《关于大力加强基层工商联（总商会）组织建设工作的若干意见》，对做好下一步海南省工商联组织建设工作进行了部署和规划。

五、积极开展非公有制企业党建工作

1. 学习教育活动

积极组织开展各种活动，寓学习教育于活动中。4月份，商会机关党委认真组织开展了“廉政格言大家谈”征集活动，征集到格言25条，被省直机关工委评为组织奖；6月14日，我委组织了机关和企业260多名党员、职工参加了省直机关工委组织的“万人迎奥运健步跑”活动；组织了“我与改革开放共成长”演讲比赛，推荐三名选手参加了省直机关工委的决赛，取得了一个三等奖和两个优秀奖。

8月27日，商会机关和直属会员企业党委组织下属的企业党委和支部书记、党务工作者一行45人，在会党组成员、秘书长梁生彬同志带领下到海航集团考察学习党建工作，海航集团董事长、党委书记陈峰在百忙之中为大家作了精彩的报告。

2. 组织建设

一是帮助指导有条件的企业成立党组织。目前，经商会党委批准，新成立了海南华盛水泥有限公司党委，组建了海南南亚集团、海南宏桥物业管理服务有限公司、海南外建工程管理有限公司、中视文化传播股份有限公司、海南鑫磐道路器材有限公司5家党支部，对机关5个党支部进行了改选。截至2008年12月，商会党委下属有民企二级党委6个，党支部13个，共有党员680名。

二是认真做好发展党员工作。组织两批入党积极分子共20人参加了省直机关工委的培训，全部考试合格。发展了24名新党员。

三是做好表彰工作。6月26日，省工商联（总商会）机关和直属会员企业党委在海口隆重举行七一庆祝大会，纪念中国共产党成立87周年。大会对4个先进党组织、17名优秀共产党员、3名优秀党务工作者进行了表彰，并举行了新党员入党宣誓仪式。

重要活动

组织工商企业界人士抗震救灾

2008年5月12日四川汶川地震发生后，海南省工商联（总商会）于次日上午及时向广大会员和全省非公有制经济人士发出倡议书，呼吁大家积极响应号召，向灾区人民伸援手、献爱心、出力量，万众一心、抗震救灾。

5月15日下午省工商联（总商会）在海口新国宾馆举行“万众一心、众志成城、抗震救灾——海南省工商联（总商会）向地震灾区捐赠仪式”，陈峰主席作了动员讲话，陈琼月副主席主持仪式，现场的省工商联（总商会）企业界会领导和执常委等非公有制经济人士发扬“一方有难、八方支援”的精神，第一时间积极主动地捐款捐物，向受灾同胞传递一份牵挂、关怀和支持。

据不完全统计，截至6月10日，海南省非公有制企业及人士累计捐款3504.391928万元，捐赠价值3462.5315万元的物品。其中：省工商联（总商会）会员企业及非公有制经济人士捐款1260.09252万元，捐赠价值3053.2215万元物品，其中通过省工商联（总商会）转交省红十字会的捐款为213.22102万元；通过其他渠道的捐款为1046.8215万元，捐赠价值3053.2215万元的物品。市县工商联（总商会）会员企业及非公有制经济人士的捐款为2204.13758万元，捐赠价值409.31万元物品。党员交纳的特殊党费为40.161828万元。这次抗震救灾，充分体现了海南省广大非公有制经济人士强烈的社会责任感和爱国心，他们在做大做强自身企业的同时，致富不忘思源，积极主动地为党为民分忧，回报社会，回报人民。

开展科学发展观学习活动

2008年10月8日下午，省工商联（总商会）召开深入学习实践科学发展观活动动员大会，部署学习实践活动。省委统战部常务副部长、省工商联（总商会）党组书记、第一副主席潘建，党组成员、专职副主席陈琼月，省委深入学习实践科学发展观活动第九指导组组长苗爱国，副组长庞仁龙、黄永飞和指导检查组全体同志以及工商联机关全体工作人员参加了会议。省总商会监事会副会长林康宁、谷峰应邀出席会议。会议由党组成员、秘书长梁生彬主持。潘建书记首先在会上作了动员报告。

学习实践活动自2008年10月6日正式展开，分三个阶段进行。在学习调研阶段，省工商联召开党组会进行专题布置动员部署，成立深入学习实践活动领导小组，下设办公室，认真组织学习，围绕"增强特区意识，推动工商联科学发展"主题，就"海南省非公有制经济人士的思想政治工作"、"海南省非公有制经济代表人士队伍组织建设情况"、"海南省非公有制经济生存与发展环境情况"3个课题积极开展调研；在分析检查阶段，召开专题民主生活会，形成《领导班子分析检查报告》，并认真组织群众评议；在整改落实阶段，着力解决突出问题，推动创新体制机制。

在省工商联的积极推动下，省政府于2008年10月底召开了第一次非公有制经济运行分析会，并建立海南省非公有制经济运行情况的统计制度。

海南工商联领导企业倾力支持奥运圣火传递，建设凤凰奥运广场

2008年北京奥运圣火内地首传从海南三亚开始，奥组委确定将三亚凤凰岛作为火炬的起跑点首站传递，海南省工商联（总商会）副主席、三亚凤凰岛发展有限公司董事长曾宪云身怀新时代民营企业家的责任感和使命感，积极支持奥运圣火传递，拿出40多亩地建奥运广场。经过精心设计和倾力投资，凤凰岛建成了永久性的纪念广场，由著名设计师韩美林精心设计的火凤凰雕塑落户三亚凤凰岛。

4月30日上午，三亚凤凰岛充满着欢声笑语，欢庆北京2008奥运会倒计时100天，同时隆重举行了凤凰岛奥林匹克广场启用仪式。

5月4日上午，从三亚凤凰岛奥林匹克广场"凤凰岛"雕塑前开始首站传递。海南省工商联（总商会）副主席、三亚凤凰岛发展有限公司董事长曾宪云，海南省总商会副会长、海南奥林匹克花园有限公司董事长冯川建，作为奥运火炬传递三亚站第8棒火炬手和第5棒火炬手，在万众瞩目之下顺利完成了奥运火炬传递的神圣使命。

举办首期信息员培训暨信息工作会议

2008年4月28～29日，省工商联（总商会）在海口望海国际酒店举办首期信息员培训暨信息工作会议。省工商联（总商会）会长、副会长和部分常委企业的信息员，各市县区工商联（总商会）以及省工商联（总商会）机关各处室的信息员共66人参加了本次信息培训。会议专门邀请了海南大学李溢教授和省委办公厅信息处方云副处长进行授课培训，他们讲解精彩、见解独到，使所有与会者受益匪浅。

会上，工作人员介绍了省工商联（总商会）采用信息开展宣传报道的两个宣传平台：省工商联（总商会）网站和商会通讯，并重点推介了新网站。除了介绍网站的所有栏目，也明确了信息报送的内容和程序，使信息员了解其工作任务范围，有利于下一步更好地开展工商联信息采集报送工作。

在随后的座谈会上，信息员们踊跃发言，畅谈个人体会，交流工作经验，同时还讨论省工商联制定的《信息工作意见》，形成了共识。

举办"创业讲堂"活动

"创业讲堂"活动是全国工商联、教育部、共青团中央共同倡议发起，由省工商联（总商会）、共青团海南省委、省教育厅共同主办的。此次活动的主题是"见证30年——改革开放与自主创业"。

2008年5月30日上午，“创业讲堂”走进海南大学开展首场活动。省工商联（总商会）主席、海航集团董事局董事长陈峰应邀为海南大学即将毕业的学子作了题为“时代与人生”的精彩演讲。海大报告厅里座无虚席，甚至过道里都站满学生。陈峰主席生动而富含文化内涵的演讲不时赢得了台下阵阵热烈的掌声，现场气氛非常活跃。省工商联（总商会）专职副主席陈琼月、共青团海南省委副书记盖文启、海南大学党委书记黄国泰、校长李建保、党委副书记韦勇、副校长严庆等主、承办单位领导出席了活动。

6月6日,“创业讲堂”走进海南师范大学开展第二场活动。省工商联（总商会）副主席、三亚凤凰岛发展有限公司董事长曾宪云应邀为海南师范大学即将毕业的学子作了题为“理想、成功与现实”的演讲。曾宪云先生结合曾经从事15年教育工作的经历，讲述了他在海南建省办经济特区后下海到海南从零开始创业经商、发展成今日大型公司的成功经历。演讲结束时，曾宪云捐赠100万元给海南师范大学设立教育奖励基金，以帮扶海南省教育事业的发展。用自己的实际行动向学子们诠释这场“创业讲堂”的主题和意义。海南师范大学校长韩长日、党委副书记陈封椿等主、承办单位领导出席了活动。

召开六届二次执委会

2008年6月27日上午，海南省工商联（总商会）六届二次执委会在海口新国宾馆召开。会议认真总结了省工商联（总商会）换届一年来的工作和经验，探讨了新形势发展的新要求，研究部署了下一阶段的主要任务，对开创工商联（总商会）新局面具有十分重要的意义。

2008年6月27日，海南省工商联（总商会）召开六届二次执委会，副省长李国梁，省政协副主席、省委统战部部长邱德群出席

副省长李国梁，省政协副主席、省委统战部部长邱德群出席会议表示祝贺。李国梁副省长代表省委、省政府致辞，对省工商联（总商会）换届一年来的工作给予了充分肯定，并提出了希望和要求。同时，对当前国内客观经济形势作了深入的分析，强调民营企业要应对形势，趋利避害，壮大发展。

省委统战部常务副部长、省工商联（总商会）党组书记、第一副主席潘建传达了胡锦涛总书记在海南考察的重要讲话精神和全国工商联十届一次常委会议精神；陈琼月副主席代表省工商联（总商会）六届执委会作了换届一年来的工作报告；会议还通过了有关人事事项，增补了省工商联（总商会）秘书长及部分执常委、监事，充实了工商联（总商会）的骨干力量。同时，对热心参与工商联（总商会）工作的会领导进行通报表扬。省工商联（总商会）主席陈峰作了总结讲话，充分肯定了工商联（总商会）及非公有制经济对推动海南经济社会又好又快发展作出的重要贡献，深刻分析了工商联（总商会）及非公有制经济当前所面临的新形势，对下一步的工作提出了新的要求。会议由曾宪云副主席主持。

这次会议还通过了《海南省工商联（总商会）关于主动参与支援四川宝兴县灾后恢复重建工作的决议》，号召广大会员及全省非公有制经济人士，积极按照中央部署，在省委、省政府的统一领导和安排下，继续主动参与支援灾区人民的抗震救灾和恢复重建工作，做到坚持一手抓抗震救灾工作，一手抓经济社会发展，实现扶贫救助与共同发展的双赢。

举办经济仲裁工作培训班

2008年7月10日，海南省工商联（总商会）和海口仲裁委在海口琼苑宾馆联合举办经济仲裁工作培训班。各市县工商联（总商会）负责维权工作的领导、仲裁联络员，各企业维权工作的负责人约200人参加了培训。省工商联（总商会）秘书长梁生彬作了动员讲话，王醒光副巡视员主持会议。

本期仲裁培训班由海口仲裁委郭修江秘书长主讲。主要就仲裁工作的由来和意义、如何参与仲裁工作、仲裁与法院诉讼的区别及优势等内容

2008 年 7 月 10 日，海南省工商联
举办经济仲裁工作培训班

结合具体案例进行了讲解，并以互动方式对企业提出的问题进行解答，会场气氛活跃。

王醒光副巡视员在培训结束时，就学习仲裁及法律知识，积极参与仲裁工作，对市县工商联（总商会）的干部提出了工作要求，并介绍了省工商联会员和维权中心有关情况，希望企业朋友和异地商会与省总商会与省工商联网站进行链接，加强交流合作，加强维权工作。

此次培训还为企业学员发了《仲裁指南》、《仲裁法》和《合同法》等学习资料，同时发放了2200 份《海南省非公有制企业检查（收费）登记卡》，以便企业在经营中更好地抵制乱收费行为。省工商联还和海口仲裁委交换了各市县、各企业仲裁联络点和联络员的联系方式，以便建立长期的沟通合作关系。

本期培训得到了海南省福建、湘琼、江西、安徽、温州、湛江、四川、黑龙江、河南等异地商会和省经济技术合作促进会、省经济发展联合会、省林业协会以及海口、定安、澄迈、临高、文昌、保亭、琼海、儋州、白沙、五指山等市县工商联（总商会）的大力支持。

召开六届三次常委会议

2008 年 11 月 4 日，海南省工商联（总商会）六届三次常委会在海口新国宾馆召开。省工商联（总商会）主席陈峰，省委统战部常务副部长、省工商联（总商会）党组书记、第一副主席潘建，专职副主席陈琼月，副主席曾宪云、陆鹏、李新洲、符史钦、庄子通、唐阔、许明、张乙坤、陈加会，秘书长梁生彬，总商会副会长包铁军、王汉昌，监事会副会长王晶、刘文军、王禄安、林康宁、陈权中、谷峰等会领导及企业界人士、各市县工商联（总商会）负责人等共 100 多人参加了会议。陆鹏副主席主持会议。

会上，潘建书记传达了全国非公有制经济人士思想政治工作会议和全国工商联组织工作会议精神。省工商联（总商会）主席、海航集团董事长陈峰针对非公有制经济人士思想政治工作和当前国际国内经济形势进行了专题报告。陈琼月副主席就《关于加强和改进海南省非公有制经纪人士思想政治工作的决议》和《大力加强基层工商联（总商会）组织建设工作的决议》作了情况说明，工作人员宣读了两项《决议》，全体与会常委一致表决通过了以上两项《决议》。

此外，为解决海南省非公有制中小企业融资难问题，帮助企业渡过难关健康发展，海南信联盛投资担保有限公司介绍了担保贷款情况。

启动“民营 100 成长之路”融资活动

2008 年 12 月 29 日下午，海南省“民营 100 成长之路”融资活动启动仪式发布会在海南海航国际商务酒店隆重举行。海南省工商联（总商会）主席、海航集团董事长陈峰、省工商联（总商会）专职副主席陈琼月、省工商联（总商会）副主席、海南龙泉集团董事长符史钦，省工信厅、省财政厅、省政府金融办、省银监局部门负责人，省交行行长、省农村信用社、光大海口分行等金融机构负责人，海南信联盛投资担保有限公司董事长黄召华，以及其他部分团体协会领导同志、海南民营中小企业代表、省内外主要新闻媒体等共 200 多人出席了发布会。

2008 年 12 月，海南省“民营100 成长之路”
融资活动启动仪式发布会

2008 年金融危机席卷全球，这次金融海啸严重重伤了全球的金融体系。这也殃及到了中国的企业，海南省一些中小企业因为资金短缺度日如年，捉襟见肘，有的企业更在这次风暴中触礁沉船，倒闭关张。很多企业迫切希望得到更多资金上的支持来渡过难关。海南省工商联（总商会）和海南信联盛投资担保有限公司发起举办的海南省“民营100成长之路”融资活动，正是在这一背景下精心筹措的活动，旨在为海南省民营中小企业融资搭建桥梁，坚持按市场规则运行的原则，计划深入全省市县至少帮助100家优秀的民营企业获得金融机构贷款支持，以推动海南省优秀民营企业健康发展。省政府金融办、省财政厅、省工信局、省银监局作为本次活动指导单位，省交通银行、省工商银行、省建设银行、省农村信用社作为协办单位，对“民营100成长之路”融资活动给予了大力指导和支持。

发布会上，海南信联盛投资担保有限公司负责人代表承办单位介绍活动开展情况；省工商联（总商会）主席陈峰讲话并宣布海南省“民营100成长之路”融资活动启动；政府有关部门、金融机构、省工商联（总商会）、担保公司负责人等就国家有关扶持中小企业发展政策以及本次活动开展情况联合接受了媒体采访。会议由陈琼月副主席主持。

在本次发布会上，从海南省“民营100成长之路”融资活动获益的第一批贷款支持的企业海南龙泉集团有限公司、海南思迈药业有限公司、海口佳创电子有限公司、海南广海源矿业有限公司、海口月朗饼业有限公司、海口师霖农业开发有限公司、海南华宏实业有限公司、海口保税区美缘珠宝有限公司、海南信桥计算机网络有限公司共9家企业分别与交通银行海南分行、海南省农村信用社联合社签订金额共计1700万元的贷款协议。其中有7家企业由海南信联盛投资担保有限公司提供担保。

海南省工商联（总商会）领导名单：

主席（会长）：陈　峰

党组书记、第一副主席（副会长）：潘　建

党组成员、专职副主席（副会长）：陈琼月

副主席（副会长）：

景　柱　曾宪云　陆　鹏　黄华康

杨其元　李新洲　任晋生　符史钦

兰　恒　李文俊　庄子通　唐　阔

许　明　张乙坤　陈加会

党组成员、秘书长：梁生彬

总商会副会长：包铁军　王汉昌　冯川建　姜兴君

监事会会长：刘　丹

组织结构：

办公室、经济联络处、会员组织处、调研宣教处

联系方式：

地址：海南省海口市国兴大道69号海南广场人大政协楼

邮编：570203

（海南省工商联调研宣教处　供稿）

重庆市工商业联合会

工作综述

2008年是重庆市工商联的学习调研年、“三创活动”推进年、作风建设年。一年来，在中共重庆市委、市政府的正确领导和中共重庆市委统战部的具体指导下，重庆市工商联紧紧围绕“3·14”总体部署，以“解放思想、扩大开放、服务会员、科学发展”为主线，深入开展学习实践科学发展观活动，积极实施“三创工程”，着力发挥“五大作用”，实现了重庆非公有制经济

“两个健康”可持续发展。

（一）认真学习实践科学发展观，非公有制经济人士政治思想素质有新提高

一年来，有计划的组织非公有制经济人士学习党的十七大、十七届三中全会、全国“两会”和中央及重庆市经济工作会议精神，组织民营企业家参与深入学习实践科学发展观活动，在全市非公有制经济人士中开展中国特色社会主义教育活动。认真开展“解放思想、扩大开放”大讨论，组织企业家参加市委统战部、《重庆日报》的大讨论，与市高院、市财政局召开大讨论工作联系会，召开异地商会“解放思想、扩大开放”建言献策座谈会，进一步增强了非公有制经济人士“听、跟、走”的政治思想素质，涌现出一大批“重信重义、自强不息”新渝商。

（二）扎实开展以“正己才能统人”为核心的思想作风教育，机关全面建设迈上新台阶

1. 机关建设呈现新面貌。一是在机关扎实开展了“正己才能统人”专题教育和“树新风、强素质、促工作”主题教育活动，努力建设创新型、务实型、服务型机关；二是有计划分批次地安排机关干部到重庆社会主义学院系统学习统战知识，邀请专家教授来机关给干部辅导现代经济知识和法律知识；三是完善了机关各项制度，加强了软硬件设施配套建设；四是积极响应市委、市政府建设“健康重庆”的号召，定期组织机关干部职工开展文体活动，营造了健康、和谐、舒适的良好氛围，促进了各项工作任务的顺利完成。

2. 帮扶指导区县工商联有新举措。一是制定了《领导班子成员联系区县工商联制度》，举办区县工商联负责人和工作人员培训班，组织工商联主要负责人学习考察，加强了对区县工商联工作的具体指导；二是筹集40万元帮助“两翼”地区6个县级工商联改善落后的办公条件；三是制定落实了《区县工商联年度综合目标考核暂行办法》，初步形成了工商联工作上下联动的新格局。

3. 参政议政取得新成效。一是认真开展市政协提案和建议的收集、整理，今年向“两会”提交集体提案17件，其中《关于〈劳动合同法〉贯彻实施过程中有关问题的建议》被市委领导列为督办的重点提案。二是结合非公有制经济发展的热点难点问题和非公有制经济服务城乡统筹的优势、特点，组织机关认真调研，向市委、市政府提交了《关于建立全国统一的、转移通畅的社会保险体系的建议》、《提升民营企业的软实力》、《关于妥善解决重庆房地产开发企业民间高利贷问题》和《关于世界金融危机影响民营企业情况》等有价值的调研报告，引起了市委、市政府的高度重视，市长王鸿举等市领导先后作出批示，为市委、市政府研究制定发展非公有制经济政策提供了科学依据。

（三）着力搭平台建机制抓落实，非公有制经济发展取得新成效

1. 积极破解融资难。融资难，非公有制企业融资更难。特别是今年因美国次贷危机引发的全球金融风暴，更使得非公有制企业融资问题难上加难。一是邀请中央党校教授、专家学者和知名企业家解难释惑，从思想上教育引导非公有制经济代表人士更新观念、增强信心、克服困难，打赢抗击金融风暴的主动仗；二是支持和帮助非公有制经济组织成立了小额贷款公司、融资咨询服务公司；三是牵线搭桥，促成重庆银行等金融机构为民营企业贷款超过250亿元；四是举办了“金融机构与民营企业融资项目对接会”，促成建设银行重庆分行、深圳发展银行重庆分行、重庆三峡银行与商会签署了合作备忘录和合作框架协议，获得授信250亿元，对接融资项目19个，资金2.6亿元，受到市委、市政府的肯定和民营企业家的好评。

2. 扎实开展法律服务。一是举办了《仲裁法》、《劳动合同法》、《物权法》等法律知识讲座；二是与市检察院共同签发了《关于建立长期工作联系制度的意见》，与市高级人民法院完善了《长效工作联系制度》，与市劳动社会保障局和市仲裁办协调，成功争取市工商联为市仲裁委员会成员单位；三是指导区县工商联建立了维权服务中心，基本形成了非公有制经济维权服务体系。截至11月底，全年受理维权申请42件，妥善处理30件，涉及金额3.2亿元。同时，指导区县工商联开展维权90余件，涉及金额5000多万元，维护了非公有制经济组织的合法权益。

3. 着力搭建经贸合作平台。一是与四川省工商联和遂宁市人民政府联合举办了第二届泛成渝经济圈商会合作峰会；二是加强了与30多家港澳台和海外有关工商社团的联系，经常性地组织民营企业参加各种涉外经贸活动；三是积极与经济发达省市工商联联系，帮助区县政府举办招商推介会50多次，协助长江工业园、璧山深圳工业园、两路工业园赴北京、天津、山东等地招商，协议金额90多亿元。

4. 积极帮助“走出去”。一是开办“走出去”培训班。与新加坡中华总商会联合举办民企管理新加坡培训班，与全国工商联联合举办了西部民营企业“走出去”培训班；二是建立“走出去”机制。与市外经委、市外办、市财政局、海关等部门取得联系，初步建立了“走出去”的工作联系协调机制；三是组织“走出去”活动。与30多家港澳台、海外工商社团以及外国驻渝领事馆、商务机构建立了对外联络渠道，组织非公有制企业参加涉外经贸活动20余次；四是实施“大企业带动”战略。主办了民营重点成长型企业分析会，首次对民营企业销售收入（营业额）、税收、出口、吸纳就业等4个指标分别排序并发布，向市委报送了成长型民营企业情况调研报告，积极争取有关部门和金融机构的政策支持。

5. 加大智力服务力度。引导企业走创新型科技发展的道路。会班子借常委会、执委会和培训会等时机，引导企业主重视企业人才队伍建设，走科技创新之路。举办现场招聘会130场，新增就业20万人，工商联系统直接安排就业近10万人，帮助转移农村剩余劳动力2.3万人；举办了9期“新渝商大讲堂”；指导成立了14家民企科协建立了科协工作站和联络站；帮助餐饮商会申报获得国家科技部便民E家项目资金80余万元；协助申报“高新技术企业”、“高新技术产品”和杰出（优秀）科技人才；开展工程技术专业职称评审；举办青年人才论坛，有效的调动和激发了非公有制企业人才队伍岗位成才的工作热情，为非公有制企业培养了一大批高、精、尖的科技人才队伍，有力推动了非公有制企业创新发展。

通过全方位多层面的服务，全市非公有制经济实现增加值2700亿元，比2007年增长20%，占全市GDP的57%。

（四）多重并举打造“新渝商”品牌，新渝商群体形象得到新提升

采取多种形式，大力宣扬“重信重义、自强不息”的新渝商精神。一是继续办好《新渝商》网站、编发《新渝商》内刊，举办《新渝商》大讲堂；二是开展了第二届优秀社会主义事业建设者表彰活动；三是创作了《新渝商之歌》，组建了新渝商合唱团；四是举办新渝商沙龙，来自政府有关部门官员、渝商行业精英、院校和经济界知名专家学者、媒体老总以及外国驻渝领事馆代表100余名嘉宾共同探讨开放融合的渝商发展模式；五是完成新渝商商标注册工作，保证了新渝商品牌的合法权益，增强了非公有制经济人士的凝聚力，扩大了新渝商的影响力。特别是“5·12”汶川特大地震发生后，全市非公经济人士反应迅速，积极参与抗震救灾和灾后重建工作，充分体现了新渝商为国分忧、为民解难的强烈爱国热情和高度社会责任感，生动展现了中国特色社会主义事业建设者的精神风貌。

重要活动

重庆市工商联（总商会）召开三届二次执委会

2008年1月17日，重庆市工商联（总商会）召开三届二次执委会。会议传达了中共中央政治局委员、市委书记薄熙来为第七届重庆民营企业家年会发的贺词；学习了全国工商联十大、市委三届二次全委会议和全市经济工作会议精神；听取并审议通过了孙甚林同志代表市工商联（总商会）三届一次常委会作的题为“传承创新科学发展　推动工商联工作再上新台阶”的工作报告；表彰2007年度先进区县（自治县）工商联和直属商会；增补了重庆市工商联（总商会）三届二次执委会执行委员9名，常务委员20名。中共重庆市委常委、统战部长翁杰明出席执委会并作了重要讲话。

组织开展“解放思想、扩大开放”大讨论

2008年4月15～30日，重庆市工商联组织机关干部职工参加了“解放思想、扩大开放”大讨论活动。活动期间，专题学习了市委书记薄熙来在市管领导干部现代经济知识培训班上的讲话

和《市委、市政府关于开展“解放思想、扩大开放”大讨论的意见》，动员干部职工深入开展调查研究，撰写调研报告 11 篇；开展专题讨论 5 次，收到心得体会 60 篇，较好的实现干部职工思想观念的新转变、作风建设有新变化、服务发展的新举措，有力的推动了工商联工作创新发展。

积极参与抗震救灾

“5·12”汶川大地震发生后，市工商联（市总商会）于 2008 年 5 月 15 日上午，举行以“地震无情，我们有义”为主题的抗震救灾捐赠活动。市政协副主席、市工商联（总商会）主席孙甚林作动员讲话，全市广大非公经济人士充分发扬德行并重、义利兼顾的光彩精神和自强不息、重信重义的新渝商精神，想灾区所想，急政府所急，纷纷慷慨解囊，共计捐款 2.18 亿元。行业商会和会员企业还发挥自身优势，组织了救援物资车队、“粥棚”队、医疗救助队、自愿者服务队奔赴灾区抗震救灾，用实际行动践行了新渝商精神。

召开民营企业座谈会

2008 年 4 月 9 日，重庆市工商联组织民营企业家代表参加了由市委、市政府举办的民营企业座谈会。会议由市委常委、统战部长翁杰明主持。重庆市政协主席邢元敏、中共重庆市委副书记张轩、常务副市长黄奇帆、市委秘书长范照兵等领导和市级有关部门负责人参加座谈。中共中央政治局委员、重庆市委书记薄熙来作重要讲话。

2008 年 4 月 9 日，中共中央政治局委员、重庆市委书记薄熙来出席重庆市民营企业座谈会并作了重要讲话

薄熙来说，改革开放 30 年，重庆民营经济发展方向正确，分量越来越重，涌现出一批优秀的民营企业和企业家。但与一些民营经济发达的地区比，还有很大差距。重庆民营经济发展应有两个取向。一是要走对外开放的路，要进一步解放思想，在开放中发展，要大胆“走出去”。二是和重庆“两翼”的脱贫致富相结合。在落后地区投资，并不只是为社会作贡献，其实也是在分享未来的市场，为企业的长远发展赢得空间。辩证地看，谁为贫困地区提供服务，为社会作贡献，谁就会有回报，企业就有效益。为了帮助民营企业更好发展，他要求市政府放开民营经济投资的领域，搞活资金、人才的融通，不断完善要素市场，提供更好的市场体制条件，提高行政效率，搭建促进民营经济加快发展的平台，使重庆成为中国中西部民营经济发展的高地。

举办“2008 中国（重庆）民营经济发展论坛暨全国知名民营企业重庆行”活动

2008 年 7 月 12 日，“2008 中国（重庆）民营经济发展论坛暨全国知名民营企业重庆行”活动在重庆索菲特大酒店隆重举行，83 名来自全国各地的知名民营企业家汇聚一堂，共同探讨中国民营经济发展大计。中央政治局委员、重庆市委书记薄熙来，中央统战部副部长、全国工商联党组书记、第一副主席全哲洙，重庆市市长王鸿举，常务副市长黄奇帆等领导出席活动并发表演讲。活动期间，进行了经贸合作恳谈会、重大投资项目签约仪式，签约金额达 528 亿元。活动规格高，影响大，成为重庆纪念改革开放 30 周年的一大亮点。在这次活动上，与会企业家形成三点共识：一是推进民营经济又好又快发展需要不断改善和创新投资环境；二是实现民营经济可持续发展应当立足自身，面向西部，放眼世界；三是加快民营企业转型迎接新的挑战。

重庆市工商联投融资咨询服务有限公司成立

2008 年 7 月 3 日，重庆市工商联投融资咨询服务有限公司正式成立。成立仪式上，华夏银行、商业银行、招商银行和东亚银行与该公司签订了战略合作协议。中共重庆市委常委、统战部部长翁杰明出席并作重要讲话。翁杰明说，重庆市工商联投融资咨询服务有限公司的成立，为全市民营企业特别是中小民营企业融资搭建起了新的平台。民营企业要坚定信心，多方努力，在克服务各种困难、解决各种问题的过程中取得更大的发展，真正使民营经济成为重庆更好更快发展的“大马力发动机”。

举行非公有制经济界纪念改革开放30周年文艺晚会

2008年9月19日，重庆市工商联（总商会）在重庆人民大礼堂隆重举行以“演绎红色革命歌曲、诠释创业奉献精神”为主题的重庆非公有制经济界纪念改革开放30周年文艺晚会。整台晚会由重庆市非公有制经济从业人员自编自演，分为序、《创业篇》、《奉献篇》、《展望篇》和尾声5大板块。150名民营企业家和400名企业员工组成的“新渝商合唱团”以嘹亮的《跟着共产党走》、《新渝商之歌》拉开晚会序幕。

2008年9月19日，重庆市非公有制经济界隆重举行纪念改革开放30周年文艺晚会

全市15家知名民营企业组成的代表队，先后演出了歌舞《红旗颂》、《我和我的祖国》、《我们走在大路上》等20个精彩节目，深情讴歌了重庆非公有制经济领域30年来紧紧抓住重庆直辖、西部大开发等重要机遇取得的辉煌成绩，充分展示了非公有制经济人士坚定跟党走，“重信重义、自强不息”的新渝商精神。

深入开展学习实践科学发展观活动

2008年9月至2009年2月，在中共重庆市委的统一部署下，重庆市工商联在党员干部中扎实开展了学习实践科学发展观活动。活动分学习调研、分析检查、整改提高三个阶段，着力解决了五个方面的突出问题。一是贯彻落实科学发展观的重大意义认识不足，对在新形势下如何发挥工商联的“五个作用”认识不深的问题；二是在做非公经济人士思想政治工作中掌握实情不够，

2008年9月，重庆市工商联召开学习实践科学发展观活动动员大会

工作针对性不强，重经济服务，轻“心理疏导”的问题；三是在组织民营企业“走出去”、“引进来”中效率节奏不够快的问题；四是在切实帮助非公经济解决实际困难和问题不够多的问题；五是机关自身建设还不能适应新形势新任务要求的问题。

组织评选第二届“十大渝商”

2008年11月25日，经过三个月的海选和投票，以及专家评审团的认真评选，陈泽民、方明、黄一峰、李德建、刘崇梅、聂先华、孙怀庆、万绍碧、夏明宪、张兴海10人荣登重庆市工商联和《重庆晨报》联合举办的第二届“十大渝商”评选榜单。

重庆市工商联领导名单：

主席：孙甚林

党组书记、副主席：丁祥龙

副主席：向远道　张　莉（女）　陈　健
江　潮　张明元　朱永光　李　增
涂建华　左宗申　廖长光　陈先琦
陈克明　薛方全　郭君稳　夏明宪
白一波　申　勇　吴江林
吴亚军（女）　李学春　黄红云
袁志伦　付中秋　严　琦（女）
刘庆瑞（女）　吴　旭　郭向东
张兴海

秘书长：杨守林

重庆市总商会领导名单：

会长：孙甚林

副会长：丁祥龙　向远道　张　莉（女）

聂先华　蒋业华　周英明　曹兴平
韩光云　周生俊　张明渝　彭建虎
韩　桦　刘旗辉

秘书长：杨守林

组织结构：

办公室、研究室、会员部、经济部、宣传部、联络部、人事部、法律部、直属会员党委、非公有制经济服务中心

联系方式：

地址：重庆市渝北区红金街2号4楼

邮编：401147

（重庆市工商联宣传部　供稿）

四川省工商业联合会

工作综述

2008年，四川省工商联经受住了在“5·12”汶川大地震和国际金融危机影响的严峻考验，以科学发展为指导，扎实工作，创新思想，团结带领全省工商联干部和广大非公有制经济人士，积极进行抗震救灾和灾后重建工作，在不平凡的重灾之年，取得了可喜的业绩。

截至2008年底，全省21个市（州）共建立市工商联18个、州工商联3个；181个县（市、区）中，已有176个建立了工商联组织，其中，县工商联120个，市14个，区42个；乡（镇）工商联分会1139个、各类行业组织665个（其中同业公会104个、行业商会168个、省工商联直属行业商会35个）。全省工商联会员总数118611个，其中企业会员21672个、团体会员1282个、个人会员90092个、老工商业者会员5565个、直属会员360个。全省工商联系统在编人员1062人（含工人100名），其中工商联机关干部职工53人，机关设有办公室、研究室、宣传办、会员处、经济处、联络处、维权处、扶贫与社会服务办8个工作部门和参政议政委员会、教育培训委员会、经济技术委员会、法律咨询委员会、海外联谊委员会、直属会员委员会、企业文化建设委员会、妇女工作委员会8个专委会。

一、抗震救灾

“5·12”汶川大地震发生后，立即成立抗震救灾领导小组，实施应急机制，紧急部署全省工商联系统的抗震救灾工作，一是在第一时间组织动员了45辆大货车、价值6000多万元救灾物资，由省工商联主席陈次昌、党组书记杨安民亲自带队，分别于震后第二、第三天冒着频繁强烈的余震送往德阳、绵阳、广元和都江堰灾区；之后随着灾区道路的修复，又陆续向阿坝、雅安送去了救灾物资。二是及时组织一批知名民营企业家向全省民营企业发出《联手行动，抗震救灾》的倡议书，与省委统战部一起开展民营企业抗震救灾捐赠活动，为地震灾区组织捐款捐物达957796704万元，其中捐赠款物1000万元以上的会员企业有8家。涌现出四川省统一战线系统抗震救灾先进集体40名、先进个人80名；全国工商联抗震救灾先进集体和先进个人各30名。三是5月15日接到省抗震救灾指挥中心到机场装卸救灾物资的通知后，在一小时内组织了一支由省工商联领导、民营企业家和企业部分员工组成的500多人的抗震救灾突击队，分别赶赴成都双流机场和太平寺军用机场，冒着40度的高温天气，连续搬运救灾物资15天，累计出动6000多人（次），装卸物资近4000吨、堆码货品4万余件，为保障救灾应急发挥了重要作用，受到全国政协主席贾庆林赞誉和全国工商联表彰，并列入“全国工商联2008年十大工作亮点”。

二、参政议政

年初，专门召开参政议政工作座谈会，及时部署工作，提出全年重点调研课题。围绕党委、

政府中心工作和经济社会发展的热点难点问题，深入开展调查研究，积极建言献策，充分发挥参政议政作用。先后会同省委统战部、四川大学开展“全省民营经济发展的现状与问题”的调研；会同省银监局开展“四川省企业评选议银行活动的问卷调查”；会同省农办开展“民营经济参与新农村建设情况的调研”；形成《关于进一步改善投资环境，激励和支持我省民营经济又好又快发展的建议》、《关于发挥民营经济作用，促进社会主义新农村建设的建议》和《文化产业发展与建设和谐文化的关系》的材料在政协大会发言，受到大会好评。省工商联领导带领机关干部分别到遂宁、绵阳、德阳、仪陇等地和宏达集团、新希望集团，专题对四川省民营企业参与新农村建设的情况进行调研，对一些需要亟待解决的问题提出建议，形成了多篇质量较高的调研报告。

“5·12”汶川大地震后，以抗震救灾和灾后重建为重点，召开民营企业和灾区市（州）工商联干部座谈会，听取各方面意见和建议，编发《汶川地震灾后恢复重建相关政策法规文件摘编》，在省政协常委会议上提出了《关于促进我省民营企业灾后安置和重建的建议》、《关于促进饭店餐饮行业灾后恢复与发展的建议》、《关于帮助四川省房地产企业灾后走出困境的建议》、《关于促进四川省农业产业化企业灾后重建的建议》、《关于丘陵山区灾后大力发展家禽养殖业的建议》5个提案，并在省政协十届二次全委会议上作了题为《关于促进四川省民营企业为后加快发展的建议》的发言，受到大会高度重视，促成了一些问题得以圆满解决。

三、组织建设

新的一年，在全面加强省工商联组织建设中，又有一些新的做法。一是创新思路，拓展渠道，加大工作力度，积极争取有影响、有实力、综合素质高的民营企业家加入工商联。一年来经过认真考察，先后有四川龙蟒集团等21家具有一定规模、档次的大企业被发展为省工商联直属会员。二是建立健全省工商联兼职副主席轮渡值班制度，使兼任省工商联副主席的民营企业家充分发挥应有的作用。三是积极主动与四川省广东商会、湖南商会、浙江商会、福建商会、重庆商会等异地商会加强联系，增进相互之间的交流与合作。四是制定《四川省工商联专门工作委员会工作规则》和同业公会（行业商会）管理办法，采取积极措施、充实领导力量，全面加强专委会、同业公会、行业商会的建设。针对近年来省工商联系统行业组织发展较快、工作涉及面不断拓展的特点，在积极推进同业公会、行业商（协）会大力发展的同时，加大规范指导，充分发挥行业组织在行业自律、市场竞争和资源整合等方面的重要作用，及时发现和帮助解决行业组织发展中存在的问题。

为适应改革发展和工商联工作不断创新的要求，进一步加强思想建设、组织建设和作风纪律建设，相对集中四个月时间，进行领导干部作风整顿建设活动，使领导班子成员的精神状态、工作作风、办事效率均有明显好转，初步形成了“用心想事、用心谋事、用心做事”的良好风气。与此同时，省工商联机关建设，加强干部队伍建设、改善办公条件、提高工作效率。加强机关工作考评考核流程，及时总结表彰先进典型，机关工作活力和凝聚力明显增强。

四、思想教育

结合开展纪念改革开放30年系列活动，在工商联机关和广大非公有制经济人士进行宣传教育，开展以“走中国特色社会主义道路，做中国特色社会主义事业建设者”为主题的中国特色社会主义教育活动，引导非公有制经济人士学习掌握科学发展观和中国特色社会主义理论，牢固树立科学发展观，积极参加中国特色社会主义事业的伟大实践，不断增强企业的创新能力，促进企业又快又好的发展。

4月中旬，组织新希望、宏达等10多家知名企业，到遭受冰雪灾害的凉山州美姑县开展惠民慰问活动，为灾区群众送去了23万多元的粮食和衣物以及22万元支持贫困学校发展的资金；六七月份，与全国工商联、国家扶贫办一起，组织万达地产、苏宁电器等全国知名企业到我省巴、仪陇进行新农村建设企业与乡（镇）联系整体推进的选点论证工作；与省扶贫办一起研究，在贫困确定了10个村，作为四川省新农村建设村企共、整村推进联系点，使引领民营企业参与新农村建设的工作上了一个新台阶。年底，在邓小平家乡广安举办“向小平报告：30 年创业发展，30 年成就辉煌”活动，组织全省各地 100 多家上规模企业在邓小平家乡开展座谈交流，满怀激情畅谈改革开放的收获和体会，进一步坚定坚持改革者发展的信心。在全国工商联开展的第五届“双爱双评”系列表彰活动中，四川宏达集团董事长刘沧龙、四川互惠商业集团董事长潘世伟、成都通安达实业有限公司董事长杜云、四川福临集团董事长安治富荣获全国民营企业“关爱员工”优秀企业家称号。

五、会员服务

通过建立信息网络，畅通信息服务渠道，进一步加强与政府各有关部门的密切联系，在政府和民营企业之间建立服务平台，扩大工商联在社会各界的影响，充分发挥好工商联应有的职能作用。建立四川省商会民营企业融资服务中心，为资金短缺的企业及时提供小额贷款帮助。4 月份，向全省工商联发出《关于积极组织民营企业参与社会主义新农村建设的通知》，广泛开展“百企帮百村”活动，到年底，全省各级参与新农村建设的会员企业 8000 多家，建立企业帮扶村（组）对子 980 多个，发动会员企业投入新农村建设奖金 35 亿元。

按照省委、省政府“工业强省”战略，有计划地组织规模知名民营企业到雅安、南充、自贡、甘孜等地开展投资考察活动，促成了一批项目的落实，达成协议资金近 20 亿元。其中，组织“四川民营经济（雅安）园地”的招商引资的工作成绩受到省领导肯定。充分运用西部博览会平台，在 5 月下旬举办的第八届西博会期间，成功承办有 17 个省、市、区组成的民营企业代表团、400 多名代表参会的“中国东西部民营经济合作洽谈会”，促成有关方面代表签署了《中国东西部民营经济合作框架协议书》。举办“中国—非洲（南部）投资贸易研讨会”，为推进区域经济发展、拓展中非经贸合作和国内企业到百洲发展提供了方便。在区域合作方面，与重庆市工商联、遂宁市人民政府共同举办了“第三届泛成渝经济圈商会合作峰会”，通过商会、企业和区域的交流与合作的方式促成合作项目 23 个、签约金额达 23.88 亿元。

积极主动组织学习法律法规文件，要求企业既要遵纪守法、诚实守信、合法经营，又要善于运用法律武器维护自身合法权益，为会员企业提供法律服务 140 多次，协调解决涉及行政执法、债务纠纷、拆迁补偿、维权纠纷等方面的问题 23 起。与省级有关部门一起认真抓好《劳动合同法》、《就业促进法》和《劳动争议调解仲裁法》的普法宣传工作；与省治理商业贿赂领导小组联合下发《关于在非公有制企业开展治理商业贿赂专项活动基本知识及相关法律法规的通知》，在全省非公有制企业中开展治理商业贿赂专项工作；通过协调和多种途径的积极努力，协调解决了一些地区地税行政处罚不太合理、企业资金遭受非法扣划等方面的问题，均取得显明成效。

重要活动

组织“学习实践科学发展观凉山行”调研活动

在开展深入学习实践科学发展观活动中，4 月 11 ~ 13 日，组织机关干部和部分会员企业到定点扶贫单位凉山州美姑县开展“学习实践科学发展观凉山行”惠民调研活动。

受我国南方冰雪灾害影响，美姑县遭遇了 50 多年未遇的冰雪灾害，省工商联动员机关干部职工每人向灾区群众捐赠 40 斤大米，四川汉龙集团、宏达集团、新希望集团等 7 家民营企业及 5 家行业商会主动向灾区群众捐赠款物，共组织了价值 22.3 万元的大米、火腿肠、衣服等物资支援灾民，组织了 23 万元现金捐款资助美姑县建设光彩学校。4 月 11 日，常务副会长杨安民亲自带队将这些赈灾物资和经费送到了美姑县彝族群众手中。并在该县党洛村举行了省工商联组织捐建“光彩学校”奠基仪式。

天府食品博览会

9 月 2 ~ 14 日，省经委、省商务厅、省工商联在成都共同主办的“第八届中国（四川）月饼节暨天府食品博览会”，博览会历时 13 天。总面积 2 万多平方米，来自全国 20 余个省、市的 400 余家知名企业的 80000 余种名优食品参展，4 万余个采购单位到会采购，参观人流量达 90 万人次，总成交 1.58 亿元。此次博览会是四川

“5·12”汶川特大地震后规模最大的一次博览会，为受灾食品企业恢复生产、宣传促销创造了商机，为帮助地震灾区食品企业恢复生产，宣传促销，博览会邀请了汶川县、北川县、都江堰市、茂县等受灾地区数十家特色食品、农产品企业免费参展。都江堰的青城食品、贡品堂茶叶、欣禾实业、青城茶叶、天龙实业，茂县河口乡的大红袍花椒，北川的茶叶、蔬菜，汶川的土鸡蛋、苹果、葡萄、花卉等以其优良的品质赢得了广大消费者的青睐。

在本届博览会上，各大月饼企业都把工作的重点放在了产品质量和创新上。新口味、新馅料、新工艺月饼成为了本届月饼节的主流；鲜花月饼、粗粮月饼、苦荞月饼、蔬菜月饼、冰皮月饼、卡通月饼等普遍受到市民欢迎。中国名牌月饼云集。苏式、广式、潮式、滇式、台式、港式等各大流派的月饼全力出击，一大批烘焙新技术、新工艺得到充分展示。

抗震救灾献爱心，给地震灾区孩子送图书

2008 年 5 月 22 日，省工商联会员企业为汶川大地震灾区捐款

12 月 8 日，中国光彩事业基金、四川省工商联、丰田汽车（中国）投资有限公司在四川成都举行“丰田光彩流动图书馆”启动仪式。四川省工商联常委副主席杨安民、丰田（中国）公司总代表悦雄和中国光彩会“光彩数字电影抗震救灾爱心宣传队”负责人、“5·12”汶川大地震灾区学生代表分别在启动仪式上讲话。来自重庆、江苏、广西、云南等省的代表、新闻媒体的朋友和地震灾区的中小学教师 80 多人参加了启动仪式。北川县地震灾区 20 多名中小学生代表在仪式上演唱了抗震救灾歌曲。此次启动仪式后，日本（中国）丰田公司将提供由三台丰田面包车组成流动图书馆，购置价值近千万元的图书到灾区进行为期 3 年的巡回宣传，通过给灾区的孩子们送图书、丰富灾区学生的精神生活，为灾区人民群众提供帮助。

进行“纪念改革开放 30 年”等系列实践教育活动

2008 年 12 月 25 日，四川省工商联在邓小平家乡广安举办“向小平报告：30 年创业发展、30 年成就辉煌”活动。图为大会场景

2008 年 12 月 25～29 日，四川省工商联在开展纪念改革开放 30 周年活动中，组织 200 多位非公有制经济人士到改革开放总设计师邓小平家乡广安，进行“改革行”实践教育活动。学习教育活动中，举行了“向小平报告——四川省非公有制经济纪念改革开放 30 周年座谈会”，“向小平报告：30 年创业发展、30 年成就辉煌”系列活动，组织非公有制经济人士瞻仰邓小平塑像、参观小平故居、缅怀小平伟绩。活动期间，举办了多种形式的座谈活动，宏达集团董事局主席刘沧龙等 10 位企业人士和工商联干部以自己在改革开放历史进程中的亲身体验和感受，畅谈了改革开放 30 年的巨大成就，表示一定坚持改革开放，以改革开放为强大发展动力，在建设中国特色的社会主义道路上坚持奋发有为、锐意前进的精神，再创新的业绩。系列活动中，举行了“四川省工商联（商会）非公有制经济改革开放 30 年突出贡献奖”颁奖大会，表彰了 72 名在四川省改革开放 30 年贡献突出的非公有制经济代表人士，并授予“四川省民营经济改革开放 30 年突出贡献奖”。

四川省工商联（商会）领导名单：

主席：陈次昌

党组书记、常务副主席：杨安民

副主席：高鲁炎　叶厚荣　谢光大　钱卫东

兼职副主席（副会长）：

张志强　刘沧龙　朱开友　温开金
陈立仁　柯尊洪　江　云　高达明
唐先洪　花　欣　潘世伟　何俊明
张晓梅　杨大陆　严俊波　刘革新
魏建平　朱华忠　李光金　刘永好
杨　铿　夏朝嘉　成　苏　安治富
杨刚虹　裘丽蓉　王　劲　乔天明
刘　汉　陈先德　黄远成　费永刚
何必奖

组织结构：

办公室、研究室、宣传办、会员处、经济处、联络处、维权处、扶贫与社会服务办

联系方式：

地址：四川省成都市白丝街33号

邮编：600016

四川省工商联直属商会联系方式：

1. 四川省工商联五金机电商会

地址：成都市洞子口金府板材城

邮编：610081

2. 四川省工商联建筑行业商会

地址：成都市新华东路德盛大厦10楼

邮编：610031

3. 四川省工商联花卉园林商会

地址：成都市通锦桥路119号四川经济日报大楼

邮编：611442

4. 四川省工商联物流商会

地址：成都市人民南路四段28号成达综合楼

邮编：610016

5. 四川省工商联矿业商会

地址：成都市八宝街汇源大厦

邮编：610031

6. 四川省工商联家居装修商会

地址：成都市北较场西路8号

邮编：610031

7. 四川省工商联家具商会

地址：成都市八一家具城

邮编：610043

8. 四川省工商联家具装饰商会

地址：成都市永兴巷15号

邮编：610017

9. 四川省工商联营销协会

地址：成都市营门口路四威大厦B座3楼

邮编：610031

10. 四川省工商联农业产业化同业公会

地址：成都市一环路西一段省社科院内

邮编：610031

11. 四川省工商联汽车行业商会

地址：成都市红牌楼西南汽配商城1304号

邮编：610061

12. 四川省工商联汽车服务商会

地址：成都市北门汽车市场

邮编：610081

13. 四川省工商联荷花池办公用品商会

地址：成都市荷花池市场

邮编：610081

14. 四川省工商联旅游商会

地址：成都市人民南路一段岷山饭店

邮编：610016

15. 四川省工商联九龙商会

地址：成都市九龙服装城

邮编：610016

16. 四川省工商联住宅行业商会

地址：成都市新华东路155号

邮编：610031

17. 四川省工商联礼品商会

地址：成都市高升桥路2号瑞金广场2－16号

邮编：610041

（四川省工商联刘文忠　供稿）

贵州省工商业联合会

工作综述

2008年是全省各级工商联组织认真贯彻党的十七大精神，落实全国工商联和省工商联十大提出的工作任务的第一年。一年来，在省委和省政府的领导下，在全国工商联和省委统战部的指导下，各级工商联组织发挥优势，体现特色，完成了各项工作任务。

一、认真贯彻落实科学发展观

1. 认真开展学习实践科学发展观活动

按照省委的统一部署，省工商联作为全省第一批开展学习实践科学发展观活动的单位，会党组高度重视，成立了学习实践活动领导小组，制定了《贵州省工商联关于开展深入学习实践科学发展观活动的实施方案》和《贵州省工商联开展学习实践科学发展观活动进度表》。为确保活动扎实有效开展，会领导和机关处室主要负责同志在学习实践活动中充分发挥了“三个带头作用”：一是带头学习。机关共组织学习30多次；会领导参加省委和省直机关工委举办的学习报告会5次；先后有4名厅级干部到省委党校参加了学习十七大精神培训班，写出学习心得62篇，为机关的建设起到了很好的促进作用。二是带头调查研究。驻会领导带队领题调研，完成了《安顺试验区经济园区建设与发展》、《我省工商联组织建设情况分析》、《非公有制经济人士思想政治工作状况》、《贵州2006～2007非公有制经济发展概况》4篇调研报告，丰富和巩固了理论学习成果。三是带头查找分析问题。在查找问题阶段，共收到意见建议24条，提出下一步整改措施。

2. 切实开展中国特色社会主义学习教育活动

按照全国工商联《关于开展中国特色社会主义学习教育活动的通知》要求，省工商联及时下发了《关于开展中国特色社会主义学习教育活动的实施意见》。各级工商联组织按照《意见》的要求，认真落实，扎实推进，在全省广大非公有制经济人士和工商联干部中开展了以科学发展观和改革开放教育为主要内容的学习教育活动。省工商联和各级工商联都成立了学习活动领导小组，制定了活动方案，召开了动员大会。各级工商联通过召开企业家与领导座谈会、专家报告会、论坛等形式多样的活动，丰富了活动的内容，产生了较好的效果，对引导非公有制经济人士坚定不移走中国特色社会主义道路产生了积极作用。

二、积极引导非公有制企业参与抗冻抗震工作

1. 抗冻救灾工作

面对年初的持续低温雨雪凝冻自然灾害，省工商联及时向各市州地工商联和商协会下发了《关于做好抗冻救灾工作的紧急通知》，一方面号召广大非公有制企业努力克服遭灾困难，做好抗冻自救工作；另一方面协助非公有制企业积极配合当地政府做好相关物资的生产、供应、自觉平抑物价，维护正常的生活秩序和社会稳定。省工商联机关制定了《关于开展灾后重建关注民企调研慰问活动方案》，向全省非公有制经济人士发出了《致全省非公经济人士的慰问信》，驻会领导带头分别赴9个市州地和重灾县，慰问非公有制企业并指导灾后重建工作。

2. 抗震救灾工作

汶川特大地震发生之后，贵州省各级工商联和广大非公有制经济人士积极响应党中央、国务院、省委、省政府和全国工商联号召，迅速投入抗震救灾工作。各级工商联迅速组织和动员广大会员向灾区献爱心，充分发扬“一方有难、八方支援”的优良传统。据不完全统计，全省工商联系统组织非公有制经济人士累计向灾区捐款

9139.11万元，捐物折款2962.75万元。

贵州省非公有制经济人士这次投入行动之快，参与范围之广，捐款数额之大都是历史上空前的，表现出了高度的爱国热情、社会责任感和人道主义精神，展示了中国特色社会主义建设者的时代风采，贵州省3个先进单位和3名非公有制经济人士受到了全国工商联抗震救灾先进集体和先进个人的全国性表彰；商会对在抗冻抗震救灾中表现突出的45个先进集体和80个先进个人进行了表彰。

三、以改革开放30周年为契机开展纪念活动

以纪念改革开放30周年为契机，全省各级工商联组织通过多种形式，开展系列宣传活动，总结回顾非公有制经济的发展和非公有制经济人士成长的历程，大力宣扬改革开放的伟大成就和非公有制经济的巨大贡献，努力营造促进非公有制经济加快发展的舆论氛围和社会氛围。各市州地工商联都结合本地实际，开展了多种多样行之有效的活动，取得了较好的社会效果。

四、全面履行职能，为促进“两个健康”服务

1. 认真做好参政议政工作

在省政协十届一次会议上，省工商联作了《认真贯彻落实党的十七大精神，大力促进我省非公有制经济快速健康发展》的发言；还向大会提交了《关于制定我省行业协会商会改革和发展措施的建议》、《关于实行企业收费一本通制止乱收费的建议》、《关于为我省非公有制经济发展营造良好舆论氛围的建议》等10件团体提案，其中《关于为我省非公有制经济发展营造良好舆论氛围的建议》被列为省委办公厅督办提案。

7月17日，在林树森省长等领导与部分政协委员座谈会上，省工商联以《实现我省非公有制经济发展跨越，必须切实营造好的政策和舆论环境》为题，积极向省政府建言献策。

完成全国第八次私营企业抽样调查工作，完成《中国民营经济发展报告》贵州篇的调查和撰写工作。

2. 不断加强组织和会员发展工作

顺利召开省工商联十届一次、二次常委会和十届二次执委会；积极发展新会员，一年来，新组建成立贵州省茶叶商会等各类商协会108个；发展新会员3740个，其中团体会员66个，企业会员466个，个人会员3208个；在贵州省境外的黔商组织加快发展，继云南省贵州商会成立之后，组建了北京、上海、广东3个贵州商会。

3. 积极为会员做好经贸服务工作

组织非公有制经济人士参加各类经贸洽谈活动；积极推进企业诚信建设，经省民营中小企业信用促进会组织评价，13户企业荣膺“守信企业”称号；继续做好非公有制融资担保协调服务工作，仅中瑞信投资担保有限公司就为非公有制企业融资担保4.4亿元；积极向省中小企业局进行项目申报。

4. 组织会员参与新农村建设

配合全国工商联做好“光彩文库”图书捐赠活动，向全省48所农村小学捐赠图书1.2万册和书架款4.8万元；继续在贵阳等4个城市开展民营企业招聘周活动，全省有1427家非公有制企业参与并提供就业岗位4万余个，签订就业意向9574个；为整合社会资源，加大扶贫工作力度，成立了“省工商联扶贫工作委员会”。

5. 维护会员合法权益，为会员提供法律服务及对外联络工作

推荐10家非公有制企业作为省外事办重点外事服务对象；开展法律培训，各级工商联针对《劳动合同法》、《所得税法》等新颁布的与企业发展密切相关的法律法规及时组织多种形式的培训；维护会员合法权益，省、地、县各级工商联和各商协会认真履行非公企业“娘家人”的责任，对企业诉求热心受理，积极协调，维护了企业的合法权益，帮助企业营造发展环境。

6. 加大舆论宣传和表彰工作

配合省内各大媒体，全年发表宣传非公有制经济和工商联的文章845篇；对非公有制企业和人士进行表彰。继续推荐2名非公企业家和企业管理人员参加全国工商联“关爱员工优秀企业家”、“热爱企业优秀员工”的表彰；推荐2名非公有制企业参与“双爱双评先进企业”表彰；对基层工商联和干部进行表彰。表彰了2007年度先进地级工商联5个、县级工商联30个；推荐贵阳市工商联参加了国家人力资源与社会保障部和全国工商联的联合表彰；推荐4个工商联和6

个先进个人参加全国工商联系统的表彰；与省人事厅共同对贵州省各级工商联8个先进集体和8个先进个人进行了表彰。

7. 不断加强自身建设

制定了《关于充分发挥兼职副主席副会长作用的暂行制度》，为加强机关党委的建设，成立了省工商联机关党委；完成了省工商联内设机构和人员的调整，并对机关各部室工作人员进行了轮岗调整。

重要活动

举办“走进多种经济成分共生繁荣试验区——企业家安顺行”活动

为纪念时任贵州省委书记胡锦涛同志倡导的“安顺多种经济成分共生繁荣试验区”成立20周年和改革开放30周年，认真贯彻落实省委、省政府《关于支持安顺试验区加快改革发展的意见》，根据龙超云部长对省工商联工作的指示，2008年11月1～3日，由贵州省工商联（商会）、安顺市人民政府主办的“走进多种经济成分共生繁荣试验区——企业家安顺行”活动如期在安顺经济技术开发区兴伟国际博览城举行，省委、省政府有关领导、安顺市委、市政府有关领导以及国外友好商会和国内各省市自治区商会负责人及企业家约300人参加了会议。

安顺试验区建立20年来，在省委、省政府的正确领导下，试验区各级党委、政府，工商联各级组织和各族干部群众坚持从实际出发，不断创新，积极探索符合安顺实际的改革开放之路，经济持续较快增长，综合实力得到明显增强，促进了经济社会的发展，全市生产总值由1988年的12.2亿元增加到2007年的142.03亿元。非公有制经济占工业和商业的比重分别从1988年的15.2%和35.9%上升到2007年的50.50%和78.9%，成为安顺市国民经济的重要组成部分。

承办“全国工商联省级研究室主任会议”

2008年11月1～4日，省工商联于安顺天瀑酒店承办了全国工商联省级研究室主任会议，全国32个省、市、自治区、直辖市、新疆生产建设兵团工商联负责调研工作的同志参加了会议，全国工商联研究室主任陈永杰主持会议，全国工商联谢经荣副主席出席了会议并讲话。出席会议的各省（自治区、直辖市）代表在会上都作了发言，对如何搞好调研工作提出了很好的意见建议。

积极参与抗震救灾行动

5月12日，四川汶川发生里氏8.0级强烈地震。灾情发生后，贵州省各级工商联和广大非公有制经济人士积极响应党中央、国务院、省委、省政府和全国工商联号召，积极投入抗震救灾工作。

2008年5月14日，省工商联主席郑楚平、副主席宋新民为长通集团抗震救灾物资车队送行

5月13日，贵州长通集团、贵州天使医疗器材有限公司捐赠的价值30余万元的军用棉被、帐篷、医疗器材运往灾区；5月14日，贵阳白志祥骨科医院院长白贵春亲率15名医务人员，携带8万元的救护药品，15日凌晨赶赴什邡参加医疗救助工作，共救治近300名重伤员，受到回良玉副总理的接见和高度赞扬；5月16日，以安顺兴伟集团为代表的70多家非公有制企业，在安顺市委统战部、市工商联的统筹安排下，迅速组织价值370余万元的棉被、大米、方便食品、矿泉水、医疗器材、药品等物资，租用38辆货车由安顺市委统战部、市工商联的主要领导两次亲自运往灾区。

据不完全统计，全省工商联系统和非公有制经济人士累计向灾区捐款9139.11万元，捐物折款2962.75万元，合计12101.86万元。

“抗凝冻、保民生”行动

2008年初，贵州省遭受到一场持续低温、雨雪和凝冻的极端天气。面对严重的自然灾害，省工商联在省委、省政府的正确决策和指挥下，及时向各市、州、地工商联（办事处）下发了

《关于做好抗冻救灾工作的紧急通知》，号召广大非公有制企业努力克服困难，做好抗冻自救工作，要求广大非公有制企业积极配合政府作好相关物资的生产、供应，自觉平抑物价，维护社会稳定，维护正常生活秩序；引导广大非公有制经济人士发扬中华民族的传统美德，伸出友爱之手，支援、慰问受灾困难群众，并率先在1月28日，组织贵州益佰制药有限公司、贵州仁都工贸有限公司、贵州荣盛集团、安顺兴伟实业开发有限公司向省慈善总汇捐款75万元。

2月1日，在贵阳市举行的“抗凝冻、保民生”赈灾义演晚会上，40多位民营企业家向受灾困难群众捐款达433万元，其中，贵阳南明老干妈风味食品有限责任公司在企业因灾损失的情况下，在晚会上捐款100万元；贵阳嘉旺公司，在市场鲜肉供应紧张的紧要关头，组织公司员工努力克服困难，千方百计组织猪源，确保生猪屠宰场正常生产，按时将鲜肉送到市区主要农贸市场设立的“平价肉专供点”，以低于市场价的价格销售，凝冻期间，该公司平价销售鲜肉5万斤。

贵州省河南商会的救灾物资在
锦阳救灾物资仓库下货

据不完全统计，全省非公有制企业和非公有制经济人士向抗冻救灾捐款捐物5000多万元。

贵州省工商联领导名单：

党组书记：林庆筑

主席：郑楚平

党组副书记、副主席：吴春华

副主席：宋新民　董思源　田幼生　刘建军　王　伟　魏凤英　叶湘武　张观福　沈　鑫　肖春红　姜　流　柳云松　骆　刚　曹本强　戴　勇

秘书长：田幼生（兼）

贵州省商会领导名单：

会长：郑楚平

副会长：吴春毕　宋新民　董思源　田幼生　张泉水　谭治星　马林法　王起群　徐　琨　黄金桦　龚淮平　曾左桥　高　宏　刘　江　陈庆忠　李建忠

组织结构：

办公室、研究室、会员部、宣教部、经济部、扶贫部、联络部、机关党委

联系方式：

地址：贵阳市延安中路40号

邮编：550001

贵州省工商联直属商会联系方式：

1. 贵州省工商联美容美发业商会

地址：贵阳市中华北路101号利美康大楼

邮编：550001

2. 贵州省工商联非公有制经济发展促进会

地址：贵阳市延安中路38号省工商联大楼3楼

邮编：550001

3. 贵州省工商联“三胞”（台港澳侨）投资企业协会

地址：贵阳市中华南路112－118号台湾大厦8楼

邮编：550002

4. 贵州省工商联女企业家商会

地址：贵阳市黔灵东路15号

邮编：550001

5. 贵州省工商联福建商会

地址：贵阳市中华中路48号金凤凰大厦20楼

邮编：550001

6. 贵州省工商联宁波商会

地址：贵阳市新华路102号富中商务大厦14楼－I座

邮编：550002

7. 贵州省工商联五金机电商会

地址：贵阳市沙冲中路33号

邮编：550001

8. 贵州省工商联汽车汽配行业商会

地址：贵阳市花溪大道北段466号

邮编：550003

9. 贵州省工商联工程机械行业商会

地址：贵阳市花溪大道皂角井通银机械商城六楼

邮编：550007

10. 贵州省工商联汞行业商会

地址：贵州省万山特区工商联转

邮编：554200

11. 贵州省工商联矿业商会

地址：贵阳市中华北路2号邮政大厦14楼新世纪汽车投资发展有限公司

邮编：550001

12. 贵州省工商联河南商会

地址：贵阳市都司路61号中天广场D座8楼8号

邮编：550014

13. 贵州省工商联民营中小企业信用促进会

地址：贵阳市中华中路时代广场南楼

邮编：550001

14. 贵州省工商联茶叶流通商会

地址：贵阳市延安中路38号六楼

邮编：550001

15. 贵州省工商联江苏商会

地址：贵阳市中华南路7号雅迪尔大厦8楼

邮编：550001

16. 贵州省工商联服装流通商会

地址：贵阳市富水北路

邮编：550001

（贵州省工商联研究室　供稿）

云南省工商业联合会

工作综述

2008年，是我国历史上极不平凡的一年。在省委、省政府的领导和全国工商联指导下，全省各级工商联和广大非公经济人士，锐意进取，顽强拼搏，不断创新，圆满完成了各项工作任务，取得了显著成绩。

一、深入开展解放思想大讨论和学习实践科学发展观活动，提高领导科学发展的能力和水平

按照云南省委的安排部署，云南省工商联圆满完成了解放思想大讨论活动的各项工作任务，在解放思想大讨论活动取得一定成效的基础上，省工商联又迅速掀起学习实践科学发展观活动的高潮，进一步增强了贯彻落实科学发展观的自觉性和坚定性，坚定了走中国特色社会主义道路的信心和决心；思想进一步解放，作风进一步转变；履行职能，发挥作用，分析和解决问题的能力得到进一步提高；服务意识、创新意识、效能意识进一步增强；机关团结和谐、积极向上的氛围进一步浓厚。

二、充分发挥主渠道作用，组织非公经济人士积极参与政治和社会事务

1. 广泛开展调查研究，为组织非公经济代表人士参政议政打下坚实基础

省工商联完成了《关于扶持我省重点非公企业加快发展的对策建议》等七个课题的调研工作。为了解宏观调控和金融危机对云南省非公企业的冲击和影响，由省工商联领导带队分别赴16个州市进行调研。结合学习实践科学发展观活动，对楚雄德胜钢铁公司等四户企业的发展经验进行深入调研。通过调研，向省政府提出了“关于解决非公企业融资难和应对国际金融危机的建议”。结合调查研究，省工商联完成了对各州市工商联年度工作目标任务考评工作。

2. 组织非公经济代表人士参政议政，为改善我省非公经济发展环境发挥积极的推动作用

在调查研究的基础上，组织非公经济代表人士向党委政府积极建言献策，取得明显成效。在省政

协十届一次会议上，省工商联共有2项团体提案、1项联合提案和2项个人提案被评为优秀提案。

3. 通过多种渠道进行宣传推荐，引导鼓励非公经济代表人士参与政治和社会事务

积极推荐优秀女企业家参加首届“云南十大女杰”评选活动；推荐10名非公经济代表人士进入省青联委员；推荐两位会员荣获了第八届“云南十大杰出青年”提名奖；推荐10家企业荣获“云南省劳动关系和谐企业”称号。截至2007年，全省非公经济代表人士担任县级以上人大代表569人，担任县级以上政协委员2532人，担任各级工商联执委以上职务4290人。

三、始终把提供优质服务作为立会之本，不断提高服务非公经济的质量和成效

1. 进一步加大维权工作力度，切实维护非公企业和非公经济人士合法权益

省工商联制订了《维权委员会工作细则》等系列文件，建立健全维权机制，加强与有关部门的联系、沟通和协调，全力抓好维权案件的协调处理，共受理维权投诉案件32件，在企业和社会中产生积极影响。

2. 积极开展形式多样的经贸活动，努力为全省非公经济搭建交流合作平台

省工商联与楚雄州政府联合举办招商引资项目推介会。“昆交会”期间，组织企业参加了东盟商品贸易对口洽谈会、“中国—南亚商务论坛”及“中越边境跨境经济合作区”建设研讨会。

3. 稳步推进融资担保和服务工作，努力缓解民营中小企业融资难问题

云南省工商联把解决“融资难”作为工作的重中之重。全省工商联系统担保资金额进一步扩大，担保实力进一步增强。目前，全省工商联系统43家担保资金会共有1571户会员，政府投入保证金6873万元，企业投入保证金4066万元。累计担保2610笔，担保金额10.2亿多元。省工商联与国家开发银行、中瑞信投资担保公司、广东发展银行昆明分行签订融资担保合作协议，有15家企业获意向性贷款3.86亿元。

积极探索培训工作新路子，不断丰富培训内容和形式以改善民生为已任，为促进云南省就业增长作出积极贡献。

省工商联举办民营企业招聘周活动，组织了1132家民营企业参加招聘，提供就业岗位2.7万个，签订就业意向1.2万人，既为民营企业吸纳了人才，又扩大了社会就业渠道。

四、坚持一手抓会员发展、一手抓行业商会建设，不断巩固工商联的组织基础

1. 积极做好发展工作，不断壮大会员队伍

2008年，通过各级工商联共同努力，全省工商联会员数已达62645个，比2007年增加3504个，增长6%。

2. 以省政府授权为契机，加快行业商会建设

省工商联获得非公经济领域行业商会业务主管权后，深入部分州市工商联和行业商会进行调查，分析全省行业商会现状，研究行业商会组织管理工作，加快行业组织建设。在全省各级工商联的共同努力下，去年云南省行业商会呈现良好的发展势头，全省工商联系统组建行业商会405个，比2007年增长44%。云南省地板商会成功举办第二届地板节。云南省橱柜商会先后两次举办国家强制性标准讲座，进一步提高会员执行国家标准的自觉性。云南省五金机电商会将检验合格产品向省内各州市通报，为维护消费者利益、净化五金机电市场做出积极努力。省工商联医药业商会被省经委、省中小企业局评定为全省中小企业服务示范机构。

3. 积极开展会员活动，不断增强工商联的凝聚力和向心力

针对会员企业关注“城中村改造”的热点，举办了“聚焦昆明‘城中村’改造”主题活动。举办“云南省文化产业项目推介会”，扩大对云南文化产业的宣传。春节期间，对在昆执委、常委及直属会员进行慰问。国庆期间，精心组织“非公经济人士联谊会”。

五、充分发挥商会民间性优势，积极开展对外交流与合作

各级工商联继续加强与境外、国外工商社团的友好往来，积极为非公企业“走出去”发展提供服务，创造条件。

1. 坚持“请进来”与“走出去”相结合，加强与境外、国外商会及相关组织的交流

省工商联邀请香港驻西南经贸处代表，就如何为中小企业融资担保、培训和上市等问题进行探讨交流。与台湾高雄市中小企业协会考察团进

行座谈，介绍云南投资环境和招商引资政策。邀请印度环球联盟中小企业商务服务中心、印度外贸学院中小企业研究中心考察云南省民营企业。省工商联组织企业家赴湄公学院参加“贸易便利化政策区域研讨会”；分别组织商会代表团赴澳大利亚、新西兰访问考察，赴台湾、澳门参加“第四届世界华商高峰会”，拓展了云南省民营企业家的视野。

2. 创新机制，搭建平台，以开展活动促进对外合作事业不断取得新的进步

省工商联协调促成了日本驻曼谷商会与西双版纳州政府就投资贸易进行合作洽谈。与省贸促会和印度外贸学院共同举办“大湄公河次区域国家中小企业竞争力培训班”。与瑞士发展合作机构、印度企业家能力发展学院、泰国湄公学院共同举办“拓展企业家能力、促进大湄公河次区域贸易发展研讨会”。

3. 发挥民间商会网络优势，积极为政府和企业提供对外交流服务

配合省外办，推荐民营企业与赴滇考察的英国企业进行合作洽谈、参加省政府举办的“中国云南与韩国经贸文化活动周”。邀请省外办领导到省蔬菜协会进行调研，商讨解决蔬菜运输及出关等问题。

六、扎实推进光彩事业和社会扶贫工作，彰显我省非公经济人士爱国奉献的良好形象

1. 以“千企扶千村”工程为载体，组织民营企业积极参与社会主义新农村建设

全省各级工商联层层负责，狠抓落实，积极推进“千企扶千村”工程。目前全省已有1388户民营企业开展“村企结对”建设新农村活动，“结对帮扶”928个自然村，实施新农村建设项目869个，到位资金7.6亿多元。

2. 以加大帮扶为手段，带动贫困地区脱贫致富

加紧筹备“光彩事业怒江行”活动，积极争取到“中华红丝带”项目，继续加大对挂钩点孟连县的扶贫力度。全省工商联系统全年共进行光彩事业捐赠332次，捐赠资金3.6亿元。开展光彩事业工作5年来，全省累计实施光彩事业项目1184个，参与企业家4844人，到位资金30.34亿元；共进行捐赠3869次，各类捐赠总额达12.27亿元。

3. 以支援抗震救灾为重点，展示云南省非公经济人士大爱无疆的高尚情操

在为“5·12”汶川地震灾区捐赠中，全省各级工商联和光彩会共发动民营企业及非公经济人士通过各种渠道捐赠救灾资金超过1.37亿元，捐赠250余万元的救灾物资，参与捐赠的民营企业达6190个。

4. 以加强组织建设为切入点，不断扩大光彩事业覆盖面

目前已有10个州（市）成立光彩事业促进会。同时，鼓励引导有实力和条件的民营企业参与光彩事业。

七、以纪念改革开放30周年为契机，广泛宣传和充分展示云南省非公有制经济发展历程和辉煌成就

1. 开展论坛活动

省工商联与省经委、《云南日报》报业集团共同主办了“云南民营企业家论坛”；与《云南政协报》共同举行“驻滇商会与云南改革开放30年发展论坛”；与省总工会联合举行非公企业“正视责任、和谐发展、共建共享”论坛。

2. 借助新闻媒体加强宣传

省工商联与云南电视台合作，举办“民营企业社会责任”访谈节目；与《云南政协报》共同开辟《工商联与云南改革开放30年》宣传专栏；编辑出版《见证云南30年——云南省工商联改革开放30年纪念文集》。

3. 搞好专场纪念活动

在省委宣传部的牵头组织下，云南省工商联与相关部门通力合作，完成了省委、省政府主办的“云南省纪念改革开放30周年文艺晚会”的承办工作。

重要活动

开展解放思想大讨论活动

自2008年4月28日开展解放思想大讨论活动开展以来，云南省工商联按照省委解放思想大讨论活动领导小组的安排部署，突出“非公经济大突破，云南经济大发展”主题，围绕“观念上有新飞跃、思想上有新突破、作风上有新改进、环境上有新改善、工作上有新局面”的要求，高

标准谋划，高质量组织，高效率推进，活动开展得扎实深入、富有成效，为推动非公经济又好又快发展和工商联事业不断进步奠定了坚实的思想基础。大讨论活动主要呈现七个方面的特点：一是高度重视，组织领导推动有力。二是主题突出，学习讨论扎实深入。三是注重实效，调研座谈富有成效。四是查摆深入，自我剖析客观公正。五是狠抓落实，督促检查措施到位。六是氛围浓厚，舆论宣传引导得力。七是边学边改，查摆整改务求实效。

云南省工商联解放思想大讨论活动取得了初步成效，机关精神面貌、发展理念和工作状态发生了新变化，得到了新提高，进一步形成了解放思想、科学发展的浓厚氛围。这次开展解放思想大讨论活动激发出来的工作干劲和创业热情，转化为促进非公经济和工商联事业大发展的强大动力，以更大的决心、更大的气魄、更大的力度，推动非公经济又好又快发展和工商联事业不断进步。

开展赈灾活动

2008 年 5 月 12 日，四川汶川大地震，5 月 14 日，云南省工商联和云南省光彩事业促进会立即召开了有异地商会、行业商会、直属会员代表和工商联机关工作人员共 150 余人参加的动员大会。参会的各商会组织和民营企业家代表们积极而热烈的响应，纷纷争先恐后地现场解囊，慷慨相助。仅动员会上就募集赈灾资金 2305470 元。会上，云南省工商联和光彩会又向全省工商联系统发出了《抗震救灾，奉献爱心》倡议书。

在云南省工商联和光彩会的号召下，在使命感和责任感的共同驱使下，云南的民营企业和企业家们发扬了“一方有难，八方支援”的中华民族传统美德和“扶危济困，回馈社会”的工商联会员优良传统，捐赠踊跃，云南华联锌铟股份有限公司捐赠 100 万元，昆明星耀集团捐赠 100 万元，云南南磷集团及员工捐赠 81 万元，昆明柏联集团捐赠 52.5 万元，云南东骏药业有限公司捐赠 50 万元……截至 6 月 30 日，全省各级工商联已组织会员捐款捐物 1.37 多亿元。之后，全省各级工商联仍在继续组织会员单位通过各种形式向四川地震灾区捐款捐物。

云南省工商联维权委员会工作会议召开

2008 年 7 月 30 日，云南省工商联在昆明召开“云南省工商联维权委员会工作会议”。会议介绍了近年来省工商联开展维权工作的情况，并着重从建立维权机制、狠抓维权案件、加强宣传培训、做好《仲裁法》的实施、开展民营企业风险防范与危机处理调研五个方面对省工商联维权工作作了介绍；杨焱平主席被聘为云南省工商联维权委员会的顾问委员、颁发了“云南省工商联维权委员会聘任证书”；参会的各位领导、各位委员对做好省工商联维权工作提出了很多好的意见和建议。

通过召开维权工作会议，进一步协调了省、市公检法司、省人大、省政协及部分知名律师事务所的关系，扩大了省工商联维权委的影响。进一步明确了省工商联维权委、省非公企业法律服务中心的职责任务，为整合社会资源，依靠相关部门支持抓好民营企业维权工作创造了条件。

深入开展“阳宗海砷污染事件”讨论活动

“阳宗海砷污染事件”是云南省 2008 年下半年（10 月）发生的社会反响强烈、教训十分深刻的重要事件，是以牺牲环境、破坏资源为代价换取一时经济增长的典型案例，是开展深入学习实践科学发展观活动的鲜活教材。为吸取教训，切实增强学习实践科学发展观的自觉性和坚定性，云南省工商联将“阳宗海砷污染事件”讨论作为省工商联系统学习实践活动的重要组成部分，向全省 16 个州市工商联和直属会员企业、行业商会、异地商会发出通知，深入开展“阳宗海砷污染事件”讨论活动。

活动的讨论重点是：第一，工商联的教育引导问题。云南澄江锦业工贸有限责任公司为追求利润，不惜破坏环境，导致阳宗海水体严重污染，造成严重后果，从某种程度讲，与工商联教育、引导工作不到位有关系。工商联要坚持“充分尊重、广泛联系、加强团结、热情帮助、积极引导”的工作方针，充分发挥桥梁、纽带和助手作用，努力促进非公经济人士健康成长和非公经济企业健康发展。第二，企业社会的责任问题。要吸取“阳宗海砷污染事件”中少数企业见利忘义，最终被社会唾弃的教训，引导和推动企业进一步增强社会责任感，努力实现经济效益和社会效益相统一，实现企业和社会的双赢。第三，公众的环保使命问题。通过“阳宗海砷污染事件”的警示，引导和推动社会各界进一步增强环保意识，更加积极投身“七彩云南保护行动”等社会公益活动，积极为云南生态文明建设建言献策。

主办云南民营企业家论坛

2008年10月23～24日，云南省工商联与云南省经济委员会、《云南日报》报业集团共同举办了“中国人寿杯·纪念改革开放30周年 云南民营企业家论坛”。

2008年10月23～24日，在云南民营企业家论坛现场

论坛以“成长与突破”为主题，邀请了国务院发展研究中心副局长、研究员岳颂东，我国著名经济学家、北京大学经济学院金融系主任、北京大学金融与产业发展研究中心主任何小锋教授等进行了专题演讲，对云南民营经济的发展历程、成就及当前面临的机遇和挑战，我国民营经济发展的新特点及其对策和建议，当前形势下中小企业融资新思路等议题进行了精彩阐述。云南财经大学校长汪戎、昆明制药集团公司董事长何勤、云南红酒业公司董事长武克钢等专家及企业家先后登台，就云南民营经济面临的机遇和挑战、云南民营经济如何转变发展方式，实现可持续发展，云南民营企业如何加快实施“走出去”战略、云南民营企业如何承担起更多的“企业公民”责任等进行了专题演讲。

省工商联主席、省商会会长杨焱平在论坛中宣读了《云南民营企业家宣言》。最后，论坛评选揭晓了“云南十大杰出民营企业家”。

举办“拓展企业家能力、促进大湄公河次区域贸易发展研讨会”

为拓展和加强大湄公河次区域企业家能力，研究在现行WTO框架下如何增加区域和全球贸易量，2008年12月17～19日，瑞士发展合作机构、印度企业家能力发展学院、泰国湄公学院和云南省商会共同在昆明举办了“拓展企业家能力、促进大湄公河次区域贸易发展研讨会”。

2008年12月17～19日，昆明“拓展企业家能力、促进大湄公河次区域贸易发展研讨会”现场

来自柬埔寨、老挝、缅甸、泰国、越南及中国（云南、广西）政府部门、科研院所、商会和企业的约40名代表参加了研讨会。联合国亚太经社会、印度科技部、印度企业家能力发展学院、云南省商务厅和美国利维金融投资有限公司的专家们为学员们系统讲授了大湄公河次区域贸易便利化、促进企业技术发展及电子营销、中小企业竞争力、大湄公河次区域中小企业能力建设需求等课程。学员们还实地考察了昆明高新数码科技发展有限公司和云南山灞图像传输科技有限公司，听取了两家公司在科技创新、拓展贸易和开展国际合作等方面好的经验，中外企业家们进行了现场交流。

此次研讨会，促进了大湄公河次区域各国公共、私营部门之间的合作与交流，对次区域各国共同应对危机、加强企业家能力建设、增进该地区投资贸易发挥了积极作用。各国代表们努力学习、深入思考、踊跃发言，广泛交流，学有所得，在增长知识的同时，也加深了友谊。

云南省工商联（商会）领导名单：

主席（会长）：杨焱平

党组书记、副主席（副会长）：张功祥

副主席（副会长）：

铁　军　刘可杰　赵明辉　孟德宽

任怀灿　王安康　伍　滨　焦家良
蒋政江　熊贤林　朱德芳　颜　语
马永昇　郝　琳　金朝水　阮鸿献
马正述

商会副会长：许家勋　杨　龙　邱光雄
杨宗祥　李　践　林立东
林时营　张亚光　郑宣明
兰　靖　李大剑

秘书长：夏云东

组织结构：

办公室、宣调处、人事处、经济处、联络处、会员处、扶贫办等

联系方式：

地址：昆明市翠湖南路94号党派团体办公大楼

邮编：650031

云南省工商联直属商会联系方式：

1. 云南省工商联中印合作交流促进会

地址：昆明市护国路58号华尔贝大厦18楼C1

邮编：650021

2. 云南省工商联民营科技实业家协会

地址：昆明市西园路169号恒信花园二楼

邮编：650034

3. 云南省工商联茶叶商会

地址：昆明市金实小区云茶酒店三楼308室

邮编：650224

4. 云南省工商联石材商会

地址：昆明石安公路旁西部石材城管委会4楼

邮编：650100

5. 云南省工商联地板商会

地址：昆明昌宏路中林建城市场管理中心C-2

邮编：650200

6. 云南省工商联医药业商会

地址：昆明市昌源中路方圆药业院内二楼

邮编：650118

7. 云南省工商联橱柜业商会

地址：昆明广福路整体厨房市场B-1-11号三楼

邮编：650100

8. 云南省工商联金属物流商会

地址：昆明凉亭东三环浩宏钢材市场行政办公楼

邮编：650251

9. 云南省工商联美容美发商会

地址：昆明市人民西路183号康复医院6楼

邮编：650031

10. 云南省工商联工业经济联合会

地址：昆明市东风东路209号

邮编：650041

11. 云南省工商联职业经理人协会

地址：昆明市环城东路95号

邮编：650041

12. 云南省工商联昆明市烹饪协会

地址：昆明市棕树营小区翠薇里23幢301号

邮编：650118

（云南省工商联宣调处　供稿）

西藏自治区工商业联合会

工作综述

2008年，区工商联在自治区党委、政府的正确领导下，在全国工商联和区党委统战部的有力指导下，紧紧围绕区党委、政府的中心工作，立足发展与稳定的大局，全面贯彻落实新时期西藏

工作的指导思想，坚持有中国特色、西藏特点的发展路子，加大贯彻落实力度，积极开拓创新，各项工作稳步推进。

一、紧紧围绕区党委、政府的中心工作，切实为发展与稳定的大局服务

1. 加强学习宣传，奠定新形势下工商联工作的思想基础

认真学习宣传党的十七大、全联十大、区党委第七次党代会、自治区七届四次全委会和张庆黎书记在《西藏自治区工商业联合会2007年工作总结暨2008年工作要点》上的重要批示及2008年4月的指示精神，进一步明确了新形势下工商联工作的新任务和新要求，增强了创新工商联工作、促进“两个健康”的信心和决心。认真学习贯彻国务院“36条”和自治区“34条”，进一步增强了做好工商联工作的自觉性和主动性。

2. 坚决反对分裂，筑牢维护稳定工作的基础

稳定压倒一切，责任重于泰山。“3·14”事件发生后，区工商联牢固树立“全区一盘棋”的思想，积极响应区党委号召，全身心投入到反对分裂维护稳定的各项工作中，加强机关和非公企业维护社会稳定工作的组织领导。多次召开非公有制经济代表人士和机关全体干部职工大会，开展“3·14”事件真相教育，并向全区广大非公有制工商业者发出《致全区广大非公有制工商业者倡议书》，教育非公有制经济人士自觉维护祖国统一和民族团结。积极配合工商部门开展了拉萨受损商户的清理统计工作；广泛宣传自治区各项优惠政策，为“3·14”受损商户尽快恢复生产经营作出了积极努力；动员会员企业向奥运火炬传递组委会赞助款物50余万元，为圣火在拉萨顺利传递作出了积极贡献；按照区党委的安排部署，先后抽调12人、历时近半年深入到拉萨、日喀则、山南等地（市）开展寺庙法制宣传教育督导专项工作，配合拉萨市、自治区有关部门加强敏感时期、重点部位的维护社会稳定工作，全力维护社会稳定。

3. 深入学习实践科学发展观，推动工商联工作科学发展

按照区党委的统一部署，结合区工商联工作实际，围绕“党员干部受教育、科学发展上水平、社会稳定见成效、促进‘两个健康’有新举措、人民群众得实惠”的总体目标，认真细致地开展了学习实践科学发展观活动，做到了规定动作严格到位，自选动作突出亮点。

4. 打牢工作基础，为开创工商联工作新局面搭建新平台

编写《西藏民营经济发展报告》，填补了西藏自治区民营经济发展研究领域的空白。该报告回顾总结了西藏50年来尤其是改革开放30年来民营经济的基本情况和发展特点，分析评估了当前我区民营经济面临的形势和发展潜力，提出了促进民营经济持续健康快速发展的对策和建议。

总投资2600万元（自筹），集办公、商务、培训于一体的西藏商会大厦已投入使用，极大地改善了区工商联和会员企业的办公和活动条件。

5. 加强品牌建设，树立工商联工作新形象

认真开展推荐活动，推荐了50名自治区“优秀中国特色社会主义事业建设者”表彰活动候选人。制定了《区工商联关于建立光彩事业基金的意见》、《区工商联直属会员入会办法》，启动了光彩事业发展基金，筹措资金120万元。开办了3期非公有制经济界人士培训班，参训人员达350多人次。初步完成了区工商联2008～2012年培训工作规划。

6. 加强组织建设，推动企业党建工作

按照“积极发展，坚持标准，优化结构，动态管理”的方针，大力发展壮大非公有制经济人士队伍，积极拓宽会员发展渠道，重点发展经济实力强、具有代表性的生产型、科技型的非公有制企业，吸收思想素质高、热心公益事业和工商联工作的非公有制经济人士为个人会员。新发展会员企业21个，协调成立非公企业工会组织4个、妇女组织2个，向有关部门推荐各类职称应考人员26名。

以规模以上非公有制企业为重点，加强企业党组织建设。协助组建非公企业党组织7个，目前，全区会员企业中成立了34个党支部，党员350名。

积极参政议政，建言献策。区工商联和非公有制经济代表人士就工商联基层组织建设等方面向自治区人大提交议案1件，向政协提交提案7件。

7. 积极投身公益事业，自觉承担社会责任

“5·12”汶川大地震后，全区工商联系统干部职工和非公有制经济人士弘扬中华民族“一方有难，八方支援”的传统美德，积极向地震灾区奉献爱心，全区工商联系统捐款捐物达1900多万元。

以扶贫解困、促进发展为出发点和落脚点，区工商联主要领导多次深入扶贫点开展调查研究，不断优化对口帮扶方案，决定在5年内为岗巴县直克乡投入帮扶资金180万元以上，以实际行动坚决把区党委决策部署落到实处。

8. 深入开展“反对分裂、维护稳定、促进发展”主题教育活动和“爱祖国、跟党走、知荣辱、促和谐”专题教育活动

按照区党委的部署要求，在机关党员干部中认真开展了“反对分裂、维护稳定、促进发展”主题教育活动，牵头在全区非公有制经济界中开展了“爱祖国、跟党走、知荣辱、促和谐”专题教育活动，牢固树立了“团结稳定是福，分裂动乱是祸”的思想，进一步夯实了工商联干部职工和非公有制经济人士反对分裂、维护稳定、促进发展的思想基础和群众基础，进一步增强了工商联干部职工和非公有制经济人士反对分裂、维护稳定、促进发展的责任感和使命感。

9. 围绕增强工商联影响力，大力加强干部队伍建设

针对工商联干部队伍中存在的“不谋事、不干事”现象和“等、靠、要”思想，自治区工商联推行了目标任务考核制和工作人员轮岗制，以勤绩定奖惩，变压力为动力，有效增强了干部职工的责任感和紧迫感，激发了干部职工的工作热情，在机关初步形成了“谋事、干事、争先创优”的良好风气。利用学习实践科学发展观活动之际，深入贯彻落实机关工作“七个意识”（政治意识、责任意识、服务意识、学习意识、团结协作意识、管理意识、效率意识），加强学习，广泛研讨，深刻分析，建章立制，大大提高了全体干部职工的思想认识水平和工作能力，增强了新形势下搞好工商联工作的信心和决心。

二、加强援藏工作沟通与协调，以全新思路开拓区工商联工作新局面

2008年，进一步加强了与全国工商联的沟通协调与衔接工作，不仅奠定了不断扩大受援成果的基础，而且带动了区工商联各项工作开拓性开展。

2008年5月，向全国工商联上报了《关于进一步做好工商联系统对口援藏工作的意见》；6月份，全国工商联十届一次常委会期间，徐飞副主席代表工商联党组就援藏工作的基本思路、援藏方式和对口办法等向黄孟复主席、全哲洙书记等主要领导分别作了专题汇报，全联领导高度重视，并就进一步做好对口支援工作作出了重要指示。根据全国工商联领导的指示和要求；7月份，结合全国举办奥运会和抗震救灾的实际，又向全国工商联上报了《关于请求全国工商联协调安排2008年援藏项目的请示》。

2008年8月13日，全国工商联召开主席办公会议，研究安排了全国工商联支援西藏工商联的有关工作，就商会提出的《关于举办西藏自治区首届非公有制经济人士及工商联干部法律培训班》、《关于全国工商联组织新闻采编人员赴藏采访》、《关于帮助西藏工商联对西藏非公有制经济发展情况进行数据汇总分析》、《关于召开全国工商联支援西藏工作会议》等6项工作形成了专题会议纪要，决定先期开展举办西藏自治区首届非公有制经济人士、工商联系统干部法律知识培训班和组织新闻媒体赴藏采访报道等5项援藏工作。

为了争取全国工商联把援藏工作提上议事日程，尽快落实全国工商联系统对口援藏工作，早日召开援藏会议，商会及时跟进相关工作，及时成立了西藏工商联受援工作协调领导小组，专门负责受援规划、项目汇总、项目实施和督促检查。为切实抓好援藏项目的实施工作，成立了落实援藏项目领导小组，对各处室分解细化任务，明确工作责任，采取“定事、定人、定时间、定任务”的方式，加强督促检查，使部分援藏项目得到顺利实施。

2008年，全国工商联给予了商会人力、物力、资金方面大力支持，顺利圆满地实施了先期援藏项目：组织国内10名法律专家和学者开展了西藏首届非公有制经济人士暨工商联系统干部法律培训班；新华社、《人民日报》等6家中央新闻媒体圆满完成了赴藏专题采访宣传报道工作

（共发新闻稿件15篇，其中张庆黎书记对新华社3861期内参作了重要批示）；全区工商联系统干部到全国工商联及部分省市挂职锻炼的前期准备工作正紧张有序进行；11月份，全国工商联专题会议研究决定，2009年将把对口援藏作为一项重要工作纳入议事日程，并筹备和召开工商联系统首次对口援藏工作会议，为改善西藏工商联工作条件和引进国内大型民营企业与帮助西藏企业“走出去”搭建平台。

一年来，区工商联能够取得以上工作成绩，得益于区党委的坚强领导，得益于全国工商联的大力援助，得益于相关部门的鼎力配合，得益于区工商联班子成员的齐心协力，是区党委亲切关怀和社会各届共同努力的结果。

三、存在的问题和建议

受诸多因素的制约和影响，自治区工商联工作还存在不少困难和问题，促进“两个健康”任务繁重。

一是各地区工商联组织机构、人员、经费尚未完全落实，工商联参与决策的机会较少，基层组织建设滞后于形势发展的需要，严重影响制约了工商联作用的发挥，全区基层工商联组织建设任务还很繁重。

二是工商联系统干部职工整体素质和政策理论水平不高，对“有为才会有位”重要性的认识不够，对新时期工商联作用、任务认识不清；能力建设亟待加强，机关干部的自身素质、服务水平、民营企业家的综合素质有待进一步提高。

三是工商联与其他部门协调管理非公经济的机制没有建立，各方面关于非公经济的信息不对称，未能共享资源；全社会支持帮助非公经济的力量需要整合。

四是在进一步强化工商联工作任务和目标基础上，工商联服务非公经济作用的手段和方式还要加强改进；会员队伍和代表人士的规模质量还要壮大提高。

五是建议加强对非公经济人士的思想政治工作，理顺非公经济党建工作体制机制，组建非公有制经济组织党工委，统一管理非公企业特别是新的社会阶层流动党员及党务工作，充分发挥基层党组织的政治核心作用。

六是建议尽快召开全区非公经济大会，系统安排部署推动发展非公经济工作，进一步明确细化包括工商联在内的各级部门的任务和目标；检查非公经济“34条”落实情况。

新形势新任务对工商联工作提出新的更高要求。在新的一年里，区工商联将按照“一贯彻、三坚持、两推进”的要求，坚持中国特色，西藏特点的发展路子，勤政廉政讲公正，求实务实抓落实，以科学发展观为指导，开拓工商联工作新局面，促进非公有制经济人士健康成长和促进非公有制经济健康发展，为实现西藏自治区经济社会跨越式发展作出新的更大贡献。

重要活动

深入开展“反对分裂、维护稳定、促进发展”主题教育活动

按照区党委的要求，西藏自治区工商联于2008年5月至12月在机关党员干部中认真开展“反对分裂、维护稳定、促进发展”主题教育活动。按照主题教育活动的统一部署和要求，立足工商联工作实际，制定了《西藏自治区工商联“反对分裂、维护稳定、促进发展”主题教育活动实施方案》；成立了西藏自治区工商联“反对分裂、维护稳定、促进发展”主题教育活动领导小组，区党委统战部副部长、工商联党组书记徐飞任组长，党组成员、副主席伊西加措同志任副组长，下设办公室。形成了主要领导亲自抓，分管领导具体抓，其他部门共同参与的工作机制，为商会主题教育活动的顺利开展提供了强有力的组织保障。

在开展“反对分裂、维护稳定、促进发展”主题教育活动中，区工商联制定了工作方案，明确了工作目标，细化了工作责任，把“着眼于提高思想认识，做到宣传教育与解决思想认识相结合，着眼于完善长效机制，做到宣传教育与增强维稳实效相结合，着眼于夯实基础，做到宣传教育与加强基层基础建设和解决群众生产生活实际困难相结合，着眼于增强活动实效，做到宣传教育与工作实际相结合”作为重要载体，采取多种途径和方式加强对工商联机关干部职工、离退休干部职工和广大非公有制经济人士反对分裂、维护稳定思想教育，切实做到了认识到位、领导到位、措施到位、保障到位，确保了主题教育活动取得实效。

西藏自治区工商联深入开展“爱祖国、跟党走、知荣辱、促和谐”专题教育活动

自治区工商联于2008年5月至12月，安排部署了主要面向全区非公有制经济骨干力量和管理人员的“爱祖国、跟党走、知荣辱、促和谐”专题教育活动。

为使专题教育活动取得真正成效，区工商联引导广大非公有制企业在做好结合文章上下工夫。一是把专题教育活动与贯彻落实“反对分裂、维护稳定、促进发展”主题教育活动的总体要求相结合。把广大党员、骨干及管理人员的思想认识统一到中央有关文件精神上来，统一到中央和区党委关于处置拉萨“3·14”事件的一系列决策部署上来，自觉维护企业和社会的和谐稳定。二是把专题教育活动与形势教育相结合。教育和引导全体党员和企业骨干站在促进企业干好当前、着眼长远发展、争创一流企业的高度，带头支持、积极参与专题教育活动，增强实现企业又好又快发展的共同责任感。三是把专题教育活动与开展企业领导班子创新活动相结合，扎实推进企业领导班子和骨干队伍建设。四是把专题教育活动与建立健全各项规章制度、建立反分裂斗争教育的长效机制相结合。五是把专题教育活动与推进企业文化建设和文明单位创建活动相结合。六是把专题教育活动与促进企业改革发展稳定相结合，做到两手抓、两不误、两促进。七是把专题教育活动与开展“献爱心”活动相结合。“5·12”四川汶川特大地震灾害发生后，在区工商联的组织、动员、协调下，广大非公有制经济人士积极向地震灾区捐款捐物，奉献爱心，开展交纳“特殊党费”活动，据不完全统计，全区非公有制企业和商户共向灾区捐款捐物折合人民币1430余万元，以实际行动进一步加强民族团结的精神风貌。

深入开展学习实践科学发展观活动

按照中央的统一部署和区党委的具体要求，在区党委学习实践活动领导小组的领导和区党委学习实践活动第五指导检查组的指导帮助下，区工商联学习实践活动自2008年10月6日正式展开，2009年3月结束。在为期半年的学习实践活动中，区工商联党组严格按照区党委的规定和要求，高度重视，精心组织，认真对照“一贯彻、三坚持、两推进”的根本要求，紧密着眼于“党员干部受教育、科学发展上水平、社会稳定见成效、促进‘两个健康’有新举措、人民群众得实惠”的总体目标，经过学习调研、分析检查、整改落实三个阶段，圆满完成了学习实践活动的各项任务。

在学习实践活动中，区工商联认真贯彻区党委安排部署，坚持高标准、严要求，紧密结合区工商联工作和全区非公有制经济发展实际，突出主题、找准载体，精心组织、稳步推进，认真完成规定动作，探索创新自选工作，边学边改务求实效，充分发挥带头表率作用，达到了预期目的。

2008年10月，西藏自治区工商业联合会深入学习实践科学发展观活动全面启动

通过学习实践活动，区工商联系统广大党员干部贯彻落实科学发展观的自觉性和坚定性有了新的增强，全面贯彻中央关于新时期西藏工作指导思想，走有中国特色、西藏特点发展路子的信心和决心进一步坚定；政治素质有了新的提高，反对分裂、维护稳定、促进发展的政治责任感和历史使命感进一步增强；作风有了新的转变，立足“三性”优势，发挥“五个作用”，促进“两个健康”的能力有了新增强；紧紧围绕区党委、政府促进发展，维护稳定工作有了新的成效，有力推动了当前发展稳定的各项工作，真正实现了“双丰收”。

通过深入开展学习实践活动，区工商联党组班子和全体党员干部进一步增强了贯彻落实科学发展观的自觉性和坚定性，增强了反对分裂、维护稳定、促进发展的政治责任感和历史使命感，提高了领导工商联工作科学发展、引导非公有制经济健康发展和维护社会稳定的能力，有力推动了当前工商联系统发展稳定的各项工作，取得了较为明显的成效。

西藏自治区工商联领导名单：

党组书记、副主席：徐　飞

党组副书记、主席：索南平措

党组成员、副主席：刘　薇　桑吉格桑
伊西加措　庄怀忠

兼职副主席：雷菊芳　才旺扎西　林春福
达娃顿珠　群培次仁
索　朗　尼玛扎西　尼　玛

组织结构：

办公室、组织会员处、经济联络处、宣传教育处、纪检监察室

联系方式：

地址：拉萨市藏热路中段1号

邮编：850000

（西藏自治区工商联胡克　供稿）

陕西省工商业联合会

工作综述

2008年，国际金融危机对陕西省经济发展的外部环境带来了一定冲击，在陕西省委、省政府的正确领导下，陕西省工商联紧紧围绕促进非公经济发展积极开展各项工作，力争为保持全省经济平稳增长作出贡献。

一、积极履行参政议政职能

2008年，全省共有759名非公有制经济人士担任各级人大代表，其中全国人大代表9人，省级人大代表65人；2159人担任各级政协委员，其中全国政协委员3人，省政协委员99人。各级人大代表、政协委员认真履行职责，积极参政议政。陕西省工商业联合会向省政协十届一次全体会议和十届二次、三次常委会提交大会发言材料12份，集体提案12份，均被正式采用或立案。

陕西省工商联注重开展调查研究，积极参政议政，力争为省委、省政府决策当好参谋助手。①高质量完成了《2007年陕西省民营经济发展报告》、《2006～2008陕西省私营经济发展》、《2007年陕西省个体私营企业发展》的撰稿工作，分别被《中国民营经济发展报告》、《中国私营经济年鉴》、《陕西经济年鉴》汇集出版。②4～6月，按照中央统战部、全国工商联、国家工商行政管理总局、中国民（私）营经济研究会联合开展的《2008年私营企业调查》的要求，完成了对西安、宝鸡、咸阳、铜川、汉中、榆林6市共69家私营企业的问卷调查。③2008年6月，省工商联与省政协办公厅联合就贯彻落实陕西省委、省政府《关于加快非公有制经济发展的指导意见》的情况在10个市、杨凌农业科技示范区以及各直属、行业和异地商会的非公有制经济人士中进行了问卷调查，形成了《关于〈加快发展非公有制经济指导意见〉贯彻落实情况问卷分析报告》，受到省委、省政府、省政协主要领导同志的高度重视和充分肯定。按照赵乐际书记和姚引良副省长的批示要求，省政府将这一报告在全省进行了转发，并促成省政府有关部门4个配套文件的制定出台。④2008年五六月份，省工商联组成三个调研组，分赴全省20多个区、县，走访了60多户民营企业和30多个新农村建设帮扶村，就民营企业参与社会主义新农村建设情况开展调研。《陕西省民营企业参与社会主义新农村建设情况调查报告》受到袁纯清省长的高度重视，姚引良副省长召集省有关部门领导专题听取了省工商联引导民营企业参与社会主义新农村建设情况汇报，在充分肯定工作成绩的同时给予了

极大的鼓励和支持。

二、规范会员发展，及时进行宣传表彰

2008年初，省工商联下发了《2008年度会员发展组织建设指导目标的通知》，对各地发展会员、建立基层组织和行业商会提出明确要求。截至2008年12月，省工商联共有会员59939个，其中，企业会员15479个，团体会员611个，个人会员43849个，基层组织675个，行业商会281个，直属商会组织20家，异地商会4家，行业商会14家，其他组织2家。

上半年，省工商联在全系统开展了中国特色社会主义教育活动，下半年，省工商联机关参加了全省第一批学习实践科学发展观教育活动，均收到较好的效果。2008年度，经省工商联推荐，陕西佳鑫实业集团董事长吕建忠、员工法媛媛，陕西超群科技股份有限公司董事长徐社会、员工赵凯东被评为第五届全国民营企业“关爱员工、实现双赢”先进个人；韩城市工商联被人力资源和社会保障部、全国工商联评为先进集体；延安市工商联等5个单位被评为全国工商联系统先进单位；郑佩宏等9人被评为全国工商联系统先进个人；33个单位和29名个人被评为全国“创争”活动先进；在工商联工作满25年的13名同志获得荣誉证书。省工商联与省委统战部等6个部门共同开展了陕西省第二届优秀中国特色社会主义事业建设者评选活动，王茜等50名企业家受到表彰。为纪念改革开放30周年，9月份，省工商联与省委宣传部共同对15家优秀民营企业在陕西电视台、《陕西日报》等主要媒体上进行了连续宣传报道，充分展示了陕西非公有制经济发展的伟大成就。2008年，陕西省工商联、陕西省总商会网站开通，机关内刊《陕西工商》共出刊10期，在展示会员风采，及时报道各地工商联工作等方面发挥了较好的作用。

三、提高经济服务质量，加强对外联络

上报2008年度国家火炬计划项目3个，星火计划项目5个。

按照省政府安排，省工商联积极参与第十二届“中国东西部合作与投资贸易洽谈会”的有关组织筹备工作，广泛邀请兄弟省市工商联组织企业家来陕考察投资。“西洽会”期间，省工商联组织举办了“赣陕民营企业家座谈会”、山东东营市投资环境说明会、新疆生产建设兵团代表团赴杨凌考察座谈会等经贸活动，进一步丰富了“西洽会”内容，推动了省际交流合作。积极参与省政府组织的赴东部地区开展经贸合作交流活动，省工商联派员分赴福建、广东等地，圆满完成了邀请当地民营企业参与项目推介会等任务。为落实《陕西省人民政府办公厅关于加强承接产业转移工作的通知》精神，应陕西省工商联邀请，广东省民营企业家产业转移考察团来西安、咸阳、铜川等市进行考察。两省工商联在西安共同组织召开了由宝鸡、渭南、榆林、延安、汉中、安康、商洛、杨凌等市区招商局、开发区、工商联主要负责人参加的“秦粤经贸合作项目推介会”，收到较好效果。

金融危机效应在陕西开始显现后，省工商联与有关单位合作开展了一系列助企活动。9月22～23日，陕西省工商联与省财政厅、驻陕各金融机构等部门在商洛市联合举办了“陕西省民营企业融资洽谈会”。经过洽谈，有46家民营企业分别与省、市金融机构达成共识，共签约项目60个，融资25.46亿元；10月23日，省工商联与长江商学院等单位就金融危机的影响及企业如何应对等问题，举办了高层论坛；11月1日，陕西省工商联与清华大学继续教育学院协作，共同举办了“清华大学与陕西企业家高峰论坛”活动；11月13日，省工商联与省工商联女企业家商会，共同邀请部分银行负责人、金融专家、民营企业家召开了主题为“金融危机对经济社会的影响与应对策略”的座谈会。为帮助会员企业和广大非公有制经济人士进一步坚定信心，提高应对危机的能力起到了积极的作用。

2008年1月13日，陕西省工商联、陕西省总商会与加拿大中国总商会建立了友好合作关系，吴登昌副省长出席了签字仪式。1月26日至2月5日，省工商联组织部分会员赴台湾开展商务考察交流活动，并与台湾中华企业资源发展协会签订了友好合作协议；10月份组团赴俄罗斯、吉尔吉斯斯坦推介大唐西市招商合作项目，与吉尔吉斯斯坦文化部签订了大唐西市合作协议，并与吉尔吉斯斯坦华人华侨协会建立了友好合作关系。

四、在抗震救灾中发挥重要作用

“5·12”汶川大地震发生后，省工商联及时下发了《关于为地震灾区人民捐助的紧急通知》、《关于尽快组织动员会员为地震灾区提供援助的通知》。5月17日在省政府办公大楼前举行了“陕西省工商联、陕西省总商会民营企业抗震救灾捐赠仪式”，80多家企业参加，现场筹集救灾款500余万元。省工商联机关干部职工积极奉献爱心，向灾区捐款4000元，机关在职和退休党员交纳特别党费16300元。据不完全统计，到5月底，全省工商联会员企业通过各种渠道为灾区捐赠现金和物资达3400多万元。省政协副秘书长、省工商联主席冯钧平，省委统战部副部长、省工商联党组书记赵苏智冒着余震不断的危险，分别带队前往四川省广元市和省内汉中市，为灾区送去由省工商联直属会员企业和行业商会捐赠的总价值351万元的现金和物资。全国工商联副主席孙安民一行来陕听取抗震救灾情况汇报后，对省工商联在抗震救灾中富有成效的工作给予了充分肯定，对陕西广大非公有制经济人士在抗震救灾中的贡献给予了很高的评价。汉中市工商联等9个单位及向炳伟等9名企业家个人因在抗震救灾工作中表现突出，受到了全国工商联的表彰。

在灾后省内恢复重建中，省工商联主要领导亲赴北京、天津，多次向全国工商联、天津市工商联汇报灾情，联系对口援建单位，积极争取项目、资金。10月份，天津市第一批捐助援建资金972万元到位。全国工商联考察团在汉中查看灾情后，为当地捐建了两所学校，并制定了对重灾县实施援助的三年规划。

五、积极引导民营企业履行社会责任

截至2008年底，全省民营企业家及港、澳、台、侨工商界人士到贫困地区累计兴办光彩事业项目118个，投入资金超过37亿元，培训人员1.74万人，安置就业20686人，帮助带动6.04万人脱贫，各类公益捐赠总额达到3.89亿元。

在省工商联的大力宣传倡导下，全省民营企业和非公有制经济人士弘扬“致富思源，富而思进，扶危济困，共同富裕，义利兼顾，德行并重，发展企业，回馈社会”的光彩精神，积极投身社会主义新农村建设。截至2008年5月，全省已有1900家民营企业与970个行政村结成了帮扶对子，开发农业产业项目370个，实施扶贫项目1000多个，投入资金超过21亿元，创造出了奉献爱心、无偿捐助，产业开发、项目带动，能人带动、直接管理，技能培训、智力扶持等多种行之有效的助建模式，为农业增效、农民增收、村容村貌改善和提高人民群众生活水平作出了积极的贡献。

2008年12月16日，省委统战部、省工商联组织的“陕西省民营企业参与社会主义新农村建设经验交流会”在延安召开，省农业厅、农综办、中小局和各市委统战部等有关单位领导及省工商联全体执委共295人参加了会议。省政协副主席、省委统战部部长周一波代表省委、省政府作重要讲话，赵苏智作主题报告，全体参会人员参观了延安市部分民营企业参与社会主义新农村建设的现场，部分民营企业家在会上交流了经验，一批先进典型受到表彰。

重要活动

与加拿大中国总商会建立合作关系

经过多年的交往和了解以及共同的努力，2008年1月13日，陕西省工商联、陕西省总商会与加拿大中国总商会建立了友好合作关系，吴登昌副省长出席了签字仪式。

2008年1月13日，与加拿大中国总商会建立友好关系

完成《陕西省民营企业参与新农村建设调研报告》

2008年3月以来，陕西省工商联和省委统战部、省委、省政府研究室等部门组成联合调研组，赴陕西省10个市及杨凌区，对民营企业参与新农村建设情况开展调研，完成了《陕西省民营企业参与新农村建设调研报告》。该《报告》报送省委、省政府后，受到省上领导的高度重

视，袁纯清省长做出重要批示。

积极组织抗震救灾

“5·12”地震发生后，陕西省工商联下发了《关于为地震灾区人民捐助的紧急通知》、《关于尽快组织动员会员为地震灾区提供援助的通知》。机关干部职工32人积极向灾区捐款4000元；5月22日共交纳特别党费16300元。5月17日在省政府办公大楼前举行了“陕西省工商联、陕西省总商会民营企业抗震救灾捐赠仪式”，80多家企业参加，现场共筹集善款500余万元。陕西省工商联主要领导还亲自带队前往四川广元和陕西省汉中灾区，为两市送去由省工商联直属会员企业和行业商会捐赠的总价值351万元的现金和物资。陕西省工商联直属会员和直属、行业、异地商会通过各种渠道累计为灾区捐赠2600多万元的现金和物资，全省会员企业捐赠现金和物资超过3400万元。

陕西省工商联（总商会）民营企业抗震救灾捐赠仪式

形成《关于〈加快发展陕西非公有制经济指导意见〉贯彻落实情况问卷分析报告》

2008年6月，为切实开好省政协十届三次常委会，把该次会议开成一个以加快陕西省非公有制经济发展为主题的专题会，陕西省工商联与陕西省政协办公厅组成联合调查组，对10个市、杨凌区以及各直属、行业和异地商会的非公有制经济人士和工商联干部进行了问卷调查，形成了《关于〈加快发展陕西非公有制经济指导意见〉贯彻落实情况问卷分析报告》。《调查分析报告》受到省委、省政府、省政协主要领导同志的高度重视和充分肯定。按照赵乐际书记和姚引良副省长的批示要求，省政府将这一报告向全省进行了转发，并促成省政府有关部门4个配套文件的制定出台。

参政议政，完成调研报告

2008年，在充分认识工商联自身职能的基础上，商会把参政议政和调研工作放在了重要的位置。参政议政和调研工作紧紧围绕陕西省党委、政府的中心工作进行开展，同时结合实际，立足全局，突出重点，及时分析民营经济发展态势，准确把握全省民营经济发展中的关键问题，在广泛调研、搜集、整理大量数据资料的基础上，撰写、修订省政协大会发言12份、提案22份，提交省政协十届一次全体会议；同时，为省政协十届二次、三次常委会提交了大会发言材料。同时，为省政协、省委宣传部联合组织召开的《陕西·2008文化产业发展研讨会》提交大会发言，完成了《2007年个体私营经济发展报告》、《陕西省城市低保情况的问题与建议》等课题的调研，并形成报告。

宣传《劳动合同法》

在《劳动合同法实施条例》颁布实施后，陕西省工商联及时向各市、杨凌区工商联、省工商联直属、行业、异地商会下发了《陕西省工商联关于学习贯彻〈中华人民共和国劳动合同法〉实施条例的通知》，组织召开了“省工商联贯彻执行劳动合同法情况座谈会”，并形成了《陕西省民营企业贯彻实施劳动合同法情况的调研报告》。

组织召开“秦粤经贸合作项目推介会”

经陕西省工商联邀请，广东省民营企业家产业转移考察团赴西安、咸阳、铜川等市进行考察。陕西省工商联、陕西省总商会和广东省工商联共同组织召开了由宝鸡、渭南、榆林、延安、汉中、安康、商洛、杨凌等市区招商局、开发区、工商联主要负责人参加的“秦粤经贸合作项目推介会”，收到很好效果。

积极应对金融危机

2008年下半年以来，由于受国际金融危机的影响，陕西省民营经济发展也面临许多新情况和新问题。面对新形势，陕西省工商联做了一系列的应对工作：9月22～23日，举办了银企座谈会。经过洽谈，有46家民营企业与省、市金融机构签约项目60个，融资25.46亿元；10月23日，与长江商学院等单位就当前金融危机的发展及现状、中国企业该如何认识和应对等相关问题，举办了高层论坛；11 月 1 日，省工商联与清华大学继续教育学院协作，共同举办“清华大学与陕西企业家高峰论坛”活动；11 月 13 日，与省工商联女企业家商会共同邀请部分银行负责人、金融专家、民营企业家召开了主题为“金融危机对经济社会的影响与应对策略”的座谈会，为民营企业渡过难关，健康发展献计出力。

深入学习实践科学发展观活动

根据中央要求和省委的统一部署，陕西省省工商联党组对机关学习实践科学发展观活动进行了安排部署，制定了《省工商联开展深入学习实践科学发展观活动实施方案》，成立了领导小组和工作机构，召开了动员大会。陕西省工商联坚持机关学习与面上学习相结合、集中学习与个人学习相结合、原文学习与专题研讨相结合、领会精神实质与努力推动工作相结合。11 月上旬，组织机关全体干部赴商洛进行了为期三天的科学发展观封闭学习。通过学习讨论，进一步增强了党组和领导班子成员“以科学发展观统揽工商联工作全局”、运用党的创新成果武装头脑、指导实践、推动工作的自觉性。为了切实查找到工作中存在的问题和不足，下发了《省工商联学习实践活动征求意见函 》，通过召开座谈会、谈心会、个别走访等形式广泛征求意见。召开了党组民主生活会和支部民主生活会，对存在的问题进行了深入剖析，形成了党组分析检查报告。

召开“陕西省民营企业参与社会主义新农村建设经验交流会”

2008 年 12 月 16 日，在延安召开“陕西省民营企业参与社会主义新农村建设经验交流会”

2008 年 12 月 16 日，省委统战部、省工商联组织的“陕西省民营企业参与社会主义新农村建设经验交流会”在延安召开，省农业厅、农综办、中小局和各市委统战部等有关单位领导及省工商联全体执委共 295 人参加了会议。省政协副主席、省委统战部部长周一波代表省委、省政府作重要讲话，赵苏智作主题报告，全体参会人员参观了延安市部分民营企业参与社会主义新农村建设的现场，部分民营企业家在会上交流了经验，一批先进典型受到表彰。

陕西省工商联领导名单：

主席：冯钧平

党组书记：赵苏智

副主席：赵苏智　方　群　李挺毅　宋永华
李禄江　李建军　王欢畅
郑翔玲（女）　罗德明　白延彪
王　茜（女）　向炳伟
于　文（女）　王西林　史贵禄
孙玉玺　崔荣华（女）　李　涛
刘忠斌　吕建中　赵顺湖　李成岗

秘书长：魏九林

组织结构：

办公室、会员部、宣教部、经济部、联络部、研究室

联系方式：

地址：陕西省西安市西新街 22 号

邮编：710004

陕西省工商联直属商会联系方式：

1. 陕西省工商联女企业家商会

地址：西新街 22 号省工商联

邮编：710004

2. 陕西省工商联美容美发化妆品业商会

地址：西安市文艺南路副 1 号和平花园 A 座 404 室

邮编：710054

3. 陕西省工商联五金机电商会

地址：西安市北辰大道 199 号聚盛五金机电市场

邮编：710016

4. 陕西省工商联工艺礼品商会

地址：西安市红缨路 53 号洪英华 4 号

楼1402

邮编：710068

5. 陕西省工商联种子商会

地址：陕西省杨凌新桥北路2号

邮编：710016

6. 陕西省工商联物流商会

地址：西安市长缨西路289号

邮编：710032

7. 陕西省工商联汽摩配件用品商会

地址：西安市玉祥门外建华路10号汽配市场

邮编：710082

8. 陕西省工商联演艺设备技术商会

地址：西安市东关南街66号世贸大厦A座22层

邮编：710048

9. 陕西省工商联房地产商会

地址：西安市长安北路14号省体育场北门金兰商务会馆C座301室

邮编：710014

10. 陕西省工商联温州商会

地址：西安市尚勤路尚勤大厦7层

邮编：710004

11. 陕西省工商联川渝商会

地址：西安市大庆路7号石榴花酒店623房间

邮编：710082

12. 陕西省工商联电波表促进会

地址：西安市翠花路60号

邮编：710061

13. 陕西省工商联出租汽车商会

地址：西安市大兴东路25号富华出租汽车公司

邮编：710016

14. 陕西省工商联闽商商会

地址：西安市金花路169号天彩大厦706室

邮编：710032

15. 陕西省工商联电梯商会

地址：西安市北大街金钟大厦B410

邮编：710000

（陕西省工商联研究室　供稿）

甘肃省工商业联合会

工作综述

2008年对我们国家和甘肃省来说都是极不平凡的一年。在党中央的坚强领导下，成功抗击了“5·12”汶川特大地震，成功举办了北京奥运会，中国特色社会主义事业进入了一个新的发展阶段。同时受世界金融危机影响，我国经济发展遇到了前所未有的严峻挑战，特别是以中小企业为主体的非公有制经济在这次金融风暴冲击下受影响较为严重，生存和发展面临重大考验。面对困难，全省各级工商联广泛团结广大非公有制经济人士，共克时艰，大力促进非公有制经济健康发展，积极引导非公有制经济人士健康成长，各方面工作取得了显著成绩。

2008年也是省工商联换届后的开局之年。在省委、省政府的领导下，在全国工商联和省委统战部的指导下，新一届领导班子以科学发展观为统领，充分发挥党组的领导核心作用，奋发有为，锐意进取，埋头苦干。在工作上，以纪念改革开放30周年为契机，以抗震救灾工作为重点，发挥优势，体现特色，各项工作全面推进，是近年来省工商联工作量最大、创新举措最多、工作成效最显著的一年。得到了全国工商联领导和省委、省政府领导的充分肯定和表扬。

1. 精心部署，深入开展学习实践科学发展观活动

按照《中共甘肃省委关于在全省开展深入学习实践科学发展观活动的实施意见》的部署和要求，省工商联党组高度重视，精心安排部署，成立了学习实践活动领导小组，制定了《甘肃省工商联机关开展深入学习实践科学发展观活动实施方案》。确定了“进一步解放思想、振奋精神、创新工作，走出一条欠发达地区工商联工作科学发展的新路子”的学习实践活动主题。在学习实践活动中，深入调查研究，查找问题，突出实践特色，创新体制机制，针对工商联工作中存在的突出问题，提出了“8743”创新目标，即：建立8个机制，搭建7个平台，成立4个服务中心、建立3个委员会。目前，学习实践科学发展观整改方案正在抓紧实施并取得了阶段性成果。

2. 全力以赴，组织非公有制经济人士参与抗震救灾和灾后重建

抗震救灾和灾后重建工作是省工商联2008年贯穿始终的工作重点。“5·12”汶川特大地震发生后，全省各级工商联组织反应迅速，纷纷在第一时间组织和动员广大会员向灾区献出爱心。5月13日，省工商联及时召开会议对支援灾区工作进行安排部署。5月14日与省委统战部、省光彩会共同组织了抗震救灾献爱心捐赠活动，企业家现场捐款330万元，药品物品价值140万元，并于当天送往陇南、甘南灾区。各市州工商联也积极行动，发出赈灾倡议或公开信，组织捐赠仪式、赈灾义演、书画义卖等活动。据统计，全省工商联系统共捐赠款（物）5670万元。

为进一步做好抗震救灾和恢复重建工作，省工商联出台了《甘肃省工商联关于做好抗震救灾和灾后重建工作的意见》。省委统战部与省工商联主动派人专程赴京向中央统战部、全国工商联、中国光彩会汇报灾情，请求援助。并积极与北京、天津和深圳市工商联对接，求得全国工商联及兄弟省市工商联的援建和帮扶。经过努力中国光彩会向甘肃省捐款2086万元。通过全国工商联协调引入国际大型企业安乐米塔尔公司参与灾后重建，在天水新建一所全钢结构学校，现已落实捐赠资金1000万元，天水市政府配套资金800万元，全国工商联还把天水市定为灾后重建对口帮扶点。

2008年10月，省工商联组团参加了在成都举办的西部交易博览会，并与四川省工商联和陕西省工商联联合举办了“民营企业灾后重建产业发展论坛”，郝远主席在会上作了《凝聚非公经济力量，加速甘肃灾区重建》的主旨发言，介绍了甘肃的灾情和灾后重建工作，提出了以特色产业开发为切入点，互惠双赢的灾后重建思路，呼吁全国各地的非公有制经济企业家积极投身甘肃的灾区重建。西博会上甘肃省还与四川、陕西工商联联合举办了民营企业灾后重建项目推介会，白银市、陇南市、天水市、甘南州等地在会上做了项目推介发言，有6个项目签约。

在这次抗震救灾中，甘肃省广大非公有制经济人士积极响应工商联的号召，情系灾区，心系灾民，踊跃捐款捐物，数量之大、范围之广、参与人数之多、行动之快前所未有，展示了中国特色社会主义建设者的时代风采。工商联系统在抗震救灾中出色工作和广大非公有制经济人士的突出表现，受到了省委、省政府的充分肯定和社会各界的广泛赞誉，甘肃省工商联系统有9家单位，9名个人受到全国工商联表彰。

3. 省工商联各项工作全面推进

在做好重点工作的同时，省工商联在思想政治工作、调研和参政议政、经济和社会服务、招商引资及会展经济、组织建设、政务信息等工作方面也有了新的进展。

（1）在思想政治工作方面

对全省非公有制企业及工商联开展思想政治工作情况进行了调研，完成调研报告1份。为加大对非公有制经济和工商联工作的宣传力度，对《甘肃工商》进行了改版增刊，由原来的2期改为4期，发行量由原来的1000份增加到2000份。向《人民政协报》投稿30多篇，刊登15篇。

（2）在调查研究和参政议政方面

紧紧围绕促进非公有制经济健康发展和引导非公有制经济人士健康成长，开展调查研究，完成调研报告4篇。为应对金融危机，由郝远主席亲自主持召开了农业产业化龙头企业座谈会，省农牧厅、省中小企业局、酒泉市和定西市政府领导及全省35家农业产业化龙头企业参加了座谈会，会后形成的《关于加大对我省涉农企业政策

扶持 积极应对当前金融危机影响的建议》，报送省委、省政府主要领导。编辑出版了2007度《甘肃民营经济发展报告》（下文简称《报告》）一书，增加了政府相关厅局的专题报告，增加了“企业风采”篇的彩页，使《报告》从内容到形式都有所提升。完成了省政协十届二次全委会的大会发言2篇，提案6件。

（3）在经济和社会服务工作方面

省工商联与省劳动厅、省人事厅、省教育厅、省总工会等五单位共同组织开展了2008年甘肃省民营企业招聘周工作。据11个市州统计，这次招聘周活动共参加招聘企业1236家，提供空岗信息32533个，签订就业意向19334人。向全国工商联推荐5家企业申报国家火炬计划、星火计划。向全联推荐甘肃奇正集团、甘肃华羚干酪素有限公司、兰州大成自动化工程有限公司、甘肃金桥水科技集团、甘肃新兴花卉集团申报科技进步奖。

（4）在招商引资及会展经济工作方面

组织民营企业参加了匈牙利政府在兰州举办的“匈牙利节”系列活动；参加了临夏市招商引资暨项目洽谈会；组织30家企业、商会80多人参加了由张掖市委、市政府召开的“中外企业家巡游金张掖”大型系列活动，其中良志集团、隆鑫集团等企业有实质性的合作项目；组织了兰州市、白银市、定西市工商联及部分企业参加了中国河西走廊种业国际高峰论坛及展览会；组织在甘的8名甬商参加了2008年9月中旬在宁波召开的“市外甬商创业创新大会”；组织有关企业参加了在平凉市举行的全国乡镇企业、中小企业经贸洽谈会。这些工作的开展拓展了服务平台，使工商联的吸引力凝聚力显著提高。

（5）在加强组织建设工作方面

全省各级工商联把发展会员和推进行业组织建设与基层组织建设放在重要位置，会员队伍不断壮大，会员结构进一步优化，组织网络不断完善，基层组织和商会稳步发展。截至2008年底，全省各级工商联共发展会员52842名，比上年增长5.48%。2008年筹备成立了金银珠宝商会、福建茶业商会、家用纺织品商会3家直属商会。全省各级工商联共有基层组织和同业（行业）商会1135个，比上年增长10.95%。

（6）在建立非公有制经济代表人士队伍方面

全省各级工商联会员中，担任各级人大、政协职务的共有2494名，其中非公有制经济代表人士2220名。为工商联履行政治协商、民主监督、参政议政职能，为我省经济社会发展建言献策起到了积极作用。2008年从非公有制经济代表人士中推选出八名2008年北京奥运会火炬手；推荐省第十二次妇女代表大会非公有制经济代表5名，执委候选人1名；推荐十一届全国政协委员2名，十一届省人大代表10名、常委1名，十一届省政协工商联界别委员17名、常委6名。

（7）在政务信息工作方面

2008年编辑《工作通讯》42期，编辑采用信息403条，同比分别增长30%、45%。编辑《工作通报》25期、编辑处理党组行政主要信息126条，同比增长60%、55%。编辑学习实践科学发展观简报40期。向全国工商联、省委统战部、省政协办公厅报送各类政务信息275条，信息数量有所增加，质量有所提高，起到了信息交流平台，领导决策参谋的作用。

4. 市州工商联工作取得新进展

2008年全省工商联进一步解放思想，壮大组织，发挥职能，抓创新，求实效，工作明显活跃，作用更加突出。

全省工商联以深入学习贯彻党的十七大精神为首要任务，深刻领会科学发展观的科学内涵、精神实质、根本要求，紧密结合工商联工作实际有针对性地开展政治理论学习。

注重抓好调研成果转化，积极参政议政、建言献策。定西市工商联界别共提交各类提案、议案84件，有6件列为各县区的重点提案，在参政议政方面成效显著。

积极投身抗震救灾和灾后重建工作，特别是陇南、天水、甘南三市州工商联组织在个人和单位财产受到严重损失的情况下积极争取外援，向全国各省市级工商联组织发出求助信，积极动员非公有制企业捐助款物，有力地支持了抗震救灾工作。

开展“纪念改革开放30年和迎奥运”文艺演出和征文等主题宣传活动，各地精心组织，积极选送体现地域特色的优秀节目，踊跃投稿，有力地配合了“建设者之歌”全省工商联系统纪念改革开放30周年大型文艺汇演和全省工商联纪念改革开放30周年征文活动，庆阳、金昌等地还参与了访谈节目的演出。

工商联的社会影响力不断提升。兰州市与国资委、兰州日报社联合举办了“2007年魅力兰州经济年人物（企业）总评选”活动；酒泉市举办了全市第一届工商企业职工形象大赛；白银市积极参与承办市上举办的“五对接”交流会。通过多种形式的工作创新，有力地提升工商联的社会影响力。

培训工作进一步加强。嘉峪关市提出了培训年的工作思路；酒泉市采取“走出去，请进来”的方式，使全市企业家有800多人次接受了培训；临夏州工商联举办了全州非公有制经济人士培训班有200多人参加了培训；兰州市举办了“全市非公有制经济组织预备党员、入党积极分子培训班”。这些形式多样，内容丰富的培训活动，有力地提升企业家综合素质。

维权服务彰显活力。省工商联兰州仲裁工作站成立；天水在天水仲裁委员会非公有制经济企业仲裁中心的基础上，在五县两区建立了非公有制经济企业仲裁联络站并聘任了第一批非公有制经济企业仲裁联络员26名。

实施“一企帮一村，共建新农村”活动。兰州市有25家企业深入帮扶村进行了项目的资金对接，天水市促成了163家民营企业与163个行政村结成了帮扶对子，武威市也有30多家民营企业参与到此项活动中来。

光彩事业项目建设继续推进。平凉市狠抓光彩园区建设，对全市四个光彩事业园区规范化建设和入园企业生产运行情况进行联系、指导，促进了项目建设的蓬勃发展。此外，张掖市工商联招商引资工作成效显著，甘南州工商联积极开展非公有制经济领域代表人士的思想政治工作，有力地维护了民族地区的安定团结。通过市州工商联的扎实工作，较好地完成了全年的各项目标责任。

重要活动

开展纪念改革开放30周年系列活动

一是编辑出版了《改革开放涌春潮　民营经济兴陇原——甘肃省工商联纪念改革开放30周年征文汇编》一书。全书共收集征文195篇，约50万字，从多角度反映了各级工商联组织的工作；展示了民营企业在改革开放历史大潮中艰苦创业的奋斗历程；抒发了广大非公有制经济代表人士讴歌共产党好、社会主义好、改革开放好的时代情怀；是改革开放30年这段光辉历程中全省工商联工作和非公有制经济发展的一个缩影。

甘肃省工商联系统纪念改革开放30周年“建设者之歌”文艺晚会

二是在兰州举办了“建设者之歌”全省工商联系统纪念改革开放30周年大型文艺汇演。参加的演职人员341人，省领导和省工商联直属商会、会员企业代表、机关干部近1000人观看了演出，省电视台公共频道进行了现场录播。这是自省工商联恢复成立以来，首次开展的全省范围内的大型文艺汇演，调集了市州工商联组织和部分非公有制经济企业的力量，文艺节目经过层层筛选，确保了演出质量。节目紧扣时代主题，品味高，观赏性强，整场演出特色鲜明，气势恢宏，充分展示了非公有制经济人士的精神风貌。

三是在甘肃省电视台演播厅举行全省工商联系统纪念改革开放30周年“建设者之歌”访谈晚会。晚会设计新颖，形式活泼，省委、省政府有关领导参加了晚会，参与的演职人员260多人，观众500人。由创业代表、科技代表、光彩代表、优秀建设者代表、工商联和行业商会代表组成的14名嘉宾，现场接受了专访，畅谈了自己与改革开放共发展的经历，晚会通过甘肃卫视向全国播出。该节目覆盖面大，宣传效果好，是利用现代传媒手段树立了非公有制经济人士社会主义建设者的形象，扩大了工商联的社会影响力的一次有益尝试。

四是撰写了纪念改革开放30年宣传和理论

文章数十篇。其中有八篇分别收录在省委的《调查与研究》、省政协编辑的《推动全民创业与促进中小企业发展论坛交流文集》、省委宣传部组织编写的《辉煌历程》、省委统战部《凝聚》等书刊杂志上。

开展多种形式的培训工作

为提高非公有制经济人士和工商联干部的综合素质，创建学习型企业和学习型机关，省工商联采取多种形式有针对性的进行培训教育。一是组织各市州担任新一届人大代表、政协委员的非公有制经济代表人士和商会会长，在中央党校举办了第三期非公有制经济人士高级培训班。二是组织市州工商联、商会负责人赴深圳、香港、澳门学习考察，举办了两期商会会长培训班。三是采取以会代训方式，在召开执委会、常委会期间，邀请专家学者专题辅导十七大精神和企业科技创新。四是为加强政务信息工作，对市州工商联和部分商会的信息员进行了培训。五是举办了《甘肃民营经济发展报告》编前培训班、工商联系统数据库建设培训班。

建立和完善商会联席会议制度

为引导省工商联直属商会健康发展，加强同地域性商会联系，整合商会资源，省工商联主动与省内 24 家商会组织协商，建立了甘肃省商会联席会议制度。6 月份，甘肃省商会联席会议第一次会议在兰州召开，交流探讨了新形势下如何发挥商会职能和作用问题。12 月初召开了第二次会议，举办了“纪念改革开放 30 周年暨甘肃民营经济论坛”，年底又积极开展了我省民营企业应对金融危机的研讨活动。甘肃省商会联席会议制度的建立促进了商会工作，扩大了省工商联对各类商会组织的影响力，成为省工商联工作的有力抓手，也为商会主管问题的解决奠定了基础。

成功解决商会主管问题

商会组织是工商联工作的有效载体，由于甘肃省的商会发展和管理问题一直未能妥善解决，致使商会应有的作用得不到充分发挥。针对这一突出问题，省工商联在学习实践科学发展观中，以此作为开拓商会工作新局面的突破口，在省委、省政府领导的关心下，由省委统战部牵头，召开了落实省工商联为非公有制经济领域内商会组织主管单位的协调会，会议达成了基本共识，有关报告经报请省委、省政府主要领导审定并作了重要批示，使省工商联成为非公有制经济领域内商会组织业务主管单位问题取得了突破性进展。2008 年初，省民政厅已正式发函，授权省工商联作为全省性非公经济领域内行业协会（商会）的业务主管单位，使这一长期悬而未决的问题得以解决。

全国首家《新财富》电视栏目开播

为大力宣传非公有制经济和非公有制经济人士的先进典型，营造有利于“两个健康”的舆论环境，省工商联与省电视台公共频道合作，创办了甘肃省首个非公有制经济领域电视栏目——《新财富》。该栏目以活动为载体，以交流为内容，以合作发展为目标，节目覆盖 14 个市州。截至年底，已在甘肃公共频道播放 29 集，宣传非公有制经济人士及各级工商联干部 26 位。这种宣传形式受到了企业家的好评，得到了上级领导的充分肯定，为各级工商联组织的宣传教育工作开设了新的窗口、搭建了新的平台，这在全国工商联系统也是首家。

光彩事业内容和形式不断创新

近年来，随着非公有制经济的快速发展，一大批非公有制经济代表人士成长起来，他们致富不忘社会、致富不忘国家，致富思源，富而思进，积极投身光彩事业、社会公益事业，全省非公有制经济人士承担社会责任的意识明显增强。热心公益事业、向社会奉献爱心，已成为甘肃省广大民营企业家的自觉行动。

“2008 光彩陇原行”高台大型捐赠活动，
非公经济代表人士慷慨解囊

2007 年以来，省工商联与省委统战部、省光彩会一起，连续两年举办了“光彩陇原行”大型公益服务活动。特别是“2008迎奥运‘光彩陇原行’高台大型系列活动”，有30多位非公有制经济人士和140多位党外专家学者参加，以“奉献、和谐、发展”为主题，以“公益捐赠、咨询服务、项目洽谈、观摩学习”为主要内容，捐款221.5万元，捐物价值23.5万元，其中，甘肃建新集团捐款150万元。捐赠的款物全部用于高台县光彩职教、光彩劳务、光彩农业项目。活动中，专家学者分别开展了19项有关县域经济发展、农户种养技术和教育卫生等方面的咨询服务，为当地办了实事，受到了农民群众的热烈欢迎。

此外，年初在冰冻灾害发生后，省工商联与省慈善总会等部门联合举办了“情暖人间”甘肃省慈善赈灾义演活动，组织企业家现场捐款，本次活动合计捐款679万元。与省绿化基金会、省林业厅等单位共同发起，开展了主题为“让绿色托起陇原——情系民勤治沙行动”大型系列公益活动，有20家企业参与了活动，共捐款126.5万元。组织甘肃湖北商会向商会扶贫点广河县水泉乡捐赠了价值20万元的医疗卫生设备和药品。

组织全省工商联开展工作观摩督查活动

为贯彻落实省委领导和全联领导对工商联工作的指示精神，检查市州工商联目标责任落实情况，省委统战部、省工商联组织全省14个市州党委统战部分管经济领域统战工作的副部长、工商联党组书记和主席40余人，于9月1~5日赴武威、张掖、酒泉三市开展了全省工商联工作观摩督查活动。通过现场观摩、考察、座谈、研讨，进一步推动了各级工商联组织工作的深入开展。

自身建设新突破

一是实行了兼职副主席轮值制度。每月由一名兼职副主席代行主席职责，负责牵头完成一项重要活动。这项制度的实行和进一步完善，为调动兼职副主席的积极性作了有益尝试。二是根据公务员竞争上岗的有关规定，省工商联机关首次通过竞争上岗，选拔了一名部室主要负责人。办理了省管副地（厅）级后备干部人才库的调整补充工作，进一步完善了干部培养选拔机制，促进了机关建设。三是组织开展了全国工商联举办的“评选全国工商联系统先进单位和先进个人”的活动，我省工商联系统有5家被评为先进单位，6人被评为先进个人，9位在工商联工作满25年的干部被授予荣誉证书。

甘肃省工商联领导名单：

主席：郝　远

党组书记：户丁一

副书记：赵玉龙　张　勇　姬书平　吴兴虎　赵满堂　刘　妍　陈启建　王焕臣　李海珊　刘建民　韩　庆　范多旺　敏文祥　赵东平　郭裕民　李　放

甘肃省民间商会领导名单：

主席：郝　远

副主席：户丁一　赵玉龙　张　勇　姬书平　吴兴虎　赵满堂　刘　妍　陈启建　王焕臣　李海珊　刘建民　韩　庆　范多旺　敏文祥　赵东平　郭裕民　李　放　雷菊芳　田遇年　李瑞英　马国义　张国芳　李国强

组织结构：

办公室、组织人事部、经济联络部、调研部宣传教育部

联系方式：

地址：甘肃省兰州市团结路1号

邮编：730010

甘肃省工商联直属商会联系方式：

1. 甘肃省工商联温州投资商会

地址：兰州市科技街1号6楼

邮编：730000

2. 甘肃省工商联湖南商会

地址：兰州市安西路100号天源温泉源商务大酒店（商会）

邮编：730050

3. 甘肃省工商联旅游业商会

地址：兰州市庆阳路272号西北大厦3楼

邮编：730030

4. 甘肃省工商联房地产商会

地址：兰州市中山路275号桥门大厦902室

邮编：730030

5. 甘肃省工商联金银珠宝业商会

地址：兰州市城关区延寿巷中广大厦雅园7E

邮编：730000

6. 甘肃省工商联家纺商会
地址：兰州市南昌路新光辉布料市场3楼
邮编：730030

7. 甘肃省工商联福建茶叶商会
地址：七里河区小西湖东街26号西北茶城
邮编：730050

8. 甘肃省工商联钢材商会
地址：兰州市庆阳路60号甘肃信息大厦611室
邮编：730050

9. 甘肃省工商联陕西商会
地址：兰州市工贸大厦18楼（商会）
邮编：730070

10. 甘肃省工商联宝新苑房地产开发有限公司
地址：兰州市皋兰路工贸大厦18楼（商会）
邮编：730000

11. 甘肃省工商联礼品业商会
地址：兰州市旧大路213号办公楼306－307
邮编：730030

12. 甘肃省工商联食品工业协会
地址：兰州市天水北路滩尖子438号
邮编：730010

13. 甘肃省工商联汽摩商会
地址：兰州市城关区排洪南路313号汽配大楼五楼
邮编：730000

（甘肃省工商联宣教部路延祖　供稿）

青海省工商业联合会

工作综述

2008年，在省委、省政府的正确领导下，在全国工商联和省委统战部的帮助指导下，省工商联深入学习贯彻党的十七大和省第十一次党代会精神，认真落实科学发展观，全面加强工商联自身建设，始终坚持“三性”统一，不断创新体制机制，切实提高履行职责和发挥作用的能力，积极探索新时期工商联工作的新路子，工商联组织更加健全，职能更加广泛，工作更加活跃，作用更加明显，会务工作取得了新进展。

一、加强教育引导，思想政治工作取得显著成效

坚持“充分尊重、广泛联系、加强团结、热情帮助、积极引导”的工作方针，把学习实践科学发展观和中国特色社会主义学习教育作为思想政治工作的重点，积极引导广大非公有制经济人士不断提高自身素质，自觉承担社会责任，坚定不移走中国特色社会主义道路，切实做到“爱国、敬业、诚信、守法、贡献”，争做优秀中国特色社会主义事业建设者。围绕贯彻落实省委第十一届四次全体会议精神，开展了以深入贯彻落实科学发展观为主题的解放思想大讨论活动，引导广大会员牢牢把握贯彻落实科学发展观这一主题，进一步解放思想，切实增强贯彻落实科学发展观的自觉性和坚定性，提高贯彻落实科学发展观的能力和本领；围绕学习贯彻全省非公有制经济发展大会精神，引导广大非公有制经济人士进一步坚定发展信心和决心，切实增强为构建和谐社会作贡献的责任意识和工作激情，扎扎实实地推动非公有制经济健康发展；围绕中国特色社会主义教育活动，编辑出版了《辉煌三十年》大型画册、开展了“民企帮村”活动集中宣传报道等一系列纪念改革开放30周年庆祝活动，引导广大非公有制经济人士树立中国特色社会主义共同理想，共建社会主义核心价值体系，努力把自身企业的发展与国家的发展结合起来，把个人富裕与全体人民的共同富裕结合起来，把遵循市场法则与发扬社会主义道德结合起来，真正实现企业健康发展、个人健康成长。通过多种形式的教育引导工作，进一步解放了思想，坚定了信念，提高了认识，增强了落实科学发展观的责任感和使命感。

在全省非公有制经济发展大会上，共有10家非公有制企业受到表彰，有两家非公有制企业被全国工商联评为“关爱员工”优秀企业。

二、积极建言献策，参政议政工作迈出实质步伐

深入开展调查研究，紧紧围绕非公有制经济发展和构建和谐社会建言献策。组织专门力量就改革开放以来全省非公有制经济发展历程、“民企帮村”活动开展情况、诚信体系建设、民营企业科技创新等课题进行调研，形成了一批含金量较高的调研成果，部分调研报告得到了省领导的关注。省委书记强卫在《关于青海省民营企业参与社会主义新农村新牧区建设及开展“民企帮村”活动的情况报告》上作了重要批示，省委常委、常务副省长徐福顺在《2007年青海民营经济发展报告》上作了重要批示。

在加强调查研究的基础上，通过多种途径建言献策、参政议政。组织非公有制经济人士参与省委思想解放大讨论活动征求意见座谈会，向座谈会提交了《以思想大解放推动非公有制经济大发展》的发言材料，直接反映非公有制经济人士的诉求和愿望；向省委呈报了《青海省非公有制经济人才“十一五”培训规划》；向省政府参事室推荐2名非公有制经济人士为省政府参事人选；向省政协提交了《坚持改革开放，促进非公有制经济又好又快发展》等会议发言材料3份，提交团体提案3份，并参与了省政协组织的诚信体系建设等调研工作。更为重要的是，与省委统战部共同提出的“召开非公有制经济发展大会”、“表彰优秀非公有制企业”、“省领导联系非公有制经济人士”等建议得到了省委、省政府的采纳。

青海省非公有制经济发展史上规格最高、规模最大的“全省非公有制经济发展大会”于9月28日在西宁胜利召开，省委、省政府主要领导出席了会议，省委副书记、省长宋秀岩做了重要讲话，省政府还表彰了10户“优秀非公有制企业”和10户“优秀个体工商户”。会议的召开在广大非公有制人士中引起了强烈的反响，为非公有制经济实现又好又快发展营造了良好的氛围。同时，充分证明了工商联参政议政的能力进一步得到增强，工商联在促进非公有制经济发展中的作用进一步得到发挥，参政议政工作迈出了实质性的步伐。

三、发挥助手作用，会员服务工作力度不断加大

充分发挥助手作用，在协助政府做好管理非公有制企业的同时，积极为会员提供各类服务。作为非公有制经济发展大会筹备领导小组成员单位，协助省经济委员会等政府部门完成了“全省非公有制经济发展大会”筹备工作，抽调人员参与了大会相关材料起草、优秀非公有制企业推荐、会议宣传及会议服务等工作，为发展大会的胜利召开发挥了积极的作用，受到了筹备领导小组的好评；积极参与了2008年“青洽会暨郁金香节”的筹备工作，邀请北京市等省市区工商联领导及客商来青参会，期间完成招商引资1.2亿元，被大会组委会评为“2008中国青海经济结构调整暨贸易洽谈会先进单位”；认真开展了2007年度上规模民营企业调查工作，对173家民营企业的经营状况、行业特征、企业管理等情况的连续性调查，比较准确地完成了《民营企业登记表》填报工作，建立了覆盖全省的会员数据库，并实现与全国工商联联网，方便了会员企业信息的传输和查询。

结合“五五”普法工作，开展了“法律七进”和“法律进企业”活动，针对当前民营企业最关心热点问题，先后举办了《劳动合同法》和《仲裁法》专题讲座，共有100余名民营企业的专职经理人参加了培训；配合全国工商联在非公有制企业中推行仲裁法律制度的试点工作，与市工商联、西宁仲裁委员会密切合作，积极推进仲裁法律制度的试点工作，使更多的企业了解仲裁法，运用仲裁法，为维护企业正当利益提供了有效的服务；积极做好民营信用担保公司筹建工作，多次与省经委、省财政厅深入民营企业开展调研，研究参股成立担保公司的可行性，为解决中小企业融资难的问题探索新途径。

积极开展对外联络工作，加强与国外、省外商会组织的交往与合作，热情接待各地工商联经贸考察团来访，组织青海省30余名民营企业家赴山东等地学习考察。

四、创新体制机制，组织建设不断完善

各级工商联在发展当地有实力、有代表性的非公有制经济企业会员同时，积极吸纳有发展前景的中小民营企业入会，并吸收了一大批热心工商联工作的非公有制经济人士入会，壮大了会员队伍，增强了工商联组织的凝聚力和战斗力。截至目前，全省会员总数已达9855个，其中企业会员3621个，团体会员116个，个人会员5126个。切实加强对会员的动态管理，初步建立了全省各级工商联组织执委、常委信息库。

认真贯彻落实全国工商联党组书记全哲洙在青海调研时的讲话精神，就加强基层组织建设深入开展调查研究，有针对性地提出了新时期做好工商联基层组织建设的指导性意见。要求各级工商联在统战部门的领导下，切实加强以党组织为核心的工商联领导班子建设，充分发挥工商联兼职副主席、常委、执委的作用，加强异地商会建设，积极探索欠发达地区工商联基层组织建设的新途径。截至目前，建立或恢复州（地市）级工商联组织6个，占州（地市）级行政区划75%；建立或恢复县级工商联组织33个，占县级行政区划的71.74%；建立乡级行业协会7个，行业商会乡镇街道分会20个。

以学习实践科学发展观活动和解放思想大讨论活动为契机，切实加强机关干部队伍建设。根据省委的统一部署，围绕提高思想认识、解决突出问题、创新体制机制、促进科学发展的目标，按照党员干部受教育、科学发展上水平、人民群众得实惠的总体要求，组织机关全体干部开展了学习实践科学发观活动。活动期间，先后通过召开了动员会、辅导报告会、学习交流会等形式组织机关干部加强理论学习，使机关干部对推动科学发展的理解和把握有了新的提高。同时，坚持理论联系实际的原则，积极组织力量就如何创新体制机制，推动工商联工作科学发展广泛征求会员的意见建议，并提出切合实际的解决办法，推出了《以科学发展观为指导，充分发挥工商联党组的领导核心作用，不断增强工商联的吸引力凝聚力执行力》、《改革创新是工商联健康发展的强大动力》等调研成果，为加强工商联组织建设和干部队伍建设提供了理论依据。目前，省工商联的学习实践活动正在深入开展。

五、致力于社会和谐，光彩精神得到进一步弘扬

把抗震救灾工作作为2008年光彩事业的首要任务抓紧抓好。“5·12”汶川特大地震发生后，省工商联与省光彩事业促进会紧急号召全省非公有制经济组织向灾区献爱心，广大非公有制经济人士义无反顾地承担起了社会责任，充分发扬“一方有难、八方支援”的人道主义精神和“义利兼顾、德行并重”的光彩事业精神，纷纷慷慨解囊，捐款捐物，支援灾区，通过各种渠道向灾区捐赠现金3960万元，物资325万元，捐赠款物总价值4285万元。一些非公有制企业派出人员和设备赴灾区参与了救援工作，用实际行动为灾区人民献上了一份爱心，显示出了青海省民营企业家良好的道德素养和精神风貌。

由于在抗震救灾工作中反应迅速，成绩突出，省工商联荣获红十字“抗震救灾最佳组织奖”，省光彩事业促进会荣获“青海红十字贡献奖”。青海庆华集团、青海西旺实业、青海世纪置业、青海洁神装备制造集团、青海正平集团等会员企业，霍庆华、金生光、柴建中等企业家分别受到省委、省政府的表彰。

进一步把光彩精神提升到“以强国富民为己任”的高度和境界上来，引导广大非公有制经济人士为构建和谐社会作贡献。一是与省劳动和社会保障厅、省教育厅、省总工会联合了举办了民营企业招聘周活动，共有532家民营企业参加活动，提供不同类型的就业岗位近8861个，当场签订就业意向人数3155人。同时，在招聘现场发放宣传资料14000份，为参加招聘人员提供维权及法律咨询援助582次；二是引导非公有制经济人士开展教育扶贫，由青海力盟集团投资60万元的湟中县力盟希望小学落成并交付使用；三是筹资4000余元，为大通县东峡镇老虎沟和刘家庄村购买优质麦种，解决了部分困难群众春耕期间的燃眉之急；四是向中国光彩会推荐光彩项目3个。

加强对光彩事业的宣传力度，不断扩大光彩事业的影响力，促进光彩事业蓬勃发展。与省委统战部，青海省光彩事业促进会共同召开了“青海省光彩事业促进会一届二次理事会暨抗震救灾表彰大会”；认真落实省委书记强卫同志和省委常委、宣传部长曲青山同志的重要指示精神，组织省内各大媒体对“民企帮村”活动中作出重要贡献的9家民营企业进行了集中宣传报道，激发了广大民营企业参与新农村建设和“民企帮村”活动的热情，在社会上引起了强烈的反响；向中国光彩会提供光彩事业年鉴文字资料和图片，宣传青海省光彩事业取得的显著成效和作出的积极贡献。

重要活动

青海省民营企业家迎新春联谊会在西宁召开

1月11日下午，省委统战部、省工商联在胜利宾馆举行了民营企业家迎新春联谊会，出席“两会”的民营企业代表、委员和省政协港澳委员欢聚一堂，叙友情、话发展，共庆即将到来的新春佳节。省委书记强卫，省委副书记骆惠宁以及白玛、沈何、徐福顺、多杰热旦、鲍义志等领导出席联谊会并与民营企业家们亲切交谈，向大家致以新春的祝贺。徐福顺在联谊会上代表省委、省政府做了重要讲话。

举行省垣民营企业家为四川地震灾区抗震救灾捐款仪式

省垣民营企业家为四川地震灾区抗震救灾捐款仪式现场

5月15日下午，青海省工商联在青海青藏民族城举行“省垣民营企业家为四川地震灾区抗震救灾捐款仪式”，共收到捐款1384537元。

此后，全省工商联系统广泛动员非公有制经济人士和非公有制企业为汶川灾区捐款捐物，共收到款物折合人民币2219.7316万元。

举行青海省民营企业招聘周活动

5月27日至6月1日，省工商联与劳动和社会保障厅、教育厅、总工会联合举办了青海省民营企业招聘周活动。共有532家民营企业参加招聘活动，提供就业岗位8861个，签订就业意向人数3155人。

青海省光促会一届二次理事会暨抗震救灾表彰大会在西宁召开

青海省光彩事业促进会一届二次理事会暨抗震救灾表彰大会在西宁召开

6月30日，青海省光彩事业促进会一届二次理事会暨抗震救灾表彰大会在西宁召开。会议听取了青海省光彩事业促进会一届二次理事会工作报告，省委统战部、省工商联、省光彩会联合对在汶川地震抗震救灾工作中贡献突出的51家民营企业进行了表彰，对参与捐款捐物的287家民营企业给予了通报表扬。省委常委、省委统战部部长多杰热旦到会讲话。

青海省非公有制经济发展大会在西宁召开

图为全省非公有制经济发展大会会场

9月28日，全省非公有制经济发展大会在胜利宾馆召开。省委、省人大、省政府、省政协领导出席会议，全省各州、地、市、县党委、政府主要负责人参加会议。省长宋秀岩做重要讲话。省政府表彰了10户优秀非公有制企业和10户优秀个体工商户。省工商联做为大会筹备组成员单位，全程参加了会议筹备工作。

省垣非公有制经济人士纪念改革开放30周年座谈会召开

11月28日下午，省工商联在胜利宾馆召开省垣非公有制经济人士纪念改革开放30周年座谈会，省政府有关部门、各金融机构、各级工商联负责人和全省非公有制经济代表人士共120余人参加会议。

11月28日下午，青海省工商联在胜利宾馆召开省垣非公有制经济人士纪念改革开放30周年座谈会

省工商联主席匡湧作了《沐阳光雨露、茁壮成长，与时代同行、创新发展》的主题发言，6位非公有制经济人士分别从不同角度回顾了改革开放以来非公有制经济发展取得的成就，省委常委、常务副省长徐福顺，省委常委、统战部长多杰热旦分别做了讲话，省政协副主席李忠保出席座谈会。

省工商联举行民营企业庆祝改革开放30周年文艺汇演

11月28日晚，省工商联在会议中心千人厅举办主题为“科学发展、和谐共荣”的民营企业庆祝改革开放30周年文艺汇演，共有12家民营企业参加了汇演。省政协副主席李忠保及省委统战部相关领导与广大非公有制企业员工、各级工商联负责人共同观看了演出。

青海省工商业联领导名单：

主席：匡　湧

党组书记、副主席：马忠孝

党组副书记、副主席：于兴国

副会长：魏　勤

组织结构：

办公室（内设研究室、财务室、机要室）、会员部、经济部、扶贫与社会服务部

联系方式：

地址：西宁市五四西路1号

邮编：810008

宁夏回族自治区工商业联合会

工作综述

2008年，在自治区党委、政府的正确领导下，在全国工商联和自治区党委统战部的指导下，宁夏工商联认真学习贯彻党的十七大精神，深入贯彻落实科学发展观，解放思想，开拓创新，围绕中心，服务大局，以昂扬向上、奋发有为的精神状态，创造性地开展工作，努力开创工商联工作新局面。

一、参政议政工作取得新成效

宁夏工商联把调查研究作为参政议政的基础，卓有成效地开展了5项调研，受到自治区有关领导的重视和肯定，取得了实实在在的效果。同时，扎实开展“建言献策促发展”活动，广泛征集提案、社情民意、调研报告，夯实参政议政基础。向全国政协、自治区政协提交团体和个人提案96件，向自治区政协报送社情民意61份。社情民意工作位居各民主党派区委会、政协专委

会和市县区政协第二名。

二、思想政治工作有了新提升

1. 认真组织开展了中国特色社会主义主题教育活动

各市、县（区）工商联结合当地党委、政府中心工作，结合改革开放30周年和自治区50周年大庆，结合当地会员队伍实际，富有成效地开展了大量工作。全国工商联专门向各省、自治区、直辖市转发了宁夏工商联主题教育活动开展情况的专报。

2. 非公有制经济人士培训工作扎实推进

举办了工商联委员培训班，配合自治区党委统战部举办了全区工商联主席、党组书记培训班和非公有制经济代表人士培训班。选派人员参加中央统战部举办的省级工商联副主席培训班、自治区党委统战部举办的党外干部培训班、全国工商联旅游商会举办的培训班。

3. 结合纪念改革开放30周年、自治区成立50周年和宁夏工商联成立55周年等活动，开展了一系列纪念、评选和表彰活动

组织学习胡锦涛总书记在纪念党的十一届三中全会召开30周年大会上的重要讲话，编纂发行《创业之路》图书，宣传宁夏优秀中国特色社会主义事业建设者创业之路和典型事迹，创办工商联网站，在《华兴时报》开辟慈善专栏，提高《宁夏商会》办刊质量，搭建宣传、教育和引导平台。与有关部门联合举办一系列评选表彰活动，掀起了互比互学、争先创优的热潮。宣传工作进一步加强。先后在《人民政协报》、《中华工商时报》、《中国统一战线》、人民网、中央统战部网站、《宁夏日报》、《华兴时报》、《新消息报》、宁夏新闻网等媒体刊登新闻稿件、理论文章45篇，扩大了宁夏工商联的社会影响。

三、发挥职能作用有了新突破

1. 服务经济发展，开展招商引资

先后组织会员企业4批73人次到宁波、武汉、重庆、福建等地参加各类经贸洽谈、考察、项目对接活动，配合有关部门到墨西哥招商引资；先后邀请宁波、上海、内蒙古等省区市区工商联组织民营企业家4批66人组成经贸考察团与石嘴山市、中卫市、银川经济技术开发区洽谈合作项目；配合自治区有关部门、地市开展经贸活动；协助自治区招商局和中卫市政府分别举办招商引资活动；全力协助银川市举办首届“中国宁夏回商大会”及“中国穆斯林企业家银川峰会”；协助引进国内500强企业上海胜华电缆集团落户宁夏。另外，宁夏工商联直属各商会也充分利用自身优势，积极进行招商引资活动。有3家异地商会被自治区人民政府评为全区招商引资先进商会。

2. 加强与有关部门的协调沟通，建立工作机制

积极参与劳资关系三方协调机制，配合劳动保障厅、总工会积极推动企业工资集体协商和开展工资集体协商要约行动。配合科技厅实施科技特派员培训工程，协办科技特派员创业论坛；配合自治区政府开展“全民创业”活动；联合教育厅开展“创业讲堂”，激发大学生创业热情；与商务厅、外办等单位共同举办“宁夏海外人士大庆行”活动，促进宁夏与海外工商社团的经贸交流；配合劳动保障部门开展“民营企业招聘周”活动，组织81家民营企业参加活动，提供空岗信息4032个，签订就业意向615人。

四、组织建设迈出新步伐

1. 会员队伍不断壮大，组织建设日趋完善

截至2008年底，宁夏各级工商联共有会员14168个，其中个人会员7281个，企业会员6708个，团体会员176个。2008年新发展会员2111个，指导成立了宁夏工商联枸杞商会，协助宁夏驻京办事处成立了北京宁夏企业商会，结束了宁夏在外省没有异地商会的历史。

2. 基层党建工作得到加强

制定抓基层党建工作责任制实施意见，建立党建例会制，确定党建联系点，深入调研新社会组织党建工作，逐级签订党建责任书；加强教育和培训力度，培训入党积极分子40名、支部书记10名；创新基层组织工作制度等一系列党务工作制度。组织商（协）会党员重走长征路，进行革命传统教育。

3. 加强行业商（协）会的管理

指导宁夏机电五金行业协会顺利完成换届工作。召开第四届宁夏工商联会长联席会议，探讨商（协）会管理工作。与上海工商联建立友好商会，交流行业商（协）会管理工作经验。对个别

商会存在的问题及时指导，规范管理，使商会健康稳定发展。

五、服务会员能力有了新提高

实施“走出去”战略，协助会员企业增强发展能力，拓宽发展空间。宁夏工商联积极组织会员企业组团参加中博会、西博会等知名品牌博览会、洽谈会，洽谈经贸合作项目，进一步开阔眼界。切实帮助非公企业解决融资、维权等实际困难。积极引导广大非公有制企业有效应对世界金融危机，增强信心、沉着应对、危中求机。与经委、银监局等部门联合开展银企项目对接活动，破解非公有制中小企业融资难问题，已收到申报项目36个。协助会员企业洽谈融资合作事宜，帮助他们引进资金和项目。指导会员企业加强企业文化建设，构建和谐劳动关系。各地工商联通过多种形式，主动做好服务会员工作。全区各地工商联共举办各类培训班13期，参加人数达720人。

六、参与光彩事业、构建和谐社会有了新贡献

在抗震救灾中，宁夏广大非公有制经济代表人士和非公有制企业积极响应党和国家号召，勇于承担社会责任，积极捐款捐物，全区工商联系统共为地震灾区捐款捐物达3000多万元。积极组织开展“送温暖献爱心”等各类扶贫帮困、捐资助学活动，引导民营企业家积极参与社会主义新农村建设和光彩事业。

2008年，会员企业在抗击南方低温雨雪冰冻灾害、救助贫困学生、扶贫帮困中，累计捐款捐物达700多万元。宁夏工商联企业家副主席参与“农家书屋”工程，捐赠图书67套共计53600元。选定10个“村企共建扶贫工程”村上报国务院扶贫办，引导63户民营企业与47个行政村开展村企对接活动。落实光彩事业重点项目1个。积极争取光彩教育基金2.6万元，资助贫困地区农村教育事业。

七、自身建设有了新跨越

按照“学习型、思考型、服务型、创新型、务实型”干部队伍建设思路，全力打造过硬的工商联机关干部队伍，全年机关干部参加各类培训47人次，干部的综合能力得到了提高。开展了转变作风干干净净干事学习教育活动，教育干部廉洁自律、干事创业。以加强机关效能建设为突破口，出台了首问负责制、AB岗零缺位工作制等7项制度，明确责任，改进了机关工作作风。加大对重点工作的督导力度，确保工作落实到位，提高了工作执行力。扎实开展学习实践科学发展观活动。积极筹措资金购买电脑、打印设备，解决了部分基层工商联缺乏办公自动化设备的问题。

重要活动

开展“建言献策促发展”调研活动

自2007年以来连续开展“建言献策促发展”活动，充分调动各方面的参政议政热情，积极建真言，献良策。在调查研究方面，一是会同自治区经委及政府办公厅就宁夏非公有制经济贯彻落实科学发展观、调整产业结构、实施节能减排进行调研，向自治区党委、政府上报了2份调研报告，引起了陈建国书记、马金虎常委的高度重视，作出了重要批示，要求有关部门认真贯彻落实调研成果；二是针对金融危机对宁夏非公有制经济的影响，深入基层工商联和民营企业家中进行调研，撰写上报了针对性很强的专题报告；三是由宁夏工商联牵头，会同银川市、中卫市市委统战部，就如何做好非公有制经济人士工作和加强工商联工作进行了深入调研；四是就如何进一步发挥工商联在非公有制经济人士参与政治和社会事务中的主渠道作用、民营企业如何构建和谐劳动关系进行调研；五是协助自治区政协、自治区政府参事室分别就中小企业发展情况、效能建设和招商引资工作进行调研。

2008年6月2日，宁夏工商联领导在中卫夏华万只牛羊育肥场调研

提案和社情民意方面。广泛征集提案、社情民意、调研报告，夯实参政议政基础。向全国政

协、自治区政协提交团体和个人提案96件，向自治区政协报送社情民意61份。其中，关于不再征收工商管理费的提案，被国家相关部门采纳，国务院做出了从9月1日起停止征收工商管理费的决定。有的社情民意还引起了自治区主要领导的重视，批示有关部门办理。宁夏工商联2008年社情民意工作位居全区各民主党派区委会、政协专委会和市县区政协第二名。

编纂发行《创业之路》

宁夏工商联为纪念改革开放30周年，为自治区成立50周年献礼，特编辑出版《创业之路》一书，遴选了67位受全国、自治区表彰的“优秀中国特色社会主义事业建设者”和近几年受全国表彰的非公有制经济代表人士的先进事迹，全面介绍企业家的创业经历，以此宣传宁夏优秀建设者的先进思想、优秀品德、经营理念、创业精神和成功经验，激励全区建设者和创业者树立信心、勇于拼搏、扎实创业。

《创业之路》一书作为自治区成立50周年大庆系列图书，由自治区党委常委马金虎题写书名，由宁夏人民出版社出版发行，首次印刷5000册，在新华书店上架销售。并向国家有关部委、自治区党委、人大、政府、政协领导、区直各厅局委办、各民主党派区委会、各人民团体、各市（县、区）党委、政府主要领导、统战部、工商联和自治区工商联执委、常委、会员企业、行业商会协会，以及各省（自治区、直辖市）工商联赠阅。该书的出版发行提高了企业家的知名度，扩大了自治区工商联的影响力。书中企业家们勇于创新，敢于挑战，敬业奉献，服务社会的可贵精神，成为促进社会和谐的巨大财富和助推力，极大地鼓舞和激励了很多创业者；他们始终秉承的“爱国、敬业、诚信、守法、贡献”的“优秀建设者精神”，对非公有制经济人士坚定跟党走，坚持走中国特色社会主义道路起到了极大的示范效果，为推动宁夏经济和社会发展发挥了重要作用。

开展中国特色社会主义主题教育活动

2008年1月以来，宁夏工商联认真组织开展以坚定走中国特色社会主义道路为核心，以继承弘扬工商联优良传统和高尚品质为重点，以促进非公有制经济健康发展和非公有制经济人士健康成长为着力点，引导广大非公有制经济人士自觉接受党的领导，积极投身和谐宁夏建设，争做合格中国特色社会主义事业建设者的中国特色社会主义主题教育活动（以下简称“主题教育活动”）。这次主题教育活动，是一次主题鲜明，分阶段、有步骤的集中学习教育活动，同时也是一个实践摸索的过程。

自治区工商联召开专题会议，成立了主题教育活动领导小组，研究制定了《自治区工商联开展中国特色社会主义主题教育活动实施方案》，并下发各市、县（区）工商联、行业商协会及非公有制经济代表人士，进一步对开展主题教育活动进行了具体安排。五市工商联都成立了主题教育活动领导小组，各县（区）工商联也安排专人，负责教育活动的组织落实工作。市、县（区）工商联紧密结合本地实际，通过举办座谈会、联谊会、培训班等形式，认真总结非公有制经济发展取得的成功做法和经验，大力推进思想道德与社会主义核心价值体系建设，弘扬“优秀建设者”精神，促进非公有制经济健康发展。宁夏各级工商联在主题教育活动中，突出抓了五个结合。第一，坚持把主题教育活动与党委、政府中心工作相结合。第二，坚持把主题教育活动与调查研究、参政议政相结合。第三，坚持把主题教育活动与奉献社会相结合。第四，坚持把主题教育活动与纪念改革开放30周年、自治区成立50周年及自治区工商联成立55周年相结合。第五，坚持把主题教育活动与推动本地经济发展相结合。

推动节能减排工作

根据自治区党委书记陈建国同志批示，自治区工商联联合自治区政协、自治区经委在全区范围内进行了深入调研，形成了《以节能减排为突破口，加快非公有制经济结构调整步伐》（非公有制经济调研报告之一）、《着力营造环境，推动宁夏非公有制经济大发展》（非公有制经济调研报告之二）两项调研成果。调研报告中宁夏工商联根据实际提出一系列推动节能减排工作的建议。包括进一步加强对非公有制企业的引导，严格执行产业发展指导目录，加快转变投资方向，不再集中投向资源依赖型、高污染型、高耗能型项目，缓解过分集中于资源型、高耗能型项目所带来的节能压力；引导非公有制企业采取多种方式加大节能减排方面的资金投入，自我优化、提升产业竞争力。引导非公有制企业发展多样化经营，转变企业发展方向，逐步在其他产业形成集聚效应和市场竞争力。进一步健全非公有制企业市场退出机制，通过市场引导，出让不具备竞争力、不具备优势的资产和产能，关停小型依赖资源、高耗能企业。重视中小企业发展，引导资金向制造业、服务业加速流动，在其他投资领域加快中小型企业的发展。统筹规划、集中力量抓好地方特色龙头企业的发展步伐，使生产要素向优势企业集中，推动大企业、大集团发展，提高企业规模化程度。调研报告受到陈建国书记、于革胜副书记、刘晓滨常委、马金虎常委的关注和肯定。

2008 年 4 月 1 日，宁夏工商联领导在石嘴山新型国能建筑材料公司调研节能减排情况

根据调研成果和领导批示，自治区政府专门出台了《关于进一步加强重点领域节能减排工作的实施意见》，全区各市县采取有力措施，加大节能减排力度，推动了全区节能减排工作的进行。

加强教育培训工作

宁夏工商联根据非公有制经济人士的创业经历、文化需求、思想建设、企业运营情况等实际，组织举办多形式、多层次、多途径的培训班，认真制定教育培训规划和规章制度，逐年有计划、有针对性的对各级工商联干部和会员进行形式多样的教育培训工作。

教育培训工作得到自治区各级领导同志的关怀和重视，自治区党委常委、统战部部长马金虎同志多次出席培训班开学典礼并做动员讲话，指导教育培训工作，区工商联成立教育培训工作领导小组，从党组书记到主席亲自进行授课，这些都极大地鼓舞了受训学员的学习热情。

在培训期间，抽调专人跟班，与学员同吃同住同学习，全面了解掌握学员在学习和生活方面的情况，随时沟通协调，解决学员遇到的各种困难和问题，做好服务工作。

2008 年 6 月 23 日，宁夏工商联在银川举办全区市县（区）工商联主席、党组书记培训班

培训紧紧抓住工商联机关干部、非公有经济代表人士、非公有制企业员工三支队伍建设，从培训入手，全面提高非公有制经济人才队伍综合素质。一是坚持区内区外（境内境外）培训相结合，把全国工商联干部教育培训基地、香港中华基金教育培训中心、自治区人才办“企业之星”培训和兄弟省区培训机构作为主渠道；二是坚持党校培训与学院培训相结合，把宁夏社会主义学院和自治区党校、行政学院作为培训的主课堂；三是坚持自己组织培训与选送培训相结合，立足自身组织培训的同时，充分利用上级工商联和全国行业组织办班培训的机会，组织更多人员，抓住更多机遇，打开内外交流渠道；四是坚持集中培训与分散培训相结合，每年在自治区工商联抓好集中培训的同时，由各市、县（区）工商联和行业商（协）会、上规模大型企业，也要积极主动地分片分类搞好区域性培训，使受训人员和受训面得到进一步扩大。

宁夏自治区工商联领导名单：

主席：刘金虎

党组书记、副主席：罗玉林

副主席：程学文　马西元　朱奕龙　孙珩超　孙占财　张金山　郑国祥　马富强　温炳成　杨彦聪　陈庆成　梁生科　万　文

组织结构：

办公室、组织宣传处、经济联络处

联系方式：

地址：银川市文化西街50号

邮编：750001

宁夏自治区工商联直属行业、异地商（协）会联系方式：

1. 宁夏自治区工商联浙江商会

地址：银川市兴庆区解放东街333号浙江大厦五楼501室

邮编：750001

2. 宁夏自治区工商联温州商会

地址：银川市商城（西门）派出所6楼

邮编：750001

3. 宁夏自治区工商联安徽商会

地址：银川市中山北街456号黄河龙商务大厦1008室

邮编：750001

4. 宁夏自治区工商联洗染行业协会

地址：银川市南门新运巷148号

邮编：750001

5. 宁夏自治区工商联家居业商会

地址：宁夏银川新华东街313号建发家世界商业广场

邮编：750001

6. 宁夏自治区工商联个体私营企业信誉联保商会

地址：银川南薰东路永安花园17－1－5－3

邮编：750001

7. 宁夏自治区工商联保健美容美发协会

地址：银川市鼓楼南街意志巷6号

邮编：750001

8. 宁夏自治区工商联民营企业家协会

地址：银川市鼓楼南街意志巷6号

邮编：750001

9. 宁夏自治区工商联服装服饰业商会

地址：宁夏银川市步行街复兴桥商场三楼

邮编：750001

10. 宁夏自治区工商联长湖村商会

地址：银川市德胜工业园经纬实业公司

邮编：750000

11. 宁夏自治区工商联物流商会

地址：宁夏银川西夏区黄河西路80号A座12号

邮编：750001

12. 宁夏自治区工商联灯具窗帘行业商会

地址：贺兰县银河东路茂源街（原武装部）金幼丫幼儿园

邮编：750200

13. 宁夏自治区工商联江苏商会

地址：银川市金凤区新昌西路紫金花商务中心B座19层

邮编：750001

（宁夏自治区工商联组织宣传处　供稿）

新疆维吾尔自治区工商业联合会

工作综述

2008年全区工商联（商会）组织在邓小平理论、“三个代表”重要思想指引下，深入贯彻落实科学发展观，认真贯彻落实十七届三中全会精神、自治区党委七届五次全委（扩大）会议、全国“两会”和自治区“两会”精神，按照自治区工商联确定的目标和任务，各项工作迈上了新的台阶。

一、参政议政工作

做好参政议政工作是体现工商联政治优势的重要方面。2008年，工商联定期组织驻乌鲁木齐企业家副主席（副会长）、常、执委，直属企业会员和各类商会传达贯彻全国“两会”精神，中央、自治区党委有关会议精神，参加有关深入学习实践科学发展观活动，让广大非公有制经济人士知情议政，参与政治社会生活。围绕中小企业融资难问题开展重点专题调研，各地州市工商联完成了10余份专题调研报告。

在开展学习科学发展观活动中，工商联领导带队，组织5个调研组分赴11个地州市开展大调研，召开26场座谈会，走访100多家民营企业。这些调研都取得了很好的成效。截至2008年底，完成全国工商联《全国私营企业调查表》50余份和自治区非公有制企业诚信与社会责任调查表1000余份问卷调查工作，初步完成了150家定点民营企业调查表的填报和统计工作。在这些工作的基础上，向2008年自治区“两会”提交的《关于加强我区矿区生态环境保护和建设的建议》的提案被确定为自治区政协重点提案。

撰写了《2007年新疆民营经济发展报告》，编写《2006～2008年中国私营经济年鉴》（新疆篇）稿件；向自治区党委宣传部报送《毫不动摇地鼓励支持引导新疆非公有制经济又好又快发展》理论文章；参与《新疆省级发展战略研究》中“新疆民营经济发展战略研究”的评审工作；编印了《改革开放30年纪念文集》；在学习实践科学发展观活动中向自治区党委、人民政府报送了《关于促进非公有制经济发展和加强工商联工作的八条建议》。这些成果和文章都在不同范围内产生了积极的影响。

二、组织建设和会员发展工作

工商联把创建“会员之家”活动做为一项重点工作来推动，在全区工商联组织广泛开展建家活动的基础上，与自治区党委统战部在阿克苏地区共同召开了全区工商联创建“会员之家”现场经验交流会。现场会指导各地、州、市工商联开展创建“会员之家”活动，对宣传工商联、扩大工商联的影响力产生了较好的效果。开创了“会员之家”创建活动的崭新局面。自治区工商联以创建“会员之家”为平台，积极开展“会员之家”创建和验收工作，不断加大自身建设工作力度，取得较好成绩。完成了培训各地、州、市工商联统计员，指导县级以上工商联录入执常委数据工作，已录入执常委数据2450余条。承办全国工商联系统先进评选工作，上报先进集体1个、先进单位5个、先进个人7名和在工商联工作满25年的干部职工9人。为加强行业商会规范化工作，起草并下发了《自治区工商联直属行业商会管理办法》。筹建了自治区工商联体育用品行业商会、新疆珠宝商会。

三、经济联络、法律维权工作

工商联以支持部分地区招商引资工作为重点，加大力度，帮助地方招商引资。收集汇总了一批推动全区各地农业、特色养殖加工、矿产资源、口岸边贸和旅游人文资源等区域经济发展项目，在总商会网站上发布并实行动态管理。

在乌洽会、西博会召开之际，组织直属会员企业、行业商会及四川省近百家民营企业分别参加了巴州政府组织的重大项目推介会，浙江商会和四川省企业已进驻巴州投资。

组织企业250余人参加了喀交会，成交额近亿元；组织29家企业参加了西博会；与华夏银行签订了合作协议，积极帮助中小企业解决融资难问题；昌吉州工商联在与邮政储蓄银行合作中，协助该行向中小企业发放了贷款3000余万元。

对外联络方面，自治区工商联直属会员商会加大“走出去”发展步伐，4次组团出国寻求新的市场商机。与阿富汗工商会签订了友好商会协议。这是直属会员商会第一次与国外商会建立友好商会。

代表和维护会员的合法权益是工商联的一项重要职能，也是最能凝聚会员的重要工作。一年来，各级工商联受理了大量各类维权案件和情况反映，帮助企业挽回损失上亿元。积极做好三方机制各项工作，参加三方机制各种会议。

四、非公有制经济人士思想政治及宣传教育工作

工商联在做好非公有制经济人士思想政治工作中具有重要作用。工商联在全区组织开展了100场民营企业先进事迹或管理经验交流报告会；认真贯彻了全国非公有制经济人士思想政治工作会议精神；召开民营企业思想文化工作座谈会，为自治区民营企业思想文化工作提供了宝贵的管理经验和有益的建议；印发了《新疆民营企业思想文化工作交流材料汇编》，对推动各地、州、市工商联工作起到了积极作用；举办见证改革开放30周年“创业讲堂”活动。会同自治区教育厅、自治区团委邀请了新疆优秀民营企业家走进新疆大学、新疆师范大学、新疆财经大学，与全区十几所高校的4000余名大学生现场交流创业经验；开展民营企业内部教育培训和民营企业党建工作、非公有制企业思想政治工作情况的调研，并形成了调研报告上报全国工商联。

按照全国工商联要求，在广大非公有制经济人士和工商联干部中开展中国特色社会主义学习教育活动；举办了非公有制经济人士科学发展观讲座和反对民族分裂、维护民族团结、维护社会稳定讲座。

举办民营企业招聘周活动。5月27日与全国同步举行视频启动仪式。此次招聘周活动，全区参加招聘的民营企业3335家，提供空岗信息60896个，签订就业意向合同20333份。通过推选，全疆17家单位34名优秀企业家和员工参加全国“双爱双评”评优。

宣传培训方面，举办基层工商联领导和中小企业经营者及工商联工作人员培训班。4月，成功举办自治区工商联第13期专职领导干部培训班，并赴广东、湖南、湖北等省学习考察。7月，举办了州、市、县企业家副主席培训班。自治区工商联（总商会）网、中亚南亚商务网成功开通，标志着工商联的信息化向前迈进了一大步。全面完成《新疆民营经济动态》改版编辑发行工作。自治区工商联（总商会）网、中亚南亚商务网与天山网合作，共同举办了纪念改革开放30周年新疆优秀民营企业风采视频展播活动。

五、光彩事业工作

2008年，商会下发了《关于开展万名企业家下乡进村帮户活动的通知》，在全区开展了万名企业家下乡进村帮户活动。自治区工商联派调研组对哈密地区民营企业参与社会主义新农村建设活动进行了调研，宣传推广哈密地区的好做法。顺利召开了自治区光彩事业促进会第三次会员代表大会。经过认真推荐，广汇集团、特变电工、美克集团被评为全国工商联系统抗震救灾先进集体；通嘉集团董事长葛永品、天地集团董事长郑大清、康普集团董事长王长发被评为全国工商联系统抗震救灾先进个人。

六、深入学习实践科学发展观活动

全党开展深入学习实践科学发展观活动以来，自治区工商联在按照自治区党委和区直机关工委的《安排意见》和《实施方案》的要求，结合工商联的实际情况，认真开展了学习实践活动。在活动中，以促进非公有制经济人士健康成长和非公有制经济健康发展为最大的实践特色，突出调查研究、突出解决非公有制经济和基层工商联（商会）的实际问题，深入民营企业、深入行业商会、深入基层工商联组织调查研究反映问题。

在开展深入学习实践科学发展观活动过程中，工商联认真贯彻党的十七大和十七届三中全会精神，切实把思想认识统一到中央对国内外经济形势的分析判断上来，统一到中央的决策部署上来，统一到科学发展观的要求上来，积极引导非公有制企业走科学发展的道路，加强自身建设，提高履行职责和发挥作用的能力，扎实做好工商联的各项工作，切实使学习实践科学发展观活动取得实效。

重要活动

组织非公有制企业帮助德汇火灾受灾商户自救重建

2008年1月2日，乌鲁木齐德汇国际广场发生火灾事故。火灾发生后，自治区党委、自治区人民政府高度重视，迅速做出一系列正确的决策

2008年1月8日，新疆维吾尔自治区工商联（总商会）召开向企业会员德汇火灾“手牵手献爱心”捐款大会

和应对措施。按照自治区党委王乐泉书记的指示和自治区党委的要求，自治区工商联党组研究作

出8项具体落实措施，广泛号召动员各外省企业联合会（商会）、行业商会和广大非公有制企业投入“1·2”火灾济困帮扶工作。工商联领导深入行业商会、外省企业联合会商讨制定济困帮扶办法。

1月8日，自治区工商联召开德汇“1·2”火灾“手牵手、献爱心”捐款大会。会议向社会各界发出了捐助倡议，号召广大非公有制经济人士和非公有制企业员工要积极行动起来，“手牵手、献爱心”，帮助德汇集团和受灾商户战胜困难，渡过难关、共同发展。截至1月18日，自治区非公企业和有关方面为德汇集团、消防官兵和受灾商户捐款达到1178万元。

召开首次民营企业思想文化工作座谈会

2008年4月3日，新疆首次民营企业思想文化工作座谈会召开，各地州市工商联、外省驻疆企业联合会、直属商会、行业商会及自治区工商联机关干部80余人参加了座谈会。自治区文化厅党组书记韩子勇作企业文化专题讲座；新疆广汇集团党委书记方敏、新疆大湾集团总经理李利涛等6位民营企业家交流了民营企业思想文化及管理经验。

2008年4月3日，新疆维吾尔自治区工商联（总商会）召开民营企业思想文化工作座谈会

组织非公企业支援四川汶川抗震救灾

2008年5月12日，四川汶川发生8.0级特大地震。全区各级工商联积极响应自治区党委的号召，迅速行动起来，全力支援四川汶川抗震救灾工作。5月16日，自治区工商联（总商会）召开了民营企业向四川汶川地震灾区捐款大会，近百家民营企业捐款。其中新疆广汇集团捐款1000万元，美克集团、特变电工、天地集团、华源集团、通嘉集团、莆田商会捐款都在100万元以上。截至2008年6月15日，全区工商联系统为四川汶川地震灾区捐款捐物超过8828万元。

召开九届三次执委（扩大）会议

2008年7月4日，自治区工商联（总商会）九届三次执委（扩大）会议在乌鲁木齐召开。自治区党委常委肖开提·依明，自治区政协副主席、自治区党委统战部部长王伟出席会议并作重要讲话。

会议主要议题：传达全国工商联十届一次常委会精神。大会总结2008年上半年工作，研究部署2008年下半年工作。审议并通过了《新疆工商联（总商会）九届三次执委（扩大）会议关于工作报告的决议》。通过大会选举，自治区政协副主席热孜万·艾拜当选为自治区工商联（总商会）主席、会长，自治区党委统战部副部长、自治区工商联（总商会）党组书记张炳科当选为副主席、副会长，自治区党委统战部经济联络处处长蔡峰当选为自治区工商联（总商会）执委。

新疆维吾尔自治区光彩事业促进会召开第三次会员代表大会

2008年7月4日，自治区光彩事业促进会第三次会员代表大会在乌鲁木齐召开。会议主要议题：贯彻落实全国光彩事业促进会三届三次理事会和全国工商联九届十次常委会会议精神。

自治区党委常委肖开提·依明，自治区政协副主席、自治区党委统战部部长、自治区光彩事业促进会会长王伟，自治区政协副主席、自治区工商联（总商会）主席、会长热孜万·艾拜出席会议并作重要讲话。

大会审议新疆光彩事业促进会二届理事会工作报告，通过《新疆光彩会二届理事会工作报告决议》、《新疆光彩事业促进会章程（修正案）》，选举产生了新一届理事会理事和领导班子。自治区政协副主席、自治区党委统战部部长王伟当选为三届理事会会长，自治区党委统战部副部长、自治区工商联党组书记张炳科等24名同志当选为三届理事会副会长，132名同志当选为三届理事会理事，6名同志为特邀理事。

开通新疆维吾尔自治区总商会网与中亚南亚商务网

2008年7月5日，自治区总商会网与中亚南亚商务网开通。自治区党委常委、新疆总商会网与中亚南亚商务网名誉理事长肖开提·依明为新疆总商会网和中亚南亚商务网正式开通剪彩。新疆总商会网与中亚南亚商务网主要为企业提供中亚南亚资讯、投融资、项目合作、网上物流园和贸易促成等多项商务服务。

举办首届民营企业家培训班

2008年7月13日，自治区工商联首届民营企业家培训班举行开班仪式，地州市县民营企业家副主席参加了学习培训。培训班主要学习了《关于贯彻落实国务院32号文件精神的思考》、《农村信用社信贷流程、企业融资相关知识讲座》、《新形势下民营企业如何规避风险》和《新时期工商联工作》等课程；组织学员参观了新疆广汇实业投资（集团）有限责任公司石材厂、汽车4S店和美居物流园。

举办新疆县市工商联专职干部培训班

2008年9月7日，新疆县市工商联专职干部培训班举行开班仪式，来自全区14个地州市、45个县（市、区）工商联党组书记、专职副主席46名学员参加培训。培训班主要学习党的统一战线理论、十七大精神和新时期新阶段工作、参政议政和调查研究工作、基层组织建设和行业商会工作、招商引资和经济服务工作、宣传教育工作、法律维权工作、光彩扶贫工作等9个专题内容。期间，组织学员参观考察了百商集团和华源集团。

召开首届创建“会员之家”现场经验交流会

2008年11月6日，新疆维吾尔自治区在阿克苏地区召开工商联创建“会员之家”现场经验交流会

2008年11月6~7日，自治区工商联首届创建“会员之家”现场经验交流会在阿克苏地区召开，自治区党委常委肖开提·依明，自治区政协副主席、自治区党委统战部部长王伟，自治区政协副主席、自治区工商联（总商会）主席、会长热孜万·艾拜等领导参加了会议并分别作重要讲话。会上，阿克苏、阿勒泰、吐鲁番3个地区的工商联做了先进经验介绍，实地观摩了阿克苏地区、阿克苏市、沙雅县和库车县工商联4个点的“会员之家”建设情况。

与华夏银行乌鲁木齐分行签订长期金融合作框架协议

2008年12月17日，自治区工商联与华夏银行乌鲁木齐分行建立长期金融合作框架协议签字仪式在乌鲁木齐举行。全国妇联副主席、自治区政协副主席、工商联主席热孜万·艾拜出席了签字仪式并作重要讲话。

协议规定：新疆工商联负责在所属会员企业中推荐企业信誉好，合法经营，产品市场前景好，产值高，利润大的项目，所涉及的领域以民营企业“走出去”的出口加工基地、仓储物流、涉外运输项目；民营企业参与新农村建设、畜牧业、特色林果业、荒山绿化等有带动作用项目；效益稳定的矿山开发、产品制造、加工、餐饮旅游等项目为重点。华夏银行在建立和完善风险控制机制和信用体系的前提下，为新疆工商联所属会员企业和项目提供融资支持，并引导商业资金和其他社会资金的投入，为民营企业的项目提供必要的资金支持和相关的金融服务。双方的合作期限为5年。

新疆维吾尔自治区工商联领导名单：

主席：热孜万·艾拜（女，维吾尔族，2008年7月就任）
张炳科（2008年7月离任）

副主席：张炳科（2008年7月就任）
陈建华
艾尔肯·木沙（维吾尔族）
张平全　李培军　项明琴（女）
王成立　王建新　徐　斌（女）
杜北伟
那加提·那扎尔别克（哈萨克族）
孙广信　米恩华（回族）　冯东明

李建宏　赵小林　张　新　黄银荣
热迪力·阿布拉（维吾尔族）
胡宜昌　聂如旋　杨敏贤（女）

秘书长：李尚典

新疆维吾尔自治区总商会领导名单：

会长：热孜万·艾拜（女，维吾尔族，2008年7月就任）
张炳科（2008年7月离任）

副会长：张炳科（2008年7月就任）
陈建华
艾尔肯·木沙（维吾尔族）
张平全　李培军　贾　伟　钱金耐
马依尔江·热西提（塔吉克族）
邓　平　栾立新　王　军（回族）
康和平

秘书长：李尚典

组织结构：

办公室、研究室、会员部、宣传教育部、经济联络部、法律部、机关党委、光彩办

联系方式：

地址：新疆乌鲁木齐市民主路75号自治区工商联

邮编：830002

新疆维吾尔自治区工商联直属商会联系方式：

1. 新疆自治区工商联直属商会

地址：乌鲁木齐市民主路75号自治区工商联

邮编：830002

2. 新疆自治区建筑材料行业商会

地址：乌鲁木齐市西虹东路9号华凌市场石材区地税局二楼

邮编：830063

3. 新疆自治区五交化机电商会

地址：乌鲁木齐市阿勒泰路1555号1号楼205室

邮编：830011

4. 新疆自治区EMBA企业家商会

地址：乌鲁木齐市新华北路185号深思大厦2012室

邮编：830000

5. 新疆自治区食品行业商会

地址：乌鲁木齐市奇台路469号7楼食品商厦

邮编：830000

6. 新疆自治区汽摩配用品业商会

地址：乌鲁木齐市昆仑路2号华凌汽配城3楼

邮编：830063

7. 新疆自治区珠宝商会

地址：乌鲁木齐市文艺路106号恒福大厦A15楼2号

邮编：830002

8. 新疆自治区金属材料行业商会

地址：乌鲁木齐喀什东路诚信市场钢铁材料市场C2-1

邮编：830011

9. 新疆自治区北疆联合商会

地址：乌鲁木齐市友好北路359号玉满楼

邮编：830000

10. 新疆自治区平阳分会

地址：乌鲁木齐市奇台路460号兴乐世贸广场28楼

邮编：830006

11. 新疆自治区体育用品行业商会

地址：乌鲁木齐市炉燕街地王大厦4楼405室

邮编：830000

（新疆维吾尔自治区工商联研究室邓铁梅　供稿）

新疆生产建设兵团工商业联合会

工作综述

2008年，新疆兵团工商联以科学发展观为指导，全面贯彻党的十七大、全国工商联十大和兵团第六次党代会精神，紧紧围绕兵团“十一五”后三年的奋斗目标，团结、教育、引导广大非公有制经济人士牢固树立科学发展观，积极应对金融危机，为兵团率先在西北地区实现全面建成小康社会作出了新贡献。

一、加强宣传教育，引导非公有制经济人士牢固树立科学发展观

针对非公有制经济在实现科学发展中遇到的思想困惑和现实困难，通过执、常委会议、座谈会、研讨会、邀请专家学者和自行举办专题报告会等多种形式，在兵团非公有制经济人士中广泛开展了科学发展观、十七大精神的宣传和教育。举办非公有制经济人士学习实践科学发展观专题报告会6场，1076名非公有制经济人士参加了学习。及时召开兵团工商联主席（扩大）会议，传达中发〔2008〕18号文件精神，引导非公有制企业要按照科学发展观的要求，深刻领会中央应对危机所采取的有力措施的重大意义，帮助非公有制经济人士了解掌握国际国内宏观经济形势，深刻理解科学发展观的内涵，努力把非公有制经济人士的思想统一到中国特色社会主义理论上来，统一到中央对国际国内政治经济形势的科学判断上来，增强了应对挑战、科学发展的信心。

继续开展了优秀中国特色社会主义事业建设者评选表彰活动，12名非公有制经济人士荣获“兵团第二届非公有制经济人士优秀中国特色社会主义事业建设者”称号。2名企业家、2名员工和2家企业分别获得中华全国总工会、中华全国工商联联合表彰的“全国关爱员工的优秀民营企业家”、“全国热爱企业的优秀员工”、“全国双爱双评先进企业”光荣称号。

二、以抗震救灾为重点，引导非公经济人士积极承担社会责任

5月12日，四川汶川特大地震发生后，兵团工商联、各师工商联立即发出通知，动员非公有制企业和广大非公经济人士积极行动起来，承担社会责任。广大非公有制企业、非公有制经济人士积极响应号召，踊跃捐款，积极向灾区人民伸出援助之手。兵团非公有制企业、非公有制经济人士共捐款630余万元。此次抗震救灾非公有制经济人士捐款捐物数量之大、范围之广、行动之快前所未有，推动了社会主义核心价值观在非公有制经济人士队伍中的确立。2008年12月，全国工商联在京召开十届二次执委会，对抗震救灾先进集体和个人进行了隆重表彰。春蕾麦芽制造有限责任公司和阿拉尔南口建筑有限公司荣获先进集体，姚仕群、刘步书荣获先进个人称号。

继续推进光彩事业。2008年1月，兵团工商联、兵团光彩事业促进会在乌鲁木齐举办了捐资助学晚会，36家非公有制企业为兵团二中宏志班捐款。各师工商联认真履行职责，积极开展工作，组织非公有制经济人士以各种形式大力开展了捐资助教助学和慰问困难职工群众等活动，树立了广大非公有制经济人士和工商联的良好形象，受到社会各界的广泛好评。

三、深入调查研究，积极建言献策

一是在兵团党委常委、副司令员哈尼巴提·沙布开同志的率领下，就“兵团非公有制经济发展突破口”这一专题进行调研，形成专题调研报告，受到兵团党委常委的重视。

二是根据兵团党委安排，由工商联领导牵头，与工会深入各师调研，完成了关于“培育团场专业大户，发展能人经济”课题研究，为兵团党委六届二次全委（扩大）会议关于加快农牧团场改革问题提供了决策依据。

三是贯彻党的十七大、全联十大及《中共中央关于巩固和壮大新世纪新阶段统一战线的意见》精神，拟定12个调研课题，在全兵团范围内展开调研。通过各师工商联的共同努力，取得了初步成果。

四是兵团党委统战部、兵团工商联组成专题调研组，在各师工商联的积极配合下，对2201个非公有制企业的党建工作进行调研，探索研究了非公有制经济组织的党建工作。

五是按照兵团人事局关于兵团人才队伍建设中长期规划纲要专题研究的要求，先后对190家重点非公有制企业人才队伍建设进行调查，较全面反映兵团非公有制企业人才队伍的现状、存在的问题，提出了今后兵团非公有制领域人才队伍建设思路、规划和建议。2008年会领导共对全兵团11个师59个团场164个企业进行了调研。如此有组织、有计划、针对性强、目的明确地在非公有制经济领域开展调查研究在近年尚属首次。目前，兵团工商联已成为兵团改革、发展多个综合协调领导机构的成员，代表非公有制经济人士反映诉求、建言献策的渠道更加畅通；非公有制经济代表人士作为兵团党委重大会议的代表，参政议政的政治权利进一步得到保障，工商联桥梁、纽带地位进一步确立。

四、增强宗旨意识，改进工作方法，为非公有制经济发展做好服务

一是组织民营企业参加西洽会、乌洽会等经贸洽谈活动，积极为非公有制企业提供合作机会，搭建服务平。

二是帮助企业在项目、资金、市场开拓等方面取得国家政策支持。与兵团科技局、科协、召开兵团非公有制企业科技工作座谈会，就非公有制科技企业的认定、管理等问题形成六项共识。按照兵团《关于开展第三次企业分类划级工作的通知》要求，53家非公有制企业第一次被列入兵团规模以上企业目录。

三是继续办好创业培训班。兵团工商联在9个师23个团场共举办创业培训班40期，培训工商个体户1014人，取得了良好的社会效益。目前，已累计举办创业培训班85期，培训人员达2268人。

四是继续做好非公有制经济人士经济类职称的授予工作。为已授予经济职称的64位同志颁发了证书。2008年已有120位非公经济人士申报了专业技术职称，评审工作基本结束。

五是为企业无偿提供《中小企业不可不知》系列丛书，继续办好《开放与创新》杂志。

六是拓宽服务领域，正式成立了兵团工商联法律服务中心和财务管理服务中心，开通了法律服务热线和财务咨询服务热线，及时解答各类法律经济问题。

七是协助会员企业办理出国（境）及邀请外商入境手续，为开拓国际市场，加强合作创造条件。

五、纪念改革开放30周年，推动思想进一步解放

为了纪念改革开放30周年，兵、师两级工商联利用各种形式，集中组织了一系列纪念活动。

一是兵、师利用各类报刊、电视等媒体，集中宣传了改革开放30年兵团非公有制经济发展的光辉历程及一批优秀非公有制经济人士。特别是宣传了在抗震救灾活动中的典型事迹。

二是组织优秀企业家在一师阿拉尔市、三师图木舒克市、六师五家渠市、八师石河子市走进大学讲坛，举办了纪念改革开放30周年“创业讲堂”报告会。

三是由兵、师工商联共同配合，在《兵团建设》党刊上组织了“纪念改革开放30周年”专刊。

四是兵团工商联在南北疆分片进行“纪念改革开放30周年，落实科学发展观”巡回宣讲。

五是参加兵团党委宣传部纪念改革开放30年论文征集，工商联撰写的《坚持解放思想，推动兵团非公有制经济又好又快发展》的论文获得一等奖并在纪念会上发言交流。

六、加强工商联自身建设，促进工商联工作的新发展

按照兵团党委的统一部署，兵团工商联深入开展了“四抓四看”和学习实践科学发展观活动，加强了领导班子思想、政治、作风建设，发展意识和创新意识进一步增强，政治素养和服务能力进一步提高。增强全局观念，加强了对各师工商联工作的指导。

2008 年，商会对师级工商联工作试行了目标管理考核办法，明确了工商联工作的目标任务。举办了师、团工商联专兼职干部业务培训班，加大了对工商联工作的督促检查和工商联干部的培训力度。各师工商联按照兵团工商联的工作要求，狠抓工作落实，调查研究、理论探索、组织建设、经济服务、抗震救灾、教育培训等各方面有了新的起色，整体工作能力和水平明显提高。六师工商联、石河子东城区工商联和一师工商联主席陈一菊、五师工商联主席施建军分别被全国工商联授予全国工商联先进集体和先进个人称号。目前，兵、师工商联系统组织建设得到加强，会员队伍不断壮大，行业商会管理逐步规范、作用不断增强。

重要活动

兵团工商联会长项明琴调研新疆一龙投资集团公司

2008 年 2 月 21 日，兵团工商联会长项明琴、兵团发改委副主任郭毅峰率工作人员到兵团工商联副会长企业新疆一龙投资集团公司就公司上市有关事宜进行调研。调研听取了一龙集团董事长、兵团工商联副会长黄光权关于一龙集团基本情况及争取上市的初步设想，考察了一龙集团的九龙生态园、一龙印刷厂及房地产业，并就企业的发展和上市问题进行了座谈。发改委领导就企业上市的有关政策进行了介绍，帮助企业分析筹备上市的条件及存在的问题，对做好前期徘徊工作提出了指导性意见。建议一龙集团组成专门工作机构，加强与兵团发改委、工商联的联系与沟通，安排兵团发改委、工商联指派专人指导和服务工作。

兵团工商联、兵团企业联合会共同举办兵团企业家活动日暨第四届兵团企业发展论坛

2008 年 4 月 19 日，兵团工商联、兵团企业联合会共同举办兵团企业家活动日暨第四届兵团企业发展论坛。兵团党委常委、副政委雪克来提·扎克尔出席论坛并讲话。他指出，当前国际政治经济形势复杂多变，国内经济发展面临的不确定因素增多，保持兵团经济持续协调快速发展需要省工商联做出艰苦努力。作为兵团企业和企业家，要通过论坛增长知识，拓宽视野，了解国际国内政治形势的新动向，把握经济社会发展的新趋势，着眼贯彻党的十七大的新要求，把握国家经济体制改革、转变发展方式的政策背景，深入落实科学发展观，为兵团经济社会又好又快发展作贡献。

兵团工商联举办师、团级工商联专兼职干部培训班

2008 年 5 月 19 ~ 23 日，兵团工商联举办了师、团工商联专兼职干部培训班。培训班围绕新时期工商联工作的任务、组织建设以及工商联干部应具有的基本素质等几个方面进行专题授课并组织学员到非公有制企业参观考察。在开班式上，兵团党委常委、副政委雪克来提·扎克尔出席并做重要讲话。雪克来提·扎克尔同志指出：加强对各级工商联干部的培训，是在非公有制经济战线全面贯彻落实科学发展观的需要，是当前工商联面临的形势和完成所承担任务的需要，对于各级工商联正确履行职责，促进兵团非公有制经济健康发展和非公有制经济人士健康成长，为实现兵团经济社会又好又快发展具有重要的意义。一方面要认清形势，明确任务，增强做好工商联工作的紧迫感和责任感；另一方面要加强培训教育，提高综合素质，增强工作能力。最后，从端正学习态度，珍惜学习机会；多学多看，勤于思考，做到学有所获；学以致用，提高能力；严格要求，严格管理，精心施教等四个方面对学员和管理人员提出要求。来自各师、团工商联的专兼职干部 64 人参加了培训。

新疆生产建设兵团工商联（商会）领导名单：

党组书记：单　玫

党组副书记、主席：项明琴

党组成员、副主席：刘善堂

联系方式：

地址：新疆乌鲁木齐市光明路 196 号

邮编：830002

（新疆生产建设兵团工商联韩国梁　供稿）

直属企事业单位 ZSQSYDW

《中华工商时报》社

《中华工商时报》是由中华工商业联合会（中国民间商会）主管主办，以促进民营经济健康发展、引导民营经济人士健康成长、树立民营经济和民营经济人士积极健康形象为目标的新政经类报纸。办报思想充分体现了“统战性、经济性、民间性”。

《中华工商时报》1989 年 10 月 6 日在北京创刊，海内外公开发行。

《中华工商时报》的办报宗旨是：做中国民营经济忠实的守望者。

《中华工商时报》面向民营企业中的资产阶级拥有者、资本运营者、经营管理者以及关注财富创造于财富增值的广大政商学界人士。

《中华工商时报》的目标愿景是：做中国民营经济的舆论领袖。

《中华工商时报》报道的内容以实用性和深度性为特色，向受众传递权威、理性和独创的信息，包括：要闻聚焦、产经信息、财经资讯；以及经济发展趋势的预测、政策解读、市场分析、焦点热点难点问题的评议、公共事件、突发新闻深度追踪等，浓墨重彩地展现民营经济及其代表人士的风采以及各级工商联组织、行业商会的工作成就等。

《中华工商时报》倡导“把今天的新闻，置于昨天的背景下，去诠释明天的意义”。强调要以民营经济的视角，关注新近发生的政治、社会、经济等领域的所有新闻事件；以经济的视角看待社会新闻；以社会的视角看待经济新闻；以国际化的视角看待区域新闻，并以事件性新闻和连续跟踪报道见长。办报风格秉承“商味、民味、海味”等本报传统。

《中华工商时报》现为工作日报，彩色印刷。《中华工商时报》在全国各省、市、自治区设有33 个国内记者站，还在法国巴黎、马来西亚吉隆坡等世界华商主要聚集地设有海外记者站。

本报除在北京印刷外，还在上海、福州等地设有分印点。

地址：北京市朝阳区东方东路 8 号

邮编：100027

中华工商联合出版社

中华工商联合出版社是中华全国工商业联合会（中国民间商会）主管、主办的中央级出版社。于1993年成立，2000年获得“统战系统良好出版社”荣誉称号。

中华工商联合出版社办社宗旨是：为社会主义市场建设服务，为改革开放服务，为中华全国工商业联合会的中心工作服务，为民营经济、民营企业、民营企业家服务。

中华工商联合出版社的出书范围是：对私营企业、个体工商户和“三资”企业宣传党和国家方针、政策的图书，有关海内外工商企业经营管理理论和经验的著作，著名工商企业、工商界人士传记、回忆录，以及为工商界服务的有关工具书。

出版社出书以实用类图书为主，具备四大特色。第一是经济实用类图书和经济实用译著；第二是大文化类图书；第三是生活励志类图书；第四是素质教育、培训类图书。

中华工商联合出版社是在中国实行改革开放、建立社会市场经济新体制条件下诞生的。她经历了艰苦的创业监督和打基础阶段，在不断探索新的管理体制、不断摸索市场规律中，积累了丰富的经验，取得了令人瞩目的业绩，现已出版图书千余种。

而今，伴随着图书市场日新月异的变化，伴随着文化产业的改革，出版社面临着严峻的挑战和千载难逢的机遇。处在发展阶段的中华工商联合出版社将以崭新的姿态面对中国和世界的出版大市场，并且在这个大市场中找到自己的位置。

地址：北京市西城区高梁桥路6号西环广场A座19层

邮编：100044

北京工商宾馆

北京工商宾馆是全国工商联的直属企业，位于北京市市区中心故宫博物院东侧，可步行到王府井步行街，出门即是皇城遗址公园。北依五四大街，西临故宫、北海、景山公园；东临王府井商业中心，交通方便，闹中取静。宾馆各项服务设施齐全。标准客房和套房内均设有独立卫生间、有线电视、电话、24小时热水供应。并设有餐厅、足疗保健、会议室及商务中心。适宜旅游观光，商住两用。宾馆为入驻宾客提供北京旅游服务、代订机票、火车票及机场、火车站接送等服务。

地址：北京市东城区北河沿大街95号

邮编：100006

山东慧敏科技开发有限公司

山东慧敏科技开发有限公司主要从事材料表面技术研究，主要产品技术有纳微米高辐射覆层技术，磁性材料防腐技术及钢材表面前处理技术。

“纳微米高辐射覆层技术”为世界首创，已在鞍钢、济钢、邯钢等88座300～3200m³的高炉热风炉上应用，取得了提高风温15℃以上、或延长送风时间10%、或降低煤气消耗7%以上、或部分兼有之的应用效果，为在全国推广奠定了良好的基础。如全国钢铁行业全部采用该技术，可为国家节能减排增效100多亿元。该技术获全国工商联科技进步一等奖、冶金科学技术三等奖、山东省节能奖、济南市技术发明一等奖，最近被列入国家科技部“科技支撑经济社会发展先进适用技术”中的超大型高炉系统工艺技术。

磁性材料防腐技术解决了磁性材料的防腐问题，已广泛应用于微电机和风力发电机，并用于出口磁钢的防腐。

董事长周惠敏，女，硕士研究生，研究员，九三学社社员，国务院特殊津贴专家。全国“五一”劳动奖章、全国“十大杰出职工”、全国先进工作者、“全国十大创新能力民营女企业家”、全国“巾帼建功”标兵等20多项荣誉获得者。现任山东省政协常委、全国工商联女企业家商会常务理事、山东省工商联女企业家商会执行会长、美国钢铁技术协会外籍专家会员。多年来她一直从事材料及材料表面技术研究，共取得科技成果20多项，获得各种荣誉称号及获得国家专利11项，在国内外发表论著15余篇，在国内外学术界产生了重要影响，目前致力于纳微米高辐射覆层技术研究。她还是我国唯一一位连续两次赴南极进行科考活动的女性。

周惠敏董事长

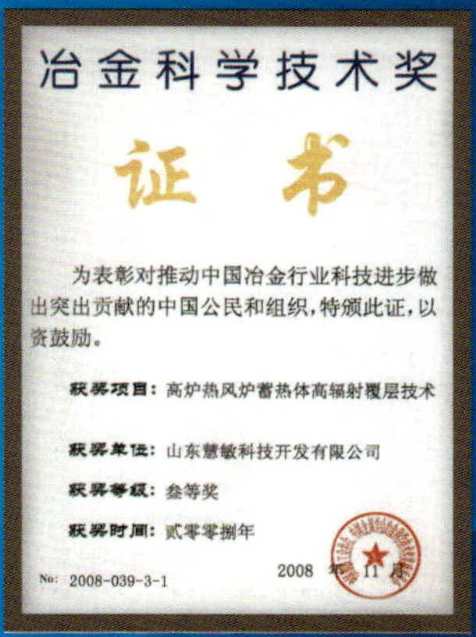

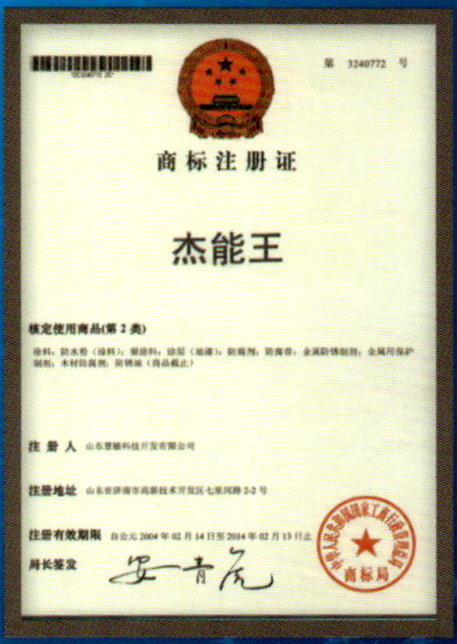

冶金科学技术奖

证书

为表彰对推动中国冶金行业科技进步做出突出贡献的中国公民和组织，特颁此证，以资鼓励。

获奖项目：高炉热风炉蓄热体高辐射覆层技术

获奖单位：山东慧敏科技开发有限公司

获奖等级：叁等奖

获奖时间：贰零零捌年

No：2008-039-3-1

商标注册证

杰能王

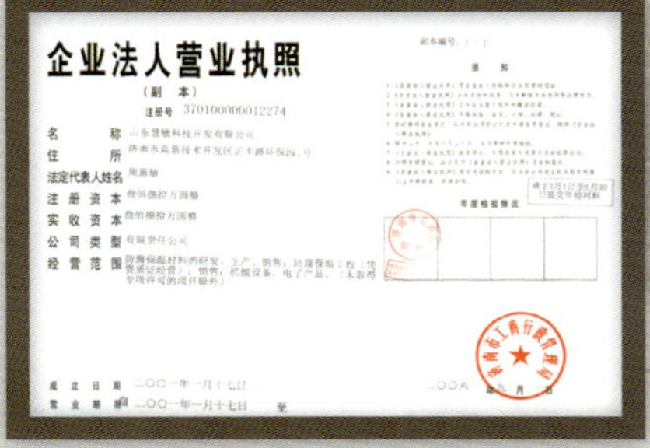

企业法人营业执照

（副　本）

注册号 370100000012274

名　　称 山东慧敏科技开发有限公司

住　　所

法定代表人姓名

注 册 资 本

实 收 资 本

公 司 类 型 有限责任公司

经 营 范 围

成 立 日 期

营 业 期 限

北京华冠商贸有限公司

北京华冠商贸有限公司是一家以购物中心和连锁超市为主营业态的商业企业。从1995年公司在北京市房山区开设第一家自选超市起，到2000年进入中国连锁百强企业，2001年12月成功实现了由国有企业向民营股份制企业的转制。目前公司已拥有连锁超市53家，2008年实现生鲜商品销售12744万元。现公司总资产已达到5亿元，职工5000余人，公司下属5个控股子公司，涉足投资、商业、食品加工业等各个领域。2008年公司营业额近11亿，纳税1500万元，公司用15年的时间完美地实现了跳跃式发展，全面实现了信息化管理，成为北京市房山区的商业龙头企业。

公司自2001年以来一直保持着被北京市工商局授予的“无假冒商标示范商店”、“购物放心店”、“标准计量合格企业”称号；2003年被北京市工商管理局房山分局、房山区消费者协会授予“诚信自律企业”，被北京市工商管理局公示为“2003至2005年守信企业”；被中国连锁经营协会评选为全国连锁超市百强企业，2005年评选为社会信用AA级企业，被中国保护消费者基金会评选为“2006年度诚信维权示范单位”，同年进入全国快速消费品企业百强排行第76位、被北京市窗口行业奥运培训小组评为“2006年度首都文明服务示范窗口”、2007年被北京市国家税务局、北京地方税务局评选为“纳税信用A级企业”，2008年，华冠公司先后荣获“全国顾客行业满意10大品牌”和“北京市商业名牌企业”的荣誉称号。

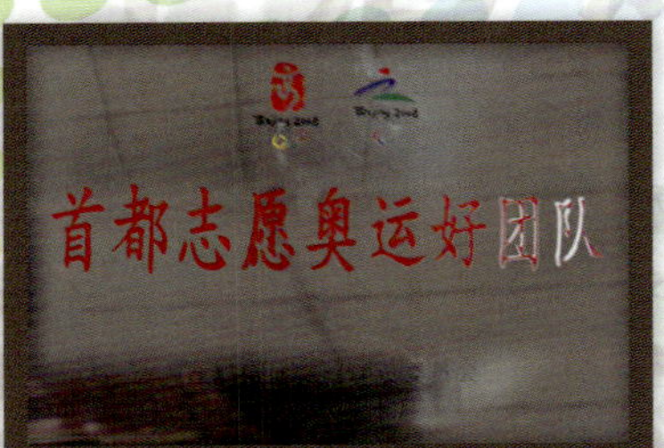

北京华冠商贸有限公司服务电话：010-69351504
联系电话：010-69371860

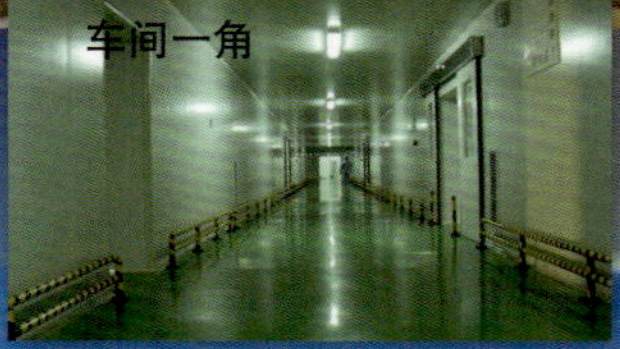

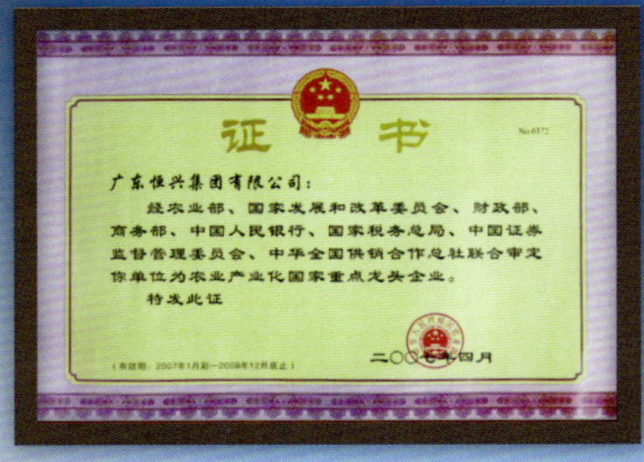

公司的目标是

专业化恒兴、产业化恒兴、国际化恒兴

广东恒兴集团有限公司

广东恒兴集团有限公司（简称恒兴集团）创立于1998年，是一家集种苗繁育、饲料生产、水产养殖、水产品加工、进出口贸易于一体的大型民营企业。恒兴集团拥有中国水产业最完善的产业链，是农业产业化国家重点龙头企业，水产饲料产销量连续八年全国第一。现有总资产30亿元，控股、参股企业30多家，年产值逾60亿元，员工近万人。

陈　丹　董事长

恒兴集团以“致力农业发展，为用户创造价值，提供安全、营养、健康食品，改善人类生活品质”为使命，大力实施“沿海发展战略”、“人才强企战略”和“科技带动战略”，充分发挥“资源优势、科技优势、品牌优势和人才优势”，积极推行“公司+基地+农户+标准”的农业产业化运作模式，成功整合了行业上下游资源，聚焦“种养、饲料和水产加工”三大板块，坚持向沿海地区扩张的“沿海发展战略”。

十多年来，恒兴集团在全体员工的共同努力下实现了跨越式发展，现已是“国家火炬计划重点高新技术企业”、“中国优秀民营科技企业”、“全国守合同重信用企业”、“中国民营企业500强”、“广东民营企业100强”、“全国饲料行业30强之一”。并且恒兴商标被认定为“中国驰名商标”，恒兴牌猪饲料和水产饲料均荣获“中国名牌产品”。

顺兴电力及输变电设备有限公司

总裁　冼纬中先生

于电力行业服务超过30年经验
香港机械电器仪器业商会会长
中国电工技术学会常务理事
中国电机工程学会理事
辽宁省政协委员
香港中华总商会会董
亚洲论坛钻石会员

顺兴电力及输变电设备有限公司（顺兴集团）成立于1979年，30年来致力推广先进的输变电技术与设备，提高国内电源质量。

集团专营开发、生产及推广变压器绝缘纸板及绝缘组件、变压器、绝缘子及避雷器，电力及输变电设备和再生能源设备。

顺兴集团全资公司 “辽阳赛伦工业纸板有限公司” 的绝缘纸板年产量达5000吨，其前身为辽阳工业股份有限公司，是国内生产工业绝缘纸板最大的生产厂家之一。辽阳赛伦纸板产品现应用于广泛变压器生产商，包括中国大陆、香港、澳门、台湾地区、俄罗斯、日本及东南亚等国家。此外，顺兴于2008年，收购拥有超过20年专营复合绝缘件和避雷器技术之长的葛市四通电力设备有限公司。

为保护我们的环境，顺兴集团积极推广和生产再生能源设备。中国正不断地实施大型生产及安装风力发电、太阳能发电设备项目计划，顺兴借着开发这些环保能源来满足国内庞大的电力需求。

顺兴集团在国内拥有强大的网络，能做交钥匙工程及技术方案，以具竞争力的价格提供准时交货及最好的科技。

顺兴是德国Hammel破碎设备于国内、香港、澳门及南非市场的代理商． Hammel设备能破碎木废料、轮胎及车身等，以达到循环再用的目的。

荣誉证书

经中国质量品牌测评中心、中国社会调查所广东分所测评通过
广东顺兴电力设备有限公司的 牌绝缘材料系列　荣获为：

广东省著名品牌

证书编号：CQSS-GD08-B1578
有效期：2008年9月至2009年9月
中国质量品牌测评中心　中国社会调查所广东分所
颁发日期：2008年9月

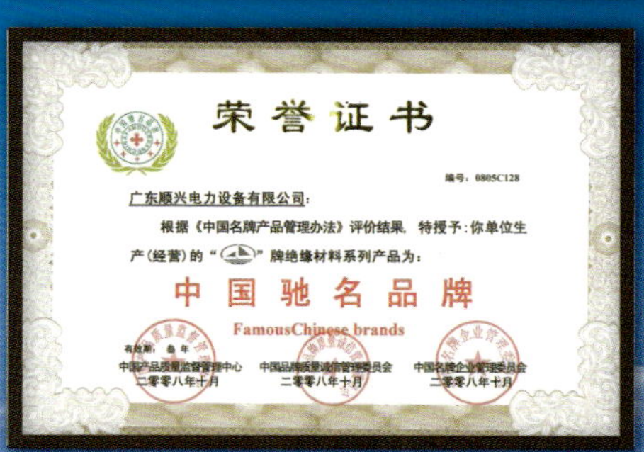

荣誉证书

编号：0805C128

广东顺兴电力设备有限公司：

根据《中国名牌产品管理办法》评价结果，特授予：你单位生产（经营）的“ ”牌绝缘材料系列产品为：

中国驰名品牌

FamousChinese brands

有效期：叁年
中国产品质量监督管理中心　二零零八年十月
中国品牌质量诚信管理委员会　二零零八年十月
中国名牌企业管理委员会　二零零八年十月

集团宗旨

致力设计、生产优质及高效的变压器绝缘材料及组件、架空绝缘线路组件，成为全球主要供货商之一。
致力成为全球供应优质、高效环保科技设备及相关工程服务的主要供货商之一，以帮助发展中国家得以持续发展。
继续与世界知名生产商合作推广尖端的电力及环保设备到世界各地。
提供交钥匙电力方案，并积极参与发展中国家的大型电力基建发展项目。